U0608225

改革开放与中国城市发展

（上卷）

本书编写组

人民出版社

出版说明

习近平总书记指出，改革开放是决定当代中国命运的关键一招，也是决定实现“两个一百年”奋斗目标、实现中华民族伟大复兴的关键一招。隆重庆祝改革开放 40 周年，是今年党和国家政治生活中的一件大事。经党中央批准，中共中央宣传部组织开展了庆祝改革开放 40 周年“百城百县百企”调研活动。

为用好调研成果，讲好改革开放故事、凝聚改革开放共识、坚定改革开放再出发的信心和决心，我们精选 164 篇优秀调研报告，组织编纂了庆祝改革开放 40 周年“百城百县百企”调研丛书，包括《改革开放与中国城市发展》《改革开放与中国县域发展》《改革开放与中国企业发展》3 种共 9 卷。丛书以点带面梳理总结改革开放 40 年的光辉历程、伟大成就和宝贵经验，突出展示党的十八大以来以习近平同志为核心的党中央带领全国各族人民推动改革开放和社会主义现代化建设取得的历史性成就、党和国家事业发生的历史性变革，是一部中国特色社会主义和中国梦宣传教育的鲜活教材。

本书编写组

2018 年 11 月

改革开放与中国城市发展

目录

CONTENTS

上卷

中　卷

下 卷

改革开放

与中国城市发展

GAIGEKAIFANG

天津滨海

盐碱荒滩矗新城

——天津滨海新区调研报告

中共天津市委宣传部
中共天津滨海新区委员会

习近平总书记指出，改革开放这场中国的第二次革命，不仅深刻改变了中国，也深刻影响了世界！

矗立于渤海之滨的天津滨海新区，总面积2270平方公里，常住人口300万。40年前这里还是成片的盐碱荒滩，经过改革开放的洗礼，如今这里发生了天翻地覆的变化，崛起一座座现代化新城，地区生产总值实现7053亿元，成为带动区域发展的新的增长极。

在党中央国务院亲切关怀、天津市委市政府坚强领导和全市人民大力支持下，滨海新区人民同心协力，披荆斩棘，砥砺前行。1986年8月，中国改革开放总设计师邓小平同志到天津经济技术开发区视察时亲笔题词“开发区大有希望”，指出“你们在港口和市区之间有这么多荒地，这是个很大的优势，我看你们潜力很大。可以胆子大点，发展快点”。世纪伟人的肯定鼓励和高瞻远瞩，迅速转化为规划建设滨海新区和推进开发开放的行动指南。2006年，天津滨海新区开发开放上升为国家发展战略，成为国家综合配套改革试验区。2013年5月，习近平总书记深入滨海新区考察时强调：“要以滨海新区为龙头，积极调整优化产业结构，加快转变经济发展方式，推动产业集成集约集群发展。”天津市“要充分利用滨海新区平台，先行先试重大改革措施，努力为全国改革发展积累经验”。

滨海新区因改革开放而兴，改革开放创新就是滨海新区的“根”和“魂”。滨海新区人民40年筚路蓝缕、风雨兼程，坚持国际化视野，运用自由贸易试验区、国家自主创新示范区、京津冀协同发展与“一带一路”等国家战略和建设叠加优势，培养锻造新型人才队伍，聚焦实体经济发展，创造了令世人瞩目的“滨海速度”“滨海效益”，形成“开放创新 引领未来”的“滨海精神”，在盐碱荒滩上拓出一条滨海崛起之路。

一、改革之路：刀刃向内，勇当先行先试示范

习近平总书记指出，改革是循序渐进的工作，既要敢于突破，又要一步一个脚印、稳扎稳打向前走，确保实现改革的目标任务。

滨海新区作为全国综合配套改革试验区，始终与时代同步，坚持将推动经济社会发展和满足人民对美好生活的需要作为出发点和落脚点，坚持为全国改革试政策、探新路、谋突破，为体制机制创新积累先行先试经验，敢于刀刃向内，勇挑重任，敢涉险滩，在创新发展功能区经济基础上，全面推进和深化行政管理体制改革，勇当先行先试示范。

2009年11月，撤销滨海新区工委、管委会和塘沽、汉沽、大港区，建立滨海新区行政区。2013年9月，撤销塘沽、汉沽、大港三个城区管委会，形成统一、精简、高效的行政管理架构。通过推进经济职能和社会职能分离，实现城区和功能区之间优势互补、协调发展，探索我国区域管理体制改革的新路。通过改革，滨海新区充分行使自主发展权、自主改革权和自主创新权，功能区体制机制更加顺畅、发展活力充分释放、发展质量显著提高，迎来新的黄金上升期。

2014年5月，天津滨海新区强力实施行政审批制度改革，将18个审批部门216项审批事项及工作人员集体划转到行政审批局，将109枚公章精简为1枚，在全国率先实现“一颗印章管审批”的模式，破解权力“碎片化”和“公章围城”等顽疾，取得了我国行政审批制度改革重大突破。经过4年

运转，行政审批制度改革持续深化，目前东疆保税港区企业可通过手机办理电子营业执照，让“数据跑路”代替“企业跑路”，企业“最多跑一次”渐渐成为现实。

滨海新区坚持问题导向，激发内部动力，在经济领域实现金融改革、土地管理制度改革、涉外经济改革、国有企业与非公经济改革创新突破，在社会领域推行住房制度改革、医疗卫生体制改革、社会管理创新、城乡一体化改革先行先试，有针对性破解体制机制藩篱，实现良性发展。

2018 年新年刚过，滨海新区深入贯彻落实党的十九大精神，牢牢把握改革开放创新的“根”和“魂”，再次刀刃向内深化功能区管理体制改革，将区位相邻、功能定位相近的原中心商务区并入天津开发区、原临港经济区并入天津港保税区，将天津开发区的社会管理职能剥离出来交由泰达街道管理，打出改革“组合拳”，激发功能区内生发展活力。针对干部“能上不能下”、发展活力不足等现实问题，天津开发区和天津港保税区实行处级干部全员就地起立、对号竞聘选岗入座、富余人员重新选岗，为经济主战场选拔年富力强、作风过硬、能打善战的“主官”和“指战员”，推动改革再出发，永葆发展活力。

二、开放之路：拓宽视野，赢得发展自主权

习近平总书记指出，以开放促改革、促发展，是我国改革发展的成功实践。改革和开放相辅相成、相互促进，改革必然要求开放，开放也必然要求改革。

滨海新区区位优势明显，产业基础雄厚，增长潜力巨大，是我国参与经济全球化和区域经济一体化的天然窗口和跳板。

滨海新区坚持全球化视野，把深化改革、扩大开放作为增强发展活力的必由之路，与跨国公司同行，打造一流营商环境，吸引聚集全球资源，建设适应国际化、市场化、法治化要求和贸易投资便利化需求的服务体系，逐步

拥有国家级开发区、保税区、保税港区、高新区、出口加工区、保税物流园区、自贸区等，成为国内对外开放区域形态最为齐全的地区，累计吸引世界500强企业140余项项目落户，年实际利用外资超百亿美元。

20世纪80年代，开发区、保税区奉行“小政府、大社会”结构，提出“投资者是上帝”“为纳税人服务”“为投资者提供方便，让投资者赢得利润”“环境是永恒的主题”“服务也是生产力”等新服务理念，拓宽对外开放渠道，创造在建项目服务协调领导小组、首问负责制、全程代理制等有益服务模式，使滨海新区功能区成为外商交口称赞的聚财揽金之地。

滨海新区在经济管理体制上率先与世界接轨，较好发挥“窗口”功能作用，吸引外国资金、技术和先进管理经验向滨海新区聚集。天津开发区连年在全国开发区综合评比中排名第一，成为国内发展条件最好、经营成本最低、回报率最高的地区之一。作为中国北方规模最大的保税区，天津港保税区目前累计注册企业1.7万余家。滨海高新区作为国家自主创新示范区，产城融合打造生态宜居的未来科技城。中新天津生态城开发建设10年变成一座国际化绿色宜居新城，向国际合作示范区、国家绿色发展示范区、产城融合示范区发展。东疆保税港区建设北方国际航运中心核心功能区载体平台，在国际船舶登记制度、国际航运税收政策、航运金融业务和租赁业务等领域创新探索，不断推进涉外经济体制改革，加快与国际航运中心接轨。

2015年4月21日，中国（天津）自由贸易试验区（以下简称“天津自贸区”）成立，滨海新区在扩大开放的区域形态上实现质的飞跃。天津自贸区成立3年来，积累一批在全国有影响力的创新经验，改革开放红利充分释放，成为服务京津冀协同发展重要平台。截至目前，90项改革任务、175项制度创新举措基本完成，累计新增市场主体4.5万户，是天津自贸区设立前的2倍，注册资本超过1.6万亿元，平均每半小时就有一家企业在天津自贸区注册，每一秒钟就有1.7万元资本向这里聚集。在国务院向全国复制推广的两批24项自贸区创新经验中，滨海新区贡献10项。

天津港是滨海新区对外开放的重要载体和核心战略资源，通达世界180

多个国家和地区、500 多个港口。2017 年天津港货物吞吐量达到 5 亿吨，集装箱吞吐量近 1506 万标准箱，船舶进出港约 22 万艘次。其中，2017 年天津港集装箱吞吐量位列全球集装箱港口 100 强榜单第 10 位。

滨海新区积极实施“走出去”战略，扩大开放迈出新步伐，在埃及红海之滨和印度尼西亚的加里曼丹岛结出硕果。中国天津开发区运作的“泰达模式”成功嫁接苏伊士经贸合作区，为园区产业研究、总体规划、基础设施改造提升、招商引资、入区企业等提供中国式开发开放服务。在印度尼西亚的加里曼丹岛，由总部位于天津滨海新区的聚龙集团承建的中国印尼聚龙农业产业合作区拔地而起，这是我国首批农业对外合作试点项目和国家级境外经贸合作区。进入改革开放新阶段，天津滨海新区由项目、企业、资金、技术等单项输出向区域整体开发输出的新模式转变，迈入双向开放的快车道，赢得更大更好的发展空间和自主权。

三、实体经济之路：聚集产业，夯实国民经济之本

习近平总书记指出，中国这么大，必须始终高度重视发展壮大实体经济，不能走单一发展、脱实向虚的路子。发展实体经济，就一定要把制造业搞好，当前特别要抓好创新驱动，掌握和运用好关键技术。

实体经济是国民经济的根本，也是滨海新区立身发展的基础。在滨海的土地上，永利碱厂曾经运用“侯氏制碱法”开创我国近代化工业的先河，大沽船坞、港口和铁路建设积淀了良好的产业基础。滨海曾经是新中国实体工业发展的摇篮和先驱。改革开放以来，滨海新区始终坚持以大开放带动实体发展的路子。从当年摩托罗拉“一只机”、康师傅“一碗面”相对单一的产业基础，到目前已经形成了电子通信、石油开采、汽车与装备制造等千亿级龙头产业，培育发展了航空航天、生物医药、新能源、新材料等国之重器和高新技术产业集群，初步构成了主导滨海新区经济发展的实体经济框架体系。

滨海新区作为国家改革开放前沿阵地，聚焦智能制造、高端装备制造、新能源汽车、现代金融等重点产业实现爆发式增长，大飞机、大火箭、大造船、大机车、大风电、大装备从滨海新区源源不断地运往国家战略要地和世界各地。

滨海新区用真金白银补贴奖励，促动科技型中小企业“撑杆跳”，打造一批带有“滨海印记”和“杀手锏”产品的科技小巨人企业。2017年，滨海新区科技企业达到30096家、小巨人企业1527家、高新技术企业1944家，营业收入超百亿元企业达34家，内生动力不断增强。围绕“全国先进制造研发基地”定位，智能科技产业正在成为新区新的经济增长点。到2020年，滨海新区人工智能核心产业规模将达到500亿元，带动相关产业规模达到3000亿元以上。

四、排头兵之路：抢抓机遇，激活国家战略叠加功效

对外开放的深度、广度和力度与国家重大发展战略布局密切相关。近年来，国家实施“一带一路”，京津冀协同发展、自贸区、自主创新示范区等重点建设及战略，滨海新区抢抓机遇、主动争取、积极融入，激活国家战略叠加功效，争当排头兵，抓住机遇推动天津滨海新区开发开放。

滨海新区既是“丝绸之路”的东部起点，也是“海上丝绸之路”的北部起点；既是环渤海经济圈的中心地带，也是新亚欧大陆桥“东方桥头堡”，特别是天津港已成为中国东部地区通达世界的主通道。滨海新区充分利用“一带一路”“引进来”与“走出去”相结合的产业发展优势，鼓励龙头企业走出国门与沿线国家和地区开展农业、装备制造等领域深层次合作，仅2017年在境外新设机构38家，投资28亿美元。充分利用国际国内两个市场、两种资源，促进生产要素在辽阔“丝路”上流动，为推动沿线国家和地区融入全球产业价值链，发挥滨海新区独特的排头兵作用。

京津冀协同发展国家战略中，“全国先进制造研发基地”“北方国际航运

核心区”“金融创新运营示范区”“改革开放先行区”等“一基地三区”，是天津在京津冀协同发展中的定位，与国家对滨海新区的功能定位相吻合。滨海新区主动靠前发挥主要承载地作用，面对机遇和使命，围绕重点领域，立足比较优势，为北京“瘦身提质”、天津“强身聚核”、河北“健身增效”作出滨海新区的贡献。3 年多来，滨海新区承接非首都功能疏解，累计引进项目 2900 余个，协议投资额逾 3500 亿元。新区抓住大气污染“牛鼻子”，围绕“控煤、控尘、控污、控车、控新建项目”五项重点任务，全力打好京津冀大气污染联防联治联控攻坚战，2017 年 PM2.5 浓度同比下降 34.4%。津冀港口合作迈出坚实步伐，滨唐、滨沧产业合作示范区启动建设。

天津自贸试验区承担服务京津冀协同发展的重要使命。中央深改委第一次会议审议通过深化天津、广东、福建三个自贸区改革方案，自贸区升级 2.0 版本，正在积极申建京津冀自由贸易港，努力把自贸区打造成为服务“一带一路”建设和京津冀协同发展的高水平对外开放平台，彰显自贸区在全面深化改革和扩大开放中的试验田作用。

2015 年，天津国家自主创新示范区在滨海高新区揭牌。通过吸引聚合特色产业、龙头项目和品牌企业，系统构建高端产业集群，推出创新创业通票等制度成果，重点破解困扰企业融资和政策兑现两大难题，实现“一张通票管创业”。截至目前，天津国家自主创新示范区注册企业总数超 11 万家，总收入超万亿元；建设新型研发机构近 30 家，初步形成新一代信息技术、高端装备、生物医药等主导产业集群，成为支撑创新发展核心载体，形成“头雁效应”和创新驱动主阵地。

五、高质量之路：围绕目标，创建繁荣宜居智慧新城

习近平总书记强调，现阶段，我国经济发展的基本特征是由高速增长阶段转向高质量发展阶段。实现高质量发展，是保持经济社会持续健康发展的必然要求，是适应我国社会主要矛盾变化和全面建设社会主义现代化国家

的必然要求。随着从高速增长向高质量发展迈进，中国经济正在开启新的时代。

滨海新区在开发模式和创业方式上大胆创新、先行先试，闯出投入少、产出高、滚动开发、自我发展的良性循环轨道，形成可复制、可推广的“滨海经验”。进入新时代，滨海新区坚持稳中求进工作总基调，牢固树立创新、协调、绿色、开放、共享发展理念，主动适应新常态，以供给侧结构性改革为主线推进质量、效率、动力变革。

滨海新区坚持以人民为中心的发展思想，树立正确政绩观，正确看待光环和实绩、投资与回报，舍得时间、舍得投入，把战略重点转到拼质量、拼效益、拼结构、拼绿色上，把财政资金重点投放在绝大多数群众受益的事情上，提升人民群众获得感、幸福感。

打造良好经营环境、优质政策环境和“亲”“清”的政商环境，更新城市规划建设管理理念，由工业园区发展理念转到城市化发展理念上来，加快建设京津冀具有独特魅力的滨海城市，树立“企业家老大”理念，构筑全球营商环境的高地。

功能区树立新思维、运用新技术，在创新审批上先行先试，让企业和群众“最多跑一次”；借助技术优势、人才优势、资源优势，进一步优化服务平台，一企一策、一企一档，精准施策、精准发力，为企业发展破障碍、去烦苛，筑坦途、激活力。

2017 年年底，滨海新区确立建设繁荣宜居智慧新城目标，提出发展集聚经济、开放经济、智能经济 3 大经济，通过 3 年努力形成有 4 到 5 个在全国领先的重点产业，2 到 3 个国家级产业创新中心，10 个以上的千亿级产业集群，率先闯出新常态下新旧动能迭代更替、接续转换的新路径。

新区将繁荣、宜居、智慧 3 个目标细化为 12 个指标，具体实施协同发展深化行动、产业聚焦升级行动、深化改革攻坚行动、开放环境创优行动、城市品质提升行动、民生福祉增进行动等“六大行动”，把创建繁荣宜居智慧新城目标落到一个个行动、项目和实事上，实现繁荣宜居智慧新城的目标。

新时代、新起点、新跨越。滨海新区见证神州大地波澜壮阔40年的改革开放历程，团结带领全区人民不懈奋斗，与全国人民一道追逐中华民族伟大复兴的中国梦。使命重在担当，实干铸就辉煌。滨海人牢记习近平总书记“紧扣新时代要求推动改革发展”的嘱托，继续深化改革、扩大开放、突出重点、统筹兼顾，解放思想、实事求是、与时俱进，站在高起点、抢占制高点，凭借放眼全球、拥抱世界的雄心壮志，凭借杀出一条血路、勇往直前的昂扬斗志，凭借坚韧不拔、百折不挠的坚定意志，扎实苦干，踏石留印，抓铁有痕，在盐碱滩涂上培育干事创业的沃土，蕴育积淀宝贵的精神财富，积蓄高质量发展的不竭动力，展现新作为、实现新发展。

（2018年8月）

改革开放与中国城市发展

GAIGEKAIFANG

雄安新区

创造“雄安质量” 培树发展样板

——雄安新区聚焦高质量发展调研报告

中共河北省委宣传部
中共河北雄安新区工委

党的十九大对我国经济社会发展作出重大判断：即经过改革开放40年，我国由高速增长阶段转向高质量发展阶段。一个时代必有一个时代的样板和标志，“深圳速度”曾经作为时代的标志，镌刻在改革开放的历史丰碑上。站在改革开放再出发的新“坐标”上，处在高质量发展的新时代中，更需要有一个贯彻高质量发展要求、推动高质量发展的全国样板和标志。习近平总书记在主持召开中央政治局常委会会议上听取河北雄安新区规划编制情况时指出：“要贯彻高质量发展要求，创造‘雄安质量’，在推动高质量发展方面成为全国的一个样板。”所以，“雄安质量”赋予了雄安新区规划发展高度凝炼的历史定位，肩负着全面并高质量实践习近平新时代中国特色社会主义思想的历史使命，承载着探索中国未来改革开放、高质量发展方向的历史重任。创造“雄安质量”，就是要坚持高标准规划建设，以疏解打基础，以创新赢未来，将质量贯穿于经济发展、社会进步、城乡协调、生态安全、文化建设、公共服务与管理及人民满意等各个方面，为全国高质量发展培树“标杆”。

河北雄安新区设立以来，新区党工委、管委会认真贯彻习近平新时代中国特色社会主义思想和指示批示精神，对标“成为高质量发展全国样板”的要求，聚焦规划编制、严格管控、生态治理、产业升级、城市建设、体制机制创新、群众工作、社会稳定、党的建设等重点工作，在创造“雄安质量”方面取得了阶段性成果，作出了积极探索。

一、坚持站位世界前沿做好“百年规划”，努力绘制世界城市建设史上的典范之作

当今世界最亮丽城市中的现代化功能、空间布局和建筑风貌，基本上都是近一二百年逐步形成的，其间因战争和科学技术的进步，城市规划经历了多次变化改动，也走过不少弯路，总结出了许多宝贵的经验与教训。雄安新区要建设引领世界城市建设潮流的“未来之城”，必须首先在规划设计方面体现出超越当前国内外城市规划的高起点和高标准，体现出“未来城市”的创意思想和科技展望，还要汲取世界城市建设实践中的诸多经验和教训，规避现有城市规划的弊端。为此，雄安新区在规划体系的编制和城市规划设计方面切实遵循习近平总书记的指示，从一开始就充分体现高质量发展要求，力争“赢在起跑线上”。

（一）集思广益，汇聚国内外高端智慧

雄安新区规划体系的编制，始终以新发展理念为统领，坚持“世界眼光、国际标准、中国特色、高点定位”，围绕中央对新区“4+1”的功能定位，以创造历史、追求艺术的精神，高强度、高密度、高质量地加以推进。编制规划工作坚持多种形式汇聚国际国内高端智慧，充分借鉴国际经验，为高端规划的美好蓝图做实了创新的底子。通过组建规划工作营、创新设计大赛等方式，调动各方面资源，由中规院、中科院牵头，吴良镛、张锦秋等 60 多位院士和设计大师，以及 300 多名规划建设领域顶级专家参与规划编制和评审论证，把国内外的顶尖人才、一流团队、专业力量吸引汇聚到新区规划编制工作中来。例如，新区起步区城市设计采取国际咨询，从 279 个国际国内顶尖设计机构中优选确定 12 家参加城市设计，经评议推荐出 3 个设计方案，

国际咨询成果被充分吸纳到相关规划中，目前正在就相关区域规划设计开展第2轮国际方案征集。

（二）加强科技支撑，充分运用多种科技手段

在片区开发和重要单体建筑中，规划编制工作借助先进科技手段的支撑，融入智能管理、数字城市、绿色低碳等先进理念，努力打造细致严谨的城市规划设计。在规划建设之初，就把信息化的逻辑根植在城市体内，积极运用贯穿项目级（BIM）、城市级（CIM）等先进科技手段，提高设计科技含量，避免设计失误，减少了成本损失，实现了最优方案。例如，在市民服务中心规划建设中，新区建立了BIM、CIM的建设管理系统，确定了全生命周期的BIM辅助设计原则，基于“雄安云”的大数据引领，通过SOP-BIM运维管理平台的技术支撑，真正实现了从规划、设计、施工到运营管理及数据分析的全过程同周期智能模型，做到了“数字孪生”的建筑镜像，引领从BIM走向CIM的智慧城市规划管理取得重大突破。

（三）坚持“多规合一”，强化规划之间的对接和打磨，提升规划体系的科学性和可操作性

雄安新区的规划体系构成为“1+4+25”，即由1个规划纲要、4个综合性规划和25个专项规划构成。新区在组织编制规划体系过程中，坚持“多规合一”，除了集中精力编制新区总体规划、起步区控制性规划、启动区控制性详细规划及白洋淀生态环境治理和保护规划4大规划以外，还组织相关专家学者开展了新区地震安全分析及抗震专项规划、新区创新专项规划、新区防洪专项规划、新区综合交通专项规划、新区综合能源专项规划、新区产业发展专项规划等25个专项规划的编制，并与4个综合性规划进行多次对接、反复打磨。与此同时，建立了中央专咨委和新区规划评议专家组、国家级咨询论证机构、省政府专题会议等多层次、多形式的规划评议论证机制，组织召开多次专家组评审会，认真研究吸收意见建议。历经1年多艰苦努

力，目前已经初步形成了较为完善的规划成果，对规划体系的科学性及实施过程中的可操作性起到较强的促进作用。

二、坚持在改革创新中体现“雄安价值”，努力发挥体制机制创新对全国深化改革扩大开放的引领示范作用

雄安新区的价值不在于能创造多少GDP，而在于它能否对新时代中国的改革创新、转型发展发挥当年深圳的作用，这才是它最大的意义所在。雄安新区设立初始，就牢记被赋予的历史使命，紧紧围绕自身功能定位，按照中央对新区的要求，对符合我国未来发展方向、对全国起重要示范带动作用、对雄安新区经济社会发展有重要影响的体制机制改革创新开展了先行先试，力争率先在推动高质量发展的行政、财税、金融、土地、住房、科技创新、人才人口、对外开放等体制机制改革及其指标体系、政策体系、标准体系、统计体系、绩效评价和考核体系等方面取得新突破，形成一批具有“雄安价值”的可复制可推广的经验，为全国提供示范。目前，雄安新区在某些领域的体制机制和改革开放政策创新方面已经取得初步成果。

（一）搭建“大部制、扁平化”的高效行政管理架构，发挥关键性引领作用

从全国各类国家级新区的行政管理架构来看，以“大部制、扁平化”为目标推进的改革较为普遍，但最精干的管理架构中的内设机构设置也超过了20个。雄安新区率先从行政管理架构上实施大胆创新，设立了“1办1部5局”7个内设机构的全国最“精简、高效、统一”的新区党工委、管委会。配合内设机构成立的国有独资公司“中国雄安集团有限公司”，是定位雄安新区开发建设的新型城市综合运营服务商，采用“投资、融资、开发、建设、经营”“五位一体”运行模式，布局金融与投资、城市发展与城市资源运营、生态建设、基础设施建设、政务与公共服务、数字城市等6大业务板块。7

个内设机构和 1 个国有投资建设运营公司组成的“7+1”架构，在高起点规划、高标准建设雄安新区过程中发挥了决定性先导作用和关键性引领作用。

（二）探索建立高效政策服务管理体制，切实提高审批效能

在创建全国最精简管理架构的同时，雄安新区积极研究并构建具有雄安特色的智慧型行政审批和政务服务新机制，在政务服务上创制了“只进一扇门、最多跑一次、一次就办成”的“雄安标准”：一是确立并强化了“一个部门管审批”的职责定位；二是建立了集“网上审批、数据融通、全程监管”为一体的智能政务系统；三是以流程再造为抓手，创建了“一次告知、一窗受理、一口出件、一人帮办、一包到底、一次办结”等“六个一”审批服务运行标准；四是按照“前台综合受理、后台分类审批、窗口统一出件”的模式开展政务服务，一般事项一次办结、复杂事项限时办结、重点项目全程帮办，实施证照共享，简化申请材料，减少审批层级，缩短审批链条，提高审批效能。

（三）扎实推进体制机制、政策体系和发展模式改革创新

雄安新区是一张崭新的白纸，没有其他城市既有的体制政策包袱，是最好的改革创新“试验田”。因此，雄安新区主动探索符合新发展理念的政策体系和发展模式，努力趟出一条新路。最近一个时期，雄安新区正加快研究和提出体现“雄安价值”的政策体系，已做出了不少有益的探索：一是积极配合国家发改委开展支持雄安新区“1+N”政策体系研究，在财税和投融资体制机制、土地住房和征迁安置政策、社会保障服务体系、城市建设管理运营模式、行政管理机制、人口管理、科技创新与人才政策、加大对内对外开放等方面不断开展探索创新，目前已取得了阶段性明显成效。比如，在研究土地住房管理体制及政策体系中，明确了“两不三变”的原则，即坚决不搞土地财政，不走房地产主导的城市发展老路，变土地平衡为城市平衡，变政府短期获利为市民长期获利，变土地使用权少数人所有为社会共有，探索制

定共同获益的土地政策、租售并举的住房政策以及一次性补偿与持续性收入相结合的征迁安置政策，为全国土地住房与拆迁安置政策创新方面提供了全新方案。二是主动研究一系列深化改革和扩大开放问题，在立法权、新城发展模式、特色小镇建设、营商环境指标体系等方面取得了初步研究成果。三是研究构建“雄安质量”标准体系。依托雄安集团，在数字城市、海绵城市、智能交通、绿色建筑、综合管廊等领域，加紧研究制定一系列标准体系，明确技术指标，编制标准规范，出台实施办法，实现规范化、标准化管理，努力打造可推广可复制的“雄安质量”标准体系。

三、坚持传承文化基因与绿色智慧城市建设的融合创新

无文化传承，无雄安未来。作为“千年大计”的雄安新区，能够延续千年的决不是现有的智能低碳技术和“高端、大气、上档次”的建筑，而是城市文化基因。“新的城市立得住，关键是文化的传承和积淀”，一个城市的建设和发展如果不能展现出令人向往的文化氛围和城市气质，就一定会被“淹没”在城市群体里，无法真正成为未来的“全球城市”，更不可能成为城市建设的“标杆”。正因为如此，雄安新区从规划建设开始，就把文化传承工作和智慧低碳城市设计同步启动，力图在城市规划发展过程中将两者做到“深入骨髓”的融合创新。

（一）深入开展“记得住乡愁”专项行动，全面普查、留存乡愁文化信息

习近平总书记强调，“让居民望得见山、看得见水、记得住乡愁”，“坚持保护弘扬中华优秀传统文化，延续历史文脉”。雄安新区在规划建设中，高度重视优秀传统文化的传承，坚持“文化铸城市之魂”的城市建设理念，在全域组织开展“记得住乡愁”专项行动计划。一方面，开展乡愁普查。共登记不可移动遗存2446处，可移动遗存300多件套，包括老房子、老树、

老井、老磨盘、坑塘沟渠、寺庙、老厂房等，时间跨度长、品类多、内涵丰富。这些遗存全部应用数字化技术实现了分类建档、分级管理，使承载雄安人民共同历史记忆的乡愁遗存得到充分挖掘和整理。另一方面，全面留存信息。与新华网、河北电视台密切合作，开展全方位、多角度信息采集工作，并取得初步成果。同时发动民间文化爱好者和民间文化组织，开展了多种多样的乡愁文化采集记录活动。

（二）把中华文化元素有机融入雄安新区规划建设

雄安新区有关部门与同济城市规划设计院通力合作，深入研讨和交流，初步确定了容东片区乡愁文化遗存在未来城市规划建设中的保护、利用和传承方案。针对不同类型的乡愁遗存，采取不同的设计手法和实现手段，设计活化人民共同记忆的场所。下一步还会将其他片区的传统文化元素在城市规划设计和建筑中予以体现。同时，建立长效机制。与北京建筑大学深入对接，委托该校组建专业团队，组织国内外知名专家参与，启动了新区“记得住乡愁”专项规划编制工作，定期发布白皮书，与各项规划有效衔接、有机结合，成果纳入专项规划体系，为建立长效机制提供科学规划保障。未来的雄安新区必然在延续地方历史文脉，传承乡土文明，体现古今交融的城市风貌，塑造城市特色等方面形成“雄安乡愁文化传承”新模式，打造出新城市建设“乡愁”文化的国家典范。

（三）集成“数字、低碳、智能”城市前沿创新技术，全场景应用到城乡规划建设中

高质量发展不是空洞的要求，除了必须有创新理念、创新机制、创新行动和创新能力以外，还要把世界最前沿的先进技术集成应用到规划建设中来，才能推动城市建设的创新应用由量变到质变。国内现有的国家级新区和先进开发区的规划建设中，大规模应用数字低碳智能技术建造各类市政基础设施和区内建筑的并不少见，但像雄安新区这样，从一开始就同步规划“数

字城市”“绿色低碳城市”和“智慧城市”，从规划设计工作开始，贯穿城市管理、市政设施建设、生态环保、植树造林、文化遗存保护、建筑建材、地下空间开发、综合管廊、人口社区、党群工作等城乡发展全场景应用数字化、低碳化、智能化先进技术的新区，确实是开创了国内先河。初步经验做法可以总结如下：一是着手谋划数据资源统一管理平台，率先推进新区数据获取、应用、管理等工作，启动建设雄安云计算中心，加快建设广域覆盖的物联网络，实现多场景物联网应用，为“数字雄安”奠定坚实基础。二是以数字化驱动规建管创新，打造集规划报批、项目报建、竣工验收、档案归集和不动产证发放等一体化、智能化的新区数字规划平台，实行不同阶段的 BIM 报件、报验和比对，统一数字化管理，支撑城市运营。三是积极推动日常生活智能化应用试点示范。加快推进智能家居、智能路灯、智能停车场、智能充电桩等基础设施建设与服务在雄安的试点示范，使群众日常生活充分享受到智能技术应用的便捷和高效。四是建设城市安全大数据信息化平台。利用大数据、云计算等新技术，在省安全生产综合信息平台基础上，建立完善新区基于城市安全的大数据信息化平台。五是大力推广绿色建筑，建设绿色低碳新区。在新区全域推行绿色标准，大力发展装配式建筑，把雄安新区打造成全国绿色建筑示范区。六是加强海绵城市的关键技术研究。完善提升技术措施，建设自然积存、自然渗透、自然净化的海绵城市。在雄安新区，集成多种技术应用到具体城乡建设中的案例实属不少。比如，在雄安市民服务中心建设中，就综合运用了海绵城市、被动式建筑、综合管廊、装配式建造方式、人工智能、无人驾驶汽车、无人超市等 30 多项绿色和智能新技术，使之成为国内园区中应用前沿创新技术最多的未来城市“样板示范区”。再比如，“千年秀林”项目、“记得住乡愁”行动、政务服务云平台等，使数字智能技术与绿色低碳项目、文化建设、百姓生活相结合，包含每一栋楼、每一间房甚至每一棵树的信息。市政基础设施体系建设、交通物流、公共服务、社区管理、安全监控甚至群众工作等都会通过集成应用数字智能综合技术来便利百姓生活、提升管理效率，从而大大推进了城市智能治理和公共资源智能化配置的实现。

四、坚持产业治理升级和生态治理建设同进互动共赢，为打造现代化经济体系新引擎提供“雄安经验”

高质量的产业体系是雄安新区发展之基、经济活力之源，高质量的生态环境是保障高质量产业体系形成的关键，也是雄安新区发展的生命线。优越的生态环境对招引培育高端高新产业的促进作用不言而喻。然而面对雄安新区三县原有的生态环境欠账和历史形成的传统产业基础，在治理生态环境的同时，解决群众就业、实现高端高新产业置换的任务非常艰巨。为此，雄安新区遵循产业治理与升级和生态治理与建设同步推进的思路，探索出了一条既在产业治理升级、生态治理建设过程中提供就业，又在生态环境做优过程中率先招引部分高端高新产业，从而带动配套服务业跟进先行，提供就业的路子。

（一）坚持传统产业治理与升级并行、高新产业对外招引与对京承接并行的思路，确保有序实现高端产业布局

雄安新区三县传统特色产业以纸塑包装袋、服装、制鞋、毛绒玩具加工、革塑制品、废旧金属资源再生加工、传统旅游为主，基本处于产业链中低端，规模小而分散，部分行业加工过程中有较严重的环境污染。然而这些传统产业提供了大量当地居民就业岗位。与此同时，雄安新区未来需要展现的产业愿景和产业责任是：大力发展体现“雄安质量”的高端高新产业领域，瞄准世界科技前沿和国家产业发展短板，面向国家重大战略需求谋篇布局，挑起京津冀三地错位发展、优势互补的担子，形成产业创新的源头，成为全国现代化经济体系的新引擎。实现由“产业现状”向“产业愿景”的演进，考验着雄安新区推进产业发展的智慧、魄力和能力。经过周密研究分析，雄安新区确定了传统产业治理与升级并行、高新产业对外招引与对京承接并行

的发展思路。一是对符合发展方向的传统产业实施现代化改造提升。治理传统产业并非“一刀切”和简单地“关、并、停”，而是要推进非污染型传统产业向数字化、网络化、智能化、高端化发展。例如，雄安新区与北京服装学院“校地合作”共建“北京服装学院容城时尚产业园”（中关村北服时尚产业创新园容城示范基地），依托北京服装学院的优质智力资源和行业影响力，通过设计服务、技术转化、展示销售、时尚推广、产业培训等方式，打造容城服装产业链时尚生态圈，引导容城传统服装产业创新升级。二是对存在污染的传统产业依法采取“铁腕治污”。大力开展“散乱污”企业整治等专项治理，大力解决周边采石问题，关停“散乱污”企业 10661 家。安新县有几十年历史的废旧金属回收冶炼行业得到彻底清除。三是提出管控期产业鼓励和负面清单。积极吸纳先进产业和优势企业入驻，推动新区无人驾驶、智慧物流、人工智能、金融科技、现代服务业、工业设计、智慧医疗及物联网相关产业协同发展。构建面向全球的科技创新合作体系，打造全球创新辐射引领高端平台。截至 2018 年 6 月底，新区管委会与阿里巴巴、腾讯、百度、360、科大讯飞、深圳光启、华讯方舟、金山云、索为、滴滴出行等 10 家高新企业签订战略合作协议，已核准超过百家高端高新企业和驻京大型央企在雄安新区开展工商注册登记，在互联网、大数据、人工智能、云计算、区块链等前沿技术和应用领域迈出了坚实的步伐。

（二）加大就业创业培训力度，全力保障新区群众稳定就业

在铁腕治理“散乱污”企业，加快产业升级的同时，雄安新区坚持把关停取缔不合规企业与帮助职工分流就业结合起来，统筹解决好群众生产生活上的突出问题。截至目前，雄安新区有针对性地开展各类培训 200 余期，培训 2.9 万人，培训后实现就业数量 1.04 万人。同时，围绕未来高端产业及其配套服务业的需求，加强技能培训与就业市场衔接，通过重点项目劳务对接、配套生活服务业企业招聘、专项技能培训对接就业等方式，着力在公共服务、建筑业、家庭手工业、文化旅游、电子商务、自主创业等方面做好高

端高新产业及其生产、生活配套行业的精准就业扶持，实现劳动力和岗位的精准对接。比如，市民中心建设工程、截洪渠工程、“千年秀林”工程和河北雄安市民服务中心有限公司等就提供了大量就业岗位，实现了当地2202名技术工人劳务对接就业。

（三）坚持环境治理与生态建设同步推进，保障高端产业布局和人民享受洁净生活

生态建设是一个城市科学发展、可持续发展的基础和标志，是高质量发展的必然要求。习近平总书记明确指出，“一定要把白洋淀修复好、保护好，绝不能因城废淀”。雄安新区设立之初就高度重视环境治理和生态建设，并将两者统筹规划，同步推进，取得了显著成效。具体做法如下：一是组织开展“十个专项治理”和散煤替代工程，对“散乱污”企业、纳污坑塘、农村垃圾等顽疾进行了重点治理，取得了显著成效。禁煤区电代煤、气代煤、地热代煤改造工程和非禁煤区洁净煤置换工作如期完成，新区全域实现散煤“清零”，取得了“蓝天保卫战”阶段性胜利。二是重点在生态环保长效机制上下功夫，建立起一套突出重点、多点联动、协调有力、系统高效的工作推进机制。比如，建立了对企业的环保考核评价制度，政府不把环卫任务向企业一包了之、撒手不管，而是制定细则、加强考核、落实奖惩，不能干好干坏一个样。三是加强日常监督，建立执法人员日常监管、广大群众民主监督、各类媒体舆论监督3支队伍，将监督反馈情况纳入考核，引导全社会广泛参与，做到全民共治。四是加快构建森林、湿地、流域、农田、城市五大生态系统，打造覆盖全区的“绿楔”“绿道”“绿网”“绿心”。按照新区规划纲要的要求，规划建设“一淀、三带、九片、多廊”，形成林城相融、林水相依的生态城市，全面提升城市环境自净能力、碳汇能力和生态承载能力。例如，雄安新区在大规模城市建设前，选择符合规划方向且规划用途相对稳定的地块，先行启动“千年秀林”项目，建设保障、涵养未来之城的“绿楔”，打好生态本底。五是把“先种树、后盖楼，先涵养生态、后聚集人口”的理

念传播开、贯彻好，建立并利用大数据管理平台，发动引导广大群众参与到造林护林、生态建设工作中来，并取得公益性就业岗位，举全民之力提高新区的环境质量和宜居水平。六是突出抓好白洋淀综合治理和生态建设。白洋淀综合治理是一项系统工程，不能头痛医头、脚痛医脚，必须全流域、全方位治理。雄安新区按照“控源—截污—治河”系统治理思路，关停取缔1万余家“散乱污”企业，控制农业面源污染，治理了存有40万方污水的唐河污水库，整治河道垃圾、清理河道两岸垃圾和河内沉淀垃圾等86万立方米。治理淀区污染，淀区内48个美丽乡村生活垃圾实现统一收集转运，修建152个小型污水站实现生活污水集中处理，完善补水机制，初步完成生态补水2800万立方米，白洋淀生态环境稳步改善。

五、坚持以人民为中心的发展思想，创新基层党建和群众工作，开创“以党建聚民心促发展”的新路径

雄安新区设立以来，围绕“管得好、稳得住、不出事”目标，坚决执行中央和省委关于管控工作的各项决策部署，实施严格的全面管控，在“五项冻结”的基础上全面展开“七个严控”，同时，在重大时间节点协调各类媒体精心开展宣传报道，着力稳预期、稳思想、稳人心，在国内外树立了良好形象。截至目前，雄安新区已经经历了炒房、炒地、炒落户、炒车牌和炒房租等多重考验，新区人口没有增加，大宗协议土地全部收回，所有建设工程及房地产项目全部停工，“未添一砖一瓦、未增一草一木”，为新区规划建设成功“留白”。与此同时，却没有出现群众“怨气十足、频繁上访闹事”的现象，刑事案件比以往下降了一半。目前，管控已经成为区、县、乡、村依据法律和规划管理的常态行为和社会的自觉行动。可以说，雄安新区是迄今为止我国较大行政区域在较长时间内实行最严厉管控政策目标效果最好的一个。原因在于雄安新区确立了以群众工作开路先行、推动落实并检验成效的工作思路，在党建和群众工作领域，适应高质量发展要求开创了具有“雄安

特色”的“三三三”（三项行动、三项工程、三项机制）新模式。

（一）以部署开展“三项行动”为抓手巩固基层基础，收获了党风的好转和民心的凝聚

基层组织是雄安新区各项工作的动力之源和根本保障。作为高质量发展全国样板的雄安新区，在推进各项工作中都必须充分发挥基层党组织战斗堡垒作用和党员先锋模范作用，团结带领全区广大群众撸起袖子加油干，聚各方之力建“千秋之城”，凝各方之智办国家大事。雄安新区党工委深刻认识到基层党建工作对新区规划建设全局的极端重要性，立足新区设立之初存在的“基层党组织软弱涣散、群众合理诉求长期不解决、村制度不落实、村务管理混乱、‘微腐败’问题突出、村霸及恶势力猖獗”等实际问题，创造性地部署开展了“三项行动”，即利用3个月时间集中开展全面加强基层组织建设、整顿软弱涣散基层组织、化解“清零”历史遗留问题行动。具体经验做法为：一是全覆盖派出“驻村工作队”。新区响亮地提出“县委在乡镇、政府在农村”，对557个村全部成立由县、乡（科）领导带队分包，2300多名县乡干部为成员的驻村工作队，进村入户深入开展“走访服务、交友连心”活动，赢得了广大群众真心拥护和点赞。二是抓好“拉网式”集中摸底排查。真正把村“两委”班子现状、问题及形成原因摸透找准，分类排队。三是以化解“清零”历史遗留问题行动为切入点，全面整治提升软弱涣散基层组织。对领导干部中存在的“掩、混、拖”现象“零容忍”，对420人给予党政纪处分，其中村干部241人。建立起问题清单、任务清单、措施清单、责任清单“四个清单”，坚持一村一策，做到“三不拆迁”，即基层班子问题解决不到位不拆迁、历史遗留问题不“清零”不拆迁、群众工作做不到位不拆迁。四是强力整治干扰村党务政务恶势力和“微腐败”。坚决打击农村黑恶痞霸的“保护伞”，打掉黑恶团伙34个，给好干部撑腰，为群众做主，守护“蓝天净土”。“三项行动”的开展以铁的决心、铁的措施、铁的纪律，持续用力抓紧抓实抓好基层党建工作，提升转化软弱涣散基层组织125个，排查化解

历史遗留问题和矛盾纠纷2990件，使新区基层组织建设的形势迅速好转，群众历史遗留问题基本上全部清零，让新区建设甩开包袱、轻装前进。

（二）以开展“三项工程”为抓手，着力改进干部队伍作风，提升群众获得感和满意度

习近平总书记强调：“衡量一个地方的基层基础工作怎么样，主要不是看开了多少会议、发了多少文件，而是要看基层组织是不是实现了功能、发挥了作用，看基层干部是不是提高了素质、改进了作风，看党的路线方针政策和中央决策部署是不是落实到位、执行中有没有走样，看基层的矛盾是不是得到及时有效化解，看经济社会是不是持续健康发展、人民群众是不是得到更多实惠。”雄安新区高质量发展已经拉开，只有把干部队伍作风抓实抓好，才能为各项工作顺利开展凝聚人心、汇聚合力。在“三项行动”取得明显成效后，雄安新区“乘胜追击”，为全面巩固和拓展“三项行动”成果，营造正气充盈、昂扬向上的优良作风，着手解决党政干部作风方面存在的责任意识不强、创新能力不足、担当精神不够、工作效率不高、廉洁自律标准偏低等方面的突出问题。为此，雄安新区以深化密切联系群众为着力点，推动重心下移，部署开展了“全面从严治党、切实转变作风、密切联系群众”3项工程。尽管推进过程中重点任务繁多，但其中部分经验和创新做法可以总结如下：一是树立抓“大基层”的鲜明导向，完善“管住人”的制度体系。以改革创新精神，统筹推进农村、社区、机关、学校、“两新”组织等领域基层党建工作，从严选好用好管好干部，建立起“两个责任”清单制度、监督审查集成机制、防止利益冲突机制、“保廉激励”机制和监督执纪常态机制等5项制度，创建“无红包示范区”。二是建立完善促进工作创新的激励机制。把创新成果的推出和创新工作的效果，作为评选先进、评价干部和年度目标考核的一项重要内容，充分激发广大党员干部的工作热情，营造创新工作的深厚氛围。三是广泛开展“行政提速、服务提速”活动。认真落实首问负责制、政务公开制、限时办结制、过错追究制等机关干部优质服务承诺

制度，对来访群众和工作人员坚持“五个一”服务承诺制度。四是始终坚持“四下基层”（信访接待下基层、现场办公下基层、调查研究下基层、宣传党的方针政策下基层）、“四必到”（群众有不满情绪必到、有突出事件必到、有矛盾纠纷必到、有安全隐患必到）和“三必访”（村里困难家庭必访、拆迁企业必访、信访户必访）。健全联系服务群众常态化机制，全力解决群众合理诉求。“三项工程”的高效实施，促进了新区政治生态的不断优化，干部作风的持续改进，服务群众水平明显提升，优质高效、解决实际问题的服务能力进一步提高。

（三）以构建实行“三项机制”为抓手，更加精准地加强基层群众工作，让群众更加信赖和拥护

全面加强基层基础，要有弯道取直的魄力和勇气，要有后发先至的智慧和能力。雄安新区在强化基层工作中紧贴形势任务、基层实际和群众期盼，瞄向重点难点问题精准发力，创新基层群众工作的方式方法，系统推行了“群众工作责任制”“村级治理新机制”“网格化管理、组团式服务工作机制”3项机制，推进基层治理制度化和规范化，赢得了广大群众的信赖和支持。具体经验做法总结如下：一是建立和落实群众工作责任制。雄安新区各级党组织都纳入群众工作责任制中来，主要负责人是第一责任人，定期听取群众工作汇报，研究解决重大问题。各级人大、政府、政协及其工作部门、群团组织也都立足职责明确了任务，主动参与到群众工作中来，努力推进群众工作制度化、常态化、具体化。建立了驻村工作组直接联系群众的工作机制。完善了群众工作考核评价机制，把群众工作纳入各级领导班子和领导干部年度考核的重要内容，把群众工作能力和业绩作为干部选拔任用的重要依据。二是构建了新型村级治理机制。建立健全了村党组织、村委会、村代会、村监会、村经济合作组织等“五位一体”村级治理架构，普遍建立了村级事务“小微权力清单”，在村级重大事务决策、招投标事项管理、集体资产资源处理等方面明确权力边界，规范运行流程，实施阳光村务。健全了民调组织、维

稳组织、红白理事会等配套组织，形成了以村党组织为核心，高效运转的村级组织体系。三是建立了“网格化管理、组团式服务”工作机制。运用数字化、智能化、信息化等手段，实施网格化管理新模式，建立起新区、县（功能区）、乡镇（街道）、村（社区）四级网格，结合三县现有网格化管理，科学划分网格单元，实现多格合一，推进常态化、精细化、制度化管理，及时发现和快速处置违法违规问题。同时，建立了与网格相对应的管理服务团队，在解决群众生产、生活突出问题方面提供了高效的管理和服务。例如，在去年冬季供暖工作中，就组织管理服务团队对禁煤区 8.8 万户和非禁煤区 17.8 万户供暖家庭，逐家逐户走访，积极落实煤源，明确配送程序，确保群众温暖过冬。“三项机制”的实施，逐步形成了“党政主导、公众参与、社会协同、上下联动”的基层工作新格局，创新了基层工作方式。

六、坚持锻造和弘扬新时代“雄安作风”，筑牢高质量发展的政治生态和实践保障

中国共产党在领导人民革命斗争和经济建设过程中，在不同历史时期、在特定的地点都留下了宝贵的精神财富，从革命斗争时期的“井冈山精神”“延安精神”“西柏坡精神”到改革开放后的“深圳精神”“浦东精神”和“浙江精神”等，塑造了中国共产党人特有的性格、精神、思想、形象及内在的气质，展现了对中华民族传统文化的示范价值和转化价值，开拓了具有东方文化特质的发展道路，成为中华民族实现伟大复兴的“精神源泉”。雄安新区肩负着“成为新时代推动高质量发展的全国样板，培育现代化经济体系新引擎，建设高水平社会主义现代化城市”的历史重任，也必将锻造出属于新时代、引领新时代的“地域精神”。通过这一时期的深入调研，可以感受到雄安新区创业者们的雄心抱负和创业时期的精神财富。雄安新区“举手投足”之间已经展现出来的干事创业的风气、城市建设者的精神面貌、群众素质和行为规范等筑就了良好政治生态和推进建设的实践基础，我们暂且将其称

为“雄安作风”加以总结。

（一）“坚韧有为、勇挑重担、踏实精细、拼搏奉献”的品格铸就了“擅打硬仗”的“铁军”

雄安新区处于创业初期，时间紧、任务重，较长一段时期内都会处在人少、事多、面广、量大的状态。从调研中发现，在推进雄安新区规划建设过程中，各级党政干部政治意识、大局意识、责任意识非常强，始终保持强烈的使命意识和担当精神，力戒心浮气躁、片面追求速度、忽视质量细节，倡导实干、立说立行、低调务实；推进各项工作中往往层层传导工作压力，夯实工作责任，完善责任链条，以“钉钉子”的精神抓好工作落实。他们积极克服工作、生活、家庭等各种困难，主动牺牲节假日和休息时间，超负荷运作，“白加黑”“5 加 2”是工作常态，激情战斗、忘我工作，不讲条件、甘于奉献，密切协作、合力攻坚，以“啃硬骨头”的精神和锲而不舍的作风，科学推进规划编制和体制机制创新，强力推动生态治理和污染企业淘汰出局，有效整顿了一批软弱涣散基层班子，扎实做好了各项群众工作，解决了一批久拖不决的“钉子案”“骨头案”。这其中涌现出了爱民为民的“草帽哥”、以身殉职的好公仆梁栋军等一批先进典型，树立了新区党政干部干事创业的“铁军”形象。“千年大计只争朝夕，国家大事必做于细”这句随处可见的标语，恰到好处地反映出雄安人干事创业的态度和作风。

（二）“敢闯敢试、融汇创新、质量为本、和谐共享”的作风翻开了新区规划建设生机勃勃的历史画卷

在平地上规划建设一座经得起历史检验的城市，雄安的事业可谓前无古人，没有先例可循也没有模式可依，需要从零起步，先行探索。无论是规划编制、体制机制改革、传承文化基因、建设低碳智慧城市，还是建设市民服务中心、培植“千年秀林”、白洋淀生态治理、“记得住乡愁”行动；无论是“系好第一颗扣子”还是“三项行动”“三项工程”等，雄安新区在规划建设中

始终坚持在尊重城市建设规律、合理把握开发节奏的基础上不断探索创新；始终坚持“敢”字当头，树立开拓创新思维，打破常规，敢为人先；始终坚持开放包容、融汇天下的思维模式，以战略眼光、全局视野集全球智慧；始终坚持以创造“雄安质量”为目标，为新一轮改革开放探索新路子、积累新经验、开启新模式；始终坚持以人民为中心的发展理念，追求人民群众的获得感和幸福感。雄安新区必将通过锻造和弘扬新时代宝贵的精神财富，不断激发高质量发展的精神动力，“精心推进、不留历史遗憾”，一茬接着一茬干，努力建设一座高水平的社会主义现代化城市，给子孙后代留下一笔经得起检验的历史遗产。

“80 年代看深圳，90 年代看浦东，21 世纪看雄安。”未来的雄安，最先进的城市理念扎根发芽，最创新的改革模式作出示范，最前沿的创新发展见证新时代。

未来的雄安，将是一座“聪明城市”，拥有时时处处能够感知、万物互联、信息相通的智能城市体系，基础设施智慧化水平超过 90%，一根钢梁都能在虚拟雄安中找到映照，一个控制阀门都可以被赋予一个 IP 地址，建筑、交通、道路、桥梁、停车场、信号灯乃至灯杆、井盖、垃圾桶都是智能的，无人化物流配送将走进人们的生活。高速宽带标准千兆入户、万兆入企。

未来的雄安，在数字化基础设施支撑下，公共服务将朝着均等化、普惠化、便捷化的方向发展。步行 5 分钟送孩子到幼儿园、10 分钟送到小学、15 分钟到中学，日常生活基本需求在 15 分钟步行范围内都能解决；以人为本、全时空服务的智能社区将引领潮流，所有政务服务将实现足不出户网上办理，医疗、教育、文化、旅游等服务主动推送、便捷获取；每个在雄安居住或工作的人都拥有一个高度安全、强隐私保护、不可篡改的数据账户，实现记录一生、管理一生、服务一生。古树、古牌坊有机嵌入公园、绿地，文物古迹、历史古城、传统村镇等构成了富有雄安特色的城市印记，这里能留住文化的根和魂。

未来的雄安，将镶嵌在蓝绿交织的生态空间之中，蓝绿空间占比稳定在70%，森林覆盖率将由现在的11%提高到40%，3公里进森林，1公里进林带，300米进公园，街道100%林荫化的立体生态格局将变为现实；被动式超低能耗绿色建筑覆盖全区，节能建筑要占比75%以上；站城一体、窄路密网，“公交+自行车+步行”将是城内主流出行模式；“一方城、两轴线、五组团、十景苑、百花田、千年林、万顷波”将形成中华风范、淀泊风光、创新风尚的城市风貌。

未来的雄安，将积极吸纳和集聚创新要素资源，走在科技最前沿，敢于冒险、敢于试错，它是全世界科学家和创新人才施展才能的乐土，将建设世界顶尖的大学和研究中心。国际一流的科技创新平台、国际一流的科技教育基础设施、国际一流的创新服务体系遍地开花，全球创新高地将在这里崛起；一大批国际高端服务业及高新技术产业方面的优势企业将入驻布局，70%—80%的贡献都会来自高端高新产业，建成实体经济、科技创新、现代金融、人力资源协同发展的现代产业体系。

40年改革开放，从深圳特区到浦东新区，再到今天的雄安新区，我们对改革发展规律的认识不断深化，对社会主义建设规律的认识不断深化。雄安新区一定会按照习近平总书记的指示，激发“功成不必在我”的精神境界，严格落实党中央部署和规划方案，走出一条不同以往的道路，通过“不同以往”实现“不同凡响”，不负“千年大计、国家大事”重托，在神州大地绘就更加壮美的中国画卷。

（2018年8月）

改革开放

与中国城市发展

GAIGEKAIFANG

唐山

TANGSHAN

英雄城市再出发

——唐山以“三个努力建成”目标引领全面深化改革开放的调研报告

中共河北省委宣传部
中 共 唐 山 市 委

2016年7月28日，在唐山抗震救灾和新唐山建设40周年之际，习近平总书记亲临唐山视察。他检阅了40年来唐山经济社会发展取得的巨大成就，检阅了6年来唐山贯彻落实“三个努力建成”重要指示取得的丰硕成果，检阅了唐山改革开放38年来发生的历史巨变。习近平总书记称赞唐山是“英雄的城市”，唐山人民是“英雄的人民”；希望唐山按照“三个努力建成”目标，再接再厉、不懈努力，全面做好改革发展稳定各项工作，争取在转变发展方式、调整经济结构、推进供给侧结构性改革等方面走在前列，使这座英雄城市再创辉煌。

回首波澜壮阔的发展历程，唐山从大地震废墟上崛起之路，就是改革开放之路；唐山全面深化改革开放，最根本的政治遵循和目标指向就是“三个努力建成”。

渤海湾畔，燕山山麓，长城脚下，黄土地上，改革发展的大纛迎风舒卷。唐山，这座英雄城市，和她怀抱中的789万人民一道，正在沿着习近平总书记确定的“三个努力建成”“三个走在前列”奋斗目标，奋楫争先，破浪前行！

一、扩大开放，建设东北亚地区经济合作窗口城市

自 140 年前城市开埠之日起，唐山就植下了优良的开放基因。1978 年秋，改革开放的号角响彻华夏大地，唐山这座刚刚从大地震创痛中站立起来的城市，就以奔跑的姿态加入到时代的滚滚洪流中。凭借 4467 平方公里的海域面积、229.7 公里的海岸线这一得天独厚的自然优势和区位优势，唐山在 1988 年跻身国家第 2 批沿海对外开放城市行列。

40 年岁月如歌，40 年花落花开。如今，怀抱大美海洋、坐拥天然良港，已经成为唐山经济社会发展和改革开放的核心战略资源。面向大海，走向世界，正在成为唐山这座城市的历史性必然选择。一代又一代的唐山人高擎改革开放的大纛，沐浴着新时代的阳光，疾行在改革开放的通衢上！

（一）补齐短板，将唐山港建成世界一流综合贸易大港

唐山东临渤海，蔚蓝色海岸线如同蓄势待发的弓弦。一座城市在改革开放初始，便在此寻找到了面向海洋、走向世界的发力点。

其实，早在 1919 年，伟大的民主革命先驱孙中山先生在《建国方略》中提出："兹拟建筑不封冻之深水大港于直隶湾中。顾吾人之理想，将欲于有限时期中发达此港，使之与纽约等大。"然而，由于种种历史的局限，这一方略始终未能付诸实施。

民主革命先行者的夙愿在唐山人手中逐渐成为现实。借力海洋，大步崛起。20 世纪 80 年代，乘着改革开放的春风，唐山市委、市政府制定了"以港兴市"的战略，扬起了进军海洋，走向世界的航帆。唐山港的两大港区——京唐港区和曹妃甸港区双港并峙，先后于 1992 年 7 月和 2004 年 12 月正式通航。唐山港的横空出世，为唐山搭建了跨越海洋、融入世界的广阔平台。

时光见证了一座港口的辉煌。目前，唐山港已与世界上 70 多个国家和地区的 160 个港口实现通航。2017 年，唐山港完成货物吞吐量 5.7 亿吨，超

越荷兰鹿特丹港，居世界第 7 位，全国第 4 位，仅用 10 多年时间，唐山港就走完了国外发达国家港口百年的发展历程，创造了世界港口发展史上的奇迹。

近年来，随着港口运营规模的不断升级，唐山港口发展过程中的一些短板也逐渐凸显出来，大而不强、管理体制分散、集疏运效率不高、对产业和城市拉动作用不强等问题，成为制约港口进一步发展的“瓶颈”。

2010 年 7 月 17 日至 18 日，时任国家副主席的习近平同志视察唐山，作出了“努力把唐山建成东北亚地区经济合作的窗口城市、环渤海地区的新型工业化基地、首都经济圈的重要支点”的重要指示。近年来，唐山深入贯彻习近平新时代中国特色社会主义思想，紧紧抓住京津冀协同发展和“一带一路”建设两大机遇，通过走港产城融合发展之路，不断拓展外贸航线，建设内陆港，进一步扩大港口腹地，努力打造世界一流综合贸易大港。

进入新时代，唐山抓住国家“一带一路”建设的历史性机遇，全力拓展“东部沿海—京津冀—西北”集装箱多式联运项目，在晋中、朔州、鄂尔多斯、乌海、乌鲁木齐、包头、二连浩特、乌兰察布、新疆阿拉山口等多地先后设立 10 个内陆港，开展海铁联运业务，已将唐山市港口直接腹地由华北扩大到内蒙古、宁夏、新疆、甘肃等广袤的西北内陆地区，间接腹地已达到蒙俄和中亚等国，腹地实际覆盖面积由 140 万平方公里扩大到 230 万平方公里。唐山港内陆港“朋友圈”越来越广，唐山港口亮丽品牌逐步放大。

今日唐山，不再是守着大海、有海无港的“内陆城市”，而是一跃成为坐拥天然良港、大美海洋的滨海城市和“一带一路”的重要枢纽。

经过多方筹备，今年 4 月 26 日，满载着高岭土、酵母等出口产品的首趟中欧班列，由唐山港封关始发，途经国内北京、呼和浩特、包头、哈密、乌鲁木齐等城市，再由阿拉山口口岸出境，辗转哈萨克斯坦、俄罗斯、白俄罗斯、波兰、德国到达比利时安特卫普。此次班列的开通，打通了京津冀地区至欧洲的陆向开放新通道，也为日、韩两国至欧洲地区的过境货物开辟了新路径。

一列列看似普通的中欧班列，不仅开启了唐山港海陆联运的新征程，也为唐山借助陆路深入亚欧腹地掀开崭新篇章。

唐山港集团股份有限公司副总经理李建振介绍说，此次开通中欧班列，是唐山快速融入国际价值链、产业链，推动港口高质量发展取得的又一重要成果。它的顺利开行，使唐山港集装箱的多式联运示范工程成功扩展到了中亚、西亚、欧洲，为唐山的外向型经济发展注入了强大动力，也为京津冀和广大西北地区对接“一带一路”开辟了新的国际物流大通道。借助安特卫普中转港地位及发达的临港产业，唐山今后还将通过中欧班列进口西欧地区汽车及配件、船舶配件、精密机械、电子产品、食品等，实现双源钟摆式海铁联运，使其真正成为安全、高效、便捷的国际进出口贸易大通道。

目前，唐山正按照统一规划、统一建设、统一运营、统一品牌的要求，加快港口资源整合；重点发展转口贸易、港口金融业等现代港口服务业；抓住、用好获批国家跨境电子商务综合试验区的契机，依托曹妃甸综合保税区和京唐港 B 型保税物流中心，培育新型贸易业态，推动港口转型升级。不远的将来，一个面向世界的综合性国际贸易大港呼之欲出！

（二）转身向海，加大沿海地区开放开发力度

原本是渤海湾近海一个带状沙岛的曹妃甸，已在改革开放的大潮中华丽嬗变为世界级深水大港。伴随着巨轮往还的阵阵笛声，以曹妃甸腹地为中心的唐山沿海地区开发建设如火如荼，四面开花。

在曹妃甸港区，时常出现一位花甲老人的身影。尽管已经退休，但是被誉为曹妃甸“建港功臣”的王钟敏依然每隔一段时间便来海边转转，感受这里日新月异的变化。这位老人，也见证了曹妃甸从一个不足 4 平方公里的带状荒岛，成长为 210 平方公里的广阔区域，成为一片唐山沿海地区创业的热土。

实际上，20 多年来，唐山始终致力于“用蓝色思维改写黑色煤都历史”，始终致力于生产力布局向沿海转移。通过几代人的不懈努力，兴建唐山港，

开发曹妃甸，以曹妃甸为龙头的沿海经济加速崛起。特别是近年来，努力把唐山“建成东北亚地区经济合作的窗口城市”的目标更为明晰，唐山在开放的征途上，一路追赶、一路奋进。

近年来，随着唐山沿海开发持续推进，按照沿海地区发展规划确定的战略定位、发展目标、产业布局、功能分区，唐山以国际化视野、国际化手笔，勾勒走向海洋的蓝图，加快修编完善各项发展规划，先后制定出台了《唐山沿海地区产业发展和空间布局规划》《唐山市岸线开发利用规划》《曹妃甸循环经济示范区用海总体规划》等。目前，沿海各县区总体规划及产业发展规划基本完成，形成了较为完备的规划体系，为基础设施建设以及产业大规模聚集创造了有利条件，奠定了坚实基础。

大港口带来大通衢。在交通路网方面，唐山推动形成大交通格局。沿海公路、张唐铁路等项目加快建设，水曹铁路、迁曹高速等项目建设不断推进，与已建成的唐曹高速、沿海高速、迁曹铁路、司曹铁路、唐港铁路等，共同形成贯通秦唐沧、连接环渤海的现代化交通体系，为加快沿海开发建设提供支撑。

大通衢带来大项目。早在 2005 年，首都钢铁集团京唐公司就在曹妃甸成立。十几年间，在曹妃甸区，精品钢铁、石油化工、重型装备制造、港口物流等主导产业加速聚集。中石油集团、中石化集团、华润集团等 17 家央企，首钢集团、金隅集团等 130 多家大型国企、知名民企纷纷落户。2017 年，曹妃甸完成地区生产总值 440 亿元，财政收入 110.6 亿元，公共财政预算收入 67 亿元，固定资产投资 890 亿元，主要经济指标位居河北前列。曹妃甸开放开发的“龙头效应”日益明显。

良好机遇从来没有像近年这样眷顾唐山沿海地区。沿海县区积极打造优质平台，以港口为龙头，以产业为支撑，以村镇为依托，掀起了一轮又一轮的开发热潮，一个个产业园区、高新技术园区、协同发展园区先后建立，以新型钢铁、新型环保建材、机械设备制造、医药玻璃制品、现代家居、现代养老产业等为主的一大批国内外优秀企业、重大项目先后在 5134 平方公里的热土上落地开工，极大地推动了沿海地区大发展、快发展。据统计，2017年，唐山沿海各县区实现生产总值2073亿元，雄踞全市经济总量的三分之一。面向大海，面向世界，一条蓝色经济带飞舞升腾，唐山正在沿海地区收获着更多的光荣与梦想。

拥浩瀚海洋，襟千里沃野。以全面推进曹妃甸高质量发展为标志和起点，唐山沿海地区高质量发展开始驶入“快车道”。曹妃甸按照“一港双城”的战略部署，坚持世界眼光、国际标准、战略思维、唐山特色，加快建设开放创新包容、宜居宜业宜游的现代化滨海新城。目前，曹妃甸正在瞄准现代产业聚集区、世界一流综合贸易大港、生态宜居品质之城的定位，通过走港产城一体化发展之路，加快建设全域覆盖、全面统筹、全方位推进的新发展理念示范之城，以质为先、结构优化、绿色循环的现代产业聚集之城，以港布产、以产兴城、以城促港的港产城融合发展之城，海碧岸绿、湾美滩净、蓝绿交织的生态宜居品质之城，开放包容、改革突破、活力迸发的创新驱动引领之城。

一个以曹妃甸为龙头、崭新的唐山沿海地区开放带，将再次惊艳全国，震惊世界！

（三）“引进来”与“走出去”相结合，大力发展外经外贸

1976年的大地震将唐山城区夷成一片废墟，整整10年的恢复建设重任，在某种程度上延缓了唐山对外开放的脚步。直到1986年，唐山的实际利用外资总额依然为零。

改革风来满眼春。历经10年恢复建设后，唐山经济社会进入了快车道。英雄的唐山人擎起开放旗，打好招商牌，以开放促改革、促创新、促发展。经过几十年的奋起直追，到目前，唐山已相继建成卫生陶瓷、装备制造2个国家级出口基地和遵化板栗、高新区机械电子等4个省级出口基地及5个出口集聚区。2017年，唐山全年进出口总额完成139.1亿美元，居全省第一。今年上半年，唐山市直接利用外资74800万美元，同比增长10.0%，总量居

全省第一位，实现了时间任务“双过半”。

资料显示，截至2017年，来唐山投资发展的已有40个国家和地区的300多家外资企业，其中中国香港地区有114家、日资企业47家、韩资企业14家。日本松下、爱信、住友，美国通用电气，法国达能等数十家世界500强企业先后纷至沓来。

由于地缘优势，唐山一直是日资企业的重要投资目的地，数十家日本知名大企业先后来唐投资办厂，涉及建材、机电、食品、纺织、餐饮、海水养殖等行业，形成了高新技术产业园区日资工业园、开平区现代装备制造园区、芦台经济开发区自行车零部件产业集聚区。目前，普真再生资源分拣加工及集散市场等一批与日、韩及国内企业合作项目落地开工。

作为继亚洲之后的第二大贸易地区，拉丁美洲市场近年对唐山市经济发展支撑作用明显。2017年，唐山市与拉丁美洲贸易往来日益频繁，贸易总额达到13.6亿美元，占全市对外贸易总额的13.6%。目前，唐山市有唐钢集团、宏忠钢铁、三友化工、中都国际贸易、燕山、港陆、国丰钢铁等近260家企业与巴西、智利、秘鲁、哥伦比亚等30多个拉美国家和地区开通了贸易往来业务。

唐山企业不断抢抓发展新机遇，立足打造具有国际竞争力的开放型经济发展高地，将国际化作为推动企业转型升级的有效途径，积极主动融入“一带一路”国家开放建设，大力开拓海外市场，参与国际竞争。经过几十年的发展，唐山经济外向度不断提升，越来越多的“唐山制造”和“唐山服务”品牌走出国门，走向世界。

作为国内最大的机车检测设备研发企业唐山百川智能机器有限公司，早在2012年其产品就成功出口新加坡，这是我国轨道交通检修成套装备首次叩开发达国家市场大门。近年来，该公司销售额以每年递增30%的速度，成为唐山外贸的领军企业，产品先后出口到新加坡、日本、加拿大、法国、沙特阿拉伯、巴基斯坦、乌兹别克斯坦等15个国家。

河北华发教育科技股份有限公司研发的触控产品，远销美国、韩国、荷兰、印度、塞尔维亚等 20 个国家，受到国际市场的认可和赞扬。

唐山英莱科技有限公司生产的工业机器人焊缝跟踪系统成功应用于世界知名企业——德国库卡机器人公司，得到全球顶级工业机器人生产商的认可。唐山英莱科技有限公司因此成为首家进入库卡工业机器人系统的中国公司。

中信重工开诚智能装备有限公司是国内知名的集研发、生产、销售、服务于一体的智能装备制造企业，生产的消防机器人近年来迎来爆发式增长，产品远销俄罗斯、澳大利亚、蒙古国等国外市场。

唐山松下产业机器有限公司与印度松下私人有限公司签署的技术合作协议，使唐山市的电焊机、电气切割机技术成功走出国门，实现了从技术引进到技术出口的转变。

高新技术企业激浪国际市场，传统行业老树新花，香飘海外。多年以来，唐山钢铁、水泥、基础建材等传统行业优势非常突出，形成了一定规模的企业集群。而“一带一路”沿线 64 个国家中，70%以上国家的钢材全部需要进口。唐山传统企业紧抓历史性机遇，搭乘“一带一路”的快车，加速海外扩张。目前，唐山已有钢铁、煤炭、建材、加工制造、农业开发等领域的 100 多家企业“走出去”开展境外投资合作，遍布世界 60 多个国家和地区。由河钢集团并购、唐钢公司管理运营的塞尔维亚斯梅代雷沃钢厂年产 220 万吨长流程钢铁生产基地项目，堪称“经典之作”：

斯梅代雷沃市位于塞尔维亚中部，是一座有着 10 万人口的城市。虽然城市规模不大，这里却有着塞尔维亚最大的一家钢厂——斯梅代雷沃钢厂。由于经营不善，这家钢厂面临着生存危机。2016 年 4 月，河钢集团以 4600 万欧元的价格收购了这家“百年钢厂”。斯梅代雷沃钢厂当时的产能是每年 200 万吨钢材，但由于各方面原因在 2015 年时每年的实际产量只有 90 万吨左右，而钢厂的员工则有 5000 多人。在经过一系列的考察和谈判后，河钢集团决定，接收钢厂后保留所有的 5000 多名员工；同时将生产线全面开动起来。自成功收购以来，河钢集团向斯梅代雷沃钢厂已经派遣了 11 批、累计近200人的技术团队，帮助斯梅代雷沃钢厂提升技术，解决在设备、信息化、工艺等多方面存在的问题。截至2016年年底，河钢斯梅代雷沃钢厂已经开始实现盈利，创造了当年收购、当年生产、当年盈利的奇迹。2017年，河钢斯梅代雷沃钢厂计划将产量提升到200万吨，预计产值将达8亿美元，实现利润2000万美元。唐山人用智慧和汗水点燃的熊熊火焰，照亮了大洋彼岸一个地区、一座城市的希望之路。

心潮逐浪，追梦万里！唐山众多企业着眼国际市场，谋划战略布局，如同辛勤的“拓荒牛”，一步步闯进了国际市场。如今，在亚洲、非洲、欧美，特别是“一带一路”沿线国家和地区，到处活跃着唐山企业的身影，在全球40多个国家和地区演绎着一幕幕“唐山故事”。

值得一提的是，2016年5月，唐山市被列为全国构建开放型经济新体制综合试点试验城市，而且是京津冀地区唯一试点城市，这是改革开放40年来，唐山首次与上海浦东、广东东莞、江苏苏州等先进发达地区比肩而立，开始站在国家新一轮开放的前沿。

目前，唐山正在全面提升利用国际国内两个市场、两种资源的质量和水平，加快发展外向型经济，融入世界经济大循环，构建开放型经济新体系，努力打造全面改革开放试验田和新高地。

（四）不断加强对外交往交流，提高城市美誉度

改革开放40年让唐山这座城市焕发出空前的活力和张力，也为唐山走向世界搭建了宽阔舞台。多年来，唐山不断加强城市对外交往、交流，目前已与25个国家建立了65对友好省（州）和城市关系，与世界200多个国家和地区建立了经贸关系。

进入新时代，唐山着力开展对外交往，形成了全方位、宽领域、多层次对外交往的新格局。近年来，唐山先后举办了2016唐山世界园艺博览会、中国—中东欧地方领导人峰会、中国—拉美企业家领导人峰会和第25届金鸡百花电影节等重大活动。这些对外交流合作为唐山参与国际产能合作、推

进供给侧结构性改革、促进经济社会转型发展、推动唐山经济和社会发展提供了有力保障。唐山在世界上的知名度美誉度与日俱增。

近年来，许多唐山市民感受到一个新的变化，那就是市内进口商品超市、商店越来越多。曹妃甸综合保税区进口商品直销中心、世博进口商品直营中心、IBD 进口保税商品直营中心、全界超市相继开业，其中来自日本、韩国、俄罗斯的商品占据了大部分柜台。开放的脚步拉近着唐山与世界的距离，唐山人在自己的家门口就能享受到外国商品。

如今，开放的唐山，正以自信的姿态，向世界展示着越来越迷人的魅力。

旅游业是一个城市、一个地区展示形象、对外交往的金色名片。近年来，唐山大力发展文化旅游产业，确定了“打造立足京津冀、面向海内外知名旅游目的地”的发展定位，坚持以旅游为体、以文化为魂，把贵如珍珠的旅游点串联成链，把多彩多姿的文化融入旅游，讲好唐山故事，展现唐山美景，依托京津优势，打响“唐山周末”品牌，全力打造“北京后花园”、京津冀重要旅游休闲目的地，在提升唐山形象的同时把文旅产业培育成重要的支柱产业，吸引了亚、欧、美、非、大洋洲等 30 多个国家和地区的游客纷至沓来。南湖、清东陵、国际旅游岛等已经成为国内外知名的旅游胜地。

进入新时代，唐山致力打造开放创新包容、宜居宜业宜游的现代化国际滨海城市，以文旅融合传承工业文脉、留住文化乡愁，让这座城市更有颜值、更具底蕴、更富品质魅力。往日的“煤都”“钢城”的印象已从世人记忆中渐渐淡去，取而代之的是唐山世界园艺博览会会址、“唐山周末”旅游品牌、中拉沙滩足球盛宴、启新 1889 中国水泥博物馆、开滦国家矿山公园、中国（唐山）工业博物馆、中国（唐山）陶瓷博物馆、中国铁路源头博物馆等一系列城市文化的新名片、新地标，它们让每一个生于斯长于斯的唐山人引以为豪，吸引越来越多的人汇聚唐山、爱上唐山、留在唐山。

英雄的城市唐山，正以海纳百川的姿态，坐拥一方秀美山川，迎接四方宾客，赢得盛世美名！

二、转换动能，建设环渤海地区新型工业化基地

走进丰南临港经济开发区惠达国际家居园，门口的两座黑猫和白猫的瓷质雕像格外引人注目，基座上“恩泽一地”“惠达八方”八个字，生动地诠释了这家企业的责任和担当。

如同改革开放初期大多数创业者一样，1982 年，在“白猫黑猫论”的激励下，惠达集团董事长王惠文抱着带领乡亲们富起来的想法，毅然投身市场经济大潮，靠东拼西凑的 28 万元创建了惠达集团的前身黄各庄陶瓷厂。

从最初的小作坊，到实现年销售额 27 亿元、总资产 40 亿元、品牌价值 219 亿元、年卫生陶瓷产能 1000 万件的中国卫浴行业领导者，惠达的发展历程，正是唐山这座城市传统工业转型升级的缩影。

唐山是中国近代工业的摇篮，中国第一座机械化采煤矿井、第一条标准轨距铁路、第一台蒸汽机车、第一桶机制水泥、第一件卫生陶瓷、第一张股票和第一位中国人担任的大学教授等近代中国的“七个第一”，相继在这里诞生。历史上的唐山引领了中国近代工业文明的兴盛与崛起。

改革开放 40 年来，唐山经济社会发生了翻天覆地的变化。“七五”期间，唐山经济发展赶上了全国平均水平；“八五”期间，超过全国发展速度；1989 年，进入全国 25 个生产总值超百亿城市行列；2001 年，生产总值突破 1000 亿元大关；2005 年，唐山人均生产总值、财政收入位居全省第一，成为河北经济的“领头羊”；2017 年，唐山市地区生产总值达到 7106.1 亿元。

近年来，和世界上许多资源型城市一样，唐山也曾经历了产能过剩、环境污染、产业结构不合理等诸多困扰。如何加快城市转型，实现可持续发展，成为横亘在唐山整座城市面前必须跨越的坎儿。

责任在肩，负重前行。市委、市政府清醒认识到，唐山是工业大市但还不是工业强市，是制造业大市但还不是先进制造业大市；多年资源依赖型发展之路，形成的是偏重的工业结构，带来的是高污染、高排放、高能耗。实现高质量发展，要以“破立降”为主线，推进供给侧结构性改革，加快建设

环渤海地区新型工业化基地。

（一）坚定不移在“破”上出重拳，坚决压减过剩产能，为先进产能腾出市场和发展空间

作为全国重要的能源原材料基地，唐山的钢铁、水泥广泛应用到人民大会堂、中国国家博物馆以及“鸟巢”国家体育场等标志性建筑，为国家建设发展作出了突出贡献。开滦煤矿在国家最需要的时候，源源不断供应着工业“粮食”，被周恩来总理称赞为“出了力、救了急、立了功”。但是随着中国经济进入新常态，产业结构不合理、环境污染严重等问题，已经成为唐山高质量发展的桎梏。

面对这种形势，唐山市以壮士断腕的气魄和胆识，坚决去、主动去、加快转，充分运用市场化、法治化手段，利用环保、质量、技术、能耗、水耗、安全等标准，建立公平有效的竞争性退出机制，形成化解和防止产能过剩的长效机制。

对于唐山的企业家来说，压减过剩产能，加快转型升级，既是挑战，更是机遇。在化解中思考方向，在转型中谋求突破，是走高质量发展的必经之路。

2006年10月16日，唐山钢铁行业发生了一件石破天惊的大事：44岁的迁安金丰钢铁公司总经理叶金保出人意料地熄灭了自家钢炉的窑火，毅然转产从事生物制药行业。

叶金保对钢铁行业有着特殊的感情。1999年，他建起迁安第一家民营钢铁企业——金丰钢铁。

“当时机器开起来就像印钞票一样。”形势一片大好时，他却决意转型，理由很简单：“小钢铁”的路子快到头了。他的判断，一方面来自于环保约束，一方面来自于钢铁产能过剩。2003年，为金丰钢铁立下汗马功劳的一座炼铁高炉被拆除。2006年，叶金保毅然卖掉金丰钢铁，成立英诺特公司，发展生物制药，成为“河北钢企转型第一人”。

“受资金、技术、人才、市场的瓶颈制约，转产之路并不轻松。”叶金保坦言，再创业的艰难，使他痛苦过、迷茫过、矛盾过、斗争过。但凭着一股执拗劲，他毅然决然地结束钢铁行业的奋斗历程，重回原点，开始了新的人生搏击。

在从钢铁跨界转型到生物技术的10多年间，英诺特已在迁安建有国内同行业较大的5000平方米净化车间，拥有胶体金、酶免、化学发光、核酸检测、生物芯片等5条诊断试剂生产线，年产2000万人份各种诊断试剂。公司已取得肺炎支原体、沙眼病毒、风疹病毒等55个产品注册证书，多项技术为国内首创并获得12项国家专利，填补了省内和国内空白。

目前，英诺特国内市场以京津冀地区为核心，逐步向其他省市辐射，已形成北京、天津、广东、山东、河南等9个省市为支撑的销售体系，并出口北美和东南亚等20多个国家和地区。

“2015年，我们与国内诊断试剂行业龙头企业达安基因成功牵手达成战略合作。依托达安公司的市场渠道、研发技术、资本运作等资源平台，公司进入了快速发展的轨道。”叶金保对未来充满了信心。

统计资料显示，2013年以来，唐山累计化解炼钢产能4469万吨、炼铁产能2553万吨，分别占全省的63.9%和39.6%；企业数量由58家减少到40家。此外，全市化解煤炭过剩产能400万吨，淘汰落后煤电机组7台、产能6.7万千瓦，淘汰11家企业及水泥窑6座、水泥磨43座，淘汰落后产能872.7万吨。今年1到6月份，唐山单位工业增加值能耗下降10.88%。87家企业完成了清洁生产审核工作；全市41家钢铁企业140台烧结机，6家钢铁企业的8台烧结机已完成烟气脱硝，105台烧结机已开工。全市44家钢铁企业完成无组织烟气治理和生态厂区建设。焦化行业脱硫脱硝工作均已完成。陶瓷、铸造企业煤改电、煤改气任务全部完成。

行百里者半九十。进入新时代，唐山压减过剩产能、加快转型升级的步伐从未停歇。按照既定目标，唐山今年还将压减炼铁产能281万吨，炼钢产能500.25万吨，逐步实现到2020年全面淘汰1000立方米以下高炉和100

吨以下转炉；通过整合重组，将钢铁企业数量由 40 家减少到 30 家以内，到 2025 年减少到 25 家以内。

（二）坚定不移在“立”上求突破，打造先进制造业集群和战略性新兴产业发展策源地

“滴水可以成海，你用独特的眼光洞察人类生存空间，扛起责任，鼎力承担中国超声测流技术的重任；你用超前的智慧独树一帜，勇于实践，将十几人的小公司发展成上市企业，核心技术傲立世界。”在今年举办的第二届唐山市市长特别奖颁奖仪式上，汇中仪表股份有限公司董事长张力新获得了这样的颁奖词。

作为恢复高考后首批大学生，张力新考入西南交通大学电气化供电专业，毕业工作 10 余年后，于 1994 年创办汇中仪表股份有限公司。

创业初期，张力新就把目光投向超声测流领域。在他看来，粗放的供给方式，造成我国管网结构不平衡、管理不到位，使资源出现了极大的浪费。“漏损率严重是供水、供热过程中普遍的问题，最高可达到 50%，而日本的数字是 7%，这个市场非常大。”

——2000 年，汇中研发出中国第一台户用超声热量表，它的出现不仅填补了国内空白，还一举打破了中国超声热量表市场长期被国外产品垄断的局面。

——2003 年，汇中成功研发出中国第一台超声水表，从此我国城镇供水计量收费由机械水表时代迈入了以超声水表为代表的数字化时代。

——2008 年，汇中参与国家科技部“863”“过程控制流量传感器及系统”项目，并于 2012 年通过科技部验收，为提升我国高性能传感器的自主研发和产业化能力作出了杰出贡献。

“从成立之初，我们就把研发摆在首位，这是我们的企业发展的根本。”张力新介绍说，汇中拥有全部产品的自主知识产权，先后参与制定《给排水用超声流量计》《热量表》《社区能源计量超收系统规范》《超声流量计》等

行业及国家标准，拥有专利近百项。

2017年，汇中与华为科技有限公司合作，完成全球首个新型户用水表试商用项目。目前，汇中已成功实现物联网超声测流产品的系列化，助力客户构建大数据服务体系，满足客户采集数据的定制化要求。

“随着二期智能制造中心现已全面开工建设，我们下一步的目标就是瞄准‘中国制造2025’。”张力新对汇中的发展有着清晰的规划。

汇中仪表的发展路程是近年来唐山高质量发展的一个成功范例。目前，唐山市按照高质量发展要求，全面践行新发展理念，以创新发展能力强、绿色发展能力强、融合发展能力强、支撑带动能力强、产业竞争能力强、持续发展能力强为标志，做强精品钢铁、装备制造、现代化工、新型建材及装配式住宅四大主导产业，做大轨道交通装备、机器人、电子及智能仪表、动力电池、节能环保等五大新兴产业，做优现代物流、现代金融、新兴信息服务、研发设计等四大生产性服务业，着力构建“4+5+4”现代产业体系，打造先进制造业强市，助推新型工业化基地建设进程。

“建成环渤海地区新型工业化基地，必须坚决摈弃‘资源型、重工业、高消耗、高排放、高投入、低效益’的传统发展方式，打造产业结构‘高、新、轻、绿’新格局。”省委常委、市委书记王浩指出。

在建设新型工业化基地进程中，唐山先后涌现出一大批高新技术企业，引领着整个行业不断刷新高质量发展的崭新高度：晶玉科技有限公司的“蓝宝石多线切割机”，在我国工业设计领域最高奖项“2016年中国优秀工业设计奖”评审中，一举夺得金奖；特种机器人成为京津冀最大的产业基地；中车唐山公司近500组动车组成为我国高铁客运专线的主力，研制的全国首列长编组“复兴号”动车组，被誉为新时代中国高铁走向世界的“大国重器”；三友集团投产的年产20万吨功能性、差别化粘胶短纤维项目，在单线产能、综合能耗等方面创造了化纤行业之最，树立了行业新标杆。

一组跳动的数字诠释着唐山实现高质量发展的内涵：2017年，钢铁、焦化、水泥三大传统产业增加值占规模以上工业比重比2010年下降10个百分点，装备制造业占规模以上工业增加值比重提高到 19.3%，高新技术产业增加值年均增长 15.6%。今年 1 至 5 月全市固定资产投资同比增长 6.9%，其中第二产业投资同比增长 25.4%，对全市固定资产投资增长贡献率为 189.7%，占全市比重为 60.6%，同比提高 8.1 个百分点。

面向未来，路在脚下。按照既定规划，唐山将加快建设环渤海地区新型工业化基地，到 2020 年，高新技术企业和科技型中小企业分别达到 580 家、8000 家以上；“两化”融合指数达到 89，制造业质量竞争力指数达到 85，每年新增规模以上工业企业 100 家以上；重点行业 80%以上企业达到清洁生产标准；打造 2 个千亿级、2 个 500 亿级产业集群，培育 1 个万亿级、1 个 5000 亿级、2 个 2000 亿级的支柱产业，初步构建起环渤海地区新型工业化基地的框架。

到 2025 年，全市规模以上工业企业主营业务收入超过 2.5 万亿元，战略性新兴产业增加值占比达到 20%，高新技术企业达到 1000 家，科技型中小企业达到 1.5 万家，跻身世界一流石化产业基地、精品钢生产基地和全国重要的高端装备制造产业基地行列，成为全国领先、世界知名的先进制造业强市。

未来在召唤，时代在引领！一个凤凰涅槃的城市正沿着既定目标阔步前行！

（三）坚定不移在“降”上动真格，切实降低实体经济成本、降低各种风险和杠杆，助推工业转型升级

7 月，骄阳似火，在唐山东方雨虹防水技术有限责任公司董事长李卫国心中却感觉不到丝毫烦躁。随着公司在丰南投资 40 亿元的二期工程和保温岩棉及玻璃棉项目于 6 月 30 日开工建设，东方雨虹在唐山的发展进入了快车道。

“我们来唐山投资，就是看中了这里优越的投资环境。”李卫国说。

2013 年，总投资 12 亿元的唐山东方雨虹一期项目落户唐山市丰南区；

2015年，唐山东方雨虹一期项目竣工进入投产阶段，但是由于相关手续并没有同步办理下来，项目并不具备生产资格，而如果项目闲置下去，每天都要造成不小的损失。在接下来的一个多月里，丰南区主要领导带领区发改委、工信局等部门的同志，和企业负责人一道，到北京相关部委跑办手续。多的时候，一个星期要往返北京两三次，即使有时因为材料不全，需要反复准备的时候，也没有人有丝毫怨言。最终，在政府和企业的共同努力下，项目获得生产许可，顺利投入生产。

优越的营商环境为企业创造了发展壮大的土壤，也得到了企业衷心的支持和认同。今年，东方雨虹在丰南又启动实施了年产35万立方米挤塑板生产线项目。全部建成投产后，一期项目可实现年销售收入13亿元、税收8000万元，安排就业230人。

“唐山持续优化营商环境，更增强了我们甩开膀子干一场的信心。我们将进一步深化与唐山的合作，投资60亿元建设东方雨虹唐山基地，力争实现产能亚洲一流、规模国内第一。”李卫国说。

深化“放管服”改革，优化营商环境，为实体经济松绑减负，切实降低实体经济成本、降低各种风险和杠杆，是加快建设环渤海地区新型工业化基地的题中之义。

近年来，唐山市以“放管服”改革为重点，以刀刃向内的决心和勇气破障碍、去烦苛、筑坦途，深入推进“最多跑一次”“不见面审批”等改革，持续打造审批事项最少、收费标准最低、办事效率最快、服务水平最优的“四最”唐山品牌。东方雨虹只是受益的众多企业中的一个。

“目前，唐山市级行政审批事项总量由229项精简至92项，实现全国设区市最少；行政事业性收费项目由原来的38项降为26项，对标这项工作在全国领先的杭州、宁波、长沙等20个城市，也是最少的。”市优化营商办、市编办主任黄敬东开门见山。

在降低收费标准方面，经与省内其他10市和国内20个先进城市对标，唐山市停征行政事业性收费4项，取消经营性收费1项，降低收费标准3项；

全市行政事业性收费项目由原来的 38 项降为 26 项，实现省内、全国先进地区最少。项目停征、取消及降低标准收费后，全市每年减少收费 2 亿元以上，有效降低了市场主体经营成本。

"政务服务办事效率快，项目落地才能快，群众心情才能畅快。"黄敬东介绍说，为实现"办事效率最快"，今年唐山市对划转至市行政审批局的 197 项审批职能进行了流程再造，总办理环节由 631 个压减到 539 个，压缩率达到 14.58%；大力推行"135"办结制，市行政审批局累计办结各类行政审批事项 21371 件，其中即办事项 19779 件，全部当场办结。

同时，全市各级各部门切实深化政务服务模式，全面推行"不见面审批"和"最多跑一次"改革，提供预约服务、上门服务、送达服务、延时服务等，真正将企业奔波变为"信息跑腿"。今年上半年，仅市民服务中心累计开展延时服务 216 件次、预约上门服务 300 多人次，代办服务 889 件。

政策活，则市场兴。优化营商环境，释放市场活力成果显现。截至 2017 年，唐山市场主体总量达到 48.5 万户，是 2010 年的 2.72 倍；高新技术企业达到 290 家，是 2010 年的 5 倍；科技型中小企业达到 5992 家，是 2013 年的 8.4 倍。

三、融入京津，建设首都经济圈重要支点

唐山毗邻京津，是京津冀区域性中心城市，注定与京津深深结缘。在唐山恢复建设基本完成的 1986 年，国家"七五"计划中，就把唐山与北京、天津一起列入一级经济区网络。在《京津冀协同发展规划纲要》中也有 10 处提到唐山；《加强京津冀产业转移承接重点平台建设的意见》进一步明确提出，曹妃甸协同发展示范区是四大战略合作功能区之一，为唐山借力京津高端优质高端生产要素，融入以首都为核心的世界级城市群，带来了千载难逢的重大历史性机遇。

在这个大潮中，唐山站立潮头、踏浪而歌：瞄准京津冀区域中心城市目

标，充分发挥毗邻京津的优势，主动融入京津、对接京津、服务京津，按照建成京津冀现代产业聚集区、以首都为核心的世界级城市群重要一极的目标定位，全方位融入京津冀协同发展战略，推动建设首都经济圈重要支点实现新突破。

（一）积极承接京津产业转移，自觉融入京津冀协同发展大潮

2005 年 6 月 30 日，成群结队的首钢人自发地涌向 5 号高炉，那天，是这座首钢的功勋高炉停产拆迁的日子。

也就在这一天，拥有 80 多年辉煌历史的首钢涉钢系统从北京搬到了渤海之滨的曹妃甸。此举开创了世界特大型企业搬迁的先河，又拉开了首都产业转移的大幕。这是我国工业史上一次规模空前的钢铁巨人大搬迁，正式奏响了京津冀协同发展的前奏。

站在位于曹妃甸的首钢京唐钢铁公司 5500 立方米高炉下，王正新既震撼，又自豪。5500 立方米以上的炼铁高炉，全中国只有 3 座，首钢京唐占两席。作为炼铁部工作人员，如今，他再也不用像在北京老厂那样，为了一个参数跑到现场去调试，而是坐在电脑前，点点鼠标就能控制生产流程。“自动化水平提升了太多。”王正新说。

“新首钢”是唐山承接北京产业转移的一个代表。2014 年 7 月，京冀两地就签署了《共同打造曹妃甸协同发展示范区框架协议》等 7 份文件：规划建设京冀曹妃甸协同发展示范区 100 平方公里，产业先行起步区 5.5 平方公里。随即，“5.5+3.5+N”的产业起步区和产城融合起步区建设在曹妃甸启动，成为疏解非首都核心功能、推进北京产业转移、承担国家重大科技项目的重要平台。京津冀协同发展浪潮如同渤海湾的潮水奔涌而来！

首钢这家知名的国企一直是京津冀协同发展的主力军。他们依托曹妃甸深水良港、40 万吨矿石巨轮自由出入的优势，使铁矿石原料不必卸载即可以用皮带快速运到首钢堆场，每吨钢节约成本 200 元，矿石码头每年可为国家节省运输费用 5 亿至 10 亿元。

随后，中石油集团、中石化集团、华润集团等 17 家央企，首钢集团、金隅集团等 130 多家大型国企、知名民企纷纷落户曹妃甸，包括中冶瑞木新材料、中石油 LNG 调峰等 104 个项目落地开工，首钢二期、华润二期等 190 个重点产业项目建设不断加快，城建重工新能源汽车等 58 个项目竣工投产。今年上半年，曹妃甸区累计签约京津项目 50 个，总投资 194.37 亿元。其中北京项目 36 个，总投资 174.88 亿元；天津项目 14 个，总投资 19.49 亿元。

下先手棋，打主动仗。在推进京津冀协同发展的进程中，唐山市牵住承接京津产业转移这个“牛鼻子”，通过承接平台的搭建，吸引了大批高质量项目落户，为全市经济高质量发展打下了坚实基础。唐山辖区内的乐亭县、芦台开发区、汉沽管理区等也发挥各自优势，争相吸引京津企业落地开花。

在主打精品钢铁、化工产业、装备制造、新型能源、临港物流五大产业的乐亭经济开发区，北京环卫集团环卫装备乐亭有限公司建设正酣。这家公司负责北京环卫集团使用的所有环卫车、工具等设备的生产，致力于打造高科技、现代化、新能源于一体的领先环卫装备制造基地。此外，优质的营商环境、便捷的交通运输也吸引了以北京易安德模架工程技术有限公司等 6 家北京公司“组团”落户，乐亭经济开发区呈现一片生机勃勃的景象。

被称为“唐山飞地”的芦台、汉沽两区也搭上了协同发展的“顺风车”。

芦台紧紧充分发挥“毗邻京津”“沿海有港”两大优势，充分发挥区位优势，积极推进与京津融合发展。围绕对接京津、服务京津，积极引入京津产业转移和面向京津市场的项目。截至 2017 年年底，区内京津项目达到 75 个，总投资 289.3 亿元。其中天津项目 26 个，总投资 104.5 亿元；北京项目 49 个，总投资 184.8 亿元。发挥唐山钢铁资源和芦台交通优势，成功引进京津装配式住宅产业化项目 7 个，总投资 42.5 亿元。

以建设津冀协同发展示范区为抓手，汉沽重点实施产业聚集、园区提升、城乡建设、生态治理、综合改革、惠民实事“六大工程”，推动生态、宜居、魅力、繁华新汉沽建设再上新台阶。2018 年，汉沽管理区与京津合作亿元以上重点项目27项，总投资152.39亿元，有18个项目正在建设，累计完成投资27亿元。在此基础上，汉沽管理区面向京津的家具生产研发销售产业园区、商用厨具科技产业园区、制冷设备产业园、宁河贸易开发区整体迁建项目和新型建材产业项目5个特色产业园区的建设也正在有序推进。

据了解，今年上半年，唐山共实施亿元以上与京津合作产业项目188项，完成投资170.11亿元。这些项目主要集中在装备制造、精品钢铁、精细化工、战略新兴、现代服务业、现代农业等领域，其中装备制造业项目占比达到26.5%，战略新兴产业项目占比达到21.2%，现代服务业项目占比达到23.1%。

（二）积极推进京津唐交通一体化，打造“半小时”环首都交通圈

去年9月19日上午，京唐城际铁路唐山段暨机场站开工。京唐城际铁路全长148.7公里，自西向东途经北京市通州区、河北省廊坊市、天津市宝坻区，最后到达唐山市。该条铁路建成后，北京到唐山的通勤时间将缩短至30分钟。

京唐城际铁路的开工建设，正式成为唐山融入京津冀协同发展的里程碑式节点，标志着京津冀三地组织建设的第一条城际铁路即将进入大规模施工阶段，将对提升唐山交通枢纽地位、促进要素畅流、迸发创新创业活力起到积极推动作用。

从今年3月16日开始，唐山公交系统面向广大市民推出了一张有着特殊意义的公交卡“京津冀交通一卡通”。京津冀交通一卡通的推出，不仅造福往返三地的“通勤族”，更是成为推动三地协同规划交通、建设城际交通轨道线路的推手。这张小小的卡片，标志着“一卡走遍京津冀”的出行模式已经初步形成。

近年来，以加快推进京唐城际为重点，唐山强化连接京津的铁路、高速、公路建设，强化唐山机场的建设运营，构建立体化交通网络，打造京津

唐“半小时”交通圈，实现唐山—北京半小时到达。

在北京工作的孙超是地地道道的唐山人，生活在老家的父母是她最大的牵挂。“以前回唐山，要么自己开车，要么坐大巴，往返在路上耗费的时间太多。现在坐高铁可以直接到唐山站，单程只需一个多小时，真是快不少。”

令人欣喜的是，近年唐山积极推动民航综合发展，主动参与京津冀机场群分工合作，提升三女河机场枢纽功能，与天津合作建设滨海—唐山（汉沽）通用机场，加快推进国际旅游岛、迁安、曹妃甸等通用机场群的规划和建设。

不远的将来，一个与京津实现交通互联对接的多位立体、方便快捷的“海陆空”交通网即将成为现实！

（三）推进公共服务一体化，让百姓乐享京津高质量生活

现在的唐山，很多区县环卫器具上都多了四个醒目的字：北京环卫。

2015 年 11 月，北京环境卫生工程集团有限公司全资子公司——唐山京环环境服务有限公司在乐亭县西环路落户。该公司负责乐亭县城内道路综合保洁、绿地保洁和垃圾清运、处理。近 3 年来的实践，这家北京公司令人刮目相看：他们以精细化、标准化管理为手段，不仅每年为乐亭节省几百万元的费用，而且构建起了城市环境卫生量化指标体系和城市管理长效机制。

“炮制虽繁必不敢省人工，品味虽贵必不敢减物力”，这副对联悬挂于每个北京同仁堂药店门口。如今在唐山，大家也对这副对联耳熟能详。因为北京同仁堂已经在唐山开设多家店面，唐山人也能很方便地购买到北京老字号的精品良药。

近年来，随着京津冀协同发展战略的深入实施，唐山不断深化与京津在教育、旅游、医疗卫生、文化、体育等方面的合作，共完工功能疏解项目 150 项。北京市友谊医院、安贞医院、妇产医院与曹妃甸合作办医机构开诊，通过预约就诊、远程医疗、健康教育、信息咨询等方式，推进两地信息系统互联互通、信息共享。目前，唐山可到北京、天津异地就医直接结算医

院分别开通 673 家和 184 家。

另外，北京景山学校曹妃甸分校、北京实验学校唐山分校等一批新建学校在唐山市各县（市）区相继落成并举行开学典礼，北京物资学院、北京小学、北京第二实验小学、北京三中、北师大附中等 20 所京津院校分别与唐山市学校签署合作协议，北京朝阳区、海淀区、丰台区、西城区等 22 所优质小学与唐山市学校结为友好学校。

在旅游方面，唐山积极拓展京津及周边中心城市客源市场，与北京、天津涉旅企业加强联系沟通，谋划推出唐山旅游精品线路，制定游客唐山游补贴优惠政策，参与京津冀旅游发展规划以及京津冀旅游一卡通等市场共促计划。

潮起潮落，斗转星移。如今，到曹妃甸北京安贞医院分院看病就诊、到曹妃甸景山学校分校就学读书、到北京同仁堂唐山连锁店寻医问药、带上一家老小到庆丰包子铺品尝京城美食，已经成为唐山百姓生活的常态和潮流——京津冀协同发展真正给唐山人带来了前所未有的方便与实惠！

（四）推进“生态唐山”建设，让唐山天更蓝、水更清

近年来，唐山以铁的决心、铁的措施、铁的手腕狠抓“生态唐山”建设，健全与京津生态治理合作机制，全面推进多个专项治理行动，加快推进“污染退城、城市增绿、清水润城、湿地围城”，坚决打赢蓝天保卫战；开展生态环保联防联控，制定落实“退十”方案，把每项工作落实到年、到季、到月、到日、到小时，早日实现“退十”目标；坚持科学治霾、精准治霾、铁腕治霾，打出一套“组合拳”，确保大气质量明显改善。

与此同时，唐山大力统筹山水林田湖海系统治理。推进重点河流、水库综合整治，全面消除城市黑臭水体，严控工业污染物排放和农村面源污染，先后完成潘大水库、邱庄水库网箱养鱼清理，陡河水库实现封闭管理，从根本上消除多年的污染隐患，保障环京津供水安全。

为加快建成国家森林城市、生态园林城市，近年来，唐山推进绿色发

展，加快中心区及周边工业企业退城搬迁；严格落实特别排放限值，倒逼不达标企业退出市场；壮大节能环保产业、清洁生产产业、清洁能源产业。

为了强化生态文明理念，加快构建绿色低碳循环发展的经济体系，唐山不断推进曹妃甸园区循环化改造试点园区、中日韩循环经济示范基地、国家“城市矿产”示范基地、大宗固体废弃物资源综合利用示范基地、餐厨废弃物资源化利用和无害化处理试点、再制造示范企业等“国字号”循环经济工程，加快钢铁、水泥、电力、化工等跨行业资源循环利用，构建覆盖全社会的循环体系，最大限度地节能减排降耗。

据统计，2017 年，唐山 PM2.5 年均浓度由 2013 年的 115 微克 / 立方米下降到 66 微克 / 立方米，空气质量达标天数增加 94 天，重污染以上天数减少 45 天；到 2021 年，力争森林覆盖率达到 40%，PM2.5 年均浓度降至 61 微克 / 立方米。

一个天朗气清、山清水秀的生态唐山正在京津冀协同发展的宏阔背景下显示出独有的姿容。

（五）提升城市品质，打造国际化沿海城市

奋楫争先立潮头。历经 10 年恢复建设、10 年经济振兴、20 多年的快速发展，唐山一路拼搏，一路走来，一路奋斗，一路辉煌，先后创造出共和国城市发展史上一个又一个奇迹，而“联合国人居荣誉奖”“迪拜国际改善居住环境最佳范例奖”“中国人居环境范例奖”“全国双拥模范城市”“全国文明城市”等一系列荣誉称号，都无一例外地见证并记住了唐山这座英雄城市的历史和成长轨迹！

如今的唐山，城市布局日趋优化，城市功能不断完善，城市实力日益壮大。唐山社会事业大踏步向前，教育、文化、体育、医疗卫生等社会事业蓬勃发展，精神文明和民主法治建设全面推进，荣膺省内首个“全国文明城市”称号。截至 2017 年年末，城镇化率为 61.64%，高出河北省平均水平 6.63 个百分点。

在文化旅游方面，唐山倾力打造“博物馆之城”；曾经的南湖采沉区“化腐朽为神奇”，嬗变为世界园艺博览会会址，成为唐山递给世界的一张绿色名片，演绎为一座“城市会客厅”。

几年来，为提升公共文化服务水平，唐山大剧院、科技馆、新工人文化宫、青少年宫、体育公园等12个生态景观和305套健身路径等一批高质量的文体设施先后走进唐山人的生活，众多市民在“15分钟公园绿地便民服务圈”中，尽情享受着“深呼吸、慢生活、微度假”的共享空间。

时代在变，唐山这座城市的容貌也在变。唐山摄影爱好者常青，大地震的第2天他从废墟中扒出相机，从那时起直到现在，他坚持拍摄，几十年风雨无阻，不仅用镜头记录下当年的抗震救灾、家园重建，更记录了新时代唐山的世园会、曹妃甸大发展……一张张照片，串联起唐山的历史变迁。

打开唐山年鉴，一组组翔实的数字奔来眼底：

——1978年3月，唐山地区的唐山市改为省辖市；40年后，唐山已经成为面积1.3万平方公里的京津唐工业基地中心城市、京津冀城市群东北部副中心城市。

——唐山市的建成区面积2005年为297平方公里，2015年为553平方公里(2005年以前无资料记载)；年末实有道路面积1985年为461万平方米，2010年达到2981万平方米。

——唐山城市绿化覆盖面积1985年为983公顷，2015年达到10251公顷；城市人均绿地面积2005年为10.1平方米，2015年达到15.1平方米。

——唐山道路通车里程1995年为0.57万公里，2015年为1.8万公里；高速公路里程1998年为110公里，2015年为610公里；码头泊位1993年为2个，2015年增加至108个。

一组组数字的变化，伴随着的是城市面貌的日新月异，是一张张地图轮廓的沧桑变化，是老唐山人记忆的不断刷新。

（六）加强人文精神建设，再创英雄城市新辉煌

唐山是大爱之城，习近平总书记视察唐山时说："唐山抗震精神是中华民族精神的重要体现。"多年来，这股英雄的血脉一直在唐山大地上传承发扬。

在新唐山的发展历程中，英雄城市唐山铸就了"公而忘私、患难与共、百折不挠、勇往直前"的抗震精神，见证了中国共产党领导的英明伟大，彰显了中国特色社会主义的制度自信。历经劫难的唐山人，永远感怀祖国大家庭的温暖，也更加懂得一方有难、八方支援的分量，心手相牵、守望相助成为唐山人民最朴素的情感愿望。

40 年来，唐山人以结草衔环、滴水之恩涌泉相报的姿态，不断升华着城市精神。从几十年坚持不辍的"月评学雷锋十佳事迹"活动，到 2008 年我国南方地区遭遇雨雪冰冻灾害之际挺身而出的以玉田农民宋志永为代表的"十三义士"，到汶川地震、玉树地震赶赴灾区的唐山救援群体……唐山人义无反顾地向每一个需要帮助的人们伸出了援手，一代又一代唐山人默默地传承着大爱无疆的精神，铸就了一座城市之魂。

连续七届全国"双拥模范城市"的殊荣，全国文明城市"三连冠"的佳绩，无不体现出这座大爱之城、英雄城市的风采和气度。

文明的程度决定城市的高度。唐山广泛开展"访千楼万家、创文明城市""讲文明守秩序树新风、我为文明城市添光彩"等特色活动，激活城市文明"细胞"。特别是把志愿服务作为培育文明市民、树立文明风尚的重要抓手，成立了全省首家志愿服务组织孵化基地，注册志愿者达到 72.3 万名。志愿服务成为唐山的一道亮丽风景线。

为自觉培育和践行社会主义核心价值观，唐山深入开展"爱唐山、做贡献"主题实践活动，引导动员全市上下提振精神、激情工作，唱响了"实干兴唐"主旋律，通过不断深化"善行河北 · 大爱唐山"道德实践活动，开展"最美人物、时代楷模、凡人善举"和"月评学雷锋十佳事迹"评选活动，持续

营造了崇德向善、见贤思齐的社会氛围。唐山被称作“留住雷锋的城市”当之无愧。

“江山代有人才出”。在唐山这片神奇的热土上，曾经涌现出了革命先驱李大钊、评剧创始人成兆才、考古学家裴文中和贾兰坡以及数学家张广厚等志士仁人。在当今改革开放洪流中，又涌现了赵国峰、张雪松等一大批时代工匠，他们立足于工作岗位，用职业道德、职业能力、职业品质不断追求精益求精的工匠精神，不断汇聚唐山实现高质量发展的强大正能量。他们和众多勤劳善良的唐山人一道，共同撑起了唐山这座城市的脊梁，用勤劳智慧的双手续写着英雄城市新的辉煌！

歌声豪迈，脚步铿锵。这歌声，折射出一座城市的精神与自信；这脚步，传递出一座城市的自豪与未来。

不忘初心，砥砺前行。被习近平总书记赞誉为“英雄的城市”的唐山，将再次凝聚起 789 万人民的力量和智慧，在这片热土上继续书写改革开放的新时代传奇！

（2018 年 8 月）

衡水

从“守望京津”到“融入京津”

——衡水抢抓京津冀协同发展机遇闯发展新路的探索与实践

中共河北省委宣传部
中 共 衡 水 市 委

1980年秋，中央电视台播出了建台以来的第一条商业广告——“冀县暖气片，电话128”。没人会想到，这一条简短的广告，从此开启了电视商业广告的黄金时代。

1994年，一款叫作“旭日升”冰茶的蓝罐饮料横空出世，首开中国碳酸茶饮料之先河，迅速风靡全国，一度在中国饮料十强中排名前列，傲视群雄。

当年这两个创造了全国第一的厂子，都来自同一个小县城——冀县，即今日衡水市的冀州区。在改革开放40年的激荡岁月里，用敢为人先、敢为天下先的精神，衡水创造出诸多全国第一：安平丝网国内市场占有率达到85%，占全国出口量的80%以上；桃城工程橡胶占全国市场份额的40%以上；枣强玻璃钢是国内3大玻璃钢生产基地之一；景县的橡塑制品国内市场占有率达到40%，通信器材达到35%，是全国最大的液压胶管生产基地和通信塔生产基地；武强西洋乐器出口量全国第一……

昨天的荣耀代表不了明日的辉煌。如何加快发展始终是衡水的在喉之鲠。2014年，随着京津冀协同发展战略的提出，历史渊源深厚、交往半径相宜的衡水与京津握手连心，以解放思想为先导，瞄准“一枢纽、四基地”总体定位，在交通物流、农业发展、生态保障、产业承接、民生服务等领域开展全方位协同合作，打开了大改革大发展的闸门。衡水，从“守望京津”迈入了“融入京津”的新时代。

一、跨越百年执着守望，迎来新时代突围之路

百年琉璃厂，一条衡水街。位于北京宣武区的和平门外，自元代肇始、清代繁盛起来的琉璃厂，曾弥散的衡水乡音犹在耳畔。清代中晚期，衡水人在琉璃厂开设的店铺接近 300 家，占总经营店数的 90%以上，北京琉璃厂渐渐有了“衡水街”的称谓。

以京城全聚德烤鸭、兴隆木厂、万丰泰五金行、永增铁工厂，以及天津的曹记驴肉、金鸡鞋油等为代表的“衡商”及其所创“百年老店”，留下了难以磨灭的辉煌印记。

衡水历史上辖于直隶省，与京津地缘相接，人缘相亲，人文相通，历史上有着割舍不断的渊源，京杭大运河穿境而过蜿蜒进京，滏阳河帆樯如林汇入海河通衢问津。

新中国成立后，1962 年国家为集中扶贫，将原属石家庄、沧州专区的 11 个贫困县划归在一起“捆绑”扶贫，设立衡水专区。1996 年，衡水成为河北省最后一个撤地建市的地级市。

尽管衡水与京津有着先天的地域联系和不可分割的经济社会互动融通，但这种天然的地缘关系也像一把尺子时时度量着衡水与京津发展水平的差距。面对困难与差距，衡水需要突围，衡水必须突围。

思想是行动的先导。衡水一直寻求解放思想的突围之路。改革开放以来，历届市委、市政府曾实施“依托京津、利用京津、服务京津、发展衡水”的对内开放战略；曾提出依托京九铁路，打造京九综合开发试验市；曾“坐西朝东学山东”，解放思想，永不停步。1995 年，时任衡水地委书记的白润璋同志亲自带队到福建招商，衡水与福州结为友好地市，签订了建立长期、稳定的干部与人才交流协议，一批批优秀年轻干部被陆续选派到福州市挂职

锻炼。时任福建省委常委、福州市委书记的习近平同志，曾对这些挂职干部殷殷寄语，“一个地方的发展走势和特色是不可能一样的，是不可以模仿的，主要是要掌握思想方法和工作方法，一味模仿或套用是不可取的”，并满怀深情地希望，两地关系“要像走亲戚一样”。

2014 年 2 月 26 日，习近平总书记在北京主持召开座谈会，全面深刻阐述京津冀协同发展战略的重大意义、推进思路和重点任务，京津冀协同发展上升为重大国家战略。

一幅京津冀协同发展的壮美画卷徐徐展开，衡水迎来千载难逢的重大历史机遇。

新的机遇，新的挑战。首先需要面对的，是认清与京津的差距，找到缩小差距的办法。衡水给出的答案是：解放思想，加快融入。解放思想代表着更高的境界、更高的标准、更高的要求。

告别“低标准、过得去、穷对付”，是衡水市委书记王景武上任伊始打响的解放思想“第一炮”。全市深入开展“纠四风”和作风纪律专项整治，领导带头落实《关于进一步建立健全推动工作落实长效机制的“十条规定”》，各项工作向全国先进对标，一系列组合拳连环打出，催生了工作面貌的整体改变：代表全省参加中央电视台“魅力中国城”竞演，久建未成的衡水市文化中心投入使用，一举摘掉多年落后帽子打赢蓝天保卫战，举办了全国动力伞精英赛、中华民族大赛马·2018 传统耐力赛等一系列重大赛事，多项主要经济指标增速保持全省第一……有担当、能作为、创一流的作风凝聚成加快发展的强大力量。

解放思想意味着要做改革的先行者。作为全省唯一综合配套改革试验市，围绕建设京津冀营商环境高地，衡水率先在全省开展商事登记制度改革，探索推行“多证合一、一照一码”登记制度，实现了企业“23 证合 1”，并率先在全国启用第一张“一照通”营业执照；率先在全省成立市级行政审批局，第一个完成了县级行政审批局全覆盖，实现了“一枚印章管审批”；大力推行“互联网 + 政务服务”，变“企业跑”为“数据跑”，市本级第一批“最多跑一次”事项涉及29个市直部门380项，占市本级591项政务服务事项的64.3%。今日的衡水，“走遍千山万水，投资首选衡水”之名越叫越响。

衡水不靠山、不临海，没有什么资源，国家和省里历来没有在衡水摆放过大的项目，衡水起家靠的就是民营经济。可以说，衡水的经济发展史就是一部民营企业发展史。数据显示，2017年全市民营经济纳税占到全部财政收入的63.3%，出口创汇占全市出口的95%以上。

当改革开放走过40年，代际传承、新老更替问题摆在民营企业面前。怎样在京津冀协同发展中发挥好主力军作用，怎样学习京津百年老店的企业精神，不仅关系企业的生存发展，也关乎整个衡水经济命脉。

今年6月26日，一场别开生面的民营企业传承与发展培训会在衡水举行。作为企业新一代掌舵者，河北恒润集团公司董事长宋建国动情地表示：“要进一步解放思想，对标京津，坚持薪火相传，把企业精神、无形资产、诚信经营、社会责任等核心资源、优秀基因传下去，把企业打造成像同仁堂那样的百年老店。”

“作为京津冀协同发展重要节点城市，实现协同发展，需要树立大局观，把发展衡水放到京津冀协同发展大背景下谋划；需要换位思考看衡水，从北京、天津看衡水，真正找出协同点、契合点、共振点，不能剃头挑子一头热；需要选好坐标系，在了解衡水和京津需求基础上研究确定协同发展总体目标、协同重点和工作举措，形成系统发展的基本思路；需要互惠互利促合作，坚持需求协同、目标协同、事业协同，在扬长补短、区域协作、互惠互利的基础上开展协作。”时任衡水市市长吕志成说。

2016年2月，全国首个跨省市五年规划——《“十三五”时期京津冀国民经济和社会发展规划》发布实施。当年5月，《河北省推动京津冀协同发展规划》正式发布，规划中，将衡水市的功能定位确定为：“充分发挥良好的农业基础和交通、区位、生态优势，承接京津食品加工、机械加工、纺织服装、文化教育、体育休闲和健康养老等产业转移，建设绿色农产品供应加工基地、科技成果转化基地和特色产业集群，形成冀东南交通物流枢纽和生态宜居的滨湖园林城市。”

衡水市按照国家和省《规划》要求，以及河北省委、省政府“胸怀全局当好服务角色、自信自强当好崛起角色”的要求，出台了《衡水市关于加快京津冀协同发展的实施意见》，科学分析研判自身比较优势，更加精准确定了在京津冀城市群中“一枢纽、四基地”的功能定位，搭建起衡水融入京津冀协同发展大格局的“四梁八柱”。

“一枢纽”，就是依托区位交通优势，打造京津冀区域交通物流枢纽。“四基地”，就是依托现代农业优势，打造绿色农产品供应加工基地；依托衡水湖湿地资源优势，打造京津生态屏障保护基地；依托特色产业优势，建设京津科技成果转化及产业承接基地；依托基础教育和生态优势，建设京津教育医疗及休闲养生功能疏解基地。

党中央提出设立雄安新区千年大计后，衡水市委、市政府进一步提出打造进出新区的“南大门”、产业“新腹地”、生活“近郊区”、环境“后花园”的功能定位，更加精准服务新区建设、承接新区辐射。

“一枢纽、四基地”，雄安新区的“南大门”、产业“新腹地”、生活“近郊区”、环境“后花园”的功能定位，让衡水发展的目标更加明确、思路更加清晰、措施更加有力、步伐更加坚实，京津冀协同发展、规划建设雄安新区为衡水各项事业提供了前所未有的发展势能。

衡水大地上，春潮涌动，正奏响开创历史、引领发展的澎湃乐章……

二、下好交通“先手棋”，打通融入京津“大通道”

协同发展，交通一体化先行。以交通作为协同发展的“突破口”和“先手棋”，一幅高铁、高速公路为骨架，呈多节点、网格状的交通网蓝图正在衡水铺开。

京津冀地区是中国经济发展新的支撑带、世界级城市群，衡水正处于这一区域的核心腹地。协同发展战略实施以前，全市高速公路通车里程仅占全省的4.7%，且存在路网总体服务功能不够完善、结构性矛盾突出、交通运输服务水平有待提升等问题；京九、石德两条铁路在此交会，却搭不上高铁的快车。

只有路通了，才能人通、物通、财通，才能真正成为京津冀南下北上、东出西联的“黄金十字交叉处”。

——绘好“希望版图”，融入京津交通“骨骼系统”。衡水市委、市政府明确连接内陆腹地和港口“桥头堡”的角色定位，以融入京津冀“一小时交通圈”为重点，将交通一体化作为融入京津冀协同发展大局的“先手棋”，科学制定衡水市“十三五”交通规划，明确提出到2020年，基本形成以京衡、津衡、石衡、衡港、衡济五大运输通道为骨架，其他运输网络为纽带，“互联畅通、经济高效、安全可靠、绿色低碳”的现代化综合交通运输体系，实现与京津冀综合交通网全面对接。

规划涉及铁路、公路、客货运枢纽场站、公共交通、民航、轨道交通及BRT（快速公交系统）和运输服务七大领域，规划涉及项目总投资约773亿元，其中铁路投资约368亿元，高速公路投资约85亿元，国省干线及农村公路投资约270亿元，机场投资约15.6亿元，枢纽场站投资约34.4亿元。

——织密“公路网络”，疏通交通融合“传导神经”。针对全市与周边大中城市高速公路体系仍不完善，与京津交通有“主脉”但路网结构不够优化的现状，全市着力打通与京津和周边地市联系的“断头路”“瓶颈路”，优化路网资源配置，积极推动融入京津冀通道建设，一系列重大交通项目相继落地实施。

实现京津冀的协同发展，要越过有形的河，更要跨过无形的河。“断头路”“瓶颈路”阻隔的不仅是物流、客流，更是横在人们心中的“拦路虎”。正是理念的开放以及规划的务实，“断头路”变通衢，“瓶颈路”成坦途。

2015年9月，衡井公路肃临线至前磨头段新建工程建成通车，困扰衡水市多年的东西省级“断头路”被彻底打通，成为市区大北外环路。2016

年9月，106国道衡水湖段改线工程建成通车，摆脱了“瓶颈路”制约，并给湿地保护腾出了空间。2016年12月，邢衡高速建成通车，标志着长达120多公里、有着9个站口、直连衡水城区主路网的衡水绕城高速公路建成。

如今的衡水，公路网互联互通，在京津冀畅行更加高效。大广、邢衡、石德、衡德四条高速公路纵横交织；石衡高速已开工建设；邯港高速即将开工建设；衡水通往雄安新区的快速通道京德高速，正在积极加紧谋划对接；京津冀交通一卡通已惠及更多群众。

截至2017年年底，衡水市公路通车总里程达到12857公里，公路密度达到每百平方公里146公里，位于全省第二位。与2012年年底数据相比，公路通车里程增加了1531公里，公路通达深度和密度得到大幅提高，内畅外联的公路主骨架基本形成。

——**迈入“高铁时代”，加速融入京津“动脉循环”**。高铁带来的不仅是出行速度的变化，更重要的是对于提升城市区位优势、扩大对外开放和区域协作、带动产业结构优化升级具有积极作用。衡水市委、市政府站在事关衡水长远发展、事关城市发展竞争、事关融入京津冀协同发展大局的高度，深刻认识高铁争取工作的重要意义，主要领导带队，多次到国家发改委、中国铁路总公司、省委省政府和省发改委等汇报争取，推进高铁规划建设，取得明显进展。

2017年12月28日，石济高铁建成通车，标志着“十二五”国家“四纵四横”高铁网中最后一横完美收官，从此，衡水正式迈入了“高铁时代”。

2018年5月，《京津冀城际铁路网规划》项目之一的石衡沧港城际铁路项目，获得河北省发改委核准。

雄商高铁作为国家铁路网规划“八纵八横”中京九高铁的组成部分，已基本确定了线路走向，将穿越衡水境内。衡水与京津的时空距离进一步拉近。

未来，在衡水已有京九、石德两条普速铁路的基础上，石济高铁、石衡沧港城铁、京九高铁，以及规划待建的邢衡城铁四条高铁将在衡水北站交会，形成名副其实的高铁枢纽。

“京九高铁通车后，衡水与北京的距离将缩短到一小时，到雄安新区连半小时都用不了，将与深圳实现朝发夕至。在这里办厂，交通非常便利，而且相比京津，生产和生活成本将大大降低。”2017 年 11 月、2018 年 4 月，衡水相继在深圳与上海举办珠三角与长三角地区投资合作对接活动，引起了当地众多企业家的关注。

有专家表示，衡水正在成为珠三角、长三角对接京津的“桥头堡”，成为投资兴业的首选之地。

——**培育“朝阳产业”，塑造物流产业“强壮肌体”**。物流业是 21 世纪朝阳产业。有人统计过，每 100 个中国人中就有 1 名“快递小哥”，形象地体现了当前物流产业的迅猛发展。如何让交通优势转化为产业优势？如何形成大物流，真正打造成为京津冀区域交通物流枢纽？衡水市委、市政府把物流业作为全市主导产业重点培育，并汇聚各方力量寻策破题。

今年 7 月，一场“加快推进衡水物流枢纽基地建设”的大讨论在全市范围展开，《衡水日报》连续整版刊发系列文章。一个个问题、一项项好建议、一个个新远景让破题之路豁然开朗。

在景县龙华镇，总投资 50 亿元的现代智能物流装备产业园中，一期已有北京博途、河北精联、石家庄星河等 5 家企业入驻，预计年产值可达到 22 亿元。该镇是省政府重点创建的物流装备特色小镇，围绕“全国现代商贸物流重要基地”和“京津冀区域现代智能装备产业园”战略定位，正在着力打造国内领先、国际一流的智能物流装备产业集群，通过制订最优惠招商条件、确保企业“拎包入住”。

在饶阳县，占地 600 亩的河北新发地饶阳农副产品物流园蔚为壮观，现代化的设施一应俱全，大屏幕上正滚动播出着蔬菜园区标准化种植和北京新发地的蔬菜价格。

“我们抢先在这里布局物流园，就是看中了产业优势和区位交通优势。”该物流园总经理曹志刚信心十足地表示，项目全部建成后将入驻商户 3000

户，年交易量40万吨，年交易额30亿元，将成为冀中地区最大的农副产品流通批发市场。

随着一个个物流项目落地，一张辐射京津冀的物流服务网络已初见端倪：全市现有各类物流企业、物流专线3000多家，交通运输、仓储和邮政从业人员达到14万人，规模以上物流企业32家，占地150亩以上的综合型、商贸型、枢纽型物流园区已达11家。

三、瞄准京津“餐桌”，建好共享“菜园子”

衡水地势坦荡、千里沃野，发展农业的基础得天独厚。作为传统农业大市，自改革开放以来，一直是京津重要的农副产品加工供应基地。

早在1994年，时任安平县食品公司经理的魏志民辞职“下海”，与北京二商集团合作建立了全县第一家规模化养猪场。公司定名“京安”，即寓意北京、安平两地同心携手。多年来，京安坚持产业规模化、品质优良化、生产标准化，如今已晋升为世界一流、国内领先的国家级农业产业化龙头企业。2015年5月，健康营养、高品质无公害的12月龄京安“年猪”肉上市销售，赢得众多消费者追捧，在北京、天津等一线城市出现了市民排队购买的火爆场景。

“京安模式”是衡水积极推进质量农业发展的缩影。

兴农之道，以质为本。新时代餐桌既要丰盛，更要优质。衡水市政府制定了《衡水市高质量绿色农业发展三年行动计划（2018—2020年）》，先后与北京二商集团、中国农业科学院签订了战略合作协议，积极建设京津绿色农产品供应基地，着力提升农业科技支撑保障能力，大力实施农业品牌带动战略，带动了全市农业发展质量效益和竞争力的全面提升。

“2017年，我们销往京津的蔬菜达135万吨、生猪41万余头、牛奶产品2000吨，优质果蔬和畜产品在京津市场的占有率不断提升。”衡水市农牧局局长商家荣说。“目前，全市共有注册农产品商标500多个，养元六个核桃、汇源旭日升、裕丰京安、衡水老白干跻身中国驰名商标。”

栽下梧桐树，引来金凤凰。衡水市已经形成优质蔬菜、生猪、奶业、肉牛、肉羊、蛋鸡、肉禽七大主导产业，吸引了汇源、雨润、鲁花、蒙牛、华都、首农、新发地、巴迈隆、唐人神，韩国世农、泰国正大等一大批国内外知名农业企业相继落户“筑巢”。

如果说发展质量农业是衡水推进农业协同发展的“基准线”，那么依托菜园子、花园子、果园子发展“休闲农业”，则是一条京津与衡水、城市与乡村的“连接线”。

安平杨屯油菜花节、深州桃花节、饶阳蔬菜葡萄节、阜城梨花节、桃城邓庄山楂花节、枣强玫瑰花节……近年来，花香四溢、瓜果飘香的一系列特色农业节会越来越吸引京津冀鲁等周边省市游客关注的目光。

大发展需要大融合。衡水市按照“一产长出三产来”的思路，将生态、文化、创意、观光、体验、养生等业态融为一体，积极打造发展休闲农业，推动农业产业“接二连三”、融合发展。在全市重点打造了武强北大洼国家级现代农业示范区、安平京安现代农业示范园、饶阳众悦万亩现代农业循环经济示范园等一批精品休闲农业园区，统一规划了“春观花、夏纳凉、秋采摘、冬农趣”四季为类别的九条精品线路，唐代衡水诗人崔护笔下“去年今日此门中，人面桃花相映红”的情景悠然重现。2017 年，衡水发展休闲农业和乡村旅游各类经营主体达 77 家，文化、旅游、农业融合发展带来旅游总收入达 135 亿元，接待京津冀等地区游客 1700 万人次，两项增幅均为全省第一。

改革创新催生发展新活力。当一家一户为单位的家庭联产承包责任制不再适应现代农业发展要求时，深化农村土地制度改革，已经成为一种必然。为更好盘活农业农村资源，衡水市认真落实土地和农村宅基地“三权分置”制度，在全省设区市率先全面推开农村土地确权登记工作，做到“确实权、颁铁证”，全省第一张新版农村土地承包经营权证书在此诞生，带动了农村土地流转的深入开展。截至 2017 年年底，土地流转面积 347.8 万亩，占家庭承包总面积的44.3%，流转比例位居全省首位；全市家庭农场达7590家，农民合作社14000多家，其中国家级示范社27家，省级示范社155家，登记总量、国家级和省级示范社数量均居全省首位。

如果把质量农业、休闲农业喻为京津冀农业协同发展的“主力军”，那么代表着农业发展方向的智慧农业，则是连接三地、辐射全国的“先锋队”。

时下，一场以互联网为主要动力的农业科技革命浪潮正在衡水农村蓬勃兴起，以智能、精准、科学生产方式为主要内容的智慧农业，正逐渐改变着人们的传统认知。

2018年春节前夕，来自衡水的5000只“跑步鸡”在京东平台上线，每只售价168元，一开售就被一抢而光。“跑步鸡”项目是衡水市与京东集团合作发展智慧农业的生动范例。2016年3月，武邑县政府与京东签订协议，打造“跑步鸡乐园”。每只鸡佩戴脚环，跑到100万步以上，再由京东回购在电商平台销售，实现了农户脱贫和企业收益的双赢。

“互联网 + 农业”让过去费时费力的人工操作变得触指可及。衡水市与中国移动、联通公司合作，选择饶阳县农业企业、故城县建国镇农民合作社作为试点，率先建立了智慧农业技术管理体系。走进饶阳县河北冠志农业科技有限公司，农作物需要什么样的温湿度，温室能自动调节；轻点鼠标，就精确遥控棚室内的水肥一体化装置；想吃什么蔬菜，轻点手机下单，新鲜蔬菜就能送货上门……公司总经理李小康说：“我们现在大力发展高端智能温室，温湿度控制全部智能化，这样培育出来的果蔬不仅质量好，价格也比同类产品高出一个档次，销往京津石等大中城市，供不应求。”

如何让智慧农业试点的星星之火形成燎原之势？衡水市在给足政策的基础上，强化资金支持。市本级财政每年安排1000万元发展资金，重点支持农业科技创新、技术合作、成果转化、品牌创建。如今，全市每个省级现代农业园区都实现了“五个一”链接——一个科研院所、一名首席专家、一个服务团队、一个专业协会、一个检测中心。

搭建京津“中央厨房”，加快融入环首都一小时鲜活农产品物流圈，是实现衡水农业由大到强的助推器。故城东大洼正大1亿只肉鸡全产业链项目、阜城年产8000万瓶王致和腐乳加工基地、枣强民思麦中央厨房等一大批农产品加工企业异军突起。目前市级以上农业产业化重点龙头企业已达374家，带动农民年增收300多亿元。

民以食为天。“舌尖上的京津”有了越来越多的“衡水味道”。

四、当好“护城河”，筑起京津冀生态屏障

春江水暖鸭先知。2017年3月8日，两位外国专家在衡水湖观测到308只青头潜鸭，这是目前全球最大的青头潜鸭种群，震惊了整个生物界。青头潜鸭对水质和栖息环境极为挑剔，全球现存数量不足1000只，被世界自然保护联盟列为极危物种，有“鸟中大熊猫”之称。

今年3月份，“青头潜鸭保护国际研讨会”在衡水隆重开幕，来自15个国家和地区以及多个国际保护组织的86位专家代表齐聚湖畔，通过了《保护青头潜鸭“衡水宣言”》，并将衡水湖自然保护区列为“世界极危物种青头潜鸭重要栖息地”。世界顶级专家、德国的贵都·库克曼斯特博士表示：“衡水将因青头潜鸭而驰名世界。”

绿色发展，关系人民福祉，关乎民族未来。加快绿色发展、建设生态文明，是党中央的庄严承诺、明确要求。近年来，衡水市委、市政府始终坚持“两山”理念，把生态文明建设放在突出战略位置，以前所未有的决心和力度推进污染治理和生态修复，围绕构筑京津冀生态新屏障、雄安新区“后花园”，着力打造“天蓝、地绿、水秀”的美丽衡水，不断开创生态文明建设新局面。

衡水湖是华北平原唯一保持沼泽、水域、滩涂、草甸和森林等完整湿地生态系统的自然保护区，在维护华北地区生态环境、调节气候、控制污染、蓄水防洪等多方面发挥着不可替代的重要作用，对京津冀经济圈建设有着重要的生态价值。

20世纪围湖造田、与湖争地曾给衡水湖生态环境造成严重破坏。随着人们生态保护理念的不断增强，衡水湖湿地保护的湖体治理及生态修复取得了质的飞跃。如今，10万亩生态林海犹如绿带绕碧水，吸引了越来越多的生物种群在此繁衍生息，323种鸟儿在此翱翔，国家一级重点保护鸟类多达7种。一湖秀水悠悠，两岸绿意相随。晨曦日暮，漫步湖边，看日出日落，闻鸟语花香，享清新自然。

“地上水”的波光荡漾，离不开“地下水”的有效补给。由于严重超采深层地下水，衡水多年处在华北地区漏斗区“锅底”。2014年，被确定为国家地下水超采综合试点的衡水市，坚持“四替代”——以地表水替代地下水、外来水替代本地水、浅层水替代深层水、低耗水作物替代高耗水作物为抓手，坚持“五举措”——节、引、蓄、调、管综合施治，有效遏制了地下水超采，地表水源显著增加，地下水埋深显著回升，生态环境明显改善。

与此同时，衡水市大力实施水系环境综合治理工程，随着“主城区水系生态修复”与“河长制”工作如火如荼地开展，呈现出河畅、水清、岸绿、景美的河湖好风光。

空气和水一样，是人类生存繁衍的基本条件。

前几年，衡水雾霾天气比较严重，是全国74个城市空气质量情况动态排名“后十”的常客。雾霾，成了笼罩在老百姓头上的“心肺之患”。

京津冀协同发展战略实施以来，衡水积极融入三地污染联防联控联治体系，强力治污治霾，实施了压煤、优企、抑尘、控车、增绿五大攻坚战，出台了史上最严的“1+27”政策文件和秋冬季“1+4”大气攻坚行动方案等，聘请中国科学院大气物理研究所、南开大学等单位专家组成咨询委员会，组织科研院所及专业技术骨干深入排查6507个对象，编制了本地化、高分辨率的污染源排放清单，有针对性地编制了化工、机械加工、金属制品、玻璃、橡塑、水泥等6个行业的环境管理指南，在全国率先建成集监测、预警、指挥、执法于一体的智慧环保管理平台。去年以来，共集中整治了5018家“散乱污”工业企业，其中关停取缔2679家，整改提升2310家，搬迁改造29家。

到2017年年底，衡水市空气质量达到5年来最好水平，增加天数和改善率均为河北省第一，稳定退出全国74个重点城市后10名。今年7月，生态环境部通报了上半年全国169个城市空气质量改善幅度，衡水市排名第一，市民的“蓝天幸福感”显著提升。

蓝天白云下，树成行、林成网，盛夏的衡水，满目葱茏、遍野绿色。衡水市域森林覆盖率从40年前的5.6%上升到31.39%，林业园区建设、绿美廊道建设、环湖环城绿化、乡镇村庄绿化、农田林网建设等一大批重点工程相继实施，绘就了一幅绿满城乡满目春的美丽画卷。

2014年，衡水提前一年实现“一人一亩林”全域绿化，接力播绿也由此开始向纵深推进——以创建国家级园林城市和森林城市为统领，按照“三季有花、四季常绿”和“绿化、美化、香化”总要求，强力推进环主城区绿化、主干廊道绿化、林业园区建设、大运河绿化等重点工程。在市区新建了园博园、宝云公园、植物园、滏东公园、孔颖达公园、丰收渠公园、西环带状公园等多处公园场地，城区绿化覆盖率达到42.53%。

乐享生态，诗意栖居。深入实施重点河流生态修复、大气污染防治、地下水超采治理、“一人一亩林”全域绿化四大工程，深刻演绎了生态回归的“衡水故事”。衡水市委书记王景武表示，衡水将继续深入贯彻落实“两山”理念，为京津冀筑起生态屏障，加快生态环境支撑区建设，让三地人民共享生态之美。

五、精准承接产业转移，唱好协同发展“重头戏”

产业转移，是京津冀协同发展的重点领域，是有序疏解北京非首都功能、推动京津冀协同发展的实体内容和关键支撑。衡水与京津，虽只有咫尺之距，但产业实力、科研水平却有天差地别。实现协同发展，对京津来说，是通过功能疏解、产业转移，实现轻装上阵的“好上加好”，对衡水而言，则是一场必须接得住、连得紧、唱得好，进而实现跨越赶超高质量发展的“大戏”。

“目前，稻香村糕点、王致和腐乳已经投产，北京东来顺预计年底投产、北京京酿高档调味品生产项目车间主体已完工。”阜城县开发区管委会负责人介绍，占地3000亩的中华老字号食品产业园，将让人们耳熟能详的北京老字号，在衡水焕发出新的发展活力。

与传承传统老字号“有中生新”相比，位于肖张镇的北京中关村（枣强）产业协同创新基地则是另一番风景。自2017年11月8日揭牌以来，从北京中关村引进的20多个高科技项目在这里落地，依靠科技创新“无中生有”的好戏正连台上演。

阜城县和枣强县异曲同工的协同发展路径，是京津产业转移过程中实现二次集聚的成功样本。衡水市找准产业承接定位，结合各县市区不同的区位优势、产业基础和承接能力，着力打造“三个一百”集中承载地——北部，在饶阳、安平、深州毗邻雄安新区区域，规划建设100平方公里的园区，承接与京津和雄安新区相配套的功能和产业；中部，依托桃城区和工业新区，规划建设100平方公里的园区，重点推进信息产业园，打造主营业务收入超千亿元的园区，共同成为全市发展的重要增长极；南部，冀州、枣强、滨湖新区在靠近衡水湖的区域规划建设100平方公里，集中打造高端商务区、休闲健康等高端产业区，形成组团式发展的新模式。截至今年6月底，衡水与京津对接合作项目已达到590项，总投资6158亿元。

产业无缝对接，实现二次集聚，是衡水承接京津产业转移靶标意识的呈现。京津研发、衡水生产的合作模式，则是协作精神的握手。

2015年，生于北京长于北京的威可多，将制衣中心整体搬迁到衡水，成为京津冀协同发展战略实施后北京首个整体搬迁至河北的企业。伴随着威可多的搬迁，一条分工明晰的产业链在京冀两地展开。

研发在北京，生产制造在衡水。威可多将北京空闲出来的厂房打造孵化器，吸引新锐设计师进驻。而在衡水，借助威可多的引进，建起了创意服装产业园区，先后吸引北京五木服装有限公司、北京方仕工贸有限公司等服装终端产品生产项目落地。服装生产项目的聚集，又为辅料、面料生产，服装纺织物流服务，服装人才的聚集增添了新动能。

疏解地的推力、承接地的拉力、相关产业的引力汇聚成京津冀产业协作的强大合力。仅 2017 年一年，衡水市举办了衡水湖马拉松国际商务洽谈会、衡水特色产业推介暨承接京津产业转移投资环境说明会、衡水·北京（海淀）科技创新合作恳谈对接会等 16 项招商引资活动。坚持立足自身特色产业，紧盯京津食品加工、纺织服装、装备制造、新型建材等行业动向，开展精准对接。以 30 项京津冀协同发展重点项目建设，强力推进与中冶、中核工、中建、中铁等 30 个央企重点合作工程。冀州旅游设施装备产业园、深州京津冀产业协作园、“双千亿”煤化工产业园区、故城雄安乳胶产业园等一大批联手京津高端、推动本地产业转型升级的大项目相继落地。安平县丝网产业联合北京天河、北京天泽公司等丝网产业高端企业联合攻关，先后研发了新产品、新技术、新材料、新设备 200 多项，填补国内空白 80 多项，申报国家创新专利产品 60 多项，促进丝网产业由“安平制造”向“安平创造”转变。

将靶标意识、协作精神贯穿到协同发展的一个个承接项目中，使衡水与京津实现了产业协作的合作共赢，借助京津的科技与人才优势，搭建创新平台，则为衡水深度融入京津提供了永续的动力支撑。

衡水市委、市政府将承接京津产业溢出的主攻目标锁定以中科院为核心的高端科技资源，加速京津研发优势和创新要素向本地的流动聚集，重点搭建了“中科院 +”“院士 +”“千人计划 +”“硅谷 +”四大协同创新平台：

——**“中科院 +”**。依托中科院衡水科技成果转化中心，规划建设了总投资 28 亿元、占地 730 多亩的衡水科技谷，与中科院所属 12 家院所建立了战略合作关系。同时，以中科院、中国医学科学院、清华大学、北京大学“两院两校”为重点，持续扩展“中科院 +”的“朋友圈”。今年 8 月初，由雄安新区、河北省、中国科学院三方共同建设和运行管理的雄安（衡水）先进超级计算中心落户衡水高新区，全部建成后运算能力将跻身世界前十。

——**“院士 +”**。全市建成了 12 家院士工作站，与 21 名院士建立了紧密的合作关系，在推动特色产业转型升级、骨干企业创新能力提升上发挥了重要作用。下一步，将大力推进院士工作站建设，争取达到 20 家。

——**“千人计划 +”**。已经有 2 位“千人计划”专家项目落户衡水。正在谋划建设衡水千人发展研究院，今年将举办衡水湖千人发展论坛和电子信息项目对接会，争取每年最少引进 3 名国家千人计划专家。

——**“硅谷 +”**。衡水积极承接美国硅谷转移转化项目。总投资 12.6 亿元的桃城硅谷产业园，已具备入驻条件，美国硅谷博士团队研发的 8 个智能智造高科技项目即将落地。

4 年来，在京津冀协同发展战略推动下，衡水正在成为承接京津产业转移的二次集聚地、京津科研成果的转化地，助推现有传统产业转型升级的新高地。

六、提升幸福指数，打造京津冀生活“新福地”

民生幸福是协同发展的根本目的。对接京津、融入京津成效如何，关键要看是不是给老百姓带来了实实在在的获得感、幸福感。如今，这座曾荣膺全国“十大幸福城市”的生态湖城，幸福指数持续攀升，成为令人向往的生活“新福地”。

（一）幸福民生，是生活的满足感

周窝音乐小镇创始人董玉戈曾在北京从事音乐杂志编辑与出版工作，但在衡水找到了“诗与远方”。2011 年，她放弃当时的传媒工作，毅然来到武强县周窝村打造音乐小镇。从最初只把自己当“过客”，到渐渐爱上了这个村庄并留下来定居。

“这里的每一个人、每一处景，都与跳动的音符浑然一体，形成独特的人文景观。这里上至耄耋老人下至绕膝孩童，几乎人人都懂乐器、会乐器、喜欢音乐。深厚的人文积淀让小镇骨子里都透着音乐气质，加上很多艺术家留下的作品，为小镇增添了独特的文化底蕴。”她在朋友圈图文并茂的描述，让北京的朋友“羡慕得不得了”。在她心中，衡水就是理想生活的目的地。

京津冀协同发展战略提出以来，随着三地联系的进一步密切，吸引了许多像董玉戈一样来衡水创业打拼的外地人。衡水依托基础教育和生态优势，积极建设京津教育医疗及休闲养生功能疏解基地，吸引了无数人来这里追梦、圆梦。

（二）幸福民生，是未来的期许感

“十年树木，百年树人”。百姓对未来的期许，莫过于望子成龙、望女成凤。近年来，衡水中学、衡水二中每年考入清华、北大等名校人数占全省总计划的60%以上。衡水一中、志臻中学、十三中、十四中以及武邑中学、枣强中学、冀州中学、桃城中学等一大批公办、民办学校“井喷式”崛起、遍地开花，优质基础教育资源成为衡水市一张亮丽的城市名片。

欲穷千里目，更上一层楼。为了让现有丰富教育资源更加充分“发酵”，打造独具魅力的教育高地，衡水市提出在滨湖新区规划建设滨湖国际教育产业园，吸引京津高校和科研院所转移，实施“5331”学子反哺计划，引进培育高层次创新创业人才和团队，探索建设产城教融合发展试验区。随着京津冀优质教育资源的创新集聚和有效整合，“一站式”教育的“衡水号”巨舰破浪起航。

（三）幸福民生，是精神的获得感

2018年5月30日，衡水保利大剧院盛大首演，经典芭蕾舞剧《红色娘子军》赢得了现场观众经久不息的掌声。2017年11月，衡水市与北京保利剧院管理有限公司签约，委托保利剧院经营竣工不久的衡水大剧院，衡水市政府每年拿出1500万元进行惠民补贴。保利剧院每年将为衡水市提供60场高水平演出，俄罗斯国家古典模范芭蕾舞团的芭蕾舞剧《睡美人》、大型音乐舞蹈剧

《罗密欧与朱丽叶》、布达佩斯交响乐音乐会等先后在这里精彩上演。北京保利剧院成功牵手衡水，让高雅艺术“飞入寻常百姓家”。

“金窝银窝不如咱们周窝”。这是当地农民经常挂在嘴边的一句话。周窝村是武强县政府依托金音集团乐器生产优势和北方民居特色，与北京璐德音乐文化产业发展有限公司、中国吉他协会合作，共同打造的原生态特色音乐小镇。2017 年，北大青鸟音乐集团在周窝创建大学生音乐创业与创意基地，建设音乐人创作室，举办大学生音乐训练营、音乐节等活动，为周窝注入了新的活力。小镇成功入选全国最美村镇、全国生态文化村、国家级青少年音乐体验基地，每年 20 多万人次游客到这里感受北方特色小镇和音乐文化的独特魅力。

景县与国家京剧院联合出品新编历史京剧《董仲舒》，衡水市将在国家博物馆推出“衡水印记”大型文化展，现代评剧《火种》在中国评剧大剧院成功上演……与京津的文化交流，有力推动了“文化衡水”建设，提高了衡水文化的内在活力和对外影响力，更好地满足了新时代人民群众精神文化需求。

（四）幸福民生，是健康的安全感

京津冀医疗卫生一体化最迫切的是民生需求，缓解看病难、看病贵，让患者“回流”，必须寻求高端合作，打造高水平医疗服务。衡水市心血管病医院与中国健康促进基金会的战略合作，就源于这样一个“民生梦”。

2017 年 4 月 23 日，“中国健康促进基金会派遣北京 301 医院知名专家帮带衡水心血管病医院”启动仪式举行，开拓性地实现了北京 301 医院专家在衡水“安家”，实现了京衡医疗资源共享、优势互补，形成了“没有围墙”的战略联盟发展平台。

目前，301 医院专家团队进驻的衡水心血管病医院，天天有专家坐诊、周周有专家手术，让老百姓在家门口就享受到了国内一流名院、国际知名专家提供的科学、先进、优质的诊疗服务。

以衡水心血管病医院为代表，京津冀医疗协作范围正向纵深拓展——市中医医院、深州市医院被纳入京津冀医疗机构临床检验结果互认第二批试点；市中医医院、故城县医院被纳入医学影像检查资料共享第二批试点；全市共有19家医疗机构分别同京津冀80家医疗卫生机构以派驻专家、远程会诊等方式开展合作；全市9家公立医疗机构和25家民营医疗机构成立医联体21个；北京急救中心将衡水市哈励逊国际和平医院等6家医院纳入空中救援网络；北大医疗产业集团参与管理的高新区第一人民医院正加紧建设。

围环湖赛道跑一场酣畅淋漓的马拉松、掬一捧湖畔温泉安然养生、到园博园最美花街尽情徜徉、在航空运动小镇体验热气球飞翔……如今的衡水，正倾力打造休闲健身游、康养游、周末游目的地，一条“文、教、医、养、健”大健康全产业链正在美丽的衡水湖畔徐徐铺展。

从百年守望到融入京津，改革风云鼓荡着催人奋进的力量，协同发展镌刻下踏石留痕的印章，其基已固，其时已至，其势已成。衡水，这座以水命名的城市，正在习近平新时代中国特色社会主义思想指引下，落实河北发展提出的“四个加快”“六个扎实”总体要求，以上善若水的精神、静水流深的姿态、水滴石穿的韧劲，不断开创新时代全面建设经济强市、美丽衡水新局面！

（2018年8月）

改革开放与中国城市发展

GAIGEKAIFANG

长治

CHANGZHI

太行精神引领下的文明长治创建之路

——长治市调研报告

中共山西省委宣传部
中共长治市委

习近平总书记指出："当高楼大厦在我国大地上遍地林立时，中华民族精神的大厦也应该巍然耸立。"物质文明和精神文明均衡发展、相互促进，不仅是全面建成小康社会的应有之义，也是实现中国梦的必由之路。事实证明，任何一个民族，如果没有一种精神力量作为支柱，没有一种良好的精神状态，都是难以生存的。太行精神作为长治老区始终坚守的宝贵精神财富，多年来，长治市委、市政府坚持以传承弘扬太行精神为抓手，坚定文化自信，凝神聚气，强基固本，主要领导更换，目标不变，一任接着一任干，一任接着一任建，形成了以"长治好人"引领城市文明、以道德典型塑造城市之魂的创建工作鲜明底色。从 2005 年开始，在中央文明委每三年组织一届的全国文明城市评选中，长治市连续三次荣获"全国文明城市"称号，是山西省唯一，也是全国首批、全省唯一的国家公共文化服务体系示范区。

革命战争年代，在太行山上遍地是战斗英雄、支前模范，一路传承太行精神的红色基因。今天的长治人民又在上党大地尽显身手，社区、街道、村镇、县城等，在方方面面、点点滴滴中汲取太行精神的血脉滋养，40 年改革开放，20 年文明创建，用实际行动探索出了一条独具长治特色的文明创建之路。

一、一座城市的前世与今生

长治，古称上党。山西省东南部一座古老的城市，也是新中国第一个建市的城市，与河南、河北两省接壤。由于地处太行山之巅，地势较高，有“与天为党”之说，现辖13个县（市、区）和1个国家级高新技术开发区，总面积1.39万平方公里。早在上古时期，华夏先祖神农氏炎帝就在长治这片土地上，开荒创世，繁衍生息，炎帝带领他的部落尝百谷，制耒耜，兴稼穑，用勤劳和智慧使人类实现了从游牧到定居、从渔猎到农耕的历史变革，创造了光辉灿烂的上古文化，在中华文明史上书写了壮丽篇章。尧舜时期，长治是尧王长子丹朱的封地。商为黎国，韩建别都，秦置上党郡，北周名潞州，明为潞安府，设附廓置长治县，取“长治久安”之意。长治，也是一座英雄的城市，革命战争年代，朱德、彭德怀、刘伯承、邓小平、左权等老一辈革命家，率部挺进晋东南，建立了太行太岳革命根据地，与上党人民一起发动了名震中外的“百团大战”，打破了日军的“囚笼政策”，在抗日战争史上书写了光辉的一页。解放战争初期，著名的“上党战役”打响，拉开了解放战争的序幕。军民团结，同仇敌忾，孕育出了伟大的太行精神，无论是血雨腥风、战火纷飞的革命年代，还是意气风发、激情燃烧的建设年代，甚至是波澜壮阔、生机勃勃的改革年代，太行精神一直在激励着长治人民奋勇前进。新中国成立后，在长治这片红色的革命土地上，先后涌现出了李顺达、郭玉恩、申纪兰等多位全国劳模，120多位省部级劳模，涌现出了全国第一枚“白求恩奖章”获得者赵雪芳、“感动中国十大人物”段爱平和全国公安系统爱民模范申飞飞等一大批英雄模范人物。长治市也先后荣获全国文明城市、国家卫生城市、国家园林城市、国家森林城市、中国魅力城市、中国曲艺名城、中国避暑城市、中国优秀旅游城市、国家公共文化服务体系示范市、全国全民健身示范市、全国法治城市创建活动先进市、全国双拥模范市、全国“六五”普法中期先进城市、全国优秀民生改善典范城市等多项国家级荣誉称号。

改革开放40年，是太行儿女艰苦奋斗的40年，既是一部气势恢宏的改变史，也是一部声势浩大的文明推进史。在深化文明城市创建过程中，长治始终以太行精神为引领，社会主义核心价值观成为主流追求、社会新风得到全面弘扬，公民素养大幅提高。长治市于2011年12月荣获全国文明城市称号之后，连续两次蝉联，荣获全国文明城市“三连冠”。全市文明县城，文明乡镇不断涌现，全域文明向纵深推进，呈现出“文明群体像”。从县（市）层面看，长治市有11个县（市）。截至目前，长子县和壶关县，2个县城得到全国县级文明城市提名，占到山西省总数的四分之一（山西省共8个）。同时，长治县、潞城市、屯留县、长子县、壶关县、平顺县、武乡县、沁县、沁源县等9个县（市）成为山西省文明城市（县城），名列全省第一。从乡镇层面看，山西省共有30个全国文明乡镇，长治市就有4个；全省共160个省级文明乡镇，长治市就占到37个。从村级层面看，山西省共97个全国文明村，长治市有18个；山西省共294个省级文明村，长治市就占到68个。长治市132个乡镇、3454个行政村，其中县级以上文明乡镇有121个，远远超过“十三五”末60%的要求；县级以上文明村907个，占全市行政村总数的26%。回首创建路，其实就是太行儿女在用实际行动诠释伟大的“太行精神”。

一个好人与一座城。习近平总书记指出：“只要中华民族一代接着一代追求美好崇高的道德境界，我们的民族就永远充满希望。”在长治流传这样一句民谣：“天上满天星，长治好人城。道德楷模一串串，数也数不清！”“好人城”，已成为长治一块有力的“金字招牌”。在太行精神的滋养下，发挥先进典型的榜样示范作用，凝聚向上、向善、向廉的正能量，营造干事创业、勇于担当的良好发展环境。连续20年发掘好人、宣传好人、争做好人，使长治“好人城”的品牌不断放大，成为滋养城市精气神的雨露阳光，也凝聚成实现中华民族伟大复兴中国梦的强大正能量。

全国劳模申纪兰，第1至13届全国人大代表，不仅是改革开放40年的亲历者，也是共和国的见证者。她作为平顺县西沟村一名普普通通的农村妇女，曾受到毛泽东、周恩来、邓小平等历届党和国家领导人的亲切接见。2009 年 5 月，时任中共中央政治局常委、中央书记处书记、国家副主席习近平同志沿着盘山公路，来到西沟村，他一下车就与申纪兰亲切握手，热情交谈。在西沟展览馆，习近平同志认真全面了解了西沟人艰苦奋斗、建设家乡的光辉历程后，他说，西沟 60 多年的发展，是社会主义革命、建设和改革开放的缩影，特别是李顺达、申纪兰的劳模精神，需要好好总结和发扬。不忘初心，牢记使命。劳模申纪兰，坚守西沟，担任西沟村党支部副书记，几十年不离不弃，在带领大伙共同致富的同时，作为全国道德模范的她，以身作则，帮助他人，服务乡亲。年轻的时候，有时间就主动去照顾村里的老人们。一位老羊倌无儿无女，她经常上门为他洗洗涮涮，缝缝补补，每当做出好的饭菜，她总会盛一碗送老羊倌尝尝鲜。逢年过节，替他到山上放羊，让他和乡亲们一起看红火。老羊倌病了，申纪兰用自己的钱为他看病，老羊倌病故，她又亲自为他剃头穿衣服。出殡那天下大雪，申纪兰怕路滑灵柩不好抬，就把麻绳套在棺材上使劲往前拉，雪地里，那一行行脚印永远留在西沟人民的记忆中。半个多世纪以来，申纪兰像一株永不褪色的青松，屹立在太行山上。她心系群众：作为人大代表的她，始终代表人民利益，为人民代言；作为道德模范的她，始终心怀一颗慈母般无私的心，回报着老区人民。2001 年 6 月，申纪兰被全国保护母亲河委员会表彰为保护母亲河波司登奖，得到 2 万元奖金。申纪兰回来后，正赶上村里打井缺资金，她丝毫没有犹豫就把钱捐出来为村里打了井。2001 年 7 月，申纪兰被中组部表彰为“全国优秀共产党员”，得到奖金 5000 元，申纪兰又一分不留交给了集体。2007 年 9 月，申纪兰荣获“全国道德模范”，中宣部奖励她 5 万元，她直接捐给村里的贫困户用于发展生产。2009 年，申纪兰扶贫助教基金会成立，她先后筹集 347 万元，支助了 100 多名困难教师，让 300 多名家庭贫困学生念得起书、上得起学。2008 年汶川地震，她慷慨解囊，把自己省吃俭用积攒下的 1.5 万元钱，全部捐给了地震灾区。2010 年玉树地震，她又一次带头捐款 2000 元。多少年来，申纪兰贴钱办公事，自掏腰包给群众办私事的事迹数不胜数，各级党委和政府对她的表彰奖励，她都一分不留捐了出去。

一个典型，一面旗帜；一群好人，满城春风。赵雪芳，长治市人民医院妇产科大夫。1996 年，赵雪芳查出癌症晚期，组织上送她到北京治疗。临行前一天，她还为病人做了 3 台手术。在北京住院期间，她的父亲病故，回家送行的她，葬礼刚毕，就脱下孝服换上白大褂到乡卫生院为病人做手术。张林英，潞城市赤头村一名普通的农家妇女，1993 年丈夫去世，她在整理丈夫的遗物时发现，丈夫生前有 2 万多元债务。她便一家一家上门对债主说："他死了，债务我认。我还不了，就叫我儿子女儿长大后还。"之后，张林英带着三个孩子喂鸡种地还债，用 15 年时间将丈夫的债务全部还完……

讲述"好人故事"，唱响正气歌；建设"好人城市"，凝聚正能量。在长治，20 年来，各级各部门不间断组织开展"上党公仆""长治好人"座谈会，以"好人"事迹为题材，创作编排上党鼓书、潞安大鼓、上党梆子、上党落子等文艺节目，"进社区、进村镇"展演。在市县的社区设立"好人墙"，以"身边人讲述身边事、身边事教育身边人"为主题，先后开展了"百名道德楷模巡讲""万人评议政风行风""十万份文明规则入户""百万群众评好人"等，一个个富有特色的活动，涌现出了像全国道德模范申纪兰、普法标兵龙晓霞、诚实守信张林英等"长治好人"10000 多名，仅 2016 年和 2017 年两年内，全市就评选表彰道德模范、长治好人、当代乡贤、美德少年等各类先进典型 4000 人，挖掘选出一批在全省乃至全国叫得响、传得开、立得住的先进典型，先后涌现出全国道德模范、"中国好人"52 人，山西省道德典型 97 人，市级以上道德典型 2 万多名。"好人"不仅成为长治的新名片，也成为长治城市的精神新坐标。一位来自河南的老板，在长治打拼十几年，他作为这座城市文明发展的亲历者，他说，自己已经爱上了这座城市，也经常劝一些朋友说："来长治吧，在'好人之城'生活，做生意，让人放心。"

一个社区与基层文明。社区作为城市的"细胞"，是社情民意、社会基层各种矛盾和问题反映比较集中的地方。习近平总书记指出，社区是基层基础，只有基础坚固，国家大厦才能稳固。长治市城区太行东街街道电力社区成立于1984年，辖区面积8.5平方公里，有96个单位、127个小区、404个门店，居民总人口15921户，55834人。2009年5月，时任中共中央政治局常委、国家副主席习近平同志到该社区进行了调研指导，对街道社区的工作给予了充分的肯定。

如今的太行东街街道电力社区早已今非昔比。从2009年的省级文明社区，到2011年12月荣获“全国文明社区”，再到2015年被评为“全国和谐示范社区”。该社区始终牢记殷殷嘱托，以党建为龙头，以支部为堡垒，以阵地为依托，以服务居民群众为出发点，以创新思路举措为着力点，走出了一条中国特色社会主义城市社区建设和现代化基层社会治理的创新之路。在调研中，我们走进该社区，文明新风扑面而来，各种荣誉挂满会议室，“十佳先进集体”“全国综合减灾示范社区”“爱国卫生先进单位”“廉政文化进家庭先进妇联组织”“四星级本质安全型社区”“国家级无邪教示范社区”等一批“国字号”荣誉成为整个社区全体居民的光荣与骄傲。辖区内9个驻社区单位全部荣获文明单位，其中2家获得国家级文明单位。

李庆英，一位年过花甲，有40年党龄的离任社区主任，2011年，她退而不休，主动请缨到电力社区做“和事佬”工作。多年来，她充分利用自己人熟、地熟、业务熟的优势，用自己的热心、耐心、爱心和良心维护着辖区的稳定和谐，像这样的事例在社区举不胜举。

长治市共有59个社区，走进每一个社区，抬眼可见、举足即观，文明之风盛行，正能量得以广泛传递，这源于文明创建在社区遍地开花的结果。多年来，长治市通过大力推行社区网格化管理，积极创新社区、社会组织、专业社工“三社联动”模式，大力开展以“基层党建、民主自治、关注民生、平安创建、城市管理、文化建设”为主要内容的“六星”示范社区创建活动，通过社区这个“小针眼”，穿起了基层精神文明建设的“千条线”。2018年“七一”前夕，长治又向全市党组织发出《关于建立党员到居住地社区党组织报到制度　在社区治理中充分发挥党员先锋模范作用的通知》。市委书记孙大军，市委副书记、市长杨勤荣等主要领导，带头到所居住地社区报到，全市的党员纷纷按要求到所在社区报了到。用市委书记孙大军的话说："上面千条线、下面一根针。社区工作直接服务群众，非常辛苦，也非常重要、非常光荣。党员要到本人居住地社区报到，而不是工作地社区，因为我们除了关心自己的单位以外，最关心的地方就是自己居住和生活的家园。"党员到社区报到，事虽小，"小切口"其实做的是"大文章"，党员在社区亮出身份，接受监督，自觉做个好居民，模范遵守居民公约，自觉维护小区公共秩序，严格宠物管理，弘扬家庭美德，促进邻里和谐，同时，一名党员又是一面飘扬的旗帜，可带动社区居民增加自律性。从社区到小区、从一栋楼到一个单元，文明在长治时时有人抓、处处有人管，党员带头、群众参与、军民共建、警民共建、民族共建等特色创建活动，在全市的社区已经常态化，长治市也先后 6 次蝉联"全国双拥模范城"。

一条街道与城市形象。长治市太行大街，作为长治市区的交通主动脉，被称为长治市的"十里长街"，也是该市的政治文化中心和人口密集区，是连接东山（老顶山）西水（漳泽湖）的城市主轴线。八一广场作为长治市最大的花园式广场，以广场主席台为中心，东西太行街为两翼，分布着如中国人民银行长治分行、长治体育中心、新闻中心、博物馆、市图书馆、老顶山森林公园、太行公园等，东有公路客运东站，西至高速公路入口。这条在 60 年代贯通的大街，最早被称之为新建路，新中国成立 20 周年时，经拓宽改造，由原来的 20 米宽达到 40 米宽，与八一广场同时启用，改称太行街。

在计划经济时期，在太行东西街周边分布的主要是省市国营工业企业，如粮机厂、无线电模具厂、锻压厂、液压厂、缝纫机厂、防爆厂、衡器厂、电业局、电缆厂、自行车厂、灯泡厂等，这些企业在创业时期奠定了长治市北方工业基地的地位，在发展长治经济中起到了重要作用。改革开放以来，随着新兴产业、服务产业、信息产业的兴起，社会政治经济文化的不断提升，文明城市的推进，城市功能日臻完善，太行大街已逐渐发展成为长治市的政治行政中心、交通枢纽。然而，曾经宽敞的太行东西街，仅有双向四车道，显得狭窄，设施老化，车辆拥堵经常发生。

创建文明城市的目的是什么？就是必须坚持人民城市为人民。城市的核心是人，不断提高城市的宜居程度，提升群众的幸福指数也是长治市的永恒追求。2014 年，太行东西街再次改扩建，新改造的太行大街长达 9500 米，宽达 50 米，为双向八车道，通衢的大道就像一条银链贯穿长治这座城市的东西，不仅有效地缓解了交通压力，同时，也进一步提高了车辆及行人通行的安全性、舒适性、有序性。宽阔平直的道路，绿树成荫，移步成景，一条道路的变迁也见证了长治市改革开放以来的腾飞与发展！

畅通的交通网络如同城市生命的血管网络，不仅方便了出行，重要的是拓宽了人们的视野，转变了发展观念，加速了产业聚合，提升了文化品位。在文明城市创建中，长治市积极推进主城区扩容提质，“十二五”时期，市政基础设施建设完成投资 210 亿元，是“十一五”时期的 2.2 倍；新建改造市政道路 39 条，新增市政道路 28 公里、面积 178 万平方米，城市道路总里程达到 1004 公里，比“十一五”末增长 25%，初步形成了“三环八纵十二横”路网框架。五年新铺设各类管道 800 多公里，新建 14 座人行过街天桥，改造 3 座铁路立交桥和 130 条背街小巷，新增集中供热面积 1700 万平方米，新增集中供水用户 3 万户，主城区辐射带动力进一步增强，人民群众越来越感受到城市在文明创建中的可喜变化。

仅有建还不行，治理也是关键。在文明创建过程中，长治市全民行动打造宜居环境，常态化组织市直和三区 240 个单位，重点围绕 18 类 63 项督查、督办内容，深入市区 21 条主干道、35 条次干道、207 条背街小巷，常态化开展包街共建文明城市行动。组建 8 个包街共建工作督导组，划片督导，及时发现问题，督办整改，限时达标，推动了包街共建行动扎实推进。组织开展市级领导调研督导文明城市创建工作行动，市级主要领导担任督导组组长，亲自带领责任单位，深入 39 类必检场所和窗口单位，常态化对创建工作进行调研督导，层层传导压力，层层传递责任，及时发现问题，迅速解决问题，着力攻克创建工作重点难点弱项问题，有效提升了创建工作水平。城市在改变，人民的需求也在不断提高，伴随着发展的迅猛推进，基础设施陈旧、发展空间受限、城市管理滞后，不可避免地暴露出“不精、不细、不美”的“城市病”。比如以不公平的方式占有土地、换取非法利益，“两违”在城市中破坏了社会公平与正义，扰乱了经济社会秩序，任其蔓延，有限的公共资源和发展空间被侵占，群众的合法权益无法保障，惠及民生的重点工程难以实施，成为城市管理中的难掩之“痛”，为解其“诟病”，长治市一直在努力。2018 年，长治市坚决让“长治规矩”立起来！市委、市政府果断决策，召开动员大会，在全市吹响围剿“两违”的集结号。住建、国土、规划、综合执法和房产服务中心等部门，勇担当敢作为，以雷霆万钧之势、决战决胜之姿，迅速展开行动，聚焦重点领域，直插基层一线，深入开展“地毯式”巡查，“两违”整治在长治成效凸显。

众所周知，在城市，特别是旧街小巷，交织在一起的电力、通信、有线电视、交通信号、行业专网等线路，密密麻麻，挂在头顶、附着墙壁、牵在树上，在主城区这样的景象随处可见，大煞风景，百姓对于“蜘蛛网”多年来一直心存无奈。为民，就要从群众关心的实事小事做起，为彻底清除这一城市“顽疾”，净化城市空间，提升城市形象，从 2018 年 5 月起，长治市综合运用法治化、社会化、智能化、标准化手段，对主城区范围内架空线路和杆架开展集中专项整治，对各类电力、通信、有线电视、国防光缆等线路，按照“强弱分设、横平竖直、高低一致、入管入盒、色调统一、标识清晰、包扎均匀、牢固安全”的标准，同步进行规划设计、施工建设，同步入地入沟。同时又先后组织开展电线电缆、“五小”门店、道路设施、园林绿化、犬类管理、交通秩序、无物业管理小区楼院、集贸市场、社会文化环境、窗口行业文明优质服务、城中村及城乡结合部 11 个方面专项整治行动，全民参与，共建共享，较好地提升了城市的宜居程度。如今，夜色下，走在长治的街头，你会在不经意间置身于一幅幅美丽的风景画中，一个文明、开放、富有活力的山水园林文化城市正向人们展示着多姿多彩的美丽与和谐。“绿色之城”“宜居之城”“生态之城”成了长治市最具吸引力的名片。山水园林相间，生态环境优美，功能设施完善，城乡协调发展，绿色文化与现代气息交相辉映的长治，吸引了大量的来宾，一位来自深圳的企业经理感叹说："要不是知道自己身处何处，我不会相信这是山西的城市！这里管理水平和市民素质让人折服。"

一株古树与环境保护。在长治市城区西街营口的南头街，生长着一株千年古槐，这株老树高约 19 米，胸围 6 米多，虽历沧桑，树心空洞，树干却枝条茂密、魁梧挺拔，向人们展示她那顽强的生命力。这株树也是长治市现存古槐树中最老的一棵，树龄 1000 年左右，属一级保护树木，长治市就像珍爱自己的眼睛一样珍爱着这些树木。如今，长治市内现有古树名木 76 株。其中城区 36 株、郊区 24 株、高新区 16 株；国槐 44 株、侧柏 8 株、刺槐 2 株、榆树 5 株、桃叶卫矛 2 株、水杉 15 株；三级 33 株、二级 34 株、一级 7 株、特级 2 株。长治市对全市所存的古树登记造册，设立保护牌，向社会公示。在这里，每一棵树都有一个身份证，标有中文名称、学名、科名、树龄、保护级别、编号、养护责任单位等内容，这些大树也成为一座城市环境保护、生态文明的最直接"见证者"。

绿化是城市的外衣，建筑是城市的骨架，环境是城市的容貌，市民是城市的灵魂。山水长青，方能与天地同合；无音无扰，是为佳境乐土。环境的好坏关乎城市未来的发展质量，关乎每一个市民的切身利益。多年来，长治市一直致力于经济社会与环境保护的和谐发展，致力于落实对排污企业的监管与治理，堵源头、还旧账，建机制、强措施，以"壮士断腕"和"刮骨疗毒"的决心和勇气抓治理、强生态，严格落实京津冀大气污染"2+26"城市群联防联控措施，先后深入开展"减煤、治企、降尘、控车、净烟、碧水"六大专项行动，在主城区大力实施"三禁止""三清零"、机动车单双号限行等大气污染防治行动，大力实施"煤改气""煤改电"工程，近 5 年共淘汰燃煤锅炉 1394 台，2016 年对 3.54 万台燃煤土小锅炉实施洁净焦替代，目前全市完成 12.8 万户清洁能源改造工作，2500 辆公共自行车、785 辆纯电动公交和清洁能源车投入运行。特别是从 2018 年开始，积极推行生活垃圾分类处理与循环利用工作，坚持政府主导，全民参与，示范引领，深入推广，终端先行，统筹推进，循环利用，市场运作的原则，目标是到2020年，建立健全生活垃圾分类投放、分类收运、分类处置与循环利用的设施体系，生活垃圾无害化处理率达到100%，资源回收利用率达到35%以上。从垃圾“一包扔”到主动“分类投”，在长治，一个简单的动作，表达的是一种习惯的变迁，从“无处安放”的垃圾到造福百姓的“宝贝”，一次向前的迈步，映射的是一种发展理念的转变。固废利用也是生态文明建设和环境保护工作的重要内容，长治作为资源型老工业城市，怎样有效消化大量的工业固废？如何变废为宝，化害为利？长治市开出的“药方”是：走资源化、无害化、减量化循环发展路子，全力推进固废综合利用产业发展。大力推进焦化、电力、钢铁、水泥等高耗能企业对标升级改造，淘汰落后产能1395.5万吨，万元GDP综合能耗累计下降18.4%，工业固废利用率达到67.2%。深入推进浊漳河流域生态综合治理工程，完成水土保持生态治理面积135万亩，治理度达到62%，位居全省第一。以生态建设打造美丽家园，先后荣获“国家园林城市”“全国绿化模范城市”“国家森林城市”称号。如今，在长治推窗见绿地、出门进公园、抬头看蓝天、举足有青山，长治市铁腕治理，也受到国家环保部的肯定。

一个村庄与乡村振兴。长治县振兴村，中国全面小康十大示范村镇、中国十佳小康村镇，在2017年中国农村影响力300佳中，排行第98位，这个声名远播的新农村，早在10年前还是一个落后小山村。多年来，该村通过以企带村、兴企并村、村企共建、村企共享，实现了从农村到城市、从农业到工业、从农民到市民的转变，走出了一条特色的“乡村振兴之路”。

振兴村原名关家村，过去村民生活在落差100米的山坡与山沟里，由于山高石头多，出门就爬坡，村民祖祖辈辈过着行路难、吃水难、上学难、增收难的苦日子。全村总面积6.6平方公里，农业人口2309人。2010年，振兴村成为长治县城乡统筹试验村之一后，正式更名为“振兴村”，寓意振发兴举、乡村腾飞之意。为了改变落后的面貌，走向文明现代化，该村充分依托自身的自然生态资源和工业基础优势、以“特”为先、以“文”为魂、以“旅”为径，全力推进美丽休闲乡村建设，投资2.2亿元，兴建别墅式住宅569套、标准化村民新居95套，实现了整体搬迁、新建，新配套了学校、卫生院、宾馆、超市、公园、广场、会堂，实现了学业医疗保障化、日常做饭燃气化、冬季取暖供热化、用电照明光伏化、垃圾处理无害化和道路硬化、院内绿化、村中亮化，统一供热、统一供气、统一供水、统一供电，接通了网络宽带、数字电视、程控电话。10年间，村集体收入翻了20倍，达到3000万元，先后解决辖区内及周边村富余劳动力3000余人，村民人均收入翻了4倍，达到2.6万元；由原来的一个小山村，整合了3个村，企业职工人均收入翻了15倍，达到5.69万元。在发展中，振兴村继承的是中华优秀“古”色文化，恢复传统古院落9处，村内的4条街、9条路分别以仁、义、礼、智、信等传统文化精髓加“崇”字打头进行命名，先后建起村民图书室、文体活动室、民俗酒店、农耕体验园、村志展览馆，组建八音会、秧歌队、社火队、体操队，丰富了村民的精神文化生活。在推进家风、村风、党风教育中，先后举办了6届当代先贤和好姑嫂好婆媳等评比活动，以好家风带村风促党风，确保乡村振兴的社会环境充满活力、安定有序，走出了一条宜居、宜业、宜商、宜游的美丽乡村发展之路。先后荣获全国文明村镇、中国美丽休闲乡村、全国美丽乡村示范村、中国生态休闲乡村旅游胜地、中国最美宜居宜业宜游小城、新时代乡村振兴发展范例等众多“国家级”荣誉称号，从2013年至今连续四年入围“中国避暑小镇”百强榜。

习近平总书记强调，人民对美好生活的向往就是我们的奋斗目标。在山西长治，振兴村只是乡村振兴发展中的一个范例，以振兴村为标杆，先后涌现出各级各类文明村907个，成为长治市创建全域文明的坚实力量。多年来，长治市坚持文明创建与乡村振兴和脱贫攻坚深度结合，以群众满意为最高标准，始终把造福百姓的民生工程，人民群众共建共享的民心工程放在首位。“十二五”时期，全市公共财政用于民生的支出，5年累计达到963.6亿元，占到全市公共财政支出的80%以上，全面完成省委、省政府两轮“五个全覆盖”任务。农村美不美、文明不文明，关系到群众的幸福指数、关系到全面小康社会的成色。40年改革开放，沧桑巨变的长治，在文明创建中，不断探索，在全市范围内基本实现了学有所教、劳有所得、病有所医、老有所养、住有所居、弱有所扶、乐有所娱。

一座县城与经济发展。武乡县，八路军的故乡，子弟兵的摇篮，长治市的“北大门”。全县辖9乡5镇和1个农业开发区，总面积1610平方公里，总人口21万，其中农业人口17.5万。在抗日战争时期，八路军总部、中共中央北方局等重要机关曾长期驻扎武乡，朱德、彭德怀、左权、刘伯承、邓小平等老一辈革命家曾在此运筹帷幄，开国将领中5位元帅、5位大将、20位上将、50位中将、306位少将，以及8个旅、31个团都曾在此工作、生活和战斗，先后部署和指挥了“百团大战”、长乐急袭战等大小战役6368次，武乡也成为当时华北抗战的指挥中枢、全国的抗战之都。在武乡，当地人自豪地说，人民军队在这里壮大，太行精神在这里孕育，八路军文化在这里形成，民族脊梁从这里挺起，共和国从这里走来。

新中国成立后，这座革命的县城，也得到历届党和国家领导人的关心和支持，1951年8月21日毛泽东主席派以边区主席杨秀峰为团长的慰问团将“发扬革命传统，争取更大光荣”的亲笔题词送到武乡。1988年，由邓小平同志批准建设并亲笔题写馆名的八路军太行纪念馆在武乡县城落成。2009年，时任中共中央政治局常委、国家副主席习近平同志到武乡视察，在武乡八路军太行纪念馆参观时，习近平同志指出：“要把红色资源利用好、把红色传统发扬好、把红色基因传承好”，在接见八路军老战士代表时，习近平同志饱含深情地说：“新中国成立60周年到来了，最好的纪念就是不要忘记过去的艰难岁月，结合新的实际与时俱进地大力弘扬太行精神，加快全面建设小康社会进程。”近年来，武乡人民牢记嘱托，大力弘扬太行精神，深入挖掘红色文化资源优势，坚持文化引领、三产富民，大力调整产业结构，推动转型发展，这座红色的县城，经济、民生、文化等各业迅猛发展。依托八路军太行纪念馆，王家峪、砖壁八路军总部旧址纪念馆等革命旧址遗迹星罗棋布的独特红色资源优势，围绕打响叫亮“全国红色旅游第一品牌”的发展思路，先后完成了“一馆、两部、五处”改陈维修和布展工程。投资10亿多元完成了八路军文化园、游击战体验园、大型实景剧《太行山》等体验式红色旅游景区和八路军零散烈士集中安葬、红色旅游路一期等重点工程；启动实施了太行山影视文化创意园项目、八路军太行纪念馆和八路军文化园5A景区创建，连续成功举办了8届山西省八路军文化旅游节，开创了全国八路军文化研究的先河，全县红色文化旅游蓬勃发展，全国著名革命老区品牌打响叫亮。同时，武乡县举全县之力支援建设太行干部学院，共开展培训210余期16000余名学员，得到了中组部、省委组织部的高度重视和充分肯定，成为山西省党性教育的新品牌。

文明创建，见证发展。以太行精神为引领，打造文明城市，在长治，文明已经融入政治、经济、文化、民生等每一个领域。一个好人、一个社区、一条街道、一株古树、一个村庄、一座县城，看40年沧桑巨变，20年文明进程，长治的前世与今生，改变巨大，直接反映到数据上：2017年，全市实现生产总值1477.5亿元，是1978年的144.9倍；人均生产总值42887元，是1978年的107倍。产业结构不断优化，比例由1978年的26.7∶45.6∶27.7演变为2017年的4.2∶53.7∶42.1；农业综合生产能力明显提高，粮食产量由1978年的726331吨增至2017年的1631050.8吨，增长1.25倍；二产业迅猛发展，产业增加值由1978年的4.7亿元增加到2017年的793.4亿元，增长167.8倍；三产业快速挺进，2017年全市社会消费品零售总额607.8亿元，比1978年增长151倍。2017年，全市第三产业增加值达到621.3亿元，比1978年增长220.9倍。文明创建，经济发展，带来人民生活的显著改善，城镇居民人均可支配收入由1978年的348元提高到2017年的30060元，增长85倍。农村居民人均可支配收入由1978年的62元提高到2017年的12705元，增长204倍。城镇人口稳步增加，1978年全市人口255.9万人，到2017年年末达到345.5万人。特别是党的十八大以来，随着全市城镇建设的范围和规模不断扩大，全市城镇化率从2012年的45.3%提高到2017年的52.9%，提高了7.6个百分点。

二、文明创建的五点启示

改革开放以来，长治文明创建得到有力推进，特别是党的十八大以来，习近平总书记对做好城市工作和创建文明城市工作作出一系列重要论述。在地位作用上，强调城市发展带动整个经济社会发展，城市建设成为现代化建设的重要引擎；在宗旨原则上，强调市民是城市建设、城市发展的主体，要坚持以人为本，坚持人民城市为人民，让城市成为人们追求更加美好生活的有力依托；在目标任务上，强调要转变城市发展方式，完善城市治理体系，提高城市治理能力；要保护好城市历史文化遗产，传承城市历史文脉；要大力推进城乡区域协调发展，形成城乡发展一体化的新格局；要全面提高市民文明素质，打造城市精神，对外树立形象，对内凝聚人心。长治紧扣培育和践行社会主义核心价值观这条主线，大力弘扬太行精神，引领深化文明创建，促进经济转型、脱贫攻坚、生态文明建设和文化旅游业等联动发展。归纳起来，有五个方面的启示。

（一）始终坚持以习近平新时代中国特色社会主义思想为引领

中国特色社会主义是改革开放以来党的全部理论和实践的主题，也是40年来解放思想的最大成果。长治，这座北方小城，之所以在文明城市创建工作中能够取得一定成绩，根本在于始终坚持以中国特色社会主义思想为引领，始终坚持听党话，跟党走，坚持用党的最新思想武装头脑、指导实践、推动工作。如党的十九大召开之后，全市就开展十九大精神、习近平总书记视察山西重要讲话精神“进基层”宣讲3500余场。通过引领全市广大干部群众不断增强“四个意识”、坚定“四个自信”、筑牢理想信念的强大思想武器，成为激励全市上下决胜全面小康、打造山西重要增长极、建设省域副中心城市、建设美丽幸福长治，谱写中华民族伟大复兴中国梦长治篇章的行动指南，聚住了魂，提振了神，也成为全市上下统一思想认识、凝聚创建力量的领航灯塔，长治市的文明城市创建工作也得以一步一个脚印，阔步前行，硕果满枝。

（二）始终坚持以培育和践行社会主义核心价值观为灵魂

习近平总书记将社会主义核心价值观比喻为空气，指出“要使核心价值观的影响像空气一样无所不在、无时不有”。改革开放以来，随着经济的迅猛发展，各种思想交锋，特别是随着互联网的不断普及，对社会经济发展形成了冲击，由此，大力培育和践行社会主义核心价值观，是精神文明建设的根本任务，也是创建文明城市的灵魂工程。长治市始终坚持用核心价值观引领创建活动，着力打造价值引领的“好人”品牌，接力组织开展“长治好人、上党公仆”“好人物、好家庭、好团队”“长治好人——我们身边的榜样”推广评选活动，积极组织开展道德模范、当代乡贤、文明家庭“七进七讲”活动，广泛组织开展未成年人“八礼八仪”文明礼仪养成教育实践活动，持续组织开展精神文明建设先进典型“十带头”引领行动，扎实组织开展“四关爱”“四文明”“五贴近”大型志愿服务活动，深入组织开展优秀家风家训“三评、五进、六个一”活动，通过多年的教育引导、舆论宣传、文化熏陶、实践养成，社会主义核心价值观已经内化为全市人民的精神追求，外化为广大干部群众的自觉行动，形成了知荣辱、讲正气、讲奉献、促和谐的良好社会风尚。特别是党的十九大把“坚持社会主义核心价值体系”作为新时代坚持和发展中国特色社会主义必须坚持的基本方略之一，对培育和践行社会主义核心价值观作出许多新的重大部署，长治市以培养担当民族复兴大任的时代新人为着眼点，把培育践行核心价值观作为“五大创建”（文明城市、文明村镇、文明单位、文明家庭、文明校园创建）的根本任务，大力实施时代新人培育工程，深入开展“弘扬时代新风、担当复兴大任、争当时代新人”等15个专项行动，广泛开展社会主义核心价值观“十融十连十创”活动，努力培养和造就一批又一批“有自信、尊道德、讲奉献、重实干、求进取”的时代先锋和时代新人，推动形成人人践行核心价值观、争当时代新人的生动局面。

（三）始终坚持以弘扬和传承太行精神为保证

太行精神是中国共产党领导英雄的军民用鲜血和生命谱写的革命精神。长治作为太行精神的孕育地，艰苦卓绝的抗日战争时期，英雄的太行军民用不怕牺牲的坚定信仰、革命必胜的坚定信念，抛头颅、洒热血，共同铸就了伟大太行精神。经过战争年代的洗礼、建设时期的陶冶、改革时期的考验，太行精神表现出鲜明的时代特色、开放兼容的理论特质和强大的实践功能，成为长治人民的宝贵精神财富和丰厚的政治资源。长治市委、市政府多年来始终牢记习近平总书记“四个始终保持”的重要指示精神和“两个一定要”的殷殷重托，按照省委“太行精神要再光大”的要求，把太行精神作为宝贵的精神财富、巨大的政治优势和加快发展的强大力量，在全市广大干部群众中深入持久地开展弘扬太行精神活动，着力用太行精神为城市塑形铸魂、为干部群众补钙强身。依托丰富红色文化资源，组建太行干部学院，面向领导干部举办太行精神论坛，面向全国举办太行精神研讨会，连续组织八届八路军文化研讨会，积极开展八路军文化、劳模文化、纪兰精神、雪芳精神研究挖掘，编印出版了“追寻红色曙光　弘扬太行精神”等多套“红色长治”系列丛书；将传承红色基因、弘扬太行精神融入党的群众路线教育实践活动、“三严三实”专题教育、“两学一做”学习教育全过程。开发建设了6个全国红色旅游经典景区，精心打造“两园一剧”等红色经典旅游项目，组织开展重温入党入团入队誓词、“看一场抗日剧，当一回八路军，打一场游击战”等全民教育实践活动。太行精神也成为激发全市人民攻坚克难、砥砺前行的强大精神动力。实践证明，太行精神以及在太行精神基础上创新发展的纪兰精神、劳模精神，是长治经济社会发展的助推器、精神文明建设的大舞台、党员干部教育的生动教材。正是有了太行精神的熏陶，全市人民的理想信念才更加坚定，干事创业的劲头才更加强劲，各项事业才更加蒸蒸日上。正是有了太行精神的滋养，长治市才能在经济欠发达、基础条件差、各方面并不占优的情况下，从全国数百个城市中脱颖而出，跻身全国文明城市行列，先

后三次蝉联全国文明城市，成为山西省乃至中西部地区城市文明创建中的典范。

（四）始终坚持以文明创建一张蓝图绘到底为保障

20年文明创建，长治市坚持的正是习近平总书记所指出的“要继续锲而不舍、一以贯之抓好社会主义精神文明建设”的重要指示精神，持之以恒、常抓不懈、久久为功。从2000年开始，长治市委、市政府就根据经济社会发展需要和人民群众意愿，响亮地提出了“争创全国文明城市”的口号。长治市主要领导更换，目标不变，始终坚持一个调子叫响亮，一张蓝图绘到底，一任接着一任干。在创建过程中，始终坚持把文明城市创建写入市委决议和政府工作报告，摆上市委、市政府工作日程，纳入经济社会发展规划、经济社会发展考核评价体系和年度目标责任考核指标，列入财政专项预算，三年出台一个中长期规划，一年修订完善一次创建方案，确保了文明创建标准不降低，狠抓落实不松劲，持续创建不断线。一是建立了组织保障机制。从2000年开始，市委、市政府就坚持常设由市委书记担任总指挥，市委副书记、市长担任第一副总指挥，四套班子分管领导担任副总指挥的创建文明城市指挥部，采取年初派任务、压担子，年中定期查进度、促整改，年终收卷子、看成效的办法，形成了党委、政府统一抓，文明委、指挥部组织协调抓，各级各部门齐抓共管的领导体制，有效确保了文明创建有领导、有部署、有投入、有检查、有落实。二是建立了责任共担机制。把全国文明城市和未成年人思想道德建设的每一项测评指标，量化分解到各个责任部门、责任单位，实行“一级负责、三级挂钩、五定到位”(“一级负责”，即各级“一把手”都是创建工作第一责任人、下一级“一把手”向上一级“一把手”直接交账；“三级挂钩”，即市四套班子领导与分管市级部门挂钩、市级部门领导与分管单位挂钩、单位领导与包联街道和社区挂钩；“五定到位”，即定任务、定进度、定责任、定考评、定奖惩）的工作运行机制，确保了创建工作事事有人管，项项有着落。三是建立了考核奖惩机制。把创建工作纳入全市

年度目标责任考核，实行创建工作完成情况“一票否优”；把“十带头”引领行动开展情况纳入精神文明建设先进典型测评考核，对行动积极、成效明显的，优先申报、破格推荐上一级先进典型，对疲沓拖拉、收效甚微的，提请撤销荣誉称号。“两考核、两奖惩”机制的实施，有效调动了各级各部门的创建工作积极性、主动性。四是建立了督查督办机制。立足存在问题动态消零，常年组织创建工作督查组、市民巡防团，对各部门创建任务完成情况进行明察暗访，及时下发督办通知单，推动各级各部门补齐工作短板，消除死角盲区，保持常态达标。五是建立了责任追究机制。实行创建工作“谁主管谁负责，谁丢分谁担责”的责任追究制度，对在创建过程中不认真履行职责、未按时按质完成任务、影响工作顺利进行、造成不良后果和影响的，给予撤职、免职、停职、调职等处分。仅 2017 年，市委、市政府就对 10 多名文明创建中不担当慢作为的干部进行了坚决调整，有效促进了各部门真抓实干，狠抓落实。六是建立了宣传发动机制。每年召开一到三次文明创建动员或协调大会，刊发一封“致全体市民的信”，发放一批市民文明手册，张贴一批创建文明城市倡议书，举办一次创建全国文明城市知识竞赛，开展一次 10 万户居民模拟问卷大调查，直接把创建工作的目标任务贯彻到了城乡基层和千家万户。新闻宣传、社会宣传、文艺宣传、公益广告持续升温，不间断造势，有效提高了知晓率、支持率和参与率。在长治，文明创建坚持的是“只有起点、没有终点，只有逗号、没有句号，只有更好、没有最好”的理念和行动，靠的是“坚持不懈、坚韧不拔，永不言败、永不放弃”的信念追求，20 年，继续深入推动文明城市创建迈向更高水平。

（五）始终坚持以为民惠民靠民为宗旨

创建为了人民，创建依靠人民，创建造福人民。长治的文明创建工作之所以得到人民群众的支持，是源于市委、市政府始终坚持以人民为中心的思想，把人民群众对美好生活的向往作为文明创建的出发点和落脚点，着力抓

好群众身边的小事、城市发展的实事、社会治理的难事，文明城市创建也成为最大的民生工程、民心工程，人民群众的获得感幸福感不断增强，广大市民共创文明城市、同建美好家园的创建热情也空前高涨。多年来，在长治公共财政用于民生福祉支出、占到全市公共财政支出的80%以上，市委、市政府每年承诺的民生实事均能圆满完成；无论是城市建设力度的不断加大、城市管理的日益精细化，还是环境秩序脏乱差、空气污染、交通拥堵等“城市病”的大力治理；无论是包街共建、“八礼八仪”“七进七讲”“四关爱”“四文明”“五贴近”等共创共建平台的搭建，还是月评新风新事、季评文明市民，市县乡村四级评“好人”、各行各业选楷模，“做文明有礼的长治人”等全民共建活动的开展；无论是诚信建设、窗口服务、文明交通、文明旅游等社会文明风尚的提升，还是老旧小区、背街小巷、农贸市场、城郊结合部等“老大难”场所的大力整治，甚至是正在全市深入开展的垃圾分类活动等，无不凸显着市委、市政府“创建让人民满意的文明城市”的坚定信念和执着追求，这极大地调动了广大人民群众争创全国文明城市的积极性、主动性、创造性，较好地实现了群众生活品质和城市文明程度同步提升，文明城市与文明市民共同成长。在历次考评中，市民对文明创建的支持率和满意度都保持领先，这也成为长治市文明创建工作的一大亮点。同时，通过文明创建也解决了一系列涉及群众切身利益的实际问题，很好地营造了勤政务实、廉洁高效、人民满意的政务环境，群众对政风行风的满意度得到大幅度提升。

三、存在问题与下步探索

文明城市创建激发了城市的创新活力，增强了城市的综合实力，提升了城市的竞争能力，是一项功在当代、利在千秋的重要工作。然而，文明创建，是一项综合性、系统性工程，长治市的文明创建，尽管取得了不少的成绩，但同样存在一些不可回避的问题。

（一）存在问题

1. 在“全域化”方面还需再发力

在文明创建过程中，长治市做了大量的工作，但是一座高度文明的城市，应该是城乡文明一体发展的城市。文明城市创建不能仅仅停留在城市，还要延展到农村，要坚持以城带乡，以乡带村，着力解决文明到基层、到户、到人，推动全域文明，通过城市影响农村，形成城乡一体、共创共建的全域文明新格局。要以社会主义核心价值观统领文明城市、文明村镇、文明单位、文明校园、文明家庭等全面创建，弘扬主旋律，汇聚正能量，着力在打造全域文明、全体文明、全程文明、全面文明上下功夫。

2. 在“全覆盖”方面还需再拓展

习近平总书记指出，要利用各种时机和场合，形成有利于培育和弘扬社会主义核心价值观的生活情景和社会氛围，使核心价值观的影响像空气一样无所不在、无时不有。要进一步加大社会主义核心价值观的普及和覆盖面，要加强思想道德建设，着力深化群众性精神文明创建活动，比如在志愿者的队伍与数量上力度要再加大，着力提高市民文明素质和社会的总体文明程度。

3. 在“融合度”方面还需再“添柴”

要将文明创建与转型发展、产业结构调整、生态环境保护、脱贫攻坚、文化旅游的融合度、联动性上再加强。比如在统筹推进城乡文明，夯实基层创建基础，要紧紧围绕“五位一体”总体布局和“四个全面”战略布局，深入贯彻创新、协调、绿色、开放、共享的发展理念，将文明城创建与全域旅游、特色小镇建设等结合起来，多元融合，全方位推进。

4. 在“常态化”方面仍需再完善

要在打造特色鲜明、有规模、有影响力的城市品牌上下足功夫，要健全文明创建的长效机制，切实解放思想统筹推进，对照文明测评标准，对标先进城市，突出问题导向，将城市硬件设施治理、经营性场所治理、服务窗口治理、道路交通治理、老旧小区物业管理治理、校园周边环境治理等作为文明创建的重点，进一步拓展升级，切实推动文明创建走上制度化、规范化、常态化轨道。

太行精神是长治事业发展的魂魄，是长治继续前行的动力。文明创建是一场持久战，在这场战役中，大力培育和践行社会主义核心价值观，需要持续不断地用太行精神铸长治文明创建之魂。

（二）下步探索与努力的方向

1. 做好“全”字文，推进城乡一体创建

党中央历来高度重视文明城市创建工作。1996 年，党的十四届六中全会通过《中共中央关于加强社会主义精神文明建设若干重要问题的决议》，全面部署开展以文明城市、文明村镇、文明行业为代表的群众性精神文明创建活动。20 多年来，文明城市创建工作持续深入推进，特别是党的十八大以来，在以习近平同志为核心的党中央坚强领导下，创建文明城市工作取得了新发展、开创了新局面。长治的文明创建，紧紧围绕党中央的部署，全域文明创建工作正向纵深推进，下一步，一要以太行精神为引领，推进城乡一体创建，要通过“以点带面、以线带片、以城带乡、以创促建”，努力打造“全域覆盖、全员参与、全程督考、全面提升”的大创建格局，在深化核心区域创建的同时，将创建的触角延伸到村，到单位，到家庭，促进创建工作由“政府推动”向“社会主动”转变。二要充分利用全市多年培育打造各级好人的契机，通过道德讲堂、善行义举榜等形式，提升道德模范影响力，引导全民向榜样看齐，并通过城市影响农村，形成城乡一体、共创共建的全域文明新格局。三要结合长治实际，着眼“全域创建”完善创建机制，要坚持高起点谋划、高标准实施、大力度推进。要建立并完善市、县两级创建工作体制，抓好文明村镇、文明校园创建工作，要广泛开展“传家训、立家规、扬家风”活动等，抓好文明家庭创建。四要发挥“微”创建的作用，继续开展瞬间感动人物以及农村“星级文明户”、好婆婆、好媳妇、好妯娌等评选、

表彰活动，通过“微”创建来得到“大”效果。总之，就是要通过文明城市、文明村镇、文明单位、文明校园、文明家庭等全面创建，弘扬主旋律，汇聚正能量，着力打造全域文明、全体文明、全程文明、全面文明。

2. 唱响“实”字歌，树牢文明的风尚标

大力培育和践行社会主义核心价值观，是精神文明建设的根本任务，也是创建文明城市的灵魂工程。按照习近平总书记所指出的，要利用各种时机和场合，形成有利于培育和弘扬社会主义核心价值观的生活情景和社会氛围，使核心价值观的影响像空气一样无所不在、无时不有。就需要在“实”字上做文章，树牢文明的风尚标，坚持用核心价值观引领创建活动全过程。一要在落细落小落实上下功夫，把核心价值观要求体现到创建工作各个环节、渗透到生产生活各个方面，要在宣传普及上下功夫。要加强对广大干部群众的理想信念教育，让理想信念的明灯永远闪亮，在广大市民中持久深入开展中国特色社会主义和中国梦宣传教育，开展国家意识、法治意识、社会责任意识宣传教育，开展形势政策宣传教育，引导全市各级党员干部听党话跟党走，坚定道路自信、理论自信、制度自信、文化自信。要利用载体、媒体、活动三种方式，以党员干部、青少年学生、公众人物为重点，综合运用教育引导、舆论宣传、文化熏陶、实践养成、政策制定、制度保障等形式，广泛普及、深入阐释“三个倡导”24个字，内化为人们的精神追求，外化为人们的自觉行动。二要在结合融入上下功夫，一方面，要全方位融入、全过程融入、全社会融入；另一方面，转化为公民道德建设、讲文明树新风行动、志愿服务制度化，做到人人参与、人人实践，春风化雨、润物无声。同时，要加强未成年人思想道德建设，建立政府、学校、家庭、社会“四位一体”的领导体制和工作机制，要培育懂礼貌、知礼仪、重礼节、讲道德的下一代。三要继续大力推进移风易俗，抵制大操大办、炫富斗阔、奢靡浪费等不良现象，改变落后风俗习惯，树立现代文明理念，在全市持续广泛开展文明单位、文明家庭、文明校园等各类基层创建活动，激活城市文明的“细胞”，筑牢城市文明的基础，提升市民文明素质。四要继续弘扬和传承好太

行精神，太行精神是上党老区的传家宝，特别是在今天，在确保如期实现脱贫攻坚和全面建成小康社会目标的征程中，要牢记习近平总书记“四个始终保持”重要指示精神，使太行精神真正成为全市人民的精神支柱，成为创建全域文明城市的精神内核，成为培育和弘扬社会主义核心价值观的生动教材，从中汲取昂扬奋进、团结拼搏的精神动力具有重要的现实意义。五要加大宣传力度，公益广告是传播社会主义核心价值观、倡导文明新风的重要载体，要加大创意制作和刊播展示力度，推出一批导向鲜明、富有内涵、感染力强、出新出彩的精品力作，让公益广告在城市公园、广场、学校、商业街区、居民社区等公共场所随处可见、成为风景，要坚持载体、媒体、活动三结合，墙体广告、印刷广告、电子广告一起上，坚持传统媒体与新兴媒体相结合、公益性与商业性相结合、永久性与阶段性相结合，实现刊播主体、刊播载体、刊播题材、刊播周期的多元化、多样化、生活化、经常化。

3.念好“民”字经，融合创建造福百姓

创建文明城市是提升人民群众生活质量的重要途径。习近平总书记强调，人民对美好生活的向往就是我们的奋斗目标。创建文明城市顺应了群众愿望，以群众满意为最高标准，推动各地为群众解难事、办好事、做实事，是造福百姓的民生工程，是人民群众共建共享的民心工程。随着物质生活条件的不断改善，人民群众对追求文明美好生活的愿望更加迫切。深入开展文明创建，有利于促进人的全面发展，提升群众生活质量，不断增强人民群众的获得感幸福感，所以，要切实贯彻以人民为中心的发展思想。一要坚持人民城市为人民的创建理念，把让群众生活得更舒适这一理念融入城市规划建设管理之中，为群众带来看得见、摸得着的进步和变化，不断提高城市的宜居程度，提升群众的幸福指数，要着力提升市民文明素质，着力提升城市文明程度，着力提升城市文化品位，着力提升群众生活质量，建设崇德向善的文明城市、文化厚重的文明城市、和谐宜居的文明城市。要在科学化、精细化、智能化管理上下功夫，切实推动解决与群众生活密切相关的看病上学、养老托幼、市政设施、公交出行、农贸市场、食品安全、社会治安、安全生

产等民生问题，在 20 年创建的基础上，长治市积累了一定的经验，但要加快补齐短板，抓在实处、抓出成效，努力让城市更有序、更安全、更干净，让群众切实感受到身边的变化。特别是要针对城市老旧小区困难人群集中、整体环境较差、基础设施落后、物业服务缺失等难点问题，加强环境整治和设施改造，提升服务能力，增进群众福祉。要树立“绿水青山就是金山银山”的意识，全面推进生态修复和城市修补工作，建设绿色城市、节能城市、海绵城市，让文明城市成为天蓝地绿水清的生态之城，加大垃圾分类力度，在落细上下足功夫，让人们望得见山、看得见水、记得住乡愁。二要与脱贫攻坚，全面小康结合起来，要把文明创建当作是提升群众素质的重要途径，在奋力脱贫攻坚、全面建成小康社会的道路上，要高度重视精神文化扶贫工作，坚持将物质帮扶与精神激励“同步开展”，坚持将文明建设与技能提升“同步推进”，大力开展扶心扶志活动，全面激发贫困群众自身力量，用勤劳和智慧来摆脱贫困，奔向小康。特别是在创建文明村镇上，助力脱贫攻坚工作中，要围绕完善的基础设施、整洁的村容村貌、环境美好的人居环境开展，要健全村级的管理制度，发展一批优势产业、培养一批农业能人、创造一个稳定的社会环境做保障。通过树立典型，典型引路，调动群众参与，就是要充分将文明创建与乡村振兴结合在一起，调动全市各乡村结合本乡镇实际，根据本乡镇特点，找出本乡镇开展创建文明村镇助力脱贫攻坚工作的切入点和落脚点，组织好人员，抓紧落实，努力把广大乡村建设成为幸福美丽的新家园。三要精心实施文化惠民工程。文化惠民工程是文明创建的重要任务，是满足公众文化需求、丰富群众精神文化生活的重要手段，是逐步提升群众公共素养、建设公共文化的重要途径。实施文化惠民工程既需要项目支撑，更依赖于开展丰富多彩的活动，要积极争取文化惠民项目，将传统文化系统化、群众化、项目化、事业化、产业化，以文化人、以文育人，着力滋养人们心灵、陶冶道德情操。要继续组织开展贴近性、对象化、接地气的活动。总之，就是要将文明城创建与经济、政治、文化、社会、生态文明建设和党的建设各方面全面结合，多元融合，全方位推进。

4. 突出“管”字诀，统筹协调促进规范

创建文明城市是一项系统工程，工作领域宽，涉及部门多，必须加强组织领导。要进一步完善党委统一领导、党政齐抓共管、文明委组织协调、有关部门各负其责、全社会共同参与的领导体制和工作机制。一是各级党委要切实负起政治责任和领导责任，把创建文明城市工作摆上重要位置，一把手亲自抓，党政领导共同抓，为创建工作提供强有力的组织领导保障。各级文明委要在党委领导下，发挥统筹规划和督促指导作用，把文明委成员单位的力量整合起来，汇聚起创建文明城市的强大合力。教育、公安、环保、住建、交通、文化、卫生计生、新闻出版广电、安监、食药监等与创建文明城市工作关系密切的部门要发挥各自优势，为创建文明城市贡献力量，特别是以“小切口”进行“大整治”，向“不精、不细、不美”的“城市病”挥刀发力。二是突出创建工作的群众性，群众的事同群众多商量，大家的事人人参与，激发市民参与创建活动的积极性创造性，尊重市民对城市发展的知情权监督权，齐心创造美好生活，共同建设美丽家园。要加强对创建工作的实践总结，深化规律性认识，学习借鉴其他国家在城市规划、建设和管理方面的有效做法，不断提升创建工作水平。三是构建长效机制，做大做强文明创建细胞。培育文明创建细胞是文明创建的基础工程、活力源泉。文明城市、文明村镇、文明行业是县域文明的细胞，文明单位、文明村、文明户是文明乡镇的细胞，文明机关、文明科室、文明窗口、文明楼道、文明院落、文明职工都是文明行业、文明单位的细胞。文明工作者的核心任务是把文明创建细胞做大做强，要进一步完善制定切实可行的实施方案，顶层设计文明创建的方法步骤、保障措施、激励机制，确保“事事有人抓、层层有人管、项项有指标、限时必达标”，确保环节不断、秩序不乱。

长治，革命的老区，红色的土地，40 年改革开放，20 年文明探索，取得了显著的成效，积累了宝贵的经验，今后，长治人民将更加紧密地团结在以习近平同志为核心的党中央周围，始终坚持以习近平新时代中国特色社会主义思想为指引，在省委、市委的坚强领导下，进一步增强做好文明城市创

建工作的责任感使命感，大力弘扬艰苦奋斗、攻坚克难的太行精神，再接再厉、积极进取，奋发有为、真抓实干，不断提升文明城市创建工作水平，努力建设崇德向善、文化厚重、和谐宜居的文明城市群体，在社会主义精神文明建设中再立新功、作出表率，积极探索出一条城乡共建，全域文明的新路子，在全省乃至全国为文明创建工作树立新的典范。

（2018 年 7 月）

改革开放
与中国城市发展
GAIGEKAIFANG

呼和浩特

HUHEHAOTE

乘风破浪四十载　先行先试见真功

——呼和浩特市全面深化改革助推经济高质量发展和大数据产业发展的调研报告

中共内蒙古自治区委宣传部
中　共　呼　和　浩　特　市　委

2018年是我国改革开放40周年。40年来，位于诗歌中"敕勒川、阴山下"的内蒙古自治区首府呼和浩特不断深化改革扩大开放。特别是党的十八大以来，呼和浩特在发展中自我革新，在实践中开拓进取，以习近平新时代中国特色社会主义思想为引领，聚焦"五位一体"总体布局和"四个全面"战略布局，牢记习近平总书记殷殷嘱托，先行先试全面深化改革，走出了一条独具特色的改革发展之路，取得了涵盖经济、生态、民生、文化、社会治理等诸多领域具有引领性的经验与启示。

翻开呼和浩特市各领域改革的成绩单，可以感受到市委、市政府除顽瘴、克痼疾，真枪真刀触动利益"奶酪"的坚定决心。近年来呼和浩特市率先大幅度削减行政审批事项、率先开展"区市合一"公共资源交易市场试点、率先进行文艺院团转企改制、率先推进行政执法综合改革、率先深化户籍制度改革、率先推进工商注册登记制度改革、率先开展选派驻村"第一书记"工程、率先启动纪检派驻机构全覆盖和乡镇党委单设纪检书记工作，并在一些重点领域和关键环节取得了累累硕果。

改革由问题倒逼产生，又在不断解决问题中深化。从团结小区的老房改造到"便民、畅行、增绿、水清、文明"城市环境综合整治，从"减证便民"

到推出移动审批APP提高审批效率，从打造“15分钟便民生活圈”到给市民带来全新阅读体验的“鸿雁悦读”。呼和浩特市着力改善生态环境和人居环境、提升政府办事效率和城市治理水平，满足人民生活便利需求和文化需求。把百姓的“获得感”作为衡量改革“含金量”的重要依据。切中“民需脉”，自然给百姓带来了实实在在的获得感。

生态文明被视为城市发展的“本钱”，呼和浩特市持续推进生态修复保护，全方位守护家乡的蓝天白云碧水青山。其中大青山的综合整治可以称得上生态修复保护的点睛之笔。呼和浩特市全部清理关停各类自然保护区内工矿企业，推进矿区生态修复治理，实施大青山自然保护区7条沟系治理工程。加快推进地下水超采区综合治理，有效降低地下水超采规模。

深入落实国家大数据战略，是呼和浩特市在深化供给侧结构性改革中的重要举措。呼和浩特市凭借自身优势发展大数据产业，在夯实产业发展根基的同时，鼓励大数据“触角”向不同产业、不同行业、不同领域延展，目前已经涵盖能源行业、炼钢、铁合金、光伏材料制造、畜牧业、乳业以及少数民族语言文化、中蒙俄边境贸易等多个领域。大数据“乘数效应”日益凸显，大数据产业正成为引领本地经济发展的重要引擎。呼和浩特市还加快推进以交通、医疗、教育、文化、生活服务信息为主的智慧城管信息体系工程，探索“互联网+”的执法模式。昔日以草原、乳制品，煤炭、稀土等能源闻名的塞外之城，正在通过大数据的改革引领，绽放出现代化草原都市的绚丽风采。大数据“乘数效应”日益凸显，大数据产业正成为引领本地经济发展的重要引擎。

一、实现“多个率先”，在全国拥有“非典型地区”的“典型经验”

呼和浩特市一批改革试点走在全区乃至全国前列，缘于呼和浩特市委不等不靠、时不我待的改革精神和主动作为、先行先试的改革魄力。

翻开近年来呼和浩特市各领域改革成绩单，总体改革呈现出稳步推进、全面发力、多点突破的良好态势。如简政放权、商事制度改革、城市执法体制改革、生态文明体制改革、文化体制改革等。一些多年没有实质性进展的改革开始破题，一些多年想干而没有干的事取得重大进展，一些多年积累的体制机制障碍实现突破。

改革发展中，在重点承接落实好中央、自治区试点任务的基础上，呼和浩特市积极鼓励旗县区自行开展试点，大胆探索、勇于创新，坚持问题导向，立足实际，推出了近40项有力度、有特色、有影响的改革案例，推动全市重点领域和关键环节改革取得突破。农村土地征收制度改革、足球改革、公立医院综合改革、环境污染第三方治理、“厕所革命”等一批改革试点走在了全区乃至全国前列。其中作为农村土地征收制度改革试点的和林县，由于改革经验典型，国家土地督察北京局在和林县召开了华北地区推进农村土地制度改革试点工作现场会，并形成了《坚守底线思维引方向 稳抓试点目标利长远——“非典型地区”内蒙古和林格尔县试出农村土地征收制度改革典型经验》的调研报告。

2014年，市委提出“要不等不靠，以时不我待精神把能做的改革先做起来”，当年，呼和浩特重点推进了25项改革，其中，具有首府特色的改革试点10项，经过努力在全区实现了“八个率先”，即：率先大幅度削减行政审批事项、率先开展“区市合一”公共资源交易市场试点、率先进行文艺院团转企改制、率先推进行政执法综合改革、率先深化户籍制度改革、率先推进工商注册登记制度改革、率先开展选派驻村“第一书记”工程、率先启动纪检派驻机构全覆盖和乡镇党委单设纪检书记工作。

2015年，按照“关键之年抓关键”的总体思路，呼和浩特主动作为，攻坚克难，全年确定了88项重要改革任务，一些重点领域和关键环节改革取得了新的进展和阶段性成果。在自治区盟市党政领导班子实绩考核中，首府的综合考评结果居全区第一位。

2016年，呼和浩特市认真贯彻落实党的十八届五中全会精神，全年共确定重要改革任务46项，以供给侧结构性改革为重点，引领和协同推进各领域改革，率先在全区制定出台了“一个意见、四个方案”，即：《关于推进供给侧结构性改革的实施意见》和《房地产去库存工作实施方案》《工业去产能工作实施方案》《工业企业降成本工作实施方案》《物流业降成本工作实施方案》，积极稳妥抓好“三去一降一补”等重点任务，推进了首府经济结构和产业转型升级。

2017年，呼和浩特市认真贯彻习近平总书记全面深化改革重要论述，以健全改革推进机制为“抓手”，研究审定了94项年度重点改革任务，城市管理体制的“路长制”改革、食品安全治理体系的“厨房革命”、补齐城市公共设施短板的“厕所革命”等一批带有首府特色的改革实现了创新和突破，改善了城市形象，提升了文明程度。

二、改革“含金量”高，百姓“获得感”强

改革由问题倒逼产生，又在不断解决问题中深化。呼和浩特市各项改革始终突出制度的含金量，把解决问题、改进工作、指导实践作为改革的出发点和落脚点，一系列改革制度的落地见效，实实在在地推进了各领域工作。

改革就是要让人民群众有更多的获得感。《呼和浩特市2018年城市环境综合整治行动方案》中，共有41项重点整治任务。无论是住宅小区改造提升、“厕所革命”“厨房革命”、停车泊位建设、垃圾清运整治等等，每一件都直接关系老百姓日常生活。

在保证物质文明的同时，精神文明建设同样重要。呼和浩特市凭借“鸿雁悦读”计划，创新了公共文化服务供给方式，给市民带来了全新的阅读体验。

呼和浩特市把百姓“获得感”作为衡量改革“含金量”的重要依据。在多个领域、多个方向的改革创新中，都给百姓带来了实实在在的获得感。

（一）改革切中“民需脉”

近年来，呼和浩特市通过城市环境综合整治，倒逼出城市管理体制改革，把“用绣花的功夫管理城市”的要求落到了实处。2018 年，呼和浩特市城市环境综合整治工作任务从 2017 年的 25 项增加到 41 项，一个更加便民、洁净、文明的城市将展现在人们面前。

1. 老旧小区改造改善住宿环境，试点推行“党支部建在小区”

近年来，呼和浩特市把老旧小区改造工作作为一项改善人居环境、提升城市品位、关注和改善民生的民心工程。截至 2016 年年底，呼和浩特市共投入资金 48.64 亿元对 1755 个、2327 万平方米老旧小区进行了改造，惠及居民约 37 万户、100 万人。同时，呼和浩特市还试点推行“党支部建在小区”，加强基层治理。

团结小区始建于 1984 年，面积 0.43 平方公里，这个 30 多年前呼和浩特市最好的小区，30 多年后成为“下岗人员多、低收入群体多、老年人多、流动人口多、小区环境差、配套设施差、居民文明素质差”的“四多三差”小区。居民楼外围残破不堪、钢窗走风漏气、屋顶漏水、管网老化跑冒滴漏，小区内私搭乱建、占道经营现象非常严重，道路泥泞不堪、污水横流，垃圾随地乱扔、臭气熏天，群众怨声载道。

2012 年，呼和浩特市委、市政府决定对团结小区进行老旧小区改造。

“把街道社区等基层党组织建设成为宣传党的主张、贯彻党的决定、领导基层治理、团结动员群众、推动改革发展的坚强堡垒。”这是党的建设对基层党建提出的要求。

为了将党组织链条从社区延伸到小区、楼栋，呼和浩特在条件成熟的小区试点推行“党支部建在小区”，依托居委会、业主委员会、物业公司等建立党组织，推行社区党委（党总支）、小区党支部、楼栋党小组“小三级”组织构架，打通联系服务群众“最后一百米”。

作为特别典型的老旧小区，团结小区成为试点，最终也成为典范。

在团结小区实现社会治理体系和治理能力现代化建设中，呼和浩特市新城区迎新路街道党工委在不断的探索实践中，结合基层组织建设和社会治理实际特点，从四个方面增强基层党组织的创新活力，做到嬗变、脉动、凝聚、引领。在转变基层党组织运转方式的基础上，不断拓展基层组织服务功能，树立起“三面旗帜”，即：树立价值旗，培育和弘扬社会主义核心价值观；树立“三力”旗，增强基层党组织的服务力、凝聚力、影响力；树立实践旗，积极探索与实践社会治理现代化。

团结小区在老旧小区改造中，街道社区百余名党员干部勇于担当、攻坚克难，充分发挥了基层党组织的战斗堡垒作用和党员干部的先锋模范作用，入户宣传动员、解决居民诉求、帮扶困难群众……

通过艰苦工作，团结小区拆除凉房 5548 间，取缔拆除临建 196 间，清理私搭乱建 817 处，清理积存垃圾 7200 吨。在全市开展环境综合整治中，团结小区以精细化方式开展了“明厨亮灶”“厕所革命”、街景整治、小区绿植绿化等整治工作，极大提升了小区的整体品质。

“一直以为这辈子就生活在脏乱差的环境中了，真没想到小区的改造力度能这么大，现在的环境能这么好。”生活环境变好了，团结小区老住户老蒙笑了。街道社区党员干部们的付出，居民们都看在眼里，记在心里。党员干部的辛勤付出和实干精神，获得了群众的认可和称赞。

历经 5 年多改造，如今，团结小区面貌发生了翻天覆地的变化，小区由过去的脏乱差变成如今的净绿美。针对辖区特点，社区党委在开展服务中孵化出了“爱之源公益联盟”志愿服务团体，设立了社区志愿服务呼叫中心，7 支志愿者服务队伍，共计注册志愿者 743 名。

2. 城市环境综合整治，急民之所急

在综合整治之前，呼和浩特城市环境是一大短板：垃圾乱堆、污水乱倒，街道少绿、厕所难寻，随地便溺屡见不鲜，餐馆厨房卫生堪忧……为了改变这一状况，2017 年年初，呼和浩特市四大班子开始深入调研，通过暗访、座谈、问卷等形式，了解群众所需，摸清问题所在，梳理出群众反映强

烈亟需解决的城市环境问题，开展了轰轰烈烈的“便民、畅行、增绿、水清、文明”城市环境综合整治工作。

2017 年，全市新建、改造、租赁公厕 3085 座，基本实现步行 500 米就有一个公厕；开通学生公交专线 10 条，打通微循环线路 10 条；全市 3.5 万余家餐饮企业实现“明厨亮灶”；233.4 万余吨垃圾实现日产日清；完成视频监控联网，创造了累计 308 天无抢案的新纪录，刑事案件发案率持续下降；化腐朽为神奇，将沿二环快速路分布的 19 个渣土堆整合改造为 8 个面积共 140 公顷的山体公园，治理渣土土方量总计约为 800 万方，释放山体表面绿地规模达 224 公顷；推进大黑河全域、浑河等 7 条河流治理工程，加强哈素海湿地保护，启动哈素海调水工程，推动河湖水系连通，促进水资源高效利用。

截至 2017 年年底，呼和浩特市建成区绿地面积达到 9586.77 公顷，公园绿地面积 3974.25 公顷，建成区绿化覆盖率一年增加了 10 个百分点，绿化覆盖率达到 39.87%。

（二）深化文化体制改革应确保“两个效益”统一

让人民享有健康丰富的精神文化生活，是全面建成小康社会的重要内容。为此，呼和浩特市创新推出“鸿雁悦读”计划，串联起书店和图书馆服务职能，打造全民阅读的便利服务体系。此外，还深化民族演艺集团改革，在激发活力出精品的同时，也满足了群众的艺术需求。

数据显示，呼和浩特市文化产业增加值由 2013 年的 57.57 亿元，占 GDP 比重的 2.12%，增加到 2016 年的 118 亿元，占 GDP 比重的 3.72%，总量、增速和占比均居全区各盟市首位。

1.“鸿雁悦读”计划

在呼和浩特，让人耳目一新的“鸿雁悦读”计划，创新了公共文化服务供给方式，以公众阅读需求为出发点、落脚点，转变了过去新华书店、图书馆各自独立的服务职能，将书店的采购职能与图书馆的借还职能立体地结合起来，彻底改变了新华书店只能卖书的历史，将书店卖书与图书馆看书的功能合二为一。

“以前借书、还书只能去图书馆，我家离图书馆远，不太方便，现在办个‘鸿雁’读书卡，可以在新华书店借书，到附近商场还书，真是太方便了。”在内蒙古图书大厦，正在办理“鸿雁”读书卡的王宇高兴地说。

参与“鸿雁悦读”计划的读者，只需办理一张“鸿雁”读书卡，就可以在各公共图书馆、新华书店、市民服务中心等网点“通借通还”，充分享受全民阅读的便捷服务。不仅如此，参与“鸿雁悦读”计划的读者还可通过呼和浩特市图书馆微信公众号或者手机图书馆 APP 查询馆藏后，可在京东商城下单购买书籍，在规定期限内完成阅读后，可将书还至呼和浩特市图书馆，书籍由图书馆买单。与此同时，持有“鸿雁”读书卡的读者，可以在呼和浩特市 10 家公共图书馆，已纳入图书馆总分馆体系的村、社区图书室借阅图书，可以在内蒙古新华书店的 12 家市区分店以及 5 家呼和浩特市周边旗县分店任一网点通借通还图书。

机制的创新，实现了公共文化服务与文化产业发展、群众文化需求的有效对接。“鸿雁悦读”计划从 2017 年 11 月启动到 2018 年 5 月底，半年时间图书馆新增读者 4837 人，借书 45971 册次，还书 41455 册次，新华书店新书借阅 50000 余册次，新书还回 30000 余册次。

加强社会主义核心价值观建设，建立健全把社会效益放在首位、确保“两个效益”相统一的体制机制，是中央深化文化体制改革的要求，也是呼和浩特市文化体制改革的指导思想和任务目标。而“鸿雁悦读”计划，正是贯彻落实习近平总书记以人民为中心发展思想，推动社会主义文化繁荣兴盛的具体体现。

2. 呼和浩特民族演艺集团以改革增活力

随着呼和浩特市全面深化改革的深入推进，呼和浩特民族演艺集团以改革增活力、促发展，先后完成了剧院划归转企、人员分流安置、人事制度改革、收入分配调整等重点改革任务，逐步建立健全了适应企业发展的收入分配机制、内部激励机制、人才培养机制、艺术创作生产机制和市场推广机制，让集团实现了精兵简政，高效发展。

通过深化改革，剧院释放出更大活力，相继推出了一批舞台艺术精品，先后创作排演了“一带一路”题材的民族舞剧《马可·波罗传奇》和《驼道》，体现民族团结题材的舞剧《昭君》，廉政题材的晋剧《巡城记》，和谐社会、老旧小区改造题材的二人台现代戏《万家灯火万家梦》《万家灯火团结梦》以及新农村建设题材的二人台现代戏《老牛湾》等。

实现了集团的跨越式发展和群众受益的“双赢”，华丽蜕变为首府乃至全区文化体制改革的典型。自成立以来，集团各类剧目累计获得文华奖、荷花奖、全国少数民族文艺会演音舞类剧目银奖等在内的国家级奖项 13 个、自治区级奖项 45 个、海外大奖 4 个。其中，大型舞台剧《马可·波罗传奇》成功走出国门，成功在美国布兰森市白宫剧场驻场演出达 426 场。

深化改革实现了集团的跨越式发展和群众受益的“双赢”，华丽蜕变为首府乃至全区文化体制改革的典型。

3. 积极推进文化产业与旅游深度融合

呼和浩特市委、市政府出台了《呼和浩特市人民政府关于加快文化产业发展若干政策意见》，以供给侧结构性改革和推进全域旅游发展为契机，推进文化旅游产业发展。

通过实施文化产业重大项目带动战略，呼和浩特市建设了如大盛魁文化创意产业园、老牛湾黄河峡谷旅游区、内蒙古敕勒川文化旅游产业园、蒙元世界草原文化产业园、草原豆思文化旅游产业园等具有草原文化、丝路文化特色和影响力的文化旅游产业项目。

（三）全面深化改革，给老百姓带来更多获得感

全面深化改革不仅在居住环境、基层党组织能力提升、城市环境改善、全民阅读便捷等方面让百姓拥有了更多幸福感，在其他各领域各方面都让百姓拥有了更多实实在在的获得感。

——通过深化“放管服”改革，全市行政审批事项由 708 项减少到 133 项，非行政审批事项全部取消。在市场准入领域，原来申请人需要分别跑工商、国税、地税、质监 4 个部门提交 4 套材料，现在只需提交 1 套材料，审批要件由 55 个减至 9 个，审批时限由 45 天减至 5 天。

——通过推进“互联网 + 政务服务”，建设了政务服务与网上审批平台，实现了事项动态管理和全流程电子监管。推动政务服务向移动端延伸。改版完善了“呼和浩特政务服务”微信公众服务平台，提供办事指南和网上申报等服务，并与网上办事大厅的数据实时同步；通过移动审批 APP，工作人员使用手机就可以实现对办理事项的审核、批准等操作。

——通过网上受理信访制度改革，阳光信访信息系统构建了便民服务的新型诉求平台，成功打造了“信访直通车”，群众只需电脑或手机，即可反映自己的诉求、意见和建议。

——通过扎实推进“三项制度”改革，打造“制度 + 科技”模式，实现行政执法信息全部平台公示查询、性质执法行为全过程平台运行体现、重大执法决定法制审核全部平台办公，有效确保了权力在阳光下运行。

——通过优化再造审批流程，武川县政务服务中心将部分进驻事项由“承诺件”改为“即办件”，即办件占总办件比例达 30%以上，办理时限平均缩短 40%左右。

——通过深入推进三级政务服务体系建设，清水河全县 8 个乡镇便民服务中心、83 个村委、6 个社区便民服务代办点全部建成并投入运行；托县在强化县级服务大厅建设的同时，5 个镇全部建成便民服务中心，120 个行政村全部建成免费代办点，打通了服务群众的“最后一公里”。

——通过深入推进商事制度改革，呼和浩特实现了“二十七证合一、一照一码”，商事制度改革启动至今年 5 月底，新登记各类市场主体 21.96 万户，平均每天新登记市场主体 141 户。全市实有各类市场主体达 26.58 万户，占全区总量的 14%。

——通过公益诉讼改革，积极探索公益诉讼案件样本的多样性以及重点领域案件效果的最大化，拓展了公益保护的广度和深度，公益保护效果凸显。通过公益诉讼工作，促进行政机关及时依法履行公益保护职责，督促污染企业加快技术升级，实现节能减排，履行企业社会责任。全市公益保护共同体意识逐步深化，实现了维护首府生态环境合力。

——通过持续推进深化司法行政改革，促进了公共法律服务整体跨越。发展“网上司法”，开展“互联网 + 公共法律服务”，全面构建以“客户为中心”的自助式、点单式服务新模式。建成临街一层法律援助便民服务窗口 10 家。建成法律援助工作站（点）1243 个。创立了全国首家蒙汉双语公益法律服务站。不仅更好地满足了人民群众多层次、多领域、个性化法律服务需求，而且让群众享受到了便利、专业、优质的公共法律服务。

三、守护美丽首府“最大本钱”蓝天白云碧水青山

重点突破与整体推进相结合，立足当前，解决突出问题，打好生态文明建设攻坚战；着眼长远，积极探索实践，持之以恒全面推进生态文明建设。

党的十九大报告提出了加快生态文明体制改革、建设美丽中国新的目标、任务、举措，进一步昭示了以习近平同志为核心的党中央加强生态文明建设的意志和决心。

呼和浩特市近年来持续推进生态保护修复，编制完成了多项重大生态修复工程计划，并狠抓各项工作落实，取得较好成效。其中，大青山的综合整治为呼和浩特市生态修复保护添上了浓墨重彩的一笔。

（一）推进生态保护修复取得较好成效

呼和浩特市具有草原、森林等独特的生态禀赋和优势，以往重经济增速的经济发展模式，对森林和草场造成一定程度的破坏，导致生态退化。如今，在经济转向绿色发展的背景下，呼和浩特市加快生态文明体制改革，以壮士断腕的勇气关停自然保护区内工矿企业，着力推进生态恢复，加强大气

和水污染防治，使得天更蓝、水更清，草原和森林又恢复了往日的生机。

1. 大青山重大生态修复工程

阴山山脉大青山段，是敕勒川平原的一道天然生态屏障，也是控制风沙侵袭京津冀地区的重要生态防线，过去这里植被种类丰富，草原广阔，森林浓密。然而从 20 世纪 90 年代开始，因为对大青山前坡自然资源的无序开发利用，导致大青山一度生态退化严重，山体伤痕累累。

通过近年来对大青山的综合整治，如今，大青山前坡综合治理保护成效已经非常明显，新城区大青山前坡 150 平方公里 80%的土地实现了生态绿化。

大青山前坡生态修复保护之所以取得良好成效，一方面体现了大数据在草原生态修复领域的应用。大青山前坡生态保护综合治理工程，引进专业团队，进行大量的生态信息调研。依托空间遥感技术、地理信息系统和全球定位系统组成的 3S 技术，为每片草原建立“档案”。根据“档案”记载的原生植被生长情况，进行植物配比，形成生态修复的技术方案。

另一方面则彰显了呼和浩特市在环境保护与生态建设方面的决心。近年来，呼和浩特市下大力气关停取缔了新城区大青山沿山 170 家污染企业，拆除生产设备 177 套；拆迁棚户区 2500 户、厂院 45 个，使新城区成功创建为“国家级生态建设示范区”。呼和浩特市以坚定的决心和壮士断腕的勇气，打赢这场生态治理的攻坚战。

在大青山前坡治理取得成效的基础上，呼和浩特市“乘胜追击”。2017 年把呼和浩特市区域范围内 400 平方公里的大青山前坡全部纳入生态建设治理范围。通过一年建设，完成了北山公园、呼包交界、呼乌交界等重要节点的主体绿化，淘汰落后产能、棚户区改造拆迁 627 家、159.4 万平方米，完成绿化面积 9.8 万亩，累计栽植各类乔木约 575 万株，灌木 454 万株，完成废弃沙坑治理 18 处，山体伤痕修复 3 处。生态园林型、果树经济型、生态防护型村屯绿化建设基本成型，大青山沿线防护功能和景观效果初步显现，为将大青山前坡打造成集生态绿化、环境保护、美丽乡村和彰显文化特色为一体的首府生态功能区奠定了坚实基础。

与此同时，呼和浩特市又对大青山前坡“七条沟”中的探矿、采矿企业进行全部关停，对采石设备进行了拆除清理，开始对“七条沟”中裸露破坏山体进行全面生态修复。呼和浩特人正在用坚定不移的意志致力于逐步恢复整个大青山沟域绿色葱茏森林茂密的原始风貌，为筑牢祖国北方重要生态安全屏障、构筑祖国北疆万里绿色长城作出应有贡献。

随着大青山北部山区山体修复、生态建设、绿色生态环境打造、美丽新农村建设，大青山前坡生态旅游业发展也渐入佳境。2017 年，大青山前坡全年接待游客 558 万人次、实现收入 20.5 亿元，大青山旅游业正在成为呼和浩特市经济发展的新动力。

2. 大气污染防治

在加强大气污染防治方面，实施燃煤散烧治理工程，圆满完成了 14 万户居民取暖清洁化替换，实现减排烟尘 6040 吨、二氧化硫 1786 吨、氮氧化物 484 吨。实施燃煤锅炉深度治理工程，主城区燃煤锅炉全部使用洗选煤，10 蒸吨及以下分散燃煤锅炉实现“清零”，大型燃煤锅炉全部达到特别排放限值，完成 19 台火电机组超低排放改造。

通过大气污染防治，呼和浩特市大气环境质量得到明显改善。2015 年以来，全市二氧化硫削减 16465 吨、氮氧化物削减 45225 吨、化学需氧量削减 13606.24 吨、氨氮化物削减 325.94 吨，超额完成国家和自治区下达的减排任务。

3. 水污染防治

近年来，呼和浩特市全面开展了水污染防治工作。在全力推进污水处理工程建设中，呼和浩特市建成污水处理厂 10 座，铺设污水管网、雨污分流管网、中水管网 2585 公里，市区生活污水处理能力从 26 万吨 / 日提升到目前 52 万吨 / 日，处理水标准达到一级 A，并且全部达到流域功能区接受标准。

过去由于乱采乱挖而满目疮痍的大黑河、由于污水直排而黑臭水体溢满河道的扎达盖河，如今已是碧波荡漾。辛辛板、章盖营污水处理厂、金桥、班定营深度提标工程已通水运行，公主府深度提标工程正在建设。

与此同时，呼和浩特市不断深化环境污染第三方治理成效，托克托县工业园区、和林盛乐园区污水处理已实现第三方治理。

凭借对河湖综合整治的持续推进，目前呼和浩特市的黑臭水体整治已完成 90%，地表水环境质量逐年改善，集中式饮用水水源地水质达标率保持在 100%。

（二）加快生态文明体制改革

呼和浩特市在不断加快的生态文明体制改革中取得了较好成效，并探索出一定经验，包括：

一是探索实践“生态保护”做法，高标准打造生态屏障。将生态文明建设的理念、原则、目标融入到规划当中，实现生态文明建设规划与城市总体规划、旅游总体规划、土地利用总体规划等“多规合一”。科学评估环境承载能力，合理确定各片区功能定位和发展方向，科学划定自然生态红线区和生态功能保障区。

二是探索实践“生态移民”模式，高标准拓展生态富民空间。整合地质灾害避让搬迁、农民异地搬迁、农村危旧房改造等政策资源，创新推行生态大搬迁，促成人口、产业、资源向城市和县城集聚。腾挪出规划空间和耕地占补指标，有效破解旅游开发、交通建设等重大项目落地规划空间不足、耕地占补不平衡等问题，实现生态保护与可持续发展的双赢。

三是探索实践“生态旅游”业态，高标准构建生态产业体系。旅游业资源消耗低，就业机会多，综合效益好，是典型的资源节约型、环境友好型产业，是“绿色产业”“无烟产业”。旅游发展与生态文明建设本质上是一致的，是生态文明建设中最有条件、最有优势的产业之一。实践证明，旅游发展对生态文明建设有积极促进作用。

四是探索实践“生态治理”方式，高标准改善人居环境。坚持把解决突出生态环境问题作为民生优先领域，全面落实“水十条”，不断加强森林生态管控治理，重点推进污染防治攻坚，统筹政策资源，落实农村人居环境提升行动，联动推进城乡环境共建提升。

五是探索实践“生态机制”保障，高标准推进要素生态化配置改革。紧密结合国家试点和自身实际，实施以环境改善为核心、生态贡献为标尺、要素分配为动力的要素生态化配置综合改革。坚持以生态发展优先，实行资源要素的差异化分配，形成要素资源使用管理良性循环。

四、擦亮“中国云谷”金字招牌

在数字经济迅猛发展的今天，位居边塞的草原都市，全国最大的互联数据中心建成运营并集聚效能，正以一种看不见、摸不着的方式，悄然旋转着历史舵盘，带动着内蒙古经济高质量发展。

提起呼和浩特，以往人们想到的往往是“风吹草低见牛羊”的边塞美景，或是伊利、蒙牛奶制品美味带来的味蕾诱惑。

如今，这座享有“塞外青城”“草原乳都”等多项赞誉的城市，如今搭上了互联网时代的列车，挥动着大数据的翅膀，“塞外青城”扶摇直上成为“云上青城”“中国云谷”。

“云”落草原带来巨变，呼和浩特市凭借自身优势发展大数据产业。通过加强顶层设计和统筹规划，完善政策制度建设，为大数据产业发展营造良好环境。重视基础建设，为发展蓄能。在夯实产业发展根基的同时，鼓励大数据“触角”向不同产业、不同行业、不同领域延展，凸显大数据的“乘数效应”，以此带动本地经济高质量发展。

（一）点燃高质量发展的数字引擎

作为内蒙古自治区的首府，呼和浩特发展大数据的优势“出众”——这里的电价全国最低；在电价低的情况下，这里的空气冷凉干燥；在电价低、空气冷凉干燥的情况下，这里距离北京最近；在电价低、空气冷凉干燥、距离北京最近的情况下，这里的城市配套最好，人才最优。

相较其他地区，呼和浩特除气候条件冷凉、地质结构稳定等自然条件外，是除石家庄市以外距离首都最近的省会城市，呼张客专高铁建成后，到北京 2.5 小时左右，非常方便引入大数据人才，承接首都、国家部委的数据中心、灾备中心建设。电力保障方面，供电资源丰富、稳定，电价优惠，大数据企业和数据中心享受 0.26 元 / 度的电价优惠，企业大规模用电可实现多边交易直供价格。政策保障方面，和林格尔新区正在申报国家级新区，自治区党委、政府举全区之力建设，国家批复后，不仅享受自治区范围内最优惠的政策支持，此外，在体制机制、改革创新、行政审批等方面将率先先行先试。

和林格尔新区作为内蒙古高质量发展的新平台，坚持从增强城市发展的整体性、系统性和生长性出发，统筹考虑城乡设计、土地利用、环境保护、产业布局、交通体系等多方面的因素，注重与呼和浩特市主城区规划、呼包鄂协同发展规划实现无缝对接，先后启动编制了新区环保规划、土地利用规划、产业规划，在此基础上叠入电力、通信、防洪、海绵、燃气、绿地、综合管廊、交通、环卫、道路及竖向等专项规划，形成了“城乡统筹、全域覆盖、要素叠加、指标统一、政策协同”的“4+13”“一张蓝图”规划体系，实现了 496 平方公里规划控制面积内的数字信息全覆盖，为建设数字城市和智慧城市奠定了基础。

此外，内蒙古自治区人民政府、呼和浩特市人民政府、内蒙古和林格尔新区管委会先后出台了一系列促进大数据产业加快发展的政策措施及配套实施细则，围绕大数据基础设施建设、大数据配套的劳动密集型产品生产和大数据产业高端人才引进等方面，根据企业和个人对地区经济社会发展所作出的贡献，给予最大力度的奖励，以此吸引更多高端企业和有志之士投身“数字内蒙古”建设。

（二）夯实大数据产业发展的数字根基

呼和浩特市已成为内蒙古自治区大数据产业发展的主战场。随着全国最大的互联数据中心建成运营并集聚效能，“中国云谷”蓬勃而生。为更好的激发产业活力，呼和浩特市将夯实根基作为阶段重点，为发展蓄力。把大数据基础设施建设落到实处，促进政务数据的整合和共享，加速构建大数据产业体系。

呼和浩特在培育大数据新经济产业过程中的多项工作获批成为国家级示范试点。除此之外，呼和浩特市还举办了多次行业盛会，形成了较高的行业影响力。

1. 大数据基础设施日臻完善

按照南北大数据产业园区进行布局，目前位于和林格尔新区的盛乐现代服务业集聚区和位于新城区的自治区大学生科技园内，中国移动、中国联通、中国电信三大运营商云计算数据中心已累计完成投资 90 亿元，服务器装机能力达到 70 万台（主要集中在和林格尔新区），实际投运超过 20 万台，远期规划规模达 368 万台，居全国第一位。

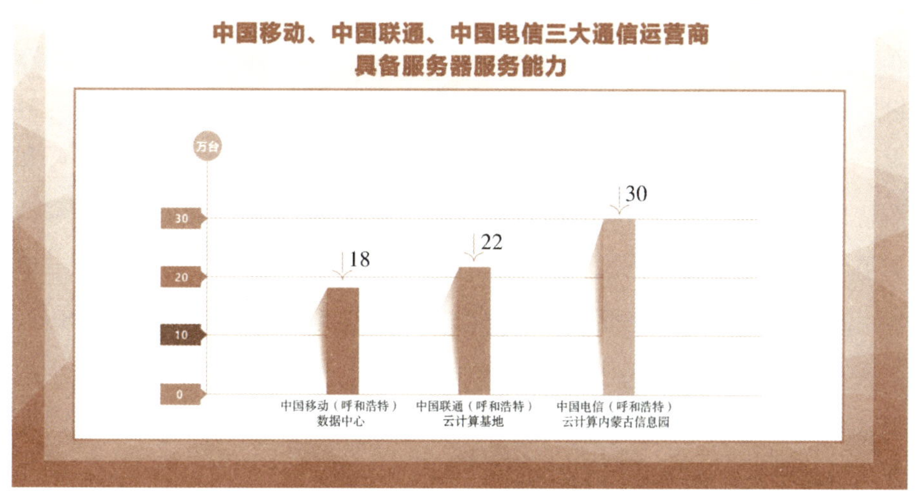

呼和浩特是国家三大基础电信运营商在自治区的骨干节点，三大运营商

云计算数据中心已具备到全国主要区域的直达链路，实现按需跨省上联，总出口带宽近 10T，正在加快推进互联网骨干直联点和国际专用信息通道项目建设，届时将形成通往国内外的高速宽带网络。

中国移动（呼和浩特）数据中心是中国移动集团互联网类核心节点，光纤直联城市包括北京、上海、广州、成都、西安等城市。

中国联通（呼和浩特）云计算基地作为中国联通集团全国十大数据基地之一，光纤直联城市包括北京、上海、广州、杭州、济南、武汉、郑州、沈阳、西安、成都等地。

中国电信（呼和浩特）云计算内蒙古信息园区已经与全国主要省份电信数据中心节点新建了 DCI 专网，共计 11 条 100G 专线互联，单个端口具备 100G 带宽能力。光纤直联城市包括北京、天津、西安、武汉等全国主要城市。

为了保障数据中心运行有充足和稳定的电力，内蒙古电力集团投入 40 多亿元用于和林格尔新区云谷片区供电基础设施保障，先后建成并投用一个自备电厂和两个 220 千伏变电站，形成“五路八回”供电保障和 96 万千瓦供电能力。

随着中蒙俄国际光缆、呼和浩特至北京直通光缆等多条国际、省际干线光缆的相继建成，呼和浩特市成为全国第 6 个设立区域性国际通信业务出入口局的地区。

作为三大运营商内蒙古自治区的骨干节点和互联网流量出省城市，呼和浩特具有全区最优质的网络通信保障能力。“宽带城市”工程和第四代移动通信（4G）网络全面建设。

2016 年，内蒙古获批国家大数据基础设施类综合试验区，10 月 8 日，国家发改委、工信部、中央网信办等国家部委把内蒙古确定为唯一一个大数据基础设施统筹发展类综合试验区，在国家层面，正式形成了南部贵州、北部内蒙古的大数据产业发展新格局。

截至 2017 年年底，全市移动互联网用户 288.31 万户，互联网用户总普及率达到 93.3 户 / 百人。

2. 政务数据加快整合共享

呼和浩特市将政务云计算中心建设作为智慧城市建设的重要基础工程，积极推进全市政务云共享交换平台建设，目前已具备 390 余万次 / 秒计算能力，574T 空间储存能力，连续两年通过了公安部《信息系统安全等级保护备案证明第三级》备案。

平台系统搭建了涵盖呼和浩特市各部门交换体系的部署实施及相关数据管理功能的开发，实现市级 45 家单位、137 个系统数据的统一采集、统一管理和集中服务。目前共享交换平台已实现与人社、工商、司法、食药监等 27 个单位的数据交换共享。

3. 大数据产业体系加快构建

在现有数据存储优势的基础上，着力发展“大数据 + 后续产业”，初步形成了包括数据存储、清洗加工等核心业态，电子信息制造、软件和信息服务、服务外包、电子商务、大数据金融、人工智能创新孵化等关联业态为一体的大数据产业链条。先后引进百度、阿里巴巴、腾讯、搜狗、苏宁易购等 110 多家国内外知名应用企业相继入住，共注册云计算、大数据科技企业 390 余家，大数据产业体系加快构建。

特别值得一提的是，阿里巴巴集团自 2014 年开始入驻中国电信云计算内蒙古信息园并已部署 2 万多台服务器，顺利完成了 2015 年、2016 年“双 11”“双 12”西北后台和 2016 年 G20 峰会信息保障任务。

内蒙古（和林格尔新区）数据资产评估中心、和林格尔新区大数据及人工智能应用孵化基地启动运营，云科 IT 设备再制造产业基地、清华大学—内蒙古和林格尔新区大数据计算系统校级联合研究中心、与清华同方合办内蒙古大数据应用技术学院等一批大数据相关项目正在加快建设，航天云网数据中心、公安部第一研究所数据中心、供应链金融等大数据平台上线运行，华为软件开发云服务项目成功落户新区。

2017 年，全市软件和信息技术服务业实现收入同比增长 22.19%。

4. 行业影响力不断扩大

呼和浩特在大力培育大数据新经济产业、推动传统产业转型升级、加强网络信息基础设施建设和加快信息技术产业发展的进程中，先后被列为国家智慧城市试点城市、电子商务示范城市、宽带中国示范城市、国家信息惠民试点城市。内蒙古和林格尔新区获批国家火炬和林格尔新区大数据特色产业基地和新型工业化产业示范基地（大数据）。

此外，呼和浩特市先后成功举办了 2012 云计算产业高峰论坛、2013 国际云计算产业博览会、2016 内蒙古（北京）大数据产业推介会、2018 中国·内蒙古（和林格尔新区）首届智慧产业峰会，同步举行了微软运营商年度峰会、首届多数据形态与城市应用创新论坛暨 BIM-Data 城市服务联盟发起大会，人工智能交通治理高峰论坛等行业盛会，形成了较高的行业影响力。

（三）让大数据在草原深处“策马驰骋”

大数据产业的应用和挖掘是推动地区主导产业走向全国、走向世界的关键。呼和浩特大数据产业发展目前已经涵盖了能源行业、炼钢、铁合金、光伏材料制造，畜牧业、乳业以及少数民族语言文化、中蒙俄边境贸易等多个领域。

随着呼和浩特市大数据“触角”向不同产业、不同行业、不同领域延展，大数据推动呼和浩特市经济转型升级成效明显，政用、商用、民用成果显著，大数据“乘数效应”不断凸显，已成为引领本地经济发展的重要引擎。

1. 破译炼铁行业神秘的“超大型黑箱”

炼铁行业占据钢铁全流程约 70%的冶炼成本、能耗及 90%的碳排放。由于炼铁核心单元高炉具备高温、高压、密闭、连续的“超大型黑箱”特性，高炉内部多物理场和工作状态的诊断困难，操作仍以人工经验和主观判断为主，技术经济指标参差不齐，即使是重点钢铁企业，其吨铁能耗相差大。

为落实国家“《中国制造 2025》行动纲领”和《国务院关于深化“互联网 + 先进制造业”发展工业互联网的指导意见》，内蒙古自治区以和林格尔新区为基地，努力打造国际领先、符合内蒙古传统工业转型升级特点的工业互联网和工业大数据基地。2017 年年底开始，结合内蒙古煤炭、冶金、化工、有色金属等工业产业特色，利用大数据、云计算、物联网等技术，依托建在和林格尔新区的东方国信工业互联网平台 Cloudiip，初步实现了工业复杂系统远程监控、快速建模、智能诊断、智慧决策的广泛应用，基本形成了安全可控的工业互联网发展生态体系，为生产单位提供智能化的服务。

东方国信炼铁云应用平台的上马，解决了单个炼铁厂吨铁能耗高、寿命短、成本大，炼铁行业的数据信息共享壁垒，和生态圈发展滞后等一系列的问题，已完成了包括首钢、包钢等国内重点钢铁企业及“一带一路”越南、印尼、伊朗约 200 多座高炉的数字化及智能化项目，实现单座高炉创效 2400 万元 / 年。

目前，包括神舟硅业、双奇药业在内的多家自治区重点工业企业安装东方国信设备运行采集设备，实现生产设备的在线监测、故障分析、预警等功能，为全面推动制造业高质量发展，全面开展内蒙古工业互联网平台奠定了坚实的基础。

2. 赋能乳业产业链上下游

如今，“一杯好奶”已经蕴藏了超乎想象的智慧。大数据的应用实现了乳业上、下游数据的共享，通过对物料需求、饲养过程、加工结果等层面进行精准高效的分析，可有效预测市场需求、避免产能过剩和资源浪费，并实现全方位的质量把控，有效提升了各环节生产效能。

2017 年 6 月 18 日，蒙牛集团全球电商大数据应用平台在内蒙古和林格尔新区启动运营。数字化营销与大数据融合作为蒙牛集团数字化战略的核心组成部分，依托和林格尔新区强大的云计算支撑，实现大数据在数字化营销环节的深度应用，蒙牛集团就是要利用数据，更好地读懂消费者，按照数据分析来调整产品供给，增强消费者黏合度，挖潜增效，指导生产和消费。

自 2017 年 11 月 8 日，蒙牛集团电商公司内蒙古数科数字营销有限公司落户内蒙古和林格尔新区半年以来，1—5 月营业额同比增长 108.3%，用户数增加 30%，复购率增加 45%，预计全年实现营业额 30 亿元。这一大数据应用平台的应用实施，标志着蒙牛数字化营销与大数据融合进入了新阶段，实现了对快消品行业的精准把控。

伊利集团利用大数据率先在业内建立起完善的产品追溯程序，实现了全产业链的食品安全管控。奶源基地从奶牛出生建立养殖档案，原奶运输过程实现全程可视化 GPS 跟踪，原奶入厂后采用条码扫描，随机编号检测；同时，建立了生产过程的产品批次信息跟踪表、关键环节的电子信息记录系统、质量管理信息的综合集成系统和覆盖全国的 ERP 网络系统，实现了产品信息可追溯的全面化、及时化和信息化，并且与国家平台进行对接。这些数据的共享和流通使得企业和消费者都能实时地、清晰地掌握产品的品质情况，进一步增强了消费者对食品安全的信心。

另外，伊利还创新性的利用“互联网 +”进行风险预判，依托伊利欧洲研发中心，与荷兰瓦赫宁根大学通过大数据等 IT 技术进行因子分析，预先识别关键风险点，建立“食品安全早期预警系统”。不仅如此，伊利集团还在业内率先建立了中国首个企业主导的母乳研究数据库，并在此基础上通过不断升级、完善成立“伊利母婴营养研究院”，继续深层次解码母乳数据，领创母乳研究再登新台阶。

内蒙古赛科星繁育生物技术（集团）股份有限公司开发的云智能奶牛育种养殖大数据平台正式建立于 2015 年。依托平台对下属子公司的 30 多个牧场以及多家社会化牧场进行管理，不但有效实现了与上、下游企业的数据共享，而且通过对物料需求、饲养过程、加工结果等各层面进行精准高效的数据分析，有效预测市场需求、供求平衡，避免产能过剩和资源浪费，实现了全方位的质量把控，有效提升了各环节生产效能。

目前，平台已“入驻”来自全国各地 1000 多个牧场的 90 万头奶牛数据，未来使用牧场将超过 2000 个，奶牛存栏数达 300 万头，占全国总规模的 40%。

平台将为育种和养殖企业提供繁育、兽医、营养等生产流程智能化再造服务；为供应链公司、下游乳品加工企业及政府、行业机构提供数据共享、供应链信息、质量管控服务，从而形成奶牛育种、养殖的共赢生态圈。

3.“电老虎”遇上“数管家”，催生多样个性化服务

作为自治区直属最大的能源发电企业，内蒙古能源发电投资集团有限公司与浪潮携手，依托“浪潮云眼”打造内蒙古首个能源云大数据平台，实现了自治区储能数据、自治区能源经济数据、电力行业数据、煤炭市场指数、自治区国民经济发展统计数据，以及集团内部生产信息化数据等数据收集、整理、展示及应用。

内蒙古科电数据服务有限公司自主研发的电力大数据平台，通过深入分析电力行业数据，为政府、企业、公众提供了个性化的数据服务。针对普通公众建立了分析模型，为用电客户提供用户感知分析、故障抢修、用户画像、用电指导等功能，方便用户随时查看关注的问题情况、用电情况、故障解决情况，同时为用户提供各种用电建议，达到节约电费的目的；针对企业用户建立了欠费预测模型、售电量预测模型、窃电预测模型、故障预测模型等，对各种可能影响用电的因素进行预测；针对政府，能够对电力体制改革提供辅助决策支持，对高耗能产业布局提供科学导向，促进清洁能源发展与利用，利用用电量分析间接监控空房率等经济发展指标。

4. 生态修复“云”说了算

内蒙古蒙草生态环境（集团）股份有限公司经过科研和实践的积累，结合应用遥感、地理信息系统、物联网、云计算等技术建立了“草原生态产业大数据平台”。依托集团公司20余年的生态科研实践，结合实地检测，整理收集指定区域水土气、人草畜等生态系统相关数据，建立指标分析模型，从而精准指导生态修复实践，优化引导农牧民生产生活。

目前，应用大数据平台可查询任意经纬度地理坐标点近20年的“水、土、气、人、草、畜”等生态数据指标及变化，也可搜索任何一种植物适宜生长的地区，查询该地区的生态环境变化等科研数据及科学合理的生态修复治理方案，为蒙草的生态修复提供数据支持和智慧型解决方案，用“大数据”实现“大生态”“大产业”“大民生”的互联互通。

未来，可为每一个地区甚至乡村搭建专属的大数据库，指导农牧民的“三生三产”，做到生态数据的“大导航”和“大利用”，用数据力量实现精准生态治理，让科技成果惠及到每一方生态，每一户农牧民。

5. 中蒙俄边境贸易上的智慧口岸，提升国际竞争力

内蒙古电子口岸是在自治区政府指导下，为实现海关、国检、边检等部门的信息互换、监管互认和执法互助，完善执法程序而建立的自治区统一信息平台。其立足内蒙古，辐射中西部，涵盖对俄对蒙的所有口岸，既是为口岸各职能部门提供“单一窗口”的政务平台，也是为进出口企业提供通关便利和增值服务的商务平台。其建设和发展将彻底打通外贸企业与口岸各管理部门以及各管理部门之间的信息壁垒，大大缩短企业通关流程，有效提高企业通关效率，进一步提高口岸监管部门的行政效率，提升全区口岸信息化的建设水平，为智慧口岸的打造奠定良好基础。

该平台主要业务涉及电子政务、大通关服务、智慧物流服务、跨境贸易电子商务、口岸金融综合服务和口岸企业征信六大平台的建设；同时依托电子口岸软硬件平台和海量数据，建设外贸、物流、金融大数据中心、信息平台托管中心，服务政府宏观决策，支持进出口企业发展。

4年多来，为内蒙古自治区建设大通关、大物流、大外贸的统一信息平台提供了技术支持和服务保障，不仅为自治区进出口企业和外贸加工企业提供了优质、高效、便捷的通关、物流、电子商务、信贷、融资等全方位服务，而且为活跃口岸经济、推动“中蒙俄经济走廊”建设、提升国际竞争力的信息和技术支撑发挥着重要作用，并将成为落实国家“一带一路”建设、加快推进向北开放、打造“草原丝绸之路”经济带的重要推手。

6. 积极探索大数据创新应用

作为下一代互联网身份证核心技术平台，公安部“互联网 +”可信身份认证平台（一期）项目已入驻内蒙古和林格尔新区中国移动（呼和浩特）数据中心，并完成1亿元投资，安装上架500台服务器进行软件部署，形成了每秒超万次的身份证人脸识别访问认证能力，对未来形成基于电子身份证的移动支付、“刷脸”支付、人脸识别等高新技术产业具有重要意义。

平台正在进行统一调试，计划2018年7月上旬正式上线运行，8月底实现11亿条电子身份证数据传输。

公安部“互联网 +”可信身份认证平台数据中心等重要基础设施项目是国家发改委“互联网 + 行动计划”的重大工程项目，项目总投资2.93亿元，在内蒙古和林格尔新区建设数据中心主机房、数据运维中心、相关研发产业中心、配套设施等。全部建成后，将通过公安系统及大型互联网用户，为全国范围应用提供保障。

此外，在内蒙古和林格尔新区，“货车帮”内蒙古公路物流指数平台、内蒙古食药监大数据平台等一批大数据创新应用数据中心纷纷落户、建设运行。

心在云上飞。今天的呼和浩特正按照自治区党委、政府的要求，力争通过3年到5年努力，把内蒙古建成中国北方数据中心、丝绸之路的数据港、资源整合先行区、产业融合发展引导区和多民族共享发展示范区的目标大跨步迈进。

呼和浩特将着力改变“不识变、不思变、不求变”的思想藩篱，树立“市场意识、前瞻意识、机遇意识、久久为功意识”，以数据创新、数据融合、数据共享、数据安全为重点，着力推动互联网、大数据、人工智能等数字经济与实体经济深度融合，继续加大数据基础设施建设力度，推动数字标准化建设，汇聚全国数据资源，加快建设“数字金库”，聚焦世界500强、中国500强、民营500强等国内外顶尖企业和各大细分行业的龙头企业，瞄准以知识和数据为核心的生产要素，以提供数字化、网络化、智能化产品与服务的企业为重点，建立全球招商数字信息平台，实现精准招商，积极发展包括GPU板块、建筑信息模型（BIM）板块、数据资产定价板块等大数据重点板块，进一步推进大数据在政务方面的应用、开发大数据行业解决方案、不断完善大数据产业生态体系。

（四）呼和浩特市云计算大数据产业发展经验

呼和浩特市在数字经济发展的大潮中，从科技革命的机遇中寻找新动能，培育新业态、新产业，率先发力大数据云计算，积极抢占未来产业发展的制高点，推动传统产业转型升级，实现经济质量变革、效率变革、动力变革。

1. 一流营商环境是大数据产业快速发展的首要条件

呼和浩特市立足距离北京较近、气候冷凉、地质结构稳定、电力保障充足、电价优惠的综合优势，率先引进中国移动、中国联通、中国电信三大运营商投资建设中国最大规模的数据中心，目前服务器装机达70万台，远期规划规模达368万台，居全国第一位，成为名副其实的“中国云谷”。呼和浩特市深化放管服改革，坚持“软”“硬”并重全力打造一流的营商环境，制定出台了一系列促进大数据产业发展的政策措施和配套实施细则，吸引了国内外越来越多的大数据企业和高端人才齐聚青城，投身数字内蒙古建设。呼和浩特市先后被确定为国家智慧城市试点城市、电子商务示范城市、宽带中国示范城市、国家信息惠民试点城市。内蒙古和林格尔新区获批国家火炬和林格尔新区大数据特色产业基地和新型工业化产业示范基地（大数据）。

2. 集群化发展是大数据产业快速发展的必然要求

呼和浩特依托三大运营商数据存储优势，充分发挥内蒙古和林格尔新区发展战略性新兴产业主阵地的作用，紧盯国际、国内行业领先企业和国家重大信息化项目，着力引进和培育一批大数据云计算领域的龙头企业，努力形成规模效应。截至目前，公安部一所“互联网 +”可信身份认证平台落户新区，形成了每秒超万次的访问认证能力；航天信息汽车电子标识推广应用签约落地，推动呼和浩特市纳入全国汽车电子标识试点城市，打造全区、全国领先的智慧交通标杆示范城市；蒙牛全球电商平台、银帝集团呼和浩特市人工智能交通治理、旷视科技智慧城市等项目正在积极推进。同时，紧盯自治区能源、化工、冶金等传统优势特色产业转型升级，推动互联网、大数据、人工智能与实体经济深度融合发展，加快传统产业智能化、信息化改造升级步伐，重点搭建了“三大平台”：东方国信工业互联网大数据中心。基于大数据精准分析，实现对生产设备的实时监控、安全预警、故障诊断和工艺生产优化、能源管控优化、资产全生命周期管理。目前，神舟硅业、双奇药业等多家企业已完成“上云”。“货车帮”内蒙古公路物流信息中心。建立了内蒙古货运指标体系，实现公路物流运输资源的优化配置，提升行业效率。航天信息首家省级食药监大数据中心。加强对全区食品、药品、医疗器械等经营主体的监管，争取推进国家级食药监大数据中心落户自治区，打造食药监技术应用与研究的国家级平台。

3. 政产学研协同的创新体系是大数据产业高质量发展的不竭动力

坚持“优势互补、互利互惠、共谋发展”的原则，推动形成政产学研合作的“磁场”，获得大数据产业发展的不竭动力。微软大数据及人工智能应用孵化基地。充分利用微软的品牌、技术、平台等优势，着力搭建共享数据交换平台，孵化大数据、人工智能领域的种子企业，为内蒙古的创新创业注入新的活力和动力。东方国信 BIM 产业基地。内蒙古和林格尔新区与东方国信及内蒙古工业大学合作建立 BIM 产业人才培养基地，加快推动大数据在建筑行业的融合延伸。全国首家由政府授权的数据资产评估中心。内蒙古和林格尔新区与国信优易联合成立了数据资产评估中心，弥补我国大数据产业在数据资产价值评估领域的短板。大数据人才教育高地。与清华大学联合成立了“清华大学—内蒙古和林格尔新区分布式数据处理系统联合研究中心”，开展人工智能时代数据处理的基础研究。同时，依托区内 10 所已开设大数据专业的高等院校，正在筹建内蒙古大数据应用学院建设。

4. 推动“冷数据”向“热数据”资产升值是大数据产业发展的终极目标

搭建城市大数据资产操作系统，引入和培育行业领军企业，搭建城市大数据资产操作系统，制定政府数据资产标准，建立数据知识产权库，对各方数据进行穿透，将“冷数据”变为看得见的数据资产。建设“数据金库”。通过大数据标准化平台，汇聚全区、全国的数据，打造全方位流入的数据资产汇集层。开展数据资产加工。通过建立数据加工厂，对数据进行清洗、脱敏、加密，推动形成大数据流通、开发、使用的完整产业链和生态链。构建数据资产生态圈。将加工后的数据资产向社会开放，吸引各类市场主体进行数据应用、挖掘、交易、评估、服务和培训，推动数据资产增值，催生百花齐放、百家争鸣的数据应用态势。同时，引入和建立各类基金，领投成长性好的企业，培育大数据领域的“独角兽”，构建大数据产业发展生态体系。

和着时代的脚步昂首迈进，今天这座中国正北方的草原都市，正在习近平新时代中国特色社会主义思想的指引下，牢固树立新发展理念，加快打造新产业、厚植新动能、培育新增长极，全力推动经济在高质量发展的道路上阔步前行！

（2018 年 8 月）

沈阳

勇于改革开放不停步
奋力推进"四个中心"建设

——沈阳改革开放40周年探索与实践

中共辽宁省委宣传部
中 共 沈 阳 市 委

改革开放是党领导人民深刻改变中国、深刻影响世界的第二次革命。习近平总书记全面深化改革重要论述，是习近平新时代中国特色社会主义思想的重要组成部分。习近平总书记对东北振兴作过多次重要指示，对辽宁、对沈阳的改革发展寄予殷切期望。作为东北亚经济圈的中心城市、中国东北地区唯一特大城市，沈阳在中国城市发展史中占有重要地位。改革开放40年来，沈阳人民围绕坚持和发展中国特色社会主义主题，秉承将改革开放进行到底的精神，实现沈阳发展，并通过自身发展为中国改革开放进步贡献力量。牢记习近平总书记的殷殷嘱托，回顾总结沈阳40年改革发展历程，将有力推动沈阳在新的征程上进一步解放思想、全面深化改革。

一、不平凡的发展历程

改革开放以来，沈阳为我国建立独立自主的工业体系和国民经济体系作出了重大贡献。40年间，沈阳的发展经历了四个阶段，走过了不平凡的历程。

第一阶段：改革开放初期，支持沿海开放。沈阳被誉为"共和国装备部"，创造了第一架喷气式飞机、第一台金属切削车床、第一台鼓风机等新中国百余个第一。在改革开放初期和经济转型期，沈阳依托雄厚的工业基础，向沿海开放城市进行人才、技术、思想输出，为计划经济向市场经济转型起到了重要的推动作用。沈阳作为经济体制综合改革试点城市，围绕打破僵化的计划经济体制，建立社会主义市场经济体制，在改革国有企业、建立生产要素市场、优化所有制结构等方面进行了一系列积极有效的探索实践。这一时期，沈阳始终走在我国改革开放的前列。

第二阶段：20 世纪 90 年代，企业制度改革，负重前行。1992—2001 年是我国由传统计划经济体制向社会主义市场经济体制加快转型的阶段。进入 20 世纪 90 年代，长期计划经济体制下积累的深层次结构性、体制性矛盾，使沈阳的经济发展遇到了前所未有的困难。大多数国有企业处于停产或半停产状态，人才急剧流失，大批产业工人下岗，铁西被称为全国最大的“工人度假村”，沈阳成为“东北现象”的典型代表。这一时期，作为受计划经济浸润最深的老工业基地，沈阳在改革转型中遇到的障碍很多，各种矛盾尖锐复杂，发展最为艰难。

第三阶段：东北振兴，凤凰涅槃。以 2003 年 10 月中央作出振兴东北地区等老工业基地战略决策为标志，沈阳的改革开放进入到一个全新的阶段。其间，铁西老工业区从一个侧面见证了中国工业特别是装备制造业艰苦探索、改革创新的发展历程。沈阳抓住新一轮经济上升周期的历史机遇，大胆进行行政管理体制改革和国有企业制度创新，充分发挥比较优势，加快技术进步和经济结构调整步伐，完善社会保障体系，使铁西区这一老装备制造业基地重新焕发了勃勃生机。在经济和社会发展等方面都取得了显著成效，成为沈阳乃至辽宁经济的重要增长点，被国家授予“铁西区老工业基地调整改造暨装备制造业发展示范区”称号，是东北老工业基地振兴的一颗闪耀明珠。2005 年，以沈阳为核心，与鞍山、抚顺、本溪、营口、阜新、辽阳、铁岭等城市共同成立沈阳经济区，并建立了党政领导年度联席(会议）制度。2010 年，经国务院同意，国家发展改革委正式批复沈阳经济区为国家新型工业化综合配套改革试验区。经过 10 年的努力，沈阳老工业基地振兴取得了阶段性成果，经济总量迈上新台阶，结构调整扎实推进，国有企业竞争力增强，重大装备研制走在全国前列，社会事业持续发展，民生明显改善，进入了老工业基地全面振兴的新时期。

第四阶段：党的十八大以来的新一轮振兴发展阶段。党的十八大以来，沈阳新一轮振兴发展思路举措更加清晰。坚持从习近平总书记关于东北振兴的重要指示批示中找方向、找路径、找方法，围绕落实“五大区域发展战略”和建设“一带五基地”，绘就发展蓝图，出台战略规划，强化“项目为王”意识，弘扬“马上办”“钉钉子”精神，推进转型创新发展成为全市上下共同意志和共同行动。五年来，沈阳认真贯彻中央新一轮振兴战略，全面落实中央 7 号文件、国务院 28 号文件和 62 号文件要求，主动适应把握引领新常态，以供给侧结构性改革为主线，统筹推进稳增长、促改革、调结构、惠民生、防风险各项工作，克服“三期叠加”影响，摆脱惯性思维，突破路径依赖，收获了接力奋进的可喜成果。市委十三届六次全会明确沈阳要建设“四个中心”，为沈阳新时期实现高质量发展指明了方向，树立了更高的发展目标。

二、改革开放以来的辉煌成就

改革开放以来，沈阳人民贯彻执行党的路线方针政策，以一往无前的进取精神和波澜壮阔的创新实践，谱写了自强不息、负重前行、奋进振兴的壮丽篇章。40 年间，城市实力飞速发展，城市规模迅速发展，城市面貌日新月异，经济社会发生了天翻地覆的历史巨变。尤其是党的十八大以来，沈阳市深入学习贯彻习近平新时代中国特色社会主义思想，全面落实新发展理念和“四个着力”“三个推进”要求，坚持稳中求进工作总基调，积极应对严峻复杂的经济形势和巨大的下行压力，努力克服政治生态遭受破坏带来的严重影响，砥砺奋进，开拓创新，推动沈阳振兴发展迈出坚实步伐。

——**经济总量实现跨越式发展**。改革开放 40 年，沈阳经济总量快速增长，特别是“东北振兴战略”实施以来，全市经济总体上保持了持续快速健康发展的良好态势，实现了总量和质量的同步提升，整体经济实力显著增强。1978 年全市 GDP 仅为 43.6 亿元，2000 年 GDP 超过 1000 亿元，2010 年 GDP 超过 5000 亿元，2017 年 GDP 达到 5685 亿元，为 1978 年的 130 倍。2017 年全市规模以上工业增加值实现 3614.9 亿元，是 2003 年的 13 倍，年均增长 26.2%（其中 2003—2008 年为高速增长期，年均增长 43.8%；2009—2013 年为中高速增长期，年均增长 14.9%）。公共财政预算收入完成 656.2 亿元，是 2003 年的 6.3 倍；社会消费品零售总额 3989.8 亿元，是 2003 年的 5.5 倍；城镇居民人均可支配收入 41359 元，农村居民人均可支配收入 15461 元，分别是 2003 年的 5.2 倍和 4 倍，城乡居民生活水平显著提升。

——**产业结构不断优化**。改革开放以来，沈阳围绕打破僵化的计划经济体制，建立社会主义市场经济体制，在改革国有企业、建立生产要素市场、优化所有制结构等方面进行了一系列积极有效的探索实践。2002 年以来，沈阳实行铁西区和沈阳经济技术开发区合署办公，成功完成工业企业“东搬西建”，同步在全市推进企业战略重组和产业升级，初步建立了装备制造、汽车、电子信息、医药化工、农副产品、航空等产业体系。党的十八大以来，沈阳始终把转方式、调结构作为全市经济工作的主线，坚持以增量推动结构优化，以创新促进产业升级，积极培育新产业、新业态、新模式，推动产业结构不断优化，三次产业比重由 2013 年的 4.4∶49.3∶46.2 调整为 2017 年的 4.6∶38.6∶56.8。其中，制造业加快迈向中高端，高端装备制造业产值占比从 16%提高到 23%。金融、物流、旅游、会展等现代服务业加快发展。高产生态、高端精品、高效特色农业规模不断壮大。高新技术产品产值占比从 41%提高到 55%，120 万吨乙烯三机、AP1000 核主泵、i5 智能数控系统等 60 余项大国重器在沈问世，“沈阳制造”为天宫、蛟龙、神舟、航母、大飞机等国家重大工程作出了贡献。

——**改革开放不断深化**。党的十八大以来，沈阳成为全国 8 个全面创新改革试验区之一，自主创新示范区、自贸试验区、中德装备园、“中国制造 2025”试点示范城市、大数据综合试验区等“国字号”改革试点深入实施。“引进来、走出去”取得新成效，在沈投资世界500强达到94户，国际友城达到20个，开通沈满欧、沈连欧两条中欧班列，全市累计实际利用外资109.7亿美元、进出口总额691亿美元。其中，2017年，全市实际利用外资增长24.1%，实际到位内资增长12.8%。与此同时，一批基础性关键性改革全面展开：国资国企改革、“多规合一”改革取得重要成果，科技体制、投融资体制、“放管服”、商事制度等改革不断深化，全面创新改革形成了23项可复制推广经验，沈阳打造国际化营商环境入选2017年度全国十大优秀改革案例；一系列制度性安排启动实施：围绕振兴实体经济、推动转型创新发展、提升城市品质、保障改善民生、加强干部队伍建设等方面，市委市政府出台了17个政策性制度性文件，为促进振兴发展提供了有力保障。随着政治生态的净化修复，干事创业环境焕然一新，干部群众焕发出强烈的奉献精神、担当精神、攻坚精神、创新精神。

——**城乡面貌显著改善**。从1978年到2017年，城镇化水平从55.2%提高到80.6%，年均提高0.65个百分点；建成区面积从164平方公里增长到610平方公里，扩大了2.7倍；人均公园绿地面积从3平方米增加到14.1平方米，提高了近4倍；人均道路面积从5.5平方米增加到14.8平方米，提高了1.7倍。尤其是党的十八大以来，坚持精准规划、精致建设、精细管理，促进城市内涵式发展，城市建设和管理水平显著增强，城市功能和品位持续提升。确立了“东山西水、一河两岸、一主三副”的城市发展新格局，新型城镇化和城乡一体化稳步推进，综合立体交通体系基本形成，新建地铁工程94.7公里，桃仙机场T3航站楼、沈阳南站等重大交通枢纽投入使用，城市快速路、农村公路大幅增加。智慧城市建设全面展开，经济社会加快步入“互联网+”时代。

——**生态环境明显好转**。40年间，不断加大城市环境建设力度，城市环境建设实现了历史性的突破。成功摘掉了“世界十大污染城市”的帽子，被联合国列入全球25个可持续发展大城市。2005年6月，沈阳获得“国家环境保护模范城市”的“金字招牌”。2005年8月，沈阳市被授予“国家森林城市”荣誉称号。2008 年 2 月，沈阳市被授予“国家园林城市”称号。党的十八大以来，全市上下认真落实主体功能区制度，划定城市开发边界、生态控制线和基本农田保护线。退耕还林还湿还草还湖政策体系不断完善，森林覆盖率持续提高。空气质量优良天数不断增加，土壤环境保持稳定，水环境得到较大改善。涉农区县全部成为国家级生态县。沈阳市成为国家循环经济示范城市。碧水蓝天、绿树通衢已经从梦想变成美好的现实，老工业基地实现了由工业之城向宜居宜业宜游之城的重大跨越。

——**人民生活水平稳步提升**。从 1978 年到 2017 年，全市总人口从 466.7 万人增长到 829.2 万人，增长了 78%；人均住宅面积从 3.5 平方米增加到 29.2 平方米，提高了 7.3 倍；机动车数量从 2.9 万辆增加到 200 万辆，增长了 68 倍。特别是党的十八大以来，城乡居民人均可支配收入年均增长 6%以上，城镇登记失业率控制在 3.4%以内。多层次社会保障体系基本形成，群众住房条件不断改善。各级各类教育协调发展，教育信息化走在全国前列。医药卫生改革纵深推进，医疗卫生服务能力显著增强。云飏阁、盛京大剧院、沈阳艺术大厦、郎朗钢琴广场等文化设施投入使用，第十二届全运会等重大赛事在沈举办，沈阳成功蝉联全国文明城市。据统计，2017 年，财政支出用于民生比重达到 84.3%，城镇居民人均可支配收入 41359 元，增长 6.1%；农村居民人均可支配收入 15461 元，增长 7.5%，人民群众获得感进一步增强。

党的十九大以来，在党中央和省委、省政府的坚强领导下，市委团结带领全市广大党员、干部和群众，以习近平新时代中国特色社会主义思想为指导，全面贯彻党的十九大和十九届二中、三中全会精神，坚持稳中求进工作总基调，按照高质量发展这个根本要求，以供给侧结构性改革为主线，全面落实新发展理念和“四个着力”“三个推进”，贯彻实施省委、省政府“五大区域发展战略”和“一带五基地”建设工作部署，狠抓全面从严治党，砥砺前行、奋勇争先，奏响大干实干最强音，推动各项工作提速提质提效，进一步巩固扩大了稳中向好、稳中有进的发展态势。2018 年上半年，预计全市完成地区生产总值2650亿元，同比增长6.2%；一般公共预算收入371.4亿元，增长10%；固定资产投资894.7亿元，增长30.2%；城镇居民人均可支配收入22093元，增长7%；农村居民人均可支配收入9892元，增长7.5%。今天的沈阳，正在发生着积极的、深刻的趋势性变化。

一是深入学习贯彻习近平新时代中国特色社会主义思想和党的十九大精神，振兴发展大格局更加喜人。坚持把政治建设摆在首位，引导广大党员干部群众强化“四个意识”、坚定“四个自信”，坚决维护习近平总书记核心地位，坚决维护党中央权威和集中统一领导。深入开展党的十九大精神大学习、大宣传、大调研、大实践，着力在“学懂弄通做实”上下功夫，习近平新时代中国特色社会主义思想入脑入心入行。围绕建设“四个中心”，聚焦转型创新发展重点任务制定实施系列专项规划，引领全域奋进、全面振兴。全市上下思想统一、步调一致，奔着问题去，迎着困难上，比学赶超、竞相发展的热潮空前高涨！

二是加快转型创新发展，经济增长新动能更加强劲。切实把加强党的领导贯穿经济工作全过程，强化顶层设计，系统精准施策，狠抓督促落实，有力推动经济站稳回升向好“新拐点”、步入转型升级“快车道”。“项目为王”理念深入人心，项目建设速度和投资规模大幅提升，全市亿元以上项目由年初的600个增加到877个，投资总额突破万亿元，其中20亿元以上项目由91个增加到128个，华晨雷诺汽车、恒大华谊文化艺术中心、东软健康产业园、高性能碳纤维、中德园机器人谷等一批重大项目签约落地。产业发展能级进一步提高，“中国制造2025”国家级示范区创建工作进展顺利，装备制造业高端化、服务化、绿色化发展步伐加快，机器人及智能装备、新一代信息技术等战略性新兴产业增势强劲，电子商务、旅游会展等现代服务业持续壮大，农业结构不断优化，为长远发展积蓄了力量、增添了后劲。以我国最先进自主潜水器“潜龙三号”首潜告捷、新松移动机器人惊艳平昌冬奥会为标志，“沈阳智造”的影响力和竞争力显著增强。

三是狠抓关键领域改革，内生发展源动力更加激发。以推动国家级重大改革试点先行先试为突破口，统筹抓好改革方案出台和改革举措落地，“三去一降一补”扎实推进，全面创新改革试验区、自主创新示范区、辽宁自贸区沈阳片区、中德装备园等改革示范带动效应逐步显现，党政机构改革和事业单位优化整合工作稳步实施。市领导“一对一”“点对点”推进国企改革向纵深发展，机床、沈鼓等12户重点企业“一企一策”改革实现新突破，“僵尸企业”处置和厂办大集体改革扎实推进，取得重要进展。以深化科技体制改革提升创新体系效能，沈阳材料科学国家研究中心等重大创新平台和一批新型研发机构加快建设，军民融合发展不断深化，获批国家知识产权示范城市，全社会创新创造氛围日益浓厚。制定出台扩大开放35条意见，“引进来”“走出去”步伐明显加快，实际利用外资和引进内资分别增长109%和41.8%，京沈对口合作、沈阳经济区一体化等区域协作持续深化，全面开放引领全面振兴新格局正在形成。

四是持续优化营商环境，投资兴业吸引力更加增强。积极构建“亲清新型”政商关系，以上率下广泛开展“营商环境从我做起”活动，共建共护良好营商环境蔚然成风。深入开展“办事难”等突出问题专项整治，明察暗访、追责问责形成有力震慑，“放管服”和“最多跑一次”改革蹄疾步稳，市本级中介服务事项降幅达65%以上，“办事依法依规、办事不用求人、办事便捷高效”日益成为沈阳的城市名片和鲜明标签。持续发力打造创新创业人才高地，人才政策新9条引发强烈反响，“三引三回”活动引资聚才成果丰硕，签约落地和洽谈储备项目投资总额分别突破1200亿元和700亿元，储备老乡、校友、战友人才3700多人。沈阳位居春季求职期全国最受欢迎十大城市前列，新增市场主体同比增长26%，正在成为有识之士的向往之地！

五是大力提升城乡品质，人民群众获得感更加充实。坚持精准规划、精致建设、精细管理，深入开展“三城联创”集中攻坚，城市斑点不断减少、亮点不断增多、特点不断彰显。优化提升城市功能，浑南高品质公共服务新展区加快建设，地铁、跨浑河桥、城市快速路等交通体系日益完善，城市运行保障、污染防治、宜居乡村等重点领域公用设施项目有序实施。综合整治市容市貌“脏乱差”，拆违控违任务完成95%，120个老旧小区改造顺利推进，560条背街小巷改造提前完工，拆除整治违规户外广告牌匾标识近23万平方米，环卫扫保机械化率达89%。着力提升公共服务供给质量，就业形势保持稳定，教育事业全面发展，医药卫生体制改革不断深化，“文艺精品工程”深入实施，体育名城建设加快推进，信访稳定“融冰行动”成效明显，公共安全、安全生产、食品药品安全工作水平进一步提高，沈阳宜居宜业宜游指数持续提升。

六是深化全面从严治党，干事创业正能量更加迸发。层层压实从严管党治党政治责任，深入抓好巡视反馈意见整改，党组织凝聚力、战斗力和创造力不断增强。全面落实意识形态责任制，主旋律和正能量的传播力、引导力、影响力不断扩大。扎实推进“两学一做”学习教育常态化、制度化，切实提高基层党建工作质量，1416名优秀干部派驻乡镇和村，基层战斗堡垒进一步建强筑牢。树立鲜明选人用人导向，充分发挥实绩考核“指挥棒”“评判器”“识别仪”作用，圆满完成市级人大、政府、政协领导班子换届，深入开展优秀干部专题调研考核，从严管理监督和关心激励干部，干部队伍更加坚强有力。深入开展党风廉政建设和反腐败斗争，纪检监察体制改革不断深化，正风肃纪监督实现全覆盖，政治性警示教育取得良好效果，巡察和派驻监督成效明显，惩治腐败高压态势持续保持。锲而不舍纠治“四风”特别是形式主义、官僚主义，“马上办”“钉钉子”成为广大干部的座右铭和行动准则，良好政治生态进一步形成。成功举办“五一口号”发布70周年系列纪念活动，创新大统战工作格局体制机制，众志成城促振兴的合力愈发强大。

三、主要经验

改革开放40年来，特别是中央实施“东北振兴战略”以来，沈阳之所以能够逐步摆脱计划经济“枷锁”、取得重大阶段性成果，很大程度上得益于改革。40 年实践证明，只有坚持改革开放不停步，才能一次次豪迈的出发，不断抵达一个又一个辉煌的彼岸。回顾沈阳 40 年改革开放的创新、创业、创造历程，有许多经验值得总结并发扬光大。

始终坚持党的领导。习近平总书记强调，“中国最大的国情就是中国共产党的领导”“中国特色社会主义最本质的特征是中国共产党领导”。坚持中国共产党领导，是做好一切工作的前提。40 年实践昭示，正是因为党的坚强领导和正确引领，沈阳与全国人民一道，走上共同富裕的康庄大道。特别是党的十八大以来，全市上下牢固树立“四个意识”，坚决维护党中央权威和集中统一领导，切实把党中央重大决策部署贯彻到各项工作中去，并使之落地生根。不断提高各级党委领导能力和执政本领，在应对重大挑战、抵御重大风险、克服重大阻力、解决重大问题中立于不败之地。持续推进全面从严治党，不断提高党的建设质量，营造风清气正政治生态，确保党始终成为沈阳现代化建设的时代先锋。**一是提高政治站位，坚定改革信心决心**。坚持第一时间传达学习习近平总书记在中央全面深化改革领导小组会议上的重要讲话精神，自觉把新时代全面深化改革的认识论和方法论作为谋划推动落实改革的根本遵循和行动指南。坚持从市委常委做起，深入学习领会新发展理念和“四个着力”“三个推进”要求，以上率下引导广大党员干部形成全面深化改革的思想自觉和行动自觉。认真落实中央全面深化改革领导小组《关于贯彻落实党的十九大精神 坚定不移将改革推向深入的工作意见》，更加坚定了将改革进行到底、打好打赢全面深化改革攻坚战的信心和决心。**二是发挥统领作用，夯实改革主体责任**。2014 年 2 月，成立市委全面深化改革领导小组，负责全市全面深化改革的总体设计、统筹协调、整体推进、督促落实。率先在全省单独设立市委改革办，并配齐配强了内设机构和人员。及时调整领导小组组成人员和专项小组设置，7 个专项小组均由市委常委牵头负责，一些重点改革任务和国家重大改革试点由市委、市政府主要领导担任组长。市委主要领导亲力亲为，多次召开常委会研究改革事项，先后主持召开 27 次深改领导小组会议，审议改革文件和方案 130 余项，制定实施改革创新举措 1130 余项。各牵头部门、参与部门增强责任意识、强化履职尽责，共同形成了谋改革、推改革的强大合力。三**是精心谋划设计，明确改革主攻方向**。制定出台了《中共沈阳市委贯彻落实〈中共中央关于全面深化改革若干重大问题的决定〉的实施意见》《中共沈阳市委 2015—2020 年重要改革规划》，形成了指导沈阳市全面深化改革的行动纲领和总施工图。每年制定深改领导小组工作要点及各领域专项改革工作方案并进行任务分解，为全市改革工作相互配合、整体推进提供了重要保障。聚焦推动转型创新发展，着力破解影响振兴发展的体制机制障碍，制定出台 17 个政策性和制度性文件，以务实管用的刚性约束，保障各项改革任务落实落地、取得实效。

始终坚持改革开放不停步。习近平总书记指出，“改革开放只有进行时没有完成时”“要坚持党的基本路线一百年不动摇，改革开放不停步，续写新的篇章”。历届沈阳市委市政府积极推进思想解放、改革创新，创造多个改革开放全国第一。20 世纪 80 年代初中期，沈阳在全国敢于第一个吃“螃蟹”，1986 年 8 月沈阳市防爆器械厂正式宣告破产，成为我国第一家实施破产的企业。同期，沈阳比较早地进行了厂长（经理）负责制、租赁制、股份制、资产经营责任制和国有企业破产的试点，“包、租、股、破、转”五个字，不仅为搞活辽宁国营企业提供了体制机制动力，而且有些措施是开创性的，为全国的公有制企业改革提供了成功借鉴。党的十八大以来，沈阳成为全国 8 个全面创新改革试验区之一，自主创新示范区、自贸试验区、中德装备园、“中国制造 2025”试点示范城市、大数据综合试验区等“国字号”改革试点深入实施。走进新时代，沈阳在历史新方位中把握改革开放主动权，进一步明确新一轮振兴发展任务书、时间表和路线图，类似智能机器人等新产业、新动能和新增长点开始在这个东北振兴龙头城市加速布局，全市全力建设东北亚国际化中心城市、科技创新中心、先进装备智能制造中心、高品质公共服务中心，加速改革创新发展。平昌冬奥会上，炫舞曼妙流畅，光影如梦如幻，24 面智能冰屏与轮滑演员精准互动，精彩演绎的“北京 8 分钟”惊艳全球，沈阳新松机器人公司新一代智能机器人与其他相关科技元素一道，引爆观众对中国创新实力的惊叹。就在新松机器人冬奥会上“惊人一舞”的前夕，宝马集团设在沈阳的合资工厂也迎来国产宝马的“骐骥一跃”，2018 年 1 月底，华晨宝马第 200 万辆宝马汽车从机器人林立的现代化车间内成功下线。2017 年以来，宝马在沈阳的新大东工厂、新研发中心、动力电池中心接连投产。合资 15 年，总投资超过 400 亿元，汽车年产量增至 45 万辆，宝马正以一系列重大动作，展示其对老工业基地发展的信心。“千难万难，只要重视就不难；大路小路，只有行动才有出路。”改革开放 40 年来，沈阳同全国一样，从经济结构到所有制形式，从生产方式到流通体制，从分配方式到就业形式，从社会结构到社会事业，从政治生活到行政管理，甚至从生活方式到思想观念都发生了深刻的革命性的变革。这场新的伟大革命，可以说触及了整个社会的所有“细胞”，其深度和广度不亚于任何一场社会革命。改革开放 40 年的事实证明，老工业基地振兴的难题要一个个破解、堡垒要一处处攻克，必须坚持改革开放不停步，必须以“功成不必在我，建功必须有我”的责任感，咬定青山不放松，推动老工业基地“一展雄风”“大展雄风”“尽展雄风”，让“共和国工业长子”的自信和风采如“王者归来”，全力开启振兴发展新征程。

始终坚持新发展理念。习近平总书记指出，新发展理念不是凭空得来的，是我们在深刻总结国内外发展经验教训的基础上形成的，也是在深刻分析国内外发展大势的基础上形成的，集中反映了我们党对经济社会发展规律认识的深化，也是针对我国发展中的突出矛盾和问题提出来的。改革开放 40 年实践证明，发展必须是坚定不移贯彻新发展理念的科学发展。近年来，沈阳紧紧围绕深入学习贯彻习近平总书记提出的“四个着力”“三个推进”要求，把思想认识从传统发展理念桎梏中解放出来，用新发展理念指导沈阳实践，不断推动新一轮振兴发展。目前，沈阳老工业基地已成为我国重要的科技创新区域之一。全市拥有高等院校 47 所，市级以上独立科研机构 107 个，省级以上重点（工程）实验室、工程（技术）研究中心、企业技术中心 859 个，拥有国家机器人创新中心、沈阳材料科学国家研究中心等一批国家级重大创新平台。作为我国“一五”期间156个重点建设项目之一的沈阳机床集团，其“存量变革”创新发展之路，是沈阳推进供给侧结构性改革，深化国企改革，推动经济发展质量变革、效率变革、动力变革的一个典型案例。已列入国家层面国企改革试点的沈阳机床集团，不仅成功实现旗下企业扭亏为盈的“保壳”之战，一场以“止血、输血、造血”为核心的“三位一体”综合改革举措，也在全面推进。在各级部门和金融单位支持下，正全力遏制结构性亏损，打造以智能制造为核心、世界领先的机床集团，探索可复制、可推广改革模式，立出国企改革脱困样板。

始终坚持人民主体地位。习近平总书记强调，要“把以人民为中心的发展思想体现在经济社会发展各个环节，做到老百姓关心什么、期盼什么，改革就要抓住什么、推进什么，通过改革给人民群众带来更多获得感”。各级党委政府坚持问政于民，发挥人民主体作用，回应人民群众关切，让改革开放成为830万沈阳人民自己的事业，让改革发展成就充分惠及全体沈阳人民。多年来，政府工作报告连续拟定若干涉及民众切身利益的民生事项，作为市政府10件实事列为当年工作重点，着力解决人民群众关心的热点难点问题，不断提升人民群众的幸福感、获得感。多年来，充分尊重人民群众创造历史的伟大实践，积极从群众的创造中吸取智慧和力量，对群众在改革实践中创造出来的诸如在全国第一个恢复农贸市场建立市场机制、全国第一个农村专业户、全国“改革名牌”租赁经营试点等新生事物满腔热情地给予鼓励、支持和引导。多年来，切实关注民生问题，不断完善社会保障制度，就业失业扶持力度不断加大，社保保障实现全覆盖，脱贫攻坚战役成效显著，社会事业快速发展，不断改善经济欠发达地区和困难群众的生产生活条件。40年间一以贯之，沈阳大力改善人居环境，加强资源和环境保护，切实解决生态环境突出问题，促进人与自然的和谐；积极提高应急能力，构建较为可靠的公共安全环境；始终坚持尊重群众，依靠群众，每项重大决策的出台都充分考虑群众的利益和承受力，广泛听取各方意见，使决策得到群众的理解和支持；充分发挥沈阳人“铁肩担当、勇往直前”的精神特质，鼓励创造，支持探索，不求全责备，不局促一隅，有效地保护和调动群众的积极性，形成“创新、创造、创业”良好氛围。

始终坚持理论联系实际。习近平总书记强调，要坚持理论联系实际，“反对主观主义、教条主义、形式主义，防止空对空、两张皮”。历届市委市政府把中央精神与沈阳实际紧密结合，创造性开展工作。在40年改革开放的历史进程中，沈阳始终坚持把中国特色社会主义理论和沈阳的市情、时代发展的特征紧密结合在一起，时刻注意把改革开放的做法和经验不断深化和升华，从而使沈阳的改革开放真正做到了体现时代性、把握规律性、富于创造性。先后提出的“东北振兴，沈阳先行”“三大目标”“五大任务”“两个不低于”“在辽宁新一轮振兴发展中打头阵当先锋”“实施‘五高’措施，建设‘四个中心’”等重大战略思想、战略举措，都是在中国特色社会主义理论指导下解放思想、实事求是、与时俱进、求真务实的成果。以铁西区为例，改革开放大潮中，铁西区已成为中国老工业基地振兴的典范。经过十年的努力，铁西区这个为工业而生的城区，完成了德国鲁尔、法国洛林等著名老工业区历时30多年得以完成的任务，发生了脱胎换骨的巨变，相继获得“老工业基地调整改造暨装备制造业发展示范区”“改革开放30年全国18个重大典型地区”“新中国60大地标”“联合国全球宜居城区示范奖”“中国人居环境范例奖”“国家新型工业化产业示范基地”“国家科技进步示范区”“中国最具海外影响力城区”以及“十佳国家级开发区”等殊荣，缔造了老工业基地调整改造和振兴发展的传奇。铁西作为新中国工业的摇篮，为全国工业体系的建立作出过历史性的重大贡献，也积累了深厚的工业技术基础、人才资源和工业文化。改革开放的实践中，铁西人能深刻领会中央的战略意图，也认清了国际国内的形势和肩负的历史重任，更渴望走出困境，重振“共和国的装备部”雄风。他们紧紧抓住难得的历史机遇，一方面积极探索创新老工业基地改造发展的新思路、新举措，加大改革开放和创新力度，大胆地试，大胆地闯，形成并弘扬了“合力拼搏、埋头苦干、不畏艰难、敢为人先”的铁西精神；另一方面积极用好中央支持老工业基地改造振兴的各项政策，如国债专项资金、增值税转型、社保试点、豁免企业历史欠税，以及几百亿元的资金注入和国家政策性信贷等。铁西人并没有依赖国家的扶持、消极等待外来的帮助，而是以创新的思路、走现代市场经济的路子，用好用活各种资源，以“铁西精神”执行了中央的战略决策，以扎实的工作把中央支持转化为自身发展的内在活力，使铁西这个老工业区步入全面振兴、持续发展的新阶段。实践证明，坚持实事求是的思想路线，不断探索和回答实现什么样的发展、怎样发展的重大理论和实际问题，从而使沈阳的发展目标、发展思路、发展战略和发展措施更加符合实际，符合广大人民群众的意愿，是坚定不移探索沈阳特色改革开放道路的一条宝贵经验。

四、今后的总体思路和发展目标

中国特色社会主义进入了新时代，沈阳老工业基地振兴发展站在了新起点。沈阳将高举习近平新时代中国特色社会主义思想伟大旗帜，深刻领会党的十九大精神的丰富内涵和核心要义，统筹推进“五位一体”总体布局，协调推进“四个全面”战略布局，认真贯彻省委要求，按照高质量发展的要求，以供给侧结构性改革为主线，全面落实新发展理念和“四个着力”“三个推进”要求，统筹推进经济建设、政治建设、文化建设、社会建设、生态文明建设和党的建设，加快转型创新发展步伐，努力实现更高质量、更有效率、更加公平、更可持续的发展，推动沈阳在新一轮振兴发展中打头阵当先锋、当好排头兵，推动沈阳在东北老工业基地新一轮振兴发展中再展雄风。

（一）总体思路

1. 推动沈阳再展雄风，必须始终高举“一面旗帜”

习近平新时代中国特色社会主义思想是引领实现中华民族伟大复兴的光辉旗帜，从根本上指导党和国家事业取得了历史性成就、发生了历史性变革，必将有力指引决胜全面建成小康社会、全面建设社会主义现代化国家新征程。习近平总书记关于东北、辽宁振兴发展“四个着力”“三个推进”的重要指示精神，形成了习近平新时代中国特色社会主义思想的“东北篇”，是沈阳新一轮振兴发展的根本指针和力量源泉。沈阳要坚定不移高举习近平新时代中国特色社会主义思想伟大旗帜，坚决维护习近平总书记核心地位，坚决维护党中央权威和集中统一领导，确保振兴大业始终沿着正确方向阔步前进。

2. 推动沈阳再展雄风，必须全面完成“两大任务”

优化政治生态和实现振兴发展，是沈阳老工业基地必须肩负起的“两大任务”，是中央所期、时代所托、人民所盼。优化政治生态，关系人心向背，关系事业成败，是全面从严治党的内在要求，是实现振兴发展的根本前提；实现振兴发展，关系中央振兴战略落地生根，关系沈阳战略地位历史复兴，是沈阳作为国家重要老工业基地和东北亚中心城市义不容辞的光荣使命，是优化政治生态的成果体现。“两大任务”密切相关、互为依托，务必统筹推进、协同发力。沈阳要坚持两手抓、两手硬，两不误、两促进，交出不负期待重托、无愧职责使命的出色答卷。

3. 推动沈阳再展雄风，必须坚决打好“三大攻坚战”

打好防范化解重大风险、精准脱贫、污染防治“三大攻坚战”，是以习近平同志为核心的党中央作出的重大决策部署，是决胜全面建成小康社会、推动沈阳新一轮振兴发展务期必成的重点工作。防范化解重大风险是重要保障，贫困人口脱贫是底线任务，污染防治是关键之举，事关经济社会大局稳定，事关人民群众切身利益，事关实现高质量发展。沈阳要坚持靶向聚焦抓重点、多措并举补短板、合力攻坚强弱项，坚决打好打赢“三大攻坚战”，让全面建成小康社会和新一轮振兴发展的成效经得起历史和人民的检验。

4. 推动沈阳再展雄风，必须加快建设“四个中心”

建设东北亚国际化中心城市、科技创新中心、先进装备智能制造中心、高品质公共服务中心，是新时代推动沈阳新一轮振兴发展的奋斗目标，是贯彻党的十九大精神，实施省委、省政府“五大区域发展战略”和“一带五基地”

建设工作部署，率先实现老工业基地全面振兴的具体化、沈阳化。建设东北亚国际化中心城市这一城市总体发展定位，与建设东北亚科技创新中心、先进装备智能制造中心、高品质公共服务中心三大城市具体功能定位一道，擘画出振兴大沈阳的美好愿景和宏伟蓝图。沈阳要立高远之志、展特别之为，一张蓝图绘到底，与时俱进谱新篇，不断夺取新一轮振兴发展新胜利。

5. 推动沈阳再展雄风，必须深入实施“五高”措施

构建高层次产业体系、培育高水平创新能力、推进高品质城乡建设、打造高品位发展环境、建设高素质干部人才队伍，是新时代推动沈阳新一轮振兴发展的实践路径，系统回答了沈阳推动高质量发展的重要基础、内在动力、有力支撑、基本依托和坚强保证，对于促进新旧动能根本转化和发展层次提档升级、培育振兴发展新优势具有十分重大的意义。沈阳要深入实施“五高”措施，在推动高质量振兴发展中干在实处、走在前列，奋力走出一条质量更高、效益更好、结构更优、优势充分释放的振兴发展新路。

以上五个方面，构成了新时代推动沈阳新一轮振兴发展的大思路，是沈阳贯彻落实中央决策部署和省委、省政府工作要求的具体行动，是沈阳振兴发展奋斗历程的实践升华，是沈阳老工业基地实现雄风再展的必然选择，是当前和今后一个时期振兴发展的工作蓝本和政策框架。

（二）总体发展目标

根据党的十九大对实现“两个一百年”奋斗目标的战略安排、中发〔2016〕7号文件提出的东北老工业基地振兴发展的目标任务以及省委确定的实现全面振兴和现代化建设的奋斗目标，确保到2020年，全面打好防范化解重大风险、精准脱贫、污染防治“三大攻坚战”，沈阳与全国同步实现全面建成小康社会。经济社会发展的主要目标和任务是：经济保持中高速增长，发展质量和效益明显提升；转方式、调结构取得实质性进展，实体经济、科技创新、现代金融、人力资源协同发展的产业体系初步构建，新型工业化、信息化、城镇化、农业现代化协调发展的格局基本形成；重要领域和

关键环节改革取得决定性成果，自主创新能力明显增强，国际化水平大幅提升，沈阳成为全国行政效能最高和营商环境最佳的城市之一；人民生活水平和质量普遍提高，贫困人口全面脱贫，人民群众获得感、幸福感、安全感显著增强；城市品质显著提升，沈阳经济区一体化发展格局基本形成，中心城市集聚功能、综合承载能力和辐射带动体系和治理能力现代化取得重大进展，法治沈阳建设全面推进；生态环境质量总体改善，主要污染物排放总量大幅减少，生态保护和人居环境建设达到国内先进水平。

在全面建成小康社会的基础上，再用10年左右的时间，率先实现老工业基地全面振兴，走在东北振兴发展前列，把沈阳建设成东北亚国际化中心城市、科技创新中心、先进装备智能制造中心、高品质公共服务中心。

——**东北亚国际化中心城市**。综合实力进入东北亚先进城市行列，具有较强辐射带动能力；形成国际一流的营商环境，实现国际贸易自由化、便利化，打造“一带一路”东通道枢纽，建成具有较高外向度和广泛知名度的东北亚开放门户；沈阳经济区核心城市作用充分发挥，基本建成功能完备、品质一流、大气磅礴、形神兼备的国际化现代化大都市。

——**东北亚科技创新中心**。创新驱动引领示范效应显著增强，全社会创新创造活跃度高；具有较强的自主创新和科研成果转化能力，科技创新基础设施和服务体系完善，创新人才、科技要素、高新技术产业高度集聚，科技进步贡献率全面提升；东北亚创新网络的枢纽地位进一步形成，基本建成具有国际竞争力的重要技术创新与研发基地。

——**东北亚先进装备智能制造中心**。制造业综合实力跻身国际制造强市行列，装备制造业发展实现高端化、智能化、绿色化、服务化，迈向全球产业分工和价值链中高端；拥有一批具有核心技术和自主品牌的骨干企业和产业集群，产业规模大、技术领先、产业链完善，基本建成具有国际竞争力的先进装备制造业基地、重大技术装备战略基地。

——**东北亚高品质公共服务中心**。城市精美清爽、风格独具，生态优美、环境一流，配套齐全、功能完备；现代文明与历史文化交相辉映，彰显辽沈地域特色和多元包容魅力；人均收入持续提升，城乡区域一体化发展；人们普遍享有现代化的教育、医疗、文化、健康、养老、商务等健全公共服务体系和优质公共产品，基本建成生活更方便、更舒心、更美好的宜居宜业宜游城市。

到 2035 年，基本实现现代化。再经过 15 年努力，到 21 世纪中叶，打造富强民主文明和谐美丽的社会主义现代化强国的“沈阳版本”。

（2018 年 8 月）

改革开放

与中国城市发展

GAIGEKAIFANG

大连

大连改革开放 40 周年调研报告

中共辽宁省委宣传部
中共大连市委

1978 年，党中央作出了改革开放的历史性决策。在 40 年改革开放波澜壮阔的历史征程中，大连作为全国首批沿海开放城市，东北地区对外开放的龙头，深入贯彻落实党中央、国务院的各项决策部署，大力推进改革开放，成功地走出一条以开放促改革之路，留下了一串串坚实的改革开放足印。

纵观大连改革开放历史，可以分为 4 个阶段。

第一阶段：1978 年至 1984 年

1978 年 12 月，党的十一届三中全会召开之后，大连市委按照党的基本路线，把工作重点适时地转移到以经济建设为中心的轨道上来。1984 年，大连被党中央、国务院确定为全国首批沿海开放城市之一，批准成立全国第一个经济技术开发区。6 年间，大连的 GDP 由 1978 年的 42.1 亿元增长到 1984 年的 64.9 亿元，增长了近 50%。

第二阶段：1984 年至 1992 年

1985 年，大连被批准为计划单列城市和经济体制综合改革试点城市。1989 年，实行机构改革，进一步理顺党政关系。1990 年，七届市委提出把大连建设成为以经济中心功能为主，开放度高、吸引力大、辐射力强、功能齐全的社会主义现代化国际性城市的战略目标。8 年间，大连的 GDP 由 1984 年的 64.9 亿元增长到 1992 年的 270.6 亿元，增长了 3 倍，是 1978 年的 6.42 倍；财政收入由 1984 年的 4.89 亿元增长到 1992 年的 29.3 亿元，增长了5倍。

第三阶段：1992年至2012年

1992年，邓小平南方谈话和党的十四大以后，大连市委提出“跳出大连看大连”“远学深圳，近学胶东”的口号，转变计划经济条件下形成的传统观念，树立与市场经济相适应的新观念。2003年，市委九届六次全会对深入贯彻落实中央振兴东北老工业基地战略作出部署。2011年，市第十一次党代会提出了建设“富庶美丽文明的现代化国际城市”的目标。这20年，大连的经济社会快速发展，发展质量和效益明显提高，GDP由1992年的270.6亿元增长到2012年的7002.8亿元，增长了近25倍，是1978年的166倍；财政收入由1992年的29.3亿元增长到2012年的750亿元，增长了24.6倍。

第四阶段：2012年至今

2012年以来，大连市委深入贯彻党的十八大精神，以习近平新时代中国特色社会主义思想为指导，全面贯彻创新、协调、绿色、开放、共享的新发展理念，落实东北地区等老工业基地振兴战略，按照“四个着力”“三个推进”要求，全面深化改革向深层次推进，全面扩大开放向宽领域拓展，全面推进“两先区”建设，为全市经济社会发展注入了新活力、增添了新动力，推动大连振兴发展迈上新台阶。2017年，全市经济总量为7363.9亿元；地方财政收入为657.6亿元；固定资产投资为1652.8亿元；城乡居民人均纯收入分别为40587元和16865元；实际利用外资总额1000万美元以上的外资项目17个，其中超亿美元的项目4个；外贸进出口总额达到4132.2亿元。党的十八大以来，大连先后荣获多项国家级荣誉称号，“国家森林城市和园林城市”、全国“美丽山水城市”“全国质量强市示范城市”“全国社会治安综合治理优秀市”，蝉联全国平安建设最高奖“长安杯”，连续五届荣获“全国文明城市”称号，连续6次获得“全国双拥模范城”称号。2017年中国社会科学院发布的《中国城市竞争力报告》，在全国294个城市中，大连城市可持续竞争力居第15位，城市宜居竞争力居第21位，城市综合竞争力居第30位。

一、以全面深化改革激发大连振兴发展新活力

改革开放40年的生动实践一再表明了一个朴素的真理，每一个卓越的城市，都是在一次次豪迈的出发中，不断抵达一个又一个辉煌的彼岸。特别是党的十八大以来，大连市按照党的十八届三中全会对全面深化改革的总体部署，积极推进经济、政治、文化、社会、生态文明建设和党的建设等各领域改革。

（一）经济体制改革成效显著

1. 大力推进供给侧结构性改革

按照中央关于推进供给侧结构性改革的决策部署，有效落实“三去一降一补”任务，增强供给结构对需求变化的适应性和灵活性。去产能方面，按照市场化机制和法治化途径，坚持主动去、坚决去、去到位，粗钢、水泥、平板玻璃产量分别下降33.5%、20.4%和13.2%。去库存方面，出台促进房地产市场平稳健康发展的政策措施，商品住房去化周期降至15个月。去杠杆方面，采取完善企业股权融资渠道、加快不良资产处置等措施，切实降低企业杠杆率。降成本方面，落实国家和省一系列降费减负政策，2017年减免增值税193.6亿元，减免企业所得税70亿元。补短板方面，聚焦薄弱环节，着力补齐产业发展、科技创新、投资环境等短板，高新技术产业投资增长66.5%，生态保护和环境治理投资增长211.9%。

2. 推进国有企业改革发展

全面落实中央国企改革“1+N”文件要求，坚定不移把国有企业做强做优做大。加大重组和混改工作力度，组建水务、地铁、城建三大集团，强化国有企业资本运营功能，与央企、大型民企合资合作，推进燃气集团、金重集团、染化集团混改工作。加快完善现代企业制度，建立以合同管理为核

心的契约化、市场化用工管理机制。2017年，市直党政机关所属122户企业脱钩改制工作全部完成，企业内在活力、市场竞争力不断增强。进一步完善国资监管制度，出台投资监管、重大事项管理、重大事项合法性审查、平台公司管理等8个方面11项配套措施。2017年，国有出资企业累计实现营业收入577亿元，同比增长4.3%；累计实现利润总额18.1亿元，同比增长12.1%。

3. 持续深化“放管服”改革

深化简政放权，加大行政职权取消下放力度，先后14批次精简行政职权1824项，行政审批压缩了69.2%，在此基础上，2017年取消调整行政职权149项。创新监管方式，推进“双随机、一公开”监管改革，探索构建市场主体自律、行业自治、社会监督、政府监管“四位一体”的综合监管格局，推行综合监管、信用监管、智能监管等举措，促进“放”“管”有机统一。优化政府服务，行政审批实现一站式办结，“互联网+”审批提高办事效率，建立完善四级行政服务体系，审批时限压缩至国家规定时限的38%，实现网上审批事项达70%以上。认真贯彻落实习近平总书记对东北地区投资、营商等软环境建设的重要批示精神，坚持对标先进，突出问题导向，深入开展政务环境、招商引资、市场准入、执法环境等10个方面问题专项整治行动，推动营商环境持续改善。围绕世界银行营商环境报告确定的国际标准，聚焦主要领域，以群众满意、客商满意、企业满意为评价标准，打造既亲又清的政务环境、规范有序的市场环境、公平公正的法制环境、诚实守信的文化环境、开放包容的人才环境、推动发展的舆论环境，力争用3年到5年达到世界营商环境前30位的水平。党的十八大以来，全面实施商事制度改革，年均新增企业约3万户，年度增长率最高达69.9%。2017年，全市新登记各类市场主体11.4万户，新登记各类企业3.87万户，平均每个工作日新增150多户。

4. 深入开展农村综合改革

深化农村改革，坚持质量兴农、绿色兴农，以农业供给侧结构性改革为主线，加快构建现代农业产业体系、生产体系、经营体系。2017年年底，农村承包地确权登记颁证工作基本结束，土地实测面积576万亩，已完成确权面积559万亩，占到实测总面积的97.8%，确权农户比例达94.3%。组建农业共营制试点5个，组建农村土地股份合作社25家，入社农户3600余户，土地规模经营比重达34.6%。加快农村土地流转，完成土地流转面积19.8万余亩，增长14.5%，排名全省第一位。新型农业经营服务体系进一步完善，农村电子商务稳步推进，瓦房店市电子商务进农村综合示范绩效评价结果居全省首位。

5. 推进投融资体制改革

持续发展多层次资本市场，积极构建新型投融资体制机制。放宽投资领域市场准入，进一步落实企业自主权，激发投资领域市场主体活力。完善小微金融服务，推进融资对接和投贷联动业务。积极推广PPP模式运用，建立了全市PPP项目库，2015年至2017年，先后向社会公开发布5批PPP项目共42个，总投资1900亿元，涉及交通运输、市政工程、社会事业等领域。

6. 加强科技体系建设

实施创新驱动发展战略，召开全市科技创新大会，出台一系列促进科技创新的政策，推进东北亚科技创新创业创投中心建设，2017年全社会研究与试验发展经费投入占GDP比重达2.2%，每万人有效发明专利拥有量达到16件。加快自主创新示范区建设，出台“自主创新示范区三年行动计划（2017—2019年）”，落实科研项目经费管理改革等中关村“6+4”创新政策，集聚各类高端创新资源，推进科技成果转化；推进项目落地实施，中科院大连科教融合基地落户自主创新示范区，中国运载火箭技术研究院大连军民融合创新中心、华信“大连云”、华为“软件云”、同济大学创业谷北方基地、智能制造装备产业基地等项目进展顺利；2017年，自创区R&D占GDP比重达到3.1%，高新技术产业产值达到640亿元，每万人有效发明专利拥有量达到54.1件，高新技术企业数量占全市的65%，技术合同登记额占全市的

67%，引领全市创新发展的领头雁和增长极作用进一步彰显。建立产学研用相结合的技术创新体系，先后与39家中科院系统科研院所和34所“985”大学建立稳定的科技成果转化机制，建立15家产业技术创新联盟和61个创新研发平台，建成国家重点实验室5家、国家工程（技术）研究中心8家、国家级企业技术中心16家、国家级国际科技合作基地19家、技术转移示范机构6家，国家级科技企业孵化器、大学科技园13家；大连化物所“洁净能源创新研究院”获中科院批准建设，市科技局联合大连理工大学和高新园区筹建开放式的人工智能产业研究院，大连化物所和上海应用物理研究所联合研制出世界先进的大型自由电子激光科学研究装置——“大连光源”。大力推进“大众创业、万众创新”，建成市备案众创空间62个，其中国家备案众创空间31家，市级小企业创业基地30个，其中国家级示范基地5个；市级以上科技企业孵化器49家，其中国家级科技企业孵化器11家，国家级大学科技园2家；大连理工大学、大连东软信息学院入选年度“全国高校创新创业50强”，高新区、中科院大连化物所入选第二批“国家双创示范基地”。出台大连市“5+22”人才政策，人才集聚能力增强；发挥中国海外学子创业周的国家级引智平台作用，累计吸引3200余名海外学子回国就职、5000余名海外学子回国创业；大连理工大学、大连海事大学入选国家“双一流”建设高校及学科，在连两院院士达到30人。党的十八大以来，全市有47个项目获得国家科学技术奖励，其中大连化物所张存浩院士荣获2013年度国家最高科学技术奖，大连化物所刘中民团队、大连理工大学贾振元团队分别获得2014年度和2017年度国家技术发明一等奖。

（二）生态文明体制改革不断完善

党的十八大以来，大连市委、市政府高度重视生态文明建设和环境保护工作，牢固树立“绿水青山就是金山银山”的意识，完善生态文明制度体系，将生态文明建设情况纳入党政领导班子和领导干部综合考核体系，用制度促进生态文明建设，环境质量明显改善。

1. 强力推进中央环保督察组反馈问题整改

中央环保督察组交办大连市 1685 个案件，目前已完成整改 1633 个，整改完成率达到 96.9%。

2. 积极推进国家生态文明先行示范区建设

2014 年，先后开展了市级生态文明示范区和市级生态文明先行区创建工作。2015 年，大连市获批建设国家生态文明先行示范区。2016 年 9 月，出台加快推进生态文明建设实施方案，明确细化了具体任务 110 项，提出“两步走”战略，力争用 5 年时间，建成制度完备、经济社会与生态协调发展的生态文明“大连模式”。

3. 建立共建共治的环境保护长效机制

2016 年，出台环境保护工作职责规定，市委、市政府与各县（市、区）党委、政府签订《环境保护目标责任书》，从制度上保证“党政同责、一岗双责”落实。2017 年，出台大连市党政领导干部生态环境损害责任追究实施细则，用严格的制度促进各级领导干部牢固树立生态文明理念。万元 GDP 综合能耗累计下降 18%。2017 年，空气质量优良天数总数达到 300 天，PM2.5、PM10 同比分别下降 13%、12%，在全国 19 个副省级以上城市（含 4 个直辖市）中综合指数排名第三，在北方重点城市中位居第一，创 2013 年新监测标准实施以来的最好纪录；全市近岸海域水质状况良好，一、二类水质占比为 94.2%。

（三）民主法治领域改革积极推进

1. 健全和完善人民代表大会制度和工作机制

坚持科学立法民主立法依法立法，不断提高立法质量。党的十八大以来，市人大常委会坚持围绕中心、立法为民，不断加强经济领域、社会和生态领域立法，共制定地方性法规 15 件、修改 8 件、废止 6 件。注重监督实效，认真开展法律监督，作出加强税收保障工作、加强国有企业国有资产监督的决定和修改，加强开放先导区预算决算审查监督的决定，制定预算备案办法，加强对经济工作的监督。

2. 促进协商民主广泛多层制度化发展

在全面提高协商议政实效方面，首创专题协商座谈会，建立双月协商座谈会制度，围绕经济社会发展重大问题，集中建言献策。

3. 推进统一战线事业持续健康发展

创建全国首个党外人士宣讲团，组织党外人士以特殊身份、从特殊角度宣讲中国特色社会主义理论，该工作被评为全国统战工作实践创新成果，向全国推广。加强对民营企业的服务引导，创建“基地 + 学院”新模式，并被中央统战部评为实践创新成果。

4. 法治政府建设不断深化

把实施宪法摆在突出位置，坚决执行“集体领导、民主集中、个别酝酿、会议决定”的议事制度，经过党组会议、政府常务会议集体作出决定。制定法治政府建设实施方案，明确了 8 个方面，48 项工作措施，180 项具体任务，确定了全市法治政府建设的时间表、任务书和路线图。充分发挥考核评价对法治政府建设的重要推动作用，在全省率先引入社会公众对法治政府建设情况的满意度调查（计算机辅助电话调查）。加强权责清单制度建设，梳理、公布并动态调整市政府部门权责清单，现有行政职权总数 3021 项，全部通过合法性审查。

5. 全面启动群团改革

深入落实《中共中央关于加强和改进党的群团工作的意见》，分别出台工会、共青团、妇联改革方案，改进机关内设机构设置，实行人员编制“减上补下”，工青妇三家内设机构精简率分别为 19%、33%、14%，机关编制总数精简率全部达到 10%。

（四）文化体制改革迈出坚实步伐

1. 推进文化行政管理体制改革

推进经营性文化事业单位转企改制，全面完成经营性出版、发行和电影发行放映单位等25家经营性文化事业单位的转企改制，共撤销事业单位人员编制1500多个。深化国家公共文化服务体系示范区建设，推进公共文化服务均衡发展。

2. 推进市属媒体深度融合改革

坚持“中央厨房”先试先行，推进大连报业集团和大连广播电视台全面深度融合，组建大连新闻传媒集团。

3. 探索有效的国有资本运营模式

推动文化产业集聚和转型升级，打造国有文化资本市场化运作的专业平台。2017年年底，以大连文化资产管理集团有限公司为主体，整合大连歌舞团、大连话剧团、大连新华书店、大连演艺有限公司、大连影视传媒有限公司等10个市属文化企业，成立大连文化产业集团，总资产3.7亿元，发展演艺、创意、出版等优势产业，打造大连文化品牌，逐步成为主业突出、效益显著、在全省具有较大影响的文化产业集团。

4. 发展壮大文化产业

2017年，设立总额5000万元的文化产业专项资金，累计支持52个文化产业项目。支持重点文化企业做大做强，加快培育文化骨干企业，中国华录集团入选第九届、第十届全国“文化企业30强”。

（五）社会体制改革全面进步

1. 加强和创新社会治理

不断完善市民综合服务、矛盾纠纷预防化解、社会组织孵化、平安大连建设“四大体系”，加快综治中心、综治信息化、网格化管理和“雪亮工程”建设，构建四级综治中心框架体系，全市1400多个基层综治中心互联互通，实现网格化管理全覆盖。健全矛盾纠纷多元化解机制，推进诉访分离、分类处理制度改革，非访和进京访数量大幅下降，信访积案化解率大幅提高。推进立体化社会治安防控体系建设，2015年9月成功承办“全国社会治安防控体系建设工作会议”，“大连经验”在全国推广。2017年9月，在全国社会治安综合治理表彰大会上，再次被评为“全国社会治安综合治理优秀市”，并蝉联综合治理工作最高奖“长安杯”。推动建立“三社联动”机制，搭建社区服务的组织机构和服务平台。

2. 推进司法体制改革

市检察院2015年8月被省委确定为首批改革试点单位，2016年7月启动司法体制改革试点工作，三类人员分类管理改革顺利完成，全市检察机关共遴选员额检察官504人，确定检察辅助人员519名，确定司法行政人员138名。大连中院2013年10月被确定为全国审判权运行机制改革试点法院，2015年6月被确定为全省司法体制改革试点法院，在全省率先完成司法责任制改革，全面完成法官员额制改革，被省委政法委评为“全省司法体制改革试点工作先进单位”，全市共产生员额法官761名。设立自贸试验区审判庭，探索自贸试验区司法审判新机制。推进以审判为中心的刑事诉讼制度改革，构建起“分层递进”的纠纷解决体系。

3. 深化公安改革

推进户籍管理改革，推行积分落户政策，规范主城区、新市区、新区三大区域落户标准。制定《关于解决无户口人员登记户口问题的实施意见》，在全国公安机关中率先启动无户口人员登记户口摸底排查工作。深化交通管理改革，扎实推动驾考、车检、互联网服务、跨省异地缴纳罚款、交通事故快处快赔等重点改革任务，打造交通事故处理智能化管理新模式。简化出入境口岸签证程序，与市内19个重点园区政府部门联合打造口岸签证申办的绿色通道。出台公安执法相关文件，推进公安执法规范化建设。

4. 推进教育综合改革

把促进义务教育均衡发展作为落实教育优先发展战略的核心任务，以改革创新推动和促进教育事业发展，全市各级各类教育实现了跨越式发展，2017年，小学入学率达到99.8%，初中入学率达到99.9%，初中毕业升学率达到92.8%，高等学校达到30所。加强学前教育发展机制建设，构建公办幼儿园良性扩增、公办幼儿园运行保障、普惠性民办幼儿园扶持、公办幼儿园成本合理分担、困难家庭幼儿资助五大机制，推动、保障学前教育健康发展，2017年累计认定普惠性民办幼儿园152所，惠及在园幼儿2.5万人。创建义务教育特色示范学校，组建区域义务教育集团25个。完善城乡教育一体化发展机制，均衡配置城乡教育资源，主城区200余所城市中小学和农村学校结对发展、共享优质资源。实施普通高中分层次走班教学改革。推动职业学校教学改革，开展创客教育，组建装备制造等5大职教集团。

5. 推进医药卫生体制改革

加强分级诊疗制度建设，探索建立基层首诊、双向转诊、急慢分治和上下联动4种分级诊疗服务模式，推进医疗资源共享和机构间检查检验结果互认工作，有效缓解群众“看病难、看病贵”问题。全面推进城市公立医院综合改革，2017年大连市58所城市公立医院全部取消药品加成。巩固县级公立医院综合改革成果，3次对县级公立医院医疗服务价格进行调整和理顺。支持社会力量提供医疗服务，对社会资本举办的非营利性医疗设施享受与公立医疗设施相同政策待遇。深化医疗保险支付制度改革，针对不同医疗服务特点，推进大连市医保支付方式分类改革。全面落实国家基本药物制度，政府办基层医疗卫生机构基本药物制度覆盖率100%。

（六）党的建设制度改革进一步深化

1. 推进党的组织制度改革

制定实施党的组织生活制度，推动基层组织生活落地见效。健全完善市委领导联系指导区市县班子民主生活会制度，建立市纪委、市委组织部派人列席市直班子民主生活会的工作机制，进一步加强对民主生活会的督导检查。

2. 深化干部人事制度改革

深入推进干部作风转变，推动形成“马上就办、办就办好”的工作作风。完善领导班子和干部经常性考察、领导班子综合分析研判机制，制定领导干部个人有关事项报告的5项抽查核实配套制度、市属国有企业领导班子和领导人员综合考核评价办法、关于进一步加强干部监督工作联席会议制度等，完善干部监督管理体制。

3. 加强基层党建制度改革

制定《关于进一步加强和改进村党组织建设的若干指导意见》，完善农村党建工作机制，强化村党组织规范化建设。出台社区党组织服务群众专项经费管理办法，确保专项经费配套到位、使用规范。制定加强国有企业基层党建工作的具体实施方案，通过制度解决国企党建弱化、淡化、虚化、边缘化等问题。出台《关于加强民办学校党的建设工作的具体实施意见》，以党建引领民办教育事业健康发展。启动推进城市基层党建改革创新，引领基层治理创新。

4. 创新人才管理体制机制

健全完善人才咨询服务机制，建立由各类专家人才、用人单位、人才服务平台等广泛参与的人才咨询服务“鸿雁联盟”，使人才工作更好地服务全市经济社会发展。出台《关于深化人才发展体制机制改革的实施意见》，制定《关于支持人才创新创业的补充规定》，力求在政策优惠度上形成新优势。支持金普新区、高新园区、生态科技创新城等重点区域开展人才管理改革试验探索，为全市人才发展提供可借鉴可复制的经验。

二、以“一带一路”建设引领大连开放走向新阶段

大连生于国际化、成长于国际化、壮大于国际化，开放是大连最大的优势、最大的潜力、最大的特色。改革开放以来，大连一直走在中国对外开放的前沿。特别是党的十八大以来，在“一带一路”建设的引领下，大连对外开放空间和领域进一步扩展，新一轮对外开放新格局逐步形成，正深度融入全球经济大潮，成为对外开放的桥头堡、主力军。

（一）在“一带一路”建设中的重要节点城市作用凸显

2013 年，习近平总书记向世界发出建设“一带一路”倡议，为大连振兴发展带来了千载难逢的机遇。大连主动融入和参与“一带一路”建设，推动开放合作水平全面提升。

1. 加强基础设施互联互通

积极对接“一带一路”沿线国家和地区，推动东北亚国际航运中心、国际物流中心建设全面提速，充分发挥完善的内外贸航线体系和环渤海支线运输体系优势，初步形成联结欧亚的辽满欧、辽海欧、辽蒙欧、辽新欧等国际物流大通道，构成了大连市综合国际物流通道体系。以辽满欧为主通道，积极与沿线国家和地区合作，开通多条中欧过境班列，真正实现了海铁联运无缝衔接，集装箱量年均增幅 150%。大连至俄罗斯卡卢加州的“三星班列”全程运行 10 天，比传统海运节省 30 天，形成了良好的示范效应；大连至莫斯科冷藏集装箱班列，全程运行12天，比传统海运节省30天。辽海欧通道，从大连出发，经白令海峡、北冰洋至荷兰鹿特丹港，全程航运 27 天，比从马六甲海峡走缩短 9 天，而且实现了双向通行。大连国际机场开通国内外航线 210 条，其中国际航线 48 条，与 13 个国家和地区的 30 多个城市通航，成为中国连接日本、韩国、俄罗斯的枢纽机场。遍布“一带一路”沿线的航运网络和持续优化的港航服务体系，有效拉动商流、资金流、信息流集聚辐射，吸引国内外物流企业在大连加速布局。

2. 大力开拓“一带一路”市场

推动装备制造业等优势产业“走出去”，抢抓机遇、抱团出海，抢占“一带一路”沿线市场，构筑辽宁“千企出国门”的战略支点。2013 年以来，大连企业在“一带一路”沿线 17 个国家投资和工程承包项目 54 个，中方协议投资总额达 9.5 亿美元。大连重工起重集团、中国一重大连加氢公司承揽境外核电项目取得重要进展，瓦轴、融科储能等企业参与欧美和新兴市场国家风电项目，大连世达重工与俄罗斯码头合作堆取料机等项目进展顺利。截至 2017 年年底，大连企业筹建和在建海外仓 30 余个，大连港在非洲吉布提港投资建设自由贸易园区，万达集团在印度建设万达工业园，大连重工、瓦轴等企业在海外建立研发中心和展示中心，企业从输出产品技术到布局海外基地，“大连制造”“大连服务”逐步实现与国际市场深度融合。对“一带一路”沿线国家和地区进出口贸易总额达到 278.2 亿元人民币，同比增长 37.1%，占全市进出口总额的 26.7%。

3. 推动与“一带一路”沿线国家和地区全方位合作

圆满承办 6 次夏季达沃斯年会，为大连与“一带一路”沿线国家和地区合作提供更加宽广的舞台。2016 年组织和参与组织境外展会 63 项，其中涉及“一带一路”沿线国家和地区的展会 20 项。推动科技对外合作，与俄罗斯、乌克兰、以色列等国合作开展 53 个科技研发项目。在 2016 年中国国际专利技术与产品交易会上，吸引来自“一带一路”沿线 24 个国家和地区的 221 项国际核心技术成果参展，参展的国家和地区数量创历届之最。2017 年第十五届中国国际软件和信息服务交易会，来自印度、德国、俄罗斯、以色列、巴基斯坦等“一带一路”沿线国家和地区的 150 家海外企业参加，海外厂商的数量较上届增长 10%。

（二）成为辽宁沿海经济带开发开放的龙头

2009 年，《辽宁沿海经济带发展规划》获得国务院批准，为老工业基地振兴发展注入强大动力。多年来，大连始终站在全局高度和政治高度，立足省委深入实施三大区域发展战略的重要部署，切实肩负起沿海经济带开发建设的历史使命。

1. 发挥在辽宁沿海经济带一体化发展中的核心地位和龙头作用

按照省委“龙头要抬起，龙尾也要摆好”的工作要求，提高站位、拓宽视野，加强与沿海各市集聚共生，通过建立健全合作机制、开展港口间合作、推动产业融合发展、开展重点园区合作等方式，形成了梯度分工合理、战略合作各展所长的经济格局。依托哈大高铁和丹大、丹通等东部地区铁路，实现沿海地区与内陆腹地良性互动，形成了互促共进的发展局面。沿海经济带“一核、一轴、两翼”的总体布局已经初步形成，大连、营口、盘锦主轴不断强化，渤海翼和黄海翼持续壮大。

2. 推动形成产城融合、全域发展的城市格局

按照《辽宁沿海经济带发展规划》要求，大连打破行政区划界限，沿黄渤两海、沈大和丹大两线“V”字拓展城市空间，打造了以主城区、新市区为主体，以黄海渤海组团为组成部分，以沿海经济带重点园区为支撑的空间网络，加速全域城市化进程，实现城市从“单中心”向“多中心”的战略转型，基本形成“一核一极七区多节点”的全域城市化格局。19个沿海经济带重点园区与老城区相互呼应，有效拓展了城市发展空间，推动城市带与沿海经济带同步崛起。

3. 促进优质要素向沿海经济带集聚

近年来，大连引进的内外资金，几乎都集聚于沿海经济带重点园区之内。“十二五”期间，全市沿海经济带重点园区累计实现固定资产投资21985亿元，实现一般公共预算收入1361亿元，实际利用外资424.55亿美元。2017年，大连19个沿海经济带重点园区以全市12%的面积，创造了对全市经济增长50%以上的贡献率，固定资产投资等主要指标占辽宁沿海经济带60%以上，成为全市经济发展的“顶梁柱”和辽宁沿海经济带开发开放的排头兵。

（三）深化与上海对口合作

贯彻落实习近平总书记重要指示和党中央、国务院关于新一轮东北振兴战略部署，组织开展东北地区和东部地区部分省市对口合作。大连市抓住与上海对口合作机遇，全方位开展合作，切实把“上海经验”转化为振兴发展的“大连实践”。

1. 建立对口合作工作机制

制定《上海市与大连市对口合作实施方案》，确定了5个方面23项对口

合作重点工作，建立起横向联动、纵向衔接、定期会商、运转高效的工作机制。组织召开 2 次对口合作联席会议，建立“决策层、协调层、执行层”3 个层面合作工作机制。

2. 积极推动产业对接

2017 年，成功举办首届“沪连合作论坛”和“上海企业大连行”活动，签署 57 个合作项目，投资额达 1704 亿元，截至 2017 年年底落实项目 26 个；“上海—辽宁沿海经济带投资推介会”共签约项目 63 个。2018 年 6 月，利用第二届沪连对口合作联席会议在上海召开的契机，举办以“深化沪连合作 促进转型升级”为主题的“2018 沪连经贸合作上海 · 大连周”活动，签署经贸合作协议 64 个，推动沪连合作开启新征程。2013 年以来，面向长三角、京津冀等地组织开展重大招商活动 25 次，5 年累计完成省外实际到位资金 3696.7 亿元。

3. 开展全方位交流合作

搭建起政府搭台、企业唱戏、科研机构和社会力量广泛参与的多元化、多层次、宽领域的合作体系，两年来大连市 60 多个部门与上海开展对接，10 个区市县与上海相应地区明确了结对关系；选派 1000 余名干部分 20 多个批次到上海专题培训或学习考察，对标先进发展理念和城市现代化治理经验，激励全市干部解放思想，真抓实干。

（四）外资外贸质量和效益提高

大连是我国东北与日本、韩国、俄罗斯远东地区、东南亚地区的连接点，是相关地区资源、资金和技术交流的重要承接地和中转中心，在吸引外资、开展外贸方面具备得天独厚的良好基础。

1. 积极推动利用外资结构优化、质量提升

党的十八大以来，大连以项目引进为牵动，积极推进与跨国企业战略合作，注重引进具有牵引作用的大项目，成功引进了以英特尔为代表的世界 500 强企业 114 家、投资项目 267 个。英特尔半导体芯片项目一期投资 25

亿美元，是中国单体投资最大、技术水平最高的外商投资项目，二期项目进一步增资 55 亿美元。此外，大连先后引进美国固特异轮胎，德国大众汽车自动变速器、蒂森克虏伯，日本松下电器冷机系统、山崎马扎克机床、日产汽车，韩国翰昂空调，以色列 IMC 国际金属切削等先进制造业外资大项目，积极引进日本欧力士金融产业集团、美国 IBM、印度塔塔、马来西亚柏威年商业综合体、新加坡丰树物流园等现代服务业外资项目，有效提升了城市功能和国际化水平。在国内率先探索发展软件与服务外包产业，先后被国家命名为“软件产业国际化示范城市”“国家软件出口基地”“全国信息化试点城市”“电子商务示范城市”和“服务外包基地城市”，形成了吸引外资的强劲增长点。

2. 外贸出口结构持续优化、市场范围不断扩大

党的十八大以来，持之以恒推动外贸增长方式由粗放型向集约型转变，由大进大出向优进优出转变，在对外开放中实现外贸结构转型升级。2017 年，大连完成外贸进出口总额 4132.2 亿元，占辽宁省的 61.1%、东北三省的 44.6%。出口市场由当初仅面向日韩等邻近国家发展到覆盖全球 200 多个国家和地区，在美国、欧盟和新兴市场所占份额逐步扩大，国际市场开拓成绩显著。

（五）开放平台建设实现新突破

大连在开放平台建设上领先全国，拥有众多各类开放平台，为经济社会发展提供了良好载体和强大动力。

1. 推进自贸试验区建设

2017 年挂牌成立以来，大连高标准推进辽宁自贸试验区大连片区建设，制定了自贸试验区总体发展规划、功能布局规划和三年行动规划，坚持以制度创新为核心，打造对外开放制高点。积极学习和复制上海等地自贸试验区先进经验，认真完成全国推广的 61 项“规定任务”，主动对接复制上海的 35 项“自选任务”，先后复制推广自贸试验区改革创新经验 149 项。推动

具有大连特色的自主制度创新，重点在投资自由化、贸易便利化、金融国际化、管理现代化 4 个方面进行创新突破，自主创新商事制度改革措施 28 项、金融支持措施 18 项、公安服务措施 19 项、便民办税服务措施 25 项、贸易便利化措施63项，争取中央、省直等部门推出支持大连片区建设政策89项，在全国首创保税混矿、归类尊重先例、口岸“三互”大通关等创新举措，率先在全国建立国税出口退税综合服务平台，创新举措和支持政策国内领先，极大地激发了区域经济活力。建成投资、注册、纳税、通关等“一站式”综合服务大厅，公布权力清单、责任清单、收费清单、负面清单，在自贸试验区和对外开放先导区实行企业投资项目承诺制，升级国际贸易“单一窗口”，通关成本平均降低 10%，国际贸易线下办理手续时间缩减 1/3，企业登记由“一日办结”提速为“即时办结”，跑出了服务企业的“自贸区速度”。2017 年 4 月挂牌以来，大连片区新增企业 2000 多家、注册资本 220 多亿元。平行进口汽车过万辆，在全国 11 个自贸试验区排名第二位。2018 年，辽宁自贸试验区大连片区正式加入世界自由区组织，成为中国继上海自贸试验区之后第二个加入该组织的自贸试验区。

2. 推进金普新区建设

2014 年 6 月，中央正式批复设立大连金普新区。金普新区以加快构建开放型经济新体制为工作着力点，先行先试，成为东北开放程度最高、现代产业集聚最大、管理体制与国际惯例接轨最好的区域之一。1 万多家中外企业在此投资兴业，其中来自世界 48 个国家和地区的外资项目达 3000 多个，仅 48 家世界 500 强企业兴办的项目就有 76 个，平均投资规模达 7000 多万美元。2017 年，金普新区实现地区生产总值 2200 亿元、一般公共预算收入 142.2 亿元、实际利用外资 20 亿美元，分别占全市的 29.9%、21.6%、61.5%，成为助推大连经济发展的强力引擎，日益成为我国面向东北亚区域开放合作的战略高地、引领东北地区全面振兴的重要增长极、老工业基地转变发展方式的先导区、体制机制创新与自主创新的示范区、新型城镇化和城乡统筹的先行区。

3. 推进其他各类开放先导区建设

目前，大连拥有大连经济技术开发区、大连长兴岛经济技术开发区、旅顺经济技术开发区 3 个国家级开发区，大连保税区、大连出口加工区成为东北首个保税区和出口加工区，大连大窑湾保税港区是东北唯一的保税港区，大连高新技术产业园区成为国家首批国家级高新技术产业园区，金石滩国家级旅游度假区成为全国首批 AAAAA 级景区。特别是党的十八大以来，金普新区获批成为国家首批构建开放型经济新体制综合试点试验地区，形成 18 项试点案例，其中统筹发展“六个一”工程、特殊功能区协同开放机制、推进综合行政执法体制改革、大数据市场主体监管新模式等 4 项典型经验被商务部等 13 部委向全国正式推广；中国（大连）跨境电子商务综合试验区获批，成为东北首个跨境电子商务发展集聚区，2017 年年末，跨境电商平台企业72家，完成进出口额15.94亿元；平行汽车进口试点城市、高新区“中国—以色列高新技术产业合作重点区域”等重要开放平台相继获批，使大连成为副省级城市中各类对外开放功能区最多、最全的城市之一，在全市对外开放中发挥了引领示范和重要的支撑作用。

三、以“两先区”建设推进大连高质量发展、高品质生活

2013 年 8 月底，习近平总书记在辽宁考察时指出：辽宁沿海经济带要发挥区位优势和先发优势，突出大连东北亚国际航运中心、国际物流中心、区域性金融中心的带动作用，进一步建成产业结构优化的先导区、经济社会发展的先行区。2013 年 12 月 25 日，市委十一届六次全会暨经济工作会议明确提出：把建设产业结构优化先导区和经济社会发展先行区作为全市坚定不移的追求和长期奋斗的目标。2015 年 7 月 28 日，市委十一届九次全会审议通过《中共大连市委大连市人民政府关于加快建设产业结构优化的先导区和经济社会发展的先行区的意见》，对“两先区”建设作出总体部署和具体安排。2017 年 12 月 9 日，市委十二届四次全会审议通过《中共大连市委关于

高举习近平新时代中国特色社会主义思想伟大旗帜、全面贯彻党的十九大精神、奋力开拓大连“两先区”建设新征程的实施意见》，进一步增强了全面学习贯彻党的十九大精神、加快“两先区”建设的思想自觉和行动自觉。

（一）加快建设产业结构优化的先导区

紧紧围绕“产业结构优化的先导区”的发展目标，坚持质量第一、效益优先，做好传统产业优化升级和大力发展战略性新兴产业，优化存量、调整增量、做大总量，提升产业国际竞争力，推动经济发展质量变革、效率变革、动力变革。三次产业比重由2012年的6.4∶52∶41.6优化为2017年6.4∶41.5∶52.1，高技术产业和装备制造业增加值占规模以上工业增加值比重分别由5.5%、44%提高到17.3%、47.8%。

1.推动传统产业优化升级

大连是国家重要的工业基地，中国的第一艘万吨轮船、第一辆大功率内燃机车、第一台海上钻井平台都在这里诞生，是我国的机车摇篮、化工摇篮、海军舰船摇篮，为我国建立完整的工业体系作出了重要贡献。大力实施“中国制造2025”大连行动计划，促进信息化和工业化深入融合，推动传统优势产业向智能化、绿色化、服务化和品牌化方向转型升级，形成具有竞争优势的特色产业集群。石化产业形成炼化一体化完整产业链，长兴岛（西中岛）石化产业基地纳入国家统一规划战略布局，是国家重点规划建设的7大石化产业基地之一，也是东北地区唯一的国家级石化产业基地；恒力石化完成3条大型PTA生产线建设，2000万吨/年炼化一体化项目开工建设，150万吨/年乙烯项目规划建设工作启动，形成炼油-PX-PTA全产业链体系；PTA生产能力突破1200万吨，成为全球最大的PTA生产基地。造船业加快向海洋工程和高技术船舶转型，具备自主研发、自行设计并生产包括航母、节能型VLCC（超大型油轮）、20000TEU超大型集装箱船等高技术、高附加值船舶在内的30余型船舶和军品船舶的能力，在国内率先开启了由单一的船舶建造向兼顾海洋工程装备的转型，已形成以自升式钻井平台、半潜式钻井平台、浮式生产储油船为主体的海洋工程装备系列产品，在世界主流自升式钻井平台领域拥有全部自主知识产权的产品，海洋工程装备规模居国内首位。装备制造业向高端化发展，高速精密机床和智能制造生产线成功步入航空航天、核工业和军工等高精尖领域，我国自主设计建造的首艘国产航空母舰在大连造船厂下水，华锐重工、一重加氢、大连机车、瓦轴集团等企业在500米口径球面射电望远镜关键设备、核电关键大型设备、高铁轴承等工程建设中取得重大技术突破，大连市获批国家高端轴承高新技术产业化基地和数控机床、核电装备国家火炬特色产业基地。内燃机车大批量走向国际市场，大功率牵引电力机车成为国内铁路运输的主力机型。奇瑞、东风日产、华晨等整车项目投产，形成一个以整车厂为核心、配套企业围绕、零部件企业保持优势的汽车产业体系，成为增长最快、拉动力最强的产业。

2. 战略性新兴产业加速发展

紧跟世界科技前沿和产业变革趋势，大力发展集成电路、储能装备、智能制造，在人工智能、生命健康、洁净能源等未来型先导型领域进行产业链式的精准布局。2017年，全市高技术产业和战略性新兴产业增加值分别增长50.8%、17.5%，分别快于规模以上工业39.8个和6.5个百分点。新一代信息技术加速成长，形成以高端软件和新兴信息服务、半导体和集成电路、通信网络、数字视听、汽车电子等为主导的五大产业集群，英特尔非易失性存储器、芯冠科技外延片等一批项目建成，首枚国产轨道交通网络控制芯片通过测试。软件和信息技术服务业规模以上企业业务收入达1053亿元，华信、文思海辉、东软（大连）公司出口创汇连续多年位居全国软件服务外包行业前三名，整体发展水平和交付能力在全国处于领先地位。储能产业稳步壮大，融科储能与热电集团携手共建的大连液流电池储能调峰电站，是国家能源局批准的我国首个大型化学储能国家示范项目，建成后将成为全球规模最大的全钒液流电池储能电站。物联网、云计算、大数据、移动互联、电子商务等新兴业态快速发展，楼兰科技在全国车联网行业具有先发优势，心医国际远程医疗市场占有率全国排名首位，瀚闻资讯在商贸大数据领域建成全球最大的国际贸易统计数据库，云计算“大连模式”在全国推广。

3. 现代服务业不断壮大

着眼建设东北亚国际航运中心、国际物流中心、国际贸易中心和区域性金融中心，坚持生产性服务业和生活性服务业并重、传统服务业和现代服务业并举、服务产业化和制造服务化并行，打造经济转型升级、提质增效新引擎。2012—2017年期间，全市服务业投资占全市固定资产投资总额的64.5%，对经济增长的贡献率年均提升了10个百分点，税收占全市地方税收65%以上。港航物流业加快发展，大连港航线网络覆盖全球160多个国家和地区的300多个港口，2017年实现海港货物吞吐量4.55亿吨，世界排名第十一位、全国沿海排名第七位；集装箱吞吐量970.7万标箱，世界排名第十六位，全国沿海排名第八位；大连机场航线网络密度和航班通达性位列东北地区首位，2017年完成空港旅客吞吐量1750万人次；物流业增加值占地区生产总值比重达10.6%。金融业影响力提升，大商所期货市场已上市期货品种16个（全国56个），期权品种1个，成为全球最大的塑料、煤炭、油脂油料、铁矿石和第二大农产品期货市场，获评“中国最佳期货交易所”，综合实力保持全球衍生品市场前10位；金融体系不断完善，全市共有各类金融及融资服务机构821家，初步形成金融、融资及中介服务等种类齐全、功能完善的现代金融服务体系，机构数量和种类完善度居东北首位；资本市场加快发展，境内外上市企业46家，“新三板”挂牌企业93家，境内上市公司累计首发再融资1263亿元，占东北地区的28%；金融国际化程度提高，全市现有外资金融及后台服务机构60家，外资金融机构数量居全国前5位，先后获准开展跨境贸易人民币结算、货物贸易外汇管理改革试点、自贸金融等国际业务，在连金融机构与全球4000多家银行建立了代理关系，业务范围辐射150多个国家和地区；大连金融中心指数连续6年居全国副省级城市第六位，金融业增加值占地区生产总值的比重达9.3%。旅游业特色化品质化发展，旅游总收入由2012年的767.20亿元增长到2017年的1280亿元，增长66.84%，占GDP比重由10.96%增长到17%以上；大连市被确立为中国邮轮旅游发展实验区、中国旅游休闲示范城市，成为东北亚著名的国际滨海旅游目的地。新经济增长点不断涌现，科技信息、健康养老、商务会展、电子商务、文化创意等重点领域产业加快发展，新技术、新产业、新业态、新模式层出不穷，大连市被确定为国家电子商务示范城市。

4. 都市型现代农业提质增效

实施全域城市化战略，出台加快都市型现代农业发展的政策举措，着力构建农业农村经济产业体系、生产体系、经营体系。农业综合生产能力显著提升，2017 年全市粮食产量达到 117 万吨，其中，蔬菜产量 178 万吨，水果产量 170 万吨，肉蛋奶总产量 102.2 万吨，保证了全市“米袋子”和“菜篮子”的有效供给。农业结构调整成效显著，2017 年设施农业面积达 100 万亩，累计发展海洋牧场 61.3 万亩，花卉种植面积突破 10 万亩，水产、畜牧、水果、蔬菜、花卉 5 大优势产业产值占农业总产值的 87.7%；长海县海洋经济加快向现代高质量海洋牧场转型升级，普兰店、庄河分别获评中国辽参产业之都和中国贝类产业之都；大连市被评为“国家现代农业示范区”，都市现代农业综合发展指数居全国第四位。新农村建设迈上新台阶，在农村吃水、用电、出行、信息网络、生态建设等方面加大投入，不断缩小城乡差距，农村面貌焕然一新，2017 年全市 128 个低收入村农民人均可支配收入达到 1.19 万元；瓦房店市谢屯镇、庄河市王家镇先后入选第一批、第二批中国特色小镇。

5. 海洋产业成长为支柱产业

大连市海岸线全长 2211 千米，占全国的 10%、辽宁的 73%，海洋是大连天然的优势资源。大连市高度重视海洋经济发展，统筹推进陆域经济和海洋经济发展，统筹资源开发和环境保护，着力完善海洋基础设施体系，着力提升海洋经济对全市经济的贡献率，努力实现“海洋资源大市”向“海洋经济强市”转变。2017 年，全市海洋经济主要产业总产值 3997.1 亿元，增长 9.24%；海洋经济增加值 1481.5 亿元，增长 7.6%，占全市 GDP 比重达 20.1%。

（二）加快建设经济社会发展的先行区

紧紧围绕“经济社会发展的先行区”的发展目标，始终坚持民生优先，不断解决人民群众最关心最直接最现实的利益问题，提升群众的获得感、幸福感和安全感。

1. 民生投入力度持续加大

2012年至2017年全市民生支出累计3948亿元，占财政总支出的比重达到69.7%，呈逐年提高的趋势，从2012年的63.6%提高到2017年的73.8%。

2. 城乡居民收入快速增长

城镇居民人均纯收入从2012年的27539元增长到2017年的40587元，年均增长7.6%；农村居民人均纯收入从2012年的15990元增长到2017年的16865元，年均增长8.6%，均快于GDP年均增速。

3. 实现高质量充分就业

坚持就业优先战略和积极就业政策，2012年至2017年累计实名制就业108万人，城镇登记失业率始终控制在3%以内，大连市被国务院授予“全国创业先进城市”。

4. 重点民生工程扎实推进

每年实施一批重点民生工程，让群众直接受益。在全国率先实施“暖房子”工程，2013年至2017年累计完成市内四区“暖房子”改造1223万平方米，总投资39.56亿元，惠及居民19.3万户，显著改善了广大市民特别是中低收入群体的居住生活环境；《人民日报》、中央人民广播电台等中央媒体及新华社内参《国内动态清样》给予报道，中央组织部、国家住建部等部门领导视察后给予充分肯定，成为大连市民生领域的品牌工程。实施安居工程，累计开工棚户区改造5.3万套、提供公租房保障6万户，维修老旧房屋8万平方米，改造农村困难群众危房7607户，为26.2万户城镇居民困难家庭解决了住房问题。实施“通屯油路”工程，按照国家“四好农村路”建设标准，4

年累计投入25亿元，新建通屯油路3350公里，自然屯通油路比例提高到94%，解决了2000余个自然屯、40余万人出行和运输难题。扎实推进“厕所革命”，截至2017年年底农村卫生厕所普及率达到87.25%，旅游厕所基本实现主城区全域覆盖。

5. 社会保障体系不断完善

建立统一的城乡居民基本养老保险制度，比国家计划提前9年实现了全覆盖，连续13年提高企业退休人员基本养老金水平，由2012年年末的1778元提高到2017年调整后的2532元，增长42.4%。扩大医保覆盖范围，将符合规定的农村户籍和持居住证人员纳入城镇居民基本医疗保险参保范围，实现农民工医保与职工医保并轨运行，实现全民医保、应保尽保。新农合年度人均最低筹资标准从2012年的320元提高到2017年的700元，个人缴费占比提高到21.43%；在乡、村两级医疗卫生机构实行新农合门诊统筹制度，门诊支付比例由45%提高到50%；实施新农合大病保险，共为3.03万名参合农民支付理赔款近1.8亿元。城乡低保标准分别由2012年每人每月480元和340元，提高到2017年每人每月670元和450元。

6. 教育事业领先发展

教育发展一直处于全省领跑、全国领先的地位。党的十八大以来，大连市深入贯彻落实教育规划纲要，大力实施科教强市战略和人才强市战略，持续深化教育综合改革，建立完善了学前教育普惠发展机制、义务教育均衡发展保障机制和现代职业教育发展机制，教育改革试点经验在全国推广，不断提高教育现代化水平，努力办好人民满意的教育。全市普惠性幼儿园在园幼儿已达到72%，实现国家义务教育发展基本均衡区（市、县）全覆盖，进城务工人员子女享有本地学生同等待遇、全部实现就近免费入学。在中国社会科学院每年发布的全国38个主要城市《公共服务蓝皮书》中，大连基础教育满意度2017年居全国第二位。

7. 健康大连建设步伐加快

出台《健康大连建设行动计划（2017—2020年）》《“健康大连2030”行

动纲要》，为广大群众提供全方位全周期健康服务。提升医疗软实力，2012年启动医疗软实力建设以来，市财政投资2.75亿元，建设了3个疾病诊疗中心、3个技能培训中心和42个疾病诊疗基地，共引进高端医学人才67人，引智项目421项，聘请国内外专家744人次，选派1117名医疗技术人员赴国内外进修培养，医疗机构技术水平得到较大提高。提升基本公共卫生服务均等化水平，推进乡镇卫生院和村卫生室标准化建设，806所村卫生室已完成标准化建设任务，人均基本公共卫生服务经费标准提高到每人每年50元，12大类45项基本公共卫生服务得到全面落实。推进医养结合，复制推广中山区社区居家养老服务“林海模式”80多家，大连市成为全国首批医养结合试点城市。加大食品药品监管力度，大连市食品安全形势稳定向好，食品安全满意度位列全国38个主要城市第五名。安全生产形势总体稳定。

8. 生态宜居城市建设成绩斐然

始终把生态环境作为最普惠的民生，牢固树立“绿水青山就是金山银山”的理念，不断加强生态建设和环境保护，城乡人居环境明显改善，在全国47个重点城市环境综合整治定量考核中始终处于优势地位。坚持绿色低碳发展，大力推进节能减排，2012年以来万元GDP综合能耗累计下降18%，城市中心区生活垃圾无害化处理率、资源化利用率分别达到100%和40%。注重生态建设，森林覆盖率达41.5%，林木绿化率达50%，建成区人均公园绿地面积11.3平方米。加强海域海岛岸线整治修复，海域清洁面积达92.7%。攻坚大气污染防治，关闭了开采近百年的后盐石灰石矿，整治燃煤锅炉3350台，淘汰黄标车及老旧车辆20多万辆，空气质量综合指数在北方重点城市中位居第一。深化水污染治理，全面实施“河长制”，全市向主城区供水的集中式饮用水水源水质达标率达到100%。开展农村连片整治，2012年以来投入各级资金近8亿元，完成637个连片整治项目建设。

9. 城市建设和管理水平不断提高

坚持品质立市，全面加强城市建设和管理，城市运转效率和市民生活便利化程度明显提升。加大城市建设力度，近5年，全市城市建设累计投资 10808 亿元，实施了城市道路交通、公路、港航、供气、供暖、环境和文化等重大基础设施建设，对提升城市功能、改善民生、缓解交通压力、拉动经济增长均起到了基础性作用。推动城市公交优先发展，拥有普通公交、地铁、有轨电车、无轨电车、轻轨、BRT、定制公交、社区巴士、地铁商务快线、机场商务快线 10 种公共交通运营服务方式，是全国公共交通出行方式最为齐全的城市之一，也是全国首批 15 个公交都市创建城市之一，2017 年中国社会科学院发布的《公共服务蓝皮书》中大连公交满意度位居全国第三。大力推进城市智慧化，在全国较早提出城市智慧化战略，制定城市智慧化建设总体规划，出台推进城市智慧化建设的意见，智慧社区、智慧交通、智慧卫生、智慧教育建设加快推进，智慧旅游领跑全国，智慧城管进一步提高了城市管理科学化、信息化水平。大连市成为全国首批智慧城市试点示范城市。

习近平总书记指出：改革开放是当代中国发展进步的必由之路，是实现中国梦的必由之路。改革开放 40 年来，大连经济社会发展取得了显著成绩，但是与中央要求相比、与百姓期待相比还存在一定的差距，还需思想再解放、改革再深入、开放再扩大、工作再抓实。今后，大连要适应我国发展新的历史方位，紧扣我国社会主要矛盾的变化，高举中国特色社会主义伟大旗帜，全面贯彻党的十九大和十九届二中、三中全会精神，坚持以马克思列宁主义、毛泽东思想、邓小平理论、“三个代表”重要思想、科学发展观、习近平新时代中国特色社会主义思想为指导，统筹推进“五位一体”总体布局和协调推进“四个全面”战略布局，持之以恒落实新发展理念和“四个着力”“三个推进”要求，坚持稳中求进工作总基调，坚持以人民为中心的发展思想，坚持改革开放创新，着力加强供给侧结构性改革，改造提升传统比较优势，加快培育新的发展动能，加强民生保障，打好防范化解重大风险、精准脱贫、污染防治攻坚战，加快建设产业结构优化的先导区和经济社会发展的先行区，谱写中华民族伟大复兴中国梦的大连篇章。到 2020 年高质量全面建成小康社会；到 2035 年，在 2030 年实现老工业基地全面振兴和走进全国现代化建设前列的基础上，高水平完成基本实现社会主义现代化的目标，真正成为产业结构优化的先导区和经济社会发展的先行区；在此基础上，再奋斗 15 年，全面提升物质文明、政治文明、精神文明、社会文明、生态文明水平，实现广大群众共同富裕，实现治理体系和治理能力现代化，大幅提高城市综合实力和国际竞争力，在我国建设富强民主文明和谐美丽的社会主义现代化强国的新征程中走在前列。

（2018 年 8 月）

改革开放

与中国城市发展

GAIGEKAIFANG

白城

BAICHENG

春风染绿新白城

——吉林省白城市改革开放40年生态建设调研报告

中共吉林省委宣传部

中　共　白　城　市　委

改革开放40年，吉林省发生了翻天覆地的巨大变化，其中一个彰显鲜明时代感、实现区域发展历史性跨越和突破的巨大变化是，素有“八百里瀚海”之称西部白城的生态建设，取得了令人瞩目的显著成就。在迎庆改革开放40周年的盛夏时节，我们就此进行了专题调研。欣喜看到的是：这里昔日白花花的盐碱地，现已是绿油油的青草地和一望无际的水稻田；一些断流多年的河湖扬起了新波，许多大小泡塘不再干涸；过去缺林少木，黯然失色的城镇、乡村，现已是林网密织、环境宜居的美丽家园；无论是国省干道，还是县、乡公路，一路走来，均是标准化林带绵延相接，乔灌草错落环绕；广袤的原野上，靓美如画的风力发电场星罗棋布，一群群傲然挺立的风电机组不舍昼夜，尽情地合奏着助推白城清洁能源新产业的勃兴之歌。

更令人振奋的是，自省委、省政府作出全面建设吉林西部生态经济区的重大决策以来，白城新一届市委、市政府在历届班子持续努力的基础上，带领全市人民创新开拓、拼搏实干，把生态建设推进到最好最快发展新时期。调研汇总的大数据，硬实实、饱满满地撑起了白城生态建设取得的5大硕果：

生态投入有了大增长，40年来，无论是对上争取国家专项资金投入、对外争取引进项目资金投入、对内挖掘各方潜力投入，都有数十倍乃至数百倍的增长，仅2016年、2017年两年，全市用于生态建设的投入就高于前10年投入的总和。生态环境有了大改善，森林覆盖率由1978年的5.1%提升到12%（白城这小小几个百分点的艰难提升，却是几代人汗水的结晶，卓绝的历史性攀升），草原综合植被覆盖度恢复到75%以上，城镇人均公园绿地面积达到13.74%；50%以上的盐碱地得到了有效开发利用，土地荒漠化面积减少34%；水资源合理开发利用水平全面提高，地下水平均上升1.02米，降水量超过450毫米，达到40年来最高水平，据测算，由于降雨充沛，全市每年农民仅灌溉费用就节省支出5亿多元；全市近10年的平均风速比1978年前10年下降了0.55米/秒，蒸发量减少了4.7%，扬沙日减少了40.7%，空气湿润度显著提升，空气质量优良天数全省第一。生态扶贫取得大成效，通过配套加大生态扶贫举措，全市实现减贫15.6万人，贫困发生率由17.9%下降到4.1%，不适合生存环境的贫困群众基本实现异地搬迁、整体安置。生态经济实现大转型，以绿色农产品为主体的生态农业、以清洁能源产业为先导的生态工业、以湿地草原为特色的生态旅游业、以发展循环经济为追求的生态模式，在一、二、三产业中的比重均有明显上升。生态城市融入大格局，白城现已成为“全国生态保护与建设示范区”“生态文明先行示范市”“国家首批海绵城市”“国家生态建设示范区”“水文明生态示范市”。生态建设的大格局，给白城带来了更大的收获，白城又进入到国家级大型商品粮基地市、“全国农业四大开发区”。

透过这些大数据大成果，我们强烈地感受到改革开放40年来的强劲春风，特别是党的十八大以来的生态文明建设春风，已经全面通透地染绿了2.6万平方公里白城大地；一个改天换地、涅槃再生的新白城，已经跨入了生态立市、富民强市的新时代。这一感受又平添了我们一份沉甸甸的责任：一定要深刻剖析揭示困窘白城昨天，痛彻饱受的生态之累；全面着实展现生机白城今天，艰辛斩获的生态之益；更要精准研深悟透撑起希望白城今天和明天，生生不息的生态之魂。

一、困窘白城——桎梏吉林西北部的生态困惑

白城位于吉林省西北部，地处吉林、黑龙江、内蒙古三省区结合部，松嫩平原西部，科尔沁草原东部。1954 年设立吉林省白城子专员公署，历经多次区划调整，1993 年 8 月撤地设市，现辖一区（洮北区）、两县（通榆县、镇赉县）、两市（洮南市、大安市），3 个省级开发区（白城经济开发区、大安经济开发区、查干浩特旅游经济开发区）。史册记载的白城，生态环境得天独厚：土地辽阔、湖泊遍野、林密草茂、粮丰畜旺，是闻名遐迩的“棒打狍子瓢舀鱼，野鸡飞到饭锅里”的“生态之乡”；资源禀赋非常丰富：人均占有耕地、宜林地、草原、水域、芦苇面积均居全省第一，风力、光热资源十分充足。由于自然和人为多种因素影响，白城生态变得较为脆弱，一度产生了“进了洮南府，先吃二两土，白天吃不够，晚上还得补”的苦痛民谣。到了 20 世纪六七十年代，生态滑坡的态势仍未得到遏制：雨水少了、风沙大了，干旱重了、盐碱地多了，水流小了浅了断了、草地林地湿地稀了秃了缩了。白城大地怎么了？令人困惑的生态环境，使白城陷入了十分困窘的发展境地。

（一）生态透支导致环境不断恶化

1. 土地资源长期取予失衡，带来严重质量退化

白城地多本是好事，但地多往往导致人“懒”，耕作粗放、广种薄收，长期疏于对土地的养护和投入，甚至过度垦荒、恣意索取。到改革开放初期，全市低产农田面积较大；沙化土地不同程度加重，且仍以每年 0.8% 的速度递增；盐碱化土地面积达 602 万亩，超过土地总面积的 1/5。

2. 水资源饱受“双重透支”，带来严重瓶颈制约

一重是“天”的透支，地处大兴安岭南麓片区所受极不公正的“屋檐效应”，使白城降雨（雪）量明显偏少，蒸发量明显偏大，均达 1800 毫米，是降水量的数倍之多。另一重是“人”的透支：“任性”开采、超采地下水，造成地下水位下降，采补失衡；农业生产用水方式粗放落后，大水漫灌现象

较为普遍，造成水资源大量浪费；对地表水开发利用投入不足，造成引留蓄滞能力明显偏低。水资源的“双重透支”，曾使全市8条河流7条连续12年断流，水面面积减少190万亩，700多个泡塘80%以上干涸。给农业生产带来的瓶颈制约更为突出，一些严重缺水的地方陷入“靠天吃饭”的告急状态。反映在湿地上变故更大，面积锐减2/3，令人焦虑不安。20世纪90年代，向海湿地两大事件令白城人“一喜一忧”。一喜：1992年，时任国务院总理李鹏参加世界环保大会，带去的唯一专题片就是《家在向海》，向海湿地在世界上引起轰动，列为中国首批加入《国际重要湿地名录》的六大湿地之一，并被世界野生生物基金会评定为具有国际意义的A级自然保护区，成为白城人引以为豪的标志。一忧：20世纪90年代末的连年干旱，使向海湿地从36000公顷萎缩到3600公顷。国家防总、国家林业局、水利部紧急启动“引察入向”工程，急调8000万立方水，才缓解了向海湿地因“渴”变枯之急。

3. 林草资源缺失珍惜保护，带来严重生态短板

造林绿化不同程度存在重数量轻质量、重营造轻管护、重采伐轻更新、重投入轻确权等问题，致使森林覆盖率和林木成活率长期严重偏低，一些毁林开荒、滥砍盗伐的严重地方，天然次生林被破坏殆尽，甚至出现了“光腚”村屯。草原受自然灾害、随意开荒、过度放牧、各种建设波及损害等因素影响，生产力和承载力严重下降。到1985年，草原面积比新中国成立初期锐减605万亩，草原沙化、碱化、退化面积达1523万亩，占草原总面积的58.8%。林草资源的缺失退化，导致水土流失增多，防风固沙能力减弱，生态自我修复能力严重不足，全市荒漠化土地面积最高达到1596万亩，占幅员面积的40%，占吉林省荒漠化面积的70%。一些风沙灾害严重的地方，每年春耕甚至出现“三刮四种、沙进人退”的困窘。

（二）生态恶化导致贫困难以摆脱

1. 农业产出水平低难提高

这一制约突出体现在“两难”上：一难是，农业生态大环境受损，短时

期难恢复；另一难是，耕地质量退化，产出功能难实现。据改革开放初期两次专项普查，全市耕地有机质逐年递减，含量不足 1% ；全市粮食单产比全省平均水平低近 50%。一些县份几个乡的粮食产量，还赶不上省内粮食大县一个乡的产量高。

2. 农民收入水平低难增加

这一制约突出体现在：农业生态环境的脆弱，直接导致农民增收能力的脆弱。受生态环境的严重影响，多数农民不仅靠种地增收难，想发展多种经营增收也较难。1978 年，白城农村人均纯收入 99 元，在全省最低，仅为全省平均水平的 54%。

3. 县域财力水平低难支撑

由于白城贫困县份多（5 个县市区 3 个国家贫困县、2 个片区天窗县），大而稳定财源少，地方级财政收入仅占全省的 4%左右，难以支撑自身稳定和发展，长期依靠国家转移支付维系平衡运行。由于财力薄弱，除必保“吃饭财政”和“维稳财政”的必须支出外，只能对深度贫困地方和群众改善生态的紧急和重大支出，尽力筹措安排。

（三）生态贫困导致发展滞后尴尬

1. 求发展难发展的痛楚与尴尬

生态环境的恶化和贫困面的增大，成为严重影响白城形象品位和投资环境的一个明显短板，乃至影响白城经济社会发展全局的一个非常突出的障碍性因素。痛楚与尴尬突出聚焦在“一事、一人、一争”的 3 个痛点与难点上：“一事”，痛在对外招商引资上项目难。白城早就提出过重点培育基地型农业、资源型工业、打造特色“龙型”经济的发展方略，对外大力招商引资。尽管努力甚多，收效却难成正比，较长时间没有破开缺少域外大企业、大项目带动，大资金、大市场拉动的发展困局。“一人”，痛在引进域外人才、留住本地人才难。人往高处走，鸟往亮处飞。由于白城欠缺“发展高度”和“环境亮度”，不仅引进本地急需的域外人才比较少，而且本地培育输送的重点高校毕业生返乡创业的也比较少。缺少了“人才”的领军和支撑，许多方面的创新和发展，较长时间陷于迟滞。“一争”，痛在争取国家和省发展布局倾斜难。较长一个时期，尽管白城在国家和省制定重大发展计划的重要档期，都“跑省跑步”做了大量工作，但往往是“狼多肉少、强者先饱”。受这些因素影响制约，白城经济发展长期处在总量不大（全市 GDP 排在全省末位，5 个县市区 GDP 也都排在全省末端）、结构不优、增长质量不高、发展后劲不足的被动境地。由此，也逼得白城一些干部发出了“风沙干旱碱，谁干谁打脸”的怅惘和感叹！

2. 反贫困返贫困的痛楚与尴尬

白城作为吉林省最典型的贫困地区，有一个与之相伴生的痛楚与尴尬，就是生态环境恶化区域深度贫困人口的扶贫脱贫工作长期处在“四多四大”的困窘之中，即：致贫环境成因多，改善难度大；扶贫资金投入多，见效难度大；脱贫功夫下得多，巩固难度大；返贫防控做得多，保障难度大。由此，白城贫困发生率和返贫率，多年明显高于全省和全国平均水平。

3. 强自立难自立的痛楚与尴尬

白城尽管发展困难多，精神长期不滑坡。市、县（市、区）两级党委、政府始终坚持以“三个立足、三个努力”推进加快发展，谋求自强自立，即：立足开源节流过紧日子，努力减轻国家扶持压力；立足改革开放过活日子，努力增强自身发展动力；立足抢抓机遇过好日子，努力提升区域竞争实力。但令白城领导寝食难安的是，在地方财力不断增强的同时（2017 年，全市地方级财政收入完成 41.5 亿元，比 1993 年撤地设市时增长 16 倍），各种刚性支出的口子和地方财政的压力也在不断增大，在较长一个时段内，还离不开国家转移支付的扶持，还必须负重前行求发展。

二、生机白城——汗洒瀚海变绿洲的生态重塑

白城生态变化引发的一系列重大问题，把一个非常纠结的现实摆在了人

们面前，即：白城最大的资源、优势和潜力是生态，白城最大的失落、短板和瓶颈也是生态。面对这一纠结现实，在攸关白城可持续发展的十字路口，白城人激发起了“不信东风唤不回”的强烈追求和“敢教日月换新天”的奋斗精神。改革开放40年来，白城不断加大生态建设扬长补短、趋利避害力度，紧紧抓住构筑生态屏障、掌控生态命脉、强化生态主体、培育生态经济、严控生态污染5大任务，全力做好“绿、水、人、兴、保”五篇文章。特别是2016年以来，白城生态建设全面加大了“四个加快”力度，即：坚持统筹规划、系统实施，加快推进重点生态工程；坚持保护优先、标本兼治，加快推进重点领域污染防治；坚持融合互促、共建共赢，加快推进特色生态产业发展；坚持制度创新、文明共享，加快推进生态文明体系建设。上下凝心聚力，各方群策群力，用辛勤汗水重塑了白城良好生态，焕发了白城发展生机。

（一）构筑生态屏障，全力做好“绿”的文章

1. 植树造林，以质量保数量，向提速实效要增绿

改革开放的1978年，国家启动三北防护林工程，白城抓住这一重大机遇，全面拉开造林绿化大幕，40年间组织实施了“五大战役”，即：1978年至2000年开展的三北防护林一、二、三期工程；2001年至2010年开展的“十年绿化美化白城大地”活动；2010年至2013年开展的“举市三年大造林，加快治理荒漠化”活动；2013年至2015年开展的“三年再造百万林、建设西部大屏障”活动；2016年开展的“三年造林还湿双百万”活动。针对白城土地贫瘠、干旱缺水，特别是一些地方人造林成活率低、“年年造林难见林”等突出问题，历届党委、政府突出把提升造林质量、确保造林实效当作首要任务。自上而下始终坚持严把“六关”、确保“六实”，即：严把规划质量关，确保标准可行着实（筑植树台、更换适合种植客土）；严把整地质量关，确保多垦（全垦、带垦、穴垦）方式做实；严把苗木质量关，确保良种壮苗定实；严把栽植质量关，确保四不能栽（整地不合格、苗木不合格、天气久

旱未雨、栽植人员技术不过关不能栽）夯实；严把管护质量关，确保两率（森林保存率、林木成活率）提升靠实；严把“林改”质量关，确保林权清晰落实（全市75个乡镇、884个行政村、94万人口参加林改，确权林地面积19.2万公顷，林业专业户和造林大户达1.1万户，造林4.67万公顷）。40年来，全市造林64.68万公顷，退耕还林5.84万公顷，林地面积由1978年的13.4万公顷提高到2018年的45.3万公顷；初步形成了城市园林化、农田林网化、村屯林围化、庭院林果化、道路林荫化、湿地景观化的生态建设格局；大部分农田得到有效庇护，流动、半流动沙丘得到巩固，荒漠化土地面积由106.5万公顷减少到69.5万公顷，彻底结束了“三刮四种”的历史，实现了由“沙进人退”向“绿进沙退”的历史性转变。白城市政府被国家绿委评为国土绿化突出贡献单位。

2. 草原治理，以配套促修复，向植被长效要增绿

白城草原多为暗碱土，多年垦荒深翻和过载碾压造成大片光板盐碱地，给修复治理带来相当难度。破解此难，白城坚持出实“三拳”，着力抓好三类草原的恢复保护。（1）出实“组合拳”，着力抓好可修复草原植被恢复保护。将围栏封育、深松补播、人工种草、飞播牧草、以建促保、退耕退牧还草等举措配套组合实施，提高植被覆盖度与优质牧草生产力，共完成综合治理草原172.7万亩。（2）出实“长拳”，着力抓好严重荒漠化草原长期人工封育。引进吉运公司、巨宝农业、大生集团等大企业，做长期规划、长期投资、用长效技术，实施“劲草一号”改良项目，种植碱茅、苜蓿、羊草、燕麦草等，对退化、碱化草场加以长期修复，现已完成封育治理102万亩。（3）出实“重拳”，着力抓好大片天然草原植被恢复保护。大安姜家甸草原是全国仅有的3大片天然羊草草场之一，也是吉林省最后一块连片大草原。由于多种原因造成严重退化。为加快恢复这一珍贵草原，几十年来，实施了农业综合开发草场改良、天然羊草保护、牧草良种等8大工程项目，建设草原水利设施1344公顷，建成羊草草地示范区1218公顷。近些年，采草场牧草实现“两高一增”（高度、密度达到历史最好水平，亩产干草大幅增加），

成为国内草场改良生态治理的示范样板。

近年来，白城又依托蒙草集团的技术优势，集中推进草原连片整治，加快推动草原生态修复向高水平、专业化方向发展，力争把草原打造成白城的生态名片，成为全国草原风光的生态高地，让“到白城看草原”成为品牌。

3. 湿地修复，以保湿促保护，向提升成效要增绿

坚持双管齐下，同步抓好湿地修复保护和湿地公园建设。（1）配套强化补水增湿，让“国宝”湿地“保值增值”。国际鹤类基金会主席乔治·阿其博先生当年考察向海时曾经盛赞：向海是全球不多的自然保护区，不仅是中国的一块宝地，也是世界的一块宝地。为了使这一宝地重现生机、保值增值，实施了“引霍入向”“引洮入向”等补水工程，坚持引水增湿、退耕还湿、芦苇护湿、稻田补湿，以提、引、蓄、留等多种办法，累计为向海湿地补水3.5亿立方米。向海3.5万多公顷湿地得到有效恢复，达到近10年最好水平，又将美在天然的自然风貌和贵在原始的生态环境展现在人们面前。莫莫格湿地是吉林省最大的湿地保留地，湿地综合评价指数名列全省第一，白鹤停歇数量、时间名列世界第一，1997年列入国家级自然保护区，成为白城市另一块国宝湿地。前些年，莫莫格湿地因干旱缺水功能严重退化。为解这一燃眉之急，积极向上争取补水电费资金485万元，连续5年由白沙滩泵站向莫莫格湿地注水1亿立方米以上。结合原引嫩入莫渠系修缮、百万亩土地开发整理、百万亩中低产田改造等工程，为莫莫格湿地补水增湿。目前，莫莫格保护区核心区的水域面积达到了3.45万公顷，较2005年增加了30%，6万公顷的苔草、小叶樟和芦苇得到恢复，在保护区繁殖栖息和迁徙的珍稀水禽丹顶鹤、白鹤等达到了198种、几十万只。2017年，莫莫格湿地被列入国际重要湿地名录，成为国际湿地组织成员单位。据综合评估，白城现在80%以上湿地恢复到20世纪50年代水平。（2）执着再造生态园林，让湿地公园融入城市。将湿地引进城市，打造城市湿地公园，在湿地公园中享受现代生态文明生活，是白城人多年的健羡和追求。如今，在一些资源禀赋好的地方，已经变为现实。大安市濒临嫩江湾，利用资源优势“依江兴市”“以水

兴城”，于1992年开发建设距城区仅1公里、规划面积2441公顷的嫩江湾国家湿地公园。累计投资1.4亿元，构建了“一江相拥、五湖环抱”城市水系，打造出了水岛相间、水域贯通、原始野生植被相覆盖的城市湿地景观，共植树12万多株，重建湿地720公顷、恢复草本沼泽面积892公顷，恢复湖泊面积200公顷。现在，嫩江湾国家湿地公园泡沼密布、林草丛生、蒲苇繁茂、水鸟纷飞、鱼虾成群，原始生态景观秀美，成为城市亮丽的名片和人们康乐的港湾。镇赉县也濒临嫩江，但较长时期却有水过境，无水进城，生态脆弱，贫困出名。《吉林日报》曾就此刊发《吉林西北角的困惑》述评。2002年，镇赉启动了南湖生态公园改造建设工程，经过5年努力，打造了吉林省第一个城市湿地公园。2008年镇赉南湖生态园被评为国家城市湿地公园。随后，又统筹规划建设了县域周边湿地泡沼连接应急、造林绿化、休闲广场等系列配套工程，于2013年打造了镇赉环城国家湿地公园。2016年，又成功将嫩江水注入南湖公园。现在，总面积2785公顷的镇赉环城国家湿地公园物种丰富，各类植物300多种，动物200多种，白鹤、丹顶鹤、白头鹤、白瑟鹭、大天鹅、鸳鸯等国家Ⅰ、Ⅱ级保护鸟类经常栖居聚集于此。镇赉县也由此被评为全国绿化模范县、国家级园林城市。时隔30年，《吉林日报》又刊发《忽如一夜春风、绿满边陲小镇》专文，高度评价镇赉县完成了由贫困而闻名，到以文明而闻名的质的转变。

作为严重缺水的城市，白城多年来有两个痴情的梦：一个是，把境内不断流的嫩江水引进白城，让工农业发展和城市用水安全更有保证；另一个是，不敢奢侈建湿地公园，也要打造一个生态新区，建设一座生态公园，给城市注上“绿色生态册”，让百姓共享“绿色生态果”。2005年至2011年，在国家和省的鼎力支持下，总投资23.67亿元，完成投资19.72亿元，总长150多公里的引嫩入白供水工程主体工程完成并发挥效益，不仅为吉林电力股份有限公司白城发电公司等一批用水大企业，及新引进即将投产的梅花集团300万吨玉米综合加工等一批重大项目，解决了工业用水安全保障问题，也解决了全省9个市（州）唯有白城没有大江大河地表水供给问题，圆了首个梦。水源引进城，2012 年，白城开始圆第二个梦，大力度建设生态新区。经过 6 年的开发建设，白城生态新区现已完善基础设施，建设市民服务中心、科文中心、九年制学校等一批公益项目；完成商贸、健康、文化、旅游等一批产业项目；引进碧桂园大面积开发了独具特色的高、中端住宅；集中配套建设了较高标准的棚户区改造回迁区；还新建了长庆街和丽江路两座公铁立交桥，实现了新区与老城全面畅通、深度融合；新区绿化、美化很有特色和档次，公共绿地面积达 1.55 平方千米，成为省内一流、国内上游的多功能、高品位崭新绿色新区。新建的鹤鸣湖生态公园，总面积 93 公顷，水体面积 45 公顷，结束了白城在 9 个市（州）中唯一市区没有河流与湖泊的历史，完成了几代人把水引进市区的多年夙愿。以“一湖(鹤鸣湖)、三岛(欧式风情商业体验岛、湖心生态群岛、绿化景观岛)、九桥、一心（约 7 万平方米的城市庆典广场)、多点（环绕鹤鸣湖的多个重要景观广场节点)”，成为广大市民休闲娱乐、游览观赏、全民健身的理想之地。

白城大地“绿”起来，催生绿色田园倏忽多起来，如同一颗颗明珠遍撒原野，美不胜收，心驰神往；促发“瀚海”老农感奋地叫起来：旱魔，别再逞能；风沙，别再逞凶；连年丰收，我们已夺在手中！激越市民百姓高兴地唱起来：绿色草原有一颗星，大沁塔拉（白城南域大沁塔拉草原）有座美丽的城，仙鹤绕你展翅飞，一城欢歌一城情。

（二）掌控生态命脉，全力做好“水”的文章

1.合理开发用好地下水，最大力度掌控采水底线、节水红线、补水生命线

白城地下水资源原本比较丰富，随着工农业生产的发展，特别是由于滥采、超采严重，造成地下水位下降，地下水资源成为十分宝贵和日益紧张的资源。几十年来，白城高度重视地下水资源，始终掌控“三线”采水用水。掌控采水底线，就是严格控制采水总量，严禁超采水、超水系采水，绝不允许开采第三系水。凡是超采地下水的，都予以严重处罚，使超采现象得到有

效制止。近几年，受玉米价格下降影响，一些农民要将旱田改为水田。为保护地下水资源，各级政府和水利部门严格亮起“红灯”：凡是水资源不充沛的地方、凡是地下水接近或超过超采值的地方，一律不允许“旱改水”，有力制止了灌溉失控现象发生。掌控节水红线，就是遏制农业生产的大水漫灌。强力推广微喷、滴灌、小白龙、膜下滴灌等节水灌溉技术，加快实现两个根本性转变，即：灌溉方式实现了从大水漫灌，到节水灌溉的根本转变；农民用水观念实现了从滥用水、浪费水，到节约水、珍惜水的根本转变。掌控补水生命线，就是把补水平衡作为取水、用水的严格要求，做到用水必须保证补水、补水必须保证到位。近年来，白城要求各用水部门（单位）必须有补水规划、有补水措施、有补水项目，确保补水有效落实，先后实施了4项重点补水工程，从根本上解决了采补平衡问题。

2. 多措并举用好地表水，最大力度掌控以引增用、以蓄保用、以排安用、以连通持用

强化水资源科学调度，在“引、蓄、排、连通”上下足功夫，留住雨水、留滞洪水、引用江河水、连通泡塘水，不断提高水资源的利用效益。以引增用：抓好嫩江、洮儿河、霍林河、二龙涛河的开发利用，重点实施引嫩入白、大安灌区等引水项目，增加用水水源。以蓄保用：兴建大型水库，增强过境江河水、洪水蓄滞利用能力，重点建好月亮湖、团结水库、盐铺水库、洮儿河灌区等蓄水工程，改水患为水利，变行洪为蓄洪。以排安用：加强域内河流治理、水库除险加固、城市排涝工程等建设，抓好洮儿河治理工程、小型水库除险加固工程、嫩江干流治理工程、月亮泡蓄滞洪区建设，构建防洪减灾体系。以连通持用：从2013年开始，大力实施河湖连通工程，依托自然河湖水系和已建重大工程水利设施，建成引得进、蓄得住、排得出“三条黄金”水道，连通松花江、嫩江、洮儿河和霍林河，采取提水、引水、分水的方式，将各河段汛期的富余洪水资源存蓄到天然湖泊和湿地中。现已连通124个泡塘，新增蓄水能力6亿立方米，改善和恢复湿地面积640平方公里，恢复草原、芦苇面积105万亩，基本恢复到256万亩历史最大水面。地

下水和地表水的科学合理利用，使农业生产得到了有效保障，河湖连通使全市地下水位明显提升，约 1.5 万眼农田井恢复灌溉能力，增加农田灌溉水量近 5.5 亿立方米，粮食生产能力跃上百亿斤台阶，畜禽饲养总量实现“四连增”，5 个县（市、区）均获全国粮食生产先进县称号。2015 年 6 月，全省重点项目大联检对白城河湖连通工程成效给予高度评价：不看难以置信、看后超出想象。巴音朝鲁书记即兴赋诗赞叹：“河湖连通水丰沛，鹤飞羊欢生态归，花鲜荷青沃野风，西部美景令人醉。”

白城是一片有水则兴、则秀、则灵的神奇土地。白城水丰了，带来了“一破、三多、两惊奇”的神奇功效。“一破”，即：白城农业生产乃至整个城市发展的“水”瓶颈得到初步破解，形成了采、供、用、蓄、补良性循环。“三多”，即：特色水产品多了，2015 年，月亮湖冬捕创单网 40 多万斤历史纪录，嫩江、洮儿河、月亮湖、哈尔淖等主要水系的特色有机鱼连年盛产，畅销国内外，连多年难见的桂鱼、鳇鱼、鲟鱼也上了“梁子”，满足了人们被吊起的胃口；休闲憩息处多了，勃兴的河湖沟汊、水库泡塘和滩涂草甸，给人们踏青春游、垂钓野炊、休闲娱乐提供了更多的好去处；旅游观光客多了，白城草原湿地游的老品牌焕发新生机，旅游产业与周边地区建立大联盟，拓开新天地。“两惊奇”，一惊奇是：白城憾失多年的生物多样性回来了。在茂密草原、林地深处和丰水泡塘周边，多种类型湿地、沼泽、灌丛、蒲苇和田园，交替显现、恢复明显，一些多年消失的稀有珍禽、少见草木和难得景象，不时饱人以眼福、给人以惊喜。另一惊奇是：白城被差异多年的“老标识”不见了。多年未来白城的外地人或未回白城的家乡人，过去区分白城与长春农安和松原地区有一个生态“老标识”，乘火车、汽车从长春省城来西部白城，不用看界碑标识，只要春看苗情冬看田垄：春季，田野苗齐苗全苗壮的，定是长春所辖的农安，稍逊一筹的，定是松原，苗虽较齐全，但却明显偏弱的，定是白城；冬季，四野田垄积雪多、近乎全覆盖的，定是长春所辖的农安，稍逊一筹的，定是松原，田垄雪很少、几近全裸露的，定是白城。如今，白城“水”文章做得好，“水情涨”“雨情升”，这一“老标识”

再也不灵了。

（三）强化生态主体，全力做好“人”的文章

1. 清醒脑子，把白城必须绿色发展才有希望理念扎实植入人心

囿于多年贫困欠发达，白城干部群众比之其他地区，有着更为强烈摆脱现状的急切心态。受此影响，对生态建设不同程度地存在一些模糊认识、畏难情绪和厌战心理。主要是：搞生态是慢功夫，周期长、效益差；白城生态受损多、短板多，修复改善既缺财力又缺物力；生态建设年年抓、四季搞，精力投放多，实际收效差。针对这一实际，白城在广大干部群众中，扎实深入地开展了“三个深化”专题宣传教育，即：深化新白城市情认识专题宣传教育，深化新时代发展要求专题宣传教育，深化新发展理念专题宣传教育。市委书记庞庆波在全市生态保护与建设动员大会上亲自作专题宣传教育主讲，明确提出：白城是吉林西部生态经济区的重要主体，加强生态环境建设，是白城推进绿色发展、厚植发展优势、建设美丽白城的迫切需要。白城必须抓住自上而下高度重视生态文明建设的大好机遇，下大气力把生态环境保护好、建设好，努力走出一条生态立市、绿色发展的新路子。全市上下现已形成3个强烈共识，即：绿色是老白城曾经消退的底色，白城发展要“固本”，必须持续补足消退的底色，夯实底蕴、厚积底气；绿色是新白城着力打造的特色，白城发展要“出彩”，必须加快做足自己的特色，打好生态牌、走好绿色路；绿色是新时代的“流行色”，白城发展要“争流”，必须牢固树立绿色发展理念，抢先跨上绿色发展快车道。思想认识问题的解决和绿色发展观念的确立，换来了全市广大干部群众排除万难、改善生态的积极自觉行动。洮南市北部半山区坚持治山不停步、改善生态大受益的生动事例，就是一个特别有力的注脚。20世纪七八十年代这一区域连年干旱、水源枯竭、生态退化，给10个乡镇十几万百姓生产生活带来严重困难，滋生了一首苦痛的民谣：昂岱山、敖牛山（两座主山）山山都是秃荒山，树难栽活雨难求，“靠天吃饭”到何年！20世纪90年代末，洮南市委、市政府经过深入调研、

科学论证和两年栽植实验，决定以种植耐旱耐寒、生命力强、经济价值高的山杏为主攻方向，在全市实施“万人治理千山、建设百万亩山杏基地”工程。全县3000多名机关干部和当地7000多名农民积极响应号召，坚持连续多年上山造杏林、精心育杏林、常年管杏林。近几年，当地干部群又掀起新一轮造林治山热潮，现已基本完成百万亩造林任务，彻底固了水土流失本、扎下生态改善根。治山前，这一区域降雨量年均不到200毫米，山杏基地建成后，年均降雨量均在400—500毫米以上，根本改变了当地百姓生存、生产、生活、生态的“四生”状况。许多干部群众反映：前些年每到雨季，“站在山上看云彩，片片云彩都白来”，现在是，“看到云彩云相聚，片片云彩都带雨”。过去的那首苦痛老民谣，如今已被一首幸福新民谣所取代：昂岱山、敖牛山，山山都是杏花山，杏花带来杏花雨，花雨带来米粮川。

2. 树好旗子，用先进典型引领带动生态建设

白城历届党委、政府特别重视发挥生态建设先进典型的示范带动作用，先后树立起上百个单位和个人，集中体现在7个方面：科技人员致力科研，攻克生态治理难题；基层组织百折不挠，带领群众改天换地；一线干部扎根基层，苦干实干改善生态；各界人士不惧风险、不吝投资，坚持改造退化草原和荒山秃岭；有志青年不畏艰难、不为外惑，坚决投身改造生态事业；家族宗亲代代传承，矢志不渝改变家乡生态面貌；落户白城域外企业，加大生态环保投资，积极支持当地改善生态环境。白城林业科学院高级教授、对国家有突出贡献的中青年专家、全国“五一劳动奖章”获得者金志明，持续用30年时间，潜心研究培育出在全国处于领先水平，适合“三北”地区大面积推广、更快更好成林的“白城杨”系列树种，从根本上改变了白城大地几十年“小老树”一贯制的尴尬局面。现已推广种植700多万亩，增产木材价值16亿元。白城市委、市政府大张旗鼓宣传他的奉献精神和先进事迹，在广大科技人员中掀起学习热潮，并取得多项科研成果。通榆县兴隆山地处与内蒙古自治区科右中旗接壤的“风沙口”，沙包连片，两灾（风灾旱灾）连年。为加快摆脱灾害威胁，兴隆山镇以变兴隆山为“兴绿山”为目标，实

施了“三林、四全”总体战略。“三林”，即：镇村干部坚持带头挂牌营造示范林，每村每年 2 公顷；全镇农民户均营造 1 公顷养老保险林，确保 10 年之内收入 10 万元以上（按每棵树价值 100 元计算）；所有沙包公开竞包都造林，谁造谁有，一包 50 年不变。“四全”，即：全镇造林、全程管护、全民参与、全部受益。10 余年间，全镇每年造林递增 800 公顷以上，造林质量标准、抚育管理水平和林木成活率全市最高。全镇林地面积现已达到 2 万多公顷，森林覆盖率达到 30%以上。兴隆山变成“兴绿山”就“火”了，“火”起来的“兴绿山”，成为人们趋之若鹜的“金银山”：先是县城先富起来的各方人士竞相涌入，投资兴业，不仅带来了许多资金项目，还带来了大量就业商机；接着县城和周边地区众多享受生态环境、追求幸福生活的老年人和青年人也来了，不仅带来了众多孩子和家族亲友，还带来了对住房及教育、文化、卫生等社会事业发展的需求；更为可喜的是，许多域外知名企业和客商也带着资金、项目来了，在更多领域、更宽跨度和更高层次，构建起了经贸大商圈、大网络。“绿”起来“火”起来的兴隆山，发展需求增大了、提升了，县委、县政府和有关部门的供给侧结构性改革和服务全面跟进、全力保障：6 万平方米较高标准住宅小区拔地而起，公共基础设施齐全配套；全县一流的中小学、幼儿园、卫生院、文体娱乐中心应运而生；各类人才引进配置一应到位。兴隆山由此开了吉林省贫困乡镇，靠绿色发展实现较高水平城镇化和美丽乡村的先河。生活在这里的人们其乐融融，来这里的人们羡慕不已。白城市委、市政府对这一先进典型高度重视，2013 年在兴隆山镇专门召开了由市、县两级和新农村建设党政主要领导和重点部门参加的新农村建设现场会，对全面提高造林绿化水平，加快白城绿色发展起到了重要的推动促进作用。

3. 压实担子，靠逐级强化责任担当更好推进生态建设

生态建设是一项浩大繁重的系统工程。白城市坚持自上而下靠实责任、压实担子、扎实推进。（1）带头压实各级领导破解重大生态建设难题的担子，坚持党政同责，亲力亲为。白城在 20 世纪 90 年代中期进入枯水期，干

旱加剧，地下水位下降，抗旱保苗难题，成为直接危及农业生产和人民生活的重大关键问题。市委、市政府迎难而上，决定将抗旱水源工程作为“一把手”工程，要求市、县（市、区）、乡（镇）三级党政“主官”，必须当好“打井书记”和“打井市（县、乡）长”。5年间，各级党政领导坚持亲自指导规划布局、部署重点任务、协调重大事项、督导重要环节。共打出农田井7.27万眼，解决了800多万亩易旱地抗旱水源问题。随后，三级党政主要领导又带头当好“节水书记”和“节水市（县、乡）长”，全市实现了旱期全程保苗、苗期全程灌溉，高产稳产农田大幅增加，农民生产生活问题安全保障，粮食生产持续稳定增长。近3年来，面向保障生态建设的迫切要求，白城市党政主要领导突出把改善水生态、破解水“瓶颈”、保障水资源这项重大系统工程亲自抓在手上，总体思路和创新实践都实现了突破：在全市上下树立了“山水林田湖”生命共同体的大生态观，坚持以水造林、育草、保湿，又通过森林、草原、湿地涵养水源，打造水、林、草、湿互为补充、互相依托的生态耦合系统；科学谋划地下水库、区域水循环系统工程，加快破解水“瓶颈”；带头落实“河长制”，亲自组织实施和督导落实“河湖连通”工程，推动“水文章”越做越大、越有成效。（2）重点压实各级主管部门推进重大生态建设工程的担子，激励干事创业、担当有为。要求各级主管部门谋划重大工程必须做到“三个到位”，即：深入调研论证到位、上下沟通协调到位、可行规划方案到位。推进落实重大生态工程，必须做到“三个最大限度”，即：最大限度争取上级政策资金支持，最大限度破解重点难点问题，最大限度保证工程进度和质量。造林资金不足长期影响白城绿化。市、县（市、区）两级林业部门想尽办法筹措资金。近几年来，严厉开展林地清收还林活动，不仅清理回收流失林地9.27万公顷、还林6.57万公顷，还得到省林业厅还林补助资金2亿多元。争取省林业厅重点支持西部白城绿化，相继出台20条、15条优惠政策，给予白城1.4多亿元人民币的日援项目贷款，500万元的荒漠化治理资金。还在省林业厅的配合支持下，通过向域内外有识之士开展直接造林和捐资捐物等募集活动，筹措资金1亿多元。这些资金在很大程度上保证了白城造林绿化规划的顺利实施。（3）全面压实城乡基层兼职队伍（机构）加强生态环保监管的担子，确保重心下移、合力作为。白城近几年突出加强了城市执法管理和生态环境监管两支队伍建设。城管执法队伍由 2016 年的 124 人，增加到 2018 年的 2368 人，成为一支“兵强马壮”的大队伍。全市乡镇（街道）都成立了环保监督所，村（社区）都成立了环保监督站，实现了生态环境监督全覆盖。同时，全面加强了城市公益岗位、农村护林员、环境卫生保洁员等队伍的力量。投入必须有产出，监管必须出效益。白城市向这些专兼职队伍明确交代了增加人力、财力，要的是监管给力的初衷，严肃提出了“三抓三管、管出三新”的高标准、严要求，即：敢抓敢管，管出过硬新队伍；严抓严管，管出城市新规矩；善抓善管，管出文明新风尚。各支队伍忠诚履职，所有管员全力发威，全市生态环境监管工作构建起“六个无处不在”的强有力监管格局，发生了“四个前所未有”的根本性重大变化，收获了 3 个最过硬、最经得起各方评估检验、带有城市发展历史阶段性标志性的重大成果。“六个无处不在”的强有力监管格局是：全市城乡无处不在的身影昭示监管、无处不在的眼睛盯着监管、无处不在的阵地支持监管、无处不在的宣传促进监管、无处不在的力量强化监管、无处不在的执法保障监管。“四个前所未有”的根本性重大变化是：白城过去立了多年但却没有坚挺立起来的一些城管规矩（如，严禁乱摆摊点、乱停放车辆等市容乱象），现在真的坚挺、常年性的立起来了；过去强了多年但却没有扎实强起来的一些环境薄弱区域（如，城乡结合部、路边贸易市场、批发市场“脏乱差”），现在真的扎实、全面性的强起来了；过去治了多年但却难以根治的一些城市顽疾（如，城市“牛皮癣”、小广告、野广告等），现在真的彻底性根治了；过去培育了多年但却没有牢固培育起来的一些文明习惯和风尚（如，不随地吐痰、不乱丢果皮纸屑、不践踏草坪、不攀折花枝等），现在真的牢固、全面性的培育起来了。3 个带有城市发展历史阶段性标志性的重大成果是：白城市区卫生常年全方位、全天候、全覆盖保洁管理，真干净；市区公共绿地、广场、道路两侧景观绿化带，常年智能化监管、专业化抚育，真优美；市区新建造型各异的漂亮公厕，24 小时专人保洁，比家庭卫生间都干净，真称心。这“三真”，全面经得起随机抽查、突击检查、各方踏查。

（四）培育生态经济，全力做好“兴”的文章

坚持把改善生态与发展经济紧密融合、相互促进，当作推进白城走出困窘、崛起振兴的治本之策和根本出路。实践中不断创新探索，在加快拓宽白城生态经济发展新路径、培育壮大白城生态经济新产业、新模式上，取得了重大突破和显著成效。

1. 增田增绿又增收的水稻种养产业新模式跃升全省排头

增田：白城从 20 世纪 80 年代初开始，进行盐碱地种稻和“以稻治碱”工作。试验成功后，结合实施国土整理、抗旱水源、兴修灌区、退化草原开发利用等工程，逐年扩大水稻种植面积。目前全市水田面积已达 280 万亩，成为全省水稻生产第一大市。增绿：融入生物共生原理，在稻田种养殖。稻田养殖的鱼、蟹、鸭等对农药十分敏感，又具有增肥、除害、除草的效果，化肥和农药用量平均减少 20%—40%，成为生产绿色、有机稻谷的重要措施之一。同时通过田埂加高、加固，开挖鱼沟，起到抗旱保水、调节气候的作用，有利于粮食安全、食品安全和生态安全。增收：全市稻田养殖现已发展到 20 多万亩，占全省的一半左右。稻田养殖蟹（鱼）后，不仅每亩收获 15 公斤左右水产品，水产品增收 300—1500 元，还促进了水稻增产，较水稻单作增产 7%—10%，构建了“一水两用、一田双收、粮渔共赢”的发展新模式。目前，白城正在统筹打造“白城弱碱大米”品牌，并已在省内外打开广阔市场。

2. 养地养草又养生的燕麦新产业蓄势强劲

白城种植燕麦“三养”新产业有“三最”。即，长线养地最合算：燕麦能够吸取盐分，生物修复盐碱地，长期种植燕麦能够把盐碱地或退化草原改造成耕地，目前，白城正以燕麦草、“劲草一号”种植为主抓手，辅之以盐碱地生物修复工程，争取五年内全市盐碱地得到基本恢复，力争总面积达到

1000万亩；兴牧增草最高产：每公顷可收获燕麦秸秆4吨左右，相当于8公顷草原的产草量，既有利于发展畜牧业，更加有利于草原休养生息；养生开发路最宽，主要体现在独有的明显科技优势上：白城有国家燕麦产业技术体系首席科学家、市农业科学院院长任长忠和一支专业科研团队；有十几项国内领先和世界级的科研成果，实现了我国燕麦品种的更新换代；有填补国际北纬45度地区空白的燕麦一年双季双熟的栽培创新技术和成功经验，从根本上解决了种植燕麦产量和效益相对偏低的关键问题。把握这“三最”，白城市近几年突出加大了发展燕麦新产业的力度：确定了以研发创新大众化、高附加值、低血糖生产指数（GI）的燕麦新品为重点，以开发多重食用药用燕麦系列品牌产品为主攻方向，以把白城打造成“东方燕麦之都”为目标的发展规划；与世界一批有实力的企业建立起合作开发关系；几个有规模、有背景的大项目正在洽谈推进中。2018年6月，国家燕麦荞麦营养加工产业发展学术交流暨现场考察会议在白城召开，多个国家和地区表示有强烈的合作意向。

3.避灾集约又高效的设施园艺产业已具规模

白城充分利用光照足、积温高、昼夜温差大的特殊优势和蔬菜瓜果生产有较好基础的有利条件，近几年突出加快了以棚膜经济为重点的设施园艺产业发展：以5个县（市、区）城镇郊区为中心，建立城市绿色蔬菜供应基地和优质瓜果产业示范区；在境内主要公路沿线集中发展棚膜经济，建设6万亩棚膜经济产业带；在条件好、特色强的乡镇，打造一批优质高产无公害棚膜经济示范园区。现在，全市棚膜面积已发展到13.8万亩，2017年全市棚膜经济实现产值21亿元，成为农民收入的一个主要来源。棚膜经济大发展，较好地解决了农业生产避灾集约高效三大问题，即：棚膜覆盖实现了避灾，解决了干旱制约问题；规模化园区集成应用农业新技术形成集约化生产，解决了降低成本问题；“一亩园十亩田”的高效轮种模式，解决了增加收入问题。目前，全市规模化园区166个，面积达3.5万亩，占总量的22%，重点扶持新型经营主体品牌、扩规模，认证了绿色、有机、无公害等“三品一标”

产品 64 个。白城香瓜、洮北“雪寒”韭菜、洮南“福顺”草莓、大安“太山”黄菇娘、镇赉“杏花村”大葱等一大批特色优质菜蔬，已成为设施园艺产业中的知名品牌，产品畅销省内外 10 多个城市。

4. 绿色环保又循环的全产业链经济新模式成长正劲

近些年，白城生态环境变好了，引来的大企业、大资金、大项目也逐年增多，吉林雏鹰农贸公司 400 万头生猪养殖加工项目、飞鹤乳业 50 万只奶山羊建设项目、吉运农牧业 15 万头牛生态农牧业产业园区项目、梅花集团 300 万吨玉米深加工项目等一批产业链条长、带动能力强的全产业链模式的企业相继落户白城，企业转型升级、经济提质增效，不断带来新引擎、注入新动能。2017 年落户通榆的吉林省吉运农牧业有限公司，启动实施了总投资 65 亿元、15 万头肉牛的生态农业产业园、50 万亩生态草种植项目。该项目涵盖了饲草种植、肉牛繁育、屠宰加工、肥料生产、光伏发电、观光旅游等领域，着力打造草畜结合、循环发展的生态肉牛养殖新模式。尤其是化废为宝，循环发展几近极致：对养殖过程中产生的粪污进行无害化处理，用牛粪生产沼气，沼渣生产有机肥；有机肥用于苜蓿草、青贮饲料种植基地施肥；种植基地生产的绿色有机青贮饲料及苜蓿草饲喂肉牛；实现绿色生态种植、养殖，形成较完整的循环生态产业链。总投资 100 亿元的梅花集团 300 万吨玉米深加工项目，拥有完整的产业链，对味精生产线进行电、汽、合成氨、硫酸等能源和大宗辅料综合配套。生产基地均配套独立的供热站，在发电的同时，向生产车间供热，从而实现热能的充分利用，发挥热电联产的优势；利用硫酸生产中产生的热量发电并生产蒸汽供其他生产环节使用；直接利用供热站的动力生产液氨，降低液氨生产成本；利用味精生产中排放的高浓度废水提取蛋白，生产有机肥；对生产过程中的残渣废液边角料进行综合利用，制造出玉米浆、玉米胚芽、饲料蛋白等一系列联副产品，使资源得到了最大化利用。等项目全部建成，届时白城将由传统黄金玉米带，变为现代黄金玉米精深加工区，最大宗农产品将实现最大化深加工，并将在优化产业结构、促进农民增收上，实现里程碑式的历史性突破。

5. 装备制造与资源开发利用相促进的清洁能源新产业前景广阔

白城是东北地区风能资源最具开发潜力的地区，过去老天给白城的是风灾，如今白城乘风而上新能源，让风灾变为风财。白城上风电，坐的是“大型风电基地胎”，打的是装备制造与风场开发组合拳。起步就把发展风电装备制造业、延伸风电产业链作为重中之重，通过近些年的招商引资和资源开发，相继引进了华锐科技、中材科技、三一电气、国电通力等 13 户风电装备制造龙头企业，基本形成了涵盖主机、叶片、导流罩、塔筒等全产业链产品的风机制造装备产业。目前，年产风机能力达到 317.5 万千瓦、年产风机塔筒能力达到 1550 台套、年产风机叶片能力达到 3000 套。与引进风电装备制造龙头企业相同步，近些年，华能、大唐、国电、国家电投、中电投、华电、中广核等 17 户国内外知名的电力龙头企业也纷纷入驻白城。截至 2017 年年末，共开发建设 53 个风电场，风电并网装机 333.5 万千瓦。到“十三五”末期，力争实现装机总容量达到 1000 万千瓦的大型风电基地发展目标。为保证这一目标变为现实，白城同步着力解决“两大关键”问题：一个是，着力打通外送通道，解决输出“瓶颈”。2018 年 2 月，通榆瞻榆（昌盛）500 千伏开关站项目（扎鲁特旗至青州特高压输出线路重要组成部分）提前 5 个月全面投产运行，有效缓解了吉林西部弃风窝电问题。以白城为起点的第二条特高压通道的建设，也已列入市政府与省电力公司“十三五”合作协议。另一个是，着力发展高载能产业，提高消纳比重。立足在全国全省率先建成风电本地消纳示范区，目前，一批较大规模和较高科技含量的高载能项目，正在招商对接和向上争取之中。同时，白城在全国推出了首批火电灵活性改造试点项目——热电解耦，现已为几个县（市、区）、几十个小区，通过风能转化为电能、电能转化为热能，实现了电供热电采暖。这一项目的实施，不仅消纳了大量风电，而且通过风火替代，现在每年可节约标煤 7 万吨，实现烟尘排减 55 吨，二氧化硫减排 909 吨，氮氧化物排放量 606 吨，开辟了清洁能源供热新模式。全市使用本地风电，实行电供热、电采暖，结合推广新能源汽车，建设城内换电站和充电桩，以及推广使用风光互补路灯，在大型主题公园、学校、医院等公共基础设施推广采用地源热泵采暖，消纳本地风电的潜力会越来越大。风电先行做大，白城充分利用光热资源和生物质资源优势，发展光伏发电和生物质发电的步伐也明显加快。继镇赉众合一期3万千瓦生物质燃料热电联产项目后，大安安广、洮北华大、通榆善能三个生物质热点联产项目预计在2019年年底全部投产，届时白城市生物质发电总装机将达15万千瓦。总投资2.6亿元，日处理生活垃圾700吨，年售电量8176万千瓦时的洮北区垃圾焚烧发电厂项目，也将在2018年年底建成。光伏发电在已并网74.7万千瓦的基础上，又有了大突破。2018年4月，白城光伏发电应用领跑基地，成为国家能源局在东北地区唯一批准的优选基地，标志着白城门类齐全的清洁能源新产业全面实现新飞跃。

白城生态经济的全面发育，有力带动了全市经济结构优化和增长质量提升。以清洁能源、绿色农产品加工、装备制造、医药健康等产业为主体的生态工业体系初步建立；生态农业开始迈入绿色特色交相辉映、一二三产业紧密融合、高效集约渐入佳境的新阶段；趟出了用项目载体、企业模式、生态理念谋划和推动发展的新路子；打造“中国特色杂粮之城”、生态牧业基地等特色品牌，创建全国食源性食品安全生产基地结出了新硕果；生态旅游资源和特色进一步丰富提升，呈现出巨大的发展潜力；整个白城经济全面增强了新动能，朝着推行绿色生产方式、促进生态资源优势向产业优势加快转化，实现经济与生态协调发展互融互促的方向和目标，迈出了更加铿锵有力的坚实步伐。

（五）严控生态污染，全力做好“保”的文章

李明伟市长对此态度非常坚决：白城经济发展相对落后，但生态保护不能走在后面，必须坚持在建设中保护、在保护中建设，全力保护好白城的碧水蓝天、空气净土。

1. 严格把住环境准入关

一直以来招商引资上项目，是白城发展的首要之策和全部工作的重中之

重，而环境准入首当其冲、至关重要，社会各界和广大市民也时有担忧、不甚托底。就此，市委书记庞庆波多次在市委常委会和招商引资项目调度会上强调：全市各级领导干部和相关部门，都要严格把住环境准入关，项目再好，白城再难，也不能上重污染项目，在治理环境污染问题上，绝没有软环境。这一决绝的态度和严厉的“令箭”，成为白城招商引资上项目的一个根本遵循和取舍门槛。对环保要求高、投资大、规模大，对地方经济发展贡献也大的项目，各级领导和有关部门也坚持紧盯不放，凡是达不到节能减排要求的，坚决叫停整改，绝不姑息迁就。近几年，全市没有发生因“长官意志任性”和环保把关不严，导致有污染项目放行落地的现象和问题。

2. 扎实打好打赢蓝天保卫战

对煤烟型污染进行“大改造、中整合、小淘汰”，全市燃煤电厂分别实施了脱硫、脱硝、除尘专项改造，全部实现达标排放，吉电股份白城发电公司在全省率先启动完成了超低排放工程。市区 19 家供热企业有 15 家并入白城龙华电厂和吉电股份白城发电公司，实现热电联产，整合供热面积 1210 万平方米。2015 年以来，全市累计淘汰燃煤小锅炉 462 台，其中市区淘汰 262 台，近期即可全部淘汰。统筹推进机动车尾气治理和“抑扬尘”治理，严禁超排、“乱扬”，稳步提升空气环境质量。2017 年，市区空气优良天数达 327 天，占比 92.9%，PM10 比 2016 年下降 26.7%，PM2.5 比 2016 年下降 35.4%。

3. 扎实打好打赢碧水保卫战

实施最严格的水资源保护制度，重点抓好嫩江、洮儿河等重点流域、重点水域水质，协同推进水资源保护、水岸线管控、水污染防治、水环境治理、水生态修复。“十二五”期间，白城松花江流域水污染防治项目完成率为 82.5%，完成省目标任务。2015 年以来，境内嫩江水质达到国家地表水Ⅲ类水体标准。全市建成 6 个污水处理厂，并实施了扩能改造。辖区内 7 个集中式饮用水水源地水质达标率 100%。

4. 扎实打好打赢黑土保卫战

近年来，白城坚持以严格控制农村面源污染、强化畜禽粪污治理为重点，全面加大土壤污染防治和综合保护力度。加强沙化土地修复、盐碱地治理和黑土地保护，不断扩大高标准基本农田面积，被列为国家级保护性耕作示范县。全市推广保护性耕作面积 162 万亩，秸秆还田超过 100 万吨，测土配方施肥应用面积 949 万亩。2018 年，全市化肥、农药、除草剂施用量同比分别减少 9.7%、7% 和 2%。洮南金塔辣椒基地、大安香瓜农业科技示范场、镇赉国嫩江湾米业、通榆鹤乡米业、洮北吉林油田洮儿河农场等上百个生产基地先后被认证为国家有机食品生产基地。

三、希望白城——催生绿野成沃野的生态之魂

“生态兴则文明兴”，习近平总书记的这一著名论断，在白城生态建设和整体发展中，得到了生动诠释和全面验证。如今，艰辛重塑的白城大地，百草奋兴的绿野沃野，已经成为孕育白城崛起振兴的希望之野、圆梦之野。而深深植根在白城大地上的生态之魂，则是白城市委、市政府和各级领导长久放在心上、常年扛在肩上、常态抓在手上的“生态三题”。

（一）一以贯之的发展主题

自 1954 年设立吉林省白城子专员公署以来，白城历届党委、政府（行署，下同）坚持面对白城“三个特殊”，始终咬定“三个第一”的根本初衷。即：坚持面对白城特殊区位，始终把遏制生态退化当作义不容辞的第一挑战；坚持面对白城特殊区情，始终把生态修复治理当作摆脱贫困的第一要务；坚持面对白城特殊责任，始终把打造良好生态当作镇守一域的第一职守。白城作为吉林省西北部的重要门户，担负着为省内中、东部地区构筑生态屏障的特殊责任。几十年来，历届党委、政府都为此殚精竭虑，“强基固垒”。实践中，相继总结推出了流动半流动沙丘、盐碱地、半山区、栗钙土

（白干土）区、退化林分、“生态草”等七种吉林西部荒漠化治理模式，有效地阻止了风沙大面积向吉林省中、东部地区侵蚀的脚步。

2015年11月，全国百名优秀县（市）委书记庞庆波调任白城市委书记后，经过深入调查研究和全面审时度势，在白城市第六次党代会上所作的报告中明确提出：紧紧围绕建设吉林西部生态经济区，突出抓好生态环境、生态扶贫、生态经济、生态城市“四个重点”，加快推动白城新一轮振兴发展。为了更加突出、更好坚持生态建设这一发展主题，白城市委、市政府组织力量，下大力气研究制定《白城市生态保护与建设五年行动计划》，在全市统筹实施“四大生态工程”（河湖连通、湿地修复、草原治理、造林绿化）、扎实开展“三大环境保护行动”（大气污染防治、水污染防治、土壤污染防治）、加快建设“五大生态产业基地”（湿地产业、草食畜牧产业、特色林果产业、清洁能源产业、生态旅游产业）战略任务，系统构建“两大保障体系”（健全完善生态建设制度体系和生态保护法制体系）。这“四项重点”的确立和实施，把白城生态建设推进到全业融合、全民参与、全力打造、全面推进的发展新阶段。

（二）造福一方的民生命题

一方水土养一方人。白城贫困欠发达，这方水土养这方人非常不易。由此，白城历届党委、政府始终把保护改造建设好足下的这方热土，当作恪守为民情怀、忠诚为民担当、长久为民造福的根本命题。市委书记庞庆波在白城市第六次党代会上作出了“努力让全市人民过上更加美好的日子”的庄严承诺。践行这一承诺，着力抓好生态扶贫和老城改造这两件急民需、解民困、暖民心的大事。

抓生态扶贫，庞庆波书记带头带领有关部门沉下去，迎着难题精准想实招、谋实策，亲自抓点精准探实路、求实效，在精准务实、取得“真经”的基础上，在全市大力推行了以促进“三个融入”、抓好“四类项目”、实施“八大工程”为主要内容的扶贫新模式。促进“三个融入”，即：把生态理念融入产业扶贫、融入共享共建、融入社会治理，促进扶贫开发与生态保护协调并重、融合共进。抓好“四类项目”，即：“主推合作社 + 贫困户”“龙头企业 + 贫困户”2 种产业扶贫模式，全力抓好庭院经济、光伏扶贫、“抗旱水源井 + 柴改电”、电商扶贫等 4 类生态扶贫项目，确保发展可持续、脱贫有保障。实施“八大工程”，即：解决好贫困村危房改造、围墙大门改造、道路建设、绿化美化、给排水、环境卫生、公共服务设施、村容村貌，全面改善农村生产生活环境。经过两年多的大检验，这一新模式取得了大成效，贫困群众获得了大收益，脱贫攻坚战赢得了大进展。到 2018 年年底，计划 3.9 万人脱贫、233 个贫困村退出、洮南镇赉 2 个县（市、区）摘帽。到 2020 年，全市实现整体脱贫，与全国全省一道同步迈入小康社会。

白城撤地设市较晚，现主城区是在原白城市（1958 年设市，现洮北区）格局上拓建的。随着城市快速发展和人口剧增，老城区功能严重滞后的弊端日益凸显，人民群众要求综合改造提升的期盼日益强烈，突出聚焦在“四多、四个严重不足”上，即：基础设施欠账多，承载能力严重不足（市区街路破损严重、道路梗阻拥堵严重、地下管网老化严重）；颜值欠佳违建多，品质魅力严重不足（市区面貌老旧滞后，各种遗留违建随处可见）；公共服务缺陷多，市民需求严重不足（市区广场绿地少、建设标准低、公共休闲空间不足，居民小区物业弃管严重，文化体育设施缺乏）；城市管理诟病多，到位监管严重不足（市区环境卫生差、管理秩序乱、各种不文明现象多）。2016 年，白城市委、市政府把老城改造当作最大的民生工程，抓住海绵城市的宝贵机遇，在 38 平方公里老城区，全面展开了有史以来投资最多、规模最大、标准最高、涉及面最广的整体改造提升工程。经过全市上下的全力奋战，交出了令人欣喜的成绩单。老城改造累计投入 68 亿元，实施海绵城市、管廊建设等 16 类 469 个重点项目，改造主要街路 48 条、改造全部老旧小区 172 个，累计拆除违建 18 多万平方米。海绵城市的建设，通过采用“渗、滞、蓄、净、用、排”等措施，完善了城市雨水综合管理系统，有效地解决了城市内涝、小区积水、污雨同流等突出民生问题，同步增加了城市绿地，改善了人居环境。城区绿化新栽植树木25.2万株，花卉85.3万平方米，草坪23.4万平方米，引进20余种高端乔灌木；所有广场、公园都增加了绿地面积，打造了丰富多元的绿化景观；完善了各种体育健身器材和公共休闲配套设施，市民广场、阳光广场篮球、足球、排球、网球、羽毛球、门球等场地一应俱全，而且全部达标。整个改造3年工程，2年基本完成，创造了城市建设的白城速度，在全省率先完成了对老城区的全面改造。作为全国首批16个海绵城市试点之一，东北唯一一个试点城市，白城成功探索了“海绵城市＋老城改造”的“白城模式”，得到国家相关部委和专家的充分肯定。特别是严格把好打造精品工程关，有质量问题工程整改率达到100%。正是靠这些过人的胆识、过硬的举措和丰硕的成果，兑现了“老城变新城，小区变花园”的承诺，赢得了干部群众的认可和拥护。为巩固提升老城改造成果，白城市2018年又启动了“城市管理提升年”活动，突出围绕规划建设、环境卫生、综合管理“三个不留死角”，更加严细扎实强化城市管理，实现市民文明素质和城市管理水平“双提升”。老城改造上档次、提颜值，魅力大增，市民百姓用“四个从来没有”点赞城市美、环境美，即：茂树繁花，从来没有这多彩；阔街华灯，从来没有这气派；朗天洁地，从来没有这干净；老城新姿，从来没有这可爱。用“乐在五心”频晒好日子、好心情，即：乐在生态新区，居爽心梦幻高层（棚户区改造1500户动迁入住居民，恍如做梦、喜乐开怀）；乐在小区花园，享称心宜居环境（多数小区构建了亭阁台榭、健身器材、娱乐场所）；乐在市民广场，看走心音乐喷泉（每周上演数次，万人攒动观看）；乐在幸福大街，走开心华灯大道（十里长街、十里名树、十里华灯）；乐在机关大院，品暖心还绿民情（全市机关团体拆墙透绿、还绿于民）。

（三）久久为功的攻坚课题

改革开放40年来，白城能够实现由生态脆弱区，向生态恢复区、优势区的逆袭、回归和提升，是持之以恒干出来的，更是穷则思变、多措并举逼出来的。

1. 以强化生态制度责任约束，倒逼生态环境改善

结合白城实际，制定了自然资源用途管制、网络化环境监管、生态保护补偿、执法监督等比较完善配套的各类制度。成立了生态建设领导机构，党政主要领导同任组长、同担一责。建立了污染防治联动、预警研判、督查督办等一系列工作机制。出台了《白城市生态环境保护工作职责规定（试行）》，明确了县级以上党委、政府和5个党委部门、39个政府部门，以及法院、检察院的生态环境保护工作职责，扎实建立起“管发展必须管环保、管生产必须管环保”的生态环境保护工作责任体系。研究制定了生态文明建设评价考评体系，对各级党委、政府生态建设目标考核评价实行党政同责、一岗双责，重点对资源利用、环境治理、环境质量、公众满意程度等内容进行考核评价。实行了领导干部自然资源离任审计、生态环境损害责任终身追究制度。随着生态制度和领导责任制度逐步强化完善，各级党政领导和部门，都自觉增强生态环保意识、坚持绿色发展理念、树立正确的政绩观，更加积极有效地保护和改善生态环境；整个生态环保工作呈现出一体捆绑抓、整体合力抓，高层推进、深度推进、全民推进的可喜局面。

2. 以生态环境改善，倒逼产业转型升级

长期以来，农产品加工业一直是对生态环境影响较大、优化结构转型升级潜力也较大的一个支柱产业。市委书记庞庆波明确指出：实施工业转型升级三年行动计划，必须突出抓好绿色农产品加工业转型升级，坚持从农牧渔业资源中找工业，积极探索循环经济模式，建设生态产业集聚平台，形成循环的生态产业链，促进资源利用最大化，环境污染最小化。李明伟市长明确要求：实施农产品加工业三年攻坚计划，全面提高绿色精深加工产业化水平，务必做到突出实、狠抓快、确保好。近几年，全面加大“三抓、三大、强三力”的工作力度，带来3个期盼已久的新变化和新提升。“三抓、三大、强三力”的工作力度，即：反弹琵琶“倒着抓”，引大龙头畜牧企业，增强支撑带动力；种养结合“一体抓”，建大生态牧业饲草（饲料）基地，增强

融合保障力；转型升级“链式抓”，做大循环环保畜牧，增强发展生命力。带来三个期盼已久的新变化和新提升，即：每个县（市、区）都着力引进培育一批大龙头企业，打造一批产业集群，较好地解决了以往布局分散、加工与上下游脱节的问题，带来了产业布局转型升级的新变化、新提升；突出拓展农产品精深加工和综合利用加工，较好地解决了以往农产品加工初级产品多、产业链条短、附加值不高、产业大而不强的问题，带来了产业体系转型升级的新变化、新提升；把发展农产品加工业的着力点由前端移至后端，注重科技含量、注重化废为宝、注重三产融合，较好地解决了以往农产品加工后端损失难减、污染难控、融合难成的问题，带来了循环经济融合发展、生态环境有效保护的新变化、新提升。随着经济发展生态要求日益提高，这三个新变化、新提升，将对白城整个生态经济的培育发展和生态环境的持续改善，产生重大而深远的影响。

3. 以建设美丽白城，倒逼生产生活方式转变

突出抓住“人”这个核心和关键，着力从 4 个方面施以影响，推动促进生产生活方式转变，即：以倡导绿色发展，引导带动人转变。在全体市民中大力加强生态文化宣传教育，倡导绿色生产方式和生活方式，引导全社会增强生态环保意识。促进各类企业的生产方式，向珍惜资源、珍爱环境、节能减排转变；促进群众的生活方式，向勤俭节约、绿色低碳、文明健康转变。以强化目标激励，鼓舞驱动人转变。相继提出老城变新城、“天天是新城”、让白城成为全省最干净最整洁的城市，实施“四城联创”，把白城建设成为国家级卫生城、园林城、文明城、生态城。这些目标的提出实现和不断攀升，对白城所有企业和市民转变生产生活方式，起到了极大的鼓舞驱动作用，促成了企业齐动抓整改转变、市民齐动抓养成转变的崭新局面。以辛勤劳动服务，感动感染人转变。在城区突出抓好小区“管理五包”（市区两级 70 位领导、206 分部门、包保 306 个小区，扎实做好包业主委员会成立、包物业公司引进和建立、包物业费收缴标准确定、包“钉子户”低保户、特困供养人员物业费收缴、包管理常态化运行机制建立等 6 项工作），让受小区

管理多重问题困扰的群众踏实受益；城区内全部实行机械化深度洗扫，环卫保洁人员确保全天候保洁无死角死面。在农村，全面实行了生活垃圾“户集、村收、镇运、县处理”的集中处理模式（或生活垃圾清运外包服务），建立起“村集体主导、保洁员负责、农户分区包干”的卫生常效保洁机制。市区两级机关干部还下农村、进社区，开展了“清洁城市、美丽家园”环境卫生大整治志愿者系列活动。所有这些，都深深地感动和感染了城乡广大群众。市民百姓一致表示：各级领导、机关干部、管理部门和专业队伍，为创造城市美好环境付出这么多的辛勤劳动、提供这么好的周密服务，对他们最大尊重和最好回馈，就是提高文明素质，养成文明习惯。以加大执法力度，规范约束人转变。颁布了白城市第一部地方性法规——《白城市市容和环境卫生管理条例》。在全体市民中扎实开展“告别不文明行为”专题活动，着力提升群众文明素质。全力开展市容“十方面”整治（对乱摆乱卖、乱泼乱倒、乱堆乱放、乱养乱遛、乱支乱挂、乱停乱占、乱喊乱叫、乱烧乱烤、乱贴乱画9个方面清理整治工作），强化人车路齐管保畅通，建立起良好的市容管理秩序和道路交通秩序。严格按照新《环境保护法》要求，加大查处力度。2015年至今，全市环境行政处罚案件共计450件，罚款总额近2500万元，适用《环境保护法》配套办法案件共计112件，其中，限产、停产案件67件，有力震慑了环境违法行为，实现源头严防、过程严管、违法严惩。

在此次调研整个过程中，我们始终有一个比较强烈的感触，就是尽管白城的生态建设包括脱贫攻坚、经济发展、城市改造都取得了很大成绩，但党政领导的头脑十分清醒：对白城仍处在爬坡过坎、攻坚克难关键时期的定位非常准确；对白城生态环境总体改善、恶化趋势仍未彻底扭转的考量非常精确；对推进白城振兴发展仍面临严峻挑战、巨大压力和繁重任务的认识非常明确。由此，白城愈是向前发展、向上提升，他们的使命意识就愈发强烈，谋求创新突破的拼搏精神就更加迸发。新敲定的三个宏大目标是：力争在今后几年内，更牢筑强吉林西部生态屏障，更快打造特色生态产业基地，更好践行“白城多种一棵树，长吉图少落一粒沙”的神圣职守；积极创造条件，争取支持，加快构建白齐兴（白城、齐齐哈尔、兴安盟）国家级跨省生态经济合作区，打造区域发展生态样板区、产业集聚区、合作中心区；加快实现“四城联创”目标，为打造美丽中国“吉林样板”贡献白城力量，努力实现全市人民群众幸福感和满意度大幅跃升。

我们坚信：历经改革开放40年春风尽染的新白城，在新时代的新征程上，一定能够抢抓更多机遇、战胜更难挑战，把更加卓越的绿色发展业绩，镌刻在更加美丽的白城大地上。

（2018年8月）

延边

YANBIAN

延边朝鲜族自治州民族团结进步事业的主要成就与经验

中共吉林省委宣传部
中共延边朝鲜族自治州委员会

民族团结是社会主义民族关系的基本特征和核心内容，也是实现中华民族伟大复兴的强大动力。改革开放40年来，在中国共产党的正确领导和党的民族政策的光辉照耀下，延边民族地区认真贯彻党的“一个中心、两个基本点”的基本路线和习近平“中华民族一家亲，同心共筑中国梦”核心理念的民族工作思想，实现了工作重心的转移，维护民族团结和国家统一的各民族最高利益，最大限度凝聚各族人民智慧和力量，政治、经济、社会等各项事业发生了根本性的变化。少数民族的面貌、民族关系的面貌、民族团结进步事业的面貌发生了历史性的变化，全州呈现出民族团结、边疆安宁、经济发展、社会进步，各族群众生产生活不断改善的良好局面。民族团结进步事业的“延边经验”，成为中国特色社会主义民族工作道路、理论、制度、文化成功实践的生动典范。

一、延边朝鲜族自治州改革开放40年民族团结进步事业的主要成就

延边朝鲜族自治州位于吉林省东部，地处中、俄、朝三国交界，是中国唯一的朝鲜族自治州和最大的朝鲜族聚居地。总面积4.33万平方公里，全州辖延吉、图们、敦化、珲春、龙井、和龙6市和汪清、安图2县，首府为延吉

市。自治州成立于1952年9月3日，总人口212万人，其中朝鲜族人口75.9万人，占全州总人口的35.8%。延边东与俄罗斯接壤，南与朝鲜隔江相望，边境线总长768.5公里。其中，中朝边境线522.5公里，中俄边境线246公里。

延边朝鲜族自治州的民族团结进步事业始终走在全国前列。1994年、1999年、2005年、2009年、2014年连续5次被国务院授予“民族团结进步模范集体”光荣称号，是全国30个少数民族自治州中唯一获此殊荣的地区。民族团结进步创建工作亮点频出，2013年9月13日，国家民委确定延边州为“创建全国民族团结进步示范州（地区、市、盟）13个试点地区之一，经过3年创建，2016年12月27日国家民委正式命名延边州为“全国民族团结进步创建活动示范州”，全州8县市中有5个县市被国家民委命名为全国民族团结进步示范单位。党的十八大以来，特别是习近平总书记到延边调研视察后，对民族团结进步创建工作给予了极大鼓舞和鞭策。

延边朝鲜族自治州成功创建“全国民族团结进步示范州”，既是对改革开放40周年献的一份大礼，同时也加快了延边朝鲜族自治州经济社会发展，实现我国民族工作新发展具有重要的借鉴意义。延边经验为其他民族地区创建“全国民族团结进步示范区”作参考，为我国民族团结进步事业提供了实践依据。

（一）民族区域自治制度不断完善

民族区域自治制度是指在国家的统一领导下，以少数民族聚居区为基础，建立相应的自治地方，设立自治机关，行使自治权。习近平总书记强调，我国是一个统一的多民族国家，民族团结是各族人民的生命线。加强民族团结，根本在于坚持和完善民族区域自治制度。1952年9月3日成立延边朝鲜民族自治区，实行民族区域自治。1955年12月，延边朝鲜民族自治区改为延边朝鲜族自治州。现辖延吉、珲春、敦化、图们、龙井、和龙6市和安图、汪清2县。1956年12月通过了《延边朝鲜族自治州各级人民代表大会和各级人民委员会组织条例》，至此完备了自治州的政权体制。特别是

1984 年《中华人民共和国民族区域自治法》颁布实施以来，民族区域自治作为我们党和国家解决民族问题的基本主张，在延边实践中发展，在发展中完善，最大限度地保障了政治自治权利。

1. 发挥民族区域自治优势，依法推进民族团结进步事业

自治权是民族区域自治制度的核心，也是实现民族平等的关键。我国宪法明确规定："各少数民族聚居的地方实行区域自治，设立自治机关，行使自治权。各民族自治地方都是中华人民共和国不可分离的部分。"这两句话缺一不可。其中，国家统一是第一位的，是实行民族区域自治的前提和基础。没有国家的集中统一，就谈不上民族区域自治。延边朝鲜族自治州在实践民族区域自治中，把党和国家总的方针政策与延边民族地区的实际相结合，因地制宜推进民族地区立法进程。一是民族自治法规体系已经形成。1985 年，延边在全国率先制定了自治条例，至今共制定现行有效的自治条例和单行条例 48 部和 120 多项具有法律效力的决议和决定，包括总纲类 1 部，经济类 20 部，社会类 20 部，民族事业类 7 部，涵盖社会生活的各个领域，形成了比较完备又独具特色的民族法规体系，立法工作走在全国 30 个自治州的前列。二是民族立法质量不断提高。为了保证条例的时效性和适用性，组织开展立法后评估工作，2014 年开始对《延边朝鲜族自治州城市饮用水水源环境保护条例》《延边朝鲜族自治州促进专业农场发展条例》的立法质量和贯彻执行情况进行立法综合评定，推进了立法质量的提高。三是民族特色地方特点在立法中得到体现。延边围绕中心、服务大局，民族立法范围不断扩大，创制性立法接近立法总数一半；乡村林业、牧业用地管理、土地资产管理、土地监察、水政渔政监察、城市住宅区物业管理、保护和发展朝鲜族用品生产、城乡规划管理等条例，既保持了与上位法的统一，又体现了浓厚的民族特点和地方特色，对保障和促进延边朝鲜族自治州经济社会全面进步起到十分重要的作用。主要体现在"四个加强"上：一是加强了经济建设方面的立法，已制定的单行条例中就有 20 余部属于促进和保障经济发展方面的条例，如 2010 年制定《延边朝鲜族自治州旅游条例》，2016 年制

定《延边朝鲜族自治州延边黄牛管理条例》，2018 年制定《延边朝鲜族自治州安全生产条例（地方性法规）》。二是加强了社会领域立法，如 2011 年制定的《延边朝鲜族自治州法律援助条例》，保障了经济困难的公民获得必要的法律服务。三是加强了环境与资源保护方面的立法，如 2018 年修改《延边朝鲜族自治州长白松省级自然保护区管理条例》，规范了保护、发展和合理开发利用长白松(俗称“美人松”）资源的统一规划、合理开发和综合利用。四是加强了民族教育文化卫生方面的立法，如 1988 年制定的《延边朝鲜族自治州朝鲜语言文字工作条例》，是我国民族区域自治地方中首次公布的单行条例。它为延边朝鲜族地区实施及保障语言文字方面的自治权利提供了重要的法律依据和保障。2011 年制定出台了全国首个《延边朝鲜族自治州保护和发展朝鲜族传统体育条例》等，在开展朝鲜族秋千、跳板等传统体育项目的入校普及等方面作出了具体规定。2015 年制定的《延边朝鲜族自治州朝鲜族非物质文化遗产保护条例》有利于进一步保护民族文化传承。

2. 筑牢民族区域自治基石，培养少数民族干部人才

民族区域自治，保障了少数民族在政治上的平等权利和合法权益，激发了各民族共同团结奋斗、共同繁荣发展的积极性。延边朝鲜族自治州改革开放 40 年来，州委、州政府高度重视朝鲜族干部的培养和使用，坚持“充分信任、积极培养、大胆使用”的原则，按照民族干部高于其人口比例进行选配。目前，延边少数民族干部占全州干部总数的 45%，高于所占人口比例 9 个百分点，各级领导班子中的一、二把手实行汉族和少数民族干部交叉配备，朝鲜族“一把手”始终不低于 50%。少数民族在全州各级干部中所占比例，均高于其人口比例。少数民族干部为加快延边地区经济社会发展，促进民族团结进步提供了强有力的人才保证。

（二）经济持续健康发展

延边朝鲜族自治州始终坚持把加快民族地区经济发展作为解决民族问题的根本途径，实现民族地区经济持续健康发展。

1. 经济总量日益增大

改革开放以来，延边朝鲜族自治州 GDP 总量从 1978 年的仅 8.2 亿元猛增到 2017 年的 927.6 亿元，增长 113 倍，年均增长率达到 8.9%，比全国 GDP 9.5%的年均增长率低 0.6 个百分点。人均 GDP 从 1978 年的 266.7 元提高到 2017 年的 43943 元，增长 165 倍。从近 14 年全国 30 个少数民族地区统计数据看，有 12 个年份延边朝鲜族自治州人均 GDP 排在前 5 位。随着延边朝鲜族自治州经济总量不断扩大，人民群众获得的实惠越来越多，生活质量和幸福指数显著提升。

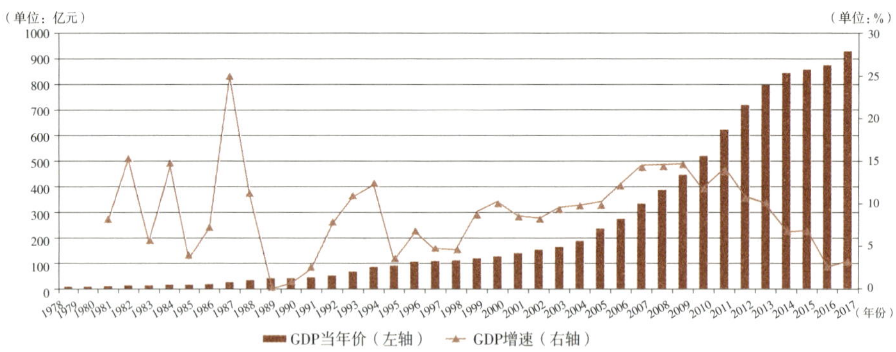

改革开放以来延边朝鲜族自治州 GDP 及其增速变化情况

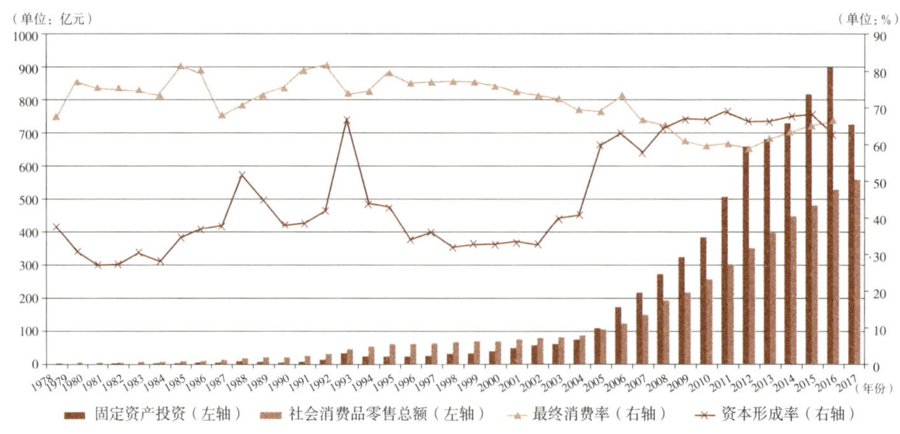

改革开放以来延边朝鲜族自治州固定资产投资、社会消费品零售总额及最终消费率、资本形成率变化情况

改革开放以来，由于特殊的地理位置，大量的延边朝鲜族选择以韩国为主，以日本、俄罗斯、新加坡等国为辅的劳务输出，大量的劳务输出富裕一方百姓。为此，延边朝鲜族自治州更多是依靠消费特别是居民消费拉动经济增长。从近 14 年全国 30 个少数民族地区统计数据看，有 12 个年份延边朝鲜族自治州社会消费品零售总额排在第一位；有 9 个年份人均居民储蓄存款余额排在第一位。1978 年至 2007 年，延边朝鲜族自治州最终消费率始终保持在 65%以上。同时 2008 年金融危机以来，投资拉动经济增长的势头明显增强，资本形成率达到 65%左右，呈现出了消费和投资的双重强劲拉动趋势。

2. 产业结构趋于合理

如下图所示，1981 年至 2017 年延边朝鲜族自治州的国民经济整体运行态势良好，虽然 2003 年也受到了“非典”疫情所带来的负面影响，但还是保持了较高速度，而且呈现出比较平稳的运行态势。第一产业从 2000 年开始发展速度比较慢，而第二产业在 1988—1989 年、2011—2016 年中呈现了蓬勃发展的强劲增势，在 3 个产业中发展速度最快，第三产业则以平稳的速度发展。党的十八大以来，延边朝鲜族自治州经济已由高速增长阶段转向高质量发展阶段。经济结构出现重大变化，居民消费加快升级，把重点放在推动产业结构转型升级上，旅游、医药、食品等产业加快发展。

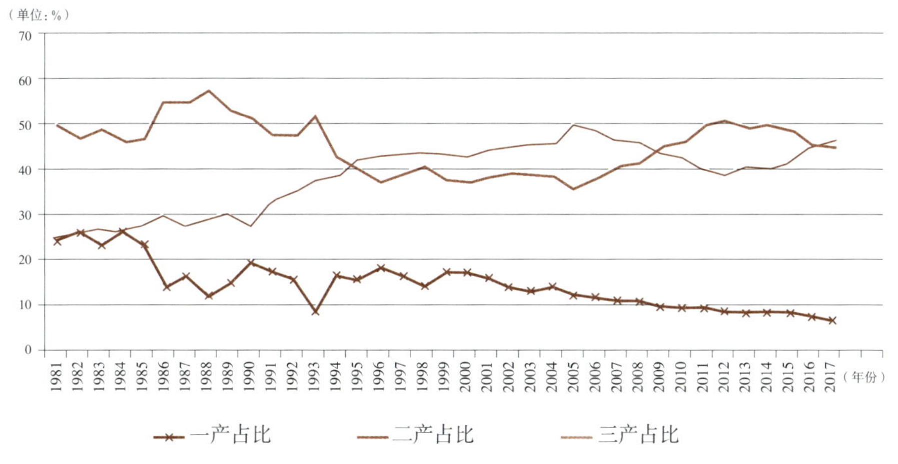

改革开放以来延边朝鲜族自治州产业结构变化情况

延边朝鲜族自治州三产结构从 1978 年的 28.2：47.8：24.0 调整到 2017 年的 7.5：45.8：46.7，第三产业提高 22.7 个百分点，对经济增长的贡献率分别为 7.6%、18.7%和 73.7%。改革开放 40 年来，延边朝鲜族自治州逐步形成以延边大米、黄牛、食用菌种养殖为区域特色的第一产业，以医药、食品（烟草）、林产工业、能源矿产、装备制造业为核心支撑的第二产业，以旅游、餐饮娱乐、物流为比较优势的第三产业，产业结构趋于合理，在工业稳步增长的同时，服务业成为经济增长新亮点。

3. 对外开放持续深入

改革开放以来，延边朝鲜族自治州凭借地处东北亚金三角的地缘优势与国家政策支持，对外开放持续深入，创新出境加工复进境、借港出海、内贸货物跨境运输等多种开发开放模式。对外贸易稳步扩大，进出口总额从 1978 年的 946 万元，猛增到 2017 年的 143.7 亿元，其中，出口总额从 1978 年的 508.3 万元，猛增到 2017 年的 65.4 亿元；出口总额从 1978 年的 437.6 万元，猛增到 2017 年的 78.3 亿元。目前，延边朝鲜族自治州作为国家“一带一路”建设向北开放的重要窗口，逐步形成对俄、对朝、对韩、对日 4 大稳定市场，对外贸易进一步平衡发展。

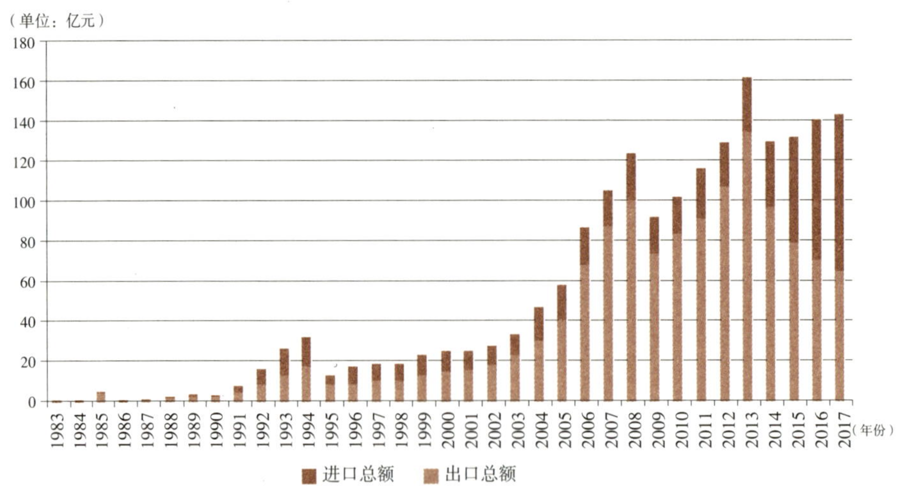

改革开放以来延边朝鲜族自治州进出口总量变化情况

4. 民生大幅改善

改革开放尤其是党的十八大以来，延边朝鲜族自治州在经济快速发展的同时，财政收入增长却有限，但民生支出大幅增加，收支矛盾呈现出扩大趋势。民生事项地方财政支出增加。2017 年，延边朝鲜族自治州一般公共服务、公共安全、教育、社会保障和就业、医疗卫生、城乡社区事务等 6 大重点民生事项地方财政支出分别为 26.7 亿元、16.4 亿元、39.7 亿元、46.5 亿元、19.5 亿元、24.3 亿元，合计达到 211.3 亿元，占到当年延边朝鲜族自治州财政支出总额比重的 62.3%。城镇常住居民人均可支配收入和农村常住居民人均可支配收入不断增加。从 1981 年的分别仅 423 元、320 元，提高到 2017 年的 24766 元、10401 元，年均增长率分别为 10.2%、12.0%，明显高于同期 GDP 的 8.9%的年均增长率。实现了党的十八大提出的“居民收入增长与地方经济增长同步，提高居民收入在国民收入中的比重”战略目标。此外，城乡居民收入差距在 21 世纪初达到峰值后明显回落，城乡居民收入差距显著缩小。

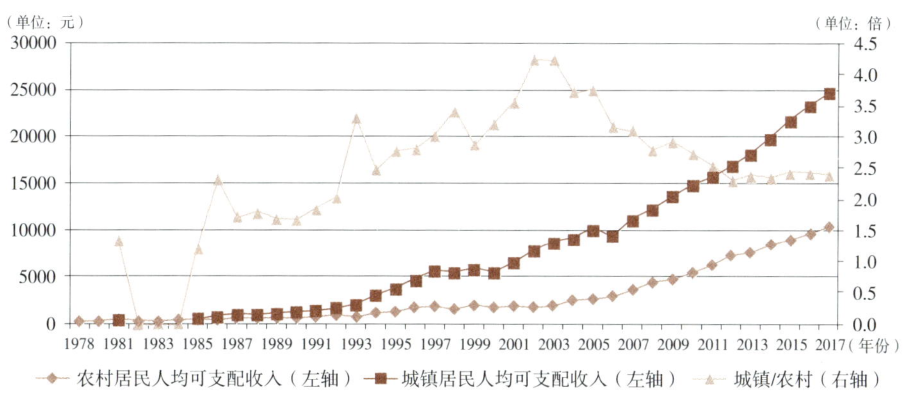

改革开放以来延边朝鲜族自治州居民收入变化情况

（三）民族文化繁荣发展

文化是民族的重要特征，少数民族文化是中华文化的重要组成部分。延边朝鲜族文化是中华文化不可分割的组成部分，改革开放以来，延边朝鲜族自治州委、州政府着力推进中国特色朝鲜族文化建设，尊重和保护中国朝鲜族文化，支持中国朝鲜族优秀文化的传承、发展、创新和交流，促进各民族心灵融合。

1. 文化事业繁荣发展

目前，全州收集整理了非物质文化遗产300项，国家级文物保护单位11家，国家级非物质文化遗产项目17项。朝鲜族农乐舞（象帽舞）是我国目前唯一列入联合国教科文组织《人类非物质文化遗产代表作名录》的舞蹈类项目。延边歌舞团创排的大型朝鲜族舞剧《阿里郎花》在第五届全国少数民族文艺会演中荣获音乐舞蹈类剧目金奖，并获得最佳舞台美术单项奖。在30个少数民族自治州中第一个实现了广播电视节目“上星”，每天译制央视《新闻联播》。编纂出版百卷《中国朝鲜族史料全集》。累计出版朝鲜文各类图书3.7万多种，900多种图书获得国家和省级优秀图书奖。延吉发现白垩纪大规模恐龙化石群。确定9月2日为“朝鲜语言文字日”。

2. 民族教育扎实推进

延边曾创造了普及朝鲜族小学教育、普及初中教育、基本实现青壮年扫盲等多个“全国第一”，较早建成了从幼儿教育到高等少数民族教育的完整体系。近年来又实行朝鲜族学前一年和高中阶段免费教育政策，引导朝汉各族学生相互学习语言，质量加特色的朝鲜族教育发展模式日臻完善。延边大学是全国30个少数民族自治州中唯一一所列入“211工程”院校的大学。

3. 传统体育项目持续发展

制定出台了全国首个《延边朝鲜族自治州保护和发展朝鲜族传统体育项目条例》。延边朝鲜族自治州共有3个朝鲜族传统体育基地，12所朝鲜族传统体育学校。秋千、跳板等传统体育项目在全国始终保持前列。2017年，延边朝鲜族自治州荣登第七届全省少数民族传统体育运动会金牌、奖牌榜首。延边素有“足球之乡”的美誉。国家级青少年校园足球特色学校达到106所，延边富德足球俱乐部是吉林省第一家职业足球俱乐部，也是中国足球职业联赛中唯一一支少数民族职业队，是延边的一张响亮名片。

4. 文化活动载体不断创新

延边朝鲜族自治州民族团结"七进"(进机关、进企业、进社区、进村屯、进学校、进军（警）营、进寺庙）活动与干部群众日常工作学习生活紧密结合起来，把民族团结渗透到各族群众心田，化作自觉行动。

在机关，组织干部学民族语言、穿民族服装、唱民族歌曲成为每年定期开展的活动；在学校，组织朝汉学校开展手拉手活动、开设民族团结双语教学课程，民族团结已经渗透到各族学生的血液中；在社区，每年开展“民族团结邻居节”“好邻居天天见”等特色活动。延吉市丹英社区的汉族书记王淑清一直坚持学习朝语，与朝鲜族阿妈妮亲如姐妹；在农村，开展“两个民族一家亲”“建设民族团结进步模范村”等活动。珲春市三家子满族乡古城村在朝鲜族党支部书记李龙玉的带领下，先后被授予了全国“民主法治示范村”、延边朝鲜族自治州“爱民固边模范集体”等荣誉称号；在企业，积极开展捐资助学活动；在军营，组织实施“同心筑堡垒”“强基富民固边”等工程。驻军部队官兵还担当起边境“空巢老人”的“兵儿子”“留守儿童”的“兵爸爸”，“军爱民，民拥军”的鱼水关系深厚牢固，有力保障了祖国东北边陲的长治久安；在宗教场所，开展以“爱国爱教、知法守法、信仰纯正、管理规范、服务社会、教风端正、宗教和谐”为主要内容的促宗教“相适应工程”创建活动。

（四）“边陲党旗红”工程成效显著

延边朝鲜族自治州共有 5 个边境县（市），18 个边境乡镇，109 个边境村。在册人口 71424 人，常住人口 31778 人、占 44.5%。在册党员 3195 人，实际在村党员 1690 人、占 52.9%。近年来，延边朝鲜族自治州紧紧围绕强基富民固边、民族团结进步，深入实施“边陲党旗红”工程，不断夯实党在边疆民族地区的执政基础。

1. 建强基层党建组织体系

建强基层党建组织体系，为维护边境地区长治久安提供坚强组织保证。

一是建立领导机制。州、县（市）、乡镇党委逐级成立由党委书记为组长的基层党建工作领导小组，定期召开综合性议党会议和专题议党会议，全面研究部署边境党建工作，构建起上下联动的边境党建工作领导体系，形成一级抓一级、层层抓落实的工作格局。延边朝鲜族自治州遭遇“狮子山”台风和“7·21”特大洪水时，各级党组织勇挑重担、冲锋在前，创造了“无一人伤亡”的奇迹，得到了各级领导的高度肯定和基层群众的认可。二是完善责任机制。制定《关于实施“边陲党旗红”工程加强边境农村党的建设的意见》，贯彻“两议四抓一述”制度，在全州开展“争当管党好书记、支持党建好县（市）长”活动，完善了议党、述职、评议“三位一体”的党建责任落实机制，确保边境党建工作高效有序推进。三是严格考核问责。充分发挥考核的“指挥棒”作用，把党建考核作为硬指标，加大考核权重，强化问责举措，做到考核考党建、述职述党建、任用干部看党建，树立大抓党建的良好导向，推动基层党建特别是边境党建各项重点任务落到实处。2017 年，延边朝鲜族自治州在全省抓基层党建工作述职评议中得分排位靠前，被评定为“好”等次。

2. 打造过硬一线“带头人”

以打造过硬一线“带头人”为先导，为边境地区安宁和谐提供人才保障。一是选优配强。坚持好中选好、优中选优，坚持把能力强、素质优、有威信的业务骨干和能人，选拔到边境乡村党组织书记岗位。特别是在边境村，注重把本村优秀现任村干部、致富能手、农民经纪人、农民专业合作组织负责人、复员退伍军人、外出务工经商返乡党员培养选拔为村党组织书记。通过换届选举，109 个边境村中均有返乡创业人员进入村“两委”班子。二是强化培训。把边境乡村干部培训工作纳入干部教育培训范围，注重开展域外考察、现场教学、案例讲解、挂职锻炼等实战式培训。同时，积极引导乡村干部利用“新时代 e 支部”平台开展日常学习。近年来，共培训边境乡村干部 3200 余人次，有效提升素质能力。三是创新管理。实行边境乡镇党政正职由州委组织部备案管理，边境村党组织书记由边境县（市）委组织部备案管理。推行边境村干部“一定三诺两评”和“底线”管理办法，开展边境村干部年中和年度考核，考核结果与奖励报酬、评先评优、考录使用挂钩，有效调动了推动发展、维护稳定的积极性和主动性。

3. 创新活动载体，增强党建活力

以创新边境党建载体为牵引，着力构建边境地区和谐稳定的良好环境。一是开展军警地“同心筑堡垒”工程。按照“两个支部一堂课、两个阵地一起抓、两条战线一盘棋”思路，组织 126 名军警部队干部到边境乡村兼职，开展共建活动 160 余次，召开联席会议 157 次。增设边境村部警务室 109 个，组建护村巡逻队 109 个，让群众安心边境生活。组织 36 名副科级后备干部到边境村担任党建指导员，在 445 名党员家中悬挂国旗，设立党员“中心户”233 户，开展政策宣讲、领办代办等活动，边境群众爱党爱国、稳边固防意识进一步增强，切实在边境一线筑牢了稳固的“红色防线”。二是实施“国门党建一体化”工程。在 4 个口岸成立“国门联检党委”，在口岸驻守单位边防检查站、出入境检验检疫局、口岸办公室、海关设立 4 个党支部，实现了地方与垂直部门间的党建联动，形成资源共享、通关共商、和谐共促、形象共树、顺畅高效的“一站式”通关环境，为深化开发开放保驾护航。2017 年，这一做法在《人民日报》刊发，被《中国组织人事报》整版报道，并在全国基层党建创新典型案例评选中，荣获优秀案例。三是创新推行校地党建共建。组织延边大学与边境村结成党建共建对子，根据校地双方党支部建设实际，实现组织共建、队伍共强、工作共促、资源共享、困难共帮。目前，已结成共建对子 25 对。延边大学干部定期到边境村屯宣讲马克思主义理论，不断增强边境村干部和边境村民的爱党爱国意识和民族团结观念。

（五）生态文明建设和扶贫攻坚扎实推进

1. 全力打造生态名片

绿色生态是延边最大的资源和最大的财富，也是最大的潜力。2015 年延边朝鲜族自治州跻身“中国十佳空气品质城市排行榜”首位，2018 年在

国家生态环境部发布《2017 中国生态环境状况公报》中显示，延边朝鲜族自治州继续划入生态环境质量优良地区，标志着延边生态环境质量保持全国领先水平。

近年来，延边朝鲜族自治州获批国家生态文明先行示范区和全国水生态文明城市建设试点。延吉市三道湾镇、和龙市崇善镇、珲春市春化镇、龙井市德新乡成功创建国家级生态乡（镇）。各类保护区得到有效管护。为了做好保护和发展湿地工作，延边朝鲜族自治州成立了延边朝鲜族自治州湿地保护发展中心，制定了《延边朝鲜族自治州湿地保护发展工作方案》，围绕发展和保护两大主题，先行试点和全面实施保护、修复、重建、再造 4 大工程，湿地生态效益、经济效益、社会效益显现。目前，延边的湿地面积 14 万公顷，其中，健康湿地 8 万公顷左右；同时，延边朝鲜族自治州持续实施绿化美化延边大地规划，按照“生态为本、保护优先；分类经营、分区施策；因地制宜、适地适树；科学培育、转型发展；改善民生、维护稳定”的森林经营原则，保护培育了生物多样性保护区、森林景观区、水源保护区、水土保持区、珍贵树种培育区、一般木材生产区等 11 个森林功能区。2015 年延边朝鲜族自治州林业全面停伐以来，所辖重点国有林区有林地面积增加 260 公顷，森林蓄积增加 310 万立方米，确保青山常在。延边朝鲜族自治州森林覆盖率达 80%，是我国森林覆盖率 12%的 6 倍多，被世界称为 3 大自然生态系统的湿地“地球之肾”、森林“物种基因库”与海洋“生命摇篮”的生态系统功能得到了全面提升。经过权威机构评估，延边朝鲜族自治州行政区域内的森林生态系统在涵养水源、保育土壤、固碳释氧、林木积累营养物质、净化大气环境、生物多样性保育 6 个方面，每年创造的生态服务功能价值量为 3389.43 亿元，为全州的经济社会发展储备了一座“绿色银行”。多年不见的东北虎、豹呈现快速恢复势头。

2. 扎实推进扶贫攻坚

延边朝鲜族自治州是吉林省脱贫攻坚重点地区，全州有汪清、安图、龙井、和龙 4 个国家扶贫开发工作重点县（占全省的一半）。基础设施落后，贫困人口基数大，病残人口和老龄人口比例高。改革开放40年来，有计划实施“八七扶贫攻坚行动”、深入开展两轮新十年扶贫开发规划纲要行动，立足资源禀赋，始终坚持产业扶贫这个根本，让贫困群众的脱贫更可持续。以市场为导向，壮龙头、兴产业、强基地、树品牌，具有延边特色的有机水稻、延边黄牛、食用菌、中药材等优势产业不断发展壮大，形成了从原来靠天吃饭的种养单一传统模式，转向种养加一体化、一二三产业融合发展、光伏、电商、旅游等新业态扶贫竞相发展的产业格局。截至目前，全州共组织建设了各类绿色有机水稻、棚膜蔬菜、中药材等生产基地234个，食用菌生产近16亿袋，人参留存面积3500公顷，培育各类农村经济规模经营主体10977家，其中304个贫困村成立种植合作社354家，家庭农场995家，惠及全州5.8万贫困人口。全州农民人均纯收入由1978年的228元提高到2017年的10401元，贫困人口由1978年的70万人下降到2017年的2.5万人，贫困发生率由过去的70%下降到3.2%，贫困群众初步实现“两不愁三保障”目标，贫困地区基础设施和公共服务水平明显提升。

二、延边朝鲜族自治州民族团结进步事业的经验启示

（一）坚持党的领导是做好民族团结进步事业的关键

习近平总书记指出，“民族工作能不能做好，最根本的一条是党的领导是不是坚强有力。中国共产党的领导是民族工作成功的根本保证，也是各民族大团结的根本保证”。习近平总书记的重要讲话为做好新形势下的民族工作提供了根本的理论遵循和实践指导。

1. 夯实边境基层党建重在“关键力量”

治国安邦，重在基础；管党治党，重在基层。党的十九大报告指出，党的基层组织是确保党的路线方针政策和部署贯彻落实的基础。延边朝鲜族自治州边境地区基层组织建设，抓住书记这支关键力量，充分调动党员

领导干部抓党建的积极性和主动性。坚持“抓书记”和“书记抓”是一条主要经验，要求各级党委书记要切实履行好“一把手”责任，一级抓一级、一级带一级，经常深入基层、走村入户，及时发现问题、解决问题，成为熟悉边境地区农村情况、善抓边境地区农村党建的书记。建立市县乡镇党委书记抓边境农村基层党建责任清单，强化边境农村基层党建工作问责制。通过“书记抓”“抓书记”形成齐抓共管的“大党建”格局。如龙井市创新工作体制，打破部门壁垒组建边境乡镇“大党委”，由包保边境乡镇的市委常委任“大党委”第一书记，市直包保部门、驻地军警部队、林业系统、海关等为“大党委”成员单位，建立共同发展、合力固边工作机制。近年来，又把活动范围拓展到机关、林业、企业，构建了“局企军（警）林村”五位一体边境大党建格局。“党的生活同过，队伍建设同管，边境安全同守，兴边项目同建，军地互融同学，民族情谊同心，乡村振兴同创”成为活动的主要内涵，提高基层党组织的工作能力，基层党组织发挥了稳健的核心引领作用，巩固党在民族地区的执政根基。

实践证明，做好民族团结进步工作，必须以习近平新时代中国特色社会主义思想为指引，坚持中国特色解决民族问题的正确道路，坚持党的领导这个中国特色社会主义的最本质特征，必须发扬这个最根本的政治优势和制度法宝。基层党建必须抓领导干部履行带头示范之责。

2. 坚持和完善民族区域自治贵在“实事求是”

实行民族区域自治，是对马克思主义民族理论的运用和发展。我们党遵循马克思主义关于国家和政权建设的总原则以及各民族一律平等的基本原则，充分考虑我国是一个统一多民族国家的基本国情，创造性地在单一制国家内实行民族区域自治，使马克思主义解决民族问题的基本构想变成生动现实。习近平同志指出：“我们党采取民族区域自治这个新办法，既保证了国家团结统一，又实现了各民族共同当家作主。民族区域自治制度符合我国国情，在维护国家统一、领土完整，在加强民族平等团结、促进民族地区发展、增强中华民族凝聚力等方面都起到了重要作用。”中国共产党这一创举是对马克思主义解决民族问题方式的继承和创新性发展，也是对中国历史上“大一统”下“因俗而治”政治传统的借鉴和自觉超越。

延边朝鲜族自治州各级党委、政府始终把民族区域自治作为事关全州民族团结全局的头等大事，在维护国家政令统一和畅通的前提下，把坚持统一和自治、民族因素与区域因素二者有机结合起来，创造性地落实党和国家民族政策。自吉林省人大常委会颁布实施了《延边朝鲜族自治州自治条例》以来，该条例始终是延边地区各项事业发展的基石，是民族团结进步工作的纲领性文件。通过自治条例等民族立法，规定自治州在招录公务员时，按照有关规定报请上级主管部门批准后，可以划出一定比例的名额定向招录本县少数民族报考人员。这一政策设计的初衷，主要是解决自治州民族人才缺乏等问题。《延边朝鲜族自治州发展朝医朝药条例》报州人大常委会审批时，有关部门认为该条例关于核发朝医执照、评定朝医职称等规定与《行政许可法》相悖，遂将条例退回修改。与此相类似，延边朝鲜族自治州通过自治条例等民族立法，规定自治州、县市在招录公务员时，按照有关规定报请上级主管部门批准后，可以划出一定比例的名额定向招录本地少数民族报考人员。这一政策设计的初衷，主要是解决民族人才缺乏等问题。同时实行民族团结“目标管理责任制”“一票否决制”等制度。在提高立法质量方面做到“五个坚持”：坚持立法的地方性，突出民族地方特色，充分利用法律赋予的自治权，结合实际，解决经济社会发展中亟待解决的难点问题。坚持立法的人民性，围绕群众普遍关心的热点问题选题立法，着力体现人民的意志。坚持立法的民主性，实行开门立法，通过召开座谈会、媒体公布草案、网站发布草案、深入基层调研等多种形式，广泛征求各方意见，严格执行立法事项向州委请示报告制度和深化推行基层立法联系点制度。坚持立法的科学性，发挥立法工作团队的作用，严格按照立法程序运作。坚持立法的计划性，公开征集五年立法规划项目，并随着形势和任务的发展变化，对立法规划适时进行调整。

实践证明，坚持实事求是，一切从实际出发，是民族区域自治思路的前提。在延边这样一个集边疆、民族、山区、贫困“四位一体”的区域，不仅要考虑事物发展的普遍性，更重要的是要研究其特殊性，正确认识和把握民族问题、边疆问题的特点和规律，并坚持从实际出发。既要坚持吃透两头，解放思想，克服照搬照套“一刀切”，深化州情认识，放眼世界，又要把中央方针政策同当地实际相结合，制定政策措施。解决民族事务治理的政策落实之难，根本在于实事求是。

3. 少数民族干部培养成在“抓实举措”

我们党历来强调，政治路线确定之后，干部就是决定因素。“为治之要，莫先于用人”。习近平总书记强调，做好民族工作关键在党、关键在人。做好民族工作，关键是要建设一支好干部队伍。《延边朝鲜族自治州自治条例》中明确提出，自治州自治机关重视各民族干部的培养使用，采取各种措施从朝鲜族和其他少数民族中大量培养各级干部，为民族地区提供人才支撑。

少数民族干部的培养和使用取得成效关键要在抓好工作举措落实方面下功夫。延边朝鲜族自治州坚持用“信念坚定、为民服务、勤政务实、敢于担当、清正廉洁”好干部的标准，抓“点线面”培养和使用少数民族干部。一是分类选拔，抓住闪光“点”。做到“两突出”：突出政治标准提拔重用干部，既要看政治忠诚，看是否牢固树立“四个意识”。“天下至德，莫过于忠。”对党忠诚，是党员干部的首要政治品质和政治生命线。如果这一条不过关，其他都不过关。突出发现“亮点”干部，细化考察内容和考察指标，分类考察干部的专业特长、工作表现和作风实绩，综合考虑干事创业的需要，选出“亮点干部”和“干部亮点”，建立“亮点干部”工作档案，将干部按“亮点”分类管理，做到事业有什么样的需求，就能选出什么样的干部，实现人岗匹配、才尽其用。二是接续培养，紧扣工作“线”。通过“三大人才工程”突出培养朝鲜族后备干部队伍，确保党的民族团结进步事业薪火相传这条线。“三大人才工程”指的是“双百工程”“朝鲜族战略人才工程”和“招才引智工程”。2012 年，延边启动实施了《百名梯队人才队伍建设工程》和《百名战略人才队伍建设工程》，简称“双百工程”，择优选拔确定 276 名培养人选，提拔和转任重要岗位 84.2%。2017 年，围绕健全完善后备干部选拔管理使用体制，遴选501名“梯队工程”培养人选，663名“战略工程”培养人选，目前，“双百工程”已成为延边朝鲜族自治州培养年轻干部的主阵地。2015年起，延边启动实施了《朝鲜族战略人才工程》，每年遴选50名优秀朝鲜族干部，作为朝鲜族战略人才后备干部，组织开展10个月的集中培训，全面提升朝鲜族党政后备人才的能力素质。目前已选拔培养148人，其中64名干部得到提拔、重用。2016年制定《延边州招才引智工程“千人计划”实施意见》，通过“四项优惠政策”，开启了招才引智工程，重点吸引延边籍朝鲜族优秀高校毕业生回延边工作。3年共引进585名优秀高校毕业生，朝鲜族253人、占43.3%。有效缓解了全州干部队伍年龄偏大、朝鲜族干部比例下降、专业干部短缺等问题，优化了干部队伍结构，形成了干部队伍层层接续的合理梯次。三是实践锻炼，提升能力“面”。实践中“三个注重”提升干部整体能力。注重“精准选派”结构性干部有针对性进行挂职锻炼，对长期在州直部门机关工作、缺乏基层工作经验的干部，选派到贫困乡镇、县市一线开展挂职锻炼；对岗位经历比较单一的干部，选派到省旅游、发改、商务、经合、工信等10个省直重点经济部门跨领域跨行业挂职锻炼；对换届后新提拔的县市党政领导干部。注重选派到省外浙江、上海、天津、山东、福建5个经济发达地区与云南红河、大理2个发展领先的民族地区挂职锻炼，开拓干部眼界，提升综合能力素质。注重“增强挂职工作实效”。把干部挂职工作与州委、州政府中心工作紧密结合起来，围绕抓党建促脱贫攻坚工作，选派29名35周岁以下、硕士研究生以上学历的年轻干部，挂任29个贫困乡镇党政班子成员，专职负责脱贫攻坚工作；从县市和州直部门选拔13名经验丰富的优秀干部，到脱贫攻坚督巡办挂职工作，推动脱贫攻坚任务如期完成。围绕经济工作，联合州经合局选派14名干部赴“环渤海”区域、“长三角”区域和“珠三角”区域挂职锻炼，专职负责宣传推介延边、联系对接企业、开展招商引资工作，搭建与上级经济部门和省外发达地区沟通联系的桥梁。一年多来，挂职干部累计争取各类资金5000余万元，对接300余家域外企业到延边进行投资考察，组织各类经贸交流活动20余场，为延边在争取资金、项目建设、合作帮扶等方面发挥重要作用。注重“从严管理”，加强对挂职干部的全程监督管理。制定出台《延边州挂职干部管理制度》，通过日常监管、不定期抽查、召开座谈会和调研走访、挂职干部微信群交流等方式，掌握挂职干部的日常动态和工作情况。

实践证明，少数民族干部是党和政府联系少数民族群众的桥梁和纽带。少数民族干部的状况，既是衡量一个民族发展水平的重要标志，更是促进五大转型发展、实现各民族共同繁荣发展的关键。必须坚持培养和使用并重，不仅要搭建平台，而且要跟踪监管，促进干部素质能力的提升和成长成才；不仅要培养，而且要充分信任、大胆使用、干中成长。

（二）加快发展是做好民族团结进步事业的重点

邓小平同志指出，“实行民族区域自治，不把经济搞好，那个自治就是空的”。邓小平同志在处理民族工作的同时，也非常重视民族地区的经济发展，并将民族地区的经济发展作为工作之首，经济问题的松懈将直接动摇政治工作的基础。习近平总书记指出：“要积极创造条件，千方百计加快少数民族和民族地区经济社会发展，让民族地区群众不断得到实实在在的实惠。”“全面小康一个也不能少，哪个少数民族也不能少，大家要过上全面小康的生活。”延边朝鲜族自治州坚持把发展作为第一要务，用发展的理念推动经济建设，用发展的办法维护边疆稳定，用发展的成果巩固民族团结，打牢民族团结进步的物质基础。

1. 解放思想、毫不动摇推进农村土地改革

党的十一届三中全会召开以后，实践是检验真理的唯一标准成为思想准则，经济建设成为中心工作，延边在农村集体经济改革发展中形成“延边州在全国率先开展了农村土地经营权抵押贷款试点”这一经济重要变革现象，在全国形成了以土地改革为重点的农村综合改革的“延边经验”。

（1）做“活”三权分置，激发农村发展活力。处理好农民与土地的关系，是深化农村改革的主线。改革开放以来，中国共产党在领导农村建设的

进程中经历了二次重大土地制度变革。第一次变革是家庭联产承包责任制，它极大地解放了农村生产力。第二次变革是鼓励和推广了土地流转制度，它有利于新形势下农业产业化经营和规模化发展。延边朝鲜族自治州抓住我国“三权分置”（所有权、承包权和经营权分置）土地流转改革的机遇，农村土地制度创新实现重大突破。土地流转的前提是确权，在确权过程中，册外地如何处理，是一个难点。延边朝鲜族自治州大胆创新，开创了册外地有偿使用方式，让土地“活”起来。以龙井市开山屯镇为例，全镇测出 872.2 公顷的册外地，各村经村民大会讨论一致通过，册外地以每年每公顷 500 元的价格有偿使用。每年通过册外地有偿使用，增加村集体收入 43 万元，解决了农户占有集体资源不均衡的矛盾，盘活了村集体资源“放活经营权”是“三权分置”的核心。延边朝鲜族自治州鼓励探索创新，尊重农民选择，发展土地流转、土地托管、土地入股等多种形式的适度规模经营，加快了资源变资产、资金变股金、农民变股民的“三变”进程。2014 年，延边率先成立了农村综合产权交易中心。交易中心覆盖了州、县、乡三级平台，供求双方可在平台上发布供求信息，实施线上、线下交易，实现高效合理地配置资源。截至目前，共促成各类交易 304 宗，交易金额 700 余万元。2016 年，延边朝鲜族自治州又在全省率先启动了农村集体产权制度改革，将村集体资产、资源折股量化到每个农户，赋予农民对集体资产股份占有、收益、有偿退出及抵押、担保、继承等权利，有效激活了农村产权要素市场。同时，引导农户“带地入股”、利益共享，促进了集体资产的活化增值，增加了农民的财产性收入，在全州开展农村集体产权制度改革中起到了示范作用。

（2）发展新型经营主体，破解“适度规模经营”难题。为了解决延边朝鲜族自治州农村青壮年劳动力赴国外劳务人员不断增加，农村空心化、老龄化严重，大量土地闲置荒弃问题。延边朝鲜族自治州在确保所有权、承包权不变的前提下让土地流转到种田能手和农业大户经营。2011 年，延边朝鲜族自治州出台了《关于发展家庭农场促进土地流转加快推进城镇化发展若干意见》，明确而具体地安排了谁来种地、怎么种地、人往哪儿去的问题，并在全州铺开试点经验。以家庭农场为代表的新型经营主体的快速发展，有效推动了农业现代化的发展进程。农业集约化水平得到提升。延边朝鲜族自治州采用农业新技术、新品种的比重达到90%以上，土地利用率提升5%，粮食产量平均增长15%，每公顷耕地增收1000元到3000元。

（3）创新“农地贷”，解码农村改革金融瓶颈。农村土地经营权抵押贷款是解决“钱从哪儿来”的有效途径，从根本上缓解了农村融资难、融资贵的问题。同时，可以进一步增加农民收入，促进土地加快流转。2014年延边朝鲜族自治州在全国率先开展了农村土地经营权抵押贷款试点，2014年8月25日，中国农业银行延边支行在延吉市朝阳川镇发放了第一笔“农地贷”，到2015年，延边朝鲜族自治州受理农村土地经营权抵押贷款的贷款行由中国农业银行扩大到了包括邮储银行和农村商业银行在内的3家银行，当年发放贷款1921笔、4.9亿元。3年来，累计发放“农地贷”10亿元；贴息资金2800万元。

实践证明：农村土地制度变革中，在保护农民利益的前提下，解放思想、改革创新，突破禁锢生产力的一些条条框框，充分发挥地方、基层和民间迅速发展经济的积极性和创造性，极大地释放被压制的生产力的能量，就能释放土地要素的乘法效应。

2. 因地制宜、毫不动摇地推进边境地区返乡创业

通常把在国外和域外城市打拼多年，经历过长期市场经济磨砺，有资金积累、有技术专长、有从业经验、有营销渠道、有创业意愿、有故土情节的“六有”返乡创业农民工称之为“返乡创业人员”。党的十九大提出了乡村振兴战略，加强农村基层基础工作，必将进一步促进广大农民工返乡创业，培养造就一支懂农业、爱农村、爱农民的“三农”工作队伍。2017年中央农村工作会议也强调要走中国特色社会主义乡村振兴道路，“鼓励社会各界人士投身乡村建设”。

延边朝鲜族自治州扎实推进边境村“四精准”返乡创业工作，为促进边境地区经济发展、民族团结和强基固边发挥了积极的作用。一是精准施策。

延边朝鲜族自治州制定出台了《关于引导和鼓励外出务工人员返乡创业的指导意见》和《延边州返乡创业工程“边境一线计划”实施意见》，建立全州外出务工人员返乡创业人才库、项目库、专家库，推进外出务工人员返乡创业政策服务平台、金融服务平台、商务联络平台建设。并提出了“扶人又扶业，穷村变富村，人走人又回，空心变实心”的“亲情呼唤”等方式，吸引年轻的外出人员陆续返乡创业就业。二是精准服务。按照“底数清、情况明、数据全”的要求，边境县市通过党组织关系排查、公安出入境、人口普查、大中专升学等各类信息资源，共统计边境村在外求学、务工、创业等各类人员信息 3 万余条，并建立翔实的台账。确定县级干部联系 2 名至 3 名创业型人员，科级干部联系 3 名至 5 名返乡人员，城市党员干部联系 2 名至 3 名有返乡创业意愿的外出务工人员，每个边境村党组织重点联系 2 名至 3 名有返乡创业意愿的外出务工人员，及时了解掌握外出人员的信息和变动情况，切实提升党员干部联系服务外出及返乡人员的针对性和实效性。截至目前，全州已经取得联系的外出务工人员 83543 人，已经返乡的 11576 人，返乡已创业的 9583 人。返乡人员创办各类经济实体 3117 个，提供稳定就业岗位 6723 人，带动就业 25183 人。其中，边境村已取得联系的外出务工人员 11451 人，已经返乡的 1061 人，返乡已经创业的 126 人，创办各类经济实体 102 个，带动 1254 人致富。

实践证明：返乡创业，收益明显。从个人收益的角度来看。一方面，返乡创业人员可以提高家庭经济收入。另一方面，享受家人团聚的幸福感和体验事业上的成就感。从社会收益的角度看，返乡创业人员可以保障回流农民工就业增收。首先，返乡创业人员有助于推动“一人打工、一家脱贫”的加法效应向“一人创业、一方致富”的乘数效应转变。其次，焕发农村经济发展的新活力。返乡创业人员作为乡村优质人力资本，携带大量资金回流农村创业，无异于给广大农村的发展注入新活力，为乡村振兴和新农村建设带来了新机遇。最后，降低社会治理成本。随着返乡创业和就业农民工人数的增加，相应地也大幅度减少了农民工在异地城镇就业因缺少归属感和认同感以及与城市居民冲突等因素所引致的种种极端行为。

3. 抢抓机遇、毫不动摇地推进绿色转型发展

习近平新时代中国特色社会主义思想提出创新、协调、绿色、开放、共享“五大发展理念”，绿色发展体现了党对经济社会发展规律认识的深化。作为吉林省东部绿色转型发展核心区、国家生态文明先行示范区，延边朝鲜族自治州注重发挥区位、资源、政策、人文、生态优势，确立了以发展“绿色经济”为主题，以实现“绿色转型”为主线，向“绿色生态”要红利的绿色转型发展的战略构想。

（1）创新驱动作为绿色转型新动力。延边朝鲜族自治州把“创新驱动、绿色转型升级”的重点放在做大做强医药、食品、旅游三大主导产业。在医药产业发展中，大力发展朝医药和中药行业发展，打造中国北方医药产业新高地。突出科技创新在推进医药产业发展中的核心地位，延边利孚生物科技有限公司加大国家级朝医药新药开发力度，致力打造治疗肝病、心脏病、神经性头痛等国际领先的高科技产品，其中“参蒿肝康丸”和“松针正脑丸”获省朝药院内制剂注册批准文号，“参蒿肝康丸”申请9项国家发明专利，已获3项发明专利证书，填补朝医药发展的空白。吉林敖东药业集团股份有限公司推进20多个保健品研发和申报生产批号，其中药产品鹿胎颗粒、颐和春胶囊、少腹逐瘀颗粒、五加茸血口服液等享誉国内外，并荣获“3·15中医药国家金名片奖”。2017年，全州规模以上医药工业实现产值93.5亿元，同比增长16.1%，高于全州工业11.1个百分点，占全州工业比重7.4%，同比提高0.7个百分点。

实践证明：强化创新驱动战略，加大技术研发力度，挖掘创新潜力，做好“有中生新”和“无中生有”两篇产业培育发展的大文章，就能增强发展内生动力。

（2）全域旅游作为经济发展新引擎。我国正进入“大众旅游”时代，旅游已从少数人的奢侈品发展成为当今人民群众大众化的日常消费，成为人民群众日常生活的内容。据统计资料显示：过去5年延边朝鲜族自治州接待

旅游人数从每年不足1000万人次到超过2000万人次；旅游业总收入从不足200亿元到400多亿元，2017年，全州旅游接待人次突破2000万人，旅游总收入突破400亿元，旅游业增加值占全州GDP的16.7%，旅游直接就业人数达4万人，带动间接就业12万人。产业规模实现历史性突破。入境游占全省的40%，跨境游占90%。旅游业发展有效提升了对经济的贡献作用，旅游业已经成为延边经济发展新引擎。延边发展全域旅游的工作思路为：紧咬"一个目标"、谋求"三个突破"。"一个目标"围绕"大旅游、大市场、大产业"目标，突出自然风光、民俗风情、边境风貌、冰雪风韵、红色风采，全面提升旅游产业创新能力、发展能力和竞争活力，将延边打造成以康养休闲为特色的东北亚重要旅游目的地。谋求"三个突破"，在体制机制创新上取得历史性突破。延边作为首批国家级旅游业改革创新先行区，在管理体制和发展机制上实现重大转变，2017年8月28日，延边旅发委成立，旅游警察、旅游工商分局、旅游巡回法庭同时挂牌成立，党委政府统筹推动的全域旅游发展大格局已经形成。在产业定位上实现历史性突破。2014年，在全州旅游产业发展大会上，旅游业被确定为5大支柱产业之一；2016年，延边朝鲜族自治州第十一次党代会上，旅游业被确定为延边3大生态健康性主导产业之一，予以优先发展。在产业深度融合上取得历史性突破。大力实施"旅游+"工程，主动加强与文化、体育、农林产业的融合发展。持续举办系列民俗文化节庆活动，不断加大旅游年卡发行推广力度，采取政府购买服务的方式，联合体育部门创新性开展全民免费滑雪活动，"旅游年卡"真正成为延边旅游的品牌工程，延边人民切实享受到旅游发展的丰硕成果。

实践证明：全域旅游是指在一定区域内，以旅游业为优势产业，通过对区域内经济社会资源尤其是旅游资源、相关产业、生态环境、公共服务、体制机制、政策法规、文明素质等进行全方位、系统化的优化提升。以全域旅游为统领，改革创新旅游体制；以产业定位为抓手，构建优先发展的管理服务营销平台；以资源整合为纽带，促进旅游产业融合发展。

（3）生态文明释放绿色转型新红利。党的十八大以来，习近平总书记提出“绿水青山就是金山银山”重要思想，在“两山”思想的指导下，不断推动延边生态文明建设。一是坚持“抓铁有痕”，打好空气质量治理组合拳。空气质量是衡量一个城市环境质量的重要指标，也是衡量一个城市幸福指数的重要因素。为了改善大气质量，延边朝鲜族自治州出台了指导环保工作未来 5 年的《延边州清洁空气行动计划实施方案》和《关于加强应急管控措施减缓重污染天气影响实施方案》纲领性文件。明确了全州未来 5 年空气环境质量的总体目标。通过产业结构调整优化、清洁生产，淘汰燃煤小锅炉、新建燃煤锅炉等一系列措施，升级燃煤锅炉和工业窑炉污染治理设施，治理工业挥发性有机物，控制城市扬尘污染，治理餐饮油烟污染，禁烧秸秆，淘汰黄标车和老旧车辆，推广新能源汽车，防治大气污染，提升环境质量。2017 年年底前，全州 156 家工业企业烟气排放达标率达到 90%；延吉市淘汰城市建成区内 13 台 10 蒸吨以下燃煤锅炉。2013 年至 2017 年，延吉市每年空气质量好于二级标准的天数全部达到 314 天。延边成为全国公认的“天然氧吧”和“生态后花园”。二是推进水生态治理，打赢水污染防治攻坚战。水是城市发展的动力源，也是城市的景观带，城市没有水就没有灵气。随着经济社会快速发展和人口增加，水资源变得日益污染，在延边境内主要包括图们江、牡丹江、第二松花江和绥芬河 4 个流域。其中有嘎呀河、布尔哈通河、珲春河、海兰河等 54 条主要河流污染。在推进水生态治理中，全面落实河长制，坚持问题导向和目标导向，进一步摸清本地河流湖泊底数，找准每个河段存在的主要问题，严格执行“州级河长一月一巡河、县级河长半月一巡河、乡村河长每周一巡河”要求，完善责任体系。并进一步明确责任，落实好生态环境保护方面“党政同责”和“一岗双责”制度，压实环境保护目标责任。同时，解决部分江河水质污染严重等水污染防治重点、难点问题，强化城镇生活污染治理、生化工业污染防治、加强农村水污染防治、保护和修复水生态系统，加强饮用水水源保护等 5 类 14 项重点任务，确定了城镇污水处理厂、污水管网、人工湿地、河道生态修复等 4 类 33 个重点工程项目。2017 年全州 10 条河流 35 个断面监测结果显示，水质优良率达 71.4%，9 个集中式饮用水水源水质均达到或优于Ⅲ类水质，达标率为 100%。

实践证明：围绕水、大气、生态等环境要素，实施“蓝天碧水”工程，打造良好的城市生产生活环境，释放生态红利，促进绿色转型发展，对生态屏障保护作用巨大。

（三）增进文化认同是做好民族团结进步事业的根基

习近平总书记在中央民族工作会议上讲话指出：“加强中华民族大团结，长远和根本的是增强文化认同，建设各民族共有精神家园，积极培养中华民族共同体意识。”人心是最大的政治，做民族团结重在交心，根本在于文化认同。

1. 必须充分认识中华民族是一个命运共同体

习近平总书记指出：“中华民族是一个命运共同体，一荣俱荣，一损俱损。各民族只有把自己的命运同中华民族的命运紧紧连结在一起，才有前途，才有希望。”延边朝鲜族自治州是中国朝鲜族最大的聚居区，祖国命运与民族命运紧紧相连，民族情谊源远流长，形成了你中有我、我中有你、谁也离不开谁的多元一体格局。中国朝鲜族与我国各族人民共同开发建设东北边疆，长期进行反帝反封建斗争中各民族取长补短、相互帮助，朝鲜族向汉族学习旱田耕作和蔬菜种植，汉族向朝鲜族学习水稻种植技术，彼此结下了薪火相传的民族情谊。在抗日战争、解放战争和抗美援朝时期延边各族儿女并肩作战、生死相依，勇敢捍卫民族的尊严和祖国的利益，用鲜血和生命谱写了一曲曲壮丽的英雄赞歌，有 17000 多名各民族优秀儿女为革命献出了宝贵的生命，其中朝鲜族占 95%以上，是我国朝鲜族志士人数最多、牺牲最大的地区。战争使民族情谊经历了生与死的考验，在血与火的洗礼中不断凝聚和升华，诗人贺敬之“山山金达莱，村村烈士碑”的著名诗句，就是延边各族人民血肉相连、勇于牺牲、爱国奉献的真实写照。

2. 必须着力构筑各民族共有精神家园

文化认同必须要认同中华文化是中国各民族的文化，各民族都对中华文化的形成和发展作出了贡献，各民族要相互欣赏、相互学习。把汉文化等同于中华文化、忽略少数民族文化，把本民族文化自外于中华文化、对中华文化缺乏认同，都是不对的。文化认同是从本民族文化开始的。没有对本民族文化的认同，也不可能有对中华文化的认同。延边朝鲜族自治州始终把培养共同精神家园作为促进民族团结的重要载体。坚持一手抓领导干部带头，一手抓青少年基础，引导牢固树立正确的祖国观、历史观、民族观。广泛开展机关干部学朝语、“两个民族一堂课、两个民族一家亲”等特色活动，增进了各民族群众之间的了解和友谊，使“三个离不开”和“五个认同”扎根在全州各族人民的心中，成为共同遵循的行为准则和社会风尚。“同唱一首歌、同跳一支舞、同吃一桌饭”已经成为再普遍不过的生活场景，朝汉民族在多年的融合中形成了共同的饮食文化、体育文化和娱乐文化。民族文化的交流交融，带来了各族群众情感上的亲近融洽，各民族之间发自内心的高度文化认同，为各项事业发展提供了强大的精神力量。

实践证明：构建共同精神理念，打牢中华民族命运共同体的思想基础是促进民族团结的重要根基。文化认同是最深层次的认同，是民族团结之根、民族和睦之魂。文化认同问题解决了，对伟大祖国、中华民族、中华文化、中国共产党、中国特色社会主义道路的认同才能巩固。

（四）改善民生是做好民族团结进步事业的保障

“民生”，即人的生计，是指人的生存和发展的需求。从古到今，从中到外，凡是有作为的政治家、思想家及有作为的政党都高度关注民生。在两千多年前，我国的《礼记·礼运·大同篇》就阐释了儒家的社会理想：“大道之行也，天下为公，选贤与能，讲信修睦。故人不独亲其亲，不独子其子，使老有所终，壮有所用，幼有所长，矜、寡、孤、独、废疾者皆有所养。”这一思想深深影响并塑造了孙中山及中国共产党人。18 世纪末，英国的政治学家普利斯特利指出："大多数人的利益和幸福，是最终确定国家各种事务的伟大标准。"资产阶级学者都认识到民生的重要。马克思指出："人们'奋斗'所争取的一切，都同他们的利益有关。"又说："人们为了能够'创造历史'，必须能够生活。但为了生活，首先就需要衣、食、住以及其他东西。"可见，人民离开了民生无法创造历史。

1."社会保障兜底一批"作为精准扶贫的根本保障

针对延边朝鲜族自治州4个国字号贫困县市和5个边境县市贫困人口集中的现状，"一张网"兜底扶贫保障机制作为延边朝鲜族自治州一项创新性脱贫系统工程惠及百姓。"一张网"兜底扶贫政策，确保延边朝鲜族自治州在兜底扶贫方面基本实现全领域、全方面的根本性保障，优先针对延边朝鲜族自治州各县市农村建档立卡贫困人口中，年满65周岁及以上男性和年满60周岁以上女性人员。政策内容包括"四点、双享、两救助"，即低保标准提高一点，银行和保险利率费率下浮一点，政府补贴一点，个人自筹一点；低保与社保并行；享受大病医疗救助和残疾人保障救助。计划利用3年多时间（2017年9月1日至2020年12月31日），将农村建档立卡适龄贫困人口零投入、零风险地纳入城镇职工基本养老保险，实现农村建档立卡贫困人口稳定脱贫。目前，"一张网"兜底扶贫政策将切实惠及延边朝鲜族自治州30811位特殊困难户，让百姓真正看到实惠、享受实惠。

2. 边境村屯特色产业扶贫作为脱贫攻坚的实现途径

按照市场需求，鼓励边境贫困地区的各类新型农业经营主体采取"保底收益+按股分红"等方式，重点发展"一村一品"等特色产业，推动种养一体化、一二三产业融合发展，让贫困群众更多分享农业产业化增值收益。截至目前，全州5个边境县市共组织实施富民产业项目359个，落实各项涉农资金3.6亿元，建设各类特色种养殖产业园区89个，边境贫困地区近2万贫困人口受益。将"光伏暖民"工程重点向边境贫困村倾斜，争取3年内对2000家贫困户实施光伏扶贫，每户每年可增加收入2000元以上。

3. 公共安全作为百姓最大幸福指数的内在要求

习近平总书记在中央政法工作会议上明确指出“平安是老百姓解决温饱后的第一需求，是极重要的民生，也是最基本的发展环境”。这里的平安也包含了公共安全的含义。

公共安全是每个公民最关心、最直接的利益所在，涉及公众生命、健康、财产等方面的安全，是当前最为重要的民生。延边朝鲜族自治州始终把公共安全作为百姓最大幸福抓实抓好。连续3届获得“全国社会治安综合治理优秀市（地、州、盟）”奖，捧回全国综治领域的最高奖项——“长安杯”。一是公共安全必须创新基层平安载体建设。围绕群众生活息息相关的重点领域、重点行业，组织开展了平安社区（村）、平安林场、平安校园、平安家庭等基层平安星级创建活动，并推行城市“五位一体”（以社区党组织为核心，居委会、业委会、物业公司、社区民警）的社区管理模式，以基层的小平安累积了全州的大平安。二是公共安全必须构建多元化社会矛盾化解机制。延边朝鲜族自治州制定出台《延边州重大决策事项社会稳定风险评估实施办法》《关于深入推进社会矛盾纠纷预防化解工作的实施意见》，创新“矛盾联调抓源头、问题联治抓热点、治安联防抓整治、平安联创抓协同”的“延边模式”，一些棘手矛盾和社会老大难问题得到了有效化解。深入推广安图县群众诉求中心、汪清县网格化排查化解矛盾、龙井市第三方调解组织参与矛盾化解等经验做法，畅通“人民调解防护网”“百姓说事点”、网络新媒体等群众诉求渠道，构建行政接访、法律服务、民事民议三位一体矛盾化解模式。把问题解决在基层、把矛盾化解在内部、把隐患消除在萌芽状态。

实践证明：始终牢记“民生是最大的政治”，我们就要抓住人民最关心最直接最现实的利益问题，必须以更大力度、更实举措保障和改善民生。

（2018年8月）

改革开放

与中国城市发展

GAIGEKAIFANG

牡丹江

MUDANJIANG

从“猫冬文化”到“小农业大作为”的历史转变

——改革开放40年牡丹江农民增收调研报告

中共黑龙江省委宣传部
中 共 牡 丹 江 市 委

在黑龙江这个农业大省、粮食大省中，牡丹江因其地块小、体量小、份额少而处于明显劣势。然而正是这个“八山半水分半田”、耕地面积和粮食产量仅占黑龙江省4%的“农业小市”，却创造了40年农民持续增收、15年农民收入领跑全省的佳绩，成为“小农业、大作为、高收入”的样板。

40年来，牡丹江市委、市政府坚持以“第一精力”抓“第一产业”，始终把促农增收牢牢抓在手上，着力改变“捏把黑土冒油花，插根筷子也发芽，一年四季半年闲，不用挨累也够花”的“猫冬文化”，积极探索出“打生态绿色有机牌、走特色高效精品路”的现代农业发展路径，充分激发起农民创业致富的内生动力，农业总产值年均增速分别比全国、全省高出2.7个和2.6个百分点；农民人均可支配收入从低于全国、全省14元和52元，到如今高于全国、全省4033元和4800元；城乡收入差距从3.1∶1缩小到1.8∶1。

回顾牡丹江发展历程、梳理其致富路径、总结其经验启示，既是为改革开放40周年献礼，更有益于促进亿万农民实现全面小康、在新时代书写好乡村振兴新篇章。

一、数字看变化

改革开放40年来，牡丹江“三农”发展取得历史性成就，农业生产从以粮为主到一二三产业融合发展、农村面貌从草房土路到美丽乡村、农民生活从解决温饱到迈向小康，40年山乡巨变、绚丽多彩、收获满满。

农民人均可支配收入由1978年的120元，增加到2017年的17465元，从2003年起连续15年位居黑龙江省首位。城乡收入差距由1978年的3.1：1缩小到2017年的1.8：1。

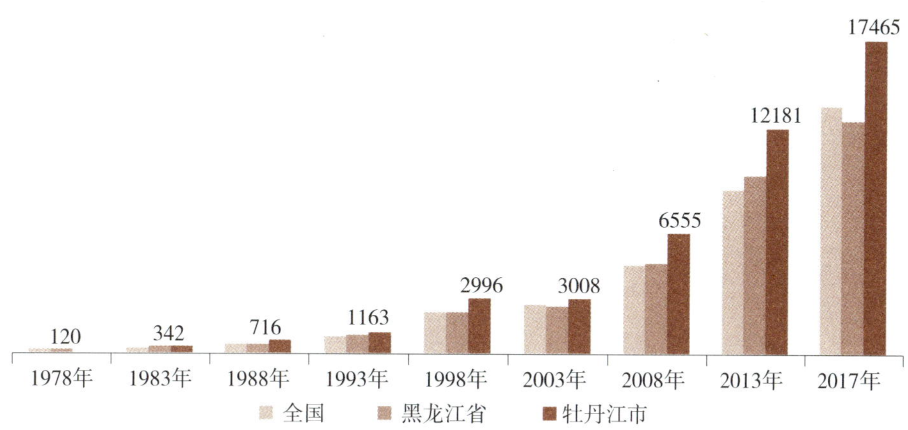

全国、黑龙江省、牡丹江市农民人均可支配收入变化情况对比图 （单位：元）

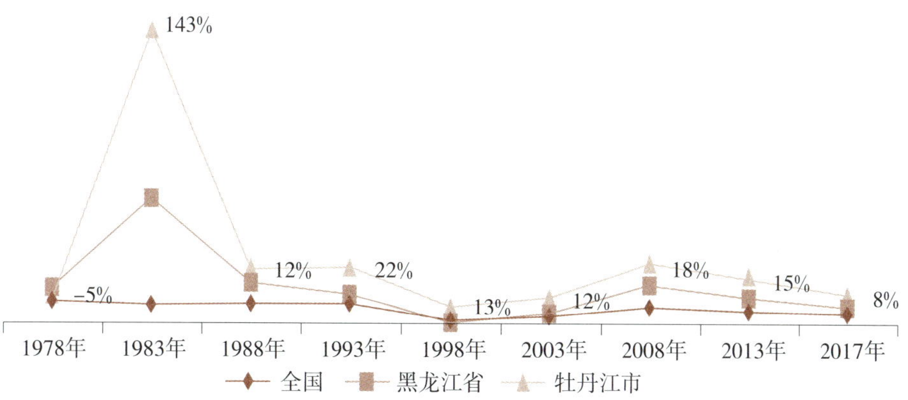

全国、黑龙江省、牡丹江市农民人均可支配收入同比增长幅度变化情况对比图

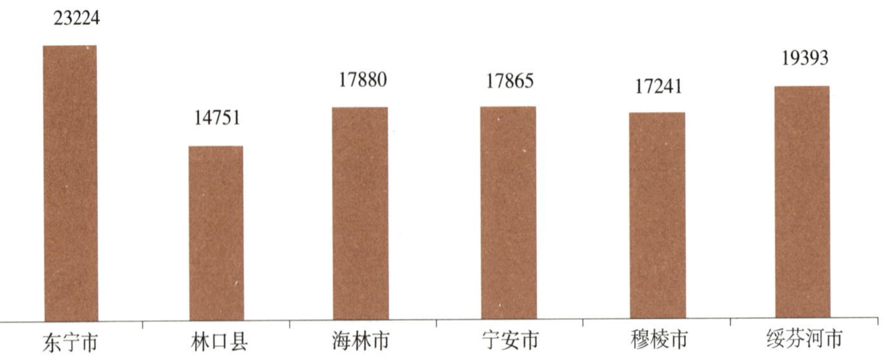

牡丹江市所辖县（市）2017 年农民人均可支配收入情况 （单位：元）

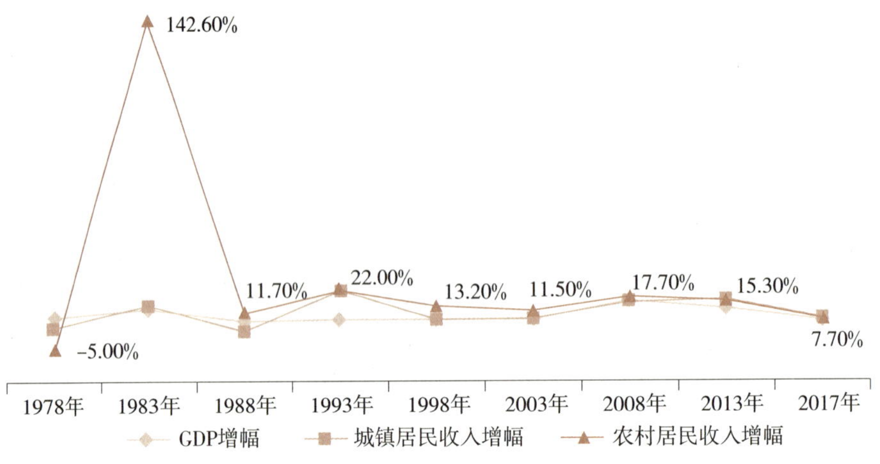

牡丹江市 GDP 增幅、城镇居民收入增幅、农村居民收入增幅对比图

2017 年，农民人均可支配收入中经营净收入、工资性收入、财产净收入、转移净收入分别达到 10599 元、3173 元、475 元和 3217 元，经营收入比重由改革开放初期的 93.4%下降到 2017 年的 60.7%，工资收入比重达到 18.2%；恩格尔系数由改革开放初期的 55.4%下降到 2017 年的 26.7%；文教娱乐、医疗保健、交通通信支出比重分别比改革开放初期提高 6.6 个、7.9 个和 20.3 个百分点。

与此同时，农业质量效益同步提高，农村环境面貌焕然一新。粮经比由 1978 年的 95.7∶4.3 调整到 2017 年的 77.6∶22.4；农业总产值由 1978 年的 3.7

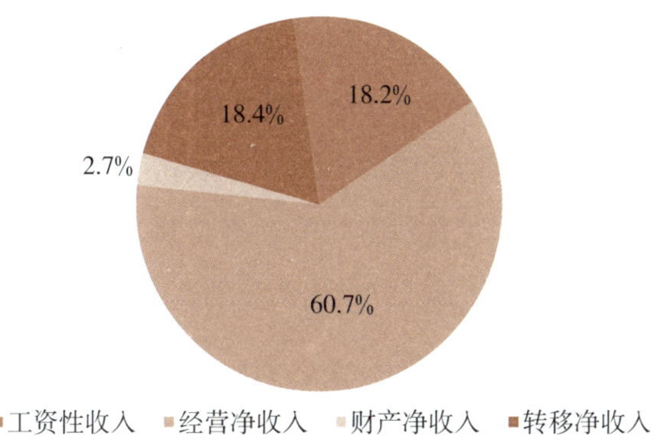

2017 年农民人均可支配收入构成

亿元增长到 2017 年的 401.7 亿元、年均增长 8.2%；粮食总产量由 1978 年的 11.2 亿斤增长到 2017 年的 52.6 亿斤、是 1978 年的 4.7 倍、年均增长 4%。农村经济总收入由 1978 年的 2.5 亿元增长到 2017 年的 571.5 亿元、是 1978

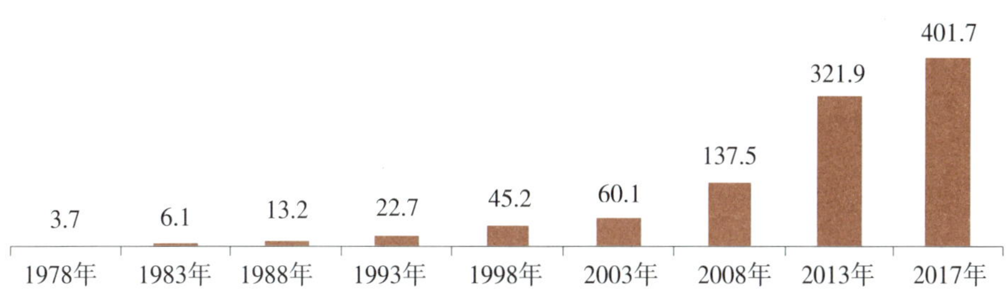

农业总产值情况对比图 （单位：亿元）

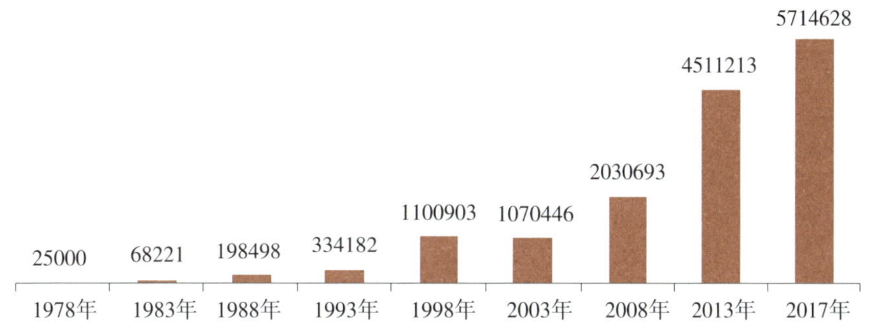

农村经济总收入变化情况 （单位：万元）

年的228.6倍、年均增长14.9%；2017年全市乡镇工业总产值达到574.7亿元，扣除物价因素后是1978年的365.4倍、年均增长16.3%；城镇化率由1978年的46.5%提高到2017年的60.2%；2017年农村公路总里程达到9043.2公里、是1978年的3.1倍，所有镇村均开通客运班车；自来水普及率、住房砖瓦化率、清洁能源使用率、村屯绿化率分别达到93.7%、98%、43.9%和37.5%。

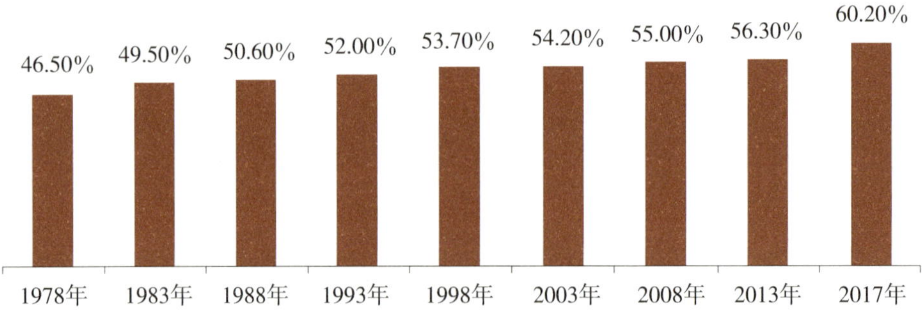

城镇化率变化情况

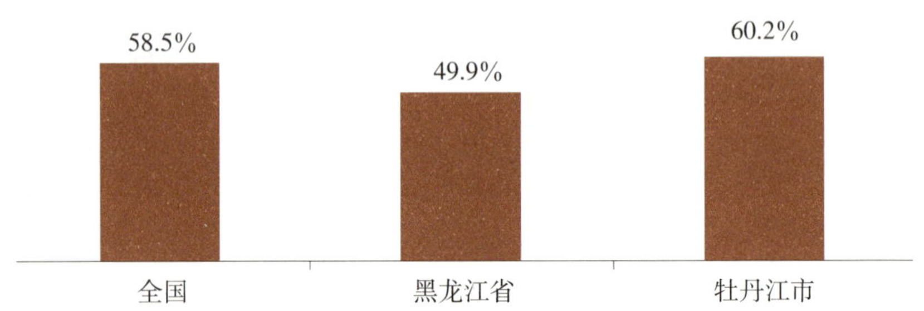

全国、黑龙江省和牡丹江市城镇化率情况

二、增收“三连跳”

纵观改革开放40年，牡丹江市“三农”发展、农民增收大体经历了3个阶段。

（一）第一阶段：从 1978 年到 2002 年，乘着改革开放的东风，农民收入经历了家庭联产承包初期和乡镇企业快速发展时期的大幅增长、“卖粮难”时期的波动徘徊，1993 年突破千元大关、农民收入大幅增长

实行家庭联产承包责任制后，农业生产能力提升、商品经济发展、乡镇企业兴起和社会事业进步成为促进农民增收的重要因素，农民人均可支配收入由 1978 年的 120 元增加到 2002 年的 2697 元，城乡收入差距由 3.1∶1 缩小到 2∶1；全市农业总产值由 1978 年的 3.7 亿元增加到 2002 年的 43.3 亿元，扣除物价因素年均增长 7.4%；2002 年全市粮食总产量达到 19.3 亿斤、是 1978 年的 1.7 倍。

1. 从“以粮为纲”到全面发展，综合产能大幅提升

随着农民生产经营自主权扩大，种植业结构由单一粮食作物向多元发展转变，全市粮经比例由 1978 年的 95.7∶4.3 调整为 2002 年的 73.6∶26.4；林、牧、渔等产业竞相发展，产值由 1978 年的 0.8 亿元增加到 2002 年的 14.7 亿元，占全市农业总产值比重由 1978 年的 21%提高到 2002 年的 33.9%；田间作业综合机械化率达到 73%，有灌溉需求耕地农田水利设施基本配套，农作物良种化程度、农业先进技术覆盖率分别达到 96%和 78%，基本实现了机械化、水利化、科技化。

2. 从“粮多企”到“企多粮”，发展活力大幅提升

实行家庭联产承包责任制后，工商运建服等产业发展迅速、乡镇企业异军突起，2002 年全市乡镇企业已发展到 1.9 万户、从业人员 13.6 万人，从“粮多企”到“企多粮”，改变了过去第一产业过重的局面，促进了农村经济的全面繁荣；农民人均可支配收入中，货币收入比重上升到 83.8%、非农收入比重达到 45.4%，劳务输出使农民的工资收入比 20 世纪 90 年代中期增长 1.6 倍、年均增长 14.4%。

3. 从“一穷二白”到衣食无忧，生活水平大幅提升

2002 年农民人均存款达到 3325 元、比 1978 年增长 220 倍，恩格尔系

数下降到38.7%、比改革开放初期下降了16.7个百分点，全市农村自来水普及率达到72.8%、农村住房砖瓦化率达到72%、人均住房面积由20世纪80年代初的12.5平方米提高到22.2平方米，通乡通村公路普遍达到二级、三级路面标准，乡村主要干道全面实现砂石化、林荫化，解决了农村出行难问题。

（二）第二阶段：从2003年到2012年，立足自身比较优势，找准特色发展道路，成功度过价格下降、成本上升挤压收入空间的低谷期，2003年农民人均可支配收入升至全省第一位，2011年突破“万元大关”

伴随着“三农”发展作为全党工作的重中之重，党中央连续出台以“三农”为主题的“一号文件”，全面免除农业税、建设社会主义新农村、协调推进工业化城镇化和农业现代化，农业农村又一次迎来了生机勃勃的发展期。牡丹江突出发展食用菌、蔬菜、畜牧业、林下经济，成功探索出符合自身特色的“打生态绿色有机牌、走特色高效精品路”的发展路径，实现了农业结构全省最优、农民收入全省最高、新农村建设水平全省最好。

1.跳出农字抓特色，变种田为“种钱”

在稳定粮食生产的基础上，加快发展以“菌菜牧林”为代表的特色优势产业，经济作物比重高于全省平均水平10.9个百分点，食用菌生产规模由2002年的1.8亿袋（块）增加到2012年的31.3亿袋（块）、年均增长33%，蔬菜产量由2002年的116万吨增加到2012年的166.4万吨、增长43.4%，林下经济面积由2002年的26万亩发展到2012年的65万亩、年均增长9.6%，畜牧业产值比2002年增长3.5倍，到2012年全市农业总产值达到309.2亿元、特色农业收入占农民人均可支配收入比重达到41%。与此同时，外向型农业迅猛发展，2012年全市农产品出口基地发展到25万亩、年均增长16%，果菜出口占全省66%，成为俄罗斯远东地区的“菜篮子”；境外农业合作面积由1993年的5万亩增加到2012年的354万亩、年均增长25%以上。

2. 跳出农业强产业，变分业为联合

用工业化理念抓农业，建强“第一车间”，延长产业链条，“产加销”一体化推进、产业化经营。到2012年全市绿色有机食品认证面积发展到380万亩，建成8个国家级绿色食品大型原料基地和10万头绿色肉牛基地、万头奶牛标准化基地、百万袋食用菌标准化基地，牡丹江被命名为中国绿色有机食品之都、中国食用菌之城和世界黑木耳之都。全市农业产业化龙头企业由2002年的54户增加到2012年的162户、销售收入达到116亿元，国家级和省级农产品加工龙头企业发展到4户和28户。2012年绿色有机食品认证产品达到158个，驰名著名商标和农产品地理标志产品分别达到21个和7个，培育了双合果菜等一批年交易额超亿元的专业市场，东宁雨润黑木耳大市场年交易额超过百亿元，被农业部批准为国家级木耳批发市场。农业经营新型主体从无到有，农民专业合作社发展到1133个。

3. 跳出农门促增收，变跟跑为领跑

2003年以来农民人均可支配收入持续领跑全省，2012年提升至12990元、年均增长19.1%，是牡丹江农民收入增长最快的时期。收入结构不断优化，家庭经营收入比重降到72.5%、比改革开放初期下降20.9个百分点，以外出务工收入为代表的工资收入比重达到16.7%、比20世纪90年代中期提高12个百分点。农民消费结构不断优化，恩格尔系数下降到36.7%，农民人均存款超万元，享受性消费支出快速增长，文教娱乐、医疗保健、交通通信消费支出比重达到30%以上、比改革开放初期提高19.1个百分点。随着新农村建设的深入推进，通村公路硬质路面通达率达到92%，69万农民饮水安全得到有效保证；改造泥草（危）房3.5万户、250万平方米，10万农民居住条件明显改善。社会保障体系初步建立，全面实施农村居民最低生活保障制度、惠及8万农村居民，新农合参合率达到95.2%。

（三）第三阶段：从 2013 年到 2018 年，在习近平“三农”思想的指导下，现代农业加快发展，农民收入结构不断优化，每年以“千元”的速度持续增长，在高起点上保持了强劲发展态势

党的十八大以来，特别是习近平总书记对黑龙江重要讲话以来，牡丹江坚持把发展现代农业作为振兴发展的重要内容，深入推进农业供给侧结构性改革，加快特色现代农业建设，推动农业由特色向精品升级、由单一向融合转型，农民增收渠道更加多元、收入结构更加优化，全面小康目标基本实现。

1. 瞄准需求端、聚力供给侧让农业更强

坚持质量兴农、绿色兴农，以市场为导向加快发展特色精品农业，深化供给侧结构性改革，推动农业从增产导向向提质导向、增效导向转变，全市农业总产值突破 400 亿元。特色农业规模持续扩张，粮食总产量稳定在 50 亿斤左右，绿色有机食品认证面积占耕地的 49%，以“一耳双菇”为重点的食用菌生产规模达到 43.1 亿袋（块）、实现全产业链发展，以“两果一药”为重点的林下经济发展到 130 万亩，以“南销外运”为重点的蔬菜面积达到 50 万亩，以“两黑两白”为重点的畜牧业规模化养殖比重达到 75%以上，境外农业合作开发面积发展到 520 万亩、俄粮回运累计超过 50 万吨，华信中俄(滨海边疆区）现代农业产业合作区成为国家级境外园区。深入推进“农头工尾”“粮头食尾”建设，农业产业化龙头企业发展到 217 户、农产品加工转化率达到 47.8%、产值突破 500 亿元，牡丹江肉菜流通追溯体系投入使用。耕种收综合机械化率达到 95.2%，绿色有机认证产品达到 205 个，驰名著名商标、农产品地理标志产品分别达到 38 个和 19 个，宁安响水大米、东宁黑木耳被评为全国品牌价值超 50 亿元的地理标志产品。建设“互联网 + 农业”高标准示范基地 96 个、33.8 万亩，休闲农业、点对点营销、私人定制等新模式新业态不断涌现，全市农村旅游收入达到 15.9 亿元、年均增长 8.2%，农产品电商销售额达到 25 亿元、年均增长 33%，牡丹江成为全国农产品冷链流通标准化示范城市。

2. 抓重点、补短板让农村更美

887 个行政村全部开展环境整治，建设美丽乡村示范村 115 个，基本解决农村人口安全饮水问题，累计改造农村泥草（危）房 8.9 万户、558.2 万平方米，27 万农民受益，全市畜禽粪污、秸秆综合利用率分别达到 80% 和 42.2%；穆棱下城子镇、绥芬河阜宁镇、宁安渤海镇成为全国特色小镇，海林横道镇、宁安东京城镇等 16 个乡镇列入全国重点镇，穆棱八面通镇、渤海镇小朱家村等 10 个镇村获得国家级文明村镇荣誉。工业化、城镇化水平进一步提高，2017 年全市乡镇工业实现产值 574.7 亿元，扣除物价因素年均增长 16.3%，城镇化率达到 60.2%。精准扶贫精准脱贫有序推进，贫困村占行政村总数的 4%、贫困发生率 0.47%。农民专业合作社、家庭农场分别达到 2515 个和 1200 个，农民工工作获得国务院表彰。

3. 夯实基础、优化结构让农民更富

2017 年，农民人均可支配收入达到 17465 元，继续保持全省领先，“菌菜牧林”等特色优势产业占农民收入比重超过 50%，农村劳动力向工业流动、向城市流动的趋势更加明显，农民工资性收入达到 3173 元、年均增长 14.6%，财产收入、转移收入占农民收入比重比 2012 年提高了 7 个百分点。农民生活更加殷实，恩格尔系数降至 26.7%，数字电视入户率达到 58%、宽带网络实现乡村全覆盖，每百户拥有小汽车 16.7 辆，清洁能源比重、卫生厕所普及率分别达到 43.9% 和 74.4%；农村社会保障体系更加完善，失地农民纳入城镇居民保障范围，“新农保”制度实现全覆盖。

三、致富十条路

人多地少且农业人口比重高既是基本国情、基本农情，也是发展现代农业、促进农民增收的最大挑战。学者吴景超在《第四种国家的出路》一书中指出，中国农业要实现现代化难度最大，非走自己独特的道路不可！

独特的道路该怎么走？牡丹江给出的答案就是：面向市场调整农业结

构，因地制宜发展特色产业，顺应大势推动转型升级，经过40年不懈探索，从“八山半水分半田”中趟出一条条特色现代农业发展之路，形成了“一乡一业、一村一品、一县一特色”的生动局面。尽管各地产业不同、地域不同、模式不同，但条条大路通致富。在这片希望的田野上，百万农民的首创精神被充分激发，演绎着一个个精彩的农民创业致富故事。

（一）奋斗领路——“小菜园”变成“大财源”

幸福都是奋斗出来的！习近平总书记2018年新年贺词中的这个“金句”，让海内外中华儿女倍感暖心提气，牡丹江海林市蔬菜村的村民们骄傲地说，这句话说的就是咱们村。

蔬菜村原名“幸福村”，“人多地少兜不鼓，上访告状总叫苦，劝君莫留幸福村，幸福村里不幸福”，是该村从前的真实写照。经过40年的发展，曾经的“幸福村”已经成为拥有10个村民组、1900多户、6000多村民，6个党支部、218名党员，村集体资产2亿元、村民人均年收入2.9万元的“蔬菜村”。说起这些年的变化，人们都说“幸福不是喊出来的，幸福都是奋斗出来的！”

由于人均地少、又多是沙土地，种大田效益少得可怜，可村民家里的小菜园种出来的蔬菜口感好、耐储存是远近闻名的。20世纪80年代初，穷则思变的村党支部决定调整种植业结构，推广蔬菜种植。为了做好引导示范，村“两委”班子成员不顾家人反对，先把自家的地全都种上蔬菜。最初也遭遇了资金、技术、市场等绕不开的“拦路虎”，由于前期投入大，没有先进种植技术，没有稳定的销售渠道，没有及时的市场信息，导致蔬菜产量不高、扎堆上市，价格低收入低。为了克服这些困难，他们外出学技术、找资金、闯市场，从偷师偷艺到把技术员请到田间地头，从民间借款到财政专项扶持，从“披头散发”街边叫卖到客商来村里集中收购，经历了种种白眼、千般辛苦，熬过了最艰难的时期，终于喜获丰收，效益是种大田的6倍。在他们的带动下，村民们的积极性被调动起来，全村的蔬菜种植面积很快增加到2000多亩，蔬菜产业成为村民致富的好路子，周边3个村4个生产队自愿与幸福村合并，大家一致同意合并后的村正式改名为蔬菜村。

如今，蔬菜村以菜富民、以企强村，利用位于城郊优势，自建联建了蔬菜交易市场、木业公司、酒店等多家企业，攒下了2亿元的集体经济“家底”。大河有水小河满，富起来的村集体不忘让村民共同享受发展成果。给五保户、困难户盖房，给村民缴纳合作医疗，给70岁以上老年人发红包，给考上大学的孩子们发补助，给建蔬菜大棚的村民补贴、建设水电路基础设施，开展各种丰富多彩的文体活动，对贫困人口、困难党员关心关爱等等，蔬菜村的村民比城市居民享受到了更多的福利待遇。

类似的事例还有被誉为“西香瓜之乡”的宁安兰岗镇，1982年当地农民刘红财包了两垧地开始种西瓜，当年收入2万元，成为有名的“西瓜万元户”。第二年就在全镇推广起来，却接连遭遇自然灾害、病虫害、不能重茬种植、市场行情变化等一系列打击，不服输的村民一一攻克技术、设施、营销等各种难题，不仅实现了镇内面积连续翻番，更产生了一批带着技术走出去种瓜的农民，全镇西瓜香瓜种植面积达到20000亩，建成棚室5000栋，外出种植面积44000亩，形成了“墙里开花墙外红”的局面，种植品种由“大路货”转变为精品瓜，一个方形西瓜卖到100元，在兰岗形成了“十里瓜廊、百个庄园、千栋大棚、万亩瓜园、亿元收入”的产业格局，带动农民增收14123元。

以蔬菜产业增收致富在全市范围内形成了传导示范效应，牡丹江蔬菜产业已经形成生产区域由城区城郊向牡海宁区域集聚、生产规模由千家万户分散种植向专业大户规模种植转型、生产基地由应季露地果菜向露地棚室和示范园区升级、销售范围由本地城郊向内地南方乃至俄罗斯、韩国等地拓展的良好发展态势，年出口地产果菜近30万吨、占全省地产果菜出口总量70%，蔬菜产业带来的收入超过30亿元，占农民人均可支配收入13.5%以上，带动10万农民从事蔬菜生产。昔日农家房前屋后的“小菜园”，如今成为农民致富的“大财源”。

（二）科技带路——木耳吊起来收入翻两番

牡丹江东宁市是黑龙江省农民收入最高的县级市，2017年农民人均可支配收入达到23224元，其中仅黑木耳一项收入就超过13000元，高于全国农民人均可支配收入水平。作为“中国黑木耳第一县”，东宁不仅在产销份额上领先，更重要的是依托科技创新的力量，实现了产业快速迭代，促进了农民收入倍增，带动其他县市乃至外省黑木耳种植，牡丹江市也因此被授予“世界黑木耳之都”称号。

由于独特的自然条件，东宁黑木耳发展历史可以追溯到大唐渤海国时期，1000多年来经历了野生采、伐木摘、段木种、袋料栽、吊袋产5个阶段，前3个阶段主要靠自然生产。由于黑木耳品质享誉国内外，新中国成立初期成为国家重要的出口换汇来源。

改革开放以后，随着禁伐范围的扩大，传统的段木栽培规模逐年降低，市场缺口逐步扩大，东宁依托本地锯末资源富集的优势，自主研发了袋栽技术。大城子村农民刘文强率先种植了1.3万袋黑木耳，当年就获利近2万元，相当于当时农民收入的近10倍，成为远近闻名的“木耳大王”。正当他为找到了这个致富“金元宝”而兴奋时，一场连绵多日的大雨把他一年的辛苦和投入浇得血本无归。这场大雨不但没有浇灭他的致富梦，反而激发他去研究新技术，结合自己多年种植黑木耳的经验，针对本地气候、土壤、水质等特点，历时几年时间，终于研究出集吊袋悬挂、人工控温控水、棚顶喷灌于一体的棚室吊袋栽培技术，实现每亩土地由生产1万袋向生产4.5万袋的大跨越，鲜品产量也比露地栽培高出4倍多，收益达到种植大田作物的近百倍，在大城子村的带动下，东宁市实现了棚室菌“3年内由3栋棚向3000栋棚”的几何级数增长。

尝到了科技甜头的农民不满足于自主研发，开始与中国农业大学、黑龙江省科学院微生物研究所等20多家科研院所建立了协作关系，组建了博士后工作站和食用菌研发中心，越冬耳、元宝耳、白木耳、具有保健功能的沙棘耳以及春秋连作等多项新技术从这里研发成功，形成了集育种、制菌、储运、营销、加工、科研、回收利用等为一体的完整产业链条。同时，他们还通过结对共建等形式，向吉林、浙江、内蒙古、西藏等 10 多个省区的 100 多个市县提供技术支援，示范带动全国标准化生产基地 80 万亩，被誉为黑木耳技术研发推广的“硅谷”。

正是由于“第一生产力”与第一产业的有机结合，才有效保证了牡丹江农民收入的持续快速增长。从主导产业看，无论是黑木耳效益从亩均万元提高到 4 万元，还是蔬菜产业从露地种植收益的 2400 元提高到温室的 22000 元，再到养殖黑猪黑牛的“一头顶多头”，靠的都是技术升级带动产业升级。从增收历程看，“科技向前一大步，农民增收一大截”，20 世纪八九十年代依靠新品种、新技术的应用，粮食产量翻了一番，实现以增产促进增收；21 世纪之初，注重提高农机、水利技术，提高劳动生产率，由过去的一家最多两垧地到一个人种几百亩地，实现以增效促进增收；党的十八大以来，抢抓食品消费升级的机遇，通过大面积应用绿色有机种养技术、大面积推进农业全程技术集成化，建成了 31 个农业科技示范园区，以设施装备替代资源、提高产品质量，实现以提质促进增收，正是科技应用一次次的新突破，才使得农民收入一次次登上新台阶。从技术应用推广看，全市每年举办各类农业科技培训 20 多万人次，采取联系科研院所定向培训、集中投放项目定向支持、完善服务手段定向帮扶等方式，培养出了赵广义、王福东、张光伟等一大批农民科技示范户、农村土专家、农业科技小能人等农业科技带头人，通过一对一帮扶、开现场演示会等形式，打通科技与农业生产的“最后一公里”，把实用技术成果传导到农民身上、转化到大地上，用农民的话就是“要想富口袋，先要富脑袋”。

（三）逢山开路——林下经济成为农民的“绿色银行”

牡丹江森林覆盖率 64%，有野生动植物 2500 余种，被誉为“天然基因库”，采收坚果野菜和野生菌是传统的增收渠道。

1993 年，牡丹江穆棱县在全国首开先河，开展了“五荒拍卖”，即公开拍卖荒山、荒地、荒滩、荒草、荒水使用权，率先破解了荒地“无主”导致的开发“闲置”问题，一直沉寂的荒山、荒沟和荒滩一下热了起来，过去废弃的河滩甚至出现由于竞争激烈，竞拍底价由 100 元涨至 2.9 万元的“新闻”。加之国家持续加大退耕还林力度，一批有眼光的农民开始从自己最熟悉的山林中挖掘致富的门道。

东宁农民盛艳景从小本生意做起，有一定积累后也看中了林下经济这条路，采取“我出资金、农民出土地”入股经营的形式成立专业合作社，用流转的 1060 亩土地建起一个千亩榛子示范园区，继而成立了中盛生态农业有限公司，进行研发和精深加工。目前，公司推出的“榛留恋”品牌榛子油、榛子露、榛子酱等产品远销国内外 20 多个城市。

东宁曹国华、曹国荣兄弟从做边贸生意起家，瞄准了红松需求量大的巨大商机，包荒山、租荒地、建苗圃，带领农民植树造林，累计投入资金上亿元，种植 1200 万棵红松树苗，建成 18 万亩红松果材生态经济林，并采用了先进的嫁接技术，使红松进入结果期的时间由 20 年缩短为 7 年，林木成熟后每亩林地仅产松子一项就能增收近千元。

宁安东安村因种植“寒地苹果”而成为远近闻名的硕果庄园，从 30 年前村民自发种植到如今建成了获农业部绿色无公害认证的国家级果树示范园区，成立了专业合作社，果树面积达到 1 万多亩，年水果总产量达到 3 万吨左右，实现利润 2000 万元左右，占全村农村经济总收入 85%以上，产品远销国内各大城市并出口东南亚等国。特别是推进“互联网 + 农业”，采取私人定制以及果树认养众筹预售方式进行推销，众筹人数突破 200 人，认养托管果树 3000 多棵，效益达到 30 多万元。他们注册的“小农夫”“寒地金果”已经成为“网红品牌”和“金字招牌”。

如今，以浆果、坚果、北药“两果一药”为主的林下经济正成为牡丹江农民增收致富的“潜力股”，红松、沙棘、寒地果、红树莓、榛子等各种林产品遍地开花，全市林下经济亩均效益超过 6000 元，“绿色银行”已催生出

400 多个 10 万元户，绿水青山正在农民的辛勤耕种下变成金山银山。

（四）境外探路——开放型农业让农民“发洋财”

牡丹江是一座对俄沿边开放城市，对面的俄罗斯远东地区大片沃野良田无人耕种，农副产品供不应求，作为口岸城市的绥芬河、东宁最早捕捉到这一商机，率先用农业开发走出国门，打开了合作之门、拓宽了致富之门。

1984 年，中苏友协副会长、绥芬河铁路车站站长徐君术带着 500 公斤西瓜，访问了毗邻的俄罗斯波格拉尼奇内区，闻名于世的“西瓜外交”奏响了绥芬河对苏、对俄经贸合作序曲。1988 年，绥芬河成为黑龙江省通贸兴边试验区，67 名农民作为首批劳务人员出境种植蔬菜，开创了境外农业种植的先河。

家境贫困的东宁农民孙先波在俄罗斯乌苏里斯克市靠卖盒饭积攒起一点辛苦钱，开始从事果菜批发生意，2008 年创建了“东宁华洋贸易有限公司”，建设了集农场、养殖厂、乳制品加工厂、销售公司等产供销于一体的农业产业园区，成为俄滨海边疆区规模最大、标准最高、效益最好的农产品园区，在境外拥有土地 9500 公顷、优质天然牧场 8000 多公顷，年销售额折合人民币 8700 多万元，每年聘用 200 多名农民赴俄就业，人均年收入近 8 万元，带动 100 多名农民在俄罗斯成立了公司、当上了老板，仅境外农业这一项就拉动东宁农民人均增收 6000 元。

走出去的不仅有农民，还有牡丹江地产的优质农产品。牡丹江一直以来就是俄罗斯远东地区的菜篮子，但当地蔬菜经过几次倒手转运，通关慢、损耗大、利润微薄。2011 年，宁安市建设了源丰对俄国际物流园区，成为黑龙江省首个以果蔬出口为主的内陆口岸，实施检验检疫、报关、货代等一站式服务，形成了境内有基地、境外有市场、中间有通道的对俄果蔬产供销一体化格局，当地蔬菜最快 4 个小时就能摆上乌苏里斯克各大菜店的货架，“早上宁安农民的菜园子，就是中午俄罗斯居民的菜篮子和晚上的菜盘子”。目前，已经累计出口果蔬 40 多万吨，一半以上为地产果蔬，贸易额近 7 亿元，带动当地农民增收近 3 亿元。

如今，牡丹江在俄罗斯远东地区农业合作开发面积达到 520 万亩，年回运粮食 10 万吨，养殖生猪 6 万头、奶牛 2000 头、家禽 40 万只；建成 3 万亩以上大型综合农场 26 处，小型家庭农场 414 处，培育了农民百万富翁 640 人，在俄务工农民数量达到 1.4 万人，年收入普遍超过 5 万元，“两种资源、两个市场”让广大农民眼界更宽、腰包更鼓、信心更足。

（五）高端定制路——千年贡米“身价”倍增

牡丹江拥有世界上唯一能种植水稻的玄武熔岩台地——13.5 万亩石板田，由于镜泊湖水质清冽，黑土层肥沃冒油，玄武岩矿物质丰富、生长期昼夜温差大，诸多条件珠联璧合，大米品质举世无双。据《新唐书·渤海传》记载，古渤海国进贡唐王朝贡品有“太白之鹿、率滨之马、卢城之稻、北海之鲭”，其中“卢城之稻”指的就是产自牡丹江的“响水”大米，新中国成立后成为国宴用米，赢得“中华第一米”美誉。

改革开放初期，由于农田基础落后、品种退化、品牌杂乱、竞争无序，昔日的皇家贡米辉煌不再，只能和普通稻米一样卖出“白菜价”。为了把“响水”叫响，政府与企业联手，从品种、品质、品牌入手，打造“稻米公园 + 高端米产业 + 旅游名镇”的发展模式，重现千年贡米的昔日辉煌。

2008 年，举世瞩目的神舟七号载人航天飞船完成了首次出舱作业，不仅见证了中国载人航天技术的飞跃，更为稻米育种创造了条件。太空育种专家对全国范围内上百种水稻种类进行挑选、检验及甄别，最终选择了响水大米作为稻米类品种进行育种试验，“一步登天”的响水大米再次受到“青睐”，品牌价值达到 81.4 亿元。

在实现太空育种、品种提纯的基础上，响水大米进一步提高品质、擦亮品牌，通过建立响水核心区大米种植加工可追溯体系确保产品质量，经欧洲农产品权威检验机构荷兰 SGS 检测中心检测，其钙含量达到普通大米的 3 至 6 倍，人体所需的 18 种氨基酸含量高达 6.9%，人体不能合成的 8 种氨基酸响水大米含有7种。同时，通过建设响水米业渤海稻作馆，打造展示响水文化的窗口和平台。在全国一、二线城市建设品牌旗舰店，创新农超对接、私人定制、众筹等新型销售模式主打“名人吃名米”，与粤港澳厨师联盟合作实现“名米进名店”。

康之源公司依托响水大米主产区的优势，聚焦高端市场，采取会员制营销方式，打造“认养农业”，让稻田地“名花有主”，作为消费者认领的试验田，会员既可以通过手机APP远程监控自己的“一亩三分地”，更可以带着全家人参观体验水稻种植、收割全过程，让“客户成为游客，游客晋升为会员”。

如今，在一些“高净值”人群中，都以能够拥有“响水一块地”为荣耀，玄武湖大米专业合作社开发的定制系列“献给妈妈的米”每公斤售价160元仍供不应求，一些经纪人把响水米打造成高端“佛米”系列销往香港，卖出了每公斤1200元的高价。农户种植优质水稻比普通水稻亩均多收入2000元以上。

（六）不走寻常路——“家庭副业”变身“增收主业”

牡丹江耕地面积虽少，却有大片适宜放牧的草场山林，农民历来就有家庭养殖业的传统和经验。多种经营放开之后，牡丹江注重引导畜牧业由农户家庭分散养殖，向专业化、规模化、特色化方向转变，瞄准高端市场，形成了黑猪黑牛奶牛大鹅为主要品种的“两黑两白”特色养殖业，把过去的“养牛为耕田，养猪为过年，鸡鸭鹅换油盐”的家庭副业做成了农民增收致富的新产业。

林口县“一只鹅”拉动一条产业链，按照“企业 + 基地 + 农户 + 餐饮”的经营模式，持续打造了集种鹅繁育、大鹅养殖、产品深加工于一体的大鹅全产业链，把普通的农家大鹅变成了带动全县经济发展的“金凤凰”。目前全县有大鹅孵化企业2个，年孵化能力120万只；专业合作社4家、规模养殖上百户，万只以上的大鹅养殖场11个，在全国建成林口大鹅餐饮加盟企业 30 家，大鹅出栏量达到 60 万只，单体养殖效益达到 30 元，养殖户年均收入超过 5 万元。

东宁农民孙庆财从东挪西凑 2800 元买了第一头奶牛起步，经过 30 多年打拼，发展到国家级现代化农业集团合作者。如今庆财牧业有限公司总资产达到 5000 多万元，年纯利润近 1000 万元，与国家级现代化农业集团“中合三农”签订了合作协议，开始筹建年加工能力 5 万头的肉牛屠宰加工厂，全力打造集科学养殖、牧草种植、饲料加工、有机肥料加工、屠宰加工、仓储、冷链物流配送于一体的全产业链产业基地。

通过把群众熟悉、经营有赚头的传统畜牧业，融入现代化经营管理模式，大力发展“龙头企业 + 基地 + 农户”新模式，牡丹江重点打造了龙穆黑牛、广汇威虎山黑猪、红星乳业、阿妈牧场等“两黑两白”特色养殖基地，有效带动了畜牧业由数量型向质量效益型转变，促进了农民持续增收。“养 20 头黑猪赚 1 台车”“养 20 头黑牛挣 1 个楼”在这里传为佳话。

（七）融合发展路——抓住“两头两尾”好致富

2016 年，习近平总书记在对黑龙江考察调研时指出，要以“粮头食尾”“农头工尾”为抓手，推动粮食精深加工，做强绿色食品加工业。这“两头两尾”抓住了现代农业发展和农民持续增收的关键，是习近平总书记给黑龙江农业转型升级开出的一剂“良方”。

牡丹江按照抓住“两头两尾”、促进“三产融合”的思路，着力把农产品精深加工业打造成第一支柱产业，充分发挥农业延展性强、后续产业利润率高的特点，创造性地提出打造现代农业综合体的构想，一批集产加销于一体的现代企业应运而生。穆棱是远近闻名的大豆之乡，胶质玉米和各种杂粮也质量上乘，但长期以来，当地农民都是靠种植、贩运赚钱，虽然收入也不少，但加工环节的增值都进了别人的腰包，当地粮库职工孔令保看到商机，成立穆棱市凯飞食品有限公司，经过几十年的发展，成长为集有机种植、产品开发、生产加工、销售经营于一体的股份制现代民营科技企业，公司现有食品加工生产线3条，拥有员工86人，产值达到6700万元，先后研发出了豆筋面、素火腿、大豆蛋白粉等有机风味豆制品，开发了绿色玉米制品以及众多有机杂粮，价格普遍翻了4到10倍以上，产品定向销往欧洲和美国市场。目前，公司建成有机种植面积1.7万亩，签约农户达到8000多户，带动合作农民4000多户，农民人均增收7000多元。受益的农户都说，没想到普普通通的“小豆子”也能变成“金豆子”。

海林北味菌业从简单的分级包装做起，一步一步把经营链条拓展到休闲食品、即食食品加工等领域，逐步形成了食用菌生产加工、基地建设、科技研发、菌需供应、终端销售等全产业链条，已经建成了8个食品加工厂，开发出了食用菌干品、食用菌糖、食用菌即食食品等系列产品，食用菌精深加工产品价格翻了几倍乃至几十倍。同时，公司通过发展订单农业、强化技术对接等方式，带动海林市的25个食用菌合作社、2000多家农户，发展食用菌1.5亿袋，带动海林市农民至少增收1.5亿元，不仅实现了对食用菌产业的全链条开发，更成为区域农民增收的火车头。

如今，牡丹江已经建成红星乳业、北味食品、皓月肉牛、响水米业等151家规模以上农产品加工企业，启动了关东大厨房、农食互联、恒源农林产业园等“中央厨房”和“营养配餐”项目，带动形成了食用菌、果菜、畜牧业、山产品等全产业链，农产品加工产值达到560多亿元，加工转化率高于全省平均水平8.8个百分点。农产品加工业迈向了由“生食”向“熟食”、由“入市”向“入口”提档升级的转型期，以加工带生产促增收的链条正在延长增厚。同时，通过推广股份合作制等组织形式、“农户 + 合作社 + 龙头企业 + 品牌”等经营模式和“保底收益 + 按股分红”等分配方式，推动企业与农民形成利益和责任共同体，让农民共享加工和营销的增值收益。

（八）游山玩水路——乡村旅游致富乡里乡亲

“竹篱茅舍风光好，高楼大厦总不如”。随着生活水平的不断提高，乡村越来越成为人们向往回归田园、养生养老、享受生活的新空间。牡丹江风光优美、民风淳朴、文化遗产丰富，可谓村村有景致、风景各不同。依托各地特色，城郊休憩、休闲农业、民俗文化等多种类型的乡村旅游逐步升温，以往每到节假日的乡下人进城转变成了如今的城里人下乡，随之而来的是村民收入的明显提高。

海林七里地村以前是远近闻名的省级贫困村，“致富没出路，发展没思路，吃水靠肩挑，几条泥水路”，人均收入不足千元，村集体债务高达 40 多万元。2000 年以后开始主打生态旅游牌，充分发挥森林覆盖率 97%、全国 12 条红色经典旅游线路重要节点等资源优势，先后建成 17 家星级家庭旅馆、海林市党史纪念馆和农村廉政教育基地，村民 1 年甩掉穷帽子，3 年过上好日子，5 年当上榜样村，10 年走上幸福路，人均收入超过 2.4 万元，20 年增长了 30 多倍，从省级贫困村发展成了富裕村。

宁安小朱家村有着悠久的稻作和渔猎历史，被誉为北方“世外桃源”，近年来，以“休闲垂钓、吃农家菜、住农家房、观农家景、干农家活”为内容，大力发展农家乐旅游，举办渔猎文化旅游节，带动发展了 17 家家庭旅馆，村里每年接待游客 10 多万人次，仅旅游一项收入就达到 600 多万元，带动农民人均可支配收入达到 22380 元。

穆棱太和村突出“笨的绿色、土的时尚”“乡土气息浓郁”等特点，按照差异化需求发展乡村旅游，以关东文化为载体打造乡愁目的地，为游客提供最原生态的农家火炕、农家饭菜、休闲采摘、煎饼大酱等纯正的乡土体验，被国家旅游局授予金牌农家乐荣誉称号，曾出现过 10 台宝马车组团到此休闲度假的场景，2017 年接待游客 5000 人次，年营业收入 50 万元。

穆棱海月湾水上乐园是由农民开发的旅游项目，本以为会有相当长的市场培养期，没想到乡村周边游异常火爆，2014 年试营业期间日均游客就达到 1.2 万人、最高峰 2.6 万人，每天都有 100 多名俄罗斯游客专门来这里游玩，景区内解决农民就业 500 多人，附近村民每天来给游泳圈充气就能挣 200 多元，赚得盆满钵满的农民都说，“幸福来得太突然了”。

如今，牡丹江有 90 多家休闲农业实体，农家乐发展到 830 家，年接待游客 279.5 万人次，打造了 7 条乡村旅游线路，同时，顺应当前乡村旅游进入创意化、精致化发展新阶段的趋势，正在推动自发形成的区域旅游向连点成线的全域旅游拓展，促进农家乐旅游向精品民宿游转型，不断为农村创新创业开辟新天地，为农民就业增收打开新空间。

（九）市场指路——“卖得好”倒逼“种得更好”

产强销弱、质优价低是牡丹江农民致富的一大障碍。要想“黑土地结出金疙瘩”，必须让市场端头与田间地头紧密对接，推动农业由“种得好”向“卖得好”转变，进而由“卖得好”倒逼“种得更好”。

从 20 世纪 90 年代市场经济催生的一批“倒菜大军”“倒牛大军”“倒粮大军”，到 21 世纪初在政府主导下建设了绥阳黑木耳大市场、源丰果蔬国际物流中心、海林农产品综合批发大市场等一批农产品批发市场，再到如今“互联网 +”与农业的深度融合，鼓励引导农民发展电子商务，让优质农产品远销北京上海广州、出口俄日韩等国家和地区，市场这只“看不见的手”为农民指明了致富方向。特别是近年来农村电商的发展，更是让农民千家万户小生产与千变万化大市场紧密连接，让农民更多地分享到信息化时代的新机遇。

北域良人贸易公司从批发黑木耳起步，10 年持续创新营销模式，创立“有福”黑木耳品牌，迎合市场需求开发出各类包装，在全国设专卖店 50 家，打造了一支 450 余人的专业营销团队，与广州、深圳、上海、北京、内蒙古、兰州等地的多家公司开展营销合作，2015 年开始入驻阿里巴巴、在天猫商城创建运福食品旗舰店，2017 年销售 210 万笔 1500 万元，登上天猫商城山珍产品网络销售量全国第一的宝座，每年收购销售的山珍产品达到 300 万斤，销售额 8000 万元，带动 24 户入社社员年均增收 5 万元以上。

北纯农产品开发有限公司精心打造自主品牌，成为全国著名杂粮电商品牌、2018 年黑龙江省优质农产品营销大赛总冠军。他们坚持“市场牵龙头，龙头带基地，合作架桥梁，农户增效益”的经营理念，以标准化、品牌化、产业化、互联网化为发展方向，实施“龙头企业 + 合作社 + 农户”的“双加模式”，与各大知名电商平台广泛合作，通过网红直播营销、众筹预售、微信营销、微博互动、内容营销、节日营销等全方位线上线下联动活动，2017 年“6·18”当日销售 850 万元、“双 11”当日销售 1200 万元，北纯小米、红小豆、黑豆、黄豆等产品常年占据各大电商平台销售榜前列，也因此获得 2016 年度京东商城“优秀合作伙伴”荣誉，连续受邀参加 2016、2017 年度“世界食品农产品电子商务大会”。

如今，牡丹江综合性农贸批发大市场达到 27 个，各类经营主体在天猫、京东等平台建设了 200 多家旗舰店，半数农民专业合作社拥有了电商销售渠道，中国土特产网、农品天下 2 家自有平台年交易额分别达到 10 亿元和 3 亿元，不仅让牡丹江的优质农产品卖上了好价钱，更重要的是电子商务等新兴业态开始成为农业转型发展的新引擎，正在重构农民的生产生活新方式。

（十）能人引路——先富带后富的滚雪球效应

“手中没把米，鸡都唤不来”。要引导农民致富，首先要有让农民信服的致富带头人。从 20 世纪 80 年代开始，牡丹江就重点鼓励专业户“多包地、多种地”，培养出了一大批种粮、种菜、种瓜大户，他们植根在农村、成功于农业、对乡邻有感情，村民们对他们的成功经验看得清、信得过、容易学、见效快。通过他们的示范带动，形成了“头雁高飞众雁随、一人致富全村肥”的生动局面。

宁安“韭菜大王”鲁继新致富不忘乡邻，牵头成立新农韭菜专业合作社，生产有机韭菜远销到俄罗斯和韩国，采取“订单收购 + 种植服务 + 利益分红”的利益分配模式，带动周边 6 个村成为韭菜生产专业村，合作社社员发展到 1100 名、人均收入超过 2 万元。

穆棱下城子镇悬羊村徐敬才通过办面粉加工厂、木器厂致富后，牵头成立农民食用菌专业合作社，通过吸纳菌农入社、租赁经营等方式，带动全村 165 户发展棚室菌，特别是实行“盈余按照成员与合作社的交易量比例返还”

的互助性发展模式，社员万袋黑木耳多增收 1000 多元。

宁安古塔田源家庭农场场长高波是“全国青年致富带头人”“黑龙江省农民创业之星”，以自身创业成功带动周边农民种植设施瓜菜，仅兰岗镇棚室就增加 10000 栋以上，年增加产值超过 3 亿元，农民人均增收 1.2 万元。

如今，牡丹江通过实施“1+N 帮带”工程，采取“做给农户看，带着农户干，领着农户赚，延伸产业链”的方式，促进小农户与现代农业有机衔接，各类专业大户、家庭农场、专业合作社等新型农业经营主体发展到 5864 家，带领农民在共同富裕的大道上越走路越宽。

四、经验和启示

改革开放 40 年来牡丹江农民增收的实践探索，是顶层设计与基层探索和群众首创精神有机结合的典型范例，是不忘农民增收初心、牢记强农惠农使命，始终坚持走中国特色社会主义道路和全面践行习近平“三农”思想的生动实践，是在深入贯彻中央“三农”政策的前提下，立足基本市情，遵循市场规律，不断探索促农增收与自身特色有机结合的有效途径，他们的路径和做法虽然具有地域性和特殊性，但他们的经验和启示具有一定的普遍性和规律性。

启示之一：必须坚持以解放思想为引领，首先摆脱“头脑中的贫困”。习近平同志在《摆脱贫困》一书中写道：“摆脱贫困其意义首先在于摆脱意识和思路的贫困，只有首先摆脱了我们‘头脑中的贫困’，才能使我们所主管的区域摆脱贫困，才能使我们整个国家和民族摆脱贫困，走上繁荣富裕之路。”牡丹江农民摆脱贫困之路，正是首先发轫于思想观念的突破。为了破解几千年小农生产形成的习惯势力，牡丹江农业战线通过“两看两走”重新校正定位，即：一看思路对不对头、二看收入打不打头，走下去调研了解实情、走出去学习开阔眼界，逐步实现了“五破五立”，以观念的变迁引领了发展的进步、财富的倍增。（1）逐步破除了“小富即安、不富也安”的惰性思维，树立了创业兴家的开拓进取精神。运用财富效应示范引导农民，高波、于明臣等一批能人勤劳致富、富而思进、先富带后富，引导农民念好多元“致富经”，在他们的带动下村村都有致富招，家家都想“来钱道”。（2）逐步破除了“靠天吃饭”的传统思维，树立了敢为人先的勇于创新精神。发挥农民的首创精神，向技术创新要价值，向市场开拓要空间，西瓜嫁接技术、黑木耳地栽技术、袋栽技术、吊袋种植技术等多项全省第一、全国领先的创新技术都是出自牡丹江农民的发明创造，20 世纪 90 年代初宁安西香瓜协会一张宣传单曾卖出过 600 元的高价、东宁大城子村黑木耳专业合作社卖技术比卖产品收入高出 2 倍多。（3）逐步破除了“固守田园”的乡土情结，树立了敢闯敢试的新闯关东精神。过去“闯关东”是走投无路之下的谋生之举，新时期“闯关东”是以开拓者的形象、经营者的姿态，北上南下、出国入关，谋求更大发展。东宁、绥芬河农民走出国门到俄罗斯垦荒种地、建园区、办企业，被称为“东北温州人”；北味菌业齐氏三兄弟等人靠一张地图一双腿，一份合同一张嘴，走南闯北在全国建起了销售网络，成为国家黑木耳标准制定参与单位；一大批农民远赴内蒙古、青海乃至东南亚等国家传授黑木耳和果蔬技术，为全国各地，特别是贫困地区的农民带来了福音。（4）逐步破除了“忙两季、闲半年”的“猫冬陋习”，树立了无冬历夏“撸起袖子加油干”的勤劳奋斗精神。逐渐富起来、走出去的农民切身感受到“时间就是金钱”，农闲时节“地闲人不闲”，蔬菜村村民一年休息不到 10 天，没出正月就要外出找销路；黑木耳产业形成了冬春买菌料、做菌包；夏秋种植、销售、处理废料的全季节生产链条；冬天外出打工、学技术、闯市场成为常态，再难见到“猫冬”喝酒打麻将的现象。（5）逐步破除了“肥水不流外人田”的单打独斗思维，树立了抱团发展的合作共赢精神。广大农民从“协会带农户、大户带小户、合作社里好致富”中尝到甜头，纷纷联户入社，截至目前，农业专业合作社、专业大户、龙头企业已经发展到 2515 个、2111 个和 217 个。

启示之二：必须坚持“三农”重中之重地位不动摇，任何时候都不能忽

视农业、忘记农民、淡漠农村。“三农”安则天下稳是亘古不变的道理。改革开放以来，牡丹江并未由于农业份额小、占比低而“因小失大”，反而不断强化农业基础地位，在推动农业农村优先发展中实现了小而精、小而美、小而富。（1）重视农业就会让农业成为有奔头的产业，牡丹江注重发挥农业作为“母亲产业”和“无边产业”的特点，持之以恒转变农业发展方式，深入实施农业供给侧结构性改革，促进一二三产业融合发展，一产增加值占地区生产总值比重保持在17%左右，对经济增长的贡献最稳定，同时由农业带动的农产品精深加工业逐步成为全市第一支柱产业；由农业衍生的休闲农业、智慧农业、农村电商等新业态新模式成为转型升级的新增长点。（2）富裕农民就会让农民成为有吸引力的职业，牡丹江始终把农民增收牢牢抓在手上，积极发展特色高效精品农业，使农民既不离土又不离乡也能增收致富，由以往农民外出打工的“劳务经济”，转变为如今外出能人带着资本和技术返乡创业的“回归经济”，改变的不仅仅是农民收入的结构，而且使乡村更有人气、更有活力。特别令人欣喜的是一批大学生放弃了城市的“铁饭碗”来到乡村创业发展：陈雨佳，原是宁安一中老师，放弃工作回村创办上官雨佳有限公司，借助互联网专门经营高端定制大米；王嵩，硕士研究生毕业后进入辽宁省交通规划设计院，后放弃几十万元年薪回乡创业，创办原生态农特产品电商平台——芝米网；康伟，东北农大毕业生，毕业后应聘到蔬菜村做技术指导。他们在农村的广阔天地上大展作为，成为有文化、懂技术、会经营、高素质的新型职业农民。（3）造福农村就会让农村成为安居乐业的美丽家园，牡丹江因地、因人、因时制宜，推进农村基础设施建设，加强农村人居环境清理整治，改善农村生产生活条件，16个镇纳入全国重点镇，3个村被评为全国美丽乡村试点村。正是由于认识的高度、重视的程度和投入的力度不断提升，才有了农业稳定、农民增收、农村和谐的大好形势。

启示之三：必须坚持全面深化改革，在城乡统筹协调发展中共享改革红利。中国改革发端于农村，解决好“三农”问题的根本出路在于全面深化改革，破除城乡二元结构。牡丹江集城市、农村、森工、农垦和民族聚集区于一体，多年来，围绕打通城乡间要素双向流动通道，重点在“人往哪里去”“钱从哪里来”“地要怎么用”3个方面下功夫，着力推进城乡综合配套改革，40年间，城镇化率由46.5%提高到60.2%，城乡居民收入比从3.1∶1缩小到1.8∶1。（1）人往哪里去：农民进城和人才下乡双管齐下。通过户籍制度改革、农民进城购房就业优惠扶持政策，改善和提高进城“农民工”待遇，与森工、农垦融合发展，加快科技人员向乡村流动等多种措施促进人员双向流动。现在每年有上万名各类人才下乡，每个村屯都有指定的技术员定期进村指导生产，全市每15户就有1户农民进城镇购房，从事二、三产业的农民近30万人。（2）钱从哪里来：资本下乡和金融支持多措并举。以推进农村金融改革创新为重点，完善农村金融体系，强化农村金融组织，创新农村金融产品，延伸拓展农村金融普惠网络和金融服务“村村通”，黑龙江省第一家村镇银行、第一家农村小额贷款公司在这里率先成立，通过完善农村金融体系，村镇银行、农民资金互助社和5户联保、10户联保贷款模式使农村融资渠道更加多元。通过财政贴息、项目扶持吸引工商资本下乡发展涉农产业，中合三农、源丰集团、中盛公司等企业纷纷在此投资创业。（3）地要怎么用：稳定承包关系和适度规模经营有机统一。积极贯彻两轮土地承包制度改革、“三权分置”改革、土地承包经营权确权等土地产权制度改革，在保持土地承包关系稳定的基础上，引导农民自愿流转土地，通过规模经营提高收益，农民亩均收益增加400元左右，在合作社里打工每天收入超过100元。

启示之四：必须坚持扬长避短、扬长克短、扬长补短，变劣势短板为优势财富。改革开放之初，习近平同志在正定县工作时就总结出发展半城郊经济“投其所好，供其所需，取其所长，补其所短，应其所变”的“二十字经”。2016年在对黑龙江重要讲话中习近平总书记又强调，要“扬长避短、扬长克短、扬长补短”。牡丹江促农增收的历程，正是运用科学的思想方法和工作方法、厘清长与短的辩证关系，从“地少、林多、天冷、偏远”4个短板中，挖掘出“绿特林外”4大优势，走出了具有自身特色的农民持续增收之路。(1) 人多地少产量小固然是短，但特色种植起步早、结构优则是长，看准了这一点，通过持续壮大“菌菜牧林瓜药”等特色产业，促进了结构优化和收入增长，农民收入中50%以上来自绿色特色农业收入。(2) 气候寒冷、积温不高固然是短，但昼夜温差大，农产品生长期长且品质优良则是长，通过主打“绿色有机牌”，使当地优质农产品成为市场上的抢手货，东宁黑木耳、响水大米品牌价值分别达到433.1亿元、81.4亿元。“八山半水分半田”、坡岗地多固然是短，但森林覆盖率高、生态资源丰富则是长，抓住林下经济、生态旅游等产业，农民从“靠山吃山”到以“两果一药”为主的林下经济开发面积达到130万亩，古塔田源、七里地村、明星小镇的采摘游、红色游、生态游、民俗民宿游等乡村旅游带动近5万农民致富。地处偏远边境省份、物流成本相对较高固然是短，但沿边近海，与俄日韩等国经贸往来密切则是长，通过挖掘“两种资源、两个市场”，开发境外农业、打通农产品境外回运和境内出口双向通道，开辟了新的增收空间。

启示之五：必须坚持绿水青山就是金山银山，实现百姓富与生态美有机统一。农业是“经济再生产和自然再生产相互交织”的特殊产业，既要服从经济规律，更要服从自然规律。牡丹江素有“棒打狍子瓢舀鱼，野鸡飞到饭锅里”的良好生态环境，作为后发地区，在处理生态环境与农业发展、农民增收的关系上，也经历了从“靠天吃饭”到“人定胜天”再到天与人“交相胜、还相用”的曲折探索，更加坚定了绿色发展、生态致富的理念和行动。(1) 从“以绿水青山去换金山银山”的教训中反思警醒。改革开放之初，一度为了提高产量而不顾生态承载力，黑土层由开垦之初的80—100厘米减少到20—30厘米，黑木耳带来真金白银的同时，也产生了“一黑一白”两样副产品，黑的是空气污染、白的是废弃菌袋。面对自然界的报复，人们深刻认识到绿水青山能换回金山银山，但金山银山却买不来绿水青山，在政府倡导下积极推进“三减”行动，让黑土地勃发“绿生机”；菌农家家户户主动放弃土锅炉、用上价格虽高但更环保更节能的菌包生产机械，同时加快废弃菌包综合利用，引进建成穆棱中燃等企业专门生产菌包处理机械，形成生物质燃料、活性炭等加工产品，废弃菌包综合利用率达到30%。（2）从“既要金山银山，也要绿水青山”的探索中转型发展。顺应人们从“求生存”到“求生态”、从“盼温饱”到“盼环保”的新期待，牡丹江农业开始“打生态绿色有机牌，走特色高效精品路”，通过发展农业循环经济，推进秸秆综合利用，打造全省特色高效农产品优势区，绿色有机食品认证面积占耕地总面积的比重达到49%、比全省平均水平高17个百分点。（3）从“绿水青山本身就是金山银山”的实践中升华境界。生态环境的改善不仅优化了“见山望水寄乡愁”的农村人居环境，更让人们从绿水青山中找到了金山银山，致力于推进生态建设产业化、产业发展生态化，七里地村、勤劳村等一批主打绿色生态牌的美丽乡村成为生态美百姓富的典型，用当地百姓的话说就是“人要养山、山就养人”。他们的发展实践证明，绿水青山与金山银山既不是相互割裂、更不是相互对立，而是相互促进、相得益彰，只要把生态环境优势转化为生态农业、生态旅游等生态经济的优势，绿水青山就会变成金山银山，就能走出一条农业发展、农民增收和生态保护内在统一的可持续发展之路。

启示之六：必须坚持以人民为中心的发展思想，让农民有更多的获得感。（1）增进人民福祉是改革的出发点和落脚点。盘点40年来牡丹江农民的收获，最直观的变化是“衣食住行”从“吃不饱、穿不暖、住危房、行路难”，到“吃健康、穿品牌、住楼房、车轮转”，最根本的支撑在于做好“加减乘除”四则运算，为百万农民实现全面小康奠定了坚实基础。（2）做好“加法”，就是增加投入、补齐短板，全市财政涉农支出持续大幅增长，农村基本公共服务从自发状态到基本覆盖，高品质生活开始成为新的目标追求，农村居民家庭人均生活消费支出从116元提高到10955元，农村居民恩格尔系数由55.4%下降到26.7%。（3）做好“减法”，就是减轻负担、减灾防灾，从以前的要钱要粮要命“三要”，到如今给补贴、给保险、给贷款“三给”，农业保险面积从无到有，占比达到40%，农民负担从40%下降到2%以下。（4）做好“乘法”，就是释放改革创新的乘数效应，农民收入随着家庭联产承包责任制、农村税费改革、集体产权制度改革等每一项改革举措的落地而逐年攀高，特别是在农村土地确权登记的基础上，合理引导农民对宅基地、住宅以及承包地进行流转和租赁，让“死产变活权、活权生活钱”。（5）做好“除法”，就是扶贫脱贫，缩小贫困人口的分母、扩大共同富裕的分子，从救济式扶贫到开发式扶贫，再到精准扶贫、精准脱贫，特别是党的十八大以来，坚决打好精准脱贫攻坚战，针对贫困人口相对较少，但边缘群体人数较多、因病因残致贫人数较多“一少两多”的实际情况，按照“六个精准”“五个一批”的总体要求，构建起“四个体系”，即精准识别、精准帮扶、精准脱贫的工作体系，组建 29 个驻村工作队，选派 150 名优秀干部，开展精准识别、精准退出、精准管理和精准施策；构建起产业扶贫与教育、医疗、住房的政策体系，开展“产业增收、转移就业”等专项行动，聚焦因病因残致贫占比达到 87%的实际，强化了医疗、大病保险和救助三重保障措施；构建起财政支持、金融助力、社会捐助的投入体系，累计投入国家省扶贫专项资金 6894 万元，发放贫困户小额贷款 9500 万元，调动社会参与启动 35 个帮建项目；构建起多渠道、全方位、最严格考核体系，严肃查处扶贫领域腐败和作风问题。40 年间，牡丹江农村贫困人口减少到 5438 人，贫困发生率由 88.3%降至 0.47%，于明臣、孙先波等原来的贫困户如今成为脱贫攻坚中产业脱贫的带头人。

启示之七：必须坚持党对“三农”工作的领导，为农民增收提供坚强政治保障。走进宁安市响水大米核心区，稻田里最醒目的是彩稻种出的“不忘初心”4 个大字，这是淳朴农民用独有的方式感恩党的领导。40 年农民增收最离不开的，就是党的领导这个根本保障，这也充分印证了“三农”发展关键在党、关键在人的道理。（1）党的好政策让农民吃上了“定心丸”。改革开放以来，牡丹江积极贯彻落实中央、省委“三农”政策，为农民增收致富带来“政策红利”。特别是党的十九大明确“第二轮土地承包到期后再延长三十年”，相当于给每个农民发了一个“大红包”，让农民对未来的美好前景充满新期待。目前，牡丹江土地承包经营权确权登记颁证工作基本完成，流转土地面积达到 222 万亩、近两年呈现加速发展趋势，农民通过流转土地亩均收益超过400元、最高达到1000元。(2) 基层党组织使农民有了“主心骨”。“农村富不富，关键看支部”，越是村强民富的地方，党组织战斗力越强，越是党支部坚强有力，越能带领农民发家致富，这是40年中国农村发展、农民致富的基本规律。牡丹江致力于提升农村基层党组织的政治引领力、发展推动力、组织凝聚力，持续整顿软弱涣散村党组织，完善党组织领导下的乡村治理机制，通过强村带弱村、抓两头带中间，探索农村联合体党组织建设模式，将党支部建在村民小组上、建在产业链上、建在涉农企业上、建在境外园区上，采取“支部 + 合作社 + 基地 + 农户”等模式，充分发挥基层党组织的战斗堡垒作用，形成了树一面旗帜、兴一项产业、富一方百姓的生动局面。(3) 农村党员干部成为农民的“贴心人”。通过实施“班长工程”“接班人队伍建设”等举措，打破行业、地域、身份限制，从致富带头人、返乡创业人员、大学生村官、退伍军人等群体中选拔优秀人才，涌现出窦乃兴、李士军等一大批优秀党员干部，特别是针对农村基层组织后继乏人的问题，与黑龙江省农经学院联合培养后备人才，正在建设一支懂农业、爱农村、爱农民的“三农”工作队伍，他们把心系群众、服务群众体现在农民生活的方方面面，从驻村入户的扶贫干部到送良种良法下乡的科技人员，从对留守老人儿童的关心照料到移民搬迁的妥善安置，一件件实事好事拉近了党群干群关系，增强了党的凝聚力和号召力。

五、展望新时代

不忘初心，继续前行。进入新时代，牡丹江以习近平“三农”思想为指引，扭住增收不放松，重整行装再出发，一幅“百姓安居乐业、乡村繁荣兴旺”的崭新画卷正在徐徐展开。

——**乡村振兴正当时**。在党的十九大报告中，乡村振兴作为国家“七大战略”之一重磅推出，宛如一声春雷，激荡在广袤乡村，鼓舞着亿万农民。牡丹江把握这一难得机遇，立足市情农情，致力于发挥“绿特林外”4大优势调结构，补齐“小散弱低”4个短板增效益，促进一二三产业融合发展添动能，着力打造全省全国特色农产品优势区、农业现代化建设排头兵、乡村振兴新样板。

——**美好蓝图已绘就**。到2020年，实现全面小康，现行标准下的农村贫困人口全部脱贫，农村居民人均可支配收入突破2万元；到2035年，基本实现农业农村现代化，农民生活富裕美好；到2050年，乡村全面振兴，农业强、农村美、农民富全面实现。这一段段节点、一个个目标是牡丹江农民对未来的美好憧憬，也一定会在他们勤劳智慧的奋进中一步步变为现实。

——**“三农”发展新篇章**。实现“两个一百年”奋斗目标，大头重头在“三农”、奔头看头也在“三农”。牡丹江正在全力做好强基础、增动力、注活力、拓渠道、稳基本、补短板、强保障“七篇文章”，着力构建农民增收长效机制，真正让农业成为有奔头的产业、农民成为有吸引力的职业、农村成为安居乐业的美丽家园，谱写新时代牡丹江“三农”发展新篇章！

（2018年7月）

伊春

YICHUN

绿色转型发展的探索与实践

——伊春调研报告

中共黑龙江省委宣传部
中 共 伊 春 市 委

当中国特色社会主义这艘巨轮乘风破浪驶入新时代，中国改革开放走过40年之际，伊春林区也迎来了开发建设70周年、建市60周年。伊春作为全国重点国有林区，中国最大的森林城市，共和国森林工业的摇篮，素有“祖国林都”“红松故乡”“天然氧吧”之美誉。70年来，特别是改革开放40年来，在党的领导下，一代一代伊春人在时代发展的洪流中，以红松般的精神和品格，艰苦创业，改革创新，推进林区重大转折与变革，书写了一部波澜壮阔的创业发展史，取得了经济社会发展全方位、历史性成就，迈上了绿色转型发展的崭新道路。

一、打造林业本色，更见伊春道路探索之艰辛、转型之艰难

400万公顷广袤浩瀚的大森林，标注了伊春“生”的基因。70年来，伊春创造了因林而兴的辉煌，也经受了因林而衰的痛苦，更孕育了因林而转的希望，生动演绎了对“两山论”的实践认知过程，映射出难以磨灭的转型发展实践探索轨迹。

（一）“采”与“育”失衡之痛

1948年，为支援解放战争，伊春开始了大规模开发建设。伴随着共

和国前进的脚步，一代又一代的开发建设者，在茫茫林海雪原上建起了一座新兴的林业城市，累计为国家提供优质木材2.7亿立方米，占全国国有林区的20%，累计上缴利税、育林基金等近300亿元，为国家作出重大贡献，创造了短暂的经济繁荣鼎盛期，也形成“唯木独大”资源依赖思维惯式。这一时期把过量采伐森林资源当作了“金山银山”，重采伐轻抚育，重取利轻投入，一味向大自然索取，忽视了自然规律、经济发展规律，到20世纪80年代，林区陷入了资源危机、经济危困的“两危”境地。可采资源几近枯竭，产业结构严重畸形，地方财政空虚，社会事业发展缓慢。职工工资拖欠、生活艰难是当年真实写照。资源性、结构性、体制性、社会性4大矛盾愈加凸显，成为全国资源消耗最快、贫困程度最深的重点国有林区。

（二）“改”与“变”转折之艰

2000年，国家天然林保护工程正式实施，给备受“两危”煎熬的伊春林区带来曙光。林区人渐渐觉醒起来，不改变单一依靠木材的生产方式，不培育接续替代产业，不但面临生活之艰、生存之困，还会断了子孙路。弥补生态创伤，寻求接续发展，伊春探索走上一条以生态建设为主、木材生产为辅的发展之路。2005年，伊春以国家资源型城市经济转型试点为历史拐点，坚决摒弃靠砍木头生存的定式思维，确立并实施了“生态立市、产业兴市”战略，木材产量大幅调减，森林资源得以休养生息，2007年开始实现森林蓄积长大于消，接续替代产业露出萌芽，传统单一经济结构逐步向多元化转变，林区危困局面得以有效缓解。2011年，《大小兴安岭林区生态保护与经济转型规划(2010—2020年)》实施，伊春在木材收入年减少7亿元的情况下，主动“壮士断腕”，在全国重点国有林区率先停止了森林主伐，倒逼林区加快向以生态建设为主转型。2012年，开启了“三次创业、转型跨越”新征程，标志着伊春经济转型全面铺开。

（三）“道”与“理”引领之变

伟大的理论指导伟大的实践。2012 年党的十八大把生态文明建设纳入中国特色社会主义事业“五位一体”总体布局，引领中国走向生态文明新时代。伊春牢牢把握生态功能区主体定位，2013 年彻底放下斧头锯，终结林区延续 60 多年的木材采伐历史，深入践行“绿水青山就是金山银山”重要思想，走上了以生态为主导，向绿色要效益，生态保护与经济发展并行不悖的绿色转型发展新路。他们以五大发展理念为引领，在停伐阵痛、产能过剩叠加过程中，“滚石上山、爬坡过坎”，横下一条心抓转型促升级，逐步走出“U”型曲线低谷，搭建起了产业发展的基本框架，基本实现了生产方式由资源消耗型向生态主导型的重大转变，发展动能由独木支撑向多点发力的根本转变，林业城市也实现了向森林生态城市的华丽转身。

2016 年 5 月 23 日，习近平总书记考察黑龙江，在首站来到伊春时指出，“你们对绿水青山就是金山银山，有了认识和诠释。感到你们找对了道路，我就放心了。”“停伐后，要按照绿水青山就是金山银山、冰天雪地也是金山银山的思路，摸索接续产业发展路子。”“停止采伐了，林业产业并不是衰落了，也不是走入低谷了，而是伊春、伊春，柳暗花明又一‘春’。”“希望你们再接再厉，继续努力，书写好林区转型发展新篇章，让老林区焕发青春活力。”

党的十九大开启了中国特色社会主义新时代。伊春以习近平新时代中国特色社会主义思想为指引，深入贯彻落实习近平总书记对黑龙江重要讲话精神和对伊春指示要求，贯彻落实中央、省委重大决策部署，牢记总书记嘱托，肩负新时代使命，围绕打造“两座金山银山”，以供给侧结构性改革为主线，以做好“三篇大文章”为统领，扬绿水青山之长，借冰天雪地之势，打生态牌、走特色路，坚持做大一产抓融合，做优二产抓提升，做活三产抓拓展，一二三产业融合发展，加快构建绿色生态产业体系，统筹做好保生态、促转型、推改革、美城乡、惠民生等各项工作，林区生态要素竞相迸发，生态生产力充分涌流，生态优势加速向发展优势转化。伊春正“脱胎换骨”“浴火重生”，呈现出一个绿色健康美丽时尚的“全景伊春”。

二、厚植绿色本底，为伊春永续发展保“根”筑“魂”

蓝天白云、远山近树、小桥流水、鸟叫蛙鸣，“明月松间照，清泉石上流”。这不是人们臆想中的世外桃源，也不是画家笔下的水墨山水画，而是祖国林都的壮美生态图景。从单纯的开发，到保护与开发并重，再到全面实行保护，伊春始终把生态作为发展的“根”和“魂”。改革开放以来，伊春始终坚持尊重自然、敬畏自然、顺应自然、道法自然，坚持不懈保生态、护环境，争当全国生态文明先行示范区建设者、全国最好生态功能区的先行者，使小兴安岭这块镶嵌在祖国东北方的“绿宝石”愈加璀璨夺目。

（一）从“单一”到“系统”，像保护眼睛一样保护生态资源

大森林承载了伊春的过去，更牵动着这个城市的未来。在天保工程一期实施前，伊春活立木总蓄积已经锐减到 2.05 亿立方米，不到开发初期的一半，而且大多是中幼林，几乎无林可采。资源没了，伊春赖以生存的“根”也就没了。伊春就是本着这样朴素的感情，像保护眼睛一样，开始了持久而又艰辛的保护历程。

2004 年，市政府发布一号令，决定全面停止天然红松林采伐，通过吸纳社会各界人士挂牌认领、建立保护基金，为 37.65 万株红松找到了自己的主人。到目前，全市红松林面积已由 2004 年的 4 万公顷恢复到 6.12 万公顷，拥有亚洲面积最大、保存最完整的天然红松原始林群落。2008 年，又相继停伐了黄菠萝、水曲柳等珍贵树种，并将林蛙、蓝莓等珍稀野生物种列入重点保护范围。2013 年，全面停止了森林商业性采伐，实现了生态保护由单一向系统革命性的转变，山水林田湖草系统保护与治理迈出了艰难而又坚实的一步。

党的十八大后，伊春按照“山水林田湖草是一个生命共同体，必须统筹

治理”的理念，坚持从林上到林下、从植物到动物、从山峦到湿地，构建起全方位、系统化的生态资源保护体系。特别是防火、防垦、防盗、防掠青“四防”措施不断强化，森林防火新技术、新手段全面应用，伊春连续14年未发生重大森林火灾。重拳出击，严厉打击“林地三乱”违法违纪行为，共查处林业行政案件1140起，行政处罚1139人。森林蓄积正以年净增长1000万立方米的速度递增，森林覆被率由天保工程实施时的78.4%增长到今天的84.4%。

（二）从“治标”到“治本”，像对待生命一样珍爱生态环境

好山好水好空气，作为伊春最亮丽的名片，一直被外界所羡慕。但好环境并非一成不变，破坏容易、治理难。在青山绿水之间，伊春人更懂得珍爱环境，从“治标”到“治本”，对生态环境进行全方位珍爱呵护。

针对水、大气、土壤污染问题，建立了市、县、乡、村4级河长体系，对境内河流实施管理保护，河道采砂、乱倒垃圾、私设排污口等问题被彻底杜绝，全市建成和在建城镇生活污水处理厂19家，连续14年城市集中饮用水源地水质达标率保持在100%；以控燃煤、抑扬尘、防废气为重点，严格落实污染减排责任，严控企业污染物排放，淘汰落后产能，2014年以来，累计淘汰及改造小锅炉292台，淘汰黄标车及老旧车辆1.35万台；强化对土壤污染重点企业的监管和农业面源污染防治，养殖废弃物、生活垃圾都要经过无害化处理，进行循环利用，有效促进了土壤和环境的持续改善。2016年，伊春通过了黑龙江省级生态市验收，进入“中国氧吧城市”50强。

治标的同时更要治本。伊春建立并严格执行生态建设年度报告、生态损害赔偿和生态修复、领导干部自然资源资产离任审计和生态环境损害责任追究等制度，让保护有法可依、有章可循；在县（市）区目标考核中还增加了“生态分”比重，不管党政领导在任时GDP增加了多少，离任时如果生态环境账不合格，都将被问责。严格制定项目落地标准，提高生态门槛，坚决不上污染环境、破坏生态和高耗能的项目，近10年来，主动放弃亿元以上项

目 20 余个，从源头上保护生态环境。

（三）从“思想”到“行为”，像细雨润物一样培育生态文化

保护生态关键是要形成全民生态文化，只有文化的力量才是最恒久最可持续的。多年来，伊春深挖生态文化内涵，坚持教育和引导相结合，思想和行为两手抓，细雨润物、循序渐进地推进生态文化建设，使生态价值观成为城市主流价值观。

坚持从娃娃抓起，推进生态文化进校园、进课堂，通过丰富多彩的课堂教学和实践活动，把生态环保理念深深扎根到孩子们的心中，培育生态文化的传承人；依托自然保护区、地质公园、森林公园、植物园、博物馆等，打造面向公众、各具特色、内容丰富、形式多样的生态文化普及场馆和环境教育基地，推动教育多角度、广覆盖。伊春已创建命名绿色学校 65 所，建立环境教育基地 14 个。丰林国家级自然保护区被评为“首批全国中小学环境教育社会实践基地”，伊春森林博物馆被评为“省级环境教育基地”。

过去林区百姓“靠山吃山”，每年仅用于举炊取暖就要消耗木材 100 万立方米以上，为了彻底改变这一现状，2009 年，伊春启动实施了生态移民，对 55 个林场（所）进行撤并，搬迁居民 1.4 万户、3.5 万人；积极推进烧柴改革，推广生物质半汽化炉、生物质燃气、水源热泵等举炊取暖节能新方式，最大限度减少了人为对资源环境的消耗和破坏。同时，引导公众逐渐养成低碳、绿色、环保的生活方式和消费方式。如今，走在伊春的大街小巷，随处可见绿色环保的公交车和公共自行车，节能减排、低碳绿色的生活，已成为伊春人的集体追求。

三、经济转型发展，伊春林区践行“绿水青山就是金山银山”思想

改革开放之初，伊春林区仍然长期超负荷承担国家木材生产和上缴任

务，单一的林业经济、单一的木材生产结构是这个共和国森林工业摇篮的主要特征。致使20世纪80年代末，经济结构严重失衡、发展速度明显滞后，林区陷入经济危困当中。只要金山银山、不管绿水青山，只要经济发展、不顾生态环境，不考虑长远，吃了祖宗饭，断了子孙粮、子孙路，一味地索取经济发展模式已经不可持续。林区人逐步醒悟起来，开始从靠山吃木头，向“吃”林下、“吃”景观转变。

（一）分散突围，接续替代产业开始萌芽

20世纪90年代，铁力林业局、双丰林业局率先突围，拉开了林区二次创业的序幕，加快推进森工经济由单一的林木经济向林、农、多、加复合型转变，由单一指令、数量扩张向市场导向、质量效益型转变，由单一国有国营向多种经济成分多元发展的混合经济转变，开始走上一条在困境中谋求长远发展之路。全市上下大力推广铁力局、双丰局经验，深入实施“两改两开两调两带”发展战略，过多消耗森林资源的势头得到有效扭转，经济结构出现新的变化。

2000年，随着天保工程一期的实施，在大幅度削减木材产量情况下，伊春坚持在保护中发展、在发展中保护，依托林区多种资源优势，及时调整产业结构，大力发展种植业、养殖业和加工业，林下经济、职工自营经济、家庭经济初露端倪，森林食品业开始萌芽，生态旅游业兴起，产业结构得到初步调整，二元经济结构向多元经济结构转变，逐步摆脱了以消耗森林资源为代价换取经济发展的方式，初步扭转了林区独木支撑的局面。林区人深刻认识到良好的生态环境、自然景观，包括在难以复制的自然生态之下生长的森林食品，才是林区的独特优势。

（二）转型破题，林业经济向林区经济转变

2005年，伊春被国务院确定为资源型城市经济转型试点。经济转型成为这个共和国森林工业城市躲不过、绕不开的一道“坎”。没有比脚更长的

路，没有比人更高的山。林区人坚信，困难之山再高，奋进者的双脚终会登顶。在实践中，他们着力转变发展方式，推动传统产业优化升级，接续替代产业加快发展，加快林区生态保护与经济发展和谐并进。

《大小兴安岭林区生态保护与经济转型规划（2010—2020 年）》上升为国家战略后，林区经济转型步伐不断加快。到 2011 年，5 年投资亿元以上的大项目累计达到 174 个，完成投资 227 亿元，多元化产业格局初步形成。优势特色产业规模和效益不断壮大，生态旅游业发展势头强劲，成为全省旅游业发展最快的地区之一，森林食品北药业素质提升，木材精深加工业整合步伐加快，绿色能源业异军突起。在停止森林主伐的形势下，初步实现了由“独木支撑”向“多业并举”。

（三）生态引领，绿色转型发展步入良性轨道

没有思想的解放，就不会有转型发展的突破；没有观念的更新，就不会有思维方式的改变。党的十八大后，伊春林区进入了生态文明建设的新时期。2013 年，伊春林区在艰难的抉择中，彻底放下斧头锯，推进发展方式的转变、动能的转换。在全国经济“三期叠加”、下行压力加大，全面停伐对经济的影响进一步加深的情况下，伊春坚持以生态为主导，向绿色要效益，推动产业发展向生态化转变，产业布局向园区化转变，产业结构向高端化转变，加快构建以森林生态旅游、森林食品、林都北药、木业加工、绿色矿山 5 项产业为主导，以森林碳汇、冰雪经济、森林康养、健康养老、会议会展、体育赛事、特色文化为支点，实体经济、科技创新、现代金融、人力资源协同发展的绿色生态产业体系框架。

伊春林区深入践行“绿水青山就是金山银山，冰天雪地也是金山银山”重要思想，在“矛盾”中找到了“统一”之法，在“对立”中找到了“转化”之机，在“两难”困境中找到了“双赢”之路。把转方式调结构作为经济转型的重中之重，从破解产业结构偏重入手，以供给侧结构性改革为主线，深度开发“原字号”，改造提升“老字号”，培育壮大“新字号”，生态资源优势加速

向产业优势、经济优势、竞争优势转化，伊春绿色转型发展新路越走越宽广。

“百年红松籽、天然桦树汁、寒地野蓝莓、有机黑木耳、时令山野菜、高锶矿泉水、伊林飞岭鸡、道地双五味、宝宇森林猪、天然椴蜜汁”“沉香、玉石、红玛瑙、灵芝、貂皮草”，以“十特五宝”为标志森林绿色物产，正在响彻大江南北。伊春林区坚持向国土资源森林空间的充分利用要发展，转变靠山吃山“吃法”，变“采山”为“种山”，以龙头企业为牵动，大力发展林下经济，推动林下种养基地规模化、品质化、融合化，实现了一产接二连三，全市261个各类基地星罗棋布，友好万亩蓝莓园等35个大型融合基地，供给能力不断增强、业态更加多元。木耳种植实现了一次“产业革命”，由小作坊生产、露天摆栽，向工厂化制菌、立体化栽培转变。“森林百草园”建设向质量和规模效益“双提升”迈进。做大一产抓融合，一个以生产绿色有机原生态产品的森林绿色物产集聚区正在破茧成蝶，依靠森林空间，林区既守住了绿水青山，又种出了“金山银山”。

在2018年哈洽会和中国（东北亚）森林博览会上，森林食品、林都北药、实木家具、木制工艺等十余门类，百余品种，千余件产品精彩亮相，受到中外客商青睐。特别是伊林集团带来的木耳茸液、桦树液酒、野生猕猴桃饮料、蓝莓果汁等天然饮品，十分抢手。展会上的新产品正是伊春建设中国森林绿色食品之都的一个缩影。近年来，伊春坚持做优二产抓提升，围绕“粮头食尾”“农头工尾”，把森林食品和农副产品精深加工做成第一支柱产业，打好组合拳，推动多元化发展，着力构建从林间地头到餐桌的全产业链。积极招引大企业、改造提升老企业、培育壮大伊林集团等新企业，加快“红蓝黑白 + 林药 + 林畜 + 林菜”7条优势产业链延伸升级、促进森林食品向中高端跃升，让绿色大森林变成绿色大厨房、绿色大药房。同时，他们注重用创新驱动发展，大力推进传统木业加工提档升级，建设“中国实木家具之乡”，“光明家具”2017年网络零售额达到1.56亿元，荣获我省“第一批省级电子商务示范企业”。全市木制工艺企业主打“北沉香”系列产品，小木艺撬动大产业，擦亮了“中国木艺之乡”名片。坚持将园区作为产业发展的载体，园区发展从无到有、从小到大，产业集聚功能进一步增强，翠峦、铁力、西林园区晋升为省级经济开发区，成为拉动伊春经济的重要增长极。翠峦园区以森林食品精深加工为主定位，发挥中小企业创新孵化功能，入驻企业达 85 户，成为黑龙江省唯一的生态经济开发区。

在 2018 年《魅力中国城》第二季竞演的舞台上，伊春的主政者、市委书记高环以独特的方式，饱含深情推介伊春旅游，美景、美食、美丽，人与自然和谐相处，成功展示了冰雪童话王国、浪漫森林城的魅力，引起全国观众对大美伊春旅游的向往。几年来，伊春坚持做活三产抓拓展，加快建设森林生态旅游名城。以森林生态旅游为牵动，坚持去景区化、市场化，大力开发研学、康养、度假、冰雪等新产品，推出参与性、互动性、体验性项目，丰富了旅游业态，提升了旅游供给质量，国家全域旅游示范区正在提档升级。成功举办了首届伊春旅发大会，推出了“十大最美景区”。推进“旅游 +”战略，建成岐黄养生院、嘉荫龙乡颐养中心等多家“医养结合”机构，夏季一床难求，十分火爆。伊春成为“中国金融 40 人论坛”永久举办地，策划推出“跑在青山绿水间、呼吸中国好空气”国际森林马拉松等一系列品牌赛事，有效拉动了人流物流资金流。“休闲避暑胜地、养生度假天堂”“中国伊春・林都雪城”品牌知名度不断扩大，成功跻身中国冰雪旅游城市目的地排行榜前 10 位，荣膺“向全球游客推荐的生态旅游目的地”。

走进乌马河木艺小镇，木艺文化展示销售街区、木艺生产示范园和木艺文化创意园，处处彰显木艺文化特色。近年来，伊春加快一二三产业融合发展，以“全域旅游”为引领，突出特色山庄这个“点”，依托特色沟谷打造“线”，升级特色小镇形成“面”，“点”“线”“面”相结合，促进生态、生产、生活“三生”融合，打造山水田园综合体。西岭山庄、九峰山养心谷带岭永翠河谷、越橘庄园等特色山庄已经成为旅游亮丽风景线，全市特色山庄已达 88 个。让产业成为小镇的支撑、让文化成为小镇的灵魂、让旅游成为小镇的载体、让社会资本成为小镇的血液，伊春正在加快推进嘉荫恐龙文化小镇、桃山温泉小镇、铁力日月峡冰雪文化小镇等 10 个特色小镇建设，打造“产、城、人、文”一体平台，努力把伊春打造成为“诗意栖居”理想地、盛世乡愁存放地、特色文化弘扬地、生态产业集聚地。

四、敢为人先，林区人奏响改革创新新时代强音

改革是推动发展的原动力，是解决一切矛盾和问题的根本出路。一部波澜壮阔的林区发展史也是一部改革创新史，伊春如果没有改革开放的大环境，没有林区开发建设以来的不懈探索和实践，不可能发展到今天这样的程度。

（一）解放思想黄金万两观念更新万两黄金

进入计划经济较早、退出较晚的伊春林区，思想在改革开放中新生，改革开放在解放思想中奋进。长期依赖于木头经济形成的“林区病”，最终没有摆脱“两危”之苦。解铃还须系铃人。背靠青山绿水的林区人，伴随着改革开放大潮，逐步清醒意识到解放思想是解决一切问题的“金钥匙”。他们相继开展了多轮思想大解放。针对资源危机、经济危困，开展解放思想、提振精神大讨论，教育引导干部群众从对木头经济的依赖中解放出来，眼光投到“林子”以外，向多种经营、多方发展要出路。针对停伐影响，开展了“全面停伐后，我该做什么、怎么做”大讨论，引导干部群众变护林员为守林员，打生态牌、走特色路。2016年5月，习近平总书记考察黑龙江发表重要讲话，鲜明地指出，东北发展，无论析困境之因，还是求振兴之道，都要从思想、思路层面破题。解放思想要经常抓、反复抓。伊春林区针对一些党员干部想问题、办事情习惯于“老黄历”、凭老经验、靠老办法，思维方式跟不上时代步伐的问题，从思想观念深处进行一场深刻革命，打开解放思想这个“总开关”，深入开展“思路决定出路”“思维决定作为”和“我们想要一个什么样的伊春”等专题研讨，引导教育广大党员干部思想再解放、观念再更新，牢固树立绿色化思维、互联网思维、金融资本思维、法治思维和“旅游 +”

思维，全面贯彻新发展理念，切实改变人的思想和精神状态。思想解放似疾风暴雨荡涤着陈旧的观念，广大党员干部逢山开路，遇水架桥，发扬敢闯敢试、敢为人先的精神，用改革精神来推动改革，用创新思维来思考工作，不断增强市场意识、服务意识，对看准的事情，大胆试、大胆闯，做新时代的弄潮儿，向着让老林区焕发青春活力的美好愿景阔步前行。

（二）锐意开拓、革故鼎新，勇做改革创新开路先锋

伊春从开发建设那天起，在70年砥砺奋进中，改革创新的脚步一刻也没有停止，好多林业战线的“第一”，都在伊春发端并推向全国。第一个国有森工局、林业实验局在伊春建立，第一次弯把锯伐树、拖拉机集材在伊春推开，第一张硬质纤维板在伊春诞生，伊春首创的“采育双包”经验在全国林业战线推广，全国国有林权改革试点“第一锤”在伊春敲响，全国林业棚户区改造在伊春率先启动实施，实行生态建设年度报告制度在伊春起步，中国林业由木材生产向生态建设转变的“第一停伐”在伊春开始，等等，奠定了伊春在中国林业战线的领先地位，也见证了伊春人与时俱进、锐意进取、勤于探索、勇于实践的改革创新精神。党的十八届三中全会，发出全面深化改革的动员令。伊春坚持问题导向和效果导向，突出重点、统筹兼顾，谋定后动、蹄疾步稳推进改革。成立了由市委书记“挂帅”的市委全面深化改革领导小组，结合实际，出台了《伊春市重点改革实施方案》，坚持从制约经济社会发展最突出的问题改起，从群众最期盼的领域改起，从社会各界能够达成共识的环节改起，制定改革“路线图”“时间表”，正以破竹之势，在重要领域和关键环节向纵深推进。

（三）夯基垒台、纵深推进，全面深化改革厚积成势

伊春不改革就没有今天，伊春不深化改革就没有出路。深化改革与绿色转型如同鸟之两翼、车之两轮，必须同时发力。不从体制机制上、方式手段上去深入革新，就永远也打不开制约林区发展的根本瓶颈。

重点国有林区改革破冰，引发一场革命性变革。因循守旧没有出路，畏缩不前坐失良机。破除林区体制机制弊端，改革必须重整行装再出发。伊春林区以“让老林区焕发青春活力”为统领，按照省委以“大转型、大改革”为工作要求，以自我革新的勇气和胸怀，在改革中敢于割自己的“肉”、动自己的“奶酪”，下大气力推动利益格局的重新调整，不断解放和发展林区社会生产力。围绕建设全国最好的生态功能区，以建设生态文明先行示范区为抓手，坚持人与自然和谐共生，加快推进生态文明体制改革，千方百计保护自然、修复生态，着力打造生态系统完整、生态功能完善、生态产品富集、生物群落多样的“生态特区”，为全国生态文明建设树立标杆、做出示范。围绕“政企、政事、事企、管办”四分开，坚持企业去政府化、政府去企业化，挂牌组建省属市管的伊春森工集团，同步挂牌组建五营、新青、铁力、双丰、桃山、朗乡 6 个试点子公司，启动森工企业中小学移交地方政府，分离企业办社会职能。推进行政区划改革，按照精简高效原则，以“强市合区改县建镇撤场”为主线，调整行政区划设置，降低行政成本，提高行政效率。推进国有企业改革，以盘活和提升资产效益、健全现代企业制度和优化所有制结构为重点，分类制定和推动改革方案实施。推进地方机构改革、积极构建系统完备、科学规范、运行高效的地方党委和政府机构职能体系。通过脱胎换骨的改革，到 2020 年初步建立有利于保护和发展森林资源、有利于改善生态和民生、有利于增强林业发展活力的国有林区新体制新机制，再造一个焕发青春活力的新林区、新伊春。

“放管服”改革，让信息多跑路，群众少跑腿。聚焦流程不优、机构编制臃肿问题，实行“双组长制”，推进专项清理整治工作，取消部分审批环节和要件。目前，取消、暂停和下放行政审批事项 544 项，有效激发了市场活力，全市各类企业由 3787 户增加到 9259 户。建立了“限时办结、超时默许”的“两时”机制以提高工作效率，为窗口工作人员统一订制服装、胸牌、桌牌，实现“七亮”以提升服务质量，积极拓展“互联网 + 政务服务”，打造网上审批平台，实现“一网通办”使办事时间再缩短一半，真正实现不让群众“多跑腿”。

坚持“引进来”与“走出去”相结合，加快实施外向型经济战略。加大招商引资引智力度，大力引进项目、资金和人才，先后引进了中铁、汇源、佳龙、华能、宝宇等大企业落户。与广东茂名开展对口合作，突出优势互补，强化差异化发展，着力打造区域合作新样板。对口支援新疆生产建设兵团第十市北屯市，在产业项目、人才培养等方面给予支持，建立了合作互动双赢的机制。积极对接“一带一路”建设。利用与俄罗斯毗邻的区位优势，积极与俄远东地区开展战略对接，加快推动对俄合作重点向林业、矿产、农业、物流等领域拓展，培育外贸经济的增长点。

五、从“解困民生”到“普惠民生”，从“基本民生”到“幸福民生”

悠悠万事，民生为大。改革开放40年，亿万中国人的生活发生了翻天覆地的变化。伊春也同全国一样，实现了由贫穷到温饱、到基本小康、再到即将全面小康的跨越式转变。受“先生产、后生活”“重开发、轻建设”思维的影响，对城乡基础设施建设、职工群众生活改善投入不足，导致基础设施欠账严重，职工群众收入长期处于较低水平，社会事业发展落后，遗留下一大批民生历史欠账。尽管家底薄、包袱重、欠账多，但伊春改善民生的脚步从未停滞。伊春借助天然林保护工程，深挖自身潜力，经济转型与民生建设同步，持续释放改革发展“红利”，全力以赴保障和改善民生。尤其是党的十八大以来，坚持“再难也不难百姓，再苦也不苦民生”，民生投入只增不减，一年接着一年干，一件事接着一件事办，办成了许多过去想办而没有办成的大事，解决了许多过去想解决而没有解决的难事，林区群众获得感、幸福感、安全感不断增强。

（一）有业就、有事干、有钱赚，推动创业增收促民生

就业是增收之源，是最大的民生。伊春在经济转型过程中，始终尽一切努力抓好就业工作，坚持以创业带就业、促增收，大力发展优势特色产业，积极拓宽就业渠道，加快林业劳动力向接续替代产业、劳动密集型产业转移。天保工程实施20年间，有83%以上的资金用于林区职工安置、社会保障和其他政策性支出，有效安置了森工企业富余人员、下岗职工以及老知青和大集体职工。

2013年年底，伊春林区全面停伐，收锯挂斧，7万多名林业富余职工，人往哪里去？成为最亟待解决的民生大课题。面对严峻就业形势，伊春打出了一套"向林中转、向林外转、向域外转，公益性岗位托底"的"三转一托底"就业组合拳，着力解决林业富余职工"就业难"问题。目前，全市已完成全部安置任务的99.6%，城镇登记失业率控制在4.5%以内，走出了一条"养林"与"养人"的"双赢"之路。创业就业的积极成效，促进了职工群众收入的大幅提升。在岗职工月均工资由2000年的275元提高到现在的3027元。全市城镇常住居民人均可支配收入达到23631元；农村常住居民人均可支配收入达到13622元，高于全国水平。

坚决打赢精准脱贫攻坚战。伊春共有建档立卡贫困人口3767户6950人，省级贫困村19个。两年来，伊春坚持将抓创业、促就业作为精准脱贫的治本之策，采取超常规举措，主攻产业扶贫软肋，补齐"三保障"短板，充分激发内生动力，多方联动构建大扶贫格局，有力促进了贫困群众脱贫增收。全市每个贫困村都培育了产业增收项目，65个产业扶贫项目，带动贫困人口5086人，贫困户覆盖率达到80.7%。符合条件贫困人口全部纳入了低保及新农合、大病保险保障范围。目前，已精准退出贫困人口2425人、贫困村5个。2019年年末将实现现行标准下农村贫困人口全部脱贫。

（二）安居、优居、乐居，改善人居环境利民生

“景色像欧洲，住房像非洲”。这是对过去伊春的形象比喻。伊春林区棚户区的形成，主要受开发初期“游击式生产、游牧式生活、人走家搬”的生产生活方式影响，居民普遍居住在半简易及部分砖木结构的窄小平房内，基础配套设施缺乏，生活环境恶劣。伊春棚户区导致的不仅仅是人们的住房问题，还引发了制约经济社会发展的一系列问题。

住房是民生之要，住有所居是每个家庭的殷切期盼。2008 年，按照省委、省政府“两棚一草”改造工作部署，伊春拉开了林区历史最大规模的棚户区改造工程，所遇困难之多、改造力度之大、建设速度之快前所未有。近 10 年来，共完成棚户区改造 35.38 万户、新建棚改住房 1896 万平方米，竣工入住 30 万户、1698 万平方米，惠及人口 75 万人，人均居住面积翻了一番多，林区群众彻底告别了居住近半个世纪的低矮破旧的棚户区，城市面貌发生了翻天覆地的变化。

棚户区改造是一项系统工作，涉及经济社会发展的方方面面。伊春从自身发展实际出发，提出了决不能“就棚改而棚改”，决不能让棚改区成为新的棚户区，将棚改一篇文章，做成了惠民生、带城建、促产业、兴旅游、保生态“五篇文章”，最大限度地发挥了棚改的杠杆效应。通过集中供热，推广沼气技术、开发生物质能源等办法，从根本上改变了林区群众“以木举炊取暖”的生活方式，减少了人们生产生活对森林的破坏，年直接减少木材消耗 100 万立方米。以提升城市品质为目标，以特色小镇建设为牵动，推动传统林业城市向生态旅游城市转轨，打造现代化国际生态旅游名城。老旧小区改造和“暖屋子”工程加快推进，“三供两治”全面提速，华能热电、西山水库、兴安湖净水厂、市区污水垃圾处理厂、地下管网等一批重点工程相继完成，红松体育馆、林都体育场、奥林匹克公园、汇源国际会展中心、物流中心建成投用，铁路、公路、机场等城市立体交通网络日益完善，城市承载力和功能不断提升。伊春相继摘得国家卫生城市、国家平安城市、全国文明

城市桂冠，成为全省唯一同时拥有这三块“金字招牌”的地级市。

（三）学有所教、病有所医、弱有所扶，发展社会事业保民生

拥有更好的教育、更好的医疗、更可靠的社会保障，始终是人们的美好期盼。去民之患，如除腹心之疾。伊春用好用足国家政策，切实加大资金投入和政策倾斜力度，着力解决事关林区群众切身利益热点难点问题，推动社会各项事业发展迈上了快车道。

坚持教育优先战略，围绕“办好人民满意教育”，统筹教育资源，改善办学条件，积极兴办幼儿教育、整合义务教育、提升高中教育、发展职业教育，使教育发展更加全面均衡。党的十八大以来，累计投入教育经费 97.31 亿元，教育教学基础设施建设不断完善。开启大规模的学校布局调整，让每一个孩子都能享受到公平而有质量的教育。教育教学质量稳步提升，学前幼儿入园率提前 4 年达到省标，义务教育学校标准化率达到 100%，高考入段率实现 10 连升。

坚持以人民健康为中心，大力推进公立医院改革，实行分级诊疗和双项转诊制度，公立医院全部取消了药品加成，社区卫生服务覆盖率和纳入医疗保险定点率都达到 90%以上。健全全民医保体系，新农合保险补助标准、城镇居民医保补助标准大幅提高，全面完成新农合与城乡居民医疗保险整合。全面推进医疗机构提档升级，市中心医院、省林业二院成功晋级三级甲等医院，市中医医院晋级二级甲等医院，让林区群众享受到了更高质量的医疗服务。

不断强化社会保障兜底作用。2000 年以来，先后建立了城镇职工的基本养老、基本医疗、工伤保险制度，混岗集体职工、老知青、地方知青、“五七工”“家属工”等特殊群体陆续纳入统筹，实现了由城镇职工向城乡居民的制度覆盖。全面建立了以低保为重点，以医疗救助、教育救助、城乡临时救助、特困人员供养、救灾救助等为补充的社会救助体系。以提标扩面为重点，不断提高社会保险水平，“五项保险”基本实现法定人群全覆盖。

林区 70 年开发建设，40 年改革开放，不变的是永恒绿色，书写的是时代传奇，见证的是历史巨变。新的时代方位，标注新的起点。发展无止境，改革不止步，奋斗无穷期，伊春必将焕发出青春活力，呈现出柳暗花明又“伊春”的美好画卷。

（2018 年 7 月）

上海浦东

SHANGHAIPUDONG

奋楫争先　以高水平治理 创建卓越全球城区

——浦东新区政府治理经验调研报告

中共上海市委宣传部
中共上海浦东新区委员会

一、浦东新区开发开放与政府治理的历史进程

“长风破浪会有时，直挂云帆济沧海。”浦东新区的发展应运了时代的风云际会，浦东新区因改革开放而生，上海乃至全国的改革开放又因浦东新区而深化。在开发开放之前，浦东的城市化进程严重滞后，只是在沿江形成了港区、厂区及商业、生活区拥挤在一块的城市化区域①，其功能定位也仅是接纳浦西老城区搬迁过来的工业和人口。开发开放战略的提出和实践，改变了浦东的命运，浦东得以快速地实现了城市化。大体来看，浦东新区开发开放战略的实施可以分为功能区开发、整体开发和向卓越“全球城区”迈进 3 个阶段。与之相应，浦东新区的政府治理在这 3 个阶段也各有侧重和特色，城市建设和政府治理相互促进、相互砥砺，共同推动着浦东开发开放事业大步向前。

（一）第一阶段大约从 1990 年到 2000 年，高起点编制新区发展规划，加强基础设施建设和功能区开发是该时期浦东开发开放的主要特点

1991 年 3 月，朱镕基在上海市对外宣传工作会议上就提出开发浦东坚

① 谢国平：《中国传奇：浦东开发史》，上海人民出版社 2017 年版，第 138 页。

持规划、基础设施和金融贸易3个先行的基本方针。1992年11月，上海市人大常委会审议通过了《上海市浦东新区城市总体规划方案》，该方案确立了浦东新区以“东西一体、点线结合、多心组团、多轴放射”为核心的“三轴六分区”城市空间布局结构，为浦东新区的发展开好篇、布好局。不仅如此，组织开展全球范围内的竞争性招标，也是上海市在编制浦东新区发展规划中的创新举措，尤其是小陆家嘴的规划设计，吸引了各国知名规划公司参与投标，极大提高了该区域的规划水准和品位。

为了弥补基础设施建设方面的不足，浦东新区在“八五”和“九五”期间先后启动了两轮十大基础工程建设，10年间共计投入1400多亿元，新增道路1000公里，绿化地区从44平方公里扩大到近100平方公里，新建各类建筑5000万平方米，浦东城市化水平约达56%，浦东的基础设施由此实现了从基础型向枢纽型的转变。

按照“开发一片，建成一片，投资一片，收效一片”的方针，浦东新区重点加快4个国家级开发区的功能开发。陆家嘴金融贸易区，着力开发金融、贸易、商业等第三产业集聚的服务功能，并大力开展金融贸易领域的改革试点，积极探索金融贸易的发展新途径；外高桥保税区，逐步拓展国际贸易、保税仓储、出口加工三大功能加工贸易出口快速增长，物流分拨功能进一步增强；金桥出口加工区，着重发展具有资本和技术密集型出口加工工业，成为上海外向型高新技术产业的重要基地之一；张江高科技园区着力高新技术产业开发和创新功能，1999年8月，市委、市政府颁布“聚焦张江”战略决策，明确其以集成电路、软件、生物医药为主导产业。

经过近10年的开发开放，浦东的城市形态布局、基础设施建设、产业结构发生了根本性变化，而这一时期浦东新区的政府治理也有以下几个特色。第一，管委会和开发公司成为浦东开发开放的主体。虽然该阶段浦东新区并没有严格意义上的区级政府，但在浦东开放之初，上海市政府就成立了上海浦东开放领导小组、设立浦东开发办公室和浦东开发规划研究设计院；经过前期的酝酿和准备，1992年11月，经国务院批准，浦东新区正式成立，

1993 年 1 月 1 日，浦东新区党工委、浦东新区管委会挂牌，作为上海市委、市政府的派出机构，负责浦东新区的区域管理。在开发区内，新成立的开发公司成为开发主体。1990 年 9 月，成立陆家嘴、外高桥、金桥 3 个开发公司，分别负责陆家嘴金融贸易开发区、外高桥保税区、金桥出口加工区的综合开发和经营管理。1992 年成立张江高科技园区开发公司并负责张江高科技园区的综合开发和经营管理。这种“管委会 + 开发公司”的模式，突破了传统计划经济体制的束缚，有力地促进了浦东新区的开发开放。第二，构建了全国性的市场体系。1996 年上海市委、市政府决定分阶段将一些大的要素市场迁入浦东陆家嘴金融贸易区，尽快形成浦东大市场、大流通、大外贸的格局。东迁的要素市场涉及证券、外汇、资金、人才、技术、生产资料等领域，如上海房地产交易中心、上海产权交易所、上海粮油交易所、上海证券交易所、中国上海人才市场等。此外，一些中外金融机构、跨国公司总部和央企总部也在这一时期迁入浦东。“机构东进”不仅使浦东拥有了国家级的大市场，更丰富了新区城市治理的主体，“小政府、大社会”的治理格局初步形成。此外，浦东开创了土地对外批租、土地二级运转模式，以及善用活用外商外资等新举措，都成为新区城市建设和治理的重要特色。

（二）第二阶段大约从 2001 年到 2012 年，综合配套整体开发是这一时期浦东新区开发开放的基本特点

2001 年，随着中国加入世界贸易组织，以及浦东新区建制的完成，新区的开发开放也进入新的阶段。浦东率先建立与国际通行做法相衔接的经济运行法规体系和体制环境，积极拓展新的发展模式。新区以陆家嘴金融贸易区和外高桥保税区为主要载体，将对外开放的重点从一般生产加工领域扩大到服务贸易领域。陆家嘴金融贸易区在国内率先扩大金融保险、信息咨询、会展旅游等领域的对外开放，着重引进跨国公司地区总部、研发中心、外资金融机构、专业服务中介等，并先行先试离岸金融业务。外高桥保税区，积极探索“境内关外”的监管方式和“区港联动”的新体制，按自由港的功能

和模式，进一步开展国际租赁、国际航运、现代物流、国际法律服务和国际商品展示等服务贸易领域的开放。

为了改变依靠投资拉动和政策红利驱动的发展模式，浦东新区加快推动“聚焦张江”战略，按照“国内领先、世界一流”的目标集中力量建设张江高科技园区，吸引一批知名的、技术领先于国际国内的集成电路、生物医药、软件、文化创意、金融服务等企业入驻张江。2006 年上海高科技园区整体更名为上海张江高新技术产业开发区，朝着技术创新的示范基地、科技成果孵化与转化基地、科技创业人才、研发机构和科技企业的集聚基地和产学研一体化综合改革的试验基地的目标奋进。

推进“两个中心”建设也是这一阶段浦东新区开发开放的重要内容。2009 年 4 月 29 日，国务院发布《关于推进上海加快发展现代服务业和先进制造业建设国际金融中心和国际航运中心的意见》，明确提出：“到 2020 年，将上海基本建成与我国经济实力和人民币国际地位相适应的国际金融中心、具有全球航运资源配置能力的国际航运中心。”上海建设国际金融中心、国际航运中心的核心要素如陆家嘴金融城、外高桥港区、洋山深水港和浦东国际机场都在浦东，使浦东成为上海“两个中心”建设的核心功能区。

此外，2010 年 4 月，浦东还提出了“7+1”战略新布局，这也是浦东、南汇两区合并后，浦东对境内既有开发区域的进一步整合和完善。该战略更强调科技驱动、创新驱动，强调发展现代服务业、先进制造业，强调突出区域核心竞争力，这种更加科学的产业空间布局为浦东的开发开放创造了更加优越的前提和条件。

与这种整体开发相适应，浦东新区的政府治理也有以下几个特点：一是完成了城区建制和区域整合。2000 年 9 月，浦东新区正式组建区委、区人大、区政府、区政协 4 套班子，形成了完整的地方建制。2009 年 8 月，南汇区正式划入浦东新区，两区优势互补，形成了“三港三区”联动发展的态势，迪士尼项目、大飞机项目，以及张江高科技园区南扩等项目也因此顺利推进。二是开展综合配套改革试点。2005 年 6 月，国务院批准在浦东新区率先进行国家综合配套改革试点，国家14个部门先后在浦东开展21项改革试点，为全国改革开放探索前进方向。与此同时，上海市政府也拟定浦东综合配套改革试点三年行动计划，按照“小政府、大社会”的原则，明确6个方面60个具体改革事项，主要包括政府体制、市场体制、企业体制、中介组织体制、公共部门体制、科技创新体制、人力资源开发体制、城乡统筹发展体制、涉外经济体制、社会保障体制等，这也标志着浦东新区的改革动力，由主要依靠政策优惠和投资拉动转为主要依靠体制创新和扩大开放。三是借助世博会召开的契机加强城区建设。在不断完善基础设施建设的同时，浦东新区还加大社会事业建设的投入，统筹城乡发展。这一时期，新区新建和扩建学校100多所，医院10余所，相继建成上海科技馆、东方艺术中心、浦东游泳馆、源深体育中心、浦东图书馆、少年宫等一大批文化体育设施；2006年浦东新区又开展了将开发区、城区、周边乡镇郊区“三区合一”的功能区建设试点，成立6个功能区管委会，以促进城乡二元并轨和新型的城乡一体化社区的发展。

（三）第三阶段大体上从2013年至今，这一阶段的特征表现为“由园建城”，即以开发园区向城市化的深度转型为抓手，强化主体功能、提升创新能级，全力建设卓越的“全球城区”

2016年11月，浦东新区政府正式发布《浦东新区产业发展“十三五”规划》。该《规划》指出，在未来5年，浦东将形成“4+4+X”的格局，并通过金融城、科学城、旅游城、航空城的建设，推进城乡一体化发展。具体来说，第一个“4”是指将4个老的国家级开发园区及其周边区域转型提升为新城，即外高桥片区的“国际贸易城”、陆家嘴片区的“金融城”、金桥片区的“智造产业城”和张江片区的“科学城”。第二个“4”是将4个新的增长开拓区域提升为新城，即“世博新城”“旅游新城”“国际航空城”和“临港新城”。“X”则是指若干个转型升级的镇产业园区。

2017年年底，国务院批复《上海市城市总体规划(2017—2035年)》提出，上海将在2035年基本建成卓越的全球城市，到2050年全面建成卓越的全球城市。在其指引下，浦东新区立足标志性的全球城市核心区建设，围绕繁荣之城、创新之城、人文之城的总目标，采取主城区—新城—新市镇—乡村差异化的发展策略，更加聚焦重点地区，强化综合交通，体现生态特色，努力与全球一流城市对标。

而在政府治理方面，当前，浦东新区紧紧围绕上海自贸试验区、“五个中心”建设等国家战略，着力在推动高水平改革开放、推进高质量发展、创造高品质生活、锻造高素质队伍上实现新突破、构筑新优势、打造新高地，勇当新时代全国改革开放和创新发展的标杆。按照“对标最高标准，追求卓越一流；聚焦重点领域，体现浦东特色；强化统筹协调，推进全面跃升；坚持以人为本，实现共建共享”的原则，努力把浦东建设成为新时代全国贯彻新发展理念的示范地区和引领改革开放的标杆地区，成为上海“五个中心”核心功能区和开放、创新、高品质的现代化新城区，为上海建设卓越的全球城市和社会主义现代化国际大都市贡献力量。

总体来看，浦东新区在开发开放的过程中逐步实现了城市化，逐步实现了计划经济体制向市场经济体制的转变，新区早期的主要任务就是大力发展经济，加强基础设施建设，吸引外资，发展优势产业等等。因此，浦东新区早期的政府治理也呈现出政府强、市场和社会力量弱，行政强、法治弱，以及重规划建设、轻管理治理，城乡发展不均衡，社会发育不足等特点。但随着开发开放进程的不断深入，浦东新区的政府治理已经朝着市场化、法治化、社会化以及国际化的方向不断发展。尤其是在综合配套改革中，浦东新区的治理愈来愈重视社会文化建设、城乡统筹发展、社会力量培育、生态文明建设等等，这都反映了新区的治理理念和手段的不断提升。

二、浦东新区政府治理的现实状况

“行非常之事，乃有非常之功。”经过近30年开发开放的不懈努力，浦东新区的城市面貌、经济产业、社会结构、文化事业、生态环境都发生了巨大变化，新区的政府治理理念、体制机制和方式方法也不断创新。尤其是党的十八大亦即中国特色社会主义进入新时代以来，作为改革开放排头兵中的排头兵和创新发展先行者中的先行者，浦东新区的政府治理也走在了全国前列。

（一）浦东新区政府的自我革新

“打铁必须自身硬”，政府治理成败的关键无疑是政府自身。历史上看，新区政府的组织体系、管理体系、服务体系和权力运行体系都不断调整变化，以适应新区开发开放的要求。进入新时代，新区的开发开放事业由“硬领域”跨向“软领域”，由“率先示范”转向“区域协同”，这对新区政府的治理能力也提出了更高的要求。

当前，按照党中央、国务院和市委、市政府关于“深化上海自贸试验区建设，加快推进一级地方政府职能转变”和“打造提升政府治理能力的先行区”的决策部署，新区政府全面深化“放管服”改革，大力推进“证照分离”这一核心工作，努力服务“中国（上海）自贸区”和“长江经济带”两项国家战略、全力推进“四个集中、一次办成”（即所有部门的审批处室向行政服务中心集中，所有市场准入审批事项集中实现“单窗通办”，投资建设审批集中设立“单一窗口”，在临港等重点区域探索建设项目集中验收，建设项目方案审批、施工图审查和施工许可 3 个阶段实现“一次办成”）、构建“五个一”政务服务体系（“一网通办”“一窗受理”“一号响应”“一库共享”“一次办成”的“五个一”）以及全面推进“六个双”（双告知、双反馈、双跟踪、双随机、双评估、双公示）政府综合监管，探索形成了一批制度创新成果，为上海乃至全国的改革开放事业提供了宝贵经验和有益借鉴。

上述举措积极回应了时代发展要求，明确了政府和市场的关系，有力地提高了新区政府的治理能力。不仅如此，新区政府还积极转变政府职能，充分简政放权、赋权社会，给社会团体、民众以充分的渠道来参与治理，实现政治治理政府主导，社会治理主体多元，打造共建共治共享的社会治理格局。

具体而言，新区政府将民众与社会团体的积极参与作为实现现代城市治理的重要途径和提升政府政治治理水平的重要标志，不断促成和加强政府与民众的有效互动，并积极赋权给作为社会治理主体之一的社会组织和民众，使其在社会治理中不断发挥潜能和作用：一方面，政府不断强化公共服务职能，拓宽公共服务供给渠道，以便满足群众多层次、多样化、高品质的公共服务需求，探索和实践政府和社会团体的合作模式，增加社会公共服务供给；另一方面，政府积极赋予民众参与治理的权利，并不断鼓励培训民众的治理能力和治理素质，甚至把这种培训延伸到最基层。例如，家门口服务站的听证会、协调会、评议会的“三会制度”就是秉承居民自治、社区共治理念所展开的机制性探索。

此外，浦东新区政府的政治治理尤其注重政府各部门之间的关系协调。整个浦东新区政府在理顺各政府治理主体关系时坚持的原则是“科学、精简、高效、统一”，努力实现“纵向授权和横向协同”。从纵向来讲，主要是协调区政府和街道以及镇政府之间的关系，完善“强镇扩权”和“镇管社区”体制，强调简政放权，将区政府层面的管理权限尤其是经济方面和社会管理方面的权限不断下放到核心街镇。努力做到取长补短、因地制宜，发挥地方能动性。从横向上讲，重要着力点在于协调横向不同职能部门之间的关系，一方面将各项职能尽可能进行细化和分工，明确权责；与此同时，又进行某些职能的综合与合并，建立了一系列合署办公制度，实现部门职能的多样化，如建立“四合一”市场监管局、“三合一”知识产权局以及城管执法局等，并不断推进部门集中审批制度。

而从治理手段方面来讲：浦东新区政府积极运用多种高新科学技术手段，发展电子政务，聚焦“互联网 + 政务服务”，建立智能化治理和智慧城市治理模式，不断打破部门间数字壁垒，实现人工智能时代的有效治理。一方面，聚焦“互联网 + 政务服务”积极推动电子政务建设，努力通过数字信息技术手段实现政府与民众的有效便捷互动，远程实现整个政治输入与政治输出的过程。在“互联网 + 政务服务”方面做了多种创举。如上海浦东政务服务超市 APP 依托政府现有的信息服务资源，实现了提供政府信息和民众办事事项的查询，同时设有反馈、政民互动、便民服务等模块。不仅仅实现了“互联网 + 政务服务”，还实现了电子政务的 PC 端转移到了手机端。此外，上海市浦东新区人民政府新闻办公室官方微博“浦东发布”一直广受好评，在微博网友中具有相当不错的影响力。“浦东发布”还整合浦东委办局、街镇的职能优势与信息资源，构建起 80 余家单位入驻的政务微信矩阵。市民仅仅凭借一部手机一个微信，就可以快速链接各级政府的信息查询和办事功能，便捷地找到需要解决问题的对应模块，这成为政府网上办事服务在移动终端的延伸和拓展。另一方面，运用数字技术，推动城市网格化治理。所谓城市网格化管理，就是以数字化、信息化为手段，以处置单位为责任人，依托城市网格化管理信息平台，对各单元网格内日常巡查发现的问题，进行及时上报、及时处置的管理方式。“浦东 e 家园”APP 项目就是一个很好的创举。这样一款手机 APP 包含“问题上报”“公众监督”“信息服务”“城市文明”和“公众参与”等多项内容，民众可以根据自身体验随时将涉及城市管理的身边事通过 APP 上报，信息化技术手段实现了通过全民参与的方式来对城市进行管理。这些网格化的数据又可以作为今后文明创建的大数据，推动城市治理信息化发展。另外，浦东新区城市运行综合管理中心也是网格化管理的重要载体，是浦东新区政府通过多种信息、数字技术手段有效治理城市的展示橱窗，也是浦东新区政府努力建设智慧城市的重要表现，为实现城市治理的精细化奠定了重要的物质基础。

（二）浦东新区政府在经济领域的治理

当前，新区经济发展稳中向好、进中提质、好于预期。2017 年，地区生产总值增长 8.7%、达到 9651.4 亿元。一般公共预算收入增长 8.5%、达到 996.3 亿元。经济结构持续优化，战略性新兴产业产值占规模以上工业总产值的比重达到40.9%。与此同时，自贸试验区引领改革全面深化，区内累计新设企业超过5万家，实到外资占全区比重约90%。科技创新能力也不断提升，全社会研发经费支出相当于地区生产总值的比重提高到3.7%。

习近平总书记强调，“把创新摆在国家发展全局的核心位置，不断推进理论创新、制度创新、科技创新、文化创新等各方面创新，让创新贯穿党和国家一切工作，让创新在全社会蔚然成风”。当前，浦东的经济发展正实现从要素驱动向创新驱动的转换。创新驱动既包括科学技术创新，也包括制度和文化创新。全面深化自贸试验区改革和深入推进科创中心建设，是上述发展理念的践行，也是当前浦东新区经济治理的中心环节。

中国（上海）自由贸易试验区的设立有独特的时代背景。从国际环境看，首先，2008年全球金融危机之后，国际市场萎缩，外部需求急剧下降，对我国的出口业务造成了较大的影响。其次，世界范围内的产业转移浪潮发生变化，一方面是发达国家的“再工业化”，部分中高端产业开始向发达国家回流；另一方面，部分发展中国家迅速崛起，廉价的劳动力成本和大量丰富的劳动力资源，以及丰富的土地资源，成为吸引发达国家低端产业转移的新阵地，对我国的制造业构成了冲击。再次，以服务业为代表的国际贸易的竞争加剧，而以美国为首的发达国家内部已经建立起以服务业为主体的经济结构，占据服务业产业链的高端环节，从而成为服务贸易竞争的领先者。最后，以美国为首的西方国家，试图通过重新制定国际贸易规则，建立国际贸易新秩序，来捍卫自己的世界霸权地位，并边缘化中国。此外，全球化也有逆转的势头。从国内背景看，党的十八大以后，我国经济发展进入了新常态时期，经济增长放缓，经济结构亟须转型，跨越“中等收入陷阱”的挑战紧迫，改革开放的事业进入到了一个新的阶段。在这样的国内外背景下，上海自贸区的推出既是对国际形势变幻的积极应对，也是我国改革开放事业拾级而上的内在要求。

从2013年9月29日中国（上海）自由贸易试验区正式成立以来，试验区不断调整壮大，按照国务院《总体方案》和《深化方案》（2015年）的要求，上海自贸区在以下几个方面取得显著成效：基本形成了以负面清单管理为核心的投资管理制度，基本形成了以贸易便利化为重点的贸易监管制度，基本形成了着眼于服务实体经济发展的金融开放创新制度，基本形成了与开放型市场经济相适应的政府管理制度，基本形成了自贸试验区改革创新的法治保障制度。

2017 年 3 月 30 日，国务院印发了《全面深化中国（上海）自由贸易试验区改革开放方案》，要求“对照国际最高标准、最好水平的自由贸易区，全面深化自贸试验区改革开放，加快构建开放型经济新体制，在新一轮改革开放中进一步发挥引领示范作用”。近一年来，上海自贸试验区紧紧围绕加强改革系统集成，建设开放和创新融为一体的综合改革试验区；加强同国际通行规则相衔接，建立开放型经济体系的风险压力测试区；进一步转变政府职能，打造提升政府治理能力的先行区；创新合作发展模式，成为服务国家“一带一路”建设、推动市场主体走出去的桥头堡；服务全国改革开放大局，形成更多可复制推广的制度创新成果等方面抓紧工作落实。①

科创中心建设同样是时代潮流的要求。从国际环境来看，新一轮科技革命和产业革命正在世界范围内兴起，世界主要发达国家纷纷把发展新能源、新材料、低碳技术、绿色经济等作为新一轮产业发展的重点，抢占世界经济发展新的制高点。从浦东自身的发展动力来看，从早期依靠政策红利和投资拉动，到后来的要素驱动。而随着投资和初级生产要素对上海经济增长的拉动效应将逐步递减，浦东的经济增长的动力源亟待转换，走创新驱动、转型发展之路也成为浦东必然的选择。

2014 年 5 月，习近平总书记在沪考察期间提出了上海发展的新定位是建设全球科技创新中心。2014 年 12 月 15 日至 16 日，中共上海市委举行“深入实施创新驱动发展战略”学习讨论会，认为建设具有全球影响力的科技创新中心，最根本的是提高自主创新能力，最紧迫的是创新科技体制机制。

① 参见《2018 年浦东政府工作报告》。

2015 年年初，“大力实施创新驱动发展战略，加快建设具有全球影响力的科技创新中心”被列为上海市委唯一的重点调研课题，由时任市委书记韩正担任课题组组长。上海全球科技创新中心建设将综合考虑全球发展趋势、国家战略需要和上海自身条件，努力建设创新要素高度集聚、创新活力竞相迸发、创新成果持续涌现的综合性、开放式科创中心。2017 年 9 月 26 日，张江实验室挂牌成立，将聚焦具有紧迫战略需求的重大领域和有望引领未来发展的战略制高点，正在向国家实验室建设目标迈进。当前，浦东新区的科创中心的建设主要体现在以下方面：加快加深张江科学城，提升临港主体承载区功能，大力集聚创新创业人才，以及加强产学研用联动协同等。不仅如此，当前浦东新区还大力发展实体经济，大力打造优势产业集群，提升金融、航运、贸易核心功能，积极培育经济新动能等。

另外，新区政府还积极完善社会信用体系，加强政府信用监管，构建“采信—评信—用信”闭环，推广守信联合激励和失信联合惩戒。健全社会监督机制，形成会计、审计、法律、检验检测认证等第三方专业机构参与市场监管的制度性安排。

（三）浦东新区政府在社会领域的治理

作为全国综合配套改革试点区，浦东新区十分重视社会治理体制机制的创新。2017 年 8 月，浦东新区出台了《浦东新区社会治理“十三五”规划》，该《规划》明确指出，浦东社会治理要以“建设开放、创新、高品质的浦东”为主线，形成党委领导坚强有力、政府治理顺畅高效、社会力量发育充分、社会活力竞相迸发、公众参与积极主动、社会和谐充满活力的现代社会治理格局。

从当前的社会治理的实践来看，强化城市综合管理和深化社会治理创新无疑是完善社会治理的牛鼻子。就前一个方面而言，新区按照习近平总书记“上海要走出一条符合超大城市特点和规律的社会治理新路子”的总体要求，大力整合集中新区常态城市管理和非常态应急管理资源，探索浦东城市运行管理创新发展的社会治理新路径，打造“以块为主、条线尽责、条条协同、条块联动”的一体化城市运行综合管理新格局，做到队伍整合、信息互通、资源共享、联动治理，实现问题及时发现、信息即时采集、指挥调度统一、力量动员高效、处置快速彻底的工作目标，提升浦东新区城市运行综合管理科学化、精细化、智能化和法治化水平。

具体的做法则是以浦东新区城市网格化综合管理体系为基础，通过城市运行综合管理中心（以下简称“城运中心”）建设，构建“1+88（36+3+25+5+19）+X+Y”—“两级平台、三级体系、四级管理”的城市运行综合管理新体系。其中，“1”为1个区城市运行综合管理一级平台（区城运中心）；“88”为街镇和特定管理区域城运中心和委办局、开发区管委会、企业城市运行综合管理二级平台（其中，“36”为36个街镇城运中心；“3”为国际旅游度假区、世博开发区、陆家嘴地区3个城市特定管理区域城运中心；“25”为25个委办局城市运行综合管理二级平台；“5”为5个开发区管委会城市运行综合管理二级平台；“19”为19个企业城市运行综合管理二级平台）；“X”为若干个街镇联勤联动站；“Y”为若干个村居工作站，实现城市运行综合管理“纵向到底、横向到边、全覆盖、无盲区”的高效化、精细化运行。

在深化社会治理创新方面，推进“家门口”服务体系建设，形成全区统一的7大类服务功能，实现“家门口”服务站村居民覆盖，也是一个主要的着力点。当前，新区正以“四化”理念推进“家门口”服务站建设：按照“办公空间最小化”，改变“一人一座一电脑”的格局，压缩办公用房面积；按照“服务空间最大化”，运用“三会”机制让群众参与设计调整服务站空间布局，使服务空间比原来扩大2—3倍，同时坚持一室多用，实现资源整合、功能复合；按照“服务项目标准化”，26个区职能部门下沉147个服务项目供居村点单，出台《社会治理指数评价体系》《“家门口”服务规范》两项区级标准；按照“服务标识统一化”，统一服务站门头、灯箱等标识，营造温馨暖心的服务氛围，努力把服务送到离群众最近的地方。

此外，在社会组织建设和社工人才培养方面，新区政府在“十二五”期间每年落实政策资金约 1200 万元，从政府扶持、专业机构孵化、公益项目等多途径培育社会组织，逐步构建了上游有基金会，中游有支持型、枢纽型、示范型社会组织，下游有丰富多彩的社区操作型、务实型社会组织的生态链。2014 年，浦东新区被评为“全国社会组织建设创新示范区”，截至 2017 年，浦东新区共有社会组织 2019 家，总量占全市的近 1/7，具有国家职业资格证书的社会工作者已发展到近 3000 人，初步建立起梯次发展、严进严管、激励导向的高端专业社工人才体系。

习近平总书记强调，要把加强基层党的建设、巩固党的执政基础作为一条红线，贯穿社会治理和基层建设始终。浦东新区也特别强调党建在社会治理领域中的作用。总的思路，就是按照中央和市委要求，进一步完善区、街镇和居村三级联动体系，发挥好区委“一线指挥部”、街镇党（工）委“龙头”和居村党组织“战斗堡垒”的作用。具体路径，就是要认真落实好新区党建引领社会治理实施意见，围绕体系、功能、机制、载体和队伍 5 大要素，把党的领导贯穿于、融入到社会治理的各方面和全过程。当前，新区政府大力推动区域化党建、“两新”党建、行业党建进街镇党建服务中心，社区党建进居村“家门口”服务站。

此外，新区在社会治理领域更加聚焦重点任务抓推进（即治理手段智能化、治理主体多元化、治理模式标准化），更加聚焦难点问题抓突破，更加聚焦功能整合抓联动，更加聚焦队伍能力抓提升，全面提升浦东社会治理水平。

（四）浦东新区政府在文化领域的治理

习近平总书记指出，“要大力繁荣发展文化事业，以基层特别是农村为重点，深入实施重点文化惠民工程，进一步提高公共文化服务能力，促进基本公共文化服务标准化、均等化。”在文化治理领域，浦东新区也走在全市前列，获得了“国家公共文化服务体系示范区”和“全国文明城区”两项殊荣，现代公共文化服务体系基本建成。“十二五”以来，浦东新区深入贯彻文化强区战略，着力打造“一带一圈”(黄浦江东岸文化集聚带、花木地区文化圈）和陆家嘴、世博、度假区、临港等板块，推出一批新型特色文化空间，文化设施空间布局逐步优化，文化设施规模总量逐步扩大。如以浦东图书馆为中心馆，浦东已构建起涵盖 3 个区级馆、36 个街镇图书馆、263 个公共图书延伸服务点、325 个农村农家书屋以及 770 个居委会图书室（综合文化活动室）的图书馆总分馆体系。

不仅如此，浦东新区还深化公共文化服务体制机制改革，积极引导市场和社会力量参与到文化建设中来。如上海东方艺术中心就是全国第一个通过招投标方式市场化运营的大剧院，新区的 36 家街镇文化活动中心全部由专业化管理团队“打理”，实现了专业化、社会化管理。新区还对民营文化场馆的运行和活动项目给予补贴，并为其打造宣传平台，为“社会力量办文化”营造良好的生态环境与社会条件。

而在“后示范区”时代，除了继续新建更多高水准的文化场馆，构建更为完善的公共文化设施网络体系之外，浦东新区于 2018 年 3 月率先出台了建设上海“四大品牌”核心承载区的实施意见和打响“上海文化”品牌 3 年行动方案。同时开展打造文化高地专题调研，先后开展文创企业、文化名家座谈、“家门口”文化服务提升等系列调研活动。目前浦东正在拟定《浦东新区打响上海文化品牌、打造文化高地的实施意见》，在文化地标建设、文化服务供给、历史文脉保护、文创产业核心竞争力形成、文化品牌培育、高端文化人才集聚等方面必将迎来一个新的发展契机。

（五）浦东新区政府在生态领域的治理

“绿水青山就是金山银山”，浦东新区也十分重视生态环境的治理，《浦东新区生态环境保护“十三五”规划》明确提出，要按照“重规划、重项目、重管理”的要求，围绕绿化林业建设、水务管理、大气污染防治、噪声污染治理、土壤污染防治、湿地保护、固体废弃物管理、市政道路管养、公用事业管理和民生服务 10 个领域的目标任务，全力推进生态环境建设。

在实际的生态环境治理过程中，新区政府无疑是推动新区生态环境治理的主导力量，各种大型生态环境项目不断推进，以及各种生态环境指标的达标都依赖于新区政府持续努力。从实际效果来看，新区的生态环境也在持续改善之中，如在绿化林业建设中，浦东新区将重点推进实施了 7 大类工程项目，即重点区域造林工程、生态廊道建设工程、生态公益林建设和经济果林建设、外环生态专项工程、中心城周边楔形绿地工程、中心城内及环外集建区公共绿地建设工程、公园绿地改造提升工程等，新区的绿化率不断提高。

此外，浦东新区还加大了生态环境领域中的执法力度，如在水、大气、土壤等重点领域推行专项执法与“双随机”执法检查并举；探索通过诉讼等方式对造成环境污染或生态损害的单位追究环境生态损害赔偿责任；探索建立减排市场机制，探索通过绿色信贷、环境保险、节能减排的补偿性和约束性税收政策等实现减排的良性循环等。但是，目前新区生态环境治理也存在经济主体、社会组织和个人参与不足，以及生态环境治理成本高、周期长、维护难以及可持续发展面临诸多挑战等问题。

当前，浦东新区在生态环境治理上的主要工作有以下几个方面：加强区域环境综合整治，启动第七轮环保三年行动计划以及加强绿色生态空间建设，以及建设“有温度的美丽家园”和“有乡愁的美丽乡村”等。

三、浦东新区政府治理的基本经验

“事不可易成，名不可易得”，浦东新区建设能取得今天如此辉煌的成就，与它得天独厚的地理位置有关：依托上海，经济腹地广大，滨江而临海，得风气之先，水陆空交通发达等。除了这些客观因素之外，我们更应该看到，浦东有今天的成就，离不开党坚强有力的领导，离不开中央和市委高瞻远瞩的顶层设计与战略定位，离不开浦东新区党委和政府始终将处理好政府与市场、政府与社会的关系作为政府治理的基本出发点，离不开浦东新区始终以人民为中心善于把握大事件带来的历史机遇推动城市发展的实践智慧，以及党建引领、因人施策的治理方式，当然也离不开浦东人的改革精神和开放理念。

（一）始终坚持党的集中统一领导，做好浦东开发开放和政府治理的顶层设计

集中力量办大事是中国特色社会主义发展道路的基本特征之一，浦东新区开发开放和政府治理最宝贵的成功经验就是党坚强有力的领导和运筹帷幄的顶层设计。从党中央作出开发开放浦东的战略决策，到持续鼓励支持浦东的先行先试，研究建立中国（上海）自由贸易试验区和全球科技创新中心，每一个重要步伐都离不开党中央在国家层面的战略考量和顶层设计。与此同时，上海市委、市政府和浦东新区党委政府一直秉承较强的政治意识、大局意识、核心意识和看齐意识，在浦东开发开放与深化改革的重大问题上始终同党中央保持高度一致，坚决拥护和配合党中央的集中统一领导，在浦东政府治理的转型升级过程中始终贯彻发挥中国共产党“总揽全局、协调各方”的作用，确保浦东新区始终充当改革开放排头兵中的排头兵、创新发展先行者中的先行者。

国家级试验田的战略定位和功能要求，为浦东新区的发展和治理带来了政策、资源和理念的优势。从政策方面讲，由于国家持续提供了强有力支持，使浦东新区在设立之初就具备了国内最优惠的投资条件，营造了优良的投资环境。从资源方面讲，浦东新区的战略定位和地缘优势也带来了各种优质资源的集中积聚和有效利用。从理念方面来看，浦东新区始终是我国改革开放和治理体系治理能力现代化的国家战略试验田，是落实中国特色社会主义最新发展理念的前沿阵地。总之，党中央坚强有力的领导和运筹帷幄的顶层设计，始终是浦东人敢于改革和善于改革的重要政治保障，是浦东人敢为天下先的精神原动力。

（二）始终将处理好政府与市场、政府与社会的关系作为政府治理的基本出发点

处理好政府与市场的关系，是经济体制改革的核心问题，同时也是政府治理建设的重要抓手。只有市场充满活力，城市才能充满活力。浦东新区一直将处理好政府与市场的关系作为政府治理的基本出发点之一，一方面明确政府与市场的界限，以及政府、企业与社会的职责与权利，优化服务深化行政体制改革，切实转变政府职能，并转变市场监管理念，简政放权、放管结合、优化服务，坚持把“放、管、服”结合，不断打造建设国际一流的营商环境，并加强监管创新打造法治化竞争环境；另一方面，浦东新区不断以制度优势集聚创新资源和社会资金，努力推动并扶植科技型中小企业的繁荣，促进新兴服务业的发展。科技型企业、租赁与商务服务业、金融业成为浦东新区发展迅速、令人瞩目的企业。

处理好政府与社会的关系，同样是事关政府治理成败的关键性因素。浦东新区管委会在浦东开发开放之初就自觉瞄准服务型政府的定位，在 20 多年的开发开放历程中，浦东新区政府一直致力于增强政府的服务意识、不断实现政府职能的转变，以适应现代经济社会的发展。与此同时，充分认识到了积极发挥社会因素作用的重要意义，信任社会主体，并在法律范围内赋权社会主体，努力协助社会主体发挥治理潜能，实现政府与社会之间的良性互动。因为，政府虽“小”，但“小而有力”，能在职责之内实现有效治理；社会虽“大”，但“大却规范”，在充分发挥社会主体的治理作用的同时实现规范化和法治化，与政府齐心协力，提升浦东的政府治理水平。从这个意义上讲，浦东实现了政府的有所为与有所不为、高效与责任的并举，实现了社会主体充分发挥自身作用与严守法律法规的辩证统一。

政府与市场、政府与社会关系的正确处理，体现了浦东新区政府始终不忘为人民服务的初心、牢记政府治理的根本在于服务于人民的精神理念。良好的市场环境与营商环境必然带动便利化公共环境的建设和政府公共品供给

与公共服务体系的不断完善，这些都将惠及民众。社会主体潜能的充分发挥、政府与社会之间的良性互动更能带动浦东建成高品质宜居城区，让人民共享美好生活。未来上海政府治理的目标是要建设创新之城、人文之城与生态之城，成为令人向往的卓越的全球城市。浦东的政府治理正是上海政府治理的大目标下努力实现城市生活的现代化高度和人文温度。在这样的定位与努力下，在整个浦东新区的政府治理过程中，人民的满意程度非常之高，始终保持着饱满的城市建设热情。

（三）善于把握大战略和大事件带来的历史机遇，纵深推动浦东城市发展和政府治理

浦东新区一向善于把握国家重大战略决策所带来的发展机遇，努力推动浦东政府治理的纵深发展。如前文所述，正是党中央、国务院作出开发开放浦东的决策，使作为一个城市的浦东新区从无到有；两区合并、南汇并入浦东，又使浦东新区获得了产能升级和城市规划的广阔纵深空间；中国（上海）自由贸易试验区和全球科技创新中心挂牌成立，更促使浦东新区不断转变政府职能，持续改善与提升政府治理的总体环境。可以说，国家的每一次重大战略决策都成了浦东新区发展的宝贵历史机遇，而每一次历史机遇都给浦东政府治理带来了飞跃式发展。

除了善于把握国家决策带来的发展机遇之外，浦东新区还善于把握大事件所带来的历史机遇，以推动浦东城市建设的进一步发展。例如2010年世博会成功举办，为浦东政府治理带来了重大机遇。浦东新区政府有效地把握住了这一历史机遇，对世博会所在核心区域进行了一系列后续规划与开发，在浦东滨江一带进行了产业升级以及商业和文化的建设，形成了集文化、旅游、商区、住房于一体的精辟区域。更重要的是，以此为纽带，形成了一条以世博、后滩、前滩等地为构成的滨江发展轴线，带动了周边区域的城市发展。再如，中国内地首座迪士尼主题乐园上海迪士尼乐园，选址在浦东新区川沙新镇，于2011年开始动工拆迁新建，于2016年6月16日正式开园。

它是中国第二个、中国内地第一个、亚洲第三个、世界第六个迪士尼主题乐园。浦东新区政府同样很好地把握住了迪士尼落户浦东川沙的重大机遇，在迪士尼度假区周围建设形成了成熟的商业配套设施，努力打造旅游名片，使得迪士尼的旅游辐射效应得到很好的发挥，附近新场古镇乃至整个长三角一带的旅游消费资源都得到有效的带动和开发。随着上海轨道交通 21 号线的规划与建设，迪士尼旅游区域将与自贸区外高桥、金桥、张江和空港片区连成一片，川沙及周边地区得到快速发展，浦东中轴城市发展的黄金走廊日益形成。浦东新区政府对迪士尼落户浦东机遇的成功把握和积极作为，不仅促进浦东成为区域旅游标杆城市，还为浦东整体的区域规划和区域联动创造了条件。

（四）党建引领与因人施策的精细化治理方式

浦东地域广阔，人口构成众多，人员素养的多样化和差异化程度较高。浦东新区良好的招商引资环境，吸引了大量外籍人士来浦东发展；同时，由于上海名校云集、浦东发展空间广阔、高新技术产业和海外贸易发达，使得浦东在较短的时间内汇聚了大量高层次优秀人才；浦东第三产业服务业的迅速发展也吸纳了大量外来务工人员；南汇区的并入，使浦东的郊区人口进一步增加。可以说，外籍人士、金融企业白领、科技人才、城区居民、郊区居民、外来务工人员在浦东新区的人口构成中均占有不低的比例。他们之间无论在文化背景还是在受教育程度、职业训练、收入水平、生活习惯等各方面均存在极大的差异。人员构成的复杂，必然带来治理难度的增加，任何单一的治理模式都不可能取得良好的治理效果。

浦东新区主要采取的是因人施策的精细化城市治理方式。在这一过程中，党建服务工作发挥了重要的引领作用。针对新经济组织和新社会组织，浦东新区大力发展“两新”组织党建，并逐步完善了“两新”组织党建的政策体系和服务内容，尤其对于具有一定规模的非公企业进行引领，使非公企业的员工以及广大社会团体人员得到党建的指导和服务。如浦东新区祝桥镇在党建过程中还专门在全区范围内首创成立了“两新”党建专职指导员队伍，即从原来村居撤并和企业转制过程中下岗的党支部书记和优秀党务工作者中选拔出优秀党员干部，由镇财政统一提供经费保障，聘为“两新”党建专职指导员。蓬勃发展的党建组织活动促使祝桥镇第一个非公组织党建联盟——由盐仓社区内的 24 家非公组织党组织组建而成的“仓浪同心苑”成立。针对楼宇企业，浦东新区不断激发楼宇党建的活力，引领并服务于“金领”“白领”人士。浦东新区于 2004 年成立了陆家嘴金融贸易区综合党委，为陆家嘴金融贸易区核心区 1.7 平方公里、陆家嘴软件园和塘东片区从事金融行业的近 30 万白领提供优质的党建服务。结合陆家嘴金融白领的具体人员情况和人员特点，该综合党委还打造了“金领驿站”这一党建品牌，其主要功能集中在：引领核心价值、服务党群需求、促进员工成长成才、维护员工合法权益、提供休闲交流联谊等。另外，为满足社区居民的需求，浦东新区先后开设了各个层级的党建服务中心，几乎覆盖了浦东新区的 36 个街镇。党建服务中心是一个以党建为引领的综合性为民服务平台，它的特点是：立足全域化、办事全留痕、开放全时段、资源全共享。与近年来兴起的“家门口”服务体系建设相伴随，浦东新区以党建服务中心为切入点，整合了党群服务、政务服务、生活服务、法律服务、健康服务、文化服务、社区管理服务等 7 大类功能。可以说，在党建引领下，浦东新区各群体各阶层的人群都能得到较好的社会公共服务。

（五）敢为天下先的改革精神和对标国际的开放理念

浦东新区作为国家级试验田，在整个政府治理过程中，不管是体制创新、产业升级、扩大开放，还是在努力解决民生问题、打造宜居城市方面，皆勇争第一，屡屡创造新高度。如浦东新区建立了第一个国家级的金融贸易区、第一个国家级保税区、第一个综合配套改革试点、第一个自由贸易试验区以及全国第一个综合性国家科学中心。大无畏的改革勇气，敢于引领风气之先，勇于尝试制度创新，是浦东新区取得今天发展成绩的重要原因。

较高的对外开放水平和成熟的开放理念，促进了政府治理水平的持续提升。在对外开放的过程中，努力对标国际：以国际高标准要求自我，在监管、效率、服务能力方面实现与国际接轨。以中国（上海）自贸区为例，自贸试验区的快速发展，反过来推动了浦东新区在政府治理过程中的理念创新，建立了以负面清单为核心的投资管理体制，形成了与国际通行规则一致的市场准入方式。在某种意义上，正是对标国际的开放理念为秉承，努力打破了原有经济管理体制的束缚，一系列新的制度范式才得以建立起来。不独自贸试验区，整个浦东的迅速发展，都离不开胸怀世界、深化开放、敞开国门、拒绝封闭的理念作为支撑。

四、浦东新区政府治理的前瞻性思考

“成功于千载者，必以近察远”，浦东新区政府治理体系和治理能力现代化建设毫无疑问已经走在了全国的前列，许多先进经验已经在全国范围内复制与推广。但我们同时也看到，浦东新区的政府治理还存在诸多难题，构成了浦东新区未来城市发展和治理的新使命和新挑战。这一定程度上也反映了发达地区政府治理的某些通病。对此进行前瞻性思考并提出对策建议，既有利于增强浦东新区政府的治理能力，也有利于进一步改善全国先进城市的治理思路。

总的来说，浦东新区具有突出反映中国特色社会主义新时代社会主要矛盾的发展不平衡不充分问题。

（一）从空间上讲，地区发展存在差异，区域协同联动发展不足

自从南汇区并入浦东、二区合并之后，原浦东新区面积由 532.75 平方公里增加至 1210.41 平方公里。浦东获得了承载国家战略的广阔发展地域，为未来发展提供了重要的资源保障，但这也为浦东发展带来了新的挑战，即面积的增大同时带来了区域发展差异的增大，带来了街镇、区域发展的不平

衡。浦东新区一直在努力消除降低这种区域间的不平衡问题，缩小中心城区、发达区域与偏远地区的发展差异，但这一工作仍然任重道远。此外，浦东新区与上海其他辖区之间的发展，也存在不均衡问题，整个上海的发展和上海周边地区也存在发展差异。这些差异为实现区域协同联动发展带来了种种困难和挑战。如何缩小地区差异，实现均衡发展，以及如何协调各区域发挥主动性和创造性以及实现优势互补，如何加强与浦东周边区域的联动发展，还存在许多需要解决的问题。

（二）从人员方面看，人口素质异质化程度较高，人员构成复杂，治理难度较大

浦东新区本就汇聚了众多外籍人士、企业白领、高新技术人才、外来务工人员以及城区和城郊居民，人员构成非常复杂。另外在合并南汇之后，并入了南汇的 74.31 万户籍人口，大大增加了人口构成的复杂性和人口素养的异质化程度。这使得治理难度加大：首先，众口难调，不同阶层和不同背景的人口对政府治理的满意需求不同，外籍人士和企业白领更看重有品质的生活环境和文化环境，普通的城区和城郊居民更看重民生问题的解决，外来务工人员更看重就业前景和能否同样享受本地居民的社会福利等，所有这些都影响着治理实效性的发挥。其次，不同人员由于知识背景不同，对治理的参与热情也不同，文化程度较高的人群往往权利意识较强，有较高的参与意识，受教育程度低的人群往往参与意识较为薄弱。再次，不同人群对于上海以及浦东的认同程度的不同，也影响了他们的社会治理参与热情，如本地居民多能热心于公共事务、社区事务的参与，而外来务工人员往往呈现出参与冷漠的特征，处于一种被治理的角色，没有很好地发挥出他们的参与潜能。

（三）从产业布局的平衡性方面来看，文化产业发展不足，政府治理的文化软实力建设面临挑战

浦东新区起步较晚，发展至今也不到 30 年，虽然在文化产业发展方面

取得了不少成绩，但与其经济发展的总量及其整个治理的远大目标相比，仍然存在不少短板。与发达国家地区以及与北京地区、上海浦西地区相比，也存在一些不足。总的来说，浦东相对缺少历史文化积淀，也缺少著名的文化品牌和文化核心产品，缺少文化领军人物和文化原创能力，在文化方面也缺少全国范围乃至世界范围的影响力。

（四）从实现治理的现代化程度上来讲，智慧城市建设的发展尚不充分，精细化治理任重道远

具体来说，体现在技术水平存在短板，各部门智能化程度之间存在发展差异。比如综合性管理部门如城运中心智能化发展水平较高，业务相对单一的部门智能化发展水平较低；等级较高的单位智能化发展水平较高，基层单位的智能化发展水平较低；中心城区单位的智能化发展水平较高，距离中心城区较为偏远的地区智能化发展水平偏低。各单位智能化发展水平的差异，导致了信息共享与对接方面出现障碍，数字鸿沟现象仍然存在。基层工作人员与普通民众对于智能化设备使用能力的不足，导致了公共数字信息资源的公众利用程度偏低。同时，在整个智慧城市的建设过程中，对智能化治理的信息风险与困境的预警存在一定不足，对于数字安全、信息安全的防范能力也存在一定的短板，相关法律法规的配套需要进一步完善，相关责任以及权利与义务的界限需要进一步明晰。

针对上述问题、困难和挑战，为早日全面建成卓越全球城区，浦东新区政府可以从以下 5 个方面进一步提升自己的治理能力和治理水平。

（1）坚持党对一切工作的领导和坚持全面从严治党相结合。

党政军民学，东西南北中，党是领导一切的。全面加强党的集中统一领导，是中国特色社会主义新时代以来的重大历史经验，是党和国家事业取得全方位开创性成就和深层次根本性变革的主要原因之一，也是浦东新区取得一切历史性成就的根本政治保障。面向新时代构建卓越全球城区的未来发展目标，浦东新区要进一步增强政治意识、大局意识、核心意识、看齐意识，

自觉维护党中央权威和集中统一领导，自觉在思想上政治上行动上同党中央保持高度一致，自觉在中央和市委的领导下加强新区发展的顶层设计和前瞻性规划，自觉充当中国特色社会主义道路自信、理论自信、制度自信和文化自信的承担者和开拓者。

全面从严管党治党，是全面加强党的集中统一领导，全面增强党的政治领导力、思想引领力、群众组织力和社会号召力的重要组织基础。面向新时代构建卓越全球城区的未来发展目标，浦东新区要积极响应党中央的号召，以党章为根本遵循，把党的政治建设摆在首位，思想建党和制度建党同向发力，统筹推进党的各项建设，尤其是要牢牢抓住"关键少数"，培养一支忠诚干净担当的政治家和建设者队伍，不断增强新区各级党组织的自我净化、自我完善、自我革新和自我提高的能力，增强新区各级党组织同人民群众的血肉联系。

（2）进一步全面理解和深入贯彻以人民为中心的发展思想。

党的十九大报告指出，必须坚持以人民为中心的发展思想，不断促进人的全面发展、全体人民共同富裕。浦东新区所面临的挑战和难题归根到底，要在发展中解决。发展是浦东城市进步的基础，也是浦东努力成为卓越全球城区的物质前提和精神前提。但在发展过程之中，以人民为中心应该是一个始终不变的主题。

面对发展不平衡不充分的困难和挑战，浦东未来的发展应以促进人的全面发展为政府治理的任务之一，努力满足人民日益增长的美好生活需要，与人民群众进行换位思考，体会人民群众的心理感受，深接地气、深入调研实践，进一步解决人民群众办事难的问题，从细节中体现高水平治理，从人民群众的口碑中体现城区发展的卓越。另外，面对人员构成复杂、人口异质化程度高的问题，政府应根据人的需要，实现城市资源要素的有效配置和合理化配置，在致力于解决区域协同发展问题的同时，重点关注人民共同富裕、共享发展成果的问题。具体来说，应进一步因人施策，制定和完善人才引进政策，形成汇聚、吸引人才的政策比较优势；也要针对社会弱势群体、外来务工人员进行一定的政策倾斜和政策扶植，积极为其创造机会，满足其生活发展的需求，使其同等享受城市发展成果，过上高质量的生活。因人施策是治理的手段，实现不同人群的平衡发展与充分发展是治理的结果。

正如习近平总书记指出的，“人民对美好生活的向往，就是我们的奋斗目标”。浦东新区的发展目标正是让人民共享发展成果、实现高质量的美好生活。

(3) 进一步全面理解和深入贯彻中国特色社会主义现代化理念。

浦东是“上海现代化建设的缩影”，是面向全球、面向未来的现代化城区，也是中国特色社会主义道路自信、理论自信、制度自信、文化自信的具体展示。全面理解并深入贯彻中国特色社会主义现代化理念，要辩证处理国际化和中国特色之间的关系：一方面，浦东新区应进一步对标国际，增强改革力度和扩大开放水平；另一方面，浦东新区应时刻坚持“四个自信”，尤其是要在制度创新中体现中国特色、展示中国智慧，为全世界现代化发展后继乏力的难题贡献中国方案，分享中国经验。

对标国际是实现城市高水平治理、创建卓越全球城区的重要途径。浦东历史发展定位的特殊性也使得浦东新区在进行政府治理过程当中，需要进一步对标国际高标准，建立既能体现国际高标准，又能体现卓越的全球城区定位的制度模式。实际上，新时代以来，尤其是通过中国（上海）自贸区和全球科创中心的发展实践，我们发现，正是由于浦东新区政府积极“对标国际”，努力实现政府职能的转变、努力以新兴治理技术运用到政府治理过程中，才使得浦东新区的政府治理发展不断取得新的辉煌和成绩。放眼将来，需要进一步解放思想，加大改革力度和扩大开放水平，实现制度设计基本思路的革新与创新，以敢为天下先的勇气尝试制度创新，改变陈规陋习、努力对标国际，以最好的标准服务民众，服务于治理。此外，对标国际也是一个内外联动的过程。一方面，在对外开放的过程中进一步实现标准、规则的全面接轨，协调境内区外的制度、贸易监管规则和政策的落差，建立有效的争端解决机制；另一方面，以对标国际带动内部改革，努力将一些较好的对外机制借鉴应用到内部治理之中，也是努力对应上海打造卓越全球城市定位的题中应有之义。

在对标国际、不断扩大开放水平的同时，我们也应牢记坚持“四个自信”，要认识到浦东取得辉煌成就的根本原因是党的正确领导和社会主义制度优越性的体现。因此在对标国际、实现标准与规则的国际化接轨过程中，要以中国国情为衡量，以社会主义发展为衡量，努力建立既符合中国国情又能与国际接轨、协调境内外政策落差的制度。

（4）进一步加强中国特色社会主义主流价值观引导，培养民众的社会共治能力。

习近平总书记曾指出：“确立反映全国各族人民共同认同的价值观‘最大公约数’，使全体人民同心同德、团结奋进，关乎国家前途命运，关乎人民幸福安康。”浦东新区人员构成复杂，人口异质化程度较高，受教育程度、收入水平和文化背景各异，在这种情况下，实现有效治理，政府必须要通过“最大公约数”的价值观进行社会引导，增进民众政治文化认同，提高民众文明素质，实现民众高水平的社会化并努力培养民众的社会共治能力。

首先，新区政府应有意识地通过主流价值观引导，进行浦东城市生活认同度的教育与塑造。在推动习近平新时代中国特色社会主义思想深入人心的过程中，尤其应重视外来务工人员的城市认同度的提升，让民众在感受到上海温度、浦东温度的同时自觉成为上海和浦东的一分子。认同度的提升必然带来民众治理参与程度的提升，对于实现社会共治具有积极意义。

其次，新区政府应加强主流意识形态的凝聚力和引领力建设，尤其要特别注意舆情引导和网络舆论引导，扶持倡导正面的、积极的社会表达，及时回应人民关心的问题并及时处理社会问题，避免其成为不利于社会稳定团结的负面舆论情绪。努力使浦东新区成为一个既充满正能量表达，人民群众又能畅所欲言、心情舒畅的现代城区。

再次，新区政府要增强民众的城市主人翁意识，培养民众的治理参与能力。现代城市的整个治理过程，不能简单被理解为政治输入与政治输出的过程，即不仅仅是治理者对被治理者反馈信息的回应，也不仅仅是被治理者根据治理者的治理成效进行回应。而更应该被理解成为一个政府与民众、社会团体有机互动的过程。治理主体是多元、多样化的，是自上而下与自下而上相结合的。因此，尊重民众的主体地位，重视与民众的积极互动、培养民众的治理参与能力是浦东实现高水平治理的必由之路，也是政府在价值观引导民众的基础上必须要实现的目标。就浦东新区而言，多数城郊居民和外来务工人员的参与能力和参与意识并不强，即使本地城区居民，虽然有较强的参与意识和高涨的参与热情，但这并不等于具有很强的参与能力和参与素质。为此，需要政府进一步引导提升民众的治理参与意识，培养民众的治理参与能力，使不同人口构成的浦东居民都成为高水平、高素质的社会治理者和治理参与者。

（5）进一步深入推进浦东新区政府的自我变革。

习近平总书记曾在庆祝中国共产党成立 95 周年大会讲话中两次提及中国共产党的“自我革命”：强调“要以勇于自我革命的气魄、坚韧不拔的毅力推进改革”“全党要以自我革命的政治勇气，着力解决党自身存在的突出问题”。李克强总理也曾指出，“简政放权是政府的自我革命”。

上海浦东新区政府通过“放管服”改革和“证照分离”以及建立“负面清单制度”等一系列举措，有效落实了党中央、国务院和市委、市政府关于“深化上海自贸试验区建设，加快推进一级地方政府职能转变”和“打造提升政府治理能力的先行区”的决策部署。但随着上海自贸区的深入发展和整个长江经济带的进一步发展，市场和社会将要求政府继续自我变革。因此，浦东新区政府应深入贯彻简政放权的理念，进一步转变政府职能，提升政府治理能力，努力建立与开放型经济新体制相适应的完整一级地方政府管理新模式：一方面，在改革过程中，继续凸显“五化、四体系”的治理要求，即实现治理主体的多元化、治理结构的网络化、治理制度的法制化、治理体系的集成化、治理方式的现代化，打造市场导向、社会共治的政府管理体系，智能便捷、系统集成的政府服务体系，横向协调、纵向协同的政府组织体系，依法行政、高效廉洁的政府体系，使政府改革成为一个综合全盘的、步骤层次分明、目标明确的过程；另一方面，努力在政府职能转变的过程当中，实现政府服务和政府治理细节水平的提升，当浦东新区政府在总体上取得治理能力提升的同时，细节水平将成为检验浦东未来发展决心的标准，也是直接影响企业和民众对政府满意程度的重要因素。

历史经验和现实挑战都表明，继续推进政府的自我变革，是浦东新区政府落实好党和国家战略决策，是创建卓越全球城区和给向往新时代美好生活的人民群众一份满意答卷的关键所在。

（2018 年 8 月）

改革开放与中国城市发展

GAIGEKAIFANG

南京

NANJING

聚力打造“创新名城”与“美丽古都”

——南京改革发展之路调研报告

中共江苏省委宣传部
中 共 南 京 市 委

南京是东部地区重要的中心城市和长三角唯一特大城市，市域总面积6587平方公里，辖11个区和国家级江北新区，100个街镇，常住人口833.5万。南京作为中国四大古都之一，素有“六朝古都”“十朝都会”之称，是首批国家历史文化名城、全国重要的科研教育基地和综合交通枢纽。

改革开放40年来，南京经济社会发展取得了巨大成就，最突出的是城市的成功转型：传统工业城市转变为现代产业新城，产业转型升级取得重大进展，化工产业占比从过去的三分之一下降到五分之一，战略性新兴产业占规模以上工业比重达到40%，服务业占地区生产总值比重达到60%；南京成为全国第11个经济总量过万亿城市，2017年达到11715亿元，在全国副省级城市中排名第六，人均GDP超过2万美元，保持全国前列，按照可比价计算，年均增长12%，高于全国平均增速3个百分点；科教名城迈向创新型城市，被国家确定为全国唯一的科技体制综合改革试点城市，改革开放有效撬动了科教资源，有力助推了创新经济发展；历史文化名城成了现代化国际性人文绿都，城市绿化覆盖率、林木覆盖率分别达到44.8%、29.9%，成功创建“国家森林城市”“国家生态城市”；高水平全面建成小康社会迈出坚实步伐，给百姓带来实实在在的获得感，连续9年入选中国“最具幸福感城市”。党的十八大以来，南京深入贯彻落实习近平新时代中国特色社会主义思想，“创新名城、美丽古都”建设上了新台阶。

纵观南京改革开放以来的发展历程，创新发展是其最为鲜明的特色和最为成功的路径。上海社会科学院最近公布的《长三角城市群科技创新驱动力城市排名报告(2017)》显示，26个城市综合得分排名，上海第一，南京第二；长三角城市群科技创新绩效指数排名，南京第一。中国社会科学院财经院与经济日报最近联合公布的《中国城市竞争力报告》显示，南京进入中国综合经济竞争力城市前十强（包括香港、台北），是经济发展最成功的40个城市之一。

一、打造具有国际影响力的“创新名城”

南京最大的优势是丰富的人才科教资源。南京拥有53所普通高校，12所入选国家“双一流”高校和学科，总数列全国第三；31家国家重点实验室，17个国家工程技术研究中心，82名院士；每万人大学生数全国第一，每万人研究生数全国第二。

改革开放初期，就有学者提出：南京“一条腿粗、一条腿细”，这么多高校为什么对当地产业拉动不足？对于这个“南京之问”，自20世纪80年代中期以来，南京市不断推出的科技体制改革举措是对这个问题的有力回应，将科教资源优势逐步转化为创新优势。

（一）着力破解体制机制对科技创新的束缚

新中国成立以后，南京曾研制出中国第一只荧光灯、第一只火花塞、第一只电子管、第一套收音机真空管、第一台电影放映机、第一台全自动车床、第一个脉冲磁控管等。我们在调研中发现，这种“第一”在改革开放中不断升级，创新基因得到进一步激发。

重构科技体制，南京醒得早、起得也早。1983年，南京在全国率先启动市属科研院所改革试点。1984年，南京市出台技术成果商品化、开发技术市场等10项改革举措，鼓励科研院所与中小企业、乡镇企业合作。1985年，南京市实行《南京科技体制改革方案》，突破束缚把科技资源引向市场。1987年，国家科委等五部门联合批准南京市为全国科技体制改革试点城市，南京出台了技术市场、民办科研机构等方面的改革举措，通过削减事业费，促使市属科研院所向生产、经营型转变，1985—1990年横向收入达到政府事业费的8.4倍。1992年，南京科研院所实行技工贸一体化经营。1995年，成立南京科技与产业促进会，建立“官、产、学（研）”一体化的科技成果转化机制。1999年，“南京科技中心交易网上大厅”正式运行。2004年，南京市属应用型研究院所全部转制为科技型企业，或进入企业，或转为企业性的中介服务机构。2006年2月，南京召开首次自主创新大会，将自主创新列为主导战略，宣布建设创新型城市。科技领域是最需要不断改革的领域。2009年，南京被列为全国唯一的科技体制改革试点城市，逐步形成了“一个平台”（服务平台）、“两个机制”（企业与高校科研院所合作机制、政府推动激励机制）的科技成果转化“南京模式”。

建立激发人才创新创业的新体制机制。习近平总书记指出：“硬实力、软实力，归根到底要靠人才实力。”南京科技体制改革聚焦人才科技创新创业，建立有利于激发人才创新创业热情的新体制新机制。实施“创业南京”英才计划，“中青年拔尖人才选拔培养计划”。截至2017年，引进高层次创业人才1280名；入选国家“千人计划”417人，“万人计划”199人；2016年、2017年南京分别有19人、17人入选国家“万人计划”，连续两年位居全国副省级城市第一。实施“产业博士后”聚集计划、青年大学生“宁聚计划”。研究生、40岁以下本科学历以及各类高技能人才，可以无条件在南京直接落户。2017年4月，南京综合运用租房补贴、购房补贴、共有产权房、人才公寓等办法，为各类人才提供安居保障，新就业大学生每月还可以拿到600—1000元不等的住房补贴。2018年1—6月，南京新增缴纳社保的大学生近16.62万人，同比净增5.56万人。同时，重视留学人员的引进。自2008年开始，迄今已成功举办11届“中国留学人员南京国际交流与合作大会”，南京共引进海内外人才4500多人，促进1850多个技术合作项目落地。国家人社部评价说，这是举办时间最长、吸引人数最多、对周边城市辐射最大的国际人才交流平台之一。据中国发展研究基金会与普华永道联合发布的《机遇之城2018》报告显示，“智力资本和创新”指标排名南京第一，宜商环境指标南京第二，技术成熟度指标南京第三，综合排序南京第三。

采取重大举措推进创新名城建设。为了把创新主动权、发展主动权牢牢掌握在自己手中，近年来南京围绕创新名城建设采取了重大举措，即“一融合”，校地融合发展；“两落地”，即科研成果转化落地，新型研发机构落地。2018年1月2日，南京市委、市政府出台的《关于建设具有全球影响力创新名城的若干政策措施》提出，高校院所组建新型研发机构，建立人才团队持大股，政府科技创新基金、投资平台和社会资本等多方参股的股权结构。在宁高校积极参与，全市133家新型研发机构签约落地，备案认定55家，有3名诺贝尔奖得主、25个院士团队参与其中，展现了孵化高新技术企业前所未有的前景。这些举措引起了广泛关注，国家科技部派出专题调研组来宁调研相关做法经验。

充分发挥企业的创新主体作用。高质量发展的基础，是强化企业主体活力。南京鼓励企业建立研发机构、集聚研发人员、加大研发投入，科研院所的应用研发机构实行市场化、企业化运行，促使企业真正成为技术创新、科研组织、成果转化的主体，积极培育创新企业。2018年1—6月，南京市新增市场主体10.51万户，其中新增科创型企业1.3万户，同比增长31%；2000多家企业进入国家科技型中小企业库。2018年4月，南京发布了第一批独角兽、瞪羚企业共107家，5月成立了“独角兽、瞪羚企业俱乐部”，以促进更多创新型企业成长。2018年1—6月，新增境内上市公司6家，与上海深圳并列全国第一。目前，南京上市公司总数已达109家。这种爆发式增长，表明南京已进入科技创新创业的新阶段。

（二）着力打造最具活力的创新生态链

南京构建了“2018年市委一号文件+45个配套细则”的政策体系，打造充满活力、更具竞争力的创新生态链，让创新创业在南京成本更低、效率更高、成功更容易。

政府转变职能与优化服务。通过行政审批制度改革，南京审批时效整体提速50%以上，成为继天津之后全国第二个没有非行政许可审批的城市。南京首创的“不见面审批”获得中央的肯定和全国范围内的好评，目前正在向效率更高、服务更优的2.0版迈进。南京开始实施“10+1”行动，即针对企业最关注的项目审批、产权保护、金融服务等十大问题，政府一概兜底解决，切实改善企业营商环境。我们感到眼前一亮，这个行动很实在，政府是真想给企业办事。近期，央视财经频道《经济信息联播》和《第一时间》栏目公布了中国营商环境大调查结果，结果显示南京的创业者对政商关系的评价最高。南京市政务办荣获第二届全国行政服务大厅典型案例展示活动“综合十佳”。

完善知识产权保护与服务体系。2017年，南京发明专利授权量列全国前10强城市第五名（北京、上海、深圳、苏州、南京）；万人发明专利拥有量49.7件，低于北京（94.69件），高于杭州（47.7件）、上海（41.5件）等。自主知识产权是最重要的创新资源，知识产权保护是人才创新创业中最重要的环境。多年来，南京市委、市政府采取了一系列措施，努力把南京建设成为全国知识产权保护最严格的城市。南京集司法、行政、仲裁多位一体的知识产权保护新格局基本形成。2017年年初，经最高人民法院批准，南京知识产权法庭正式成立，跨区域集中管辖发生在江苏省9市的部分知识产权案件。2017年11月，国家知识产权局正式批复筹建中国（南京）知识产权保护中心，面向新一代信息技术产业开展知识产权快速协同保护工作。南京知识产权保护力度逐渐加强，2017年南京市行政执法立案查处侵权假冒案件1476件，办结案件1375件。南京市科委发布的《2017年南京市知识产权保护状况》白皮书指出，南京先后获批首批国家知识产权强市创建市、中国(南京）知识产权保护中心、国家知识产权服务业集聚区等称号，知识产权工作成效显著。2018 年 6 月，南京市获批“国家知识产权运营服务体系建设试点城市”。

健全科技研发创新平台。南京“紫金山实验室”聚焦通信与网络、生命科学、新材料三大学科领域，建设国际一流水平的研发机构和国家级创新基地；“紫金山网络通信与安全实验室”，是我国在通信与信息领域唯一的国家级重大科技基础设施。南京拥有东南大学国家专用集成电路研究中心、南京大学微结构国家实验室，中科院大学南京学院、中科院麒麟高新区科技城等 120 多家国内外有影响的研发平台，在科技前沿发力推动原创成果的重大突破，引领南京高质量发展。

主动融入全球创新网络。充分利用国际科技资源，打造国际研发城市。2011 年，南京市出台并实施了《南京高端研发机构集聚计划》，加速一批国内外著名企业研发中心集聚和高端产业集群，特别是加快吸引国内外 500 强企业研发机构在南京集聚发展取得了成效。从 2012 年开始，在江宁、溧水、高淳、麒麟、浦口、新港先后建设 6 个国际企业研发园，打造一流国际创新载体。南京与国际科技合作渠道越来越畅通，加快融入全球科技创新体系。2016 年 11 月 8 日，首届中国—中东欧国家创新合作大会在南京开幕，发布了《中国—中东欧国家创新合作南京宣言》。2017 年 7 月 5 日，国际创新合作与技术转移论坛在南京举行。国际创新管理协会（ISPIM）将南京作为“中国中心”所在地，2018 年 6 月首届创新管理国际峰会在南京召开，以后每年 9 月在南京定期举行“全球创新峰会”。

整合创新资源建立新型研发机构。在宁专家团队与德国弗劳恩霍夫协会合作成立了中德智能制造研究院，李克强总理见证了该院与江北新区签约；联合美国劳伦斯伯克利实验室组建了“江苏南京高新—劳伦斯伯克利生命可持续研发中心”，与英国剑桥大学筹建剑桥大学中国（南京）科技创新研发中心，与迷你硅谷创新集团、瑞典皇家理工学院等设立创新研究院等。南京先声药业面向全球整合创新资源，与美国 Apexigen 公司联合开发全球领先的 VEGF 人源化单克隆抗体药物，与国际著名生物制药企业百时美施贵宝公司共同研发抗肿瘤药物、治疗类风湿性关节炎生物药品等等，被科技部授予“国际科技合作基地”称号。

（三）着力培育新经济形态促进产业转型升级

改革开放 40 年来，南京建成了 3 个国家级开发区（南京高新区、南京经开区、江宁经开区），13 个省级开发区（9 个省级经开区、4 个省级高新区）以及 1 个国家级综合保税区，15 个大学科技园区，还有各类市级开发区，基本形成以国家级开发区为龙头、省级开发区为主体、海关特殊监管区及部分市级重点园区为重要补充的发展格局。在商务部公布的 2017 年国家级经济技术开发区综合发展水平考核评价排名中，江宁经开区排名第七，南京经开区排名第十。南京各类园区已经成为创新创业的重要载体，在建设创新名城的进程中起着重要支撑作用。

促进传统产业转型升级。实体经济是南京的强项，传统产业特别是传统制造业的改造提升空间很大。南京市运用新技术、新业态、新模式加快提档升级，向高端化、智能化、绿色化方向转变，使科技创新成果最终落到产业转型升级上。江宁开发区通过实施工业企业“智能化 +”技改工程，推动传统产业向高新化、高端化升级，形成绿色智能汽车、智能电网年千亿级产能，成为智能电网全国知名品牌示范区、国家新能源示范产业园区。南京化学工业园设立了江北新材料科技园，形成了以石化、碳两大产业链为主要支撑，新材料、生命科学为导向的现代化工产业体系，集聚了中石化、德国巴斯夫、英国 BP、美国空气化工等世界 500 强、全球化工 50 强企业。推动企业由生产型制造向服务型制造转型，让企业的盈利模式更主要地来源于生产型服务业。

集聚先进制造业和战略性新兴产业。南京各类开发区是先进制造业和战略性新兴产业的集聚区域。南京国家级经济技术开发区集聚各类企业 3000

多家，其中外资企业 300 多家，集约发展特征明显，每亩工业用地平均投资强度达 550 万元，单位面积土地的投入强度和产出居全国开发区前列，已形成新型显示产业高端装备制造和生物医药三大产业集群。南京液晶谷的中电熊猫 6 代线和 8.5 代线项目相继竣工投产，已经成为国内领先、全球一流平板显示产业基地。人工智能、未来网络、生命健康、新零售等新兴产业飞速发展，日益成为拉动经济增长的新动力。2018 年 1—5 月，全市工业级机器人增长近八成，智能手机增长超五成，集成电路产品增长四成多，新能源汽车增长六倍多，网络零售额增速超过 30%。

集聚高端研发机构。目前，南京市各类开发区建有节能环保、现代通信、生物医药、新材料等战略性新兴产业创新中心 19 个，园区企业拥有各类研发中心 1035 个，其中省级以上研发中心 522 个；共引进、培育科技创业领军人才超过 2000 人，其中“千人计划”人才 225 人，省“双创”人才 275 人，拥有各类专业技术人员超过 21 万人。2017 年全市获得专利授权总量 32073 件，同比增长 11.43%，其中发明专利授权量 10723 件，同比增长 23.3%。

高新区在创新名城建设中的支撑作用日益突出。南京市突破传统开发区地理概念，突出载体概念，整合资源、集中要素，将全市 80 多个创新载体整合为 15 个高新区，构建了以江北新区为引领、高新园区为支撑、“双创”基地为基础的创新布局。目前，江北新区拥有多个国家、省级孵化器和国家级研究中心，创新创业资源密集。国家健康医疗大数据中心已成为亚洲最大基因测序基地，年测序能力达 30 万—40 万人次；建成存储能力达 52PB、运算规模达 35000 核 + 的超算中心，运算速度可达每秒 2340 万亿次，位列国内第四。

对标国际一流开放式创新。南京市开发区是对外开放的主力军，外资经济的主要载体，也是自主创新的主阵地。自主创新不是关起门来创新，而是开放式创新，集聚和整合国内外高端创新要素开展以我为主导的创新。开发区把握科技资源跨国流动的大背景，顺应创新要素全球配置的大趋势，树立全球视野谋创新。截至2018年6月，全市开发区共引进跨国公司地区总部20家，研究中心106家，采购、结算、物流等功能性机构67家。南京市服务外包走在全国前列，2009年南京市离岸服务外包执行额度位居全国第一；2017年商务部服贸司委托第三方研究机构对31个服务外包示范城市开展了综合评价，南京继续位居第一。2018年，南京成为国务院批准的服务贸易试点城市。2017年，对外劳务和承包合同工程新签合同金额、完成营业额分别达到61.5亿美元、39.8亿美元，分别是1988年的1456倍和226倍，年均增长28.6%和20.5%。

促进民营经济发展大幅提速。着力引入高新技术民营企业，充分利用民营企业的资源资金参与技术创新，大力发展科技型中小企业和科技小巨人企业，让民营企业在改革创新中激发自身活力和动力。为了扶持小微企业发展，对处于初创期的科技企业，从获利年度起三年内，为南京经济发展所作贡献全部奖给企业。同时成立了注册资本50亿元的创投集团，重点投资种子期、初创期企业。南京市私营经济发展步伐近几年明显加快。2016年，私营企业、个体工商户新增22万户，总数达91万户，比上年末增长32.3%。南京10家民营企业入围“2016年中国民营企业500强”，其中3家民营企业进入全国前20强。2017年，民营企业、个体经营户数总数已达105.76万家，同比增长20.0%，其中民营企业数53.59万户，同比增长20.8%，个体经营户数52.17万户，同比增长19.2%。

（四）着力建构现代产业体系

改革开放之初，南京是典型以工业经济为主的城市。改革开放以来，南京产业结构不断优化，三次产业增加值在地区生产总值中所占的比例由1978年的12.5∶67.5∶20.0调整为2017年的2.3∶38.0∶59.7，服务业成为经济发展的主动力和新旧动能转换的主引擎。同时，构建知识密集型的科技产业链和创新型企业集群，抢占高新技术产业制高点的前沿阵地。

瞄准科技创新前沿，明确主导产业方向。南京明确了“4+4+1”主导产业体系，第一个“4”是四大先进制造业产业，即新型电子信息、绿色智能汽车、高端智能装备、生物医药与节能环保新材料；第二个“4”是四大现代服务业产业，即软件和信息服务、金融和科技服务、文旅健康、现代物流与高端商务商贸；“1”是未来产业，主要是具有重大产业变革前景的颠覆性技术及其新产品、新业态等。通过“4+4+1”主导产业体系布局，让科技创新资源向“4+4+1”主导产业集聚，科技创新投入向“4+4+1”主导产业倾斜，最终目的是通过布局调整和优化，引导产业集聚发展、集群发展。

打造先进制造业产业地标。从企业集群向产业集群、创新集群转变，从宽泛的发展向特色发展转变，从各自为战向成链成环转变，要通过产业地标的形成，避免区域之间的低水平、重复建设等无序竞争，营造真正的发展后劲和竞争能力。打造“江苏第一、全国前三、国际有影响”的产业地标，包括集成电路、新能源汽车、光电显示、人工智能、生物医药等。江北新区已集聚了集成电路上下游企业 300 多家，台积电一期投资 30 亿美元的 12 英寸晶圆项目落地，为集成电路产业链发展、实现集成电路产业自主可控奠定了基础。最近，南京举办了集成电路发展峰会，提出“创新名城从‘芯’出发”战略，宣布成立“南京集成电路产业联盟”，31 个集成电路产业项目签约。同时，南京在新能源汽车自主可控的产业体系上下功夫，在培育核心竞争力、攻克关键技术上做文章。

做大做强高端服务业。改革开放以来，南京产业结构不断优化，服务业成为经济发展的主动力和新旧动能转换的“主引擎”。南京市软件外包、软件产业发展居全国前列，以“首个中国软件名城”闻名，软件和信息服务业年收入 5450 亿元，居全国前列。以雨花“软件谷”为例，截至 2018 年 6 月，已集聚各类软件企业 2200 多家，其中世界 500 强 12 家，集聚软件从业人员 23 万多人，2017 年实现软件和信息服务业收入 2000 亿元，占全市比重达 40%，成为全国规模最大的软件产业基地，入选全国第二批“双创”示范基地。此外，南京正集聚发展金融科技服务业，位于河西 CBD 的金融城迅速崛起，集聚各类金融机构超过500家，金融业增加值占GDP比重达28%，撬动各类社会股权投资4000多亿元，成为区域性金融中心。全市的金融业增加值占GDP比重已达到11.6%，仅次于上海、北京、深圳。

加快商贸服务业优势再造。随着电子商务快速发展，网购日益普及，传统的商业零售模式受到巨大冲击，有“中华第一商圈”美誉的新街口，传统购物中心和百货商场逆势上扬。2017年度，南京新街口商圈德基广场、中央商场、新百和金鹰（新街口店）业绩突出，南京成为全国占据前20强商场席位最多的城市。大力发展楼宇经济。鼓楼区税收亿元楼宇达16幢，楼宇税收总额70多亿元，2017年在杭州召开的“第三届中国楼宇经济峰会”上，鼓楼区第三次被授予“中国楼宇经济十大活力地区”。科技型总部企业的集聚和特色楼宇集聚的发展，提升了南京现代服务业的发展质量。

积极发展文旅健康服务业。2016年，南京文化产业增加值达630亿元，全国城市排名第8位，文化产业增加值占GDP比重达6%，位居全国前列。南京旅游接待总人数2017年达1.23亿人次，旅游总收入从百亿级提升至近2200亿元。南京城市旅游影响力居全国第六位。夫子庙风景区年接待量位居全国景点前茅。旅行社和导游数量在全国副省级城市名列第一，全国首家在美上市的“途牛旅游网”在线休闲度假市场份额全国第一。在国际大会及会议协会（ICCA）2016年度全球会议目的地城市排行榜中，南京位列第五。

提高外向型经济发展水平。南京自1984年批准成立第一家“三资”企业以来，全市累计实际使用外资510.76亿美元。2017年实际使用外资36.73亿美元，1986年以来年均增长21.1%。2017年，南京货物进出口总额611.87亿美元，比上年增长21.7%。其中，一般贸易出口占出口总额的比重由2000年的53.1%增加到2017年的64.6%，外贸结构持续优化。

二、建设传统与现代交相辉映的“美丽古都”

文化是城市的软实力，生态也是城市的软实力。南京在历史文化名城的基础上，面对工业化带来的污染压力，积极打造文化与生态软实力，取得了显著成效。同时，南京还积极推进都市圈建设，增强区域中心城市的辐射拉动作用。

（一）着力协同打造文化软实力

文化是城市的血脉，是全体市民的精神家园，是城市发展进步的灵魂。1978 年 5 月 11 日，南京大学哲学系教师胡福明主笔的《实践是检验真理的唯一标准》一文以光明日报评论员名义发表，由此引发了一场真理标准问题大讨论，开启了一轮全国思想解放运动，也翻开了南京文化发展的新篇章。南京充分汲取城市优秀传统文化的丰厚滋养，用历史文化传承塑造城市品格，用先进文化激发城市创新活力。

美丽古都焕发青春活力。作为中国四大古都之一，南京从保护和挖掘优秀的历史文化资源入手，通过科学规划建设，延续城市文脉。650 多岁的明城墙是南京体量最大的文物，南京领衔推动“中国明清城墙”联合申报世界文化遗产，修缮了 25 公里明城墙与老城南等历史文化街区。加大非物质文化遗产保护力度，将“南京老地名”为市级非物质文化遗产。中国科举博物馆、六朝博物馆、江宁织造府、大报恩寺遗址公园、牛首山文化旅游区等一批文博场馆建成开放。实施秦淮河水环境治理、紫金山环境综合整治、滨江风光带等项目建设，“襟江带湖、龙盘虎踞”山水环境得到系统保护，历史文化名城的特有风貌和恢弘气度得到全面彰显。开展“世界历史文化名城博览会”“世界知名城市‘南京周’”“世界青年论坛”等重大文化交流活动，成功举办 2013 年亚青会和 2014 年青奥会等重大国际性赛事，城市国际知名度、文化影响力大幅提升。

红色文化滋养城市精神。南京是一座具有光荣革命传统的城市。通过挖掘和传承“雨花英烈精神”为代表的红色文化，锻造南京精神。制定南京红色文化资源点保护利用专项规划，建设雨花台全国红色文艺创作基地，成立雨花英烈精神传播研究中心，编撰《南京红色印记》《雨花英烈精神解读》

等系列丛书，推出音舞诗画《雨花颂·信仰》等文艺精品，话剧《雨花台》在全国20多个城市演出120场，2017年获中宣部全国第十四届精神文明建设“五个一”工程优秀作品奖。“雨花英烈精神”得到广泛传承和弘扬，成为全市人民热爱南京、建设南京的文化支撑和精神动力。

核心价值引领社会文明建设。作为真理标准问题大讨论的策源地，南京始终坚持用科学理论武装头脑、指导实践、引领发展。出台加快推进社科强市建设意见，开展中国特色社会主义理论在南京的探索创新研究。打造“金陵讲坛”“市民学堂”“南京理论宣讲微言堂”等线上线下传播品牌，深入推进中国特色社会主义理论大众化。制定培育和践行社会主义核心价值观实施意见和行动方案，推进《南京市文明行为促进条例》立法，广泛开展“八个不”“文明餐桌行动”等市民文明行为规范活动，获得“全国文明城市”称号。大力推动“书香南京”建设，全市14个公共图书馆全部达到国家一级图书馆标准，市、区两级已建成公共图书馆分馆736家，社区书屋总数1023个，各级职工书屋示范点752家。建设全民阅读推广站，开设“书香南京大讲堂”，在“2017年度中国十大数字阅读城市”中，数字阅读指数位列全国第二。

文化体制改革释放创新动能。南京用改革的办法激活文化发展内生动力。在全国同类城市中率先成立市文资办，建立健全管人、管事、管资产、管导向相结合的国有文化资产监管体系，深化市属文化单位改革，组建出版传媒、报业传媒、广播电视、文化投资等四大集团。南京盘活国有文化资产改革相关经验入选2016中国改革年会十大改革案例第3，并向全国推广。在全国同类城市中率先出台文化与科技融合发展规划纲要，探索建成“创意南京”文化产业融合公共服务平台体系。2016年文化产业增加值占GDP比重达到6%，位居全国前列。文化金融服务中心被国家文化部、财政部、人民银行称为金融服务文化企业的“南京模式”，在国内文化体制改革领域产生了较大的社会影响。南京连续两次荣获“全国文化体制改革工作先进地区”称号。

（二）着力彰显生态城市"高颜值"

改革开放后，南京较早意识到生态环境保护的重要性。1987 年，出台了《玄武湖水污染物排放标准》，是江苏省第一个环境污染排放标准。从最初的工业"三废"治理向生态环境建设与保护不断拓展，南京的城市环境发生了巨大变化，先后被授予"环境综合整治十佳城市""国家环境保护模范城市"称号。党的十八大以来，南京市深入贯彻习近平生态文明思想，坚定不移走生态优先、绿色发展的新路子，铁腕治理污染，全市生态环境质量持续改善，被授予全国副省级城市中首个"国家生态市"。

压实生态环境保护"主责任"。习近平总书记强调："推进生态文明建设，解决资源约束趋紧、环境污染严重、生态系统退化的问题，必须采取一些硬措施，真抓实干才能见效。"2018 年 2 月，南京市委主要负责同志与区委书记、部门一把手签订生态环境保护目标责任书，明确"一把手"管环保的责任机制，入选全省环境保护十大典型案例。在全市开展的"对标找差、创新实干、推动高质量发展"活动中，把生态环境作为对标找差六大重点领域之一，加大在综合考评中的权重，强化绿色发展导向。市委市政府为推动重点工作落实而成立的八个推进办中，涉及环保的就有两个：水环境整治提升推进办和两减六治三提升推进办，力度之大前所未有，显示了打赢污染防治攻坚战的坚定决心。

打出大气污染防治"组合拳"。治理大气污染，南京选择最艰难的源头治理来破题：减少本地工业污染排放，关停不达标企业，持续推动产业绿色转型。截至 2017 年年底，已关停整治污染企业 600 多家，实施污染减排项目 800 多个。长江以南、绕城公路以内化工生产企业全部退出。2017 年全市万元 GDP 能耗较 2012 年下降 24.3%。同时，治理机动车尾气与扬尘污染，空气质量有了明显改善。2017 年全市 PM2.5 平均浓度比 2013 年下降了 47.2%，空气质量优良天数比例提升到 72%以上，较 2013 年提高 17 个百分点。

打好水环境治理“攻坚战”。2016年，以市政府一号文件出台《水污染防治行动计划》，下力气整治城市黑臭河道。全面推进“河长制”和“断面长制”，建立省控入江河流断面水质提升责任制，由市四套班子主要领导每人认领一条劣Ⅴ类入江支流，开展挂牌攻坚。目前，已完成150条黑臭河道整治，城市主要河湖基本无劣Ⅴ类水体，城镇污水处理率达94.5%。完成夹江、龙潭等6项饮用水源地环境隐患整改任务，解决了历史遗留的“老大难”问题，主要集中式饮用水水源地水质达标率保持100%。2017年，完成2221个片区雨污分流工程，建成205公里污水管网，实施一批污水处理厂提标改造项目。对南钢、南化等重点企业实施废水深度治理，对农副食品加工、电镀等十大行业实施专项治理。全市水环境质量稳中有升，纳入全省考核的22个地表水断面中，Ⅲ类及以上的断面为16个，占72.7%，同比上升9.1%，无劣于Ⅴ类水质断面。

打造生态保护美丽“风景线”。山水林田湖是城市生命体的有机组成部分，不能随意侵占和破坏。南京出台实施《南京市生态红线区域保护规划》，划定104块生态红线区域，面积占到了全市国土面积的近1/4。加大长江岸线保护区、保留区的保护力度，完成了全市沿江27处非法码头的整治任务，退让长江岸线资源3.5千米。推进中山陵、秦淮河、明城墙、滨江风光带等区域环境整治工程，建成滨江风光带、青奥森林公园等一批重点生态工程。南京外秦淮河流域综合整治工程被联合国人居环境署授予“最佳人居环境特别奖”。2017年，城市绿化覆盖率、林木覆盖率分别达到44.8%和29.9%，居副省级城市前列，成功创建“国家森林城市”。以前“江不见城，城不见江”一直是南京人的遗憾，近年来建成了52公里长江沿线最长的滨江风光带，展现了大江风貌和山水城林特色。

培育乡村振兴的“特色田园乡村”南京样本。10多年来，南京在全省率先完成7992个村庄环境的整治。江宁、高淳、浦口、溧水、六合等区先后获得国家生态区命名，累计创建生态镇44个、生态村378个。江宁黄龙岘等18个村先后被农业部、环保部、住建部授予中国最美村镇（乡村）称号。美丽乡村已成为南京生态文明建设的一张亮丽名片，近年来南京美丽乡村建设出现升级版——特色田园乡村。从江宁区谷里街道张溪社区徐家院、秣陵街道元山社区观音殿、湖熟街道和平社区钱家渡、东山街道佘村社区王家、淳化街道青龙社区东龙等试点乡村来看，"特色田园乡村"展现了农村农业现代化的现实模样，成为实施乡村振兴战略的重要抓手。

（三）着力精细化推进社会治理

习近平总书记强调："社会建设要以共建共享为基本原则，在体制机制、制度政策上系统谋划，从保障和改善民生做起，坚持群众想什么、我们就干什么。"南京市委、市政府坚持以人民为中心的发展理念，推动以保障和改善民生为重点的社会建设，探索一条符合特大城市特点和规律的社会治理新路子。2017 年，南京荣获全国首批"法治政府建设典范城市"。

富民优先战略有效落实。南京城镇居民人均可支配收入由 1980 年的 487 元提高到 2017 年的 54538 元，年均增长 13.6%；农村居民人均可支配收入由 1984 年的 479 元提高到 2017 年的 23133 元，年均增长 12.5%。聚焦低收入人口（家庭人均年可支配收入低于 9000 元）、经济薄弱村和"欠发达村"（村级稳定性收入不足 100 万元），实施精准扶贫。居民生活质量明显改善，城镇居民人均消费水平从 1980 年的 437 元增加到 2017 年的 31385 元，年均增长 12.2%；农村居民人均消费水平从 1984 年的 349 元增加到 2017 年的 17155 元，年均增长 12.5%。城乡基本养老、医疗保险和失业保险覆盖率保持在 98%以上，自 2015 年起城乡低保和居民基础养老金实现全城同标。在全国率先提出社区 40%以上用房无偿用于养老服务，目前平均每个社区 1.2 个居家养老服务机构。精准扶贫，2016 年全市首次实现同城同标，目前城乡低保标准为每月 810 元。健康南京建设成效显著，全市人均预期寿命达到 82.71 岁。2017 年年末，全市共有各类卫生机构 2340 个，是 1978 年的 1.9 倍；卫生机构拥有床位 5.22 万张、卫生技术人员 7.61 万人，分别是 1978 年的 3.7 倍和 3.8 倍。2009 年以来，南京连续 9 年获评中国"最具幸福感城市"。

街居改革激发为民服务动能。街道和社区是百姓生活的共同家园，也是社会治理的基本单元。多年来，南京聚焦街道社区转型持续发力。建邺区率先实践“一委一居一站一办”社区治理新架构，“资源向下、民主向前、民心向上”的改革目标得以实现，在全省范围得到推广。玄武区以锁金村街道为试点，将街道原有的10余个科室、30余个工作机构整编为“五个中心”，从“向上对口”转为“向下对应”，成为国家基层治理创新标准化试点。2014年，南京全面拉开街道和社区体制改革大幕，在全国率先取消镇街GDP考核，强化群众满意度评价，街道完成从经济主战场到服务主平台的转身。社区取消25项工作任务与41项创建评比，只留11项。社区减负、街居体制改革连续两年列“中国社区治理十大创新成果”第一名。秦淮区蓝旗新村居委会公共事务外包实践得到民政部推广。在每年4千万元“和谐社区”建设专项资金的基础上，2015年起又为每个社区增加20万—30万元为民服务专项资金，居民享受的服务越来越多。

推进社会建设创造美好生活。2014年，习近平总书记视察江苏时提出民生建设“七个更”的目标后，南京迈入民生建设“快车道”。在全国率先实行学前一年基本免费教育、小学“弹性离校”制度，获得教育部肯定。医疗改革态势领全国省会城市之先，在全国率先实现公立医疗机构医药价格综合改革全覆盖、率先启动综合医改试点第三方评估工作。南京作为居家和社区养老试点优秀城市、全国首批养老服务业综合改革试点城市，全市养老床位4.8万张，人均养老床位数保持全省第一，在国内首创医养融合养老服务模式并得到民政部推广。南京轨道交通通车里程由85公里提高到180公里，列全国第4位，主城区公交出行分担率达到46%，交通拥堵指数不断下降，居民出行更加环保便捷。在全国同类城市中率先编制《幸福都市考核评价指标体系》，连续7年开展民生幸福群众满意度测评。

实施“多元善治”社区治理模式。南京社会治理从基层抓起，较早提出了“社区共建”的理念，充分发挥社区党组织总揽全局、协同各方作用。率先探索网格化治理，实行全市社会治理“一张网”，工作重心下沉实现了需求在网格发现、矛盾在网格化解、环境在网格整治、安全在网格防范、服务在网格开展。栖霞区仙林街道寓管理于服务之中，寓服务于网格之中，中央领导和有关部委给予了充分肯定。2014 年，南京市被民政部确定为“全国和谐社区建设示范城市”第一名；6 个区获评全国社区治理与服务创新试验区，数量全国第一。在全省率先出台建设“志愿之城”的意见和指标体系，2015—2016 年度城市公益慈善指数排名全国前三。2017 年年底，全市社会组织达 12527 家，居全国前列；进社区报到党员 7 万余名，注册志愿者约 204 万人；大量社会组织和党员、志愿者进入社区。

多措并举共铸“平安南京”品牌。社会和谐稳定，人民才能安居乐业。多年来，南京把建设全国最安全城市作为奋斗目标，扎实做好平安建设，让群众更加安心放心舒心。“平安校园”“平安家庭”“平安企业”等平安载体创建率达 90%，平安南京建设成为全体市民的共识和自觉行动。全市刑事发案总量稳中有降，2014 年以来连续 4 年命案全破。铁腕整治治安环境，全面推行社区综治警务工作一体化。圆满完成抗战胜利 70 周年纪念活动、G20 峰会、党的十九大、国家公祭等一系列重大安保任务，2017 年国家公祭仪式安保工作得到习近平总书记肯定。南京社会治安主要考核指标持续位于全国同类城市前列,2012 年获“全国社会治安综合治理优秀市”荣誉称号。群众安全感逐年提升，2017 年达 96.2%，被人民网评为全国最有安全感的十大城市第 4 位。2018 第十七届全球国家（城市）竞争力分类优势排行榜发布，南京入选 2018 年中国最安全城市排行榜前列。2017 国内旅行者票选中国最安全城市公布，南京居榜单前列。

（四）着力提升区域中心城市辐射力

南京是特大城市、南京都市圈中心城市、扬子江城市群龙头城市和长三角副中心城市，人口城市化率已达到 82%以上，在我国东中部城际协作和长江经济带具有重要地位与作用。改革开放以来，南京走过了一条以副城建设推动老城更新、内涵提升与外延发展并重、建强做美都市区辐射带动都市圈的新型城市化道路。

城市布局“一主三副”跨江发展。南京城市建设不是采取“摊大饼”的方式，而是布局“一疏散、三集中”，建设东山、仙林、江北三大副城，从“秦淮河时代”迈进“长江时代”。跳跃布局、有机串联，三大副城承接老城疏散的人口、功能和产业，并且配套建设商业、教育、医疗、文化设施，减少钟摆式、潮汐式交通。老城以北极阁爆破拆除居民楼和外秦淮河综合整治为标志，开始了“显山、露水、见城、滨江”的城市更新。值得一提的是，南京轨道交通建设比全国同类城市早启动 10 年，三大副城方向都规划了两条以上的地铁，加上井字形快速路、高速路，形成了高效衔接交通体系。如今地铁开通运行线路 10 条，总里程 378 公里，全国第四，公交出行分担率达 50%，交通畅通程度位居全国大中城市前列，还有在建轨道交通线路 9 条，这对老城疏堵、新城发育起到了关键作用。

跳出老城建新城，建新城保老城。实施“人口向新区集中、高校向大学城集中、工业向开发区集中”的建设方针，使老城腾出空间更新改造，擦亮山水文脉，彰显古都特色。以紫金山、北极阁、鬼脸城为代表的城市山林，搬迁城中村和棚户区后建成开放的城市公园，环明城墙、长江、外秦淮河形成风光带，颐河路、老门东等一批历史街区保护开放，城市建设进入道路、水环境综合整治、亮化提升的精致化建设管理新阶段。经历十运会、青奥会两轮建设高潮，河西新城成为“现代化国际性城市中心”。东山副城常住人口 180 万，仙林副城集聚了 12 所高校，江北获批国家级新区。南京城市人口从 21 世纪初的 600 多万增加如今 800 多万，“一主三副”吸纳了人口增量的主要部分。现代化国际性新城与历史文化名城交相辉映，提升了“人文绿都、美丽古都”的品质内涵，放大了南京都市区的集聚力和影响力，为建设都市圈中心城市打下了坚实基础。2017 年年末，全市常住人口总量较 2016 年年末增加 6.5 万人。与 2010 年全国人口普查相比，7 年间常住人口增加 32.74 万人，平均每年增加 4.68 万人。

跨行政区协同共建南京都市圈。南京都市圈地跨苏皖两省，2001 年南京都市圈成员首次坐到一起，统筹基础设施、民生事业、产业分工等领域的协作事宜。南京都市圈协作会议每年一届，开了 17 年，最初成员是宁镇扬、马滁芜，2016 年淮安、宣城加盟。南京都市圈城市联盟协调会也开了 5 届，冲破行政壁垒，从基础设施共建、公共服务共享，进而升级到产业布局协同、生态环保共治，合作层次越来越深入，成果越来越丰富。都市圈产业协作逐步扩大。南京江北新区对接滁州市规划“一园三城”，江苏省人民医院将在和县建分院。南京综保区对接马鞍山宁丹科创园，南京一些高校已在马鞍山建立研发平台。镇宣铁路串起“宁宣黄”城市带，把六朝古都南京和世界自然文化双遗产黄山连在一起，发展为长三角国际旅游精品线路。民生服务共建不仅给成员城市居民实实在在的“获得感”，还加大了他们对都市圈的认同感、归属感。宁镇扬正构建覆盖三地的智慧民生服务平台、政府服务平台和社会管理平台，推进统一预约挂号平台、远程医疗建设，体育电子消费卡三市场馆通用，启动宁镇扬旅游一卡通项目。马鞍山市民卡与南京市民卡互联互通。宁镇扬一体化有实质性进展。三市已组织实施 145 个重大项目，投资 1018.6 亿元，龙潭—下蜀滨江新城、仙林—宝华科学城、汤山—黄梅旅游宜居区等跨界区成为协作共建“先行区”。南京大学将把大学创业园放在镇江市宝华，下蜀为龙潭物流园拓展提供腹地，栖霞区疏港公路快速化改造后直通下蜀。

增强区域综合交通枢纽作用。南京是全国性综合枢纽城市，南京港是长江第一大江海转运港，南京南站是华东地区最大的交通枢纽，禄口国际机场已进入超大型机场行列。以南京为中心，围绕基础设施一体化，都市圈城际铁路、公路、水运、跨江通道等交通方式紧密衔接。铁路以南京站、南京南站、规划中的南京北站为核心，正协调推进南沿江、北沿江高铁、镇宣铁路、扬马铁路和京沪高铁宁扬联络线，以及宁扬、宁淮、宁蚌、宁滁合、扬马等城际铁路，形成高铁、城铁、市域快线三层体系，无缝连接南京放射性地铁网。马鞍山轨道交通 1 号线主动与南京 8 号线规划对接，宣城开展连接高淳城际轨道的前期规划。南京积极响应国家“一带一路”建设，强化长江航运物流中心、辐射带动中西部地区发展重要门户的作用，先后开通了中亚、中欧铁路集装箱国际班列，今年每月平均发运超过13列，首开了莫斯科回程班列和白俄罗斯班列。辐射长江干支流航班密度达到每周160余班。依托12.5米深水航道和港口区位、集疏运等优势，拓展物流增值服务，南京港铜精矿、进出口化肥跃居全国港口第一。2017年度南京港货物吞吐量2.39亿吨，为中国内河港口货物吞吐量排名第二。南京区域性航运物流中心“连长江、通欧亚、对接沿海、辐射中西部”多式联运示范项目被列为国家多式联运示范工程。

三、南京改革开放之路的启示

回顾南京市改革开放40年来的奋斗历程与巨大成就，从“八个着力”的重大举措和主要经验中，我们可以得出如下几点启示。

（一）始终坚持高举旗帜，走符合自身实际的发展路子

旗帜引领方向，解放思想才能永葆活力源泉。从计划经济体制到市场经济体制、从粗放增长到集约发展、从“引进来”到“走出去”等每一个重要阶段，始终坚持以马克思主义中国化最新成果指导实践，以经济建设为中心，坚定走改革开放道路。坚持发展社会生产力，保持和谐稳定，不动摇、不懈怠、不折腾，真正集中力量做人民所希望做的事情。在跨越温饱、迈进小康、全面建设小康、推动高质量发展的进程中，紧密结合南京实际，推动改革不断深入、开放不断扩大、发展不断提升。集聚全球高端要素，大大提升了南京经济国际化水平。民营经济得到长足发展，成为创业的一方热土。这启示我们，深入学习贯彻习近平新时代中国特色社会主义思想，聚力创新、聚焦富民，就能全面建成高水平小康社会，迈开探索基本实现现代化的步伐。

（二）始终坚持改革开放正确方向，以创新引领发展

不仅要善于学习，更要善于创新。南京不断推进科技体制改革，把最大限度挖掘科技资源优势摆在突出位置，以创新名城建设增强南京发展的核心竞争力。其中的亮点，是下大力气推进“两落地、一融合”，构建创新生态系统，在破解科技创新成果转化“最后一公里”难题等方面作了富有引领性的探索。服务型政府、法治政府建设成效显著，切实改善了营商环境。落实习近平总书记视察江苏时提出的要求，以只争朝夕的紧迫感，切实把创新抓出成效，强化科技同经济对接、创新成果同产业对接、创新项目同现实生产力对接、研发人员创新劳动同其利益收入对接，形成有利于出创新成果、有利于创新成果产业化的新机制。这启示我们，抓住科技创新就抓住了发展的主动权，只有坚定实施创新驱动战略，不断探索科技创新有效机制，释放巨大创新活力，才能推动经济加快实现高质量发展。

（三）始终坚持绿色发展理念，建设富裕文明宜居区

环境是财富，是民生，也是美丽，也是幸福。南京“美丽古都”建设融合了物质文明、精神文明、生态文明、社会文明等多重内涵。针对经济快速发展中出现的资源约束趋紧、环境承载能力接近上限等突出矛盾，牢固确立绿色发展导向，自觉把经济社会发展同生态文明统筹起来，以天蓝地绿水清为目标，以科技创新优化生态保护为抓手驱动产业转型升级，以绿色低碳环保为目标推动形成绿色发展方式，大力推进生态系统保护与修复，以倡导居民绿色生活方式为契机倒逼绿色生产方式建立，国家生态文明示范区建设不断向纵深推进。这启示我们，良好生态环境是经济社会可持续健康发展的强大支撑，是城市良好形象的根基，是最普惠的民生福祉。

（四）始终坚持以人民为中心，体现改革发展初心

城市的核心是人，让人民生活更美好，是改革发展的最大初心。南京深

入贯彻以人民为中心的发展思想，狠抓民生保障和改善，增加城乡居民收入，建设最平安城市，形成共建共治共享社会治理新格局，引导和带领群众在参与过程中提升幸福感，民生发展水平指数位居全国前列。这启示我们，城市的发展只有以人民为中心，才会得到民众的广泛支持，也才能具有旺盛的活力和灿烂的未来。

始终坚持对标找差距，激发内生发展动力。纵向上看，南京发展进步巨大、成就显著；横向上看，总量规模、质量效益等与国内外先进城市相比还有较大差距。南京市深入学习贯彻习近平新时代中国特色社会主义思想和党的十八大、十九大精神，对标国内外先进城市，对标人民对美好生活的向往，树立更高的工作追求，在更高的坐标系中提升发展标杆，推动思想再解放、压力再传导，形成了争先进位、你追我赶的良好局面，发展的质量和水平不断提高。这启示我们，推进高质量发展，必须始终保持决不自满、永不懈怠、勇于争先的精神状态。这种争创一流的进取精神与工作业绩，难能可贵。

四、关于破解改革发展难题的建议

在调研过程中我们感到，南京在更高层次上科学谋划新一轮发展，还面临一些亟待破解的难题，有些还需要国家层面的支持。

（一）加快发展自主知识产权密集型产业

如何破解抢占未来经济科技某些制高点的难题？发达国家已经采取一系列措施，试图率先发展知识产权密集型产业，抢占未来经济科技的制高点。我国知识产权密集型产业正在兴起，积极推进知识产权密集型产业驱动经济增长，是抓住发展先机的必然选择。南京是知识产权大市，人均发明专利拥有量处于全国前列，建议将发明专利密集型产业作为南京经济科技发展的一个重要方向，将高专利密集度产业培育成为推动经济发展的主导产业，在抢占未来经济科技制高点方面占有一席之地；加快专利密集型产业技术创新发展并带动相关产业发展，提高专利密集型产业技术创新效率，增强非专利密集型产业的技术创新能力。

（二）进一步提高南京城市首位度

如何破解南京进一步发挥区域中心城市作用的难题？南京是江苏省会城市，是南京都市圈的中心城市，也是长江经济带“区域航运中心”。周边武汉、郑州等国家中心城市，区位上与南京都相去甚远，南京市域面积在省会城市中较小。因此，提高南京城市首位度、增强南京作为长江中下游交汇区域中心的作用，势在必行。建议国家将南京列为国家中心城市，增强对中西部与周边地区的辐射带动作用。2017 年，住建部批准南京为总规改革试点城市之一。在南京城市总体规划修编中，对进入城镇区规划的周边地区作出合理选择与科学规划，带动引领更大区域经济社会的发展。

（三）争创综合性国家科学中心

如何破解搭建最强科技创新平台的难题？南京建设具有全球影响的创新名城，需要国家级平台支撑，需要“最强大脑”。南京拥有 31 个国家重点实验室，拥有自主知识产权的网络操作系统、信息技术重大科技基础设施项目两个大科学工程，是建设综合性国家科学中心的基础。应举全市之力，整合创新资源，打造新科学、新技术、新产业重要发源地与策源地。建议国家在统筹创新资源布局时更多发挥南京的科教优势，推动一些大科学装置在南京建设，批准南京为继上海、合肥、北京等之后的又一个综合性国家科学中心。在国家批准之前，南京市决定先行自主建设，这个决定是正确的、及时的。江苏有自主开发成功的先例，当年昆山开发区就是自主开发的，结果干成了全国最好的开发区之一。

（四）推进沿江生态保护带大型重化工企业搬迁

如何破解“化工围江”难题？南京市推进生态文明建设的任务仍然艰巨，

需要攻坚克难。多家大型央企在南京布局了能耗高、排放大的重化产业，而且集中分布在长江两岸，空气污染的压力比较大。我们在走访中发现，南京干部群众迫切希望推进重化工业布局调整，还南京一片蓝天。建议国资委、生态环境部对此给予高度重视，明确央企的环保责任，促进央企与地方合作，切实贯彻习近平总书记关于长江生态环境保护的要求，守护好长江“母亲河”，提高生态南京建设水平。

（2018 年 8 月）

改革开放

与中国城市发展

GAIGEKAIFANG

无锡

坚守实业“初心” 擦亮民族品牌

——无锡调研报告

中共江苏省委宣传部
中 共 无 锡 市 委

一、中国特色社会主义道路的前沿探索者

无锡，是“苏南模式”的发源地。乡镇企业的“异军突起”，引发了中国农村翻天覆地的历史巨变。夹缝中顽强生存的“草根经济”，改变了苏南原野的面貌，创造出全国第一个亿元镇、第一批亿元村，缔造了蜚声中外的“华夏第一县”“神州第一郊”“天下第一村”。

无锡，是发展方式转型的样本。历经生态危机的阵痛，无锡坚定“舍得金山银山，赎回绿水青山”的信念，大力推进以太湖治理为龙头的生态文明建设，建成首批国家生态文明示范市。通过大力发展创新型经济，推动资源消耗型向科技创新型转变、粗放发展向绿色发展转变，创造了经济发展转型的“无锡经验”。

无锡，是实体经济、民族品牌的典型。秉承“实业报国”的工商精神，无锡聚焦实体经济，“草根型”企业在这里茁壮成长、展翅腾飞。红豆、阳光、海澜、远东、法尔胜、华西集团、一棉、双良、华光这些民族实业的品牌在中国大地熠熠生辉，引领行业潮流，在全球也占有一席之地。仅在江阴成长出的本土企业，单项产品全国冠军就超过100个。

无锡，是高质量发展的标杆。无锡坚持产业强市，围绕推动质量变革、效率变革、动力变革，大力推进科技创新与产业转型升级，初步形成了与高质量发展要求相适应的产业体系。无锡以全国万分之五的土地、千分之四点七的人口，创造了全国1.27%的经济总量。全市每平方公里的地均GDP达到2.27亿元，居江苏省第一；人均GDP达到16.07万元，处于全国主要城市领先水平；中国制造业企业500强、中国民营企业500强、上市公司总数均居全省第一全国前列，中国企业500强、中国服务业企业500强总数均为全省第二。2017年，无锡以10511.8亿元的经济总量，成为全国“万亿GDP俱乐部”中的一员。

40年来，无锡改革开放从农村到城市、从经济领域到发展全域，广度不断拓宽，深度不断拓展，实现了从高度计划经济体制向充满活力的社会主义市场经济体制，从解决温饱到实现总体小康、再到向高水平全面小康进军的历史性转变，加快开启建设基本现代化的新征程，创造性地推进了中国特色社会主义理论在无锡的生动实践。

（一）一声“春雷”，从太湖之滨响彻全国

100多年前，在有“民族工商业发源地”之称的无锡，中国第一座由民族私营资本建设的工厂——“业勤纱厂”诞生了；40多年前，在有“乡镇企业发源地”之称的无锡县，第一家由农村合作社投资兴办的工厂——“春雷造船厂”在东亭乡诞生了。

这一声“春雷”，自此响彻全国。

无锡是中国乡镇企业最早萌芽发展的地方。党的十一届三中全会吹响了改革开放的号角，以无锡为代表的苏南乡镇工业，以燎原之势迅速发展，走出了一条与发达国家迥然不同的工业化道路，催动中国市场经济大潮迭起。

在此过程中，无锡不仅涌现了“春雷”这样第一个“吃螃蟹”的实体企业，而且创造了以“一包三改”为标志的“螃蟹新吃法”。1983年，无锡堰桥乡在全国第一次把农业改革成功经验引入乡镇企业，率先推行经济承包责任制、改干部任免制为选聘制、改工人录用制为合同制、改固定工资制为浮

动工资制，极大地激发了乡镇企业和村级经济的发展活力。诞生于无锡的“一包三改”，成为新时期村镇变革发展的重大历史性突破，造就了彪炳史册的“苏南模式”，也进一步奠定了无锡作为中国乡镇企业发源地的历史地位。

自此以来，无锡人风雨兼程、辉煌迭创，锤炼出“踏尽千山万水、吃尽千辛万苦、说尽千言万语、历尽千难万险”的“四千四万”精神，成为中国改革开放的宝贵精神财富。

从 1978 年到 1991 年，无锡的 GDP 从 24.9 亿元增长到 184.8 亿元，年均增长 12.8%；人均 GDP 从 687 元增长到 4406 元，增长了 5.41 倍。一批“亿元村”“百亿元乡镇”迅速崛起。以农村经济体制改革为突破口，依托乡镇企业的发展，无锡冲破“以粮为纲”“计划经济”的樊笼，开创了“苏南模式”，在全国率先达成了总体小康。

如果说，农村家庭联产承包责任制激发了农民的经营积极性，促进了农副业生产，那么，乡镇企业的发展则激发了创业热情，提供丰富的日用工业品，两者合力改变了中国当时商品短缺的局面。乡镇企业的发展既增加了集体积累，而后又以各种形式转化为乡村养老保障和合作医疗等保障基金，投入乡村社会事业建设，走出了共同富裕的道路。

乡镇企业的兴起还推动了中国城镇化进程。一方面，大批农民工向小城镇集中，另一方面，乡镇工业又促成工业园区的发展。乡镇企业的积累，转移到城乡，促进了路桥建设、河道整治、电力供输、基础设施的完善，加快了城乡一体化的进程，并把现代城市文明引入农村，开始从根本上改变着农村人延续千百年的生活状态。

1992 年至 2005 年，无锡进入开放发展的新阶段。这一时期，无锡与苏南地区其他城市同时打破“姓社姓资”“姓公姓私”的思想束缚，大胆实行对外开放战略，以经济外向化、产权多元化、运行市场化为主导，实施“苏南模式”的二次创业和转型。统计显示，1992 年到 2005 年，无锡 GDP 从 304.1 亿元增加到 2839.54 亿元、增长了 8.3 倍、年均增长超过 17.1%，人均 GDP 从 7196 元增加到 51592 元，第一、二、三产业增加值比重进一步优化。

14 年间，全市开放型经济和民营经济迅猛发展，先进制造业基础增强，城市化建设加快，第三产业比重上升。无锡在全国建设小康社会进程中，成为中国改革开放发展前沿的一个耀眼亮点。

进入无锡改革开放的第三个阶段，创新与转型，成为最响亮的关键词。无锡是中国工商业、乡镇企业的发源地，高能耗高污染的工业经济在整个产业结构中占比一度较大，环境污染也比较突出。而包括无锡在内的整个太湖领域，乡镇企业和传统重化工业都处于大规模发展阶段，最终引发了“太湖蓝藻事件”。每一次重大危机都酝酿着重大调整机遇，每一次抢抓先机也必将推动重大的发展变局。2007 年的太湖蓝藻爆发，宣告过度依赖资源消耗、牺牲生态环境、粗放型发展的模式难以为继；2008 年下半年起的全球金融危机，又宣告过度依赖外来技术、外源动力并以传统制造业为主的产业结构难以为继。面对国内外宏观经济形势的深刻变化，面对自身自然资源环境束缚持续强化的严峻挑战，无锡努力跳出资源依赖、外资依赖的传统发展模式，对当时的“新苏南模式”进行深入反思和扬弃，以结构调整、城乡统筹、改革创新、环境保护为突破口，大力推进发展方式转变。

党的十八大以来，适应中国经济“三期叠加”的特定阶段，无锡确立创新驱动核心战略、产业强市主导战略，着力打造现代产业发展新高地。高水平全面建成小康社会，建设“强富美高”新无锡，迈出坚实步伐。

围绕产业强市这条发展“主线”，无锡突出科技创新、转型升级、推进重大项目、壮大企业主体四大重点，重振产业雄风。近年来，全社会研发费用占 GDP 比重、企业研发经费占销售收入比例、科技进步对经济增长的贡献率等均保持全省领先。2016 年以来，无锡先后引进前沿性科技战略项目 62 个，其中总投资超 100 亿元项目 12 个、超 300 亿元项目 4 个，项目规模和质量皆居全省领先，并创无锡历史之最。“神威·太湖之光”超级计算机实现全球超算 500 强四连冠。2017 年，无锡被国务院定为全国 15 个稳增长和转型升级成效明显市之一。新华社国内动态清样 2016 年、2017 年两次刊登无锡经验做法。

（二）40 年风雨砥砺，40 年铸就辉煌

数千年的文明代代传承，百多年的繁荣久久延续。无锡，这颗闪亮的“太湖明珠”，凭借 3000 多年积淀的历史底蕴，特别是改革开放以来的率先进取精神，在“强富美高”的发展征途上砥砺奋进，在改革开放的时代大潮中勇立潮头！

改革开放 40 年，无锡综合实力迅速提高。1978 年至 2017 年，无锡地区生产总值从 24.9 亿元增加到 10511.8 亿元，增长了 421.2 倍；全市常住人口人均 GDP 从 1978 年的 687 元提高到 16.07 万元，居全国主要城市第 3 位。2017 年，无锡规模以上工业实现增加值 3382.77 亿元，增长 8.6%，13 年来首次超过江苏省平均水平；社会消费品零售总额增长 10.9%，10 年来首次超过江苏省平均水平；民营经济实现增加值 6895.74 亿元，比上年增长 7.3%，占经济总量的比重为 65.6%。今年上半年，经济运行保持了稳中有进、进中提质的良好态势，主要经济指标增幅普遍高于全省平均水平，其中 GDP 增长 7.5%，规模以上工业增加值增长 10%，社会消费品零售总额增长 9.9%，到位注册外资 24.95 亿美元，税收收入占一般公共预算收入比重 91.2%，位居全省前列。这些成绩是在无锡“十一五”以来经济持续下滑、多年增速垫底的情况下取得的；是在加快产业结构调整的情况下取得的，近两年压减钢铁产能 290 万吨，去年以来关闭化工企业 349 家，均为全省最多；是在加大环境保护力度的情况下取得的，今年已主动关停“散乱污”企业 1838 家、整治 868 家；是在着力化解金融风险的情况下取得的，上半年不良贷款率已下降到 1.07%，由 2013 年全省最高降至第 12 位。

改革开放 40 年，无锡多领域改革全面推进。科学实施区划调整，化解了老城区面积狭小、同质竞争、资源难以整合和高新区行政管理体制不顺的问题；深化社会事业领域“管办分离”改革，理顺了社会事业管理体制和运行机制；开展相对集中行政许可权改革试点，在苏南地区率先成立设区市行政审批局，在江阴率先推进县级集成改革试点，江阴徐霞客镇经济发达镇行

政管理体制改革试点经验在全国推广；国企改革扎实推进，组建市国有资本运营公司，整合重组城建类国有企业，华光股份成为江苏首家既实现整体上市又实施员工持股计划的国有控股上市公司。

改革开放40年，**无锡对外开放纵深发展**。40年来，无锡走出计划经济，步入市场经济，融入世界经济。2017年，无锡全市实现进出口总额812.5亿美元，比1978年增长4276倍。目前已有96家全球财富500强企业在无锡投资兴办了186家外资企业，累计实际利用外资达到558亿美元左右。其中，近三年累计到位注册外资103亿美元，占改革开放以来总量的近五分之一。今年上半年全省5个超10亿美元外资项目有3个落户无锡。由无锡市主导建设的柬埔寨西哈努克港经济特区，已成为全国“一带一路”建设的标志性典范项目，被习近平总书记誉为“中柬务实合作的样板”。

改革开放40年，**无锡城市化水平全面提升**。经过多年努力，市域范围形成了以中心城市为主体、江阴宜兴为两翼、若干新城新市镇为骨架的三级城镇空间结构。近三年来，无锡切实加快修编新一轮城市总规，着力构建“一轴一环三带”“一体两翼两区”和“一城两核三片六组团”的总体空间布局，加速锡澄、锡宜一体化进程；切实加速建设全国性综合交通枢纽城市，形成了长三角枢纽性机场、全国性铁路枢纽、区域性物流枢纽建设齐头并进的良好局面，苏南硕放机场洲际货运航班频次全省第一；切实加强交通基础设施建设，同时在建苏锡常南部高速无锡段、常宜高速、宜长高速等3条高速公路和1号线南延线、3号线、4号线等3条地铁，蠡湖大道、凤翔路等一批城市道路快速化改造项目加快推进，去年交通基础设施投资创历史新高，“十三五”期间基础设施投资将比“十二五”翻一番多。至2017年年末，无锡常住人口城镇化率达到76%，比1978年提高了55个百分点。

改革开放40年，**无锡人民生活显著改善**。近年来，无锡大力实施民生共建共享战略，协调拉高全市人民生活质量的平均线、弱势群体生活质量地平线，城镇登记失业率保持全省最低，在全省率先出台特困家庭深度救助实施意见和医疗救助办法，临时救助标准位居全省第一，推动122个年集体收入低于200万元的经济薄弱村实现脱困转化，成为全国首批通过“义务教育发展基本均衡”认定的大中城市和全国首批健康城市试点城市，公众安全感和法治建设满意度稳居全省第一。从收入情况看，居民人均可支配收入增幅高于地区生产总值增幅，2017年无锡城市居民人均可支配收入达到52659元，较1978年增长154倍；农民人均收入达到28358元，较1978年增长156倍。全市城乡居民收入比为1.86∶1，优于全国的2.7∶1和全省的2.3∶1。

改革开放40年，无锡城乡环境更加宜居宜业。太湖和河道综合整治扎实推进，太湖无锡水域水质总体向好。果断启动推进锡东垃圾焚烧发电厂复工，并于2017年9月成功点火，成为近3年来全国同类项目原址复工投运的唯一成功范例。无锡跻身首批全国生态文明建设示范市，近两年连续被中国社科院评为内地最宜居城市。建成全国首个高标准光网城市，创成首个全国文明城市群，荣获全国社会治安综合治理最高荣誉“长安杯”。现在的无锡，正稳步向具有山水特质、湖湾特色、滨江特点的长三角现代化国际化区域中心城市迈进。

二、在民族实业强市的康庄大道上谱写华丽篇章

“我们这么大一个国家，不能走单一发展、脱实向虚的路子，必须把握住实体经济，走工业强国的道路，把制造业搞上去。必须始终高度重视发展壮大实体经济，抓实体经济一定要抓好制造业。”2017年12月12日至13日，习近平总书记在江苏视察工作时这样强调。

无锡这座因实业而立、靠实业而兴的城市，近百年来始终专注发展实体经济，尤其是改革开放40年来，成功走出了一条具有时代特征、符合发展理念、体现无锡民族实业特色的发展之路。

正如一滴水可以折射太阳的光辉，一个城市的发展亦可印证历史的进程。从农耕小县城到实业大都市，从举世瞩目的“苏南模式”到民营企业的“井喷增长”，从规模化发展到智能制造……无锡始终勇立改革潮头，为中国

特色社会主义道路的前沿探索作出了无锡贡献。

（一）踏着时代节拍前行

华西集团随乡镇企业而兴起，伴改革开放大潮而发展。改革之初，吴仁宝根据党中央“宜统则统、宜分则分”的政策，结合华西人多地少、不宜分田到户，提出了一个发展集体经济、调整产业结构的方案，全村 600 多亩粮田集体承包给村里的 30 名种田能手，把绝大多数劳动力转移到蓬勃兴起的乡镇企业工作。1983 年 2 月，邓小平同志在听了关于“华西村道路”的汇报后，对华西村的共同富裕给予了充分肯定，特别是对于华西的工业发展，邓小平同志称之为“异军突起”。

推行“一村两制”，推进共同富裕。20 世纪 90 年代，尤其是党的十五大以后，全国很多地方掀起了乡镇企业改制的高潮，吴仁宝根据本村情况实行“抓大扶小”，化解了“公”与“私”的矛盾。特别是重点推出“一村两制”，既搞个体经济，更突出扶植集体经济，使华西村走出了一条以集体经济为主，多种经济成分并存的共同富裕的新路子。现在，华西集体所有占股比例为 75.37%，村民个人占股比例为 24.63%。

在邓小平南方谈话后的第三年，华西村又推出了一个敢为人先的改革举措，正式成立江苏华西集团有限公司。随着时代的发展，如今的华西集团已经形成金融、农业、矿业、海洋、新兴产业与扶贫六大板块，华西集团先后获得全国文明乡镇企业、全国乡镇企业科技工业园等称号。

产业从东到西、从内到外，华西集团已经做到了内外经济共同发展。从无锡到重庆，从江苏到湖北建设农商城，从中国到美国进行产业并购和芯片开发，到波斯湾开展海洋工程，到莫桑比克开采花岗岩。通过“产业 + 资本 + 人才”的模式，转型、提升两个举措同步走，国内、国外两个市场一起抓，华西的产业从东到西、漂洋过海，已经做到了全国和国外。

远东控股集团公司诞生于 1985 年，前身为宜兴市范道仪表仪器厂，现为“全球投资管理专家”“亚洲品牌 500 强”“中国企业 500 强”“中国民营企业 500 强”“中国最佳雇主企业”，目前年营业收入近 500 亿元，品牌价值超过 450 亿元。

摸准时代脉搏，实施五次改制。从 1978 年到 2018 年，作为一个乡村草根型企业，从做钟表维修到做成国际知名的电线电缆国际企业，用蒋锡培的话说，就是借着改革开放的春风，摸准时代的脉搏，做对了事，踩对了点，用对了人。这个摸准时代脉搏最典型的就是实行了 5 次改制。1992 年，由于市场环境限制，远东在用人等机制方面受到极大制约，主动将民营企业改制为乡办企业，将所有资产划归集体所有，这是第一次改制。第二次改制发生在 1995 年，当时企业内部产权不清晰、职责不明确、员工积极性不高等问题日益凸显，公司试点股份制改革，成功募集 1350 万元内部员工股和 100 万元集体股，充分调动了员工积极性。之后，远东集团又在 1997 年与国企共同投资成立了国内首家混合所有制企业——江苏新远东电缆有限公司。混合所有制改革让远东一举从行业挑战者成为领先者，迅速成为行业第一，这是第三次改制。2001 年，远东集团抓住国家推行主辅分离改革的机遇，与四家国有企业进行谈判，回购 68%的国有股和 7%的集体股，将国有股全部回收，企业再度回归民营化，这是第四次改制。2010 年 7 月，远东通过旗下上市公司三普药业（2002 年收购），以定向增发形式将集团电缆业务全部注入上市公司，成功实施第五次改制，为公司提供了全新发展平台，为企业转型升级、以高质量的产品走向全球奠定了坚实的基础。

（二）扛起民族产业大旗

法尔胜原本是一个生产麻绳的乡镇企业，40 年来，从“麻绳”起家，到“钢绳”当家，再到“光纤”专家，实现了产业转型的“三级跳”，在不断演绎“绳”的极致传奇中编织着民族企业的世界经纬。法尔胜是苏南地区首家国家级创新型企业、中国首批制造业单项冠军示范企业，荣获国家工业领域最高奖项、被誉为中国工业“奥斯卡”的“中国工业大奖”。

与“狼”共舞，领跑核心技术。法尔胜在科技创新中运用世界眼光，积极与全球竞争对手合作，寻找标杆借智发展，用百折不回“绳”一般的“韧性”，在金属制品、光通信和新材料等核心产业领域走出了一条与“狼”共舞、更上层楼的腾飞之路。法尔胜多次与有着“金属制品王国”美誉的比利时贝卡尔特集团接触，最终凭借实力和诚意赢得了竞争对手的尊重与信任。1992年，贝卡尔特与法尔胜合资成立了贝卡尔特在中国的第一个钢帘线生产企业，随后又将亚洲研发中心设在江阴。通过“借智借力”，法尔胜不仅跃上了国际金属制品市场平台，还把中国的金属制品生产技术向前推进了20年。法尔胜一方面引进、消化、吸收国外先进技术再创新，另一方面不断增强自主创新能力，目前已拥有全球排名前列的输送带用钢丝绳、桥梁缆索、预应力钢绞线生产能力，行业排名前列的精细钢丝绳、轮胎用钢帘线（合资）、切割钢丝（合资）生产基地，国内排名前列的不锈钢制品生产基地。

中国钢绳的顶梁柱，全球金属丝绳单项冠军。1978年10月，法尔胜生产出第一条胶用镀锌钢丝绳，结束了中国胶带钢丝绳单靠进口的历史。1994年1月，参建中国第一座悬索桥——虎门大桥，结束了国内大桥钢丝依赖进口的历史。1999年以来，法尔胜通过A股成功上市，加大了对缆索产业投入的力度，一举奠定了法尔胜缆索行业的“江湖地位”。随即，江阴长江大桥、润扬大桥、苏州大桥、舟山跨海大桥等都用上了法尔胜生产的钢丝和缆索。截至目前，法尔胜已经承建了境内外700多座桥梁，在境内大型悬拉索和斜拉索桥梁中，90%的缆索产品来自法尔胜；在境外，累计承建桥梁60多座，遍及欧美及亚洲发达国家和地区。主跨列世界前十位的悬索桥和斜拉桥中，分别有5座使用了法尔胜的缆索产品。法尔胜成为国内外缆索行业的龙头企业。

“品牌+标准”，赢得全球竞争的话语权。长期以来，法尔胜以建设国际一流品牌为己任，积极实施“品牌+标准”战略。1998年法尔胜策划推出了“法尔胜”品牌，英文名为“FASTEN”，意为“拴住”“连接”。通过“法尔胜”品牌的塑造，使企业形象和产品特质高度统一，得到了国内外客商的认可。2004年“法尔胜”成为我国冶金行业首批中国名牌，“法尔胜”商标成为中国驰名商标。“法尔胜”图形商品已进行马德里国际注册和其他国际注册，获得包括德国、法国、比利时在内的20多个国家的保护。创新标准引领，是法尔胜制胜市场的“不二法宝”。从1981年起，法尔胜就介入标准的制定和修订，先后制定和修订了40多项国家和行业标准。法尔胜还先后承担了全国钢标委钢丝绳分技术委员会秘书处和国际标准化组织钢丝绳技术委员会秘书处工作，通过参与全球钢丝绳领域标准化管理，赢得了全球竞争的话语权，对公司和中国钢丝绳行业占领国际市场竞争制高点起到了关键作用。

海澜集团成立于1988年，是国内服装的龙头企业，是我国服装领域走向国际的少有品牌。海澜集团的发展经历了粗纺起家、精纺发家、服装当家，再到品牌连锁经营的发展历程。

海阔天空志，波澜壮美图。多年来，海澜集团以海阔天空之博大，创波澜壮美之实业为企业愿景，以创立民族服装品牌为己任，不断否定自己，永远追求卓越，在服装领域精耕细作，做到了专心、专注、专业，先后成功创建了海澜之家、圣凯诺、爱居兔、海一家等著名自主服装品牌。

1999年，引进国际一流的服装生产线，标志着海澜集团全面进军世界服装领域。2002年，海澜之家推出一种全新营销模式——全国连锁经营、统一形象、超大规模的男装自选购买，引发了中国男装市场的新一轮营销革命。经过多年积累，海澜之家一跃成为国内商务休闲男装龙头品牌。2013年3月，李克强总理到海澜集团考察，这是李克强总理履职后首次赴基层调研，海澜集团是他在江苏考察的唯一一家工业企业。

商业模式创新的典范。海澜之家致力于产业渠道的构建与优化，通过产业链战略联盟，抓住产业核心，输出标准，对各环节进行标准化控制，从而实现产业链竞争的整体优势。海澜之家创造性地提出“产业链两端论”，即紧抓产业链的两端——产品设计为“高端”、零售体系为“终端”。以两端为重心，在中间做标准，形成产业链联盟，从而构成完美的“哑铃型”结构。在高端方面，将研发留在总部，持续投入进行产品研发，先后成功创建了系列知名自主服装品牌。在终端方面，按照国际连锁经营理念，建立“千店一面”的终端零售体系。通过整合社会产能资源、打造产业链联盟，实现远程管理标准化，将供应商、加盟商与公司有机结合为利益共同体，实现了产业链各环节各司其职、各获其利、共同发展的良性循环，创造了一个全新的商业模式。

（三）民族实业的灿烂阳光

坚持质量第一，铸就全球品牌。成立于 1986 年的江苏阳光集团，始终坚持质量第一、品牌至上，成为中国毛纺行业唯一获得中国世界名牌、中国质量奖的企业，承担着 ISO 国际标准化组织秘书处的工作。以平均每天 50 多个面料新品种研发的能力始终保持国际领先水平；以平均每天 10 万米精纺呢绒，1 万套西服、1 亿元销售、1000 万元利润的规模，成为全球著名服装品牌的金牌供应商。2016 年，又荣获了“亚洲质量创新奖”，全球卓越绩效奖。2017 年，荣获“中国质量奖”的最高奖项。实现了质量领域高等奖的“大满贯”。

坚持“三位一体”，保持核心优势。阳光集团通过“科技、管理、品牌”的“一站三中心”技术创新体系，形成了独有的发展特色与核心优势。阳光集团以产品创新、技术创新为主导，建立了以博士后科研工作站、国家级技术中心、国家毛纺新材料工程技术研究中心、江苏省毛纺技术开发中心为主要支撑的“一站三中心”技术创新体系，共承担 54 项国家科研项目的攻关，并致力于研发自主核心技术，累计申报各类专利 1837 项，获授权专利 997 项，参与国家和行业标准制定 49 项。视产品质量为生命的阳光集团，经过多年实践经验的总结，构建了质量管理创新模式——“阳光经纬模式”：以标准为纬线、以改进为经线，将阳光集团编织成为市场占有率第一、品牌价值行业第一，备受尊重、更具竞争力的纺织服装企业。阳光集团以“高端化、国际化”为品牌经营理念。在 2016 年中国品牌价值评价信息发布会上，阳光集团品牌价值达 193.2 亿元、品牌强度达 917，品牌价值三年增长接近翻一番，连续三年位居全国纺织面料行业第1位。

从一颗红豆到遍布全球的“红豆衫”。改革开放中，红豆从一个手工小作坊发展成为大型跨国企业集团。1957年响应国家“小手工业者组织起来”的号召，组建起生产合作社，成为红豆集团的前身；1992年，企业抓住邓小平南方谈话后带来的思想解放机遇，成立全省首个乡镇企业集团；1993年，乘着国家深化经济体制改革的东风，全面实行内部股份制改革，激发了企业内在活力；2001年，抓住资本市场开放机遇，红豆股份在上交所上市，迈开企业资本经营的新步伐；2007年，响应国家号召实施“走出去”发展战略，红豆集团有了新的定位，从先前的国内民营企业向“跨国企业集团”发展，在柬埔寨西哈努克港主导开发建设经济特区。经过转型升级，红豆走上发展快车道，并取得丰硕成果。纺织服装产业作为红豆的主业，年销量达1.2亿件，长期保持全国同行第一。2018年第一季度，红豆股份服装业营业收入达6.7亿元，同比增长62.06%，其中，Hodo男装营业收入6.1亿元，同比增长66.53%。对质量孜孜不倦的追求，铸就了红豆“质量标杆”的地位。多年来，红豆荣获国家级、省级荣誉500多项，包括“国家商标战略实施示范企业”“全国质量标杆企业”和中国品牌奖、亚洲质量创新优秀项目一等奖。

探索建立中国特色的现代民营企业制度。20世纪80年代，红豆走技术和产品的创新之路。1986年，红豆请来上海中华第一棉纺厂原厂长宋和根和其他12位老师傅亲临工厂指导，负责把关每一道工序，全面提高产品质量。1988年，红豆推出自己的第一个专利产品——护士衫，风靡全国。20世纪90年代，红豆提出“四制联动”，即：母子公司制、活成本死比例——效益承包制、内部市场制和股份合作制。2000年以后进入现代企业制度创新阶段，中国特色现代企业制度之“特”，就在于把“企业党建”嵌入了现代企业制度之中，建立“现代企业制度+企业党建+社会责任”的中国特色现代民营企业制度。“党建强”是中国民营企业发展的重要支撑和重要动力。习近平总书记指出：“党建工作是企业核心竞争力的有机组成部分，是实现企业科学发展的关键因素。”2007年，西港特区建设之初，红豆集团派出6名党员骨干赴柬埔寨工作，指导建立了集团第一个境外党组织。在艰苦条件下，党员主动发挥带头作用，带领整个团队克服重重困难，顺利完成了西港特区前期开发工作。十余年来，红豆集团柬埔寨公司党总支不断将思想素质高、工作能力强、敢吃苦、肯奉献的骨干员工发展为党员，为西港特区的健康发展提供了有力的组织保障。截至目前，西港特区入区企业125家，投产经营107家，从业人员达到2.2万人，被誉为“一带一路”上的样板园区，得到中柬两国领导人的高度肯定。

专业人才支撑无锡制造迈向中高端。“功以才成，业由才广。”从改革突破时期主要依靠“星期天工程师”、农村能工巧匠与城市下放工人，到发展时期大量引进各类专业人才，再到现阶段构建与现代产业发展相适应的产业人才体系，无锡制造业始终重视发挥人才资源在民族实业发展转型过程中的关键作用。特别是近年来，无锡不断升级“太湖人才计划”，推进顶尖人才团队优先支持计划、“乡土人才”培养计划、“凤还巢”创新创业支持计划，成功举办高层次人才创新创业无锡交流大会，赴上海、北京等地举办“百企千才高校行”活动，赴美国、中国香港等地开展“双招双引”海外行活动等。目前在无锡创新创业“千人计划”专家241人、“万人计划”专家15人、“双创”人才407人、“双创团队”43个。

在建设人才高地的进程中，企业发挥着不可替代的作用。如：法尔胜泓昇集团始终把人才作为企业发展第一资源。江阴企业界第一个硕士、博士、博士后、教授和研究员均由法尔胜引进，法尔胜还专门设立“海外工程师工作室”以吸引海归人才，营造群贤毕至的人才“森林”。现在正向着“世界一流的百年长兴企业”坚定迈进。红豆集团在人才培养和引进方面与时俱进。2003年，红豆集团成立培训中心，2009年成立红豆学院，2011年成立江苏省第二家、无锡首家示范性企业大学——红豆大学，为企业发展培养、储备和输送大量创新实用型人才。

作为民族工商业发源地、乡镇企业发祥地、民族品牌企业聚集地，坚守实业是无锡这座城市的基本发展取向，发达的民族实业成为无锡改革开放

40年来最亮丽的一张名片。

（四）金融服务实体经济是无锡坚持的金融战略原则

金融是实体经济的血脉，做大做强实体经济离不开金融的强力支持。近年来，无锡金融系统紧紧围绕产业强市主导战略，牢牢把握金融服务实体经济的本质要求，坚定不移地实施“产业金融”工程，加大金融支持力度，优化金融资源配置，降低企业融资成本，提升金融服务水平，推进金融改革创新，为制造业转型升级和提质增效提供有力的金融保障。

加强先进制造业信贷支持，助推产业升级。制定出台《无锡市银行业促进信贷增长服务实体经济若干措施》《关于金融支持无锡现代产业发展新高地建设的实施意见》，引导金融机构把握转型要求，将先进制造业、科技创新和新兴产业作为信贷投放和融资培育的重点方向。2017年，全市制造业贷款余额2940.63亿元，占行业贷款比重为27.77%，在江苏省各地市中持续保持领先。其中，大数据和物联网、操作系统及工业软件、先进轨道交通装备、新能源等先进制造业领域贷款同比分别增长33.29%、32.17%、43.62%、27.93%；科技单位贷款余额1184.78亿元，比年初新增111亿元。

充分利用多层次资本市场，加大对先进制造业直接融资支持力度。近年来，无锡建立市金融办、县（区）上市办、乡镇（街道、园区）联络站“三位一体”的企业上市服务网络，大力支持“四化”（智能化、绿色化、服务化、高端化）型企业多渠道上市融资，鼓励成长型企业赴创业板、“新三板”上市挂牌，推动规模型企业通过主辅分离、分拆上市和资产注入等方式实现整体上市，资本之力在无锡逐渐澎湃。近两年来，无锡新增境内外上市企业37家、累计达131家；新增“新三板”挂牌企业157家、累计达261家；上市公司总量位居江苏省第1位、全国同类城市前列。

创新小微企业融资支持，降低企业融资成本。人民银行无锡中心支行联合无锡市经信委、银监局搭建并运行“无锡市小微企业金融服务平台”，强化产融政策和融资需求的信息共享，促进融资需求线上对接、线下撮合成交。2017 年年末，服务平台累计发布了 35 家金融机构的 227 种金融产品，共有 1257 家企业发布融资需求 1466 条，达成融资 37.16 亿元。有效运用再贷款、再贴现等货币政策工具，支持以较低利率向中小微企业发放贷款，推动降低融资成本。2017 年年底，全市金融机构人民币贷款加权平均利率为 5.13%，低于全省平均水平 0.38 个百分点。

无锡制造提档升级，不断创新，沿着“智能化、绿色化、服务化、高端化”的方向，努力向“无锡智造”蜕变，全力构建完善的智能制造产业链条。企业自发加上政府助推，追赶“工业 4.0”快车的无锡制造业，已不再“竹外桃花三两枝”，而是“满园春色关不住”。动能切换中，转型仍在铿锵落子，产业雄风再起，美好前景可期。

三、让绿色成为无锡经济转型发展的最美底色

无锡，改革开放的一面旗帜。1979—2007 年，地区生产总值年均增长 15.0%，2007 年无锡市地均 GDP 位列全省第一，人均 GDP 位列全省第二。然而，快速的经济发展带来了生态环境的透支，加之无锡所处的特殊地理位置，2007 年太湖蓝藻集中在无锡水域爆发，引发了一场饮用水危机，敲响了生态环境保护的警钟。痛定思痛，必须抛弃“先污染，后治理”的粗放式发展模式，走生态环境治理和产业转型升级共同推动的绿色发展之路成为必然选择。历经 10 年奋斗，无锡在“阵痛”中“涅槃”，环境质量持续改善，生态宜人、内涵品质跃升的美丽城乡新家园日益展现出现实模样。

（一）“绿刃”行动铁腕治污

舍得“金山银山”，“赎回”绿水青山。2007 年“太湖蓝藻事件”看似“突如其来”，实为长期环境污染恶果的集中爆发。为了保住这个母亲湖，2007 年到“十二五”末，全市累计投入 593.3 亿元；实施太湖治理重点工程 4295 个，累计关闭化工企业 4339 余家，关停重污染及不达标排放企业 1000 余家，

治太工程完成率名列全省前茅；完成太湖清淤面积52.52平方公里，清淤量1800万立方米；建成13座藻水分离站，打捞蓝藻超过1100万吨。经过10年努力，结合“263”专项行动方案、环保“绿刃”行动等，太湖无锡水域水体由Ⅴ类改善为Ⅳ类，从中度富营养状态改善为轻度富营养状态，总磷、总氮含量低于全太湖，水质优于全太湖，连续10年实现太湖安全度夏，圆满完成“两个确保”的目标。

“河长制”管理实现全覆盖。无锡依水而生，因水而美，治太必须治水。2007年，无锡市以太湖治理为重点，围绕水治理全面加强河、湖、库、荡、氿综合整治和管理，明确由地方党政负责人担任河长，作为第一责任人，对水生态环境、水环境质量持续改善和断面水质达标负领导责任。到2010年，全市5635条村级以上河道已经实现河长制管理全覆盖。同年，取材于无锡河长制的故事被搬上大银幕，这部名为《河长》的电影被称为“中国首部水危机主题环保电影”。通过全面推行河长制，全市河湖水质持续向好，7个饮用水水源地水质达标率100%，重点水功能区水质达标率87.2%，超过中央、省河长制2020年水质目标要求；蠡湖水环境综合整治工程被评为全省最美水地标第一名；无锡满分通过全国首批水生态文明建设试点验收。

加强环保基础设施建设。建成覆盖所有城镇的污水处理厂和管网体系，基本形成“排水用户全接管、污水官网全覆盖、污水处理全达标”的国内一流的污水处理体系，县级以上城市生活污水处理厂全部达到一级A排放标准。成功复工投运的锡东生活垃圾焚烧发电项目严格按照国际GB18485—2014和欧盟2010两项最高标准，围绕烟气排放、渗沥液处理和环境形象等重点环节，对设备设施全面进行提标改造，新增了4套辅助脱硫系统，改进脱氮、除臭、除尘、尾气吸附等烟气净化5大系统工艺，这是目前国际上最完备、效果最稳定的废气处理工艺。以此为带动，全市固废处置体系建设全面推开，“垃圾围城”问题得到有效缓解。

提升监测监控监管质量。建成95个水质自动监测站，太湖湖体布设21个蓝藻巡视点，形成了定时、在线、快速、全天候的监测体系。346家重点企业安装了391套在线监控仪，强化对重点污染源的在线监控。在全省率先试点环境污染责任保险，全市累计参保企业全国地级市排名第一。先进经验及做法在中央电视台等国家级媒体上专题报道。

（二）绿色驱动，促进产业可持续发展

着力优化生态空间布局。绿色发展不是不发展，而是优化生态空间布局，在城市发展建设和推动生态建设方面找到最佳平衡点。无锡市在省内首编《主体功能区实施计划》，统筹推进太湖生态保护圈、江阴长江生态安全带、宜兴生态保护引领区建设，做到严守生态红线，推动绿色空间保护，省级生态红线保护区域面积占全市土地面积28.69%，占比位列全省第二；省级生态红线区域监督管理工作考核，位于全省前列。加强城市用地增量控制，推进城市新区和开发区紧凑建设；实行最严格的耕地保护制度，划定永久基本农田。对新增建设用地规模实行总量控制，落实耕地占补平衡，确保耕地和基本农田面积总量不减少、用途不改变、质量有提高。

大力发展绿色经济。围绕产业生态化和生态产业化，坚持以智能化、绿色化、服务化、高端化为引领，加快推进苏南国家自主创新示范区、国家传感网创新示范区、“中国制造2025”国家级示范区建设，加快形成科技含量高、资源消耗低、环境污染少的现代产业结构。已累计建成175家循环经济试点企业、17家试点园区，构建15条循环经济产业链，绿色工厂数量列全省第一；1988家企业通过ISO14000环境管理体系认证，否决和劝退不符合环保要求的拟建项目2000多个；2017年置换出低效土地678.78亩、引进高效利用土地项目用地933.62亩，节省能源近80万吨标准煤，“绿色指数”进一步提升；阳羡雪芽、“爱多”竹地板、湖汊杨梅等5个产品被评为“国家生态原产地保护产品”，数量位居全省第一。于约束与挑战中求发展，最终磨砺出的是无锡产业的高质量增长，无锡三次产业比例由2007年的1.8∶59.1∶39.1调整为2017年的1.3∶47.2∶51.5。如今的无锡，传统产业与新兴产业协同发展，正在构建着未来产业绿色发展的“诗和远方”。

推动传统产业转型升级。老厂房“变身”电影梦工厂，这是无锡传统产业成功转型的一个缩影。“太湖蓝藻事件”爆发后，当时无锡最大的轧钢厂——雪浪初轧厂被整体搬迁。如何让这座一度影响苏南经济发展的老厂房焕发新活力，成为地区经济发展的新课题。受当时《阿凡达》热映的启发，一个绚丽的电影城梦悄然绽放。在原址改造而成的民国摄影棚、时尚街区、3D 拍摄制作中心等，将浓厚电影元素融进老厂房，别有一番新风味。2017 年，园区共承接影视剧拍摄制作达 200 多部，产值近 50 亿元，这已经远远超过了当初轧钢厂最红火时的效益，成为产业规模位列全国第五的“影都”，被业内誉为领衔“中国电影产业 3.0 时代”的专业基地。纺织业是典型的劳动密集型产业，但是在老牌纺织企业无锡一棉的纺纱车间里，工人寥寥无几，1 个纺纱车间约有 7 个足球场大，智能化改造后只需 100 多人操作，是原先用工量的 1/10；万锭用工降至 25 人以内，是早年用工量的 1/6；传统的万人大厂已升级成工效国际一流的大厂。2016 年曾经以年产 25 万吨的生产规模坐上包装行业“亚洲第一”交椅的江阴申达集团，果断关闭旗下 9 家企业，削减了 60%的低端无效产能，集中火力进军高端烟膜、新能源汽车电池隔离膜等高端新材料领域，用过去 40%的产能，实现了过去 3 倍的税收。近 3 年来，全市累计化解近 400 万吨钢铁、淘汰 800 多万吨水泥、22 万多吨化纤，以及大量印染、造纸、皮革等产能；去年以来关闭化工企业 349 家；今年以来已主动关停“散乱污”企业 1838 家、整治 868 家，有力倒逼企业转型升级。

（三）以绿荫城，构筑生态宜居城市

大力改善人居环境。加强城市环境综合整治，科学推进城市建设管理，有效改变市容面貌。加强生活垃圾收运处置设施建设和管理，建成区生活垃圾机械化收集率、无害化处理率保持 100%。全面开展全覆盖拉网式农村环境综合整治试点，加快建立“五位一体”的村庄环境长效管护机制。“十二五”期间，共完成 192 个城市环境综合整治项目，全市 9079 个自然村完成村庄整治，获评国家级美丽乡村 2 个、省级美丽乡村 14 个。位于无锡东郊昔日

的贫困村山联村，十年前还是一个以采矿为主的落后村，因过度开采周边生态环境遭到严重破坏，全盘抛弃过去的粗放无序式发展后，凭借乡村旅游产业，华丽转身为“江苏最美乡村”。锡山区严家桥村、惠山区礼舍村等5个村庄入选省级传统村落保护项目，江阴市璜土镇璜土村、宜兴市张渚镇祝陵村等乡村入选江苏省美丽乡村建设示范项目。“三星级康居乡村”和“江苏最美乡村”数量均位列全省前列，村庄环境整治在省内率先完成“全域覆盖”。

全面推行绿氧生活。推进海绵城市建设，发展绿色建筑，全市城镇新建民用建筑全部按照一星及以上绿色建筑标准设计建造。积极构建城市、郊区、乡镇一体化的绿色生态网络，拓展绿色空间，2017年全市林木覆盖率达到27%；建成梁鸿湿地、长广溪湿地、蠡湖湿地等国家级湿地公园，其中，蠡湖湿地公园成为华东地区面积最大的开放式国家湿地公园，自然湿地保护率达到50%，在全省率先建成“国家森林城市”和全市域湿地群。

“美丽中国，我是行动者”。无锡市坚持把绿色作为全市人民的共同追求，积极构建政府、企业、公众共同参与的绿色行动体系。通过推出无锡环保教育地图、开通全国首列“环保号”地铁专列等举措，加强宣传教育，引导公众将生态环保意识转化为保护生态环境的意愿和行动。同心同行，共建共享，每一个人都行动起来，以自身行动践行“美丽中国，我是行动者”，合力建设一个普惠你我他、享誉海内外的“美丽无锡”。2016年6月，时隔3年后无锡再次跃居内地宜居城市首位，8月入选首批“中国旅游休闲示范城市”，9月斩获全国首批生态文明建设示范市称号，11月率先创成全国文明城市群。宜居指标、生态文明指标，一连串数据背后，彰显的是市民不断增强的生态文明理念和付诸实践的自觉行动。

矢志不渝的生态坚守，终将化为意料之中的惊喜。无锡在突破万亿GDP大关的同时，也力证了“绿水青山”与“金山银山”可以互融共赢。太湖之滨，正在以内涵品质跃升的生态画卷展现出其独特的新魅力。

四、做高质量发展的领跑者

党的十八大以来，习近平总书记两次到江苏考察工作，对江苏提出了“努力建设经济强、百姓富、环境美、社会文明程度高的新江苏”“由高速增长转向高质量发展”等一系列新要求。嘱托巍巍重于泰山，鞭策勤勤驱人奋进。面对“十一五”以来经济持续下滑、多年增速垫底的状况，无锡市委十二届九次全会认真贯彻落实习近平总书记重要指示精神，号召全市上下勇于滚石上山、敢于负重爬坡，全力打造现代产业发展新高地，在新的起点上重振无锡产业雄风。三年来，无锡市委、市政府出台一系列政策措施，不仅为产业发展明晰了“路线图”和“施工图”，也给企业发展实体经济吃下了一颗颗“定心丸”，为现代产业体系建设洒下了一场场“及时雨”。三年来，全市上下人心思奋、负重前行，咬定实体经济不放松，一场场攻坚战在无锡大地上打响，汇合成高质量发展的宏大交响曲。

（一）聚焦“三个重点”，推动经济高质量发展

“以智能化、绿色化、服务化、高端化为引领，以推进产业强市主导战略为抓手，加快构建以战略性新兴产业为先导、以先进制造业为主体、以现代服务业为支撑的现代产业发展体系，全力打造国内一流、具有国际影响的现代产业新高地。”三个重点，凸显了无锡新时代发展重质量、重效益的导向。

新兴产业加速推动质量效益变革。以发展具有比较优势的战略性新兴产业为优先选项，是无锡产业强市的战略思路。

20 世纪 80 年代，无锡就是国家南方微电子工业基地的中心。进入 21 世纪以来，无锡通过积极实施开放战略，集聚了华虹、海力士、海辰、英飞凌等一大批具有国际先进水平的集成电路晶圆制造、封测企业。通过积极支持原有企业发展，使华润微电子、江苏长电等企业成长为民族半导体工业的代表。通过鼓励企业创新创业，诞生了美新半导体、卓胜微电子、华大国

奇、德思普、世芯电子等一大批新兴微电子企业。去年以来，无锡历史上单体投资规模最大、总投资100亿美元的华虹集成电路研发和制造基地正式开建，投产后将缩短“20年差距”，代表国际领先水平；总投资86亿美元的SK海力士二工厂项目落地，将形成月产20万片10纳米级晶圆片的生产能力，成为中国国内单体产能最大的半导体晶圆厂；总投资约30亿美元的天津中环项目全部投产后，将全面突破国外公司对大硅片的技术封锁和市场垄断。另外，无锡与东南大学开展了新一轮战略合作，高标准建设国家示范性微电子学院、高起点打造微纳加工与测试公共平台。如今，无锡已成为产业链完整、企业集聚度高、自主创新与市场竞争能力强、充满发展活力的国家重要的微电子产业基地城市，集成电路产业已经成为无锡最具代表性和最具区域竞争优势的新兴产业。

近年来，无锡召开了新一代信息技术产业大会，深入实施新一代信息技术产业三年行动计划，大力发展物联网、大数据和云计算等信息技术产业，城市和产业都插上了智慧的翅膀。作为国家唯一的传感网创新示范区、中国首批智慧城市建设试点城市，无锡已率先建成了全光网城市以及城市大数据中心和电子政务、城市管理、经济运行、为民服务综合信息服务平台，智慧城市发展水平全国第一。超级计算(无锡）中心建成2年多来，在航空航天、先进制造等19个领域开展了200多项专业服务。“神威·太湖之光”超级计算机，应用成果两次获得超算“奥斯卡”戈登·贝尔奖。远景能源公司是全球新能源技术领军企业、中国第二大智能风机供应商、最大的海上风电技术解决方案提供商，通过先进的智能控制、传感、云计算和大数据等技术，建成了全球最大能源物联网平台，管理全球逾100GW的能源资产，推动传统能源领域的智慧变革，开创了能源物联网时代。

2017年，无锡全市战略性新兴产业产值同比增长15%以上，规模以上高技术工业产值同比增长17.7%、增加值同比增长16.2%。2017年全市物联网企业超过2000家，物联网产业营业收入超过2000亿元、接近全国的1/4，集聚高端人才超过3000人、从业人员超过15万人。2016年、2017年连续两年成功举办世界物联网博览会，形成了物联网产业发展的集聚效应，赢得了业界好评、世界瞩目。可以说，短短几年，无锡已在世界物联网发展史上烙下了鲜明的“太湖印记”。

智能制造打开质量变革“窗口期”。自2016年确立“无锡制造”必须以智能制造为主攻方向起，产业强市的征途上就竖立起了“无锡智造”的界碑，这是产业实现转型升级的重要抓手，也是“万亿”之城经济高质量发展的未来所在。依托经济体量、工业体系的完备程度以及内生式发展动力，无锡具备了向智能制造转型的各种要素，智能制造成为支撑产业发展的强力引擎，开启了无锡经济发展质量变革的黄金通道。智能制造大会的召开、智能制造三年行动计划的实施、“雪浪大会”的成功举办，为无锡建设“智造名城”增添了新砝码新动力。

无锡一棉是传统的纺织企业，而纺纱女工穿着白色围裙来回忙碌的场景早已成为历史。现在，全厂依靠9万个传感器，并与ERP和电子商务配套，实现了信息化与纺织生产、管理、经营的无缝融合。

贝斯特精机股份有限公司以其智能车间名声在外，偌大的仓库里货架、叉车、传输系统有条不紊地运转，只有一个员工坐在笔记本电脑前值守，制造车间里也只有两三个员工通过调整参数来管控机器人、机械手、传送机械。

优虎精密机械公司的生产线上，ERP系统经由数据分析形成原料、配料清单，下料后折弯、焊接机器人就挥舞机械臂进行生产操作，后台的数据管理实时检测生产和库存。

除此之外，无锡智能自控工程股份有限公司专注于智能控制阀领域的技术创新和发展，被工信部列为“两化融合平台建设示范单位”；惠山智能制造物流装备产业基地，成功获批国家火炬特色产业基地；江阴兴澄特钢有限公司，在国内率先探索建设起特钢智能车间，于2015年被江苏省经信委列入第二批江苏省示范智能车间。2017年，无锡市270个智能制造重点项目实现总投资228.76亿元。全年新增国家智能制造综合标准化与新模式应用项目 1 个，全市国家级试点示范和应用项目累计达到 3 个；新增省示范智能车间 17 个；新增省级互联网与工业融合创新示范企业 7 家、试点企业 41 家，新增国家两化融合管理体系贯标试点企业 4 家、省级试点企业 12 家，通过国家级两化融合贯标企业 3 家，在省内居领先地位。

在无锡，数字化、智能化不仅在加速领跑制造业转型升级，也让无锡产品、无锡品牌攀上了行业的高峰。目前，无锡市 90 家企业的产品已通过省首台（套）重大装备及关键部件认定，26 家企业获省首台（套）示范应用项目支持；3 家企业中标省高端装备赶超工程项目；3 家企业的智能制造产品进入省专精特新产品名单。2017 年，国内首次冰区船螺旋桨水动力性能由中船重工七〇二所试验成功；先导智能研发的动力电池高速卷绕机进入特斯拉和比亚迪供应链；信捷电气自主研发的六关节视觉焊接机器人，自主化率达到 75%。

现代服务业开辟质量效益变革新天地。当今世界，经济的繁荣与竞争能力的高下，不仅取决于资源、资本、生产规模，而且更体现于知识、科技创新创造性地运用和服务于经济社会的能力。服务业的发达程度，已经成为衡量经济、社会现代化水平的重要标志。近年来，无锡以发展具有特色优势的现代服务业为重要取向，实施现代服务业发展三年行动计划，并通过市委全会专题部署，推动现代物流、金融、科技等生产性服务业向专业化和高端化拓展，推动文化创意、旅游休闲、健康养老等生活性服务业向精细化和高品质提升，努力打造长三角服务业高地和全国服务经济转型发展示范区，打开了产业发展的全新空间。服务业对经济增长的贡献度已连续多年超过 50%，成为推动经济增长的主导力量。

无锡老牌制造龙头企业双良集团，把物联网产品与互联网通信、云计算技术结合，打造“专家 + 管家 + 互联网”的全生命周期服务，实现智能化远程诊断和故障排除。集团还构建了双良能效云平台，为上海迪士尼乐园、北京火车南站等提供能源综合利用服务，走出一条从卖设备向卖服务的转型之路。

产业先导，产城融合，锡东新城走出了不一样的发展之路。以新能源汽车等特色行业为突破口，一条集产业基金、融资租赁、商业保理、保险、投行的全金融产业链已初现雏形，产业金融、科技创新、总部经济、旅游度假等服务业占比超过三分之一。

从淹没在历史岁月中的荒芜之地，到蜚声海内外的旅游胜地，20年的灵山实践，成就了“来者皆说好”的“灵山现象”。从做景观、做文化到做艺术，灵山已实现全产业链输出服务。如火如荼建设之中的山东曲阜尼山圣境，是灵山文化旅游创意输出的“第一单”，也是灵山向集成服务商转型的一个完整案例。灵山正通过“景区 + 旅游目的地”的开发模式，在全国布局，把“灵山”做成文化旅游的集成商、文旅产业的引领者。

位于无锡阳山的田园东方作为国内首个田园综合体，以生态农业、旅游、产业集群、生活方式为园区的发展模式，其强调新型产业的综合价值，包括农业生产交易、乡村旅游休闲度假、田园娱乐体验、田园生态享乐居住等复合功能。

一路跋涉，一路攀升，如今，无锡已经悄然实现了经济转型发展的华丽蝶变。2017年，无锡全市服务业占经济总量的比重达到51.5%、对经济增长的贡献率达到50.4%，成功入选首批十大“中国旅游休闲示范城市”和体育旅游十佳目的地。

当前，无锡正大力发展数字经济、枢纽经济、总部经济等三大经济，加快新旧动能转换，提升集聚辐射能力，向国内一流、具有世界影响的现代产业新高地稳步迈进。

（二）实施“三个创新”，为高质量发展提供强劲动力

“紧紧围绕产业强市和高质量发展目标，深入实施创新驱动发展战略，大力推进以科技创新为核心的全面创新，不断释放体制机制活力。”具体是围绕建设以企业为主体、市场为导向、产学研深度融合为支撑的产业科技创新体系，通过“三个创新”，从不同维度构筑起一个完整的“创新”概念。

强化科技创新。聚力创新，首先必然是聚力科技创新，这是推动产业发展的核心任务。2015 年以来，无锡市委市政府在深入研究资源禀赋和比较优势的基础上，出台了有史以来力度最大的产业政策，力度最大的科技政策，以及力度最大的人才政策，为无锡高质量发展提供强劲支撑。

围绕转型发展的“难点”和产业发展的“痛点”，无锡突出问题导向，紧扣科技创新发展中的薄弱环节和瓶颈制约，出台创新政策“30 条”，为推动科技创新与制度创新“两个轮子”一起转、协同发挥作用奠定了坚实基础。政策引领，无锡企业创新激情迸发。2017 年，获 2017 年国家科技奖励 10 项、第十九届中国专利奖 8 项，位居国内同类城市第一方阵；万人发明专利拥有量达到 35.1 件。

无锡航亚科技股份有限公司启航仅三年，尽管研发费用一度“烧”到心急火燎，却最终迎来了曙光，成为最新一代 LEAP-X 发动机目前在亚太地区唯一的压气机叶片供应商。

排名 EPS 行业全球第一的无锡兴达泡塑新材料股份有限公司，与第六元素公司合作研发的石墨烯阻燃型 EPS 新材料成功实现产业化，这一技术的突破，将为我国 EPS 行业带来跨越式的变革。

无锡影速半导体科技有限公司成立于 2015 年，由中科院微电子研究所联合业内资深技术团队、产业基金共同发起成立。这个年轻的专业微电子装备高科技企业，成功研制了激光直写 / 制版光刻设备、双台面高速激光直接成像连线设备，填补了国内空白。

航亚、兴达、影速，是无锡企业推进科技创新的成功缩影。通过深入实施创新型企业培育计划和科技企业“小升高”计划，无锡大力培育创新主体，打造了以创新型领军企业、高新技术企业、民营科技企业为骨干的创新梯队，目前正组织实施创新型企业培育计划，加快发展雏鹰企业、瞪羚企业、准独角兽企业等三类企业。2017 年，全年组织申报高新技术企业 736 家，全市有效期内高新技术企业达 1669 家，300 家企业进入省高新技术企业培育库。获认定省民营科技企业 459 家、省高新技术产品 1165 项，17 家企业列入“2017省科技企业上市培育计划后备库”，12家企业入选“2017江苏省创新型企业100强”。

创新之道，唯在得人。“太湖人才计划”的含金量不断提高，顶尖团队优先支持计划、乡土人才培养培育计划、“凤还巢”创新创业支持计划，一轮接着一轮，无锡已然成为优秀人才创新创业的沃土。目前在锡创新创业“千人计划”专家245人、“万人计划”专家15人、“双创”人才407人、“双创”团队43个，形成了无锡科技创新的核心力量。

强化机制创新。无锡产业强市战略的强力推进，给城市发展注入了新的动力，但是也不可避免地遇到了一些矛盾和问题，必须通过深化改革、通过体制机制创新去解决。无锡坚持把制度创新作为重要引擎，不断加大政策供给与落实力度，让制度红利充分释放，让社会活力尽情迸发。

为营造创新创业良好氛围，无锡出台了《关于进一步加快实施创新驱动核心战略的若干政策措施》《关于加快知识产权强市建设的若干政策措施》以及《关于深化“太湖人才计划”的若干意见》等一系列政策文件，建立完善市场导向的技术创新与协同创新机制，强化企业在技术创新和人才集聚中的主体地位，最大限度激发和调动全市创新创业活力。

深入实施供给侧结构性改革，在统筹抓好“三去一降一补”的同时，致力做好为实体企业降成本的工作，出台更加精准有力的降成本措施，协同降低企业交易成本、税负成本、要素成本。为了给企业“减负”“卸压”，无锡不断追求政策的“精准度”和“含金量”，先后制定出台了《关于降低实体经济企业成本促进经济平稳健康发展的实施意见》《关于进一步降低实体经济企业成本的实施意见》和《市政府关于切实减轻企业负担的实施意见》，明确了“32+18+15”项实实在在的降成本政策举措，两年来共降低实体经济成本470多亿元。一系列指向性明确、精准的政策和相配套的服务，如同春风化雨，浸润了企业的心坎，增强了企业的信心。

作为全面深化改革的“先手棋”和“当头炮”，近年来，政府转变职能工作不断向纵深推进，“放管服”改革取得显著成效，开展了相对集中行政许可权和承担行政职能事业单位改革试点。围绕“3550”改革目标，推行“一窗受理，集成服务”制度，“多证合一、一照一码”改革范围不断扩大，“双随机、以公开”抽查工作全面开展。江阴市、徐霞客镇等改革试点效应不断扩大、成效持续实化，成为全省乃至全国改革样板。国联信托混改试点有序开展，国资国企运作效率和水平进一步提高。金融体制改革持续深化，全国首家物联网大宗商品交易中心、互联网金融资产交易中心正式营业。创新园区发展机制，制定更具针对性的考核评价体系，建立健全重大项目横向统筹流转、市区联合推进机制，推动项目尽快落地。

强化服务创新。企业是科技创新、创造财富的主体，政府是优化服务、营造环境的主体，政务服务对投资创业者来说是最重要的服务。为保护企业家精神、切实为产业强市营造良好环境，无锡市各级政府部门不断强化服务创新，“宁愿政府麻烦，不让企业费事”，甘做“店小二”，甘当企业的“跑腿者”，已成为无锡各级领导干部的工作理念和实际行动。

政策围着企业出，干部跟着服务走，无锡提高政务效率简政放权，成立苏南首个中央编办和国务院法制办明确授权试点的设区市行政审批局，开启“一枚印章管审批”的全新模式，涉及市场准入、建设投资的约 70 项行政权力事项划入审批局统一行使，社保缴存、公积金贷款提取、港澳通行证办理等办件量前 20 位的审批服务事项 80%以上均实现可“不见面”办理。

着眼于提高经济发展内涵、提升社会精神文明生态环境，无锡将社会信用体系建设作为一项战略工程列入城市建设发展规划，出台了全国地级市第一部信用条例《无锡市公共信用信息条例》，走出了一条具有无锡特色的创新型信用体系建设之路，获得了国家城市信用建设创新奖、守信激励创新奖等荣誉称号，经济社会诚实守信的发展氛围更加浓厚。

严格落实构建“亲”“清”新型政商关系的要求，一方面制定出台《关于营造企业家健康成长环境弘扬优秀企业家精神更好发挥企业家作用的实施意见》，着力营造保护企业家合法权益的法治环境、促进企业家公平竞争诚信经营的市场环境、尊重和激励企业家干事创业的社会环境、优质高效务实的政务环境和高素质企业家的成长环境，用心呵护企业家、贴心帮助企业家、悉心培养企业家，让新时代的“锡商”队伍更加壮大、更加出彩，让产业强市的事业薪火相传、后继有人；另一方面制定了建立健全鼓励激励、容错纠错、能上能下“三项机制”的实施办法，以加强教育增进干部担当作为的自觉，以选贤任能激发干部担当作为的锐气，以科学考核强化干部担当作为的责任，以容错纠错消除干部担当作为的顾虑，以关心关爱提振干部担当作为的热情，推动广大干部更加坦荡真诚、积极主动地为企业出良策、送服务、解难题，在避免“勾肩搭背”的同时又避免“背对着背”。

营商环境虽然属于“软实力”，其效果却是实实在在的“硬感觉”。优质的营商环境像一个强大的引力场，承载要素流动，吸引项目落地，越来越多的企业都深刻感觉到了营商环境的改善，投身发展的热情日益高涨，“大众创业、万众创新”在无锡正蔚然成风。2017 年，无锡全市新增内资企业 46083 家、外资企业 491 家，同比增长 21.96%、19.76%；新增个体工商户 71273 户，同比增长 34.92%。其中，新增工业企业 5380 家，同比增长 29.98%；到 2017 年年底，实有工业企业达到 62648 家。

党的十九大吹响了新时代推进中国特色社会主义伟大事业的嘹亮号角。2018 年 5 月，江苏省委书记娄勤俭在无锡调研时对无锡提出了“在全省高质量发展中当标杆、作示范，做好领跑者”的要求。

新时代召唤新担当，新使命激励新作为。扛起新担当、亮出新作为，需要思想再解放，改革再出发，开放再扩大。对于勇立潮头的无锡来说，目标绘就，使命在肩，唯有锐意进取，志在再创辉煌。在习近平新时代中国特色社会主义思想指引下，无锡 655 万人民正以永不懈怠的精神状态和一往无前的奋斗姿态，咬定目标，攻坚克难，着力深化新一轮改革开放，坚定不移推进高质量发展，推动“强富美高”新无锡建设迈上新台阶，为决胜高水平全面建成小康社会、开启基本实现社会主义现代化新征程奠定坚实基础。

（2018 年 8 月）

改革开放与中国城市发展

GAIGEKAIFANG

苏州

SUZHOU

以高度文化自信打造
一座古韵今风的现代化国际化城市

——苏州调研报告

中共江苏省委宣传部
中 共 苏 州 市 委

“上有天堂，下有苏杭。”苏州，这一座烟雨入巷陌的江南秀美古城，百姓世世代代口口相传，延续了太多的美丽传说，在这些传说的背后，反映了历代人民群众对美好生活的向往和期盼。“姑苏城外寒山寺，夜半钟声到客船。”苏州更是一座底蕴深厚的文化之城，文人墨客为它留下众多千古绝句，引人遐想，城市文脉绵绵不绝。

小桥、流水、人家。自古以来，苏州只是一座诗词中的城市。一直到改革开放之前，苏州都还是一个小格局的苏州。如今，小桥流水犹在，文脉更加彰显，城市已变迁为一个大格局的苏州。苏州以占全国 0.09%的土地面积和 0.77%的人口，创造了全国 2.1%的地区生产总值，外贸进出口值占江苏全省的比重为 53.5%，占全国的比重为 7.7%，居全国第四位。这种历史性变革和腾飞式发展的力量源泉，涌动于波澜壮阔的时代大潮，涵养于内生的文化浸润。文化的特质，往往决定了一座城市的气质。“文化自信是一个国家、一个民族发展中更基本、更深沉、更持久的力量”。可以说，改革开放 40 年来，尤其是党的十八大以来，苏州以高度文化自信打造了一座古韵今风的现代化国际化城市，成为中国全面建成小康社会，探索开启基本实现现代化道路的一个成功范例。

一、一座熔古铸今的“中国奇迹”之城

苏州并不是从一开始就在上演“精彩”故事的。直到20世纪70年代末，苏州除了“园林”“刺绣”那些叙述昨日陈事的“旧情怀”为人所知外，其城市地位在国内很少被人提及。那时的苏州，GDP在全国远远落后于沈阳、大连、武汉、青岛、成都等城市，在江苏省内也落后于南京市。很长一段时间，这个曾经富甲天下的“鱼米之乡”只能守着日渐衰败的园林，缅怀那遥远记忆中的落日辉煌。

发端于40年前的那场惊天动地的改革开放，是苏州创造奇迹的起点。自1983年中国改革开放总设计师邓小平走进苏州，完善那个著名的“小康”概念和思路开始，苏州演绎了一个“中国奇迹”完整的精彩故事。它从一个纯粹消费型城市一举变成了具有一定世界影响的现代都市。改革开放之初，苏州市的城市人口只有50余万人，主要居住在14平方公里左右的古城内，人口稠密、居住环境简陋。今天，苏州的常住人口超过1000万，在1300多万总人口中一半以上是“新苏州人”，城镇化率超过75%，下辖的县级市如昆山、常熟等，主城区人口都已突破100万，成了名副其实的“大城市”。今天，苏州逐渐以亮丽的城市形象、开放的都市景象进入人们的眼帘，并在全国受到高度关注。

（一）40年，铸就了一座雄厚的经济实力之城，同时又是一座古今辉映的文化之城

1978年，苏州全境范围内的GDP不足32亿元，人均GDP只有634元，在江苏省内也只能排在中档水平。2017年，苏州实现GDP1.7万亿元，仅次于上海、北京、深圳、广州、天津、重庆，列全国第七；人均GDP达到15.9万元，是江苏全省平均水平的1.7倍，是全国平均水平的2.7倍，列全国大中城市第三，换算成美元约为2.4万美元，在世界上超过葡萄牙、斯洛文尼亚等较为发达的国家，与我国的台湾省基本相当；规模以上工业总产

值 3.2 万亿元，仅次于上海，居全国第二位。党的十八大以来，苏州的各项主要经济指标常年保持稳定增长，GDP 和税收贡献量占江苏四分之一左右，在全国地级城市中遥遥领先，是当之无愧的经济大市。

苏州的县域经济尤为亮眼。所属的昆山、张家港、常熟、太仓等县级市长期稳居“全国百强县”前十名之列，其中昆山连续 13 年位列全国百强县之首，蝉联福布斯中国“最佳县级城市 30 强”第一。四个县级市的经济规模均在千亿元以上，超过了全国大多数的地级市，其中昆山的经济总量达到了 3520 亿元，在包括北京、上海在内的全国所有城市中可以排在前 65 位；张家港市和常熟市的经济规模总量也早已迈过了 2000 亿元大关；人口只有 40 多万的太仓市是一个“轻量级”的县级市，但经济的含金量很高，2017 年人均 GDP 高达 17.43 万元，按美元计算达到 2.68 万美元，若拿到世界上比，快赶上西班牙的水准了。苏州经济发展水平最高的是苏州工业园区，2017 年的人均 GDP 达到 29.56 万元，约相当于 4.55 万美元，超过了多数经济发达国家的同类指标。强大的县域经济和“板块经济”不仅托起了苏州经济发展的高台阶，而且大大缩小了城里与城外的发展差距。

与强大经济硬实力相得益彰的是，苏州又是一座古今辉映的文化之城。作为首批 24 座国家历史名城之一，苏州是一座同时拥有世界级物质文化遗产和非物质文化遗产的“双遗产”城市，其数量之多、门类之全、等级之高相当罕见。世界级物质文化遗产有古典园林和中国大运河苏州段两项，世界记忆遗产名录有一项（近现代中国苏州丝绸样本档案）；世界级非物质文化遗产有中国昆曲、中国古琴、宋锦、缂丝、苏州端午习俗、苏州香山帮传统建筑营造技艺等六项。据苏州文化部门统计，苏州古城核心区 14.2 平方公里中约 80%的面积是世界遗产区，该区域范围内共有 2000 多个各级文物点，其中 24 处为全国重点文物保护单位（全市共有 43 处），文物单体数量和密度均为全国最高。江南水乡古镇申遗项目 14 个古镇中，苏州占有 9 席，其中就包括周庄、同里等驰名中外的古镇。

一方面，经济发展日新月异引人瞩目，另一方面，优秀传统文化传承有序熠熠生辉，苏州就这样以熔古铸今的发展姿态赢得了世界青睐。2014 年，第三届李光耀世界城市奖在全球 36 座申报城市间展开激烈角逐，苏州以平衡经济发展与环境保护、传承历史文化和传统，以及在融入外来人口上取得的出色成绩脱颖而出。这也是中国城市首次获得这一世界级荣誉。李光耀世界城市奖提名委员会主席马凯硕博士指出，在中国开展大规模城镇化建设之际，苏州的经验对其他城市将有宝贵的借鉴价值，苏州的一些优秀做法，能起到强有力的示范作用。

（二）40 年，铸就了一座高端资源要素富集的创新创业之城，同时又是一座城乡协调的富民之城

创新是城市活力之源，创业是城市活力之流。40 年来，特别是党的十八大以来，在工业化和城市化滚滚向前的时代洪流中，苏州涌起了一浪高过一浪的创新创业大潮，成为一座热力四射、令人向往的活力之城。截至 2017 年年底，苏州各类市场主体达到 135.2 万户，其中私营企业 53.9 万户，个体 76 万户，规模以上企业超过 12 万家，其中国家高新技术企业 4469 家，省级民营科技企业 12776 家，在江苏均为第一。

创业潮涌的背后是人才汇聚。苏州目前已集聚各类人才总量 260 万人，其中高端人才 22.3 万人，人才综合竞争力持续位居全省乃至全国前列。2017 年，苏州科技进步贡献率达 63.8%，万人有效发明专利拥有量达 45.5 件，专利申请量和授权量达到 11.5 万件和 5.2 万件，均列全国大中城市前茅；有效发明专利拥有量达 4.9 万件，版权作品登记 7.3 万件，均位居全国同类城市前列；全市 31 项专利荣获第十九届中国专利奖优秀奖，再创历史新高，占江苏 32.6%，5 件作品荣获江苏省优秀版权作品一等奖，占全省 50%。人才汇聚带来了资本流的涌入。苏州是地级市，但在集聚资本要素方面显示出更大能级城市的“容量”。截至 2017 年年底，苏州金融机构总数达 838 家，金融总资产 5 万亿元，为江苏第一；苏州的上市公司总数达 127 家，累计募集资金 1910 亿元，A 股上市公司列全国第五。

与此同时，苏州高度重视统筹城乡发展之路，注重改革与开放相统一、发展与惠民相统一、人与自然和谐相统一，实现经济发展速度、结构、质量、效益协调发展。短短40年间，8488平方公里的姑苏大地上，城乡面貌发生了翻天覆地的变化，城市功能不断优化提升，农村环境持续整体改善。党的十八大以来，苏州成为全国农村改革试验区和城乡发展一体化综合改革试点城市，建成全国首个统筹城乡社会保障典型示范区、义务教育发展基本均衡市，在实现城乡养老、医疗和居民最低生活保障“三大并轨”的基础上，社会保障水平进一步提升。2017年，苏州城乡公共服务支出占一般公共预算支出比重提高至76.2%，城镇登记失业率控制在1.82%，城乡居民人均可支配收入分别达5.88万元和3万元，居全国第三位，是全国城乡收入差距最小的地区之一。

在扎实推进新型城镇化和城乡一体化建设中，苏州统筹城乡资源，发展要素协调互补，城市更像城市，农村更像农村，城乡居民享有推窗见绿、开门即景的美丽家园，呈现出一幅典型的城乡协调宜居图。

（三）40年，铸就了一座具有全球影响力的制造之城，同时又是一座和谐向善的文明之城

如果说“鱼米之乡”是勤劳而聪慧的苏州人在历史长河中给这座城市赢得的传统标签，那么强大的制造业则是改革开放40年给苏州涂上的鲜明底色。这里不仅创造了位居全国地级市之首的制造业总量，成为“中国制造”的典型代表，而且以其在电子信息等特色产业领域超强的制造能力发展成为全球最大的IT硬件产品生产地。

苏州的强大制造能力主要得益于改革开放以来发展形成的两大体系。一个是由乡镇企业大发展演变而来的民营制造体系，另一个是从20世纪90年代以来迅速发展起来的外向型制造体系，这两大体系既有其各自演进的逻辑，也有交融互促的良性碰撞。党的十八大以来，在创新驱动战略的引领下，这两大制造体系竞合发展，形成了“内中有外”“外中有内”的崭新格

局。当时间的脚步跨入“十三五”，苏州因势利导，提出要紧紧围绕产业链部署创新链、围绕创新链完善资金链，强化科技同经济、创新成果同产业、创新项目同现实生产力、研发人员创新劳动同其利益收入“四个对接”，切实增强科技与经济融合发展能力。实体经济尤其是制造业不仅是苏州成功跻身国际产业分工体系的进身之阶，而且也在关键时刻成为稳定区域发展的压舱石。在改革开放以来遭遇的两次金融危机中，苏州的制造业激流勇进逆势上扬，与危机形成了强烈对冲，始终牢牢稳住大盘，为江苏的稳定与发展作出了不可替代的贡献。

在制造业赢得全球影响力的同时，苏州以高度的文化自觉，推动经济发展和文明进步双向演进，形成了“两个文明”双丰收的发展格局。苏州形成的这条基本经验被生动地概括为“一把手抓两手，两手抓，两手硬”，这条经验从苏州起步，经由中央文明办的大力推介，已经成为全国两个文明建设中一条行之有效的“高招”。这条“苏州经验”的诞生地张家港，在2005 年荣登首批“全国文明城市”榜。时隔 4 年之后，苏州作为地市级城市跻身“全国文明城市”，去年常熟市荣膺“全国文明城市”称号，至此，苏州成为全国唯一拥有 3 块“全国文明城市”金字招牌的城市。在旗下市（区、县）全部建成“创建全国文明城市工作先进城市”的基础上，苏州在全国率先提出以点带面，建设以中心城区为龙头、市县联动的“全国文明城市群”，以此来统筹城乡文明一体化发展，赋予文明城市创建新的时代内涵和特征。

党的十八大以来，以文明创建为统领，苏州逐步形成了熔古铸今、古今辉映的文化发展态势。主流意识形态凝聚力引领力不断增强，社会主义核心价值观广泛践行，一大批“道德模范”和“中国好人”相继涌现，全社会升腾起一种强烈的向上、向善价值追求。加快实施繁荣发展社会主义文艺八项重点工程，先后从全球选拔人才，成立了苏州芭蕾舞团、苏州交响乐团和苏州民族管弦乐团，成为全国唯一同时拥有这三种高端文艺团体的地级城市。

（四）40 年，铸就了一座深度参与全球产业分工的开放之城，同时又是一座彰显江南水乡特色的美丽之城

在江苏，苏州的开放度毫无疑问排在第一位。且不说苏州每年实现的外贸进出口总量稳稳占据江苏一半以上、全国近十分之一，也不说苏州实际利用外资总数早已突破 2000 亿美元；单看苏州的“星巴克指数”，人们就会对其开放的深度和广度有个直观的了解。从星巴克官网最新公布的数据上看，在全国大中城市中，苏州以 171 家门店数量仅次于上海、北京和杭州，位列第四，高于深圳和广州。

与苏州的“星巴克指数”可以相互参照的，是外国人对这座城市公共生活日益提高的参与度。苏州的外国人才艺大赛、外企运动会已经连续举办多年，每年参加的人数都在增加。近几年来，很多中国传统节日和传统活动中，都有越来越多在苏工作的外国人活跃的身影：春节包饺子、端午赛龙舟，他们乐在其中；跟着中国老师打太极、练书法，他们有模有样。苏州已成了“老苏州”“新苏州”“洋苏州”携手共建和谐共享的美丽家园。实际上，苏州早就成为全球产业分工体系上的重要一环。电子信息、装备制造、新材料等新兴产业，苏州不仅有制造加工，也有设计研发，而且是与全球价值链无缝对接。其中全球最大的“童车大王”昆山好孩子集团不仅并购了多个世界知名品牌，还在全球 10 多个发达国家设立研发中心和品牌中心等，利用“外脑”建设中国品牌。而当年以“自费创办开发区”闻名天下的昆山开发区则向埃塞俄比亚输出了全套开发区建设管理经验，并受邀派人管理运营其国家级开发区。40 年栉风沐雨，苏州和这个世界已经紧紧联系在一起。

在 40 年急速变革的大时代里，“醇正江南”依然是这块土地上永远鲜活的乡愁。苏州一方面踏准改革开放大潮紧紧把握时代机遇发展壮大自己，一方面又表现了极高的发展智慧和发展定力，始终牢牢守住“江南水乡”特色不放松。早在改革开放之初，为了防止大拆大建带来的大破坏，苏州就明确规定古城区新建楼房不得超过 24 米，因为这是古城内地标建筑——始建于

三国东吴时期的北寺塔的高度。这作为“铁律”被严格执行几十年，从而保证了苏州园林代表作拙政园内的“借景”佳作——湖光塔影能够从明代延续至今。后来苏州城内每修一条马路，每造一栋房子，都要被无数严厉的目光审视一遍又一遍。进入新时代，苏州把古城保护提升到了守护城市文脉的高度，在平江路历史街区的保护性修复中，强调“修旧如旧”，在关键部位恢复了宋代《平江图》中河街并行的双棋盘格局，以及部分河道、街巷、道路景观，使唐代始现的三横三直加一环的骨干水系和水巷特色，至今也基本未变。2017 年，苏州市人大正式批准实施全国首个地方性《苏州国家历史文化名城保护条例》，古城保护迈入法治化轨道。

古城保护动足了脑筋，古城之外那些星罗棋布的古镇、古村落怎么办？还是像保护古城一样，边保护边立法。在规划新农村建设之初，苏州各级政府对每个村落都进行了彻底无死角的摸排清查，最后明确规定保留和修复 2000 多个自然村落。多年前，为保护绿水青山，苏州出台了“禁止开山采石令”。而今天，当年开山采石留下的数十个宕口已基本完成了复绿和美化。不久前，苏州宣布农村污水接入管网集中处理实现全覆盖，农村黑臭河道整治年内实现全覆盖，一个山清水秀的苏州赫然在前。

苏州，就这样带着江南水乡的鲜明印记，随着改革开放的深入而不断丰富完善的一种发展理性和文化自觉，在经济国际化和城市现代化的大道上昂首挺进。

二、改革开放 40 年伟大实践的苏州之路

一切伟大的事业，都有一个看似不那么起眼的开始。苏州 40 年先后经历了三个重要的发展阶段，完成了精彩的华丽转身，成为一座充满古韵今风的现代化国际化城市。

（一）从改革开放初期至20世纪90年代初，经由乡镇企业大发展，苏州率先实现“农转工”的历史性转变

苏州的改革开放之路，始自乡镇工业。1978年召开的党的十一届三中全会拉开了整个中国改革开放的大幕。这道承载着改变中国命运的厚重大幕开启之时，苏州大地上率先登场的是由一群“泥腿子”兴办的一批社办企业、队办企业。谁也没有想到，就是这些最初干着“鸡毛换糖”零碎营生的社办企业、队办企业，居然能够一夜之间星火燎原，燃遍苏州方圆8000多平方公里的每个角落，成了后来名动天下的“苏南乡镇企业”，并以其“离土不离乡”的运作模式吸纳了大量农村富余劳动力，祖祖辈辈田间辛苦耕作也难饱其身的广大农民，在迅速解决温饱的同时也成了拥有一技之长的技术人才和经营人才，其中的一些佼佼者则在后来波澜壮阔的时代变革中脱颖而出，在持续不断的转型升级中造就了今天一些闻名天下的著名品牌。如今早已跨进世界500强行列的沙钢、创下世界著名品牌的波司登羽绒服、多年成为中国家纺行业“十强”龙头企业的梦兰集团，企业带头人沈文荣、高德康、钱月宝等都是起步于当年的社办企业、队办企业。在吴江七都镇，年轻的转业军人崔根良临危受命，要把一个濒临倒闭的镇办农机厂起死回生。乡镇企业，就这样在苏州人“走千山万水、访千家万户、道千言万语、吃千辛万苦”的“四千四万”精神中迅速发展壮大，把“乡土苏州”推上了一条强筋壮骨的工业化发展之路，也孕育了未来苏州的一大批创业英雄，为江苏乃至中国播下了一颗颗渴望燃烧、期盼发光发热的创新火种。

当改革开放迈过第一个十年之际，乡镇企业已经创造了苏州60%的GDP、70%的财政收入和80%的劳动力就业，一大批欣欣向荣的小城镇在苏州拔地而起。在乡镇企业的大力推动下，苏州1990年的GDP迈上了200亿元的台阶，比1980年的41亿元增长了4倍，综合实力快速提升，工业化初具形态，已经稳居江苏第一经济大市地位。

（二）从20世纪90年代至“十一五”末，经由外向型经济大发展，苏州率先实现“内转外”的历史性转变

从20世纪90年代到“十一五”末，苏州进入了开放型经济发展的飞跃阶段。这一阶段，苏州紧紧抓住国际产业资本转移和上海浦东开发开放、中国加入WTO等重大机遇，大力发展外向型经济，外资、外贸、外经“三外齐上”，各级各类经济技术开发区、高新技术产业区成为集聚发展要素的主战场和主力军，园区经济成为苏州显著特色。在开发区的带动下，苏州一举建设成长三角地区仅次于上海的外向型经济高地。

这一阶段大体又可分为前后两个时段。前期是从1991年到2000年，苏州工业化打下坚实基础，开放型经济高地基本形成。10年间苏州累计引进注册外资421亿美元，实际到账206.8亿美元，外向型经济推动苏州高速增长，GDP从1990年的202亿元提高到2000年的1540.7亿元，GDP跻身全国大中城市前五名。后期是新世纪的头十年，从2001年到2010年，苏州紧紧抓住世界产业结构调整机遇，加快发展以电子信息为主导的高新技术产业，经济发展进入以新兴产业为主要特征的新阶段。

到“十一五”末，经过30多年的持续高速发展，苏州出口额连续9年位居全国第三位，实际利用外资接近江苏全省三分之一、全国10%，境外中方投资额占江苏全省五分之一，新批境外企业数和中方投资额连续8年位居江苏第一，国家级开发区达8家。至此，苏州发展率先实现了“内转外”的历史性转变，开放型经济成为苏州发展的坚实底色。

开放倒逼改革，开放推动改革，开放型经济成为苏州思想解放的重要源头。苏州在不断提升开放水平的环境中，全社会法治观念不断强化，制度运行机制悄然改变，政府部门完成了从被动亲商到主动公开、透明行政、高效服务的转变；市场经济制度更趋完善，要素市场更加完备；公共福利制度得到普及和强化监督，社会更趋公平正义。在这个过程中，苏州开始以更加清醒的发展自觉和高度的文化自信，认真学习借鉴国内外先进经验，大力发掘

当地优秀文化和弘扬本土经验，充分发挥先进文化的引领作用，在实践中形成了“张家港精神、昆山之路、园区经验”这“三大法宝”，成为苏州宝贵的精神财富。

（三）从“十二五”之初特别是党的十八大以来，经由对创新型经济的大力培育，苏州正在加快推动“量转质”的历史性转变

对创新的渴望，来自苏州人越来越强烈的发展理性和深刻自省。2011年，苏州 GDP 首次突破万亿元大关，经济总量位居全国第六，仅次于上海、北京、广州、深圳和天津，成为全国当之无愧的经济大市。但是，来自内外两方面的压力却让站上全国第六大经济体的苏州高兴不起来。外部是全球金融危机对世界经济的深层次影响不断加大，苏州的外贸依存度一度高达280%，苏州在看到隐含的巨大外部风险的同时，也看到自身的结构性矛盾：在经济结构中外资一枝独大，加工制造业附加值偏低。同时，内部的压力还来自于越来越大的环境资源压力，“鱼米之乡”“江南烟雨”的宁静自然的生态系统正遭遇工业化、城市化加快进程的冲击。

未来，苏州路在何方？面对坚硬的现实，苏州人目光如炬：如果不能尽快实现从数量扩张向质量提升的“惊险一跃”，不仅没有未来，连以往已经取得的成果也会付之东流！

只有创新发展“华山一条路”！“创新”，成为这一阶段的最大关键词。苏州面向全市发出“动员令”，全面铺开创新引领、开放提升、城乡一体、人才强市、民生优先、可持续发展等六大战略，全面打响“三区三城”（科学发展的样板区、开放创新的先行区、城乡一体的示范区，以现代经济为特征的高端产业城市、生态环境优美的最佳宜居城市、历史文化与现代文明相融合的文化旅游城市）建设攻坚战，谋求率先建成全面小康社会、开启基本实现现代化新征程。

今天，苏州用发展事实证明，这条路走对了，也走通了。2017 年，苏州实现 GDP1.7 万亿元，比上年增长 7%。经济增长依旧保持中高速，但经

济结构和产业结构持续得到优化，发展的质量迅速提升。全市服务业增加值比上年增长 8.3%，快于 GDP 的增长。全年实现高新技术产业产值 1.53 万亿元，占规模以上工业总产值的比重达 47.8%，工业化的高技术成色显著加强。今天苏州不仅有大批的外资企业，民营企业也是发展势头正旺。全市的私营个体市场主体已经超过 100 万户，全苏州近乎每 10 人就有 1 名企业主。在外资企业高度集中的工业部门，民营经济也是三分天下有其一，并涌现出一批巨型企业。在“2017 中国民企 500 强”中，苏州有 19 家企业上榜，其中恒力集团、沙钢集团、协鑫集团、盛虹集团等都是营业收入过千亿元级的特大型民营企业。

再塑青山绿水，重现江南水乡。苏州实施了《生态文明建设三年行动计划（2014—2016 年）》，制定出台《苏州市生态文明建设考核办法》，对各地区生态文明建设工作进行年度考核，并向全市公布考核结果。持续推进“四个百万亩”、十万亩湿地建设、河道水质提升、土壤山体修复等生态文明建设“十大工程”，系统修复山水林田湖生命共同体，完成投资超过 800 亿元。“十大工程”打造了一批有特色、有影响的生态建设亮点工程，取得了良好的生态效益、社会效益，成为苏州生态文明建设乃至城市品牌形象的一张亮丽名片。

40 年风雨兼程，40 年筚路蓝缕，苏州已经成为一座集现代都市风貌与传统历史文化底蕴以及山水城林于一体的魅力城市。在这里，现代化的城市 CBD 繁花似锦，充满现代感的高楼大厦鳞次栉比，城市天际线闪亮炫目，“洋气”十足；古城小河蜿蜒，岸边游人如织，赏风景、观花灯，听那河上石桥静静诉说昨日故事，仿佛一幅灵动的水墨画；城外的园区经济火热无比，一个个现代化工厂掩映在绿树中，一座座实验室建在草坪之上；城内有园、城外有山，园内是“假山假水”，再现历史。城外是真山真水，天成自然，山水城林自成一个系统，构成苏州宜业宜居的难以分割的元素。苏州的魅力，来自于持续不断的创新探索，来自于寻求高质量发展的艰苦努力，来自于根植在这块土地上的深厚文脉。

三、新时代铸造辉煌与成就的独特城市精神

40年，苏州人在前进道路上，从文化觉醒到文化自觉、从文化自觉到文化自信。作为一座历史文化名城，苏州文化脉络延续千年不绝，精神积淀十分丰富；作为一座快速崛起的名城，苏州与时俱进地赋予历史人文精神新的时代内涵，形成了“张家港精神、昆山之路、园区经验”这三大法宝，成为苏州人公认的宝贵精神财富。党的十八大以来，在习近平新时代中国特色社会主义思想指引下，苏州的干部群众自觉将这“三大法宝”弘扬光大，融成了一种昂扬斗志、催人奋进的新时代苏州精神，为改革发展注入了不竭动力和永恒活力，成为了新时代苏州的文化特质和精神财富。

（一）“胸怀大局、敢于担当”

苏州的园林很小，但苏州人的胸怀很大。顾炎武“天下兴亡，匹夫有责”的思想境界深深镌刻在苏州人的骨子里。苏州始终立足于全省全国发展大局，增强大局意识，责任意识，为中国特色社会主义道路探索新路子、积累新经验，为全省乃至全国的改革发展作贡献。苏州是全省的苏州、全国的苏州，又是全国的发达地区之一，切实在全省全国工作大局中谋划苏州发展，就是苏州人的“位置感”。

学习上海、依托上海、接轨上海、服务上海，始终是苏州的一个重要价值取向。服务上海是苏州的一贯追求，苏州人自己一直说：“在大树下种好碧螺春”。以高度的智慧和自信融入上海发展，苏州在上海浦东开发开放中抓住了机遇，发展了自己，也在服务上海中提升了自己，助推了以上海为龙头的长三角一体化的发展进程，为这一区域在不长时间内出现世界第六大城市群的奇观作出自己的贡献。近年来，苏州与上海的产业承接，已经从一般的产业协作向资本融合发展，从以工业领域为主向金融保险、物流服务、旅游房地产等全方位拓展。中国（上海）自由贸易试验区设立后，苏州积极主动接轨上海自贸区，率先复制先行先试制度经验，成为上海自贸区的重要

腹地。

2014 年 12 月，习近平总书记亲临江苏视察并发表重要讲话："希望江苏的同志认真落实中央各项决策部署，紧紧围绕率先全面建成小康社会、率先基本实现现代化的光荣使命，努力建设经济强、百姓富、环境美、社会文明程度高的新江苏。"从此，苏州开启了争做"强富美高"新江苏建设先行军排头兵的探索实践，一步一个脚印让习近平总书记为江苏擘画的宏伟蓝图在苏州率先化为现实。党的十九大召开前夕，江苏省委常委会召开会议，专题研究苏州市工作，明确苏州"两个标杆"的发展定位，即不仅要成为高水平全面建成小康社会的标杆，而且要成为探索具有时代特征、江苏特点的中国特色社会主义现代化道路的标杆。

（二）"敢为人先、抢抓机遇"

苏州经济社会发展之所以取得重大成就，从一个"小苏州"华丽转身为一个熔古铸今的现代化国际化大城市，最关键的就在一个"闯"字，在没有路的地方硬生生闯出一条路来，为全省乃至全国树立了样板。从"张家港精神"到"昆山之路"，从"园区经验"到"开放高地"，无一不是"闯"的结果，无一不是"敢为人先"的探索。

20 世纪 80 年代，苏州人抓住了农村改革机遇，大力发展乡镇企业，实现"农转工"的重大跨越。20 世纪 90 年代初到新世纪初，邓小平同志发表南方谈话，中央作出开发开放浦东的决定，中国加入 WTO，苏州又抓住了国际产能转移这一千载难逢的发展机遇，实现了国际产业资本在本地的集中投资，经济全球化红利在苏州集中释放。苏州一口气就建了 15 个开发区，其中国家级 5 个，省级 10 个，世界 500 强企业有 100 家落户开发区。

苏州人信奉的是敢于争第一、勇于创唯一。"第一"和"唯一"的背后是认清大势、抢抓机遇。苏州人很早就对机遇有着独特的理解，在实践中，在机遇面前，别人通常会喊"抓机遇"，而苏州人在"抓"字前面又加了一个字"抢"——"抢抓机遇"。一个"抢"字将苏州人时不我待、舍我其谁的气魄表现得淋漓尽致。苏州诞生了全国第一个自主开发的工业小区、第一个与国外合作开发的工业园区、第一个封关运作的出口加工区、第一个设在县级市的国家级高新区、唯一一个深化两岸产业合作试验区和开展开放创新综合试验的开发区。

党的十八大以来，苏州又抢抓新一轮科技革命和产业变革机遇，大力发展创新型经济，建设创新型城市。创新投入不断加大，创新指标亮丽夺目，科技创新综合实力连续八年位居全省首位，福布斯中国大陆创新力城市排行榜上长期位居前三甲。苏州还在全面深化改革方面先行先试，争取到一大批含金量较高、对全市经济社会发展牵引作用较大的改革试点，目前国家级、省级的改革试点已经超过了 50 个。苏州工业园区开放创新综合试验累计实施 130 项重点改革任务，其中国家级先行先试任务 24 项，跨国公司外汇资金集中运营试点、异地共建产业园区新模式、科技金融创新发展模式等十多项改革经验在全国推广。

（三）“海纳百川、开放包容”

苏州属吴地，水文化是吴文化的鲜明个性，海纳百川、兼收并蓄、开放包容成为苏州城市精神的重要内涵。苏州是全国第二大移民城市，集聚了近 700 万新苏州人，流动人口与户籍人口之比为 1.03 : 1，昆山甚至达到 2.07 : 1，城市语言早已从当初单一的“吴侬软语”演变成夹杂南腔北调的普通话占主体。苏州从 2011 年开始全面实施居住证制度，为新苏州人提供同城待遇。2016 年起又实施了流动人口积分管理制度，以更加公平、公开、有序的方式，让流动人口享受到户籍准入、子女入学和子女参加苏州城乡居民医疗保险等相关福利待遇。如今，苏州已在“新苏州人”的心中留下了第二故乡的幸福烙印。

作为开放经济高地，苏州始终将视野放在世界范围，以高度开放的精神，有选择地汲取外来文化和管理经验。借鉴新加坡先进经验打造的苏州工业园区，不仅成为中新合作的典范项目，而且多年来成为苏州乃至全省改革开放发展的先行区，在2018年国家商务部公布的全国经济开发区综合排名中名列第一。太仓尽力打造中德合作典范城市，从2006年起每年举办德国啤酒节，重点建设一条特色商业街、一条交通示范路、一个特色风情商贸区，神奇般地集聚了200多家德资企业，成为全国德资企业最为集中的县级市。在苏州，开放一直是观念更新的主基调，按国际商业规则办事已深深地嵌入到当地的商务活动和企业文化中。

长时间、多层次、宽领域的对外开放，造就苏州人两大能力：一是发展眼光上的全球视野，二是资源整合上的国际胸怀，尤其是吸纳全球人才的能力。苏州大力实施“海鸥计划”“姑苏人才计划”等，连续十年举办国际精英创业周，根据人才需求以更加积极、更加开放、更加有效的人才政策广开进贤之路，广纳天下英才。截至2017年年底，全市拥有国家“千人计划”人才237人，其中创业类人才127人，位列全国大中城市首位；江苏省“双创计划”人才201人、姑苏创新创业领军人才320人。

（四）“崇尚实干、精益求精”

苏州人做事历来讲究精细奇巧，做人则崇尚实干，精致与实干成为重要的城市文化标签。党的十八大以来，苏州牢记习近平总书记“空谈误国，实干兴邦”的教诲，将崇尚实干的精神与精益求精的态度紧密结合，坚持“一分部署，九分落实”，不提空洞口号，不搞花拳绣腿，不做表面文章，把工匠精神融入了产业和城市发展中，以踏石留印、抓铁有痕的劲头，在埋头绣花中一步一个脚印地推进高质量发展。

不以文件落实文件，不以会议落实会议，而是结合自身实际，把上级部署转化为行动计划、具体项目，制订时间表路线图，落小落细抓落实。例如，党的十九大以后，苏州推出《勇当“两个标杆”落实“四个突出”建设“四个名城”十二项三年行动计划（2018—2020年）》，详细排出今后三年的重点任务、具体项目、完成节点，每项行动计划都有若干子计划，做到细化量化形象化。按照“把督察问效贯穿改革全过程”要求，以改革督察倒逼改革落实，仅2017年就开展15项改革督察，涉及“一把手”抓改革、“放管服”、工业大数据平台建设、263行动计划等改革项目，推动各项改革举措落地生根，确保改革取得预期成效。

苏州的制造业不仅规模大、产值高、技术强，而且以精密、精细见长。在苏州，不仅培养了一代代江南传统工艺的名家大师，也造就了众多国之重器的大国工匠。一般的童车在市场上只卖几百元一台，苏州“好孩子”的童车却能卖出1000欧元一台，其不菲价格的背后是质量和精致。同样是做传输通信讯号的光纤，苏州亨通集团做的光纤可让信号传递得更快，如同高速公路拓宽可以容纳更多的人与车，亨通光纤为5G时代的早日到来提供了“快车道”，该企业也一举拿下含金量颇高的“中国工业大奖”。随着工业4.0时代的交响乐已经奏响，时代工匠们正在用智能制造的音符谱写苏州新的乐章。

（五）“以人为本、崇尚自然”

苏州的建城史就是一部人与自然和谐共生的发展史。苏州园林更是集中承载着天人合一、以人为本的世界观和价值观，成为苏州文化和苏州这座城市可触摸的图腾和符号。党的十八大以来，苏州“以人为本、崇尚自然”的城市精神得到新的升华。

苏州坚持把生态文明理念贯穿于生产生活全过程各环节。在城乡规划中留足生态空间，全市陆地森林覆盖率达29.8%，自然湿地保护率达58%，市区建成区绿化覆盖率达42.2%，市域范围内土沃田腴，山温水软，风光旖旎，胜迹遍布。在产业发展上注重绿色发展，重点发展循环经济，打造生态园区，广泛应用绿色能源。在生活方式上提倡绿色低碳，积极推进垃圾分类，提倡绿色消费、绿色出行、绿色居住。与此同时，不断加大生态修复力度，重点解决生态环境的突出问题，着力改善环境质量，有效控制环境风险，全力打赢生态保护和环境治理攻坚战。

苏州坚持古城活态化保护，把古城视为放大版的园林加以保护，不断提高人民群众在古城中的舒适度。苏州的古城原汁原味，韵味十足。对古城加以保护并非一味原样保留，要让居住在古城内的居民享受当代都市生活。苏州严格按照与古城风貌协调的原则进行城市更新，增设配套设施，方便群众生活。例如，实施“改厕”工程，让居住在古城的 2 万户居民彻底甩掉“千年马桶”。再如，分两轮对城区范围内 1994 年之前建造的 4 幢以上老住宅小区进行了综合整治，居民的生活环境大为改善。

（六）“凝心聚力、超越自我”

苏州人理性冷静，向来以问题导向审视谋划发展。40 年来，苏州从来不躺在历史的功劳簿上，而是把取得的成绩作为再出发的起点，敢于从短处中找到动力，勇于从外界的批评和质疑声中找到努力的方向，勇于翻篇，“一切从零开始”，始终保持一种战略定力和韧劲，不争论、不分心，不管东西南北风，咬定目标不放松，凝心聚力谋发展，坚定方向不懈怠。以十年磨剑、埋头绣花的毅力，推进转型升级创新发展，在发展中不断超越自己。

苏州的每一次大发展，都源于思想上的居安思危，源于超越自我的追求。无论是乡镇企业如日中天时，还是外向型经济形成国内高地，年度引进外资居全国城市首位时，或是经济总量连续进位，最高达到全国第五的时，苏州始终安不忘危，在发展中看到了产业层次还较为低端、发展模式还较为粗放，质量效益还不高，因而较早确定了转型升级、创新驱动的发展导向。安不忘危，关键要发现问题解决问题。党的十八大以来，对照新发展理念审视以往的发展方式，对照习近平总书记对江苏提出的一系列重要指示精神找短板，苏州每年组织市领导和市级机关开展重大课题调研，每年组织领导干部赴先进地区学习考察，坚持问题导向，聚焦短板，破除难题。主动学习先进，创新学深圳、社会治理学上海、生态建设学杭州、城市品质学西安等。2017 年围绕学习宣传贯彻党的十九大精神和勇当“两个标杆”开展调研，形成的众多成果被形容为苏州的“资治通鉴”。纪念改革开放 40 周年开展解放思想大讨论，苏州市委要求各级领导干部破除“苏州发展基础好，只要稍微努力就能走在前列的盲目乐观思想”“苏州经济发达，可以一好百好的片面认识”以及各种传统观念、惯性思维的负面影响，以解放思想为强大动力，工作争创一流、人人力争上游、全市百舸争流，合力为苏州发展建功立业。

四、释放文化自信巨大能量的“苏州经验”和时代价值

苏州，是邓小平同志丰富“小康”战略构想的地方。在迈向建设小康社会的伟大征程中，苏州栉风沐雨，强健筋骨，以自身的辉煌发展成就书写了“中国道路”的时代传奇，验证了中国特色社会主义的道路自信、制度自信、理论自信和文化自信，全方位展现了文化自信的坚实底气。2012年7月，时任中共中央政治局常委、中央书记处书记、国家副主席习近平同志出席在苏州举行的第二届中非民间论坛时指出：“苏州是经济最发达的地区，也是江苏的重中之重、江苏的核心地带，从中央到兄弟单位，你看看国际上也愿意到这里来看看，中国道路怎么走看看苏州。”并勉励苏州勇立潮头，当好“排头兵”，为中国特色社会主义道路创造新经验。

从“小康”到“中国道路怎么走看看苏州”，苏州从底蕴深厚的历史文化名城的精神赓续到高度开放的现代化国际化城市的包容情怀，彰显出中国特色社会主义的创造伟力，以及背后的更基本、更深沉、更持久的文化自信的力量。在快速现代化、国际化的进程中，苏州守护好了城市的传统文化，传承了城市的历史文脉，成为一座同时拥有世界级物质文化遗产和非物质文化遗产的“双遗产”城市，夯实了古韵今风、熔古铸今的名城地位。特别是党的十八大以来，苏州不断开掘文化影响的深度，拓展文化感召的广度，强化文化支撑的力度，将文化自信演绎、转变为推动经济、政治、文化、社会、生态文明建设和党的建设的巨大力量，形成了既根植于苏州这块具有2500多年历史的深厚文化土壤，又彰显中国精神、中国价值、中国力量的苏州经验，更凸显了新时代新担当新作为的丰富内涵和思想价值。

（一）坚持以人民为中心的发展理念，处理好政府、市场、社会三者之间的关系，发挥有为政府与有效市场“双强引擎”作用

苏州是一座民本思想浓厚的城市，“先天下之忧而忧，后天下之乐而乐”“一念为民之心，惟天可鉴”等本地先贤的精神风范，渗入到苏州人的骨子里。在改革开放的历史进程中，苏州市委市政府始终遵循以人民为中心的发展思想，在深化践行发展为了人民、发展成果由人民共享的同时，以对人民群众创新创业活力的高度自信，积极探索发展依靠人民的路径，其可贵之处集中体现在对政府、市场、社会三者关系的认识和把握上，打造有为政府与有效市场“双强引擎”，使市场在资源配置中起决定性作用，更好发挥政府作用，从而持续激发人民群众创新创造活力。

苏州是“苏南模式”的发祥地。“强政府”一度成为苏州的重要标识，但在改革开放的关键节点上，苏州总能以刀刃向内、自我革命的勇气，抓住转变政府职能这个“牛鼻子”，持续深入推进体制改革。20 世纪 90 年代中期，苏州以开放倒逼改革，率先在开发区构建“小政府、大社会”开发管理体制，相继配套建立一条龙、一站式、全天候服务体系，营造了具有竞争力的投资软环境。90 年代末，苏州主动顺应社会主义市场经济制度建立的需要，率先进行乡镇企业产权制度改革，由此带动了民营经济的蓬勃发展。党的十八届三中全会后，苏州提出“三化一机制”目标，即市场化程度全面提升，国际化进程大大加快，法治化保障不断完善，有效发挥市场与政府作用的协同机制初具雏形，制定八大类 55 项改革任务，其中先行先试改革有 42 项。

苏州在发展中体现出的政府强，强的是整体的服务能力，其标志是社会治理水平高。苏州在改革开放以来，为了实现政府行政管理与基层自治良性互动，不断创新社会治理的方式，构建党委领导、政府负责、社会协同、公众参与、法治保障的社会管理格局。党的十八大以来，苏州在推进“政社互动”方面，制定了厘清基层群众自治组织依法履行职责事项和协助政府工作事项“两份清单”、签订《双向协议》、实行“双向评估”等方式，在制度上

保证了村（居）民自治和政府购买服务的有效实现，这一做法获得中央的肯定，在规范政府行政行为、转变政府职能、增强社会自治功能等方面发挥了重要的作用，2014 年被认定为可复制的模式在全国推广。

（二）持续在改革进程中寻求超越，处理好革新创新与传承传统关系，不断突破“过去时”、前瞻把握“未来时”、保持发展“进行时”

苏州是一座重视历史文化传承的城市，又是一座在不断传承中创新的城市。在改革开放的关键节点上，苏州总能前瞻把握机遇，从过去发展的成功经验束缚中解放出来，从小农经济、小生产观念束缚中解放出来，从传统思维方式、传统文化观念束缚中解放出来，树立开放的苏州、国际化的苏州新形象。

40 年来，苏州持续寻求超越自我。实现“农转工”的重大跨越，乡镇企业成为苏州经济的半壁江山；中国加入 WTO，苏州实现了“内转外”的重大跨越。苏州人信奉的敢于创新、勇于探索，不仅是数量上的“能快则快，能上则上”，更是质量上的“能超则超，能进则进”。进入新世纪，苏州不仅在开发建设上始终引领着中国开发区的发展进程，而且在全面深化改革中，总是把先行先试为发展探路表现得淋漓尽致。2000 年昆山设立全国首家封关运作出口加工区，2009 年又转型为国家级综合保税区，此后其他县区纷纷设立；2016 年苏州就获批跨境电子商务试验区、服务贸易创新发展试点、市场采购贸易方式试点、综保区企业增值税一般纳税人资格试点等四项先行先试项目；2017 年全省开发区改革创新大会提出“一特三提升”更高要求，苏州就迅速出台《关于促进全市开发区改革和创新发展的实施意见》，突出走在改革前列，始终把开发区建设成为践行新发展理念和培育新动能的引领区。习近平总书记强调，“解放思想、实事求是、与时俱进，是马克思主义活的灵魂，是我们适应新形势、认识新事物、完成新任务的根本思想武器。”党的十八大以来，苏州不为传统的模式所困，不为过去的成绩所累，不为既有的经验所限，不为面临的险阻所惧，在开放包容方面更显自信自觉底气，在高质量发展上发挥示范作用。苏州正是在“喜新不恋旧、喜新不厌旧”的对立统一中实现了工作连续性与开创性的有机统一，在辩证处理革新与传承的关系中延续和拓展优势。传承体现自信，扬弃更显自信，凡认准的路一棒接着一棒探索着走，凡认准的事一任接着一任创新地干，不断推动改革发展再出发，保持领先身位、领头风范，率先践行新发展理念，以自觉自信的姿态，为争先领先率先的苏州经验注入时代的内涵、科学的内涵、创新的内涵。

（三）始终以协调发展为底色，处理好重点突破与整体推进关系，高质量绣出城乡协调发展、中心城区和县级市协调并进、强市富民协调推进的幸福画卷

只有深入践行新发展理念，才能确立全社会对文化价值和文化地位的深度认同。“协调”一直是苏州最值得称道的优势和特色。2004 年苏州荣获中国最具经济活力城市奖，央视的颁奖词为：“一座古城让世界读了 2500 年，它用古典园林的精巧，布局出现代经济的版图，它用双面绣的绝活，实现了东方与西方的对接。”在改革开放探索实践中，苏州人民以打造江南古典园林的智慧，绘就城乡协调、富民强市协调、市县协调等“双面绣”；秉承传统文化师法自然、中庸、和谐的精髓，坚持抓重点、补短板、强弱项的方法论，既注重整体推进，更注重重点突破，开创了协调发展新境界。

在推动整体市域城乡协调发展上，苏州不断深化对城乡发展一体化规律的认识，以共同富裕的指导思想为统领，努力先行先试。从全省唯一的城乡一体化发展综合配套改革试点区，到国家发改委城乡一体化发展综合配套改革联系点，再到全国农村改革试验区，以及全国城乡发展一体化综合改革试点城市，着力打造新型城镇化发展、共同富裕、“四化”同步发展、公共服务均等化、生态文明、和谐社会、土地资源节约集约利用、城乡金融制度改革等 8 个示范区，确立了在全省乃至全国的示范地位。

在推动中心城市和县级市协调上，苏州敢于及时打破束缚城市能级的行政区划体制，保持产业空间、城市空间、文化空间与生态空间的有机融合，不断提升整体的全要素集聚水平。苏州的县域经济发展水平一直位于全国最前列，早在1993年，《人民日报》就刊登长篇通讯《苏州跃起六只虎》，指的就是苏州所辖张家港、常熟、太仓、昆山、吴县、吴江6县（市）全部入选全国百强县。县域经济强，也带来了中心城市辐射带动力偏弱的“强市弱心”尴尬。为此，集全市之力打造苏州工业园区、苏州高新区，随着“东园西区”的崛起，迅速打破了中心城市发展空间小、经济总量小、产业层次低的旧有格局。为提高中心城市首位度，2001年撤销吴县市，分别设立吴中区、相城区，市区土地面积扩大到1649.7平方公里。2012年，为进一步加强中心城市首位度和辐射能力，理顺古城保护和太湖整体保护开发的体制机制，经国务院和省政府批复同意，撤销沧浪、平江、金阊三区，设立姑苏区；撤销县级吴江市，设立吴江区。此举使得苏州大市区面积再次增加到2742平方公里。以“大苏州”的新吨位，正在带动城市能级的整体提升。

在推动强市和富民协调方面，苏州注意把握好政府的成就感和老百姓的获得感、幸福感的内在对应关系，重点提升居民“均富”水准。苏州曾因集体经济和外贸发达，被质疑“只长骨头不长肉”。进入21世纪以来，苏州把“富民强市”战略调整为“富民优先”战略，牢牢把握“两个同步”推进富民工作，即城乡居民收入增长与经济增长保持同步，劳动报酬增长和劳动生产率提高保持同步。通过不断完善社会保障制度，2013年在全国率先实现城乡居民社会保障“三大并轨”(低保、农村居民养老保险、医疗保险)。连续多年增加离退休人员离退休金和养老金，大幅提升居民最低生活保障标准等提高转移性收入。2017年苏州城镇居民人均可支配收入58806元，位列全省第一，城镇居民恩格尔系数下降到26.5%，达到了联合国提出的“富裕”标准区间。

（四）自觉遵循发展规律，处理好敢闯敢试与制度规则关系，坚持在法治轨道上推进改革，不断释放先行先试的制度改革红利

发展是一个前进和创造的过程，也是一个不断试错和制度规则积累的过程。苏州人从来不缺敢闯敢试的勇气和魄力，但更值得点赞的是在敢闯敢试中不逾矩、不犯规，在“摸着石头过河”的同时，也探索“建桥筑路跨河”的方式，即坚持在法治轨道上推进改革，鼓励敢闯敢试、敢想敢干，又注重于法有据、尊重法治，以制度规则为保障，持续激发改革发展新活力。

苏州较早地推进重大行政决策的程序化、规范化建设。自 21 世纪初开始，先后三次修订《苏州市人民政府工作规则》，明确行政决策权限以及内部审议规则。2010 年，制定了《苏州市人民政府重大行政决策程序规定》，明确建立公众参与、专家论证、合法性审查和集体讨论决定相结合的行政决策程序，并以政府规章形式颁布。从 2014 年开始，苏州市政府每年年初公布苏州市重大行政决策事项目录的通知，将市政府具有基础性、全局性和影响面广的若干决策事项纳入年度重大行政决策目录，这在全国属首创。

对在制度规范中尚存在空白的领域，敢于先行先试形成制度保障。比如，苏州是全国特大型工业城市，工业经济一定程度上决定了苏州经济的质量和效益，面对发展空间容量小、资源约束趋紧、安全环保压力重的突出矛盾，如何进一步提升土地使用效率，提升工业企业效益，苏州对此进行了探索，充分发扬敢闯敢试精神，在全国率先建立工业企业资源集约利用大数据平台和工业企业综合评价体系，填补了政府对企业考评的空白，形成了制度保障。自 2016 年启动该项工作，对全市所有工业企业进行资源集约利用综合评价机制，突出“亩产论英雄”“创新论英雄”“绿色论英雄”导向，建立涵盖 6 项评价指标的综合评价体系，从而有了对不同类别企业实行差别化的资源要素价格政策和差别化管理服务的依据。

以制度规则为保障，有效释放了先行先试的改革红利。苏州在划定生态红线上较早探索实践，即针对农业在苏州经济中的占比已不足 2%，为进一

步给子孙后代留下广阔的发展空间，永久展现江南“鱼米之乡”风貌，苏州提出有效保护“四个百万亩”的政策（百万亩优质粮油工程、百万亩高效园艺工程、百万亩特种水产工程、百万亩生态林地工程）。同时在全国首创出台了《苏州市生态补偿条例》，将实践证明行之有效的生态补偿政策上升为地方性法规。2013 年全国“两会”上，习近平总书记在参加江苏代表团审议时，对苏州保护“四个百万亩”的做法给予高度肯定：“苏州‘四个百万亩’工程提出要保护老百姓的庄稼地，水稻田就是湿地，种水稻本身也是一方美景。”他嘱咐苏州领导，“要坚持不懈抓下去，让生态环境越来越好，为建设美丽中国作出贡献。”目前，苏州已累计拨付补偿资金 68 亿元，为经济发达地区的高效农业发展和生态环境保护提供了新的范本。

（五）坚守文脉历史传承，处理好文化保护与创新发展关系，始终以开放包容、海纳百川的胸怀吸收外来文化、培育创新文化，展现出苏州文化的时代价值

苏州是一座文脉深厚的城市，古城拥有 2500 多年历史，是涵养城市文化、孕育人文精神的瑰丽文化宝库。苏州对传统遗存是创造性转化、创新性发展的“活态化”保护，坚守而不保守，创新而不守成。在 40 年的发展进程中，以独具的城市文化魅力，开放的发展平台，汇聚国内国际产业、人才、资本等高端要素，城市的人口规模、人口结构发生了根本性的变化，形成了更加开放包容和创新主导的城市文化。

以博大的胸怀吸收外来文化。苏州有着持有居住证的近 700 万“新苏州人”，他们在劳动就业、子女入学、社会医疗等公共服务方面，都获得与苏州户籍居民同样的待遇，从而拥有对这座城市共同的归属感。最早借鉴新加坡先进经验打造苏州工业园区，已经成为中新合作的典范项目，它也是苏州最初打开窗户看世界的窗口。今天，常住苏州的外籍人士数量已超过 4 万人，他们和来自发达国家的世界 500 强企业，成为苏州国际化的鲜亮标记。在昆山生活的台胞台眷有 10 万人，通过昆台民间交流活动日益密切，增强

了台商台胞的认同感，使昆山成为台商的大陆精神家园。太仓设立德国中心，打造中德合作典范城市，中德企业合作基地片区既富有德国文化元素，又保留中国江南水乡特色，成为对德合作的一个集中化、综合化、具象化的商务休闲旅游目的地。

在各种文化的相互交融中激发创新文化。除了多样的国际文化在本土落地外，苏州在城市人口规模结构的变化中，还带来了苏州本地吴文化、江南文化与海派文化、江淮文化等国内地域文化的深度交融。正是开放包容、海纳百川的胸怀使苏州形成了弘扬包容开放的城市新文化，培育出适应现代创新文化生长发育的城市创新生态土壤，聚集国内和全球各类创新创业人才，以此支撑苏州在国际产业价值链中的重要地位和知名国际文化都市中的影响力，为不断提升的城市综合实力注入了生生不息的创新活力和核心竞争力。

苏州积极借鉴吸收先进文化、外来文化，彰显自身的独特魅力，也推进着苏州城市文化品位的持续升值。2010 年，苏州成为国家创新型城市试点后，即确定新兴产业培育、现代服务业跨越、重点产业提升、创新人才集聚、创新载体建设、融合创新推进“苏州路径”；2016 年，苏州开展“创新四问”活动，集全市之力问出了创新的好思路、问出了创新的好举措、问出了创新的好氛围、问出了创新的好成效。目前科技贡献率已达 63.8%，万人有效发明专利拥有量 45.5 件，创新的各种指标位居全国地级市首位。在古城风貌严格控制的同时，苏州工业园区、苏州高新区作为新城开发的核心区。工业园区具有“洋苏州”之称，在全国高新区中产业竞争力排名第一，但它还有东方之门、苏州文化艺术中心等建筑成为新城市建设的地标，有中外高等院校 29 所，历史文化与现代文明交相辉映，在发展高地上托起新的创新平台、文化高地，科技创新与文化建设相得益彰。创新已成为一种文化理念渗透到苏州人的骨子里，两院院士周干峙的话是对苏州最恰当的佐证：“苏州古城保护的成功，为这个城市保留了应有的文化品位，而文化品位反过来让这个城市升值。”

（六）以文化自信深化党内文化建设，正确处理好党的领导与基层群众首创精神关系，营造出风清气正的政治生态

苏州强关键是强在营造出风清气正的政治生态，在干部队伍中形成忠诚干净、务实求真、勇于担当的政治文化。党的领导是苏州奇迹的制胜之要，40年来，苏州涌现了一批享誉全国的基层党组织先进典型，如常德盛、崔根良、吴栋材、钱月宝、郁霞秋、端木银熙等，他们不仅是致富的带头人，更是基层群众的领路人，打造出一片风清气正的朗朗乾坤。如今在苏州，基层干部最常说的一句话是：政治生态文化好，我们身累心不累。进入新时代，苏州更是率先开启了用制度建设保障政治生态的实践，即法治型党组织建设的探索。苏州市委制定出台《关于建设法治型党组织的意见》，明确了建设法治型党组织的基本原则、主要目标、重点任务和措施，对法治型党组织建设作出了全面系统部署，奠定了理论基础，规划了实践路径。全市各级党组织也紧紧抓住法治型党建这一重要机遇，积极响应，快速部署，扎实推进，根据本地实际及时出台相关实施意见或方案，组织不同领域、不同层级党组织开展深入试点，制定法治型党组织建设综合评估体系，形成总体目标、工作机制、监测细则“三位一体”的量化监测体系，推动法治型党组织建设落地生根。

为深化建设良好的政治文化生态，苏州率先探索鼓励激励、容错纠错、能上能下等“三项机制”。随着改革进入深水区和攻坚期，处在改革开放前沿的苏州更是率先遇到不少新情况、新问题。为此，苏州推出“建立容错免责机制”“改进绩效考核方式”“创新干部管理模式”等举措，激发干部“不待扬鞭自奋蹄”优良传统，与时俱进提升“张家港精神”“昆山之路”“园区经验”，为闯关者助力、促创新者奋力、助实干者前行，努力打造一支讲政治、善创造、勇担当、不懈怠的新时期高素质专业化干部队伍。

五、再创古韵今风的现代化国际化城市新辉煌

习近平总书记深刻指出，“做好各项工作，必须有强大的价值引导力、文化凝聚力、精神推动力的支撑。”这三种力量的叠加融合，铸就了我们的文化自信。苏州城市因文化而闻名，苏州经济因文化而发展，苏州人因文化而儒雅。苏州历来珍惜前人的文化遗产、珍视自己的文化传统、珍重城市的历史文脉，又秉持兼收并蓄的开放精神，不断拓宽城市发展视野，提升城市文化高度，形成了熔古铸今、古今交融的高度文化自信。决胜新征程，奋进新时代，不断抬升发展标杆，离不开高度文化自信的引领与支撑。当前，苏州正在以习近平新时代中国特色社会主义思想为指导，全面审视改革开放40年发展历程，深刻总结经济社会发展经验，辩证分析时代大势和机遇挑战，前瞻擘画面向未来的发展蓝图，不忘本来、吸收外来、面向未来，以更加意气风发的姿态走向中华民族伟大复兴的新征程。

（一）建设具有国际竞争力的现代产业名城，为再创古韵今风的现代化国际化城市夯实坚固基础

迈入新时代，苏州将以更加卓越的眼光、更加坚定的毅力推动产业转型升级，加快建设具有国际竞争力的先进制造业基地、具有全球影响力的产业科技创新高地，形成以先进制造业和现代服务业为主干，创新能力强、发展模式新、产业集群优、品牌影响力大的现代产业体系。重点以盘活存量拓展发展新空间，以优化结构提高经济质量效益，以创新驱动增强核心竞争力。正在修编的城市总规（2017—2035），贯彻新发展理念，对未来蓝图的描画更加精微细致：到2020年建设成为高水平全面建成小康社会的标杆，到2035年建设成为基本实现社会主义现代化的标杆，成为中国高端制造业基地和中国智能制造的中坚力量，中国知名的创新创业城市和长三角重要的创新中心，从而为再创古韵今风的现代化国际化城市奠定坚固的基石。

（二）建设开放包容的创新创业名城，为再创古韵今风的现代化国际化城市注入强劲活力

创新创业是城市活力的源泉，背后则是开放包容的城市气度。迈入新时代，苏州将大胆解放思想，以更大的步伐“走出去”，更广的视野“引进来”，勇于在多元文化的交流互鉴中找寻自己的发展道路，全方位融入国家对外开放总布局，实现由开放大市向开放强市的转变。改革再出发，苏州在构建全面开放新格局方面，提出建设“三个示范区”的战略目标：贯彻落实中央对外开放战略部署的示范区，在主动落实和服务国家战略方面当好表率，为推动形成全面开放新格局贡献“苏州力量”；高质量发展开放型经济的示范区，加快从规模速度型向质量效益型转变，全面提升在全球产业链中的分工、在全球创新链中的功能、在全球价值链中的层次；打造国际一流营商环境的示范区，增创新时代集商聚智新优势，为再创古韵今风的现代化国际化城市注入生生不息的源头活水。

（三）建设富裕文明的美丽宜居名城，为再创古韵今风的现代化国际化城市再添秀美气质

苏州自古以来就是鱼米之乡、富庶之地，“美丽宜居”既是一座城市的亮丽“外貌”，也是一座城市的绝佳“气质”。迈入新时代，苏州将持续深化以人民为中心的发展思想，高标准推进城市建设，高品位彰显水乡韵味，高质量满足人民群众对美好生活的期待。不断增强生活在这座城市中老百姓的获得感幸福感安全感，努力使习近平总书记提出的“八个更”的要求在苏州展现出现实模样。“强市”与“富民”同行，在经济大发展、社会大跨越的过程中，苏州百姓的生活也更加殷实，精神也更加富足，“幸福苏州”的建设水准不断提升，这是支撑苏州文化自信最深厚的沃土、最广泛的力量。努力使城乡居民享受到标准化均等化基本公共服务，优美的生态环境成为“人间新天堂”的重要标志，使苏州成为令人向往的宜居宜业首选之地。

（四）建设古今辉映的历史文化名城，为再创古韵今风的现代化国际化城市绘就艳丽华章

苏州是中国历史文化最具代表性的经典城市之一，这是苏州不可复制的城市文化名片。迈入新时代，苏州将进一步做好“整体保护与有机更新、特色塑造与品质提升、环境治理与设施配套、民生改善与社会和谐、业态转型与文化兴盛”五篇文章，使传统风貌韵味得到活态保护，吴文化基因得以更好保留，千年历史文脉实现有效传承，传统文化与现代旅游深度融合，让熔古铸今“双面绣”的“天堂福地”城市品质口碑相传。在国际上打响苏州“园林之城”“丝绸之府”“昆曲发源地”和“手工艺与民间艺术之都”等城市文化品牌。加大文化遗产保护利用，以江南水乡古镇和海上丝绸之路申遗为抓手，打造世界遗产城市品牌。加快建设“百园之城”，让苏州园林的“金字招牌”在时代大潮中更加闪亮。全力打造“手工艺与民间艺术之都”“世界遗产城市”“吴文化中心”三大品牌。创建大运河文化带建设国家示范点，把苏州大运河建设成为高颜值的生态长廊、高品位的文化长廊、高效益的经济长廊，成为中国大运河文化带上的示范工程和样板工程。

文化自信不是空谈自夸，文化自信孕育于干事创业里，壮大于攻坚克难中。苏州的文化自信，伴随着改革开放40年的历程而发展，在爬坡过坎、转型升级中经受锤炼锻造。在改革开放的壮阔浪潮中，苏州始终干在实处、走在前列，始终自加压力、勇攀高峰。苏州将始终牢记习近平总书记“像昆山这样的地方，包括苏州，现代化应该是一个可以去勾画的目标”的嘱托，在扎实做好全面建成小康社会各项工作的基础上，积极探索开启基本实现现代化建设新征程这篇大文章，自觉在全国全省大局中审视和谋划未来，努力展现发展的创新性、探索性、引领性，在更高坐标系中找准定位，增强标杆意识、丰富标杆内涵、拿出标杆作为，在勇当“两个标杆”的创新实践中，将苏州的文化自信磨砺得更加光彩夺目！

（2018年8月）

改革开放与中国城市发展

（中 卷）

本书编写组

人民出版社

改革开放与中国城市发展

目录

CONTENTS

上卷

中卷

下　卷

改革开放与中国城市发展

GAIGEKAIFANG

杭州

HANGZHOU

数字经济驱动发展变革
打造“美丽中国”杭州样本

中共浙江省委宣传部
中 共 杭 州 市 委

改革开放特别是党的十八大以来，杭州市深入实施“八八战略”，围绕“干在实处、走在前列、勇立潮头”的总体要求，把握时代脉搏和重大产业机遇，以数字经济为主线，推动产业、社会、城市“三位一体”高质量发展。2017 年，该市实现地区生产总值 12556 亿元，数字经济为核心的“三新”经济对全市 GDP 增长贡献率超过 50%，城镇居民和农村居民人均可支配收入分别达 56276 元和 30397 元。同时，城市国际化加快推进，生态环境质量持续改善，美丽乡村、美丽县域不断涌现，走出了一条以数字经济驱动发展变革、打造“美丽中国”样本的杭州之路。

一、杭州的做法与成效

21 世纪初，杭州就提出了“天堂硅谷”战略，通过大力发展信息软件、网络设备、电子商务、文化创意等新兴产业，打造形成了“经济强市、文化名城、旅游胜地、天堂硅谷”4 张金名片。2014 年，立足新的实践，杭州在全国率先实施信息经济“一号工程”。近 20 年的探索，数字经济成为杭州经济增长和产业转型的核心引擎，带动了城市服务、社会治理、百姓民生、城乡一体化发展的全面升级，推动形成了生产美、生活美、生态美和谐统一、互为促进的城市发展新模式。

（一）“数字产业化”与“产业数字化”两轮驱动，打造创新活力之城

以数字产业化、产业数字化为抓手，杭州重点培育信息软件、电子商务、云计算大数据、物联网、数字内容等新兴产业，大力推动互联网、大数据、人工智能和实体经济深度融合，涌现出阿里巴巴、网易、新华三、海康威视等一批龙头企业，城市创新活力日益强劲，产业结构不断优化升级。2017 年，全市数字经济实现主营收入 8936 亿元，增长 28.6%；两化融合指数 94.80，位居全省第一、全国前列，为浙江全省输出 70%以上的智能制造工程服务能力。

一是围绕数字产业化，打造新经济发展样板。2017 年，杭州信息软件、数字内容、移动互联网、电子商务、云计算大数据产业增加值均达千亿级以上，年均增幅均在 30%以上，电子商务、云计算、数字安防等产业集群形成全球影响力。电子商务引领国际。该市集聚了全国超 1/3 的电商平台，实现全国 85%的网络零售、70%的网络跨境贸易以及 60%的 B2B 交易。2015 年，杭州率先开展跨境电商试点，基于杭州实践形成跨境电商模式目前已在全国 35 个城市推广。2017 年，杭州跨境电商交易额达到 99.36 亿美元，8000 家企业参与跨境电商；网络零售额达到 4302 亿元，处于全省第一、全国前列。云计算服务全球。杭州集聚了阿里云、网易云、海康萤石云、华数云等一批云平台，云计算服务能力领先全国、服务全球。阿里云国内市场占有率达 47.6%，为全球 200 多个国家和地区提供服务，2018 财年营业收入超过 130 亿元，成为全球三朵云之一。“互联网 +”新业态蓬勃发展。2017 年，杭州数字内容产业实现增加值 1870 亿元，连续 12 个季度保持 28%以上增长，网易云音乐用户数突破 4 亿，咪咕阅读月访问量达 2.5 亿，年业务收入超过 72 亿元；全市完成快递业务量 18.05 亿件，增长 43.6%，成为全国唯一的“中国快递示范城市”。2018 年上半年，该市新设区块链技术研发型企业 359 户、新设人工智能相关企业 176 家、新设机器人研发生产销售企业 236 户。阿里巴巴集团技术委员会主席王坚认为：“从产业角度来讲，杭州的信息经济等同于欧洲的数字经济加

工业 4.0，也等同于在美国的分享经济加工业互联网。杭州在世界范围内较早地把未来产业的一些重点与方向给看准了，而且付诸了实施。”

案例 1　阿里云：十年磨一剑，成为全球云计算“三朵云”

阿里云创立于 2009 年，是全球领先的云计算及人工智能科技公司，为 200 多个国家和地区的企业、开发者和政府机构提供服务。2017 年 1 月，阿里云成为奥运会全球指定云服务商。阿里云致力于以在线公共服务的方式，提供安全、可靠的计算和数据处理能力，让计算和人工智能成为普惠科技。截至 2018 年 6 月，阿里云在全球 18 个地域开放了 45 个可用区。根据阿里巴巴集团财报，阿里云付费云计算用户超过 100 万，2018 财年营业收入超过 130 亿元。根据 Gartner 数据，阿里云在国内云计算市场排第一名，在全球云计算市场排第三名。

阿里云坚持走自主创新的道路，目前已有超过 150 款产品和服务，覆盖云计算操作系统、终端操作系统、云数据库、云存储、云服务器、大数据、互联网中间件、人工智能等方向。飞天云计算操作系统已服务超过 230 万用户，获得中国电子学会 15 年来首次颁发的科技进步特等奖，单集群最大可管理 1 万台服务器，全球领先。创新的神龙云服务器，深度融合物理机和虚拟机的优点，同样全球领先。存储引擎已进入全球云存储前四名。

MaxCompute 大数据计算平台在 2017 年“双 11”当天处理的数据量超过 320PB，且先后两次获得世界排序竞赛冠军，已为城市管理、基因检测、天文科研、绿色出行、天气预测等提供数据计算能力。AliOS 作为智能网联汽车操作系统，已与上汽合作销售超过 60 万辆，并且已经与福特战略合作，把国产操作系统首次应用到世界级跨国企业。

二是加快产业数字化，构建智能制造杭州模式。经过多年探索，杭州率先走出了一条从“机器换人”到“工厂物联网”再到“企业上云”“ET 工业大脑”驱动的智能制造之路。2017 年，杭州规模以上工业企业中高新技术产业、战略性新兴产业、装备制造业增加值分别增长 13.6%、15.0% 和 11.0%，连续 4 年超过规模以上工业增幅，产业结构持续向好。机器换人全面推进。近年来，该市累计实施机器换人项目 3016 项，组织实施智能制造试点示范项目 114 项，其中列入国家试点示范 12 项、省试点示范 47 项。首创工厂物联网模式。自 2015 年起，杭州全面启动工厂物联网专项行动，从“研发设计协同化、生产过程智能化、能源管控集成化、服务模式延展化和个性化定制”五个方向，推动企业从内部数字化向网络化应用拓展。截至目前，已累计实施企业试点 712 家。据有关统计部门对 2015 年实施的 46 项工厂物联网试点项目事后测评，2014 年到 2016 年，试点企业平均成本费用利润率由 9.65%上升到 13.27%，增加值率由 19.23%上升到 24.9%，劳动生产率由 27.8 万元 / 人上升到 36.98 万元 / 人。以云服务平台为载体集聚云服务资源，推动全市“企业上云”，累计“上云企业”达 6.8 万家，数量领跑全省。2017 年 10 月，工信部在杭州召开现场会，“企业上云”上升为工信部和浙江全省行动。打造全球首个“ET 工业大脑”。依托云计算、大数据、人工智能等良好产业基础，开启大数据在制造决策辅助、工艺修正、智能控制、能源管控等方面的深度应用。中策橡胶是中国最大的轮胎生产企业，名列中国制造业第 267 位、世界轮胎企业第 10 名。过去，该企业在橡胶密炼（橡胶生产的核心环节）过程中的能耗和次品率过高，导致生产效率降低，生产成本升高。2016 年 11 月，阿里云 ET 入驻中策橡胶生产线，通过密炼工序的数据上云、大数据分析、制造过程参数优化，提升了炼胶合格率，大大节省生产成本。目前“ET 工业大脑”已在江苏、广东等地推广。

案例 2　中策橡胶：大数据推动精准生产

中策橡胶是中国最大的轮胎生产企业。中国制造业第 267 位，世界轮胎企业排名第10名。中策橡胶在橡胶密炼（橡胶生产的核心环节）过程中的能耗和次品率过高，导致生产效率降低，生产成本升高。在市经信委的推动下，阿里云与中策在2016年11月进入合作，并将轮胎制造首个工序炼胶环节的门尼合格率的品质提升作为首期合作的课题。对密炼工艺建模分析，推荐最优工艺参数。通过最优参数推荐，优化密炼工艺：门尼值标准差降低14%（密炼工艺关键参数）、密炼时长减少10%、密炼温度降低6%，大幅降低密炼能耗和次品率。

三是统筹空间布局，打造高质量全域发展格局。统筹规划国家级高新区、“两廊两带”、特色小镇、众创空间等市域创新空间布局，杭州加快打造“功能错位、整体协同、联动发展”的全域发展格局。做强国家自主创新示范区。以杭州高新区为核心，围绕网络基础产业、互联网、物联网三大重点领域，强化自主创新，打造产业链，培育创新企业群。2016年，杭州高新区排名升至全国第三，较2015年提升三位。在2017年浙江省电子信息产业110家重点企业名单中，杭州高新区有35家企业上榜，约占全省三分之一；在工信部指导、中国电子信息行业联合会发布的“2017中国软件和信息技术服务综合竞争力百强企业”中，浙江省有10家企业入选，杭州高新区企业占了8家。高水平建设城西科创大走廊。举全市之力推进城西科创大走廊建设，围绕“一带三城多镇”，打造全球领先的信息经济科创中心。作为城西科创大走廊的核心区，2017年未来科技城累计在数字经济领域引进海外高层次人才1800名，其中“国千”50名、“省千”57名，集聚创业企业3664家，数字经济营收从2012年276亿元上升到2017年2976亿元，年均增幅达61%，纳税超千万元企业24家，纳税亿元以上企业6家。高质量建设特色小镇。作为特色小镇发源地，杭州坚持高质量、差异化培育一批信息经济特色小镇。富阳硅谷小镇、西湖云栖小镇、临安云制造小镇、余杭艺尚小镇、西湖龙坞茶镇、江干丁兰智慧小镇等成为各个区域发展数字经济的重要平台。余杭区梦想小镇自2014年8月建设以来，累计引进孵化平台50

余家、互联网创业项目 1519 个、创业人才 13900 名，举办创新创业类活动 1157 场，参与人数近 17.5 万人次，成为大学生创业创新的热土。高标准建设重大创新载体。2017 年 9 月，浙江省政府、浙江大学、阿里巴巴联手打造以网络信息和人工智能为特色的之江实验室，对标世界一流，创建国家实验室。2017 年，阿里巴巴成立达摩院，3 年内将投入 1000 亿元人民币聚焦研究量子计算、机器学习、基础算法、网络安全等领域。北大信息高等研究院、北航杭州研究院等名校大院合作项目加快落地。

案例 3 杭州高新技术开发区：数字产业创新集群

杭州高新区瞄准世界科技前沿的信息产业，走出了一条“加快先进制造业基地建设，走新型工业化道路”的发展之路。目前，信息技术产业已经占据杭州高新区的主体地位，实现收入 1219 亿元，增长 36.5%。同时，涌现和集聚了一批勇于创新创业、不断做大做强的行业重点企业，在 2017 年浙江省电子信息产业 110 家重点企业名单中，高新区 35 家企业上榜，约占全省三分之一；国家工信部指导、中国电子信息行业联合会发布“2017 中国软件和信息技术服务综合竞争力百强企业”，浙江 10 家企业入选，高新区企业占 8 家。同时，高新区进一步细分完善信息经济产业链，做强数字安防、互联网金融、云计算等产业集群。

四是优化产业生态，打造高能级创新发展高地。以人才为核心，以科技金融为支撑，以基础设施提升为保障，以双创平台为载体，优化数字经济发展的产业生态，打造全国创新发展“四大高地”。创新人才流入高地。从“人才新政 27 条”到杭州人才“若干意见 22 条”，再到“杭州人才国际化实施意见”，不断深化人才发展体制机制改革，优化人才发展环境。2017 年杭州人才总量达 229 万，人才净流入率、海外人才净流入率均居全国城市第一。

截至目前，云栖小镇已集聚涉云企业526家，以阿里云为核心，云栖小镇正在集聚全国70%以上的云计算、大数据产业工程师，成为全球云计算大数据领域人才的摇篮。数字经济双创高地。针对创业不同阶段，整合资源，打造众创空间、孵化器、加速器、产业园接力式培育链条。杭州已拥有国家级孵化器32家、众创空间55家，国家级孵化器数量连续5年居全国省会城市和副省级城市第一。云栖大会、云栖2050、海康AI Cloud峰会、网易云创大会等一批活动，已经成为引领国内外行业发展的“风向标”。科技金融发展高地。以钱塘江金融港为引领，以金融集聚区为重点，鼓励资本集聚、构建多层次科技金融发展体系，推动科技+金融+产业有效结合。杭州银行成立国内首家城商行金融科技创新实验室，“无偿资助+政策担保+科技贷款+引导基金+周转资金+上市培育”的科技金融“杭州模式”初步形成，活跃的金融资本为创业企业融资创造极大便利。仅建成三年多的梦想小镇已集聚金融机构1359家、管理资本2919亿元，148个项目获得百万元以上融资，融资总额达110.22亿元。基础设施高地。以建设国家互联网骨干直联点、互联网国际出口通道、5G“车联网”试点为重点，提升基础设施保障能级。2017年，该市完成了2017个移动通信基站建设，共建共享率由50%提升到71%，城域网出口带宽7.4T，互联网宽带接入用户418.1万户，城市家庭光网覆盖率达到96.32%，农村家庭光网覆盖率达到85%，4G覆盖率达到95%以上，总体处于全国领先水平。

案例4 梦想小镇：“互联网+创新创业”

梦想小镇位于杭州未来科技城（海创园），筹建于2014年8月，规划面积3平方公里，致力于打造众创空间的新样板、数字经济的新增长点、特色小镇的新范式和田园城市的升级版，成为世界级的互联网创业高地。目前，梦想小镇互联网村、天使村、创业集市和创业大街已建成投用，并衍生培育了电商村、物联网村、车联网村、手游村等一批专业园区，先后入选省首批特色小镇创建名单、省级示范特色小镇名单、经信领域省级行业标杆小镇名单、省首批特色小镇文化建设示范点名单等，成功创建3A级景区，并被命名为首批省级特色小镇。截至2018年6月，梦想小镇累计引进孵化平台50余家、互联网创业项目1519个、创业人才13900名，其中148个项目获得百万元以上融资，融资总额达110.22亿元；集聚金融机构1359家、管理资本2919亿元；举办创新创业类活动1157场，参与人数近17.5万人次。

案例5　云栖小镇：发展云计算产业，打造云产业生态

云栖小镇地处杭州西湖区西南，2013年与阿里云达成战略合作，在原来传统工业园区（转塘科技经济园）的基础上实施腾笼换鸟、筑巢引凤，建设基于云计算大数据产业的特色小镇。2016年8月，阿里云正式入驻云栖小镇，目前已累计入驻阿里工程师4600余名。在此基础上，引进阿里云和新华社联合打造的“新华智云”、阿里巴巴和浙江省财政厅合作的政府采购平台“政采云”等重点企业400余家，打造富士康云栖系统工程中心项目，以“淘富成真”平台为载体，累计引进智能硬件研发企业80余家。全球未来智造创新基地（GIC）正式落户小镇。2017年，小镇财政总收入超过7亿元，同比增长86.5%。截至目前，小镇累计完成固定资产投资33.1亿元，注册企业达822家（其中涉云企业526家）。以阿里云为核心，云栖小镇正在集聚全国70%以上的云计算、大数据产业工程师，成为全球云计算大数据领域人才的摇篮。

（二）“技术引领”和“民生导向”两手共抓，建设智慧品质城市

围绕民生需求，全面推进数字技术融合应用，从点到面，从支付到办

事，从碎片化应用到系统集成，杭州依托城市数据大脑，建设技术引领、应用丰富、治理智慧的生活品质之城。2017 年，杭州“互联网 +”指数在全国 351 个城市中排名第五。

一是服务便利生活，打造移动支付之城。推动移动支付在生活消费、交通出行、公益活动等各领域广泛应用，杭州首创公交、地铁、高速出行场景应用，目前全市超过 95%的超市和便利店、80%的餐饮门店以及美容美发、KTV 等行业均支持移动支付；超过 90%的杭州市民拥有支付宝，百姓已习惯通过支付宝办理包括社保、交通、民政等 12 大类的 100 多种公共服务，移动支付普及率、服务广度及深度全国领先，成为公认的无现金城市和全球移动支付之城。

案例 6 蚂蚁金服：全球移动支付之城的推动者和主力军

2004 年，支付宝率先开创了担保交易模式，带动互联网第三方支付行业兴起，促进了网络经济的快速发展。自第三方支付普及以来，网络零售交易规模从 2006 年的 260 多亿元到 2017 年的 67100 多亿元，增长了 300 余倍。截至 2018 年 3 月，支付宝国内活跃用户超过 5 亿；支付宝城市服务平台覆盖全国 364 个城市，为 2 亿多用户提供了政务办事、医疗服务、交通出行、生活缴费等在内的 12 大类 100 项服务，涉及社会生活方方面面。针对广大中低收入者碎片化的现金管理及金融理财需求，蚂蚁金服推出了“余额宝”等产品及服务。截至 2018 年 3 月，余额宝及其他理财产品用户 4.3 亿，为用户创造收益超过 1500 亿元。

蚂蚁金服自主研发了金融云平台和 Oceanbase 数据库，摆脱了对传统外资设备和数据库系统的依赖，实现了核心业务自主可控。以支付宝为例，实际交易峰值达 25 万笔 / 秒，远高于 VISA 的实际交易峰值；2016 年移动支付量是国际领先的移动支付机构 PayPal 的 20 余倍。从遭遇欺诈导致资金损失的概率来看，目前支付宝低于百万分之一，PayPal约为万分之三，而根据银联的数据，2016年中国银行卡总体遭遇欺诈的概率约为万分之二。于2015年1月首家获得公安部权威认证，将“人脸验证系统”应用于互联网金融领域。作为全球首创人脸+眼纹双因子认证技术，人脸识别准确率已达99.5%，再配合眼纹等多因子验证，准确率为99.99%，远超肉眼识别97%的准确率。

二是深化“最多跑一次”改革，建设移动办事之城。围绕理念创新、流程创新、方式创新和应用创新，加快数据整合、开放、共享，以“最多跑一次”改革为切入点，建设数字政府，为个人和企业提供个性化、便捷化服务。推行“一窗受理、集成服务”，推动群众办事从“找部门”转为“找政府”。以“一窗受理、集成服务”为主抓手，将按照部门职能分设窗口整合为投资审批、商事登记、不动产交易等综合窗口，变“群众跑”为“干部跑”，实现“一门进”“一窗办”“一事毕”，并将政务服务向基层“最后一公里”延伸。加快数据归集，让“数据跑”、群众“不用跑”。截至2018年1月，全市已归集59个部门近293.6亿条信息。这些数据通过清洗、归类、标注、上架等工作，可按需即时调取。以商事登记为例，杭州已实现85%的新设企业可按“一件事”标准进行网上办理，办理该年新增的17类“多证合一”事项8万件，减少企业跑腿8万次，工作成效得到国家有关部委充分肯定。推广智能设施布点，实现24小时办理。在“就近办、同城办、网上办”的基础上，加快智能化综合自助办事服务机终端开发和推广，整合推出“杭州办事”手机APP，实现24小时办、一机办结，打造“永不落幕的办事大厅”。加快治理创新，成立互联网法院。2017年8月，杭州成立了全国首个互联网法院，起诉、立案、送达、举证、开庭、审判等每个环节全流程在线，诉讼参与人的任何诉讼步骤即时连续记录留痕，当事人可以“零在途时间”“零差旅费用支出”完成诉讼。按照数梦工场创始人王巍的理解，数据可以解决大问题，“一号工程”就是要用数据技术解决当下突出的一些社会、经济和精准治理等问题。沿着这条路，杭州可以变成数据技术的赋能中心、数据治理的示范中心、数据生态的合作中心。

案例7 杭州商事制度改革：商事登记“一网通”

杭州以“一件事”最多跑一次为目标，积极推进商事登记多证合一、证照联办改革。杭州的商事制度改革贯彻了“大数据”的管理理念，涉及跨部门的50个整合联办事项，通过商事登记“一网通”进行数据整合、信息共享，一次采集、共享通用，成功打破了对新设企业申报的环节限制、层级限制和区域限制，加快市及市以下商事登记领域跨部门“多证合一”“证照联办”全覆盖，重点破解变更、注销、迁移、章程备案等难题，实现所有商事登记事项“一网通”全覆盖。2018年年底前实现新设企业网上办理率90%，商事登记“一网通”证照联办率70%。

三是围绕百姓需求，构建多层次智慧民生服务体系。以大数据综合应用为支撑，在教育、医疗、旅游、城管等重点领域推进智慧应用，不断提升公共服务便捷化、均等化、精准化水平。数字技术助推资源共享和民生服务均等化。借助大数据、物联网技术以及APP等载体，打破“信息孤岛”，助推实现公共服务资源共享。以智慧医疗为例，目前已覆盖在杭的省、市、区（县）医院和社区卫生服务中心等各级医疗机构203家，通过市县两级平台互联，实现了诊疗数据的动态采集和健康档案的共享调阅，截至2017年11月底，市属医院临床医生调阅他院的超声报告和影像为68万次。主城区接入34家省、市、区级医院以及所有社区卫生服务机构，为108075名转诊病人提供精准预约转诊服务。“智慧医疗”在全市卫生领域的广泛应用，既是一场卫生行业的自我革命，更是一场积极地推进信息产业发展的重大尝试。大数据实现管理精准化。成立于2017年的杭州旅游经济实验室通过对在线旅游用户、来杭游客、旅游企业以及景区景点的实时监测，深入掌握城市游客分布、景区流量、旅游企业经营情况，为事前预测预警、事中引导分流、事后营销提供数据支持。2017年国庆期间，该实验室准确预测来杭人员总量、提前预警旅游高峰时段，客流引导效果显著。信用创新应用让城市更智慧。利用积累的大数据资源，推动信用动态评估，涉及消费金融、融资租赁、酒店、租房、出行、公共事业服务等上百个场景，免押金租、信用签证、极速理赔等多项应用，让信用可用、可得，建成了全国社会信用体系建设示范城市。“医信付”让全市近900万持卡群体“先诊疗后付费”，“信易租”支持守信主体享受便利租赁的服务。目前已开通芝麻信用的用户为727.6万人，免押用户总数368.6万人，杭州居民通过信用免押金总额达143.2亿元。

案例8　杭州智慧城管：互联网+“大城管”

杭州智慧城管借力现代信息技术与互联网思维的发展，为城市管理的创新实践提供了新契机，不仅使市民生活得到便利，一些城市管理中的老大难问题，借助新技术也得以逐步解决。成立以来，杭州智慧城管平台共立案交办996.36万件，解决968.3万件，问题及时解决率从最初的26.7%提高到现在的99.3%。未来，杭州智慧城管将通过城市管理标准创新、技术创新、管理创新、服务创新，形成地域覆盖最广、行业覆盖最全、资源高度整合、业务深度融合、具有杭州特色的“大城管”格局以及“政府引导、全民共管、市民自治”的可持续发展的智慧城市管理新模式。

四是建设“城市数据大脑”，人工智能辅助决策全球推广。2016年，在杭州市政府支持下，阿里巴巴、华三通信、富士康等13家企业合力建设“城市数据大脑”，率先在交通治堵领域进行应用，为全国乃至全球在云计算、大数据、人工智能参与社会管理方面，做了一次先驱性探索。智慧交通

V1.0 平台于 2017 年 7 月 6 日正式上线运行，接入路口、匝道信号灯和断面微波 100 余路，监控视频 249 路。“城市数据大脑”不仅为应急车辆（如救护车）实时开辟绿色通道、把通行时间压缩一半，而且转变了交通事故的处理方式，变被动出警为主动出警。当年，“城市数据大脑”成为四大国家级人工智能创新平台，并在我国广州、苏州、澳门和马来西亚吉隆坡等全球城市推广复制。

（三）“绿色共享”和“城乡一体”两措并举，构建生态文明杭州

以智慧、低碳、绿色为导向，数字经济推动城市与乡村、农民与市民、社会与自然同步发展、共享红利，和谐幸福、美美与共的生态杭州加快建成。从 2013 年到 2016 年，杭州市区空气优良天数增至 260 天，同比增加 18 天；PM2.5 的年平均浓度，从 70mg/m^3 下降到 49mg/m^3；主城区水质大幅提升，西部四县（市）基本实现全域可游泳；万元 GDP 能耗 0.36 吨标准煤，居全国副省级城市前列，成为国家生态市、国家森林城市、国家生态园林市，首个无钢铁生产企业、无燃煤火电机组、无黄标车的“三无”城市。

一是发展绿色产业、推进共享经济，加快城市低碳化发展。通过推动产业结构优化、创新共享经济模式、引领形成绿色消费，数字经济成为城市低碳化发展的重要驱动力。“十二五”期间，杭州以数字经济为发展重点，严格产业准入，淘汰落后产能企业 1500 余家，产业结构加速向低碳化转变。在“十二五”全国节能减排试点城市考核中，杭州获得仅有的两个“优秀”之一。杭州率先开展公共自行车网络建设，目前服务网点已经达 3855 个、自行车 8.96 万辆，日最高租用量 47.3 万人次，累计租用达到 8.56 亿人次，“小红车”模式已在 170 多个城市复制推广，并催生了“共享单车”的全国热潮。2017 年，通过践行低碳环保生活，减少纸张浪费、坚持公共交通等，近 600 万杭州市民依托蚂蚁森林为地球种下了 62 万棵真树。从住宿、交通、教育、旅游，到宠物寄养、车位、社区服务甚至移动互联 Wi-Fi 共享等，杭州的共享经济新模式层出不穷，新产品不断涌现。

二是推动“互联网 + 农村”、助力乡村振兴，实现共富共美。运用“互联网 +”方式提升农业、振兴农村、富裕农民，发展农村互联网基础设施和农村电子商务，助力乡村振兴，美丽乡村、美丽县域遍布杭州。深入普及农村电商，实现农民增收。扎实推进电商进万村，率先实现农村电商服务站点市域全覆盖，形成了临安白牛村、桐庐横村等众多电商龙头村。2017年，农村电商服务站点达2362个，农村电商销售额达到100亿元，同比增长30%以上，位列全省首位。通过“农产品上行”和产业融合，临安山核桃收购价实现翻番，销售范围拓展到国内外，全产业链产值达200亿。应用物联网发展现代农业。开展智慧农业示范项目建设，通过应用物联网、移动通信、自动控制等技术，实现生产设施精准管控、生产环境远程监控，全过程生产追溯，有效降低劳动强度、水肥药使用量，提升食品质量。2017年，15个市级智慧农业示范点实现年均节本增效10%以上，5个示范园区实现节本增效30%左右，农产品质量安全追溯管理系统已覆盖全市140多家乡镇快速检测室和700余个规模农产品生产基地。大数据治理服务智慧农村建设。优化基础设施、大力推进信息消费、智慧政务深入基层，让农民、市民共享技术红利、生态红利。作为五任省委书记的基层联系点，下姜村对辖区内200多户的房屋信息以及700余人的人口信息进行筛选、整合，建立数据库，便于人口流动管理、外在能人挖掘、农户建房审批等，有力促进了村内平安建设和社会综治各项工作举措的落实。村里还引入24小时办事服务综合自助机，社会保险、交通旅游、教育培训、公共事业等在村内可实现便民服务“零距离”，并有力推进了智慧旅游、垃圾分类智慧化等。通过与互联网紧密对接，下姜村朝着现代化村庄加快迈进。

案例9　临安：农村电商实现农民致富

临安白牛村是全国首批淘宝村，“山里福娃”是村里第一家电商企业。

目前在这家企业的引领下，全村已有电商户68家，500万以上电商企业16家，2017年销售产值3.5亿元，多数为大学生返乡创业。目前临安全区有农村电商规模企业29家，亿元企业3家，农村电商服务类企业37家，共有淘宝村22个、淘宝镇6个、农村淘宝店3000余家，行政村电商覆盖率90%以上。随着临安农村电商进入4.0阶段，培育5亿—10亿元以上的龙头企业又成为农村电商升级发展的新突破点。

从白牛村走出的电商服务商“闻远科技”已经成长为商务部命名的电商示范企业，其将“临安模式”的成功经验复制到其他地区，推出了闻远教育、村一味、农村互联网超市、勤劳致富等电商服务体系和子品牌，以“让农村创业更简单”的宗旨，摸索出多套可操作能落地有成效的县域电商扶贫新模式“平坝模式”“文山模式”等，服务全国37个县（市），联动全区5000余家网销店“买全国，卖全国”，2017年网销额达50亿元。

三是深化技术支撑、编制感知网络，助守“蓝天白云”。深化信息技术应用，大力推进生态环境和资源管理智能化，推广以水资源监测、污染源监测、能耗监测和环境监管等为重点的智慧生态管理模式；建设依托大数据、物联网的陆河统筹、天地一体、上下协同、信息共享的动态监测和防控治理一张网；加大对重点污染源和重点用能单位的在线监测力度，提升大气、水、土壤、生态领域环境污染治理和处置能力，以智慧治理推进生态环境质量持续改善，为治水、治气、治土和打造“美丽中国”杭州样本提供有力保障。富阳区开启智慧治水新模式，建成集信息集成、实时反映、监测预警、数据分析和全程考核于一体的综合管理平台，将全区工业污染源、农村生活污水、河道水质等全部纳入实时监控，实现了“富春清流还复来”。桐庐县实现全国首个县域乡村空气质量监测系统全覆盖，率先在浙江全省实施土壤治理，建立土壤污染检测预警耕地地理信息智能化系统。淳安县建成数字地理信息平台，完成智慧城管、污水、自来水、民政地名、市场监管等集成，实现了“一个平台支撑，一个口子管理”。

案例10 聚光科技：智慧环保践行者

从2002年聚光科技创立时“技术+管理”的两人组合，到现在8个分公司、1800余人的团队；从2004年产品开始营销的2000万年收入到目前10亿的年销售额；从单一的激光在线气体分析系统到目前的300余种产品和解决方案。目前，聚光科技在公司规模、研发实力和市场占有率等方面都排名国内行业首位，成为中国分析仪器行业和环保监测仪器行业的龙头企业。浙江省灰霾实时预警平台，采用聚光科技自主生产的国际先进环境物联网传感系统、最先进的信息分析处理平台，实现实时感知浙江全省的空气质量，特别是建立了PM2.5监测预警系统，实现了6000万人口居住地灰霾实时智能监测。点开杭州市灰霾预警专题图，将会看到杭州市的空气质量状况，点击后弹出了出行建议，系统还可以预测未来24小时、48小时、72小时的空气质量状况，为城市的灰霾预警提供决策依据。当前，除了大气雾霾问题，其他如水体污染、城市洪涝、生产安全、食品安全等问题日益突出。作为全国环境与安全检测解决方案专家，聚光科技承接了全国范围内废气约三分之一、废水约四分之一的污染排放在线监控。

二、杭州的思考与抉择

早在2002年，时任浙江省委书记的习近平同志第一次到杭州考察时强调，杭州一定要做经济强市，要看看优先发展什么？现在受制于什么？如何突破瓶颈？如何抢占制高点？要在扩大开放上下功夫，在人才和科技支撑上下功夫，把杭州建设成为创业者的天堂。“两个什么”和“两个如何”对杭州长期创新发展形成了十分重要的现实指导。从建设“天堂硅谷”，到建设创新型城市，到发展创新型经济，到突出信息化和信息产业，再到数字经济“一号工程”，杭州一直在探索创新驱动发展的转型道路。发展数字经济、打造“美丽中国”杭州样本，是杭州主动顺应全球科技产业变革浪潮和国家发展新形势，加快转变发展方式，驱动经济社会全方位变革的探索思考和生动实践。

（一）科技产业浪潮催生杭州发展新变革

进入 21 世纪后，以数字经济为标志的新一轮科技和产业革命蓬勃兴起，如破竹之势推动着产业变革，又如润物无声般改变了社会生活，成为经济社会可持续发展的重要动力。云计算、大数据、人工智能、新能源等新技术创新发展，互联网金融、网络支付、数字货币、区块链等新金融风起云涌，新技术、新业态、新产品、新模式扑面而来，形成了互联网经济，信息经济到数字经济的迭代升级，推动着经济发展向形态更高级、分工更合理、结构更优化、资源更集约、环境更友好的阶段演进。数字经济发展，带来了世界经济的大调整、大转型。在这场创新浪潮中，不进则退、慢进也是退，主要发达国家和国内城市都在积极寻找科技创新突破口，试图抢占全球未来竞争制高点。

2005 年 4 月，习近平同志专题调研杭州软件、通信产业发展，对加大力度攻坚信息技术、推进信息产业发展作了重要论述，为浙江抢先布局发展信息经济指明了战略方向。2014 年 5 月，浙江省率先提出发展以互联网为核心的信息经济，制定出台全国第一个信息经济发展指导意见，明确建设“七中心一示范区”，争创国家信息经济示范区。2016 年，G20 杭州峰会通过《G20 数字经济发展与合作倡议》，首次将“数字经济”列为 G20 创新增长蓝图中的一项重要议题，明确指出：“互联网经济时代，全球增长面临的机遇挑战并存，寻求抓住机遇、应对挑战之策，尤其要通过数字经济推动世界经济包容性增长。”2017 年，习近平总书记在致第四届世界互联网大会的贺信中指出“中国数字经济发展将进入快车道。中国希望通过自己的努力，推动世界各国共同搭乘互联网和数字经济发展的快车”。围绕中央发展数字经济系列战略决策，2017 年年底浙江省委经济工作会议提出把数字经济作为全省“一号工程”来抓，创建全国数字经济示范省。对于杭州而言，发展数字经济是加快经济转型升级、促进社会全面进步的重要途径，也是实现在高起点上的新发展、走在全省全国前列的必然要求。

（二）建设“美丽中国”样本成为时代赋予杭州的新使命

党的十八大将生态文明建设纳入中国特色社会主义事业总体布局，提出建设“美丽中国”战略构想。杭州自然地貌复杂多样、区域格局城乡兼备、人文积淀丰富深厚，生态文明建设基础良好。2013 年，习近平总书记指出杭州有基础、有条件，希望更加扎实地推进生态文明建设，“努力成为美丽中国建设的样本”。

作为一个缺乏矿产、港口等资源的资源小市，杭州在 2002 年即提出了环境立市战略，2003 年颁布实施了《杭州生态市建设规划》；2009 年，杭州被列入第二批全国生态文明建设试点市。但进入工业化后期，传统产业、高耗能行业占比过高、科技综合实力不强，过多依赖资源要素消耗等的结构性、体制性矛盾日益凸显。2014 年，杭州的人均 GDP 达 1.6 万美元，生活日益富裕的老百姓对环境质量、生存健康、城市治理的要求越来越高，更多地提供生态产品、营造天蓝地绿水净的生态环境以及安居乐业和谐的社会环境，越来越成为人民群众追求幸福美好生活的新要求。

经历长时期高速增长后，2011 年杭州发展进入新阶段，经济增速出现逐季下滑，到 2012 年结束了连续 21 年的两位数增长。2013 年继续下降至 8.0%，2014 年上半年更是跌至 7.7%。严峻形势让杭州意识到发展方式不转变，不但环境难以承受，发展也难以为继。针对环境容量逼仄、土地资源紧缺、转型升级艰难等制约，杭州认识到要把“绿水青山就是金山银山”的理念进一步落到实处、取得实效，就必须加快转变发展方式，实现以最小资源环境代价支撑更大规模、更高质量、更好效益的经济社会发展，这既是习近平总书记对杭州的殷切希望，也是杭州转型发展的必然要求。

（三）数字经济“一号工程”成为杭州转型发展新动力

在发展数字经济方面，杭州具有产业基础扎实、示范应用广泛、基础设施完备、公共服务完善等先发优势，尤其是在网络建设、产业发展、应用服务等领域形成了一批全国领先甚至国际一流的龙头企业。这些基础和优势如果不能很好利用就会丧失发展机遇，更不可能实现跨越发展。

2013 年 7 月，杭州市委十一届五次全会围绕贯彻落实习近平总书记重要指示，顺应产业变革的大势所向和杭州人民的现实期盼，全面部署了“美丽杭州”建设工作。时任杭州市委书记黄坤明表示，“杭州将要努力建成美丽中国先行区，率先走出一条人与自然和谐相处、经济社会和生态环境相得益彰的可持续发展新路”。2014 年，杭州市委十一届七次全会提出，“以发展信息经济和智慧经济为突破口建设美丽中国先行区，推进高起点上新发展”，在全省率先作出了把发展信息经济作为“一号工程”的战略抉择。2016 年 7 月，杭州市委十一届十一次全会明确，“加快推进历史文化名城、创新活力之城、东方品质之城和美丽中国样本建设”，把“美丽中国”样本作为城市发展总要求，用信息经济推动杭州全方位变革。2018 年 6 月，杭州市委书记周江勇又明确指出，要深化数字经济，打造“一号工程”升级版。

历届杭州市委、市政府从抓发展方式变革着手，持续深化“一号工程”，一任接着一任干。2014 年重点抓思想统一和体系构建。市委先后召开 5 次领导小组会议和组织多次专题培训，出台信息经济总体规划和“六大中心”建设三年行动计划、颁布《智慧经济促进条例》、全国首创信息经济 12 大核心产业统计体系、出台“人才新政 27 条”、将信息经济纳入综合考评、设立信息经济产业投资基金，推动发展信息经济成为全市上下第一共识。2015 年重点抓“互联网 +”和打造产业生态。以“工厂物联网”为突破口，全面推进制造业“互联网 +”；通过与阿里巴巴和富士康战略合作，推动企业开放优势资源，搭建“淘工厂”“淘富成真”等创新创业平台，打造新型产业生态。通过“三镇三谷”为重点的特色小镇建设，以梦想小镇、云栖小镇为示范，围绕创新创业和云产业布局，掀起全省小镇建设高潮。2016年重点抓新型智慧应用和核心基础产业发展。以5G“车联网”试点为契机，建设城市“数据大脑”，以交通治堵为突破口，加快“数据大脑”在城市管理和社会民生领域的应用，为全国乃至全球的新型智慧城市建设打造示范样板。聚焦破解杭州信息经济发展偏“软”问题，加快发展集成电路产业。2017年重点抓工业互联网和未来产业谋划。以全面推动“企业上云”为契机，阿里“ET工业大脑”、中控科技supOS工业控制系统加快推广应用，赋能全国制造业转型发展。以抢占前沿技术和产业为目标，布局发展人工智能、虚拟现实、区块链、量子技术、增材制造、商用航空航天、生物技术和生命科学等7大未来产业，打造信息经济新的增长点。

三、杭州的经验与启示

在G20杭州峰会上，习近平总书记赞誉杭州是“历史文化重镇、生态文明之都、创新活力之城”，“在杭州，点击鼠标，就可以联通整个世界”。这些年，杭州通过发展数字经济，率先实现了新一代信息技术蓬勃发展、产业结构不断优化升级、新经济发展取得重大突破的产业变革，在经济下行压力增大的情势下逆势上扬，走出了一条生机勃勃的转型之路。2011年以来，杭州三度蝉联“全国文明城市”，成为全球首个可持续发展试点城市、综合创新型生态城市、副省级城市中首个国家生态园林城市，并连续11年获评中国最具幸福感城市。杭州的经验做法带给了人们诸多有益启示。

（一）站位高，始终坚持“对标国际、放眼全球”的战略视野

2007年，习近平同志在浙江工作期间就指出：“杭州不仅仅是浙江的杭

州、中国的杭州，也应当是亚洲的杭州、世界的杭州”。这些年，杭州的电子商务发展一直引领国际产业发展，阿里巴巴等一批全球企业蓬勃兴起，数字技术在城市经济社会发展全领域广泛应用；中国“新四大发明”（高铁、网购、支付宝、共享单车）中，网购和支付宝就在杭州诞生；“云”上银行、无人超市、移动支付、互联网法院、互联网医院等新模式在杭州不断涌现。杭州因数字经济而兴、因数字经济而荣的实践充分表明，这座城市已经在全球城市发展格局中找准了自己的特色和定位。在数字化、智能化风起云涌的今天，一个城市只有站在全球数字经济发展的制高点上，树立全球国际眼光、全球胸怀，对标国际一流，才能找准新旧动能转换、城市转型升级的突破口。

当然，对比发达国家和先进地区，杭州数字经济发展还面临着基础性、创新性、引领性的重大科技成果偏少，核心技术不强、融合应用广度深度不够等问题。杭州市委、市政府表示，他们将进一步跟踪发展人工智能、量子通信、增材制造、新型显示、虚拟现实等前沿产业，依托全球特别是“高精尖”领军人才和团队，打造国际一流的创新源和人才基地，形成全球领先的数字经济科创中心。同时，将坚定不移地实施领军企业和跨国企业培育战略，在重点优势领域培育一批国际知名创新型领军企业，打造一批具有国际竞争力的本土跨国企业，积极抢占国际标准制定话语权。

（二）方向明，始终坚持“创新是第一动力”的战略路径

坚持人与自然和谐共生，建设“美丽中国”，是以习近平同志为核心的党中央深入把握经济社会发展规律、人与自然发展规律的重大理论创新。坚定走一条生产发展、生活富裕、生态良好的文明和谐发展之路，彰显了党中央对中华民族永续发展和人类未来的责任担当。这些年，杭州坚持走科技引领、创新驱动的发展道路，把数字经济作为主引擎、主抓手、主路径，用数字技术强大的创新能力实现了经济社会全方位变革。同时，他们牢牢把握贯

彻“美丽中国”战略的正确导向，坚持把生态保护贯穿于经济发展全过程，以生态改善取舍产业发展，自 2013 年起杭州市委取消了对淳安县的 GDP 等多项经济指标考核，保留和增加与生态经济有关指标，推动淳安县加快建设“美丽杭州”实验区。随着“美丽中国”样本建设步伐的加快，优越的生态环境和自然人文也为杭州吸引全球高端人才、高端团队落户提供良好优势，生物学家施一公、生物医药专家丁列明、大数据专家涂子沛、信息安全专家范渊等一大批人才纷纷来杭创业。当前，“美丽中国”建设进入了压力叠加、负重前行的关键期，生态文明体制改革、生态环境保护治理以及处理保护与发展的关系方面仍然面临着重大考验。杭州的实践表明，建设“美丽中国”，创新是第一动力、生态是第一竞争力，只有深刻把握创新与生态、生态与发展的关系，贯彻建设“美丽中国”这一国家战略才能方向明、思路清，真正落到实处。

（三）落点实，始终坚持“以人民为中心”的战略取向

习近平总书记指出，“城市的核心是人，关键是 12 个字：衣食住行、生老病死、安居乐业”。坚持人民为中心，就要把老百姓对美好生活的向往放在发展第一位，做到老百姓关心什么、期盼什么，改革就抓住什么、推进什么。今天，数字技术、数字经济从根本上改变了人类的工作、学习、商务、阅读、交流、娱乐等基本方式，只有加快发展数字经济、推广数字技术应用，才能满足群众对美好生活的新期待。近年来，杭州在发展数字经济过程中，坚持技术为民、技术惠民，围绕群众感受最深、最迫切的领域深化应用，相继实施了农村电商、城市治堵、智慧医疗、“最多跑一次”改革等务实举措，无一例外都是由群众最直接、最迫切的需求所引发的，特别是“最多跑一次”改革对政府而言是一场“真刀真枪”的自我革命，但正是抓住了群众所需所盼，让百姓充分享受发展红利，才得到了最广泛的理解与支持。

发展的最终目的是造福人民。2017 年，杭州累计接收高校毕业生总量

达 79347 人，并连续七年入选“外籍人才眼中最具吸引力的十大城市”，越来越成为广大人才创业生活的理想之地。面对人民群众日益增长的美好生活需要，市民群众在教育、就业、收入、社保、医疗、养老、居住等方面的新期待，杭州市委、市政府表示，在发展数字经济、打造“美丽中国”杭州样本的过程中，将始终坚守“以人民为中心”这一价值取向，把不断满足人民对美好生活的向往作为最大政绩，想群众之所想，急群众之所急，奔着问题去努力，摸实情、出实招、求实效，努力使人民群众的获得感、幸福感更加充实、更有保障、更可持续。

（四）韧劲足，始终坚持“一张蓝图绘到底”的战略定力

从提出“天堂硅谷”战略，到形成引领全国数字经济发展的“杭州模式”，杭州历届市委、市政府坚持“一张蓝图绘到底”，绝不小富即安、沾沾自喜，勇于肩负起每一个阶段的历史使命，既抓系统谋划、又抓改革落实，既坚持蹄疾步稳、又力求小步快跑，在战略上勇于进取，在战术上稳扎稳打。正是这种持续接力和稳定的政策环境为企业发展提供了良好土壤，也给广大创业者带去了良好预期和充分信任。在目前该市 163 家上市企业中，数字经济领域企业占据半壁江山，92 家独角兽和准独角兽企业几乎全部来自数字经济领域。创新创业在杭州已经成为一种价值导向、生活方式和时代氛围。

党的十九大报告提出，到 21 世纪中叶把我国建成富强民主文明和谐美丽的社会主义现代化强国。在改革开放 40 周年、“八八战略”实施 15 周年之际，习近平总书记再次对浙江工作作出重要指示，赋予浙江“干在实处永无止境，走在前列要谋新篇，勇立潮头方显担当”的新期望。面对日益激烈的全球竞争，杭州市委十二届四次全会表示，要高举习近平新时代中国特色社会主义思想伟大旗帜，深入学习贯彻习近平总书记对浙江和杭州工作的重要指示精神，当好“八八战略”再深化、改革开放再出发的排头兵，紧紧抓住“后峰会、前亚运”历史机遇，深入实施数字经济“一号工程”，以争当

数字经济领跑者的姿态，加快数字化、产业化、城市化“三化融合”，争创数字中国新范式，努力建设具有全球影响力的“互联网 +”创新创业中心，建成国家生态文明先行区和“美丽中国”样本，朝着加快建设独特韵味别样精彩世界名城、打造展示习近平新时代中国特色社会主义的重要窗口的目标大步迈进。

（2018 年 8 月）

改革开放

与中国城市发展

GAIGEKAIFANG

宁波

NINGBO

从商埠小城到国际港口名城的裂变

——宁波调研报告

中共浙江省委宣传部
中　共　宁　波　市　委

开放，是宁波城市的文化基因。习近平同志在浙江工作期间指出，“宁波是我国重点沿海开放城市，是浙江对外开放的重要窗口。如果说港口是宁波最大的资源，那么，开放应当是宁波最大的优势。”改革开放40年来，宁波用足用好港口这一最大资源和开放这一最大优势，历经港口开放、计划单列、市场培育、企业改制、入世并轨、应对危机等重大节点，体现了探索先行、加速发展、全面开放、战略转型、再度出发的阶段性特征，走出了以开放促改革、以改革促发展的全新道路，实现了从商埠小城到国际港口名城的历史性跨越。作为浙江深度参与“一带一路”倡议的核心区和记载“一带一路”历史的“活化石”，宁波坚持以习近平总书记关于对外开放工作的重要论述为引领，加快创建国家级“一带一路”建设综合试验区和建设国内首个“16+1”经贸合作示范区，加快构建高水平全面开放新格局，为新时代中国对外开放战略提供生动实践和鲜活样本。

一、宁波对外开放40年的重大成就

经验表明，一个国家或地区的开放程度对其经济活动的范围和强度起着决定性影响，并深刻改变和改革着经济社会发展的机制。改革开放以来，特

别是 2002 年以来，宁波按照习近平同志“立足宁波、依托浙江、服务长三角、辐射中西部、对接国内外”的要求，用好国际国内两个市场、两种资源，坚持以大开放促进大改革、带动大发展，不断提高对外开放的结构、质量、效益和水平，着力打造“开放的宁波”“世界的宁波”，推动宁波成为浙江乃至中国经济增长最快和社会发展最具活力的地区之一。

（一）持续优化经济结构，稳固提高市场份额，不断提升全球价值链位次，外向型经济大市地位牢固树立

改革开放 40 年，宁波的外向型经济从零起步，依托港口建设逐步扩大国内外经济合作，伴随着市场化改革和民营经济的壮大，宁波外贸也经历了一连串跨越式的发展：进出口额从每年 100 亿到 300 亿、500 亿直到突破 1000 亿美元，占全国比重位列前茅，外向型经济大市的地位牢固树立。

1. 持续打造竞争新优势，稳居全国外贸第一方阵

近年来，在国际贸易环境处于下行通道的情况下，外贸产业关联度达 60%以上的宁波交出了一份满意的答卷：外贸进出口总量在沿海出口大市和计划单列市中位居前列，一般贸易进出口在全国所占份额稳步提高。宁波外贸进出口能够“抗压领跑”的关键在于，依托市场“无形之手”发挥企业主体作用和政府这只“有形之手”坚强护航，在制度、政策等方面打造新的竞争优势，率先启动外贸供给侧结构性改革，持续推进商业模式创新，将过剩产能转化为优势产能，培育进口贸易新增长点，确保宁波外贸稳居全国第一方阵。

从进程来看，1988 年宁波开始拥有自营进出口权，外贸首度破亿；1993 年宁波外贸队伍从国企主导转变为各种成分共同发展，外贸首破十亿美元；2002 年宁波充分拥抱加入 WTO 机遇，率先建立外贸孵化器，外贸破百亿美元；2007 年宁波率先实施进口启蒙行动、探索服务外包，外贸破五百亿美元；2013 年宁波港吞吐量居全国第三，世界级大港建成，外贸破千亿美元，成为浙江省首个、全国第八个外贸总额超千亿美元的城市。2017 年，宁波外贸进出口额达 7600 亿元，增幅在全国十强中位居第一。其中，出口近

5000亿，分别占全国、全省的3.25%和25.6%，居全国、全省的第八、第一。目前全市直接和间接从事外贸的人口约200万，进出口实绩企业1.7万家，160多种自产商品销量长年居世界第一，贸易往来国家和地区超220个。

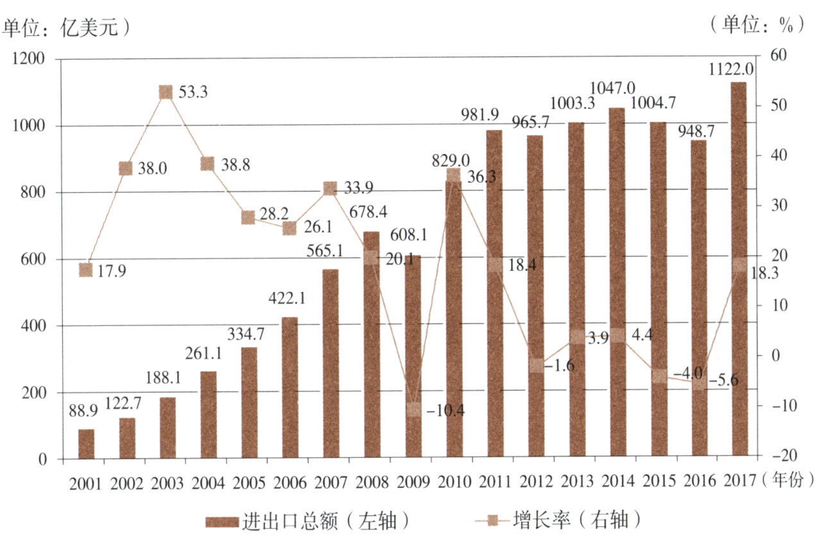

2001—2017年宁波国际货物贸易情况

2.深化外贸供给侧结构性改革，外贸生态和结构不断优化

随着外贸规模的日益壮大，宁波不断完善服务贸易促进机制和政策体系，加快发展服务外包、知识产权、通信、金融、医疗、信息技术等新兴服务贸易，外贸生态和结构不断优化。2012年宁波成为国家进口贸易促进创新示范区，2016年被确定为国家服务外包示范城市。新兴市场拓展有力，特别是对中东欧16国，2017年实现贸易额29.2亿美元，占全国比重由2016年的4%提高到4.3%，其中进口增长74.6%，是全国增幅的3倍。企业转型成效明显，如从国有企业脱胎的中基集团，成功进行市场化改制后又积极创新，转型为以产业链运营和互联网平台为核心竞争力的新型外贸企业，旗下“中基惠通”外贸综合服务平台服务客户6000多家，促进出口13亿美元。2017年，该集团营收378亿元，增长21.9%，进出口约28亿美元，增长41.6%。

成立于2011年的宁波世贸通网络科技有限公司，其运营的世贸通外贸综合服务平台已成为4个国家级试点之一。该平台联合中国银行推出了“在线无抵押进出口订单融资服务”，注册会员只要在线申请，3个工作日就可完成放贷，2016年实现短期在线融资3亿元；与中国信保系统对接，一次性统保2亿美元，为中小微外贸企业开拓海外市场保驾护航，一年帮企业获得赔款100多万美元。目前，世贸通平台注册企业总数超过12000家，关联生产型企业1万家以上，并在上海、江苏、山东、天津等沿海地区和浙江省内的5个城市设立了分支机构。

3. 跨境电商大幅缩短贸易链，不断赋予外贸新动能

近年来，增长乏力、产业转型艰难和全球辐射力不足等困境严重制约沿海城市外贸发展。面对动荡的外贸局势，如何增强外贸发展的新动能？宁波的答案是：缩短贸易链，大力发展跨境贸易电子商务。以出口为例，传统外贸供应链一般包括6个环节：中国工厂、中国出口商、外国进口商、外国批发商、外国零售商、外国消费者。而作为外贸新业态的跨境电商，则可以缩短供应链，为中国工厂提供直连外国消费者的通道。

2015年以来，在传统外贸总体下降之际，宁波跨境电商年均增长超过25%。2017年，全市跨境电商进出口总额超636亿元，同比增长136%，对宁波外贸增长的贡献度达29.45%，拉动全市外贸增长6.27个百分点，带动全市外贸总额增长超过2014年历史最高水平，全年全国累计有1385余万人次购买了宁波跨境进口商品。而在2017年“双11”活动中，宁波跨境电商进口单量突破600万单，占全国总单量的近四成。经初步调研测算，目前，宁波跨境电商直接就业18400人，带动间接就业63600人，合计达82000人。2017年11月，商务部等14个部委联合印发《关于复制推广跨境电商综合试验区探索形成的成熟经验做法的函》，要求复制推广12个方面36项85条制度创新清单，其中39条体现了“宁波模式”。

宁波长青家居用品有限公司是一家主要从事礼品、家具家饰、园艺装饰品等产品生产和出口的企业，2013年起公司涉足跨境电商，2016年公司跨

境电商出口额超过 800 万美元，同比增长 160%以上。与传统的一般贸易出口相比，跨境电商出口时效性强，一个产品从下单生产到美国上架销售可缩短 15 天。同时，跨境电商还大大提升了利润率，如制造成本为 2.5 美元的一款陶瓷杯子，如果以一般贸易方式出口，最多能卖到 5 美元左右，而通过跨境电商出口，虽然物流和其他成本会增加 4 美元，但最终销售价格可以达到 13 美元，利润翻了一番以上。

（二）树立国际视野，深度融入全球产业分工，主动参与国际竞争，全球资源配置能力显著增强

宁波地处 21 世纪海上丝绸之路建设和长江经济带发展的战略交汇处，作为我国重要制造业基地和首个“中国制造 2025”试点示范城市，目前已形成 8 大超千亿的优势产业集群。宁波民营经济发达，民间资本可用总量达 1 万亿元以上，“走出去”的民间资本遍布全球 100 多个国家（地区），“一带一路”沿线国家投资总量占比达 20%以上，是全国第 4 个境外投资额超百亿美元的副省级城市，为全国企业更高水平“走出去”、探索与“一带一路”沿线国家合作新机制提供经验示范。“引进来”和“走出去”齐头并进，成为近年来宁波扩大开放、全球资源配置能力跃升的主要动力。

1. 内生机制与外生机制协调发力，“引进来”带动作用突出

科学处理内源发展与对外开放、外向拓展是“八八战略”重要内容之一，对宁波经济持续快速发展具有重要作用。一直以来，在充分发挥本土企业和民营经济的同时，宁波高度重视外资引进工作。截至 2017 年年底，全市累计批准（备案）外商投资企业 16555 家，投资总额超 1620 亿美元，合同利用外资超 910 亿美元，实际利用外资超 500 亿美元，成为全国第 9 个实际外资超 500 亿美元的城市。外商投资企业以不到全市企业总数 3%的数量，创造了近 1/3 的外贸进出口额、1/4 的国内生产总值、1/5 的财政收入和 1/6 的城镇就业。近年来，宁波通过浙洽会、境外宁波周、民营企业对接世界 500 强、甬港经济合作论坛和甬台经贸交流等活动，引进近千个外商投资项目落

户，“引进来”取得明显成效。

从整个历程来看，相对于其他城市，宁波招引外资的优势主要体现在沿海开放开发早、实业制造种类全、政府服务质量高等方面，以及海外“宁波帮”这一独特优势。海外“宁波帮”最为集中的中国香港，一直是宁波外资的最大来源地。在1992年宁波外商实际投资突破1亿美元之前，海外“宁波帮”对宁波的资金帮助以教育、医疗等社会捐献为主。此后，伴随着宁波招商体系的完善，外商投资开始逐步加快增长。2002年，宁波吸引实际外资突破10亿美元关口，2004年突破20亿，2013年突破30亿，2014年突破40亿。如果说2004—2013年这十年的盘整，标志着宁波经济壮大后对“选资”的强调以及对新方向的探索，那么2013年之后的再上台阶，则是新方向的明确——宁波确定了以符合未来需求的先进制造业、先进服务业为方向开展精准招商，大力引进一批综合实力突出的“旗舰型”企业、竞争力强劲的行业“领头羊”、细分领域的“隐形冠军”和高科技的“独角兽”。

台塑关系企业的引进，是宁波招商引资的成功典范之一。2001年11月，台塑关系企业与宁波市政府签订投资协议书，设立台塑关系企业宁波工业

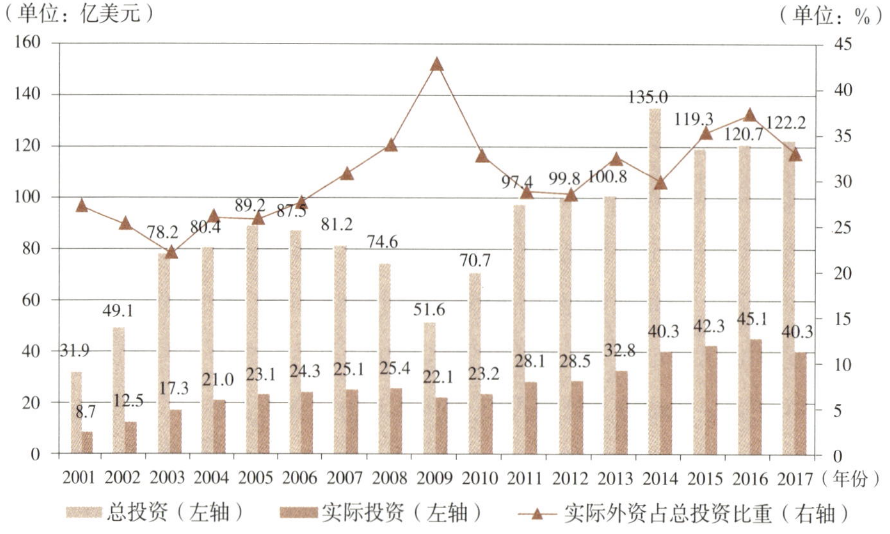

2001—2017年宁波利用外资情况

园区，占地面积6090亩。目前，台塑宁波工业园有15家关系企业，员工2570人，共完成新（扩）建项目20个，投资总额48.77亿美元，实际外资约22亿美元。截至2017年10月，产值261亿元，利润10.86亿元，上缴税收5.41亿元，企业重视环境保护，在环保上投入达到投资总额的11.5%。

2.跨国并购打破技术壁垒，“走出去”攀升价值链顶端

对于生产型外贸企业而言，由于技术改造和研发投入不足，大多数企业没有自己的核心技术和知识产权，出口主动权掌握在外方手中。特别是在美国、欧洲等发达经济体纷纷提倡制造业回归和再制造业化的背景下，中国传统出口产品的竞争优势越来越弱。生产型外贸企业转型升级，核心在于走创新驱动之路，加快利用先进技术改造提升传统劳动密集型产业，使其获取新的竞争优势。宁波的一条成功经验，就是借力资本市场开展跨国并购，“不求所在、但求所得”，让发达国家的先进技术、人才和设备为我所用，打破技术壁垒，缩小与世界500强企业和行业龙头的差距，在更大范围里进行国际资源配置，进一步优化宁波在全球产业价值链上的分工地位。

宁波的汽车零部件产业发达，在中国和国际市场都占有较大的份额。目前，全市产值超亿元的汽车零部件企业有100多家，2016年规上汽车制造及零部件企业累计完成产值1924亿元，跃升为全市第一大行业，其中汽车零部件产值破千亿元。但汽车零部件领域竞争异常激烈，核心技术长期以来控制在全球500强企业手里，中国企业的技术“天花板”问题非常突出。为了实现技术上的“突围”，宁波汽配企业积极响应国家“走出去”号召，通过并购延伸技术链，突破汽配领域的技术壁垒。

在上海证交所上市的宁波均胜电子2011年以2亿多欧元收购了全球汽车电子领域具有很强竞争优势的德国普瑞公司，增加专利100多项、研发人员500多名。5年来，公司完成了一系列连环收购，包括德国的伊玛、群英公司，美国百利得汽车安全系统公司等。借助一系列跨国并购，公司实现了市场、资源及技术的全球整合，不仅打通了全球汽车生产厂家的客户通道，而且网罗到全球高素质人才及技术力量。目前，公司在16个国家拥有研发

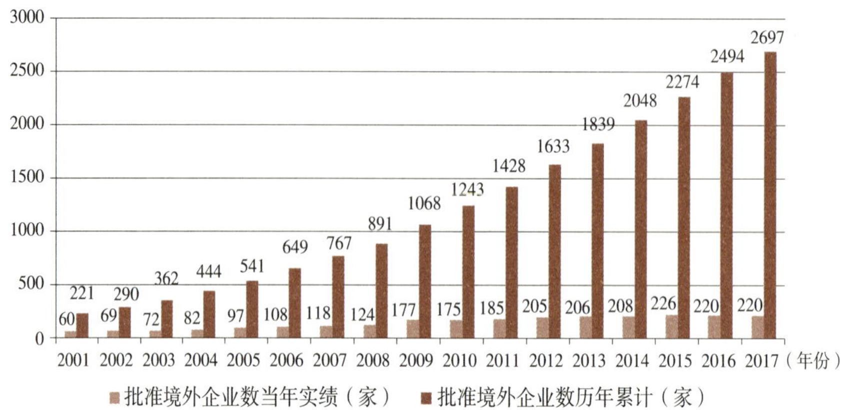

2001—2017 年宁波批准境外企业数情况

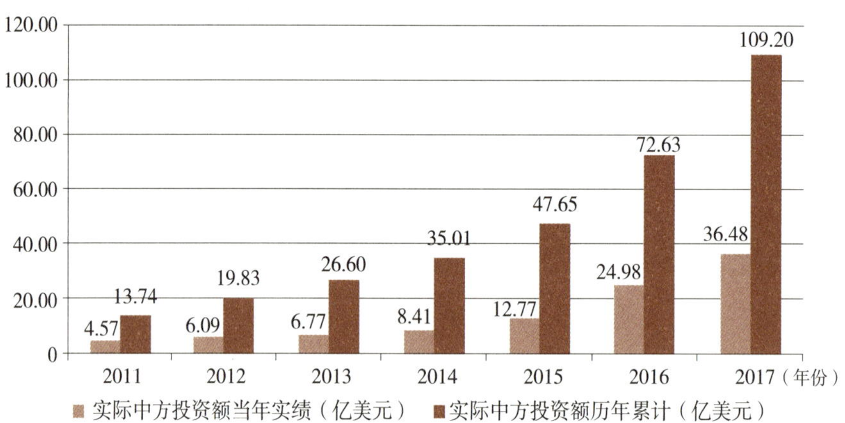

2011—2017 年宁波境外投资情况

及生产基地，员工超过 2 万人，其中研发人员 3500 多人，每年研发投入保持在总销售额的 8%。2017 年，均胜电子营收突破 270 亿元，成为汽车电子、汽车安全顶级供应商，外贸进出口额也实现两位数增长。

3. 创新“海外引智”机制，抢占国际“抢人”大战先机

宁波牢固树立人才是第一资源和战略资源的理念，充分发挥对外开放优势，深化人才发展体制机制改革，深入实施“3315 计划”“泛 3315 计划”“资本引才计划”“海外工程师”工程，形成了较为完善的国际化人才创新创业工作机制。截至目前，全市已集聚海归人才 1.1 万人，建成全国“双创”示

范基地2家，宁波北仑区成为全国首个“国家引进国外智力示范区”。随着新一轮科技革命和产业变革孕育兴起，国际化人才成为全球竞相争夺的战略资源，宁波正重点在国际化人才出入境、评价、生态等方面实现突破，加快建立更加便利化的国际化人才来甬创业创新机制。

自2009年宁波海外工程师政策出台以来，引入的1486名海外工程师帮助全市企业新增专利申请4530项，开展新产品研发和设计项目14958个，其中填补国内空白484个，替代进口2207个，推动企业直接新增产值306亿元，增加利税超25亿元。目前宁波市长期类外籍人才3000多人，入选国家“外专千人计划”专家13名，在副省级城市中位列第一。海外高层次人才在推动企业实现国际化发展、引领企业抢占技术制高点、培育企业创新团队等方面发挥了重要作用。如，宁波双马公司聘请的行业顶级专家汉斯・沃泊先生，帮助企业取得新螺杆、中心锁模和全球首台碳纤维在线混炼注塑机等系列成果，尤其是在线混炼注塑机的研发成功和产业化，为我国注塑机行业注入了新的动力，该技术还入选“十二五”全国重大引智成果。

成立于2007年11月的中国科学院宁波材料所，是浙江省首家中科院系统研究所。成立十余年来，宁波材料所承担了一批国家和中科院重大任务，在固体氧化物燃料电池、碳纤维及其复合材料、石墨烯、海洋材料等方面产出了一批重大成果。至2016年年底，共承担各类科研项目2406项，累计发表论文3070篇（其中2147篇为SCI论文），2014年、2015年连续入选全国研究机构专利十强。短短十年取得如此成就，关键在于有一支结构合理、精干高效、具有活力和竞争力的人才队伍。中科院宁波材料所以“全球人才，本土创新；全球技术，本土集成”的理念，放眼全球网罗英才。目前，全所员工992人，其中，从全球引进高层次人才200多人，院士1名，杰青2人，中组部“千人计划”29人，浙江省“千人计划”68人，中科院“百人计划”33人，科技部中青年创新领军人才3人，“万人计划”科技创新领军人才1人，名副其实成了宁波的人才高地。

（三）完善宁波舟山港国际枢纽功能，构筑全方位联通世界的开放通道，对外辐射能力不断提升

东海之滨的宁波，有着曲折蜿蜒的海岸线和得天独厚的深水良港。港口犹如一条绵长的生命线，推动着这座千年古城从陆地走向江河，走向海洋，走向世界。在建设大港口的同时，宁波大力发展现代综合交通，成功实现了机场梦、高速梦、大桥梦、高铁梦、地铁梦，建成了“一环六射”高速公路网、“南客北货”铁路枢纽、“十字形”轨道交通骨架、城乡一体的客货运网络，推动宁波从交通末梢转变为国家级综合交通枢纽。

1.“一体化”造就全球首个“10 亿吨”大港

21 世纪初，习近平同志在主政浙江时曾指出：浙江港口可以发展成为全国之最甚至世界之最。2005 年 12 月 20 日，时任浙江省委书记的习近平同志在出席宁波—舟山港管理委员会授牌仪式时说：“今后的大手笔建设，一个浓墨重彩之处，将是在港口建设方面。港口建设的重点，将是在宁波、舟山‘一体化’之举。”15 年来，宁波按照习近平同志亲自设计的航道和擘画的蓝图，大力推进宁波、舟山港的一体化发展。2006 年 1 月 1 日，“宁波—舟山港”名称正式启用，当年，宁波舟山港货物吞吐量首破 4 亿吨，集装箱吞吐量首破 700 万标准箱，习近平同志在穿山港区集装箱码头亲自按下了第“700 万”箱起吊按钮。从此，宁波舟山港进入了飞速发展的崭新时代。2015 年 9 月，宁波舟山港集团揭牌成立，两港实现了以资本为纽带的实质性一体化。300 多公里深水岸线、19 个港区、600 多座生产性泊位，在同一个市场主体下重装上阵、形成互补。港口资产一体化、规模化、集约化运营，让宁波舟山港进入了飞速发展的崭新时代，货物吞吐量、集装箱吞吐量增幅均领先世界其他大港。

2017 年 12 月 27 日，宁波舟山港成为全球首个年货物吞吐量跨越“10 亿吨”大港，完成集装箱吞吐量 2461 万标箱，增幅位居全球 20 大港口第一。据专家测算，这 10 亿吨的货物吞吐量可为甬、舟两地贡献上千亿元

的 GDP，创造数以十万计的就业岗位。而实现跨越 10 亿吨大关的背后，是浙江省港口一体化整合有力促进港口资源利用集约化、港口运营高效化、市场竞争有序化、港口服务现代化的结果。2018 年 6 月，上海国际航运研究中心对外发布了《全球港口发展报告(2017)》。报告显示，2017 年“全球最具发展潜力集装箱港口”前三名依次为新加坡港（89.08 分）、宁波舟山港（88.58 分）和荷兰鹿特丹港（76.3 分）。

2012 年来宁波港(宁波舟山港)吞吐量情况一览

（单位：亿吨、万标箱）

内容 \ 年份		2012	2013	2014	2015	2016	2017
货物吞吐量	数量	4.53	4.96	5.26	8.9	9.2	10
	世界排名	2	2	2	1	1	1
集装箱吞吐量	数量	1567.2	1677.4	1870	2063	2156	2460
	世界排名	6	6	5	4	4	4
	中国排名	3	3	3	3	3	3

注：2012—2014 年为宁波港数据，2015—2017 年为宁波舟山港数据。

2.“港口经济圈”联通服务“一带一路”沿线国家

习近平同志在浙江工作时指出：“要围绕港口的发展，进一步加强交通、能源等基础设施建设，提高口岸服务水平，不断拓展港口腹地。”“要全力推动国际大港向国际强港转变，全面提升港口辐射带动能力和国际市场开发能力，打造辐射长三角、影响华东片的‘港口经济圈’。”根据习近平同志这一指示，宁波市委市政府认识到，宁波要再创竞争新优势，关键是要用好港口这一最大优势，加快建设“港口经济圈”，实现港口辐射半径的最大化、港口功能的最大化、港口经济的最大化，使之成为宁波引领经济新常态的“动力总成”。

如果把“港口经济圈”看成“同心圆”，其“圈层”大不大、辐射力强不强，关键看“射线”的长度和密度。近年来，宁波通过海向和陆向两个层面扩大影响力。海向方面，一是加强与省内港口的互联互通。2015 年 9 月 29 日，宁波舟山港集团成立，实现了以资产为纽带的宁波舟山港实质性一体化。在此基础上，省海港集团对嘉兴港、温州港、台州港和义乌陆港进行了整合。以宁波舟山港为核心，全省沿海港口实现了一体化发展。二是深化与长三角城市和国内沿海港口的合作。近年来，宁波舟山港加大与上海、南京、太仓等城市港口的合作力度，开辟了国内南北沿海的内支线网络，形成更加强大的网络化服务优势。陆向方面，积极发展“无水港”和海铁联运等多式联运，吸引内陆工厂、物流企业、船公司选择货走宁波舟山港，进一步把港口的影响力和揽货能力延伸到内陆地区。2016 年 12 月以来，“西藏号”集装箱班列、“驻马店—宁波舟山港号”海铁班列成功首发，宁波舟山港海铁联运版图拓展到了雪域高原西藏和人口超 1 亿的中部大省河南。

主动对接“一带一路”，让“港口经济圈”焕发了新的活力。“一带一路”倡议提出以来，宁波舟山港加快走出去步伐，相继与罗马尼亚康斯坦察港、斯洛文尼亚科佩尔港等中东欧国家港口签署友好港口协议，牵手迪拜环球港务集团建设具有贸易中转、物流中枢等功能的开放综合体，致力于打造全球“一带一路”最佳结合点。目前，宁波舟山港已与“一带一路”沿线 18 个港口缔结友好港，开辟航线 82 条，年集装箱运量突破 900 万标准箱；海铁联运业务覆盖全国 14 个省 36 个市，并延伸至中亚、北亚和东欧国家。据统计，面向“21 世纪海上丝绸之路”的箱量占外贸总箱量的六成左右，“一带一路”沿线国家的货物吞吐量占全港货物吞吐量的四成左右。

3.“海丝指数”提供“一带一路”建设“中国方案”

在建设国际强港的过程中，宁波高度重视港口服务特别是高端航运服务，率先推出了衡量国际航运和贸易市场行情的综合指数——海上丝路指数。2015 年 10 月，海上丝路宁波出口集装箱运价指数在波罗的海交易所官网发布，这是中国航运指数首次走出国门。2017 年 5 月，国家发展改革委和宁波市政府在京联合发布海上丝路贸易指数，该指数主要用于衡量中国与 21 世纪海上丝绸之路沿线重要国家间的经贸发展水平。2018 年 6 月，宁波又首次发布“宁波港口指数”，该指数由港口景气指数和港口企业信心指数两大指数组成，并根据不同货种码头装卸工艺，发布集装箱、干散货、液散货、件杂货 4 个专业市场的分项指数。

宁波推出的系列“海丝指数”，为“一带一路”倡议的实施提供了“中国方案”，对于提升我国在国际航运和贸易领域的全球话语权具有重要意义，已有来自西欧、东欧、中东和东南亚地区的数千家企业订阅宁波“海丝指数”，越来越多的航运物流企业视该指数为市场预测、价格谈判和协议结算的标准。目前，海上丝路指数已写入国家“十三五”规划纲要，明确提出“打造具有国际航运影响力的海上丝绸之路指数。”

（四）对照国际标准，聚焦体制机制创新，实施功能定位和主导产业差异化策略，高能级开放创新平台加快建设

习近平同志在浙江工作时指示，宁波要完善各类开发区和园区的功能，加快开发进度，提高开发层次；要进一步完善多类型、多层级、广覆盖的开放平台体系，使各类开放平台真正成为发展开放型经济的主战场。按照这一指示，宁波在已有首批国家级经济技术开发区到保税区、出口加工区基础上，抢抓国家进一步扩大对外开放政策红利，抓紧建设国家“一带一路”建设综合试验区和“16+1”经贸合作示范区，打造了梅山保税港区、宁波杭州湾新区等一系列形态完备、功能丰富的高能级开放平台。目前，宁波拥有国家级开发区 9 家，省级开发区（园区）13 家，开发园区已成为宁波对外开放的重要窗口、产业发展的集聚高地、经济转型的核心区域和城乡统筹的先导区域。2017 年，重点开发区域为宁波贡献了 42.9%的 GDP、60.3%的外贸、65.7%的实际利用外资和 45.5%的一般公共预算收入。

1. 三个财政百亿园区，折射宁波大开放

宁波经济技术开发区成立于 1984 年 10 月，是全国首批 14 家国家级开发区之一，面积 29.6 平方公里，位于宁波改革开放前沿北仑区（北仑港所在地）。这里，曾经引进了宁波第一家外资企业、第一家世界 500 强企业。

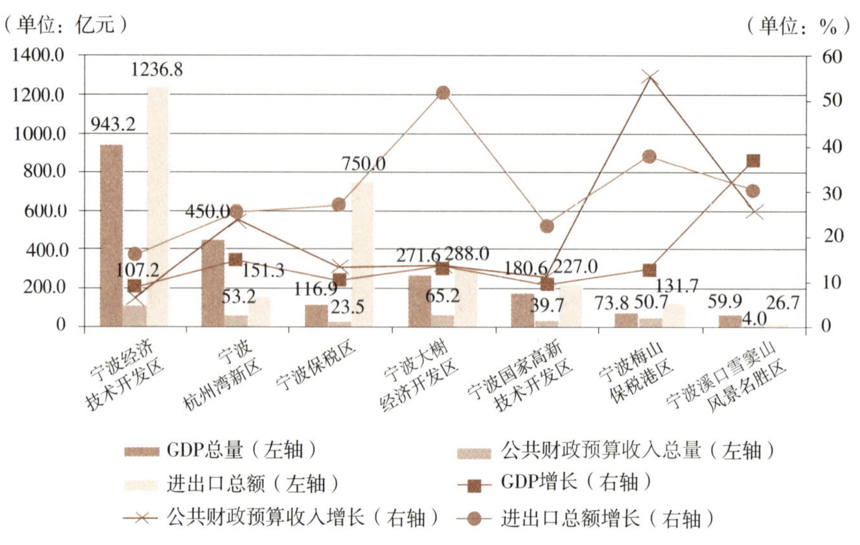

2017 年宁波市重点开发区域主要经济指标

经过 30 多年的对外开放，目前宁波经济技术开发区已经成为东北亚航运中心和华东地区重要制造业基地，形成临港大工业、机械装备制造业、光电产业、汽车及零部件制造业和现代服务业共同发展的较为完整的现代化工业体系，开发区所在的北仑区本级财政收入早就突破百亿元。

1992 年 11 月，经国务院批复同意，在北仑港南侧设立宁波保税区，区内企业享有“免证、免税、保税”等特殊政策，这是浙江省唯一的保税区。一年后，北仑区下辖的大榭岛又设立国家级开发区——宁波大榭经济开发区，由央企中信公司开发建设。不到 20 年时间，只有 30.8 平方公里的偏远渔岛宁波大榭岛成为浙江省第一个财政收入超百亿的开发区。而宁波保税区则在 2017 年“双 11”期间占了全国跨境电商进口额的近三成，年财政收入也突破 40 亿元。

同样在北仑区域，2008 年 2 月，国务院正式批准设立宁波梅山保税港区。梅山岛不大，面积仅有 27 平方公里，是一个在中国地图上用放大镜也很难找到的小岛，但它却是中国第 5 个保税港区。作为国家实施自由贸易区战略的先行区，十年来“梅山效应”逐渐显现，大批国内外客商上岛考察、洽谈，马士基、丸红、普洛斯等世界 500 强巨头在此投资。2011 年至 2017 年，梅山保税港区地区生产总值增长 7.4 倍，财政收入增长 11.2 倍，年财政收入突破百亿元。截至 2018 年 3 月底，该区域累计引进企业 2.3 万家，注册资金超 2 万亿元。

2."浙江浦东"，打造产业集聚新高地

宁波杭州湾新区是因桥（杭州湾跨海大桥）而谋、与桥同兴的发展大平台。2009 年 11 月，为加快发展海洋经济、实施"大产业大平台大企业大项目"建设战略，在整合浙江慈溪出口加工区、慈溪经济开发区管委会基础上，宁波杭州湾新区管委会成立。两年后，总投资 117.59 亿元、年产 30 万辆乘用车的上海大众浙江（宁波）项目一期全面开工，该项目在短短 10 个月内完成了商务谈判、建设现场准备和国家发展改革委批准。2017 年 5 月，中国最大的民营汽车集团吉利汽车杭州湾研发中心正式启用，这是继瑞典哥德堡、英国考文垂后，吉利重点布局的又一个全球研发设计中心。在上汽大众、吉利汽车两大龙头整车企业的虹吸效应下，延锋、江森、中信戴卡等 150 多家零部件配套企业纷至沓来，2017 年新区共生产整车 50 余万辆，汽车工业总产值达 867.3 亿元，占新区工业总产值的一半以上。今年上半年，新区汽车产业完成财政总收入超过 50 亿元，在 2011—2016 年浙江 15 个产业集聚区综合考评中，宁波杭州湾新区取得"六年四夺冠"的佳绩，成为上海南翼的"浙江浦东"。

近年来，宁波还以建设国家自主创新示范区为龙头，依托新材料科技城、国际海洋生态科技城等创新平台，面向"一带一路"沿线国家和发达经济体，引进集聚一批国际化的高端研发机构、海外创业创新团队。同时，利用当地制造业发达、产业配套齐全等优势，大力发展国际产业合作园。规划面积 40 平方公里的中意（宁波）生态园，是全国九个国际合作生态园之一，重点发展节能环保、装备制造、生命健康、教育培训四大主导产业。目前，园区已与卢森堡 TMC 公司等中介机构开展合作，面向欧洲投资者开展招商。2017 年，该工业园将实施吉利新能源汽车、北京精进动力电池等项目56个。总投资50亿元的中捷（宁波）国际产业合作园，2016年6月在浙江—捷克经贸合作交流会上签约。作为承接捷克项目的重要产业基地，中捷（宁波）国际产业合作园将重点引进汽车及零部件、机械设备、电气、通航、新材料、生物技术等优势产业项目，目前已有15个捷克项目在谈。通过国际产能合作，宁波制造业实现了腾笼换鸟，为“明天的对外贸易”积蓄了充足动能。

3. 聚焦“16+1”经贸合作示范区，“一带一路”建设综合试验区建设成绩斐然

2017年5月，习近平总书记在“一带一路”国际合作高峰论坛上把宁波誉为见证古丝绸之路的“活化石”，这是对宁波历史作用的高度肯定，更是对宁波参与“一带一路”建设提出了更高要求。为贯彻落实习近平总书记重要讲话精神，浙江省第十四次党代会提出，以“一带一路”统领新一轮对外开放，全力创建宁波“一带一路”建设综合试验区。2017年以来，在国家发展改革委员会、浙江省委省政府的大力指导下，宁波启动谋划了“一带一路”建设综合试验区创建工作，2017年9月，浙江省政府先行批复了宁波“一带一路”建设综合试验区。

根据习近平总书记关于“一带一路”建设的决策，宁波立足自身实际，以中东欧国家为重点，不断深化与“一带一路”沿线国家的合作，先后成功举办了四届中国—中东欧国家投资贸易博览会、三次中国—中东欧国家经贸促进部长级会议等重大活动，建立了宁波中东欧国家引智工作站、中国—中东欧国家技术转移中心、宁波中星中东欧新材料研究院等合作平台。2017年6月，中国首个以贸易便利化为主题的检验检疫试验区——“中国—中东欧国家贸易便利化检验检疫试验区”在宁波授牌。2018年6月，全国首个“16+1”经贸合作示范区在宁波挂牌。目前，宁波已成为“16+1”经贸合作的示范，打响了对外合作新品牌。2017年，宁波与中东欧国家进出口额达197.9亿元，同比增长26.8%，占全国的份额为4.3%，为扩大中国与中东欧十六国之间贸易和投资合作起到了重要作用。宁波也成为我国地方政府

参与“一带一路”建设的示范平台，2017 年与“一带一路”沿线国家进出口额达 1984.2 亿元，同比增长 21%。

（五）增进人文交流与文明互鉴，夯实“一带一路”民意基础，筑牢民心相通之桥，国际人文交流合作不断深入

人文交流合作是“一带一路”建设实现“民心相通”的基础前提，是传承和弘扬丝绸之路友好合作精神的重要载体。宁波历来是“一带一路”文化交流的重要节点城市，市域内拥有 120 多处海上丝绸之路遗存，40 多万海外“宁波帮”遍布全球 100 多个国家（地区），阳明文化等蜚声海内外。近年来，宁波市充分发挥文化底蕴深厚、文化资源丰富的优势，坚持经济合作和人文交流共同推进，推动国际人文交流向更宽领域延伸拓展，让文明因交流而多彩，让民心因交流而相通。

1. 联结遍布全球的“朋友圈”

经过多年建设，与宁波市缔结友好城市数量接近 90 对，“21 世纪海上丝绸之路”友城群、中东欧友城群等宁波的“朋友圈”不断扩大。这些友城发展成为宁波市开展对外文化交流的重要渠道，每年宁波和这些友城之间都开展大量的人文交流活动。国际友城赠送的纪念物如意大利大卫雕像、但丁铜像和朱丽叶铜像，德国亚琛奔马雕塑，新西兰毛利雕塑，韩国顺天八马铜雕、大邱苹果雕塑和中日友好樱花园等成为宁波与友城文化交流的象征。

宁波每年在海外重要城市举办“宁波海外文化周”文化展示活动，迄今为止已举办 10 届，足迹遍及英国、波兰、德国、美国、日本、法国、奥地利以及港澳地区。据人才服务部门统计，自 2017 年《外国专家证》和《外国人就业许可》两证整合以来，在申领《外国人工作许可证》的人员中，来自中东欧 16 国的从业人员迅速增长。2017 年，中东欧来宁波市工作的人数是过去 20 年间的人数总和。

2. 教育成为城市与世界对话的“窗口”

2012 年，宁波成为全国首个部市共建的教育国际合作与交流综合改革

试验区，开启了宁波教育对外开放的新格局。在罗马尼亚设立了中罗德瓦艺术学校，并在宁波建成了捷克、波兰语言文化中心、中国—中东欧物流联合学院、宁波中东欧国家合作研究院，中东欧引智工作站，中国宁波—中东欧国家中国文化传播体验基地。自从宁波外事学校与罗马尼亚的德瓦艺术中学建立友好姊妹学校以来，德瓦市就掀起了“中国热”。学中文、跳中国舞，在当地是一件时髦的事情。截至 2017 年，宁波市高校与中东欧 60 多个院校建立合作关系，累计双向交流学生突破 400 人。同时职教院校“出海”打响中国“金招牌”。走进宁波职业技术学院联盟大厦的大厅，访客总会被一幅世界地图所吸引。在这幅地图上，亚洲、非洲、拉丁美洲、大洋洲的 113 个国家都点上了红点，代表着宁职院的援外培训已经覆盖了中蒙俄、新亚欧大陆桥、中国—中亚—西亚、中国—中南半岛、中巴、孟中印缅六大经济走廊，援外教育“航空母舰”已经初步成形。

3. 大力推进文化“走出去”

宁波市围绕国家文化“走出去”的战略部署，与国（境）外尤其是“一带一路”沿线国家市的文化交流越来越频繁。坚持“请进来，走出去”原则，通过互办艺术节、电影展、音乐节、文化论坛等文化交流活动，拓展对外文化交流平台和渠道，每年开展各类文化交流活动 30 余项，逐步构筑起宁波同“一带一路”沿线国家合作的民意基础和社会基础。

2016 年，宁波市当选“东亚文化之都”。以此为契机，宁波市提出了“一都三城”（东方文明之都，书香之城、音乐之城、影视之城）的文化发展思路，组织举办中日韩青少年运动会、中日韩艺术节、中日韩佛教友好交流大会，推出文化、教育、体育、旅游、经贸等领域 100 多项文化活动，充分展示了宁波建设国际港口名城、打造东方文明之都的昂扬自信。2017 年，宁波市承办第十五届亚洲艺术节。艺术节以“海丝古港亚洲新梦”为主题，在为期一个多月的活动中，汇聚了亚洲各国艺术精品，23 场演出精彩纷呈，三大展览吸引十多万人参观。此外还策划实施了澜湄文化行活动，行程遍及中国、泰国、缅甸、老挝等国家，沿途开展文化展示活动，传播城市新形象。连续两年高层次、高规格的文化交流活动，有力地促进了宁波与亚洲各国的思想交融。

2017 年 11 月 23 日，由文化部和宁波市政府合作共建的官方文化机构索非亚中国文化中心正式投入运营，成为第一家由中央和地级市共同共建的中国文化中心。自运营以来，中心充分发挥宁波地理区位、国际大港、全球甬商等综合优势，成为宁波市参与“一带一路”建设的战略支点，已连续开展《十里红妆》演出、《粉墨》舞蹈专场演出、宁波市非遗展演展示以及各类教学活动 20 余场，直接受众 3 万人次以上，保加利亚国家电视台等当地媒体大幅度报道，在保加利亚民众中树立起了中国及宁波的良好形象。2018 年 7 月，为配合第七次中国—中东欧国家领导人会晤，中心举办了“异同 & 共生——中国·中东欧当代艺术展”和中国创意文化用品展，为峰会增添了浓厚人文色彩。

二、宁波对外开放 40 年的经验与启示

宁波对外开放 40 年取得巨大成就，关键就在于宁波始终立足自身实际，着力用好两种资源、开拓两个市场，树立起“新开放观”和“大开放观”，从开放发展的成就与现实出发，探索更高阶段开放和更高效益开放的新理念，在更宽领域、更高质量、更高层次上主动参与国际、国内经济竞争与合作，推进所有领域、内外统筹、经济社会联动的全面开放，最终实现以大开放促大提升、大创新、大建设、大发展。

（一）“城因港兴，港因城立”：把握港口城市发展演变普遍规律，推动港城同频共振、协调发展，始终坚持“以港兴市、以市促港”的城市发展战略

2002 年 12 月 20 日，时任浙江省委书记的习近平同志在宁波考察时指出，“纵观世界，著名的大城市、大都市几乎都与港口联系在一起。城因港

兴、港因城立，是世界港口城市发展的一个重要特征。宁波的发展，必须要突出这两个关键”。习近平同志的科学判断，深刻揭示了港口城市发展演变的普遍规律，反映出港口对于城市形成和发展的重要性，揭示了城市发展对于港口开发和繁荣的决定意义。

宁波“以港兴市、以市促港”发展战略的形成与发展既符合“城因港兴，港因城立”这一港口城市发展演变的普遍规律，又根植于中国特色社会主义在宁波的生动实践。改革开放 40 年来，宁波充分挖掘和发挥港口功能，积极夯实城市发展基础，将港口的开发开放与城市的兴盛繁荣有机地联系和整合在一起，实现了城市与港口的互动、协调发展。随着港口的开发开放，宁波由交通末端逐步转变为我国沿海大通道的重要交通枢纽，城市综合性交通体系不断发展，城市基础设施不断完善。现代港口所具有的资源配置中心的功能，带动了人流、物流、商流、信息流的运行，支撑了宁波产业的发展。以石化、能源、造纸、钢铁、修造船、汽配为代表的临港工业群迅速崛起，工业发展的集约化水平不断提高，成为宁波经济社会发展的坚实基础。与港口发展相关的仓储、运输、物流、加工、贸易、金融、代理、信息、口岸服务等产业不断发展，促使宁波城市功能不断提升。在港口龙头作用的发挥下，宁波城市布局跳出“三江口”，形成了组团式发展的现代化国际港口城市框架。同时，随着宁波城市地位和功能的提升，为港口的进一步开发开放提供了坚实的平台。面对未来，宁波将继续深化实施“以港兴市、以市促港”的发展战略，特别是宁波舟山港一体化后，宁波的港口能级得到进一步提升，也必将进一步推动宁波对外开放水平的提升。

（二）“把最大资源和最大优势两个作用发挥到极致”：发挥港口资源优势，畅通对外开放通道，始终坚持以港口开放开发推动对外开放不断发展

2002 年 10 月，时任浙江省委书记的习近平同志在宁波调研考察时着重指出：“港口是宁波最大的资源，开放是宁波最大的优势，只有把最大资源和最大优势这两个作用都发挥到极致，才能实现效益的最大化。”这既

是对宁波改革开放以来历史经验的总结，也为宁波的经济社会发展指明了方向。

宁波的开放始于港口，宁波的开放也离不开港口。宁波在推动对外开放中，始终突出一个“港”字，坚持“以港口促工业，以港口促内外贸，以港口带动全市国民经济和社会发展”的具有宁波特色的外向型经济发展战略。改革开放以来，宁波凭借其独特的港口和区位优势，大力发展临港型工业、港口物流和港口贸易为重点的港口经济，形成了具有宁波特色的开放型经济模式：一方面促进了资源要素顺畅高效的流动（流入）和技术的溢出扩散，即基本要素的充分供给为生产的持续扩张提供了保障，有力地支撑了经济高速持续增长；另一方面促进了本地禀赋优势、比较优势的不断显现和商品需求的无限扩大，推动了国际化的不断深入。

40 年的对外开放，宁波在利用国际资源、开拓国际市场方面取得了举世瞩目的成绩，与世界越来越紧密地联系在一起。宁波口岸经过 40 年的发展，已形成以海港口岸为中心，陆空口岸并举，“六区一岛”相呼应，口岸管理、查验、生产、运输、代理、金融、保险等中介服务机构相配套，全方位、宽领域、多功能的对外开放格局，为推动宁波市经济和社会的协调发展，提供了强有力的口岸支撑，并使宁波成为长三角城市群乃至全国对外开放的主要通道。面对未来，宁波还要继续坚持以港口开发开放中心的对外开放战略，将城市的国际化建设和港口经济圈的建设有机结合起来，为全面建成现代化国际港口名城提供有力支撑。

（三）“主动接轨、加强协作、发挥优势、实现共赢”：统筹利用国际国内两个市场、两种资源，始终坚持以接轨上海、融入长三角为核心的区域合作战略

上海是中国的经济中心，长三角地区又是改革开放以来中国经济最发达、城镇集聚程度最高的地区，被视为中国经济发展的重要引擎。“接轨大上海、融入长三角”既是推进区域经济一体化的要求，也是宁波自身加快发

展的必由之路。改革开放以来，宁波凭借毗邻上海，地处长三角的区位优势，始终坚持接轨上海、融入长三角的区域合作战略，使经济社会获得快速发展。

2002 年，时任浙江省委书记的习近平同志在宁波考察调研时谈到对宁波接轨上海、融入长三角时提出明确要求，“很多上海人是宁波籍的，宁波联系上海有独特的优势，希望你们充分利用这一优势”“希望你们深入研究，多加思考，早作谋划，把省委全会提出的‘主动接轨、加强协作、发挥优势、实现共赢’的要求贯彻落实好，以更加积极的姿态参与长江三角洲地区的经济合作与发展。”2003 年，习近平同志创造性地提出了“八八战略”这一引领浙江未来发展的总纲领，明确要求“进一步发挥浙江的区位优势，主动接轨上海、积极参与长江三角洲地区合作与交流，不断提高对内对外开放水平”。按照这一要求，宁波市委市政府始终秉持“跳出宁波发展宁波”理念，从更高的层次，以更开阔的视野谋划宁波的整体发展，促进区域协调发展。在主动接轨上海、加强长三角地区合作方面，充分发挥宁波与上海和长三角地区各城市地域相连、人缘相亲、经济相融、人文相近的条件和优势，以专题合作为突破口，实现制度、交通、产业、要素的全面对接，正确发挥政府、部门、企业在接轨上海、参与长三角合作工作中的组织、协调和主体作用，使接轨上海、参与长江三角洲合作与交流工作呈现出良好的发展态势。特别是杭州湾跨海大桥的建成，使宁波从长三角交通末梢一跃成为海陆交通枢纽和节点城市，经济腹地明显扩大，直接进入上海经济圈的核心圈，成为长三角南翼经济中心，推动了宁波经济社会转型升级，向更高层次发展。

（四）“为全省现代化建设大局作出更大的贡献”：善于利用战略地位，有效把握历史机遇，始终坚持在服务浙江和国家战略中实现自身发展

对宁波的改革开放，党中央、国务院和浙江省委、省政府始终寄予厚望、全力支持。习近平同志在浙江工作时，强调指出：“宁波的发展事关全

省发展大局。宁波在全省率先基本实现现代化，不仅是宁波的战略目标，而且是浙江省的战略任务”，要“使宁波的优势得到更好的发挥，使宁波的优势扩展为全省的优势”，“为全省现代化建设大局作出更大的贡献，是一个必须做好的重大课题”，提出了推进宁波舟山港一体化、构建港口经济圈等重大战略构想，亲自协调推动了杭州湾跨海大桥、象山港大桥等重大基础设施建设。他到中央工作后，依然高度关注宁波发展，勉励宁波要与杭州共同唱好“双城记”，为全国全省大局作出更大贡献。

宁波始终按照习近平总书记对宁波的亲切关怀和重要指示，始终按照中央和浙江省委的要求，把自身发展纳入到国家和浙江省改革开放的总体进程中，紧紧抓住国家逐步对外开放的历史性机遇，深度发掘由区位、港口和政策等优势形成的综合优势，敢于率先进行体制创新和机制创新，及时制定并坚定实施每一阶段适宜的经济社会发展战略，始终保持一定的政策先行优势、体制先行优势和积累而成的经济发展先行优势，在每一次重大的发展机遇面前都较好地发挥了国家和地方资源的利用效率，走出了一条独具特色的对外开放和发展之路。

1984 年，宁波成为我国进一步对外开放的 14 个沿海城市之一，依托对外开放“先行”优势，坚定不移地实施开放带动战略，外向型经济蓬勃发展，实现了经济发展格局的重要转变，成功地确立了国家重点开发城市的战略地位；1992 年，邓小平同志南方谈话和党的十四大召开以后，宁波抓住国家建立社会主义市场经济体制的机遇，多种所有制经济共同繁荣，开放型经济发展迈上新的台阶。2001 年以后，宁波抓住中国加入 WTO 等历史机遇，在更广领域和更高层次上参与国际经济技术合作与竞争，充分利用国际国内市场拓展发展空间，对外开放进入新阶段。党的十八大后，习近平总书记提出建设丝绸之路经济带和 21 世纪海上丝绸之路的战略构想，处于“一带一路”交汇处、作为亚太重要门户区的宁波，把参与“一带一路”建设作为最大使命、最大机遇、最大平台，积极发挥“一带一路”活化石的深厚积淀和开放强市的最大优势，谋划创建“一带一路”建设综合试验区，研究出台具有引领性突破性的改革开放新举措，努力推动宁波在新一轮改革开放中继续走在前列。

（五）“把全世界的‘宁波帮’都动员起来建设宁波”：充分发挥“宁波帮”报效桑梓、造福故土的美德与优良传统，始终坚持调动一切积极因素推动宁波的开放发展

宁波改革开放 40 年的历程与“宁波帮”密切相关。新中国成立后，地处我国东南沿海的宁波，经济建设虽然取得了一定成就，但由于地处东南前线，社会经济一直徘徊不前，发展缓慢。进入 20 世纪 80 年代以后，宁波迅速从默默无闻中走出来，成为当时中国开发开放的重要地区与前沿地带，国家一系列重大决策与重大开发建设项目在此落地，从而为当代宁波乃至浙江的高速发展奠定了坚实基础。这期间，以包玉刚为代表的海外“宁波帮”人士发挥了非常积极的作用，成为推动当时宁波开发开放的重要力量。1984 年 8 月 1 日，邓小平同志在北戴河发出指示：要把全世界的“宁波帮”都动员起来建设宁波。这一指示寓意深远，具有极大的号召力。在邓小平发动“宁波帮”的指示鼓舞下，以包玉刚、卢绪章为代表的海内外宁波籍人士利用其地位和影响力，为宁波的开发开放全力奔走。宁波籍人士充分发挥其信息、资金优势，直接投资或牵线搭桥支援家乡建设。

2004 年 8 月 1 日，习近平同志出席纪念“把全世界的‘宁波帮’都动员起来建设宁波”指示发表 20 周年大会，并作了重要讲话。他指出，要大力弘扬“宁波帮”精神，丰富发展“浙江精神”，进一步动员“宁波帮”和一切关心浙江发展、关心宁波建设的海内外人士，共同创造浙江和宁波的美好未来。此次会议在广大海内外“宁波帮”中引起强烈反响，掀起了新一轮“宁波帮”支援和投资家乡的热潮。截至目前，宁波市累计批准外商投资企业 1.4 万家，其中与“宁波帮”有关的 7000 家，投资总额超过 460 亿美元，占外商投资总额的 55%，为家乡宁波的开放型经济发展作出重大贡献。在推动宁波乃至全国公益事业发展方面，宁波籍人士也发挥了重要作用。据统

计，从 1984 年到 2014 年 30 年来，共有 650 多位海外宁波人士为家乡捐资兴办各类公益事业 2500 多项，捐资总额超过 17 亿元人民币，在全国公益事业的捐资总额超过 76 亿元人民币。事实证明，不论是在过去还是现在，“宁波帮”已成为宁波走向世界的重要桥梁和宁波对外开放事业的支撑点，未来宁波的发展仍然离不开他们。

三、以“一带一路”建设为统领，争创宁波对外开放新优势

（一）深刻认识宁波争创对外开放新优势面临的挑战

随着逆全球化思潮抬头、中国经济进入新常态、国内开放政策放活、中西部地区加快开发，宁波作为沿海开放城市的国际化竞争力、高端要素聚合力、中心城市辐射力、发展环境吸引力相对弱化，改革深度、开放广度、产业层次、动力模式难以适应日趋激烈的城市竞争和更高水平的国际合作。

1. 体制优势有所弱化

目前，国家计划单列的体制和政策优势正在弱化，而且近几年宁波也无缘国家级新区、自由贸易试验区等高能级战略平台和综合性改革试点，原有开放动能和政策优势也相对弱化。

2. 政策创新原创新不够

与上海、深圳等先进城市相比，宁波的体制改革力度、开放创新程度还明显不够，尤其在服务业开放、高端要素配置、营商环境、综合监管等方面还有较大创新空间。

3. 国际影响力交流平台缺乏

从国际交流合作看，缺乏具有全球影响力的国际性盛会和交流平台，城市国际化水平不高，对高端要素吸引力不大。从开放型经济竞争力看，“三外”结构性素质性矛盾突出，机械机电、纺织服饰、金属和塑料制品等中低端大宗商品进出口占比高达 80%，总部经济、现代服务业等领域外商投资

偏低。

4. 开发平台能级不够高

目前，宁波共有 10 个 A 类重点开发（功能）区、12 个 B 类重点开发区，总数量居全省第一和全国副省级城市前列，还有 16 个园中园或分园。但存在数量虽多而规模不大、布局分散，类型虽多而特色化不明显，国家级平台虽多而集约化水平不高、集聚辐射功能不强等问题，缺乏全市统筹的集约化差异化发展机制。

（二）科学判断宁波争创对外开放新优势的历史方位

当前，新一轮科技革命与产业变革历史交汇，世界经济开始调整复苏，国际金融危机风险犹在，国家之间战略博弈加剧。我国进入高质量发展的新时代，2018 年迎来改革开放 40 周年，中央将出台超出预期的改革开放新举措。未来五到十年，将出现科技与产业变革、全球治理格局变化、中国社会结构变化的重大拐点。对于宁波来说，正处于落实国家战略的集成发力期、全面深化改革的攻坚破难期、全面对外开放的深化拓展期、追赶先进城市的战略机遇期。能否把握世界经济复苏、区域发展此消彼长、城市竞争“十年河东十年河西”的周期规律，出台改革开放新政策新举措，抢抓重大拐点期的历史机遇实现“换道超车”，将直接决定宁波未来发展空间和城市等级能级。

站在 40 周年历史坐标上，宁波迫切需要更深层次改革和更高水平开放，来进一步激活发展潜力和创新活力。要以“一带一路”建设为统领，撬动各个领域的改革开放，构建更加适应国际规则、符合宁波实际的优质营商环境，努力在新一轮改革开放中再创新优势，在新时代高质量发展中走在前列。

（三）切实扛起宁波争创对外开放新优势的重大使命

党的十八大以来，以习近平同志为核心的党中央坚定不移推进对外开放理论创新和实践创新，系统回答了新时代要不要开放、要什么样的开放、如何更好推动开放等重大命题。宁波将始终保持对外开放的思想定力、战略定力、工作定力，按照干在实处、走在前列、勇立潮头的要求，坚决扛起新时代对外开放的重大使命，确保到2020年，全面开放新格局基本形成，“一带一路”枢纽城市建设、高层次开放型经济发展、一流营商环境建设取得决定性成果，成为高质量开放发展的排头兵。

1.“一带一路”枢纽城市地位基本确立

以创建国家级“一带一路”建设综合试验区为统领，建设以港口为核心的多式联运国际枢纽，丰富“海丝指数”体系，发展港口国际配送、国际采购、国际中转、沿海捎带等贸易功能，打造全球重要战略资源配置中心和亚太地区重要开放门户。推动外贸大市向外贸强市提升，以创建“16+1”经贸合作示范区为重点，打造“一带一路”投资贸易便利化先行区。推进国家自主创新示范区建设，推动跨国技术并购和国际科技成果转移转化合作，健全企业“走出去”服务体系，打造“一带一路”产业科技合作引领区。扩大金融保险开放创新，推进国家保险创新综合试验区建设，打造“一带一路”金融保险服务示范区。以海外“宁波帮”为桥梁，加强国际民间和地方政府间交流，提升城市国际化水平，打造“一带一路”人文交流门户区。

2. 开放型经济发展走在前列

充分利用国家放宽市场准入、优化投资环境、主动扩大进口等有利契机，推动国际贸易和投资朝着规模更大、质量更高、结构更优的方向发展。启动实施新一轮“外贸实力效益工程”和“万企贸易成长计划”，确保到2020年，进出口额超亿美元的外贸企业达200家，与“一带一路”沿线国家和地区贸易额超过400亿美元，进出口总额达到1万亿元外贸规模全国排名和出口总额全国占比进一步提高。围绕提升“宁波制造”国际竞争力和服务业发展水平，确保到2020年引进30个世界500强和跨国公司项目，累计引进世界500强项目140个。“引进来”与“走出去”协调推进，不断向全球价值链中高端迈进，争取到2020年，培育1—3家千亿级、6—12家百亿级的本土跨国公司、80—100 家十亿级后备跨国企业。

3. 营商环境建设达到一流水平

“最多跑一次”改革牵引作用充分发挥，形成公平开放统一高效的市场体系，市场主体满意度全面提高，营商环境市场化、国际化、便利化、法治化程度持续提升，争取达到国内一流、国际先进水平。投资贸易便利化改革进一步深化，大幅度放宽市场准入，全面实行准入前国民待遇加负面清单管理制度，深化通关一体化改革，确保 2020 年整体通关时间压缩 1/3 以上。对外开放的法治环境进一步优化，形成与国际通行规则相衔接的地方法规规章体系和涉外制度体系，加强知识产权保护，建立健全行政保护与司法保护衔接机制，把宁波打造成知识产权最安全的城市。城市国际化水平进一步提升，推进国际社区、国际学校、国际医院建设，推广宁波城市国际化形象标识，举办更多高级别外事活动、高层次国际会议、大型国际展会。

开放成就今天，开放赢得未来。宁波将以更加自信的姿态走向世界、拥抱世界，把开放最大优势发挥到极致，把宁波建设得更加强大、更有魅力！

（2018 年 8 月）

改革开放
与中国城市发展
GAIGEKAIFANG

温州

WENZHOU

当好“探路者” 续写创新史

——改革开放40年温州民营经济发展的探索与实践

中共浙江省委宣传部
中 共 温 州 市 委

温州是中国改革开放的重要发祥地，温州的改革发展是中国特色社会主义理论和改革开放基本路线的成功典范，具有重要风向标意义。习近平同志在浙江工作期间对温州发展高度重视，先后23次来温州考察指导工作。他曾精辟指出：“温州的实践是浙江改革开放的一个缩影，充分证明了邓小平理论和‘三个代表’重要思想的伟大正确，充分证明了中国特色社会主义道路的伟大正确。”

今年是我国改革开放40周年，也是浙江实施“八八战略”15周年。40年来，温州抓住历史机遇，发扬敢为天下先、特别能创业创新的精神，走出了一条具有鲜明温州特色的发展路子，创造了令人瞩目的“温州模式”。2018年6月，中国社科院和经济日报社发布《中国城市竞争力报告NO.16——40年：城市星火已燎原》，报告对2017年中国294个城市的综合经济竞争力进行研究，温州入选40个经济发展最成功的城市。站在改革开放40年的历史节点，对温州民营经济发展的40年历程进行研究剖析，具有特殊而深远的意义。

一、改革开放40年温州民营经济发展的主要历程

改革开放前，温州经济社会发展远远落后于全国平均水平。当时的温州是“三少一差”：一是人均耕地少。600多万人口在人均只有0.4亩的耕地上养家糊口，人均拥有耕地面积只有全国平均水平的1/4。二是国家投入少。新中国成立后的28年间，国家对温州的投资只有6亿多元，同期宁波为83亿。在同期对浙江省的投资总额中，温州只占3.24%。三是可利用资源少。温州是“七山二水一分田”，除了矾矿外，可直接开发和利用的矿产、土地等资源较少。四是交通条件差。温州三面环山，瓯江和飞云江拦腰横截，只有一条水路和一条路况很差的104国道与外界相连。在这样的情况下，1978年温州市的工农业总产值仅为25亿元，财政收入1.3亿元，农民年人均收入113元，低于全国平均水平。

1978年，党的十一届三中全会拉开了中国改革开放的序幕，温州迎来了以民营经济为特色的快速发展。回顾改革开放40年来温州民营经济的发展历程，主要可分为以下几个阶段。

（一）从传统农业向家庭工业转变，民营经济迅速崛起

党的十一届三中全会召开之后，温州农村大量传统农业劳动力纷纷转向从事家庭工业，越来越多的家庭工业、专业市场、从事生产经营的能人队伍在农村集聚，“一台机器、两三个人，家家户户办工厂”，家庭工业呈现燎原之势。日后的一些知名民营企业也是在那一段时期萌芽生根。比如1980年康奈集团还是红象皮鞋作坊，1984年正泰集团以求精开关厂的名字成立。到1983年农村联户、家庭工业和村办工业产值达10.58亿元，成为温州农村经济的一大支柱。

伴随着家庭工业的发展，专业化市场应运而生。80年代中后期，全市形成大小商品市场393个，其中专业市场130个，大型专业市场10个。闻名全国的平阳北港兔毛市场，每天上市交易上万人，日成交额达40多万元，

市场拥有流动资金千万元。据统计，1984 年 8 月至 1985 年 3 月的短短 8 个月时间，兔毛市场经营兔毛 885 吨，成交额达 1.1 亿元。

1985 年 5 月 12 日，《解放日报》头版头条刊发题为《温州三十三万人从事家庭工业》的长篇报道，并配发评论员文章《温州的启示》。文中指出，至 1985 年 4 月，温州家庭工业（包括联户工业）已达 13.3 万个，从业人员 33 万多人。1984 年年产值达 7.5 亿元，占全市工农业总产值的 1/6 以上。温州市农村家庭工业蓬勃兴起，短短几年，已创造出令人瞩目的经济奇迹。如今“乡镇工业看苏南，家庭工业看浙南”，已为人们所公认。温州农村家庭工业的发展道路，被一些经济学家称为“温州模式”。

（二）从个体经济向股份合作经济转变，民营经济快速发展

随着乡镇企业的全面转制和培育发展大企业思路的确立，家庭工业进入了快速成长时期，在各地以扩大区域经济总量为目标，加快家庭工业发展步伐时，温州已经着眼提高区域经济质量，着力引导家庭工业上规模、上档次、上水平，一批先发展起来、具有一定规模的家庭工业纷纷组建成为股份制或股份合作制企业，向规模化企业发展。1986 年，除大量个体、私营企业外，农民通过联户、合股、合作、集资等以股份合作形式创办的企业 10413 家，年产值 13.61 亿元，占当年全市乡村工业企业总产值的 71.5%，全市工业总产值的 27.8%。

为了进一步提高经济发展质量，温州地方政府把股份合作制企业确认为新型的合作经济组织，政策上“视同集体”对待，并于 1987 年 11 月 7 日制定颁发了《关于农村股份合作企业若干问题的暂行规定》文件，成为全国第一个关于股份合作制企业的比较系统的地方行政性规定。1988 年，苍南县炎亭冷冻厂、桥墩门啤酒厂率先进行股份合作企业规范化试点工作，先后制定企业章程，成为苍南县股份合作企业示范章程，也成为农业部 1990 年颁布的《农村股份合作企业示范章程》的重要蓝本。

温州的探索为全国股份合作制的推广打开了突破口。1991 年 7 月 15 日

至23日，全国农村股份合作企业研讨会在温州召开，温州股份合作制在全国产生了很大的影响。1993年，温州股份合作经济发展到高潮，企业数达36845户之多，占全市企业总数的54.2%。

（三）从个体发展向产业集群发展转变，民营经济赢得竞争新优势

温州经济发展的条件在中国沿海地区并不算好，它既没有广东、福建引入境外资金和技术的优势，也没有苏南来自上海的辐射影响，工业基础在全国也属薄弱地区。在这样的背景下，产业集群发展为温州民营经济赢得了竞争的新优势。

90年代后期开始，温州为改变企业规模普遍偏小的局面，集聚本地资源优势，通过企业群聚、产业集群，围绕鞋革、服装、低压电器、眼镜、打火机、塑编等主打产品，形成了完整的产业链和专业化分工网络，推动了经济增长方式的不断创新。到2005年，温州工业总产值在10亿元以上的产业集群有29个，工业总产值达3178亿元，占全市工业总产值的89.6%，形成了中国鞋都、中国电子元器件生产基地、中国五金洁具之都等43个“国字号”工业生产基地。

比如低压电器：90年代中期，温州乐清的柳市镇形成以正泰、德力西等企业集团为龙头，中小企业为基础的产业集群，成为中国低压电器生产基地。2000年左右，柳市镇集中了低压电器生产企业1400余家，在全国低压电器市场上的占有率达33%。比如皮革与制鞋：当时的温州地区集中了6000多家皮革行业的企业，其中制鞋企业4000多家，年销售额超过200亿元，占全国市场的20%，成为全国最大的鞋业基地。比如小五金（眼镜、打火机、灯具）：当时的温州地区聚集了打火机生产企业近300家，金属打火机已形成世界第一大生产基地，占全球打火机出口量的25%；灯具行业企业1000多家；眼镜行业企业500多家，年销售额达200亿元。

（四）从注重效益向注重质量转变，民营企业实现品牌化发展

过去，温州的一些民营企业因片面追求经济效益而忽视质量，劣质产品对温州的民营经济造成较大负面影响。1987 年，杭州武林广场的一把火烧毁了 5000 多双温州产的劣质皮鞋，萌芽中的“温州模式”遭受严峻考验。

为提高温州民营企业生产质量，1994 年温州颁布《质量立市实施办法》，成为全国第一个由地方人大常委会审议通过、地方政府颁布实施的质量建设地方性法规，在全国率先实施质量立市战略。2002 年，温州市人大常委会通过决议，将每年的 8 月 8 日定为“温州诚信日”，每年开展质量诚信宣传活动，全面打造诚信政府、建设信用企业、培育守信市民、发展信用市场。

质量兴，温州兴。温州质量立市，先后经历打假治劣、名牌兴业、信用温州、品牌强市四个阶段，温州民营企业实现品牌化发展。2000 年，全市服装产业中就有 35 家企业达到国家优等标准，10 家企业通过 ISO9000 质量体系认证，均居全国之最。2002 年 9 月，我国首次评选“中国名牌产品”，温州 7 家企业一举拿下了 11 个“中国名牌”。2003 年 9 月，7 家企业的 11 个产品获得中国名牌产品称号；2004 年 9 月至 2005 年 9 月，又有 10 个产品获得中国名牌产品称号。到 2007 年年底，温州共拥有 32 个中国名牌、58 个中国驰名商标。

（五）从追求高增长向追求高质量转变，民营经济加快转型升级

“八八战略”实施以来，温州紧盯民营经济发展短板，聚焦传统产业转型升级，推动民营经济从粗放型增长向高质量发展转变。2006 年，温州市委、市政府召开自主创新大会，出台《关于增强自主创新能力加快建设科技强市和创新型城市的若干意见》，温州民营企业乘着科技的翅膀，加快“温州制造”向“温州创造”转变。2007 年中国城市发展研究会发布的中国城市自主创新科学评价结果中，温州自主创新能力在全国地级城市中排名第六。到 2008 年，温州民营企业承担了 260 多项国家火炬计划项目，居浙江

省前列。依靠创新能力和行业领军地位，越来越多的温州企业参与标准制定，2006年以来，全市企业参与制修订国际、国家、行业标准990项。

进入新时代，温州民营经济迈向新的发展阶段，投资领域从集中在传统制造业和商贸业，向全面进入高新技术产业、现代服务业及新经济拓展，逐步实现技术、制度和管理的创新，不断营造新的先发性优势。如对接“工业4.0”“中国制造2025”，实施“四换三名”“三转一市”，深入整治“四无”生产经营单位，共整治“四无”企业23万家，其中关停取缔9.7万家，“僵尸企业”处置工作居浙江省第一，全市累计有上市企业23家、股改企业1063家，形成超200家拟上市梯队。加快新旧动能转换，打出转型升级系列组合拳，推进两化融合，实施腾笼换鸟、机器换人、空间换地、电商换市，鞋业、服装行业走出了规模定制的新路子，汽摩配、泵阀行业涌现出一批掌握核心技术的高成长性企业，激光与光电、信息经济、新能源汽车、生物医药、新材料、先进装备制造等新型产业集群加快培育。2017年战略性新兴产业、高新技术产业和装备制造业规上工业增加值占规上工业比重达12.7%、41.4%、45.4%，新增省级“隐形冠军”培育企业52家、“专精特新”企业2542家，企业数均居浙江省第一。

在温州改革开放的发展历程中，全国人大常委会副委员长费孝通曾三访温州，分别以《小商品大市场》《家底实创新业》《筑码头闯天下》为题，对温州改革发展实践中的新情况进行研究和探讨。1986年，他开创性地将温州模式定义为“以商带工的小商品大市场”；1995年，他又盛赞“股份合作企业是富有东方色彩的经济结义”“走出的路子是一条适合中国农民传统意识而又有所创新突破的联合之路”；1999年，他分析“温州区域经济正在向现代市场经济靠拢，开始向国际经济接轨”，并寄语“温州人要筑更大的码头，远洋出海闯天下”。费孝通先生每次都在关键的时候来到温州，大大鼓舞了正在锐意改革顶住各种压力的温州人民，对温州的经济社会发展产生了重大的影响。

正如费孝通先生所说的，“温州精神就是不甘心落后，敢为天下先，冲破旧框框，闯出新路子，并且不断创新。温州人从家庭作坊、摆摊叫卖、沿街推销、设店开厂发展到股份合作、企业集团、资产经营、网络贸易，我也似乎看到了中国的市场经济从初期的萌芽到和国际经济接轨全过程的演示”，温州大胆创新，不断探索，为全国市场经济发展走出了一条示范性的路子。

二、改革开放40年温州民营经济发展的主要成就

40年来，温州民营经济乘着改革的东风，实现从无到有、从小到大、从弱到强，带动温州城市综合竞争力大幅提升，社会事业全面进步，人民生活水平不断提升。

（一）民营经济发展推动温州综合经济实力显著增强

40年来，温州的民营经济始终保持健康发展。到2017年年底，全市在册市场主体90.2万户，其中企业22.3万户，民营经济对全市GDP贡献率超过80%，民营经济的工业增加值占91.5%，从业人员占92.9%，税收收入占82.4%，出口总额占80%，社会消费品零售总额占89.5%。在民营经济的推动下，温州全市生产总值从13.2亿元增长到5453.2亿元，增长412倍，成为浙江省第三个进入“GDP五千亿俱乐部”的城市；人均生产总值从238元提高到59306元，增长248倍；财政收入从1.35亿元提高到778.3亿元，增长575倍。

（二）民营经济发展带动全社会各领域的改革创新

40年来，民营经济发展的体制先发性优势，让温州成为我国社会主义市场经济体制改革的试验区，也激活了全社会各领域的深化改革。通过实施民营经济创新发展综合配套改革试点，创建了海峡西岸（温州）民营经济创新发展示范区，推进了金融综合改革试验区、农村改革试验区、民办教育改革、社会办医改革、民政综合改革等国家级改革试点，推进了资源要素市场

化配置、“最多跑一次”等省级改革试点，重点领域和关键环节改革不断深化并取得突破，其中“温州金融改革”被认为具有“民间资本风向标”意义的体制机制创新试验。

（三）民营经济发展促动城乡面貌的巨大变化

40 年来，温州民营经济、专业市场和产业集群的发展，有力地促进了农村小城镇的发展，成为温州强镇大镇崛起的物质基础，先后崛起了龙港镇、柳市镇等一批强镇大镇。特别是拥有“中国第一农民城”之称的龙港镇，经过改革开放 40 年的发展，实现了从小渔村到农民城、从农民城到产业城、从产业城到鳌江流域中心城市三次跨越，成为中国农村城镇化进程的一个典范。

进入新的发展阶段，民营经济的加快发展有力地推动了人口、产业、资金等要素集聚，促进了城市第三产业的发展和城市基础设施建设，加快了温州城市化进程和城市建设步伐。特别是近 15 年来，温州积极推动县域经济向都市区经济转型，城市建设交通建设进入历史上投资规模最大、实施项目最多、发展成效最佳的时期，温州龙湾国际机场 T2 航站楼投用、旅客吞吐量接近千万，状元岙港区升级为一类口岸，杭温高铁、甬台温高速复线、龙丽温高速公路和市域铁路加快建设，温武吉铁路、温福高铁正在推进，温州被国务院确定为全国性综合交通枢纽城市。通过强势推进“三改一拆”“大拆大整”“大建大美”，市区 96 个城中村拆出土地 3.6 万亩，洞头撤县设区，城市格局从“瓯江时代”迈入“东海时代”，温州先后被评为全国文明城市、国家卫生城市、国家园林城市、国家森林城市、国家历史文化名城，城市生态环境不断改善，城市文明显著提升，成为领跑浙南闽北赣东的东南沿海重要区域中心城市。

（四）民营经济发展创造丰裕的社会财富

40 年来，温州民营经济发展造就了藏富于民、发展为民的典范。据不完全统计，温州民间资金超8000亿元。1978—2017年，城市居民人均可支配收入从477元提高到51866元；农村居民可支配收入从113元提高到25154元；居民收入差距缩小到2.06：1，家庭人均年收入4600元以下贫困现象全面消除；居民人均储蓄从8元提高到68138元，全市银行业储蓄存款余额达到11218亿元，是继杭州、宁波之后成为浙江省内第三个储蓄余额超5000亿元的城市。通过民营经济40年的快速发展，温州不仅大大增强了城市综合实力，也大大提高了百姓的富裕程度，真正实现了“富民”与“强市”的统一。

三、改革开放40年来温州民营经济发展的主要特点

改革开放40年来，温州的民营经济发展主要呈现出四个方面的特点。

（一）大众创业、万众创新

改革开放40年来，温州民营企业得以迅速发展，离不开温州人的参与和创新。可以说，大众创业、万众创新既是温州民营经济发展的重要特点，也是温州民营经济取得成功的重要原因。

民营经济发展的40年是温州全民创业的40年。在温州，企业以民营为主，资金以民资为主，市场以民办为主。改革开放之初，温州“户户办工厂，家家无闲人”，经济学家钟朋荣说温州是：家家户户开发项目、家家户户研究管理、家家户户融通资金、家家户户开拓市场、家家户户承担风险，以至于家家户户都有企业家。通过这种经营模式，不仅把每个家庭、每个亲戚朋友、每个人的体力和精力充分调动出来，更重要的是把每个人的智慧都充分调动出来。据最早的统计，1982年，温州全市就有专业户、重点户13万户，从业人员40万，户带户、村带村，解决了近120万城乡劳动力就业问题。1985年，全市共有家庭工厂10.7万个，联户工厂2.5万个，产值已达11.4亿元，比上年增长42%。经历40年，温州民众创业的活力仍在上升，2017

年年底，温州全市在册市场主体90.2万户，其中企业22.3万户，民营企业占比超过99%，相当于每41个人当中就有一个办企业。

民营经济发展的40年是温州全面创新的40年。在温州民营经济发展历程中，有很多标志性的事件，这些标志性的事件都源自于温州人民的创新和创造。温州人民的创新和创造破解了民营经济发展过程中遇到的一系列问题，也使温州的民营经济发展在全国产生很大影响。比如农民手里有钱，没有城镇户口进不了城，温州人就以土地有偿转让和级差地租为突破口，集资1.2亿元创造了中国第一座农民城——龙港城；比如很多在外经商的温州人从外地回温却没有航班，温州人就创造性地包机开辟航线，成立了中国首家私营包机公司；比如国有银行贷款难度大、流程长，温州人就开出了中国第一家私人挂牌的金融机构和第一家民间股份银行……还有第一家股份合作企业、第一个跨国农业公司、第一条民资参与建设的合资铁路、第一条城市交通铁路等等，温州依靠民间的智慧和力量创造了很多的“中国第一”。这些温州人的创造和创新成为推动温州民营经济不断前行的重要力量，成为温州民营经济发展始终保持生机活力的重要基因。

（二）发展出题、改革破题

习近平同志在《之江新语》中有一句话，“发展出题目，改革做文章”。改革开放40年来，温州的民营经济发展并非一帆风顺，而是在发展道路上遇到一个又一个问题。但是，温州的民营经济在改革开放40年来始终保持强大的生命力发展至今，靠的就是不断深化改革来破解发展中的难题，从而使温州成为全国改革开放和经济发展的“先行者”“探路者”。

以金融改革为例，温州改革开放40年，金融改革与民营经济相伴而生，携手发展。

改革开放初期，民间借贷是温州民营企业启动资金的主要来源。随着民营经济的发展，民间的资金需求越来越旺盛，为了向农民提供较为优惠的创业资金，温州遵循市场规律，大胆探索利率浮动。1980年10月1日，苍南县金乡农村信用社正式启动利率浮动，1986年11月，被誉为全国首批“民间银行”的东风城市信用社、鹿城城市信用社相继诞生。1987年9月21日，经央行批准，《温州市利率改革试行方案》实施，温州成为全国首个进行利率改革的试点城市。第一轮金融改革为农村经济发展注入了生机，带动家庭工业蓬勃发展。

进入20世纪90年代末，在宏观经济周期调整的背景下，民间资本多、投资难，中小企业多、融资难开始考验温州，民营企业出现“逃废债”风波。2002年，温州被央行批准为全国唯一的金融综合改革试验区，全面创新国有商业银行经营机制、民资入股城市商业银行、存贷利率改革等。2003年7月,9家民企入股温州市商业银行（现更名为温州银行），并成为该行大股东，开启我国民企大规模入股城商行之先河。第二轮金融改革大大吸纳了民间资金进入正规金融渠道，推动了民营经济新一轮发展。

2011年，民营经济遭遇新一轮局部金融风波。为化解局部金融风波带来的风险，温州大力推进金融综合改革，2012年3月28日，国务院常务会议决定设立温州市金融综合改革试验区，批准实施《浙江省温州市金融综合改革试验区总体方案》。通过区域金融综合改革、社会信用体系重构、中小企业升级、科技创新驱动和落后产能淘汰等途径，有效化解区域金融风险，全市不良银行贷款率从最高时的4.68%下降至目前的1.57%，基本实现了从“风险先发”到“率先突围”的转变。2017年年底，温州市银行各项存贷款余额分别达到11218亿元和8658亿元，是继杭州、宁波之后成为浙江省内第三个储蓄余额超5000亿元的城市。

（三）立足温州、走向世界

温州有两个经济，一个叫温州经济，一个叫温州人经济。温州经济指的是温州本土经济，温州人经济指的是在外温州人经济。温州人“风风火火闯九州”，一直是“温州模式”中最引人注目、蔚为壮观的经济现象。20世纪80年代开始，温州人就把眼光放在了全国、全球，“以商带工”“商行天下”，哪里有温州人哪里就有市场，哪里有市场哪里就有温州人。1996 年，有超过 100 万的温州人在全国各地经商办企业。2013 年，在外温州人超过 230 万人，在全国各地创办企业 3 万多家，创办各类市场 2000 多个，年销售产品产值达 6650 亿元。最新统计数据，目前有 68.89 万温州人在世界 131 个国家和地区经商创业，有 175 万温州人在全国各地创业。改革开放 40 年来，温州经济以“走出去”“引进来”的双向互动模式，推动温州民营经济走在了对外开放的前列，率先融入了全球经济。

从外向发展来看，温商让温州产品走向世界。40 年来，在外温州人建立起一张覆盖全国、连接世界的温州人营销网络，是温州经济社会发展的特色优势和独有资源。1998 年温州人在巴西创建了全国首家境外商城——巴西中华商城，把瑞安商城的经营模式搬到了巴西圣保罗，为全国创建了先例。此后十多年，先后在喀麦隆、马来西亚、阿联酋等地开办了 18 个境外商品城。从早期的手工业品、到轻工业品再到大规模商品，温州借助全球温商网络在世界各地销售和打响温州的产品和品牌。如温州的打火机，最多时曾占据全球金属打火机 80%的份额，温州的鞋服产业也借助全球温商网络走向世界，成为温州时尚之都的核心要素。如今，“温州货”已经进入到 193 个国家和地区，2017 年全市累计进出口总额 1327.14 亿元，同比增长 11.2%，其中出口 1157.94 亿元，同比增长 9.2%。

从内向发展来看，温商推动了温州经济发展和转型升级。温州“以民引外，民外合璧”，大力引进资金、管理理念和先进技术，一批领军企业先后与法国施耐德、意大利杰尼亚、日本荏原制作所、瑞士汽巴精化、德国嘉利达、瑞士凯兰蒂等世界级产业巨头合资合作，加快企业国际化步伐。更多的温州民营企业通过与境外跨国集团、行业龙头企业的品牌对接、技术对接、渠道对接，推动了传统企业的改造升级，为自主创新、品牌创立、做大做强、走向世界创造了条件。如奥康、德力西、正泰等企业分别在意大利、德国、硅谷建立研发中心，产品在优势国家和地区开发，在温州组织生产，在国际市场销售，把发达国家科研、技术、信息、人才和成果“引进来”，极大地提升了国际竞争力。

伴随着“一带一路”倡议的实施，“走出去”的温州人又作为先行军，以大项目带动国际产能合作，开始了新一轮的对外贸易。目前共有 38 万人分布在“一带一路”沿线 57 个国家，牵头建立 4 个境外经贸合作区，其中国家级 3 个。温州市成为了全国拥有国际境外园区最多的地级市。2017 年全市境外中方投资额达到 6.9 亿美元，对外承包工程营业额达 1.02 亿美元。

（四）整合资源、无中生有

温州是一个地理位置相对偏远的资源小市，但温州人长年奔走全国各地，商行天下，较早就打破了习惯在本行政区域配置资源的思维定势，形成了温州人独有的“整合资源、借力经营”营销思维，这是温州民营经济发展不同于其他地方的独特之处，也是温州模式难以复制的根本性因素。温州民营企业整合资源、无中生有的特点突出表现在两个方面。

第一，资源不在温州，但市场在温州。温州民营企业在发展过程善于利用遍布全国的温州人网络，从而整合全国各地的可利用资源，为温州民营经济发展注入新的活力。比如温州不产牛皮，牛皮批发市场却居同类专业市场全国之最；温州没有人参，也不产虫草，但温州有影响全国、规模较大的人参市场、虫草市场；温州木材资源贫乏，但温州汇集全国甚至非洲、巴西的木材，在经销进口木材方面成为全国“龙头老大”。

第二，制造不在温州，但产出在温州。温州民营企业发展过程中，善于突破用地、人才、技术、资金等要素制约，充分利用全国各地的要素资源来壮大企业自身。比如森马集团，灵活采用“虚拟经营”的商业模式，搭建“生产、市场两头在外”，并将“研发品牌作为核心能力”的发展模式，把附加值低的制造加工环节外包出去，通过联盟与合作，向外借力，集多方资源为自己所用，实现企业的快速扩张。2005 年销售产值 17 亿，2006 年销售产值 25 亿，2007 年销售产值达 42 亿，到 2017 年，森马集团拥有的“森马”和“巴拉巴拉”两个自主品牌，销售额均超百亿元。

四、改革开放40年温州民营经济发展的思考和启示

温州的民营经济发展，是我国改革开放40年来市场经济发展的一个缩影。总结回顾改革开放40年来温州民营经济的发展历程，主要有四个方面的思考和启示。

（一）始终坚持解放思想、敢于担当

改革开放40年来，温州民营经济的发展有反对、有质疑、有争论、有反复，但是各级领导和广大干部始终坚持解放思想、敢于担当，为温州民营经济发展创造了宽松的发展环境，使温州民营经济温州民营经济在争议中发展、在质疑中前进。

改革开放初期，面对一个不被当时的观念和体制所认可的经济生态，一大批温州干部虽然没有管理它的经验，却愿意为它辩护并承担政治上的风险。20世纪80年代后期，中央多次派调查组来温，温州市各级干部以“只要温州经济发展起来，温州老百姓富裕起来，乌纱帽就拿在手里”的态度，顶住巨大压力，为温州民营经济发展创造了良好的外部条件。

在民营经济开始萌芽时，温州的干部充分解放思想，坚持“不限发展比例，不限发展速度，不限经营方式，不限经营规模”，大胆予以鼓励、支持和引导。在股份合作企业发展初期，针对不少企业“一年合伙，两年红火，三年散伙”的不正常现象，政府制定出台了一系列促进股份合作企业发展的政策，为新生事物的发展创造良好的政策环境。1982年12月，温州市委、市政府召开由农村专业户和重点户代表参加的规模盛大的温州市“两户大会”，让饱受非议的“两户”们戴上“大红花”，并宣布发展商品经济的鼓励措施，为群众吃下定心丸。90年代，浙江省委在工作指导上又强调了“五个不”：坚持党的基本理论、基本路线、基本方针，在任何时候、任何情况下都不动摇；从浙江实际出发，学习各种先进经验不照搬不照抄；少说多做，埋头苦干不张扬；以“三个有利于”为标准大胆实践，勇于创新不争论；面

对实践中的困难和问题，知难而上不气馁。这“五个不”，特别是其中的“不争论”“不张扬”为温州民营经济发展创造了宽松的环境。曾有一位中央领导多次肯定：你们采取了一种“不张扬”“不争论”的做法，这对浙江大局的稳定、对浙江的发展和保护干部群众，都起到了很好的作用。

2014 年 1 月 22 日，习近平总书记主持召开中央全面深化改革领导小组第一次会议时强调，要强化改革责任担当，看准了的事情，就要拿出政治勇气来，坚定不移干。回顾温州民营经济发展的 40 年历程，各级领导干部始终坚持把人民群众的利益放到第一位，充分解放思想，以敢于担当的精神走在改革开放前列，推动了温州民营经济的健康发展。

（二）始终坚持尊重人民的首创精神

人民是历史的创造者，也是梦想的实践者。人民中蕴含着无穷智慧与力量，只有尊重人民在改革中的主体地位，充分调动广大人民的积极性、主动性，充分发挥群众的创造力，改革才能拥有持久动力。回顾 40 年来温州民营经济的发展历程，温州人民一次又一次突破传统的思维观念，创造了一个又一个令人瞩目的发展成就。

改革开放初期，在全国不允许个体经营的情况下，温州人灵活变通，采取“挂户经营”的办法，把个体工商户挂靠公有企业，以公有企业的名义去推销产品或采购原材料，个体经营得以蓬勃发展；1979 年，苍南县钱库镇李家车村农民联络 40 个股东，每股出资 150 元，办起了针织厂，成立了全国第一家股份合作企业；发展需要资金，农村信用社却缺乏存款，温州人突破国家金融政策，于 1980 年 10 月在苍南县金乡镇信用社率先创浮动利率，将一年期存款利率由月息 4.5%上浮至 10%，贷款利率由月息 6%上浮至 15%，农村闲散资金得到了充分利用；为推进乡村城市化建设，1984 年，苍南县龙港镇又创造性地实行“谁建设、谁投资、谁受益”的政策，以有偿出让土地权的方式筹集群众资金 1.2 亿元，占总投资的 91%，建成了“中国第一农民城”。这些源自于人民的创新创造都是推动温州民营经济一步步发展壮大的重要力量。

2012 年 11 月 10 日，党的十八大召开期间，讲述温州人在改革开放以来发挥首创精神，以创业创新推动改革发展的电视剧《温州一家人》作为党的十八大重点献礼剧之一，在央视一套黄金档首播，在海内外引起热烈反响。2015 年 11 月 26 日，《温州两家人》再次在央视一套播出，引发收视热潮。《温州一家人》《温州两家人》还在法国、韩国、哈萨克斯坦等“一带一路”国家热播，对外讲好中国改革开放的故事。2017 年 6 月 7 日，在对哈萨克斯坦共和国进行国事访问前夕，习近平总书记在《哈萨克斯坦真理报》发表题为《为中哈关系插上梦想的翅膀》的署名文章，其中就以《温州一家人》为例谈中哈两国人文交流，他写道：哈萨克斯坦歌手迪玛希在中国家喻户晓，《舌尖上的中国》《温州一家人》等中国优秀影视剧走进万千哈萨克斯坦民众家庭。

习近平总书记强调，坚持以人民为中心，就是要坚定发展依靠人民，尊重人民主体地位，发挥人民首创精神。人民是发展的根本力量，群众是真正的英雄，在他们中间蕴藏着无穷无尽的智慧和力量。改革开放以来，在温州民营经济发展过程中，如果没有党委政府的支持、鼓励、保护、尊重，人民的首创精神就难以转化为推进改革的强大动力。正是因为温州充分尊重人民的首创精神，保护了广大人民创业创新的积极性，激发了广大人民的创业创新热情，温州的民营经济才始终充满生机和活力。

（三）始终坚持有限有为有效的政府治理

一些人认为，温州民营经济的成功是政府“无为而治”的结果。实际上，温州的民营经济发展过程中，政府是有所为、有所不为，始终坚持有限有为有效的政府治理，当个体私营经济萌芽的时候，政府不压制、不扼杀，放手让老百姓创业，尽量不干预微观经济主体的活动；当民营经济起步之后，政府不被各种争论和非议所惧，积极鼓励、支持、引导民营经济发展；当市场经济发展到一定水平之后，政府把能交给市场办的事尽量交给市场办；在市场出现失灵、失缺的时候，政府做好补位、到位，引导市场经济健康发展。

浙江工商大学经济学教授，原党委副书记、校长、学术委员会副主任张仁寿曾经做过一个形象的比喻：民营企业、市场机制是推动温州经济发展的“两个轮子”，温州人是温州经济的“拉车人”，政府则担任了“建道路”“管交通”的角色。“建道路”主要就是提供公共产品，如搞好宏观调控，建设基础设施，保护个人产权和投资者合法权益；“管交通”则是营造良好的市场环境，引导企业按市场规则运作（如注意提高产品质量，打击“假冒伪劣”），协调经济利益，保护生态环境等。

习近平总书记指出，更好发挥政府作用，就要切实转变政府职能，深化行政体制改革。转变政府职能，实质上要解决的是政府应该做什么、不应该做什么的问题。政府管得过多，直接干预微观经济活动，不仅影响市场在资源配置中发挥决定性作用，增加交易成本，还容易滋生腐败。温州在发展民营经济中，政府主要在宏观上把握发展方向，着重培育民营企业成长的土壤，在微观上则放手让民营企业在市场经济中自由发展，做到了“无为”与“有为”的有机结合，为民营经济的发展创造了良好的市场环境。

（四）始终坚持党组织在民营企业中的政治引领作用

党政军民学，东西南北中，党是领导一切的。非公有制企业党组织是党在企业中的战斗堡垒，在企业职工群众中发挥政治核心作用，在企业发展中发挥政治引领作用。在温州民营经济的发展过程中，温州民营企业始终坚持将党的建设摆在重要位置。

1987 年，瑞安市振中工程机械厂建立全国首个非公有制企业党组织——中共瑞安市振中工程机械厂党支部；1991 年，中共温州市委召开工业企业党建工作座谈会，就如何加强和发挥企业党组织的政治核心作用，搞好国营、集体和私营企业党建这一主题，进行了座谈；1992 年，温州在苍南县龙港镇进行股份合作企业党建工作试点，探索股份合作企业党组织的组建方式和工作方式；1993年；温州在14个重点乡镇扩大股份合作企业党建工作试点，全面探索和实践非公有制企业党建工作；1994年，中共温州市委专门召开了全市新经济组织党建工作会议，把股份合作企业、专业市场、工业小区、股份制企业、外商投资企业、私营企业等统一归入新经济组织这一名称。1998年12月16日，中共正泰集团委员会成立，这是温州市第一个、浙江省第二个非公有制企业党委；到2017年，全市共有非公企业党组织5840个，党组织覆盖企业共34242家、覆盖率为96.9%。

在温州民营企业的党建中，正泰集团是一个典型的例子。正泰集团股份有限公司董事长南存辉说："正泰发展的成功，有人认为是我的功劳，但我认为是党组织的功劳。建设活力和谐企业的实践，再一次有力证明了，党组织对非公有制企业做大做强具有不可替代的促进作用，是非公有制企业健康成长绝对不可缺少的政治保证。我深深地感到，没有党组织的引导和带领，就不会有充满活力、和谐发展的正泰。因此，我们企业要保持健康持续的发展，必须一心一意依靠党组织，全心全意支持党组织！"

习近平总书记指出，非公有制企业是发展社会主义市场经济的重要力量。非公有制企业的数量和作用决定了非公有制企业党建工作在整个党建工作中越来越重要，必须以更大的工作力度扎扎实实抓好。作为非公企业党建的先发地，温州非公党建不断拓展，渗透到民营企业发展的各项工作之中，党组织成为引导企业发展的主心骨、协调利益冲突的润滑剂、解决困难问题的突击手、促进企业发展的动力源。2011年，习近平同志对温州非公企业党建工作作出重要批示。改革开放40年来，正是因为温州一直将非公企业党建作为一项重要工作来抓，温州的民营经济才始终朝着正确的方向发展。

习近平同志在浙江工作时曾寄语温州："我对温州有一个很大的希望，就是希望温州把这部创新史继续写下去，探索新的规律，创造新的业绩，写出新的经验，为全省带好头，也为全国作示范。"新时代，我们将高举习近平新时代中国特色社会主义思想伟大旗帜，深刻领悟习近平总书记"干在实处永无止境，走在前列要谋新篇，勇立潮头方显担当”的新期望，抢抓新时代民营经济发展新机遇，再创体制机制新优势，不断推动民营经济向高质量发展攀升，续写引领中国民营经济发展的创新史。

（2018 年 8 月）

改革开放与中国城市发展

GAIGEKAIFANG

湖州

HUZHOU

湖州市坚定不移践行“绿水青山就是金山银山”理念

——生态文明建设的湖州样板调研报告

中共浙江省委宣传部
中 共 湖 州 市 委

湖州地处浙江省北部、长三角中心腹地，因濒临太湖而得名。下辖吴兴、南浔两区和德清、长兴、安吉三县。全市总面积5820平方公里，常住人口299.5万。湖州是习近平同志“绿水青山就是金山银山”理念的诞生地。多年来，在“两山”理念指引下，湖州坚持生态立市不动摇，一张蓝图绘到底、一任接着一任干，探索走出了一条经济与环境协调发展、人与自然和谐共生的新路子，形成了以“护美绿水青山、做大金山银山、厚植生态文化、创新生态制度”为主要内容和标志的“两山”理念湖州实践模式，谱写了生态文明建设的精彩篇章。

根据中宣部的统一部署，湖州市作为入围全国“百城”调研城市之一，紧紧围绕改革开放40年，尤其是2005年8月15日，时任浙江省委书记的习近平同志到湖州安吉余村首次提出“绿水青山就是金山银山”以来，如何践行“两山”理念、建设生态文明，开展了深入调研。通过采取“寻乌调查”式的方法、“开门听建议”的形式，现场调研48个乡镇和村，走访企业和农户126家，召开各类座谈会38个，与600余名党员干部群众进行交流探讨，发放调查问卷260份，收到基层意见建议167条次。在调研中，我们深切感受到湖州广大党员干部群众对习近平总书记的无限爱戴，感恩习近平总书记的亲切关怀，期盼习近平总书记再来湖州看一看。在充分调研基础上，调研组就湖州践行“两山”理念的发展历程、主要做法、取得的成效、经验启示进行了梳理提炼，并提出下一步建议，形成了本报告。

一、湖州生态文明建设的发展历程

今天的湖州，处处可见美丽富饶，却鲜有人了解，山清水秀的这方土地也走过曲折的发展之路。湖州今天唤回的绿水青山背后，是观念与观念的博弈，是一个艰难痛苦、自我革命的过程。从发展轨迹看，湖州的生态文明探索实践，是浙江践行“两山”理念的缩影，生动地展现了习近平生态文明思想的形成和发展过程。主要经历了三个发展阶段。

（一）“用绿水青山去换金山银山”

与多数地区一样，改革开放初期是湖州大力利用自然资源推动经济发展的时期。湖州人开山采矿，办小丝厂、小绸厂、砖瓦厂、水泥厂等资源和劳动密集型小企业，一度“村村点火、户户冒烟”。这一时期，湖州过度地追求经济增长速度，一味地向大自然索取，很少考虑环境的承载能力。据统计，早在 1983 年湖州社队企业的总数就已超过 8000 家，产值占了全市工业经济的 50%。下辖的长兴县，蓄电池企业遍地开花，还发生了铅中毒事件；矿产资源丰富的安吉县，为搭上经济发展的“快车”，炮声隆隆，“靠山吃山”，美丽的竹海因矿山而蒙尘。这一时期，湖州走的是一条高投入、高消耗、高污染、低效益的粗放型经济增长之路，导致生态环境每况愈下。下辖的吴兴区，尽管成了全国最大的童装产业基地，但为童装生产配套的砂洗、印花行业产生的大量废水，成了当地主要的污染源之一；南浔区尽管成了全国闻名的“木地板之都”，但无序竞争的木材加工业产生的大量有机废气和木屑粉尘，使这个曾得到毛泽东主席批示的新中国第一个“无蝇镇”不堪重负。这一时期，湖州将 GDP 作为考核区县及乡镇发展的最核心指标，片面追求经济增长速度，忽视了由此带来的环境污染和生态破坏。随着环太湖城市工业化热潮的兴起，太湖沿岸乡镇企业异军突起，由于监管不力，太湖水污染日益加重，爆发了严重的蓝藻，太湖周边城市面临“守着太湖没水喝”的尴尬局面，以致 1998 年国务院对太湖治理发出了黄牌警告。

这个阶段，湖州自然资源过度消耗，环境遭受破坏，生态欠账颇多。湖州的发展走到了十字路口，开始对旧的增长模式进行反思，开启了艰难的绿色发展探索之路。

（二）“既要金山银山又要绿水青山”

随着经济增长和环境恶化之间矛盾的日益凸显，湖州市委、市政府逐渐意识到，环境是生存发展的根本，生态环境方面欠的账，迟还不如早还，留得青山在，才能有柴烧。这一时期，湖州开始转变发展理念，既要金山银山，也要保住绿水青山。以太湖治理“98 零点行动”为标志，率先拉开了太湖生态治理序幕，并出色完成了整治任务。2003 年 4 月，时任浙江省委书记的习近平同志到湖州调研，强调要推进生态建设，打造“绿色浙江”。从此，湖州就坚定了走生态保护和绿色发展之路的信心，以生态优先的理念，全面启动了建设生态市，创建国家环保模范城市、国家山水园林城市、全国文明城市的“四城联创”行动，奠定了湖州生态立市战略的基础。这一时期，湖州开始转换发展方式，推动经济转型升级。按照习近平同志 2003 年 7 月在浙江省委十一届四次全会上提出的“加快建设先进制造业基地”要求，一方面对低、小、散的块状行业逐个开展细分行业转型升级；另一方面以壮士断腕的决心，对高耗能高污染的蓄电池、印染、化工等传统行业进行专项整治，推进“腾笼换鸟”“凤凰涅槃”。历经一番刮骨疗毒，湖州经济增长方式开始由粗放型向集约型转变，唤回了绿水青山。据统计，2004 年全市 COD 排放量比 1997 年减少了 8 万吨，四大水系和六个入太湖口的水质基本达到 3 类标准，成为太湖流域水质最好的区域。这一时期，湖州开始探索用制度保障绿色发展成果，追求长效管理。以创建国家环保模范城市为契机，将环境保护目标纳入各级各部门及其主要负责人的任期责任，实行年度考核，并对企业评优、资格认证等工作实行环境保护一票否决制。

这个阶段，湖州在花大力气还原“绿水青山”的同时，蓄积起了更强劲的发展动力。2004 年成功入围中国综合实力百强城市，做到了“既不为发展而牺牲环境，也不为单纯保护而放弃发展”。

（三）“绿水青山就是金山银山”

2005 年 8 月 15 日，时任浙江省委书记的习近平同志在湖州安吉余村首次提出“绿水青山就是金山银山”，为湖州的发展指明了方向。此后，在“两山”理念指引下，湖州将生态环境当成资源要素，把生态环境优势转化为经济发展优势，打开了把“绿水青山”转化为“金山银山”的通道，经济发展速度呈现出快于全国、全省平均水平的良好态势。这一时期，湖州进一步深化绿色发展理念，“绿水青山就是金山银山”成了广大党员干部群众的广泛共识。2014 年 5 月，经国务院同意，国家发展改革委等六部委联合批准湖州为全国首个地市生态文明先行示范区，湖州践行“两山”理念开始进入国家战略层面。以此为动力，湖州积极探索“两山”转化更多通道，生态文明的建设步伐越走越坚定、越走越自信。2015 年 2 月，习近平总书记叮嘱湖州要“照着绿水青山就是金山银山这条路走下去”，进一步坚定了湖州践行“两山”理念建设生态文明的信心和决心。这一时期，湖州进一步发挥生态优势，推进转型升级，力促生态产业化和产业生态化。一方面，充分利用生态资源发展生态农业、生态旅游业，推动“绿水青山”转化为“金山银山”；另一方面，抓传统产业转型升级和新兴产业培育壮大，变线性经济为循环经济，进一步护美“绿水青山”。湖州经济社会发展进入良性循环，发展动力增强，发展速度加快，发展质量提升，2017 年湖州有 18 项主要经济指标增幅居全省前三位，2018 年上半年湖州的生产总值和财政收入指标增幅双双位居全省第一。这一时期，湖州进一步强化制度保障，为全省、全国提供可复制可推广的湖州样本。从项目准入、考核问责、要素配置到产业转型、金融支持，构建了一整套覆盖全产业链的绿色发展政策体系。抓住绩效考核这个“牛鼻子”，实行领导干部生态环境保护“一票否决制”和环境损害责任终身追究制度。开展自然资源资产负债表编制和领导干部自然资源资产离任审计试点，通过编制 16 张表式、编填 3.22 万个数据，摸清了全市自然资源及生态环境家底，成为党政主要负责人离任审计的重要依据。中科院孙鸿烈院士说，湖州探索的自然资源资产负债表编制中实物量和价值量核算的计算方法，具有很强的示范和借鉴意义。

湖州人民对“两山”理念的认识，完全符合习近平同志当年对“两山”关系的分析判断：先是宁要金山银山不要绿水青山，后是既要金山银山也要绿水青山，现在是绿水青山就是金山银山。湖州的“蜕变”转型，得益于“两山”理念的科学指引，也得益于长期以来形成和坚持的一套完善的践行“两山”理念的办法。湖州用生动的实践证明了“绿水青山可以源源不断地带来金山银山，绿水青山本身就是金山银山”。

二、湖州践行“两山”理念建设生态文明的主要做法

湖州从提出“生态立市”到建设美丽城市，再到建设现代化生态型滨湖大城市、新时代社会主义生态文明典范城市，生态文明建设的步伐越来越铿锵有力。在这里上演的“两山”故事，不仅为全国生态文明建设积累了经验、提供了示范，更成为可供解剖学习、复制推广的湖州样板。

（一）以科学理念为引领，牢固确立生态优先战略

10 多年来，湖州始终把“绿水青山就是金山银山”作为核心理念，在全国率先举起了生态优先的大旗，坚持当生产与生活发生矛盾时，优先服从于生活；当项目与环境发生矛盾时，优先服从于环境；当开发与保护发生矛盾时，优先服从于保护。

一是用“两山”理念引领目标定位。习近平同志在浙江工作期间，先后 13 次到湖州视察指导，一次次调研生态文明建设，谆谆告诫湖州党员干部

群众“绿水青山就是金山银山”；担任总书记后，他依旧念兹在兹，牵挂着湖州的生态文明建设，先后7次对湖州工作作出重要指示，还叮嘱湖州党员干部群众“要照着绿水青山就是金山银山这条路走下去”。在“两山”理念指引下，湖州创建生态市、发展绿色产业、建设美丽乡村、打造生态城镇，于2003年4月在市第五次党代会上提出了建设生态市的目标。2007年3月，市第六次党代会提出走生态优势之路，自此以后的历次市党代会都一以贯之地强调要建设现代化生态型滨湖大城市。2015年12月，市委七届九次全会确立了“生态立市”首位战略。2017年3月，市第八次党代会延续这一目标定位，提出要奋力率先走向社会主义生态文明新时代。2018年7月，市委八届四次全会进而作出了《坚定不移践行“绿水青山就是金山银山”理念奋力开创新时代湖州高质量赶超发展新局面的决定》。

二是用“两山”理念引领发展规划。在绿色政绩观引导下，湖州从制定发展战略规划、城乡总体规划，到编制基础设施、产业发展、人口计划等专项规划，都坚持把生态保护作为第一要素来考虑，专门编制了《生态文明建设规划》《生态市建设规划》《生态环境功能区规划》《循环经济发展规划》等专项规划，形成了完善的生态文明规划体系，推动生态环境保护成为刚性约束。下辖德清县的莫干山“洋家乐”闻名全国主要得益于生态。目前，莫干山上共有民宿689家，床位近9000张，带动了近1.5万村民转产就业，每年增收近2亿元。但湖州还是按照“两山”理念要求，严格把控“生态红线”标尺，出台了《德清西部保护利用规划》，从生态角度、交通容量规划控制民宿总数，推动“洋家乐”可持续发展。

三是用“两山”理念引领考核评价。“既要经济指标的GDP，又要绿色GDP。”正是在习近平同志的谆谆教导下，湖州较早开展了“绿色GDP”考核体系设计。2003年，湖州提出了淡化GDP考核。2004年，湖州市政府与北京师范大学合作，开展了“绿色GDP”考核体系研究。2007年，在全国率先建立了“绿色GDP”核算应用体系，并纳入市对县区的综合考核；县区对乡镇实施差别化考核，对以生态保护为主的乡镇取消经济指标考核，实行

“考绿不考工”。如今，湖州已建立起比较完整的生态文明建设评价指标体系，2017年生态文明建设内容占到县区党政实绩考核比重的35%以上，切实强化了生态环境工作的“党政同责、一岗双责”。

（二）以环境改善为基础，统筹抓好环境污染治理

习近平同志在浙江工作期间，反复告诫我们：要重视环境保护、认清生态优势。10多年来，湖州广大党员干部群众始终牢记总书记的殷切嘱托，在绿色发展征途中，持续不断地开展环境污染整治，成为贯穿始终的主线。从2004年开始，先后实施了四轮环境整治行动，连续推出治水治气治矿等系列组合拳，有效促进了生态环境的改善，护美了绿水青山的底色。

一是重拳治水。坚持治污水、防洪水、排涝水、保供水、抓节水“五水共治”，在全国率先实行“四级河长制”，对全域7373条9380公里河道全面落实“河长制”和“河道警长制”。市县（区）两级四套班子218名领导干部全部担任河长，带头履行河长职责。部署整治黑河臭河垃圾河、清淤泥治污泥，完成了245公里垃圾河、259公里黑臭河治理任务，在全省率先消除了市控断面V类水质，全面完成了1752个挂号小微水体的整治销号，全域剿灭了劣V类水体；完成了河道综合整治300公里，清淤1200万立方米，创建了生态河道748条。加强城乡生活污水治理，先后建成了污水处理厂43座，在全省率先实现了镇级污水处理厂、污泥无害化处置设施全覆盖。2017年，市控断面Ⅲ类及以上水质比例达到100%，列入国考的13个断面水质全部达标，省交接断面水质考核位列优秀等次，入太湖水质连续10年保持Ⅲ类以上。2014—2017年湖州连续4年获得浙江省“五水共治”优秀市“大禹鼎”。在太湖水环境综合治理方面，湖州先后投资400多亿元，实施了生态修复、岸线综合治理、污染源整治、渔民居住上岸、基础配套五大工程，关闭搬迁了全部涉污工业企业，把以船为家的渔民全部搬迁上岸。在农业面源污染治理方面，大力实施生猪养殖减量、温室龟鳖清零和测土配方施肥等行动，全市共拆除生猪养殖棚（场）9195个，从源头上减少82.2%的污染量，

全域清退了商品温室龟鳖养殖模式。在剿灭劣Ⅴ类水体方面，将治理的范围拓展到小沟、小渠、小溪、小塘等小微水体，实行“截、清、治、修”四措并举，形成了水体连通、水景环绕、景观公园、人工水系、人工湿地、生态田园、过水排涝、水源保护和原始生态的“治微九式”新模式。

二是攻坚治气。在全省率先开展治霾“318”攻坚行动，突出治扬尘、治废烟、治尾气三大重点，大力推进工业挥发性有机物治理、高污染燃料小锅炉淘汰、热电企业清洁化改造、老旧车淘汰、船舶和运输拖拉机整治等18项重点工作，累计淘汰10蒸吨以下高污染燃料小锅炉6641台，淘汰黄标车28978辆，实现全市“清零”；完成全部热电、水泥、有机玻璃等企业脱硫脱硝改造；将全部渣土工程车辆更新为环保智能工程车，实行公司化、标准化、规范化“三化”管理；在全市所有建筑工地实行工地砂土全覆盖、施工现场全围蔽等“7个100%”标准；餐饮企业油烟净化装置安装率达100%；秸秆综合利用率达95.8%；对内河运输实施清洁能源替代工程，通过“以电代油”实行岸电上船。“大气十条”各项硬任务全面完成，PM2.5浓度均值2017年降至42mg/m^3，比2013年下降了43.2%，降幅位居浙江省第一。2017年湖州市区空气质量优良率达到68.5%，生态公众满意度调查位居全省第三。蓝天也是幸福，已成为湖州人的亲身感受和真切体验。

三是铁腕治矿。采取矿山双控、年度限控、项目严格控、区域总控和停电、停炸药的“四控双停”措施，开展减点、控量、治污，统筹推进矿山治理。全市矿山企业数由612家削减至56家，减幅达91%；开采量由1.64亿吨压缩到0.48亿吨，削减了70.7%。2005年，市政府出台《关于创建绿色矿山的实施意见》，在全省率先开展以“资源利用集约化、开采方式科学化、生产工艺环保化、企业管理规范化、闭坑矿区生态化”为标准的绿色矿山创建活动，重点抓好矿山企业“开采区、加工区、运输区、码头区、生活区、管理区”等6大区块、10项指标提档升级，到2017年全市在产矿山全部达到绿色标准，其中国家级、省级绿色矿山占了全市总数的57%，实现了矿产中水回用和尾水零排放。这些年，湖州持续关停整顿矿山，但曾经的野蛮开采，已给青山留下了疮疤。为此，全市开启了一场“绿色疗法”，探索了土地开发、景观再造、生态复绿、土地整理、垦造农田、矿地村庄等6种治理模式，让一座座废弃矿山华丽转身。截至目前，完成了废弃矿山治理311个，治理复绿1.6万余亩，复垦耕地2.4万余亩，释放了生态与经济的“双重效益”。下辖吴兴区的妙西镇当年曾是一个靠矿致富的乡镇。2005年前后该镇大大小小的矿山达22座，年产量1800万吨，石矿利税占到镇财政收入的90%，村民收入的30%也依赖开矿。在碎石乱飞、污水横流的采矿作业环境下，当地老百姓用“耳听炮、泥沙路、妙西道”形容那时的情景。开发矿产资源，让妙西人的口袋迅速鼓了起来，也给当地生态带来严峻的考验。痛定思痛，他们决定关停矿山。经过一番刮骨断腕的治理，终于唤回了绿水青山。随着生态环境的恢复，项目资本也逐渐向这里汇聚：引来了总投资2500万美元的西塞山前度假村、总投资10亿元的原乡小镇、总投资20亿元的知了帐篷露营地。村民黄建国说，如今关停了矿山，发展旅游业，他不仅重新做回了司机，还兼职了美术职业。近三年，该镇集体收入实现了每年20%以上的增长，当地百姓人均可支配收入由2005年的6000多元提高到2017年的24699元。

（三）以“千万工程”为抓手，全面提升乡村人居环境

湖州是美丽乡村建设的发源地。2003年，时任浙江省委书记的习近平同志创造性地作出了建设“千村示范、万村整治”工程的战略部署。湖州深入贯彻落实习近平同志的要求，开展了以“五美三宜”为主要特征的美丽乡村建设。牵头制定了美丽乡村建设的国家标准，得到了国家部委、科研机构、专家学者的充分肯定，为浙江省乃至全国美丽乡村建设提供了模式，成为美丽中国建设最生动的实践。

一是实行全域治理。按照浙江省委、省政府“决不把违法建筑、污泥浊水、环境‘脏乱差’带入全面小康”的要求，湖州全面推进农村“环境革命”。深入开展农村生活污水治理，全市规划保留村100%实现了应治尽治，受益

农户达23万户；建立了“以第三方专业机构为服务主体、县乡村户各司其职”的“五位一体”长效管护机制。深化农村“厕所革命”，无害化卫生厕所普及率达到98%。全面建立“户集、村收、乡镇运、县处理”的农村垃圾集中收运处理模式，完善了村庄常态保洁制度；在全省率先推行农村生活垃圾分类处理，行政村垃圾分类处置覆盖率达到67%。下辖的德清县还探索形成了“一根管子接到底”和“一把扫帚扫到底”的城乡一体污水、垃圾处理模式。深入推进“三改一拆”“一户多宅”清理整治，2013—2016年共整治“一户多宅”17047户。扎实推进美丽田园建设，基本完成了对农业生产用房的整治。

二是推进分类建设。结合城乡规划修编，编制了“县域乡村建设规划—村庄规划—村庄设计—农房设计”的乡村系列规划。结合地理、生态、文化、产业特色，对生态保护、环境治理及推进美丽乡村重点村、风景线、特色片建设等作出科学安排、实行分类建设。按照“宜留则留、宜聚则聚、宜迁则迁”的原则，对“散小弱、空心化”和近城临镇的村庄，通过农村土地综合治理、自然村撤并等途径，实行了村庄整体搬迁。2010年以来，全市共开展农村土地综合整治项目150个，搬迁了农户3.4万余户。对形态风貌良好、功能较为齐全的村庄，尊重历史原貌，通过美化环境，提升了人居品质。2004年7月，浙江省委在湖州召开了全省“千村示范、万村整治”工作现场会，习近平同志表扬了安吉高家堂等村庄的建设成效。2018年4月，全国改善农村人居环境工作会议在湖州召开。会前，习近平总书记作出了“浙江省15年间久久为功，扎实推进‘千村示范、万村整治’工程，造就了万千美丽乡村，取得了显著成效”的重要指示。中共中央政治局常委、国务院总理李克强对会议作出重要批示。中共中央政治局委员、国务院副总理胡春华出席会议并讲话。

三是打造美丽人居。湖州在全国率先探索美丽乡村建设模式，构建了“示范县、精致镇、美丽村、样板户、景观线”和“精品村、特色村、一般村”交相辉映的美丽乡村示范创建格局。全市打造了19个3A级景区村庄，

89%的行政村成为市级美丽乡村，保护了53个历史文化村落，建成了56个精品村和19条示范带，呈现了“点上更为出彩、带上更有风情、片区更具特色、面上更加美丽”的湖州美丽乡村建设新风貌。在村庄建设方面，湖州还按照“把村庄建成景点、把农户庭院建成小品”的思路，对规划保留的村庄，融入地域人文元素，着力打造为有乡愁古韵、环境优美、设施完善的幸福家园。下辖安吉县的山川乡、长兴县的水口乡整乡域成功创建为国家4A级景区；安吉县的蔓塘里、目莲坞和长兴县的渚山村成为特色村。对新建农房和农民新村，推行“浙北民居”模式，形成了德清县的沈家墩新村、长兴县的北汤新村、安吉县的大竹园新村等生态宜居的新时代民居范例。

（四）以绿色发展为关键，大力推动“两山”转化

湖州的生态文明建设，最大的特色就是，在保护绿水青山、培育生态优势的同时，想方设法把生态优势转化为发展优势，实现了“生态＋产业”产生“1+1>2”的效益。以“生态＋”理念引领产业发展，明确“两山”转化路径，做精生态农业、做强绿色工业、做优现代服务业，走出了一条生态产业化、产业生态化深度融合、协同发展的新路子。

一是做好融合文章。依托绿水青山发展生态农业，让绿水青山流金淌银、强村富民。下辖的德清、长兴、安吉三县均被确定为全国休闲农业与乡村旅游示范县，占全国的1/3，湖州成为全国现代生态循环农业试点市，农业现代化发展水平综合评价连续4年居浙江省首位，成为全国第二个基本实现农业现代化的地级市。推广生态种养模式，提升农业质量效益。安吉县种植白茶17万亩，从7年前就开始推广有机肥替代化肥、物理防控和生物药剂，现已形成了良好的生态链。2017年白茶总产量1860吨，白茶及茶食品、茶饮料、茶文化旅游等延伸品的总产值达24.74亿元，使得全县36万农民人均增收6800元，充分印证了15年前习近平同志调研安吉溪龙乡黄杜村白茶基地时所说的：“一片叶子成就一个产业，富裕一方百姓。”现在，安吉白

茶以 37.76 亿元的品牌价值已连续九年跻身全国十强，位居全国第六位，成为最具品牌传播力的中国茶类区域公用品牌。湖州还依托绿水青山发展乡村旅游，探索形成了“洋式 + 中式”“生态 + 文化”“景区 + 农家”“农庄 + 游购”四大乡村旅游发展模式，走出了一条由“农家乐”到“乡村游”，到“乡村度假”再到“乡村生活”的乡村旅游之路，实现了美丽乡村建设向美丽乡村经营成功转变，不仅打响了“乡村旅游第一市”品牌、树立了中国乡村旅游发展标杆，而且全市休闲旅游业成为了继装备制造业之后的又一个千亿产业。下辖德清县的劳岭村，是高端民宿“洋家乐”的发源地。这里的村民用闲置的旧农舍改建成民宿，吸引了世界各地的“洋投资者”。2017 年接待游客超过 30 万人次，给村里带来房屋和土地租金收益 350 多万元，全村“洋家乐”全产业收入 1 亿元左右，单张床位 1 年上缴税金最高达 14 万元，村民用“山里一张床、赛过城里一套房”来形容民宿的经营收入，每家民宿都可以讲述绿水青山转化为美丽经济的不同故事。

二是做好倍增文章。湖州发挥生态、文化、区位、交通等叠加优势，打造宜居、宜业、宜游城市，吸引了一批高学历、高职位、高收入的白领人士来湖投资兴业。随着高层次人才不断涌入，人才结构逐步优化，很好地促进了产业结构的升级。2009 年以来，湖州共引进海内外领军人才和团队 790 个，“国千”“省千”人才数量位居全省前三，催生了一批新经济、新业态、新模式和新产业。涌现了湖州丝绸小镇、吴兴美妆小镇、南浔湖笔小镇、湖州开发区智能电动汽车小镇、太湖度假区健康·蜜月小镇、德清地理小镇、长兴新能源小镇、安吉天使小镇等一批特色小镇，吸引了龙之梦、唯品会华东中心、吉利新能源汽车等多个百亿级项目签约落户，形成了休闲旅游、现代物流、智能电动汽车等一批新增长点，发挥了生态产业化带来的乘数和倍增效应。在太湖南岸，上海长峰集团投资 200 亿元兴建太湖龙之梦乐园。建成后，这里将成为全国乃至全球酒店客房、演艺席位、宴会会议设施以及旅游业态最齐全的综合性文化旅游休闲度假区。可创造 1 万余个就业岗位，每年可接待旅客 3000 万人次、上缴利税 10 亿元以上。湖州开发区智能电动汽车小镇凭借优良的生态环境引进的微宏动力系统有限公司，自主研发生产的锂电池，充电仅需10—15分钟，单次充电行程300公里以上，使用寿命60万公里，拥有322项国内外授权及受理专利，成为全球快速充电汽车动力电池第一品牌，具有“快充电、长寿命、高安全”三大优势，已应用到全球13个国家、150多座城市的2万多台公交客车，实现累计超过19亿公里的安全运营里程，减少碳排放9万多吨。该公司新建的高效率、节能型、长寿命电池隔膜及电芯材料项目，2016年被列入“991”循环经济行动计划项目，建成后将年节约能耗折合标煤3万吨，年减排一氧化碳、二氧化碳等汽车有害尾气0.3万吨，年产值有望突破100亿元。今年该公司还入围了“独角兽”榜单。这样的例子在湖州还有很多。2017年湖州先后荣获“中国制造2025”试点示范城市、国家绿色金融改革创新试验区、国家创新型试点城市，当前正以此为载体，探索构建新旧动能衔接、绿色考核评价、绿色标准体系构建、绿色智造与绿色金融共融互促协同推进、差别化资源要素配置五大机制，加快形成绿色智造和创新体系建设的“湖州模式”。

三是做好倒逼文章。湖州持续实施“五水共治”“四边三化”“三改一拆”专项行动，用环境保护的倒逼机制推动传统产业绿色转型，先后对纺织、印染、蓄电池等10多个行业进行专项整治，关停小散乱企业3000余家，整治提升1520余家，纺织、建材两大传统产业占比由2005年的50%下降到29.8%。这些年，湖州坚决否定了500多个不符合环保要求的项目，虽然损失几百亿元，但换来了绿水青山的良好环境，为做大金山银山奠定了坚实基础。经过10多年的培育发展，一批具有湖州特色的现代产业集群已经形成。动力电池、绿色家居等产业集群产值超千亿元，百亿级产业集群多达14个，形成了全球最大的办公椅、童装、蓄电池、木地板、竹业生产基地。同时，坚持以“亩均论英雄”，开展“五未”土地处置专项行动，腾出土地2.54万亩，消化批而未供土地2.58万亩，盘活存量建设用地7700多亩。“五未”土地处置工作被自然资源部作为典型案例在全国推广。近年来，湖州工业能耗强度、水耗强度仅为全国平均水平的80%和60%左右。长兴县的铅蓄电池行业专项整治很具代表性。该县的蓄电池产业起步于20世纪70年代，是县域经济发展中重要的支柱性产业，但发展初期便是粗放式的，曾暴露出产业层次低、资源消耗大、环境污染重等诸多问题。全县175家蓄电池企业同质低端无序化竞争，甚至发生了严重的污染事件，使长兴县在2004年被列为省级环境重点监管区。自此开始，该县以“壮士断腕”“凤凰涅槃”的勇气大力实施蓄电池产业整治，综合运用法律、经济、行政等手段，通过淘汰、兼并、重组等方式，企业数由175家减少到16家，实现了布局园区化、企业规模化、工艺自动化、厂区生态化和制造智能化。如今已形成了以新型电池为核心，涵盖新能源汽车、新能源装备、新能源材料等较为完整的新能源产业链，产值由整治前13亿元提高到246亿元，提高了18倍，税收由7500万元提高到7.8亿元，提高了9倍以上，全员劳动生产率、亩均产出率分别提高了28倍和21倍。还孕育了天能、超威两家上市公司，成为全球领先的绿色能源供应商。

（五）以文化培植为支撑，全面提高全民生态意识

文化是最深远、最持久的力量。生态建设只有上升到文化层面，才能让人们从内心形成自觉。湖州坚持把培育生态文化作为生态文明建设的重要支撑，将生态文明作为社会主义核心价值观的重要内容，大力培植生态文化，增强文明意识，推广绿色生活，推动全民参与。

一是弘扬生态文化。传承生态文化遗存，深入挖掘溇港圩田、桑基鱼塘、丝绸文化、茶文化、竹文化等地域生态文化，大运河湖州段列入世界遗产名录，钱山漾文化遗址被命名为“世界丝绸之源”，桑基鱼塘被认定为全球重要农业文化遗产，太湖溇港成功入选世界灌溉工程遗产名录。建设生态文化场馆，建成了吴兴溇港文化展示馆、南浔桑基鱼塘文化馆、德清生态文化道德馆、长兴河长制展示馆、安吉生态博物馆群。塑造生态文化品牌，培育形成了吴兴“丝绸之路”、南浔“善琏湖笔”、德清“新市蚕花庙会”、长兴“百叶龙”、安吉“昌硕文化”等地域特色文化品牌，吸引了人们去寻找

生态文化之根，不仅滋养了当地群众，也让外来客人感受到人与自然的和谐共生。

二是培育生态理念。将生态文明列入干部培训的主体班次、网络教育的必修课程以及中小学教育的重要内容。2015 年成立了中国生态文明研究院，2017 年建立了浙江生态文明干部学院，编发了中小学生态文明教材，全市党政干部参加生态文明教育培训比例和学生生态文明教育普及率均达 100%，不断强化人与自然和谐的生态伦理道德观，使绿水青山就是金山银山理念深入人心。各县区涵养生态文化的活动更是丰富多彩。南浔设立企业河长，党员群众自愿担任小微水体河长、塘主；吴兴探索实施“碳普惠”制，引导民众在日常生活中落实“碳交易”；安吉的孩子，上学第一课就学水土保护，教育部门将《生态文明地方课程》作为有 10 个课时的必修课。这些贴近百姓的活动，让“两山”理念更加深入人心。

三是厚植生态自觉。2014 年湖州市发布了《湖州市民生态文明公约》，成为市民爱家园、促和谐的行动指南。2015 年湖州市人大常委会将每年 8 月 15 日确定为“湖州生态文明日”，推动全民参与生态文明建设。这些年，湖州先后组织开展了“生态文明、我们先行”“寻找我们的金山银山”和“生态乡镇巡礼”等系列活动，深入开展生态县区、生态乡镇、生态村居以及绿色企业、绿色学校、绿色医院、绿色饭店、绿色社区、绿色家庭等生态细胞创建活动，不断增强干部群众对生态文明建设的认同感、参与度。培育壮大民间环保组织，引导各类社会组织健康有序发展，初步形成了政府、企业、民间组织、公众共同推动的大格局。下辖安吉县有一支西苕溪护水队，队员都曾是矿产企业的职工，以前主要负责当地运砂船的收费。采砂作业全面禁止后，他们主动调查沿岸企业偷排情况，宣传保护水环境，成了当地环境保护的民间生力军。如今，越来越多的百姓加入环保志愿者行列。2016 年年底，湖州绿色环保协会正式挂牌成立，已招募志愿者 2.5 万名。今年湖州还专列了 50 万元资金，用于培育 20 家民间环保公益组织。

（六）以制度创新为保障，积极推进生态体制改革

制度是推动生态文明建设的根本保障。湖州坚持从立法、标准、体制“三位一体”的角度，建立一套生态文明制度保障体系，为湖州生态文明建设竖起了“四梁八柱”，为全国其他地方提供了有益借鉴，释放出了越来越强的示范效应。

一是推进地方立法。湖州在生态文明建设立法方面先行先试，发挥了“试验田”的作用。2015 年 7 月，湖州刚刚获得地方立法权，市人大常委会就进行立法调研，征求各方立法意见建议。很多人大代表、基层群众不约而同地提出，湖州是“两山”理念的诞生地，最大特色就是绿色，一定要在保护环境、建设生态文明方面制定一部地方性法规。经过深入调研、分析，市人大常委会决定，围绕湖州市生态文明先行示范区建设立法，通过立法更好地凝聚全市人民的共识，为湖州生态文明建设保驾护航。于是就确立了“1+N”的湖州市生态文明建设法规体系。2016 年 4 月 28 日，有较强可行性、操作性的《湖州市生态文明先行示范区建设条例》获得通过，于当年 7 月 1 日起正式施行，成为全国首部生态文明先行示范区建设的地方性法规，对规划建设、制度保障、监督检查、公众参与等方面作出了规定。同时，湖州还在环境保护、生态文化、城乡建设、生态产业发展、资源节约利用等方面分批、逐步构建地方法规体系。2017 年 1 月，《湖州市市容和环境卫生管理条例》颁布；2018 年 1 月，《湖州市禁止销售燃放烟花爆竹规定》实施。如今，市容和环境卫生管理、烟花爆竹“双禁”等方面的多部地方性法规已深入湖州市民的生活。今年春节期间除夕至初五湖州的 PM2.5 浓度较上年同期下降了 31.4%，空气优良率 100%。文明行为促进条例、河道管理条例、垃圾分类条例、美丽乡村建设条例和乡村旅游发展条例等地方法规规章，也正在抓紧研究制定。

二是制定示范标准。湖州发布了全国首个《生态文明标准体系编制指南》地方标准，建立了 26 个方面 144 个类别的湖州生态文明标准体系，制定发

布了23项市级以上标准（其中国标5项），完成了12项市级地方标准立项，建成了55个生态文明标准化示范点，建立了市级专业标准化技术委员会、市生态文明标准化研究院及生态文明标准化信息平台，成为目前唯一经国标委批复的全国生态文明标准化示范区。湖州的美丽乡村标准体系，包含各项法律法规及标准、规范700余项。《湖州市生态文明先行示范区标准化建设方案》，细化明确了7个子体系、25个方面、116个子类别及4858项标准。另外，城乡一体、循环经济、绿色矿山、美丽公路、绿色制造等领域的标准化建设，也走在全省、全国前列。创建有标准，示范有模板，湖州把“绿水青山就是金山银山”的实践，变成了可复制、可效法的模式。

三**是创新绿色制度**。湖州按照“源头预防、过程控制、损害赔偿、责任追究”的方针，率先出台了自然资源资产保护与利用绩效评价考核和领导干部自然资源资产离任审计两个办法，实施了“生态+”行动、绿色发展、绿色生活、生态补偿、区域能评、区域环评、排污权有偿使用和交易、生态环境损害责任追究等22项政策规定，促进了自然资源资产节约集约利用，保障了生态环境安全。在全省率先建立环境行政执法与刑事司法联动机制，公检法部门驻市、县区环保局联络室全覆盖，市、县区两级法院全部设立环境资源审判庭，形成了环境执法合力。2013年以来，全市环保系统立案查处环境违法案件2304件，个案平均处罚金额从2013年的4.48万元上升到2017年的6.26万元。在县区探索开展环保机构改革试点，2017年6月，吴兴区以中央环保督察为契机，进一步加大体制机制创新，按照“管发展必须管环保、管生产必须管环保、管行业必须管环保、管区域必须管环保”的思路，在全省率先成立了环境保护委员会，构建了条块结合、齐抓共管的“大生态、大环保”监管机制。

三、湖州践行“两山”理念建设生态文明取得的主要成效

10多年来，湖州牢固树立和率先践行“两山”理念，统筹推进生态文

明建设，在绿色发展、环境保护、文化培植、制度创新等方面先行先试，取得许多开创性成果。先后成为全国首个地市生态文明先行示范区、全国“绿水青山就是金山银山”实践创新基地、全国文明城市。2016 年 12 月、2017 年 9 月，全国生态文明建设工作推进会议两次在湖州召开，全国各地对湖州的生态文明建设给予了高度评价。

（一）推动了“两山”理念深入人心

湖州始终将习近平同志提出的“坚定不移地走这条路，有所得有所失，熊掌和鱼不可兼得的时候，要知道放弃，要知道选择”要求铭记于心，在一个个绿色选择和生态行动中，逐渐凝聚了全市人民对生态优先的广泛共识。无论是大街小巷还是企业、村庄，随处可见“绿水青山就是金山银山”的标语，人人、事事、时时、处处崇尚生态文明的浓厚氛围已经形成，绿色发展理念根植于湖州人民的内心深处，“生态立市”成为全社会的共同意志。

（二）打造了美丽宜居的南太湖

作为太湖流域的上游，湖州常年提供了 40%的入太湖自然径流量。按照习近平同志 2006 年 8 月在湖州考察南太湖开发治理时提出的“努力把南太湖开发治理好”要求，湖州全部关停了太湖沿岸 5 公里范围内不达标污染企业，全面完成了 13 个行业提标改造及转型升级任务，安排常年生活在太湖上的渔民整体上岸，实现了入太湖断面水质连续 10 年保持Ⅲ类以上，为太湖流域乃至长三角地区构筑了一道生态安全屏障，也为全国大江大河的流域治理和东部经济发达地区实现人与自然和谐发展提供了有益经验。同时，南太湖也从绿水青山中找到了真正的金山银山。随着生态环境的改善和基础设施的完善，吸引了一大批休闲旅游度假项目纷至沓来，先后引进建设了南太湖新地标——月亮酒店、古木博物馆、拉风影视城、鑫远健康城，当年的大排档成了婚庆策划工作室、造纸厂成了影视拍摄基地、渔船码头成了康养中心，一度芦苇丛生尽显荒凉的南太湖沿线，现在成了文创、婚庆、健康产业集聚区。这些年，南太湖发生了翻天覆地的变化，太湖变美变干净了，人气也旺了，人口从 2007 年的 2 万增加到 2017 年的 14 万，接待游客总量达 740 万人次。随着旅游业的发展，更多上岸的渔民也从绿水青山中持续受益。作为上岸住进梅东花园新村的渔民施冬牛说："我很喜欢现在的生活、工作环境。现在太湖的水越来越好，游客也越来越多了。我为旅游公司开快艇，每天踏踏实实干，收入还是不错的。"

（三）探索了绿色发展新路子

湖州千方百计把生态环境的优势不断转化为生态农业、生态工业和生态旅游业的发展优势，一片片"好山水"变成了一个个"聚宝盆"，绘就了"生态美、产业兴、百姓富"的绿色画卷。全市农业现代化发展指数已经连续四年列浙江省第一，制造业发展速度连续四年位居浙江省前三，服务业发展速度连续四年保持全省前列。地区生产总值、财政收入从 2005 年到 2017 年的 12 年间，年均增长了 10.1% 和 15.1%；单位能耗水平下降了 52.5%、单位建设用地固定资产投资和地方财政收入提高了 2.29 倍和 3 倍；三次产业结构比例由 2005 年的 9.9∶54.7∶35.4 调整到 2017 年的 5.1∶47.4∶47.5，实现了"三二一"的产业结构；城乡居民收入比由 2005 年的 2.11∶1 调整到 2017 年的 1.72∶1，成为全国城乡差距最小的地区之一。

（四）催生了城市发展新动能

"两山"理念深度改变了湖州，生态成为湖州的"金名片"，生态红利、绿色福利不断释放，先后催生了"中国制造 2025"试点示范城市、国家绿色金融改革创新试验区、国家全域旅游示范区、全国内河水运转型发展示范区、宁杭生态经济发展带、沪湖绿色智造廊道、大湾区大花园大通道等一批重大战略部署汇聚湖州，提升了城市发展能级，增强了湖州经济综合实力和竞争力。无论是遏制环境污染还是发展生态经济，湖州都特别注重调动市场这只“手”的积极性，为生态文明建设注入新动能。作为国家绿色金融改革创新试验区，湖州2017年年底还专门设立10亿元绿色引导资金，以此撬动数百亿元金融和社会资本进入绿色制造业。

（五）增强了人民群众幸福感

这些年，湖州全域消灭了V类和劣V类水质，饮用水源地水质达标率100%；大气环境质量稳步好转；农产品质量安全得到保障。老百姓呼吸上了新鲜的空气，喝上了干净的水，吃上了放心的食物，生活在宜居的环境中，切实感受到经济发展带来实实在在的环境效益。2017年群众对生态环境的满意度达到了97%，位居浙江省第三。下辖长兴县的小沉渎村曾是烂泥没脚、水臭扑鼻的太湖洪泛区。2006年8月，时任浙江省委书记的习近平同志在湖州考察南太湖开发治理时，曾驻足于此，再次强调“绿水青山就是金山银山”。10多年来，小沉渎村全面整治环境，美丽建设方兴未艾。如今，小沉渎村不仅“自家的孩子经常回来住”，更成了背包客最爱的梦里江南水乡。“水清了，天蓝了，山绿了，钱多了！”村民用朴素的语言诉说变化，洋溢着满满的生态幸福感。

（六）优化了风清气正的政治生态

这些年，湖州通过践行“两山”理念，不仅打造了山清水秀的自然生态，而且优化了风清气正的政治生态和治理有效的社会生态。2017年，在浙江省干部选拔任用满意率调查中，湖州市的公众满意率达到了99.11%，位居全省前三。下辖安吉县的溪龙乡黄杜村党员干部群众不仅靠种白茶发了家致了富，而且不忘护美绿水青山、先富带后富。在春节期间把用于购买烟花的几十万元捐赠给当地红十字会，4月还给习近平总书记写信，提出捐赠1500万株茶苗帮助贫困地区群众脱贫。得到了习近平总书记的夸赞：“‘吃水不忘挖井人，致富不忘党的恩’，这句话讲得很好。增强饮水思源、不忘党恩的意识，弘扬为党分忧、先富帮后富的精神，对于打赢脱贫攻坚战很有意义。”

现已对接落实受捐对象，正在扎实做好后续工作，努力使之成为受捐赠地区群众的脱贫之苗、致富之苗、幸福之苗。对于湖州安吉余村践行“两山”理念，坚持“三治”结合推进乡村治理的做法，习近平总书记也作出了重要指示，要求总结提炼余村经验之价值。

四、湖州践行“两山”理念建设生态文明的经验启示

10 多年来，湖州始终牢记习近平总书记的殷切嘱托，坚决贯彻省委、省政府决策部署，坚定不移践行“两山”理念，把“两山”理念变成全体湖州人坚定不移的信念和行动。湖州在生态文明建设过程中积累的经验，对于其他地区，如何发挥后发优势、特色优势，全面提升地区发展水平，具有重要启示。

（一）必须始终坚持把推进发展绿色化和提升群众获得感有机协调起来

“两山”理念的湖州实践充分证明，必须勇于、敢于扛起践行“两山”理念的政治责任和历史担当，坚持生态优先，把绿色作为高质量发展的普遍形态，以绿色规划引领绿色发展，以绿色文化厚植绿色理念，以绿色环境倒逼绿色转型，全面推动形成节约资源和保护环境的空间格局、产业结构、生产方式和生活方式。良好生态环境是最公平的公共产品，是最普惠的民生福祉。“两山”理念之所以国内国际都叫好、干部群众都点赞，就是因为它坚持把推进发展绿色化与群众获得感有机协调起来，形成了“党政主导、部门联动、群众参与、社会共建”的工作格局，统筹推动产业生态化、生态产业化，从绿色发展中增强人民群众获得感、幸福感、安全感。

（二）必须始终坚持把护美绿水青山和做大金山银山有机统一起来

“两山”理念的湖州实践充分证明，必须坚持呵护为先，坚守生态红线，

加强整体保护。必须做到“管理、监督、执法”一体推进，加强山水林田湖草系统保护，美丽环境与美丽经济共育。必须突出质量第一、效益优先，大力发展绿色、低碳、循环产业，为再造环境新优势，拓展发展新空间，赢得当前和未来的竞争力。必须找准区域特色定位，集聚放大生态优势，充分发挥叠加效应，不断探索“两山”理念转化的实践路径，提供更多优质生态产品以满足人民日益增长的优美生态环境需要。

（三）必须始终坚持把推行绿色生产和倡导绿色生活有机统筹起来

“两山”理念的湖州实践充分证明，必须坚持以人民为中心的发展思想，大力倡导和推行绿色生产方式和生活方式，催生“绿水青山就是金山银山”的生态自觉，内化于心、外化于行。必须以创新为第一动力，积极培育新兴产业，着力改造传统产业，为打造先进制造业集群奠定良好基础。以绿色消费、绿色出行、绿色居住成为人们自觉行动为目标，让人民群众充分享受社会发展所带来的便利和舒适的同时，履行应尽的环保责任，善于运用经济、法律、市场等手段引导生活方式绿色化，倡导适度消费，形成简约、低碳、循环、环保的绿色消费方式。

（四）必须始终坚持把改革创新和建构制度规范约束有机结合起来

“两山”理念的湖州实践充分证明，生态文明建设需要建构起系统的制度规范，进而依靠制度规范来发挥导向和规制作用，把生态文明建设纳入制度化、法治化轨道。“两山”理念的探索实践从来不是一劳永逸的，必须大胆探索、勇于实践，立法、标准、体制“一个都不能少”，既要重视制度规范的“刚性约束”，又要兼顾改革创新的“柔性变通”，从而更好地推动“两山”理念在经济社会发展各方面和全过程的深入践行。坚持常态长效，从制度创新入手，积极探索立法、标准、体制“三位一体”的生态文明制度体系，不断强化法治、标准、体制在全面推进生态文明建设中的引领作用。

（五）必须始终坚持把传播生态理念和培育生态文化有机衔接起来

“两山”理念的湖州实践充分证明，生态文明和绿色发展的推进，需要正确理念的传播和强化，推动生态价值观念进学校、进机关、进社区、进家庭，使“绿水青山就是金山银山”理念深入人心。坚持将生态文化建设融入生态文明建设全过程，在挖掘和传承地域特色生态文化的同时，开展形式多样的常态化制度化的教育活动，将生态文明教育全面纳入国民教育、干部培训和企业培训体系，融入社区规范、村规民约、景区守则，融入家庭教育、学前教育、中小学教育、未成年人思想道德建设。通过持久的努力，把这种生态意识和理念转化为自觉行动，并将其辐射至社会生活的各领域之中，使生态文明和绿色发展的各项工作，获得真实而持久的内在动力。

五、湖州践行“两山”理念建设生态文明的下步建议

作为习近平同志“两山”理念的诞生地，湖州应奋力扛起当好践行“两山”理念样板地、模范生的使命担当，以习近平新时代中国特色社会主义思想为指引，坚定不移照着“绿水青山就是金山银山”这条路走下去，让“两山”理念成为最醒目的标签，让“美丽”成为最独特的气质，全力争创践行“两山”理念先行示范区，为美丽中国建设提供更多的湖州经验，把党的十九大对生态文明建设的新要求落实在湖州大地上，真正把湖州的绿水青山变成人民的金山银山。

（一）全力打造全域美丽的新样板

打好污染防治攻坚战，实施碧水蓝天净土工程，营造优美人居环境，为美丽中国建设提供样板示范。坚持全域规划、多规融合、城乡一体、富民为本，把整个湖州大地作为一个生态作品来塑造，高起点规划建设南太湖绿色发展新区，高品质打造美丽城市，高标准建设特色小镇，高水平建设美丽乡

村，努力成为大花园的全域美丽标杆。

（二）全力打造绿色智造的新样板

以“中国制造 2025”试点示范城市建设为动力，突出绿色智能制造这一主线，主攻新型动力电池和高端绿色家居两大主导产业，构建绿色制造、智能制造和传统产业改造升级三大模式，深化“标准地”“亩均论英雄”等改革，推进“五未”土地处置，严抓能源“双控”，努力打造绿色智造名城，为中小城市工业领域践行“两山”理念、推动高质量发展提供典型示范。抢抓沪湖廊道建设机遇，规划建设绿色智能制造廊道，努力成为大湾区的绿色智慧走廊。

（三）全力打造乡村振兴的新样板

围绕产业提升、美丽建设、民生优化、人文发展、乡村治理、体制完善，实施乡村振兴战略“六大行动”。深化农业供给侧结构性改革，保持农业现代化发展水平全国领先地位。深化农村综合性改革，以赋权活权、聚财引智为重点，全面激发农村发展活力。举办生态文明与乡村振兴国际论坛，为国际乡村建设提供“中国样本”“中国方案”。

（四）全力打造改革创新的新样板

率先搭建生态文明制度“四梁八柱”，实现生态文明领域地方政府治理体系和治理能力现代化。完善立法、标准、体制“三位一体”制度体系，制定《湖州市生态文明示范区建设指南》，并努力推动其成为国家标准，推进自然资源资产产权制度改革，建立促进绿色生产生活的激励和约束机制。

（五）全力打造生活方式绿色化的新样板

大力开展创建节约型机关、绿色家庭、绿色学校、绿色社区和绿色出行等行动。加强绿色包容共享的公共产品供给，鼓励和扩大绿色消费。推行“生态 + 电力”模式，加快形成清洁低碳、安全高效的新型能源体系。推进公交电动化全覆盖，加快构建绿色交通体系。通过生活方式绿色化行动，把生态文明建设推向一个新高度。

（2018 年 8 月）

改革开放与中国城市发展

GAIGEKAIFANG

合肥

HEFEI

合肥市坚持创新引领　打造创新之都

中共安徽省委宣传部
中　共　合　肥　市　委

为贯彻中宣部及省委宣传部关于切实做好“百城百县百企”调研点调研活动的部署要求，向改革开放40周年献礼，我们成立调研组，围绕合肥创新发展开展专题调研，形成报告如下。

一、40年来合肥改革创新发展的历程和变化

创新是合肥最为宝贵、最具优势的遗传基因，是合肥发展最鲜明的特色、最强劲的动力、最亮丽的名片。1978年12月，党的十一届三中全会召开，开启了中国改革开放历史的新纪元，党和国家从此发生了历史性伟大转折。40年来，敢为人先、富于创新精神的合肥人民把握改革开放的先机，不断探索创新，全面深化改革，全力推动合肥创新发展，有效形成经济、政治、文化、社会、生态“五位一体”全面发展的新格局，实现了城市发展的历史性飞跃，开创了打造具有国际影响力的创新之都新局面。40年波澜壮阔，40年成就非凡。1978—2017年，全市生产总值由12.58亿元增加到7213.45亿元，财政收入由3.69亿元增加到1251.15亿元，固定资产投资由1.16亿元增加到6351.43亿元，农村居民人均可支配收入由103元增加到18594元。回顾40年的改革创新历程，大体可以分为三个阶段。

（一）第一阶段（1978—2002年）：创新改革不断深化

这一时期是合肥改革开放开启和探索时期。改革创新的重点先在农村，后从农村转到城市，从经济领域扩展到政治领域、科技教育以及其他社会生活领域。

1. 肥西山南迈出“惊天一小步”

1978年肥西山南小井庄率先包产到户，开启了合肥探索改革、创新发展的第一步。1980年5月31日，邓小平在《关于农村政策问题》的谈话中，充分肯定了肥西县包产到户的做法，合肥成为农村改革的发源地之一，家庭联产承包责任制向全省及全国推开。农村改革的成功，推动了城市改革，1984年合肥被确定为安徽省经济体制综合改革试点市，成为全国第一家进行综合改革试点的省会城市，改革重点由农村转入城市。经济领域改革的同时，科教事业发展加快，新技术新产品不断涌现，外资合资企业不断增加。到“七五”末，逐步形成机械制造、日用电器与电子工业、化学工业、建筑业等支柱产业。1991年全市工业产值达到105.43亿元，提前两年在全省率先实现工业总产值超百亿元的目标。

2. 改革开放不断深化

1990年省委实施“开发皖江、呼应浦东”战略、1992年邓小平南方谈话发表，合肥抢抓机遇，及时做出“抓住机遇、深化改革、开发开放、再造新合肥”战略，改革开放不断深入，社会主义市场经济体制初步建立。开发区建设发展迅速，“合肥国家高新技术产业开发区”“合肥经济技术开发区”“合肥新站综合开发试验区”先后建立，在拉动合肥乃至全省发展中发挥重要作用。1995年合肥市提出要建设现代化大城市，城市建设跃上新台阶，城市发展承载力不断提升。至2000年，合肥建成区面积达125平方公里，城市人口达134.47万，现代化大城市格局开始显现。

3. 科教事业改革发展

1982年国务院确定合肥为四大科教基地之一。随着电子工业部16所、

38 所、43 所相继迁入，国家同步辐射实验室动工兴建，合肥科技实力进一步壮大。到 1985 年，合肥共有县级以上科学研究院所 87 个，其中，中国科学院属 4 所、国务院部属 6 所、省属 54 所、市属 23 所，科研机构职工总数 8893 人，合肥科技基地建设初具规模。1989 年，为充分发挥科技的第一生产力作用，合肥市提出“教育为本、科教立市”方针，首次将“科教兴市”作为全市发展基本战略，提升科技创新能力，实施“火炬计划”，发展高新技术产业，极大推动了合肥科教优势转化为创新发展优势。20 世纪 90 年代，世界第一台 VCD、第一台仿生搓洗式全自动洗衣机、中国第一台微型电子计算机等，都诞生于合肥。

（二）第二阶段（2003—2012 年）：创新发展全面展开

这一时期是改革开放和创新发展全面展开时期。新世纪伊始，合肥在经历 20 多年改革发展基础上，进入加速崛起发展的快车道。全市经济发展突飞猛进，城乡面貌发生巨大变化，各项事业大步前进，改革开放全面深化，创新发展全面展开，人民生活水平大幅提升，在全国不断争先进位，对全省发展辐射带动作用快速增强。特别是“十一五”以来，合肥以工业立市战略为核心，积极推进“大发展、大建设、大环境”，县域经济、民营经济迅速发展，科教事业全面推进，现代化滨湖大城市架构展露英姿，经济社会发展日新月异，合肥创新发展谱出新篇章。2018 年中国社科院发布了《中国城市竞争力报告 No.16——40 年：城市星火已燎原》，合肥当选“经济发展最成功的城市”。

1. 工业立市战略成效显著

2005 年合肥确立工业立市战略，强调工业化是现代化不可逾越的发展阶段，确定此后工业经济发展方向和 8 大产业重点，制定了 27 条加快新型工业化发展政策，工业化加速推进，推动合肥经济实现跨越式发展。2005 年到 2010 年，地区生产总值由 925.6 亿元增加到 2702.5 亿元，年均增长 17.9%，增速连续 3 年居全国各省会城市第 1 位；全社会固定资产投资累计完成 9511 亿元，是“十五”时期的 6.7 倍，年均增长 44%；财政收入从 130.9 亿元增加到 476.2 亿元，增长 2.6 倍；省会经济首位度由 17.3%上升到 22%；城镇居民人均可支配收入和农民人均纯收入年均增长 14.5%和 16% 以上；支柱产业主导地位更加突出，四大家电总产量由 1300 万台套增加到 4224 万台套，跃升全国三大家电基地之首；新型平板显示、太阳能光伏、新能源汽车、公共安全等战略性新兴产业“无中生有”、快速突破，确立了全国领先优势。

2. 科技创新能力不断增强

2004 年合肥作为全国首家国家科技创新型试点市建设正式启动，经过努力，到 2007 年，合肥自主创新能力显著提升，创新体系初步形成。2009 年合芜蚌自主创新综合试验区获得国家批复建设，2010 年合肥成为全国首批“创新型试点市”，2011 年荣获中国“十大创新型城市”称号，7 次蝉联全国科技进步先进市。科技创新持续推进，在发展新兴产业、培育高新技术企业，整合创新要素，搭建服务平台，转化创新成果和改革管理体制等方面取得积极成效，科技优势迅速转化为经济优势和产业优势，极大推动结构优化升级和增长方式转变。

3. 创新发展基础不断夯实

合肥集中了省内众多高校及科研院所，科教资源十分丰富。合肥市对各类在合肥高校办学给予大力支持。中国科学技术大学、合肥工业大学、安徽大学等众多高校改革机制、优化资源，办学规模和质量不断提升。2002 年合肥联合大学、合肥师范学校与合肥教育学院等合并组建合肥学院。2001 年规划建设 13 平方公里的合肥大学城，加强了高校、企业、研究机构的联系，提升了高校科研能力，促进了科技成果转化，培养了一大批高端人才。至 2011 年，合肥普通高校达到 48 所，高校在校学生由 2005 年的 24.21 万人增至 43.3 万余人，其中研究生由 2005 年的 1.75 万人增至 3.12 万人。民办教育不断涌现，职业教育资源雄厚，2007 年合肥职业教育基地开工建设，成为重要的技能型人才培养基地。

（三）第三阶段（2012年至今）：创新之都加快建设

这一时期是全面深化改革、打造具有国际影响力的创新之都加快建设时期。党的十八大以来，合肥深入贯彻新发展理念，把“创新高地”作为城市发展目标定位，创新发展成效显著。特别是2016年4月，习近平总书记视察安徽合肥指出，合肥是创新的天地，要把创新作为最大政策，奋起直追、迎头赶上。合肥牢记习近平总书记嘱托，提出打造具有国际影响力的创新之都，奋力谱写现代化建设合肥篇章。

1. 全面打造“创新高地”

2013年2月，合肥市提出“大湖名城、创新高地”的城市发展定位，将其作为彰显自身特色、提升城市核心竞争力和综合影响力的战略。“十二五”期间，合肥先后成为国家自主创新示范区、国家创新型试点城市、国家系统推进全面创新改革试验、综合性国家科学中心、“中国制造2025”试点示范城市，成为集五大“国字号”创新品牌于一身的城市，连续8次蝉联全国科技进步先进市称号。创新驱动效应显著，自主创新主要指标全部进入全国省会城市“十强”，中科大先进技术研究院建成运行，中科院合肥大科学研究中心获批建设，具有世界领先水平的量子通信、智能语音、新型显示等一批科技创新与产业创新成果涌现，综合实力实现赶超，进入省会城市前10位。

2. 全面深化改革先行先试“合肥版”

2013年合肥深入贯彻中央和省委全面深化改革部署，提出打造全面深化改革先行先试“合肥版”，明确“四个先行先试”基本思路，在全省率先出台全面深化改革的实施意见，部署8大方面、43个领域、237项改革任务，其中具有合肥特色的改革占1/3。通过全面深化改革，全力推进创新转型升级、制度创新和环境优化，为打造“大湖名城、创新高地”、推动创新发展提供坚强保障。2014年以来，累计推进各项改革超过800项。

3. 加快建设创新之都

2017年合肥市提出加快打造具有国际影响力的创新之都目标，大力实施五大发展行动计划，扎实推进长三角世界级城市群副中心建设，加快打造具有国际影响力的创新之都，更好展现“大湖名城、创新高地”城市形象。以 2017 年 1 月 10 日获批建设合肥综合性国家科学中心为标志，合肥创新发展实现了里程碑意义的新突破，形成了合肥作为国家科技创新和产业创新中心城市的崭新定位，在全国创新发展战略大格局中发挥支撑引领作用，成为具有国际影响力的创新之都。2017 年全市生产总值同比增长 8.5%，总量跃居全国省会城市第 9 位，在全省的首位度提高到 26.2%，财政收入增长 12.3%，城乡居民人均可支配收入增长 9.7%。

二、合肥市坚持创新发展的做法及成就

近年来，合肥市坚持以习近平新时代中国特色社会主义思想为指引，牢记使命、继续前进，矢志发挥合肥创新发展优势，始终把创新作为引领发展的第一动力，把合肥这个“养人的地方”“创新的天地”品牌擦得更亮更美。

（一）聚焦原始创新，大力加强基础研究

1. 全力建设综合性国家科学中心

坚持以提升原始创新能力为导向，依托同步辐射、超导托卡马克、稳态强磁场三个大科学装置群和量子科技设施等世界先进的基础研究及其相关群体，建设世界一流科技基础设施集群，打造国家基础科学研究制高点和打造世界级科技原始创新策源地。加快建设综合性国家科学中心、合芜蚌自主创新示范区，构建形成“2+8+N+3”框架体系。目前，省科技创新“一号工程”量子信息与量子科技创新研究院已实质性开工建设，正积极争创量子信息科学国家实验室。聚变堆主机关键系统成功落户合肥，稳态强磁场通过国家验收，人造小太阳创造了新的世界纪录。离子医学中心、大基因中心等重大创新平台建设加快推进，国家创新体系基础平台、原创成果策源地初步形成。

2. 强化项目规划引领

编制滨湖科学城、大科学装置集中区等重大规划，发挥重大项目创新带动作用，主动对接国家科技创新重大项目，积极参与国家战略。积极争取组建量子信息科学国家实验室，全面启动量子信息与量子科技创新研究院建设。加快推进聚变堆主机关键系统综合研究设施主体工程建设。正式启动大气环境污染监测先进技术与装备国家工程实验室、类脑智能技术及应用国家工程实验室、先进光源（HALS）预研工程等标志性项目建设。高精度地基授时系统（合肥一级核心站）项目建议书和未来网络实验设施（合肥中心）已获得国家批复。加快推进高校“双一流”建设，大力支持中国科学技术大学、合肥工业大学、安徽大学等高校发展优势学科，建设新型研究院，打造智能、绿色产业高端科技成果孵化基地。

3. 强化人才支持创新

瞄准打造创新之都目标定位，出台《关于建设合肥综合性国家科学中心打造创新之都人才工作的意见》（简称“人才政策 20 条”），实施人才发展“6311”工程，配套出台“国内外顶尖人才引领计划”“鸿雁计划”等 23 个具体实施办法，在人才竞争中赢得主动。一是创新人才引进机制。充分发挥国家大科学装置“聚才”作用，获批国家海外人才离岸创新创业基地，“哈佛八博士后”集体回国赴科学岛“稳态强磁场”大科学装置创新创业，成为全国科技创新重大典型。围绕战略性新兴产业、优势主导产业、现代服务业等重点产业领域人才需求，定期发布急需紧缺人才目录。对来肥企业工作且符合人才目录的博士、全日制硕士和“双一流”高校本科毕业生以及其他急需紧缺人才，三年内每月分别给予 3000 元、2000 元生活补贴。对新培养、全职引进的国内外顶尖人才，给予个人 200 万元生活补助，培养单位最高 500 万元奖励。目前，合肥拥有“两院”院士 108 人，引进国家“千人计划”专家 274 人，国家“万人计划”专家 106 人，享受国务院特殊津贴专家 852 人。二是创新人才激励机制。扩大股权和分红激励试点范围，深化科技成果“三权”管理改革，明确科技成果转化收益用于奖励重要贡献人员和团队的比例可达 90%。设立“合肥突出贡献人才奖”，给予入选者每人 100 万元奖励，让人才“名利双收、创新致富”。目前，全市开展股权和分红激励的企业已达 170 家，激励总额近 4.7 亿元；中科大、合工大等首批科技成果使用处置改革试点高校累计处置成果 24 项，处置收入 1.5 亿多元。三是创新人才服务机制。成立合肥市创新创业高层次人才协会，建立人才一站式服务窗口、无否决权人才服务专窗，规划建设国际人才城。全面放开落户限制，大学生、技术工人和留学归国人员就业创业可直接落户。实行人才公寓制度，未来 5 年新建人才公寓不少于 1 万套，引进高层次人才子女可自主择校。

（二）聚焦协同创新，大力提升技术创新能力

1. 打造重大创新平台

积极建设产学研合作平台，采用人才双聘、政产学研联合共建模式，着力构建集高端人才培养、先进技术研发、创新成果转化等于一体的创新生态体系，抢占创新制高点。2012 年 10 月，按照“省部合作、市校共建”方式，与中科院、中科大合作共同建设中科大先进技术研究院（简称“先研院”）。目前，先研院已与英特尔等共建研发平台 50 家，孵化科技型企业 217 家，引进海内外高端人才和领军人才累计达 552 人，涌现农林废弃物生物转化、石墨烯复合材料等一批在国内外行业领先的应用技术。清华公共安全研究院、中科院技术创新工程院、工大智能院等一批新型协同平台加快建设，科技创新和成果转化呈井喷之势。积极打造关键共性技术研发平台，坚持面向全球集聚创新要素，整合集聚创新资源，建设国际创新交流服务平台，广泛利用国际科技资源，发展“项目—人才—基地”战略体系，建设中德智能制造国际创新园、中德智慧产业园、中俄超导质子联合研究中心等集成电路、人工智能、超级计算、离子医学、智慧能源、大基因、新能源汽车等重大研发平台，有效集聚国内外著名高校、科研院所和企业的人才和技术。建设科技成果转化服务平台，积极推进安徽创新馆建设，强化捕捉发现、展示交易、创业孵化、投融资等功能，打造对接全球的展示、转化和服务中心。

2. 完善技术创新体系

依托“互联网 +”，建成安徽联合产权技术交易所和科技创新公共服务中心，开通网上技术交易平台。制定促进科技成果转化支持政策，探索委托研发、共建实体、科研院所转制、建立技术转移中心等多种模式，完善“研发—中试—产业化”创新链条。争创国家科技成果转移转化示范区，推动科技示范应用，依托重大创新平台建设，加速推进量子通信、太赫兹、离子医学及高端医疗装备、航天技术等一批重大科技成果转移转化，培育了量子保密通信、新能源汽车、城市生命线等一批标志性成果。提高技术转化水平，加快京东方 10.5 代线、晶合 12 吋晶圆、长鑫 12 吋存储器等重大项目建设，通过完善创新链条、知识产权评估、人才政策支持等手段，提升创新技术竞争力。近 3 年共有 59 个项目列入国家重点研发计划，获得国拨资金 16.5 亿元。建成全球首个量子通信城域网，全球第一款效率超过 99%的商业化逆变器、最大吨位双动充液拉深液压机、最大功率潜水泵在合肥诞生，研发出国内首款具有完全自主知识产权的双离合自动变速器、X 射线口腔 CT 诊断机、太赫兹安检仪等，一些重大技术获得突破。

3. 打造全要素双创空间

以国家小微企业创业创新基地城市示范为抓手，构建小微企业“1+13+X”公共服务平台网络，全市共备案小微企业创业基地 142 家，创业基地总面积 906.8 万平方米，利用闲置厂房面积 65.3 万平方米，拥有管理服务人数 2654 人，带动创业团队 10339 个、创业辅导师 600 位，吸纳就业人数 16.8 万人，累计毕业企业 4115 个，产值加销售收入共 1187.6 亿元，利润 68.9 亿元，上缴税金 20.5 亿元。其中，建成孵化器 37 家，包括国家级 8 家，在孵企业 1956 个，从业人员 2.4 万人；建成科技创业苗圃、梦工厂等众创空间 49 家，包括国家级 11 家，集聚创业团队 910 个、创业人员近 8000 人。建成市级以上小微企业创业基地 130 个，面积达 927 万平方米，集聚创业团队 8200 多个。

（三）聚焦产业创新，大力推进转型升级

近年来，合肥市坚定不移实施“工业立市、制造强市、质量兴市”战略，围绕供给侧结构性改革，聚焦产业创新，敢于做好“无中生有”“小题大做”文章，以推进国家和省战略性新兴产业集聚发展基地建设为突破口，以建设“三重一创”体系为载体，推动资源要素向制造业集聚，推进产业集群集聚发展，全面促进产业创新转型升级，战略性新兴产业实现跨越式发展，万元GDP能耗仅为全省平均水平的一半。

1. 推进战新基地建设

出台市级战略性新兴产业集聚发展基地专项政策，市级每年安排2亿元引导资金用于支持市级基地建设。推动市级、省级、国家级新兴产业基地协同发展，除拥有6个省级战略性新兴产业集聚发展基地外，高新区、中科院合肥物质研究院、荣事达电子电器集团有限公司相继获批全国“双创”示范基地，战略性新兴产业集聚发展的后劲和活力全面增强。2012—2016年，全市战略性新兴产业产值从1598.7亿元增长到3100.1亿元，年均增长19.1%，增加值从433.47亿元增长到690.4亿元。2017年合肥战略性新兴产业产值同比增长16.1%，增加值占全市工业比重达到32.8%，对工业增长贡献率达到53.4%。今年1—5月，全市战略性新兴产业实现产值增长14.3%，增加值增长14.5%，高出全市工业5个百分点，对全市工业增长贡献率达67.8%，拉动全市工业增长6.4个百分点。党的十八大以来，平板显示及电子信息、装备制造、汽车及零部件、家电、食品加工、光伏及新能源六大主导产业实现增加值年均增长13%，产业规模、核心技术均在全国领先。

2. 加快科技成果转化

合肥坚持把科技成果转化作为推动产业发展的主要动力，千方百计、想方设法促进科技成果转化为现实生产力。如在产业发展上，近3年来，合肥诞生了世界首款多语种实时翻译机、首条平板显示10.5代线、“魂芯二号A”

芯片、太赫兹人体安检仪等成果，平板显示、光伏、集成电路、新能源汽车等产业创新水平和规模迈向全国前列。一是提升产业创新能力。市校（院所）共建一批共性研发平台，现代显示、光伏光热、语音信息、新能源汽车、公共安全等研究院实现实体运作。企业创新平台快速发展，国家及省级工程（技术）研究中心、企业技术中心、实验室总数达 550 个（其中国家级 56 个），产业创新的主体作用日益凸显，一批国际竞争能力强的骨干企业加速成长。二是提升企业创新能力。以企业为主体建设平板显示、新能源汽车、公共安全、集成电路、轨道交通、机器人等 22 家产业技术创新战略联盟。重点提升企业承接成果转化能力，支持企业与高校院所共建研发平台。目前，国家、省、市重点实验室和工程（技术）研究中心、企业技术中心等各类研发机构每年增加 100 个以上，总数达 1316 家，其中国家级 72 家。围绕关键技术领域，部署一批科技重大专项，近 3 年共有 59 个项目列入国家重点研发计划，获得国拨资金 16.5 亿元。三是创新方式方法。积极通过以技术入股、创新合作等方式，推动科技成果转化。如科大先研院创新融资机制，提高科技成果转化水平。药用非常规多肽化学合成 CRO 项目主要依托先研院蛋白质与多肽药物应用工程技术中心展开，依托中心前期积累发展的多项国际顶尖多肽化学合成技术。目前，在膜蛋白化学全合成方面，实现国际上最长的膜蛋白化学全合成，该项目在先研院申请了 4 项专利。

3. 加速“两化”融合发展

在全国率先实施“万千百”（万条数字化生产线、千个数字化车间、百家智能工厂）、“两化融合”贯标达标等工程，累计建成智能工厂 41 家、数字化车间 320 个，通过国家“两化”融合贯标的企业数占全国的 4.4%，合肥万力轮胎建成国内行业首家全流程智能工厂。新型制造加速壮大，2017 年安徽合力、阳光电源、泰禾光电等 20 余个企业（项目）入选国家级智能制造、服务型制造、制造业与互联网融合试点示范。成功获批“宽带中国示范城市”“国家信息消费示范城市”等。积极释放企业活力，2017 年全市拥有规模以上工业企业 2561 家，其中产值超亿元企业 1137 家；骨干企业对全市工业发展支撑作用突出，全市产值超亿元企业对全市工业增长贡献率达116.1%。科大讯飞获批建设首批智能语音国家人工智能开放创新平台，打造“BAT+ 科大讯飞”人工智能国家队，加速推进“中国声谷”建设。5 户企业入选国家级制造业单项冠军示范（培育）企业。阳光电源入选首批国家级绿色工厂、制造业单项冠军培育企业、服务型制造示范企业，自 2015 年以来逆变器出货量保持全球第一。

4. 培育高新技术企业

一方面，促进成立市场主体。合肥市针对初创型、成长型、成熟型不同阶段，建立市级高新技术企业培育梯队，完善高企辅导、培训、认定（复审）和统计工作体系，市与县（市）区、开发区加强联动，通过召开“千企大会”、赴各工业园区专题培训等方式，加强高新技术企业培育、申报和复审工作。合肥每 5 天诞生 4 家国家高企，目前全市国家高企总数达 1666 户。另一方面，大力培育优势特色产业，加快传统产业改造升级。家电、装备制造、电子信息、汽车及零部件 4 个产业产值突破千亿元，并于 2018 年 2 月列入国家发改委“2017 年战略性新兴产业区域集聚试点建设工作真抓实干成效明显拟建议表扬激励名单”，新型显示、光伏、新能源汽车、公共安全等新兴产业在全国确立先发优势，成为全国最大的家电产业基地，最大的挖掘机、叉车、轮胎生产基地之一和全系列汽车生产基地之一。新型平板显示产业实现“从沙子到整机”的全产业链布局，先后建设国内首条液晶面板 6 代线、8.5 代线和全球首条 10.5 代线，建成世界最大的新型显示面板生产基地，实现从“跟跑”到“并跑”再到“领跑”的跨越。智能语音及人工智能上升为国家发展战略，入选工信部首批 3 个先进制造业集群培育试点之一。新能源汽车在全国范围内推广 5 万辆，居全国首位。集成电路产业通过引进晶圆制造、金凸块封装测试及“双子”项目、长鑫 12 吋存储晶圆等一批龙头项目，已成为全国少数几个拥有设计、制造、封装测试及设备材料全产业链的城市。

（四）聚焦机制创新，大力推进创新环境优化

始终坚持优化发展环境不动摇，着眼制约经济发展的重要领域和关键环节，大力弘扬敢为人先、敢为天下先的精神，敢闯敢试、先人一步、快人一马，抓实问题、开实药方、提实举措，大力推进机制创新，破除机制约束，优化创新环境，不断增强经济发展活力。

1. 完善政策保障体系

围绕高质量现代产业体系构建，注重发挥协同联动效应，突出精准、靶向、有效，形成综合政策引领、专项政策支撑的政策框架体系。一方面，注重综合政策引领。整合分散在各部门的产业扶持政策和资金，构建1个基本规范+3种基金+5大具体政策的扶持产业发展“1+3+5”政策体系，每年拿出30多亿元，通过基金、金融创新产品、借转补、事后奖补等多种方式支持企业发展，近3年累计投向制造业企业100多亿元。今年4月，在“1+3+5”基础上修订形成“高质量发展30条政策”，进一步优化政策结构，提高政策精准性和实效性，为培育发展新动能提供坚实的政策保障。另一方面，建立专项政策支撑。聚焦智能语音、集成电路、光伏新能源等重点产业发展，先后出台一系列专项政策。智能语音方面，落实《支持中国声谷建设若干政策》，首次设立智能语音及人工智能产业专项资金8亿元，设立专项基金50亿元。集成电路方面，2016年在全国率先制定《合肥市促进集成电路产业发展政策》，近期聚焦研发、应用、平台、人才及服务等领域，出台《合肥市加快推进软件产业和集成电路产业发展的若干政策》，形成较为完善的政策保障和管理体系。金融保障方面，充分发挥财政资金的增信、引导和激励作用，创新设立税融通、政保贷、小微企业扶持债券、小微企业续贷过桥资金、中小企业创新发展基金等20多种财政金融产品，积极开展科技保险、专利质押贷款等试点，累计放款达255.8亿元，有效支持中小企业特别是科技型企业融资发展。

2. 创新资本金融支持

充分发挥政府“有形之手”和市场“无形之手”的作用，重点解决成果转化融资难问题。一是构建政策性担保体系。坚持内培外育相结合，优选增量，广聚金融机构。目前，共集聚各类金融机构、组织500余家，种类齐全程度居全国省会城市前列；科技支行、小微支行等特色专营机构超过百家；民营新安银行筹建有序推进。同时，盘活存量，打造特色金融平台。兴泰金融控股、正奇金融等专注服务地方科技型小微企业的综合性金融、类金融平台，年融资服务规模均超百亿；滨湖国际金融后台服务基地成功引进33家金融机构总部或综合基地入驻，集聚金融投资近300亿元。此外，创新政策性融资担保机构国有资本持续补充机制，有效整合国有资本，建立市县两级政策性融资担保体系，在全省获批设立首家市级科技融资担保公司，全市18家政策性融资性担保公司平均注册资本3.4亿元。在全国率先搭建市级担保项目共享平台，实现中小企业担保信息资源共建共享，累计录入项目信息5304个。二是设立引导基金，发挥基金撬动作用。设立产业引导基金，围绕优势主导产业和战略性新兴产业，重点支持初创期、成长期企业科技成果转化，目前总规模达447亿元，其中社会资本出资368.3亿元，放大倍数为1∶4.7。设立市天使投资基金，支持高层次人才团队项目，破解项目发展初期融资难题。目前投资基金规模扩大到4.94亿元，审批通过项目69家，审批金额3.39亿元；完成签约50家，投放资金2.4亿元，引进高层次人才400余人，如合肥中科普瑞昇生物医药科技有限公司于2015年在合肥高新区注册成立，公司创始团队是来自中科院合肥物质科学研究院刘青松药物学研究团队，其团队4名核心成员是在全国产生较大影响力的“强磁场哈佛八剑客”成员。在公司成立初期即获得市天使投资600万元，为公司发展提供了资金保障。三是开展创新贷和科技小额贷。2017年为科技企业提供基准利率贷款，分别放贷10600万元、1800万元，已分别累计放贷2.11亿元、6300万元。促进专利与企业、金融的深度融合，采取“开放式服务，市场化运作”方式，支持高新技术企业和创新型企业以专利质押贷款方式融资，2017年

174 家企业利用 219 项专利质押，获银行贷款 20.2 亿元，着力解决了企业发展所需的资金困难。

3. 加强知识产权应用保护

坚持质量优先，优化政策服务。利用电子申请服务平台，实现网上专利申请、授权全过程监管和监控。定期召开专利代理机构人员会议，举办国家知识产权培训班，提升专利服务水平。2017 年发明专利申请量 32828 件，同比增长 26.77%，发明专利授权量达 4917 件，占全省总量的 39.5%，分别位居全国省会城市第 4 位、第 8 位。完善知识产权展示与交易服务平台体系，围绕我市产业创新发展重大需求，积极争创中国（合肥）知识产权保护中心，实现集专利申请快速审查、快速确权、快速维权等于一体的一站式服务，提升服务效率。推进专利保险试点，设立科技保险基金，对投保专利保险的企业，按实际支出保费的 50% 给予补贴。建立专利产业化机制，建立重点行业、重点企业专利预警机制，开展科大讯飞、量子通信、阳光电源等企业知识产权分析预警评议。加大执法力度。积极开展打击侵权假冒专项行动，保持对侵权假冒行为的高压态势。推进知识产权“三合一”综合执法试点，研究制定《合肥高新区知识产权“三合一”综合执法改革试点工作实施方案》，支持高新区开展专利、商标、版权“三合一”综合执法试点，成立全省首家知识产权法庭、知识产权仲裁中心，为助推科技创新提供重要支撑。

4. 着力打造投资洼地

注重提供全方位政务服务，坚持亲力亲为抓改革，168 项改革举措协同展开，形成 63 项重大制度性成果。在行政审批、建设管理、资源交易等重点领域和关键环节，开展“效能革命”，推行“零距离”指导、“零关系”办事、“零停留”办公、“零利益”服务和引资项目“零障碍”入驻，构建从政务服务到要素保障全环节的制度体系。持续推进“放管服”改革，出台权力清单、责任清单动态调整和权力运行监督管理办法，取消和下放行政审批事项 230 项，占原有审批事项的 72%，非行政许可审批彻底终结，行政审批事项和流程进一步精简优化，成为市级权力事项和行政审批事项最少的省会城市之一。建立“3+2”清单制度（涉企收费清单、公共服务清单和中介服务清单，政府权力清单、责任清单），市县乡三级权责清单实现全覆盖，涉企收费项目仅保留 77 项，年减轻企业负担 12.3 亿元。成立全国首批数据资源局，通过对政务、民生、产业等领域数据资源的深度开发利用与开放共享，提升数据资源利用价值，为政府、企业、居民提供高效便捷的数据资源服务和信息化服务。

三、合肥市坚持创新发展打造创新之都的展望

纵观 40 年来合肥改革开放发展的历程，在党中央和省委省政府的坚强领导下，合肥创新发展取得显著成绩，但相比上级要求、相对先发地区，还有一些差距和不足。主要表现在：一是适应创新驱动的体制机制亟待健全，知识创新、技术创新和产业创新体系衔接的紧密度不够，协同创新统筹力度还需加强；二是创新体系整体效能仍需提升，科教人才资源优势还没有充分发挥，科技成果就地转化率还需进一步提高，科技与经济结合的紧密程度有待进一步加强；三是企业技术创新动力不足和能力不强的问题仍然存在，创新主体地位仍待提高，大中型企业的核心关键技术以引进为主，企业孵化能力不强，中小企业科技人员少，缺乏创新团队；四是科技人才队伍不够强大，高素质、高水平的创新创业和管理人才、学科带头人以及行业拔尖技术人才短缺问题日益突出，招才引智有待精准发力；五是科技创新整体能力水平不够强，与先发地区相比，高新技术企业数量、发明专利授权量、全社会研发投入与南京、杭州等城市相比还有不小差距；六是数据资源共享开放面临挑战，缺少数字经济产业专项政策，数字经济产业基础相对薄弱，产业总体规模偏小、产业生态不够完善、龙头企业引领作用不足。这些问题也是合肥创新发展下一步重点突破和努力的方向。

新时代赋予新使命，新思想引领新征程。合肥将坚持以习近平新时代中国特色社会主义思想和党的十九大精神为引领，高水平建设合肥综合性国家

科学中心合肥滨湖科学城、合芜蚌国家自主创新示范区，高效率系统推进全面创新改革试验，提升“四个一”创新主平台叠加效应，坚持创新引领、优化创新生态、强化系统推进、融入全球体系，发展新经济、培育新动能、集聚新优势、做强新亮点，构建具有国际竞争力的创新生态体系和支撑创新之都的创新型城市形态，加快建成具有国际影响力的创新之都。

（一）聚力打造原始创新策源地

以高站位建设综合性国家科学中心为牵引，将协同创新体系引入原创新前端，力争在若干领域实现创新领跑。

1. 建设世界一流科技基础设施集群

围绕信息、能源、健康、环境等领域，构建跨学科、跨领域、跨部门的协同创新网络，加快关键共性技术、前沿引领技术、现代工程技术、颠覆性技术创新，打造世界级科技创新策源地、国家产业创新核心区、全国重要教育科研区。到 2020 年基本形成综合性国家科学中心框架布局，争创量子信息科学国家实验室、新能源国家实验室，完成量子实验室核心区和大科学装置集聚区基础建设，聚变堆主机关键系统具备试运行条件，合肥先进光源、大气环境立体探测实验研究设施争取国家“十四五”立项，未来网络试验设施、高精度地基授时系统实现试验和示范功能，积极争取国家布局建设超级计算中心。全面提升拓展全超导托卡马克、合肥同步辐射光源稳态强磁场装置的性能。进一步探索科学中心运行管理新机制，建立符合科学规律、自由开放的科学研究制度环境，打造高度集聚、多方协同、产业融通的重大科技基础设施集群。

2. 建立颠覆前沿技术成果发现孵化机制

加强对重大前沿原创和具有发展潜力的关键技术的跟踪，对潜在的颠覆性技术进行预测。探索建立技术项目国际评价机制，积极引入国际顶尖研发机构、学术团体，对项目开展评价。探索构建从原始创新到产业发展全过程、全链条的创新服务体系。鼓励引导产学研联合，积极推动具有市场化潜力的基础研究成果，转化为具有市场价值的技术雏形，加快技术创新成果产业化步伐。

3. 强化重大战略项目支撑引领

主动对接“国家科技创新2030—重大项目”，面向经济社会发展重大需求，每年实施100项重大科技研发项目。继续承担好国家科技重大专项，在“核高基”等领域攻克一批关键技术。积极争取更多领域进入国家布局，加快量子通信与量子计算机、类脑研究、燃气轮机、国家网络空间安全等重大科技项目和智能电网、天地一体化信息网络、大数据、智能制造和机器人、重点新材料研发及应用、健康保障等重大工程的研发突破。

4. 深化与高校院所融合创新

加强与全国知名大学、大院大所合作，进一步加快高端创新资源集聚。开展与中国科学院等高校院所“百所千企”科技成果转化对接，支持中国工程院建设中国工程科技发展战略安徽研究院。推进高校“双一流”建设，支持中国科学技术大学发展新医学（生命科学与医学部）和新工科（量子信息科学部、人工智能与大数据交叉学部等），建设附属医院、中科大高新园区、中科大先研院等，打造与区域经济建设相融合的技术转化平台。支持合肥工业大学、安徽大学等高校发展工程管理与智能制造、材料科学与信息技术等优势学科，依托新型研究院，打造智能、绿色产业高端科技成果孵化基地。支持国内外著名高校、科研院所、跨国公司来肥设立新型研发机构、实验室和创新中心，创办特色学院，培养紧缺高层次人才。

（二）聚力打造技术创新密集区

以高标准建设合肥滨湖科学城为引领，加速从跟随模仿创新向源头创新、引领式创新跃升，形成内联外通的国际科技合作网络。

1. 优化创新资源要素布局

建设合肥滨湖科学城，坚持“尖端引领、集中布局”原则，规划建设国家实验室核心区、大装置集中区、教育科研区和规划发展区，统筹各具特色的创新单元，突破核心创新区，提升产业集聚区，优化教育科研区，形成科研要素集聚、技术创新活跃、生活服务完善、生态环境优美的世界一流科学城。推动四大开发区全力打造引领发展的高端产业集聚区、创新创业引领区、产城融合示范区、宜居宜业新城区，全力打造中国IC之都、中国声谷等，培育形成一批世界级产业集群。推动合肥高新区建设世界一流高科技园区、经开区建设世界一流先进制造业集聚区，加快创建新站国家级高新区、庐江国家农业高新区。推动各城区全力打造国际化都市区核心区、现代服务业集聚区、新经济新业态发展先行区。推动各县（市）建设创新型园区，增强新型工业化主战场作用，支持现代农业高质量发展，打造都市现代农业园区，成为全市发展新引擎。

2. 发挥新型协同创新平台作用

深化产学研用合作，建设高端协同创新平台，推进中科大先研院、北航科学城等协同创新平台建设，创新“科研 + 产业 + 资本”组织模式，继续加大引进国内外知名高校、科研院所建设新型研究院，打造科研产业“混合体”。建设关键共性技术研发平台，整合集聚创新资源，建设集成电路、人工智能、超级计算、离子医学、智慧能源、大基因、新能源汽车等一批重大研发平台，突破一批关键共性技术。建设科技成果转化服务平台，强化安徽创新馆捕捉发现、展示交易、创业孵化、投融资等功能，打造对接全球的展示、转化和服务中心。推动各类技术转移机构以“互联网 +”为核心，构建线上与线下相结合、专业化、市场化的交易孵化网络。

3. 加强知识产权创造、应用和保护

建立与国际接轨的知识产权保护体系，加快建设运营中国（合肥）知识产权保护中心，开展集专利快速审查、确权、维权于一体的一站式综合服务。加强合肥知识产权法庭建设，推动知识产权审判领域改革创新。推进知识产权“三合一”综合执法，探索开展知识产权信托交易试点。提升企业知识产权国际化布局能力，推进量子信息、集成电路等重点产业高价值专利挖掘、培育和运营，支持建设一批国家专利导航实验区、国家知识产权示范

园区。

4. 积极融入全球创新网络

加强对接长三角一体化科技合作交流，发挥合肥综合性国家科学中心龙头作用，共建共享 G60 科创走廊，共建一批产业合作示范区、创新合作平台，联合攻关一批重大科技项目，促进长三角城市群创新政策协同和创新要素流动。积极寻求与粤港澳大湾区科技创新合作，加强与北京怀柔、上海张江综合性国家科学中心合作联动。推进“一带一路”创新合作，精准链接全球创新资源。集聚发展总部经济，积极吸引世界和中国 500 强企业、行业领军企业等在合肥设立区域性总部和分支机构。推动企业“走出去”和“引进来”，培育一批具有较强国际竞争力的跨国公司，推动服务外包在岸、离岸业务规模发展，广泛吸引国内外知名机构在合肥设立国际化研发设计、技术转移金融服务、大数据分析等科技服务机构。举办墨子论坛、香山科学会议等交流活动，吸引更多的学术论坛、创新创业论坛、人才峰会在合肥发起，打造国际化创新交流平台。

（三）聚力打造产业创新引领区

聚集高质量建设国家自主创新示范区，构建创新城市新格局，加快培育新动能、发展新经济。

1. 培育壮大企业创新主体

实施企业“十百千”培育行动计划。加强初创期种子企业培育，建立国家高新技术企业“培育池”，集聚初创期企业 2000 家，加强人才、项目等要素支撑建立信息与政策高效服务机制。加强科技小巨人培育，遴选 200 家研发基础好、创新能力强的科技型中小企业，打造成为占据市场主导地位的隐形冠军。加强独角兽企业培育，开设绿色通道实行“一企一策”，实现三年内培育 5—10 家具有核心竞争力、市场认可度高的独角兽企业。

2. 打造“双创”升级版

提升国家“双创”示范基地功能，完善“众创空间—孵化器—加速器”

孵化链条，强化政策支持、科技支撑、人才引进、公共服务等保障条件。探索多种模式的孵化器建设，支持面向前沿产业领域的技术孵化型、创投孵化型、产业链孵化型、专业孵化型创业服务机构。鼓励引进国际一流国内领先孵化载体落户合肥，支持外资和民营资本参与创办混合所有制孵化器。发挥高校校友资源作用，打造留学人员创新创业服务平台，创建欧美同学会双创学院等载体。探索国有孵化器所有权和经营权分离，推进实施现代企业管理制度和职业经理人制度。

3. 加速发展创新型经济

发展智慧经济，聚焦脑科学与类脑人工智能等领域，培育智能制造、智能语音、虚拟现实等产业发展数字经济；聚焦新一代信息技术，培育云计算、物联网、大数据等信息技术服务产业。发展平台经济，推进量子信息、高端芯片、工业互联网等专业化共享平台建设，培育经济发展新业态，发展绿色经济，聚焦新能源、新材料等领域，发展生物质能、智能电网、环保技术及装备等产业。发展共享经济，聚焦生产、流通、消费等服务模式创新，推进创新资源、创新能力等要素共享。

4. 抢占产业高质量发展的制高点

突出“高”端引领，加速优势产业创新发展，壮大新型显示、集成电路、大数据、节能环保、新能源汽车、生物医药等重点产业。突出“精”品制造，加快建设“中国制造 2025”试点示范城市，实施“万千百”智能改造工程，鼓励企业开展智能化改造，提升整体制造水平，加快打造具有国际影响力和竞争力的先进制造业基地。突出“尖”端前沿，培育未来先导产业，瞄准前瞻性、开拓性、颠覆性技术突破，围绕量子信息、人工智能、新能源、生命科学等领域，加快重大科技成果转化和产业化，培育国内外有重大影响的产业集群。

5. 加快推动军民融合创新

积极创建国家军民融合改革创新示范区，全面拓宽军民融合产业领域。构建军地创新协调、技术对接和验证、成果转化等机制，支持中国电子科技集团等单位整合创新资源，建设军地融合产业园等载体。推进与国防科技大学等部队院校及科研机构战略合作，共建军民融合创新研究机构。设立军民融合产业发展基金，加快推进军民资源开放共享，引导优势民品企业进入军品科研、生产领域，在国防动员、国家安全和应急领域形成一批原创技术与产品。

6. 全域拓展科技创新示范应用

深化“创新合肥”建设，在政务服务、民生工程、社会治理、城市运行、乡村振兴等领域实施一批科技应用示范工程。加强科技在公共安全、生态环保、医疗健康、智能交通、科技强警、农产品质量安全等领域的应用。塑造“创新政府”形象，完善政府智库，利用人工智能、物联网、云计算、大数据分析、移动互联网等新一代信息技术，构建精细化、智能化、服务型科技政府。开展“创新公民”培育，新建一批科普创新基地，加强科普宣传，推动全民科学素养的进一步提升，使发明创造、创新创业、新技术新产品试验应用成为市民的行为习惯和生活方式。

（四）聚力打造制度创新先行区

高效率推进全面创新改革试验，以推动科技创新为核心，激发创新活力与创造潜能。

1. 建立符合创新规律的政府管理制度

改革政府科技创新投入管理方式、科技创新评价考核机制，建设高效运行的科技服务平台、科技征信体系，建立由科学家、企业家等高端人才组成的决策智库。改革科学技术奖等奖励制度，依法依规按程序设置科技创新奖，加强对科技人才创新创业激励。优化政府服务方式深化“放管服”改革，加速“互联网 +”等信息技术与政府治理深度融合。

2. 支持重大科技项目及原创技术研发

多渠道募集资金设立合肥综合性国家科学中心建设发展基金，加强重大科学基础设施建设。鼓励社会资本设立量子科学基金、墨子量子奖等各类基金支持企业、高校和科研院所创建国家科技创新基地，建设一批实验室、技术创新中心、制造业创新中心等，形成国家和省市三级培育梯队，打造国家重大创新基地“先锋队”和“预备队”。参照公益性科研机构，采取划拨方式供应国家重大科技基础设施、国家实验室、国家研究中心等平台建设用地。推动在合肥高校院所等单位主导或参与国际大科学计划或大科学工程，加强企业承担国家科技重大项目、重点研发计划，按获得资助经费的 20%给予支持，用于人才引进培养和成果奖励。

3. 支持高校科研院所和企业跨界深度融合

设立前瞻性技术发展基金，实施概念验证资助计划，推动企业与研发机构联合建立概念验证中心，引导企业和资本早期介入高校科研院所研发活动，支持具有重大应用价值、尚处探索阶段的项目，加快前沿引领技术和颠覆性技术创新，促进科技成果转化项目团队组建，根据基金投资转化项目和企业的投资额给予 10%—15%风险补贴资金支持。支持探索以顶尖科学家领衔，社会、企业、个人资金赞助为主，在合肥设立新型高水平的大学和研发机构。

4. 构建市场导向的科技成果转化机制

支持国家科学中心建立“技术储备与成果转化池”，设立科技成果转化引导基金吸引社会资本，支持原创技术与产品。深化企业股权与分红激励科技成果“三权”改革。试点开展国有技术类无形资产管理改革探索，赋予科技人员科技成果所有权和长期使用权，鼓励高校院所与发明人或由发明人团队组成的公司之间，通过约定以股份或出资比例方式进行知识产权奖励，对既有职务科技成果进行分割确权；以共同申请知识产权的方式分割新的职务科技成果权属。发明人可享有不低于 70%的股权。对发现寻找捕捉重大科技成果在合肥转化的人员给予奖励。

5. 推进新型研究院制度创新

支持新型研究院市场化改革构建市场化人才引进、绩效激励、投资融资、项目遴选等机制，形成自主决策、管投分离的市场化、企业化管理体系。探索多种模式新型研究院组建方式。支持国内外著名高校院所在合肥建设新型研究院。对新型研究院建设、科技成果转化和产业化项目用地给予优先保障。

6. 完善多渠道的科技投入体制

持续稳定增长财政科技投入，重点支持区域重大创新资源布局、重大研发平台建设、重大共性关键技术研究、应用示范工程等公共科技活动。发挥财政资金的杠杆作用，运用普惠性政策激励企业加大研发投入力度，对建立研发准备金制度的企业按其研发投入额度给予一定比例补助。着力扩大直接融资规模，促进科技型产业资本与金融资本对接，积极开展直接融资后备企业培育，鼓励科技型中小企业在境内外上市和挂牌融资，构建与安徽证监局、上交所、深交所、港交所新型合作机制。鼓励金融机构建立科技支行、科技金融专营机构。创新国有出资股权基金管理改革，改革投入、评估、退出机制，建立健全基金投资尽职免责和风险容忍制度。争取实施投贷联动等试点，推动发展对科技型企业投贷联动、投保联动、投债联动等新模式。支持保险机构创新科技保险产品，拓展险种范围。

7. 建立更加灵活的人才发展机制

建立与国际规则接轨的高层次人才招聘、薪酬、科研管理、考核、社会保障制度。建设海外人才离岸创新创业基地、国际学校和国际社区，大幅提升外籍外裔从业人员比例。支持设立诺贝尔奖级专家工作站、院士工作站等高端人才载体，集聚全球顶尖人才、科技顶尖专家。鼓励高校创新人才评价机制，对应用型人才加大科技成果转化考核权重。支持各高校、科研院所和企业间人才自由流动，落实事业单位专业技术人员离岗创业、高校院所设立流动岗位等政策。实施创新合伙人计划，聚焦科学家、企业家、投资家、科技经纪人群体，培养一批创新合伙人，加强科技型职业经理人和创业型科学家培养。支持各类人才在合肥创新创业，深入实施创新创业领军人才和团队引进计划，设立大学生创业创新引导资金。优化人才发展人文环境、生活环境、生态环境，聚力打造合肥“养人”之城。

8. 建立以创新为导向的宽容环境

对科技人员在科技创新活动中勤勉尽责，但由于客观原因导致创新失败，未达到预期目标的，不作负面评价，并允许其在今后仍可享受相关科技政策。面向新业态、新模式，探索建立包容审慎的监管新机制。加大支持科技创新和制度创新的舆论宣传力度，在全市范围营造支持改革、鼓励创新、宽容失败、允许试错的氛围，努力营造尊重人才、开放包容、追求卓越的创新文化，激发全社会创新创业活力。

（2018 年 7 月）

黄山

绿水青山烂漫黄山大地

——黄山市推进生态文明建设、加快绿色发展调研报告

中共安徽省委宣传部
中 共 黄 山 市 委

位于安徽省南部、建市31年的黄山市，怀抱优美山水环境，传承灿烂历史文化。它的前身是徽州地区，徽州有着5000多年的文明史，是在世界文化史上都有着重要影响，并包涵自然科学、人文科学以及“天人合一”等丰富朴素自然思想的徽州文化诞生地，是与藏学、敦煌学并称中国三大地方显学，并涵盖各种学科的徽学发祥地，是中国古代四大商帮之首，并孕育着徽商精神的徽商故里，人才辈出，源远流长，影响深远。

当代的黄山市和徽州地区，在40年改革开放历程中，遵循、实践1979年邓小平同志视察黄山时发表的“黄山谈话”，遵循、实践2011年习近平同志对千岛湖及其上游新安江水资源保护工作作出的“从源头控制污染，走互利共赢之路”重要批示，遵循、实践2016年习近平总书记在视察安徽时发表重要讲话时提出的“打造生态文明建设的安徽样板，建设绿色江淮美好家园”目标要求和殷切希望，改革开放历程全面开启，生态文明建设取得重要突破，绿色发展步入新阶段，人民群众幸福感显著增强，一幅幅绿水青山就是金山银山的生态文明发展景象生动展现在黄山大地上。

一、1979年邓小平"黄山谈话"，全面开启山区山城改革开放和加快发展崛起新历程

回顾黄山市改革开放40年历程，黄山人民永远铭记1979年伟人的谆谆嘱托和对黄山人民的深情关怀。正是那个重要历史时刻，伟人全面开启了山区山城改革开放和加快发展崛起的新历程，黄山市和徽州地区由此进入新的历史时期，为新时代的到来，推进了观念转化，增厚了发展基础。

回望1979年，这一年我国改革开放的总设计师邓小平同志以75岁高龄徒步登上黄山之巅，以无比宽广的战略眼光、与时俱进的理论品质、见微知著的伟大智慧，发表了影响深远的重要谈话："要有点雄心壮志，把黄山的牌子打出去"，"黄山是发展旅游的好地方，是你们发财的地方"，"要有些办法，禁止破坏山林"，"搞些专业队治山"，"防止水土流失"，"你们物产很丰富，你们这个地方将是全国最富的地方"，等等。邓小平同志的"黄山谈话"，内涵丰富，博大精深，涵盖了对外开放、生态环境保护、发展旅游经济、发展市场经济、发展山区经济、重视基础设施建设、农村改革、富民等深刻思想。这个重要谈话，掀开了黄山改革开放和加快发展的历史篇章。

改革开放40年来，黄山人民以遵循、实践"黄山谈话"为历史性机遇，深入贯彻中国特色社会主义理论和习近平总书记生态文明思想，摒弃旧观念束缚，改革开放步伐加快，经济社会发展成果丰硕。黄山市开始了由山区农林经济转向以旅游为主导产业的"华美转身"，黄山旅游从无到有、从小到大、从弱到强，成为中国现代旅游的发祥地、安徽旅游的龙头，跻身全国旅游"第一方阵"，是全国旅游发展的一张亮丽名片，黄山市成为一座名副其实的"新兴国际旅游城市"。黄山风景区集世界文化遗产、世界自然遗产、世界地质公园三顶桂冠于一身，同时获得梅丽娜·迈尔库里世界文化景观保护与管理国际荣誉奖，皖南古村落（西递、宏村）获世界遗产称号。三次产业结构更趋合理科学有效。2017年，黄山市三次产业结构调整为9∶40.2∶50.8，绿色产业和服务业作为黄山市最大的特色产业、支柱产

业和富民产业的地位更加突出、作用更加彰显。交通大变样。随着多条高铁、高速公路开工和建成，黄山市作为安徽南部区域，连南通北、承东启西的交通枢纽正在形成，黄山市在华东地区的战略地位显著提升。保护自然和生态理念日益深入人心，新安江流域生态补偿机制试点顺利推进并见成效，黄山市生态环境保护、生态文明建设取得重大进展。黄山市先后获得中国优秀旅游城市、公众最向往的中国城市、全国双拥模范城市、全国卫生先进城市、国家园林城市、国家森林城市、中部最佳投资城市、世界特色魅力城市200强、中国美丽城市、中国特色休闲城市等称号。

重温“黄山谈话”，展望美好前景，更加深切地感受到改革开放总设计师的远见卓识和宏伟气魄。邓小平同志的“黄山谈话”，通篇贯穿着马克思主义的唯物史观和科学社会主义的基本原理，通篇贯穿着解放思想、实事求是的思想路线，通篇贯穿着加快发展、富民强国的人本理念，是邓小平理论的重要组成部分，是中国特色社会主义理论体系中极具特色的光辉篇章，是黄山人民最为珍视的宝贵精神财富和力量之源，定会在黄山大地上散发出更加灿烂夺目的光芒。

二、以习近平新时代生态文明建设思想为引领，奋力开创生态环境保护、生态文明建设崭新局面

2011年2月，习近平同志就新安江与千岛湖水资源保护工作作出重要批示：“千岛湖是我国极为难得的优质水资源，加强千岛湖水资源保护意义重大，在这个问题上要避免重蹈先污染后治理的覆辙。我认为这份调研报告所提建议值得重视，是否可由发改委牵头研究提出千岛湖水资源保护的综合规划；由环保部牵头对新安江上下游污染防治的协调管理进行研究并提出意见。浙江、安徽两省要着眼大局，从源头控制污染，走互利共赢之路。”2016年习近平总书记在视察安徽时发表重要讲话，提出“打造生态文明建设的安徽样板，建设绿色江淮美好家园”的目标要求和殷切希望。

以习近平新时代生态文明建设思想和重要批示、重要讲话精神为指引，生态环境保护、生态文明建设的新征程和生动实践在黄山大地方兴未艾，走向深入。

（一）让水更清

1. 打响保护母亲河首仗

2011 年，由财政部和环保部牵头组织，全国首个跨省流域新安江生态补偿机制试点启动，次年正式实施。按照《新安江流域水环境补偿协议》要求，首轮试点 3 年，每年 5 亿元补偿资金额，中央财政出 3 亿元，安徽、浙江两省各出 1 亿元。年度水质达到考核标准（P ≤ 1），浙江拨付给安徽 1 亿元；水质达不到考核标准（P ＞ 1），安徽拨付给浙江 1 亿元；而中央财政 3 亿元则全部拨付给安徽。2014 年年底首轮试点圆满收官。数据显示，试点以来，新安江流域每年的总体水质都为优，跨省界街口断面水质达到地表水环境质量标准Ⅱ类，连年达到补偿条件：2012 年 P 值 0.833，2013 年 P 值 0.828，2014 年 P 值 0.823。

2015 年，第二轮试点继续实施，标准也随之提高：2015—2017 年中央财政继续支持 9 亿元，皖浙两省提高到每年 2 亿元；补偿指数 P 值基准限值由 2008—2010 年三年均值调整为 2012—2014 年三年联合监测均值，水质稳定系数 K 值由 0.85 调整为 0.89，两项测算水质考核标准提高了 7%。2017 年年底，试点各项工作任务全面完成，黄山市再次顺利拿到了补偿金。

二轮试点过程，既让当地村民付出了行动，又促进了他们思想观念的转变。歙县街口镇街口村村民汪文金，一出校门就养鱼，是位有着近 30 年养鱼经验的老渔民。2010 年，他开始大规模养殖。谁知刚到第三个年头，就赶上黄山市整治新安江流域，网箱一律被要求拆除。开始他想不通，派谁去做工作就是不配合。架不住邻里乡亲接连退养的大潮和大伙三番五次劝说，2012 年 11 月，作为村里最后一批退养户，汪文金拆除了 1 万多平方米的网箱，签字领了补助款。

如何解决“洗脚上岸”的渔民生产生活出路问题，成了村里的头等大事。举办转产培训，进行就业牵线搭桥，一批批渔民开始了全新的生活。一向精明能干的汪文金瞅准了黄山和千岛湖的旅游市场，买来辆大巴跑屯溪到千岛湖的客运。“比养鱼赚得还多呢。”站在自家临江露台上，望着波光粼粼的江水，汪文金脸上挂满了笑容：“这水越来越干净了，瞧着心里高兴啊!”

作为试点的主要承担者，为保护一江碧水，黄山市以壮士断腕的决心，始终坚持以打造生态文明建设安徽样板示范先行区为目标，按照“保护第一、科学规划、城乡统筹、加快治理、永续利用、富裕百姓”的总体要求，坚持体制机制创新，持续推进新安江流域综合治理，不断探索完善流域治理长效机制。

健全推进机制。安徽省委、省政府高度重视新安江生态补偿机制试点，从 2011 年起，降低黄山市的 GDP 考核权重，加大生态环保考核权重，促使黄山市更好地保护环境、保护好新安江。黄山市委、市政府分别成立以书记、市长为组长的新安江流域综合治理和生态补偿机制试点工作领导小组，并专门设立新安江流域生态建设保护局，各区县相应设立新保局或新保办，全市先后出台了综合治理目标考核、河长制、区县断面水质考核等 60 多个制度文件。建立多元投入的保障机制。在一轮试点中，黄山市政府与国开行达成新安江综合治理融资战略协议，获批贷款 56.5 亿元；在二轮试点中，市政府与国开行、国开证券等共同发起设立了首期规模 20 亿元的新安江绿色发展基金。建立共建共享的联动机制。坚持上下游定期协商，完善皖浙两省联合监测、汛期联合打捞、联合执法、应急联动等横向联动工作机制，截至目前，共开展联合监测 72 次，监测结果均得到双方认可。

推进系统治理。强化农村面源污染防治，建立覆盖流域所有乡镇的“组收集、村集中、乡镇处置”垃圾处理体系，聘用农村保洁员 2791 名，创新设立垃圾兑换超市 24 家，组建 16 支干流打捞队，拆除网箱 6379 只，全面完成禁养区 124 家畜禽养殖场的关闭搬迁。在安徽省率先建成农药集中配送体系，深入推进有机肥替代化肥行动。强化工业点源污染防治，累计关停淘汰污染企业 170 多家，整体搬迁工业企业 90 多家。投资 57.78 亿元加快黄山循环经济园区建设，实现供热、脱盐、治污“三集中”。强化城乡垃圾污水治理，完成 102 个入河排放口截污改造，城镇、农村生活垃圾处理率分别达 100%和 80%，城镇污水处理率达 93.4%，农村卫生厕所普及率达 90%以上。一体化推进农村垃圾污水厕所“三大革命”、船舶污水处理，重点抓好农村垃圾收运系统和污水治理两个 PPP 项目，力求全域化、根本性解决农村垃圾污水问题。强化重点河道生态修复，推进 16 条主要河道综合整治，规范清理河道采砂场 125 个。建成生态公益林 535 万亩，退耕还林 107 万亩。加快新安江流域综合治理控制性工程——月潭水库建设，该项目为国务院确定的 172 项重大水利工程之一，总投资 30 亿元，预计 2019 年建成投入使用。

发展绿色产业。强化项目源头控制，严把项目准入关，坚决不上一个污染项目，近年来累计优化升级工业项目 510 余个，否定环评不达标的外来投资项目 180 个、投资规模达 180 亿元。编制《新安江生态经济示范区规划》，大力培育绿色食品、文化旅游、大健康、智能制造、新材料等产业集群，加快构建山水相济、人文共美的新安江生态经济示范区。

二轮试点，六载实践，新安江更清更净更美了。环保部公布的监测数据显示，2011—2017 年新安江总体水质为优并稳定向好，跨省界断面水质达到地表水环境质量标准Ⅱ类，千岛湖水质出现拐点，营养状态指数逐步下降。经环境保护部环境规划院评估的二轮试点绩效报告认定，2017 年流域生态系统固碳量 574.3 万吨，释氧量 419.26 万吨。据初步评估，新安江生态系统服务价值总计 246.5 亿元，水生态服务价值总量 64.5 亿元。试点还初步探索了一条上游地区主动加大保护力度、下游地区支持上游加快发展的互利共赢之路，为全国跨省流域保护治理做出了示范、积累了经验。目前，新安江模式已在全国多个省份推开。

山以水秀，水因山青。诗词中描述的“洞澈随清浅，皎镜无冬春。千仞写乔树，万丈见游鳞”，“偎依黄山下，却似漓江水，山青水更绿，悠悠魂梦美”的景象又回到我们身边。

2. 推进太平湖生态环境整治和保护

位于黄山和九华山之间的太平湖，是华东地区海拔最高的湖泊，是黄山、九华山的重要生态屏障，直接影响长江中下游流域的生态安全。太平湖水资源是流域 23 万常住人口和每年 1000 万左右的国内外游客以及长江中下游地区广大人民群众重要的饮用水源地之一，是安徽乃至华东地区未来重要的优质淡水战略资源。

省委高度重视太平湖生态环境保护，将其列入“两山一湖”发展战略部署，在新安江生态补偿机制试点启动之后及时推进。同时中央在 2013 年将太平湖列入第二批水质良好湖泊生态环境保护专项 15 个重点支持湖泊之一，中央投入专项资金 5.8 亿元助力太平湖保护。

黄山市大力实施太平湖保护工程，累计清退网箱 2.3 万余只、水上管理房（船）263 座，开展转产培训 6000 人次、安置渔民 649 户。通过关闭、搬迁、退出等形式治理 40 多家污染企业，对 30 多个招商引资项目实行环保“一票否决”，累计否决投资额近 70 亿元，目前，太平湖全流域没有污染企业，太平湖水质为优。

3. 深入推进“水十条”，打好碧水攻坚战

黄山市制定并落实《黄山市水污染防治工作方案》，科学划分水源保护区，加强水源执法，做好水源地环保评估，强化水源应急监测，全面治理工业、城镇生活污水和农村污水，积极推进水环境保护工作。黄山市环保局提供的资料显示，全市地表水达标率、饮用水水源地水质达标率均达 100%，新安江、太平湖、阊江出境断面水质均稳定达到Ⅱ类地表水标准，境内没有劣Ⅴ类地表水。

（二）让山更绿

黄山市是典型的山区城市，素有“八山一水一分田”之称，是安徽省重

点林区，森林资源居安徽省之首，打造森林城市成为战略选择。建市以来，市委、市政府十分重视林业的改革与发展，先后作出“五八”造林绿化规划、林业二次创业和绿色长廊建设等战略部署，实施山区综合开发、长江防护林、林木种苗、世行贷款造林、德国援助生态造林扶贫和退耕还林、千万亩森林增长工程等林业重点工程，造林绿化取得显著成效。1994 年全市基本消灭成片宜林荒山，1997 年实现全市绿化达标。

据统计，全市有林地面积由建市前的 748 万亩增加到目前的 1111 万亩，活立木蓄积由 2424 万立方米增加到 4490 万立方米，森林覆盖率由 56.6%增加到 82.9%，有林地面积、森林覆盖率、活立木蓄积均居全省第一位。与此同时，围绕建设生态大市的目标，城镇绿化、村庄绿化、河渠绿化、公路绿化、铁路绿化等多层次绿化全方位推进，人均公园绿地面积由 3.4 平方米提高到 16.8 平方米，城市建成区绿化覆盖率达到 50.6%，荣获“国家森林城市”称号。

造是护之始，护是造之成。在造林的同时，黄山市依法治林，狠抓护山工作，织就了一张看山护林的密网。加大《森林法》等林业法律法规普法和执法力度，强化以采伐限额为核心的林木采伐、运输和经营加工管理，加强森林防火和森林病虫害防治，严格控制林地的征占用，推行领导干部保护和发展森林资源责任制，确保了森林资源的持续增长。出台了《黄山市春季森林防火戒严令》《黄山市预防森林火灾办法》《黄山市扑救森林火灾办法》《黄山市违反森林防火规定处罚办法》《黄山市古树名木资源保护暂行办法》等。林政管理步入法制化、制度化、规范化轨道。多年来全市无超额采伐和超控量运输现象，破坏森林资源案件查处率达 98%以上，主要林业有害生物成灾率始终控制在 0.3‰以下，远远低于省政府规定的 3.5‰的控制目标，种苗产地检疫率在 95%以上，成灾率始终控制在 2‰以下，年均森林火灾受害率控制在 0.1‰以内，大大低于全国平均水平，黄山风景区实现连续 38 年无火灾发生。

进入新时代，以更大的力度推进林业改革发展和生态保护修复。全面加强 535 万亩公益林管护，全面停止天然林商业性采伐，严格控制林地向非林地逆转，加强对古树名木保护，对全市 1000 余棵长势衰弱、濒危的古树实施保护性修复，实施森林和湿地生态系统保护与修复工程，探索实践建立大黄山国家公园，加快国家生态文明先行示范区建设。同时，黄山市全面开展林业增绿增效行动，以提升森林质量，达到兴林富民、永续利用的目的。今年开始，黄山市全面推行四级林长制工作体系，以落实新发展理念、推进绿色发展。而旨在保护黄山市松林资源，维护自然生态安全的地方性法规，《黄山市松材线虫病防治条例》于 2018 年 8 月 1 日起施行。

（三）让天更蓝

扎实落实保卫蓝天 5 项措施，加强扬尘管控，全面落实建筑施工、道路施工物料堆场及裸露地面覆盖措施，对达不到防尘要求的建筑施工和道路工地，责令停工整改。全面实施道路冲洗、吸尘作业，增加洒水频次，保持道路湿润。抓好“三禁三停”措施的落实。市建成区以及各地城区严禁露天焚烧秸秆、树叶、垃圾或者其他废弃物；禁止散烧煤，对茶水炉、经营性小煤炉（灶）全面取缔；禁止燃放烟花爆竹和露天烧烤。对超标排放、违法排污、未完成污染治理任务的工业企业，责令停产治理；对未安装油烟净化装置或油烟净化达不到要求的餐饮经营场所，责令停业整治；加强昼夜管控，对未采取覆盖冲洗等措施的混凝土搅拌车、物料运输车、渣土运输车辆，依法予以处罚，并责令停运治理。全面完成“大气十条”及“蓝天行动”各项任务，对燃煤小锅炉、餐饮油烟、黄标车、油气回收、挥发性有机物整治等工作加大工作开展力度。适时组织实施人工增雨作业。加强重污染天气监测预警和应急响应。预测 72 小时内 AQI 大于 200 时，市政府将发布预警公告，执行更加严格的减排措施。同时细化排查污染企业，结合实际对每个企业制定不同预警条件下的应急减排措施。

2018 年，黄山市又着力培育秸秆综合利用企业和经纪人队伍，同时以奖代补，扎实推行机械粉碎化还田利用、能源化利用等“五化”利用，农作物秸秆综合利用率明显提高，因秸秆焚烧产生的环境污染大大减少。活跃在田间地头的秸秆经纪人汪玉顺深有感触地说："每亩秸秆付 50 元。我们到田边来收，可以方便村民，做到应收尽收，我们的空气质量肯定会继续好起来。"

2017 年，黄山市生态环境质量继续保持全国一流水平，PM10 年均浓度为 51 微克 / 立方米，低于省政府下达的（55 微克 / 立方米）年度目标任务，PM2.5 年均浓度为 26 微克 / 立方米，同比下降 7.1%，优良空气天数比例为 98.1%，同比上升 0.8%，空气质量蝉联全省首位。在省政府年度考核中，大气污染防治考核综合全省第一，再次获得优秀等次。

（四）让土更净

在安徽省率先建成农药集中配送体系，深入推进有机肥替代化肥行动，创新农药废弃物回收新模式，农业面源污染得到有效控制。同时，成立了土壤污染防治工作领导小组，制发了《黄山市土壤污染防治工作方案》和《黄山市土壤污染治理与修复规划》，组织开展土壤污染状况详查，推进土壤污染治理与修复试点示范。突出土壤监测，扎实做好农用地土壤污染状况详查 275 个点位的确认核实，全面完成土壤污染重点行业企业空间位置遥感核实，覆盖全市的土壤环境监测网络不断完善。加强建设用地准入管理，开展调查评估，强化土壤环境风险防控，关停搬迁 6 户重点污染企业，细化明确 83 户土壤环境重点监管企业，落实 6 处尾矿库监管措施。加强危废处置能力建设和危险废物监管，组织开展再生资源利用行业和进口固体废物企业专项整治，实行危险废物产生单位和处理处置单位规范化管理考核。突出项目支撑，关闭土壤污染防治项目 16 个，总投资 7.64 亿元，加快推进"全市医废、固废、危废统一收集处置项目""全市重点茶区茶园土壤改良项目"等一批重点治理项目。目前，全市土壤环境质量总体保持稳定，农用地和建设用地土壤环境安全得到有效保障，土壤环境风险得到全面管控。

三、推进绿色发展，努力实现“绿水青山”向“金山银山”的有效转化

2018年4月24日，习近平总书记在视察宜昌长江岸边的兴发集团新材料产业园时强调，要共抓大保护、不搞大开发，不是说不要大的发展，而是不能搞破坏性开发。通过立规矩，倒逼产业转型升级，在坚持生态保护的前提下，发展适合的产业，实现科学发展、有序发展、高质量发展。如何实现科学发展、有序发展、高质量发展？黄山市委书记任泽锋体会到，践行“绿水青山就是金山银山”生态文明思想，既不能砸掉“金碗”换饭吃，也不能守着“金碗”没饭吃。黄山要发展，更要保护，保护与发展不是对立的，不能因为强调发展而忽视保护，也不能因为片面理解保护而在发展上缩手缩脚，关键是把握好二者的时、度、效。黄山市选择的是：推进绿色发展，探索走一条“绿水青山”向“金山银山”有效转化的路径。

（一）做好“茶产业”大文章

黄山市茶叶产销历史悠久、地位显赫，种茶始于汉末三国时期，明代徽州茶叶销至全国，清代通过丝绸之路和海上贸易，祁红、屯绿大量出口，享誉国际市场，徽州茶商开创了300多年中国茶叶经济辉煌。

近年来，黄山市优茶园、夯基础，扶龙头、强企业，普科技、求创新，讲质量、重安全，打品牌、拓市场，并切实推进茶与文化旅游产业紧密融合，茶产业越做越大，茶产业链越来越长，茶业经济越来越强。

种茶制茶，生活在这里的人们精心侍弄这片普通而神奇的绿叶，将之从赖以谋生的手段发展成为优势特色产业、支柱产业。目前，“中国名茶之都”黄山获准国家地理标志保护产品有5个，地理标志证明商标3个。黄山毛峰、祁门红茶，中国十大名茶，黄山独占其二，松萝茶更被称为绿茶的鼻祖。2017年，全市茶叶面积76.1万亩，其中有机茶、绿色食品茶和无公害茶“三茶”认证面积72.9万亩，占茶园总面积95.8%；全年茶产量3.43万

吨，一产产值33.34亿元，综合产值132亿元；茶农人均茶叶收入达4763元，太平猴魁核心产区猴坑人均茶叶收入达到14.5万元；实现茶叶自营出口4.58万吨，创汇1.85亿美元，出口量、创汇额占全省的70%左右，分别占全国的12.9%和11.5%。

（二）做活“水产业”大文章

每天早上，休宁县板桥乡梓坞村村民汪长生起床后的第一件事情，就是往自家房边的鱼塘里投食，看望那条48岁的“鱼王”。这条身长1.4米、重约30公斤，休宁县境内现存寿命最长、体重最重的泉水鱼“鱼王”，是1971年汪长生的次女汪文琴出生时妻子汪宏珠专门托人从山外带回放养的。板桥乡退休教师汪用斌老人说：“休宁泉水养鱼历史悠久。板桥地处山区，交通不便且田地稀薄，‘居乡者数月不得沾鱼肉’。勤劳智慧的板桥人疏池养鱼，既不占有本就稀缺的土地，又解决了自家吃鱼和过年祭祀待客用鱼等问题。投放鱼苗除常规时间外，还时常选择在家庭生育子女等喜庆时刻以为纪念。”

板桥人料想不到的是，原本只为“自家吃和过年祭祀待客”用的鱼，如今飞跃龙门，市场价格由每斤8元提高到80元，由“草鱼”变成了“金鱼”。

从2015年开始，黄山市大力发展山泉流水养鱼产业，鼓励农户开展健康绿色环保生态养殖，将其作为山区经济发展、扶贫开发、农业增效、乡村旅游的重要手段，多措并举，强力推进。加大财政资金投入、进行技术指导、加强环境整治，确保水体健康。同时，全面启动了《黄山市山泉流水养鱼产业发展规划（2017—2020年）》。

推行规模化、标准化、绿色化发展，借助“互联网＋物联网”，黄山生态泉水鱼游出大山，游向全国。至2017年年底，全市共有泉水鱼池（塘）近8000口，面积近16万平方米，年产泉水鱼1500吨，综合产值超过2.3亿元；发展渔家乐100余家，年接待约50万人次，有效融入乡村旅游的发展；带动1236户、3261人稳定脱贫，探索出一条山区精准脱贫的路子。

2015年10月，休宁县成功申报山泉流水养鱼系统作为中国重要农业文化遗产，成为全国第一个纯渔业的重要农业文化遗产。随之，该县在板桥乡建起全国首家以泉水鱼为主题的文化博物馆，全面系统地展示山泉流水养鱼的悠久历史、生态空间布局、养殖方式及民俗风情等。因文化而灵动，泉水鱼再跃龙门，成为经济、文化、生态发展的一大撬点。

（三）做精绿色食品、安全食品大文章

黟县有农公司董事长徐海波是一个“从未种过田的人”，却“做梦也没想到这辈子因种田而走进了中南海”。望着挂在墙上与李克强总理的合影，他依然兴奋激动。2013年秋天，徐海波与张国珍回黟县屏山村探亲，看到村里很多良田被抛荒，一直跑市场的两人深感痛心：一方面市场上消费者对绿色食品的需求愈来愈强烈；另一方面因生产成本增加而农产品价格不高，农村种田的人越来越少。他们做了一个大胆的决定：回农村种田，发展有机生态农业，在一二三产业融合发展上闯出一条新路，带动更多的乡亲共同致富。

脱下“皮鞋”穿上“草鞋”，从此，徐海波一身泥水在田间地头摸爬滚打。短短3年，有农公司的种植规模已发展到7051亩，农友种植专业合作社拥有社员2000多户，与26个家庭农场结为联合体，涉及种植面积2.1万亩，主要发展黄山香米、有农胚芽米、有农山泉稻、双低油菜等优质粮油品种种植，带动6000多农户户均增收近2000元。2016年有农公司实现粮油产量11000余吨，成为全省首批农业示范联合体。

“一犁新雨破春耕”。回顾五年来的发展历程，徐海波感慨万千：“是党中央、国务院多年来坚持改革开放的政策，给我们带来了机遇，也给我们深深的鼓励。”从黟县起步，探索现代农业发展，现在有农已将这一做法向周边地区推广。并有信心坚持改革不断探索，在希望的田野上打造好黄山农业新样本，真正实现乡村振兴。

崇尚绿色食品、安全食品，给黄山市发展精致农业带来了绝佳机遇。

2015年，作为全省首批现代生态农业产业化创建试点市，黄山市在全省率先开展了农药集中配送工作，随之又全面启动了有机肥替代化肥工作，让走上餐桌的黄山农产品更绿色、更安全。如今，黄山市特色产业基地已经超过170万亩，屯绿、祁红、黄山毛峰、太平猴魁、皖南花猪、黄山贡菊、三潭枇杷、泉水鱼、山泉米、徽州香榧等产品正一步步走向精致、走向生态、走向高端。

（四）做优新型工业化大文章

工业一直是黄山的短板，而工业化又是一个区域发展难以逾越的历史阶段。一方面是绿水青山需要大力保护，一方面是经济迫切需要发展，如何解决发展工业而不得不付出的巨大环境代价问题，成为摆在黄山市党委政府面前的一道现实难题。“黄山要关注的不是要不要发展工业的问题，而是如何发展工业的问题。”经过痛苦而曲折的历程和激烈的讨论交锋后，黄山人达成了这样的共识。

从一个产品单一，年产值在几十万元、利税在几万元之间徘徊的企业，发展成为如今形成三大产业集群，拥有20余家成员企业，年销售收入数十亿元、利润总额数亿元的全省民营百强企业，黄山永佳集团的创业实践生动地告诉我们：是改革开放的浩荡春风催生了发展活力，是历代创业者们紧跟时代勇于创新赢来了发展机遇。

在如何发展工业上，黄山市很快找到与黄山生态相契合的路子——坚持绿色导向发展工业经济，全面加快新型工业化进程。

加快推进新型工业化是对现实的清醒判断，既高度重视保护生态环境，又聚焦产业发展和实体经济。通过优先发展绿色食品、电子信息、文化创意三大成长产业，加快打造装备制造、绿色软包装两大优势产业，改造提升精细化工、纺织服装两大传统产业，大力培育和发展生物医药、新材料等战略性新兴产业，力促产业转型升级，努力走出具有黄山特色的绿色发展之路。2017年，全市规模以上高新技术产业产值比上年增长26%，战略性新兴产业产值增长 21.4%，黄山现代服务业产业园入选省第二批战略性新兴产业集聚发展基地。

“鱼逐水草而居，鸟择良木而栖。”生态环境越来越成为重要的生产力，黄山宜居宜业宜游的发展环境，吸引了许多企业、公司入驻。2016 年，总部在北京的小罐茶业有限公司落户黄山。“在全国调研一圈之后，我们最终选择了黄山，事实证明这个选择是对的。”黄山小罐茶业有限公司生产中心总监芦坤坦言，企业亲近自然、回归自我的理念与黄山一流的生态、优质的茶叶高度匹配。

也因为黄山的绿色品牌优势，联合利华、国药祁红、康美药业等多家企业都选择了落户黄山。

实施新型工业化，黄山把“绿色基因”贯穿工业发展全过程和各领域，补齐短板，做足优势。在产业选择上，始终坚持“三个围绕、一个不上”（围绕旅游商品开发、围绕山区资源开发、围绕高新技术开发大办工业，决不上一个污染环境、破坏生态的项目）。近 3 年，黄山市累计关停淘汰污染企业 170 多家，整体搬迁工业企业 90 多家，优化升级工业项目 450 多个，拒绝进入污染企业 180 多家，投资总规模达 130 亿元。在空间布局上，始终坚持“三个集中”（工业企业向园区集中、生产要素向重点产业集中、同类产业和相关产业向工业园区内的功能专业区集中），近年来，按照“资源集约化开发、项目集约化布局、产业集约化发展”的要求，搬迁入园企业 200 余家，全市开发区规模以上工业总产值年均增长 13.8%。在资源利用上，全面落实能耗、水资源消耗、建设用地总量和强度双控制度，努力提升资源节约集约化利用水平。2017 年，全市单位 GDP 能耗下降到 0.31 吨标煤 / 万元、同比下降 3.92%，远远低于全省、全国平均水平。同时，通过建立扶持重点产业发展“1+N”政策体系，设立投资引导基金、产业发展基金、新型工业化资金、自主创新资金等，扎实开展“优势产业、百亿园区、大企业（集团）”三大培育行动，发展壮大主导产业。

据统计，目前，工业对全市经济增长贡献率为 38.9%、对税收增长贡献率为33%，均比“十二五”末提高7.8个百分点。一条经济发展和环境保护协调融合、工业文明与生态文明交相辉映的发展道路越走越宽。在安徽省社科院发布的2017年全省五大发展指数评价报告中，黄山市绿色发展指数居全省第一位。

（五）做强“旅游产业”大文章

“你们这里是发展旅游的好地方”，“要有点雄心壮志，把黄山的牌子打出去”。邓小平同志的话语至今振聋发聩。40年来，黄山人牢记邓小平嘱托，大力发展旅游业，如今黄山旅游已成为安徽旅游的龙头，跻身全国旅游“第一方阵”。

发展旅游，作为全国最早拥有世界文化与自然遗产、世界地质公园三顶桂冠的黄山风景区，义不容辞地走在前头、树起标杆。1996年11月18日，黄山旅游发展股份有限公司成立。发行8000万股B股和4000万股A股，开创风景区企业上市的先河，实现了企业的发展模式由内生增长向资本裂变的重大跨越，黄山旅游被誉为“中国第一只完整意义的旅游概念股”。

2002年，开放“梦幻景区”西海大峡谷，有效扩大景区容量；2004年，启动“人事、劳动、薪酬”三项制度改革，逐步建立现代企业管理制度；2007年，成立玉屏房地产开发有限公司，开始进军房地产业，开启多元化发展；2010年以来，先后实施“营销模式、投融资模式、考核机制、用人制度、订房方式、经营模式、财务管理”等七项改革，确立了在索道运营、景区管理方面的行业领先地位；在全国率先建立起较为完善的旅游服务标准体系和运行机制，致力践行“把员工当家人，把自己当客人，把游客当亲人”的“三人理念”，树立了黄山旅游服务的金字品牌，打造了中国旅游优质服务的“黄山样本”。

“人类生态第一山”，原环保部部长曲格平如此评价黄山的生态资源；世界遗产保护的“黄山模式”，获联合国教科文组织点赞；对国宝迎客松专人守护，对景点实行封闭轮休，实行生态景观修复，垃圾下山，净菜上山……

梅丽娜·迈尔库里世界文化景观保护与管理国际荣誉奖见证黄山景区保护的努力；在全省率先对古树名木实施挂牌保护、责任养护，古树名木具有可查询可追溯的“身份证”是黄山的首创。

党的十八大以来，黄山旅游深入践行“走下山、走出去”战略部署，强化资本运作，加快拓展步伐，全力以赴推进二次创业，着力推进从数量增长型向质量提升型转变。赋予黄山旅游更大的责任和更高的使命，“十三五”开局之年，国家旅游局提出“中国旅游，从黄山再出发”。

旅游再出发，发展再扬帆。2017 年，黄山风景区接待游客 336.87 万人，黄山旅游集团实现经营收入 28.7 亿元，上缴税收 2.94 亿元，同比增长 12.79%。集团公司连续 9 年跻身中国旅游集团 20 强并位次前移。

在黄山风景区旅游发展的影响带动下，黄山全市旅游发展风生水起。黄山脚下的汤口镇有个上张组，村民世代靠山吃山。改革开放之前，人们面朝黄土背朝天辛勤劳作，一年下来，收入不足 200 元。靠山吃山，吃得异常艰辛。20 世纪 80 年代中后期，村里人依托黄山旅游发展，将一条大峡谷开发出来，打造成翡翠谷景区。村民也“洗脚上岸”，当讲解员、服务员，成为旅游从业者。2017 年，翡翠谷景区和社区农家客栈接待游客 130.45 万人，经营收入 6068.12 万元，上缴税收 232.04 万元，社区农民人均纯收入 5 万元，是全国平均水平的 2.5 倍。靠山吃山，吃出了财富增长，吃出了闲适舒心。翡翠谷是黄山市办旅游的一个缩影。一时间，黄山大地的景区景点、宾馆饭店，如雨后春笋般生长起来。

一组数据反映变化：黄山市建市之初的 1988 年，接待游客 201.83 万人次，旅游总收入 6316 万元；2017 年，接待游客 5780 万人次，旅游总收入达 506 亿元。以旅游为主的第三产业占比达 50.8%。

新时代如何实现新作为？黄山人决心以“两山”理论为指引，大力发展全域旅游，开启黄山旅游新的篇章。

2016 年 7 月，习近平总书记在宁夏视察时指出，“发展全域旅游，路子是对的，要坚持走下去”。这为新时代旅游经济发展吹响了战斗号角，注入了强大动力，指明了奋斗方向。

2015 年 12 月和 2016 年 2 月，黄山市先后被国家旅游局列入首批 20 家“国家级旅游业改革创新先行区”和首批 262 家创建“国家全域旅游示范区”单位，旅游业改革创新，全域旅游发展，黄山市有了更高平台和更大责任。

以入选国家全域旅游示范区创建单位为契机，黄山市深入实施皖南国际文化旅游示范区“1+5”行动计划，打响“梦幻黄山礼仪徽州”品牌，推动“中国旅游黄山再出发”，努力建设世界一流旅游目的地。

深入实施“旅游 +”战略，大力发展全域旅游，推动传统旅游转型发展，黄山市致力打造全新黄山、全景黄山、全业黄山、全球黄山，争当全国全域旅游先行标杆。坚持把市域作为一个大景区，构建“旅游强县、高 A 景区、特色小镇、美丽乡村”四级旅游体系；坚持以“旅游 +”推进跨界融合，加快由传统观光向休闲度假复合型转变，形成多点支撑、多业融合、多姿多彩的旅游新格局；把旅游业作为打造内陆开放新高地的先手棋，一方面融入国家战略开拓国际市场，不断提高黄山旅游世界能见度和知名度，另一方面深化区域合作挖掘扩展国内市场，不断提升黄山在全国旅游中的份额。

创新工作，加快推进全域旅游发展新步伐。今年黄山市全面着手推动旅游“品质革命”，因地制宜布好局、联好片、落好子，重点做好“点、线、面”文章。点上发力，深入推进“百景提升”行动，着力抓好“一个中心（屯溪主城区）和五个极点（山村区湖江）”建设；线上延伸，形成全景链接。全面推进皖浙 1 号、世界遗产、徽州文化等 10 条旅游风景道建设；面上覆盖，推动全域提升。2017 年黄山市在全国率先开展了旅游管理领域相对集中行政处罚权试点，集中旅游、工商、物价等 8 个部门 88 项行政处罚权，创新设立旅游仲裁院和旅游警务支队，全年立案查处各类涉旅案件 156 起，建立并发布旅游诚信“红黑榜”，有力地维护了旅游市场秩序，全市未发生重大旅游投诉和旅游安全责任事故。今年在试点的基础上，将试点扩大到全市范围实现全覆盖，真正实现“一个平台受理，一个平台交办，一个平台回复”，建立健全规范协调、精简高效、保障有力的旅游管理领域行政执法体制和运行机制。

全域旅游模式下，居民都是服务者，都是主人，村民都变成了导游，变成了民宿、农家乐经营户等旅游业者。目前全市 690 多个村庄 70%有游客接待，超过 10 万农民吃上了旅游饭，人均年收入超 1 万元。

文化是一个国家、一个民族的灵魂。作为徽州文化的发祥地，黄山市不仅注重发掘徽州文化的时代价值，推动徽州文化创造性转化、创新性发展，还注重发挥文化资源的经济属性，把文化与旅游、体育、养生、加工、演艺等有机结合，进一步探索市场化开发利用新路子，不断培育壮大具有徽州特色和影响力的文化产业。目前正加快建设非遗创意产业园和现代服务业产业园两大平台，积极引导更多的文化企业申报国家级、省级文化产业示范园区（基地），推动文化产业集聚集群集约发展。2017 年，全市共实施 1000 万元以上文化产业重点项目 129 个，完成投资 75 亿元。

四、走共建共享、共同发展新路，让生态文明建设成果惠及广大人民群众

“每个人都应该做生态文明建设的践行者、推动者”，“良好生态环境是最公平的公共产品，是最普惠的民生福祉”，“环境就是民生，青山就是美丽，蓝天也是幸福”。生态环境保护与人们的命运紧密相连。追求人与自然和谐共处、人文相互辉映的美丽画面一直是市委、市政府和黄山人民的美好梦想，并付诸行动。

（一）综合措策，推动共同建设、共同保护、共同治理

设立“垃圾兑换超市”，创新乡村生态环境保护模式。在全省首先设立 24 家“垃圾兑换超市”，通过“以物易物”，让村民得实惠、转观念、见行动，并推动形成“户分类、村收集、乡运转、县市处理”垃圾处理生态链条，逐步实现垃圾减量化、无害化、资源化目标。央视《焦点访谈》等主流媒体予

以充分肯定。

制定村规民约，规范文明行为。继承和发扬徽州传统美德和优秀传统文化观念，制定符合村情的村规民约，对流域内村民行为进行规范和引导，覆盖率达 100%；部署开展“保护美丽家园从我做起”和十星级文明标兵户、特色家庭标兵户、卫生清洁户等乡风民风评议活动，推动农村传统生产生活方式积极转变。

积极开展志愿服务活动，扩大生态文明建设社会影响力。健全市、县、乡三级志愿保护机制，组织党员干部、工青妇、民兵预备役和广大市民成立 76 支专门志愿者队伍，重点围绕政策宣讲、清理河道垃圾、送生态保护文艺下乡、环保教育、生态科普等志愿服务活动，影响、带动全体市民融入到生态文明建设中。

加强法治建设宣传教育和监督，积极推动生态环境保护。加快法治化建设进程，制定出台《黄山市农药使用管理条例》，颁布实施《黄山市河（湖）长制暂行规定》，全面推进河（湖）长制依法规范运行；积极开展《中华人民共和国环境保护法》等法律法规的宣传教育；联系实际，组织开展“美丽的新安江”知识竞赛、歌曲、美文、书画、摄影作品征集等宣传活动，推动法律法规和试点政策家喻户晓、人人皆知；发挥政府门户网站的新安江保护专栏信息平台作用，及时公布试点工作动态，听取民意，接受社会监督。

市民的环境意识在浓浓氛围中不断增强。“她捡起的是烟头纸屑，换来的是绿水青山。她并不比我们高大，却仍然让我们仰望。”2018 年春节前夕，当休宁县鹤城乡新安源村 81 岁老人方初花第三次获得由当地评选出的水环境保护奖时，主持人如是宣读获奖词。在黟县宏潭乡宏潭村，农民汤新生建立了“保护母亲河　我们在行动”微信群，组织开展禁渔宣传活动、筹集资金采购鱼苗、发动村民义务植树，带动越来越多的村民参与环境保护。

歙县有个海拔千米的瓦上林场工区，与浙江相连，有生态林 7567 亩。黄山市优秀护林员洪晓春和妻子黄淑萍从 22 岁来到这里，一干就是 28 年。清晨即出，日暮而归，夫妻俩主要工作就是巡山，一天至少两趟，一趟来回

24公里，28个春秋1万个日日夜夜，他们记不清走了多少路，摔了多少跤。他们记得清的是路边的一草一木，一花一朵，甚至一声鸟儿啼鸣。这些都是洪晓春夫妇的亲人、孩子。“每天不见上一面，就会觉得不自在。”

在他们细心守护下，这片山林从未发生过一次火灾，并成了野生动植物的天堂：有黑麂、白颈长尾雉等动物10余种，有国家一二级保护植物银杏、南方红豆杉等，还有珍稀珍贵植物高山杜鹃、黄山松等。

洪晓春夫妇是黄山市千万名看山护林者的代表。长年累月、深山僻林，他们默默坚持、不喊苦累；夫妻同守、祖孙相传，他们一往情深、乐此不疲，有的甚至成了几辈人的事业。因为他们知道，这一片片盎然的绿来之不易。

由“外在绿”向“内在绿”转变，市民的生态意识、生态道德、生态责任内化于心外化于行，“绿色+”时代正在开启。

（二）加大投入，助力群众走向美好生活

强化民生优先。坚持新增财力和财政总支出“两个80%”用于民生不动摇，各项民生支出保持了较高增幅。统计数据显示，2013年以来，全市累计安排民生类资金636.8亿元，年均增长9.7%，是前5年的2.3倍。城镇常住居民人均可支配收入30810元，农村常住居民人均可支配收入14030元，农村居民人均住户存款余额居全省前列。民生保障实现了由原来的“保基本、广覆盖”逐步向“重统筹、多层次，建机制、顺体制，严管理、可持续”转变。

实施精准扶贫。2012年以来，全市累计实施扶贫项目3652个，完成投资5.48亿元，同时整合各类资金68亿元用于扶贫开发。153个贫困村全部出列，115296名贫困人口稳定脱贫，贫困发生率从2012年年底的10.9%下降至2017年年底的1.21%。

建设美丽乡村，致力乡村振兴。深入开展全域环境整治和农村垃圾污水厕所“三大革命”，乡村的基础设施不断完善、生活条件更加便利、田园情

趣愈加浓郁，使“望得见山、看得见水、记得住乡愁”成为黄山最鲜明的标识符。

建设平安黄山。全市初步形成了基础网格、村（社区）管理网格、乡镇（街道）、县（区）、市五级联动的网格化体制机制。社会治安综合治理“9+X”信息系统基本建成。连续四届 16 年获得“全国社会治安综合治理优秀市”荣誉，两度捧得全国社会治安综合治理“长安杯”。黄山风景区连续三届获得“全国社会治安综合治理先进集体”荣誉，首次被授予“长安杯”，成为全国唯一获此殊荣的景区。黄山市也成为全国唯一拥有两座“长安杯”的城市。

扩大公共文化供给。全市 11 个公共图书馆、8 个文化馆、5 个美术馆、12 个博物馆、101 个乡镇综合文化站对外免费开放，年开展农村演出 722 场，电影放映 7323 场。

（三）优化生态环境，打造发展、幸福、安全之地

“每天清晨，能听到窗外的鸟鸣声、哗哗的溪水声，这个地方让我感觉很宁静、安心。”在徽州区西溪南镇清溪涵月精品民宿的庭院中，民宿主人余淮说。

余淮夫妇在深圳居住了 20 多年，7 年前来到西溪南，觅得一方诗意山水，就决定留下来。他们购置房屋，打理民宿，还租赁了 150 多亩田地开发生态种养殖。“身边很多朋友都移民澳洲、欧洲，我们移民徽州。”

近年来，像余淮夫妇这样因“觅得一方诗意山水”而留下来，成为新黄山人的人越来越多。仿佛一夜之间，歙县石潭、坡山，休宁祖源、白际走红摄影圈。一批又一批摄影爱好者把这些村庄美丽的景色、古老的民俗以及村民们的日常生活与各色表情，通过摄影照片传播到国内外，带动了当地乡村旅游的发展，也带动了当地的产业转型。

对于黄山来说，最大的财富是生态。利用绿色资源成为黄山产业发展的独特视角和重要举措。

峰峦叠嶂，竹林摇曳，一栋栋粉墙黛瓦的徽州民居比邻而立错落有致。如同仙境一般的休宁县溪口镇木梨硔村，拨开了岁月尘光，重现朴素容颜。曾经偏远的老村庄，正迎来华丽转身。

“以前年轻人都外出打工，就剩老人小孩守着村庄，身体好的就上山采茶叶、砍竹子卖。”随着游客不断涌入，村民意识到生态风光也能卖钱。2012 年，村民詹玉华率先开办了农家乐，“这几年有 20 多个原来在外打工的年轻人回来办农家乐、经营土特产，收入不比在外打工差”。

把“风景”变成“产业”、把“美丽”转化成“生产力”，当优质生态和黄山市旅游激情碰撞，产生了令人惊叹的生态与经济融合发展的乘法效应。绿水青山正源源不断释放着生态红利。

每天能呼吸上新鲜的空气、喝上干净的水、吃上放心的食物，对黄山人来说，不是奢望，却让人倍感珍惜。“大家一起保护生态环境就是为发展立下大功。”休宁县榆村乡岭脚村经营徽姑娘农家乐的村民程彩玲深有感触，“因为我们村生态环境保护得好，才会有这么多人来旅游，我们的生意才好做”。

生态造福百姓，“生态美”和“百姓富”实现了同频共振。“当地老百姓为保护生态环境做出了贡献，我们基金会也以各种形式予以感谢和奖励。”2016 年，新安江源头的新安六股尖山泉水开发有限公司，组织成立黄山市六股尖水环境保护基金会，这也是安徽省第一家为保护水环境而成立的基金会。基金会每年给 70 岁以上的老人每人发放一份“生态红包”。“把家门口的环境卫生搞好，是我应该做的，没想到年年收到红包。”方初花激动得热泪盈眶。

发放生态红包，是六股尖水环境保护基金会的一种奖励形式。他们还给水资源保护区内 70 岁以上的居民每人买一份健康人寿保险，给当地优秀学生发奖学金，给贫困学生发助学金，给优秀保洁员、“宜居人家”发一定的物质奖励。

生态红利百姓共享。新安江源头第一村——休宁县鹤城乡新安源村党总支书记李发权说，保护新安源头水，村民是“功臣”，也是受益者。城乡环境优化美化，百姓生活蒸蒸日上。人民的获得感、幸福感、安全感不断增强。

生态惠民富民是根本。生态保护不是排斥发展，而是为了更好发展，黄山市深刻把握良好生态环境是最普惠民生福祉的宗旨精神，把生态环境优势转化为生态农业、生态工业、生态旅游等生态经济的优势。坚决以生态“红线”守住发展“绿线”，以资源环境承载能力为基础，充分发挥生态资源优势，因地制宜发展特色产业、优势产业，不断拓展绿色、循环、低碳的生产力发展空间和文化发展空间，坚持绿水青山与金山银山有机统一，把绿色生态与绿色业态结合起来，真正走出了一条生产发展、生活富裕、生态良好的新路。

绿水青山就是金山银山，是一条跨越之路、幸福之路、美丽之路、梦想之路。黄山，一直在路上！

（2018 年 7 月）

改革开放

与中国城市发展

GAIGEKAIFANG

福州

FUZHOU

一张蓝图干到底　推进福州大开放

中共福建省委宣传部
中　共　福　州　市　委

福州自古以来就是我国对外贸易的重要口岸和“海上丝绸之路”（简称“海丝”）的重要门户，鸦片战争后被辟为“五口通商”口岸之一。改革开放后，福州被列为首批14个沿海开放城市之一。课题组系统总结福州40年来推进大开放的进程和成就，深入提炼发展经验，认真思考有益启示，形成调研报告。

一、福州推进大开放的历史进程和显著成就

40年来，福州得改革开放风气之先、秉政策机遇之利，积极探寻开放发展之路，经历了从企业开放到全方位、宽领域、多层次全面开放的历程，逐渐成为全国对外开放的重要窗口和前沿阵地。纵观福州对外开放40年历程，大致可分为三个阶段。

（一）从1978年年底到1992年年初的14年，是福州对外开放的探索先行阶段，也是福州外向型经济崭露头角、城市发展迈向滨江滨海的时期

这一阶段，福州以党的十一届三中全会精神为指引，抓住全党工作重心转移的历史性机遇，以拓荒开路的精神，踏出改革开放第一步。以长乐纺织企业为代表的乡镇企业不断壮大，为经济发展注入新的生机活力。1984年3

月，全省55名厂长、经理齐聚福州，率先发出为国有企业"松绑放权"的呼吁。同年4月，国务院批准福州成为全国首批14个沿海开放城市之一，福州抓住这一千载难逢的机遇，沿江、沿交通干线先后兴办了福州经济技术开发区、融侨工业区、台商投资区等，大批"三资"企业相继成立，外向型经济蓬勃发展。

（二）从1992年到2012年的20年，是福州对外开放的全面展开阶段，也是福州"东进南下"城市发展战略加快实施的时期

这一阶段，福州以邓小平同志南方谈话为强大动力，以我国加入WTO为契机，推动计划经济体制向市场经济体制转变，福州对外开放全面展开、逐步加速。20世纪90年代初，时任中共福州市委书记的习近平同志主持编制了《福州市20年经济社会发展战略设想》，确定了"一个重点、两条线、三个层次、四个突破"的对外开放基本思路，简称"3820"工程。20年来，历届市委、市政府按照"3820"工程设定的战略目标，坚持一张蓝图干到底，持之以恒抓落实，推动全市地区生产总值从150亿元增长到4210.9亿元，年均增长14.9%，高于同期全国和全省增速。"海上福州"战略加快推进，城市"东进南下"、沿江向海发展，马尾新城规划建设，福州作为省会城市的辐射带动作用日益凸显。

案例1 习近平同志科学谋划福州开放发展战略

1990年4月，习近平同志调任中共福州市委书记后，立即带领市委、市政府领导班子开展调研，精心谋划发展蓝图。在1990年8月召开的中共福州市第六次代表大会上，市委确定了"一个重点、两条线、三个层次、四个突破"的对外开放基本思路。其中，"一个重点"就是以闽江口开发为重点；"两条线"就是在福马路、福厦路（福州段）沿线有计划、有步骤地开辟若干区

域，吸引外资，兴办项目，形成小区，带动周围县区乡镇的开放开发；“三个层次”就是形成开发区和闽江口投资区、老市区、郊县三个不同的层次；“四个突破”就是在兴办“三资”企业、技术引进、出口创汇和软硬环境建设四个方面都有重大突破。1992 年 3 月，在福清现场会上，又提出了构建闽江口金三角经济圈的战略思路，推动福州形成全方位、多层次对外开放大格局。

1992 年年初，邓小平同志南方谈话发表。在 1992 年 5 月召开的中国共产党福州市代表会议上，习近平同志指出：“必须加快经济建设步伐，做到每 3 年至 5 年上一个新台阶，尽快改变港澳粤闽台南中国海区域内我们处于‘后排就座’的状况。现在就要做一些深层次的探讨，研究 20 年后福州市将达到怎样一个发展水平。”（《福州新区与“3820”工程一脉相承规划三大功能区》，《福州晚报》2014 年 11 月 10 日）为此，他亲自担任总指导，专门成立课题组开展福州市发展战略研究。此后半年，课题组赴外地实地考察，深入基层开展调研，并在新闻媒体上开辟“怎样赶上亚洲‘四小龙’”专栏，广泛发动市民参与，同时本着科学周密、实事求是的精神，认真论证，集思广益，先后多次召开座谈会，广泛征求社会各界意见，几经商榷，十易其稿，制定出《福州市 20 年经济社会发展战略设想》，科学谋划了福州 3 年、8 年、20 年经济社会发展的战略目标、步骤、布局重点，简称“3820”工程。这一战略设想在 1992 年 11 月召开的市委六届六次全体（扩大）会议上审议通过，对世纪之交的福州发展产生了重大而深远的影响。

（三）从 2012 年到 2018 年的 6 年，是福州对外开放的纵深拓展阶段，也是福州抢抓多区叠加战略机遇、城市发展向面江朝海跨越的时期

这一阶段，国家提出“一带一路”倡议，福州迎来福州新区、“海丝”核心区、福建自贸区、生态文明试验区、自主创新示范区等“五区叠加”战略机遇。2015 年 8 月，福州新区获批国家级新区，开启了闽江口金三角经济圈建设的新征程；2017 年 2 月，规划面积 188 平方公里的滨海新城正式动建，同年 11 月，长乐撤市改区，推动福州加快从滨江城市向面江朝海城市跨越。

历经40年对外开放，福州加速了经济大发展，推动了社会大变革，实现了历史大跨越，取得了一系列显著成就，荣获国家知识产权示范城市、国家创新型试点城市、全国绿化模范城市、国家森林城市、全国流通领域现代物流示范城市、全国文明城市、全国科技进步先进市、全国双拥模范城、国家卫生城市、中国优秀旅游城市、国家园林城市、国家环保模范城市、中国最具投资价值金融生态城市、全国十大“互联网 +”标杆城市、中国领军智慧城市、中国大数据发展五星城市、中国软件特色名城等称号。

1. 综合实力大幅提高

对外开放扭转了福州长期作为海防前线、发展缓慢的局面，推动了经济快速发展，综合实力不断增强。2017年，全市地区生产总值7104亿元，是1978年12.7亿元的559.4倍，年均增长14.3%；人均地区生产总值93290元，是1978年293元的318.4倍，年均增长12.7%；财政总收入1005.7亿元，是1978年2.4亿元的419倍；地方财政收入634.2亿元，同口径增长10.4%；社会消费品零售总额从1978年的6.9亿元增加到2017年的4193.9亿元，三次产业结构由1978年的26.8∶47.2∶26优化调整为2017年的7.3∶41.7∶51，第三产业占GDP比重提高25个百分点。经济发展效益明显提高，“十二五”期间单位GDP能耗下降19.6%。

2. 发展活力明显增强

对外开放激活了福州经济社会发展的“一池春水”，从推行家庭联产承包责任制到率先给国有企业“松绑放权”，从乡镇企业兴起到普遍建立现代企业制度，各项体制机制活力竞相迸发。特别是党的十八大以来，改革向全方位、深层次推进，政府机构改革和六轮简政放权顺利实施，市行政服务中心、市民服务中心、市公共资源交易服务中心建成运行，市行政服务中心荣获中国“互联网 + 政务服务”创新奖、全国行政服务中心典型案例“综合十佳”。行政审批制度改革取得实质性进展，在全省率先开展减证便民行动，24小时便民自助服务事项种类及数量均居全省第一。福州新区全面推进5大方面18项改革任务，福建自贸试验区福州片区的政策创新评价和服务窗口评价位居3个片区首位。鼓楼区服务业综合改革、长乐区金融支持实体经济、永泰县重点区位商品林赎买等改革取得积极成效。

3. 对外经贸迅速发展

从1979年第一家中外合资企业——福州艺光彩色摄影院落户榕城，到中华映管、冠捷电子、东南汽车、宜家等重大外资项目的落地，截至2017年年底，全市累计设立外资企业11001家，合同外资484.1亿美元，实际利用外资282.4亿美元，来榕投资或设立机构的世界500强企业达93家。对外贸易加快发展，外贸进出口总额由1981年的394万美元增加到344.5亿美元。榕台经贸合作密切开展，发端于福州国际招商月的“5·18”海交会影响力不断扩大。成功举办第一届全国青年运动会、海峡青年节、首届金砖国家政党智库和民间社会组织论坛、首届数字中国建设峰会、第九届世界华文传媒论坛等重大活动，提升了福州城市知名度、美誉度和影响力。

4. 城乡面貌焕然一新

对外开放加速了福州的城市化进程，城市规模大幅拓展，城区面积从1978年的34.3平方公里扩大到2017年的266.3平方公里，常住人口城镇化率达70.8%。城市承载功能大幅增强，建成长乐国际机场、合福高铁、江阴深水港区地铁1号线等一批重大交通基础设施项目以及10座过江大桥，构筑起市区环形放射型路网和现代化海空综合对外交通网络。城乡居民住宅品质稳步提升，完成旧屋区改造331个、共计2776万平方米，综合整治旧住宅小区894个；开展城区水系综合治理，43条黑臭水体基本消除黑臭，全市污水处理率达91.2%，城区生活垃圾无害化处理率达100%；完成1018个美丽乡村和幸福家园工程建设，实现全市130个乡镇污水处理全覆盖，镇村垃圾无害化处理率达99.1%。福州荣膺中国“绿色城市”，成为创建生态文明典范城市，通过国家生态市考核验收，森林城市建设的做法被联合国粮食及农业组织在全球范围内推介，左海公园——金牛山城市森林步道荣获

2017年国内唯一的“国家建筑大奖”，晋安区寿山乡前洋村和永泰县嵩口镇大喜村分别被评为全国美丽乡村示范村和环境整治示范村。

5. 民生福祉持续改善

城镇居民人均可支配收入从1978年的295元提高到2017年的40973元，增长137.9倍，年均增长13.1%；农村居民人均可支配收入从129元提高到17865元，增长137.5倍，年均增长13.1%；全市城乡居民存款余额从1.8亿元提高到4210.2亿元，增长2358倍。2017年城镇居民恩格尔系数32.9%，比1985年的58.0%下降了25.1个百分点；农村居民恩格尔系数37.7%，比1985年的60.2%下降了22.5个百分点。居民居住条件明显改善，1994年至2016年，城镇居民人均住房面积由11.6平方米增加到41.7平方米，农村居民人均住房面积由21.3平方米增加到65.7平方米。扶贫脱贫成果显著，所有建档立卡扶贫对象如期脱贫，省级扶贫开发重点县永泰县、市级重点县闽清县顺利“摘帽”。闽都文化品牌效应不断凸显，三坊七巷获得联合国亚太地区文化遗产保护奖，福州茉莉花与茶文化系统入选联合国全球重要农业文化遗产。

6. 党的建设不断加强

党的理论武装工作全面加强，思想政治建设不断改进，党员干部“四个意识”进一步增强，“四个自信”更加坚定，坚决维护习近平总书记的核心地位，坚决维护党中央权威和集中统一领导。实施基层理论宣传“千军万马”工程，在乡镇（街道）全面成立业余讲师团。从农村、社区基层党组织的创新，到“两新组织”党组织的建立，再到深入实施“堡垒工程”“红色领航工程”，各领域基层党建全面加强，基层党建责任“查述问评”考评机制、“135”社区党建工作模式获评全国基层党建创新最佳案例，“军门社区工作法”在全国推广。党风廉政建设和反腐败斗争不断加强，“三超两乱”、移风易俗等专项整治扎实开展，中央八项规定精神全面落实，监督执纪“四种形态”有效运用，监察体制改革深入推进，市县党委巡察工作全面开展，反腐败斗争形成压倒性态势。

二、推进福州大开放的探索实践

（一）抓战略规划，科学谋划大开放路径

改革开放开启了福州对外开放的大门。40 年来，历届市委、市政府充分发挥福州区位、政策、人文等优势，积极谋划开放篇章。

1. 推进城市建设向面江朝海跨越，打造大开放的承载主体

改革开放以来，福州坚持从城乡“二元体制”改革入手，加快城市化进程，高质量完成 4 次总体规划编制调整。1981 年版总体规划适应城市工业起步阶段的空间要求，1990 年版的规划深度对接“3820”工程，1995 年版总体规划确立了“东进南下”的城市发展方向，2011 年版总体规划空间格局从滨江迈向滨海。40 年来，福州坚持以规划统领城市发展，按照“疏解老城、开发南台，拉开框架、发展新城”的发展思路，建设金山新区、鼓山新区、上街大学新区、马尾新城，推进晋安新城、南台新城和青口汽车城组团、南屿—南通组团等建设，发展步伐不断加快，城市建设实现大跨越。2017 年 2 月，规划面积 188 平方公里的滨海新城正式动建，按照组团开发模式，打造样板示范，加快滨海大通道、地铁 6 号线、福平高铁、绕城高速公路东南段、海峡文化艺术中心等重大基础设施建设；11 月，长乐撤市改区，城市“东进南下”战略取得历史性突破，福州从滨江城市逐步向面江朝海的现代化城市迈进。

根据 2017 年《福州市中心城区发展规划》，福州将强化城市发展轴线，拓展城市空间框架，整合构筑“主城 + 副城”的中心城区，形成“一轴两城六组团”发展格局（其中，“一轴”为东进南下、滨江滨海的城市空间发展轴；“两城”为闽江南北两岸共同构成的主城和长乐—滨海新城共同构成的副城；“六组团”指三江口组团、闽江口组团、甘蔗荆溪组团、旗山组团、青口组团、吴航组团等组团），全力打造“大福州”。特别是按照争当带动全省经济社会发展排头兵和“创新高地、开放门户、宜业家园、生态绿城”的

发展定位，着力将作为中心城区副中心的滨海新城打造成为引领福州发展的新龙头和现代化国际城市的新标志。

在积极拓展城市空间框架、推进新城建设的同时，持续提升中心城区功能品质。福州历史上素有“纸褙福州城”之称，改革开放初期仍有很多两层高木板房，住在里头的人用纸糊墙壁。1985 年起，从王庄、洋下等地块开始，通过“以路带房、以房带路、路房并举”，实施“一条街”成片改造，使旧城改造规模从分散走向集中；20 世纪 90 年代，改造范围逐步从住宅建设为主辐射到基础设施和市容环境配套，建成元洪城、太平洋城等大型建筑，由还账式、改善型向上水平、现代化的城市建设方向转变，旧城改造走在全国前列；21 世纪初，旧城改造采取市、区联手的建设体制，实行“毛地挂牌、净地出让、招商改造”，成片改造苍霞、茶亭等棚屋区。2010 年 9 月，时任中共中央政治局常委、中央书记处书记、国家副主席的习近平同志视察福州，专门了解棚屋区改造情况，指出：过去福州棚屋区毗连，被称为“纸褙福州城”，现在棚屋区少了，但旧屋区改造这项工作还要抓紧（《旧屋区改造的“福州样本”实现“一年一个样”》，《福州日报》2014 年 4 月 18 日）。2011 年以来，福州市实施旧屋区改造项目 364 个，涉及房屋 3092 万平方米，百姓居住水平大幅提升。在此基础上，启动城区连片旧屋区改造三年行动计划（2018—2020 年），改造 106 个项目，涉及旧房 2339 万平方米、92907 户，到 2020 年将全面完成居住条件差、周边环境脏乱差及乱搭建连片旧屋区（棚屋区）改造。与此同时，旧住宅小区综合整治、城区治堵、水系综合治理、亮化提升工程、精准景观改造、“全民动员、绿化福州”行动等齐头并进，城市功能品质大幅提升。

案例 2 习近平同志推进福州棚屋区改造工作

（1）“连家船”案例。1991 年 3 月 7 日，时任福州市委书记习近平同志登上闽江边的一条“连家船”，实地了解船民生产生活情况。登岸之后，他立即召开现场办公会，要求有关部门以强烈的责任心和紧迫感，迅速拿出实实在在的措施解决“连家船”问题。在习近平同志的关怀下，仅仅 10 个月后，104 户船民家庭就结束了“上无片瓦、下无寸土”的生活，搬进了台江区红星新村的新居。

（2）苍霞棚户区改造案例。苍霞棚户区是福州当年有名的旧屋区，群众生活居住条件恶劣。2000 年 7 月 2 日中午，炎炎烈日下，时任福建省委副书记、省长的习近平同志来到苍霞棚户区调研，走街串户与群众面对面交流。在调研结束后短短 8 天，苍霞棚户区改造工程启动；8 月底，苍霞社区共 3441 户，涉及近万人的动迁工作全部完成；5 个月后，在原址上建成第一批四幢回迁房；2001 年 5 月 1 日，回迁安置的所有楼房全部竣工。整个改造过程前后不到一年时间。

2. 建设闽江口金三角经济圈，构建大开放的战略格局

“3820”工程在战略布局上提出建设闽江口金三角经济圈，形成以福州经济技术开发区为前导，以老市区为依托，以沿海县（市）区为南北两翼，以山区县为后卫，以闽江流域和闽东北地区为腹地的全方位、多层次的对外开放大格局，拉开了福州市城市建设框架，确立了经济建设空间格局，开启了东扩南进、沿江向海的发展进程，为科学谋划今后发展战略布局提供了现实基础和重要依据。20 多年来，历届市委、市政府传承弘扬“3820”工程战略精髓，以宽广视野、战略思维谋划新时期大开放、大开发的思路举措，加快建设闽江口金三角经济圈，推动福州经济社会实现跨越式发展。作为“3820”工程实施第一阶段的 1992 年至 1995 年，福州 GDP 年均增长 23.7%，比原定目标高出 8.8 个百分点，成为该工程实施 20 年中速度最快、成效最显著的时期。1993 年、1994 年、1995 年，福州 GDP 相继超过 200 亿元、300 亿元、400 亿元，迅速跻身中国大中城市前列。经过 20 年的接力奋斗，“3820”工程如期实现战略目标，福州经济总量连续跨越新台阶，综合实力持续增强。

2013 年 8 月，福州市委十届六次全会通过决议：全力推进福州新区开放开发，在更高起点上加快建设闽江口金三角经济圈。2015 年 8 月，国务院正式批复设立福州新区。对比国内外先进城市，高起点高标准开展新区规划，明确“大开放、大海湾，创新 +、生态 +”的发展战略，实施产业优化再造，引进一批大数据、物联网、高端制造业等项目，组建注册资本 100 亿元的新区开发投资集团，设立总规模 150 亿元的新区投资发展基金，积极推进产城融合。2017 年，福州新区以占福州市 6.67%的土地面积，实现地区生产总值 1648 亿元、固定资产投资 1360 亿元、规模以上工业增加值 820 亿元，分别占全市 23.2%、23.3%、37.2%。

3. 建设“海上福州”，拓宽大开放的发展空间

福州拥有辽阔的海域、绵长的海岸线和丰富的海洋资源，为开放开发提供了广阔空间。习近平同志在福州任职期间，把海洋开发作为确立福州发展新优势的重要工作来抓。他指出：“福州的优势在于江海，福州的出路在于江海，福州的希望在于江海，福州的发展也在于江海。”（《始终与人民心心相印——习近平同志在福建践行群众路线纪实》，《福建日报》2014 年 10 月 30 日）“沿海是我们辽阔的地域，是扩大对外开放的优势所在，我们切不可忽略了这一优势，也不能搞成单一的开发，而是通过综合开发，形成大产业优势。”（《开放发展　风起帆张——习近平总书记在福建的探索与实践·开放篇》，《福建日报》2017 年 7 月 20 日）1994 年 6 月，市委、市政府出台《关于建设海上福州的意见》，在我国沿海城市中最早发出“向海进军”的宣言，并把建设“海上福州”作为今后 20 年经济社会发展战略的重要组成部分。

福州市始终把建设“海上福州”作为核心理念，重大战略予以坚持和贯彻。1998 年出台《关于进一步加快发展海洋经济的实施意见》，2006 年出台《关于加快建设海洋经济强市的决定》，2007 年制定《关于实施“以港兴市”战略，推进“南北两翼”的发展意见》，2012 年出台《关于在更高起点上加快建设“海上福州”的意见》以及 11 项配套政策措施。“海上福州”战略实施以来，港口基础设施建设持续推进，海洋经济科技支撑不断加强，临港产业加快集

聚，滨海旅游异军突起，海洋经济规模日益壮大，福州获评全国“十三五”海洋经济创新发展示范城市。

国家“一带一路”倡议的提出和实施，为福州进一步推进大开放提供了难得的机遇。福州积极融入海上丝绸之路核心区建设，努力打造21世纪海上丝绸之路核心区海上合作战略支点城市。2017年“21世纪海上合作委员会”设立，会址及秘书处永久落户福州。加强国际产能合作和双向经贸合作，引进海丝沿线国家和地区项目备案558项，合同外资总额36.35亿美元，与31个国家和地区实现AEO互认，打造30个“一带一路”国家的进口商品展示馆。中国—东盟海产品交易所建成投入使用，是全国首家以海产品为特色的线上交易平台。投资兴建5个境外远洋渔业综合基地，毛里塔尼亚综合基地成为我国境外投资规模最大的远洋渔业基地。推动民心相交相通，办好丝绸之路国际电影节、海丝国际旅游节等重大活动，赴海丝沿线国家推广海丝文化珍品，与“一带一路”沿线16个城市缔结友好城市关系，荣获“国际友好城市特别贡献奖”。

4. 加强区域协作，发挥大开放的辐射作用

1986年，福州、莆田、三明、宁德、建阳（今南平）五地市建立横向经济联合恳谈会机制，每年举行一次恳谈。1990年11月，第五次恳谈会在宁德举行，习近平同志亲自带队参会。这次会上，五地市横向经济联合改称“福州、莆田、三明、宁德、南平五地市经济协作区”，简称“闽东北五地市经济协作区”。2000年10月，又更名为“福建省闽东北经济协作区”，区域内有51个县（市）区，面积7.8万平方公里。2010年，平潭综合实验区加入福建省闽东北经济协作区。按照“山区沿海一盘棋”的指导思想，确定了以福州中心城市为依托、企业联合为基础、发展外向型经济为导向、提高经济效益为中心，开展多层次、多渠道、多形式、全方位的经济联合，实现从单纯内联走向“内联—外向”的更高层次。经过近30年协同发展，闽东北经济协作区已成为福建省重要的城市群和经济体。“十二五”期间，“五市一区”内建设协作项目344项，完成投资额7460亿元，在基础设施共建、产

业融合发展、生态环境保护、共享民生事业、对台交流合作等多领域取得较大成效。

做好援藏援疆工作。1995 年，福州正式揭开对口支援西藏的序幕。20 多年间，精心挑选 30 多名优秀党、政、科技干部，筹集资金 1 亿多元，推动米林县和朗县的基础设施日益完善，第二、第三产业逐渐壮大，财政收入跨越式增长，人民生活发生巨大变化。福州先后选派 7 批优秀援疆干部，特别是 2010 年新一轮对口援疆工作启动以来，积极引入现代理念谋划发展模式，规划产业布局，推动产业升级，建成奇台中心医院、奇台第五小学、闽奇现代农业示范园等系列民生项目，闽奇石材产业园、北山矿业公司等一批产业援疆项目，在福州建成闽疆文化交流中心，开通“福州援疆 · 丝绸之路”旅游专列，有力推动了受援地经济社会实现跨越式发展。

开展新一轮东西部扶贫协作。落实中央、省委部署，2017 年与定西签订《东西部扶贫协作框架协议》，聚焦精准协作，在生态扶贫、产业合作、劳务协作、人才支援等方面作出一系列有益探索。在定西市安定区实施 1020 亩的水土流失综合治理（生态林）试验项目，按照“福州帮扶 + 龙头企业 + 基地 + 贫困户”的模式，深度对接阳光房（菌菇、蔬菜暖棚）等产业扶贫项目。开展劳务协作“十百千万”工程，发动 132 家企业商会及多个乡镇街道与定西 28 个乡镇、123 个贫困村建立结对帮扶关系。据统计，2017 年累计投入帮扶资金 9829.81 万元，吸纳 3567 名劳动力在福州稳定就业，实施帮扶项目 52 个，受益 8600 多户、3.34 万人，带动 1232 户、5433 人脱贫。2017 年，定西市减贫 9.84 万人，贫困发生率下降到 13.91%。

（二）抓载体平台，大力发展开放型经济

始终把招商引资作为发展的生命线，充分利用国际国内两种资源、两个市场，坚持内外资并举，大中小项目并举，劳动、资金、技术三密集项目并举，积极推进项目引进和产业链配套招商、亲情招商、全员招商，做大做强开放型经济。

1. 应时而立，打造国际化招商平台

推进对外开放，发展外向型经济，需要一个“让福州走向世界，让世界了解福州”的开放发展大平台。1994 年 10 月，首届中国福州国际招商月举办了一系列招商会，世界福州十邑同乡大会首次在祖籍地召开，3000 多位旅外乡亲参加。将近 1 个月的招商盛会，吸引 22 个国家和地区的 6000 名外商参加，盛会取得丰硕成果——签约项目 224 个，利用外资 19.51 亿美元，在海内外产生了巨大反响。招商月的成功举办，开启了福州对外开放之路，也打开了福州发展的机遇窗口。

此后，以招商月为平台，福州突出开放融合、两岸合作、科技创新等主题，不断升级招商活动，招商引资成效凸显，对外影响力和辐射功能不断增强。1996 年起，福建省委、省政府把福州国际招商月与厦门“9・8”投洽会并列为福建两大国际性招商经贸活动；1999 年，招商月增添由福建省政府主办的海峡科技文化博览会，首次打出“海峡”牌，成为大陆最早举办的两岸经贸展会之一；2000 年，为加强对台招商引资，招商月更名为“中国福州国际招商月暨海峡科技成果交易会”；2005 年，商务部批准规范展会名称为“海峡两岸经贸交易会”（简称“海交会”），承载起海峡两岸经贸交流合作的重任。加上同期举办的其他配套活动，招商月、海交会成为福州吸纳全球资金技术、走向国际开放发展的大平台。据不完全统计，20 年来，海交会累计签约外资项目 4451 项，利用外资 509.92 亿美元，参展专业客商累计达 19 万人次，参展观众 549 万人次。

2018 年，海峡两岸经贸交易会正式更名为“21 世纪海上丝绸之路博览会暨海峡两岸经贸交易会”，这是中央批准的唯一冠名“21 世纪海上丝绸之路”的博览会。展会以“共建 21 世纪海上丝绸之路，促进海上丝绸之路沿线国家全面合作与发展”为宗旨，突出海丝联通、突出海峡合作、突出共享发展，来自 77 个国家和地区嘉宾参会，数量为历届最高。展会期间，共举办 29 场系列活动，取得丰硕成果。其中，国际资本投资福建对接会，全省共对接世界 500 强、行业龙头、台湾百大企业等高质量项目 126 个，总投资1470亿元，拟利用外资超618亿元，其中合同项目89个、总投资1032.5亿元。

2. 筑巢引凤，打造多元化园区载体

福州被列为首批沿海开放城市后，灵活采用“官办、民办、侨办、联办”等各种模式，沿闽江和交通干线有计划开发了多个外商开发区、投资区，以侨资、台资、港资为主导的外资大量涌入福州，大批“三资”企业相继建成投产。1985年，国务院批复关于福州进一步对外开放的方案，在马尾青洲创办国家级福州经济技术开发区，首期面积4.4平方公里。1987年，创办全国唯一以“侨”命名的国家级开发区——融侨工业区。1989年，在福州经济技术开发区内设置台商投资区。1990年，创办全国首家村级侨办工业村洪宽工业村、全省首家“民办”投资区福兴投资区；1991年，设立福州高新区，为第一批国家级高新区之一，实行一区多园的管理模式，目前下辖海西高新技术产业园、生物医药和机电产业园等6个园区。1992年，元洪投资区成立，以建设港口为起点，带动工业发展，规划面积50平方公里，是当时全国规划面积最大的开发区；设立福清融侨经济技术开发区，规划面积30平方公里，逐步形成一区多园的发展布局。1999年，福州软件园动工兴建，规划面积为3.3平方公里，是福建省迄今为止最大的软件产业园区。

积极争取设立海关特殊监管区。1992年，在福州经济技术开发区设立保税区，面积1.8平方公里；2005年，福州出口加工区成立，规划面积1.14平方公里，以承接国际制造业为重点，拓展国际物流配送产业，全力打造“国际现代制造业基地”；2007年12月，福州保税物流园区成立，面积1.2平方公里，首期围网封关面积0.61平方公里；2010年，国务院批准设立福州保税港区，总面积9.2平方公里，由福州保税物流园区、铁路物流园区、福清出口加工区及福州新港1号至9号码头等四个区域整合而成。经过多年发展，这些区域已形成较大的外贸进出口规模、较强的加工制造能力和较好的社会经济效益，成为福州扩大开放的重要窗口，吸引境内外投资的重要载体，促进加工贸易健康发展的先行先试先导区。2014年，国务院决定设立

中国（福建）自由贸易试验区，着力打造深化两岸经济合作的示范区、21世纪海上丝绸之路沿线国家和地区开放合作新高地。

多年来，福州不断推动各类园区做大做强，重点推进福州高新区、大数据产业园区、临空经济区、蓝色经济产业园、闽台（福州）文化产业园等园区建设，使园区成为招商引资先导区、主导产业聚集区、城市建设样板区与城乡融合促进区。目前，全市有重点工业园区 23 家，其中福州经济技术开发区、临空经济区、滨海工业集中区、融侨经济技术开发区 4 个园区产值突破 900 亿元。新时代产业、园区、城市联动发展成为福州扩大开放、加快发展的重要举措。

3. 发挥侨乡的优势，积极开展招商引资

1979 年，国务院核准福州引进华人华侨和港澳同胞、台湾同胞的投资政策。福州市抓住机遇，实施“以侨引侨、以侨引台、以侨引外”鼓励办法，广泛发动侨胞、侨眷，充分利用各种人脉关系，开展招商引资，支持家乡建设发展。

注重打好侨牌。福州是全国重点侨乡，有华侨华人 400 多万（其中新侨 100 多万），分布在美国、印尼、马来西亚、日本、新加坡等 160 多个国家和地区；榕籍乡亲在海外成立了 260 多个社团；市域内有侨眷、侨属 200 多万人。改革开放初期，第一批在福州设立的外资企业就是侨商投资企业。1989 年成立福州市海外联谊会，通过“请进来”“走出去”，开展“小型、业余、分散、特色、温馨”的联谊活动，世界福州十邑同乡总会自 1990 年来共举办了 12 届世界福州十邑同乡恳亲大会，加强了与世界各地乡亲的联系，全力推动牵线搭桥招商引资工作。截至 2017 年，全市实际利用外商直接投资中，侨商投资占 70%以上，共有 3500 多家侨资企业，涉及电子信息、轻工食品、冶金建材、纺织服装等行业。这些侨资企业在示范带动更多外商来华投资发展，引进先进管理经验、市场理念和技术设备，促进福州对外经济交流与合作，推动人们的思想解放和观念更新等方面发挥了重要作用，是促进福州经济发展的重要增长点。

广大榕籍华侨汇回巨额侨汇，特别是在新华侨华人集中的福清、长乐等地，每年都有巨额侨汇从海外汇回，成为当地民间游资和银行存款的重要来源，也为促进当地经济发展和改善人民生活提供很大支持。很多华侨还积极捐助家乡公益事业，据统计，改革开放以来，榕籍侨港澳同胞捐赠福州公益事业累计总额达 55 亿多人民币，主要用于文化教育、公益福利、医疗卫生等方面。

强化榕台交流合作。福州是祖国大陆距台湾最近的省会城市，也是主要的台胞祖籍地之一，台湾地区现有福州籍台胞 80 多万人，有 36 个福州同乡社团分布在台湾 17 个县市。改革开放以来，榕台经贸合作一直是福州外经贸发展的重头戏，福州相继被国家确认为海峡两岸直航试点口岸、海峡两岸农业合作实验区、台胞落地办证口岸、海峡两岸电子商务经济合作实验区等，享受中央赋予的一系列对台优惠政策和灵活措施，成为祖国大陆对台优惠政策覆盖面最广、两岸合作交流最活跃的地区之一。从 1984 年第一家台资企业闽台行落户福州后，福州市按照“同等优先、适当放宽”的政策，不断加大对台招商引资力度，先后设立台商投资区、闽台农业科技园区、福清台湾农民创业园等一批国家级台商投资产业基地，签订《福州市与台北市加强经贸交流往来共同声明》《福州保税港区与台湾基隆自由贸易港区对接协议备忘录》《福州高新区与台北内湖科技园区交流合作协议》等一系列区域合作、城市点对点交流协议，来榕投资兴业的台资企业日益增多。到 2017 年年底，全市累计设立台资项目 3770 项（含第三地投资），合同台资 85.7 亿美元，实际到资 58.8 亿美元。

拓展榕港澳合作。港澳地区共有榕籍乡亲 30 万，一些人不仅在侨胞中有着广泛影响力，还在促进港澳地区与福州经贸文化交流等方面发挥着重要作用。依托澳门福州十邑社团总会、香港福州社团联会等社团，以项目为核心，在金融、物流、中介服务、信息服务、文化创意等领域，全方位推进榕港澳合作。以网讯科技、英冠达科技、恒申合纤科技、锦荣冷藏仓储物流、香港金威集团等为代表的一批港资企业先后落户福州。借助香港金融中心优势，与港交所、汇丰创投等金融机构保持密切联系，思嘉环保、上润精密、金山大道生物科技等20多家企业在港上市。香港中能基金入股福州华信控股，成立华信能源进出口有限公司。

（三）抓营商环境，增强对外开放吸引力

改革开放以来，福州对标国际国内先进城市，持续优化营商环境，致力打造最优发展环境，为推进大开放提供了有力保障。

1. 大力弘扬“马上就办、真抓实干”作风

20世纪90年代初，福州正处于一个改革开放朝气蓬勃、经济社会快速发展的历史时期。但与此同时，政府体制、运行机制以及干部作风、投资环境等方面的问题依然比较突出，成为制约改革开放的主要症结。习近平同志担任福州市委书记伊始，就大力倡导“马上就办”的工作作风，要求各级干部切实转变作风，提高办事效率，少讲空话、狠抓落实，并身体力行，为全市党员干部作出示范。

推进福州大开放，要求与国际接轨、与市场经济接轨，提高行政效率、讲求工作实效，这也正是“马上就办”的实践要义。1990年，习近平同志在福州开创投资项目审批“一栋楼办公”先河，全部手续不用出楼即可办成，投资项目审批做到“马上就办”，是全国最早的行政服务中心雏形。多年来，福州市相继设立市行政服务中心、市民服务中心，在全国首创清单管理、“一窗受理、集成服务”“市区同权、多点办理”等机制，创新推出以分钟（小时）来计算办结时限、窗口无否决权、窗口周末无休、窗口动态增减、重点项目代办等五大服务举措，实现一批办事时限再压缩、再提速。同时，抓好数字福州、智慧城市建设，开展国家“互联网＋政务服务”综合试点，开发政务服务大数据及“惠企风向标”系统，推出“政务服务掌上通”，推进多种缴费方式和无现金支付服务大厅建设，全面扩大“e福州”政务服务平台应用，实现群众企业办事像“网购”一样方便。目前，全市93%的行政审批和公共服务事项实现“一趟不用跑”和“最多跑一趟”，其中70%的

公共服务事项 60 分钟内办结、30%的行政审批事项 5 个小时内办结。

福州历届市委、市政府积极探索与创新，特别是近年来，通过组织多场“马上就办”精神研讨会、座谈会，开展“提振精气神、建设新福州、争当排头兵”主题实践活动，推出“一线考核”“一线巡察”等工作机制，推动“马上就办”形成风气、形成习惯。2018 年 1 月，市委、市政府印发《福州市“马上就办、真抓实干”若干规定（试行）》，进一步以党内法规的形式作出具体规定，把“马上就办”要求固化下来，做法坚持下去。经过 20 多年的探索与实践，“马上就办”不断创造新经验，探索新路子，形成新机制，已经深深扎根于榕城大地，融入干部的思想心灵，成为福州优化营商环境的有力抓手和推进大开放、实现高质量发展的不竭动力。

2. 完善交通等硬件基础设施

改革开放之初，福州面临的第一难题就是城乡基础设施建设严重滞后，特别是福建长期作为对台前沿，对外交通通道不畅。福州通过多元化投融资方式，集中财力物力，建设国际空港、深水码头、跨江大桥、高速公路、能源设施、邮政通信等一批基础设施大项目，有效突破了影响投资环境的基础设施瓶颈。

在空港建设方面，大力推进长乐国际机场建设。1991 年，在习近平同志大力推动下，市政府提议在福州新建一座专用的民用机场。1992 年 2 月，新机场建设获得批准，1997 年 6 月，长乐国际机场正式通航。2014 年 2 月，福州航空成立。2015 年，长乐国际机场被确定为“21 世纪海上丝绸之路”门户枢纽机场，从一般枢纽机场上升为国家级门户枢纽机场，成为设施互联互通和打造空中交通走廊的核心节点。2017 年，机场运营航空公司 34 家，国内外航线 103 条，客流量达到 1247 万人次。目前，长乐机场二期扩建工程正加快项目立项报批、可研编制、填海工程、土地征迁等工作，借鉴国内外先进机场航站楼设计方案和虹桥机场等交通枢纽先进做法，统筹考虑高铁、地铁、公路及机场各方需求，面向国内外征集先进航站楼设计方案，进一步研究完善机场综合交通枢纽设计方案，打造国际一流的机场综合交通枢纽。

在海港建设方面，福州拥有江阴港、罗源港等世界知名的深水港湾，可供修建10万吨级以上泊位的岸线约2.94公里。福州港被列为国家沿海25个主枢纽港之一，现拥有生产性泊位129个，其中万吨级以上深水泊位43个，最大靠泊能力达30万吨级，初步形成“一港四区”（即闽江口内港区、松下港区、江阴港区、罗源港区）的总体发展格局，年货物吞吐能力突破1亿吨。在港口建设带动下，福州临港工业快速发展，全市工业加速向江阴、罗源湾两大港区为重点的“南北两翼”集聚，形成沿海临港工业走廊带。

在公路和铁路建设方面，公路通车总里程达到11465公里，其中高速公路588公里，京台、沈海、福银等国家级高速公路在福州交汇，基本形成以福州为中心、覆盖全省的“四小时通达公路网”。2002年对福州火车站进行改建，2010年新建福州南站，成为全国10大客运区域枢纽站之一。

3.擦亮“福州蓝”生态名片

长期以来，福州在加快建设发展的同时，高度重视环境保护与生态建设，努力做到既要“百姓富”也要“生态美”。特别是党的十八大以来，福州坚持“绿水青山就是金山银山”理念，大力推进生态文明先行示范区、生态文明试验区建设，使福州更加宜居宜业，在吸引投资、吸引人才等方面更具优势。

推进生态文明体制改革，在全省率先实行差别化的党政领导干部生态考核制度，建设永泰县国家级主体功能示范区，长乐市自然资源资产负债表编制、闽清县党政领导干部自然资源资产离任审计、永泰县重点生态区位商品林赎买等3项国家级生态文明试验区改革试点任务顺利完成。建立生态红线管控制度，完善生态补偿机制，构建绿色金融体系。在工业排污企业全面推行排污权交易，在全省率先成立城区水系联排联调中心，内河黑臭水体治理PPP模式得到住建部高度肯定，成为国内首个城区道路绿地全部实施社会化养护的城市。

案例3 福州持续推进内河综合整治

福州城区河网密布，共有107条内河，分属6大水系，总长约244公里，河网密度之大居国内城市前茅。

“七五”期间，市政府曾拨款和集资对安泰河等10多条总长2.7公里的河道进行全面整治，但管理没有跟上，治理不够彻底。习近平同志在福州工作期间曾指出，内河综合治理是一项泽被后世的复杂的社会系统工程。各级各部门领导一定要从对外开放的战略高度，从精神文明建设、创建卫生城市的高度，从省会城市和历史文化名城的高度抓好内河整治工作，努力实现把福州内河建成文明河、经济河、旅游河的目标（《习近平在市内内河综合整治检查汇报会上强调把内河建成文明河经济河旅游河》，《福州晚报》1992年8月29日）。市人大通过了《福州市内河管理办法》，市财政每年拨出资金治理内河。

2016年，市委、市政府坚持系统、科学、管用，制定出台《福州市城区水系综合治理工作方案》，采取综合措施，分期分批推进内涝、黑臭、污染源治理及沿河环境提升改善四大方面工作。创新引入社会资本，市区102条河道按流域整合形成7个水系综合治理PPP项目包，项目从谋划到开工平均只用了4个月。目前43条内河基本消除黑臭，较好实现专业运作和长效运营。

大力推进与民生关系密切的生态文明建设，相继建成城市绿道与慢行系统200多公里、城市公园绿地100多个、美丽乡村562个。全市森林覆盖率达57.1%，居全国省会城市第二位，建成区绿化覆盖率为44.4%，人均公园绿地面积14.7平方米；城市环境空气达标率为95.9%，环境空气质量综合指数3.42，在全国74个重点城市中排名第五位。生态环境已经成为福州城市的一张亮丽名片。

4. 打造闽都人才集聚区

1989 年，市委、市政府成立福州市科技工作领导小组及办公室，确立“科技兴市”战略(1991 年调整为“科教兴市”战略)。2000 年 6 月，福州市委、市政府作出关于鼓励科技人员在榕创业和建立人才资源高地的决定，首创建立福州市人才储备中心，为储备人才提供生活补助、集体宿舍以及人才供求信息、择业咨询指导、推荐就业、保管档案等服务。近年来，福州深入实施人才兴市战略，着力打造闽都人才集聚区，为推进大开放强化了坚实的人才支撑。

建立灵活引才机制。2012 年 9 月，成立全国第一个由国家外国专家局与地方政府共同建设的国家级引智试验区——“福州海西引智试验区”，组织实施 5 项引智计划、4 项引智工程，建立全国首个外国人工作管理局，留学人员创业园升格为国家级园区。与省公务员局签署《共同建设闽都人才集聚区合作框架协议》，共同举办中国海峡两岸人才交流合作大会、中国福州海外人才创业周等活动。市委、市政府出台《福州市引进高层次优秀人才办法》等 16 项人才政策，在福州新区、自贸区实行资格条件制、推荐制等更加简便高效的引进人才评价办法，与 10 余所国内知名高校签订合作协议，大力实施人才培养“四个一千”计划、“五个一千”人才行动计划、“榕博会”招才引才活动等，为福州引进大量发展所需的人才。目前，福州拥有各类专业技术人才 50 多万。

积极搭建创新创业平台。重点推进中国东南大数据产业园、马尾物联网产业园、国家地球空间信息福州产业化基地（一期）等 8 个特色园区建设，打造一批具有较强创新实力和国际竞争力的产业基地。积极推进中科院海西研究院三期、国家专利审查协作福建分中心、“知创福建”知识产权公共服务平台、中国 · 福州物联网开放实验室等创新平台建设。双创载体平台加快发展，全市现拥有国家级工程技术研究中心 4 家，国家重点实验室 3 家、省（企业）重点实验室 94 家，国家级专业化众创空间 1 家，国家级众创空间 7 家、省级 38 家，创业和就业人数达 1.3 万多人。全市有 7 个县（市）区建成市级“双创”示范中心。

营造良好留人环境。推行市领导挂钩联系高层次人才、发放闽都英才卡等机制，通过定期走访、召开座谈会等，面对面、实打实帮助解决问题。营造便捷优质生活环境，分批建设人才公寓，建设中加国际学校等，让各类人才在榕城顺心发展、舒心生活。

贯彻落实中央、省委决策部署，紧紧围绕企业和群众最关心、最现实、最迫切的突出问题，对标国际一流营商环境，大力实施优化营商环境 3 年行动，安排 168 项主要任务，以制度创新、流程再造为抓手，努力营造国际化、法制化、便利化营商环境，力争通过 3 年努力，使营商环境达到世界银行营商环境排名前 50 名经济体水平。

（四）抓制度建设，不断提升对外开放水平

改革开放以来，福州深刻把握对外开放的外部环境和内在条件变化，注重制度机制建设，不断提高对外开放层次和水平。

1. 建立健全招商引资工作机制

以产业转型升级为主线，制定《推动新一轮经济创新发展十项政策》《关于鼓励利用外资的若干措施》等，变“捡进篮子都是菜”的见商招商为围绕主导产业发展的择商引资，重点引进符合生态环保和投资强度要求、符合园区产业导向，能够延伸产业链、带动全局、增强后劲、产生重大拉动和深远影响的大项目好项目，一般商贸型项目、房地产项目和基础设施建设项目不列入招商项目，努力构建现代化经济体系。

积极推进招商的社会化、企业化运作，坚持专业招商、以商招商、中介招商、配套招商并举，建立全市招商统筹协调、全员大招商及大项目市领导挂钩推进、“一把手”招商、专职小分队招商、异地招商及部门协作、招商一线考察干部、北上广深港澳等重点区域招商、重大项目招商责任制和专门政策推进、招商工作督查推进 9 大工作机制，并建立完善项目审批全程代办、容缺办理、定期例会、挂钩联系等服务机制，加快招大引强，推进高质量、

跨越式发展。在“招商 2017”行动中，全市落地项目 3511 项，总投资 8000 多亿元，增强了长期发展的后劲。同时，积极鼓励支持更多企业到海（境）外设窗口、办实体，把经济触角向外延伸，提升对外开放的层次和水平。

2. 建立健全投资便利化制度体系

不断深化投资审批改革。推进市场准入负面清单制度改革试点，建立“负面清单 + 准入前国民待遇”外商投资管理体制。进一步放宽外资准入限制，对鼓励类项目以及允许类项目，按照属地原则，由项目所在地县级发改部门备案，不再执行分级核准或备案的原审批模式。优化投资项目审批流程，基本实现企业投资项目备案事项“全程网上办理”。在福州滨海新城大数据产业园试点“多评合一”新模式，按照“统一受理、统一评估、统一评审、统一审批”的服务模式，对项目前期推进阶段所涉及的多项评估实行联合评审。

深化商事登记制度改革。在全省率先开展“证照分离”改革试验工作，全国首创推出“合并核准”审批方式，提高审批效率。推进“多证合一”改革，将 25 项涉企证照事项合并登记，企业办理设立登记手续仅需 3 个小时即可办结发证；自主研发企业登记全程电子化营业执照自助打印机，企业仅需 2 分钟即可自助打印领取营业执照。推进企业便利注册和简易退出，实行住所（经营场所）申报承诺制，在全市范围内开展企业简易注销登记工作，公示期由原来的 90 天缩短为 10 天。

3. 构建自贸区制度创新高地

福建自贸试验区福州片区推出 11 批 136 项体制创新举措、55 个金融创新案例，其中 39 项为全国首创，复制推广到全国、全省的分别有 15 项、65 项。在全国率先实施“一表申报、一口受理、一照一码”登记制度，推行“一照多址、全城通办、简易注销”等 18 项商事制度改革，推出 68 项贸易监管创新举措，集中实施省、市、区三级政府部门 440 项行政许可和公共服务事项，基本建立事中事后监管体系。在全国率先实行行政审批全流程电子证照应用。在全省率先试点行政执法公示制度，率先在跨境电商领域采用第三方信用评级。建立并完善国际贸易“单一窗口”管理制度，关检监管推进台港澳原产地证书的无纸化通关，建设全国自贸试验区首家国家级进口食品检测实验室和进口食品检验检疫查验场。在全国首创“一掌通”3A 移动税务平台，率先实行出口退税无纸化和先退后审。

出台 42 个产业扶持政策，促进整车进口、跨境电商、物联网、金融业、现代物流等重点业态蓬勃发展。2012 年，江阴港区获批设立国家汽车整车进口口岸，成为全国第 6 个整车进口沿海口岸和全国首个允许开展进口汽车辅助性整改的口岸、首个提供全方位 3C 认证服务的试点口岸。马尾基金小镇成为全省私募基金投资机构最多、管理基金规模最大的区域，率先批复福州三六零网络小额贷款公司筹建，首创国内进出口外包金融服务平台。eBay 在区内设立全国首个跨境电商全产业链聚集园区，在全国首创冷链物流服务标准化制度。

自贸区推进对台交流合作先行先试。推动对台旅游、医疗、文创、演艺等 17 个服务贸易领域开放，深入推进两岸先进制造业、金融业合作，台湾青创基地加快集聚发展。推出“对台原产地证书核查机制”等 14 项对台贸易便利化创新举措，在全国率先开展海峡两岸 AEO 互认、启用电子台胞证，在全国首创台胞权益保障法官工作室。

4. 建立健全事中事后监管制度体系

健全完善“双随机一公开”监管制度，制定《福州市“双随机一公开”抽查工作细则》，探索建立面向市、县两级政府多部门的“双随机一公开”抽查平台，实现“双随机一公开”监管全覆盖，得到李克强总理肯定，在省里作为典型推广。

案例 4　福州健全完善“双随机一公开”监管制度

（1）实行标准化规范管理。制定《福州市双随机一公开抽查工作细则》，明确随机抽查事项管理、随机抽查主体选择、执法检查人员建立及递补，以及抽查工作流程、结果运用、跨部门联合抽查计划制定、工作流程等12项内容。

(2) 启动“双随机一公开”抽查系统建设。探索建立面向市、县两级政府多部门的“双随机一公开”抽查平台，实现“双随机一公开”监管全覆盖。主要措施包括：建立全市各类市场主体名录库、执法人员名录库的“四库一清单”，形成全市统一的随机抽取对象、随机抽取匹配执法检查人员；运用电子化手段，对抽查工作全程留痕，实现责任可追溯。

(3) 建成市级企业信用信息公示系统。畅通市、县政府部门横向、纵向之间互联互通的信息通道，与国家企业信用信息公示系统（福建）相连，将分散在各部门、各地区、各行业的各类企业信用信息归集到企业名下，实现企业信用信息“一网归集、双向服务”，满足市、县两级政府部门开展联查的需求，并统一在公示系统中向社会公示。

有效强化信用监管。搭建福州市公共信用信息平台，推动信用信息数据归集、公示、应用制度化，制定出台11项平台建设、数据归集方面的标准规范，21个重点领域联合奖惩措施方案，逐步构建起覆盖各方面的社会信用体系。建立完善政务诚信“失信追责问责”制度，开展行政许可、行政处罚信用信息“双公示”，为加强事中事后监管提供保障；建立公务员诚信档案，公务员诚信记录将作为干部考核、奖惩的重要依据。建立完善商务诚信“红黑榜”发布制度，建立市级企业信用信息公示系统、产品质量可追溯体系、电子商务企业客户信用管理和交易信用评估制度。建立完善社会诚信“失信约束惩戒”制度，加快推进重点民生领域信用体系建设，全面建立医疗机构及医务人员信用档案，健全劳工备案制度，逐步将公民交通安全违法、治安拘留等行为纳入自然人的信用记录。建立完善司法诚信制度，全面推行“阳光办案”，启动《福州市社会信用条例》草案的调研、起草工作，为营造国际化营商环境、推动全方位开放保驾护航。

创新推广智能监管方式。积极运用大数据、云计算、物联网等信息化手段，加强对重点领域、新型业态的监管。成立福州市市场监管检测服务中心，通过采用市场监管大数据预警等监测平台，以及购买外部数据服务等方式，及时监测与本辖区市场监管相关的市场主体数据和舆情信息，为市场监管、执法等提供靶向性、前瞻性的风险评估和预警服务。福州市市场监管局依托市场协同监管平台组织“双随机”监管活动，将监管检查信息归集到国家企业信用信息公示系统（福建）并向社会公示，与审批系统、银行系统实现信息共享，对监管出现问题的企业在办理行政许可、融资授信等方面进行相应限制。

三、推进福州大开放的启示

40年对外开放的探索实践，为福州未来发展打下了雄厚的物质基础，积累了宝贵的精神财富，也为福州深化全方位对外开放、发展更高层次更高水平的开放型经济，提供了有益启示。

1. 坚持解放思想，把增强对外开放意识作为推进大开放的先导

改革开放以来，福州市树立强烈的机遇意识，不断解放思想，增强扩大开放的自觉性、积极性、主动性。习近平同志在福州工作期间多次强调，要坚持不懈地开展对外开放意识教育，提高全民开放意识（《习近平深入福清调研对外开放工作时提出建成福马、福厦（福州段）二条工业走廊形成环绕闽江口“金三角”经济圈》，《福州晚报》1992年3月15日）。从真理标准大讨论到为国有企业松绑放权的呼吁，从“增强对外开放意识宣传教育月”到“再掀闽江开放潮、推动福州大发展”的大讨论，再到“提振精气神、建设新福州、争当排头兵”教育实践活动，正是依靠不断解放思想，走自己的路，福州踏出了对外开放的坚实步伐，推动了经济社会发展实现历史性跨越、取得历史性成就。实践充分证明，解放思想是扫除障碍、引领开放的根本法宝。思想解放的程度，决定对外开放的深度和广度。新形势下推进福州新一

轮高水平对外开放，必须以习近平新时代中国特色社会主义思想为指导，深入学习贯彻习近平总书记关于改革开放的重要论述，进一步解放思想、开阔视野，冲破一切不符合时代进步要求的思想观念束缚，增强敢闯敢试的勇气和担当，努力以思想的大解放推动发展思路的大拓展、开放水平的大提高，积蓄经济发展的强大后劲。

案例 5　习近平同志推进对外开放意识教育

1991 年，福州市把 4 月份定为“增强对外开放意识宣传教育月”，并将宣传教育活动和改变作风、提高办事效率、改善投资软环境相结合，通过举办不同类型的报告会、走上街头开展涉外咨询活动、上门入户解决“三资”企业难题等各种宣传手段，增强全民对外开放意识，进行“人人都是投资环境”的教育，实实在在地解决一些存在的问题。

1994 年 4 月 2 日，在福州市扩大对外开放引进外资工作会议上，习近平同志强调，对外开放是福州经济发展的强大动力和生命线。福州的区位，决定其必须走开放的道路。福州在扩大开放、引进外资中之所以取得这么多成绩，主要是我们没有照搬照抄别人的经验，没有简单模拟别人的办法，没有从本本出发，教条主义地理解中央精神，而是从实际出发、走自己的路，形成自己的特色。

（《开放发展　风起帆张——习近平总书记在福建的探索与实践·开放篇》，《福建日报》2017 年 7 月 20 日）

2. 注重高位谋划，把加强顶层设计作为推进大开放的前提

40 年来，福州坚持边实践、边总结，不断深化对扩大开放的理论认识。特别是习近平同志在福州工作期间，市委、市政府先后制定“3820”工程、建设闽江口金三角经济圈、建设“海上福州”、建设现代化国际城市等发展

战略。这些战略设想贯穿短期、中期、长期、远期发展目标，高位规划了福州对外开放的总体布局、整体思路、关键领域、重点任务，构成一个全方位、立体化的福州开放发展战略体系，为福州大开放把正了方向、选对了道路。福州市委、市政府一以贯之推进这些重大战略实施，近年来抢抓“五区叠加”战略机遇，进一步提出在更高起点上加快建设闽江口金三角经济圈，建设福州新区、滨海新城等，不断提高福州对外开放的层次和水平。实践充分证明，对外开放是一个系统而复杂的工程，是一种制度设计，是一种战略选择。当前，对外开放的国际环境正在发生深刻复杂变化，国际贸易投资格局和规则面临深刻调整。新形势下推进福州新一轮高水平对外开放，必须坚持高点站位、科学谋划，注重宏观思考和顶层设计，不断丰富对外开放内涵、拓宽对外开放领域，不断为发展注入新动力、增添新活力、拓展新空间。

3.发挥区位优势，把做好海、台、侨文章作为推进大开放的重点

福州临海、近台、多侨，具有独特的区位优势。习近平同志在福州工作期间指出，从一定意义上说，福州最大的优势在“海”字，其他侨、亚、特等优势，都是由他派生出来的（《发挥经贸工作在开放和经济发展中先导作用》，《福州晚报》1991 年 4 月 4 日）。从国务院核准福州引进华人华侨和港澳同胞、台湾同胞的投资政策到沿江、沿交通干线兴办外商投资区，从举办国际招商月（“5 · 18”海交会）活动到榕台交流合作先行先试，从在全国率先提出建设“海上福州”战略到打造 21 世纪海上丝绸之路核心区海上合作战略支点城市，历届福州市委、市政府积极探索，努力把区位优势转化为省会发展优势，不断取得大开放的新突破。实践充分证明，独特的区位是福州对外开放的基础条件和比较优势所在。新形势下推进福州新一轮高水平对外开放，必须充分发挥独特的区位优势，坚持以区域合作为基础，以推动产业转型升级为核心，主动服务和融入国家发展战略，集聚开放要素，促进资源高效配置、市场深度融合，推动大开放取得新的更大的成绩。

4. 弘扬马上就办，把优化营商软环境建设作为推进大开放的关键

对外开放，需要软硬兼顾，不断营造更加优良的营商环境。习近平同志在福州工作期间，下决心用提升“软环境”来弥补“硬环境”，“我们要办的事很多，要为改革开放提供一个良好的软环境，这就需要提倡一种满负荷的精神，反对拖拉扯皮和人浮于事，提高办事效率，做到今日事今日毕”（《实干才能梦想成真——习近平同志在福州工作期间倡导践行“马上就办”纪实》，《秘书工作》2015 年第 2 期）。为此，他大力提倡“马上就办”，并积极探索推出投资项目审批“一栋楼办公”等制度化、常态化的运行机制。历届福州市委、市政府大力弘扬“马上就办、真抓实干”优良作风，从推出“一线考察”“一线巡察”工作机制到出台《福州市“马上就办、真抓实干”若干规定（试行）》，从设立市行政服务中心、市民服务中心到建立健全投资贸易便利化制度体系，福州营商软环境不断改善。实践证明，营商软环境建设有着投入小、见效快、基础作用强、外溢影响大的特点，往往居于先行地位。新形势下推进福州新一轮高水平对外开放，必须牢固树立服务意识，对标国际标准，坚持问题导向，继续深化“放管服”改革，扎实推进国家“互联网 + 政务服务”综合试点，进一步实现审批提速、服务优化，持续提升福州营商软环境。

5. 加强党的建设，把党的领导作为推进大开放的根本保证

40 年来，福州始终把加强党的建设摆上重要位置，以打铁必须自身硬的责任担当，以改革创新的精神，坚定不移推进全面从严治党。习近平同志在福州工作时强调，越是改革开放，越要加强党的建设，越要加强党的领导（《把握机遇推动县（市）区各项工作健康发展》，《福州晚报》1993 年 4 月 2 日）。从农村、社区基层党组织的创新到新经济组织、新社会组织党组织的建立，从社区“135”党建到城市基层党建，从“堡垒工程”到“红色领航工程”，福州着力在革命性锻造中确保党始终成为改革发展稳定各项事业的坚强领导核心。实践充分证明，加强党的建设，坚持党的领导，是确保对外开放沿着

正确方向前进的根本保证，是建立完善社会主义市场经济体制、发展外向型经济的内在要求。新形势下推进福州新一轮高水平对外开放，必须认真落实新时代党的建设总要求，把坚持和加强党的领导放在首位，牢固树立“四个意识”，坚定“四个自信”，坚决维护习近平总书记的核心地位，坚决维护党中央权威和集中统一领导，推进全面从严治党向纵深发展，全面增强执政本领，确保党始终能够总揽全局、协调各方。

（2018 年 7 月）

厦门

厦门市勇当改革开放排头兵

——建设高素质创新创业之城、高颜值生态花园之城

中共福建省委宣传部
中 共 厦 门 市 委

厦门是我国最早设立的经济特区之一。20 世纪 80 年代，习近平同志在厦门工作期间，曾直接领导和推动厦门经济特区建设初期的改革开放工作，进行了许多具有开创性意义的实践探索。到省里和中央工作后，习近平同志仍一直牵挂厦门的建设发展，多次视察并作出重要指示，为厦门经济特区的改革开放和长远发展提供了重要遵循。2017 年金砖国家领导人厦门会晤期间，习近平总书记盛赞厦门是“高素质的创新创业之城”“高颜值的生态花园之城”（《共同开创金砖合作第二个“金色十年”——在金砖国家工商论坛开幕式上的讲话》，《人民日报》2017 年 9 月 4 日），“厦门的发展就是中国改革开放所走过历程的一个缩影”（《习近平深情讲述“厦门故事”海风海浪依旧 旧貌已换新颜》，新华社 2017 年 9 月 5 日）。

改革开放 40 年来，厦门作为改革开放和现代化建设的窗口、试验田、排头兵和促进两岸交流合作的前沿平台，始终肩负着为建设中国特色社会主义事业探路的使命，以逢山开路、遇水架桥的勇气和魄力，勇当深化改革、扩大开放的弄潮儿，推动经济社会发展实现了翻天覆地的变化，为中国改革开放事业探索了鲜活的实践经验。

特区建设以来，全市地区生产总值年均递增 15.9%，财政总收入年均递增 19.7%。2017 年，全市 GDP、固定资产投资、财政总收入和地方级财政

收入分别增长 7.6%、10.3%、9.6%和 11%，2018 年上半年分别增长 8%、10.5%、14.3%和 11%。截至 2017 年，已有超过 100 个国家和地区的外商来厦门投资，累计合同利用外资 589.9 亿美元，实际利用外资 361.5 亿美元。GDP 密度居全国第 5 位，经济可持续竞争力跻身全球百强。城市综合发展指标居全国第 13 位，被城市评级机构 GaWC 认证为世界城市。近年来，国家陆续赋予厦门“双支点”（“一带一路”倡议支点城市、对台战略支点城市）、“三区”（综合配套改革试验区、自由贸易试验区、国家自主创新示范区）及全国首批质量强市示范城市、现代服务业综合试点等一大批创新试点任务，成为中国重大改革先行政策密度最高、力度最大、措施最集中、效果最突出的系统集成地，被评为中国十大创新型城市。2017 年空气质量居全国 74 个城市第四名。以优异成绩荣膺全国文明城市“五连冠”，赢得中国“最温馨城市”的美誉。厦门是两岸经济合作最紧密区域、文化交流最活跃平台、直接往来最便捷通道、同胞融合最温馨家园。先后荣获联合国人居奖、国际花园城市、国家园林城市、国家环境保护模范城市、国家生态市、全国绿色交通城市、中国十大低碳城市等称号。

本文就厦门学习贯彻习近平新时代中国特色社会主义思想，贯彻落实习近平总书记来闽考察重要讲话精神，贯彻落实习近平总书记在厦门工作期间的重要理论创新和实践探索，深入总结提炼厦门在勇当改革开放排头兵，建设高素质的创新创业之城、高颜值的生态花园之城的创新举措和鲜活经验，努力为新时代中国特色社会主义事业提供“厦门经验”和“厦门蓝本”。

一、坚持创新驱动引领，构筑产业发展新高地

创新是引领发展的第一动力。多年来，厦门按照习近平总书记提出的“抓创新就是抓发展、谋创新就是谋未来”（《习近平在部分省区党委主要负责同志座谈会上强调 加大支持力度增强内生动力 加快东北老工业基地振兴

发展》，《人民日报》2015 年 7 月 20 日）的要求，坚持把创新驱动作为经济结构调整和发展方式转变的中心环节，着力推进高素质创新创业之城建设。

1. 着眼提质增效，持续推进产业转型升级

厦门认识到，加快产业转型升级，有利于融入参与全球产业再分工，有利于实现经济增长动力真正向创新驱动转换，有利于推动三次产业在更高层次上协调发展。改革开放以来，厦门坚持以创新驱动引领产业转型升级，实现从以“三来一补”加工贸易为主的传统制造业，向以电子信息为主导的高新技术制造业和以软件信息、金融、商务等为主导的知识密集型服务业的转变。党的十八大以来，厦门贯彻落实国家“一带一路”倡议、“大众创业、万众创新”“互联网 +”“中国制造 2025”等重大战略部署，统筹推进高质量发展，引导企业向价值链高端发展，打造具有全国乃至世界水准的高端产业和产业链高端环节。积极适应和引领经济发展新常态，初步形成了以高端制造业和现代服务业为主导、战略性新兴产业为特色的现代产业体系，打造了平板显示、计算机与通信、航运物流、软件信息、旅游会展等千亿产业链，建成全球最大的触控屏组件研发和生产基地、全球最大的高端 LED 球泡灯制造和出口基地，以及亚太最大的航空维修基地。生物医药、集成电路等战略性新兴产业快速发展，每平方公里创造经济总量和财政收入、每万元 GDP 创造财政收入、人均生产总值、人均财政收入等指标保持全国领先，单位 GDP 碳排放强度接近欧洲发达国家水平，获评“全国创业先进城市”称号。三次产业结构从 1978 年的 22.3∶56.7∶21.0 调整为 2017 年的 0.5∶41.7∶57.8，细分领域向多样化、创新型特征的产业结构转变。

案例 1　厦门集成电路产业发展情况

集成电路产业是“十三五”期间厦门重点打造的一条产业链。近三年来，厦门积极构建完整的集成电路产业链和生态圈，集成电路产业连续保持

在20%以上的增长速度。厦门市出台了集成电路产业发展10年规划，确定了到2025年集成电路产业规模超千亿、带动电子信息技术产业规模超3000亿元的发展目标。随着联芯、三安、紫光展锐、通富微电等集成电路知名企业的项目落地和产业布局，厦门朝着集芯片制造、封装、测试、基板支撑于一体的制造业1小时供应链方向努力，在吸引产业集聚、完善产业链条方面取得明显成效。2017年，厦门集成电路产业产值达到143亿元，同比增长38.4%，规模以上企业产值规模居全国第五。

2. 提升科技含量，不断壮大高新技术产业

高新技术企业是城市经济发展的主要动力。一座城市的高新技术企业多与少、强与弱，决定了城市发展的好与坏。改革开放初期，厦门产业科技含量总体不高。1987年，厦门市依托厦门大学重点承担国家“863”计划，推动了高新技术研究及产业化进程。1989年起，厦门把实施“火炬”计划项目作为发展高新技术产业的重要内容。1998年，投资兴建软件园，此后软件园从一期扩展到二期、三期，成为促进厦门软件信息服务业快速发展的重要载体。2001年年底，台湾电子信息产业开始大规模向大陆转移，厦门发挥地缘优势，加快承接台湾产业转移，带动传统制造业向以电子信息为主导的高新技术制造业转变。2002年以后，软件信息、金融、文化产业、电子商务、服务贸易、服务外包等高新技术服务业和新兴服务业也快速发展起来。2012年以来，借助大数据、云计算、物联网等新技术，大力培育、扶持科技型企业，高新技术企业发展取得傲人成绩，厦门成为创新创业的热土。全市有高新技术企业1425家，“瞪羚企业”49家。546家高新技术企业通过了国家认定，同比增长41.5%。其中，厦门烯成石墨烯科技有限公司在国内市场占有率超过80%。厦门优迅高速芯片有限公司打破了美日韩多年的垄断，是国内光通信芯片主流供应商。高新技术企业的快速增长，带动了厦门高新技术产业的高速发展。2017年，厦门规模以上高新技术产业工业产值4241.4亿元，占全市规模以上工业产值的71.7%，规模以上高新技术

制造业实现工业增加值976.3亿元，占规模以上工业增加值比重的67.9%。2018年上半年，厦门半导体和集成电路产业产值增长36.4%，计算机与通信设备产业增长27.9%，生物医药与健康产业增长18.4%，新材料产业增长20.9%，软件和信息服务产业增长16%。

二、打造创新创业平台，激发经济发展新活力

平台载体是创新创业扎根生长的重要土壤，也是促进创新创业最直接的方式。多年来，厦门结合经济特区创新创业资源禀赋，着力搭建多层次创新创业平台，推动经济持续健康发展。

1. 大力建设国家自主创新示范区

2016年，国务院批准厦门以火炬高新区为核心区建设福厦泉国家自主创新示范区厦门片区。经过两年发展，初步形成“一核两带二十九园”空间范围，总面积277.2平方公里，成为推动厦门创新发展的最重要载体。围绕打造“高素质的创新创业之城”目标，厦门自主创新示范区推出“企业研发经费补助政策”等69项创新事项，有效激发全社会创新主体活力和动力。2018年，申报研发费用税前加计扣除备案的科技企业数达到2675家，涉及研发经费额112.2亿元，双双超过“十二五”期间的总和。围绕重点发展产业领域，福厦泉国家自主创新示范区厦门片区还创新“科技招商”模式，设立“火炬高新区美国硅谷瀚海孵化器”“清华海峡研究院台湾新竹孵化器”等一批离岸孵化器，吸引海外高层次人才和项目向厦门集聚。截至2018年第一季度，福厦泉国家自主创新示范区厦门片区已累计新落地产业科技项目236个，计划总投资484.3亿元。

2. 打造产学研协调创新合作平台

厦门着眼为创新型城市建设筑基搭台，不断完善产学研合作的技术创新体系和中介服务体系。成立厦门产业技术研究院，围绕完善科技创新链条、发展科技服务业、组织实施重大科技项目等方面进行探索和实践；引进中科

院海西研究院、两岸清华大学、国防科技大学、中船重工725所等50多家高校院所在厦门设立研究或技术转移机构，持续增强中高端技术供给能力；针对生物医药、集成电路、软件信息等重点产业的核心关键节点和缺失环节，布点建设了生物等效性BE/Ⅰ期临床试验平台、集成电路晶圆测试公共服务平台等95个公共技术服务平台。构建较完善的创新研发—成果交易—创业孵化—中试产业化的成果转移转化体系，“互联网 + 技术转移”新模式在全国31个省区市复制推广。目前，厦门已建设科技创新公共服务平台95个、国家重点实验室4家（含企业国家重点实验室1家）、省部共建重点实验室2家。建成工程技术研究中心131家（含国家级2家，省级36家），企业技术中心135个(含国家级17个，省级40个)，企业博士后工作站25个，智能制造、新材料、集成电路、软件信息、半导体与光电等各类公共技术服务平台81个。

3. 培育创新创业孵化空间

2014年以来，厦门市积极响应国家“大众创业、万众创新”号召，加快打造创新孵化载体平台，基本形成“众创空间 + 孵化器 + 加速器”的创新孵化和企业培育链条。截至2017年，厦门共拥有经认定的市级众创空间203家，其中国家级33家（专业化众创空间2家），省级51家；科技企业孵化器15家，其中国家级5家，省级4家，孵化场地总面积200多万平方米；认证小微企业创业创新示范基地22家，其中国家级6家。企业自主创新能力有效提升并在创新体系中占据主体地位。厦门有R&D活动的单位数中，企业占92.3%，企业R&D经费内部支出占全社会R&D经费支出的86.0%。

案例2　厦门软件园二期建设新型创新社区

软件园二期是软件和信息服务产业的核心区。从2007年到2017年，园区营业收入10年间增长12倍。2017年，园区净增企业865家，年底企业总数达到3533家，实现营业收入838.7亿元，同比增长19.6%；实现税收30.5亿元，同比增长20.3%。国家级高新技术企业358家，同比增长42%。园区有全国软件百强企业2家，全国互联网百强企业5家，境内外上市企业8家，新三板挂牌企业42家。园区用户数过亿的企业达到11家，其中用户数超5亿的企业有5家。园区先后被授予国家新型工业化产业示范基地、国家动画产业基地、国家软件与集成电路人才国际培训基地、全国信息服务产业知名品牌示范区、中国优秀软件园区、中国软件和信息服务领军产业园区、中国软件和信息技术服务业最具品牌影响力的产业园区、中国软件和信息服务特色产业园区等荣誉称号。2016年、2017年厦门软件园在43个国家火炬计划软件产业基地中，成长性指标连续两年居全国第一。

三、持续深化改革创新，争创转型发展新优势

改革是经济特区发展的不竭动力。厦门始终发扬经济特区敢闯敢试、敢为人先的精神，勇于打破体制机制的制约束缚，打造营商环境新高地和人才特区，构筑高质量发展“硬支撑”。

1. 坚持科技创新与金融创新双轮驱动

厦门市一直高度重视科技创新投入。2001—2017年，厦门财政科技投入从1.8亿元增加到23.4亿元，年均增长17.4%。经过长期实践探索，逐步建立起适应创新发展需求的金融支持体系。2011年，厦门市促进科技和金融结合试点领导小组正式成立。2016年厦门获批第二批国家促进科技和金融结合试点城市。创立全国首家科技支行，开发科技保证保险贷款、专利权质押贷款，试点专利保险等业务。成立全国首家“知识产权特色支行”，组建8家两岸知识产权试点银行。设立全国首只政策性科技成果转化与产业化基金，在全省率先设立初期规模百亿元的产业引导基金，开启了从传统的以“补贴投入”为主迈向以“股权投入”为主的新模式，目前到位资金2亿元，

对 55 家科技初创企业投资 1.4 亿元。构建多层次资本市场，设立厦门两岸股权交易中心，推动全市 220 多家科技企业上市或挂牌“新三板”。2014 年以来，厦门先后被国家赋予全国唯一的“两岸与‘一带一路’知识产权经济试点”“十大国家知识产权强市创建市”“六个知识产权综合管理改革试点地方”“八大国家知识产权运营服务体系建设重点城市”等。2017 年，全社会 R&D 经费 142.4 亿元，R&D 强度 3.27%，居 15 个副省级城市前列，接近发达国家水平。全市每万人有效发明专利拥有量达23.5件，为全国的2.4倍，专利授权量增幅居副省级城市第二位。厦门还全力推进政府投资基金工作，已批复的政府投资基金共 38 只，总规模 433 亿元，市财政承诺出资 92.8 亿元，撬动社会资本 3.7 倍。

2. 营造国际一流营商环境

2015 年 7 月，厦门市委十一届十次全会审议通过《关于打造国际一流营商环境的意见》，掀开打造国际一流营商环境的大幕。厦门对标国际一流，在国内率先参照世界银行指标体系，通过第三方机构评估，查找差距和短板，并将其作为突破瓶颈的着力点和创新创造的切入点。先后制定《厦门经济特区专利促进与保护条例》等近 30 项法规政策，完善激励创新创业的制度和政策体系。提升创新创业政务服务水平，推动企业设立“一照一码”等商事登记系列制度改革，构建让企业“进得顺利、退得顺畅”的体制和生态环境。在全国率先开展“多规合一”改革工作，使政府管理部门变被动审批为主动推送，大大缩减建设项目审批时限。厦门在放宽市场主体准入、年检改年报、构建商事主体信用体系和明确后续监管部门职责等方面先试先行，被国家工商总局作为范本在全国推广。厦门市营商环境竞争力从 2014 年相当于全球经济体的第 61 位提高到 2017 年的第 38 位，做法成效获中央编办等部门肯定。营商环境的优化有效促进了企业增加和投资增长，2016 年、2017 年厦门新增商事主体分别增长 24%、21.9%。

案例3 厦门市建设“五个一”项目审批管理体系

厦门市2014年启动了工程项目审批改革探索。“五个一”项目审批管理体系即“一张蓝图”统筹项目实施、“一个系统”实施统一管理、“一个窗口”提供综合服务、“一张表单”整合申报材料、“一套机制”规范审批运行。其中，“一张蓝图”就是把国土、规划、海洋、林地等53类规划162个图层有机整合在一张图上，实现了发展目标、用地指标、空间坐标的对接，所有部门又利用这张图统筹自身规划，从根本上消除部门间规划的冲突。在“一张蓝图”基础上，厦门搭建了“一个系统”，出台了全国首部“多规合一”地方性法规（《厦门经济特区多规合一管理若干规定》），设立了“一个窗口”、形成了“一张表单”，从而破解了长期困扰工程建设领域部门间互为前置、相互制约的瓶颈问题。改革至今已有近4000个投资建设项目实行了并联审批，项目从策划到落地明显提速。联芯、电气硝子等一批优质龙头项目相继落户，联芯一年半实现竣工投产，创造了全球12寸晶圆制造厂创建的最快速度。京东集团的“亚洲一号”智能物流项目不到两个月时间就办好施工证。2017年全市302个重点项目完成投资1466亿元，超额完成340亿元投资计划。

3. 构建多层次人才支撑体系

依靠人才推动制度创新，是厦门在改革开放的实践探索中总结的鲜活经验。改革开放以来，厦门始终把人才作为创新的第一要素，持续实施人才强市战略，建设人才特区。1984年，厦门在全国率先设立“人才交流咨询服务公司”、全国首个劳动力市场和人才资源市场。2012年以来，厦门相继制定实施《厦门市中长期人才发展规划纲要（2010—2020年）》、引进高层次人才“双百计划”、12类产业急需紧缺人才引进培养的“海纳百川”人才政策体系、“人才新政45条”等系列政策，大力引进高层次创新创业人才。2017年，厦门各类人才总量达到80万规模，其中两院院士14人，国家“千人计划”专家110人，享受国务院特殊津贴专家600多人，市“海纳百川”人才计划9013人，留学回国人员超过1万人，人才总量持续增长，形成了较为合理的创新创业人才梯队。厦门市获得福建省首批人才聚集区（人才特区）、“外籍人才眼中最具吸引力的十大城市”等荣誉。

案例4　厦门高素质创新创业之城的人才支撑

(1)“双百计划”：厦门在全省率先实施引进高层次人才“双百计划”，市财政每年投入1.5亿元，重点支持“互联网+”、集成电路、新材料、生物医药等重点产业和战略性新兴产业的高精尖人才，人才创业可获最高600万元扶持、500平方米免租场所支持，创业项目主营收入达到3000万元以上另给予1%的营收奖励。截至目前，已经累计评审10批927人，其中80%以上具有海外经历，75%以上具有博士学位，双百企业吸收社会融资近15亿元，年均产值增长近80%，整体估值近800亿元，涌现出吉比特、清源股份、艾德生物、大博医疗、盈趣科技等一批市场资本追逐的明星企业。

(2)“海纳百川”人才计划：2013年，厦门出台以“一个总纲、十二个人才计划、七大支撑政策体系”为框架的“海纳百川”人才政策体系。包括重点产业、金融、航运、海洋、软件信息、服务外包、文化、卫生、旅游、高技能以及台湾特聘专家、青年“双百计划”、12类产业急需紧缺人才引进培养计划，随后又逐步将绿色能源环保、互联网等“新经济”人才、集成电路和智能制造等厦门急需紧缺产业人才纳入引才重点。截至2017年，已累计收到各类人才申报超10000人次，累计7200多名人才获得资助，其中近八成入选对象集中在软件信息、集成电路、生物医药等重点产业的龙头项目。

四、深度融入国家战略，构建对外开放新格局

作为我国最早实行对外开放的经济特区，厦门始终以开放包容的胸怀、开拓进取的气魄，勇当全面深化改革和对外开放的开路先锋，逐步构建全方位、多层次的对外开放格局，使厦门成为境外资本的重要聚集地、对外贸易的重要口岸和改革开放的重要窗口。

1. 打造自贸试验区升级版

厦门自贸片区挂牌 3 年来，坚持市场化、法治化、国际化的改革方向，充分发挥“改革 +”优势，对标新加坡、高雄等先进港口，大力提升港口竞争力。厦门口岸的政府性收费为大陆沿海主要港口最低的城市之一。2017 年，厦门港集装箱吞吐量首次突破千万标箱，位居全球第 14 位，历史性超过高雄港。厦门自贸试验区集成推出 343 项创新举措，其中全国首创 52 项。建成国际贸易“单一窗口”2.0 版，“关检‘一站式’查验平台 + 监管互认”被评为最佳实践案例。创新推进 16 个重点平台建设，航空维修业产值占全国 1/4，获批并投用汽车整车进口口岸，成为全国第三大进口酒口岸、全国第三大飞机融资租赁集聚区。国务院 2018 年 5 月发布的全国自贸试验区第四批复制推广的 30 项改革创新经验，属于厦门自贸片区首创并在全国复制推广的就有 10 项。

案例 5　厦门自贸试验区率先建设智慧港口

（1）率先建成国内一流的国际贸易“单一窗口”。船舶进出口岸、跨境电商、一般货物报关报检、港区货物进出和转关货物等口岸主要通关业务均通过该平台实现“一个窗口、一次申报、一次办结”。平台作为全国自贸试验区“最佳实践案例”，直接服务各类口岸外贸企业近 6000 家，日均处理单证 16 万票，报关报率近 100%，数据申报简化率达 32.7%，申报效率提升

50%以上，船舶滞港时间由原来的36小时缩短为2.5小时。

(2) 率先建设集装箱智慧物流平台。平台整合各港口物流参与方的信息资源，打通港口物流各环节的信息壁垒，实现全港物流信息无缝连接，打造“智能化”“无纸化”“一站式”“全流程”的港口物流服务链。现已对接12家船代、48个堆场点、440家车队，码头闸口通过效率提升3倍，每年可为港口物流生态圈参与方节约成本3400万元以上。

2. 构建两岸融合示范区

厦门经济特区因台而设。创办特区以来，厦门始终坚持“眼望台湾”，不断增强服务祖国和平统一大业的使命担当。70%以上的台湾居民的祖籍地是以厦门为地理中心的闽南地区。全国6个国家级台商投资区有3个在厦门，累计实际利用台资破百亿美元。现有海峡两岸青创基地近30个，其中6个获国台办授牌。2017年经厦门口岸往返两岸的旅客吞吐量达161.4万人次，占两岸往返旅客总量的近四分之一。厦金“小三通”航线累计运送旅客1612万人次，成为两岸往来的“黄金通道”。厦门口岸台湾食品进口货物批次占大陆总批次超过50%，台湾水果进口量占大陆的80%。2017年，全市新设台资企业（含转第三地）668家，合同利用台资13.5亿美元，实际利用台资5.5亿美元，增长12.6%。深化两岸交流合作综合配套改革试验，率先用好中央最新出台的惠台“31条”政策措施，实施好深化厦台经济社会文化交流合作的60条措施，在更高层次上促进两岸经贸融合、同胞心灵契合。海峡论坛、两岸文化产业博览交易会等重大涉台活动在两岸影响日益扩大，对台战略支点的作用凸显。

案例6　厦门成为两岸经济合作最紧密区域

厦台经贸合作起步早，成效好，产业合作紧密。厦门拥有海沧、杏林、集美三个国家级台商投资区，大陆唯一的两岸新兴产业和现代服务业合作示范区、两岸区域性金融服务中心、两岸贸易中心，以及最早设立的大嶝对台小额商品交易市场等对台经贸合作平台。1984年，第一家台资企业“三德兴公司”在厦门登记注册。截至2018年4月，厦门累计批准台资项目6379个，合同利用台资165.1亿美元，实际利用台资107.1亿美元；批准赴台投资项目57个，投资总额3亿美元，对台进出口贸易5674.1亿元人民币；友达、宸鸿、东元、联电等20多家台湾百大企业落户厦门，台企工业总产值占厦门规模以上工业总产值的1/3；台湾成为厦门的第二大贸易伙伴、第一大进口来源地和第六大出口市场；厦门口岸的台湾水果、食品、酒类、图书、大米等进口量稳居大陆第一，成为大陆对台最大外贸口岸。

3. 加快打造“海丝”战略支点

国家“一带一路”倡议提出以来，厦门紧紧抓住“海丝”建设的有利契机，围绕建机制、出政策、搭平台、抓项目，打造互联互通、经贸合作、海洋合作、人文交流四大枢纽。设立全国首只地方政府主导的“海丝”投资基金，对“海丝”沿线国家投资额22亿美元、增长70%。持续提升与“海丝”沿线国家和地区的经贸合作规模和层次，2017年厦门与“海丝”沿线国家贸易额为2290.3亿元，同比增长12.4%；投资额为20.6亿美元，同比增长1.5倍。中欧、中亚（厦门）班列开通6条线路通达10个国家，通过海铁联运拓展至港台地区以及越南和韩国，成为中欧“安智贸”首条铁路航线试点。推进厦门国际邮轮母港、厦门翔安新机场等一批重大互联互通项目建设，构建“陆丝”和“海丝”无缝对接的重要陆海空枢纽城市。

案例7 厦门航空主动服务国家“一带一路”倡议

厦门航空有限公司（以下简称“厦航”）是习近平同志在厦门工作期间

参与组建和初创的航空公司，被习近平同志誉为“中国航空业发展的缩影”。1984 年 7 月 25 日，厦航作为中国大陆第一家由中国民航局与地方政府合资创办的股份制航空运输企业正式成立。成立之初，厦航面临没有资金扶持、没有经验可循、航线飞哪里等众多问题。时任厦门市委常委、副市长的习近平同志鼓励大家不等不靠、敢于先行先试、发挥首创精神，带领厦航负责同志多次协调民航总局，帮助从国内外融资租赁两架波音 737-200 型客机，并用“借翅起飞”的办法艰难启航，开创中国民航租赁运营先河。近年来，厦航主动融入“一带一路”倡议及京津冀协同发展等国家战略，架设衔接京津冀和“21 世纪海上丝绸之路”核心区的空中桥梁，成为贡献国家和地区经济社会发展的强劲“发动机”。截至 2018 年 8 月，厦航总资产 438 亿元，净资产 191 亿元，实现中国航空业唯一的连续 31 年盈利。机队规模达 203 架飞机，航线网络覆盖全中国、辐射东南亚和东北亚，通达欧洲、北美洲、大洋洲，借助天合联盟优势航班延伸至全球 177 个国家、1074 个目的地。

4. 拓展国际开放合作新空间

改革开放 40 年来，厦门不拘泥于有限的物理空间，主动加强与国家战略的对接、与全球的关联。加快国际航运中心建设，厦门成为全国最高等级国际性综合交通枢纽之一。厦门港智慧物流平台获评交通部示范项目和中国港口科技进步一等奖，成为国内首批国际船舶登记船籍港。2017 年，厦门新增洛杉矶洲际航线，空港国际航线达 35 条。推动利用外资方式从“招商引资”转为“双向投资”，利用外资领域从“以侨引资”拓展为“全面合作”，逐步形成了经济特区、台商投资区、出口加工区、保税区、自贸试验区等多层次、全方位的对外开放格局，经济外向度达 133.7%。40 年来，外资（含港澳台）企业成为厦门经济发展的重要力量，贡献约 70%的工业产值、60%的经济增长、40%的进出口、40%的就业和 30%的税收收入。随着创新驱动战略的推进，厦门主动布局全球创新网络，成立中以合作项目（厦门）孵化中心、海外（硅谷）离岸创新创业基地，ABB、施耐德、雅马哈、歌乐等外资巨头纷纷在厦门设立全球研发基地，国际创新合作的“朋友圈”越来越广。积极扩大“金砖 +”效应，2017 年厦门市与金砖国家和重点新兴市场经济体贸易额增长 23.1%。

案例 8 厦门吸引外商投资成效显著

1981 年，厦门首家中外合资企业——集美制衣厂投产。20 世纪 90 年代开始，来厦门投资的国家和地区逐渐增多。至 2000 年年底，《财富》全球 500 强公司中有 24 家在厦门投资 33 个项目，合同外资 10.18 亿美元，平均单项合同外资 3086 万美元。截至 2017 年，已有超过 100 个国家和地区的外商来厦门投资，投资重点已经转向高端制造业和现代服务业并重。累计合同利用外资 589.9 亿美元，实际利用外资 361.5 亿美元，其中 60 家《财富》全球 500 强公司在厦门投资 109 个项目，实际利用外资 27.4 亿美元。外资利用有效带动厦门本土企业发展。2018 年，厦门国贸控股、厦门建发集团、厦门象屿集团三家企业登上《财富》全球 500 强。

五、推进生态文明建设，打造城市自然生态之美

良好的生态环境是厦门的亮丽品牌和宝贵财富，也是重要的竞争优势和发展潜力。早在 20 世纪 80 年代中期，习近平同志在厦门工作期间主持编制的《1985—2000 年厦门经济社会发展战略》就前瞻性提出，“创造良好的生态环境，建设优美、清洁、文明的海港风景城市”。2002 年，时任福建省委副书记、省长的习近平同志视察厦门，勉励厦门要在生态建设上彰显特色、走在前列，“成为生态省建设的排头兵”。（《当好新时代生态文明建设排头兵》，《学习时报》2018 年 4 月 23 日）厦门市牢记习近平同志嘱托，扎实推进生态文明建设，努力促进人与自然和谐发展。

1. 推进国家生态文明试验区建设

厦门市坚持“生态立市”，把生态文明建设摆在经济社会发展大局的突出位置，逐步加大在生态建设和环境保护上的投入。“十二五”以来，共新增绿地 1223 公顷，全市建成区绿化覆盖率达 41.7%，人均公共绿地面积达到 11.4 平方米。2012 年厦门市获批为可再生能源建筑应用示范城市，推广面积达 200 万平方米。党的十八大以来，厦门市又及时提出《美丽厦门战略规划》，深入创建国家级生态市和国家生态文明建设示范市。立足厦门实际，研究制定了《厦门市推进国家生态文明试验区建设暨厦门市生态文明体制改革行动方案》，深入实施 6 大行动、36 项改革任务和 58 项改革成果，努力构建具有厦门地域特色、整体、协调、系统的生态文明体制改革制度体系。厦门市相继获得了“国家卫生城市”“国家环保模范城市”“国家园林城市”“全国十佳人居城市”“国际花园城市”“联合国人居奖”“国家森林城市”等荣誉称号。2015 年 8 月 2 日，厦门顺利通过国家环保部关于国家生态市的考核验收。2016 年 8 月，厦门成为全国计划单列市中第一个国家级“生态市”、生态文明建设的“排头兵”。近年来，厦门持续推进国家生态文明试验区建设，19 项生态文明体制改革任务基本落实。

2. 打赢污染防治攻坚战

20 世纪 70 年代，厦门修堤围海造田导致筼筜湖变成基本封闭的内湖，加之周边大量污水、垃圾直排湖区，筼筜湖水质急剧恶化。1988 年 3 月，时任厦门市委常委、副市长的习近平同志主持召开关于加强筼筜湖综合治理专题会议，创造性地提出“依法治湖、截污处理、清淤筑岸、搞活水体、美化环境”（《习近平同志推动厦门经济特区建设发展的探索与实践》，新华社 2018 年 6 月 22 日电）20 字方针，打响了厦门整治环境污染的一场大硬仗。厦门历届市委、市政府始终贯彻习近平同志关于筼筜湖的治理思路，每年投入 1000 万元财政资金，全面截污控源，定期清淤疏浚，落实“西水东调”和建设城市公园、环湖步道等治理措施。历经 30 年的不懈治理，曾经的臭水湖蝶变为如今碧波荡漾、白鹭翱翔、繁花似锦的“城市绿肺”和“城市会客厅”。筼筜湖综合整治荣获“全国城市环境综合整治优秀项目”，被联合国开发计划署评为“东亚海域污染防治与管理”示范工程。厦门市深入贯彻习近平生态文明思想，着力解决人民群众反映最强烈的突出环境问题，全力推进大气、水、土壤污染防治，重点推进蓝天保卫战、黑臭水体治理、小流域综合整治等八大标志性战役，狠抓环保督察问题整改，强化生态保护与修复，全市生态环境质量持续改善。

案例 9　厦门推进蓝天保卫战打造“厦门蓝”

厦门十分珍惜“厦门蓝”这张亮丽的城市名片。在全省率先实施《轻微污染天气应对办法》，实施精准精细应急管控，AQI 超过 50 即启动应急预案，并把首要污染物 O_3 和 NO_2 纳入一级应急响应条款，按照“一区一策、一企一策”要求，迅速实施部门联控、市区联动应急措施。借力金砖厦门会晤保障，新建 1 个大气超级站、4 个 VOCs 监测点和 3 个边界监测点，在全省率先采取空气质量“地面 + 垂直 + 组分”监测、率先推行臭氧污染防控机制、率先实现未来 7 天精细化预报，为精准实施污染防治提供有力的技术支撑。2015—2017 年，厦门空气质量在全国 74 个重点城市排名始终稳居前四名。金砖厦门会晤期间，全市空气质量实现“双优”，在我国重大活动保障中创下最佳空气质量纪录，成功打造低浓度条件环境质量再提升、跨行业跨领域联防联控、NOx 和 VOCs 协同减排控制的“厦门经验”，被环保部赞为区域协同管控的典范。

3. 推动形成绿色发展和绿色生活方式

厦门把建设资源节约型、环境友好型城市作为加快转变经济发展方式的重要着力点，多年来致力推广绿色生活方式，探索垃圾综合治理。从 2000 年起，厦门作为全国首批 8 个垃圾分类收集示范市，拉开垃圾分类工作序幕。经过探索和实践，全市基本形成了“以法治为基础、政府推动、全民参与、城乡统筹、因地制宜”的生活垃圾分类工作格局。生活垃圾分类实现主城区和公共区域全覆盖，推广至岛外七成小区和67个行政村。2017年12月，全国垃圾分类现场会在厦门举办，厦门垃圾分类经验做法得到住建部高度肯定。在住建部2018年第二季度46个重点城市生活垃圾分类工作情况通报中，厦门市排名第一。厦门高度重视海洋生态环境保护工作，贯彻“陆海统筹”理念，实施“海陆联动、河海共治”，海洋生态环境得到有效保护。尤其是在治理海洋垃圾方面，建立领导机构和协调机制，率先实现海漂垃圾预测预报，建立全面垃圾收集处置机制，形成海洋垃圾治理的“厦门模式”。

案例10　厦门垃圾分类工作走在全国前列

厦门市自2000年被确定为全国首批垃圾分类试点城市以来，高度重视垃圾分类和垃圾不落地工作，提出了“2017年岛内全面推行垃圾分类和垃圾不落地，岛外扩大试点、逐步推开”的总体要求，按照“公共机构带头、示范小区引领、以点带面、滚动发展”的工作思路，大力推动垃圾分类工作。2017年，成立厦门市垃圾分类和减量工作领导小组，制定垃圾分类工作实施方案，明确九大工作任务。坚持法治先行，制定出台《厦门经济特区生活垃圾分类管理办法》。加强资金保障，2017年财政投入5.32亿元，覆盖垃圾投放、收集、运输、处理等各个环节。注重从娃娃抓起，依托课堂教学、校园文化、社会实践三大平台，树立垃圾分类绿色发展理念，将生态文明主流价值观融入课堂、融入家庭、融入社区，形成“教育一个孩子、影响一个家庭、带动一个社区”的良好氛围。目前，厦门岛内两区1402个居民小区已全部开展生活垃圾分类；全市120家市直机关、85家星级酒店（宾馆）、1124所大中小学校、12家市属国有企业、66个农贸市场，车站、码头、机场、公园、景区等公共区域，驻厦部队已全部推行生活垃圾分类。农村垃圾分类覆盖率达45%以上，全市垃圾分类知晓率达100%，参与率达80%以上。

六、统筹规划建设管理，打造城市景观功能之美

厦门市始终按照中央关于厦门“我国经济特区，东南沿海重要的中心城市、港口及风景旅游城市”的定位谋划城市的建设和发展。通过20世纪90年代创建国家卫生城市、新世纪创建全国文明城市、十八大以来开展美丽厦门共同缔造等工作抓手，接续奋斗，努力把厦门建设成现代化国际性港口风景旅游城市。

1. 高起点规划

“从事现代化经济建设，要长远考虑，统筹全局，不能只顾眼前，临时应付，那样会事倍功半，甚至会迷失方向，把握不住全局的主动权。”（《习近平同志推动厦门经济特区建设发展的探索与实践》，新华社2018年6月22日电）1986年，时任厦门市委常委、副市长的习近平同志主持编制了《1985—2000年厦门经济社会发展战略》，这是全国经济特区中最早编制的一部经济社会发展战略规划，为厦门发展绘就了宏伟蓝图。2002年6月，时任福建省委副书记、省长的习近平同志到厦门调研，一针见血点出厦门发展瓶颈，发出“提升本岛、跨岛发展”（《习近平同志推动厦门经济特区建设发展的探索与实践》，新华社2018年6月22日电）的动员令，鼓励厦门加快从海岛型城市向海湾型生态城市转变，并提出“四个结合”的跨岛发展战略思路——提升本岛与拓展海湾结合、城市转型与经济转型结合、农村工业化与城市化结合、凸显城市特色与保护海湾生态结合。历届市委、市政府坚持“提升本岛、跨岛发展”战略，按照“规划一体化、基础设施一体化、基本公共服务一体化”的总体思路，一任接着一任干，从城市空间跨岛拓展，到产业结构跨岛优化，交通设施跨岛布局，公共服务跨岛覆盖，生态文明跨岛发展。岛内外一体化建设向纵深推进，马銮湾和环东海域新城等新开工及在建项目672个、竣工127个，完成固定资产投资1075.8亿元。

在加快推进跨岛发展过程中，厦门市坚持把“高起点、高标准、高层次、高水平”作为岛外规划和建设标准。党的十八大以来，厦门把“多规合一”改革作为贯彻落实习近平总书记关于城市建设的重要指示精神和习近平总书记来闽考察重要讲话精神，以及提升厦门城市治理体系和治理能力现代化的重要抓手，在全国率先开展了改革探索。2014 年 3 月，《美丽厦门战略规划》正式实施，厦门首次以法律形式确定城市未来发展的功能定位和总体规划。 2014 年 9 月，整合厦门国民经济和社会发展规划、土地利用总体规划和城乡总体规划审批权限的“三规合一”正式运行。2015 年 1 月 1 日，厦门进一步整合林业、市政、水利、海洋等各专项规划审批权限的“多规合一”开始启动。“多规合一”的基础工作，是绘出“一张蓝图”，让城乡规划、土地利用总体规划、国民经济和社会发展规划以及林业、市政、水利、海洋等与城市空间相关的专项规划在这张蓝图上达成“共识”。通过“多规合一”改革，厦门市找出了国土、规划之间的 12.4 万个差异图斑，涉及 306 平方公里土地，最终整合并腾出 55 平方公里用地指标。厦门“多规合一”搭建了城乡区域资源环境统筹发展的平台，强化生态控制线管控，形成了山区的绿色生态屏障、近海的蓝色海洋生态屏障，沿着习近平同志擘画的蓝图不断续写新篇章。

2. 高标准建设

改革开放前，厦门作为海防前哨阵地，基础设施差，人居环境落后。改革开放以来，厦门持续加大市政建设投入。20 世纪 90 年代初，厦禾路和疏港路的改造工程，开创了厦门城市道路大规模改造的先河，随后成功大道、仙岳路高架、环岛干道、湖里大道顺利通车。如今，厦门已经构建起了高架、地面、地下三位一体的立体式交通体系。2008 年，全国首条高架且全程专用的快速公交线路厦门 BRT 快速公交正式投入使用。2018 年 1 月，全国首条空中自行车道——厦门云顶路自行车快速道示范段试运营。在推进岛内外交通一体化设施建设方面，1991 年，中国第一座跨越海峡的公路大桥——厦门大桥建成通车。1999 年 12 月，亚洲第一座三跨连续全漂浮钢箱梁悬索桥——海沧大桥建成通车。计划到2010年之前，杏林大桥、集美大桥、翔安隧道将相继建成通车。20年间，厦门建成“四桥一隧”，使岛内外跨海向东、向西、向北连接，为“提升本岛、跨岛发展”打下坚实基础。2017年12月31日，贯通岛内外厦门地铁1号线正式通车，厦门正式迈入“地铁时代”。目前，地铁2、3、4、6号线建设同步规划、分期施工、扎实推进，计划至2022年全部建成通车，形成“中心放射、环湾发展”的轨道交通网络。2015年，厦门市成为全国唯一海绵城市与地下综合管廊双试点城市，把渗、滞、蓄、净、用、排的建设理念融入城市规划、建设、管理，一批“海绵体”项目在全市范围内快速铺开，建设海绵城市工作走在全国前列。厦门地下综合管廊建设形成“六大率先”经验（在国内率先总结并大规模采用预制拼装法进行综合管廊施工；率先试点雨污水管和燃气管入廊；率先引入社会资本，采用PPP模式参与建设管理；率先将弱电管线融入地铁现有断面空间；率先试行综合管廊有偿使用制度；率先出台管廊技术规范）为全国综合管廊的发展提供了可示范、可借鉴、可推广的样板。

案例11　厦门BRT创下三个全国第一

从2005年开始，厦门市的机动车车辆以年均15%的速度增长，厦门的道路状况已经不能适应城市车辆迅猛增加和市民便捷出行的需要。2006年，厦门市开始谋划建设BRT，聘请了国内相关领域一流专家对快速公交系统进行反复论证和评审。2007年9月25日，BRT正式开工建设，项目覆盖思明、湖里、集美和同安4个行政区域。2008年8月31日正式通车运营。截至目前，6条BRT线路总营运里程168公里，投入车辆超过250台，日均客运量约30万人次，获评“厦门最受欢迎的公交线路”。厦门BRT建设创下三个“全国第一”：一是将高架车道与地面车道、隧道与桥梁、快速公交与普通公交有机组合，创下全国第一个多形式组合的BRT。二是1号线从第一码头到集美大桥采用高架桥形式，解决了在繁华闹市区 BRT 与其他车辆、行人相互干扰的问题，保障了行车通畅，破解了混行难题，创下全国第一个实施高架桥的 BRT。三是优化公交线路，增设链接线，把快速公交和普通公交线路汇集成网，创下全国第一个一次成网的 BRT。厦门 BRT 建设既坚持“公交优先”破解民生难题，又把岛内经济发达区域与岛外老城区紧密连接起来，实现岛内外联动共享发展成果，成为厦门学习贯彻习近平总书记“加快跨岛发展”指示的具体行动和生动实践。

3. 高效能管理

习近平总书记多次作出重要指示：“社会治理的重心必须落到城乡社区，社区服务和管理能力强了，社会治理的基础就实了。”（《习近平在参加上海代表团审议时强调 推进中国上海自由贸易试验区建设 加强和创新特大城市社会治理》，新华社 2014 年 3 月 5 日电）2013 年以来，厦门市面对外来人口迅速膨胀、群众多元需求快速增长、基层社区治理体制机制不顺等社会治理挑战，开展了以“美丽厦门共同缔造”行动为载体，推进新形势下以社区治理为基础的城市治理现代化的探索实践。2014 年 3 月，厦门市制定出台《美丽厦门战略规划》，坚持“共谋共建共管共享共评”理念，发挥居民群众在社区治理中的主体作用。政府的思维习惯从“行政命令”转向“民主协商”，角色定位从“包办者”转向“引导者”“参与者”，从而为社会力量让渡空间，调动各方社会力量共同维护和提升城市颜值。厦门社区治理成果连续三届荣获民政部“全国社区治理十大创新成果奖”和“全国社区创新奖”。

七、提升城市文化品位，打造城市人文精神之美

城市的主体是人，城市的高颜值除了外在美，还应体现在人文精神之美方面。改革开放 40 年来，厦门在融入澎湃的时代发展大潮的同时，坚守独

特的城市核心气质，形成了多元的文化基因、深厚的文明底色和特有的城市精神。

1. 弘扬优秀传统文化

厦门市积极传承弘扬闽南文化，持续增强群众文化获得感。2007 年，文化部正式批准设立全国首个文化生态保护实验区——闽南文化生态保护区。2008 年 9 月，厦门市率先出台了《厦门市闽南文化生态保护实验区建设规划》，成立了“厦门市闽南文化生态保护实验区工作领导小组”，闽南文化保护的体制机制日益完善。加强闽南文化研究，编辑出版《闽南历史文化系列丛书》，出版发行《闽南话教程》等闽南方言工具书，推进闽南方言进校园，从闽南语推广做起，弘扬闽南文化。厦门市充分运用传统文化资源和时代元素，有效发挥文化“化俗为雅”“成风化人”的作用，打造一批深刻阐释社会主义核心价值观内涵、充分体现时代风貌、反映乡愁记忆、展现闽南特色的文化精品力作。《邵江海》《蝴蝶之恋》《大稻埕》先后获得中宣部精神文明建设“五个一工程”戏剧类优秀作品奖。深入推进现代公共文化服务体系建设和文化惠民工程，不断增强群众文化获得感。厦门市被评为全国首批创建公共文化服务体系示范城市。“公共文化服务标准化”和“基层综合性文化服务中心”两项国家文化体制改革试点通过文化部评审验收并在全国宣传推广。

2. 加强文物和文化遗产保护

习近平总书记指出，“要保护弘扬中华优秀传统文化，延续城市历史文脉，保护好前人留下的文化遗产”（《中央城市工作会议在北京举行　习近平李克强作重要讲话》，新华社 2015 年 12 月 22 日电）。早在 1985 年，时任厦门市委常委、副市长的习近平同志就指出：“很有必要视鼓浪屿为国家的一个瑰宝，并在这个高度上统一规划其建设和保护。”（《习近平同志推动厦门经济特区建设发展的探索与实践》，新华社 2018 年 6 月 22 日电）2002 年，时任福建省委副书记、省长的习近平同志来厦门调研时再次强调，“鼓浪屿要摆到更加突出的位置，发挥更重要的作用”（《鼓浪屿流淌文化之光》，《人民日报》2017年8月22日）。多年来，厦门市认真贯彻落实习近平总书记的重要指示，坚持保护传承与合理利用并重，努力实现文化遗产保护工作由项目保护转向体系建设。加强地方立法和顶层设计，先后出台《厦门经济特区风貌保护条例》《闽南文化生态保护实验区保护和管理暂行条例》等十几部地方法规；编制闽南红砖建筑等一系列保护规划，在全省首创不可移动文物纳入全市“多规合一”一张图工程。鼓浪屿历史文化街区入选第一批中国历史文化街区。2017年，鼓浪屿申遗成功，习近平总书记作出重要指示：“把老祖宗留下的文化遗产精心守护好，让历史文脉更好地传承下去。”（《习近平同志推动厦门经济特区建设发展的探索与实践》，新华社2018年6月22日电）截至目前，全市有不可移动文物2136处、各级文保单位226处，有各级非遗项目64个、非遗代表传承人113人，基本构建起国家、省、市、区四级非遗代表性项目和代表性传承人名录体系。

案例12 “海上明珠”鼓浪屿历时九年申遗成功

鼓浪屿位于九龙江入海口，面积1.88平方公里，自然景观优美，历史人文荟萃，素有“万国建筑博览”、海上花园、琴岛等美誉。全岛2000多栋建筑中，近现代历史风貌建筑就有930余栋。2008年，厦门市正式启动鼓浪屿申遗工作。先后出台《厦门经济特区鼓浪屿文化遗产保护条例》《鼓浪屿文化遗产地保护管理规划》等规章规划。按照“文化社区＋文化景区”的定位和“整治、整合、提升”的战略步骤，提出了理顺体制、优化环境、完善功能、凸显文化和全面提升品位等5大类40多个行动纲要，并分解到全市20多个责任单位逐项落实。对照世界文化遗产的标准，准确提炼鼓浪屿的核心价值，精心做好鼓浪屿文化核心要素的保护和修缮，制定了1个综合馆、2个专题馆、7个重点展示项目和26个一般展示项目的展示体系，系统阐述鼓浪屿在全球化早期中外文化交流融合后形成的独具特色的文化内涵，以及对人类文明进步产生的重大影响，并针对展示需要征集各类文物2500多件套，整理文史资料、过程档案近万份。2017年7月8日，在第41届世界文化遗产大会上，“鼓浪屿：历史国际社区”被正式列入《世界遗产名录》。鼓浪屿申遗成功让“女王皇冠上的宝石”重焕荣光，熠熠生辉。习近平总书记就鼓浪屿申遗成功作出重要指示，充分肯定了厦门市长期以来在鼓浪屿文化遗产保护上的积极探索和取得的成效。

3. 打造文明城市标杆

厦门市将培育和践行社会主义核心价值观贯穿特区经济和社会发展的方方面面，结合特区改革创新实践培育形成了“勤勉自立、互信互助、开放包容、共建共享”的共同精神。厦门在创新社区治理实践中，积极推广建设社区书院，打造基层社区治理的展示平台和居民共同精神家园。截至目前，厦门市已建成267家集科学理论学习、主流价值宣传、文化知识传播、文明礼仪教化、兴趣爱好发展、民主协商议事于一体的社区书院，覆盖全市过半社区。厦门社区书院建设形成独具特色的“厦门经验”，受到中宣部和中央文明办肯定。

“文明是最美的风景”。厦门市早在1990年就开展“建文明城市，创文明单位，做文明市民”系列活动。特别是20世纪初中央文明委开始评选表彰全国文明城市以来，厦门始终坚持“创建为民、创建惠民、创建靠民”，坚持依法治市和以德治市相结合，不断提升市民素质和城市文明程度，以优异的成绩获得全国文明城市“五连冠”。在历次考评中，市民对文明创建的支持率和满意度都保持全国领先，成为厦门文明创建工作的一大亮点。在处置突发事件、服务大型活动的全民动员中，厦门文明转化为厦门力量。2016年，面对历史罕见的“莫兰蒂”台风，全市上下从党员干部到市民群众，从部队官兵到志愿者，党政军民众志成城，勠力同心，全力推进抢险救灾和恢复重建，创造了灾后重建的“厦门速度”，实现了文明城市新的升华。2017年金砖厦门会晤期间，全市98万人次以志愿服务形式参与了会晤保障，为会晤的成功举办作出了积极贡献。

案例 13 厦门强化法制对文明城市创建的保障作用

厦门将依法治理的理念贯穿于文明创建的全过程，改进以往“运动式”整治的做法。在厦门市人大制定的现行 99 部地方法规中，涉及社会文明建设的达 83 部。2017 年，厦门市又出台了《厦门经济特区促进社会文明若干规定》，重点整治 9 类不文明行为。该法规是全国首部促进社会文明的地方性法规，实现从单向宣传教育到教罚双管齐下的转变，以法制的形式把市民文明素养固化下来。以斑马线礼让活动为例，厦门市一些单位从 2000 年就开始倡导践行“招招手，您先走”斑马线礼让活动。针对近年来车辆激增、城市道路条件复杂、机动车礼让程度不够高等现状，制定严格考核奖惩措施，开展重点治理。目前，公交车、出租车礼让斑马线规范率已达到 98.5%，礼让斑马线成为厦门继公交车让座后又一道亮丽的城市文明风景线。

八、织密民生保障网络，打造城市和谐幸福之美

在推进改革开放的进程中，厦门坚持以人民为中心的发展思想，致力探寻城市“幸福密码”，把保障和改善民生作为一切工作的出发点和落脚点，落实在教育、医疗、就业、养老、住房等方方面面，提升人民群众的获得感、幸福感、安全感。

1. 推进基本公共服务优质化均衡化

义务教育均衡发展。厦门坚持教师工资、教师编制、生均公用经费、教师招聘、学校办学条件等标准的“五个统一”，推进城乡教育一体化。连续 18 年每年投入 4000 万至 6000 万元扶持农村义务教育，小学每生每年 960 元、

初中每生每年 1380 元，生均经费水平位列全国副省级城市前列。作为全国净流入人口超百万的城市，厦门结合实际不断优化积分入学制度，按照积分位序和志愿情况免试派位入学，同时向民办校购买统筹学位，让务工人员随迁子女在民办校也能享受免费义务教育。2014 年厦门成为福建省首个全域通过义务教育均衡发展国家评估城市。近 5 年全市义务教育阶段随迁子女人数达 19.7 万人，占在校生总数的 53%。

“三师共管”模式在全国推广。作为全国公立医院改革的试点城市，厦门从 2012 年起不断探索分级诊疗工作。厦门的分级诊疗改革从医院如何“放得下”，基层如何“愿意接、接得住”，群众如何“乐意去、留得住”三大瓶颈问题入手，坚持“慢病先分、两病起步”的策略，带动其他慢性病、常见病、多发病在基层首诊。

“三师共管”模式保证每一名患者都有一名大医院的专科医师、一名基层医疗机构的全科医师和一名健康管理师提供诊疗照护与健康管理，有效缓解群众“看病难、看病贵”的问题。大医院高血压、糖尿病普通门诊同比下降 40%以上，群众满意度大幅提升。“三师共管”家庭医生签约服务模式获得“2015 年度中国政府创新奖”，并作为家庭医生签约探索中的五种经验和模式之一向全国推广。

全民健身成为新风尚。厦门高标准制定《全民健身实施计划（2016—2020 年）》和《加快发展体育产业促进体育消费若干措施的通知》，全面落实市民体质提升行动，将体育健身设施纳入完整社区统一规划建设，人均体育场地面积 2.02 平方米，初步构建了“15 分钟健身圈”。积极倡导“我运动、我健康、我快乐”的理念，创新运动比赛模式和项目设置，2018 年举办的厦门马拉松比赛有 42 个国家和地区的 21640 名跑者参加。

2. 推进社会保障一体化

住房保障体系全覆盖。厦门是我国第一个对保障性住房立法的城市，保障性住房建设得以科学规划并大力推进。早在 2005 年启动保障房建设时，厦门就在本岛和岛外规划了 20 个项目，投资总额约为 130 亿元。厦门市严格执行保障性住房申请“五级审核、两级公示”制度，分配多年实现“零投诉”，被住建部誉为“住房保障的厦门蓝本”在全国推广。2010 年，时任中共中央政治局常委、中央书记处书记、国家副主席的习近平同志到高林居住区金安社区看望社区群众，对厦门保障性住房建设给予高度评价。他指出，“厦门的保障性住房，建设力度大，布局合理，环境优越，是真心实意地解决群众居住问题”（习近平：《把厦门建设得更美丽更富饶更繁荣》，《厦门日报》2010 年 9 月 9 日）。随着厦门岛内外地铁开通，厦门市又规划在地铁出口“黄金地段”建设保障性住房 6.78 万套。厦门已形成了廉租住房、保障性租赁房、经济适用住房、保障性商品房，以及为公务人员提供的过渡性住房、为人才提供的人才住房、为外来务工人员提供的阳光公寓、“金包银”工程等组成的全覆盖、分层次的住房保障体系。全市中低收入住房困难家庭基本实现“应保尽保”。

政府托底养老工程。积极应对人口老龄化，加快老龄事业和产业发展，实施机构养老服务、医养结合、精神关爱、智慧养老、养老服务队伍建设等“八项工程”。全市建成居家社区养老服务站 366 个、日间照料中心 12 个、农村幸福院 73 个，居家养老实现全覆盖。建立福建省首家“12349”统一养老服务平台，依托智能化技术，提供 24 小时呼叫服务，形成“365 天 +24 小时”服务网络。为失能老人和 80 岁以上老人发放补助金和每月最高 1100 元的高龄津贴，连续 4 年为户籍老人免费投保意外伤害险，全面启动小区适老化改造，老人的生活水平和幸福指数不断提高。在 2016 年年底发布的《中国城市养老指数报告》中，厦门以 94.1 分位居首位，位列全国最适合养老的城市。

案例 14　厦门市大力加强保障性住房建设

近年来，厦门市坚持以人民为中心的发展思想，强力推进保障房建设，制定《厦门市保障性安居工程布局专项规划（2016—2020年）》《厦门市保障性住房建设技术导则》等，健全代建单位考核奖惩机制，推进保障性住房高标准建设。2017年，厦门市通过加大保障性住房建设规模，重启了面向非中低收入人群的销售型保障性商品房。针对不同收入对象实行差异化的住房保障政策，提供保障性租赁房、公共租赁住房、保障性商品房等三种类型保障房，基本实现了低保家庭“应保尽保”。按照“区位好、配套好、品质好、环境好、规模大”的“四好一大”理念，创新推进保障性住房地铁社区，高水平规划、高标准建设4个地铁社区约6.78万套保障性住房，拉开探索保障性住房建设新模式的大幕。2017年，厦门开展了4批次保障性住房配租售工作，受理4791户申请，开展17批次宿舍型公租房配租工作，配租2485套，可解决约1.5万人的住房需求。经过10年的探索，厦门社会保障性住房不断扩大住房保障覆盖面，形成分层次、全覆盖的住房保障政策体系，有效落实了习近平总书记“房子是用来住的，不是用来炒的”重要指示精神。

3. 推进公共安全工作精细化信息化

大力实施食品安全工程。早在2001年，习近平同志在福建工作时就在全国率先治理“餐桌污染”，提出建设食品安全八大体系，为做好食品安全工作打下坚实基础。2015年10月，厦门正式启动国家食品安全示范城市创建工作。坚持把治理“餐桌污染”列入市委、市政府为民办实事项目，强化食品安全社会综合治理，明确“放心肉菜示范超市”创建、“明厨亮灶”建设、落实食品安全追溯责任等7项重点任务，着力实现从体制到机制的创新完善、从农田到餐桌的全面监管、从治标到治本的持续深入。2018年，在国务院食品安全委员会办公室对第二批创建城市的中期评估中位列第一。

打造最具安全感城市。厦门市高度重视平安厦门建设，始终将提升人民群众安全感作为首要目标，把改革作为推动全市公安工作升级发展的“第一引擎”。坚持“科技引领、社会共治”，积极打造“体系牵引、机制助推、基础支撑”的立体化社会治安防控体系，有力维护了社会安全稳定。2014 年，厦门警方研发了“大数据情报实战平台”，整合全国和省、市级 15 大类 64 亿余条公安数据、1000 亿条社会数据，3 年来，该平台助力研判破案 3 万多起，抓获犯罪嫌疑人 1 万余名。2016 年 7 月，厦门市成立公共安全管理中心，汇聚了涉及公共安全的 95 类、数十亿条海量数据，对公共安全风险实时监控、研判、指挥、联动。公共安全管理平台自运行以来，已协同处置公共安全隐患、事件信息 10.42 万余件，极大消除了安全隐患。运用“互联网群防群治”思维开发的“厦门百姓”APP，聚合了 21 万多名平安志愿者，形成了网络群防群治矩阵。创新性将楼道甚至门号划入单元，以一定户数为单位实行网格化管理，在网格中配备社区网格员、民警、协警，第一时间发现处置问题隐患，基本实现“小事不出网格，大事不出社区”。在全市推广建设“无讼社区”，通过成立行业性、专业性调解委员会等，调动各方力量，充分运用调解手段化解社区以及村居矛盾纠纷，94%以上的纠纷在基层社区得到及时化解。“无讼社区”的创建模式和经验得到最高人民法院的肯定，成为全国加强社会治理创新的“厦门样本”。经过系列改革实践，厦门群众安全感和满意度连续 14 年居全省首位，连续 3 次获得“全国社会治安综合治理优秀地市奖”，并荣获全国社会治安综合治理最高荣誉奖“长安杯”。

九、启示和经验

厦门经济特区的发展历程，最鲜明的特征是改革开放，最显著的成效是建设高素质创新创业之城、高颜值生态花园之城。在改革开放伟大历程和建设高素质创新创业之城、高颜值生态花园之城的发展实践中，一些启示和经验弥足珍贵。

1. 必须始终把坚持党的领导作为根本保证

1984 年 2 月，改革开放的总设计师、创办经济特区的倡导者和决策者邓小平同志在厦门经济特区建设的关键时刻亲临视察指导，并亲笔题写了

“把经济特区办得更快些更好些”的光辉题词，激励着一代又一代特区人不断开拓进取、奋勇前进。邓小平同志亲自提议和推动厦门经济特区范围从2.5平方公里扩大到厦门全岛、探索实行自由港某些政策，为特区事业的发展奠定了重要基础。江泽民同志亲自参与筹建经济特区，多次莅临厦门视察。在担任总书记后，亲自出席厦门经济特区建设十周年庆祝大会，勉励厦门“大胆探索改革开放经验，积极发挥对台工作的重要作用，努力增创新优势，更上一层楼”。胡锦涛同志先后两次亲临厦门视察指导，充分肯定厦门经济特区建设取得的成绩，要求厦门“一定要认真总结经验，继续开拓进取，不失时机地推进重点领域和关键环节的改革，更好地服务祖国和平统一大业”。习近平同志曾直接参与和领导了厦门经济特区建设初期的改革开放实践，为特区现代化进程做出了重大贡献。特别是领导制定了《1985—2000年厦门经济社会发展战略》，为特区发展描绘了十分前瞻的蓝图，至今仍有重要实践指导价值。到省里和中央工作之后，仍时常牵挂厦门的建设发展，多次视察厦门，对厦门工作给予强有力的指导，指示厦门要以更大的决心和勇气深化各项改革，以更宽的视野扩大对外开放，努力当好推动科学发展、促进社会和谐的排头兵，在改革开放和社会主义现代化建设中取得新进展、实现新突破、迈上新台阶。2018年4月13日，习近平总书记在庆祝海南建省办经济特区30周年大会上强调，经济特区要不忘初心、牢记使命，把握好新的战略定位，继续成为改革开放的重要窗口、改革开放的试验平台、改革开放的开拓者、改革开放的实干家。习近平总书记的重要指示，为新时代厦门经济特区的改革发展指明了前进方向、提供了根本遵循。

实践证明，将改革开放进行到底，必须高举中国特色社会主义伟大旗帜，坚持以习近平新时代中国特色社会主义思想为指导，增强“四个意识”，坚定“四个自信”，坚决维护习近平总书记的核心地位，坚决维护党中央权威和集中统一领导，始终在大局下行动、在探索中奋进，切实担当起国家和时代赋予的战略使命，当好改革开放的排头兵。必须严格遵守政治纪律和政治规矩，不断提高把方向、谋大局、定政策、促改革的能力和定力，按照党中央为厦门经济特区的建设发展指明的前进方向，不断创新发展理念，拓展发展思路，破解发展难题，提高发展质量，推动厦门经济特区始终沿着正确的航向破浪前行。

2. 必须始终把坚持以人民为中心作为根本落脚点

在厦门工作期间，习近平同志经常深入农村、深入基层，到厦门最边远、最贫困的老区山区白交祠村和军营村访贫问苦，展现出了特区开拓者解放思想、真抓实干的优秀品质，集思广益、深入细致的工作作风，关心困难群众、与人民同甘共苦的为民情怀，为我们留下了宝贵的精神财富。厦门坚持以人为本，民生优先，大力发展各项社会事业，真心实意为人民群众做实事、办好事、解难事，让人民群众共享改革发展成果。厦门人对厦门的热爱，对城市的归属感和认同感不断升华，成为厦门建设“高素质的创新创业之城、高颜值的生态花园之城”的宝贵优势。

实践证明，必须始终践行以人民为中心的发展思想，大力弘扬习近平同志在厦门工作期间留下的真挚为民优良传统，坚持一切为了人民、一切依靠人民，充分发挥广大人民群众积极性、主动性、创造性，把人民对美好生活的需要作为奋斗目标，加大力度补齐民生短板、增加人民福祉，不断增强人民群众的获得感幸福感安全感，始终增强党同人民群众的血肉联系，努力实现好、维护好、发展好人民群众的根本利益。

3. 必须始终把坚持科学发展理念作为重要指引

厦门在 40 年特区建设发展历程中，始终遵循科学发展理念，不断探索符合自身实际的科学发展之路。注重发展速度与质量效益相协调，大力推动产业转型升级，不断激发发展的内生动力，努力实现速度、结构、质量、环境的协调发展；注重城市发展与人的全面发展相协调，坚持统筹推进城市的精神文明建设与物质文明建设，努力促进市民综合素质与物质生活水平的同步提升，实现了人的全面发展与社会的全面发展相统一；注重经济建设与生态保护相协调，坚持发展与保护并重、经济与环境双赢，增强可持续发展能力，实现了人与自然和谐发展。2016 年，厦门市第十二次党代会作出了建设“五大发展示范市”的战略部署。厦门协同推进五大发展综合优势，奋力开辟发展新境界，勇当新时代中国特色社会主义排头兵，在全国发挥示范引领作用。

实践证明，经济特区改革发展必须坚持以经济建设为中心，牢牢把握发展这个第一要务，统筹推进“五位一体”总体布局，协调推进“四个全面”战略布局，以新发展理念引领高质量发展，把科学发展理念贯穿到经济特区发展活动全过程、各方面，奋力在新时代中国特色社会主义建设中走前头、作示范。

4. 必须始终把坚持改革开放、先行先试作为动力源泉

习近平总书记指出，“改革开放这场中国的第二次革命，不仅深刻改变了中国，也深刻影响了世界”（《开放共创繁荣　创新引领未来——在博鳌亚洲论坛 2018 年年会开幕式上的主旨演讲》，新华社 2018 年 4 月 10 日电）。早在厦门工作期间，习近平同志就反复强调，“经济特区的任务就是改革，经济特区应改革而生，我们要承担起这个责任”（《习近平同志推动厦门经济特区建设发展的探索与实践》，新华社 2018 年 6 月 22 日电）。他直接领导和推动了税利分流、行政机构改革、金融体制改革等诸多在全国具有开创意义的改革举措，不仅为厦门的改革发展注入了强大的体制机制活力，也树立了厦门经济特区鲜明的改革导向。厦门率先在众多领域和方面进行一系列的改革探索，大力破除旧体制的弊端和束缚，为经济社会发展不断注入新活力，在全国的改革中发挥了有益的示范性作用。作为我国最早实行对外开放的经济特区，厦门始终以勇当对外开放的开路先锋为己任，着力软硬环境建设、内外资引进、开拓国内外市场“三个相结合”，走主动参与经济全球化进程的开放发展之路，逐步构建完善全方位、多层次的对外开放格局。厦门从昔日封闭的海防前线和滨海小城蝶变为“高素质的创新创业之城、高颜值的生态花园之城”。

实践证明，勇于改革开放是经济特区肩负的神圣使命，必须把改革创新精神贯彻到经济特区建设发展的各个环节，以敢闯敢试、敢为人先的勇气魄

力，围绕重点领域和关键环节改革攻坚，主动融入世界经济大循环，构建对外开放新格局，努力探索形成一批可复制可推广的“厦门经验”和“厦门蓝本”，让改革开放成为经济特区最鲜明的特质、最显著的优势。

5. 必须始终把坚持基础设施先行作为基本保障

改革开放初期，厦门经济特区家底很薄，基础设施条件很差，电灯不明、道路不平、电话不灵，自来水供应要排队，没有一个万吨级泊位。市委立足实际，把完善基础设施作为办好经济特区的前提条件来抓，优先进行供水、供电及港口、机场、路桥、通信等基础设施建设。为解决特区建设资金不足问题，厦门解放思想，勇于改革，大胆冲破“无债一身轻”的传统观念，多渠道筹措资金，在全国首开举外债搞建设的先例。时任厦门市委常委、副市长的习近平同志担任“厦门机场扩建工程科威特贷款领导小组”组长，经过艰辛努力，争取到了科威特政府1800万美元的贷款，解了机场扩建的燃眉之急。厦门还先后利用世界银行和日本协力基金会等提供的贷款，建设东渡码头二期，建设万门程控电话，建设装机容量7.5万千瓦的燃气电厂等，基本解决了长期困扰厦门经济发展的基础设施滞后问题。经过改革开放40年的发展，厦门城市承载力持续提升，现代化城市建设迈出新步伐。地铁1号线开通运营，厦门迈入地铁时代。福厦高铁厦门段正式开工建设，翔安机场建设等配套工程稳步实施，逐步形成了“两环八射”快速路网体系。国际航运中心加快建设，厦门成为全国最高等级的国际性综合交通枢纽。

实践证明，基础设施建设是一个既管当前又利长远的大事，对经济社会发展具有关键性、引领性、支撑性作用，是创造良好投资环境的重要组成部分，也是实施特区经济社会发展规划的重要步骤。必须始终坚持基础设施建设先行这一理念，才能着眼长远，不断适应厦门经济特区从2.5平方公里扩展到全岛再到全市“跨岛发展”的历程，为厦门认真落实习近平总书记对厦门的嘱托和要求、实施跨岛发展战略夯实基础、筑牢根基。

6. 必须始终把坚持服务国家战略作为特区使命

改革开放以来，厦门从两岸交流合作最需要最现实的渠道平台入手，先行一步，大胆尝试，通过以经贸交流厚植共同利益、以文化交融强化精神纽带、以人员交往增进骨肉深情，进一步推动两岸关系和平发展。充分发挥厦门对台战略支点作用，提升厦台交流合作实效，通过厦门自身改革开放、科学发展所迸发的生命力创造力，对海峡彼岸产生了最现实、最贴近的说服力感召力，不断开创新时代对台工作新局面。

实践证明，厦门经济特区既要当好改革开放的“排头兵”，又要搭好两岸交流的前沿平台，立足“台”字建设特区，利用“台”字发展特区，围绕“台”字发挥特区优势，在服务大局中激发活力、彰显优势，作出新的更大贡献。

（2018 年 7 月）

改革开放
与中国城市发展
GAIGEKAIFANG

NINGDE

宁德

精准扶贫精准脱贫的“宁德模式”

中共福建省委宣传部
中 共 宁 德 市 委

宁德俗称闽东，地处福建省东北部，2000年11月撤地设市，下辖一区、两市、六县、一个国家级经济技术开发区，土地面积1.34万平方公里，人口352万，曾是典型的“老、少、边、岛、贫”地区。“老”：宁德是革命老区，是中央红军长征前全国八大革命根据地之一；“少”：宁德是少数民族畲族最大的聚居地，畲族人口20万，占全国的1/4、全省的1/2；“边”：宁德位于闽浙交界，地处台海一线；“岛”：宁德岛屿多，境内大小港湾29个，岛屿643个，其中有居民岛38个，岛上居民7.6万人，共设3个乡镇、53个建制村；“贫”：由于历史、地理和海防前线等原因，宁德经济发展起步迟，在30多年前，这里曾是全国18个集中连片贫困区之一。1988年9月，时任宁德地委书记的习近平同志，在《弱鸟如何先飞——闽东九县调查随感》中指出：“人们说起闽东，便是五个字：‘老、少、边、岛、贫’。”（《弱鸟如何先飞——闽东九县调查随感》，习近平：《摆脱贫困》，福建人民出版社1992年版。本篇引用习近平总书记的文章或讲话，除有特殊注明，均引自本书中的各篇文章）面对当时宁德经济排行全省最末的困境，面对全区百姓摆脱贫困的热切期盼，以习近平同志为班长的宁德地委、行署，紧紧抓住经济建设这个中心，围绕“摆脱贫困”这条工作主线，推动全市上下发扬“滴水穿石”的闽东精神，树立“弱鸟先飞”的追赶意识，坚持“四下基层”的工作制度，制定“因地制宜”的脱贫方针，培育“把心贴近人民”的干部作风，促进全区经济快速发展，群众收入明显增加，生活水平显著提高，闽东广大农村得以在20世纪90年代基本解决贫困群众温饱、茅草房改造、连家船民上岸等历史性难题，提前3年实现"八七"扶贫目标，掀开了扶贫开发事业的新篇章，为宁德摆脱贫困、振兴发展奠定坚实的思想理论和实践根基。此后，宁德历届党委政府大力传承弘扬习近平同志在宁德工作期间的好思想好传统好作风，把脱贫攻坚作为重大政治任务来抓，滴水穿石、久久为功，推动脱贫攻坚取得明显成效。全区贫困人口从20世纪80年代中期的77.5万人下降到"十二五"末的低收入人口11.5万人，2017年贫困发生率下降到0.028%，闽东贫困面貌得到根本性改善，走出一条摆脱贫困、扶贫开发的世纪之路。2015年12月7日，时任国务院副总理汪洋出席在宁德召开的东部地区扶贫工作座谈会，充分肯定宁德扶贫工作取得的成效，指出"宁德模式"是精准扶贫、精准脱贫的成功实践，是中国特色扶贫开发道路的典范，值得认真总结学习。纵观改革开放以来，宁德市脱贫攻坚的历程，从根本上说，是对习近平同志在宁德工作期间关于扶贫开发的重要理念和习近平总书记关于脱贫攻坚的重要论述的成功实践，在此基础上形成的精准扶贫"宁德模式"，对在新时代打赢脱贫攻坚战，决战决胜全面建成小康社会，具有重要的理论意义和实践价值。课题组系统总结40年来宁德市不断深化改革开放的进程和成就，深入提炼发展经验，认真思考有益启示，形成调研报告。

一、宁德脱贫攻坚的历史进程

纵观宁德扶贫开发历程，大致可分为解决温饱、脱贫致富奔小康和全面建成小康社会三个发展阶段，其中贯穿了变外生性扶贫为内生性扶贫、变粗放型扶贫为精准式扶贫、变单一型扶贫为系统型扶贫的工作理念。

（一）第一阶段——从1978年到20世纪80年代中后期，主要以解决温饱为基本任务

1. 拨乱反正时期

改革开放伊始，宁德地委按照中央、省委的重大决策部署要求，提出必须坚持实践是检验真理的唯一标准的思想路线，只有这样才能解放思想，研究新情况，解决新问题；只有这样才能把工作的重心转移到社会主义现代化建设上来。随着思想理论上的拨乱反正，平反冤假错案工作全面展开，解决历史遗留问题有步骤地进行，营造了安定团结的政治氛围，为全市进行经济建设扫清障碍。

2. 推进农村改革

20世纪80年代初，全区推行以家庭联产承包经营为基础、统分结合的双层经营体制，打破平均主义的“大锅饭”，农村生产力得到极大解放，农业生产责任制向林业、牧业、渔业等领域纵深推进，农村经济发生很大的变化。但是，贫困仍困扰农村。1985年，全区农民人均纯收入仅329.65元，为全国平均水平的83%，其中收入低于160元、徘徊在温饱线上的农村贫困人口就达77.5万，约占当时全区农村人口的1/3，9个县中有6个县被认定为国家级贫困县，120个乡镇中有52个被列为省级贫困乡镇，被称为东部沿海“黄金断裂带”。

3. 深入调查研究

1988年6月26日，习近平同志调任宁德地委书记。当时全区GDP仅15.46亿元，财政收入1.14亿元，农村人均收入381元。针对存在的问题，习近平同志提出：“毫无疑问，在发展商品经济的海阔天空里，目前很贫困的闽东确是一只‘弱鸟’。”但“弱鸟”具体“弱”在哪儿？如何“先飞”？对这些问题，没有调查就没有发言权。带着问题意识，习近平同志开始访贫问苦，实地调研。1988年7月初至8月初，习近平先后实地走访宁德9县，形成主政宁德后的第一篇调查报告《弱鸟如何先飞——闽

东九县调查随感》，提出“弱鸟可望先飞，至贫可能先富”，“扶贫先要扶志”，“搞经济大合唱”，“要有比较明确的脱贫手段，无论是种植、养殖还是加工业，都要推广‘一村一品’”，“扶贫资金要相对集中一部分用于扶持乡村集体经济实体，增强脱贫后劲”，“物质文明建设和精神文明建设是贫困地区脱贫致富过程的两个方面”，“要制定一些扶持少数民族乡村发展的特殊、优惠政策，给他们以更好的帮助”，这些重要论述为宁德脱贫工作指明了方向。在宁德工作的1年零11个月，习近平同志几乎走遍宁德所有的乡镇。当时没有通路的4个特困乡，习近平同志去了3个。他的率先垂范，在闽东形成务实的工作作风，为脱贫工作奠定坚实的基础。

4. 着力精准扶贫

经过深入的调查研究，习近平同志敏锐地提出，当时闽东的老百姓连温饱都成问题，区情、区力根本不具备跨越式发展、大规模开发的条件，应当把以解决吃饭穿衣住房问题为内容的“摆脱贫困”作为工作主线（《全面实现小康，少数民族一个都不能少——习近平同志帮助福建少数民族脱贫致富纪事》，《福建日报》2015年11月23日）。在闽东工作近两年，习近平同志大力倡导“滴水穿石”的闽东精神，“山海田一起抓”，“走一条发展大农业的路子”，把森林看作“水库、钱库和粮库”，“把教育摆在先行官的位置”，建立“四下基层”的工作制度，强调“共产党人要承担起廉政建设的历史使命”，“加强脱贫第一线的核心力量”，基本解决了绝大多数贫困户的温饱问题，结束了“一方水土养不活一方人”的历史。1989年，全区农民人均纯收入554元，比1985年增加224元，年均增幅高达13.8%。1990年5月，习近平同志调任福州时，宁德全区94%的贫困户基本解决温饱问题。1990年8月12日，《人民日报》以“宁德越过温饱线”为题报道了闽东脱离贫困线。

（二）第二阶段——20 世纪 90 年代，主要以脱贫致富奔小康为工作主线

1. 推进农业综合开发

1990 年 5 月，习近平同志在给宁德地直机关领导干部的临别赠言中指出："经济相对落后地区抓好农业是脱贫致富的前提，对农村经济发展有根本的意义。"由此，全区上下在"八五"时期掀起一轮实施"1153"农业综合开发热潮，即到"八五"末全区有林地面积达到 1000 万亩、茶果面积 100 万亩、水电装机容量 50 万千瓦、水产品产量 30 万吨，极大地推动了农业经济发展和农村脱贫致富奔小康。1992 年，全区茶果面积率先提前三年实现 100 万亩目标；1994 年，有林地面积和水产品产量同时提前一年实现 1000 万亩和 30 万吨的目标；水电装机容量 1995 年达到 44.5 万千瓦，1996 年猛增到 88.0 万千瓦。

2. 推进扶贫综合改革

宁德地区党委、政府牢记习近平同志在宁德工作期间提出的"扶贫工作也要贯彻改革精神""用开放意识来推动扶贫工作"的嘱托，经过多方争取，于 1992 年 12 月 7 日，经国务院批准，宁德地区被列入全国农村改革试验区的序列，命名为"开放促开发扶贫综合改革试验区"。根据试验区"允许突破"和"封闭试验"的精神，结合闽东实际，宁德全区紧紧围绕开放促开发、脱贫致富奔小康和建立社会主义市场经济体制总目标，在土地制度建设、股份制和股份合作制、投资体制改革、市场体系培育、机构改革、扩大沿海对外开放、山区加快发展等 7 个方面进行积极探索和改革试验。

3. 推进争创小康活动

1995 年 5 月，在已有农业综合开发和扶贫综合改革成效的基础上，宁德地委、行署提出坚持以脱贫致富奔小康统揽农村工作全局为指导思想，在全区组织开展争创小康村活动，组织"千名领导挂千村带万户"，在党员领导干部的带动下，全区分期分批共抽调 10049 名机关干部组成争创小康村工

作队，驻村帮助工作，广泛动员和组织农户开展"一业为主、多种经营"的家庭增产增收活动。至1997年，全区农民人均纯收入达2502元，村均集体纯收入达6.84万元，分别比1994年增长90%和83.8%。

4.推进基础设施建设

在全区组织开展"五通五改五化"农村基础设施和村容村貌整治两个硬仗，"五通"是行政村通路、通电、通电话、通广播、通电视；"五改"是村庄内改水、改厕、改厨、改变人畜混居、改厅堂泥地板；"五化"是房前屋后绿化、村容村貌净化、村庄道路硬化、家用燃料煤（电）汽化、建新村规范化。为打好这两场硬仗，地委、行署在1989年出台的《关于地委、行署领导干部廉洁自律的若干规定》和《关于党政机关廉政建设的若干补充规定》的基础上，重申"五个不准"的规定，即3年内全区不准新建办公楼、不准购买小轿车、不准用区内资金出国、不准用公款吃喝、不准增加行政事业费开支，以集中全区财力用于农村基础设施建设。1995年至1997年，全区累计投入农村基础设施建设和村容村貌整治资金达14.58亿元，广大农民的生产生活条件有了较大的改善。

5.推进造福搬迁工程

在20世纪80年代后期，宁德地委、行署就提出实施"造福工程"计划，成立以主要领导挂帅的"造福工程"领导小组，出台优惠政策，至1992年，全区共有40个自然村搬迁，投入资金230多万元，新建房屋900座，有1106户、5718人迁入新居。从1994年开始，"造福工程"内容不断拓展，效应不断提升，至2007年，全市实施"造福工程"累计投入补助资金1亿元，兴建搬迁安置点1000个，其中百人以上搬迁安置点477个，累计搬迁16.4万人，约占全省"造福工程"搬迁人数的40%，全市减少自然村2278个，约占全市自然村总数的1/5。1995年，宁德地区各级政府把茅草房的改造和搬迁列入"造福工程"计划，1998年年底，全区全面完成茅草房搬迁或改造任务。1999年4月中旬，分管全省农村扶贫攻坚工作的时任省委副书记习近平同志专程到闽东沿海县市走访连家船民。随后，宁德地委、行署把连家船民上岸定居的搬迁工程列为造福工程重中之重，无偿提供土地、补助造房资金，统一规划、集中建设船民上岸定居的渔民新村。全区 67 个“连家船民”新村共 4500 多座新房在 2 年的时间内建成，连家船民于 2000 年 10 月全部实现上岸定居。

（三）第三阶段——新世纪以来，主要以全面建成小康社会为奋斗目标

1. 抓好山海协作

对口帮扶协作，是习近平同志在福建、在宁德工作期间积极推动，为推动经济较为发达地区与发展相对落后的贫困地区，携手实现区域经济协调发展而实施的一项政策性帮扶措施。30 多年来，特别是党的十八大以来，在宁德与福州市包括马尾区与屏南县、长乐区和仓山区与周宁县、福清市和马尾区与寿宁县、晋安区与柘荣县以及泉州南安市对古田县的对口帮扶协作实践探索中，坚持按照“政府推动、市场主导、优势互补、合作共赢”原则，不断创新协作方式，持续扩大协作领域，从资金扶助到产业扶持，从项目引资到技术帮扶，从人才培养到劳务协作。仅 2012 年以来，全市落实协作项目 200 多个，带动区域经济实现产值超千亿元。通过山海协作，宁德市一批产业“短板”得以补齐，经贸合作、农业发展、社会事业建设等方面都取得了明显的成效。福州和宁德两地不断完善和丰富颇具特色的山海协作模式，走出一条新时代精准扶贫、携手发展、共同富裕之路。

2. 抓好产业发展

坚持“抓龙头、铸链条、建集群”，突出创新引领，着力接链聚群，以上汽整车项目落地为契机，持续加大产业链招商，做大做强锂电新能源、不锈钢新材料、新能源汽车、铜材料等四大富有竞争力的主导产业，并争取组建若干国家级工程研究中心。全市规模以上工业产值突破 3000 亿元大关，工业对经济发展支撑作用凸显；培育形成不锈钢新材料、锂电新能源、电机电器、食品加工、生态合成革、船舶修造、生物医药等 10 多个重点产业，特别是不锈钢新材料和锂电新能源产业从无到有、快速壮大，2017 年锂青

拓集团不锈钢产量已居世界第一，宁德新能源消费类和动力类锂电池市场份额分别居世界第一和第二位，时代新能源入选国家技术创新示范企业，宁德时代新能源被科技部列为“独角兽”。同时以中铝东南铜业为龙头全力打造铜冶炼及精深加工产业集群，中铜40万吨铜冶炼项目加快实施，漆包线等深加工项目深入对接，有望在“十三五”末率先打造形成超千亿产业集群。

3. 抓好城乡一体

大力培育县域特色产业，完善差异化发展引导机制和“飞地”政策，衔接好沿海与山区之间的基础设施建设和产业分工，建立山海协作共建产业园区，促进沿海和山区优势互补、融合发展。福鼎市、福安市、柘荣县、古田县、寿宁县先后被评为省级县域经济发展“十佳”县（市）。加快培育一批特色小镇、工业重镇、旅游名镇、农业大镇、生态强镇和文化古镇，打造一批美丽乡村景观带，加快形成城乡一体、区域协调发展新局面。古田县列入国家第三批新型城镇化综合改革试点，福鼎点头镇、福安穆阳镇入选全国第二批特色小镇，屏南药膳小镇、霞浦三沙光影小镇、蕉城三都澳大黄鱼小镇、宁德锂电新能源小镇、湾坞不锈钢新材料小镇、周宁人鱼小镇、寿宁廊桥文旅小镇等7个小镇入选福建省首批特色小镇创建名单，赛岐、太姥山两个“小城市”及29个省市小城镇综合改革试点稳步推进，2017年年末全市常住人口城镇化率55.7%，比2012年年末提高5.1个百分点。

4. 抓好基础建设

在全省率先跨入“核电时代”，规划和在建的装机容量超过1000万千瓦。建成沈海高速福安至柘荣段、福寿高速公路、宁武高速公路、合福铁路宁德段等公路铁路，实现“县县通高速”，同步进入高铁时代，全市高速公路里程达451公里，铁路通车里程达216公里，港口货物通过能力达2100万吨，初步形成“海陆空”立体交通运输体系。

5. 抓好精准帮扶

立足“精准”方略，推行“664”工作模式，即干部帮扶、龙头带动、造福搬迁、信贷扶持、能力培养、社会保障“六到户”；领导挂钩、项目资金、扶持村集体经济、龙头企业结对帮扶、基础设施和公共服务配套、党建扶持“六到村”；资金扶持、山海协作、交通改善、城镇化推进“四到县”。鼓励引导社会力量参与脱贫攻坚，形成各层面联动、全方位发力的工作格局。每年统筹2亿元惠农扶贫资金，深入实施精准网底、产业扶贫、造福搬迁、信贷扶贫、整村推进、结对帮扶、能力培养、助学助医、社会扶贫、兜底保障等“十大工程”，组织开展春夏攻势和“百日会战”行动，并确定双月17号为进村入户“帮扶日”，推动精准扶贫脱贫落细落实。

二、精准扶贫精准脱贫“宁德模式”的内涵特征

宁德是习近平同志工作过的地方，是习近平总书记关于脱贫攻坚的重要论述的重要策源地和实践地。30多年来，宁德两届党委、政府大力学习传承习近平同志在宁德工作期间关于扶贫开发的重要理念和习近平总书记关于脱贫攻坚的重要论述，坚持一张蓝图干到底，推进脱贫攻坚，形成精准扶贫“宁德模式”。这一模式，是对习近平同志在宁德工作期间关于扶贫开发的重要理念的传承践行，是以内生脱贫为先导、精准施策为方略、因地制宜为路径、作风转变为支撑、基层组织为核心、共同富裕为目标的扶贫开发模式。具体来说，主要有以下几个特征：

（一）在扶贫动力的培育上，始终强调摆脱意识和思路的贫困，激发内生动力

习近平同志在宁德工作期间，针对扶贫工作提出：“地方贫困，观念不能‘贫困’。‘安贫乐道’‘穷自在’‘等、靠、要’，怨天尤人，等等，这些观念全应在扫荡之列。弱鸟可望先飞，至贫可能先富，但能否实现‘先飞’‘先富’，首先要看我们头脑里有无这种意识”，“当务之急，是我们的党员、我们的干部、我们的群众都要来一个思想解放，观念更新”，“要把事事求诸人转为事事先求诸己”，“这个位置的转变，是‘先飞’意识的第一要义。”

在《摆脱贫困》跋中，习近平同志指出，“全书的题目叫做‘摆脱贫困’，其意义首先在于摆脱意识和思路的‘贫困’。”这实际是从唯物辩证法内外因关系原理的高度，点明了精准扶贫的主体内生要素问题。此后30多年间，宁德全市上下始终坚持扶志和扶智相结合，引领干部群众逐步破除“安贫乐道”“穷自在”“等、靠、要”等落后思想，走上了依靠内生发展脱贫致富的路子。

1. 着力学习传承

宁德市坚持把学习宣传贯彻习近平新时代中国特色社会主义思想同大力传承弘扬习近平同志在宁德工作期间倡导的好思想好传统好作风结合起来，在学习传承中坚定信心，采取中心组集体学习、专题研讨、专家辅导、座谈交流会、专题培训等形式，组织全市各级干部把学习习近平同志在宁德工作期间关于扶贫开发的重要理念，同学习习近平总书记关于脱贫攻坚的重要论述紧密结合起来，特别是引导各级干部联系宁德40年扶贫工作实践，深化对习近平总书记关于脱贫攻坚的重要论述丰富内涵的理解，进一步坚定打赢脱贫攻坚战的信心。在学习传承中汲取力量，宁德在开展群众路线教育实践、“三严三实”专题教育、“两学一做”学习教育等党内教育活动中，都把《摆脱贫困》作为必读书目，坚持一年一主题、月月有活动，先后组织开展“四下基层”“下基层、解难题、促发展”“到支部学习讨论、赴基层解决问题”“弘扬优良传统、推动脱贫攻坚”专题研讨、“维护核心见行动、牢记嘱托创佳绩”主题教育等系列活动，教育引导广大党员干部从理论源头和实践起点深刻领会习近平新时代中国特色社会主义思想的发展脉络和精神实质，不断深化政治认同、思想认同、情感认同和实践认同，并从中汲取摆脱贫困的思想智慧和工作方法。在学习传承中凝聚共识，市委以开展“四下基层”活动为抓手，要求挂钩联系领导每年至少为贫困村上党课1次，机关单位和共建村党组织每年至少一起过组织生活1次，驻村干部每年至少走访全村农户1遍，深入宣讲习近平总书记关于脱贫攻坚的重要论述，宣讲党和国家的扶贫政策，宣讲群众身边的脱贫致富典型，进一步在全市上下形成了抓扶贫、促扶贫、啃硬骨头的高度思想自觉、政治自觉和行动自觉。

案例 1 成立“学习大军”传播党的创新理论成果

2014 年 1 月，宁德市成立“学习大军”，在全国第一个开通学习习近平总书记系列重要讲话精神的微信公众号和微博账号，巧用网言网语，讲好微故事，讲活大道理，引发广泛关注，被求是网列入全国六个特色“学习”微信公众号和网络专栏之一，中宣部党建网、中国文明网等百余家知名网络媒体，相继开设专栏或固定转发文章，走出一条“微时代”理论学习宣传的新路子，工作经验入选中宣部《宣传工作创新百例》，中宣部部刊专期刊发，配发“宣言”评论，《人民日报》全文转载。

2. 着力宣传引导

发挥新闻媒体作用，大力宣传弘扬“滴水穿石”的闽东精神，实现媒体全联动、新闻全覆盖，共同奏响弘扬践行闽东精神的大合唱，进一步改变贫困地区和贫困群众“安贫乐道”“穷自在”的落后思想。组织理论宣讲“轻骑兵”，开展进村宣讲，组织工作组，深入贫困地区，加大对扶贫开发工作目的和意义的宣讲力度，引导贫困群众更新观念，克服“等、靠、要”的依赖思想，激发他们主动脱贫、自力脱贫的愿望和自觉行动。充分发挥榜样的力量，从群众身边发现和推广脱贫致富的实例，注重启发性，突出可学性，引导贫困群众树立致富光荣的思想。全市选树百个“扶贫团队”、百名“扶贫先锋”、百个“脱贫之星”，用身边事教育身边人，引导贫困户清除“等、靠、要”思想。编辑《宁德市精准扶贫典型案例》两辑，共收集各类扶贫典型案例 58 篇，有效发挥了示范带动作用，形成人人思富、人人敢富、你追我赶、共同致富的良好局面。

案例 2　组建“理论宣讲轻骑兵”宣传宣讲党的惠民好政策

坚持“松散型人员、集中式管理、常态化活动、实践中提升”的工作思路，组建“理论宣讲轻骑兵”，实施理论进基层“百千万”工程，即建设百个“理论进基层示范点”，组织千名“理论宣讲轻骑兵”，按照重大主题宣传部署安排，举办万场理论宣传宣讲活动，把讲台搬到田间地头，交给一线干部群众，以身边人说身边事，用大白话讲大道理，让党的惠民好政策的宣传宣讲更加接地气、聚人气，影响力不断扩大。截至目前，市县两级组建宣讲小分队 112 支，宣讲员 1220 名，深入基层一线，开展各类面对面、分众式、互动化的宣传活动，切实推动党的理论方针政策深入人心。中央电视台《新闻联播》《新闻直播间》等多档节目，《人民日报》、新华社、《光明日报》、中央人民广播电台等中央主流媒体，《福建日报》、福建综合频道《福建新闻联播》等省级主要新闻媒体，都将笔尖和镜头对准宁德，聚焦“轻骑兵”宣讲。

3. 着力教育培训

20 世纪 80 年代中期，闽东经济基础薄弱，人才匮乏，科学技术水平低下。高、中级专业人才，初、高中毕业生比例均居全省末位。这样的区情，让习近平同志深切地感到发展科技和教育的重要性和紧迫性，他指出，“要用长远的战略眼光来看待科技教育，要把科技教育作为闽东经济社会发展的头等大事来抓”，“努力把科技教育的热能转化为经济发展的动能”，“要建立‘三位一体’的教育体系，即：基础教育、职业技术教育、成人教育”，“不能只在黑板上种田，一定要教给学生实际本领”，“要提倡科技扶贫，抓好实用技术培训工作”。一直以来，宁德牢记习近平同志的嘱托，每年组织实施“雨露计划”等实用技术和就业培训 1 万多人次，实现转移就业 2000 人以上；霞浦、福安、屏南、福鼎等县（市）根据建档立卡的贫困户能力较弱的实际情况，安排生态护林员、村级保洁员、公路养护员、交通劝导员、河道（水库）清理员、学校保安、政府派遣工、村卫生员等 8 类公益性岗位，为近 900 名建档立卡的贫困群众解决就业。针对供学困难的贫困家庭，从幼儿园开始直到大学毕业，全程实行 2000—5000 元的差别化资助，不让一个孩子因贫困辍学。2017 年全市共发放各类助学金和补助 6198.35 万元，惠及 3.25 万人次。开展家庭经济困难大学生生源地信用助学贷款 18394 人次，发放贷款 1.3 亿元，贷款量居全省首位。

案例 3 “宏志班”圆了脱贫梦

早在 1996 年，宁德技师学院创办了全省第一个突出培养“五老”后代、烈军属、老少边岛山区特困子女的“宏志班”，作为一项造福闽东贫困山区的民心工程，对该班学生实行学费全免政策，并配备了教学管理经验丰富的班主任、任课教师等加强指导。1998 年，市扶贫协会争取省扶贫资金每年 5 万元，2005 年起增加到每年 10 万元，用于支持“宏志班”。17 年来，宁德技师学院“宏志班”已经招收了 13 届，近 500 名学生受益。许多学生毕业后成为各条战线上的业务骨干、技术能手，基本实现了一名学生就业一户人家脱贫。许多“宏志班”学生事业有成后，开始慢慢回报社会，产生了良好的社会效应。

（二）在扶贫方略的选择上，始终瞄准主攻方向，集中优势兵力打攻坚战

习近平同志在宁德工作期间，十分重视扶贫开发的针对性，强调“应审时度势，瞄准主攻方向”，“不搞撒胡椒粉”。习近平同志指出：“要集中 90% 以上的扶贫资金用于县、乡、村级经济实体”，“扶贫资金要相对集中一部分用于扶持乡村集体经济实体，增强脱贫后劲”，“要优先支持亿元乡镇、科技示范乡镇、星火计划、副食品供应和出口创汇商品基地，努力地创建经济小

开发区，把扶贫与区域经济开发结合起来”，要“正确处理多办事和量力而行的关系”，“办好事要分清情况，正确使用资金”，“多办事应该办实事、办急事，办实事就是办实实在在的事”，“办急事就是要顾全大局，分清轻重缓急，对于那些急于上马的并且对发展国民经济有重大意义的骨干项目，财政应给予优先考虑安排。”这实际上是从唯物辩证法坚持具体问题具体分析的矛盾论高度，提出精准扶贫的工作方法问题。此后30多年间，宁德全市上下始终注重精准施策，瞄准主攻方向，做到滴水穿石、久久为功。

1. 突出工作精准

围绕对象精准、计划精准、台账精准，着力扣准精准扶贫第一颗“纽扣”。一是注重精准识别。出台具体《工作办法》，确立了“两不两应”工作方针（即：不下指标、不限规模，应进则进、应扶则扶）和“五看”工作要求（即：看房、看粮、看有无读书郎、看主要劳动力强不强、看有无病人卧在床），深入实施精准识别网底工程，在全省率先建立“大数据”平台，整合各行业各部门数据信息，健全精准筛选识别机制，确定建档立卡扶贫对象2.12万户、7.32万人。二是下足绣花功夫。按照“两不愁、三保障”和“五个一批”要求，市本级将每年新增财力的80%用于精准扶贫，并对扶贫对象进行细化分类，逐户制定帮扶计划。近年来，全市陆续对1.7万户建档立卡贫困户实施产业帮扶，对4500户建档立卡贫困户实施搬迁扶贫，对3400户建档立卡贫困户落实“兜底”保障，对2.3万名贫困劳动力实施转移就业，对9800户建档立卡贫困户落实助学助医扶贫政策。同时，把农村低保识别标准提高至4000元，超过省定贫困人口识别标准（3550元），将1.12万农村贫困人口纳入农村低保。三是落实标配要求。按照“落实一个项目、争取一笔资金、实施一次培训”的要求，全面落实《扶贫手册》《挂钩帮扶工作手册》等档案“标配”工作，不仅实现精准扶贫全程可控可查，而且形成贫困户政策需求、帮扶需求的快速响应机制，在第一时间帮助贫困户解决缺项目、缺资金、缺技术等难题。

2. 突出造福搬迁

大力实施搬迁扶贫工程，解决好“一方水土养不好一方人”问题。实行易地搬迁，是生产生活条件恶劣地区贫困人口最彻底、最有效的脱贫方式。习近平同志早在闽东工作时期，就开始探索畲民下山、连家船民上岸等移民搬迁工程。宁德在全省率先实施“造福工程”，对居住在“老、少、边”等生存环境恶劣的贫困群众实施有组织、大规模搬迁，按照“搬得出、稳得住、能致富”的要求，为偏远山区群众挪穷窝、断穷根。一是搬迁用地做到“三集中”。在县城城郊、中心集镇、中心村等便于群众生产生活的地方，划出210个地块进行集中安置。二是搬迁规划落实好“三保障”。资金上市本级财政对建档立卡贫困户每人增加3000元补助金，规划上对每个安置点统一免费规划，基础设施配套上市本级每年安排1000万元资金对集中规模安置点进行补助。三是后续发展落实好“三就地”。着力解决搬迁户就业、就医、就学三个后续发展的关键问题，确保群众搬得出、稳得住、能致富。“十三五”以来，全市完成“造福工程”搬迁4.26万人，实现1.14万贫困群众“挪穷窝”。

案例4 福鼎赤溪村造福搬迁的故事

福鼎赤溪村，30年前集“老、少、边、穷”于一体，280多户村民分散居住在14个“五不通”的偏远自然村。1984年《人民日报》头版刊登反映赤溪村下山溪畲族自然村群众贫困状况的“读者来信”，由此拉开了全国大规模、有组织扶贫攻坚的帷幕，赤溪村也因此成为“中国扶贫第一村”。路无一丈直、地无三尺平，14个自然村，有的甚至是“挂”在了山上，一方水土已难养一方人。由此，当地创造性提出“整体搬迁”思路，从最困难的22户88位畲族群众开始，将12个自然村陆续迁至赤溪行政村所在地。历经“换血”搬迁扶贫、“造血”“旅游+产业”扶贫的艰苦历程，赤溪村走出一条“旅游富村、农业强村、文化立村、生态美村”的路子。农民人均纯收入从 1984 年的 166 元增长到 2017 年的 16640 元；村财政从 1984 年的负债 10 多万元到 2017 年实现村财政收入 80 万元。

案例 5　福安市下白石镇下岐村连家船民上岸的故事

该村是由连家船民聚居而成的渔村，过去“上无片瓦，下无寸土”，船民世代漂泊海上，“一艘破船挂破网，三代祖孙同一舱；捕来鱼虾换糠菜，上漏下漏度时光”，被称为“水上吉普赛人”。1997 年，当地启动连家船民安置点试点工程；1998 年 4 月，习近平同志到下岐村实地走访连家船民；1998 年 12 月，在福安召开的全省“造福工程”暨连家船民上岸定居现场会上，习近平同志强调，要彻底解决连家船民的上岸定居问题，把它列为全省“造福工程”的重中之重。上岸后，村民临海而居，靠海吃海，大力发展海上养殖业。如，集体承包滩涂、发展海蛏养殖，每亩年产值可达两万多元，村民年收入达到七八万元；还有的组建股份制远洋捕捞运输公司，到外海捕捞，脱掉了贫困帽。

3. 突出改革开放

改革开放是实现后发赶超的制胜法宝。习近平同志在宁德工作期间，提出把“改革开放与扶贫的关系”作为正确处理闽东经济发展的六个关系之一，强调要“用开放意识来推动扶贫工作和在扶贫工作上运用开放政策”，“扶贫的成果将是开放的新起点，开放将使扶贫工作迈向新台阶”。针对农村改革问题，习近平同志指出，“扶贫工作也要贯彻改革精神”，“必须搞好农村二步改革，完善双层责任制，进一步促进土地的适度规模经营，促进农民增加对农业的投入。农业生产的社会化服务体系也必须在农业的全方位发展中得到不断完善。”针对地方的企业改革，习近平同志指出，“国家和企业的产权关系只能化繁为简，建立非父爱式的单纯的赋税关系”，“有条件的企业还可以试行股份制。”在20世纪80年代末，这样的改革眼光、改革胆略，无疑是非凡的、催人奋进的。针对宁德林业资源丰富的特点，习近平同志在宁德工作期间，召开林业工作会议，倡导林业改革，完善林业责任制，健全林业经营机制，推广“以劳代资”入股或划山场创办新林场的做法，激发了广大群众造林绿化热情，使林业成为宁德可持续发展战略的重要组成部分，成为生态建设和经济建设的着力点。

案例6 林业改革与黄振芳家庭林场

后洋村地处周宁县七步镇南部，村内林业资源丰富，村民收入主要以种植茶叶、毛竹等经济作物为主。1988年，时任宁德地委书记的习近平同志视察了后洋村黄振芳的造林情况，并在《摆脱贫困》一书中提到“周宁县的黄振芳家庭林场搞得不错，为我们发展林业提供了一条思路”。在新一轮扶贫攻坚中，后洋村以黄振芳“家庭林场”为模板，探索林养、林种、林游相结合的产业化发展模式，充分整合资源，有效推进全村发展，2016年村民人均纯收入达到11000元，25名建档立卡贫困户顺利脱贫。

4. 突出产业带动

要解决贫困问题，根本之策还是抓发展。没有加快发展，一切无从谈起。习近平同志在宁德工作时就指出，要充分发挥宁德的山海资源优势，走一条发展大农业的路子，立足本地资源进行工业开发，使农业、工业两个轮子转起来，为摆脱贫困创造条件。2010年9月，时任中共中央政治局常委、中央书记处书记、国家副主席的习近平同志赴宁德视察时，曾寄语闽东要“多上几个大项目，多抱几个‘金娃娃’”（《多抱几个“金娃娃”》，《福建日报》2013年5月21日），这里的金娃娃指的就是对地方发展具有重大带动作用的大项目。多年来，宁德市委、市政府始终把加快发展作为第一要务，牢固树立新发展理念，紧紧抓住供给侧结构性改革主线，推动经济高质量发展，先后抱住了“锂电新能源、中铝宁德铜冶炼、青拓不锈钢、上汽宁德基地”等多个“金娃娃”，培育形成锂电新能源、不锈钢新材料、铜材料、新能源汽车等四大主导产业，为脱贫攻坚夯实物质基础。在农业特色产业发展方面，宁德结合实施乡村振兴战略，突出抓好“三个化”，着力推动小农户生产融入现代农业发展。一是生产规模化。按照“两带一区”现代农业产业规划布局（山区绿色现代农业产业带、沿海蓝色现代农业产业带、城郊平原现代高优农业示范园区），抓好 3 个 100 万，建设“茶乡菌都水产大市”，即 100 万亩茶叶、100 万吨食用菌（鲜菇）、100 万吨水产品，把一家一户分散经营引导到“一县一业”的规模开发、特色经营发展上来。其中古田银耳产量 35 万吨，占世界总产量的 90%以上；全市大黄鱼产量 13.6 万吨，占全国 80%以上，是国内大黄鱼主要产地；霞浦海参产量约 2 万吨，占全国成参产量的 25%，成为“北参南养”主产区。二是经营组织化。全市培育市级以上农业产业化龙头企业 443 家、农民合作社示范社 364 家、家庭农场示范场 123 家，带动农户近 65 万户，有效促进农业增效、农民增收。三是产品品牌化。全市“三品一标”农产品总数达 284 个，生产面积 76.6 万亩，占耕地面积 36.8%，全市有涉农类中国驰名商标 22 件、国家地理标志登记 64 件，“坦洋工夫”“福鼎白茶”“福安葡萄”“福安油茶”“古田食用菌”“柘荣太子参”“宁德大黄鱼”“霞浦海参”“霞浦海带”等一大批知名品牌，有效提高了农产品附加值和农业综合效益。

案例 7　宁德四大产业集群

近年来，宁德重点培育四大产业集群：锂电新能源产业，以新能源科技、时代新能源两大企业为核心，加快卓高隔离膜、厦钨正极材料等 36 家上下游配套企业集聚发展，消费类聚合物锂离子电池和动力电池产量均居全球首位，去年实现产值359亿元、增长37.5%。时代新能源被科技部列为“独角兽”，从招股书披露到IPO成功过会仅用24天，创造了A股IPO的新速度。不锈钢新材料产业，以青拓系列项目为龙头，以甬金、宏旺、海利、克虏伯等项目为配套，建成涵盖“原料—冶炼—热轧—冷轧深加工—不锈钢制品”的全产业链集群，去年实现产值860亿元、增长29.9%。铜材料产业，加快推进中铜40万吨铜冶炼项目主体工程和配套设施建设，延伸拓展铜板带箔、漆包线等精深加工项目，争取设立中国有色金属集散中心。新能源汽车产业，上汽集团宁德项目已正式签约落地，配套引进35家核心供应商，明年10月可正式投产。

（三）在扶贫路径的探索上始终坚持因地制宜，创新扶贫开发模式

实现脱贫致富，不仅要解放思想、持之以恒，更要把握方向、找对路径。习近平同志在宁德工作期间指出:“要使弱鸟先飞，飞得快、飞得高，必须探讨一条因地制宜发展经济的路子。”他提出“因地制宜、分类指导、量力而行、尽力而为、注重效益”的指导思想。党的十八大以来，习近平总书记关于脱贫攻坚的重要论述中关于因地制宜、因人因户因村施策的重要论述与之是一以贯之、一脉相承的。宁德历届党委、政府多年来都按照这个指导思想，立足地方资源和产业基础，坚持宜农则农、宜工则工、宜游则游，引导贫困户有组织地发展生产，不断提高脱贫攻坚的针对性和实效性。

1.创新扶贫模式

扎实开展“一户一增收”行动，发挥龙头企业、合作社、种养大户的带动作用，找准产业项目实施与贫困户受益的结合点，推动90%以上贫困户都落实一项脱贫增收的稳定项目。各地在具体实践中探索形成了9种扶贫模式。

“政策推动”模式。在国家和省级下达的补助到户生产发展资金基础上，市本级再追加安排产业扶贫资金1000万元，蕉城、霞浦、柘荣、寿宁、屏南等县（市、区）根据本地实际，出台细化的扶持措施，加大地方政策资金

对贫困户发展产业的支持力度。2017年全市投入产业帮扶的资金达1.01亿元。如，寿宁县推行茶叶产业“全产业链”扶持模式，对从事茶叶生产的贫困户，从种植、采摘、加工、销售等各个环节，进行跟踪指导、补助，全县有2343户贫困户8233人落实补助资金564万元。

“龙头带动”模式。发挥龙头企业、专业合作社作用，引导313家农民专业合作社带动贫困户1590户4140人，实现户均增收4825元；引导117家农业龙头企业带动贫困户512户2306人，实现户均增收5634元；引导217家家庭农场（生产大户）带动贫困户434户1188人，实现户均增收2109元。如，福鼎市通过茶叶龙头企业引领，为社会提供就业岗位8万多个，4200多名贫困群众通过茶叶平均增收6000多元，2017年被中国茶叶流通协会评为中国茶叶扶贫示范县。福鼎市天湖茶业有限公司，以“公司＋基地＋合作社＋农户”形式，在周边乡村设立5个茶叶基地，流转周边14户贫困农户茶园260亩、荒山230亩，带动周边2367个农户（其中建档立卡贫困户103户）发展有机茶、无公害茶8730亩，贫困户家庭年收入由原来6000多元提高到2.8万元，实现了强企富民的双赢。安发（福建）生物科技有限公司是福建省最大的农源型深加工示范企业，通过农业专业合作社建立44个种养殖基地，2017年收购农、林、牧、渔、菌原料1.6万吨，辐射带动30个村、4610户农户增收2.1亿元。

“能人引路”模式。发挥农村经济能人的技能、经济、创业优势，带动贫困户增收脱贫。

案例8　基层“最美农民”缪带弟——农家小妹大担当

元旦假期，一拨又一拨的游客来到柘荣县城郊乡际头村五姐妹生态农业园，采摘百香果，品尝农家菜，体验田园生活。几年前，际头村还略显荒芜，冷冷清清。因为缪氏五姐妹的努力，际头村发生变化，人气逐日见涨。

缪带弟现任宁德市五姐妹农业开发有限公司董事长。1992年出生的她，大学毕业后毅然返乡加入到姐姐们创业队伍中。她将所学的专业知识运用到养殖业，发展“猪——沼——果——蔬”生态循环农业，利用养殖场废弃物转变成有机肥、沼液，给周边果树、荷花堆肥滴灌。她将年产值只有十几万元的公司发展壮大到1000多万元的规模；她积极响应国家精准扶贫政策，帮助10户贫困户脱贫致富，带动本村百人就业，荣获2017年度福建省践行社会主义核心价值观基层“最美农民”称号。

“定制产品”模式。发挥一些地区的小气候、资源优势和特殊的地域人文效应，通过品牌宣传和“定制”消费模式，让贫困户享受“品牌溢价”增加收入。

案例9 下党村的扶贫定制茶园

2014年，下党村两委牵头成立梦之乡农业综合开发有限公司，注册“下乡的味道”茶叶品牌，推出600亩扶贫定制茶园，将原来一家一户零散的种茶卖茶方式，提升为专业合作社方式，组织村民按标准化程序科学种植并打造自有茶叶品牌。引入专业茶叶经营公司负责项目推广和销售。村民以茶园入股，把茶园改造为生态茶园，再将茶园整体打包，以定制茶园的方式，向全国招募爱心茶园主。茶园主以一年一亩2万元的价格买下茶园，合同定期5年。买下茶园后，茶园主将把茶园的生产交给专业的合作社，每年收获固定回报。

为了“定制茶园”这个项目快速健康发展，规避山区信息闭塞的劣势，下党村两委联系上福建广电网络集团，量身开发可视化应用项目。村里的茶园、茶厂装上几十个高清监控探头。茶园主无论身在何地，都可以通过手机客户端，随时看到茶叶种植及生产加工情况。通过这一模式，2016年，全村有 27 户贫困户脱贫，村民人均可支配收入从 2014 年的 4600 元增长到 11000 元，村集体收入增长到 22.3 万元。

“帮带分红”模式。动员农业产业化龙头企业根据自身经营特点，通过“帮带”和“分红”带动周边的贫困户。如，福建西岸生物科技有限公司建立优质太子参生产基地，采取土地流转、资金入股等形式，发动柘荣县建档立卡贫困户参与基地建设，吸纳 39 户、195 名村民务工，户均年增收约 1.5 万元；与 10 个行政村的村民以合作社的形式推广种植“柘参 3 号”700 亩，参与合作受益的精准扶贫户 61 户 261 人，扶贫对象每人年均增收 1000—2000 元。屏南县寿山乡秋田农牧股份有限公司，通过技术帮扶、共同出资、信贷入股、吸纳就业、流转土地等多种形式，分门别类引导 15 户贫困户参与发展黑山羊产业，户均增收 7500 元以上。

“旅游增收”模式。以“百镇千村”建设为抓手，根据各地资源、产业发展情况，以产业融合推进乡村旅游扶贫。目前，全市有 14 个村被列为旅游扶贫开发示范村；117 个村被列入全国旅游扶贫开发重点村。2017 年，全市乡村旅游经营单位直接就业人数达到 3 万人，拉动间接就业人数 30 万人；乡村旅游人数 1344 万人次，比增 25.3%，乡村旅游收入 81 亿元，比增 29.7%。周宁县以抓全域旅游试点为契机，加快农村道路改造，打造苏家山、梧柏洋、吴山底、溪口、云门、禾溪等一大批乡村游示范点，2017 年实现旅游收入 9.62 亿元，有效带动群众增收致富。

案例 10 文创植入，让屏南更有“味”

依托古村落打响“新名片”

屏南县拥有 258 个与壮美山水和谐交融的传统古村，双溪镇、漈头村、漈下村入选中国历史文化名镇名村，12 个村（社区）被列入中国传统村落名录。每个古村都历史悠久、人文厚重。为挖掘保护传承中国传统村落文化精髓，打响乡村旅游新“名片”，屏南县成立文化遗产保护和研究办公室，调整充实文化遗产保护工作领导小组，县主要领导分别牵头挂钩一个传统村落，同时出台《促进文化创意产业发展的实施意见》《文艺精品扶持奖励办法》等指导性文件，每年安排专项预算资金1000万元，用于文创产业引导、扶持和孵化。

屏南耕读文化博物馆，依托棠口乡漈头村这个中国历史文化名村，凭借其馆藏1万多件古（文）物及现场体验农耕文化的独特魅力，打响了“乡村旅游牌”，已吸引来自20多个国家和港澳台地区游客30多万人次到馆免费参观，有效带动了当地经济发展。目前，双溪、漈头、漈下等三个中国历史文化名镇、村正在创建国家3A级旅游景区，“漈头——棠口——双溪”文化旅游线路，已被列为宁德市精品旅游线路进行重点推介。

探索“文创+”令古村生辉

2015年4月，屏南县引进林正碌艺术教育团队，在漈下古村建立文创试点，开展“人人都是艺术家”公益教学项目。漈下村现有6家农民画室，12家正在装修即将开业的农民画廊、1家艺术咖啡屋、4家客栈，形成民宿、写生、时尚、餐饮、传统工艺的完整旅游业态，为中国乡村发展与产业转型升级提供了宝贵经验。与此同时，打造双溪安泰艺术城，成为集画廊、画室、艺术空间、艺术培训、交流、展览、销售为一体的文创基地和文化旅游目的地。现已引导设立了50多家艺术空间与画廊开业运营，并吸引越来越多的各界人士前来学习、体验、参观、交流与收藏。

2016年10月，致力于公益艺术教学的“双溪古镇国际残疾人艺术教育中心”成立，先后培训200多名精准扶贫贫困户与残疾人等弱势群体学员免费学画，县政府给予画画工本费、伙食等补贴。目前，已有近40名残疾人成功转型为农民画家，文化修养和生活信心均有很大改善。

县文创办还组织屏南县文创种子人才培训，从本地农民中选拔文创种子给予专门培训（首期培训36名），依托画友、学员志愿者和本土文创种子进行驻村创作，将文创试点拓展到棠口、漈头、郑山、白玉、北村等村。

实施人才战略壮大产业主体

该县通过聘请、邀请、引进各类高端艺术人才，对文创产业起到引领或重要影响的艺术家，给予资金、设备支持，对取得重大成效的给予奖励。对长期在屏南驻村从事文化创意产业的艺术家、工作室，能产生一定带动效应的，给予1至3年的租金补助或房租补贴。鼓励和支持举办或参加国际化、专业化展览活动。同时，扶持引进文创企业、示范文创工作室和文创产业服务体系。吸引各类社会资本、企业投资文创产业，吸引国内外知名文化创意人才、企业或研发中心入驻屏南，并给予减免相关税费或给予相关补助。通过培训、引导、扶持，培育示范文创工作室，带动文创生力军，激活乡村文创活力，推动乡村旅游发展和农村产业转型。对本地农民及返乡创业人员驻村创办工作室及文创企业，产生一定带动效应的，给予5000元至3万元开办补助或租金补贴。支持、鼓励村民自主修整一批民宿，对村民自主创办民宿并达到行业标准并实际经营的，依据实际投入及经营效果，给予5000元至3万元补贴或奖励。

“电商扶贫”模式。采取“互联网＋基层党建、精准扶贫、现代农业、专业市场、现代物流、人才培育”等方式开展扶贫帮困，市商务局与京东集团签订电子商务战略合作框架协议，建立乡村电商服务站点236个，其中贫困村电商服务站点14个，培训贫困户258人，带动119名贫困户增收。

案例11　“精福屏”驻村干部电商全产业链扶贫运营平台

2018年，经第五批福建省派和宁德市派驻部分第一书记联合策划与推动，屏南县农特优产品全域扶贫运营中心正式上线。平台注册福建驻友富屏有限公司及统一商标“精福屏”，搭建起集收购、包装、营销等一系列线上线下双向延伸服务的农产品交易中心，成为县域农产品上行和农业信息服务下行的关键纽带。

屏南县农特优产品全域扶贫运营中心采取“1+X”模式，即在旅游集散中心建设1个县级运营门店，并分批次分区域推动若干个村级信息服务和农产品收购点建设。线下以包装打造县域旅游伴手礼、企事业单位工会年节大礼包、超市特色农产品礼包等为主；线上以微信推广和区域重点“两微一端”营销为主，入驻淘宝、京东等电商平台，上架互动云电视商城，以电商模式带动农产品汇集、标准统一、产品包装、品牌建立、质量保障等工作，打破农产品生产和销售“小”“散”“非标”的状况，逐步形成订单式的规模化、标准化生产，提高农产品的规模效益和市场竞争力，实现农副产品增值和村财增收。

“地标扶贫”模式。市县两级政府出台实施商标品牌战略的鼓励政策，工商部门统筹推进各类生产要素向商标品牌企业聚集，促进地标及时成功认定，同时规范使用管理，发挥地标龙头示范作用，扩大地标扶贫辐射效应。

案例12 宁德市探索地标扶贫助力“三农”工作

闽东名优特产众多，以往农民却卖不出好价钱。近些年，宁德市运用商标品牌战略，助推“三农”工作，走出一条通过地标来带动农民脱贫致富的路子。目前，宁德已核准注册64件地理标志证明商标，居全国设区市前列，其中地标驰名商标8件，居全国设区市首位。地理标志商标注册后其产品价格平均提高50.11%，从事地理标志商标产品生产、加工、销售的农户人均年收入达到1.4万多元，全市有55.3%的农民收入来自地理标志证明商标产品。“古田银耳”等不少地标在品牌效应带动下，形了“一业兴、百业旺”的格局。

“文化扶贫”模式。以“汲取思想精髓、致力文化扶贫”为主题，围绕以文化人、以文惠民、以文富民，在全市实施文化扶志、文化春雨和文化引擎三大工程，助力精准扶贫。一是实施“文化扶志”工程。在市内各级各类新闻媒体开设“精准脱贫在行动”专题专栏，下设“驻村调研手记”“人物故事”等子栏目，深化“走转改”，组织新闻媒体记者深入一线，与群众同吃同住同劳动，推出一批带露珠、冒热气的现场报道，展现基层干部群众撸起袖子加油干的精神风貌。市直各主要新闻媒体每月安排版面或时段，免费为贫困地区特色产品、特色产业开展宣传推广。深入开展好家风、好家教、好家训主题宣传、移风易俗、“身边好人”评议推荐上榜、星级文明户评选、“厅堂悬挂家训”“我们的节日”“美德在家”等活动，培育文明乡风。二是实施“文化春雨”工程。投入3000多万专项资金，深入推进全市基层综合性文化服务中心功能整合，确保到2018年年底，实现全市125个乡镇（街道）、2135个行政村、187个社区综合性文化服务中心全覆盖。开展文化、科技、卫生“三下乡”活动，整合扶贫资源，加强联络对接，不断扩大“三下乡”活动支持单位的覆盖范围，落实帮扶基层资金、项目和物资1000多万元。支持文艺院团下基层演出和文艺下基层志愿服务，全年开展各类文艺展演8000多场，惠及群众140多万人。三是实施“文化引擎”工程。鼓励各地实施文化产业“一镇一品、一村一景”行动计划，重点扶持茶文化、红色文化、农耕文化、工艺美术等特色产业。实施“文创千人培训”计划，每年在全市免费为1000名贫困群众开展剪纸、油画等非遗技艺传承和传统手工艺、文创技艺培训，提升贫困群众就业、生产能力。

2. 创新金融服务

建立扶贫小额信贷风险资金池1.4亿元，深入开展服务网点进乡村、“背包银行”垄上行等便民金融服务，创新推出“福泽卡”“精准扶贫授信卡”，截至2017年年末，全市扶贫小额信贷共为1.13万户贫困户累计提供贷款支持5.03亿元，覆盖率达56%，贷款总量、贫困人口覆盖率居全省第一，有效解决贫困群众发展生产缺资金问题。屏南县创新“五个融合、三级联动、三项增收”金融扶贫机制，被农业部确认为改革试验政策成果转化项目。古田县深化“两权”抵押贷款试点，“两权”贷款总额达6.49亿元，其中为804户贫困户发放扶贫贷款5824.3万元。

3. 创新科技帮扶

20世纪80年代中期，闽东经济基础薄弱，人才匮乏，科学技术水平低下。高、中级专业人才的万人比在全省最低，万人中初、高中毕业生比例居全省末位。这样的区情，让习近平同志深切地感到发展科技的重要性和紧迫性，他指出，要用长远的战略眼光，把科技教育作为闽东经济社会发展的头等大事来抓，努力把科技的热能转化为经济发展的动能，既强调科技的普及，又讲究科技的实效。1989年5月，习近平同志到地区科委调研，强调要重点从“科技兴农”“科技兴工”“科技兴海”三个方面大力推进科技工作。闽东丰富的海洋资源为“科技兴海”提供了广阔的空间，1989年8月，宁德地区水产局水产技术推广站科技人员向地委提交《关于开发闽东海水鱼类养殖技术的报告》，引起了习近平同志的关注并作出批示：“应把网箱养殖珍贵海鱼当作星火计划发展。”（《滴水穿石，功成不必在我——习近平总书记在福建的探索与实践·发展篇》，《福建日报》2017年8月23日）并要求有关方面创造条件支持科技工作者搞科研。随后，宁德地区水产技术推广站承担的网箱养鱼项目，被列入国家科委农业“星火计划”。在习近平同志的鼓励和支持下，一大批闽东水产科技工作者，充分利用作为我国唯一的大黄鱼内湾产卵场的三都澳官井洋的有利种源条件，成功解决大黄鱼人工育苗这一世界性的难题，确保了闽东水产业的可持续发展，后来这一研究成果正式通过省级鉴定，并首次获得福建省科技进步一等奖。此后，闽东牙鲆、鮸鱼、大弹涂鱼等人工育苗相继成功，全区掀起了养殖热潮，带动了相关产业的发展。近年来，宁德市积极开展科技帮扶，深入实施科技特派员制度，全市组织科技特派员1000多名到农业农村一线扶贫。发动4000多名乡土人才与一万多名困难群众结成帮扶对子，带领群众脱贫致富。

案例13 一条鱼与一个产业

20世纪70年代中期，因近海过度捕捞，野生大黄鱼资源濒临枯竭。幸运的是当时宁德三都澳官井洋还是大黄鱼的内湾产卵场，种质资源优势尚存。从事渔场鱼情工作的基层水产科技工作者刘家富主动申请从连江调任宁德，提出借助人工增养殖技术，拯救这一珍稀鱼类。

1985年，“大黄鱼人工育苗初试”项目得以立项，刘家富担任宁德地区水产技术推广站站长，开始致力于研究大黄鱼人工养殖。然而，科研过程并非一帆风顺，1987年后，由于经费严重短缺等难题，工作站面临半途而废的危险。1988年12月，刘家富写下题为《关于开发闽东海水鱼类养殖技术的报告》，提出了闽东海域石斑鱼等珍贵海水鱼类的资源保护、大黄鱼人工养殖技术开发等问题，以及他在这些方面的更多思考。

报告递交宁德地委后，引起了习近平同志的重视，他在报告上批示：“应把网箱养殖珍贵海鱼当作星火计划发展，并争取上级和海外投资。”他还提出，要集中资源进行科研攻关，解决大黄鱼不能人工养殖的问题（《滴水穿石，功成不必在我——习近平总书记在福建的探索与实践·发展篇》，《福建日报》2017年8月23日）。

“当时人工养殖大黄鱼技术在国内还是空白，许多人认为没有前景，身边疑虑和反对的声音从未间断。但习近平作为地委书记，看到了人工养殖的前景，深知科技的重要性。”有了习书记的“撑腰”，刘家富主持的大黄鱼人工育苗量产及其养殖应用技术研究于1990年顺利完成。此后，由省科委上报国家科委，1991年7月，大黄鱼网箱养殖项目获得了国家科委农业“星火计划”专项贷款。

依靠科技，刘家富创造了水产业界几乎不可能的奇迹。闽东沿海也成为我国最著名、规模最大的大黄鱼核心养殖区，带动本地区多种其他海水经济鱼类的鱼苗生产。现在，全国90%以上的大黄鱼产自宁德，年产值超过100亿元，全市直接从事大黄鱼养殖、加工的人数达10万。“宁德大黄鱼”被认定为中国驰名商标，带动旅游、餐饮、物流等相关产业蓬勃发展，30万人从中受益，一尾黄鱼游出产业发展新天地。

（四）在扶贫工作的部署上始终突出“四下基层”，推动重心下移

脱贫攻坚要强化落地，吹糠见米，做到人员到位、责任到位、工作到位、效果到位。习近平同志在宁德工作期间，大力倡导信访接待下基层、现场办公下基层、调查研究下基层、宣传党的路线方针政策下基层的“四下基层”工作制度，推动地、县领导下基层办公，各级领导开展群众接待日活动，领导干部同基层单位挂钩联系，组织干部下基层宣讲党的方针政策，这一系列的“把心贴近人民”的具体行动，架起了党和政府密切联系和服务群众的桥梁。广大干部走出机关、深入基层，主动帮助群众解决实际问题，寻找发展生产的思路和办法，获得了群众的信赖。此后历届宁德地委、行署和市委、市政府始终坚持“四下基层”，并根据新形势、新任务和群众工作的新内涵、新特点，坚持把领导干部下基层作为振奋干部精神状态、转变干部工作作风的有效抓手，与中心任务、重点工作结合起来，使之不断拓展延伸、创新完善，成为闽东各级干部转变作风、密切党群干群关系的“传家宝”。

1. 拧紧责任链条

宁德市始终把脱贫攻坚作为第一民生工程来抓，坚持以脱贫攻坚统揽全局，建立健全精准扶贫的领导责任、一线帮扶、政策保障、财力投入、执纪监督、督促考评六项机制，形成市县乡村四级书记抓扶贫、全市动员促攻坚的工作格局。按照福建省委提出的“精准扶贫要到户到人、到情到心、到位到责、到策到效”要求，层层签订责任书，全面推行“六个百分百”责任制（百分之百落实市领导包县、县领导包乡、乡领导包村、村干部包户、下派

第一书记包重点村、社会力量包重点户），对点对户安排包村领导和包户干部，建立每双月 17 号的“挂钩帮扶日”制度，积极开展“六个一”包村工程（帮助制定一项发展规划、筹措一笔发展资金、培育一个主导产业、实施一项民生工程、落实一个村集体经济项目、建设一个“五好”农村基层组织）和“五个一”包户工程（帮助制定一项脱贫计划、落实一笔帮扶资金、发展一个脱贫项目、落实一项技能培训、帮助推销一种主要农产品）。全市 34 名厅级领导率先垂范，每人挂钩 1 个贫困村和 2 户贫困户；安排 859 个市县机关事业单位结对共建，带动全市 1.28 万名干部挂钩 2.27 万户贫困户，形成了党委、政府、部门、社会共同帮扶发展的责任体系。

2. 一线调研办公

2013 年以来，完善咨询民情制度，推行干部驻村、驻厂、驻项目制度和“蹲点手记”“民情日记”制度，引导各级党员干部深入基层一线了解实情、指导工作。开展“千名干部进千家企业解千个难题”“服务项目、服务企业、服务发展”大评议、“转职能、转方式、转作风，加强服务基层、企业、项目发展”等活动，有效推动项目企业发展。各级各部门共征求群众意见建议 6.2 万条，出台服务基层、改进作风、推动发展各类制度措施 1.4 万多个（条），进一步优化发展环境。全面推行“一线工作法”，做到“三个转变”：变单一的给钱给物为既给钱给物又帮助厘清发展思路，变单纯的“输血”为更重视“造血”，变“被动出招”回应诉求为“主动作为”倾力帮扶。严格落实“五个一”工作机制和人民群众反映问题办理“路线图”，市领导牵头协调督办，市财政每年配套 1000 万元“四下基层”专项资金，真心实意为群众办实事。推行核心竞争力“双百项目”和扶贫开发挂钩制，领导干部经常深入项目、农村一线协调解决实际问题。各级领导干部深入基层单位调研指导 3.6 万次，召开现场会 19500 多场，现场帮助基层协调解决实际问题 3.1 万多个，推动宁德经济社会平稳较快发展。

3. 强化督导检查

在全省率先成立市县精准扶贫督导室，进一步加强扶贫工作力量，坚持常态化督查和专项督查相结合，2017年组织对攻坚任务、重点工程、政策资金等落实情况进行督查督导20多次，对检查中发现的310多个问题，列出清单，对标对表跟踪整改。深入开展扶贫领域腐败和作风问题专项治理，建立扶贫领域精准监督责任清单、精准监督1+X工作机制，做到“3个100%”，即对100%的乡镇开展扶贫领域监督、对100%的贫困户开展入户访查、对发现的问题100%处理到位，以铁的纪律助推脱贫攻坚取得实效。对县（市、区）脱贫攻坚成效严格考核、严格奖惩，严肃通报批评个别工作不力的县和部门单位，对其党政主要负责同志进行约谈或诫勉谈话，进一步树导向、严规矩、压责任。

（五）在扶贫对象的覆盖上，始终坚持小康路上一个都不能少

习近平同志多次强调：“全面建成小康社会，一个也不能少；共同富裕路上，一个也不能掉队。”（《习近平在十九届中共中央政治局常委同中外记者见面时强调新时代要有新气象更要有新作为中国人民生活一定会一年更比一年好》，《人民日报》2017年10月26日）宁德既是革命老区，也是少数民族畲族的主要聚居地。习近平同志在宁德工作期间，就提出“促进少数民族共同繁荣富裕”“巩固民族大团结的基础”，多次深入革命老区基点村、少数民族村寨，调研指导。此后历届宁德党委、政府坚持以人民为中心，充分发挥社会各界力量，多措并举，加快推进革命老区和少数民族地区脱贫致富，确保小康路上一个都不能少、一个都不能掉队。

1. 加快少数民族地区发展

宁德市把加快少数民族和民族地区发展作为重要任务，创新工作思路，加大扶持力度，因地制宜，精准发力，发展特色产业，建设特色村寨，传承特色文化，为各族群众如期实现全面小康奠定了坚实基础。一是增强民族乡村“造血功能”。1989年1月，在宁德地区民委第七次委员（扩大）会议上，时任宁德地委书记的习近平特地通过列举福安县民委挂钩扶贫过洋村种植巨峰葡萄脱贫致富的典型事例，提出“要提倡有关单位与畲族贫困地区重点挂

钩的扶贫办法”。1998 年，宁德市 9 个民族乡全部列入省直单位和沿海发达县（市、区）挂钩帮扶范围，并持续至今。同时，安排市领导挂钩民族乡，市民族工作协调委员会成员单位挂钩民族村，或争取项目，或安排专项资金，支持民族乡村经济发展，增强民族乡村“造血功能”，建设完善了一批基础设施和社会事业项目，搬迁安置了一批偏远山村少数民族群众，民族乡村生产生活条件得到全面改善。二是助推特色产业发展。立足民族乡村资源优势，宁德市大力实施“民族乡村特色经济发展扶持增收工程”，鼓励、引导、支持溪塔、大坝、上金贝等民族乡村发展“一乡一优势产业，一村一优势产品”。仅近年就累计安排支持民族村发展特色经济项目 200 多个，各类专业合作社 200 多家，配套开展面向少数民族群众的农业实用技术培训，提高农业生产经营水平，民族乡村初步形成了茶叶、水果、蔬菜、药材、林竹等一批特色产业，为少数民族群众的收入增长、生活水平提高作出了积极贡献。三是保护传承民族特色文化。重点实施特色民居保护、民族文化传承、基础设施建设，让民族特色村寨在助推民族地区扶贫开发中焕发出新的生机。连续承办四届福建省“三月三”畲族文化节，将中华畲族宫、霞浦畲族风情园、福安市畲族文化交流中心和“三月三”畲族文化节列入全省双“十一”民族文化精品项目建设。同时，设立闽东畲族文化生态保护实验区，完善文化站（室）、传习基地等基础设施，打造具有代表性、示范性、引领性、保护性的畲族文化名片，凸显闽东文化特色。

案例 14　留住乡愁——霞浦半月里畲族村

霞浦县溪南镇白露坑村半月里自然村堪称“闽东畲族第一村”，古村碧水环绕、林壑幽深、钟灵毓秀。建于清朝的龙溪宫、武举人雷世儒大厝、雷氏祠堂等古迹贯若串珠。2012 年，该村被列为国家级第一批传统村落和国家历史文化名村，其独特的建筑风格以及孕育出的极具标志性的宗教文化和畲族文化，每年吸引十几万游客前来观光旅游，一睹畲村好风光，领略要素齐全的畲族传统文化，也为畲族村民群众开辟了增收的新途径。为此，该村充分挖掘和保护历史遗迹及传统民俗，出台历史文化村落保护工作系列政策方案，并邀请厦门大学闽台建筑文化研究所编制完善古村落发展规划，不断加强村落基础设施建设，先后投入300多万元完成村落“五通”建设、入村古官道、村口广场整修、文物保护馆的修建和部分古建筑的仿古修复，并对全部古民居危房进行抢修，保存了历史印迹，留住了乡愁。

2. 推进革命老区建设

实施“老区工作优先行动”，大力推进老区“五通”，加快老区小康建设。全市1896个老区建制村全部实现道路硬化，实现全市老区村100%通电、通电话，20户以上自然村实现村村通广播电视，村村都配备卫生所，老区群众人均纯收入突破万元，为革命“五老”发放生活定补7412.16万元。主动对接落实国家《赣闽粤原中央苏区振兴发展规划》《关于支持福建省深入实施生态省战略加快生态文明先行区建设的若干意见》和中央给予宁德西部待遇相关政策，出台了《加大扶持力度加快革命老区发展的实施意见》，认真落实《福建省促进革命老区发展条例》，组织实施老区跨越发展工程。全市所辖9县（市、区）均出台相关落实意见，确保条例顺利实施，全力推进老区发展建设。2011年至今，全市组织270余名副处级以上领导和760余个部门到老区村挂点帮扶，共为老区村落实帮扶资金7.8亿元，享受中西部苏区老区政策争取中央预算内投资27.85亿元，争取省老区财政扶贫资金投入3787万元，扶持基础设施项目1052个、开发性生产项目256个，从而提高了老区自我发展能力，有力促进老区经济社会发展，增加老区群众收入。与此同时，积极开展老区农民实用技术和技能培训，引导老区富余人员向非农产业有序转移，提高农民非农收入。

3. 全面落实扶贫兜底

针对无力脱贫的贫困群众，衔接扶贫与低保政策，将保障标准提高到

4000元，超过省定贫困识别标准，做到应保尽保，将1.2万左右扶贫开发对象纳入农村低保范畴。针对贫困人口中因病致贫占45%以上的情况，在落实好省级医保叠加保险政策的基础上，市里出台建档立卡贫困人口健康扶贫补充保险政策，市县两级统筹2500万元资金，提高贫困人口报销比例（市级从50%提高到60%、市外从40%提高到45%），对贫困户自付医疗费用超过5000元部分，不分“目录”内外进行分段累加补助。同时，统一全市城乡医疗救助政策，将特殊门诊救助和住院救助全年累计限额提高到2.5万元，全面开展一次性定额救助与重特大疾病救助，进一步减轻贫困群众医疗负担。广泛动员各级工青妇、科协、残联、工商联、扶贫协会、老促会、慈善总会群团、社团组织等社会各方面力量参与扶贫攻坚，争取全市1000多家规模以上和限额以上企业共同筹资建立亿元以上规模的“村级扶贫救助资金”，每年对增收乏力的贫困户给予每户不少于10000元的扶持资金，对身患重病、大病、慢性病的贫困户实施救助。发动全市规模以上和限额以上企业挂钩1—2个贫困村，每年为每村筹集不少于10万元以上的帮扶资金。

案例15　宁德市实现“海云工程”全覆盖

2011年8月起，宁德市引进中国科学院全民低成本健康“海云工程”项目，为基层医疗所配备了数字化便携式多功能检查设备，把村医的诊疗工具从传统“老三样”升级成血常规、尿常规、电生理等基本健康检查的“新三样”。如今，这一项目已实现了宁德全市的覆盖。农民们在家门口就能做心电图、血压、血糖等检查，不用再耗时耗费跑大医院了。

（六）在扶贫核心的树立上始终发挥党组织的作用，夯实基层工作堡垒

习近平同志在宁德工作时始终把基层组织建设作为扶贫开发事业的核心来抓。他经常深入农村一线了解基层党建工作，指出“如果没有一

个坚强的、过得硬的农村党支部，党的正确路线、方针政策就不能在农村得到具体的落实，就不能把农村党员团结在自己周围，从而就谈不上带领群众壮大农村经济，发展农业生产力，向贫困落后作战”。多年来，宁德历届党委始终把抓基层党建促脱贫攻坚作为扶贫开发的一个传统，坚持“党的一切工作到支部”，在全省率先出台《关于抓党建促脱贫攻坚的实施意见》及10个配套文件，发挥好农村基层党组织在脱贫一线的核心力量作用。

1. 突出党组织引领，筑牢脱贫一线指挥部

始终坚持把建强组织、扩大覆盖、发挥作用，作为打好脱贫攻坚战的“龙头工程”来抓，做到扶贫工作到哪里，党组织的力量就发挥到哪里。一是在脱贫一线发力。在加强村党组织建设的同时，在中心村建立党委（党总支）80个，在造福工程集中点建立农村社区党组织43个，在村级设立种植、养殖、营销等功能性党组织（党小组）400多个，既推动资源整合，又做到精准发力。加强阵地建设，投入6500多万元，建好241个村级组织活动场所和100个农村（社区）党群服务活动中心，服务群众更便捷。二是在产业链上用力。突出村党组织对各种新型经营主体的引领，推行“支部 + 企业、支部 + 合作社、支部 + 基地”等模式，把党支部建在产业链上、党员示范岗建在致富项目中，在专业合作社、农业龙头企业、电商便利店等建立党支部600多个，带动3万多农民增收致富。三是在结对共建中聚力。组织开展城乡党组织“结对共建、争创五好，共助脱贫攻坚”“百企联百村”“市县组织部门领导班子成员挂村联户”活动，发动市县两级900多个机关企事业单位党组织挂村，9000多名党员干部、300多名组工干部包村联户，2017年帮助基层办实事好事1.8万件。

2. 突出领头雁引路，培养脱贫前线带头人

紧扣脱贫攻坚选好干部、配强班子，把优秀干部人才汇集到脱贫一线，打造一支“永不走的扶贫工作队”。一是把精兵强将派下去。2014年以来，先后选派1640名干部驻村蹲点、645名干部驻村任第一书记，出台

驻村第一书记管理服务办法，引导激励他们在脱贫一线建功立业。从机关单位中抽调 382 名干部组建 125 个扶贫工作队（服务团），全脱产进驻乡镇服务脱贫工作。二是把优秀人才引回来。实施“人才回引工程”，鼓励在外创业能人、复员退伍军人、高校毕业生等回村任职，全市培养储备村级后备干部近 7000 名（每村至少 3 名），其中 2000 多人为返乡优秀人才，为村级组织注入新鲜血液。三是把村干部队伍强起来。实施“领头雁千人培训计划”，每年推荐不少于 150 名村级组织带头人参加电大等学历教育，每年对村干部开展一轮全覆盖扶贫脱贫专题培训，提高村干部抓扶贫促发展的本领。

3. 突出党员示范带动，打造脱贫战线先锋队

开展“党员带头做表率、脱贫攻坚当先锋”主题实践活动，把脱贫攻坚一线作为争做合格党员的生动实践。一是让党员带头致富有门路。实施“党员创业就业培训”“红色信贷”等项目，2015 年以来，全市举办党员创业就业培训 124 班（期）、900 多人次，有 1800 多名党员贷到近 8000 多万元资金，创办领办致富带富项目 1800 多个，建立创业基地 600 多个。二是让党员带领致富有平台。推行“三亮三晒一争创”制度（亮党员身份、亮工作职责、亮服务承诺，晒组织生活、晒日常业绩、晒考核评价，争创“党员示范户”），把能人党员、致富能手等组织起来，组建党员志愿服务、“土专家”“田秀才”队伍等 800 多支，并组织有帮带能力党员至少结对 1 户贫困户，实现“点对点”“面对面”精准帮扶。三是让党员凝心聚力有力量。把严肃党内组织生活作为抓党建促脱贫攻坚的基本功，市县挂钩联系领导每年至少为贫困村上 1 次党课，结对共建双方每年至少共过 1 次组织生活，激发党员当先锋、作示范。

案例 16　基层党员王周齐带领群众脱贫致富

位于福鼎市硖门畲族乡西北部的柏洋村，过去农民人均纯收入不足 600

元，村财负债高达43万元，是一个典型的贫困村。1994年，在外经商的党员王周齐作为经济能人被劝回村里当“班长”。他在村两委中提倡“五心工作法”(办事有公心、工作有信心、发展有恒心、为民有爱心、团结有诚心)，抓住福宁高速公路、温福铁路、宁德核电站建设的“东风”，积极引入工业企业，发展物业经济，带领群众白手起家。经过20多年发展全村实现社会生产总值20亿元，村财收入550万元，农民人均纯收入24610元，成为宁德市新农村建设的典范。

4. 突出以县为单位，持续发展壮大村级集体经济

按照习近平同志在宁德工作期间提出的“以县为单位，制定乡村两级集体经济实力发展规划”要求，建立市级统筹、县级规划、乡村运作的联动机制，2014年以来，全市有经营性收益的村从32%提高到80%，其中10万元以上的村从不到10%提高到28%，均翻了一番多。一是坚持一县一规划。市委出台指导意见，市县财政每年安排8000万元用于村集体增强“造血”功能，各县（市、区）分别制定三年规划，做到县县“有发展目标、有扶持政策、有推动措施”。从2018年开始，抓住省里试点的契机，实施“进五争十”计划，今年各级投入2.7亿元扶持资金，力争通过两年努力，在全面消除“空壳村”的基础上，实现80%村集体经济收益达5万元以上、40%村的收益达10万元以上。二是坚持一县一路子。各地坚持以市场为导向，因地制宜、因产施策，采取资源开发、资产盘活、服务创收、资本运作、入股分红等多种办法，不断拓宽集体经济发展路子。比如，古田等山区县重点发展食用菌、林果茶等增收产业；福鼎、霞浦等沿海县市重点发展养殖、仓储等增收项目，形成“各打各的优势仗，各唱各的拿手戏”。三是坚持一县一机制。各县(市、区）普遍建立领导小组或联席会议制度，由组织部门牵头，农业、财政、发改、住建、国土等有关部门参加，定期研究发展村级集体经济工作，并把发展壮大村级集体经济作为县乡党委书记抓基层党建“领办项目”，破解过去“无人专抓、无人专管”问题。

三、精准扶贫精准脱贫“宁德模式”的经验启示

宁德坚持一张蓝图绘到底，矢志不移、滴水穿石推进精准扶贫、精准脱贫的探索实践，生动呈现了习近平总书记关于脱贫攻坚的重要论述的科学性和真理性，也为打赢脱贫攻坚战、决胜全面建成小康社会，提供了有益的启示。

（一）把坚持扶志与扶智相结合，着力“拔穷根”，作为开展精准扶贫的先决条件

没有内生动力，仅靠外部帮扶，帮扶再多，也不能从根子上解决问题。“弱鸟可望先飞，至贫可能先富，但能否实现‘先飞’‘先富’，首先要看我们头脑里有无这种意识”，“要把事事求诸人转为事事先求诸己”。宁德全市上下始终牢记习近平同志树立“弱鸟先飞”追赶意识的嘱托，坚持扶志和扶智相结合，把干部群众的主观能动性充分发挥好，坚定脱贫致富的信心，培养发展生产的技能，真正从思想上、教育上拔除“穷根”，阻断贫困的代际传递。新形势下打赢脱贫攻坚战，就必须坚持以习近平新时代中国特色社会主义思想为指导，深入学习践行习近平总书记关于脱贫攻坚的重要论述，着力解放思想，克服“安贫乐道”“穷自在”的心理状态和“等、靠、要”的依赖思想，进一步坚定脱贫致富奔小康的信心信念，向“先富”看齐，观念“先飞”、思想先行。要坚持正确舆论导向，全面宣传扶贫事业取得的重大成就，准确解读党委政府扶贫开发的决策部署、政策举措，生动报道各地区各部门精准扶贫、精准脱贫的丰富实践和先进典型。要大力培育和践行社会主义核心价值观，弘扬中华民族自强不息、扶贫济困传统美德，振奋贫困地区广大干部群众的精神。要倡导现代文明理念和生活方式，改变落后风俗习惯，善于发挥乡规民约在扶贫济困中的积极作用，激发贫困群众奋发脱贫的热情。要制定激励措施，对积极配合、主动参与扶贫开发的贫困群众，给予一定的物质和精神奖励，调动他们脱贫致富的积极性。要紧紧瞄准建档立卡

的贫困人口，坚持技能培训到户到人，针对不同年龄阶段不同文化层次的富余劳动力，分类制定和实施培训计划，提高就业能力。要大力推进教育扶贫工程，合理布局贫困地区农村中小学校，加强有专业特色并适应市场需求的中等职业学校建设，努力办好贫困地区特殊教育和远程教育，提高贫困人口受教育程度和整体素质，不让孩子输在起跑线。

（二）把实施精准滴灌与织密兜底保障网相结合，着力“改穷业”，作为开展精准扶贫的基本路径

扶贫开发，关键要明确靶向、对症下药，真正扶到点子上。习近平同志在宁德工作期间，提出因地制宜发展经济的路子，主张“从本地区的优势出发，扬长避短，兴利除弊，使区域生产要素不断优化，建立起一种最适合于少数民族地区生产力水平发展的经济运行机制”。正是始终不渝地坚持因地制宜探索多渠道、多样化精准扶贫、精准脱贫的路径，宁德的扶贫开发事业才取得历史性成就。当前，距离全面建成小康社会的目标越来越近，脱贫攻坚进入决战决胜阶段，必须坚持从实际出发，尊重发展规律，理清工作思路，突出主攻方向。要抓好精准识别，切实按照扶持对象精准、项目安排精准、资金使用精准、措施到户精准、因村派人精准、脱贫成效精准的要求，对贫困人口实行分类扶持，使建档立卡贫困人口通过产业扶持、转移就业、易地搬迁、教育支持、医疗救助等措施实现脱贫。要严格组织脱贫验收，确保脱贫成效精准、真实，坚决防止“数字脱贫”“被脱贫”等现象，对已经脱贫的农户，在一定时期内让其继续享受扶贫相关政策，避免出现边脱贫、边返贫现象。要致力产业脱贫，制定贫困地区特色产业发展规划和专项政策，实施贫困村“一村一品”产业推进行动，支持贫困地区发展农产品加工业，扶持建设一批贫困人口参与度高的特色农业基地，发挥农民合作社和龙头企业对贫困人口的组织和带动作用。要加强科技扶贫，深入推行科技特派员制度，强化贫困地区基层农技推广体系建设。要鼓励金融扶贫，支持农村信用社、村镇银行等金融机构为贫困户提供免抵押、免担保扶贫小额信贷，

加大创业担保贷款、助学贷款、妇女小额贷款、康复扶贫贷款实施力度，落实贫困地区开展特色农产品价格保险的惠民政策。要推广电商扶贫，扩大信息进村入户覆盖面，支持电商企业拓展农村业务，加强贫困地区农产品网上销售平台和物流配送体系建设。要实施兜底扶贫，完善农村最低生活保障制度，对无法依靠产业扶持和就业帮助脱贫的家庭实行政策性保障兜底。要实施健康扶贫工程，保障贫困人口享有基本医疗卫生服务，努力防止因病致贫、因病返贫。

（三）把发展区域经济与改善农村基础设施和生活条件相结合，着力“挪穷窝”，作为开展精准扶贫的重要内容

抓扶贫开发，既要突破自然生存条件和农村基础设施的“瓶颈”制约，又要站位全局、整体联动，加快区域发展，实现以城带乡、以工促农。长期以来，宁德市坚持一方面推进基础设施建设，改善农村生产生活条件；另一方面，大力发展区域经济，做到跳出扶贫抓扶贫。新时代开展精准扶贫工作，要继续坚持区域联动，着力造福搬迁和设施扶贫。要贯彻落实新发展理念，始终牢记习近平同志“多上几个大项目，多抱几个‘金娃娃’”的殷切嘱托，加快推进牵引性、带动性强的重点项目建设，改造提升传统产业，积极培育新兴产业，推动新旧动能接续转换，坚持高质量发展落实赶超，为扶贫开发注入区域经济发展的源动力。要围绕省级扶贫开发重点县县域经济发展，落实精准扶贫“四到县”工作机制，做到资金扶持到县、山海协作到县、交通改善到县、城镇化推进到县。要实施搬迁脱贫，对居住在生存条件恶劣、生态环境脆弱、自然灾害频发等地区的农村贫困人口，加快实施易地扶贫搬迁工程。要推进设施扶贫，加快完成具备条件的乡镇和建制村通硬化路的建设任务，加强农村公路安全防护和危桥改造，推动一定人口规模的自然村通公路，构建贫困地区外通内联的交通运输通道。要加强贫困地区重大水利工程、病险水库水闸除险加固、灌区续建配套与节水改造等水利项目建设，实施农村饮水安全巩固提升工程，推动小型农田水利、“五小水利”工

程等建设向贫困村倾斜，大力扶持贫困地区农村水电开发，加快推进贫困地区农网改造升级，提升贫困地区电力普遍服务水平。

（四）把落实扶贫责任与推进共同富裕相结合，着力“摘穷帽”，作为开展精准扶贫的工作目标

打赢脱贫攻坚战，是促进全体人民共享改革发展成果、实现共同富裕的重大举措，是体现中国特色社会主义制度优越性的重要标志。始终坚持全面小康一个都不能少，既是宁德精准扶贫模式的基本特征，也是这一工作模式可资借鉴的工作经验。要落实工作责任，实行中央统筹、省（自治区、直辖市）负总责、市（地）县抓落实的工作机制，县级党委和政府承担主体责任，书记和县长是第一责任人，层层签订脱贫攻坚责任书，落实责任制。要加大投入力度，发挥政府投入在扶贫开发中的主体和主导作用，积极开辟扶贫开发新的资金渠道，确保政府扶贫投入力度与脱贫攻坚任务相适应。要健全参与机制，加大经济发达地区与欠发达地区扶贫协作的力度，建立精准对接机制，使帮扶资金主要用于贫困村、贫困户，鼓励支持民营企业、社会组织、个人参与扶贫开发，实现社会帮扶资源和精准扶贫有效对接。要充分发挥各民主党派、无党派人士在人才和智力扶贫上的优势和作用，实施扶贫志愿者行动计划和社会工作专业人才服务贫困地区计划，着力打造扶贫公益品牌，提高社会扶贫公信力和美誉度。要重点支持革命老区、民族地区、边疆地区、连片特困地区脱贫攻坚，加快实施重点贫困革命老区振兴发展规划，扩大革命老区财政转移支付规模，推进民族地区重大基础设施项目和民生工程建设，实施少数民族特困地区和特困群体综合扶贫工程，加强少数民族特色村镇保护与发展，做到全面小康路上一个都不掉队。

（五）把加强党的领导与建强基层一线力量相结合，着力“换穷貌”，作为开展精准扶贫的根本保证

扶贫开发是一项具有特殊意义的群众工作。习近平同志把密切联系群众

视为“干部的一项十分重要的基本功”，把农村党组织视为“脱贫第一线的核心力量”。宁德精准扶贫的实践证明，加强党的领导，坚持走群众路线，建设群众信得过、带动能力强的基层工作班子，是开展精准扶贫的根本保障。当前，扶贫开发工作进入啃硬骨头的冲刺期，必须增强“四个意识”，坚定“四个自信”，坚决维护习近平总书记的核心地位、坚决维护党中央权威和集中统一领导，全面落实新时代党的建设总要求，自觉践行党的群众路线，抓好党建促脱贫攻坚。要坚持“四下基层”，建立“无会周”“无会月”、驻乡进村入户“三昼夜”等制度，构建起党员领导干部直接联系和服务群众的有效机制。要全面推行“一线工作法”，变“被动出招”回应诉求为“主动作为”倾力帮扶，真心实意为群众办实事。要加强组织建设，发挥基层党组织战斗堡垒作用，配强贫困乡镇领导班子，有针对性地选配政治素质高、工作能力强、熟悉“三农”工作的干部担任贫困乡镇党政主要领导。要抓好以村党组织为领导核心的村级组织配套建设，选好村级领导班子，集中整顿软弱涣散村党组织，突出抓好村党组织带头人队伍建设，提高贫困村党组织的创造力、凝聚力、战斗力，充分发挥党员先锋模范作用。要注重选派思想好、作风正、能力强的优秀年轻干部到贫困地区驻村，选聘高校毕业生到贫困村工作，根据贫困村的实际需求，精准选配第一书记，精准选派驻村工作队，提高县以上机关派出干部比例，加大驻村干部考核力度，不稳定脱贫不撤队伍。要完善村级组织运转经费保障机制，扶持无集体经营性收益的村发展集体经济，增强发展后劲。要坚持全面从严治党，依法、依规、严格规范扶贫资金的使用，落实贫困县约束机制，严禁铺张浪费，厉行勤俭节约，严格控制“三公”经费，坚决刹住穷县“富衙”“戴帽”炫富之风，杜绝不切实际的形象工程，真正树立起清正廉洁的工作作风，取信于民，不断开创精准扶贫工作新局面。

（2018 年 7 月）

改革开放
与中国城市发展
GAIGEKAIFANG

赣州

GANZHOU

赣南苏区振兴发展调研报告

中共江西省委宣传部
中 共 赣 州 市 委

为纪念改革开放40周年，按照《中宣部关于庆祝改革开放40周年“百城百县百企”调研活动调研点名单的通知》要求，今年6月至7月，由省委宣传部牵头，联合省社科联、江西日报社、赣州市委宣传部、赣南师范大学等单位，组成由专家学者和部分媒体编辑记者共同参与的专题调研组，坚持唯实求真的工作作风，全方位、多层次深入调查和了解赣南苏区振兴发展情况。

此次调研采取资料搜集、座谈询问、问卷调查、实地走访等方式，走遍赣州市辖18个县（市、区）开展调查研究，探寻发生在这片红土地上的振兴实践。调研活动分为两个阶段。

第一阶段为全面摸底阶段。为做好全面摸底工作，专题调研组分为三个小组。其中，一组前往章贡区、南康区、赣县区、瑞金市等地调研，走访了16家企业和机构、27个农业基地和代表性示范点、12个开发区，开了14次座谈会；一组前往信丰县、龙南县、安远县、兴国县等地调研，走访了12家企业、17个乡镇、37个行政村，针对农户访谈226户，开了14次座谈会和4次全市范围内政府部门座谈会；一组前往上犹县、崇义县、大余县、于都县、会昌县等地，走访了20个乡镇，开了16次座谈会，深入农户160户。

第二阶段为深度调研阶段。专题调研组分实地调研组和问卷调查组两个小组。其中，实地调研组深入安远县、定南县、大余县、于都县、兴国县、上犹县、瑞金市、宁都县、寻乌县等农村家庭，实地采访农村家庭 600 户；问卷调查组深入兴国县、于都县、瑞金市、上犹县、信丰县、龙南县、宁都县、寻乌县等 71 个行政村，入户填写了问卷 4000 份。

在调研过程中，专题调研组针对调研内容组织了大小 20 次调研组讨论会和碰头会。根据调研情况，经过认真梳理和思考，专题调研组就赣南苏区振兴发展的历史沿革、巨大成就、典型做法和有关体会思考等，形成调研报告如下。

一、赣南苏区的历史沿革

赣州位于江西省南部，俗称赣南，辖 18 个县（市、区），国土面积 3.94 万平方公里，人口 970 万，国土面积、人口分别占全省的 1/4 和 1/5，是江西区域面积最大、人口最多的设区市。

赣南是全国著名的革命老区，是土地革命战争时期中央革命根据地（亦称中央苏区）的主体和核心区域，是中华苏维埃共和国临时中央政府所在地。1931 年 11 月 7 日，中华苏维埃共和国临时中央政府在赣南瑞金宣告成立。中华苏维埃共和国是中国历史上第一个全国性的工农民主政权，是我们党在局部地区执政的重要尝试，为我们党在抗日战争和解放战争时期的根据地建设以及新中国的政权建设提供了宝贵的历史经验。毛泽东、周恩来、刘少奇、朱德、邓小平、陈云等老一辈无产阶级革命家都曾在赣南苏区从事过伟大的革命实践活动。

苏区时期，赣南苏区人民为中国革命作出了重大贡献和巨大牺牲。为了创建和捍卫襁褓中的红色政权，处于中央苏区核心区域的赣南人民倾其所有，几乎把最后一粒米、最后一尺布、最后一块银元、最后一枚铁钉都奉献出来支援红军，把自己的丈夫、兄弟、儿子送到了革命队伍。赣南苏区当时人口不过 240 万，参军参战的赣南儿女有 93 万余人，超过三分之一，其中，先后参加红军人数达到 33 万人，直接参战支前的多达 60 万人。在二万五千里长征路上，平均每公里就有三位赣南子弟倒下。有名有姓的烈士达10.82万人，分别占全省、全国烈士总数的43.8%、7.5%。

新中国成立后，赣南苏区人民依然以革命战争年代的真情、热情，无私地支援着国家建设。20世纪60年代初国家三年困难时期，赣南钨砂大量出口创汇，为国家偿还外债、渡过难关作出了重要贡献。新中国成立以来的60年，赣南累计开采钨精矿130万吨，占全国一半以上；累计开采稀土25万吨，占全国稀土总量的七成以上，有力地支持了国防建设和国家经济发展。赣南森林资源丰富，新中国成立初期被列为全国调运木材的重点地区，并修建了森林铁路专门外调木材，为国家提供统配木材2450万立方米、毛竹8718万根。由于长期过度砍伐，森林面积锐减，水土流失严重，其中1975年至1982年7年间，赣南林地面积减少257万亩，荒山面积增加183万亩，水土流失面积1678万亩，占林业用地面积的37.8%。在资源大量输出的同时，赣南苏区主要劳动力大量输出到沿海发达地区。仅2011年，赣南苏区跨省输出劳务185.19万人，占乡村从业人员的33.7%，为国家经济建设作出了巨大贡献。

改革开放后，赣南苏区发展压力和治理贫困落后难度远远超过其他地区。由于战争创伤和经济投入不足，加上资源禀赋、交通条件、产业结构等因素，赣南苏区的经济发展远落后于全国和全省平均水平，总体发展水平低、发展差距拉大、群众生产生活条件差、社会事业发展缓慢。2011年，赣南苏区人均生产总值为16219元，相当于全省、全国平均水平的62.7%、46.2%；人均财政总收入1724元，相当于全省、全国的46.9%、22.3%；人均地方财政收入1130元，相当于全省、全国的48.0%、29.0%；人均固定资产投资10706元，相当于全省、全国的54.7%、47.6%；人均社会消费品零售总额5114元，相当于全省、全国的66.2%、37.4%；农民人均纯收入4949元，相当于全省、全国的71.8%、70.9%。到“十一五”末，赣南还有11个连片特困县、1419个贫困村以及215.46万贫困人口，贫困发生率高出全国平均水平16.5个百分点；更有69.5万户近300万人居住在危矮破旧的土坯房中，42 万人主要依靠政府提供的抚恤补助、农村低保和零星救济度日，当年红军用于夜行的松明子，依然还是部分深山住户主要的照明材料，许多孩子只能就着昏暗的煤油灯做作业；220 多万农村群众连最起码的饮用水都难以保障，长年累月人畜共饮，直接从塘里、田里、沟里取水；19.1 万人生活在深山区、库区和地质灾害频发区，9 个县没有铁路，4 个县没有高速公路，29%的国道和省道属于等外标准。与全省和全国的发展相比，赣南苏区是全国较大的集中连片特殊困难地区，脱贫致富实现全面小康的任务十分艰巨。

赣南苏区特殊的地位、特殊的贡献、特殊的困难，深深牵动着党中央的殷切关怀，牵动着习近平总书记的深情大爱。2011 年 12 月 31 日，在有关赣南苏区经济社会发展情况调查报告上，习近平总书记作出重要批示，“赣南苏区是中央革命根据地的主体，为中国革命作出了重大贡献和巨大牺牲。由于种种原因，赣南苏区目前经济发展依然滞后，人民生活依然比较困难。如何进一步帮助和支持赣南苏区发展，使这里与全国同步进入小康，使苏区人民过上富裕、幸福的生活，应当高度重视和深入研究”。2012 年 6 月 28 日，《国务院关于支持赣南等原中央苏区振兴发展的若干意见》（以下简称《若干意见》）正式出台，开启了革命老区脱贫致富、振兴发展的宏伟实践。

二、赣南苏区振兴发展的六年巨变

自 2012 年 6 月赣南苏区振兴发展实施以来，在党中央、国务院的殷切关怀下，遵循习近平总书记“新的希望、三个着力、四个坚持”重要指示，赣南苏区人民围绕实现苏区振兴目标，砥砺前行、精准发力，振兴发展取得阶段性重大成效。赣南苏区进入了经济社会发展最快、城乡面貌变化最大、老百姓受益最多的时期，特别是在生产生活条件、基本公共服务、发展支撑能力、特色优势产业、可持续发展、体制机制创新等领域发生了翻天覆地的变化，脱贫攻坚迈出了坚实步伐，红土地上迎来了沧桑巨变。

（一）生产生活条件

1. 居住、饮水、用电、出行等条件明显改善

2012 年以前，赣南苏区有近 70 万户群众生活在土坯房中，占农村总户数的 40.6%。当地各级政府虽做了较大努力，但由于补助标准低、建筑成本高等问题，改造进展不是很顺利。此外，赣南苏区农村有 223.8 万人长期饮用污染严重的地表水、泥塘水，175 个村不通电，7.1 万农户用不上电，2 万多个自然村不通公路。

《若干意见》出台实施以来，赣南苏区在解决居住、饮水、用电、出行等突出民生问题上取得了突破性进展。据统计，2012—2017 年，赣州市共有 69.52 万户居民完成了危旧土坯房改造，同时建成了保障性住房 16 万套，完成了棚户区改造 8 万多户；农村居民长期喝地表水、泥塘水，近 300 万山区群众不通电或长期“低电压”的问题得到了彻底的解决；此外，出行条件也得到了大幅改善，到 2017 年年底，全市农村公路总里程数为 20029 公里，道路硬化率 79.6%。安远县“四好农村路”建设实现了村村通，农村小公交实现了全覆盖，目前正在全市范围内推广。如今，赣南苏区居民在住房条件和生活环境方面的满意度有了大幅提升。

赣南苏区居民住房和生活环境满意度统计表

住房条件	满意度	生活环境	满意度
消除安全隐患	78.17%	污染治理	89.62%
厨房条件改善	74.53%	村容村貌	84.37%
厕所卫生改善	83.56%	水电安全	85.85%
房内设施齐全	72.51%	道路及休闲设施	86.52%
互联网	85.85%		

2. 贫困问题逐步解决

赣南苏区的贫困问题由来已久。到 2011 年，赣南仍有 11 个连片特困县、1419 个贫困村、215.46 万贫困人口，贫困发生率 29.6%，高出全国平均水平 16.5 个百分点。调研发现，发生贫困的原因比较复杂，有因病、因学、因灾、因残造成的绝对贫困，也有收入来源单一产生的相对贫困等。

从调研的情况看，赣南苏区脱贫攻坚的力度很大，效果很好。六年来，全市贫困人口减少至 35 万人，占江西省脱贫人数的一半，贫困发生率下降至 4.31%，与全国的平均水平差距缩小到 1.21 个百分点。政府帮扶苏区贫困居民脱贫的方式多种多样，有干部驻村帮扶、职业教育培训、金融扶贫、旅游扶贫、政府补贴、兜底扶贫、教育扶贫、电商扶贫、光伏扶贫、合作社扶贫、异地搬迁扶贫等。特别是采取的一户一策精准对接方式让苏区人民受益匪浅。至 2017 年，赣南有 6 万户贫困户 20 余万人通过光伏扶贫项目实现了脱贫；20.4 万人通过就近搬迁安置、跨区域安置、县域内统一协调安置、依托工业园区安置等多种方式，实现了脱贫。问卷调查结果显示，98.38%的贫困户和脱贫户对正在享受的当地政府提供的扶贫政策满意和比较满意。

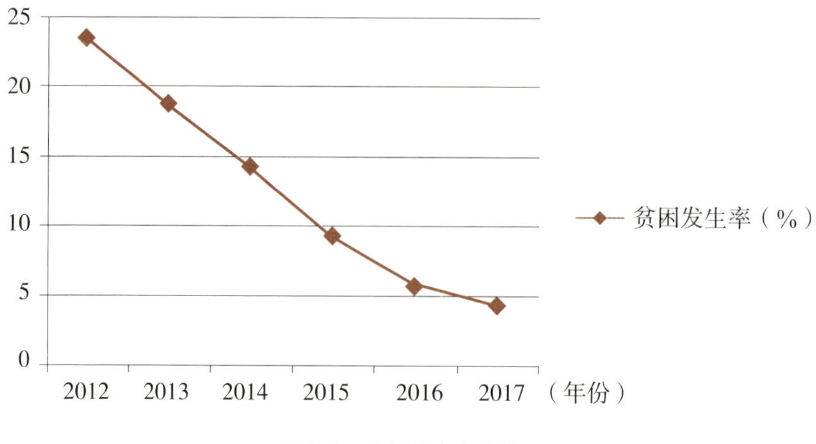

赣南苏区贫困发生率变化图

（二）基本公共服务

之前，赣南苏区在享受基本公共服务的质量上差距较大，总体低于全国平均水平。其中，差距最大的是学前教育和义务教育、城乡医疗卫生体系、城乡公共文化和体育设施、社会保障体系。现在，这些领域的基本公共服务水平得到了大幅提升。

1. 学前教育和义务教育

2011 年，赣南苏区仅有公办幼儿园 62 所，私立幼儿园 2605 所。学前三年入园率 61.36%。小学、初中标准化校舍危房面积 286.62 万平方米，寄宿条件差，没有营养餐。如宁都县南林村小学被称为“六无”学校，寄宿生长期睡地板。中小学教师教学生活条件差，待遇低，33920 名教师没有宿舍，教育资源有加速流失的趋势。

到 2017 年年底，赣南苏区学前教育和义务教育整体水平跃升至江西省前列。赣南苏区有公办幼儿园 940 所，幼儿园和幼儿教学点 3327 所（个），赣南苏区学前三年幼儿入园率 83%。在校舍方面，新（改、扩）建中小学校舍 503 万平方米，改造薄弱学校 2903 所，改造校舍危房 231 万平方米，改造寄宿生宿舍 32.4 万平方米。幼儿园营养餐供应实现了全覆盖，农村义务教育供餐率 87.11%。

与此同时，赣南苏区专任教师大量流失的现象得到遏制，增加了 1.92 万人。目前，赣南苏区有特岗教师 10378 人，“三区”人才支教、学前教育支教教师 6034 人，中小学及幼儿园专任教师 10.6 万人。2012—2017 年，开展了国培计划、省培计划，教师培训 15.25 万人次。

2. 城乡医疗卫生体系

受历史条件和经济发展水平的影响，赣南苏区城乡医疗卫生服务投入长期不足，服务水平落后于全国平均水平，甚至低于西部地区平均水平，“看不上病、看不起病、看不好病”的现象比较普遍。据统计，2011 年，赣南苏区每千人医疗卫生机构床位数 2.38 张，低于西部 3.35 个百分点。在农村，有70%以上的行政村没有卫生室，21.1%的农村居民在当地看不上病。

经过6年的努力，赣南苏区医疗技术、医生水平也有了较大的提升，赣南农村居民在当地“看不上病”的现象得到了彻底的解决，当地医生“看不好病”的现象逐年下降。据统计，截至2017年年底，赣州新建了行政村卫生室730个，行政村卫生室实现了全覆盖，乡村医生有1万多人；赣南苏区共有硕士以上学历医生661人、副高以上职称医生1406人，分别比2011年增长47.7%、38.9%。每年乡村医生培训人数均在8000人左右。2017年，赣州市组建了家庭医生团队3105个，覆盖了赣南苏区贫困人口的99.93%，总人口的45.2%。值得一提的是，于都县成立了市、县、乡（镇）、村医疗共同体，当地居民足不出户就可以享受到全县的医疗资源。

更加可喜的是，2016年以来，除在药品方面采取“阳光采购”降低药品价格外，赣南苏区实现了城乡统一医保、全民医保，在全省率先实施了“四道医疗保障线”，赣南苏区人民基本上都能“看得起病”。一般家庭发生非重大疾病，通过基本医疗保险可以报销50%左右的医药费；如发生重大疾病，还可以通过大病医疗保险再报销近20%的医药费。对于贫困家庭，如发生重大疾病，除了享受基本医疗保险和大病医疗保险的优惠外，还可以享受医疗商业补充保险和医疗救助，承担费用的比例不到10%。目前，赣州

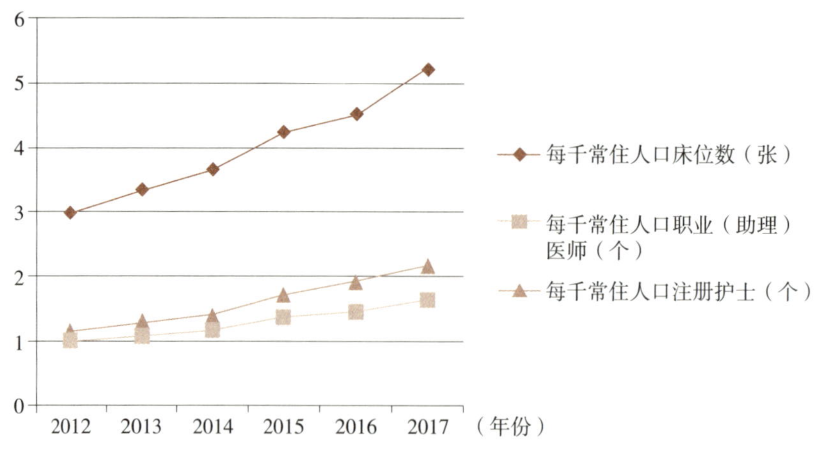

赣南苏区医疗基础条件变化图

的“四道医疗保障线”制度正在全省推广。

3. 城乡公共文化和体育设施

2012 年以前，赣南苏区 57%的行政村没有文化活动场所，大部分文化馆、图书馆设施落后，6011 个村小组、18.65 万户群众看不上电视，38%的县（市、区）、93%的乡镇没有体育健身活动场所。据了解，当时赣南苏区群众业余休闲活动主要是打牌、喝酒、聊天（听广播）、看电视、学习等。

经过六年的建设，整个赣南苏区已经建成了市、县、乡、村四级公共文化设施网络和体育场馆。目前全市有市、县两级公共图书馆 20 个、文化馆 20 个、博物馆（纪念馆）15 个、乡镇综合文化站 283 个、村级综合文化服务中心 2055 个、“农家书屋 + 电商”服务站点 1800 多个。广播电视直播卫星实现了户户通。县级体育场馆增加 82 个，乡镇农民体育健身工程增加 118 个，村级农民体育健身工程增加 1533 个，城市社区全民健身场地增加 7 个，足球场增加 138 个。这些设施大部分免费开放，人民群众的业余休闲活动越来越丰富。特别是，寻乌县、章贡区等 4 个县（市、区）开展的“新时代传习所”很有特色，目前正在全市范围内推广普及。

4. 社会保障体系

《若干意见》出台实施以前，赣南苏区养老、就业、低保、福利等方面的社会保障比较完善，但存在平台少、保障水平低、覆盖率低等短板。2011 年，赣南苏区有 196.3 万人不同程度存在生活难、生产难、办事难等问题；城乡居民每月每人可领取养老保险基础养老金 55 元，低保户每人每月可领取 130 元补助金，企业退休人员每月可领取养老金 1197 元。

目前，办事难问题得到了明显改善，基层就业和社会保障服务平台实现了全覆盖，基本实现了应保尽保。据统计，至 2017 年，赣南苏区已建成便民服务点行政村 3569 个，便民服务点行政村覆盖率达 100%。便民服务点 POS 机布设 4025 个。同期，保障标准也有了很大提高，城乡居民每月每人可领取养老保险基础养老金 98 元，低保户每人每月可领取 305 元补助金，企业退休人员每月可领取养老金 1936 元。福利院、敬老院、光荣院等福利机构条件也有所改善，上犹等县（市、区）实行了针对重点优抚对象、重度残疾人、城乡低保常补对象、已结扎二女户、因灾全倒户等“五类对象”代缴养老保险费的保障政策，连续代缴 15 年。

综合来看，赣南苏区基本公共服务水平有了大幅提升。问卷调查结果显示，94.61%的家庭认为近几年公共文化服务变化大，开展的文化服务活动日益丰富多彩，生活感觉很充实；89.35%的人认为自己的生活便利、心情舒畅；77.21%的人不会担忧由于疾病或其他不确定因素而致贫、返贫或生活质量下降，他们普遍认为党的政策有保障，自己有能力和信心应对。

（三）发展支撑能力

1. 交通

赣南在近代以前曾经具有沟通南北的传统交通优势，随着海运和京广线的开通，其优势逐步丧失。20 世纪 90 年代开通了京九铁路，至 2012 年《若干意见》出台实施前夕，赣南的交通条件仍然严重落后。铁路运输能力弱，高速公路没有全覆盖，G105、G323 等 4 条国道干线等级低、路况差，等外公路占 29%。赣州机场航线数量少，无法满足出港需求。

2012 年年初至 2017 年年底，赣州市推动了一批重大基础设施建设项目，基本建成了区域性综合交通枢纽，大幅提升了货运和客运量，经济发展的支撑能力明显增强。

铁路方面，赣州市境内新增加了赣韶铁路、赣龙铁路复线，赣州市铁路总营运里程从 364 公里增加至 555 公里。据了解，到 2019 年年底，昌赣客专、赣深客专等高铁线路将通车。

公路方面，实现了县县通高速公路，全市高速公路通车里程由 809.26 公里增加至 1441.26 公里，国省道总里程增加 1269 公里，国道由 4 条 913 公里增加至 11 条 1990 公里，省道由 15 条 1481 公里增加至 22 条 1673 公里；等外公路总里程下降近 20%。另外，厦蓉、济广、泉南和沪昆高速南昌至韶关联络线等 4 条国家高速公路（赣州段）也将全面建成和改造。

航空方面，2017 年，赣州成为全国支线航空发展试点城市，黄金机场启动改扩建，通航城市由 2011 年的 6 个增加到 18 个。

赣州市 2012—2017 年运输线路总运营里程变化表

项目	2012 年（公里）	2017 年（公里）
铁路	364	555
高速公路	809.26	1441.26
国道	913	1990
省道	1481	1673
等外公路	5733.27	4736.87

赣州市 2012—2017 年运输量变化表

项目	货运			客运		
	单位	2012 年	2017 年	单位	2012 年	2017 年
铁路	万吨	164.9	425.40	万人次	1302	1817.5
民航	吨	4566.7	12242.3	万人	60.17	127.98
公路	万吨	17266	10485	万人	9153	8654

问卷调查显示，96.31%的居民认为《若干意见》出台实施以来，交通条件发生了很大改变，出行更加方便，尤其是农村公交系统的建设，对于年龄在 50 岁以上居民而言更加便利。赣南综合交通枢纽给苏区人民带来的不仅仅是便利，还带来了开阔的视野，使苏区人民更加便捷地接触到沿海发达地区新观念。

2. 能源

过去，赣南主要依靠铁路运输煤炭、油气等能源。受交通基础设施落后的限制，油气供应能力长期不足，企业生产、人民生活受到极大影响。电力方面，以煤炭发电为主，水力发电为辅。2012 年以前，境内仅有华能瑞金电厂一期装机70万千瓦。除装机5万千瓦的上犹江水电厂外，境内还有一些小型水力发电厂。此外，电网结构薄弱，受电能力和变电容量严重不足，农村居民电力的通达性、安全性、可靠性不能有效保障。据报道，2008年冰灾，赣州电网与国家大电网“脱联”，赣州电网供电能力由105万千瓦锐减至10万千瓦，全市工厂、居民区大面积停电。

近年来，随着铁路运输能力的增强，樟树—吉安—赣州成品油管道、泉州—赣州成品油管道、揭阳—梅州—赣州成品油管道、“西气东输三线”赣州段工程建成投产，煤炭、成品油及天然气等能源支撑能力得到加强，工业生产和居民消费得到了极大满足。同时，加大了区外电力输入力度，并适当开展了区域内新电源点建设，探索出了风电、太阳能、生物质能、光伏发电与扶贫相结合的路子，并与供电公司并网，既让老百姓得到实惠，也使得供电能力大大提升。截至2018年6月，实现220千伏变电站县县全覆盖，最高用电负荷达到303万千瓦；已开始建设风电场30个，总装机205.09万千瓦，建成风电装机44.95万千瓦；建成生物质发电装机3.3万千瓦；各县市区已有10万余用户安装了光伏发电。

3. 水利

赣南水资源丰富，全市年平均水资源总量336.52亿立方米，但水资源利用率比较低。《若干意见》出台实施以前，赣南水库有1004座，塘坝77582座，其中701座处于不设防状态，洪涝等自然灾害频发。农田灌溉工程总灌区15126个，其中万亩以上灌区39个，电井512眼，泵站2333座。从利用率看，这些灌溉用水利设施应用率不到45%，全市18.9%的农田没有灌溉设施或配套设施不全，抗旱能力不足，仍属“望天田”。

为解决水利设施瓶颈，2017年年底，赣州市建立和完善了山洪地质灾害监测预警预报系统，实施城镇防洪工程65个，新建堤防226.06公里；完成加固病险水库786座，实施73处中小河流治理项目，治理河长218.3公里；新建寻乌太湖、兴国塘澄等5座中小型水库，小型农田水利重点县建设实现了全覆盖。经过一系列努力，水利基础设施项目对农业经济发展的支撑能力大幅提升，防洪防灾能力大幅增强。据统计，2012 年以来，全市先后战胜 76 次致灾性洪水，水库无一垮坝，重要堤防无一决口，累计减少因灾损失 13.46 亿元。

赣州市 2012—2017 年水利灌溉设施变化表

项目	单位	2012 年	2017 年
水库	座	1004	1049
塘坝	座	77582	84166
规模以上电井	眼	512	565

（四）特色优势产业

赣南苏区传统特色优势产业主要是脐橙产业和稀土、钨产业。稀土、钨产业最早始于新中国成立时期，至 21 世纪初开始产业链延伸，形成了稀土、钨产业集群。脐橙产业的形成始于 20 世纪 80 年代，至今成为世界脐橙主产区。此外，赣南苏区还出产蜜橘、茶叶、白莲、生猪、蔬菜、林产品、苗木等特色农林产品，在各县市区还分布着一些铜铝、食品、乡村旅游、氟盐化工等产业，这些产业规模小，零星分散，没有形成产业优势。“十一五”期间，现代轻纺、机械制造、新型建材、电子信息、家具等制造业开始崭露头角，“十二五”期间初具规模。2012 年，《若干意见》提出培育新能源汽车、生物医药、高端装备制造等战略性新兴产业，并将红色文化旅游产业和现代服务业纳入发展规划，重点培育。

1. 脐橙产业

2012 年，脐橙产业种植面积 178.12 万亩，总产量 125.09 万吨。受黄龙病影响，2017 年赣南脐橙产业种植面积降为 150 万亩，产量降为 105.2 万吨。《若干意见》出台实施以前，除了黄龙病以外，赣南脐橙产业发展面临的是品牌价值低、产业化程度低、储藏加工环节弱、营销平台少等问题。

近年来，赣州市建成了国家脐橙工程技术研究中心、检测中心，开展了162项课题攻关，一举解决了脐橙产业产业化程度低、品牌价值低的问题。至2017年，赣南脐橙品牌价值飙升近15倍，名列全国初级农产品类地理标志产品品牌价值榜榜首。2012—2017年，赣州共发展脐橙深加工企业2家；建设有机脐橙园11个、简易贮藏库386个、冷库82个、果品分级生产线30条、中国供销·赣南脐橙交易中心和会展中心各1个；推进“西果东送”和农产品现代流通综合试点项目16个，分级生产能力达到3224吨/小时，销售网络体系变得非常完备。上述举措，使赣南脐橙产业总产值达120亿元，比2012年增加近50%。

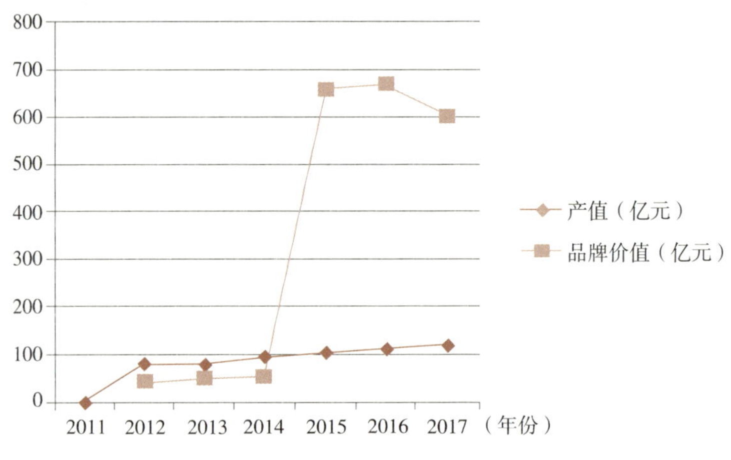

赣南脐橙产业产值与品牌价值变化图

2. 制造业

优势矿产业。赣南稀土、钨产业长期以来在产业链前端具有资源优势，但没有国际话语权。深加工、高端新材料和应用等后端产品在国内和国际上没有优势。2015年，赣州市成功组建中国南方稀土集团，将产业链前端原来的88本采矿权证整合成45本，既实现了稀土资源的战略储备目的，又逐步提升了国际话语权和竞争力。2016年以来，赣州市先后成功组建了国家离子型稀土资源高效开发利用工程技术研究中心、章源钨业国家企业技术中心等重大产学研合作平台，开展了一系列技术创新、科技攻关和成果转化，稀土后端深加工及应用环节产品成功实现延伸。据统计数据，2017 年赣南稀土、钨产业全产业链产值比 2011 年增长 17.25%，规模以上企业增加 58 户。为进一步提升该产业的优势，赣州市政府提出了建设“中国稀金谷”的目标，目前已列入国家《稀土行业发展规划（2016—2020 年）》。

其他先进制造业。除稀土、钨产业，赣南其他先进制造业等战略性新兴产业虽有一定的特色，但基础比较弱，科技创新能力不足，缺乏产业孵化平台。《若干意见》的出台实施，对于这些产业发展提供了机遇。近年来，赣州市围绕创新驱动战略，获批创建了“中国制造 2025”试点示范城市，并创建了规模 300 亿元的赣南苏区振兴发展产业基金。截至 2017 年年底，赣州市建成了 5 个新材料制造、新能源研究等研发实验室，2 家国家级科技企业孵化器。经过六年的建设，赣州市成功引进了 5 家大型的新能源汽车企业，28 款车型进入国家目录；青峰药业进入中国医药工业 50 强；南康家具规模以上企业由 6 家增加到 376 家，拥有 5 个中国驰名商标，产业集群总产值突破千亿元，成为国内三大家具基地之一。2017 年，赣州市战略性新兴产业主营业务收入突破 500 亿元，占全市工业比重 15.6%。

3. 红色文化旅游产业

《若干意见》出台实施前，赣南苏区在传承红色文化方面做出了很大努力，瑞金中央革命根据地博物馆等一批标志性建筑相继建成。由于赣南革命遗址数量巨大，地方财力有限，大部分遗址得不到保护和修缮。

2012—2017 年，赣南苏区革命遗址群修缮利用等多项工程获国家文物局立项，争取资金近 4 亿元，保护维修项目 240 个；于都中央红军长征出发纪念馆等原有的设施得到了大规模更新；建设国家、省、市级爱国主义教育示范基地 102 处。据统计，6 年来，瑞金全国行政机关公务员特色实践教育基地累计办班培训 2 万余人次。

革命遗址群的修缮利用和红色文化教育基地的建设，带动了红色旅游，瑞金、兴国、于都、宁都等地陆续推出了红色旅游项目，其中瑞金市的沉浸式旅游体验项目比较有特色。整体上看，赣南苏区已经成为全国12大重点红色旅游区之一，甚至在瑞金等一些县（市、区）成为了支柱产业，成为了一项重要收入来源。据统计，2017年赣南苏区红色旅游收入占赣南苏区旅游总收入比重超过35%。

赣南苏区红色文化旅游产业规模变化表

指标	2012年	2013年	2014年	2015年	2016年	2017年
红色文化旅游人数（万人次）	814	977.04	1224.23	1521.02	1826.91	2087.28
红色文化旅游收入（亿元）	57.96	70.2	92.66	133.75	169.74	194.09

4. 现代服务业

《若干意见》出台实施以来，赣南苏区现代服务业的发展进入了快车道，呈现出三大亮点，即：区域性金融中心建设深入推进，目前已成为赣粤闽湘四省周边九市中金融机构最多、种类最齐全的设区市；获批全国现代物流创新发展试点城市；创建国家电子商务示范城市。

总的来看，赣南苏区特色产业的发展，给苏区人民创造了大量的就业机会，大部分家庭收入来源实现了多样化。问卷调查结果显示，84.03%的居民认为，自《若干意见》实施以来，他们的就业机会和收入都有非常明显或比较明显的增加。据统计，2011—2017年，有近200万苏区城乡劳动力返乡创业和工作，他们在工作的同时享受家庭的温暖，再也没有了外地务工的思乡之苦。城镇居民人均可支配收入由16058元增加到29567元，年均增长10.4%；农民人均可支配收入由4684元增加到9717元，年均增长12.2%。百姓收入增加带来的一个重大变化就是，高档消费品逐步进入苏区人民的日常生活。

赣南苏区农村家庭高档消费品保有量分布表

项目	家庭百分比
冰箱、微波炉	81.67%
空调	32.21%
汽车	22.37%
热水器	80.32%

（五）可持续发展

1. 生态建设与水土保持

赣南森林覆盖率达 76.23%，是我国南方地区重要的生态屏障。长期以来，赣南的生态环境和水土流失问题比较严重。安远县安子岽林场周边的居民刘承章在访谈中说："十几年以前，林场里小树苗多，遭受过盗砍盗伐，许多地方杂灌丛生，树木生长率低，森林应有的水土保持功能和生态功能基本都退化了。"调研发现，这一问题在赣南很普遍。加剧生态环境恶化的另一主因是崩岗，赣县、兴国、于都、龙南、寻乌、上犹等地最为严重，有"生态溃疡"之称，生态安全问题非常突出。据 2010 年的调查，赣南有崩岗 3.35 多万座，占全省崩岗数量的 69.78%；崩岗侵蚀面积 141.69 平方公里，占全省崩岗面积的 68.52%。

《若干意见》出台实施以来，通过实施低质低效林改造、实施林业生态修复工程、推进森林质量提升、统筹推进城乡绿化、加强生态公益林和天然林保护等举措，全市完成造林绿化 324.59 万亩，启动 1000 万亩低效林改造项目；建立省级以上林业自然保护区 11 个、湿地公园 19 个、森林公园 31 个。完成赣江、东江等大中河流绿化里程 4992 公里，水岸绿化率达 86.6%；完成造林绿化、长（珠）防林等工程建设 511.4 万亩；推进国家木材战略储备基地示范项目建设 4.05 万亩；建立自然保护区、湿地公园、森林公园 104 个，总面积达 41 万公顷，数量和面积均居全省第一。

同时，赣州市先后被列入“水土保持改革试验区”“赣州市国家水土保持重点建设工程”“崩岗侵蚀防治和水土保持生态修复试点”“碳汇造林示范基地”，并编制完成了《赣江、东江源水生态系统保护与修复治理行动计划》。2017年，赣南各县市区因地制宜，治理崩岗近4000座，整治崩岗新增造田种果3000余亩，水土保持生态修复面积4061.21平方公里。这不仅解决了长期困扰当地群众的生态环境问题，还为当地群众脱贫致富注入了活力，成为赣州市“山水林田湖草”项目的示范样板工程。如兴国县2017年利用山水林田湖生态保护修复项目积极开展崩岗治理，对全县2000处崩岗进行治理，不仅让崩岗流失区换上新容貌，还成为景观带、增收林。

2. 环境治理和保护

赣南稀土、钨矿的开采已有100多年的历史，长期采用“池浸”“堆浸”落后的开采工艺。废弃矿山区域范围内，70%以上的耕地遭到破坏，约80%的居民受到自然灾害、水源污染、环境破坏和水土流失的威胁，其中以龙南县、定南县、全南县“三南”最为突出。21世纪初，“原地浸矿”新工艺虽减少了水土流失，但是氨氮超标等新的污染日益显现。此外，全市95%的生活垃圾填埋场设施不全或运营不正常，对周边地下水、地表、土壤等产生重大影响。

2012年以来，重点推进包括流域水环境保护与整治、矿山环境修复、水土流失治理、生态系统与生物多样性保护、土地整治与土壤改良等5大类生态建设工程。据统计，2012—2017年，开展矿山环境综合治理项目12个，18个矿山获批开展绿色矿山建设，废弃矿山治理76.5平方公里；共建成污水管网1175.08公里，城镇污水处理率达到90.07%；16个工业园区污水处理设施完成建设，园区废水、废气排放达标率100%；重金属污染防治专项治理项目111个，累计削减重金属排放量281.3千克；削减烟尘排放量1670.98吨、二氧化硫排放量442.7吨；乡镇垃圾转运站实现了全覆盖。问卷调查结果显示，赣南苏区六年来废弃矿山综合治理、重金属污染治理、水污染治理群众综合满意度为84.37%，城乡垃圾和环境整治群众综合满意度为89.62%。

（六）体制机制创新

《若干意见》出台实施以来，赣州市获得地方立法权，体制机制创新进一步扩大了自主权，取得了重大突破。

1. 行政管理体制

2012—2017年，先后出台了《关于改进工作作风提高工作效率的意见》《赣州市推进干事创业实行容错减责免责的办法》《赣州市领导干部“为官不为”问责办法》等文件。据统计，六年来，先后清理市级非行政许可审批事项33项，下放审批事项59项，转变管理方式17项，暂停实施28项，转报实施3项，整合31项。审批流程平均办结时限由14.65个工作日缩短为7.4个工作日。问卷调查结果显示，98.38%的居民对正在享受的当地政府提供的行政服务效率满意或比较满意，89.35%的居民认为自己办理行政许可等事项时效率比以前大大提高或有所提高，92.16%的居民对干部作风非常满意或比较满意。

2. 要素市场

2012年以前，赣南苏区的要素市场有“两无”，即无平台、无市场，一直是经济发展的短板。现在，赣州市要素市场支撑平台到处可见，交易量日益增加。据统计，六年来，赣州市围绕稀土、钨等优势产业获批国家离子型稀土资源高效开发利用工程技术研究中心等国家级信息市场平台56个；推出公共资源交易平台、赣州环境能源交易所、稀有金属交易所、赣州市科技创业投资引导基金等10个建设或重组项目；建设国家级科技创新平台3个，孵化器2个；省级创新平台、孵化器17个；市级创新平台、孵化器3个。比如，赣州钨新型合金材料有限公司依托要素市场平台吸引了百余名博士参与技术研发，累计降低生产成本1600万元，完成国外零部件和耐火材料用国产配置替代100多项，降低采购成本2000万元。

3. 园区建设

赣南苏区共有19家工业园区。这些园区普遍规模小，缺乏联动，发展速度慢。近年来，赣州围绕工业园区建设开展了卓有成效的体制机制创新。2016年，国家发改委批复瑞（金）兴（国）于（都）经济振兴试验区，提出打造赣南等原中央苏区扶贫攻坚的先行区、全国红色文化传承创新的引领区、贫困地区统筹城乡发展的创新区、南方丘陵地区生态文明建设的示范区。2017年，推动龙南、全南、定南园区一体化发展，完善财税管理体制、创新投融资体制和推进试点示范。2018年4月，园区一体化取得了显著成效，仅半年时间就成功吸引了83亿元的建设项目。

4. 农业农村

赣州是农业大市，土地确权、林权改革相对滞后，土地资源、林业资源流动性差，很难资本化，严重制约了农业、林业的发展。《若干意见》出台实施以来，赣州市开始全面铺开确权改革。目前，赣州市农村集体土地所有权确权登记发证率达99.56%，农村集体建设用地和宅基地使用权确权登记发证工作已经全面铺开，18个县（市、区）均成立了林权管理服务中心或林权交易中心。

农民有了集体土地所有权和林权等证后，新的融资渠道和收入来源增加了。2015年，会昌县率先开展了承包土地的经营权、住房财产权抵押贷款试点。根据会昌县的调查统计，有70%的农户受益于这些体制创新，农户长期以来的“沉睡资产”被盘活，解决了农户生产生活中的资金难题，提升了农民的创业热情，加速了脱贫进程。

5. 地方金融改革

2012年，赣南有近3万户中小微企业，但只有128家金融机构。这些金融机构服务于中小微企业的功能弱，新型金融机构一直是空白，资本市场更加落后，融资难、融资贵现象比较突出。

《若干意见》出台实施后，围绕中小企业融资的财政资金分配改革，“五个信贷通”、帮扶企业融资“四项制度”等创新层出不穷。2012年以来，随着赣州区域性金融中心建设的有效推进，全市各类金融机构增加到172家，“瑞京金融”“区块链票链全国监控运营管理中心”“区块链金融产业沙盒园”

等新兴的金融业态也不断出现，中小微企业在融资方面有了更多的选择。据统计，六年来，赣州市共计发放贷款 183.3 亿元，倒贷周转金 181.39 亿元，帮助中小微企业降低融资成本 9 亿元以上。

6 年来，赣南苏区人民把加快苏区振兴发展作为一项重要政治任务和重大战略机遇努力作为，《若干意见》里的顶层设计在赣南大地变为生动实践，迸发出无限的生机与活力。主要经济指标增速持续高于全国、全省平均水平，与全国、全省差距逐步缩小；人均主要经济指标由全国平均水平的三至四成提升到了接近五至六成。比如，在经济发展新常态下，地区生产总值依然保持了年均 10.3%的两位数增长，2017 年增长 9.5%，更是居全省第一。与延安、遵义、百色、临沂、龙岩、三明、黄冈等革命老区相比，近五年地区生产总值、一般公共预算收入年均增长速度位列第一。

一项项精准帮扶政策的落地加快了赣南苏区的发展，带来了沧桑巨变。这些巨变，涉及赣南苏区经济社会发展的方方面面，大到战略定位、产业发展、基础设施，小至村民住房、农民喝水、学生读书。这些巨变，凝聚着以习近平同志为核心的党中央高瞻远瞩、英明决策和殷殷关怀。这些巨变，打造了一个革命老区摆脱贫困、全面建成小康社会，坚定不移跟党走、坚定不移走中国特色社会主义道路的红色样板。

今天的赣南苏区人民，既感受到了前所未有的获得感和幸福感，也铭记着党和国家的深情大爱。赣南老百姓自发筹资修建铭恩亭、感恩楼、报恩桥，发自内心拥护共产党，感恩党中央、感恩习总书记、感恩国家部委。

三、赣南苏区振兴发展的实践做法

《若干意见》实施后，赣南苏区收获了一份亮丽的振兴“成绩单”。这份“成绩单”是广大干部群众坚持内外兼修，把外部支持与内在动力紧密结合起来，主动作为、全力以赴的结果。其过程归纳起来主要有以下特点：

（一）注重国家扶持与自力更生相结合

赣南苏区振兴发展首先得益于中央和省的倾力支持。《若干意见》启动以来，中央和省抓住赣南最突出困难、最薄弱环节，密集出台配套政策，为赣南构筑了“政策保障”效应。39 个国家部委对口支援赣州 18 个县（市、区），国家层面从政策、项目、资金和人才等方面出台了 110 多个配套政策文件，特别是赣州执行西部大开发政策、贫困地区企业上市“绿色通道”等政策，为苏区振兴构筑起了系统化、全方位的政策支撑体系。省委、省政府出台 8 个具体的贯彻意见或方案，研究协调涉及支持赣南振兴发展的 142 项事项；32 个省直厅局出台具体实施意见。在用好国家扶持政策的前提下，赣南苏区人民更是感恩奋进、撸袖实干、自力更生，正确处理好国家、社会帮扶和自身努力的关系，将国家扶持振兴发展的利好政策转化为加快发展的强劲动力，集中力量突出打好主攻工业、精准扶贫、新型城镇化、现代农业、现代服务业、基础设施建设六大攻坚战，不断增强自身“造血”功能、激发强大内生动力，以自己的勤劳双手改变落后面貌，创造美好新生活。越来越多的贫困户通过自身力量务工增收，完成了从“输血”到“造血”的转变。

（二）注重精准施策与高效落实相结合

扶贫攻坚是赣南苏区振兴发展的重中之重。在推进扶贫攻坚工作中，赣州市精准识别、精准施策，在对贫困户建档立卡、精确分类、动态管理的基础上，按照“一村一策，一户一法”原则，为每个贫困村、每个贫困户量身定制帮扶措施，通过移民搬迁、发展产业、转移就业等多元化方式助其脱贫致富。同时，好政策也有好落实。在振兴发展的实践中，党员干部牢记习近平总书记的嘱咐，传承红色基因，弘扬苏区干部好作风，以抓铁有痕、踏石留印的精神抓政策落实，以“送政策、送温暖、送服务”工作为抓手确保市、县、乡级的每位干部都参与联系服务群众，通过选准一个产业、打造一个龙头、建立一套利益联结机制、扶持一笔资金、健全一套服务体系“五个一”

机制，特别是紧抓与百姓收入密切相关的脐橙、油茶、蔬菜等区域特色农业产业发展，将振兴发展惠民政策转化为百姓能够真真切切感受得到的好处和实惠。

（三）注重区域联动与错位发展相结合

跨区域优化资源配置与区域以内错位发展、互动共赢，形成既有一定边界范围又对外高度开放的区域整体竞争优势，这也是推动赣南苏区振兴发展、产业转型升级的一个重要方式。一边加强与粤港澳大湾区和海西经济区的对接合作，与深圳、广州、河源签署战略合作协议，与上海、广州、宁波、昆山等地开展国家级经开区结对共建，推动发展“飞地经济”，共建产业园区。一边促进县域经济优势互补、错位发展。打破旧有的县域边界，让资源要素、基础设施、项目等成为共享资源，支持各县（市、区）发展首位产业，因地制宜发展特色鲜明的优势产业，依托赣州都市核心区建设，重点发展稀土钨新材料及应用、新能源汽车及配套、生物制药、家具、高端装备等产业，打造中部核心增长板块；依托瑞（金）兴（国）于（都）经济振兴试验区建设，带动周边县重点发展现代轻纺、食品药品、氟盐化工、新型建材等产业，打造东部增长板块；依托“三南”加工贸易重点承接地建设，推动相关区域紧密协作，重点发展电子信息、稀土钨深加工、食品加工等产业，打造南部增长板块；探索推进会（昌）寻（马）安（远）生态经济示范区建设。

（四）注重平台建设与环境优化相结合

平台支撑和环境吸引是培育区域内生发展动力的关键所在。《若干意见》出台实施以来，赣州一手抓重大平台建设，一手抓营商环境优化，让赣南苏区的产业承载力、区域竞争力和经济发展动能不断增强。在平台建设方面，获批国家层面批复的重大平台达 8 个，其中，龙南、瑞金经开区及赣州高新区升格为国家级园区，赣州综合保税区、进境木材国检监管区建成运行，赣南承接产业转移示范区、全国加工贸易承接转移示范地、瑞（金）兴（国）

于（都）经济振兴试验区加快实施，赣州成为江西乃至全国拥有国家级平台最多的设区市之一；此外，赣州信丰电子信息产业基地创建新型工业化产业示范基地、钨与稀土产品质量检验检测技术研发公共服务平台、农村产权流转交易平台等一系列产业基地和服务平台加快建设，“老区中的特区”优势进一步凸显。各类平台的加快建设，进一步激活了赣州的“造血”功能，赣南成为一个巨大的“兴业场”。据了解，仅赣州进境木材国检监管区全面建成后，每年就可为本地家具企业进口木材降低成本 30 亿元，同时，每年将至少增加20万个标箱空箱资源，可为外贸出口企业节省10亿元的物流成本，从而大幅提升当地家具产业的国际竞争力。在营商环境优化方面，着力实施优化营商环境三年行动计划，统筹解决融资、物流、用工、用电、用气、社保缴费、园区配套等问题；推进“放、管、服”改革，设立市行政审批局，创新实施“一窗式”改革、“中介服务超市”，市县两级行政审批中介服务超市全面建成，市本级行政审批事项平均办结时限压缩至 4.4 个工作日，为全省各设区市最少。

（五）注重深化改革与扩大开放相结合

坚持改革与开放相互促进、协同发力，以扩大开放促进深化改革，以深化改革促进扩大开放，是赣南苏区振兴发展的强大动力。一方面，大力推进重要领域和关键环节改革。深化改革，主要是变革过去已有的不符合苏区振兴发展要求的体制和规定，突破发展瓶颈。赣州市充分发挥对口支援优势，用好用足《若干意见》赋予的先行先试权，争取国家部委更多改革试点布局赣州，在重点领域和关键环节大胆探索、先行先试，实施省级以上改革试点 110 项，其中，国家级 75 项、省级 35 项，若干领域改革走在全国、全省前列。如，率先开展农民住房财产权抵押贷款试点，全国第一本林权类不动产权证和全省第一本房屋不动产权证在赣州颁发，率先在全国创新实行贫困人口“四道医疗保障线”。另一方面，打造内陆开放型经济新高地。扩大开放，主要是学习和引进省外先进的产业、资金和技术。全面对接长珠闽等沿海发达地区，突出驻点招商、专业招商、以商招商，推进“引资、引技、引智”三位一体招商，建设赣粤、赣闽产业合作区。积极对接融入国家“一带一路”建设，加快新型内陆口岸建设，推进黄金机场设立航空口岸，申报建设龙南保税物流中心，建设瑞金口岸作业区，完善赣州铁路国际集装箱场站功能，努力把赣州建成“一带一路”的重要支点，内陆地区物流成本最低、产业服务体系最优的双向开放高地。依托赣州港，南康成为我国进口木材和出口家具的重要集散地之一，南康家具产业也由此实现了“买全球、卖全球”。

（六）注重加快发展与保护生态相结合

把发展与保护辩证统一起来，坚持在保护中发展、在发展中保护，赣南苏区走出了一条经济发展与生态保护和谐共生之路，让习近平总书记“环境就是民生、青山就是美丽、蓝天也是幸福”的理念在赣南大地得以日益彰显。一是努力推动产业结构变“新”、模式变“绿”、质量变“优”。下大决心、花大气力改变不合理的产业结构、资源利用方式、能源结构、空间布局、生活方式，大力促进生物制药、绿色制造、数字创意等战略性新兴产业发展和实施绿色生态农业十大行动，促进产业优化升级，让资源禀赋变成财富，让绿水青山变成金山银山。二是用最严格的制度保护生态。在全省率先实行生态文明建设领导干部约谈制度，建立领导干部环境损害“一票否决”、约谈问责、终身追究“责任链条”，更加自觉地推动绿色发展、循环发展、低碳发展；推进生态综合执法体制改革，建立生态综合执法新模式，在全省率先组建生态综合执法局；组建全省第一家碳交易机构——赣州环境能源交易所，探索碳排放权、排污权、水权交易试点。三是扎实推进重大生态工程建设。争当全国生态文明试验区建设排头兵，办成了多年来想办而没有办成的事情。比如，启动实施国家山水林田湖生态保护修复试点、东江流域上下游横向生态补偿机制试点、10 年改造 1000 万亩低质低效林项目，生态环境质量稳居全省前列。

四、体会与思考

赣南是偌大革命老区、贫困地区的一小部分。赣南苏区振兴发展的实践表明，革命老区、贫困落后地区通过一定的政策倾斜也是可以实现摆脱贫困、同全国人民一道全面建成小康社会的战略目标。

通过这次调研，特别是从赣南苏区振兴发展的生动实践来看革命老区、贫困地区脱贫攻坚、建成全面小康社会，来看共产党人“决不能让老区群众在全面建成小康社会进程中掉队”的历史担当，我们对以习近平同志为核心的党中央实施苏区振兴发展的政治意义和时代价值，有了更加全面深刻的认识和理解。从一定意义上来说，苏区振兴发展，是坚持以人民为中心发展思想的生动实践，是中国特色社会主义制度优势的巨大彰显，是实现中华民族伟大复兴中国梦的精彩缩影，是人民群众蓬勃力量充分迸发的动人场景，是苏区干部好作风的鲜活展现，必将更加坚定全国人民的道路自信、理论自信、制度自信、文化自信。

（一）苏区振兴发展是坚持以人民为中心发展思想的生动实践

以人民为中心，永远与人民同呼吸、共命运、心连心，永远把人民对美好生活的向往作为奋斗目标，是中国共产党人的初心和使命。这个初心和使命，经受了革命战争年代血与火的考验，经受了建设改革时期得与失的考验，是激励中国共产党人攻坚克难、不断前进的根本动力。中国共产党之所以能够带领人民走过 90 多年的光辉历程，根本原因在于党是在同人民群众的密切联系中成长、发展、壮大起来的，党的根基在于人民、血脉在于人民、力量在于人民。

以人民为中心的发展思想包含了实实在在的民生建设内容，践行以人民为中心的发展思想应充分体现民生关怀，民生发展水平是检验以人民为中心的发展水平的客观标准。《若干意见》出台实施之初，赣州从群众最关切的民生问题入手，把解决突出民生问题作为推进振兴发展的首要任务，将国家扶持资源用在刀刃上，财政支出的六成、新增财力的近八成用于人民群众普遍关心的就业、教育、社保、住房、医疗等民生领域，加速解决长期困扰赣南人民的住房难、喝水难、用电难、行路难等方面问题，让群众从看得见、摸得着、感受得到的变化中深切体会到国家方略的“真金白银”，拥有更多获得感和幸福感。苏区振兴取得的巨大发展成就，生动体现了党和国家以人民为中心的发展思想。

（二）苏区振兴发展是中国特色社会主义制度优势的巨大彰显

中国特色社会主义制度是科学社会主义基本原则与当代中国改革开放新的实践相结合的产物。中国特色社会主义制度使党和政府拥有强大的集中决策、组织动员和统筹协调能力，形成了中国特色社会主义所独有的最大限度整合社会资源、集中力量办大事的制度优势。面对大事难事，我国集中力量办大事的制度优势总能得到充分体现，总能攻坚克难。

苏区振兴发展过程中，我们党和国家集全党全社会之力、聚全国各地各方面资源，帮助苏区人民改变生产生活条件、提升总体发展水平。这一点，只有在社会主义中国才有可能实现。凭借这一制度优势，我们党能够及时回应苏区人民的强烈期盼，解决苏区发展中存在的突出问题，想群众之所想、急群众之所急、解群众之所困，使民生问题得到极大改善，推动全面小康社会建设不断迈上新台阶。这些年苏区振兴发展所取得的重大成就，有力地彰显了中国特色社会主义制度的优越性。

（三）苏区振兴发展是实现中华民族伟大复兴中国梦的精彩缩影

实现中华民族伟大复兴的中国梦是中国共产党历代领导集体团结带领全党和全国人民不懈奋斗的共同目标和美好愿景。这个梦想，凝聚了几代中国人的夙愿，体现了中华民族和中国人民的整体利益，是每一个中华儿女的共同期盼。当前中国特色社会主义进入新时代，这意味着近代以来久经磨难的中华民族迎来了从站起来、富起来到强起来的伟大飞跃，迎来了实现中华民族伟大复兴的光明前景。

中华民族伟大复兴的中国梦，是由一个个不同地区的科学发展、加快发展来实现的。作为全国较大的集中连片特困地区和原中央苏区的核心区，赣南苏区肩负着脱贫攻坚、振兴发展的双重重任，面临的困难和压力之大、挑战与问题之多不言而喻。在党中央、国务院的正确领导和中央国家部委的大力支持下，赣南苏区以习近平新时代中国特色社会主义思想和新发展理念为指引，深入落实《若干意见》，感恩奋进、真抓实干，经济实力大幅提升、人民生活大为改善、城乡面貌深刻变化、党心民心高度凝聚。赣南苏区的振兴发展，毫无疑问书写了实现中华民族伟大复兴中国梦的精彩缩影，是中华民族伟大复兴中国梦不可或缺的重要部分。

（四）苏区振兴发展是人民群众蓬勃力量充分迸发的动人场景

马克思主义认为，人民始终是创造历史的英雄。习近平总书记强调，依靠人民创造伟业。苏区振兴是“为了苏区人民”的事业，更是“依靠苏区人民”的事业，终究要靠发挥人民的主动性和创造性来实现。也就是说，苏区振兴既要让广大人民群众有获得感，又要让他们真正参与进来，发挥人民群众的积极性、主动性、创造性，依靠勤劳和智慧创造美好未来。

事实上，在实践中赣南各级党委和政府始终尊重人民的主人翁地位，深深扎根人民、紧紧依靠人民，拿出了“唤起工农千百万，同心干”的豪情来动员群众、组织群众，激发他们不甘于贫穷、不屈于困难的顽强斗志，催生出他们靠自己头脑和双手创造美好生活的内生动力，带领人民创造属于新时代的光辉业绩。

得益于党的好政策，面对苏区振兴的大好发展机遇，党员干部们积极行动起来，帮助农村基层厘清发展思路，帮助群众解决生产实际困难；老百姓“饮水思源”，撸起袖子加油干，将一颗颗感恩之心化作了发展新产业、创造新生活的信心和决心，在接受“经济输血”的过程中完成自身的“经济造血”功能，从短暂被动的受益者转化为长效主动的参与者，从政策的扶持者变成财富的创造者。如今，赣南大地，处处可见老百姓主动发展生产、开拓进取的动人画面。

（五）苏区振兴发展是苏区干部好作风的鲜活展现

苏区干部好作风是历史留给我们的宝贵精神财富。在艰苦卓绝的岁月里，苏区干部扎根基层，心系群众，同群众同甘共苦，艰苦奋斗，忘我工作，无私奉献，形成了受到苏区群众高度赞扬的好作风。党员和干部不为名，不为利，一心一意为人民为革命，这使苏区群众感觉到共产党的干部是最公正、廉洁、可信、可亲的人。正是靠着它，赣南苏区成功地构建了血肉般的党群关系，党和红军得到了人民群众极大的支持，到处可见军爱民、民拥军、军民关系鱼水情的动人场面，进而打破了敌人的经济封锁，粉碎了四次反革命军事“围剿”，壮大了红军，巩固了农村革命根据地，有力地推动了全国革命形势的发展。

今天这种好作风依然在赣南广大干部中传承着。在振兴发展这一伟大使命中，赣南苏区 10 万党员干部发扬苏区精神，沉入基层、扑下身子，住在农家、干在村里，融入群众，在工作中勇于担当、狠抓落实，通过自身的表率作用和深入细致的群众工作，把党的路线、政策变成群众的自觉行动，将国家扶持振兴发展的利好政策转化为加快经济发展的内生动力。干群一起努力推动老区振兴发展取得重大成效，共同描绘出干群鱼水情深的动人画卷，交出了 151.74 万人脱贫的优异答卷。苏区振兴发展让人们重新看到了当年苏区干部艰苦奋斗、求真务实的好作风。这种好作风是当前和今后一个阶段打赢脱贫攻坚战的重要法宝。

党的十九大报告指出，在中国共产党成立 100 年时全面建成小康社会，在新中国成立 100 年时建成富强民主文明和谐美丽的社会主义现代化强国，赢得中国人民和中华民族更加幸福美好的未来。目前，赣南苏区振兴发展取得了阶段性重大成效，但是仍要毫不松懈地抓好振兴发展的各项重点工作，着手谋划赣南苏区振兴发展与全国同步实现“两个一百年”的奋斗目标。深入学习领会党的十九大精神和习近平新时代中国特色社会主义思想，结合赣南苏区实际的调研，还有这样几个问题需要深入思考：

1. 贫困地区的长期发展问题

苏区振兴发展，更多是一种依靠政策倾斜、资源倾斜的集中帮扶实现的超常规发展。从赣南苏区振兴发展的实际来看，现在很多贫困地区路修通了，水也引上来了，危房也改造了，基本条件都得到改善，但是贫困地区和贫困群众的自我发展能力还存在一定的差距，自身发展的支撑点、增长点还有待培育。在集中帮扶一个阶段、经过“输血”与“造血”后，赣南苏区等贫困地区打下了一定的产业基础，有了一定的内生发展动力。下一步，除了还需保持集中帮扶的政策倾斜外，很重要的一个工作就是如何思考制定科学系统的整体规划，让这些地区找到一条自身优势与长远发展相结合的长期经济发展之路，既凸显地域特色，也彰显产业特色，真正拥有自我发展能力。

2. 贫困地区特色产业发展中的风险防范问题

特色产业发展是苏区振兴发展的重中之重，是帮助贫困户开发经济、发展生产、摆脱贫困的一项系统工程。苏区振兴发展中，各地纷纷推出了“一乡一品”“一村一品”。尽管这些特色产业发展可以带来巨大的经济收益和社会效益，但在实施过程中可能遇到自然风险、市场风险、经营风险等各种风险，给苏区振兴发展和脱贫攻坚带来一些不确定性问题。拿其中的市场风险来说，不管是种植业、养殖业，还是加工业，都直接受到市场的左右，特别是当政府大力发展一个产业时，就很容易一窝蜂上，出现供过于求的状况，这时就必然会出现“卖难”。比如，种植业，生产周期长，市场的走向更难把握。往往都是种植时市场畅销，大量上市时就变成了滞销。因此，要充分认识市场在发展特色产业中的决定性作用，充分把握市场的变化规律，进一步提高驾驶市场经济的能力水平，切忌简单粗暴，尽可能把市场风险降到最低，把扶贫产业的效益发挥得更好。

3. 贫困地区人民对美好生活需要问题

党的十九大报告依据我国生产力发展水平、人民生活需要层次和影响满足人民生活需要的主要因素，作出了“中国特色社会主义进入新时代，我国社会主要矛盾已经转化为人民日益增长的美好生活需要和不平衡不充分的发展之间的矛盾”的重大判断。社会主要矛盾变化是中国特色社会主义进入新时代的重要特征，也是我国生产力水平总体提高的必然结果。在这一时期，人民群众期盼有更好的教育、更稳定的工作、更满意的收入、更可靠的社会保障、更高水平的医疗卫生服务、更舒适的居住条件、更优美的环境、更丰富的精神文化生活。苏区振兴发展解决的是发展不平衡不充分问题，带来的是赣南苏区整体生产力水平的大幅提升。随之而来，赣南苏区人民不仅会对物质文化生活提出更高要求，在法治、公平、安全、环境等方面的要求也将日益增长，这个问题将会变得日益突出。这也是下一步推动苏区振兴发展和脱贫攻坚中需要重点加以考虑的问题，那就是如何在物质和精神文化需求发生深层次变化的情况下与全国同步实现更高质量的全面建成小康社会。

4. 新时代乡村治理现代化问题

乡村治理是全面推进乡村振兴战略和有效解决“三农”问题的必由之路，是新时代国家现代治理体系中的重要一环。调研时发现，随着苏区振兴发展的启动实施，乡村经济在一定程度上得到了快速发展；但是，在乡村治理方面，出现了社会建设跟不上经济发展脚步的局面。农村空心化问题和农村基层基础存在薄弱环节造成了治理力量不足，传统的管理方式满足不了乡村现代化建设的需求。尤其是，在乡村振兴战略的支持下，乡村人口结构面临重塑，未来乡村不仅拥有原住民群体，还包括返乡就业青年、创新创业的“情怀乡民”和养生度假的“回归乡民”等各类群体。由于不同类型的群体拥有不同的需求，这必将带来多元化利益诉求差异，给乡村治理带来新挑战。在这种背景下，探索如何在乡村振兴战略下创新乡村治理形式和实现乡村治理现代化，有序推进乡村地区组织、产业、空间“三整合”，塑造乡村振兴与城乡融合发展新动能、新机制，重构适合农民需求的农村社会价值体系，是当前我国广大乡村地区社会发展亟须解决的重要课题。

（2018 年 8 月）

改革开放

与中国城市发展

GAIGEKAIFANG

景德镇

JINGDEZHEN

因陶瓷文化而厚重　因改革开放而年轻

——“百城百县百企”之景德镇调研报告

中共江西省委宣传部
中共景德镇市委

“文化兴国运兴，文化强民族强。”在改革开放的进程中，我们党一直把文化建设摆在非常重要的位置。党的十八大以来，习近平总书记提出要坚定文化自信，并就传承弘扬中华优秀传统文化发表了一系列重要论述，为新时代推进文化建设指明了前进方向。景德镇陶瓷文化是中华优秀传统文化的杰出代表，保护好传承好弘扬好景德镇陶瓷文化，是坚定文化自信的重要体现。改革开放40年来特别是党的十八大以来，党中央、国务院对景德镇陶瓷文化的保护传承和创新发展特别关心，习近平总书记先后两次对景德镇御窑厂遗址保护作出重要批示，李克强总理等中央领导也分别作出批示，充分体现了党中央、国务院对传承发展中华优秀传统文化的高度重视。时代发展的需要，党和人民的期望，既是景德镇发展的机遇，也是景德镇的重大使命。

根据中宣部《关于组织开展庆祝改革开放40周年“百城百县百企”调研活动工作方案》的要求，为做好“百城”入选城市景德镇的调研，2018年6月至7月，江西省委宣传部牵头，联合景德镇市委宣传部，吸收江西省社科院、江西日报社、江西广播电视台的专家学者和媒体记者参与，组成专题调研组，深入景德镇开展调查研究。其间，调研组发扬求真务实的工作作风，重点围绕陶瓷文化的传承创新等问题，先后召开28次座谈会，实地考察了41家政府部门、文化单位和陶瓷文化类企业，采访了122名陶瓷艺术家、专家学者、非遗传承人等，发放了 1000 份调查问卷，调取了 55 宗相关档案资料，在综合分析的基础上，形成本调研报告。

一、景德镇基本情况

景德镇位于江西省东北部，赣、浙、皖三省交界处，处在黄山、怀玉山余脉与鄱阳湖平原过渡地带，昌江河和乐安河穿境而过，属于亚热带季风气候，自然资源丰富，生态环境优越，森林覆盖率达 65.73%；辖乐平市、浮梁县和昌江区、珠山区，土地面积 5256 平方公里，其中主城建成区面积 90 平方公里；至 2017 年年末，常住总人口为 166.5 万人。

景德镇在春秋战国时期地属楚国东南境，秦属九江郡番县，汉属豫章郡鄱阳县，三国时为吴地，东晋，称新平镇，隶属江州。唐、五代，称昌南镇。北宋景德元年（1004 年）定名"景德镇"，辖于浮梁县。1949 年 4 月，景德镇解放，随后从浮梁县分出，置景德镇市，先后隶属赣东北行署、乐平专署、浮梁专区、上饶专区。1953 年 6 月，经政务院批准，景德镇为江西省辖市。

景德镇有着悠久的制瓷历史。《浮梁县志》记载，"新平冶陶，始于汉世"。景德镇从汉朝开始制瓷，距今已有 2000 多年历史。唐代，所制瓷器有"假玉器"之称，武德（618—626 年）年间，入贡朝廷，于是"昌南瓷名天下"。五代时期，景德镇在南方最早烧造出白瓷，打破了"南青北白"的格局。宋代，景德镇因成功烧造出青白瓷而著称于世，并跻身于宋代名窑之林，也因瓷器底款以标注宋真宗年号"景德"而更改镇名。元代，景德镇成功烧造出青花瓷和釉里红瓷；1278 年，元世祖忽必烈在此设置"浮梁磁局"，为皇宫监烧和征调瓷器。明代，皇家在此设置御器厂，专门烧造宫廷用瓷，永乐时（1403—1424 年）成功烧造出玲珑瓷，宣德斗彩开创了中国釉上彩新时代，景德镇一跃成为全国的制瓷中心。清代，朝廷派出督陶官来到景德镇监督制瓷，在仿制古代名窑瓷器、仿造其他手工业品及制作专供外销的"洋器"等方面都获得巨大成功，窑业达到鼎盛。从元代设"浮梁磁局"到清朝覆亡，中国的官窑制度在这里延续了630多年，景德镇也由此拥有烧造时间最长、规模最大、工艺最精湛的官办瓷厂。新中国成立后，百废待兴的景德镇着力于瓷业的发展，在原有小作坊的基础上重新组建成立了建国、人民、艺术、光明、新华、景兴、红星、红旗、宇宙、为民、雕塑、曙光等大型国营瓷厂，通称“十大瓷厂”，生产的代表性瓷器，设计独特、制作精美、做工精良，成为当时的标杆性产品。

景德镇有着完备的陶瓷产业体系。千年不熄的窑火，不仅催生了陶瓷企业的集聚发展，还直接促进了陶瓷教育、科研、生产、贸易以及窑炉、包装、印花、物流、文博等关联产业的快速发展，形成了一个完整的体系。其中景德镇陶瓷大学、江西省陶瓷工艺美术职业技术学院等陶瓷高等学府，国家日用及建筑陶瓷工程中心和国家、省、市三级陶瓷研究所等科研机构，成为陶瓷产业发展的重要支撑。

景德镇有着广泛的国际影响。世界认识中国从瓷器开始。在16世纪英国博物馆的地图上，中国城市只标有3个：北京、长安、景德镇，充分体现了景德镇在世界上的地位。景德镇陶瓷作为“中国制造”参与经济全球化的“世界商品”，以“白如玉、薄如纸、明如镜、声如磬”的特色，“行于九域、施及外洋”，跨越时空、超越国界，对世界尤其是欧洲人的生活方式、价值取向和审美情趣产生了深刻影响。从宋朝开始，景德镇的瓷器就远销亚欧非50多个国家。18世纪，有2亿多件景德镇瓷器销往欧洲。也正是在这一世纪，法国人殷弘绪在景德镇生活7年，把制瓷技术从景德镇传到欧洲。19世纪，德国地质学家、柏林大学校长李希霍芬把景德镇高岭村所产优质瓷土命名为“高岭土”（kaolin）介绍给世界，开启了中国陶瓷与世界对话的新篇章。美国历史学家罗伯特·芬雷在《青花瓷故事》一书中认为，第一次全球化来自16世纪的景德镇青花瓷。日本著名陶瓷考古学家三上次男在《陶瓷之路》一书中把“海上丝绸之路”称为“陶瓷之路”，书中有这样的表述：“在中世纪时代，东西两个世界之间，连接着一根坚强有力的陶瓷纽带，它同时又是东西方文化交流的桥梁。”

改革开放40年来特别是党的十八大以来，景德镇确立了“陶瓷是立市产业、航空是新兴产业、汽车是重要产业、旅游是希望产业”的主导产业体系，获批景德镇国家高新技术产业开发区、国家新型工业化陶瓷制品产业示范基地、国家新型工业化军民结合（直升机）产业示范基地，2017年直升机产业实现销售收入超过200亿元，产值、产量均占全国比重50%以上。2017年，全市生产总值878.25亿元（剔除价格因素影响），是1978年4.39亿元的200倍；三次产业结构由1978年的25.48∶58.13∶16.39优化为2017年的6.10∶49.92∶43.98；全市城镇化率达65.95%，比1978年的31.42%提高34.53个百分点；城镇居民人均可支配收入与农村居民人均可支配收入分别达到34283元和15095元，比1980年增长93.4倍和56.8倍；民用汽车拥有量从1978年的2518辆提高到2016年的15.55万辆，人均拥有量居江西省第一。改革开放以来，景德镇先后获得世界手工艺与民间艺术之都、首批国家历史文化名城、中国优秀旅游城市、中国人居环境范例奖、国家森林城市、国家园林城市、全国绿化模范城市等一系列荣誉。

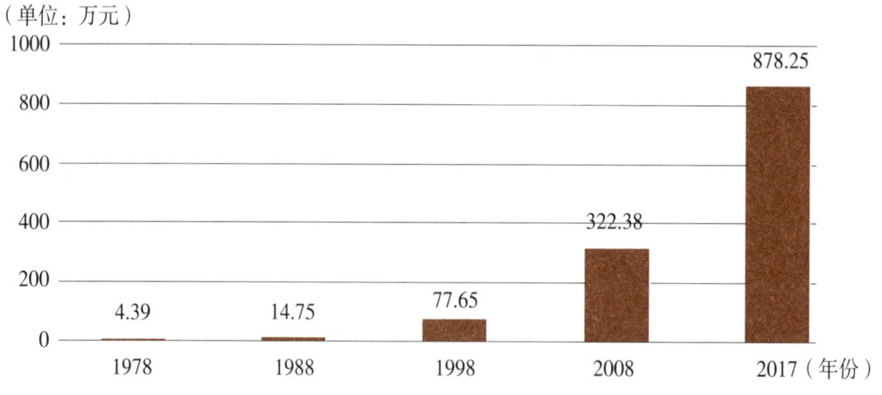

1978年以来景德镇地区生产总值

二、新发展彰显新面貌——古老瓷都焕发“年轻态”

景德镇是一座因瓷而生、因瓷而兴、因瓷而名的城市，也是一座“因开放而生，因开放而兴”的深度开放城市。西方工业革命之前，景德镇就在中国最早出现了资本主义萌芽，把陶瓷做成了世界性的大产业，开启了人类文明史上技术与艺术结合的先河，被英国的李约瑟博士称为“世界上最早的一座工业城市”。在两千多年的历史演进中，景德镇陶瓷业由农业的附属形态向独立的工业形态转变，由分散在广阔的农村向城镇聚集，由产业的粗分工向精细分工转变。这种演变过程在中国的工业发展史上是非常典型的。景德镇由一个产业支撑并持续繁荣一千年，这在中国的城镇发展史上是绝无仅有的。

改革开放40年来特别是党的十八大以来，景德镇确立了“复兴千年古镇、重塑世界瓷都、保护生态家园、建设旅游名城，打造一座与世界对话的城市”的发展定位，坚持向改革开放要动力，向创新创业要活力，向特色优势要竞争力，推出了一系列改革发展举措，先后出台《中共景德镇市委关于深化文化体制改革推动社会主义文化大发展大繁荣的实施意见》《景德镇市2013年至2015年文化改革发展规划纲要》《关于加快陶瓷产业发展的意见》《陶瓷文化创意产业发展意见》等政策文件，推动文化与经济结合、科学与艺术结合、传承与创新结合、民族与世界结合，着力讲好以陶瓷文化为特色的中国故事，加强与世界对话，使传统陶瓷文化焕发出新的生机活力，成为世界陶瓷文化的引领者和中国改革开放的实践者。

（一）活态传承激活了陶瓷历史文化

习近平总书记指出：“要系统梳理传统文化资源，让收藏在禁宫里的文物、陈列在广阔大地上的遗产、书写在古籍里的文字都活起来。”改革开放40年来特别是党的十八大以来，景德镇结合实际，深入贯彻习近平总书记等中央领导同志关于御窑遗址保护的重要指示精神，念好“活字诀”，打好“组合拳”，走出了一条优秀陶瓷历史文化资源“活态”保护传承之路。

1. 千年窑业遗址得到整体性保护

作为享誉世界的千年瓷都，景德镇拥有数量众多、保存完好的陶瓷文化遗存，散布在老百姓口口相传的“三洲四码头，四山八坞，九条半街，十八条巷，一百零八条弄”里，老窑址、老里弄、老街区遍布全城，拥有全国重点文物保护单位9处；御窑厂、高岭古矿等30多处陶瓷遗迹属于没有同构性的世界精品级文化资源。尤其是景德镇明清御窑厂遗址，是国内唯一一处能全面系统反映官窑陶瓷生产和文化信息的历史遗存。这座御窑厂始建于明洪武二年（1369年），结束于清宣统三年（1911年），历经明清两朝27位皇帝，为皇家烧造御用陶瓷长达543年，所孕育的御窑文化在世界上绝无仅有。新中国成立以来，特别是改革开放唤醒了人们对优秀传统文化的传承保护意识。2015年，景德镇把御窑厂遗址保护工作列为“一号工程”，不遗余力地加以推进。以申报世界文化遗产为切入点，启动新一轮《御窑厂遗址保护规划》修编工作，出台《景德镇御窑厂遗址保护管理条例》，推进御窑遗址博物馆等重大文化保护项目建设，并对遍布全城的150多处老窑址、108条老街区、“十大瓷厂”老厂房等文化遗存实施系统性保护修缮，延续千年陶瓷文脉。2017年1月，御窑厂遗址成功列入“中国世界文化遗产预备名单”。目前，景德镇正在按照申遗OUV（突出普遍价值）体系要求，整体活态复苏1000年陶瓷文化遗迹、600年御窑文化遗址和100年陶瓷工业遗存，着力打造具有“世界风范、古镇风韵、时代风貌”的陶瓷文化遗产样板区。

景德镇国家级重点文物保护单位

序号	名称	入选批次	公布时间
1	湖田古瓷窑址	第二批（五代至明）	1982年2月
2	祥集弄民宅	第三批（明）	1988年1月
3	高岭瓷土矿遗址	第五批	2001年6月
4	御窑厂窑址	第六批（明至清）	2006年5月
5	明园古建筑群	第七批（明）	2013年5月
6	浒崦戏台	第七批（清朝）	2013年5月

续表

序号	名称	入选批次	公布时间
7	瑶里改编旧址	第七批（1938 年）	2013 年 5 月
8	镇窑	第七批（清朝）	2013 年 5 月
9	丽阳窑址	第七批（元至明）	2013 年 5 月

2. 千年非遗技艺得到系统性传承

景德镇既拥有丰富的陶瓷物质遗存，又拥有大量的手工制瓷传统技艺等非物质文化遗产，两者遥相呼应、互为表里，是这座文化名城特殊而宝贵的财富。如果说物质遗存造就了景德镇的独特颜值，那么非物质文化遗产就润泽了这座古老瓷都的内在气质。手工制瓷技艺和传统窑炉作坊建造技艺，成为我国非物质文化遗产宝库中的瑰宝；青花、玲珑、粉彩、颜色釉作为景德镇四大传统名瓷，代表了我国历史上瓷器制作的最高艺术成就。正是凭借这些世代相传的非遗技艺，景德镇赢得了世界瓷都的金字招牌和历史地位。从 2009 年开始，景德镇相继复烧了清代镇窑、明代葫芦窑、元代馒头窑、宋代龙窑等历代典型瓷窑，相继建设了陶瓷博物馆、陶溪川、三宝瓷谷等一批独具特色又充满活力的文化传承基地，精心制作了 18 集《匠心冶陶》手工制瓷技艺纪录片等影像资料，给后人留下了完整的可观赏、可复制的独到技艺。如今，景德镇拥有国家级、省级文化产业示范基地 16 家、非物质文化遗产生产性保护基地 8 家、非物质文化遗产保护名录 26 项、非物质文化遗产代表性传承人 68 人、中国工艺美术大师 37 人、中国陶瓷艺术大师 43 人，远高于其他产瓷区。

特别是，景德镇陶瓷教育、科研、文博等机构与直接生产制作陶瓷的世家、企业、作坊一道，共同唱响了陶瓷技艺传承的“协奏曲”。比如，国家级非遗传承人李文跃，在江西省陶瓷工艺美院专门开办非遗粉彩班和墨彩班，推动非物质文化遗产的传承由“一传一”变成“一传多”，一大批年轻的传统技艺传承人脱颖而出。像他这样的非遗传承人在景德镇比比皆是。因非遗活态传承成果显著，景德镇被列为第二批全国非遗保护数字化建设试点城市，“景德镇传统手工制瓷技艺”入围联合国人类非物质文化遗产代表作候选名录。

主要产瓷区国家级工艺美术（陶瓷艺术）大师统计表

地区	醴陵	淄博	德化	宜兴	景德镇
中国工艺美术大师（人）	2	3	1	12	37
中国陶瓷艺术大师（人）	21	10	4	24	43
合计	23	13	5	36	80

3. 千年匠心得到集成性呵护

“工不厌其繁，技不厌其精，料不厌其稀”“一脚压一脚，毛病不过脚”。这些耳熟能详的谚语，见证了千年匠心的薪火相传。正是集天下名窑之大成、汇各地良工之精华，在土作、水洗、火烧的精雕细琢中，景德镇形成了“锲而不舍、精益求精、追求极致”的千年匠心，这是支撑这座古城千年窑火不熄的瓷魂。一部景德镇陶瓷发展史，就是一部匠心传承史。景德镇制瓷工艺从开矿到包装，分工极其细致繁杂。《天工开物》记载：“共计一坯工力，过手七十二，方可成器，其中微细节目尚不能尽也。”千百年来，72道工序中，无数陶瓷工匠从少年学徒开始，往往一辈子只专注一道工序，在传承创新、兼收并蓄中，融入自己的思想、情感、个性，将每道工序都做到细致、精致、极致。目前，景德镇有陶瓷技能人才44578人，陶瓷行业专业技术人员6564人，陶瓷行业高技能人才3945人。国家级非遗传承人冯绍兴，十几岁就进入艺术瓷厂学习拉坯，40多年来，一直只做拉坯这一件事，达到了“手随泥走、泥随手变”的境界，所拉坯的形状、大小、厚薄等都与标准化生产无异，创建的愚窑·景德镇冯绍兴陶瓷有限公司，成为极少数以传统手工技艺通过ISO9001质量管理体系认证的企业。为了实现优秀陶瓷技艺集中保护、集中传承、集中提升，景德镇从2012年开始建设“名坊园”，使之成为手工名窑的博物馆、手工制瓷的集散地和手工技艺的“大观园”。现在，仅该园区就入驻传统手工制瓷技艺生产性保护企业 40 家，从事传统手工制瓷生产的传承人就达 600 多人。

千年窑业遗址、千年非遗技艺、千年匠心，形成了活态传承，铸就了千年瓷都。保护传承千年文化遗产，就是守护昔日的辉煌、今天的成就、未来的希望。

（二）融合发展提升了陶瓷文化产业

景德镇用融合撬动陶瓷行业，大力实施“陶瓷 +”战略，保护、放大、用好世界瓷都这个品牌，把品牌优势转化为发展优势，推动陶瓷文化融合发展，培育了许多新型业态。

1.“陶瓷 + 创意”

景德镇陶瓷产业创新创造非常活跃，形成了以高技术陶瓷为引领、以陈设艺术瓷和日用陶瓷为特色、以创意陶瓷为后发优势、以建卫陶瓷为补充的多元化发展格局。特别是高技术陶瓷发展迅猛，由改革开放初期的几乎空白发展到目前 60.9 亿元的规模，是各类陶瓷产品中增速最快的。同样快速发展的，还有创意陶瓷。2017 年，景德镇艺术陈设瓷产值达 126.2 亿元。在景德镇聚集的陶瓷从业者们，积极推动陶瓷艺术的融合创新，用新的美学思维、新的审美观点、新的绘瓷技法、新的制瓷工艺，创作了大量具有现代韵味、符合当代特征的优秀作品，形成了以陶瓷为核心的跨界混合业态。比如，通过建设中央美术学院陶瓷艺术研究院、陶溪川文化研究交流中心和 3D 陶瓷打印体验馆等文化场所，景德镇建立起了手工制作——工业设计——陶瓷艺术“三位一体”现代服务业文化综合体。景德镇还引进了知名设计公司洛可可，推动陶瓷与设计、创意的深度融合。中国焦版画创始人钱大统，2008 年一来到景德镇就被人们对陶瓷艺术的执着追求所震撼，他说：“景德镇是我可以将艺术终身托付的地方，我永远都不会离开，要用余生与景德镇厮守。”10 年时间里，他一直探索如何将西方绘画艺术与景德镇传统陶瓷釉下彩技法有机融合，创造了釉下西画这一全新的陶瓷绘画品种。香港乐天陶社社长郑祎，2005年租赁雕塑瓷厂老厂房，将其改建成乐天陶社基地，启动国际驻场艺术家项目，从世界各国邀请陶艺大师免费对外授课，并办起了“创意市集”，使年轻陶艺爱好者的作品有了展示和交易的平台，留住了一批又一批年轻人，让创意逐步在景德镇生根开花结果。如今，越来越多贴近生活、贴近市场的精巧创意正在瓷都不断涌现，创意工厂、工作室如雨后春笋般破土而出。

改革开放以来景德镇陶瓷产业产值对比表

种类＼年份	1978年		2012年		2017年	
	总量（亿元）	占比（%）	总量（亿元）	占比（%）	总量（亿元）	占比（%）
陶瓷产业	1.41	100	215	100	372	100
日用陶瓷	1.26	89.4	67.83	31.6	104.3	33.9
艺术陈设瓷	0.12	8.5	82.91	38.6	126.2	28
建筑卫生瓷	0.02	1.4	28.91	13.4	54.7	14.7
高技术陶瓷	—	—	30.4	14.1	60.9	16.4
陶瓷辅助材料	0.01	0.7	4.95	2.3	25.9	7

2.“陶瓷＋聚集区”

景德镇利用老窑址、老厂房、老作坊，打造了以陶溪川、雕塑瓷厂、建国瓷厂为代表的陶瓷艺术家创意工作室聚集区，建设了以陶瓷工业园和新都民营陶瓷园为代表的陶瓷文化创意产业聚集区，构建了国际陶艺村、三宝瓷谷等艺术部落，以及红店粉彩工厂和明清窑作遗存园等陶瓷文化创意街区，陶瓷文化创意产业在集聚效应下成为陶瓷业界最具活力的新业态。目前，景德镇有各类陶瓷企业、作坊、工作室等文化创意产业实体6773家，其中规模以上企业近100家，拥有国家级文化产业示范园区1家、国家级文化产业示范基地3家、省级文化产业示范基地13家。

3."陶瓷+互联网"

景德镇陶瓷文化产业与互联网的深度融合非常活跃，促进了电子商务爆发式增长，网商发展指数列江西省首位。全市从事陶瓷电商的企业9847家，在淘宝、天猫、京东等全国各第三方交易平台注册的陶瓷网店50148家。2017年，完成全平台电商交易额318.2亿元，连续4年入选全国"电商百佳城市"，并涌现出三河村、石岭村两个"中国淘宝村"。其中，三河村2008年就出现了网店，至2017年，已有31.2%的村民开起了网店，集聚了2147户电商，陶瓷线上交易额超过1000万元的电商有107户。

近3年景德镇陶瓷电商贸易额比较

年份	电商交易额（亿元）	增速（%）
2015	150	50.0
2016	201.4	34.3
2017	318.2	58.0

4."陶瓷+私人定制"

伴随着"80后""90后"消费群体的崛起，私人定制越来越成为年轻爱好者的新需求。陶瓷因其可塑性强，较好地满足人们求美、求新、求异的个性化心理，成为私人定制的时尚载体。景德镇拥有众多各有专长的陶瓷生产企业、陶瓷教育科研机构、陶瓷专业人才组合而成的生产体系，拥有领先世界的艺术陶瓷、高端日用陶瓷设计生产能力，为满足客户个性化表达、定制化需求提供了条件。近年来，景德镇顺应市场新变化，创造并完善了定制服务，受到广大消费者的欢迎。比如，三宝国际瓷谷工坊"山云瓷谷里"的创作者们，在2017年鸡年春节前，为两家知名企业定制两款"二次元"卡通鸡瓷盘，售价1298元，仅春节期间就卖出1000多个。从饭碗、茶具、首饰到钟表，私人定制为古老的陶瓷手工艺创新营造了新空间。

5.“陶瓷＋旅游”

景德镇是中国独有的以陶瓷文化为特色的旅游城市，被国家旅游部门列为向海外推出的 35 个景点之一。近年来，景德镇充分整合陶瓷文化资源，打造陶瓷主题景区，加快建设旅游名城。目前，景德镇拥有的国内唯一一个以陶瓷文化为主题的 5A 级景区——古窑民俗博览区和 7 个国家 4A 级景区，都主打陶瓷元素。景德镇还依托联合国海陆丝绸之路城市联盟、国际友好城市旅游联盟等平台，经常举办博览会、文化交流、学术研修、游学培训等活动，不断彰显景德镇的历史价值、文化价值和品牌价值，打造“省内融合、区域合作、国际对接”的大旅游格局，连续多年实现旅游产业高速增长。旅游接待总人数从 1980 年 719 人次增加到 2017 年 5454.87 万人次，旅游总收入从 4.5 万元增加到 528.89 亿元，特别是境外游客达到 63.65 万人次，占江西省的 33.7%；旅游创汇 2.85 亿美元，占江西省的 45.24%。

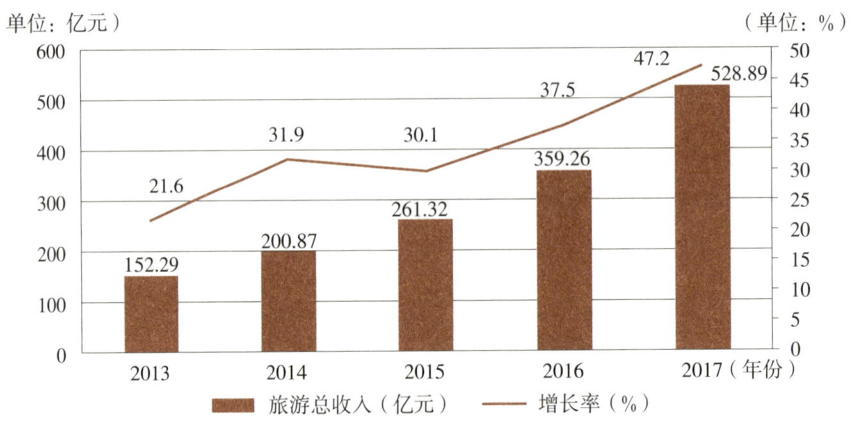

近 5 年景德镇旅游总收入及增长率情况

正是通过系列“陶瓷＋”的融合发展，景德镇着力打造陶瓷产业链、创新链、价值链，推动陶瓷文化产业形成“从无序到有序、从分散到集中、从低端到高端”的发展格局。

（三）多元传播成就了“一带一路”文化使者

景德镇陶瓷是中国走向世界、世界认识中国的重要文化符号，是弘扬丝路精神的重要载体。改革开放40年来特别是党的十八大以来，景德镇牢牢抓住“一带一路”建设重要战略机遇，大力促进对外经贸合作和文化交流，把丰厚的陶瓷资源优势逐步转化为经济优势、竞争优势和文化优势，当好“一带一路”的文化使者，成为向世界讲述中国故事、展示中国形象、传播中华文化的一张亮丽名片。今天的景德镇，历史与时尚完美融合、文化与科技交相辉映、人文与山水相得益彰，吸引四方宾客纷至沓来、流连忘返。

1. 讲好陶瓷故事，体现中国价值

景德镇是历史上海上丝绸之路重要货源地。丝绸之路和海上丝绸之路流通的三种主要货品——丝绸、瓷器和茶叶，景德镇就拥有其二。在陶瓷贸易方面，仅荷兰东印度公司，1602年到1682年的80年间，就将1010万件中国陶瓷运销到荷兰和世界各地；在茶叶生产方面，唐代景德镇茶叶税占全国的八分之三强，白居易《琵琶行》中“商人重利轻别离，前月浮梁买茶去”的名句，正是对当时景德镇茶叶贸易盛况的写照。“摘叶为茗，坯土为器”道出了茶与瓷的天然联系。

进入新时代，随着“一带一路”倡议的提出，景德镇以陶瓷为载体，先后与“一带一路”沿线国家的21个产瓷地建立了友好城市关系，进行战略合作。近年来，景德镇依托陶瓷文化，加大“走出去”步伐，积极拓展文化交流，每年开展政府、科研院所、民间社团等不同形式、不同规模的对外交流活动多达千场，向全世界展示了中国陶瓷文化的独特魅力。仅在2017年，景德镇官方就组织或参与了9场国家对外重大文化交流活动，积极传播中国陶瓷文化，均引起了强烈反响。2017年4月，景德镇在荷兰代尔夫特市举办“故宫瓷器·皇帝御用暨景德镇御窑陶瓷特展”，为期4个月，吸引了包括荷兰王后马克西玛在内的众多荷兰民众前来观展。2017年6月，景德镇参加了在法国举办的第11届联合国教科文组织“创意城市网络”年会，促

进了创意城市之间的文化交流和融合。2017 年 7 月 G20 汉堡峰会期间，在德国成功举办“感知中国·匠心冶陶——景德镇陶瓷文化展”，向世界充分展示了传承千年的中国陶瓷文化。展览期间，吸引了大批德国民众前来参观，不少德国青年兴奋地体验拉坯、画坯等制瓷技艺，近距离感受中华传统文化的博大精深。2018 年 7 月南非金砖国家峰会期间，景德镇在约翰内斯堡举办了“感知中国·丝路瓷行”中国陶瓷文化展，在国内外引起广泛关注。

2. 打造陶瓷精品，展示中国形象

“国礼尚瓷”，作为中国符号的景德镇陶瓷一直充当党和国家领导人出访国外的重要礼品和驻外使领馆的专用瓷。据不完全统计，历年来景德镇为党和国家领导人出访国外，组织承制礼品瓷达 300 多批次。2016 年以来，国家主席习近平先后 5 次将景德镇陶瓷作为国礼赠送给俄美英等国领导人。

2016 年以来习近平主席将景德镇陶瓷作为国礼赠予外宾情况

时间	赠予对象	国礼名称
2016 年 1 月	伊朗总统鲁哈尼	胭脂红青花山水纹茶器
2016 年 6 月	俄罗斯总统普京	粉彩“雄风”纹罐
2017 年 4 月	美国总统特朗普	青花胭脂红扒花山水纹描金茶器
2017 年 5 月	越南共产党总书记阮富仲	《五彩荷韵》瓷板
2018 年 1 月	英国首相特蕾莎·梅	“金霁甜白”白釉描金茶具

景德镇陶瓷不仅常被列入国礼名单，而且一直以来都是景德镇外贸出口的主要商品，为我国创汇作出过重要贡献。1990 年景德镇陶瓷出口创汇占江西全省的 50%。近年来，景德镇积极融入“一带一路”建设，着力打造经贸合作平台，外贸出口保持了高速增长。2017 年，景德镇出口总值达到 55.07 亿元，同比增长 29.3%，增速位居江西省第一。特别是从 2004 年开始，景德镇连续 14 年成功举办中国景德镇国际陶瓷博览会，开展国际性、多元化的文化交流、展示推介、经贸合作等活动。2017 年，瓷博会吸引了

国内外主要产瓷区近千家企业到会参展，参观人数 30 万人次，外贸订单累计 1.86 亿美元，内贸订货累计 10.94 亿元。

3. 虹吸陶瓷人才，凸显中国魅力

“工匠八方来，器成天下走。”景德镇从古至今都是一座没有围墙的城市。这种开放和包容，不仅使景德镇能工巧匠辈出，更造就了如今“景漂”涌动、“老外”扎堆的独特景象。据不完全统计，目前有 3 万多名来自国内外的艺术家和陶瓷爱好者，在景德镇创新创业创作，相当于景德镇主城区常住人口的 5%，其中有 5000 多人属于“洋景漂”，大多来自欧美日韩，不乏国际古陶瓷专家、英国皇家艺术学院教授等文化人士。调查问卷显示，90%的“景漂”分为“常住型”和“候鸟型”，每年都会不定期来景德镇；78.9%的“景漂”从事陶瓷艺术创作、文化交流、陶瓷收藏及瓷文化研究。比如，51 岁的英国物理学博士盖博天曾是一家跨国银行的亚洲区高管，5 年前辞职来到景德镇与人合作制瓷，经过 4 年研发，烧制出的第一批产品，摆在了伦敦顶级陶瓷专卖店的橱窗里。70 岁的芬兰艺术家维卡瑞，是联合国教科文组织国际陶艺教育学会的会员，2018 年 5 月欣然担任景德镇国际工作室特邀驻场艺术家，在陶溪川举办了多场陶瓷文化讲座和美术个展，并设计出了一系列体现东西方交融特色的陶瓷艺术作品。放眼全国乃至全球，鲜有像景德镇这样的城市有如此多的世界各地人才，为投身陶瓷行业而汇集在一起。可以说，数万“景漂”背后的虹吸现象折射出中国陶瓷文化的强大吸引力，也正是这样源源不断流入的“洋景漂”，让景德镇瓷器再次成为多元文化交流交融的载体。

“景漂”群体情况统计表

“景漂”的类型	所占比例	“景漂”的动力来源	所占比例
常住型	31.3%	对陶瓷文化的追求	41.8%
候鸟型	58.2%	对城市魅力的认同	37.1%
体验型	10.5%	对发展潜力的期待	21.1%

景德镇文化共创共享、开放包容的理念，配套完善的产业体系和扶持政策，不但吸引了众多“景漂”，而且让一大批曾经在景德镇生活过，并从这里走出去的企业家、学者、艺术家，又纷纷回到景德镇，形成“景归”现象。据调查统计，最近两年景德镇的“景归”数量近2万人，其中，陶瓷文化领域有近1万人。陶溪川就是“景漂”“景归”代表性的创业平台和创意孵化器，每到周末，这里都会举办创意集市，展示销售创意和传统陶瓷，常常到晚上10点，依旧灯火通明。为了帮助更多的年轻人打开眼界，陶溪川每年都会组织优秀青年艺术家出国参加艺术交流展会，同时依托美术馆和国际艺术家工作室等，引进新的艺术形式和理念，给年轻人以创作启发。从2017年开始，陶溪川积极开拓线上陶溪川板块，定期筛选创业青年入驻线上商城，以淘宝、京东、微信等为渠道，打造线上“O2O”平台。陶溪川还为4800余位“景漂”“景归”提供了一个“造梦空间”，不收租金、统一装修、统一管理。问卷调查显示，目前在陶溪川创业的年轻创客多达8227人，其中，45.3%的创客是“80后”，53.7%的创客是“90后”；43.6%的创客来自省内，56.4%的创客来自省外国外；36.3%的创客月销售收入在5000至10000元，13.8%的创客月销售收入在10000元以上。

景德镇充分依托陶瓷文化资源，全面策应“一带一路”倡议，打造一座

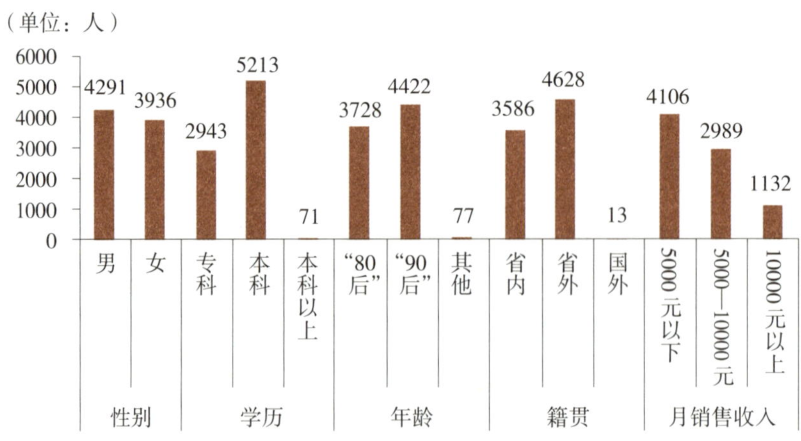

陶溪川陶瓷文创街区创客统计情况

与世界对话的城市，成为展示中国文化的符号、讲述中国故事的平台、传播中国声音的窗口。

（四）塑形铸魂擦亮了瓷都名片

曾经有一段时间，“不来景德镇遗憾，来了景德镇伤感”成为流行语，很多人到了景德镇却找不到世界瓷都的感觉。城市脏、乱、差、堵的问题，一度让景德镇人的自信深受打击。传承弘扬中国陶瓷文化，必须擦去景德镇这颗陶瓷文化珍珠上的灰尘。改革开放 40 年来特别是党的十八大以来，景德镇以瓷为魂，把彰显陶瓷文化元素和底蕴，贯穿城市规划建设管理的各环节和全过程，复兴千年古镇，重塑世界瓷都。这两年启动的“双创双修”（创全国文明城市、国家卫生城市，城市修补、生态修复），实行全域化规划、景区化建设、精细化管理，在治山理水、显山露水上下功夫，城市功能更全了，城市环境更美了，城市品位更高了，告别了“草鞋码头”的历史，成为美丽宜居的生态家园。江西省委书记刘奇曾对景德镇有过一段这样的评价：“这两年，每一个到景德镇的人，都能明显感受到景德镇城市的新变化。我现在也经常推荐领导、客商到景德镇去。过去我是不敢这样做的。现在景德镇能够发生这么巨大的变化，其中很重要的一个原因，就是景德镇抓住了全国城市‘双修’试点机遇，大力推进城乡环境整治和城市‘双修’工作，走出了一条不同寻常的城市建设新路子，实现了‘凤凰涅槃’‘浴火重生’。”

1. 厚植文化底蕴

走进景德镇大街小巷，大到山体壁画、城市建筑，小到灯柱、垃圾桶，一街一景、一巷一品、一桥一形，或是瓷质，或是瓷形，或是瓷事，普遍融入陶瓷元素，让来这里的人感知到无处不在、无时不有的陶瓷文化。在背街小巷的改造中，按照修旧如旧、建新创新的原则，不仅实现“路平、水通、灯亮、线齐、墙美”，而且将里弄文化与陶瓷文化相结合，展现出了瓷都的文化特色，赓续了城市记忆和历史文脉。同时，遍布城市角落的陶瓷博物馆，也是景德镇的一大特色，可以说景德镇就是一座“博物馆之城”。目前，景德镇登记注册的博物馆共21家，其中非国有14家，按全市常住人口计算，每7.9万人就拥有一座博物馆，远高于全国每40万人拥有1座博物馆的平均水平，这还不包括散落在全市的近百家形形色色的私人艺术馆。其中，中国景德镇陶瓷博物馆占地面积近5.5万平方米，是国内目前最大的一座具有国际化、现代化、信息化特色的陶瓷专题博物馆，馆内收藏了新石器时代的陶器和汉唐以来陶瓷珍品重器3万余件(其中国家珍贵文物500余件)，自2015年开馆以来，接待人次年均增长40%。这种润物细无声的文化熏陶，让生活在景德镇的市民几乎都对景德镇陶瓷文化充满自豪与自信，都对景德镇陶瓷文化有高度的认知和认同。

2. 修复城市生态

窑炉是陶瓷发展伴生物，窑炉史影响着陶瓷史。从龙窑到马蹄窑、馒头窑、蛋型窑，再到隧道窑、梭式窑、辊道窑，从柴窑到煤窑、油窑，再到气窑、电窑，反映了景德镇整个瓷业发展的历程。20世纪80年代，景德镇城区集中着183座煤烧圆窑、22条煤烧隧道窑，分布着数以千计的坑道烘房和煤烧烤花炉，每座窑炉排放的烟尘浓度超过国家标准几十倍，每月自然降尘量高达54吨/平方公里。如果一年不清扫的话，烟尘厚度可达30至40厘米，“日出不见日，雨天一身泥”是对当时市民生活的真实写照，陶瓷产业一度成为景德镇环境问题的“罪魁祸首”。

改革开放40年来特别是党的十八大以来，景德镇践行绿色发展理念，在推动陶瓷产业转型升级上，高度重视陶瓷产业的节能环保，实现了“低能耗、低排放、低污染”。一方面，加快制瓷技术的革新，逐步淘汰了柴窑、煤窑，并推广废瓷废料的回收循环利用，减低污染排放，提高资源利用效率。目前，全市共有各类窑炉1588座，大多以天然气、液化气、电力等清洁能源为主，公斤瓷热耗由20000大卡降至2000大卡左右。景德镇瓷海瓷业有限公司自主研发废瓷利用工艺配方，是世界陶瓷领域首创的工艺方法，可实现废瓷使用率达90%以上，陶瓷废料100%循环再利用。另一方面，大力发展高技术陶瓷、手工制瓷，探索出了以文化创意产业引领城市转型的模式。同时，推动陶瓷生产向园区集中，统一规划和管理，加强陶瓷企业污染防治。通过系统改造“老行业、老产业、老厂房”，现在人们走进陶瓷生产园区如置身景区，走进陶瓷生产的企业如置身艺术馆，景德镇陶瓷产业实现了华丽转身，昔日“百条乌龙漫天舞”的场景一去不复返。2006 年以来，万元 GDP 能耗大幅度下降，其中,2017 年的万元 GDP 能耗下降了 8%，比全省平均值多下降了 3.1 个百分点。2017 年，景德镇全市森林覆盖率达到 65.73%，空气质量优良天数达 91.4%，地表水Ⅰ—Ⅲ类水质断面达标率为 93.8%，饮用水各断面水质达标率为 100%，重现了天蓝地绿水清的生态环境。

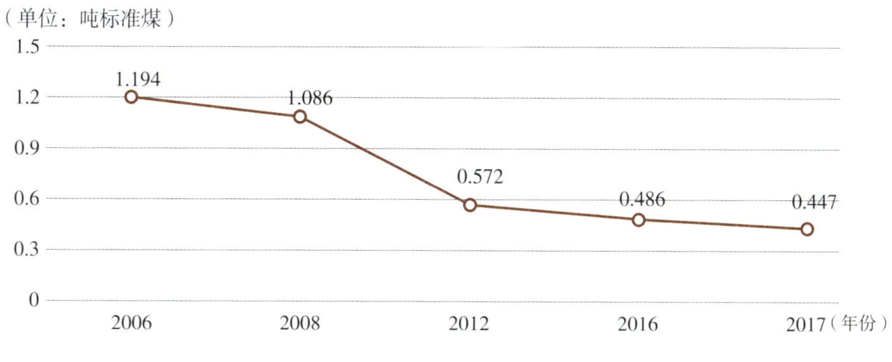

2006 年以来景德镇万元 GDP 能耗情况

3. 建设宜居宜业家园

景德镇既是国家历史文化名城，也是国家三线重点老工业城市。20 世纪 90 年代，由于市场竞争等因素，景德镇国有瓷厂相继关停，6 万多陶瓷产业工人下岗，给景德镇陶瓷产业发展带来严重挫折，不少陶瓷从业人员生产生活一度陷入困境。陶瓷产业陷入低谷拖了经济发展的后腿又进而影响了城市的建设，破烂、破旧、破损问题随处可见。近年来，按照规划导向、问题导向、民生导向、功能导向，景德镇全面推进城乡环境综合整治，通过加快城乡基础设施建设、增建绿地湿地、拆除“两违”建筑、优化城市路网、改造棚户区等一系列措施，打了一个城市建设管理的翻身仗。比如在优化路网方面，打通“断头路”，畅通“微循环”，新建、扩建、改建城市道路34条57公里，投入3.5亿元在中心城区先后开工改造302条背街小巷。2016年以来，景德镇完成了5个片区近2万户200万平方米40多个项目的棚改任务，占全部棚改任务的三分之二，比“十二五”期间的总和还要翻一番。从棚户到楼房，从“蜗居”到“宜居”，棚改圆了棚户区老百姓的“安居梦”，让居民的生活变得更加亮堂起来。美国《纽约时报》曾大篇幅关注和报道了景德镇的巨变，引发国内外热烈反响。

景德镇陶瓷产业的复兴给老百姓带来了巨大的获得感，很好地解决了老百姓的就业问题，大大提高了居民收入。国有瓷厂资源全面复活，陶瓷行业民营企业和个体经营者已达上万家，大批熟悉陶瓷产品制作的下岗工人重新上岗。目前景德镇陶瓷及相关行业从业人员多达15万，接近城区人口的四分之一。问卷调查显示，景德镇一半以上的陶瓷民营企业和个人经营者以制作艺术瓷和仿古瓷为主，依靠手工和画技提升产品的附加值，熟练的陶瓷生产技术工人月收入达万元以上。2017年景德镇人均存款余额达到37817元，比江西省平均水平高4275元；城镇居民人均可支配收入达到34283元，位居江西省第三，比全国人均水平高出三成。

景德镇通过塑形铸魂，推动城市从建设到管理、从形象到功能、从“面子”到“里子”都发生了脱胎换骨的变化。

三、新思想激发新活力——凤凰涅槃的生动体现

习近平新时代中国特色社会主义思想是当代马克思主义中国化的最新成果，为新时代推进改革开放提供了实践论和方法论。景德镇在改革开放中凤凰涅槃、崛起复兴的生动实践，给我们许多重要启示。最大的启示就是：传统文化要有新活力，必须有新思想的引领，具体启示有四点。

（一）展现优秀传统文化时代风采，必须坚定文化自信

习近平总书记指出："文化自信，是更基础、更广泛、更深厚的自信。""没有高度的文化自信，没有文化的繁荣兴盛，就没有中华民族伟大复兴。"这些深刻论述不仅凸显了文化自信在"四个自信"中的地位，更为景德镇陶瓷文化的传承发展提供了思想指引和行动指南。只有坚定文化自信，凭借中华优秀传统文化的价值和动力，才能让文化复兴的脚步更加铿锵有力、行稳致远。

1. 文化禀赋是文化自信的根基

景德镇作为世界瓷都和"最早的工业城市之一"，有着近 2000 年的冶陶史、1000 年的官窑史、600 年的御窑史，拥有厚重的历史积淀和博大精深的陶瓷文化。从高岭土的广泛应用到元青花瓷器的诞生，从"一带一路"上的景德镇外销瓷到精湛的御窑工艺，对世界文化产生了广泛而深刻的影响。这是世界上其他任何城市所无法比拟的，也是景德镇的最大财富和引以自豪的资本。

2. 文化精神是文化自信的内核

景德镇陶瓷文化作为中华优秀传统文化的代表，不仅仅体现在精湛的技术工艺、丰富的艺术内涵，更是蕴涵着内在的文化精神，包括永不止步的创新精神、精益求精的工匠精神、广纳英才的博大胸怀，以及兼容并蓄的开放意识。这些宝贵的精神与新发展理念和以"和平合作、开放包容、互学互鉴、互利共赢"为核心的丝路精神高度契合，正是源于这样一种文化精神、文化之魂，城市的发展才能蒸蒸日上、生生不息。

3. 人的自信是文化自信的体现

在景德镇，成千上万本土的陶瓷工匠历经了发展的低谷、改革的阵痛，重新找到自信、找到希望。他们与来自全球各地的艺术家一道，尽情地驰骋着艺术想象力，挥洒着智慧和汗水，追逐着光荣和梦想，共同弘扬着新时代工匠精神和丝路精神。前不久，新华社专门组成调研组，剖析景德镇的新

气象，从景德镇人文化自信的故事中探究中国传统文化的力量和新的发展方向。

（二）永葆优秀传统文化勃勃生机，必须坚持创造性转化、创新性发展

习近平总书记强调，发展中国特色社会主义文化，必须“坚持创造性转化、创新性发展，不断铸就中华文化新辉煌”。在从传统社会向现代社会转型的历史进程中，只有做好传统文化在现代社会的转化发展，才会更有活力、更有生命力、更有影响力。景德镇有创新的基因，自古陶瓷能工巧匠辈出，产品创新层出不穷，这种创新创造的文化，在今天的景德镇人身上依然延续。景德镇这座传统手工业城市，之所以能够在新时代实现传统陶瓷文化和产业的繁荣兴盛，绝不仅仅是因为深厚的文化底蕴，更是立足传统文化、城市发展和百姓期盼，进行现代化的创新创造，用创新创造撬动内在原动力和新活力。

1. 新活力源于思维理念的创新创造

在推进改革开放的实践探索中，景德镇人形成一个共识，基于城市的环境承载、陶瓷原料资源、人力资源等因素，景德镇不宜成为大进大出的建筑卫生陶瓷、中低端日用陶瓷的大型生产基地，而是要紧紧抓住陶瓷产业链条的若干关键环节，着力打造国家陶瓷文化保护传承基地、国家陶瓷产业创新发展基地、世界陶瓷人才集聚高地、世界著名陶瓷文化旅游目的地、国际陶瓷博览交易中心、国际陶瓷文化交流合作中心。景德镇的发展实践证明，只有坚决抛弃传统的“高消耗、高污染、高成本”的发展之路，立足自身比较优势，把经济增长对物质资源的过度依赖转变到更多依靠文化资源和文化创新上来，致力于文化与创意、旅游、设计、电子商务等深度融合发展，以创新激发内生动力，以创新引领个性化、定制化消费需求，才能推动文化产业高质量发展。

2. 新活力源于体制机制的创新创造

面对传统陶瓷产业一度陷入困境，景德镇选择了一条创新发展之路。对原有厂房资源进行租赁拍卖、改造升级，将其打造成为各类孵化基地、创业

平台，吸引了各类资金流、信息流、技术流不断向景德镇聚集，既有独立法人模式，也有“公司 + 工作室”模式；既有陶溪川、乐天陶社等文化街区、集市，也有星罗棋布的手工作坊。正是创新创造，才能推动产业集聚化、多元化发展，为传统文化发展注入新的活力，促进各种新业态、新功能、新产品不断涌现。

3. 新活力源于人才要素的创新创造

人才是创新的核心要素。在推动陶瓷产业创新发展的过程中，景德镇注重在引才、留才上下功夫，专门组建了“景漂景归人才服务局”和“招才引智局”，出台系列“人才新政”，并依托一批文化创意园区，为开展文化交流、艺术切磋、创新创业搭建平台。我们认为，人才是驱动创新的引擎，依靠人才驱动创新，激发产业动能，正是实现长远发展的路径支撑，只有充分发挥人才在创新引领中的关键作用，加大识才、用才、容才、聚才的力度，才能形成人尽其才、才尽其用、用有所成的生动局面。

（三）促进优秀传统文化走向世界，必须坚持开放包容

习近平总书记指出：“文明在开放中发展，民族在融合中共存。”当前，经济全球化、文化多样化、社会信息化深入发展，各国之间的联系从来没有像今天这样紧密，世界人民对美好生活的向往从来没有像今天这样强烈。“一带一路”倡议的提出，为景德镇再现昔日荣光、当好“一带一路”文化使者提供了重要的历史机遇。推动景德镇陶瓷这张“名片”走向世界，讲好中国故事、传播好中国声音，必须坚持开放包容。

1. 文化繁荣兴盛要有开放的性格

开放包容是景德镇陶瓷文化与生俱来的基因，正是“集天下名窑之大成、汇各地良工之精华”这样一种品格，推动着景德镇陶瓷文化不断走向历史高峰。从珐琅彩到“纹章瓷”，从“克拉克瓷”到郑和七下西洋，无不充分展示东西方文明的交融互鉴。可以说，景德镇的发展历程就是一个联通世界的故事、一个全球化的故事。

2. 文化繁荣兴盛要有开放的姿态

在景德镇无论是“家传派”“学院派”还是“跨界派”“西洋派”，都能在这块文化的沃土寻到真谛，找到灵感。当前，只有以更加宽广的视野交汇融合，广泛开展国际交流合作；以更加开放的胸怀兼收并蓄，架起与世界对话的桥梁，才能给文化发展注入新的能量，进一步提升中华文化在国际上的影响力。

3. 文化繁荣兴盛要有开放的平台

景德镇陶瓷文化“走出去”能够有所作为，得益于对外开放的不断深化，特别是“一带一路”倡议的深入实施。无论是借助国家重大外交活动进行推介，还是在故宫博物院等国家高端平台办学办展，景德镇瓷文化多次借助国家层面平台走出国门，其产生的影响力和感召力与日俱增。我们认为，要更多地抓住中华文化走出去这一机遇，借助高端平台开展高水平、高层次、高规格的对外文化交流活动，不断增强中华文化的知名度和美誉度。

（四）推动优秀传统文化传承发展，必须坚持以人民为中心

“不忘初心，方得始终。”坚持以人民为中心，是习近平总书记反复强调的价值立场。新时代，人们对物质和精神文化生活有了更高的要求。陶瓷既是人们生活中的实用品，又是人们精神生活的艺术品，凝结着先辈们的智慧和荣耀，寄托着人们的情感和对美好生活的追求。景德镇陶瓷文化的传承创新实践，充分体现着“以人民为中心”的发展思想。

1. 要充分尊重人民群众的主体地位

景德镇的千年窑火和无数的创新创造，都源于群众的首创；历史上景德镇瓷业上的每一次飞跃，如“瓷石 + 高岭土”二元配方的发明、四大传统名瓷的问世，无不凝聚着成千上万陶瓷工人的聪明智慧和默默奉献。实践证明，人民是历史的创造者，也是梦想的实现者。改革开放是亿万人民群众自己的事业，只有更加尊重人民群众的主体地位，更加充分发挥人民群众的无穷创造，文化的创新发展才能拥有持久动力，中国特色社会主义文化发展才

能不断开创新局面。

2. 要大力推动大众创业万众创新

景德镇坚持"顶天立地"和"蚂蚁兵团"相结合，在大力培育龙头支柱企业的同时，积极推进以陶瓷为主的大众创业、万众创新，引导风险投资、创业投资等资金投向创业创新领域，努力以创业带动就业，从陶瓷园区到文化集市，从孵化基地到跳蚤市场，到处充满生机活力，景德镇也日益成为投资的"洼地"、人才的"高地"、创新创业者的"乐土"。改革开放点燃了创新创业的火种，必须深入推进大众创业、万众创新，给想创业、能创业的人提供更多机会、更大舞台，更充分地激发和释放社会创造力。

3. 要始终坚持共享发展理念

良好的全民创业氛围，不仅让众多的创业者展示才华、圆梦出彩，也很好地落实了共享发展理念。如今，景德镇城市居民五分之一"端陶瓷碗"，二分之一"享陶瓷福"，城区居民人均陶瓷产值收入超过 5 万元。这就充分印证了，发展的根本目的是满足人民日益增长的美好生活需要。我们必须坚持把最广大人民的根本利益放在首位，让人民群众共享文化发展成果，不断提升人民群众的归属感、获得感、幸福感。

四、新时代呼唤新作为——文化复兴的应有担当

党的十八大以来，以习近平同志为核心的党中央大力弘扬中华优秀传统文化、赋予中华优秀传统文化新的时代内涵，将中华优秀传统文化提升到崭新阶段，这也为包括景德镇在内的历史文化名城的复兴提供了广阔的舞台和新的时代机遇。通过调研，我们认为，景德镇陶瓷文化历史底蕴深厚、产业体系完整、人才资源丰富、创新基础扎实、发展前景广阔、国际影响广泛，但也必须清醒看到，要担负起陶瓷文化繁荣兴盛的历史使命，景德镇依然有许多亟待解决的矛盾和问题，主要是：城市发展与文化保护的矛盾，遗址遗存的保护进度赶不上城市建设和扩张的速度；创新与守成的矛盾，中小企

业创新投入不足，市场上产品雷同，存在同质化竞争；大生产与小批量的矛盾，尽管满足陶瓷消费个性化需求的小作坊星罗棋布，但是规模化、标准化生产的现代化大企业却凤毛麟角，在国际上叫得响的品牌匮乏，难以形成大产业的格局；大担当与小平台的矛盾，对外传播优秀传统文化是一项事关提升国家软实力的重大使命，既要地方上勇于担当、主动作为，又要在更高层面从战略高度、全局视野来谋划搭建更大、更广的平台。要破解这些难题，必须始终坚持以习近平新时代中国特色社会主义思想为指导，全面深化改革开放，推动中华优秀传统文化创造性转化和创新性发展。

一是固根守魂，构建共有的精神家园。习近平总书记指出："中华民族在几千年历史中创造和延续的中华优秀传统文化，是中华民族的根和魂。"景德镇陶瓷在土作、水洗、火烧的精雕细琢和凤凰涅槃中，以水的灵动、土的敦厚、火的刚烈，实现了"器"与"艺"的完美结合，体现了道法自然、器以载道的哲学思想，融入了中华文化的根和魂。推进中国陶瓷文化的传承发展，是坚守中华文化根本、展现中华审美风范、增添中华精神力量的必然要求。要守护陶瓷文化圣地。健全陶瓷文化遗产保护体系，推进御窑厂遗址申报世界文化遗产和手工制瓷技艺申报世界非物质文化遗产工作，加快完成御窑厂遗址博物馆建设，设立国家陶瓷文化生态保护实验区和国家文化公园，保护历史文化名城名镇名村，以陶瓷文化实物载体维系民族精神。要打造陶瓷文化传承基地。加大陶瓷文化挖掘阐发传播力度，积极推动陶瓷文化历史进教材、进校园、进课堂，把陶瓷文化融入国民教育和全球华文教育。加强与国外教育机构合作，设立中国国际陶瓷文化交流中心等各类交流和学术研究机构，在国内中心城市建立景德镇陶瓷文化对外窗口，与国外中小学校、艺术院校建立联系，开展国际陶瓷文化学术研究、游学培训、交往交流等活动，促进形成陶瓷文化教育的大格局。要筑牢弘扬工匠精神高地。景德镇工匠精神绵延千年、执着坚韧，是中国文化自信的重要组成部分。要在全社会大力营造尊重工匠、厚待工匠的良好氛围，让"工匠光荣"变成"风向标"，引导广大从业者争当行家里手和能工巧匠。大力推广传承师徒制，发展工作室和作坊，设立工匠创业和奖励基金，为培育、发掘更多的工匠提供政策支持。

二是求新思变，打造国际陶瓷创意之都。习近平总书记指出：“惟改革者进，惟创新者强，惟改革创新者胜。”景德镇作为陶瓷艺术的风向标、陶瓷制品价格的晴雨表、陶瓷信息的发布窗口、陶瓷文化的集大成者，在创新创造之路上，必须接续前人步伐，着力推动文化创新，攀登陶瓷艺术新高峰。要构建陶瓷文化创新生态。推进文化、艺术、设计、生活等各元素融入陶瓷，突出景德镇陶瓷产品“艺术陶瓷生活化、日用陶瓷艺术化”的特色。着力培育陶瓷文化产业新产品、新模式，打造集陶瓷艺术创新、陶瓷文化科研、陶瓷创客创业、陶瓷教育培训为一体的陶瓷特色小镇。要激发陶瓷文化创意。以文创街区、创意园区为空间载体，推动陶瓷跨界融合发展，推动创意设计及科技成果转化，发展陶瓷文化衍生品，把景德镇打造成为国际知名的陶瓷文化全产业链创新高地。要培育陶瓷创新人才。充分利用陶瓷院校和陶瓷艺术研究力量的优势，整合各级陶瓷研究所、艺术院校等资源，加大培养陶瓷创新人才，加快补齐职业技能培训短板，大力培育高技能陶瓷人才，推动陶瓷产品和服务的品质革命，密切与国内外高端教研机构的交流合作，着力引进一流艺术设计大师，打造世界陶瓷人才集聚高地。

三是扬优成势，培育世界瓷都新增长极。习近平总书记强调，要“培育新增长点、形成新动能”“支持传统产业优化升级”。发展特色文化产业，要将丰富的文化资源转化为发展资源，把文化软实力转化为发展硬实力，为“复兴千年古镇、重塑世界瓷都”插上腾飞的翅膀。要打造大主体。深化陶瓷领域改革，培育若干陶瓷行业龙头企业，支持优质陶瓷企业上市。建立陶瓷文化产品质量标准体系，打造知名国际品牌。设立景德镇陶瓷文化产业引导基金，引进国内外有实力有影响力的陶瓷企业转移落户。要建设高平台。创建景德镇中国陶瓷文化传承创新试验区，推进体制机制创新，形成一批可借鉴、可复制、可推广的经验举措。建设国家陶瓷文化科技创新中心和高端陶瓷研发设计共享平台，推动产学研用有机融合，探索新材料、新设备、新工艺、新技术在陶瓷设计和生产中的应用。要培育新业态。完善陶瓷文化产业链，开发陶瓷文化衍生品，重点发展艺术陶瓷、高技术陶瓷、高档日用和建卫陶瓷、陶瓷材料和智能制造、陶瓷创意与设计、陶瓷博览交易、陶瓷文化旅游、陶瓷产业链金融服务等八个产业集群。高品质建设国家全域旅游示范区，把景德镇打造成国际一流的文化旅游名城和世界著名的陶瓷旅游目的地。

四是登高望远，提升中华文化国际影响力。习近平总书记指出："传播力决定影响力。"在当今时代，文化交流交融交锋日益频繁，如何在未来发展中占领世界文化的制高点，是中华文化发展和传播的重大课题。"登高而招见者远，顺风而呼闻者彰。"只有极大提升中华文化的传播力，才能让世界更多地了解"发展中的中国"和"开放中的中国"。要拓展交流广度。用陶瓷这一世界语言，在"一带一路"沿线城市建立陶瓷文化交流传播窗口和基地，同时加强与世界其他国家之间的文化交流互鉴，推动更多陶瓷精品、瓷乐表演、非遗项目走出国门、走向全球。要提升交流高度。加强顶层设计和战略规划，借助国家级平台，进一步发掘、提炼、展示景德镇陶瓷文化，更好地传播中国价值和中国精神，提升中国陶瓷文化在国际上的话语权。要加强交流深度。以瓷为媒，广泛开展国际性的研学、游学、访学、培训以及产品合作、技术交流等活动，探索促进"一带一路"沿线国家民心相通、民意相知、民情相融的有效途径，在践行"一带一路"倡议方面作出独特贡献，为我国其他文化元素"走出去"提供景德镇范例。

改革开放谋新篇，古城展翅欲高飞。在决胜全面建成小康社会、实现中华民族伟大复兴中国梦的征程中，景德镇要实现陶瓷文化的跨越发展，就必须将文化底蕴、工匠精神、民族品格有机融合，以高度的文化自觉和文化自信，推动思想再解放、改革再深入、开放再扩大，演绎更多魅力四射、精彩纷呈的景德镇故事，让承载中华文明精髓的陶瓷文化闪耀更加璀璨夺目的光辉。

（2018 年 8 月）

青岛

勇立改革开放时代潮头

——青岛改革开放 40 年实践调查

中共山东省委宣传部
中共青岛市委

2018 年 6 月 9 日至 10 日，上海合作组织成员国元首理事会第十八次会议在青岛成功召开，习近平主席主持会议。这次峰会是党的十九大后我国主办的一次重要主场外交活动，是上合组织扩员后首次召开的峰会，来自 12 个国家的国家元首、10 个国际组织或机构负责人出席峰会，注册外宾超过 2000 人，参与采访的中外记者超过 3000 人，成员国领导人签署、见证了 23 份文件，达成了一系列共识，是上合组织有史以来规模最大、级别最高、成果最多的一次峰会，成为上合组织发展进程中一座新的里程碑。峰会的成功举办，充分展示了我国改革开放 40 年的伟大成就，充分展示了中国日益走近世界舞台中央的自信和坚定，充分展示了中国特色社会主义制度的巨大优越性，充分展示了习近平总书记非凡的领袖风范、开阔的战略视野、深邃的政治智慧、高超的外交艺术，极大地提振了党心、军心、民心，极大地增强了民族自豪感、自信心。峰会筹办过程中，在中央峰会筹委会正确领导和山东省委省政府直接组织指挥下，青岛勇担主场主责，举全市之力、聚全市之智，全力以赴、众志成城，圆满完成了服务保障峰会的重大政治任务。习近平总书记对上海合作组织青岛峰会成功举办作出重要指示指出，上合组织青岛峰会办得很成功，山东省特别是青岛市作出了很大贡献，服务保障工作有力有序、精心细致，体现了世界水准，展示了中国气派、山东风格、青岛特色。在我国改革开放40周年之际，把这么重要的峰会放在青岛举办，充分体现了习近平总书记和党中央对青岛的高度信任，也充分体现了习近平总书记和党中央对改革开放40年来青岛经济社会发展的高度肯定。青岛，作为一个缩影，以独特的城市魅力、蓬勃的发展活力、有序的社会治理、文明的社会风尚惊艳了世界，向世界充分展示了中国改革开放和现代化建设的辉煌成就，展示了习近平新时代中国特色社会主义思想的磅礴伟力。

一、青岛改革开放40年来取得巨大成就

青岛是我国沿海重要中心城市和滨海度假旅游城市、国际性港口城市、国家历史文化名城，是国家首批沿海开放城市、计划单列市，现辖七区三市，陆地面积11282平方公里，海域面积12240平方公里，人口1030万人。改革开放40年来，青岛市高举中国特色社会主义伟大旗帜，坚持以马克思列宁主义、毛泽东思想、邓小平理论、“三个代表”重要思想、科学发展观、习近平新时代中国特色社会主义思想为指导，全面推进中国特色社会主义经济建设、政治建设、文化建设、社会建设、生态文明建设和党的建设，勇立改革开放潮头，唱响时代奋进凯歌，经济社会发生了历史性巨变。特别是党的十八大以来，在以习近平同志为核心的党中央坚强领导下，青岛市全面贯彻落实党的十八大和十九大、十九届一中、二中、三中全会精神，深入学习贯彻习近平总书记视察山东重要讲话、重要指示批示精神，按照中央决策部署和省委、省政府工作要求，统筹推进“五位一体”总体布局，协调推进“四个全面”战略布局，强化率先走在前列的责任担当，围绕努力当好全省经济发展龙头、争创国家中心城市、打造国际海洋名城，坚持把创新作为引领发展的第一动力，紧紧抓住创新这个“牛鼻子”，奋力把青岛建设得更加富有活力、更加时尚美丽、更加独具魅力，在中国特色社会主义现代化建设新征程上迈出了坚实步伐。

（一）改革开放 40 年，青岛经济实力显著增强

改革开放以来，青岛经济总量成倍增长，实现了历史性跨越。全市生产总值由 1978 年的 38.43 亿元增加到 2017 年的 11037.28 亿元，增长 286 倍。2016 年青岛 GDP 突破万亿元大关，继北京市和天津市之后，成为我国北方第 3 个晋身“万亿俱乐部”的城市。人均 GDP 大幅提升，由 1978 年的 663 元增加到 2017 年的 119357 元，增长 179 倍，按照世界银行标准迈入高收入行列。全市财政总收入由 1978 年的 12 亿元增加到 2017 年的 3222 亿元，增长 269 倍。

（二）改革开放 40 年，青岛发展质量显著提升

改革开放以来，全市经济结构不断优化，三次产业的比例由 1978 年的 22.7∶52.7∶24.6 发展到 2017 年的 3.4∶41.2∶55.4，服务业快速发展并成为主导产业，“三二一”产业结构逐步巩固夯实。在产业结构优化的同时，青岛的投资结构、消费结构、出口结构也持续向好，固定资产投资由 1978 年的 3 亿元增加到 2017 年的 7771 亿元，增长 2621 倍。2017 年第三产业投资增速高达 22.5%，高技术投资增长 15.5%，全市亿元以上新开工项目 701 个，完成投资 1984 亿元，增长 29%，投资量质齐升，为全市经济转型升级和持续健康发展注入强大动力。社会消费品零售总额由 1978 年的 10 亿元增加到 2017 年的 4541 亿元，增长 453 倍，消费需求不断释放，市场活力不断提升。

（三）改革开放 40 年，青岛改革开放取得显著成效

改革开放以来，青岛市市场经济体制逐步建立，各领域改革不断深化。特别是党的十八大以来，全面深化改革蹄疾步稳推进，发展活力不断增强。对外开放水平显著提高，全市实际利用外资累计达到 762.8 亿美元，累计有 141 家世界 500 强企业投资 271 个项目。先后与世界 69 个城市缔结友好城市，与世界 76 个城市、地区缔结经济合作伙伴关系，形成了全方位国际经贸交

往合作的新格局。经国务院批准，韩国、日本、泰国等 3 个国家先后在青设立了领事机构。成功承办上海合作组织青岛峰会，举办 2008 年奥运会帆船比赛和残疾人帆船比赛、2014 年世界园艺博览会、亚太经合组织贸易部长会议和第二次高官会、国际教育信息化大会等国际性会议，城市的国际影响力进一步增强。

（四）改革开放 40 年，青岛城乡面貌日新月异

改革开放以来，青岛不断优化城市布局、拓展发展空间，城乡基础设施更加完备，环境更加优美，城市管理水平不断提高，青岛西海岸新区成为全国国家级新区，青岛高新区获批国家自主创新示范区，胶州湾隧道、胶州湾大桥等一批重大基础设施建成使用，地铁 3 号线、11 号线和 2 号线东段开通运营，青岛新机场、济青高铁、青连铁路等全面开工。持续开展市容环境综合整治，城市精细管理深入推进，智慧城市加快建设，南北差距、城乡差距明显缩小，城市绿地面积由改革开放初期的不足 1600 公顷，增加到 21570 公顷；绿化覆盖率和绿地率由不足 20%，分别提高到 38.59% 和 36.02%。先后荣获“中国品牌之都”“国家历史文化名城”“全国文明城市”“国家园林城市”等系列荣誉称号，城市的知名度、美誉度不断提升。

（五）改革开放 40 年，青岛人民生活显著改善

改革开放以来，全市城乡居民安居乐业、收入大幅增长，城镇居民人均可支配收入由 1978 年的 336 元提高到 2017 年的 47176 元，增长 139 倍；农村居民人均可支配收入由 1978 年的 146 元提高到 2017 年的 19364 元，增长 132 倍，群众生活更加富足。社会保障体系日臻完善，在全国率先实现了就业政策、养老保险、医疗保险以及人社服务平台“四个城乡一体化”和城镇职工、城镇居民、新型农村合作医疗保险“三险合一”，构建起“基本医疗保险 + 大病医疗保险 + 大病医疗救助”三层社会医疗保障体系，建立起制度公平、城乡普惠的医疗保险制度，惠及城乡 800 万参保人。城镇职工、城

乡居民医保政策范围内住院报销比例分别达到90%、72%，最高报销额度分别达到100万元和90万元。教育事业取得重大突破，党的十八大以来，教育经费累计投入984亿元，引进清华大学、北京大学、复旦大学、山东大学等知名高校29所；义务教育校际均衡度和学前教育普及水平位居同类城市第一。医疗事业全面发展，人均期望寿命达到80.9岁。精准脱贫成效显著，市定标准10万贫困人口全部脱贫。

（六）改革开放40年，文化建设成果丰硕

改革开放以来，青岛市始终坚持社会主义文化的前进方向，加快发展文化事业和文化产业，建成覆盖城乡的四级公共文化服务网络，每个镇(街道)均建有综合文化站，村（社区）文化活动室实现全覆盖,2013年，被文化部、财政部命名为山东省唯一的首批国家公共文化服务体系示范区，先后蝉联全国文明城市，连续八次被评为全国双拥模范城市，当选2015年“东亚文化之都”，2017年被联合国教科文组织授予中国第一个、世界第九个“电影之都”。积极培育壮大文化产业，全市共有经认定的文化产业园区（基地）33个，其中国家级6个，省级18个，市级9个。2017年，文化产业增加值占全市生产总值的比重超过6%，成为全市国民经济发展的支柱性产业。扩大对外文化交流，青岛目前已与亚洲、欧洲、非洲、南美洲等的近30个国家和地区开展文化交流，每年文化交流项目近60项。

（七）改革开放40年，党的建设全面加强

改革开放以来，青岛市全面加强党的领导和党的建设，党的基层组织不断健全，党员队伍不断发展壮大，全市各级党组织和广大党员的创造力、凝聚力、战斗力不断增强，为经济社会发展奠定了坚实基础。1990年8月，中组部等5部委联合在莱西市召开全国村级组织建设工作座谈会（即“莱西会议”），总结推广了莱西市加强以党支部为核心的村级组织配套建设的经验，从理论、政策和制度上，确立了以党支部为领导核心的村级组织建设工

作格局。在全市各级党组织和广大党员中开展创建党建品牌工作，打造“岛城先锋”党建品牌，涌现出“海尔蓝中党旗红”“第一时间交给群众”“365党员工作室”等一大批基层党建子品牌，有效促进了基层党建工作由被动应付向主动创新、由管理型向服务型、由体内循环向体外循环、由阶段性向持久性的转变，基层党建工作科学化水平不断提升。社会主义民主政治建设成效显著，基层民主得到有效保障，保持了民主团结、生动活泼、安定和谐的政治局面。持之以恒正风肃纪，反腐败斗争压倒性态势已经形成，全面从严治党不断向纵深发展。

二、深刻总结青岛改革开放经验

40 年改革开放，40 载春华秋实。在 40 年波澜壮阔的改革开放进程中，青岛深入贯彻落实党中央的决策部署，积极探索，锐意进取，推动经济社会发生历史性变革，取得历史性成就，也积累了成功的经验。

（一）始终坚持把解放思想作为引领发展第一前提

习近平总书记指出：“中国人民坚持解放思想、实事求是，实现解放思想和改革开放相互激荡、创新观念和实践探索相互促进，充分显示了思想引领的强大力量。”青岛 40 年改革开放的历程就是不断解放思想的过程，正是全市上下一次次的思想大解放，推动了城市发展的一次次飞跃。改革开放以来，青岛城市地位发生多次重大变化，从 1981 年被列为全国 15 个经济中心城市之一、1984 年成为全国首批 14 个进一步对外开放的沿海港口城市之一、1986 年获批成为计划单列市，到山东半岛蓝色经济核心区，到 2016 年国务院批复的沿海重要中心城市和滨海度假旅游城市、国际性港口城市、国家历史文化名城，再到党的十八大以来获批设立青岛西海岸新区、国家军民融合创新示范区、中国—上海合作组织地方经贸合作示范区，伴随着每一次城市定位的调整，都要进行一轮思想解放。也正是持之以恒地坚持解放思想、与时俱进，时刻紧跟党中央改革开放的决策部署，抓住用好每一次重大历史机遇，才使得青岛始终走在改革开放的前列，在国家总体布局中占有重要位置。

1.1978 年开始的第一次思想解放，推动青岛抓住机遇成为改革开放的前沿地带。1984 年 5 月，中共中央、国务院批转《沿海部分城市座谈会纪要》，正式决定进一步开放包括青岛在内的 14 个沿海港口城市，作为中国对外开放的重要步骤，14 个沿海开放城市与四个经济特区在沿海形成我国从北到南对外开放的前沿地带，向世界敞开怀抱、打开大门。1984 年 10 月，青岛经济技术开发区的规划方案获国务院批准。1992 年 11 月，经国务院批准建立青岛保税区，成为又一个综合性对外开放区。正是因为及时的解放思想、更新观念，青岛抓住了改革开放的第一次大好机遇，搭上了改革开放的“头班车”，为以后的跨越发展奠定了坚实基础。

2.1992 年 2 月邓小平南方谈话发表后的第二次思想解放，带来了青岛新一轮的改革开放大潮。1992 年 5 月，青岛召开“6000 人大会”，拉开了以“对外开放”为主题的解放思想大讨论的帷幕。从 5 月到 12 月，全市上下集中开展了解放思想大讨论活动，推动改革开放的自觉性和主动性进一步增强。同年制定了《关于加快市区东部开发建设的决定》，确定了以老市区为依托、东部新城区和黄岛新经济区为两翼、五个县级市为卫星城市、整个沿黄流域经济区为腹地，建设“大青岛”城市群的总体思路，在全国率先出让市委、市人大、市政协地处黄金地带的办公楼，实施行政中心战略东移，以东部开发为龙头，掀起了改革开放的第二次浪潮，带动了青岛市区的迅速扩大和青岛经济的跨越发展。2011 年，国务院正式批复《山东半岛蓝色经济区发展规划》，这是我国第一个以海洋经济为主题的区域发展战略。作为山东半岛蓝色经济核心区的龙头，青岛近年来一直推行蓝色跨越战略，在沿海一带规划建设了蓝谷、西海岸新区、红岛经济区这“一谷两区”三大平台，更好地承载了海洋经济发展。

3. 党的十八大以来进一步解放思想，全面贯彻新发展理念，推动青岛不断提升城市发展创新力和竞争力。认真落实习近平总书记“腾笼换鸟、凤凰涅槃”的重要指示要求，对位于老城区的青岛钢铁控股集团、青岛碱业股份有限公司、青岛海晶化工集团等一大批工业企业，实施了历史上最大规模的环保搬迁，经过几年努力，125 家企业已经关停搬迁，其中涉及污染企业 67 家，重新释放出城市空间优势和生态优势，困扰原有区域数十年的空气、噪音等污染问题得到有效缓解；搬迁企业加快淘汰落后产能，实现了产品转型升级。2014 年 2 月，青岛财富管理金融综合改革试验区获得国家批复，成为全国唯一以财富管理为主题的金融区，推动青岛金融业对外开放水平不断提高。目前，青岛外资金融机构数量达到 34 家，占山东省外资金融机构总数的九成。多层次资本市场建设取得突破性进展，截至 2017 年年末，全市共有境内外上市公司 43 家，股票市值近 6000 亿元人民币，金融服务实体经济能力不断增强。2014 年 6 月，国务院正式批复同意设立青岛西海岸新区，这是全国第 9 个国家级新区，被定位为海洋技术自主创新领航区、深远海开发战略保障基地、军民融合创新示范区、海洋经济国际合作先导区、陆海统筹发展试验区，成为青岛高质量发展的重要平台和强力引擎。

（二）始终坚持把创新作为引领发展的第一动力

习近平总书记指出：“创新是引领发展的第一动力。抓创新就是抓发展，谋创新就是谋未来。”40 年来，青岛市始终坚持把创新作为引领发展的第一动力，紧紧抓住创新这个“牛鼻子”，深化科技体制机制改革，成为全国唯一同时承担国家技术创新工程试点和国家创新型试点的城市。党的十八大以来，全社会研发投入（R&D）占 GDP 的比重由 2.61%增长到 2.86%，研发投入总量及强度均居全省首位；发明专利授权量增长近 4 倍，2017 年达到 5939 件，五年总体增幅居全国副省级城市首位；PCT 国际专利申请增长 4.5 倍，2017 年达到 762 件，占全省 45%；技术交易额增长 5 倍，2017 年达到 126.6 亿元，占全省 28%；高新技术企业增长近 4 倍，2017 年达到 2039 家，占全省 32%。

1. 加快集聚国内外高端创新资源。党的十八大以来，青岛市累计引进建设高端研发机构达 48 家，集聚高端人才 4700 人，与近千家本地企业开展合作，带动仪器仪表、海工装备、航空航天、虚拟现实等新兴产业发展。2013 年 12 月获科技部批准建设的青岛海洋科学与技术国家实验室，是全国第一个试点运行的国家实验室。北京航空航天大学研究院获批虚拟 / 增强现实国家工程实验室。哈工程船舶科技园建立 7 大公共服务体系，入园企业近百家。中科院青岛轻型动力研究所建设国内首个 2 万米高空轻型航空发动机整机试验台，涡喷发动机已实现产业化。

2. 突出企业创新主体地位。青岛市采取积极措施支持企业建立研发机构，全市建设各类企业重点实验室 175 家，其中，国家级 9 家、部级 48 家、省级 43 家、市级 75 家；各类企业工程技术研究中心 236 家，其中，国家级 10 家、省级 52 家、市级 174 家。比如，位于青岛动车小镇的全国首个国家技术创新中心——国家高速列车技术创新中心于 2016 年 9 月获批建设，目前国家高速列车技术创新中心事业单位已注册成立，集聚蒂森克虏伯、西南交大等一批高端资源，总投资近 24 亿元的轨道交通系统集成实验室、高速磁浮实验中心等 4 个重点项目立项实施，努力打造世界高速列车创新高地。

3. 强化人才支撑。2018 年 6 月，青岛市委市政府印发《关于实施人才支撑新旧动能转换五大工程的意见》，在总结现行人才政策的基础上，吸收全国先进省市人才政策之长，创新性提出百万人才集聚工程、创新创业激励工程、未来之星培养工程、全民招才引智工程、安居乐业保障工程，被誉为“青岛有史以来含金量最高、创新突破最大的人才政策”。青岛市历来重视人才工作，先后制定实施“创新人才工程”和“青岛英才 211 计划”，吸引留学和海外高层次人才、创业创新领军人才等高层次科技人才和团队。截至 2017 年年底，引进人才 13.1 万人，全市人才总量达到 180 万人，其中驻青院士 33 人、国家“千人计划”专家 62 人、国家“万人计划”专家 34 人、泰山系列人才 369 人，分别占全省的 67.4%、30.7%、30.1% 和 21.8%。创新成立青岛国际院士港，面向全球招纳知名院士，成功聚集了包括“杂交水稻之父”袁隆平等在内的30余名国内外知名院士及团队，促进科学研究和产业成果转化。2016年袁隆平院士入驻青岛国际院士港，成立青岛海水稻研发中心，2017年5月海水稻研发基地进行第一代海水稻材料插秧，最终测得亩产量为620.95公斤，远超预期产量。习近平总书记在2018年的新年贺词中专门提到海水稻测产。袁隆平院士研发团队计划在5到8年内在全国推广1亿亩耐盐碱水稻种植，如果按照亩产400公斤计算，收获后产量将相当于2016年全国水稻总产量的19%。

（三）始终坚持把扩大开放作为引领发展的第一优势

习近平总书记强调：“不断扩大对外开放，提高对外开放水平，以开放促改革、促发展，是我国发展不断取得新成就的重要法宝。”青岛作为东部沿海开放城市，兴于开放、立于开放，开放是青岛最大的优势所在、特色所在、希望所在。在改革开放之初，青岛就开始推进外贸出口的探索。从被列为全国14个沿海开放城市开始，青岛就一直乘着扩大开放的浩荡东风，对外开放工作取得了长足发展。近年来，青岛市全面贯彻落实中央构建开放型经济新体制的一系列决策部署，深入实施国际城市战略，开放型经济建设迈出新步伐，城市国际影响力和国际地位进一步提升。

1.深度融入“一带一路”建设。刚刚结束的上海合作组织青岛峰会，赋予青岛作为“中国—上海合作组织地方经贸合作示范区”的国家定位。这是继在国家“一带一路”规划中，被确定为新亚欧大陆桥经济走廊主要节点城市和海上合作战略支点城市之后，青岛在国家对外开放大格局中又一国家定位，也为青岛进一步扩大对外开放带来了新的机遇。青岛与“一带一路”有着悠久的历史渊源。东晋高僧法显，经陆上丝绸之路，赴古印度寻求真经，最终由青岛登陆，归国后写成《佛国记》，留下了关于“一带一路”的珍贵历史印记；公元623年，唐朝在青岛胶州湾北岸设立板桥镇，开启了我国北方海上贸易的大门，“海上丝绸之路”北线从这里起航；到了宋朝，又在此设置了北方唯一具有海关职能的“市舶司”，随后板桥镇发展成为五大通商口岸之一。近年来，青岛市深度融入“一带一路”建设，加强与“一带一路”沿线国家国际产能合作、能源资源开发、基础设施互联互通、海洋经济合作，加快境外经贸合作园区建设，支持有条件的青岛企业开拓国际发展空间。全市对“一带一路”沿线国家和地区累计投资项目 761 个，协议投资额 95.67 亿美元，其中，2017 年投资项目 68 个，协议投资额 21.9 亿美元。海尔集团在“一带一路”沿线建了 6 个工业园、27 家工厂，工厂数量占了海尔全部海外工厂的一半，其中在巴基斯坦的工业园家电年产能达到 200 万台。山东电建三公司在“一带一路”沿线承揽了 29 个海外电力工程项目，合同额超过 200 亿美元，由其总承包的巴基斯坦卡西姆港燃煤电站项目，成为中巴经济走廊首个进入执行阶段的能源类工程项目。

2. 搭建高水平对外开放平台。2018 年 1 月 31 日，在国务院总理李克强、英国首相特蕾莎·梅的见证下，青岛西海岸新区与英国工商业联合会在北京人民大会堂签署了共同推动青岛中英创新产业园生命科学与创意产业孵化器及中英贸易平台的合作协议。备受中英两国和世界关注的首个中英地方合作园区进入建设推进阶段。改革开放以来，青岛一直把搭建高水平对外合作平台作为扩大开放的重要举措，拥有经济技术开发区、保税港区、出口加工区、中德生态园等 6 个国家级经济园区、4 个海关特殊监管区，是国家级开放政策区域最集中的沿海开放城市之一。位于青岛西海岸新区的中德生态园是中德两国政府间重点合作项目之一。2010 年 7 月，在中德两国总理见证下签约，园区致力于实现“田园环境、绿色发展、美好生活”的发展愿景，借鉴德国莱茵模式和 DGNB 可持续建筑经验，编制 40 项内容的指标体系，于 2013 年 7 月正式建设。目前，中德生态园已发展成为中德合作新平台，德国西门子、大陆等多家世界 500 强企业落户，被我国商务部、德国经济部誉为“中德两国政府间生态领域灯塔式项目，是中德双边合作园区的典范”。2015 年，青岛与上海合作组织实业家委员会协商共建欧亚经贸合作产业园区，共同打造“一带一路”地方经贸创新型平台园区，成为商务部批准的目前唯一横跨欧亚大陆、境内外双向互动的经贸园区。2018 年 6 月，上海合作组织青岛峰会期间，习近平总书记宣布，中国政府支持在青岛建设中国—上海合作组织地方经贸合作示范区，搭建起了青岛对外开放的新平台。

3. 多领域开展对外交流合作。积极推动建立地方经贸合作机制，自 2013 年起商务部先后批准青岛列入中国省与美国加州贸易投资合作联合工作组、中国市与美国芝加哥市贸易投资合作联合工作组、中英地方合作联合工作组的首批成员。2016 年，以开放发展理念为引领，实施国际城市战略，充分发挥青岛市国际城市战略推进委员会工作机制的作用，全面提升开放型经济在国际城市建设中的重要作用，坚持开放发展，加快实施国际城市战略，对标国际先进城市，强化城市国际竞争新优势，积极融入全球经济，全面提升开放型经济发展水平。截至 2017 年年底，青岛与全球 215 个国家和地区有贸易往来，与 180 个国家和地区的 700 多个港口保持贸易联系，青岛空中航线达到 186 条，中铁集装箱青岛中心站已开通中亚班列、中欧班列、中韩快线、中蒙班列、东盟专线等 5 条国际班列。2017 年，全市进出口完成 5033.5 亿元，增长 15.7%，其中，出口 3031.8 亿元，增长 7.5%；进口 2001.7 亿元，增长 30.8%；实际使用外资 77.4 亿美元，增长 13.9%。

（四）始终坚持把高质量发展作为引领发展的第一要务

习近平总书记强调：“实现‘两个一百年’奋斗目标、实现中华民族伟大复兴的中国梦，不断提高人民生活水平，必须坚定不移把发展作为党执政兴国的第一要务，坚持解放和发展社会生产力，坚持社会主义市场经济改革方向，推动经济持续健康发展。”改革开放以来，青岛市始终把发展作为第一要务，立足青岛资源优势和地域特色，牢牢把握高质量发展要求，深化供给侧结构性改革，不断提升城市发展品质。

1. 坚定不移发展实体经济。习近平总书记指出：“推动经济高质量发展，要把重点放在推动产业结构转型升级上，把实体经济做优做强。”实体经济特别是制造业是青岛的重要优势，在中国近代工业历史上，青岛是最早启动工业化的城市之一。随着1899年青岛港和胶济铁路的修建，这座城市开始有了机车、船舶的制造维修业，诞生了现在的青岛啤酒、电灯厂、火柴厂、卷烟厂等轻工类企业，为这座城市注入了现代工业的基因。改革开放以来，青岛市制造业进入发展快车道，工业增加值由1978年的19.2亿元增加到2017年的3952.9亿元，增长205倍；已经构建起基础雄厚、门类齐全、规模庞大的工业体系，全市工业企业单位达到近8万家，规模以上工业总产值超过1.8万亿元。青岛是我国最早实施名牌战略的城市之一，20世纪八九十年代，通过深入实施名牌战略，培育出了以海尔、青啤、双星、海信、澳柯玛“五朵金花”为代表的一批世界知名企业。创立于1984年的海尔集团，从一家资不抵债、濒临倒闭的集体小厂发展成为全球大型家电第一品牌，目前又从传统家电产品制造企业转型为开放式的创业平台，正致力于成为物联网时代的引领者；同时，不断加大海外拓展、收购力度，继2011年收购日本三洋、2012年收购新西兰家电明星品牌斐雪派克后，2016年海尔以55.8亿美元收购美国通用（GE）家电，目前海尔海外市场的营业收入占到了整个集团的40%。2015年收购夏普墨西哥工厂及美洲销售网络、2017年以129亿日元签约并购日本东芝映像解决方案公司（TVS）95%股权。海信集团是全国唯一一家两获“全国质量奖”的企业，拥有国家级技术中心，还拥有数字多媒体技术国家重点实验室、国家城市道路交通装备智能化工程技术研究中心等两个在该专业领域唯一设在企业的研发机构。澳柯玛集团是全球知名的制冷装备供应商，技术研发不断进步，特别是在抗击埃博拉病毒期间，澳柯玛集团研制出了ARKTEK被动式疫苗存储设备，让非洲缺电地区的疫苗能够在断电的情况下保存10—35天，被盛赞为“生命之桶”。青岛啤酒品牌历史悠久，可以追溯到1903年，品牌价值居中国啤酒行业首位，位列世界品牌500强，青岛啤酒公司规模和市场份额居国内啤酒行业领先地位，成为世界第六大啤酒厂商。目前，品牌已成为青岛制造业的象征性符号，越来越多的青岛企业聚焦产品品质、企业品质，努力打造具有自主知识产权的名牌产品，中车四方、特锐德、明月海藻、红领集团、软控股份“新五朵金花”的品牌知名度日益扩大，青岛“品牌之都”的招牌更加熠熠生辉。中车四方车辆有限公司，形成了高速动车组、城际及市域动车组、内燃动车组、高档铁路客车、地铁车辆、现代有轨电车、单轨车辆七大产品平台，制造水平位居世界前列。依托中车四方，高水平规划建设了世界动车小镇，每年全国运营动车组的65%从这里驶出，其中高速动车组整车产品约占全国56%的份额。

2. 大力发展海洋经济。习近平总书记指出：“海洋蕴藏着人类可持续发展的宝贵财富，是高质量发展的战略要地。要更加注重经略海洋。”青岛因海而生、凭海而兴，海洋资源禀赋突出，始终把发展海洋经济作为城市经济发展的重要特色和支柱产业。党的十八大以来，青岛市海洋生产总值年均增长17%，2017年达到2909亿元，同比增长15.7%，占全市GDP比重达26.4%，对GDP贡献率年均超过35%。《国家海洋创新指数报告2016》显示，青岛海洋科技投入产出综合效率平均值0.835，居全国首位。青岛先后被确定为山东半岛蓝色经济区核心区的龙头城市、国家海洋高技术产业基地试点城市、海洋科技领军城市、海洋人才集聚城市，青岛西海岸新区获批成为以海洋经济为主题的国家级新区。目前，青岛聚集了全国30%的海洋科研机构、40%的涉海两院院士、50%的海洋高层次科研人才，建成了青岛海洋科学与技术国家实验室、国家深海基地等一批“国字号”创新平台。2018年6月12日，习近平在青岛考察，首站便来到青岛海洋科学与技术试点国家实验室，了解实验室研究重大前沿科学问题、系统布局和自主研发海洋高端设备、推进海洋军民融合等情况。2007年1月获国务院批准建立的国家深海基地，是继美国、俄罗斯、法国、日本之后的世界第五个深海领域研究基地，是全国唯一的深海基地和国家级公共服务平台。把打造海洋经济重点功能区作为海洋经济发展的重要载体和抓手，全力打造青岛西海岸新区、青岛蓝谷、青岛高新区“三大重点功能区”，优化海洋经济布局，增强对海洋高端要素的承载能力。青岛西海岸新区隆起海洋产业高地，拥有前湾港、董家口港两个国际性深水大港，海洋生产总值约占全市比重四成，年均增速达22.4%。青岛蓝谷作为新崛起的海洋科技新城，累计引进“中字头”“国字号”

重大科研平台17个、高等院校设立校区或研究院28个，累计引进两院院士、国家千人计划等人才3500余人。依托重点功能区，青岛海洋产业蓬勃发展，现代海洋经济体系正在加快构建。着力建设区域性国际航运中心，由大港港区、黄岛油港区、前湾港区和董家口港区等四大港区组成的青岛港，是沿黄流域最大的出海口，辐射沿黄流域九省一市，2017年港口货物和集装箱吞吐量分别达到5.1亿吨、1830万标箱，稳居全球第七位。其中，前湾港区拥有世界最先进的自动化集装箱码头，机械设备全部实现无人驾驶，作业现场全封闭、无人化，节省人力70%，提高效率30%，引领了传统港口码头作业模式的革命性变革；董家口港区拥有世界最大的40万吨级矿石码头、45万吨级原油码头；黄岛油港区码头功能齐全，配套设施完善，是国内沿海最大的油品运输、中转、储存基地；大港港区拥有可停靠世界最大22.7万吨级邮轮的专用码头和邮轮客运中心，嘉年华、皇家加勒比、地中海等邮轮公司巨头相继入驻。2018年7月，制定出台大力发展海洋经济、加快建设国际海洋名城行动方案，聚焦建设国际海洋名城目标定位，大力发展海洋经济，全面提升海洋科技创新、海洋特色文化、海洋生态文明、海洋对外开放发展水平，实施海洋新动能培育、重点区域率先突破、项目园区企业建设、军民融合示范发展、“放管服”综合改革支撑保障等系列工程，努力建设世界一流的海洋科技创新中心、国际先进的海洋发展中心、国家军民融合创新示范区、海洋生态文明示范区、海洋对外开放先行区，力争在全国海洋经济高质量发展中率先走在前列，当好海洋强国、海洋强省建设生力军。

3.推进军民融合深度发展。习近平总书记指出：“军民融合是国家战略，关乎国家安全和发展全局，既是兴国之举，又是强军之策。”日前，青岛作为国家军民融合创新示范区获得批准，作为唯一获准建设的示范区，承担起推动军民融合深度发展试验田的历史重任。作为著名的海军城，青岛具有军民融合发展的深厚基础和独特优势：驻军兵种全、规格高，军事需求牵引强劲；作为山东新旧动能转换综合试验区核心区，海洋科教优势领先，涉海涉军产业发达，双拥共建传统悠久，军民融合发展条件优越、空间广阔。党的十八大以来，青岛围绕战略母港的靠前综合保障，按照使命共担、军地共商、产业共融、科技共兴、设施共建、后勤共保的思路，在西海岸新区的古镇口规划建设了技术装备保障、军工产业发展、军地人才培养、综合保障协作、规划建设管理“五大中心”，构建起海陆空一体化技术装备保障体系，每年技术装备服务合同总额达 150 亿元。引进中科院大学、哈尔滨工程大学等涉军涉海高校 8 所，集聚了总投资 1100 多亿元的涉军涉海项目 140 个，为推动军民融合深度发展提供智力支撑。

4. 大力实施乡村振兴战略。习近平总书记指出：“实施乡村振兴战略是党的十九大作出的重大决策部署，是决胜全面建成小康社会、全面建设社会主义现代化强国的重大历史任务，是新时代做好‘三农’问题的总抓手。”改革开放以来，根据中央一系列有关农村工作的方针、政策和经济体制改革的指示，青岛农村改革稳步推进、不断深化。1984 年，取消人民公社建制，进行农村经济的调整和改革，开始实行“小段包工、定额计酬”，专业承包、联产计酬，联产到组、包产到户、大包干等形式的责任制，体现了按劳分配原则，有效地发挥了集体经济的优越性和个人的积极性，促进了农业生产力的进一步解放。随着农村改革的深化和双层经营体制的进一步完善，土地向种田能手集中，劳动力向第二、第三产业转移，专业户和新的经济联合体相继出现和发展。进入 21 世纪，围绕建设社会主义新农村的总体部署，认真贯彻落实“三农”政策，不断加大农村投入，促进了农业稳定发展。同时，按照中共十六届五中全会提出的建设社会主义新农村的战略任务，提出了“五有、五通、五保、五化”的目标（即村庄整体发展实现“五有”：有切实可行的发展规划、有富民强村的主导产业、有方便舒适的人居环境、有文明和谐的村风民风、有民主高效的管理制度；基础设施建设实现“五通”：村村通油（水泥）路、通自来水、通广播电视、通宽带网、通客运车；公共服务实现“五保”：农村义务教育和公共文化保障、农村医疗卫生保障、新型农村基本养老保险、农村最低生活保障、农村五保老人生活保障；村庄环境整治实现“五化”：硬化、绿化、亮化、净化、美化），积极推进农业结构调整“四百工程”，培育发展“一镇一业、一村一品”，扶持农民创业，助推农民增收。不断加快推进农业绿色发展，保护好绿水青山和清新清净的田园风光，努力增加绿色优质农产品供给，让市民吃上放心农产品。致力于加快推进美丽乡村标准化建设，按照“产业生态高效、环境优美宜居、生活文明健康”要求，打造生产美、生活美、生态美、人文美、服务美“五美”乡村，让农村人居环境好起来。2017 年青岛都市现代农业发展综合水平跃居全国第七位。进入新时代，面对实施乡村振兴战略的新任务，制定出台《青岛市乡村振兴战略规划（2018—2022 年）》，加快实施产业振兴、人才振兴、文化振兴、生态振兴、组织振兴，因地制宜、精准施策，着力推动“三农”发展质量变革、效率变革、动力变革，重点打通制约乡村振兴的“人”“地”“钱”等要素瓶颈，健全完善城乡融合发展体制机制，实现品牌农业高端化、新型农民职业化、美丽村庄景区化、乡村治理数字化，为打造乡村振兴齐鲁样板作出青岛贡献。

（五）始终坚持把以人民为中心作为引领发展的第一目标

习近平总书记强调：“必须坚持在发展中保障和改善民生，多谋民生之利、多解民生之忧，在发展中补齐民生短板、促进社会公平正义，不断促进人的全面发展、全体人民共同富裕。”2018 年 6 月 12 日，习近平总书记来到青岛市李沧区上流佳苑社区，了解社区实施旧城改造、加强基层党建以及居民生活变化情况，实地考察社区便民食堂、社区小广场，夸便民食堂卫生、菜做得好。改革开放以来，青岛坚持把人民对美好生活的向往作为始终不渝的奋斗目标，坚持以人民为中心的发展思想，抓住人民最关心最直接最现实的利益问题，尽力而为、量力而行，不断提高社会保障水平，切实改善民生，让群众共享改革发展成果。

1. 完善社会保障体系。加快城乡公共服务均等化步伐，在全国率先实现了就业政策、养老保险、医疗保险以及人社服务平台“四个城乡一体化”，城乡居民实现了同等社会保障。在全国率先实施医疗保险制度改革，打破城乡界限和制度壁垒，实现了城镇职工、城镇居民、新型农村合作医疗保险“三险合一”，构建起“基本医疗保险 + 大病医疗保险 + 大病医疗救助”三层社会医疗保障体系，建立起制度公平、城乡普惠的医疗保险制度，惠及城乡 800 万参保人员。

2. 推进教育现代化。加快构建高水平、有特色的现代化教育体系，公平化、信息化、国际化已经成为青岛教育的特色亮点。义务教育学校校际均衡水平连续两年在全国副省级城市中位居第一。联合国教科文组织连续三年在青岛召开国际教育信息化大会，特别是 2015 年首届国际教育信息化大会，习近平总书记发来贺信，时任国务院副总理刘延东和联合国教科文组织总干事博科娃分别致辞，来自 92 个国家的 33 位部长、20 位副部长、18 名大使，共 500 多名代表参加会议，形成了一系列重要成果，为全球教育信息化建设提供了行动指南。青岛教育国际化氛围日益浓厚，现有外籍人员学校 9 所，涵盖了从幼儿园到高中各学段教育；积极与“一带一路”沿线国家开展教育国际合作，并设立留学生奖学金，推动开展双向合作交流，成为中德职教合作示范基地城市。

3. 加强和创新社会治理。着力推动治理重心向基层社区转移，向社会需求、群众诉求转移，积极探索富有特色、管用有效的基层社会治理新路。深化平安青岛建设，统筹构建地面、地下、空中、海域、网络“五位一体”的立体化治安防控体系，高标准推进视频监控“天网”工程，基本实现城乡全覆盖目标。深入开展扫黑除恶专项整治，最大限度挤压犯罪空间，刑事发案、治安案件等衡量社会治安情况的重要指标整体下降，全市人民群众安全感和治安满意度不断提升。

三、奋力推进青岛在社会主义现代化新征程中率先走在前列

好风凭借力，扬帆再启航。在改革开放 40 周年之际，习近平总书记视察山东、视察青岛经济社会发展情况，要求“扎实推动高质量发展、扎实实

施乡村振兴战略、扎实做好保障和改善民生工作、扎实抓好干部队伍建设”，为山东、青岛发展把航定向，在青岛市发展历史上具有重要里程碑意义。全市上下正深入学习贯彻习近平新时代中国特色社会主义思想，抓住后峰会时期的大好机遇，按照习近平总书记“办好一次会，搞活一座城”指示精神，放大峰会效应，释放峰会红利，开拓创新、苦干实干，奋力开创新时代现代化强市建设新局面，确保青岛在社会主义现代化新征程中率先走在前列。

（一）在思想解放观念变革上率先走在前列

深入学习习近平总书记视察山东、视察青岛重要讲话精神，继续发扬政治觉悟高、吃苦耐劳、踏实能干的优良品质，大力弘扬敢闯新路传统，大力弘扬自我革命精神，坚决破除不合时宜的思想观念，做到思想再解放、改革再深入、工作再抓实，以思想再解放推动改革开放向纵深发展。

（二）在扎实推动高质量发展上率先走在前列

坚持腾笼换鸟、凤凰涅槃的思路，以供给侧结构性改革为主线，深入实施新旧动能转换重大工程，打好科技创新、海洋经济、军民融合、实体经济、对外开放等“优势牌”，打赢防范化解重大风险、精准脱贫、污染防治三大攻坚战，加快推动产业优化升级，推动创新驱动发展，推动基础设施提升，推动海洋强市建设，推动深化改革开放，努力在转变经济发展方式、全面提高经济发展质量和效益上起到领头雁作用。一是深入实施创新驱动发展战略。坚持走自主创新之路，塑造更多依靠创新驱动、更多发挥先发优势的引领型发展。实施创新型领军企业和科技型中心企业“百千万”工程，打造百家重点高新技术企业，培育千家千帆企业，服务万家小微企业。实施百万人才集聚工程，面向全球全国引进高层次人才和团队，加快推进国际院士港、院士智谷、西海岸省级人才改革试验区建设，打造人才发展新高地。二是全面叫响国际海洋名城金招牌，加快建设海洋强市。充分发挥海洋科教优势，打造世界一流的海洋重大设施集群，确立在全球海洋科技领域核心地位。大力发展海洋经济，加快海洋科技创新步伐，优化海洋产业布局，促进海洋产业向全产业链和价值链高端发展，加快实施透明海洋、智慧海洋、蓝色药库、深蓝渔业等重大工程，构建船舶海工装备、海洋生物医药、海洋新材料、海水利用等优势产业为主导的现代海洋产业体系。加快建设世界一流的海洋港口，建设港航贸易、航运金融、航运交易等功能性平台，打造区域性国际航运中心。挖掘特色海洋文化，严格保护城市历史文化风貌和海洋文化遗产，建设现代海洋文化名城。三是强力建设国家军民融合创新示范区，在体制机制创新、政策制度创新、发展模式创新等方面先行先试，形成一批可复制、可推广的经验，当好军民深度融合发展“试验田”。四是推进基础设施互联互通。优化调整航空、港口、铁路、高速公路、轨道交通、城区道路等交通网络，构建覆盖全域、内外通达的综合立体交通运输体系。建设新一代信息基础设施，加快交通、能源、给排水、应急等城市基础设施智能化数字化改造，打造城市公共基础设施物联网和数据共享平台。五是打造对外开放新高地。坚持以中国—上海合作组织地方经贸合作示范区建设为牵引，深度融入“一带一路”建设，在城市层面加强与上合组织国家在经贸、投资、金融、互联互通等领域合作。主动融入国家开放大局，实施国际国内双向开放，深度融入京津冀协同发展、长江经济带等国家战略，提升青岛在国家对外开放大局中的地位。扩大高质量招商引资，全面推进“内外资联动”现代产业招商，掀起新一轮招商引资热潮。积极实施“引进来”与“走出去”融合发展新战略，积极参与国际合作交流，不断提高对外开放水平。

（三）在扎实实施乡村振兴战略上率先走在前列

在更高标准、更高层次上推进农业农村现代化建设，强化规划引领、高点对标定位、突出特色优势、稳步有序推进，以改革精神破解乡村振兴中的重点难点问题，深化农村综合改革，持之以恒地抓好乡村产业、人才、文化、生态、组织振兴，为打造乡村振兴的齐鲁样板提供青岛经验和模式。一是抓紧抓好粮食生产。坚持科学粮食安全观，建设粮食安全储备、质量安全、应急供应三大体系，为维护国家粮食安全作出贡献。加强农业科技创新和推广，强化基层农技推广体系建设。加强“智慧农业”建设，深入实施“互联网 + 现代农业”行动计划，推进“海上粮仓”建设。二是调活调优农业结构。深入推进农业供给侧结构性改革，转变农业发展方式，加快农业结构调整，大力发展现代高效农业，促进农村一二三产业融合发展，培育一批百亿级农业产业链，打造千亿乡村产业集群。推进现代农业园区建设，打造高效园艺、特色水产、现代畜牧等优势产业园区，创建国家级农业发展示范园，培育农业特色小镇和田园综合体。实施“标准化 +”工程，建立覆盖农产品全产业链标准体系，建设食品质量安全城市。三是夯实夯牢农民增收。拓展农民增收渠道，增加农民经营性、工资性、资产性收入。加大农民就业创业培训力度，培养新型农业经营主体，分类推进农村资源性、经营性、公益性资产改革，优化农民增收环境，推进农村基础金融服务建设。巩固和完善农村基本经营制度，完善农业支持保护制度。四是聚强聚广组织人才。推进乡村人才振兴，畅通智力、技术、管理下乡通道，培养农村实用人才，培育新型职业农民，打造一支懂农业、爱农村、爱农民的人才队伍。实施“雁归”工程、新乡贤培育成长工程，发现、培养、壮大乡贤队伍和“土专家”“田秀才”。五是育好育新文明乡风。以社会主义核心价值观为引领，深化爱国主义、集体主义和中国梦宣传教育，坚持教育引导、实践养成、制度保障，加强农村思想文化建设，培育文明乡风、良好家风、淳朴民风。传承发展提升农村优秀传统文化，移风易俗树文明乡风，提升农村文明程度。创新农村文化服务供给方式，加强农村基层文化队伍建设。

（四）在扎实做好保障和改善民生上率先走在前列

把增进民生福祉作为发展的根本目的，扭住人民群众最关心的就业、教育、收入、社保、医疗、养老、居住、环境等问题，既尽力而为，又量力而行，在发展中补齐民生短板、促进社会公平正义，使人民群众获得感、幸福感、安全感更加充实、更有保障、更可持续。一是统筹解决好重大民生问题。优先发展教育事业，率先实现高水平有特色的教育现代化。坚持就业优先战略，完善城乡一体就业创业扶持政策，推进大众创业工程、返乡创业工程。按照兜底线、织密网、建机制的要求，建成覆盖全民、城乡统筹、权责清晰、保障适度、可持续的多层次社会保障体系。加快建立多主体供给、多渠道保障、租购并举的住房制度，保持房地产市场平稳运行，全面完成城镇棚户区和农村危房改造。二是特别关注重点人群。完善社会救助、社会福利、慈善事业、优抚安置、法律援助等制度，提高最低生活保障标准，健全农村留守老人、妇女、儿童、残疾人及城市困难群众的关爱服务体系，确保兜住民生底线。三是全面夯实社会治理基层基础。推动社会治理重心向基层下移，健全城乡社区治理体系，把更多资源、服务、管理放到社区，夯实基层、稳固基础。综合运用经济、行政、法律等手段推进城市治理系统化、科学化、智能化、法治化建设。四是深入推进美丽青岛行动。践行“绿水青山就是金山银山”的理念，持续开展“全面提升城市环境品质建设美丽青岛三年行动”，突出大气、水、土壤污染防治三大重点，打赢蓝天保卫战，全面提升青岛城市环境品质。

（五）在扎实抓好干部队伍建设上率先走在前列

加大干部教育管理力度，时刻严守政治纪律和政治规矩，时刻筑牢思想防线，时刻做到忠诚老实、言行一致、表里如一，进一步提升思想境界、提升工作标准、提升责任担当。一是坚持用习近平新时代中国特色社会主义思想武装党员干部。坚持不懈强化理论武装，不断推进自我革命，教育引导党员、干部特别是领导干部从思想上正本清源、固本培元，筑牢思想道德防线，增强拒腐防变和抵御风险能力，时刻保持共产党人的政治本色，努力成为习近平新时代中国特色社会主义思想的坚定信仰者、积极实践者和忠诚捍卫者。二是更加坚定理想信念。进一步加强理想信念教育、党性教育、道德教育，引导党员、干部牢记党的宗旨，挺起共产党人的精神脊梁，筑牢信仰之基、补足精神之钙、把稳思想之舵，把牢世界观、人生观、价值观这个

"总开关"，保持政治定力。三是建设德才兼备的高素质干部队伍。坚持党管干部原则和好干部标准，树立正确选人用人导向，选出好干部，配强好班子。建立健全容错纠错机制，为敢于担当的干部担当、为敢于负责的干部负责。四是严守政治纪律和政治规矩。把党的政治建设摆在首位，教育引导广大党员干部严格遵守政治纪律和政治规矩，增强"四个意识"，坚定"四个自信"，做到"四个服从"，坚决维护习近平总书记的核心地位和领袖权威，坚决维护以习近平同志为核心的党中央权威和集中统一领导，在政治立场、政治方向、政治原则、政治道路上同以习近平同志为核心的党中央保持高度一致。严格遵守党章党规，严肃认真开展党内政治生活，营造风清气正的良好政治生态。严格贯彻中央八项规定和实施细则精神，持之以恒纠正"四风"特别是形式主义、官僚主义，以钉钉子精神打好作风建设持久战。深入持久推进反腐败斗争，巩固发展反腐败斗争压倒性态势。

（2018 年 8 月）

烟台

山东烟台40年隆起先进制造业高地

——烟台市打造制造业强市的调查与思考

中共山东省委宣传部
中 共 烟 台 市 委

2018年6月，习近平总书记在山东考察期间，先后来到万华烟台工业园和中集来福士烟台基地视察。在万华烟台工业园，总书记在得知企业是全球异氰酸酯行业的领军者之后，鼓励企业要坚持走自主创新之路，不断在关键的核心技术研发上取得新突破。在中集来福士烟台基地，总书记了解到海上钻井平台“蓝鲸1号”在这里诞生，鼓励企业一定要加强自主创新能力，研发和掌握更多的国之重器。

万华集团和中集来福士是改革开放以来烟台制造业发展的缩影。烟台是我国近代工业的发祥地之一，19世纪末诞生了全省第一家官办机械缫丝厂、全国第一家工业化葡萄酿酒公司；20世纪初又孕育出宝时钟、三星（环）锁、罗锅香皂等民族工业品牌；改革开放后乡镇异军突起，国有企业改制振兴，外资企业大量涌入，烟台工业进入持续快速发展时期。站在改革开放40周年的时间节点，我们可以清楚地看到烟台市制造业令人欣喜的成就：

——规模膨胀加快。改革开放以来，烟台工业总产值从1978年的27.5亿元起步，到1988年达到127.8亿元，首次突破百亿元大关；1996年首次突破千亿元大关，达到1114.9亿元；2010年，烟台成为全省首个突破万亿元的地级市。2017年，全市规模以上工业增加值增长5.85%，实现主营业务收入1.4万亿元、利润1043亿元，同比分别增长3.1%和11%；全市规模以上工业主营业务收入和利润均居山东省首位，占比超过 10%。其中制造业占到全市规模以上工业的 90%以上，提供了全市近 5 成的生产总值和税收、6 成以上的实际利用外资、9 成以上的进出口。烟台也以地级市第一名的成绩被国务院授予“全国工业转型升级和稳增长成效明显市”。

——集群效益明显。全市工业已形成了 5 个千亿级、17 个百亿级产业集群，57 种产品技术水平和市场占有率国内行业第一。2016 年，机械制造产业主营业务收入突破 4500 亿元，占全省 1/10；电子信息产业近 3000 亿元，占全省近 1/3；食品加工产业 2100 多亿元，占全省 1/10，全国每 3 瓶葡萄酒就有 1 瓶产自烟台；黄金产业近 1900 亿元，黄金产量占全国 39%；现代工业产业近 1500 亿元，拥有全球最大聚氨酯产业基地。每个产业集群都有一批大的龙头企业，其中东岳汽车年产量 54.7 万辆、占全省 1/4，万华集团主导产品 MDI 产能全球最大、居“国家创新型百强企业”第 3 位；每个领域的龙头企业都有一批配套企业、下游产品，其中汽车制造领域聚集了 430 多家零部件配套企业。

——行业部门齐全。在《国民经济行业分类》（GB/T 4754—2011）涉及的制造业 31 个大类中，烟台拥有除烟草制品外的 30 个，175 个种类中烟台拥有 133 个。烟台制造业不但门类多、行业全，而且相当一部分市场占有率较高，据不完全统计，烟台共有 95 种产品在国内行业排前 5 位，其中 57 种产品排第 1 位。

——园区布局优化。目前，烟台市拥有经国务院批准的国家级园区 4 个，分别是烟台经济技术开发区、招远经济技术开发区、烟台保税港区和烟台高新技术产业开发区；拥有省级经济园区 10 个，分别是经省政府批准的龙口、莱州、海阳、莱阳、莱山、蓬莱、牟平、栖霞经济技术开发区和经国务院核准的龙口高新技术产业园区、莱州工业园区。除长岛县外，烟台市县域都有园区分布。另外，烟台市还拥有 13 家省级以上产业示范基地：包括 1 个国家应急产业示范基地、1 个国家城市矿产示范基地和电子信息（通信设备）、有色金属（铝精深加工）2 个国家级新型工业化产业示范基地，核电装备、汽车零部件、食品加工、黄金及制品、海洋重工等9个省级新型工业化产业示范基地。烟台还是“山东省高端装备产业（船舶及海洋工程装备）制造基地”，拥有蓬莱、龙口等4个“山东省高端装备制造产业园区”。

数字本身就是生动的。然而，比数字更生动的是改革开放40年中理论化为实践、理想化为现实、奋斗化为伟业的宏大历程！为探究40年来烟台制造业发展之路，探究这些数字的背后，烟台市委宣传部、烟台市经信委组成联合调研组，走访当年与当下烟台改革开放的决策者、践行者、研究者，查阅档案和统计、媒体资料，梳理烟台制造业强市建设的历程与做法，一幅清晰的烟台制造业发展的卷轴向我们展开。

一、扎实推进改革，不断破除体制、机制障碍，充分激发制造业内生动力

习近平总书记强调：“发展和改革高度融合，发展前进一步就需要改革前进一步，改革不断前进也能为发展提供强劲动力。”改革开放40年来，烟台制造业发展始终与不断深化的改革相伴相生。以十一届三中全会为起点，烟台工业开始进入试点改制、全面振兴、持续发展新时期。1986年，烟台二次产业产值占比首次超过一产。从20世纪90年代中期开始，以建立现代企业制度为主要内容的企业改革全面推进，2000年年底市直工业企业75%以上完成公司制改造，2002年全市工业产品实现销售收入1229亿元，突破千亿元大关。2002年，党的十六大进一步明确了深化国有企业改革的方向，烟台市进一步理顺政府与企业的关系，实现了权利、义务和责任相统一的法人财产权和经营自主权的进一步落实，工业规模实力、创新能力、能源资源利用水平大幅提升。“十五”和“十一五”期间，全市规模以上工业主营业务收入年均增幅分别达到32.8%和23.5%，2005年烟台市二产产值占比逼近60%。党的十八大作出了全面深化改革的重大战略决策，我国经济开始进入“新常态”。烟台市大力推进制造业转型升级，深化重点骨干企业改革，

建构“1+N”国企国资改革制度框架，进一步壮大了一批百亿、千亿级企业、行业，全市规模以上工业主营业务收入从2012年的1.25万亿元增加到1.4万亿元，实现利润由2012年的974亿元增加到1043亿元，双双跃居全省第一位。回望这个历程，我们可以清楚地看到，每当企业发展进入到历史重要关头，烟台市都立足当时实际和发展需要，推出务实改革举措。

（一）“龙虎工程”助强乡镇企业二次创业

以十一届三中全会为起点，农村改革的春风充分激发了农村和农民的活力。烟台坚持走以集体企业为主的发展道路，乡镇企业迅猛发展，创造出独具特色的“胶东模式”。1992年，邓小平同志南方谈话发表后，全国掀起新一轮解放思想、加快发展的热潮。已经成为烟台国民经济重要支撑的乡镇企业，再次被推向经济发展舞台的中央。面对乡镇企业中一度存在的“怕、难、死、满”等问题，烟台市在开展“学查改比”解放思想大讨论的基础上，决定实施“龙虎工程”，选取50处乡镇作为“龙”、100个村庄和乡镇企业作为“虎”，分别赋予相应的优惠、特殊政策，推动“龙虎”单位成为解放思想的先行者、经济加速发展的带头者、改革开放的创新者、发展高新技术的示范者、区域经济发展的带动者、多元经济发展的开拓者，构筑了全市“龙腾虎跃”的发展格局。1993年，乡镇企业在全市工业中所占份额上升到70.8%，形成了“三分天下有其二”的局面。在实施“龙虎工程”的基础上，1994年，烟台市又提出了“高”字突破、二次创业的新思路，鼓励乡镇企业东西合作、实行外引内联，组织100家企业西进，推动乡镇企业家们到更大的舞台一展抱负，促成了当时180多家乡镇企业异地兴业发展，遍及新疆、河北、东北三省及广东、海南十几个省。到“八五”末的1995年，全市乡镇企业发展到85245处，从业人员达到124.7万人，实现总收入748亿元。总收入过2亿元的乡镇企业达到近百家。其中，前身是龙口前宋村的南山集团，目前已发展成为以铝业产业链和纺织产业链为核心产业的大型企业集团，2004年实现销售收入102亿元，成为烟台首个突破百亿元的企业，

2017年实现主营业务收入814亿元，稳居中国企业500强。

（二）“扩权”“承包”激活企业积极性

1979年7月，国务院发布扩大国营企业管理自主权、实行利润留成等5个方面的文件，为企业放权、让利。1978年年底，烟台工业系统先从少数企业开始实施扩权试点，给予企业部分计划、销售、资金使用、中层干部任免等权利，使企业开始从行政机构的附属组织转向相对独立的经济实体。截至1980年年底，烟台地区扩权试点企业已发展到占预算内工业企业总数的16%以上。1981年开始，在企业扩权试点的基础上，对工业企业实行利润承包，企业完成包干任务后，可获得超收利润的大部分，因而迅速推广到全地区80%以上的工业企业。截至1987年年底，全市561户县属以上工交企业全部实行各种形式的内部经济责任制，参加职工人数19.25万人，占职工总数的91.8%。从1986年6月开始，烟台市在工业企业中进行承包经营责任制试点工作，在择定企业经营者的方式上，采取了社会公开招标和从企业领导成员中选聘两种形式。在承包形式上，采取了资产经营责任制、租赁制、股份制、上缴利润包干、实行利润定期定额包干等多种形式，并将竞争机制引入承包，打破了政府对企业“一对一”谈判以及在谈判中讨价还价的格局。到1987年年底，全市有89%的县属以上工交企业实行了承包。其中，国有企业承包面达到92%，集体企业承包面达到87%。据对当时全市441家承包制企业的调查，底标和标的利润分别比承包前三年提高45.9%和52.4%。同时，一大批懂经营、会管理的企业人才脱颖而出。

（三）“抓大促强”塑造大企业、大集团

1993年11月，中共十四届三中全会通过了《中共中央关于建立社会主义市场经济体制若干问题的决定》，烟台市着眼于构建“大规模、高科技、外向型”经济格局，进一步转换国有企业经营机制，建立适应市场经济要求，产权清晰、权责明确、政企分开、管理科学的现代企业制度。针对国企包袱

沉重、机制不活、步履蹒跚、市场萎缩的局面，于 1994 年 10 月出台《烟台市工业发展意见》，提出实施工业系统“1351”增效益工程，即把市属工业企业年利税实现 1000 万元、3000 万元、5000 万元、1 亿元的增效任务落实到每户企业、具体到负责人，明确了对完成利税指标的企业一把手进行重奖的政策，极大调动了企业扭亏增盈的积极性。与此同时，为了助力企业解困，烟台市积极争取成为全国优化资本结构试点城市，按照国家政策规定，先后为全市企业注销呆坏账资金 24 亿元，帮助企业甩掉包袱、轻装上阵。为贯彻落实党的十五大精神，1997 年年底，市委、市政府出台《关于进一步深化企业改革的试行意见》，重点培植电子信息产业、机械工业、纺织工业、聚氨酯工业和食品医药工业六大支柱产业，着力构建大企业、大集团。1998 年，烟台张裕集团有限公司、烟台有色金属集团有限公司、山东省三环制锁集团公司、烟台氨纶股份公司、烟台万华合成革集团有限公司等五户市属国有大型企业成为首批企业集团培植重点，按照塑造大企业大集团的“三酒合一”(张裕公司收并中药厂、兼并白酒厂和第二玻璃厂)、“三铜合一”(烟台有色金属集团和铜材厂合并、兼并电子铜带厂)、“三环统一”(把全市的锁厂与烟台三环锁厂联合，实行全行业统一管理）以及万华合成革厂兼并氯碱厂的企业兼并联合方案，市属工业企业开始了一系列大规模重组，五大企业集团当年销售收入和利税分别增长 56.7%和 52.2%。到 2002 年，烟台 1106 户国有企业中完成改制 898 户，全市工业产品实现销售收入 1229 亿元，比 1998 年多出 507 亿元。这期间，正海网目板厂引进德国先进技术和现代管理方法，成为世界最大的电子网目板生产企业。烟台氨纶厂从国外引进了 300 吨氨纶，经过自我消化吸收和十几次扩建改造，规模扩大了 100 倍，成为国内最大的氨纶、芳纶生产商。

（四）“出资人制”理顺政府企业关系

2002 年 11 月，党的十六大进一步明确了深化国有企业改革的方向，产权制度改革成为新一轮国企改革的重点。2004 年 12 月，烟台组建了国有资产监督管理委员会，代表市政府履行出资人职责，对市管企业的国有资产进行监督管理，标志着烟台市新的国有资产监督管理机构正式建立和新的监管机制正式启动。2005年2月，市政府办公室公布了由市国资委履行出资人职责的22户市管企业名单。国有企业出资人制度的建立，初步解决了出资人不到位、责任不落实等体制性问题，实现了政府公共管理职能与国有资产出资人职能的分离，进一步理顺了政企关系，做到管资产和管人、管事相结合，实现了权利、义务和责任相统一，企业的法人财产权和经营自主权进一步落实，活力和竞争力进一步增强，企业的发展速度、质量、效益明显提高。“十五”和“十一五”期间，烟台经济结构日趋优化，工业规模实力、创新能力、能源资源利用水平大幅提升，规模以上工业主营业务收入年均增幅分别达到32.8%和23.5%，工业主要指标长期位居全省前列。

（五）“制造业强市”目标拉动转型升级

党的十八大以来，烟台市积极适应和引领经济“新常态”，加快“新旧动能转换”，推动企业全面转型升级。2015年，烟台市出台了《关于深化市属国有企业改革完善国资管理体制的实施意见》，陆续出台22个配套文件，探索了存量企业增量改制、新设企业股权多元、增量进入民营企业三条路径，把工作重心转向以深化重点骨干企业改革为主，对重点骨干企业实施了投资主体多元化改革，构建了新的产权制衡机制，构筑起“1+N”国企国资改革的基本制度框架。2015年至2017年，烟台在工业领域实施了壮大一批百亿、千亿级行业、企业的“双百千”工程，作出了以信息化为引领、以“互联网+”为路径，推动工业转型升级的部署，在工业企业推行产品加“芯”、设计借“云”、生产添“智”、管理到“端”、营销上“网”等10种信息化应用模式，全市工业质量效益明显提高。这期间，全市规模以上工业主营业务收入由2012年的1.25万亿元增加到1.4万亿元，实现利润由2012年的974亿元增加到1043亿元，双双跃居全省第1位，分别占全省的9.8%、12.5%。主营业务收入过千亿元、百亿元行业分别达到5个、15个。全市百亿级企业达到 17 家、工业领域上市企业 43 家，数量均居全省首位。党的十九大之后，烟台市围绕推动转型发展、高质量发展，于 2017 年作出实施制造业强市战略的决策，确立了建设行业竞争力强、创新能力强、融合发展能力强、持续发展能力强、品牌影响力强、综合实力强这“六强”为标志的制造业强市目标，提出了创新驱动、产业拉动、龙头带动、品牌促动、融合互动、开放推动“六动”的实现路径。在这个战略目标中，到 2020 年，烟台市将形成 7 个千亿级主导产业、20 个百亿级龙头企业，战略性新兴产业工业产值占规模以上工业总产值的比重将达到 30%，制造业质量竞争力指数将达到 89 以上；高新技术企业突破 1000 家、产值占比达到 45%以上；万元 GDP 能耗较 2015 年下降 16% ；制造业主营业务收入将超过 2 万亿元。

二、持续扩大开放，统筹国内、国际两个市场，不断提升制造业竞争优势

习近平总书记强调：“过去 40 年中国经济发展是在开放条件下取得的，未来中国经济实现高质量发展也必须在更加开放条件下进行。”1984 年 5 月 4 日，中共中央、国务院批转《沿海部分城市座谈会纪要》，正式确定烟台等 14 个城市为国家首批沿海开放城市，烟台从此站在了对外开放的最前沿。在 40 年的改革开放进程中，烟台制造业顺势而为，抓住国家历次扩大开放的重大历史机遇，开阔了发展眼界，插上了腾飞翅膀，在国内、国际两个市场的激烈竞争中不断释放烟台优势。在 2017 年全市工业主营业务收入和国民生产总值中，对外开放的贡献率分别达到 35%和 30%以上；外资企业实现的工业增加值、提供的税收，分别占全市的 35%和 40%左右。

（一）坚持招商引资扩规模

对外开放伊始，首先需要的是思想的解放和观念的更新，但对当时的烟台而言，对外开放还是一个全新领域，既无经验可供借鉴，也无人才、信息

等要素支撑。思想保守、观念陈旧的问题在各级领导干部中表现得比较突出，严重阻碍着对外开放的顺利推进。为此，烟台市委、市政府多次召开高规格会议，深入开展解放思想大讨论，先后印发《烟台市发展外向型经济规划纲要》《烟台市发展外向型经济的若干规定》等文件，对全市对外开放工作进行层层动员、全面部署，“对外开放、人人有责”观念深入人心。从此，招商引资在烟台就像那颗“魔术师手中永不落地的红球”，伴随改革开放40年从未止步。1984年11月，烟台第一家中外合资企业——烟台香港彩色摄影有限公司成立，由第二饮食服务公司与香港荣盛贸易行共同投资20万美元建立，外资额7万美元。1987年7月，汉高乐泰（中国）有限公司落户，成为烟台市第一个世界500强项目。1992年，烟台提出构筑“大高外”的经济格局构想，形成了“重点突破、梯次推进、拓展领域、跳跃发展”的对外开放新思路，在开放战略重点选择上向大商社、大项目转变，着力引进一批高技术、高创汇项目，重视引进国外资金、设备、技术和管理，给制造业发展注入了新动力，当年全市实际使用外资首次突破1亿美元，达3.4亿美元。1996年，总投资68698万美元的一汽——大宇（烟台）汽车发动机项目在烟台经济技术开发区落户，是当时烟台市兴建的最大中外合资项目。在此基础上，由世界500强美国通用汽车、上汽集团等合资成立的上海通用东岳汽车有限公司成立，2001年12月31日，山东省生产的第一台经济型轿车在通用东岳汽车基地总装车间下线，结束了山东不能生产轿车的历史。在东岳的带动下，烟台汽车产业从无到有，产业链条配套企业近千家，从业人员达20多万人，形成了以整车为龙头，发动机、变速箱、空调器、汽车底盘为核心配套的完整汽车产业体系。2017年，上汽通用东岳实现主营业务收入653亿元，成为全国单一工厂产能最大的轿车生产基地，累计整车产量达到464万辆。2001年3月，浪潮LG烟台数字移动通信技术研发有限公司注册成立，开始研发“浪潮—LG”联合品牌CDMA手机，伊诺特、特博泰克、普莱斯特等大型配套企业也相继入驻，并直接促成后来2004年1月富士康的成功进驻，截至目前，富士康已成为山东半岛最大的3C产品工业基地和山东省第一出口大户，2017 年实现主营业务收入 1250 亿元。2005 年 7 月，烟台与韩国大宇造船正式签订合作协议，又相继引进中集来福士、巨涛重工等大型企业，烟台海工装备制造基地的框架初步构建。正是在这些项目的引领下，首钢东星、斗山机械等一批先进高端技术生产企业在烟台投资设厂。汽车、造船、手机、电子、车用空调器等产业从无到有、从小到大不断发展，烟台成为国内为数不多的汽车生产基地、电子信息产业基地、高分子聚氨酯基础化工材料基地、氨纶生产基地等。党的十八大以来，烟台市坚持把对外开放摆到统揽全局的战略位置和提升制造业水平的关键举措，利用新一轮改革倒逼机制，痛下决心转方式、调结构，招大、引强、攀高，提质、增效、开放，创新提出并确定“大力推进市场国际化、产业国际化、企业国际化、园区国际化、城市国际化”为烟台“十三五”对外开放的总体思路，全市对外开放进入崭新阶段。2017 年，全市合同利用外资 204.1 亿元，实际利用外资 144.9 亿元，增长 6.5%。美国通用、日本三菱、韩国现代、中国台湾鸿海等 101 家世界 500 强企业在烟台投资，其中制造业企业达 80 家，全市累计引进外资项目 14029 个，累计实际使用外资 342.3 亿美元，其中制造业占到 70%以上。

（二）坚持扩大外贸提层次

对外贸易是经济发展的重要引擎。改革开放以来，烟台市坚持优化出口商品结构，大力开拓国际市场，形成了多层次、全方位的外贸格局，自 1989 年获得进出口经营权以来，烟台市进出口额由 1.7 亿美元跃升到 2017 年的 473.3 亿美元，增长 250 多倍，年均增长 21.9%，发展速度位居全国、全省前列，位居中国外贸百强城市第 25 位。与此同时，“烟台制造”的层次和水平也在不断提升：不断增大企业体量，全市进出口过 10 亿元企业 30 户，5 家企业入围全省进出口前 20 强，富士康、浪潮乐金分列全省第一和第三位。持续优化产品结构，2017 年机电和高新技术产品分别占全市进出口的 53.3%和 21.9%，其中通用东岳的 SUV 车型“昂科威”成功出口美国，带动烟台口岸成为继上海、天津之后全国第三大商品车出口口岸。张裕位列全球十大葡萄酒品牌第4位，销售网络遍布40多个国家、地区和欧美5000余家商超，“张裕解百纳”单品全球累计销量突破5亿瓶。绿叶制药研发的抗精神病药物已经完成美国FDA要求的全部临床研究，将成为我国第一个在美国上市的新药。杰瑞集团成为全球最大的油田增产设备制造商、国内油气装备领域最大的民营上市公司，公司自主研发产品遍布全球30多个国家和地区。中集来福士打破欧美核心技术垄断，突破发展世界一流设施和技术，成为全球6家之一、我国唯一具有批量生产深水半潜式钻井平台的高端海工装备引领企业，其交付和在建的半潜式钻井平台数量占国内市场份额的90%，占全球份额的26%。不断扩大辐射区域，自1985年以来，烟台市先后与美国圣迭戈市、日本别府市、俄罗斯符拉迪沃斯托克市、韩国群山市等14个国家和地区的26个城市建立了友城关系。贸易辐射地由初始的港澳地区扩展到五大洲200多个国家和地区，其中排在前五位的分别为韩国、美国、日本、欧盟和东盟，累计拥有省级科技兴贸出口创新基地10个、省级外贸转型升级专业型示范基地8个、山东省机电产品出口基地8个、全省机电产品出口基地企业10家，数量均居全省首位。园区经济迅速隆起，自1984年7月筹建烟台经济开发区以来，目前全市省级以上园区达到15个，省级以上产业示范基地13个，其中，烟台开发区综合实力居全国219个国家级开发区第6位，在全省15家国家级经济技术开发区考核评价中排名第2位。烟台高新区入列山东半岛国家自主创新示范区，烟台保税港区进出口规模在全国14个保税港区中居第2位，4家省级开发区进入全省综合评价前30强。2017年，省级以上经济开发区实现规模以上工业主营业务收入1.1万亿元、公共财政预算收入348.8亿元，分别占全市总额的79%和58.1%，成为全市经济发展中活力最足、发展最快、结构最优、质量最好的板块。2015年6月1日，中韩自贸协定正式签署，烟台被确定为中国对韩开展产业园合作的首选城市，2017年12月，国务院正式批复设立中韩（烟台）产业园，为烟台乃至全省深化对韩合作、扩大对外开放带来重大机遇。

（三）坚持双向开放促拓展

“中国经济要发展，就要敢于到世界市场的汪洋大海中去游泳”。伴随着国家开放战略的不断深化，特别是国家提出“一带一路”倡议以来，烟台作为“东方海上丝绸之路”的首航地和15个沿海节点城市之一，充分利用产业、区位优势，坚持“引进来”与“走出去”双轮驱动，积极引导企业加快对外投资步伐，格局逐步深化拓展。境外并购快速扩张。国际金融危机爆发以来，烟台推动企业抓住低成本海外扩张机遇，积极并购境外营销网络、先进技术和知名品牌，取得显著成效。截至目前，全市累计核准境外并购项目14个，其中烟台万华以12.63亿欧元并购中东欧最大异氰酸酯生产商宝思德化学公司（BC）96%股权，MDI产能进入全球前三位，成为中国首个被西方主流媒体评为最佳重组交易的案例；冰轮集团通过并购马来西亚顿汉布什控股公司，一举获得其全球31个控股子公司和分支机构的销售和服务网络。境外经贸合作区建设取得突破。现有中俄托木斯克木材工贸合作区、中国匈牙利宝思德经贸合作区2个国家级境外经贸合作区，占全国的1/10，全省的1/2。柬埔寨恒睿现代农业产业园、玲珑轮胎泰国工业园等项目正在加快推进，为全市更多中小企业“走出去”搭建了集聚发展平台。对外承包工程和外派劳务稳步推进。先后承建了援莱索托议会大厦、援斯里兰卡国家艺术剧院等一批大型优质海外项目，叫响了“海外烟台”建设品牌。烟建集团连续4年、烟台国际连续3年入选“全球250家最大国际承包商”排行榜。累计外派各类劳务人员8万余人次，为国内培养各类技术工人3万人，直接增加外派劳务人员收入60多亿元。截至2017年年底，共有35个沿线国家在烟台投资，累计设立外资项目690个，实际使用外资20.5亿美元，烟台企业累计在俄罗斯、泰国等29个沿线国家投资154个项目，中方协议投资额19.8亿美元，涉及基础设施、能源合作等10多个领域。

三、坚持创新引领，加快新旧动能转换，不断推动制造业转型升级

制造业转型升级，技术创新是“根基”。作为国家创新型试点城市、山东半岛国家自主创新示范区组成城市以及全国唯一获得4项以上国家科技进步一等奖的地级市，烟台始终把推动企业自主创新作为提高企业核心竞争力、促进产业结构优化升级的中心环节来抓，积极鼓励和引导企业加大科技投入，提高企业创新能力。

（一）大力推动创新型城市建设

烟台研究出台《烟台国家创新型城市总体规划（2011—2015）》和《规划实施方案》等指导性文件，推进创新平台、工程实验室以及高技术产业基地建设，至2012年，全市拥有国家级企业技术中心16家，省级企业技术中心64家；国家地方联合工程实验室达到3个；省级工程实验室总数达到6个，省级工程研究中心1个；省级以上工程技术研究中心达到81家，省级以上企业重点实验室达到20家；国家级产业技术创新战略联盟2个，省级联盟增加到8个。全市工业拥有有效发明专利4762件，占全省的7.7%，数量居全省第3位，参与制订、修订399项国家标准、484项行业标准，一大批研究成果竞相涌现。东方海洋自主研发并申请全球专利的第六代HIV诊断试剂测验技术在全球处于领先地位；荣昌生物工程公司研发的抗体——药物偶联（ADC）技术是国际上治疗癌症最先进的方法；中惠创智无线供电公司2015年夺得第四届中国创新创业大赛先进制造行业总决赛冠军，其独有的磁共振耦合和三维无线供电等核心技术，开创了三维无线供电的世界先河；万华集团成立了行业首家聚合物表面材料制备技术国家工程实验室；南山铝业成为国内首家为波音公司提供铝合金航空板材的企业；绿叶集团5种新药在美国开展临床试验；中集来福士制造的超深水半潜式钻井平台“蓝鲸1号”，在可燃冰开采中承担重任；艾睿光电成为省内首家牵头国家“核高基”项目

的企业；持久钟表入选国家首批服务型制造示范企业，2018 年，烟台市被世界工业设计大会授予 TIA 创新城市大奖，系全国地级市唯一代表。

（二）大力推动创新体系建设

积极围绕创建全国性、区域性制造业创新中心，不断健全完善支持创新、鼓励创造的政策体系，积极整合科技要素，加大对创新平台建设的投入和政策支持力度，引导企业成为技术创新决策、研发投入、科研组织、成果转化的主体，以企业为主体、市场为导向、产学研用相结合的创新体系逐渐完善。目前，全市拥有中国科学院海岸带研究所、中国航天科技集团公司第五研究院第五一三研究所、中国科学院沈阳计算技术研究所烟台分所、中国科学院上海药物研究所烟台分所、中国科学院计算技术研究所烟台分所 5 家国字号科研院所。拥有国家级企业技术中心 24 家、国家级工业设计中心 1 家、省级企业技术中心 120 家和工业设计中心 15 家，驻烟两院院士 3 人，协议合作院士 62 人，千人计划专家 123 人，泰山学者和泰山产业领军人才 148 人，数量居全省前列。加强产学研联合，北科大烟台研究院、中德工业设计中心、山东省产学研科技创新公共服务平台、山东省增材制造产业技术研究院、腾讯云双创基地等一批对新旧动能转换具有重大支撑作用的新型创新平台相继落户我市。

（三）大力推动企业技术改造

新型工业化进程离不开企业的生产技术改造。近年来，烟台始终高度重视并充分发挥技术改造在稳增长和转型升级中的重要作用，立足于建设半岛制造业基地，引导企业将投资重点集中到高新技术产业、战略性新兴产业、装备制造业、节能环保等领域，增强发展后劲。投资 36 亿元的南山集团热连轧高精度铝板带箔、投资 26 亿元的烟台万华合成革集团有限公司 16 万吨 MDI、投资 23 亿元的上海通用东岳汽车有限公司 30 万台经济型轿车扩产、投资 16.8 亿元的玲珑橡胶公司工业园、投资 15 亿元的上汽 30 万台变速器等一大批项目先后建成投产。其中，万华合成革厂（万华集团前身）从 1981 年投产到 1994 年，在掌握了十多年 MDI 运行规律的基础上建立了数学模型，形成软件包，经多年研发，利用每年大修期间对生产装置进行扩建改造，使原有 1 万吨 MDI 生产能力扩大到 8 万吨，并冲破垄断，完全掌握了 MDI 生产工艺，成为全球第四家拥有 MDI 核心制造技术知识产权的企业，现已成为全球最大 MDI 生产商。“十二五”期间，全市累计实施技改项目 7240 项，完成投资 5500 多亿元，2016 年，累计完成技改投资 1416.3 亿元。2017 年累计完成技改投资 1600 亿元，是全省唯一连续 7 年技改投资过千亿的市，技改项目的顺利实施，优化了全市工业产业结构，为工业发展提供了强有力的拉动和支撑。

（四）大力推动产业智慧化

信息化与工业化的结合是推动制造业转型升级的重要支撑。一直以来，烟台都非常注重积极发挥信息化引领作用，制定出台了《关于以信息化为引领、以“互联网 +”为路径推动工业转型升级发展的指导意见》，提出以“互联网 +”为路径，加快推动信息技术在工业发展全领域的广泛应用，促进了传统产业的转型发展。目前，烟台重点企业设备信息化应用率达到 38.6%，关键生产环节应用信息化装备率达到 70%以上。20 户企业列入国家两化融合贯标试点，总数居全省首位；烟台惠通网络科技有限公司、烟台持久钟表集团有限公司被工信部确定为互联网与工业融合试点企业；23 户企业被确定为省两化融合贯标试点。烟台先后被确定为省级两化融合试验区、省无线城市试点城市、中欧绿色智慧城市。生产添“智”，促进智慧制造。将信息化技术融入产品制造，提高产品核心竞争力。汽车零部件及钢制车轮生产企业兴民钢圈公司投资 2.5 亿元引进世界先进的全自动生产工艺，实现生产过程的高度智能化和自动化，降低能耗 10%、节省人力成本 75%、提高生产效率 100%，产品进入高端汽车和新能源汽车的整车配套体系。天泽软控公司自主研发的“智能化工厂”技术与系统，为通用东岳等汽车生产企业提供整个制造过程设计规划、模拟仿真和管理，并将制造信息及时地与相关部门、供应商共享，实现虚拟制造和并行工程，在高端汽车装备自动化集成行业内，已经具有了同ABB、罗克韦尔、西门子、施耐德公司同台竞争的能力。设计借“云”，促进融合设计。以信息技术应用为重点，以智能化、数字化、虚拟化、网络化、敏捷制造为方向，对传统企业设计、生产流程进行再造，实现信息化。丛林集团以信息化改造提升传统制造环节，自主研发了18条大型铝型材挤压生产线，把1.5万元1吨的铝锭变成6万元的高附加值的车体结构铝合金型材，全国在线运行的动车组中，丛林车体型材供货量占到60%的市场份额；持久钟表公司以塔钟制造为基础，积极采用信息技术促进技术创新，攻克系统对时的精确性、可靠性、安全性等技术问题，拓展了时间同步系统在机场、地铁、高铁、场馆、核电等领域的推广应用。管理到“端”，促进决策靠“数”。通过利用信息化手段，推动研发设计、工艺管理和加工制造、过程协同和质量控制、物料配送和产品管理、信息搜集与决策等关键环节的信息化，提高企业管理科学化水平。招金集团以金软科技为龙头，利用信息技术、无线传感技术以及三维可视化技术，自主研发了矿业三维软件，在地质勘查设计、矿体动态圈定、经济矿体评价方面实现了数字化；万华集团率先应用全球最先进的SPA（企业资源管理系统），实现了研发设计、供应供销、经营管理与生产控制、业务与财务全流程信息化的无缝衔接和综合集成；南山纺织服饰通过建设包括精纺ERP系统、服饰WMS系统和服装分销系统等多套信息应用系统，管理人员直接掌握生产信息，工作效率提高10%；玲珑集团建成了对招远、德州、柳州、泰国四个生产基地的信息化控制平台，信息化应用程度走在同行业前列；张裕公司应用RFID（射频识别）电子标签系统实现了葡萄酒产品的“一件一码”，通过手机和电脑可以随时查询葡萄酒产品真伪及生产加工等信息，提高了客户满意度。

（五）大力推动品牌带动战略

企业的蓬勃发展离不开声名远播的优质企业品牌。为全面实施名牌战略，烟台先后出台了《关于开展争创名牌产品和驰名（著名）商标活动的实施意见》《关于开展质量兴市暨实施名牌战略活动的意见》等文件，积极引导企业依靠核心技术开展品牌创建，培育出具有较高市场占有率和市场价值的强势品牌。目前，烟台工业拥有省级以上制造业单项冠军 16 家（其中国家级 4 家），数量居全省首位。拥有中国驰名商标 92 件、占全省的 13.4%。省长质量奖 6 个，山东省名牌产品 180 个，山东省服务品牌 53 个，孕育出张裕、北极星、三环、南山、鲁花、龙大、东方海洋、玲珑等一批驰名中外的品牌，大大提升了烟台工业的整体形象和知名度。万华集团凭借国家科技进步一等奖、中国唯一一家拥有 MDI 制造技术自主知识产权的企业等诸多荣誉获得“省长质量奖”。“山东名牌”持久钟表虽为中小企业，却先后参与了国家 5 个领域的标准制定，产品国内综合市场占有率达到 80%以上。同时，结合烟台产业布局，围绕支柱产业和战略新兴产业重点发力，推动品牌建设由单一品牌向区域集群品牌发展。截至目前，烟台葡萄酒产业集群生产企业达 153 家，拥有中国驰名商标 8 件、省名牌产品 10 个、省著名商标 16 件和省长质量奖 2 个，带动包装和机械等 136 家配套企业发展，烟台葡萄酒以 905.06 亿元连续两年荣登中国区域品牌价值评价前 10 位。龙口粉丝被认定为首批中国欧盟“10+10”地理标志国际互认产品，是目前我国仅有的 10 个与欧盟实现互认的产品之一。此外，围绕建设制造业强市，烟台着力创建城市品牌，拥有“国际葡萄·葡萄酒城”“中国食品名城”“中国钟表名城”“中国金都”等多个城市名片，城市因产业而名，产业因城市而兴。

四、牢固树立绿色发展理念，统筹发展与环境保护，推动工业经济可持续发展

推动形成绿色发展方式，是发展观的一场深刻革命。烟台市在加快推进制造业强市的过程中，牢固树立绿色发展理念，坚持从源头抓起，建立健全内生动力机制，坚定不移地走绿色低碳循环发展之路。

（一）“三控两转”推进节能降耗

坚持把节能降耗绿色发展作为加快转调、优化结构、保护生态的重要着力点，在全国率先创新实行了节能调控新机制，探索出一条行之有效的既“控”单位能耗、又“控”总量能耗、严“控”增量能耗，“转”移超量能耗、“转”换能耗指标为用电指标为主要内容的“三控两转”节能工作法，对各县市区节能目标完成情况实行“晴雨表”制度，推进重点节能项目建设，加强节能环保新技术、新工艺和新产品推广应用，发展节能环保产业，构建绿色制造体系，推动制造业走可持续发展的道路。同时，积极借助信息技术推进工业行业节能降耗，取得良好效果。南山纺织服饰采用监控系统对生产过程进行控制，年可节省原料费用200万元、节约软水20万吨，节省能源600吨标准煤。百年电力通过对部分机组进行优化，年可减排二氧化硫440吨，减排二氧化碳1700吨。“十二五”以来累计综合利用工业废弃物3750万吨。2015年年末，烟台万元GDP能耗比全省平均水平低一半，成为山东省唯一连续十年完成节能目标的市。

（二）“示范工程”引领循环经济

烟台印发实施工业绿动力计划工作方案，东方海洋等24个项目列入省2017年节能专项资金项目，并已全部完成。启动绿色制造示范工程，南山纺织列入国家工信部第一批绿色制造示范名单。促进循环经济发展，烟台印发了《烟台市“十三五”节能和循环经济规划》。出台了加快推进园区循环化改造工作意见，定期调度国家级园区、基地的建设情况。烟台市、招远市和烟台开发区分别入选省级循环经济示范市、示范县市区和示范园区，18个单位入选省级循环经济示范单位。烟台市被国家节能中心授予“推动绿色发展示范基地”，成为全国首个地市级国家绿色生态发展示范基地。

（三）“断腕之勇”淘汰落后产能

水泥、煤炭、轮胎等行业是烟台高耗能行业，能耗约占全市的3/4。近年来，烟台市认真落实全省去产能统一规划部署，以壮士断腕的勇气，积极主动淘汰落后产能，有序化解转移过剩产能，加速提升改造传统动能，高耗能行业转型升级取得显著成效，工业结构不断优化。具体工作中，严格实行“退出—限产—升级”相结合的工作机制。“退出”：关停开发区华达钢铁厂，退出钢铁产能55万吨。关停龙口草泊煤矿，按照规划于2020年关停龙口桑园煤矿，共可退出煤炭产能40万吨。“限产”：对全市40家水泥生产企业，每年12月16日至次年3月15日，实施3个月的冬季错峰生产，大幅压减水泥熟料产能。“升级”：鼓励企业加强技术创新，推进产品更新换代。鼓励水泥企业利用废渣生产高标号水泥和特种水泥。支持轮胎企业提升子午线轮胎及高档、专用轮胎比重。引导船舶企业研发高性能、高附加值船舶。推动铝企业大力发展航空航天用材，南山铝业成为波音商用飞机、国产C919大飞机等高端客户供应商。鼓励泛林水泥、冀东水泥等水泥企业，通过市场化手段，以合资、合作、产权流转和股权置换等多种形式实施兼并重组，压缩过剩产能。

烟台市制造业跟随改革开放40年的脚步一路走来，一个先进制造业的高地正在烟台隆起。之所以能够形成这样一个发展局面，得益于党和国家改革开放基本国策的引领，也在于烟台市在改革开放这一伟大征程中固守和坚持了以下几点。

一、充分发挥政府的服务作用

工业化进程是一项系统工程，强而有效的政府支持是推动工业化进程的主要因素之一；但发挥政府作用不是去干预企业和市场行为，最主要的是宏观上提供政策导向和有力保障。烟台市20世纪80年代的乡镇企业崛起，以及大招商、大开放、培强做大等战略的实施都是在政府推动下进行的。纵览烟台制造业发展历史，烟台始终坚定不移走工业强市、产业兴市之路，在制定和实施经济社会发展规划时，坚持加大对工业的推动力度，统筹解决好制约烟台工业化进程的三次产业结构、产业就业比不够优化、城市化水平不高、工业产业升级等“瓶颈”因素，围绕建设富有竞争力的先进制造业基地，积极培育传统优势产业，加快培育战略新兴产业，集中打造特色产品集群，打下了坚实的产业基础，形成了具有较强对冲和平衡能力的产业体系。这使得烟台相较于资源型城市对资源的过度依赖以及不确定风险的显性化，烟台工业不论是面对金融危机还是经济新常态的挑战，都保持了平稳较快发展，规模实力位居全国前列。

二、不断加强区域合作

在经济全球化、区域一体化以及全国范围内开放政策、产业政策等基本一致，宏观经济增长处于下降周期背景下，加强区域合作已经成为挖掘经济发展新动能、推动工业转型升级的必然选择。对烟台而言，作为山东 7 个沿海城市中唯一横跨黄、渤两海的城市，是连接辽东半岛和山东半岛的枢纽，是东北亚重要的交通枢纽城市，强化区域合作，有着优良的资源禀赋和坚实的基础。在推进区域合作中，烟台市一是始终坚持强化烟台与外部区域之间的合作与协调发展。扩大与日、韩，长三角、环渤海地区以及省内各地之间经济、技术、人才合作。二是不断统筹规划烟台工业在城市经济和县域经济中的布局。突出不同区域产业特点和优势，加快推进专业化产业园区建设，重点建设了以汽车、船舶为代表的装备制造业集聚区，以手机、电脑为代表的电子信息产业集聚区，以 MDI 及其上下游产品为代表的石化产业集聚区，以及高新技术产业和高端服务业聚集区。注重引导县域工业突出资源、区位、产业基础等优势，突出抓好黄金、铝材深加工、农副产品加工、汽车零部件、毛衫等特色产业的膨胀发展。三是充分发挥比较优势，实现产业突破发展。烟台市委、市政府意识到，在加强合作的同时，也不应回避产业之间的竞争，不过分强调错位发展，或在人才、技术、市场等资源条件制约的情况下片面追求高新精尖，而是积极发展符合烟台实际，能够充分发挥烟台港口优势和制造业基础优势的产业。

三、紧紧依靠科技进步和人才支撑

科技和人才是促进工业化的原动力，区域之间的竞争归根结底是人才和科技的竞争。烟台市在推进制造业强市建设过程中，烟台市委、市政府始终坚持实施人才优先发展和创新驱动发展战略，实现了招商引资与招才引智的良性互动。比如，深入对接烟台市“十三五”产业发展规划，突出产业导向原则，精心编制“十三五”人才发展规划，着力打造蓝色产业、先进制造业、现代服务业、现代农业等四大人才聚集区，统筹抓好各类人才队伍建设，不断满足产业发展的人才需求，推动产业结构优化升级；围绕重点产业发展和科技创新需要，从 2009 年开始实施高端人才引进“双百计划”，累计引进海内外各类优秀人才 166 名，对引领全市产业转型升级发挥了重要作用。截至 2017 年 6 月底，全市人才总量达到 170 万人，高层次人才达 7 万多人。其中，驻烟院士 3 名，柔性引进院士 58 名，千人计划专家 105 名，万人计划专家 9 名，百千万人才工程国家级人选 12 名，国家杰出青年科学基金获得者 4 名，创新人才推进计划 17 名，享受国务院政府特殊津贴人员 199 名，入选数量均居全省前列。围绕加强创新体系建设，加大技术创新投入比重，培育建设了一批国家级企业技术中心、省级企业技术中心、国家工程技术研究中心和企业重点实验室。注重充分发挥企业技术中心作用，集中力量搞好关键技术、核心技术以及产业链项目研发攻关，掌握更多的自主知识产权。围绕工业调整振兴、蓝色经济区和高端集聚区建设，凝练项目，精心组织重点创新项目的实施，突破产业发展技术瓶颈，培育新的经济增长点。围绕科技成果转化，推进产学研联合创新，强化与国内外著名大学、科研机构、世界

500 强企业的科技合作，进一步拓宽了合作领域，提高了合作层次，扩大了合作实效。注重建立完善企业标准、计量检测、质量保证三个体系，不断夯实名牌基础，提高产品知名度和市场占有率。注重加强企业家队伍建设，努力营造宽松的创业环境，造就了一支政治素质好、驾驭市场经济能力强、熟悉国际惯例、具有战略眼光、富具创业激情的优秀企业家队伍。注重加强专业人才队伍建设，进一步形成了人才培养、交流的良好环境，通过培训、培养，开展高层次的人才交流，造就一批精通管理、掌握核心技术的高端人才和行业领军人物，并在股权激励、薪酬待遇等方面给予倾斜，调动了专业人才的积极性，更好地发挥其聪明才智。

四、坚持优化产业布局推动集聚发展

一是推动产业和产品的集聚发展。以建设蓝色经济区和高端产业聚集区为契机，瞄准汽车、电子信息、黄金制品、轻工食品、船舶、装备制造、化工与医药、纺织等重点工业行业及时调整振兴规划，推动了海洋经济、临港产业和先进制造业、高新技术产业发展，巩固提升了汽车、手机、电脑、船舶等优势产业，提高了葡萄酒、核电、现代化工等特色产业，培育壮大了新能源、新材料、生物医药、软件外包等新兴产业，做大做强了汽车、手机、电脑、食品、黄金、葡萄酒、船舶、MDI、特种化纤以及核电装备等产品集群。二是推动大中小企业共同发展。注重加大培强做大骨干企业的政策措施力度，依托龙头企业，引进战略投资，膨胀规模实力。支持大企业带头用信息化引领企业发展、带头向高附加值的产业链延伸、带头发展装备制造业和生产性服务业、带头建立创新平台和技术联盟。积极引导中小企业向“专、精、特、新”方向发展，发挥大企业的技术和产业溢出效应，形成了以大企业为龙头、产业产品为链条、中小企业紧密配套的合作共赢的现代产业组织体系。同时，注重实施“引进来”与“走出去”相结合，积极鼓励具有“比较优势”的制造产业大胆实施“走出去”，使之尽快成长为具有竞争优势的区域性、全球性产业。在大力推动企业跨国经营、扩大产品出口的同时，积极鼓励企业在境外办厂，开展境外加工贸易，使这类产业逐步成长为具有区域性、国际性竞争优势的产业。截至2016年年底，全市316家投资主体累计在70个国家和地区投资项目494个，中方协议投资50.7亿美元。

五、牢固树立可持续发展理念

能源、资源和环境保护问题，越来越成为经济发展的强制性约束条件，如果不高度重视可持续发展，就会阻滞甚至阻断工业化进程。烟台市在推动制造业强市建设过程中，一是注重发展低碳产业。在全球气候变暖、化石能源供应日趋紧张的情况下，着力发展“低碳技术”，并对产业、能源、技术、贸易等政策进行重大调整，以抢占先机和产业制高点。实施新能源应用示范工程，高度重视国内外新能源利用技术的最新成果，不断推广先进成熟的新能源技术、装备和产品，如太阳能光伏发电设备、新型建筑保温材料、地温空调等，以此提高新能源利用的效率和降低利用成本，促进新能源利用的产业化和商业化。二是注重发展循环经济。按照减量化、再利用、资源化的原则，大力开展循环经济型城市创建活动，加快推进循环经济示范县市区、示范园区、示范企业建设步伐，推进产业链延伸组合，实现能源资源循环利用。积极落实国家鼓励资源综合利用优惠政策，加强对资源综合利用企业管理，完善再生资源价格和收费政策，推动企业大力开展以共生伴生矿和工业固体废物、废水、废气为重点的资源综合利用。三是大力推动节能减排。通过加强组织领导，强化责任考核，严格执法监察，有力地推动了有关法律法规和政策措施的贯彻落实。严格控制“两高”行业的项目和投资，运用市场、法律等手段加快淘汰落后生产能力。突出抓好重点企业和重点领域节能减排，组织实施交通、建筑和消费等领域节能减排工程，深入开展环保专项行动，突出加强了燃煤电厂脱硫、重点流域水污染治理、城市污水处理厂及配套管网建设和改造等项目建设。注重加快推进节能减排技术进步，引导社会资金加大对节能减排技术研发和技术改造的投入，加快实施一批节能工程，集中推广一批重大节能技术和重大节能设备。注重引导和树立绿色发展观念，坚持不懈组织开展“节能减排全民行动”，弘扬节能环保社会风尚，倡导绿色生产生活方式，进一步形成了全社会共同参与节能减排、共享节能减排成果、经济社会和谐发展的新局面。

六、坚持打造一流营商环境

烟台市历届市委、市政府始终视环境为生产力，采取了一系列措施打造一流的营商环境。1994年，烟台就在全国率先试行社会服务承诺制。1996年，中央宣传部和国务院在全国推广烟台经验。之后，成立行政审批大厅，加快行政审批制度改革，陆续推出“授权责任制”“超时默认制”“一门受理制”“一次告知制”等细化制度，通过开展“阳光政务”“环境建设年”“万人评机关”“优化发展环境”活动，形成了公开公正、高效有序的政务环境。组建外商投诉中心，开通外商投诉热线，建立重大项目“一站通”工作机制，从信息收集、招商洽谈、拍板签约到后期服务等方面，为重大项目提供“直通车”全程服务。全力推进“大通关”建设，2013年新组建烟台口岸服务中心，打造“一站式”通关综合管理服务平台，着力降低企业通关成本。多年来，烟台市还致力于打造廉洁高效的政务环境、民主公正的法治环境、公平诚信的市场环境、健康向上的人文环境、舒适便利的生活环境，全方位提升城市品位、塑造城市形象，连续5届荣获“全国文明城市”称号，连续7次荣获“全国社会治安综合治理优秀城市”奖，4次捧得“长安杯”。凭借良好的公共管理和服务，烟台先后进入“最具投资价值的中国城市”“中国投资环境金牌城市”行列。

（2018年8月）

改革开放与中国城市发展

GAIGEKAIFANG

LINYI

临沂

解读沂蒙革命老区
美丽蝶变背后的“基因密码”

——山东省临沂市改革开放40周年专题调研报告

中共山东省委宣传部

中 共 临 沂 市 委

临沂市位于山东省东南部，辖3区、9县、3个开发区和1个旅游度假区，156个乡镇街道、3990个行政村，人口1161.8万、面积1.72万平方公里，是山东省人口最多、面积最大的市。临沂是一个有史、有圣、有文气的地方。有着3000多年建城史，是宗圣曾子、智圣诸葛亮、算圣刘洪、孝圣王祥、书圣王羲之等故里；孔子72贤徒，有13人生长在这里；孕育产生了山东三大文化体系之一的东夷文化，出土了闻名中外的《孙子兵法》《孙膑兵法》。临沂是一个有山有水有灵气的地方。境内海拔500米以上的山峰500多座，蒙山为山东省第二高峰，国家5A级景区；境内大小河流1800余条，水资源占全省1/6，沂河是山东第二大河；中心城区“六河贯通、八水绕城”，形成“不是江南胜似江南”的城市景观。临沂是一个有情有义有正气的地方。革命战争年代，被誉为“两战圣地、红色沂蒙”，有“华东小延安”之称；420万人口中120万人拥军支前、20万人参军参战、10万烈士血洒疆场；诞生了“水乳交融、生死与共”的沂蒙精神。临沂是一个有城、有市、有朝气的地方。中心城区面积达231平方公里、城镇化率57.6%，被列为山东省五大中心城市之一。临沂商城拥有专业批发市场134个，年交易额超过4550亿元，是全国最大的市场集群，也是人流、物流、信息流、资金流的集聚地。

在历史演进的滚滚长河中，中国40年改革开放无疑是一幅波澜壮阔的画卷、一部荡气回肠的史诗、一个世界瞩目的奇迹！与时代同频，与国家同步，沂蒙革命老区山东临沂用40年沧桑巨变，见证了改革开放的辉煌成就，成为全国革命老区跨越发展的一面旗帜。

特别是党的十八大以来，临沂市以习近平新时代中国特色社会主义思想为指引，以习近平总书记视察山东临沂重要讲话、指示精神为根本遵循，树牢“四个意识”、坚定“四个自信”、做到“四个服从”，全面贯彻新发展理念，按照“走在前列”的要求谋划推进工作，切实把总书记对沂蒙革命老区的关怀厚爱和殷切嘱托，转化为改革发展的具体行动和实际成效，开启了改革开放新篇章，开创了跨越发展新局面，成为临沂改革开放进程中最浓墨重彩的“点睛之笔”。

伟大的实践需要伟大的精神。习近平总书记指出：“沂蒙精神与延安精神、井冈山精神、西柏坡精神一样，都是党和国家宝贵的精神财富，要不断结合新的时代条件发扬光大。”这极大鼓舞了沂蒙人民弘扬沂蒙精神的自信与自觉。革命战争年代，沂蒙人民“最后一碗米做军粮、最后一块布做军装、最后一个儿子送战场”，为中国革命的胜利作出了巨大牺牲和突出贡献。改革开放新时期，沂蒙人民把当年的牺牲精神、奋斗精神转化为创业创新精神，在传承发展沂蒙精神的同时，不断注入新的时代内涵，升华了沂蒙精神，使之成为推动临沂跨越发展的精神旗帜和强大力量。

数字显示，40年来，临沂GDP年均增长13.2%，快于同期全国3.7个百分点；1995年，在全国18个连片贫困地区中率先整体脱贫；2000年与全国同步基本实现小康；2004年成为首个生产总值过千亿、人均过万元的革命老区城市；2014年，成为全国第29个工业产值过万亿的地级市；目前，综合实力列中国城市GDP百强第46位，已连续4年上榜中国百强城市排行榜。

可以说，一部改革开放的沂蒙发展史，也是一部沂蒙人民弘扬伟大精神的艰苦创业史。以沂蒙精神为精髓的红色基因融入了沂蒙人的血脉，并在代代相传中演绎出改革开放的伟大实践，这是革命老区临沂科学跨越发展的根脉所在、优势所在、成功所在。

一、从“硝烟里的三线工厂”到“千军万马”的民营经济

沂蒙老区美丽蝶变的根脉，来自于为民靠民，自力更生、艰苦创业。沂蒙精神蕴含着自力更生、艰苦创业的优良传统。贫瘠的山区条件和长期的生活磨炼造就了沂蒙人民吃苦耐劳、坚韧不拔的精神品格。特别是革命战争年代，在物资匮乏、经济封锁的困境中，沂蒙党政军民一边战斗，一边开办工厂，克服重重困难发展手工业和小工矿企业，极大满足了战时需求，活跃了根据地市场。社会主义市场经济条件下，沂蒙人民把自力更生、艰苦创业寓于改革开放中，实现了工业经济特别是民营经济由小到大、由大到强、由量到质的飞跃发展，使“一家一户”的小作坊成长为“千军万马”的产业集群，把曾经落后的沂蒙山区打造成为民营经济最具活力的地区之一。

临沂民营经济的发展，可简单概括为四个阶段：一是起步阶段，从改革开放初期至20世纪80年代末。这一时期，临沂创立了社队企业，发展了乡镇企业和个体私营经济，但经济活动以初级产品生产为主，工业对地方经济拉动作用较弱，仍以农业为主。二是发展阶段，从20世纪90年代初到世纪之交。1993年，全市工业增加值首次超过农业。2002年，全市民营经济和个体工商户已发展到25.39万户，实现增加值365亿元，占全市生产总值的52%，成为临沂经济的“半壁江山”。三是不断壮大阶段，新世纪以来，民营经济进入高效发展的“快车道”。2007年，全市规模以上民营工业企业完成产值2057.3亿元，是2003年的5倍，年均增长49.6%，占规模以上工业产值的83.5%，成为带动地方经济发展的“主引擎”。四是质量提升阶段，从2008年至今。针对民营经济发展，临沂市出台一系列政策文件，着力优化发展环境，深化政策扶持，助推转型升级，民营经济取得长足进步。到2017年，全市民营经济市场主体55.27万户、民营经济

实现出口 395.1 亿元、民间投资 3187 亿元，分别占到全市总量的 97.83%、80.4%和 84.6%。

民营经济快速崛起、持续攀升的背后是沂蒙人民在党的领导下，不等不靠、抢抓机遇、苦干实干的务实举措，这表现为民营经济的三次飞跃。

（一）第一次飞跃

“工业农业一齐抓，重点抓工业，抓好工业促农业”。由于历史原因，临沂工业发展缓慢，到建国时，工业总产值仅 0.11 亿元，占工农业总产值的 1.9%。计划经济时期，国家在沂蒙老区投资少，建成的工业项目少，到改革开放前，大中型企业只有 11 家，工业总产值只有 9.3 亿元，三次产业结构为 60：18：22。面对发展短板，临沂提出“工业农业一齐抓，重点抓工业，抓好工业促农业”，这在当时农业为主、工业为辅的情况下，有效推动了临沂工业特别是民营经济的快速崛起，其标志是社队企业直到乡镇企业的异军突起。1978 年后，国家宣布解禁工商业、家庭副业和农村集贸市场规定，提出“一切守法的个体劳动者应当受到社会的尊重”。临沂抢抓机遇，及时调整农村产业结构，鼓励个体经济和联合体经济发展，临沂社队企业在农村工副业基础上发展起来。到 1980 年年末，社队企业发展到 3.55 万个，实现产值 3.74 亿元。到 1984 年，公社工业改称乡镇企业，这之后，临沂乡镇企业产值以年均 50%以上的增幅快速发展，很多乡镇形成了“龙头在乡、龙身在村、龙尾在户”的工副业格局，很多村庄实现了“村村有项目，人人有活干，天天见收入”的喜人局面。1985 年全省有 10 个县（市、区）乡镇企业总收入过 5 亿元，原县级临沂市以 5.11 亿元列第 4 位，全省有 7 个乡镇企业收入过亿元，罗庄镇位列其中。到 1989 年，临沂地区乡镇企业达到 25.48 万个，总收入 80.99 亿元，完成外贸出口交货值 2.32 亿元。乡镇四级工业产值达到 45.6 亿元，占全区工业产值的 54.3%，撑起了地方财政的“半壁江山”。到 1991 年，全区乡镇企业总产值突破百亿元大关，达到 102.2 亿元。

（二）第二次飞跃

“大中小一齐上，既抓顶天立地，也抓铺天盖地”。有人比喻改革开放初期临沂的工业“少龙缺虎没有狼，一群兔子称霸王”。面对既无“高原”、又无“高峰”的产业格局，临沂市敢于冲破“姓资、姓社”的思想束缚，坚持“三个有利于”标准，实施“抓大放小”“以退保进、以放促活”战略，大力发展合作制、联合体、个体等民营经济。围绕骨干企业发展，1992 年，临沂市下发《关于开展“兰陵式”企业活动的决定》；2002 年，选择年上缴税金 100 万元，县区过 50 万元的民营企业，在资金融通、产权重组、人才引进、科技开发、自营进出口权申报等方面倾斜支持；2007 年制定《关于推进大企业集团和产业集群发展的意见》；2013 年出台《临沂市骨干企业培植规划》《关于加快培植骨干企业的若干意见》；2015 年制定《关于实施企业二次创业贡献大美新临沂建设的意见》，这一系列文件的实施，促进了民营骨干企业快速发展。到 2017 年，全市规模以上工业企业 4386 家，比 1978 年增长近 11 倍。其中，华盛江泉、新程金锣、沂州集团等 7 家企业入榜“中国民营企业 500 强”，位居全国地级市前列。围绕中小企业发展，自 20 世纪 80 年代中期起，临沂由过去只重视发展集体企业转到集体、个体、联合体一齐发展上来。1993 年，在中、小型企业中推行以租赁制为主要形式的公有民营，通过改革激发活力；1998 年，进一步放宽发展政策，对个体私营经济与国有、集体经济一视同仁，扶持中小企业发展；2004 年，建立中小企业发展基金。2006 年，推进中小企业信用体系建设，缓解中小企业融资难题。自 2008—2015 年，先后印发关于促进中小企业发展的意见，制定支持中小微企业健康发展的实施意见，成立中小微企业发展领导小组，为中小企业发展提供强力引擎。到 2017 年，全市私营企业达到 14.9 万户。围绕企业融资上市，专门建立境外上市企业储备库，制订上市具体方案，组织境外学习参观，邀请境外证券专家、券商到企业培训指导，推进优势企业境外上市。2008 年，亿利达钢铁、新光毛毯、先锋科技分别上市，募集资金 9 亿元人民币。到2017年，临沂上市企业达到21个，其中在新加坡上市企业10家，形成了“新加坡市场临沂板块”。51家企业在齐鲁股权交易中心挂牌，数量全省第二。

（三）第三次飞跃

“以改革促转型，在转型中壮大”。改革开放初期，临沂工业结构以“五小”工业为主，其中1978年饮料酒产量2.9万吨、水泥37万吨、化肥2.81万吨。直到“八五”末，临沂工业几乎没有大的技改投入。“九五”期间，每年技改投入不足50亿元。从“十五”开始，临沂民营企业加大技术改造和技术创新力度，着力优化提升传统产业，淘汰落后生产能力，培育发展高新技术产业。2000—2010年，全市累计实施技改项目6325个，完成投资2224亿元。到2010年，全市90%以上的大、中型企业建立了自己的科研机构。到2015年，全市拥有省级“一企一技术”研发中心144家、专精特新企业114家，民营企业专利授权1481件。2015—2017年，临沂连续三年实施“千企千项千亿”技改工程，技改投资总量同比增长15%。目前全市市级以上企业技术中心396家，近五年共有1916个项目列入省技术创新项目库。当前，临沂正以新旧动能转换为契机，通过项目带动、创新驱动、改革推动等，创新实施“8+8”现代产业培育计划，推动全市工业特别是民营企业由过去传统增长型加快向高质量发展阶段转变。

实践证明，“人民群众是我们的力量源泉”，只有发动大众创业、万众创新，才能激发群众的智慧和干劲，才能凝聚成改革开放的磅礴力量，这也为弘扬沂蒙精神注入了为民靠民、自强不息的时代内涵。

二、从“四塞之崮、舟车不通”到现代化国际商贸城

沂蒙老区美丽蝶变的源泉，来自于创新创造。沂蒙精神蕴含着敢为人先、开拓奋进的思想意识。革命战争年代，沂蒙山区成立了共产党领导下的

第一个省级人民政府，颁布了中国历史上第一个人权保障条例，创办了党的第一家省级报刊《大众日报》，展现出“先人一步”的沂蒙智慧。改革开放新时期，沂蒙人民不甘落后，自觉摒弃“玩龙玩虎不如玩土”的小农意识，主动融入市场经济大潮，坚信“没有跑不了的路、没有吃不了的苦、没有干不成的事”，靠着“敢为人先、敢闯敢干”，在昔日“内货不出、外货不入”的沂蒙山区建成了全国规模最大的市场集群。

“五代市场”记录了沂蒙人民的商海创业史。第一代：“小地摊”（1978—1982 年），一部分外地商人和当地农民在临沂西郊汽车总站附近自发摆起小地摊，改过去“五天一集”为“天天逢集”，形成集贸式市场，成为临沂商城的源头。第二代：“大棚底”（1982—1986 年），1982 年建起全省第一个小商品市场——西郊小百货市场，时称“西郊大棚”，到 1985 年市场固定摊位 600 多个、商品 1000 多种、日成交额 20 万元。第三代：专业批发市场（1986—2000 年），1986 年建成全省第一家专业批发市场——纺织品专业批发市场，之后陆续建成服装、鞋帽、家电、家具、五金、车辆、塑料制品、文体用品、农副食品等专业批发市场，形成集群效应。第四代：现代商贸物流城（2000—2012 年），通过改造提升和培育新业态促进了商城蓬勃发展，商品销往全国 26 个省（市）、自治区，每天有 30 万客商进行交易。2008 年获评“中国市场名城”，2011 年获评“中国物流之都”。第五代：国际化商城（2012 年至今），2012 年，时任国务院副总理的王岐山作出批示，支持推进临沂商城国际化。随后国家各部委出台一系列支持临沂商城国际化的优惠政策。2013 年省政府启动临沂商城国际贸易综合改革试点。2018 年山东省要求临沂打造国家内外贸融合发展示范区。目前临沂商城商品远销 120 多个国家和地区，年交易额超过 4550 亿元。

临沂商城从无到有、从小到大、由内及外的发展史，得益于这样几方面创新举措：

一是从“草根”创业起步。“醒得早、起得早、干得早”，从当年西郊农民摆“小地摊”起，临沂就注重顺应民意，因势利导，抢占先机，提出“人民市场人民建、公益事业大家办”“谁投资、谁受益”“政府领导、多家投资、各方共建、工商管理”等指导思想，这一时期，城区水田、西关、前园、宋王庄等居委共同掀起民间办市场的高潮，形成以村居兴办为主，工商部门、部队、个人等为辅的多元化投资主体，涌现出一大批民营企业家，很多农民实现了从“草根”到富翁的逆袭。这区别于义乌以政府为主导、国有控股企业为主体核心的开发建设模式。

二是实施“放水养鱼”的放活政策。临沂商城建设初期，政府提出市场建设“五先五后”，即“先成市后建场、先繁荣后规范、先综合后分离、先分散后集中、先简易后提高”，同时压缩税收、管理费用等各种成本。各类市场按照“缺补理念”如雨后春笋般相继崛起，到 20 世纪 90 年代末，有 16 处市场年成交额过亿元，形成大到汽车配件、小到针头线脑，“只有想不到、没有买不到”的商品品种。放活政策成就了商城“领跑”优势，成为“快人一拍”迅速崛起的重要因素。

三是把握时机“该出手时就出手”。自 2000 年起，临沂充分发挥政府有形之手和市场无形之手的联动作用，通过“整合一批、提升一批、搬迁一批、新建一批”推进传统批发市场升级换代。为此专门编制《中国临沂商贸城总体规划》，确定 31 平方公里的现代商贸城核心区，投资 150 亿元在主城区西部兴建了汽摩配城、家电厨卫城等高标准商贸物流城。同时改造提升老市场，所有大棚市场改造为经营大厅或门市，实现了“老树发新芽、新树长强枝”。同时积极培育电商、会展等新业态。2010 年，成功举办第一届中国临沂市场贸易博览会；借助阿里巴巴网上平台，实现电子商务和实体市场融合发展。目前已发展网商商户 5 万户、从业人员 12 万人，70%以上的商户开展了电子商务。2017 年临沂商城电子商务交易额 1523 亿元，同比增长 61%。

四是“走出国门”再造新优势。沂蒙人民淳朴憨厚、“不排外”“吃亏是福”、开放包容等优秀品质，使商城在发展过程中吸引了浙江、福建、广东、江苏、安徽、江西等外地客商长期在临沂经商，目前外地商会达 17

家，仅浙商就有 10 万人。党的十八大以来，临沂商城统筹国内、国外两大市场，坚持“内外结合”，主动融入“一带一路”，积极布局海外营销网络。利用市场采购贸易试点平台、临沂港口岸平台、临沂综合保税区平台“三个平台”作用，加快商城国际化步伐。目前，已布局匈牙利中欧商贸物流合作园区、瓜达尔港海外商城、沙特吉达临沂商城、马来西亚中国临沂商城等 12 处海外商城、海外仓。2017 年，临沂商城通过市场采购贸易方式实现出口 12643 票，货值 10.1 亿美元，出口国家和地区达 130 多个。临沂港通过“一站式服务”年装箱量突破 10 万标箱，成为商品出海的“内陆无水港”。

五是市场与物流“相伴相生”。2013 年 11 月习近平总书记视察临沂金兰物流基地时指出，物流业一头连着生产、一头连着消费，在市场经济中的地位越来越凸显。要加快物流标准化信息化建设，提高流通效率，推动物流业健康发展。以习近平总书记的重要指示为激励，目前临沂已形成辐射全国、周转快捷的庞大物流体系。已建成物流园区 24 处，物流公司、经营业户 2374 户，从业人员 2.4 万人，物流线路覆盖全国所有县级以上城市，通达全国所有港口口岸，可实现 600 公里以内次日到达，1500 公里隔日到达，3000 公里以上 3—7 天到达。物流周转快得益于货源充足、配货速度快。比如，从宿迁拉过来的服装，中午就能装上去福州的专线车，而在宿迁起码要 3 天才能配满发货。再比如，从广州运输货物到新疆，一般都要在临沂周转，虽然距离多出来将近一半，但却可以节省近一半的时间，而且临沂物流价格比全国平均低 20%—30%。目前，申通、中通、顺丰等快递企业均在临沂设立快件转运枢纽。

实践证明，“实践发展永无止境，解放思想永无止境，改革开放也永无止境”，只有不断解放思想，勇于冲破传统思维模式，敢于闯出发展的新路子，才能与时俱进，在前进的道路上披荆斩棘、一往无前。这也为弘扬沂蒙精神注入了开放包容、敢闯敢干的时代内涵。

三、从集中连片扶贫地区到“沂蒙样板”

沂蒙老区美丽蝶变的力量，来自于敢于斗争，愚公移山、改造中国。沂蒙精神蕴含着敢于斗争、勇于胜利的拼搏精神。革命战争年代，沂蒙党政军民同仇敌忾、英勇抗战，不断从胜利走向胜利；社会主义建设时期，沂蒙人民掀起大规模战天斗地、重整山河的群众运动。20 世纪 50 年代，毛主席批示了全国农业战线上的 5 个典型，临沂占了 3 个。特别是 1957 年 10 月 9 日，毛主席看到莒南县厉家寨村的党员群众“一把镢头一张锨，敢教日月换新天”，把荒山建成良田的事迹后，写下了“愚公移山，改造中国，厉家寨是一个好例”的重要批示，成为当时中国人民的伟大精神象征。改革开放以来，沂蒙人民保持革命战争年代那么一股拼劲、那么一种精神，在希望的田野上奏响了乡村振兴的奋进凯歌。

沂蒙人民保持革命战争年代的拼劲、精神还体现在 40 年来农业农村经济发展的历程中：1979—1984 年，实行家庭联产承包责任制，推行分田到户，奠定了农业农村经济发展基础，到 1984 年，全区农业总产值 37.5 亿元，比 1978 年增长 99.5%。1985—1994 年，结束了近 40 年粮食统销的历史，取消了粮票，农业农村进入发展的关键时期；到 1994 年，日照、沂源、莒县 3 县市相继划走，临沂农业总产值仍达到 109.6 亿元，农民年人均纯收入 1199 元。1994—2003 年，随着农业产业化深入推进，农村经济高速发展。到 2003 年，全市粮食总产量 304 万吨，农民年人均纯收入 2788 元。2003—2011 年，中央提出统筹城乡发展，建设现代农业。自 2004 年起，中央每年发布以“三农”为主题的一号文件。临沂实施第一轮优质农产品基地品牌创建。到 2011 年，“三品一标”认证产品 1291 个，注册商标 3082 个。党的十八大以来，中央先后提出土地流转、农业供给侧改革、乡村振兴、田园综合体等一系列新理念、新举措，加快农业现代化建设。到 2017 年，全市第一产业增加值 362.7 亿元，比 1978 年增长 39 倍；农民年人均可支配收入 11646 元，比 1978 年增长 136 倍；市级以上农业龙头企业 700 多家，农民专业合作社 19332 家、家庭农场 5200 家。

面上出彩，点上开花。这更体现在沂蒙人民破解“三农”难题，推进农业发展、农村建设、农民脱贫的具体实践中。

围绕农业发展，做好品牌文章。改革开放以来，针对农业结构单一、生产落后、收益不高等现状，沂蒙人民勇于破除“一大二公”等思想束缚，全面落实大包干责任制，在解放发展生产力基础上，着力打造品牌农业。比如，从荒山秃岭到粮食丰产，1980 年，临沂地区规定对长期没有绿化的荒山、荒滩，可以建立专业队、组，实行责任制；也可分包到户经营，收入分成；还可以分给农户，作为自留山长期使用。1984 年，临沂地区又吹响了开发“五荒”（荒山、荒滩、荒沟、荒坡、荒水）的号角，经过多年奋战，全区 7200 多座大小山头、1.8 万条长短河流、7471 平方公里的小流域面积得到普遍治理，有效灌溉面积比建国初期增长 118 倍。到 2017 年，全市粮食总产量 405.32 万吨，油料 86 万吨、水果 231.4 万吨，分别是 1978 年的 1.73、5.4、17 倍。比如，从南稻北移到南茶北引，20 世纪 60 年代，沂蒙人民借助“千库万塘”建设，成功实现“南稻北移”；70 年代实施南茶北引，开创了沂蒙山区种植历史的先河。改革开放以来，沂蒙人民坚持“市场需要什么就种植什么，什么赚钱就发展什么”，不断调整农业结构，发展特色农业。目前已形成粮、油、果、菜、茶、菌、药、畜、渔、加（农产品加工）十大产业。平邑县是全国最大果品罐头加工基地，莒南县是亚洲最大的花生加工和销售集散地，蒙阴县为“世界长毛兔之乡”，临沂获评“中国大银鱼之乡”。金锣集团是中国最大的生猪屠宰加工和肉制品生产企业。全市脱水蔬菜出口量全国第一。比如，从“一产”到“新六产”，从 20 世纪 90 年代起，临沂加快农业产业化进程，推进农村一二三产业协调发展。到 1995 年，全市农副产品加工企业 700 多个、各类农贸市场 932 处。目前，全市品牌农业、生态农业、设施农业、休闲农业、智慧农业“五个农业”协调推进，呈现出农业“新六产”良好发展局面。全市省级农业标准化基地 102 处，“三品一标”认证产品 1901 个，数量均居全省第一，叫响了“生态沂蒙山优质农产品”品牌。

围绕乡村振兴，打造“沂蒙样板”。临沂市不断强化农业基础地位和功能，把“三农”纳入工业化、城镇化整体布局，坚持城乡统筹发展，工业反哺农业，城市支持农村，全面实施了“百万农户致富工程”“千村帮扶工程”“村村通工程”“千村人畜饮水解困工程”等，创造了小农水产权制度改革、山区综合开发、农村供销体制改革等一批在全省、全国有影响的典型经验。特别是自2009年起，从“城乡环境综合整治”到“生态文明乡村”建设，再到“美丽乡村”建设，直到实施“乡村振兴战略”，一脉相承，不断丰富和充实新农村建设的实质内涵。到2011年，全市共建成生态文明村1500个、生态文明乡镇83个；到2015年，126个乡镇实现市场化全托管保洁，480个农村新型社区实现“气上楼”、446个实现污水集中处理；2017年，全市创建省级美丽乡村示范村45个。符合老区实际的新农村建设之路，擦亮了“好山好水好风情、美丽乡村看沂蒙”的亮丽名片，并涌现出一大批先进村、模范村。比如，平邑县九间棚村，在四面悬崖的龙顶山上艰苦创业，形成“山上农业加旅游、县城企业、农业科技园”三大经济板块，建立了山上、县城、北京“三个九间棚”，成为“新时期全国农业战线的先进典型”。比如，兰陵县代村，发挥基层党组织战斗堡垒作用，筑牢村庄发展根基，团结群众发展现代农业，壮大集体经济，实现村民共同富裕，由一个村集体负债380多万元、脏乱穷差的落后村，发展成为各业总产值26亿元、村民人均纯收入6.5万元的社会主义新农村，成为乡村振兴的“排头兵”。比如，沂南朱家林村，以创新创意产业为主线，以农业综合开发为平台，推进农业产业与旅游、教育、文化、康养等深度融合，积极探索生产美、生活美、生态美“三生三美”的乡村发展新路子，是全省唯一国家级田园综合体建设试点。

围绕农民脱贫，打响攻坚战役。新中国成立后的很长一段时间，贫困一直困扰着沂蒙人民，到1984年年底，临沂地区13个县中，有7个县、198万人年均纯收入150元以下，5184个村庄不通车、4573个村庄不通电，2188个村庄人畜吃水困难。改革开放后，沂蒙人民坚决破除“山区一定贫穷、老区一定落后”的惯性思维，把外部“输血”与自身“造血”紧密结合，在沂蒙大地打响了一场没有硝烟的脱贫战役。到 1995 年年底，全区 7 个贫困县实现生产总值 170 亿元，增长 8 倍，农民年人均纯收入 1544 元，增长 4.2 倍，达到全国平均水平，在国家确定的 18 个连片扶贫地区中，第一个整体脱贫。党的十八大以来，依据新的贫困标准，截至 2015 年年底，临沂还有贫困群众 25.5 万户、44.2 万人，占山东省的 1/6。沂蒙人民牢记习近平总书记“要紧紧拉住老区人民的手，决不让他们在全面建成小康社会进程中掉队”的殷切嘱托，打响了新时期脱贫攻坚的“孟良崮战役”，趟出了一条具有临沂特色的“一村多业、一户多策、一人多岗”的扶贫开发新路子。比如，创新实施“百千万”脱贫攻坚行和“双 16”推进计划，形成了百名县级干部、千名第一书记、万名机关干部进村入户，百家强企、千家电商、万家志愿家庭齐心协力，16 个县区、16 个职能部门分区分线、协同作战的大扶贫格局。比如，实施“四联八建”贫困村提升工程。通过“干部群众联动、资金资源联筹、机关社会联帮、生产生活联兴”，抓好特色产业项目、扶贫就业车间、电子商务网点、富民科教讲堂、孝善养老基金、公共服务平台、扶贫理事协会、过硬实干队伍等，全面打造贫困村发展的“升级版”。比如，围绕“两不愁三保障”，推行“孝善养老、失能护理、健康扶贫、危房改造、社会帮扶”五项政策，筑牢特殊贫困群体保障。2017 年，全市为脱贫攻坚投入财政资金 9.29 亿元，整合涉农资金 24 亿元，两年时间共减少贫困人口 43.3 万人。这期间，涌现出新时代沂蒙扶贫“六姐妹”等先进典型，沂蒙精神成为中国扶贫精神的重要组成部分。

实践证明，真抓才能攻坚克难，实干才能梦想成真，只有知难而进、迎难而上，才能在改革开放的大潮中催生“春潮拍岸千帆竞”的良好局面。这也为弘扬沂蒙精神注入了苦干实干、决战决胜的时代内涵。

四、从“龟驼凤凰城”到滨水宜居的国家文明城市

沂蒙老区美丽蝶变的信念，来自于担当作为，矢志不移、接续奋斗。沂

蒙精神蕴含着坚定信念、革命到底的内在品格。一部沂蒙革命史，就是一部坚定信仰不动摇、为了胜利不怕死、执着革命不觉苦、勇于担当不退缩的历史。改革开放新时期，沂蒙人民把“革命到底”的信念内化为“大美新”临沂建设的干劲，坚持一张蓝图绘到底，一届接着一届干，用现代化新城面貌颠覆了人们对革命老区的印象。

在老临沂人的记忆里，流传着“龟驼凤凰城”的传说，其中内含着作为东夷文化发祥地对凤凰图腾的崇拜，也内含着“龟在城在，江山永固”的寓意，如果抛开这些神话传说，“龟驼凤凰城”或可理解为一种城市建设布局。临沂老城占地 1.64 平方公里，城墙原为夯土筑成，明洪武元年改建砖城。老城四面环水，不是方形或长方形，却呈椭圆形，东西稍长、南北略短，出南城门顺南关大街向南近 1 公里处，还有一座带瓮城的南阁子门，整个形状像一只展翅南飞的凤凰，故百姓皆传临沂城是“龟驼凤凰城”。这样的城市格局直到中华人民共和国成立前依然没有变。中华人民共和国成立后到改革开放前，城区面积有所扩展，但进展缓慢。十一届三中全会以后，临沂城市建设才真正舒展筋骨，拉开框架，开启了城市建设新篇章。一是稳步发展阶段（1978—1995 年），这一时期，临沂加快了城镇化进程。1982 年，临沂县编制城市总体规划，1983 年新沂河大桥建成，1986 年兖石铁路通车，1984 年临沂县改为县级临沂市，加快了城市建设步伐，到 1994 年，城区建设面积达到 40 余平方公里，是 1949 年的 24 倍。二是加速发展阶段（1995—2004 年），1994 年 12 月，经国务院批准，撤销临沂地区，设立地级临沂市。1996 年，修编《临沂市城市总体规划（1996—2010 年）》，规划城市人口 70 万人，城市建设用地 70 万平方公里（简称“双 70”）。进入 21 世纪，京沪、日东高速建成通车，环城道路、临沂机场、胶新铁路等大型基础设施建设，推动城市总体布局优化提升，到 2002 年年底，“双 70”目标提前 8 年实现。三是组团优化发展阶段（2004 年至今），2003 年，临沂提出打造鲁东南地区中心城市的建设目标，邀请两院院士吴良镛、周干峙担任顾问，确立了“以河为轴、北上东进、一河六区、组团发展”的城市空间布局，编制新一轮城市总体规划，大力实施中心城区带动战略，城市功能日趋完善，城市面貌日新月异。到 2017 年年底，中心城区建成区面积 230 平方公里，人口 220 万人，全市城镇化率达到 57.6%。

40 年来，临沂城市建设翻天覆地的变化，体现的正是沂蒙人民大力弘扬沂蒙精神、建设美好家园的汗水与智慧。这表现为以下几方面。

（一）“一以贯之绘蓝图”

改革开放以来，临沂先后四次编制或修编城市总体规划，四轮规划既一脉相承，又与时俱进，体现了统一与延续。特别是进入组团优化发展的十多年来，虽然形势在发展、人事有更替，但历届领导班子始终一张蓝图绘到底，一任接着一任干，相继规划建设了涑河片区、滨河景区、临沂大学城、临沂商城等重要片区，短短 10 年，北城新区拔地而起，“北文、中商、南工”的功能布局已经形成，“现代商贸城、滨水生态城、历史文化名城”的城市特色已经彰显。这期间，沂蒙党员干部群众抛小家、顾大家，讲担当、比奉献，凝合力、勇拼搏，在旧城改造、新城建设和房屋征收工作中，干出了“涑河精神”，形成了“南坊经验”，提炼了“征收精神”，成为沂蒙精神在新时期城市建设中的生动实践。

（二）“以水为魂”做文章

临沂因沂河而得名，依河而建，因河而兴。沂河、祊河、柳青河、沭河、陷泥河、青龙河、李公河、北涑河 8 条河流穿城而过。为此，临沂大力实施“生态水城”建设，以沂、沭河为骨架构建“大水网”，沿沂河、沭河建成 380 公里的堤路。在沂、沭河干流建拦河闸坝 27 座，投资 6 亿元的刘家道口水利枢纽工程和世界最长的沂河小埠东橡胶坝，共形成 120 平方公里的水面。与此同时，实施引祊入涑、引涑入南、引涑入陷、武河入沂等工程，实现了“河河相通”。依托“大水网”建设，编制了沿河景观风貌规划，推行住宅公建化，建成一批标志性建筑，塑造了城水相依、人水亲和的水城风貌。此外，坚持“水绿相融、水绿一体”建设理念，先后对8条河流进行综合治理，总长度达84公里，形成了集水、岸、滩、堤、路、景于一体的开放式生态园林景观带。沂河综合治理工程荣获中国人居环境范例奖，滨河湿地公园、双月湖湿地公园被命名为国家城市湿地公园。成功举办了F1摩托艇世界锦标赛、中美澳滑水邀请赛、世界杯划水锦标赛等国际赛事。习近平总书记评价“临沂像一座江南美丽的大城市”。

（三）“以文为脉”塑品质

文化是城市的根和魂。近年来，临沂突出“文之邦”和“历史文化名城”特色，修编了《临沂市历史文化名城保护规划》，编制了文化产业布局等规划，把临沂厚重的历史文化、红色文化、书法文化、商贸文化、兵学文化和现代文化融入城市建设，先后改造提升、整修扩建华东革命烈士陵园、王羲之故居、银雀山汉墓竹简博物馆等，规划建设了书法城、书圣阁、兵学城、皇山公园、沂蒙广场、沂蒙精神纪念馆、临沂博物馆、文化中心、临沂商城发展史展馆、临沂大剧院等，增进了沂蒙人民的文化自信与文化自觉。

（四）“以人为本”倡文明

习近平总书记强调新型城镇化新在要以人的城镇化为核心。这其中内含着提升人的文明素养，借以提高城市的文明程度。2004年，临沂市提出“一创六建”城市整体建设目标，即以创建全国文明城市为龙头，整体推进全国双拥模范城、国家历史文化名城，中国优秀旅游城市、国家卫生城市、国家园林生态城市、国家环保模范城市。临沂广大干部群众以“不创则已，创则必成”的信心与决心，举全市之力、集全民之智，全民动员，全力以赴，全身心投入到轰轰烈烈的创城行动中，绘就了一幅幅“男女老少齐上阵、千斤担子众人挑”的感人画面。奋斗8年，临沂摘得六项“国字号”荣誉，成为全国革命老区中第一个国家环保模范城市。特别是2011年12月20日，以地级市第一名的城市获评全国文明城市，临沂站在了文明发展的新起点上。

近几年，坚持以更高起点、更高标准、更高质量推进文明城市创建，不断提升了城市文明软实力，截至目前，全市共推出张楠、赵志全、王传喜 3 名时代楷模，推出中国好人 72 名、山东好人 247 名，全省道德模范 38 名；全市注册志愿者达 34 万人，全省最多，进一步擦亮了“沂蒙人就是好”的形象品牌。

实践证明，改革开放既需要与时俱进谋创新，又需要咬定目标抓落实，只有牢固树立“功成不必在我”的境界和“成功必定有我”的担当，一锤接着一锤敲，一任接着一任干，才能在久久为功中取得改革开放新成果。这也为弘扬沂蒙精神注入了矢志不移、接续奋斗的时代内涵。

五、从革命老区到密织民生保障网的幸福沂蒙

沂蒙老区美丽蝶变的初心，来自于党群一心，想在一起、干在一起。沂蒙精神蕴含着党为人民谋幸福、人民铁心跟党走的良性互动。革命战争年代，党和人民军队从政治、经济、军事、文化等各方面解民忧、排民难，沂蒙人民获得了前所未有的尊严、权利和利益，坚定不移跟党走，“砍下脑袋也不叛党”，汇成了人民战争的汪洋大海。改革开放新时期，老区群众理应更多更好地分享改革发展成果。基于这样的为民情怀，临沂市坚持“悠悠万事、民生为大”，集中力量办好为民惠民实事，既解决服务群众“有没有”的问题，又关注“优不优”的问题，不断提升老区群众的幸福感、获得感、安全感。

（一）幼有所育

改革开放前的 1976 年，临沂地区幼儿园只有 126 所，入托幼儿 6035 名。1981 年后，临沂地、县、乡均建立了托幼工作领导小组。1991—1993 年，临沂先后下发一系列文件加强托幼工作管理，加快幼儿园建设。进入 21 世纪，学前教育蓬勃发展。目前，全市共有幼儿园 3818 处，比 1978 年增加

2130 所，在园幼儿 45.67 万人，比 1978 年增加 39.7 万人，入园率 87%，比 1978 年提高 80 个百分点。

（二）学有所教

1979—1986 年先后投资 3.4 亿元改造校舍，集资 1.5 亿元新建乡镇初中 236 所。自 1993 年起，掀起两基（基本扫除青壮年文盲、基本实现九年义务教育）工作热潮，到 1996 年，提前一年完成目标，在全国欠发达地区率先实现“两基”。从 2013 年起，先后投资 150 亿元，实施教育均衡发展和全面改薄项目 3200 多个，到 2017 年，比国务院确定的目标提前 4 年，比省定目标提前 1 年实现义务教育均衡发展，是全国革命老区中率先完成任务的地级市。目前，全市中小学校 1698 处，在校学生 167.9 万人，义务教育阶段学生入学率 100%，巩固率 98%。各级各类中职学校 42 所，在校生 11.33 万人，分别是 1978 年的 10 倍和 60 倍。

（三）劳有所得

随着经济体制改革推进，群众就业经历了从专项政策、普惠政策，到统包统配，到劳动合同制，再到市场化就业等发展阶段。党的十八大以来，政府就业资金投入年均增长 10%，每年城镇新增就业约 12 万人，新增农村劳动力转移就业约 15 万人。到 2017 年，城镇在岗职工平均工资由 1978 年的 530 元增加到 63440 元，城镇居民人均可支配收入由 1986 年的 742 元增加到 33266 元，农民人均可支配收入由 1978 年 85.5 元增加到 12613 元，分别增长 120 倍、45 倍和 148 倍。

（四）病有所医

1977 年，临沂地区卫生医疗机构仅有 526 处、卫生技术人员 10422 人。改革开放以后，卫生医疗事业快速发展。2011 年，全市所有政府办基层医疗卫生机构和一体化管理的村卫生室全部实行药品零差价。2011 年以来，在全国率先开展基层医疗机构国医堂建设。2012 年起，率先在全国革命老区中对农村适龄妇女进行“两癌”免费检查。2018 年起，在全省率先取消医用耗材加成。目前，全市医疗卫生机构 7512 个，从业人员 83457 人，占全省 1/10，基层医疗卫生机构标准化率达到 92%。

（五）住有居所

改革开放前，沂蒙人民居住条件十分艰苦，城区人均住房面积仅 2.5 平方米。1978 年以后，加快城区住宅建设步伐。1981 年，临沂县成立商品房统建办公室。到 1986 年，城区住宅面积达到 171.6 万平方米，人均居住面积 7.4 平方米。1994 年，成立安居工程领导小组，1997 年被列为国家安居工程试点城市。2004 年，实施“安居临沂”建设战略，2005 年开工建设安居房 99 万平方米，位居全省第二。“十一五”以来，建设各类保障性安居工程 30.65 万套，2657 万平方米；建设经济适用住房 3 万套、227 万平方米。“十二五”期间，全市新建农村住房 55.8 万户，改造农村危房 8.5 万户，村镇住宅建筑面积 31980 万平方米，人均建筑面积 30.4 平方米，比“十一五”末增长 34.9%。住房保障工作一直走在全省前列。

（六）老有所养

改革开放之初，着手在全民所有制单位试行退休费用社会统筹。党的十四届三中全会以来，深化养老保险制度改革，确定了社会统筹和个人账户相结合的原则。1998 年机构改革，将原隶属于卫生部门的医疗保险、人事部门的机关事业单位养老保险和民政部门的农村社会养老保险统一由劳动保障部门管理。党的十八大以来，不断推进社会保障体系建设。目前，城乡居民养老保险参保人数达到 536.8 万人，累计建成养老服务设施 1774 处，每千名老年人拥有养老床位 34 张，兰山区等 7 个县区被确定为全省医养结合示范先行县区。

（七）弱有所扶

近年来，以托底线、救急难、可持续为目标，进一步提高民生兜底保障能力。全市156个乡镇便民服务中心全部建立社会救助“一门受理”窗口；市防灾减灾中心投入使用，各级设立救灾物资储备库76个。全市设立慈善基金4000万元，募集资金6.28亿元，累计发放款物5.72亿元，救助困难群众55.96万人次。连续7年提高城乡低保和特困人员供养标准，目前城乡低保标准分别提高到每人每月450—500元，农村特困救助供养基本生活标准提高到每人每年4800元，2017年发放各类救助金和补贴津贴约16亿元。

此外，临沂市不断加大“法治临沂”“平安临沂”“食安山东”等建设，很多工作走在全省、全国前列。比如，保持“铁腕治污”的高压态势，像保护眼睛一样保护生态环境；针对进城务工人员，投资建设零工市场，每天只收一元钱，成为全国典型；率先在全国实行殡丧服务全免费，成为殡丧改革的“临沂模式”。在社会治理现代化建设工作中，创新实施“雪亮工程”，成功经验在全国推广。

实践证明，改革开放既是强国兴邦之路，也是为民惠民之举，只有坚持好为人民谋幸福的民本理念，才能奏响改革开放再出发的时代强音，这也为弘扬沂蒙精神注入了心系群众、以人为本的时代内涵。

从以上五个方面，回顾临沂改革开放40年来取得的辉煌成就，我们深切地感悟到：伟大的事业需要伟大的实践，伟大的实践更需要全面加强党的建设伟大工程。

这其中，党的领导是核心，是主导。习近平总书记多次强调：“办好中国的事情，关键在党”。改革开放新时期，沂蒙各级党组织结合新的时代条件，大力弘扬沂蒙精神，不断推动中央改革与地方创新相结合，既保证了改革开放的正确方向，也确保了改革开放不断适应新形势，开创新局面。比如，为强化基层党组织战斗堡垒作用，创新开展“第一书记”工作。在20世纪90年代开展农村“五位一体”集中整治、新世纪初开展“千村帮扶”“百村示范”工程的基础上，从2012年开始，临沂累计选派5806名“第一书记”到集体经济薄弱村和省定贫困村任职，把加强基层党组织建设作为首要任务，以促进“村增收、户脱贫”为主要目标，六年来累计指导培育新型经营主体2302个，新发展特色农业、旅游开发、农村淘宝等集体增收项目6098个，帮助任职村平均增收7万元。比如，为加强党对“两新组织”的领导，在20世纪探索开展“党员行千里，组织一线牵”创新流动党员管理的基础上，新世纪以来积极探索“三商党建”工作。着力解决临沂市场党员管理服务难、党组织作用发挥不够等问题，以区域化理念为统领，加强商城、商圈、商会党建工作，促进党建工作与经济发展同频共振、互促共进。目前，建立“三商”党组织303个，管理服务党员1.8万名，覆盖商户、会员企业6.2万家，实现了“党旗红、市场旺”的良性互动。

人民的力量是根本，是主体。习近平总书记这样描述40年改革开放的中国力量：“中国人民敢闯敢试、敢为人先，积极性、主动性、创造性空前高涨，充分显示了13亿多人民作为国家主人和真正英雄推动历史前进的强大力量。”基于这样的认识，临沂始终注重调动群众的智慧和力量，发挥群众推动发展的主体作用。在党的建设工作中，特别强化群众观念和群众路线专题教育，比如，依托沂蒙精神是模范践行群众路线的典范这一资源优势，打造了沂蒙党性教育基地。目前已建成18处现场教学点，开发了现场教学、“三同”教学、体验式教学等8种教学形式，使红色教育成为沂蒙党员干部的必修课、精修课、常修课。同时吸引了来自全国各地众多班次学员，已累计承接国家部委、省内外各类班次4100多个，培训干部25万余人，形成了“一次临沂行、一生沂蒙情”的品牌效应。

“党群一心”是主线，是主题。“水乳交融、生死与共”的党群关系既是最佳状态、最高境界，也是永恒主题，更是推动改革开放的磅礴伟力。临沂在新时期党建工作中始终密切联系群众、真心服务群众。比如，市委常委带头驻村蹲点，访民情、解民忧、办实事；带头接访群众，带头包保化解信访积案，实行一个积案、一套方案、一抓到底。比如，市政府“12345·政风行风热线”电话，对群众反映的问题，全部明确责任，限期办量。比如，自2013年起，结合弘扬沂蒙精神，开展了干部直接联系服务群众“结亲连心”活动，市县乡三级机关8.5万名干部共联系283.4万户群众，有效拓宽了党员干部了解民情、听取民意、解决民忧的渠道。今年，市委继续出台《关于优化提升“结亲连心”工作、助推沂蒙乡村振兴的意见》，将联系服务主题进一步聚焦乡村振兴。

可以说，沂蒙精神具有实践的根脉性与发展性，它不是精神的固化，而是精神的内核，不是一时的践行，而是值得永远坚守，把沂蒙精神所蕴含着的红色基因与统领改革开放的新思想、新理念相融合，必定能够凝聚起推动社会发展的强大力量。在新时代的长征路上，沂蒙人民将牢记习近平总书记关于大力弘扬沂蒙精神和代代传承红色基因的殷切嘱托，以习近平新时代中国特色社会主义思想为指导，全面贯彻落实党的十九大精神，按照走在前列的要求，更加坚定地推进改革开放伟大实践，为全面建成小康社会贡献沂蒙力量，在实现中华民族伟大复兴中国梦的进程中谱写沂蒙华章。

（2018年8月）

改革开放
与中国城市发展
GAIGEKAIFANG

郑州

ZHENGZHOU

改革开放40年来河南省郑州市城市发展调研报告

中共河南省委宣传部

中 共 郑 州 市 委

习近平总书记指出:“改革开放这场中国的第二次革命，不仅深刻改变了中国，也深刻影响了世界”。党的十一届三中全会以来，我们党始终坚持改革开放不动摇，推动中国发生了翻天覆地的变化，实现了中华民族从站起来到富起来、再到强起来的历史性飞跃，使中国特色社会主义制度焕发出强大生机和活力。四十年来，郑州始终贯彻党的改革开放政策，立足本地实际，凝心聚力搞建设、一心一意谋发展，特别是党的十八大以来，郑州市乘着新时代的东风，迎难而上、乘势而起，实现了从“不沿边、不靠海”到“买全球、卖全球”的历史性跨越。

中宣部组织开展的此次“百城百县百企”调研活动，既是隆重庆祝改革开放40周年系列活动的重要内容，也是贯彻落实习近平总书记“在全党大兴调查研究之风”指示精神的重要举措。郑州市对此次“百城百县百企”调研活动高度重视，市委常委会专题研究部署，省委常委、市委书记马懿专门批示，市委常委、宣传部长张俊峰带头领题开展调研，并组建了由郑州市委宣传部、郑州大学、市社科联、市属媒体等多部门参加的联合调研组。联合调研组先后深入郑东新区、高新技术产业开发区、经济技术开发区、航空港区等地进行实地调研，分别组织召开了由各开发区、县（市）区、市直相关单位和企业参加的不同层次专题座谈会8场，设计并通过手机等移动终端发放“改革开放四十周年郑州城市发展”调查问卷4554份，经过认真梳理思考，形成如下调研报告。

一、历史上的郑州底蕴深厚

郑州地处中华腹地，位居“九州通衢”，北临黄河，西依嵩山，承东启西、连南贯北，史谓“天地之中”。郑州是中国八大古都之一，曾“五次为都、八代为州”。古代历史上很长时期，郑州及周边一直是中国政治、经济、文化发展的核心区域，在中华文明发展史上有着重要的地位。

（一）古代的郑州

郑州是华夏文明的重要发祥地之一，拥有10万年前远古人类生活的织机洞遗址，5万年前现代人生活的老奶奶庙遗址，1万年前新旧石器过渡时期人类生活的李家沟遗址，8000年的裴李岗文化、6000年大河村文化、5000年黄帝史诗等等。优越的地理区位和便捷的交通优势，使郑州完整经历并参与创造华夏文明历史进程的全部时期。随着夏朝、商朝在郑州地区建都，华夏文明逐渐成为主导周边地区的核心文明，以郑州为中心的地区被人们称为中州、中原、中国。

目前考古发现年代最早的“版筑夯城”——西山古城5300年前即在郑州诞生，标志着中国城池建设的起步。中国第一个大一统国家——夏王朝的都城，就在郑州登封市王城岗，书写了中国国家和都城发展历史的开篇之章。商王朝在郑州城区建都后，郑州人代代承袭沿用，历经3600多年，城址不移、人脉不息，成为世界城市发展史上的典范。

凭借天地之中的优越区位，历史上郑州一直是中国农耕文明的核心，也是地域文化交流的十字枢纽，历史文化积淀深厚。多元文化在这里碰撞融合，列子在这里书就道家经典，禅宗祖庭少林寺名扬天下，嵩阳书院孕育程朱理学，文脉绵延，引领先河。在中华文明五千年的历史长河中，郑州这块热土孕育了无数历史名人，从人文始祖黄帝到夏朝开创者大禹，再到春秋首霸郑庄公、先秦思想家列子、法家集大成者韩非子，以及著名诗人杜甫、白居易、刘禹锡、李商隐，古代科学家李诫、一行等，在中华文明发展史上留下了不可磨灭的印记。

（二）近代的郑州

近代以来，由于政治、经济中心的转移，郑州的重要性受到一定影响。到了 19 世纪末，随着铁路事业开始在中国加速发展，郑州的区位优势再度显现，迎来了新的重大发展机遇。

1885 年清政府着手发展铁路交通，时任两广总督张之洞认为“豫、鄂居天下之腹，中原缩毂，胥出其涂”，提出应首先修建从卢沟桥经河南到汉口的铁路，有了这条铁路，则可经井陉修支线到山西，经洛阳修支线沟通陕甘，还可“东引淮、吴，南通湘、蜀”，由此可“经营全局”。1906 年京汉铁路全线通车，1909 年汴洛铁路竣工，两大铁路干线在郑州交汇，构筑了中国铁路史上第一个“黄金十字架”，郑州一跃成为当时全国铁路第一大枢纽，成为全国重要的农副产品集散地和中原地区百货集散地。

1927 年武汉政府北伐军占领郑州，时任河南省政府主席冯玉祥主导成立郑州市政筹备处。1928 年 3 月省政府决议将郑州市政筹备处改为郑州市政府，郑州正式建市，并发布了《郑州市新市区建设计划草案》。《计划草案》指出：“郑县全部具有商业性质，遂为今日设市之主要原因。”

（三）中华人民共和国成立初期的郑州

1948 年 10 月 24 日，郑州解放，掀开了城市发展的新篇章。中华人民共和国成立以后，在党的正确领导下，郑州经济社会快速发展。1952 年，毛泽东同志视察郑州时指示，要把郑州车站建成远东最大、最完善的客运大站。1953 年郑州站改扩建工程动工，并先后分离出货运站、编组站和以运输旅客为主的客运站，逐渐成为中国铁路的心脏。也正是基于郑州独特的区位优势和重要的交通枢纽地位等因素，1954 年，河南省会从开封迁到郑州。

至此，郑州成为全省的政治、经济中心。同时，国家“一五”“二五”时期先后在郑州新建扩建了112家骨干企业，包括第二砂轮厂、国棉纺织厂、郑州纺织机械厂、上街铝厂等一批国家重点企业，形成了郑州工业的基本框架，百废待兴的郑州走上了加速发展的道路。

历史上的郑州积淀厚重，中华文明在这里奠基，中国城市从这里筑起，一统王朝从这里起步，先辈们薪火相传，创造了历史辉煌的郑州、文明远扬的郑州、底蕴深厚的郑州。同时，历史的跌宕起伏、社会实践的此起彼进、不同阶段的条件制约，也使近代郑州的发展几经波折并最终再度复兴。回顾郑州的发展历程，优越的地理位置、便利的交通条件，让古代的郑州辉煌灿烂；让近代的郑州再度兴起；也为现代郑州的快速发展奠定了良好的基础。

二、改革开放以来郑州的探索与实践

党的十一届三中全会以来，郑州作为中原地区的先锋，始终坚持改革开放不动摇，始终保持开拓奋进的姿态，推动经济社会发展取得巨大成就。党的十八大以来，在以习近平同志为核心的党中央正确领导下，认真贯彻落实习近平新时代中国特色社会主义思想，特别是习近平总书记调研指导河南、郑州时的指示精神，抢抓发展机遇，加快开放步伐，实现郑州城市发展的历史性飞跃。

（一）党的十一届三中全会以后，郑州在探索中砥砺前行

郑州因曾作为商朝早期都城，历史上也被称为“商都”。改革开放以后，“商都”被赋予了新的时代内涵，郑州商业得到快速发展，从商品零售到商业综合体，再到现代化商贸城，浓郁的商业气质早已融入城市血脉之中，成为城市繁荣发展的基因密码。

1.改革开放初期“商潮”涌动

1978年党的十一届三中全会的召开，揭开了改革开放的序幕。改革

开放初期，郑州与全国其他城市一样，实行配额供给、凭票供应、价格双轨制，商品相对短缺。统计显示，1978 年，郑州市商业商品销售额只有 10 亿元左右。为改变这种局面，从 1979 年开始，全市商业系统开始为企业“松绑”放权，逐步把经营决策权、财务管理权等 7 项管理权下放给市属企业。随着改革开放的进一步深化，1984 年，第一家中外合资企业落户郑州，全市迈出了对外合作、利用外资的第一步。1984 年 10 月，党中央召开十二届三中全会，提出“加快以城市为重点的整个经济体制改革的步伐”。郑州市委、市政府提出“对郑州要再认识”，并于 1985 年 4 月首次提出“依靠交通、搞活流通，大力发展第三产业，把郑州建设成为立足中原、面向全国的贸易中心”。以此起步，郑州市在改革开放政策的指引下，确立了“以路兴城”“以商立城”的发展之路，迎来了商业发展的春天。据统计数据显示，1990 年与 1980 年相比，全市国民生产总值达 103 亿元，增长 1.68 倍；社会商品零售总额增长 2.91 倍，财政收入增长 1.52 倍。伴随着大规模的商贸城建设，第三产业发展较快，一二三产业的比重由 1978 年的 20.2% ：63.3% ：16.5%，变为 1990 年的 12.4% ：53.7% ：33.9%。曾任郑州商务局常务副局长阎铁成说：“改革开放之初，郑州只有市百货大楼、红旗大楼、花园路百货商店、碧沙岗百货商店等有限几个商业网点，商业硬件设施非常落后。1983 年 4 月 1 日，由省、市政府投资及银行贷款等多元投资建设的紫荆山百货大楼正式开业，打破了郑州近 30 年来未见新型大商场的历史。”资料显示，当时紫百共有 5 层，营业面积 1.3 万平方米，营业厅内有冷暖空调设备，是当时全省硬件设施最好、规模最大的百货批零商场。紫荆山百货大楼的开业，被业界称为郑州商业改革开放的标志。

2. 20 世纪末郑州“商战”闻名全国

1990 年，国内第一家期货交易市场——郑州商品交易所宣告成立，“郑州价格”成为我国粮食生产和流通的指导价格。1992 年，国务院批准郑州市为内陆开放城市，享受沿海开放城市的优惠政策。1994 年，国家体改委确定郑州市为全国综合配套改革试点城市，批准了《郑州市综合配套改革试点方案》。1997年，国家五部委批准郑州为全国商贸中心试点城市。在这些政策的指导激励下，郑州市的改革开放步伐越走越快，尤其是商业蓬勃发展，涌现出一批在全省乃至全国具有影响力的公司企业。“郑州商战”更是全国商业领域第一次大规模的营销竞争。“中原之行哪里去，郑州亚细亚”，20多年前流行的这句广告词至今让人津津乐道。90年代初，亚细亚从价格、服务等方面向5家国营商场发动了一场令全国商家瞩目的“郑州商战”。河南省商业经济学会常务副会长、秘书长宋向清说：“20世纪90年代，可以说是河南本土商业品牌最红火的时期，也是郑州商业在全国最具影响力的时期。这一时期，郑州本土商业品牌在全国商业品牌100强里就占了5席之地。尤其是闻名全国的“二七商战”，让郑州二七商圈成为中国现代商业文化的发源地之一。同时也使中国商业竞争摆脱了之前单一的价格竞争模式，向品牌、管理、服务、价格等多元化竞争模式迈进了一大步。”

3.21世纪郑州“商都”走向世界

进入21世纪，郑州市进一步加快推进改革开放，特别是紧紧抓住国家推进中部崛起和中原城市群建设的重大历史机遇，提出了加快建设现代化商贸城的发展目标，现代商业进入繁荣发展的大好时期。在世界银行《2003年中国投资环境报告》排序中，郑州市投资环境位居前列；沃尔玛、家乐福、麦德龙、易初莲花、华润万家及大商、华联、苏宁等商业企业纷纷抢滩郑州。物流、会展、金融等现代服务业快速发展。圃田、航空港两个物流园区和11个现代物流中心、郑州铁路集装箱中心站、郑州国家干线公路物流港、郑州进口保税区等物流基础设施建设进展顺利。2005年郑州市会展中心正式建成投用，当年便荣获“中国展馆新锐奖”，郑州市因此入选中国会展业“最佳会展城市”“中国最具潜力的会展新锐城市”。2012年，郑州与北京、上海、广州、成都、杭州、深圳一同入围“中国最受欢迎的会展城市”。2003年郑州市首次采用国际招标方式，高起点编制、高标准建设的郑东新区，坚持“一张蓝图绘到底”“三年出形象，五年成规模”，迅速成为河南乃至全国新型城镇化建设的样板。郑东新区中央商务区（CBD）目前已经成为“引金入豫”的国际化区域性金融中心，累计引进银行、证券、信托、期货等各类金融机构1200余家，3大政策性银行、5大国有银行、12家全国股份制商业银行全部入驻，全球4大会计事务所全部落地。《郑州日报》驻郑东新区记者站站长覃岩峰说：“郑东新区CBD不仅是郑州市的一张亮丽名片，同时也是展示河南对外开放形象的一扇重要窗口。”

（二）党的十八大以来，郑州在新时代的东风中腾空起飞

改革开放的深入推进为郑州市积聚了强劲的发展动力和雄厚的综合实力。进入新时代，郑州市在党的十八大、十九大精神和习近平新时代中国特色社会主义思想的指导下，各项工作再上新台阶、实现新跨越，在加速发展的道路上越走越稳、越走越快。

1.城市综合实力显著增强

党的十八大以来，郑州市深入贯彻落实以习近平同志为核心的党中央决策部署，以新发展理念为引领，以供给侧结构性改革为主线，坚持“稳中求进”总基调、“奋发有为”总要求，经济社会实现平稳健康较快发展，城市综合实力得到显著跃升。2017年10月，中国社会科学院与联合国人居署共同发布全球城市竞争力报告，郑州入围全球百强。

一是经济总量持续提升。2017年，全市地区生产总值完成9130.2亿元，比2016年增长8.2%，在全省的首位度持续提升，达到20.3%。在26个省会城市2017年地区生产总值最新排名中，郑州位列第7名。年度地方财政一般公共预算收入1056.6亿元，比2016年增长6.6%，在全省的比重提升到31.1%，省会城市的支撑带动作用得到进一步增强。中国社会科学院和经济日报社共同发布的《2017年中国城市综合经济竞争力排行榜》显示，郑州位列第16名。《中国城市商业魅力排行榜》显示，2018年郑州继续入选新一线城市，且名次从2017年第12位上升到第9位。郑州市统计局总统计师黄飞介绍：1978年改革开放之初，郑州市GDP只有20.3亿元。经过改革开放40年来的迅速发展，如今全市GDP总量接近万亿大关。40年增长达

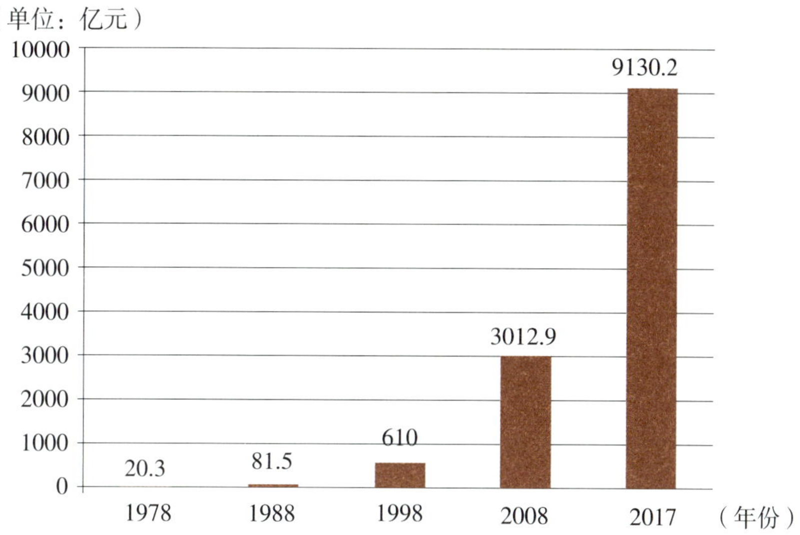

郑州市改革开放40年生产总值变化图

448.75倍，20年增长13.96倍，近10年增长2倍。

二是城市框架不断拉大。近年来，按照习近平总书记调研指导河南时提出的打好“四张牌”（产业结构优化升级、创新驱动发展、基础能力建设、新型城镇化）指示要求，郑州市坚持走以人为核心的新型城镇化道路，大力推进中心城市现代化国际化生态化、县域城镇化、城乡一体化，城市框架进一步拉大，基础设施进一步提升完善。2017年，全市城市建成区面积达830.97平方公里，比2016年增加了86.2平方公里；城镇化率达到72.2%，比2012年高了6个百分点。郑州市城乡规划局办公室副主任熊伟说：1981年郑州市当时的建成区面积才65平方公里，也就是说，如今一年增加的面积相当于20世纪80年代初的整个郑州建成区面积；即便是和2012年建成区面积373平方公里相比，也是当时的2.2倍，相当于近五年就又再造了一个郑州。数据显示，“十二五”期间，郑州净流入人口达到185万，在全国大中城市中位居第7，外省流入河南人口的37%和省内流动人口的60%均流入郑州。

三是市民群众满意度显著提高。郑州市委市政府坚持以人民为中心的发展思想，坚持人民城市为人民，积极顺应城市工作新形势、改革发展新要求、人民群众新期待，加快推进城市发展，取得了显著成效，也得到了广大市民群众的认可和支持。调研数据显示，92.84%的被访者普遍认为改革开放40年特别是党的十八大以来郑州城市发展步伐较快；90.97%的被访者认为，改革开放40年来特别是党的十八大以来郑州城市发展成就显著；在问及公众对未来郑州城市发展信心时，93.46%的被访者对郑州城市未来发展充满信心。“去年5月，我们住上了龙兴嘉苑小区的新家，房子分了好几套，日子越过越美。”郑东新区龙湖区域环卫工田保卫说，“这几年，随着郑州新型城镇化的推进，龙湖的村民们都住上了漂亮的安置房，不光是房子建好了，周边的配套也很得劲，郑大一附院离家只有10分钟，小区对面就是龙翔中学、龙翔小学，十分方便，这些都得益于党和政府的好政策”。

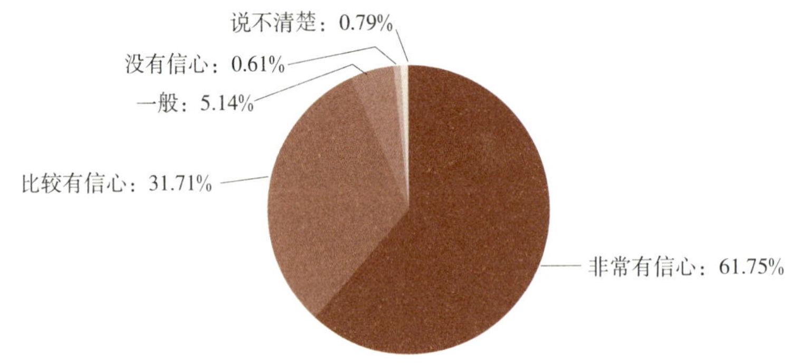

公众对郑州城市未来发展期望

2.“三个转变”步伐不断加快

2014年5月10日，习近平总书记在河南郑州考察时，首次提出要“推动中国制造向中国创造转变、中国速度向中国质量转变、中国产品向中国品牌转变”，为推动河南尤其是郑州产业转型升级、打造中国品牌指明了方向、目标、任务和路径。

一是产业优化升级加速推进。郑州市牢记“三个转变”，坚持以供给侧结构性改革为主线、以创新驱动为引领，以新型工业化为主导，加快推进产业和产品结构调整，产业规模、结构、效益不断提升，转型升级效果初显。近年来，随着制造业供给侧结构性改革的深入推进，全市高耗能产业占比降至40.5%，仅为改革开放初期的一半，与此同时，电子信息、汽车及装备制造、新材料、生物及医药等战略性新兴产业占比已达55.8%，形成了电子信息、汽车、装备制造、新材料、现代食品、铝及铝精深加工等6个千亿级产业集群，成为全球最大的苹果手机生产基地、客车生产基地和全国重要的电子信息、信息安全、冷链食品、超硬材料、新型耐材等产业基地。2017年5月，工信部正式批复同意郑洛新创建“中国制造2025”试点示范城市群，支持郑州、洛阳、新乡三市通过先行先试、重点突破、示范引领，打造制造业区域增长典范和转型升级新样板，标志着未来郑州制造业发展将获得国家更多政策、项目等支持，郑州市制造业强市建设再次大步迈上了新台阶。

二是自主创新能力显著增强。近年来，郑州市以加快国家自主创新示范区建设为引领，以提高自主创新能力和高新技术产业发展为核心，以打造创新创业载体平台建设为重点，着力推动“大众创业、万众创新”，大幅提升自主创新能力，引领支撑全市经济社会发展。国家自主创新示范区建设取得新进展，“中原科创谷”高标准规划建设。国家大数据综合实验区建设加快推进，龙子湖智慧岛入驻大数据企业100余家。宇通客车、中铁工程装备集团、安图生物、汉威科技等创新型引领企业重大产品和创新成果不断涌现，重大关键技术领域领跑全国，引领相关技术及产业水平从国内领先到国际领先的跨越。2017年，全市高新技术产业增加值达到1328.4亿元，同比增长9.4%，高于全市工业平均水平1.6个百分点，科技进步对经济增长的贡献率达到62%。清华大学发布的2017年“全国100个重点城市创新创业环境排行榜”显示郑州位居全国第9位，美国智库米尔肯研究所最新发布的“中国表现最佳城市”年度报告显示郑州排名第7位。

三是“郑州品牌”开始绽放光芒。积极实施品牌带动和标准引领战略，以标准提档、质量升级、品牌增效为着力点，抢占行业制高点，提升郑州制造品牌的竞争力和价值，让“郑州品牌”大放光彩。中铁装备不断刷新纪录，创造出多项国内和世界第一，获评全国制造业单项冠军示范企业，被认定为国家质量标杆，连续5年位居国内市场第一，得到习近平总书记的现场“点赞”。宇通客车是目前全球最大的客车生产基地，连续14年入选“中国500最具价值品牌”，产品已批量出口至40多个国家和地区，全球市场占有率达到15%，连续6年成为全球销量和规模最大的客车企业，被李克强总理称赞为中国制造“走出去”的典范。三全、思念等速冻食品企业全国市场占有率达60%以上，入选“中国500最具价值品牌”。汉威科技、信大捷安、郑煤机、海马、逸阳等一批知名品牌加速崛起。郑州宇通集团有限公司俄罗斯片区总经理曾哲说，2018年世界杯期间，300多辆宇通客车行驶在俄罗斯各个城市和赛场之间，承担接送各国球迷的任务。在服务世界杯的众多客车品牌中，宇通客车数量排名第一。

3. 综合交通枢纽地位进一步巩固

“中天下”的区位优势，使郑州市从古到今一直是全国重要的交通枢纽。近年来，随着改革开放的不断深入，郑州市更是逐渐成为全国重要的铁路、航空、高速公路、电力、邮政电信主枢纽城市。2011年，国务院出台《关于支持河南省加快建设中原经济区的指导意见》，明确提出要把“郑州建成全国重要的综合交通枢纽”。郑州市委、市政府抢抓机遇、主动作为，着力打造“域外枢纽、域内畅通”的郑州都市区交通体系，不断提升郑州综合交通枢纽能级。

强力打造“域外枢纽”。公路建设方面，重点是进一步强化郑州作为国道107与301线、高速公路京港澳主干线与连霍主干线双十字交会的枢纽地位；铁路建设方面，在进一步强化普通铁路陇海线与京广线十字交会枢纽地位的同时，提出郑州“米”字型高铁规划，即在京广和徐兰“十”字型快速客运通道基础上，建设郑州至万州、郑州至济南、郑州至合肥、郑州至太原快速铁路，形成以郑州为中心连南贯北、承东启西的“四面八方”轴带发展格局。2014年5月，习近平总书记在河南考察时特别指出：“米”字型快速铁路网画得好。截至2018年6月，京广高铁和徐兰高铁已建成通车，郑万高铁和郑合高铁加快建设，郑太高铁和郑济高铁开工建设，预计到2020年“米”字型高铁网正式成型。此外，作为我国首个客运和货运综合性高铁站——郑州高铁南站，预计2019年建成投用，建成后将和郑州东站并列成为全国第二大规模的高铁场站。航空建设方面，目前郑州新郑机场作为4F级别机场，正式跻身国内最高等级机场，已成为我国第一个“垂直整合、机公铁一体”的多式联运枢纽。2017年，郑州新郑机场旅客吞吐量为2400万人次，位居全国民航机场第13名；货邮吞吐量首次突破50万吨，跻身全球机场50强，国际和地区货运量位居全国第4名，客货吞吐量稳居中部六省第一。2017年3月，国家首次将郑州定位为“国际性综合交通枢纽”。“国际郑”成为全国12个最高等级的国际性综合交通枢纽之一，郑州的区位和交通优势越发凸显。

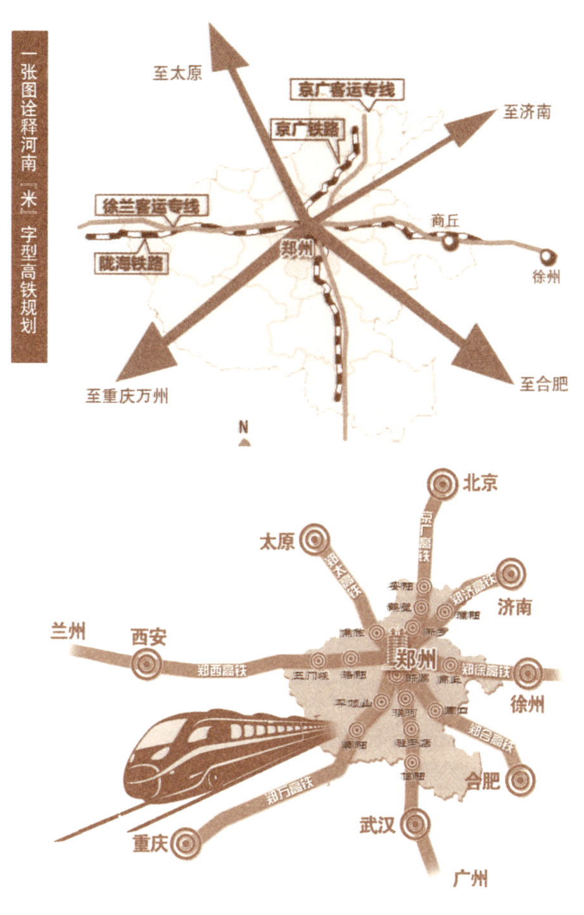

“米”字型高铁规划图

着力建设“畅通郑州”。以轨道交通、高速公路、快速路网为支撑，郑州市不断完善都市路网体系，持续加快交通基础设施建设，“畅通郑州”工程实施成效显著。城市轨道交通建设进一步加快，到2050年，我市规划建设 21 条轨道交通线，总规模长 945.2 千米。其中包括 13 条地铁线路。目前，郑州市轨道交通 1 号线、2 号线已通车运营，5 号线已实现全部轨通，预计 2018 年年底到 2019 年年初前通车试运营。以郑州为核心的“两环多放射”高速公路网、“七横九纵”干线公路网正逐步形成。先后启动了市区“大井字 + 环线”快速骨干路网、16 个环城高速出入口、266 条断头路打通等工程，城市内部“主动脉”和“毛细血管”逐步打通，基本实现了市民出行“15 分钟上高架、30 分钟上高速”的预期目标。2017 年，郑州市中心城区早高峰路网平均运行速度为 22.6 公里 / 小时，较 2012 年畅通郑州建设之初提升了 15.3%。调查数据显示，在问及改革开放 40 年来郑州城市发展的突出表现和给个人带来的便利时，75.8%和 77.7%的公众选择了城市交通。交通运输部规划研究院、交通运输部科学研究院联合高德地图等机构，权威发布的《2017 年度中国主要城市交通分析报告》中，郑州市在中国主要城市“高峰拥堵指数延时排名”下降到 45 名，位列 2017 年度十大拥堵缓解城市第 10 名。郑州市交警支队宣传科邢红军说：截至 2017 年年底，郑州的汽车保有量已超过 370 万辆，全国排名第 7，人均汽车保有量全国排名第 1。在近年来小汽车保有量和出行量迅猛增长的严峻形势下，城市道路交通拥堵状况不但没有恶化，反而得到了有效缓解，这与近年来我市大力实施“畅通郑州”工程建设密不可分。

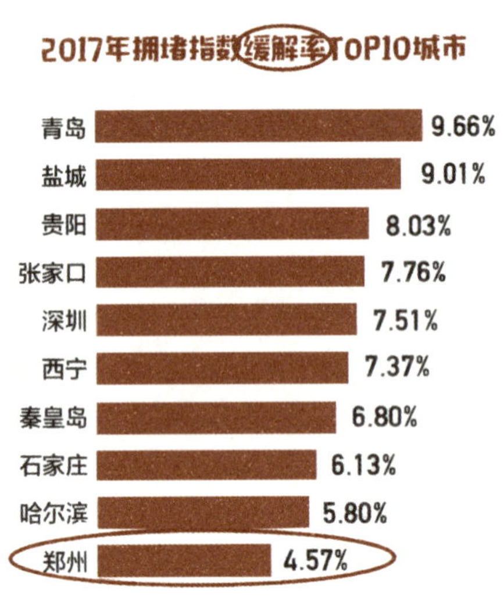

2017 年拥堵指数缓解率前十城市

4. 国家政策叠加优势更加凸显

改革开放 40 年，是一个从沿海向内地不断推进的过程。近年来，围绕助推中部崛起、助力中原经济区建设，国家先后出台了一系列支持政策。随着一个个国家战略在中原大地落地生根，进一步点燃了郑州引领中部崛起的信心和动力。

一是国家政策叠加聚合，进一步凸显了郑州对周边的辐射引领作用。无可替代的区位优势、日新月异的城市建设、不断增强的对外影响，使郑州成为近年来国家层面关注的重点。中原经济区规划、中原城市群发展规划、郑州航空港经济综合实验区、中国（郑州）跨境电子商务综合试验区、郑洛新国家自主创新示范区、中国（河南）自由贸易试验区、国家大数据综合试验区、国家通用航空产业综合示范区、全国交通综合枢纽示范工程城市、“中国制造2025”试点示范城市群、全国首批住房租赁试点城市等一系列国家战略规划、平台相继落地，使郑州的国家政策叠加优势更加明显，改革开放的政策红利聚合效应进一步凸显，发展步伐进一步加快。实地调研座谈时，航空港区管委会宣传文秘处处长李钦上说，港区近年来的发展主要得益于国家的改革开放政策。没有改革开放，就没有今天繁荣发展的航空港经济综合实验区。

二是中国（河南）自由贸易区试验区设立，助力郑州市抢占新一轮改革开放最前沿。2016年8月，辽宁、浙江、河南、湖北、重庆、四川、陕西七地相继获得国家批准，成为继上海、广东、天津、福建之后，我国第三批国内自由贸易试验区，1+3+7的自贸区梯度发展格局基本形成。这也标志着我国的自贸区建设迈入一个新的台阶，对外开放的力度进一步加大。河南自由贸易试验区实施范围共119.77平方公里，其中郑州片区就达73.17平方公里，是河南自贸试验区战略落地的最重要承载。郑州片区的战略定位是以制度创新为核心，以可复制可推广为基本要求，加快建设贯通南北、连接东西的现代立体交通体系和现代物流体系，将郑州片区建设成为服务于“一带一路”建设的现代综合交通枢纽、全面改革开放试验田和内陆开放型经济示范区。郑州市社科联副主席许颖杰说：河南自由贸易试验区的成功获批及郑州片区的高端定位，使郑州市抓住了新一轮改革开放的重大契机，站在了国家改革开放的最前沿、第一线。

三是入列国家中心城市建设行列，使郑州城市发展站在了新的历史起点。国家中心城市位于中国城镇体系中最高层级。近年来，随着经济社会的发展提速和城市竞争力的显著提升，郑州作为河南省省会、中原城市群龙头城市，有条件、有能力、更有潜力担负起国家中心城市的功能和使命。围绕这一构想，郑州市积极对接国家新型城镇化发展的总体规划，在2014年2月郑州“两会”政府工作报告中首次提出，未来五年初步确立以国际化、现代化交通枢纽为特征的国家中心城市地位。2015年郑州“两会”政府工作报告再度明确，要建设以国际商都为特征的国家中心城市。2016年10月，支持郑州建设国家中心城市被正式写入省十次党代会报告。2016年12月，经国务院批复同意，国家发展改革委公布《促进中部地区崛起“十三五”规划》，明确提出“支持郑州建设国家中心城市”。2017年，国家发改委先后发布《关于印发中原城市群发展规划的通知》《关于支持郑州建设国家中心城市的指导意见》，各项政策进一步明确和细化，形成了国家层面支持郑州建设国家中心城市的政策体系。至此，郑州这座古老商都站在了新的历史起点，肩负起引领区域发展、跻身国际竞争的国家使命，开启了向全国乃至全球城市体系中更高层级城市迈进的新征程。

5. 三条“丝绸之路”联通世界

郑州市是“一带一路”建设重要节点城市、新欧亚大陆桥的战略支点城市。近年来，郑州市积极融入“一带一路”建设，打造全方位立体化对外开放格局，走出了联通世界的陆网空三条“丝绸之路”，实现了从过去“不沿边、不靠海”到如今“买全球、卖全球”的历史性跨越。

一是“陆上丝绸之路”越跑越快。2013年7月18日，郑州国际陆港公司开通了郑州直达德国汉堡、慕尼黑的中欧班列，构建了“一带一路”东联西进陆路通道。2014年5月，习近平总书记在郑州国际陆港调研指导工作时提出，要把郑州“建成连通境内外、辐射东中西的物流通道枢纽，为丝绸之路经济带建设多作贡献”，并寄语国际陆港工作人员：“希望班列越来越频密。”经过4年来的发展，中欧班列（郑州）在全国中欧班列中唯一实现双出入境口岸（阿拉山口、二连浩特）、双通道（阿拉山口西通道、二连浩特

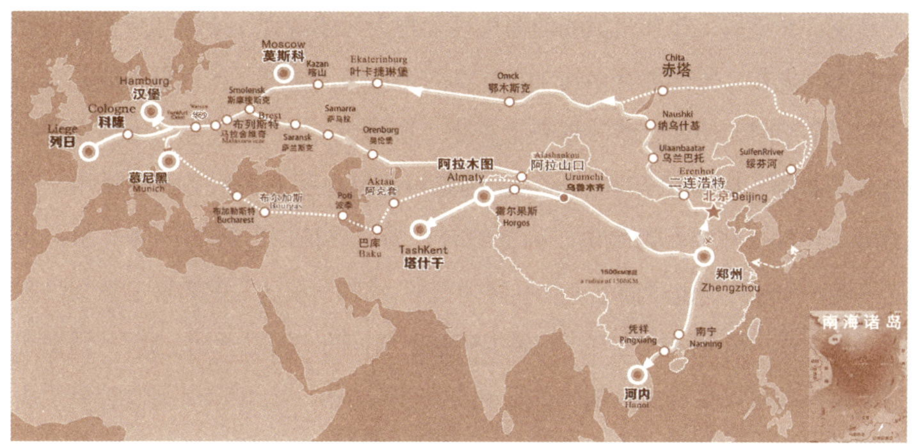

中欧班列（郑州）路线图

中通道）高频次往返均衡对开，运行班次已由 2014 年的每周 2 班，实现了如今的每周“去程 8 班、回程 8 班”满载往返运行。截至 2018 年 7 月 18 日，已累计开行 1347 班，服务境内外客户 3000 多家，货值 69.71 亿美元。货值、货重等主要指标保持全国前列，成为中国中欧班列的主动脉。

二是“空中丝绸之路”越飞越广。2017 年 6 月，习近平总书记会见卢森堡首相贝泰尔时明确提出，中方支持建设郑州—卢森堡“空中丝绸之路”。随着郑州—卢森堡“空中丝绸之路”建设提速，卢货航航班由开航时的每周 2 班加密至每周 18 班，旺季每周最多加密至 23 班，平均每天 3 班。截至 2018 年上半年，“空中丝绸之路”已经辐射到卢森堡、德国、英国、比利时等欧亚国家的重要区域。通航点由当初卢森堡 1 个增加到现在的 14 个，洲际航线由 1 条拓展至 3 条，辐射欧洲、亚洲、北美洲、拉丁美洲等四大洲近 200 个城市，集疏货物达十余类 200 多个品种，实现了“一点连三洲、一线串美欧”的国际货运版图。郑州航空港实验区口岸业务服务局副局长禹定国表示，在新郑综合保税区的口岸作业区，刚出厂的苹果手机完成从出厂、报关、运输这一系列流程最多只需一天。高效的航空物流配送为郑州航空港智能终端产业发展赢得了市场。2017 年，该区智能手机产量达 2.99 亿部，接近全球智能手机产量的 1/6。河南航空货运发展有限公司国际业务部经理许宏宴说:“5 年前，在郑州机场的停机坪上每天只能看到一架国际货运的全货机起飞。现在，每天都有多达 110 架次的全货机从这里飞向世界各地。”

三是“网上丝绸之路”越来越便捷。党的十八大以来，郑州大力发展跨境电子商务，从 2012 年郑州成为中国首批跨境电子商务服务试点城市，到 2016 年中国（郑州）跨境电子商务综合试验区获批，再到 2017 年、2018 年连续两届全球跨境电子商务大会在郑州召开，“郑州模式”的跨境 E 贸易敲开了“买全球、卖全球”之门，搭起了河南至全球的“网上丝绸之路”，消费者足不出户就可以享有全球购物的便利。郑州首创的“1210”海关监管模式成为我国跨境电商的模板。在 2017 年 9 月 28 日世界贸易组织（WTO）日内瓦 2017 公共论坛上，河南保税集团发布了《郑州模式: E 国际贸易——中国解决方案》报告，为国际跨境电商发展贡献了“中国智慧”“郑州方案”。在不久前结束的“6·18”电商狂欢节活动期间，源自菜鸟网络、京东全球购、苏宁易购等知名电商企业业务量迅猛增长，菜鸟网络首次将郑州新郑综保区作为其全国三大主场之一。郑州市经济技术开发区新兴局袁园说: 前几年，郑州市的跨境电商交易额还不如南方的一个县。经过近年来的发展，2017 年郑州市带动河南省跨境电子商务交易额突破一千亿元人民币，连续多年走在全国前列。

三、对改革开放 40 年的体会和思考

郑州市作为一个中部内陆城市，面对改革之初相对落后的局面，一不靠等、二不靠要，解放思想、抢抓机遇、迎难而上，由一个普通的中部内陆省会城市，发展为全国知名的新一线城市，并成功获批建设国家中心城市，开启了“买全球，卖全球”的城市发展新篇章，踏上了向全国乃至全球城市体系中更高层级城市迈进的新征程。

（一）体会之一

坚持中国共产党的领导是改革开放 40 年来取得辉煌成就的根本保证。

纵观世界社会主义500年，从空想到科学、从理论到实践、从一国实践到多国发展，既经历过十月革命胜利后的突飞猛进，也经历过苏东剧变带来的全球低潮，从1989年到1991年，包括苏联、东欧国家在内的11个共产党政权纷纷垮台，一时间“历史终结论”甚嚣尘上。面临严峻的外部环境，在中国共产党的领导下，中国顶住了压力，坚定不移地推进改革开放，走出了一条有中国特色的社会主义道路，取得了前所未有、举世瞩目的巨大成就，实现了从站起来到富起来，再到强起来的伟大目标。尤其是党的十八大以来，面对国内外的严峻形势，以习近平同志为核心的党中央，以巨大的政治勇气和强烈的责任担当，推动党和国家事业发生深层次、根本性的历史性变革，取得全方位、开创性的历史成就，推动中国特色社会主义进入新时代。无可争辩的事实证明，中国特色社会主义最本质的特征是中国共产党的领导，中国特色社会主义制度的最大优势也是中国共产党的领导。改革开放40年来，正是因为有中国共产党的正确引领，“中华”号这艘巨轮才能冲出迷雾，破浪前行，推动党和国家面貌焕然一新，凝聚起全国人民万众一心团结奋进的磅礴力量。

（二）体会之二

习近平总书记的关心和指导为郑州市的快速发展激发了强劲动力、提供了正确遵循。党的十八大以来，习近平总书记高度关注关心河南的发展，多次亲临河南调研指导工作，对河南省和郑州市的发展亲自指导、殷切嘱托、寄予厚望。2014年3月和5月，习近平总书记一年内两次视察河南，第一次提出了“新常态”的概念，为中国经济确立了全新的历史坐标。面对新常态这一经济发展新的逻辑起点，河南转型升级之路该怎么走？习近平总书记亲自为我们“把脉开方”，殷切指出“希望河南围绕加快转变经济发展方式和提高经济整体素质及竞争力，着力打好‘四张牌’”。并明确提出，实现“两个一百年”奋斗目标、实现中华民族伟大复兴的中国梦需要中原更加出彩。在调研指导郑州E贸易、郑州国际陆港、中铁装备集团时，习近平总书记勉励郑州跨境电商朝着“买全球、卖全球”的目标迈进；希望郑州国际陆港建成连通境内外、辐射东中西的物流通道枢纽，为丝绸之路经济带建设多作贡献；希望推动中国制造向中国创造转变、中国速度向中国质量转变、中国产品向中国品牌转变。2017 年 6 月 14 日，习近平总书记会见卢森堡首相贝泰尔时又明确提出，支持建设郑州—卢森堡“空中丝绸之路”，郑州市作为“一带一路”建设核心节点城市的地位和作用更加突出。习近平总书记的这些指示要求既高瞻远瞩、立足党和国家发展大局，又精准务实，针对河南和郑州的发展实际，具有很强的思想性、指导性，为当前和今后一个时期河南省和郑州市的发展指明了方向，提供了遵循，明确了目标，增强了动力。

（三）体会之三

党中央、国务院和省委、省政府的支持指导是近年来郑州市快速发展的有力支撑。改革开放 40 年来，党中央、国务院和省委、省政府高度关注郑州的发展，从思想引领到方向指导，再到政策支持，一系列有力的政策战略为郑州的发展提供了强大的保障支撑。尤其是党的十八大以来，在以习近平同志为核心的党中央的正确领导下，郑州的发展实现了历史性跨越。在党中央和国务院的关心指导下，在省委、省政府的大力支持下，郑州航空港经济综合实验区、郑洛新国家自主创新示范区、河南自由贸易试验区、中国（郑州）跨境电子商务综合试验区等一系列国家战略平台相继落地，为郑州注入了强大的发展动力。特别是在郑州获批建设国家中心城市之后，省委、省政府紧跟党中央、国务院步伐，先后出台一系列方针政策，集全省之力支持郑州国家中心城市建设。正是在党中央、国务院的大力支持下，在省委、省政府的积极推动下，郑州市迎来了前所未有的发展机遇期，进入了大发展大跨越的新时代，全市上下团结奋进干事创业的热情空前高涨。

（四）体会之四

历届市委市政府团结带领全市人民艰苦奋斗、开拓进取是改革开放 40

年来郑州市取得巨大成就的关键因素。从现代化商贸城、区域中心城市到国际商都，再到国家中心城市，改革开放40年来，历届市委市政府对郑州的认识和定位逐步清晰、逐步深化、逐步提升，推动郑州的发展迈上了一个又一个的台阶。特别是2016年以来，新一届市委市政府深入贯彻全国区域协调发展战略，准确把握城市发展规律，深刻认识郑州在中部崛起战略和国家“一带一路”倡议中的责任担当，适时提出建设国家中心城市，倾力打造“陆空网”三条丝绸之路，符合国家的战略需要和郑州城市发展的历史方位，获得了社会各界与市民群众的衷心拥护，得到了国家和省委省政府的大力支持。在市委市政府的团结带领下，全市人民秉持“幸福都是奋斗出来的”信念，积极投身改革开放的伟大实践。无论是从紫金山百货的闪亮登场到亚细亚掀起轰动全国的“郑州商战”，还是从手推车起步到中国最大的速冻食品生产企业三全的诞生，敢创敢试、开拓创新的郑州人民用自己的实际行动谱写了一个个精彩感人的改革开放郑州故事，为郑州市加速发展提供了强劲的动力源泉。

四、走好新时代郑州改革开放新征程

历史，总是在一些特殊年份给人们以汲取智慧、继续前行的力量。2018年是改革开放40周年、“一带一路”倡议提出五周年，也是习近平总书记明确支持建设郑州—卢森堡“空中丝绸之路”一周年。对郑州市来说，2018年的确是有着重要意义的一年。经过改革开放40年来的发展，中国特色社会主义进入了新时代，郑州市也取得了巨大发展成就，并积极融入“一带一路”倡议，走出了陆网空“三条丝绸之路”“买全球、卖全球”的郑州实践。面对取得的成绩，郑州市委、市政府头脑清醒冷静。省委常委、市委书记马懿同志在谈到改革开放40年发展成就时说：既要看到我市40年来取得的优异成绩，进一步坚定自信，同时也要清醒认识郑州作为一个成长中的城市的精准定位，看到郑州在发展中还存在着许多不平衡、不充分的问题，与人民群众对美好生活的向往还有不小的差距，距一同入列国家中心城市建设的兄弟城市如成都、武汉等还有一定的距离。要把改革开放40周年成就集中宣传的落脚点引导到动员全市上下继续努力工作，继续推动城市向上向好发展上来。

一个时代有一个时代的命题，一代人有一代人的使命。一个城市要繁荣振兴，就必须在时代发展的潮流中持续前进、接续奋斗。进入新时代，郑州市将继续迎难而上、开拓进取，坚定不移贯彻以人民为中心的发展思想，坚定不移全面深化改革开放，以新时代的郑州实践助力中原更加出彩，为加快实现中华民族伟大复兴的中国梦作出应有的贡献。

（一）坚定不移维护党中央权威和集中统一领导，坚定不移维护习近平总书记核心地位

改革开放40年来，中国之所以能够取得如此举世瞩目的成就，关键在于党中央的正确领导。特别是党的十八大以来，在以习近平同志为核心的党中央坚强领导下，中国特色社会主义昂首迈进了新时代，开启了建设富强、民主、文明、和谐、美丽现代化强国的新的历史征程。习近平总书记指出，中华民族伟大复兴，绝不是轻轻松松、敲锣打鼓就能实现的，全党必须准备付出更为艰巨、更为艰苦的努力。“大海航行靠舵手”“万山磅礴看主峰”，走好新时代改革开放之路，更需要坚决维护以习近平同志为核心的党中央权威和集中统一领导，坚决维护习近平总书记的核心地位，始终在政治立场、政治方向、政治原则、政治道路上同以习近平同志为核心的党中央保持高度一致，引导全市上下自觉做到思想上深刻认同核心、政治上坚决维护核心、组织上自觉服从核心、行动上坚定紧跟核心，一心一意跟党走，以实际行动为全国全省大局发展贡献郑州力量。

（二）坚定不移用习近平新时代中国特色社会主义思想武装头脑、指导郑州实践

习近平新时代中国特色社会主义思想是马克思主义中国化最新成果，是

党和人民实践经验和集体智慧的结晶，是中国特色社会主义理论体系的重要组成部分，是新时代全党全国人民为实现中华民族伟大复兴而奋斗的行动指南。走好新时代改革开放之路，必须自觉以习近平新时代中国特色社会主义思想武装头脑，指导实践。要带着感情学，联系实际学，把自己摆进去学，做到真学、真懂、真信、真用。特别是要认真学习领会贯彻落实习近平总书记调研指导河南、郑州时的重要指示精神，自觉把郑州发展放在全国大局中来谋划，把“五位一体”总体布局、“四个全面”战略布局和五大发展理念与郑州实际紧密结合，准确把握郑州发展阶段性特征，形成新时期推进郑州发展的实践体系。

（三）坚定不移继续走好新时代郑州改革开放之路

党的十九大报告明确提出，“只有社会主义才能救中国，只有改革开放才能发展中国”。下一步，郑州市将继续坚持以习近平新时代中国特色社会主义思想为指导，牢固树立新发展理念，坚持发展第一要务，坚持以人民为中心，坚持改革开放不动摇，以国家中心城市建设为统揽，以“三区一群”（郑州航空港经济综合实验区、中国（河南）自由贸易试验区、郑洛新国家自主创新示范区和中原城市群）建设为引领，坚持以党的建设高质量推动经济发展高质量，坚持“四重点一稳定一保证”（新型城镇化、产业发展、开放创新、生态治理四大重点工作，维护社会大局稳定，强化党建保证）工作总格局，坚持目标导向、问题导向和“创优势、增实力、补短板、能抓住”的工作方针，统筹推进稳增长、促改革、调结构、惠民生、防风险各项工作，全面加快郑州国家中心城市建设步伐，不断满足人民群众日益增长的美好生活需要，努力在实现中华民族伟大复兴和中原出彩的伟大实践中作出更大贡献。

（2018年8月）

改革开放
与中国城市发展
GAIGEKAIFANG

洛阳

LUOYANG

老工业基地焕发活力的历史逻辑

——洛阳市改革开放调研报告

中共河南省委宣传部
中　共　洛　阳　市　委

改革开放是决定当代中国命运的关键抉择，是当代中国发展进步的活力之源，是党和人民事业大踏步赶上时代的重要法宝，是坚持和发展中国特色社会主义、实现中华民族伟大复兴的必由之路。作为共和国长子，洛阳这座工业重镇乘着改革开放的东风，“在历史前进的逻辑中前进、在时代发展的潮流中发展”，闯出了一条老工业基地振兴发展之路。党的十八大特别是“十三五”以来，洛阳市坚持以习近平新时代中国特色社会主义思想和习近平总书记调研指导河南时的重要讲话精神为指引，认真贯彻新发展理念，聚焦打好“四张牌”，坚持改革推动、开放带动、创新驱动，推动经济发展增动力、添活力，实现了一系列具有标志意义的重大突破。以经济总量跨越 4000 亿元大关、产业结构历时大半个世纪实现“三产超二产”的历史性转变、规模以上工业利润总额增速连续 8 个月居河南全省第一并创下 10 年来新高、创新主体和创新平台实现“双倍增”等为标志，洛阳发展呈现出运行稳、结构优、动能新、效益好、民生实等特点，在质的较大提升中实现了量的有效增长。2017 年 4 月，国务院对全国 17 个老工业基地调整改造成效明显的地区予以通报表扬，洛阳市作为河南省唯一的地市入选。在庆祝改革开放 40 周年之际，我们深入学习领会习近平新时代中国特色社会主义思想，紧扣党的十九大提出的一系列重大决策部署，专门成立课题组，把握时代脉搏、结合洛阳实际、突出问题导向，组织专家及委局代表座谈，深入企业一线和科研院所调研，对洛阳改革开放 40 年尤其是十八大以来沉淀下来的经验、成效、举措、问题进行认真梳理思考，形成调研报告。

一、历史变迁：洛阳的成长轨迹

洛阳市位于河南省西部、黄河中游，拥有 5000 年文明史、4000 年城市史、1500 年建都史，是国务院首批公布的历史文化名城和十三朝古都，也是国家区域中心城市、中原城市群副中心城市和全国重要的工业城市，在《全国老工业基地调整改造规划》和《全国资源型城市可持续发展规划》中分别被明确为老工业城市和资源型城市，素有“中国工业重镇”之称。

中华人民共和国成立之初，洛阳工业基础极其薄弱，只有一个小电厂、一座小煤矿，几家小铁工厂和砖瓦窑场，还有一些规模小、实力弱的手工作坊，企业工人仅千余，郊县工业几乎空白，年生产总值、工业总产值、财政收入分别只有 1.65 亿元、1227 万元、13.3 万元。百业凋零、百废待兴，一穷二白、满目疮痍，彼时的洛阳成了新生共和国的生动写照。

计划经济时期，洛阳成为国家重点建设的城市之一。“一五”期间，国家 156 项重点骨干项目中有 7 项落户洛阳，从第一拖拉机厂、洛阳轴承厂、洛阳矿山机器厂、洛阳铜加工厂、洛阳水泥厂、洛阳热电厂到河南柴油机厂，一个个“长子企业”相继建成。之后，国家又先后在洛阳兴建了洛阳玻璃厂、洛阳耐火材料厂、洛阳石化总厂等大型工厂，组建十多家部级科研院所，形成了从科研到生产、比较完善的现代工业体系，一举奠定了洛阳在中国工业版图中举足轻重的地位。在这里，诞生了我国第一台拖拉机、第一台压路机、第一台军用越野汽车、第一条浮法玻璃生产线、第一批汽车变速箱轴承等众多的“全国第一”，东方红拖拉机曾“开”上人民币，“洛阳制造”闻名全国，创下了中国工业看“两阳”（洛阳与沈阳）的骄人业绩。

改革开放后，全市上下以解放思想为先导，以经济建设为中心，在艰难曲折中探索，在艰苦创业中拼搏，致力于破除制约发展的思想桎梏和体制障碍，不断释放新的创造伟力。从落实家庭联产承包责任制，到对内搞活、对外开放，从启动国有企业改革，到加快完善现代企业制度、着力推进产业结构调整，从引进第一家外资企业，到建设内陆开放高地，洛阳迈入了经济社会发展的“快车道”。进入21世纪的第一个十年，洛阳工业增加值年平均增速一度达21%，质量效益明显提高，工业企业不断壮大，一拖集团、洛耐集团、洛轴集团、洛铜集团、洛玻集团、中信重工等一批企业成为全国行业龙头。2004年，在国家发展改革委统计的包括北京、上海等直辖市和各省会城市在内的49个中心城市中，洛阳市规模以上工业企业资产总额居第31位，完成增加值居第27位，实现产品销售收入居第29位，实现利税居第32位。

党的十八大以来，洛阳主动适应经济发展新常态，不断深化改革开放进程，综合经济实力持续增强、产业结构调整成效显著、创新创业活力竞相迸发、城市发展环境日益优化。2015年，全市装备制造业主营业务收入达到2282.2亿元，硅光伏产能居全省首位，铝精深加工能力达178万吨；电子信息、机器人及智能装备制造等战略性新兴产业主营业务收入占全市工业的1/4，服务业增加值占生产总值的比重达43.7%。这一时期，洛阳成功争取了一大批国家级改革试点（示范）机遇，商事制度改革成效显著，行政审批事项压缩59%，非行政许可审批全部取消，引进境内外全球500强企业21家，成为“丝绸之路经济带”主要节点城市。

进入“十三五”以来，洛阳被赋予国家区域性中心城市、中原城市群副中心城市、带动河南发展新的增长极的战略定位，郑洛新国家自主创新示范区、中国（河南）自由贸易试验区、中原城市群等一批国家战略规划和平台相继落地实施，洛阳发展迎来了新的历史机遇。全市上下以习近平新时代中国特色社会主义思想为指导，坚持“以新发展理念为引领、以新发展体系为支撑”，聚焦打好“四张牌”，聚焦决胜全面小康、开启现代化建设新征程，聚焦加快建设副中心、打造全省增长极，聚焦推进构建现代创新体系、现代产业体系、现代开放体系等九大体系和全力打赢脱贫攻坚、供给侧结构性改革两大攻坚战为主要内容的“9+2”工作布局，在改革中突破、在开放中进取、在创新中跨越，解决了许多长期想解决而没有解决的难题，办成了许多过去想办而没有办成的大事，洛阳发展站在新的历史起点上。

2017年，洛阳全市生产总值达4343.1亿元，规模以上工业增加值达1482.8亿元，财政收入达325.9亿元，居民人均可支配收入达22835元，其中生产总值是改革开放之初的257.7倍，财政收入是改革开放之初的260.7倍，经济总量居全省第2位、全国第47位。全市产业结构实现由“二三一”向“三二一”的历史性转变，自创区自贸区“两区叠加”效应凸显，国资国企改革、“放管服”改革等重点领域改革深入推进，全面双向开放格局正在形成，一大批国家重点工程中都能见到“洛阳制造”的身影，467种“洛阳制造”产品进入国际市场，在洛投资的境内外500强企业达74家，“天宫”“蛟龙”“天眼”“墨子”“大飞机”等国家重大科技成果中都有“洛阳创造”元素，机场扩容、高铁增发、地铁开建、高速联网、城市干道提升等一大批重大基础设施夯实城市发展的硬支撑，洛阳正稳步迈向高质量发展的新阶段，在全国全省发展格局中的地位和作用更加凸显。

“若问古今兴废事，请君还看洛阳城”。综合来看，洛阳改革开放40年，是经济实力实现历史性跨越的40年，是发展质量实现历史性突破的40年，是城乡面貌实现历史性巨变的40年，是人民生活实现历史性提升的40年，是党的建设取得了历史性成就的40年，也是一座老工业基地在历史前进的逻辑中爬坡过坎、转型跨越、蓄势崛起的40年。

二、时代命题：老工业基地的问题清单

改革总是由问题倒逼而产生，又在不断解决问题中得以深化。有过辉煌、有过阵痛，浴火重生、登高向强，纵观洛阳改革开放背后的兴衰荣枯，既有历史原因也有现实因素，既有共性问题也有个性问题，既有阶段性特征

也有深层次矛盾。洛阳发展中长期存在的思想观念僵化、体制机制固化、产业结构失衡、发展方式粗放、发展活力不足等问题，在其他一些老工业基地也不同程度地存在。深刻剖析洛阳发展的“问题清单”，不仅有助于洞察改革开放的“洛阳样本”，深入了解改革“为什么改”“改什么”“怎么改”等一系列重大问题，对于研究思考新时代老工业基地的转型振兴，也具有很强的典型性和代表性。

（一）思想观念不够活

悠久厚重的人文底蕴，塑造了洛阳人淳朴、勤奋、沉稳的优秀品格，但由于深处内陆腹地、深受计划经济思维影响，洛阳在改革开放大潮中，有人还习惯于躺在历史的荣光中自我陶醉，有人还停留在过去的辉煌里孤芳自赏，有人还满足于只盯着眼前的“一亩三分地”自我封闭，有人还存在着较重的“等、靠、要”倾向。归根结底，洛阳一些党员干部思想观念保守，思维方式老套，视野眼光狭窄，改革魄力缺失，难以跳出洛阳看洛阳、跳出河南看洛阳，少了一股子闯和冒的劲头，少了一股子“杀出血路”的锐气，遇到新形势、新事物、新情况、新问题，办法不多、招数不灵、举措不大、成效不显，一些好不容易争取到的品牌也难以释放出最大红利。思想上的落伍是最大的落伍，改革开放始于思想破冰，深化在于思想解放。

（二）体制机制不够顺

体制机制障碍是制约发展的突出瓶颈。应该说，在积贫积弱的基础上起步搞发展，计划经济体制曾助洛阳快速建立起门类相对齐全的工业体系，也让洛阳一度跻身“全国五大工业城市”，经济总量稳坐全省头把交椅。但长期受制于计划经济体制影响，弊端也日渐凸显，创造力备受束缚，“大锅饭”、平均主义、抱残守缺、畏首畏尾、按部就班、凡事等部署等问题直至今日仍根深蒂固，从而影响到洛阳经济的运行效率与整体素质。洛阳一名企业人士曾举过一例：在涧西区一家国有企业，生产设备上的小配件坏了，也要层层审批统一采购。“几颗螺丝钉闲置一条生产线，一根电线杆阻挡一个大项目”，这样的怪现象前些年在洛阳不算孤例。“干多干少一个样、干好干坏一个样、干与不干一个样”，严重挫伤干事创业的积极性，严重贻误地方发展的好机遇，严重制约市场活力、创新能力、发展动力的大迸发。

（三）产业结构不够优

一方面，作为“被历史选中的一代”，洛阳发展有着一定的产业基础和优势，产业体系相对齐全，三次产业20个门类中占19个，41个工业大类中占38个。但另一方面，洛阳也存在着经济结构倚“重”等突出问题。由于历史原因，洛阳三次产业结构长期存在“二产独大”局面，工业对经济增长贡献率超过70%，第三产业占比低于全国平均水平，更低于沿海发达地区，现代服务业在服务业中比重偏低，对发展的贡献度不大。具体到工业领域，在全市规模以上工业中，重工业（有色金属冶炼和压延加工业、专用设备制造业、化学原料和化学制品制造业等）比重达78.3%，六大高耗能行业（煤炭开采、化学原料和化学制品制造业、非金属矿物制品、黑色金属冶炼和压延、有色金属冶炼和压延、电力热力生产和供应）比重达37.4%，而机器人及智能制造、新能源、新材料等新兴产业占生产总值的比重仅为18.5%。洛阳经济结构不合理、集聚度不高，严重制约着老工业基地的转型升级。

（四）质量效益不够好

这是洛阳发展一直面临的又一个突出短板。从企业层面看，洛阳工业企业大而不强、活力不足，虽然有些产品畅销全国，但总的来说还是产品结构单一，低端产品多，高端产品少，品质不优、品牌不亮，缺乏市场竞争力和美誉度，一些企业生产经营陷入重重困境。从产业层面看，传统产业转型艰难，新兴产业开始发力、但支撑作用有限，产业能耗高、附加值低，利润水平不够高。以2015年为例，洛阳市工业平均利润率仅为3.16%，低于全国

5.8%的平均水平，全市规模以上工业企业亏损138家，亏损额68.8亿元。从城市层面看，2016年洛阳人均生产总值仅居全省第5位，税收占一般公共预算收入比重仅为65.6%，比全省低2.8个百分点，比全国低16.1个百分点。

（五）创新动能不够强

洛阳是全国重要的科技研发基地，拥有省部级科研院所14家、各类研发机构1300余家、专业技术人员18万名，是全国科技人才最集中的城市之一，科技人才密度高于全国、全省平均水平，可创新发展的水平还不高，优势创新资源不足、高端创新平台不多、科技与经济融合不够，科研成果向生产力转化不力、不顺、不畅的痼疾始终未能根除，科技进步对经济增长贡献率比较低，经济发展还主要依靠要素投入来带动，成为制约洛阳发展的阿喀琉斯之踵。随着国际金融危机扩散和经济下行持续，2014年洛阳经济增速一度下滑到河南省倒数第二，而此后一年，洛阳高技术企业增加值仅为45.4亿元，只占工业增加值的3.28%。

审视洛阳发展的这些矛盾与困难，归根结底是体制机制问题，是产业结构、经济结构问题，解决这些问题归根结底要靠全面深化改革开放。综合来看，洛阳在改革开放大潮中闯出的老工业基地振兴发展之路，就是一条破除体制机制障碍之路，就是一条从计划走向市场、从封闭走向开放、从衰落走向振兴之路，就是一条解放思想、解放和发展生产力、解放和增强社会活力之路，就是一条发展方式、发展质量、发展格局和发展生态的重构之路。

三、现实选择：河洛大地上的路径探索

习近平总书记指出，中国进行改革开放，顺应了中国人民要发展、要创新、要美好生活的历史要求，契合了世界各国人民要发展、要合作、要和平生活的时代潮流。中国改革开放必然成功，也一定能够成功！今天，中流击

水、浪遏飞舟，个位数的加减法早就做完了，低垂的果实也早已摘完了，待解的都是复杂方程式。以问题为导向，看趋势、明方向、定措施，坚持改革推动、开放带动、创新驱动“三力联动”、系统发力，成为老工业基地洛阳转型振兴的现实选择。

“十三五”大幕开启之年，面对新老交织的发展难题和错综复杂的深层矛盾，洛阳从新发展理念这个逻辑起点出发，对贯彻落实新发展理念进行了科学设计和施工，用了半年多时间谋划形成了加快推进“9+2”工作布局、加快实现“四高一强一率先”奋斗目标的总体发展思路。从加快构建现代创新体系、现代产业体系、现代市场体系、现代开放体系等九大体系到全力打赢供给侧结构性改革，在“围绕理念落地构建体系、围绕体系推进谋划专项、围绕专项实施抓好项目”的环环相扣中，洛阳改革开放创新的实践不断深化，发展体制机制问题、发展动力问题、发展不平衡问题、发展内外联动问题等切实获得了新的解题方式。这一过程，是全面贯彻新发展理念的过程，是审视市情、补齐短板、厚植优势的过程，也是全市各级领导班子和领导干部转变思维方式和工作方式、提高领导能力和决策水平的过程，蕴含着对“改革有阵痛、不改革就是长痛”的认识，折射了对“开放带来进步，封闭必然落后”的洞察，体现了对“不创新不行，创新慢了也不行”的遵循。

（一）改革推动，老工业基地振兴发展的活力之源

1. 推动产业转型，优化产业结构

产业是经济建设的核心和城市发展的基础。按照国家政策导向和市场发展方向，洛阳精心谋划，加快构建“五强六新五特”现代产业体系。

“五强”就是做大做强先进装备制造、新材料、高端石化、电子信息、旅游业五大主导产业，“六新”就是积极培育机器人及智能制造、新能源、生物医药、现代物流、电子商务、金融六大新兴产业，“五特”就是大力发展文化产业、科技服务、牡丹、健康养老、高效农业五大特色产业。

2017 年 11 月 16 日，总投资 150 亿元的银隆新能源洛阳产业园项目，

在洛阳市高新区开工。这个项目从双方洽谈到签约再到正式开工，前后不足“两个一百天”，创造了“洛阳速度”“洛阳效率”。银隆项目是洛阳近年成功引进的投资规模大、市场前景好、技术水平高的重点项目之一。项目建成后，洛阳新能源及新能源汽车产业的产业规模和发展水平都将取得历史性突破。银隆项目仅是一个缩影，它折射出：洛阳的产业筋骨更加强壮，产业结构正在持续优化。

洛阳市发展和改革委员会主任张伊民说：“通过构建以主导产业为支撑、新兴产业为引领、特色产业为亮点的‘565’现代产业体系，加快促进洛阳产业向高端化、智能化、绿色化、融合化转型。”

围绕构建“五强六新五特”现代产业体系，推动产业上下游延伸、左右链配套、集群式发展，洛阳不断优化产业布局。谋划建设了高端装备制造产业园、新能源产城融合产业园、智能制造产业基地、大数据产业园、军民融合产业园、轨道交通产业园等产业园区，并全力打造涧西区、西工区大型成套装备、农业机械产业集群，高新区、洛龙区新材料产业集群，伊滨区节能环保装备产业集群，瀍河区轨道交通装备产业集群，新安县、高新区、洛龙区钛产业谷带等产业集群。目前已形成装备制造、旅游两个千亿级产业集群，机器人及智能制造、高端石油化工、电子信息、新材料、新能源等产业集群正在向千亿级迈进。

2. 坚持“四双联动”，加快动能转换

洛阳坚持传统产业改造升级和新兴产业培育壮大“双轮驱动”，坚持城区经济与县域经济“双向发力”，坚持高端制造业与高端服务业“双高引领”，坚持国有经济和民营经济“双赢并进”。“四双联动”已然成为老工业基地新旧动能转换的加速器。

“双轮驱动”将有助于去产能、补短板，还会催生一批新业态、新模式；“双向发力”将加快形成城区一核带动、县域多级支撑的均衡发展局面；“双高引领”将助推洛阳产业攀上价值链高端、占据产业链的核心部位、赢得市场话语权；“双赢并进”将发挥不同所有制经济的独特优势，使洛阳的产业

发展更加充满活力。

目前，洛阳“双轮驱动”已驶入正轨，“双向发力”势头喜人，“双高引领”节节攀升，“双赢并进”格局初显。今年一季度，洛阳六大高成长性制造业对全市规模以上工业的贡献率达 78.5%。一些支撑洛阳经济增长的积极因素和新兴力量正在成长。

3. 深入推进供给侧结构性改革

洛阳在全国地级市中率先出台推进供给侧结构性改革“1+7”政策框架。一方面，“落”下旧产能，改造提升传统产业调整存量；另一方面，“扬”起新动力，培育战略性新兴产业，提升发展增量。

在顶层设计上，洛阳制定了近期和远期两大任务：实施“三去一降一补”，坚定不移去产能、精准施策去库存、严控风险去杠杆、多措并举降成本和补齐经济社会发展短板，积极主动做好“减法”，着力减少无效和低端供给；增强“三个增长新动力”，精准有效做足“加法”，增加合理有效和中高端供给。

同时，洛阳市还确定了“积极稳妥、统筹推进，精准施策、靶向治疗，重点突破、释放红利”的改革总原则。通过一个个阶段性量化目标，协调各部门动作，一步一个脚印，为改革筑牢根基。

行稳才能致远。洛阳市国资委总经济师莫文刚说，推进供给侧结构性改革，“去”是前提和基础，根本目的是为了实现更好、更可持续的发展。洛阳通过“去”，促进过剩产能有效化解，促进产业优化重组，降低企业成本。

2016 年年初，2000 公斤的世界最大多晶硅硅锭在洛阳巨子新能源科技有限公司诞生，利用最新生产工艺，多晶硅硅锭生产成本较传统工艺下降 15%以上。就在几年前，光伏产业遭遇国外“双反”政策围剿时，处于上游的多晶硅产业产能严重过剩，价格一路下跌，洛阳巨子公司陷入前所未有的低谷。

落后产能去掉了，优质产能才有生长空间。洛阳巨子新能源科技有限公司经过近一年的努力，“减”去无效、低端的产能，不断推进工艺改进，“加”

上有效和中高端供给，最终在产业深度调整中实现逆势增长、绝境逢生。

4. 大刀阔斧推进国企改革攻坚

洛阳市拥有规模以上工业企业1800多家，其中央（省）企49家，央企在全国地级市中最多。洛阳国有经济占经济总量43.3%，其中国有企业达337家。作为老工业基地，国企改革是洛阳改革发展的重头戏。

洛阳积极支持和服务驻洛央（省）企深化改革。强力推进剥离企业办社会职能，按照2018年年底完成央企、2017年6月底完成省属企业、2017年年底完成市属企业“三供一业”分离移交的三个重要时间节点稳步推进改革。为加快国企减负增效“瘦身健体”步伐，洛阳市安排预算资金23亿元推进驻洛央企供水、供电、供暖及物业移交改造，39家驻洛央企已签订了“三供一业”分离移交协议，涉及水改7.9万户、电改9.6万户、暖改9.7万户。

洛阳还持续深化市属县属国有企业改革。完成了69家市属企业功能分类和制定企业深化改革方案，出台了混合所有制改革操作指引，在城投集团、国宏集团等市属企业子公司全面试行混合所有制改革，市属企业剥离企业办社会职能工作有序推进。

为推进市出资企业脱钩改制及重组整合，洛阳市出台了《洛阳市出资企业脱钩改制及重组整合工作实施方案》，分三批分步实施。对大中型国有工业企业采取“多元重组、走人改门”的办法推进股权重组，明晰产权关系；对小微型国企，采取产权转让、职工入股等方式，引入非国有经济主体，打造混合所有制企业；对扭亏无望的企业“破产重组、关门走人”。

洛阳还规范国有资本投资（运营）公司的监督管理。建立了国资监管的22项权责清单，明确监管范围，规范实施监管。全面深化改革，让洛阳的大型国企焕发出生机。

故事和照片上了《河南日报》，这两天，中信重工机械股份有限公司的阮宗田、阮鑫父子出了名。退休的老阮在公司干了一辈子，亲身经历了这家老国企从传统制造型企业向高新技术企业艰难转型的全过程。如今，小阮已经是中信重工特种机器人研究所副所长，他带领团队不断研发新型特种机器人，使中信重工登上了国内特种机器人制造领域的高地。阮家父子的经历，成为中信重工浴火重生的生动写照。

近年，中信重工实现了从主机供应商向成套服务商转型，从本土化企业向国际化企业转型。目前，该公司新产品贡献率超过 70%，成套产品占新增订单比例达到 60%，出口产品占订单总量达到 50%。

前不久，河南省委副书记、省长陈润儿到洛阳调研，在听了中信重工通过国企改革带动产业发展的情况汇报后说："现在看来，你们已经突破了矿山的范畴和领域，已经'脱胎换骨'了，智能化、数字化趋势已经显现!"

5. 深化"放管服"改革，优化营商环境

进一步简政放权，出台了《洛阳市人民政府关于取消和调整一批市政府工作部门行政职权事项的决定》，通过 5 次清理，市本级共减少审批事项 209 项，占原有行政审批事项的 52%。项目审批时限平均压缩 32.2%，审批环节平均压缩 20.9%。完善事中事后监管，市信用信息综合平台建成并通过验收；推动"两随机、一公开"监管全覆盖，全市共确定随机抽查事项 165 项。改进和优化服务，共梳理出 697 项依申请行政权力事项导入省政府服务平台，在全省率先实现市政务数据共享交换平台与省政务数据共享交换平台对接，部分政务服务事项实现在线办理，洛阳市"互联网 + 政务服务"示范工程被列入国家示范工程名单。全力推进商事主体登记制度改革，全市新增各类市场主体 10.6 万户。推进企业信用体系建设，实现多部门联合惩戒。市委、市政府印发《关于深入推进城市执法体制改革改进城市管理工作的实施方案》，完成了交通运输、食品药品、城市管理（年底前完成）三个领域的综合行政执法改革试点任务。

6. 持续深化地企合作

企业与地方是利益共同体、命运共同体。企业是洛阳加快发展最有价值的"富矿"，洛阳则是企业茁壮成长最可依赖的"沃土"。

如何厚植"沃土"，深挖"富矿"？2017 年 5 月，洛阳市出台了《中共洛阳市委洛阳市人民政府关于进一步加强地企合作的实施意见》等政策文件，

推动地方、企业、金融机构、高等院校、科研单位等多方深入合作，积极拓展地企合作新空间，着力构建地企合作新格局，围绕项目建设、产销对接、科技成果转化、产融结合等发力，不断取得地企合作新成效。

一年多时间，洛阳市地企合作硕果累累。签约产业项目254个，总金额1317.8亿元；产销对接合同49个，合同金额25.9亿元；科技成果转化及科技合作项目123个，金额109亿元；产融合作协议271个，协议金额734.7亿元。

在位于洛阳工业园区的一拖工业园，一台台动力换挡系列拖拉机正通过全自动生产线装配完成。以项目建设为载体，中国一拖积极与西工区政府合作，在整机、关键零部件等方面制造能力大幅提升。目前，一拖工业园区生产的大轮拖产品，在市场保持行业第一优势，为企业营业收入、利润、出口额和职工收入实现“四增长”提供了有力支撑。

地企合作，让不少企业尝到甜头，也为各县（市）区加快发展提供了新的动力。在宜阳县，洛铜集团铜材加工搬迁项目顺利投产，带动了正威国际集团精铜深加工项目和中钛航宇钛合金项目进驻，促进了新材料产业的迅速发展。中信重工铸铁件项目顺利投产，吸引了与之关联配套的菲尼克斯、英达机械等十多家机加工企业，拉长了该县智能装备制造产业链条。

洛阳市摸索出的地企合作机制，有效实现了优势互补、互利共赢，实现“1+1 ＞ 2”的聚合效应，为老工业基地振兴发展注入了新的动力活力。

（二）开放带动，老工业基地振兴发展的必由之路

1. 自贸区龙头带动

2017年4月1日，河南自贸区洛阳片区正式挂牌。作为河南自贸区的重要组成部分，洛阳对外开放迎来率先试验、率先突破、率先发展的重要战略机遇期。

规划面积26.66平方公里的河南自贸区洛阳片区是一块不折不扣的“改革创新的试验田”。这里是产业发展的沃土——片区现有企业2000余家，

现已形成先进装备制造、新材料、新能源及新能源汽车、生物医药、科技服务等优势产业，拥有一批在行业内具有领先地位的龙头企业，包括世界500强企业17家、中国500强企业1家、行业10强企业22家。

这里更是科技创新的高地——洛阳片区现有国家级工程技术中心、重点实验室、企业技术中心19家，省部级106家，市级研发中心236家，在新材料、航空航天、电子信息等高科技领域居全国先进水平，高速铁路、载人航天、蛟龙号载人潜水器、神舟系列飞船、珠港澳大桥等一大批国家重点项目、工程中都有洛阳片区企业的身影。

这里还是跨越发展的支点——自贸区是新一轮高水平开放战略的试验田，未来一批改革事项将率先在这里落地，并推广到洛阳全市乃至全国。

洛阳以自贸区建设为带动龙头，突破区域经济发展的瓶颈，充分利用全球资源，促进传统产业转型升级，发展新兴产业，打造内陆开放的新高地。在这一过程中，建设好自贸区，也为洛阳发展注入新的动力和活力，洛阳也享受到探索改革、深化路径的红利，在体制机制创新、政府简政放权、新兴产业打造上开启了新的机遇之窗。

目前，洛阳片区共梳理出了促进投资贸易便利化、扩大投资领域开放、提升产业发展水平、深化金融领域开放创新、提升政府监管能力和服务水平、构建政策激励和法律保障体系等共计6大类50项200个改革试点任务。

实施国际贸易单一窗口、打造跨境电子商务平台、完善对外资的“准入前国民待遇加负面清单”管理模式、实施“多证合一、一照一码”、允许区内境内企业使用外币结算、支持跨境投融资业务……一项项改革任务将在洛阳片区落地生效。

2.深耕“一带一路”建设

作为“一带一路”建设主要节点城市，洛阳积极融入“一带一路”倡议。向西密切与西北省份合作，连通俄罗斯及中亚、西亚等国家和地区；向东提升与沿海港口城市的连通水平，畅通出海通道。

鼓励企业根据自身实力和发展需求到发达国家和地区开展企业并购和技

术合作，建立境外研发和营销体系。支持矿山装备、轨道交通装备等行业龙头企业积极开展国际工程总承包，带动关键零部件出口和企业服务增值。坚持货运为先、以货带客，主动对接、积极参与河南省本土航空公司组建。积极谋划、扎实做好郑欧班列在洛甩挂。积极争取开通洛阳至韩国、日本等国际航线。

如今，“洛阳制造”犹如点点繁星，密布在“一带一路”沿线，熠熠生辉。中石化洛阳工程有限公司建设哈萨克斯坦阿特劳炼油厂项目，助力当地成功产出高标号汽油；中铁隧道集团承建乌兹别克斯坦的“中亚第一长隧”，建成通车后极大地改善了当地交通；洛阳大河新能源车辆有限公司为巴基斯坦市场定制油电混合型四轮车，将为当地老百姓平安出行贡献一分力量。

洛阳海关统计数据显示，2017 年洛阳市进出口总值为 133 亿元，同比增长 14.9%，进出口总值创 2012 年以来新高。“一带一路”沿线经济发展成为洛阳市外贸增长的重要原因。2017 年洛阳市对“一带一路”沿线国家对外贸易占比近一半，进出口达 62.7 亿元，同比增长 17.1%，高于全市平均增速 2.2 个百分点。其中，出口 58.7 亿元，同比增长 13.8%；进口 4 亿元，同比增长 1.1 倍。

3. 打造开放平台和体系

洛阳积极完善开放支撑平台建设，依托洛阳机场、空港经济区、铁路口岸、公路口岸、谷水交通枢纽等平台，把河南自贸区洛阳片区打造成内外流通融合、投资贸易便利、监管高效便捷、法治环境规范的对外开放新高地。积极借鉴外地经验，扎实推进洛阳西工综合保税区申建，大力发展口岸经济，形成全要素、多功能叠加的综合口岸优势。

洛阳还大力提升开放载体水平。充分发挥郑洛新国家自主创新示范区的开放合作与创新优势，积极推广中关村先行先试政策，探索建立创新资源统筹协调发展、技术转移转化、科技创新与资本对接、人才服务工作等新机制。持续强化产业集聚区、服务业“两区”等载体功能，促进功能集合和联动发展，增强要素集聚和辐射带动。

同时，洛阳积极申建国家级服务外包示范城市，培育一批具备国际资质和洛阳品牌的服务外包企业，成为在岸外包交易和离岸外包交付重点区域。

（三）创新驱动，老工业基地振兴发展的第一动力

1. 实施创新主体、创新平台“双倍增”

2017 年年初，洛阳市正式出台《中共洛阳市委洛阳市人民政府关于印发九大体系 60 个重大专项的通知》。其中，现代创新体系“积极实施创新主体、创新平台‘双倍增’行动，打造全省最具活力的创新高地”重大专项颇为引人瞩目。

这个“双倍增”行动的总体要求是：以创新龙头企业、高新技术企业、科技型中小企业培育为主攻方向，全面提升创新主体的自主创新能力，实现创新主体倍增；以科技园区、孵化器、众创空间、研发平台、公共技术服务平台建设为主攻方向，全面提升创新创业承载、支撑和服务能力，实现创新平台倍增。

具体目标是，到 2020 年，全市创新龙头企业、高新技术企业、科技型中小企业等创新主体达到 3500 家；科技企业孵化器、众创空间、研发平台等创新平台达到 2100 家。

为实现“双倍增”，洛阳加快培育龙头企业，坚持分类施策、重点突破，通过龙头企业辐射带动，加快形成大企业顶天立地、中小企业铺天盖地、高新技术企业抢占高地的发展格局。

在扶持方式上，洛阳充分发挥财政后补助、间接投入等科技财政政策，以及研发费用加计扣除、高新技术企业所得税优惠等普惠性财税政策的引导作用，扶持创新龙头企业、高新技术企业，带动科技型中小企业发展壮大。

在创新平台倍增方面，洛阳重点抓好孵化器、众创空间建设，实施大中型企业省级研发平台全覆盖，扶持建设一批企业技术研发平台、公共技术服务平台。

“忽如一夜春风来，千树万树梨花开。”随着“双倍增”行动走向深入，

洛阳创新主体的发展激情涌动全城。

在偃师市产业集聚区，东方日升（洛阳）新能源有限公司太阳能电池技术改造项目生产线上，机械臂挥舞，涂装生产线满负荷运行。参与“双倍增”行动，这家企业太阳能电池片转换效率提高了0.1个百分点，达到行业领先的20.15%。“别小看这0.1个百分点，在激烈的市场竞争中，点滴差距事关企业存亡。”企业负责人说，时下，这家企业工艺创新和升级有了新底气——他们的河南省新能源装备工程技术研究中心已被列为洛阳市拟培育的省级创新平台。

在“双倍增”行动推动下，去年，洛阳新增创新主体1142家，新增量同比增长2.35倍；新增创新平台396个，新增量同比增长1.63倍。洛阳创新主体、创新平台增速位居河南前列，打造了独具洛阳特色的“双倍增”行动品牌，老工业基地洛阳正焕发创新发展新生机。

2. 打通“四个通道”，促进“四链融合”

为加快实施创新驱动，洛阳始终把创新摆在发展全局的核心位置，着力深化科技体制改革，建立政产学研金对接合作长效机制，着力打通政产学研深度融合、军民企地对接转化、市场化运作和人才成长“四个通道”，推动创新链、产业链、资金链、政策链“四链融合”，不断提高科技成果转化率和科技进步贡献率。

洛阳市科技局局长王进说：“我们围绕‘四个通道’推进产业链、创新链、资金链、政策链‘四链融合’，支持企业组建产业技术创新战略联盟，引导科研人员把论文写在产品上、课题做到企业里、成果长入产业中，让科研成果更好地转化为现实生产力，不断创造洛阳率先发展的‘加速度’。”

中国首支能同时预防鸭瘟和鸭禽流感（H9亚型）的二联灭活疫苗发布，新能源燃气发动机输出功率和热效率打破中国纪录，中国最高精度手机盖板检测仪实现首台销售……在郑洛新国家自创区洛阳片区，新产品“无中生有”，老产品“有中生新”，自主创新气象新！

3. 发挥人才的第一资源优势

一流团队来洛创业最高资助亿元、科技型中小企业贷款风险获 50%“兜底”、成果转化收益至少七成奖励个人……2017 年年初，洛阳下发《关于加快推进洛阳国家自主创新示范区建设的若干意见》，同时，洛阳围绕落实省、市 30 条先行先试政策，配套出台了 46 项政策文件，涵盖体制机制改革、创新创业、科技金融、人才引进、服务保障等方面。

打通了人才成长通道，人才红利集中释放。田克恭团队研发的国内首个纯病毒样颗粒猪圆环病毒 2 型基因工程亚单位疫苗上市；邢新会团队的科研项目在第 45 届日内瓦国际发明展上喜获金奖；彭先兆团队研制的新一代扫频激光 OCT 眼科成像仪首台样机下线……“河洛英才计划”团队的创新成果正逐步进入收获期。

4. 深挖军民融合“富矿”

洛阳战略地位突出，工业基础雄厚，军工企业众多，是“军转民、民参军”的“富矿”。据统计，洛阳市拥有军工科研生产单位 8 家、规模较大的民口军品配套单位 35 家，占河南省国防科技工业系统的 1/3。拥有全省唯一国家级军民结合产业基地，产品覆盖航空航天、船舶舰艇、导弹修理等诸多领域，以光电设备及器件、锂离子动力电池、钛合金制品、大功率柴油机、特种机器人为代表的军民两用产品在国内市场享有较高的声誉。

在军民融合产业发展方面，洛阳市形成了以中国空空导弹研究院、航空工业洛阳电光设备研究所、中船重工七二五所、中航光电等军工企业和科研单位为核心，以民营中小企业为补充的专业化军民融合配套协作生产体系。

基于得天独厚的优势，洛阳市牢牢把握争创国家军民融合创新示范区这一难得机遇，按照“建成军工企业融入地方经济先导区、军队保障依托社会服务先行区和基础设施建设融合发展示范区”的定位，科学谋划，加强顶层设计，编制完成了推进军民融合深度发展“十三五”规划，并以军工企业融入地方经济为重点，持续推进重大工程项目建设，探索军地科技协同创新、军队社会化保障和基础设施共建共享的新模式新路径。

一批批出自军工企业的“洛阳创新”，如今积极“军转民”，飞入寻常百姓家。中船重工七二五所采用“一所两制”的管理模式，在保持军工科研职能的同时，注册成立了双瑞科技产业集团，在出色完成航母、载人潜水器、神舟飞船、核潜艇等重大军工科研任务的同时，壮大特种装备、钛合金、防腐与水处理、橡塑复合材料、医疗器械等五大产业板块。2016 年实现营收 90 多亿元，其中 90%以上来自民品产业。

与此同时，“民参军”也给一大批企业带来发展活力。中信重工机械股份有限公司把军工体系建设、军品配套生产纳入企业发展体系，在重大项目建设中兼顾国防科研生产功能，通过持续不懈的技术创新和有力改革，发展成为国家级创新型企业、高新技术企业，被列为全国首批企业双创示范基地。

粗略统计，洛阳市已有 20 多家民口军品配套单位，凭借行业领先的技术优势，进入军工领域，从而推动军工产业的升级，也为企业持续发展提供了不竭动力。

四、体会思考：把握好地方实践的几对关系

一滴水可以反映出太阳的光辉，一个地方可以体现一个国家的风貌。在洛阳改革开放的生动实践中，我们不仅看到了扎实有效的发展思路、发展举措和发展成效，看到了一座老工业基地翻天覆地慨而慷的历史变迁，看到了一座现代化城市展现出更加美好的发展前景，也从河洛大地人心思进、事业思干、发展思变的良好局面中，感受到了一座千年古都活力焕发的精气神和追赶时代的坚定步伐。通过这次调研，站在洛阳看全国，我们切实体会到“改革开放是当代中国发展进步的必由之路，是实现中国梦的必由之路”。

改革不停顿，开放不止步。2013 年 7 月，习近平总书记在调研湖北时首次提出了改革的“五大关系”，即解放思想和实事求是的关系、整体推进和重点突破的关系、顶层设计和摸着石头过河的关系、胆子要大和步子要稳

的关系、改革发展稳定的关系。这“五大关系”，既着眼全局又涉及具体，既有很强的思想性又有很强的现实针对性，为全面深化改革开放提供了方法论。通过这次调研，回望洛阳改革开放之路，感触洛阳发展新气象，我们深刻体会到老工业基地要在新时代实现新一轮振兴发展，也需要处理好几对关系。

（一）处理好“问题倒逼”与“思想引领”的关系

40 年前，中国共产党人怀着“被开除球籍”的深深忧患，带着“促进社会主义制度自我完善”的深刻思考，顶着“不改革就死路一条”的巨大压力，开启了改变中国命运的伟大历史变革。与全国一道，洛阳在思想僵化、体制掣肘、结构失衡等突出问题倒逼下，坚持从具体问题抓起，从解决制约发展的突出矛盾突破，着力提高改革发展的针对性和实效性，踏上追赶时代的跨世纪之旅。今天，当中国特色社会主义进入新时代，当改革开放迎来“全面深化”的关键期，剩下的都是难啃的“硬骨头”。时代变了、环境变了、要求变了，发展目标也变了，面对新老交织的发展难题，错综复杂的深层次矛盾，我们更加需要思想引领，更加需要自觉地以习近平新时代中国特色社会主义思想特别是改革开放思想武装头脑、指导实践、推动工作，在坚持思想引领和问题倒逼中将改革开放创新进行到底。

（二）处理好“规定动作”与“自选动作”的关系

党的十八大以来，以习近平同志为核心的党中央积极稳妥推进全面深化改革，推出了 1500 多项改革举措，推动党和国家事业取得了历史性成就、发生了历史性变革。一分部署，九分落实，落实也是生产力。近年，洛阳坚定不移贯彻新发展理念，不折不扣、真刀真枪落实中央重大改革事项，并把推进“9+2”工作布局作为深化改革开放创新的主抓手，推动经济社会发展取得重大突破与显著成效。这一过程，正是新发展理念在洛阳落地生根的过程，正是党的十九大精神在洛阳形成生动实践的过程。在高质量完成“规定动作”的同时，如何根据地方基础、条件、禀赋，解放思想、积极探索，创造性地开展工作，特别是利用好各种改革试点等政策机遇，大胆试、大胆闯、自主改，把“自选动作”做出彩，更好地为国家试制度、出经验，更好更快地加快地方发展，推动顶层设计和基层探索良性互动、有机结合，值得深入思考与把握。

（三）处理好“杀出血路”与“开辟新路”的关系

40 年前，改革开放从思想僵化和体制固化的重围中“杀出一条血路”，让一个东方大国大踏步赶上时代，实现了从站起来、富起来到强起来的历史性跨越，靠的是“不改革就死路一条”的魄力，是“那么一股子气呀、劲呀”，是“遇山开路、遇河架桥”的精神。当前，中国特色社会主义进入新时代，我国社会主要矛盾发生深刻变化，发展已从“有没有”向“好不好”转变，从重在解决“欠发展问题”向重在解决“发展起来以后的问题”转变，但创新能力不强、产业结构不优、发展方式粗放等依然存在，在高质量发展征程上还会出现更多雪山、草地、险滩，这就不仅要有“杀出血路”的锐气，也要有“开辟新路”的智慧。今天，人们都在从一个个改革开放“地标”中汲取经验，如果说深圳当年是“在一张白纸上搞建设”，那么，洛阳这样的老工业基地转型就如同“在钢板一块上促裂变”，要突破的桎梏多，要触碰的藩篱牢，要解决的课题大，只有走好“杀出血路”和“开辟新路”两条路，才能“开新局于伟大的社会革命，强体魄于伟大的自我革命”。

（四）处理好“工匠精神”与“创新意识”的关系

2014 年 5 月，习近平总书记在河南考察时强调，要“推动中国制造向中国创造转变、中国速度向中国质量转变、中国产品向中国品牌转变”。这“三个转变”，为推动我国产业结构转型升级、打造中国品牌指明了方向，也为洛阳这样的老工业基地振兴发展提供了遵循。在加快老工业基地转型升级中提高效率，在深化改革开放中提高质量，我们既需要弘扬敬业奉献、精益求精、执着专注的工匠精神，让“中国制造”“中国品牌”更有质感，也需要激活勇于尝试、大胆探索的创新意识，把“不可能”变成“可能”，让“中国创造”充满想象空间。

（五）处理好“发展财富”与“发展包袱”的关系

作为全国重要的老工业基地，洛阳与其他地方一样，都曾创造出傲人的发展业绩，都曾为国家发展作出过重要贡献，都曾在一定的历史时期有过辉煌、有过荣耀，也都曾在从计划向市场转轨过程中有过衰落、有过阵痛。这些地方，国有企业比例普遍偏多，块头大、地位大、作用大，一些大型国企职工人数动辄几万十几万，作为推动经济社会发展的骨干力量，是一个地方乃至整个国家不可或缺的宝贵财富。然而，随着改革开放的深入，计划经济体制越来越不适应时代发展，冗员多、活力少、技术差、产品不过硬、市场竞争力弱，一些国企普遍出现困难，成为地方转型发展的沉重包袱。洛阳在国家和省有关部门支持下，积极深化改革，为企业松绑，国有大中型企业有效克服了前所未有的困难，没有一个垮掉，很多企业转型成功，重新成为带动地方发展的重要力量。这一实践表明，跟不上时代发展的脚步，“发展财富”也会成为城市前进的“负资产”；时代脉搏把得准、历史机遇抓得住、发展规律循得好，“发展包袱”也会成为地方发展的“新财富”。

（2018 年 8 月）

改革开放与中国城市发展

（下 卷）

本书编写组

人 民 出 版 社

目录

CONTENTS

改革开放与中国城市发展

上卷

中　卷

下　卷

改革开放与中国城市发展

GAIGEKAIFANG

武汉

WUHAN

大武汉复兴的路径选择

——中国特色自主创新道路的武汉探索与实践

中共湖北省委宣传部
中 共 武 汉 市 委

武汉是一座“敢为天下先”的城市。一百多年前武昌城头第一枪，拉开了辛亥革命的序幕。近代武汉以“驾乎津门、直逼沪上”的国之重镇地位，成就“大武汉”美名。改革开放以来，特别是党的十八大以来，武汉实现了城市发展、产业发展、生态文明发展和人民生活进步的华丽蝶变。

习近平总书记指出：“实现‘两个一百年’奋斗目标，实现中华民族伟大复兴的中国梦，必须坚持走中国特色自主创新道路。”在民族伟大复兴指引下，武汉也有一个“复兴大武汉”的城市梦想。习近平总书记 2013 年和 2018 年视察湖北武汉时，多次对“复兴大武汉”给予肯定。

回顾改革开放历程，“创新”是武汉改革发展的关键词，也是大武汉复兴的驱动力。武汉始终坚持敢为人先、追求卓越，充分发挥创新引领发展第一动力作用，以自主创新掌握发展主动权、提升动能转换接续力，实现了发展速度与质量效益的同步提升，推动武汉从传统计划经济向社会主义市场经济转轨、从老工业基地向先进制造业基地转型、从科教重镇向创新型城市跃升，走出了内陆特大中心城市创新发展、高质量发展的路子，为中国特色自主创新道路的探索实践作出了武汉贡献。

一、以全面改革创新推动城市历史性变革

从新中国成立到改革开放初期，中央在武汉布局了一系列“武”字头的重点项目，组建了一大批大学院所，推动武汉成为全国重要的工业基地、科教基地和综合交通枢纽。

改革开放时期，武汉充分发挥人民群众的首创精神，在各领域、全方位实施了一大批具有引领意义的改革举措，创下众多“全国第一”。在商贸流通领域，率先进行“两通突破”，汉正街小商品市场恢复开放拉开了全国商品流通体制改革的大幕；在国企改革领域，深入推进“五个一批”“抓大放小”国有企业改革，聘请全国第一个洋厂长，武汉商场也成为全国第一家异地上市商业公司。

党的十八大以来，武汉深刻学习践行习近平新时代中国特色社会主义思想，结合城市发展实际，创造性推动党中央一系列重大改革设计和改革举措在武汉落地生根、取得实效。在生态文明建设领域，率先制定出台共抓长江大保护实施意见，首创湖长制、长江断面水质考核奖惩和生态补偿等机制，率先划定全域生态控制线；在行政管理体制改革领域，率先推出权力清单、程序清单、责任清单，创立“马上办、网上办、一次办”审批模式；在农业农村领域，组建农村产权交易所，稳步推进农村产权交易改革，开创“市民下乡、能人回乡、企业兴乡”新模式；在社会治理领域，推进“1+10”社会治理新模式，率先创设“网上群众工作部”；在党的建设领域，率先实施“治庸问责”、电视问政，“红色引擎工程”经验全国推介。

特别是在科技创新方面，武汉在先后承担全国科教兴市试点市、创新型城市试点、自主创新示范区的基础上，党的十八大以来牢牢聚焦全面创新改革试验区、湖北自贸区等国家战略，在创新发展道路上坚定前行，用创新引领经济社会发展，有力推动了武汉成功实现发展转型升级、从低谷中奋勇跃起、开启复兴大武汉新征程。

一是从“一钢独大”到“新三大引擎”，武汉成为全国最大光通信技术

研发制造基地。改革开放之初，武汉工业体系以重化工业为主、轻纺工业为辅，特别是“一钢独大”。近几年来，武汉已经成功转变为以高新技术产业为主导，以汽车、光电子信息、装备制造、能源环保、食品烟草等千亿产业为支撑的现代产业体系，特别是信息技术、生命健康、智能制造三大战略性新兴产业成为引领武汉经济高质量发展的“新三大引擎”。目前，武汉已发展成为全国最大的光通信技术研发制造基地，光纤光缆产量国内、国际市场占有率分别达到66%和25%，激光产品国内占有率超过50%；武汉桥梁、高铁等工程设计能力和水平世界领先，2017 年入选联合国教科文组织创意城市网络“设计之都”。2017 年，全市实现工业增加值 4724.87 亿元，为 1978 年的 202 倍；拥有高新技术企业 2827 家，居中部地区第一；“四上”高新技术企业合计实现增加值 2670.57 亿元，占全市国内生产总值的 20%。

二是从科教重镇到科创中心，一批“国之重器”都有武汉研发贡献。武汉地区高校院所在国家和湖北省的大力支持和建设下，乘着科教体制改革的东风，实现了规模和质量双提升，在多个领域取得一系列具有世界先进水平的突破性、原创性成果，突破一批共性关键技术，源源不断为国家输送了大量人才。武汉普通高等学校数量由 1978 年的 23 所增加到 2017 年的 84 所，其中 7 所列入国家“双一流”高校建设；在校大学生（含研究生）由 3.70 万人猛增到 107.5 万人。在人才培养输送能力实现超高速增长的支撑下，武汉 2017 年人才总量达到 233 万人，占全市人口总量近 1/4。截至目前，武汉累计拥有科研院所 121 个、国家级重点（工程）实验室 31 家、国家级（工程）技术研究中心 28 个；特别是在具有国际影响力的国家重大科技基础设施研究平台建设上，实现了从无到有——武汉光电国家研究中心、国家脉冲强磁场科学中心、武汉国家生物安全实验室已经建成投用，精密重力测量国家重大科技基础设施正在加快建设。40 年来，武汉地区高校院所和企业共获国家科技进步奖二等奖以上项目 400 余项，神舟、蛟龙、悟空、墨子、航母、核潜艇、大飞机、地球深部探测等国之重器都有武汉研发的贡献。

三是从被动跟跑到逐步领跑，一批“中国标准”从武汉走向世界。改革开放初期，武汉龙头企业的主体技术全部从国外引进，由于没有自主知识产权，也缺乏后续技术和产品升级能力，一批拥有知名品牌的骨干企业日益没落、逐渐消亡。40 年来，武汉坚持推动自主创新从一个个市场微观主体做起、从一项项产业技改创新项目做起、从一个个新兴科技产业领域做起，逐步逐级扭转只能引进、被动跟跑的不利局面，逐步开始追上、实现并跑、甚至局部领跑。光纤通信、激光、地球空间信息、数控机床、高端船舶和海洋装备、网络安全等一批“中国标准”从武汉走向世界；560 Tbit/s 超大容量单模多芯光纤光传输系统、首台万瓦连续光纤激光器、第 6 代 LTPS 显示面板生产线、32 层三维 NAND 闪存芯片、安翰磁控胶囊内窥镜等一大批产业前沿科研成果达到世界先进水平。2017 年，武汉全社会研究与试验发展（R&D）经费投入占 GDP 的比重已达 3.2%，高出全国平均水平(2.15%)1.05 个百分点；技术合同成交金额 603.2 亿元，是 1987 年的 641.3 倍，年均增长 20.04%，在全国副省级城市中输出技术排名第二、吸纳技术排名第一。

40 年来，武汉经济社会发展和人民生活发生了翻天覆地的变化，地区生产总值增长了 335.3 倍，从 1978 年的 40 亿元增加到 2017 年的 13410 亿元，年均增长 16.1%，比全国增速高 6.6 个百分点。2017 年，武汉地区生产总值在全国城市排名第 9 位、副省级城市第 3 位。

二、坚持自主创新的探索与实践

改革开放 40 年来，特别是党的十八大以来，武汉坚持市场化导向和产业化方向，持续培育壮大自主创新市场主体，持续做强高校院所等社会主体，持续优化发挥政府作用，探索创造了一系列全国首提、首创、首试，推动产业链由小到大、创新体系由点到面、创新能力由弱到强，逐步形成“产业链、创新链、人才链、资金链、政策链”五链统筹创新网络，营造了全要素、全生态、全生命周期的自主创新体系，推动政府、市场、社会三方形成相互依存、相互协同、相互促进的自主创新生态体系，推动武汉自主创新实现质的飞跃，星星之火，终成燎原之势。

（一）培育壮大创新主体，打造高新技术产业链

20 世纪 80 年代初，党中央提出“应当注意研究世界新的技术革命和我们的对策”，并在全国开展了轰轰烈烈的“迎接新技术革命大讨论”。贯彻落实中央要求，武汉市深刻认识到，培育壮大企业创新主体是首要任务、重中之重，谋划实施“发展高科技、实现产业化”，通过支持民营高科技企业突破性发展、推进科研院所改制、推动国有企业改革三条路径，加快培育市场化创新创业主体，不断延伸高新技术产业链，连点成线拓面，逐步形成高新技术产业集群化、生态化、矩阵化发展态势。

1. 大力培育市场化创新创业主体

一是突破性发展民营高科技企业，支持“草根”创业。1983 年 4 月 12 日，武汉市第一家民营科技企业——武汉工程咨询服务公司成立，由此拉开武汉民营科技创新发展序幕。随后，武汉在全国率先出台《民办科技机构管理暂行办法》《民营科技企业条例》《促进科技成果转化条例》《关于进一步扶持高新技术产业发展的若干规定》等一系列配套政策措施，有力促进了民营高科技企业发展。20 世纪 60 年代大洋彼岸出现的“斯坦福现象”在武汉东湖地区逐步孕育并日益呈现：武汉地区高校院所走出了一批年轻的“草根”创业者，创办了人福科技、楚天激光、高德红外、精伦电子、凡谷电子等一大批民营高科技企业。目前全市上市科技型企业中，90%以上都是民营企业。

二是推动科研院所改制，助力武汉工程设计走向世界。2001 年，武汉全面启动科研院所改制，大力支持武汉邮电科学研究院、武汉钢铁设计研究总院、铁道第四勘察设计院、化工部第四设计院等工程科技类科研院所向企业化转制，培育了烽火科技、中冶南方、铁四院、中国五环工程公司等一大批行业领军企业，推动武汉工程设计走向世界。其中，烽火科技已累计主导制定国内通信行业技术标准 317 项、国际标准 13 项，并对 14 项国际标准进行了增补，参与制定国际标准 8 项；其近期又与大唐电信合并重组成立中国

信息通讯科技集团，正加快建设信息通信领域的国际一流公司。

三是加快“武”字头国企改革，老企业迸发创新活力。自20世纪90年代以来，东风、武钢、武船、武重等国有企业不断深化改革、强化自主创新能力，提升企业核心竞争力，加快向创新型企业转型发展。其中，宝武集团（武钢）跻身国家级“双创”企业示范基地；东风汽车集团有限公司多项科技成果荣获“中国汽车工业科学技术奖”，获奖数量连续6年位居行业第一；武重集团主持实施的CKX5680型数控七轴五联动螺旋桨加工用重型车铣复合机床，荣获2012年度国家科学技术进步奖二等奖。

2. 光谷“芯—屏—端—网”光电子产业集群加速崛起

进入21世纪，“武汉·中国光谷”2001年获批。这是全国第一个专业化集群化发展的高新技术产业基地。武汉市紧紧抓住这一契机，从孵化培育高新技术企业个体为主，转变为依托高新技术龙头企业，延伸产业链，打造产业集群。

“光谷”二十年磨一剑，主要打造了3个光电子产业链，初步形成了以“芯—屏—端—网”为主链的光电子信息技术产业集群发展格局。一是通信光电子产业链，以烽火科技、长飞光纤为龙头，打造从光通信技术研发到光纤预制棒、光纤光缆、光电器件、光通信系统设备和网络设备等生产的全链条模式，在光通信超大规模、超长距离、超高速率光传输“三超”领域处于世界领先水平。二是能量光电子产业链，集聚了华工、楚天等全国一半以上激光企业，研制出国内首台万瓦连续光纤激光器等大国重器。三是消费光电子产业链，以武汉天马、华星光电、小米、联想为龙头，发展“屏”“端”，成为全球中小尺寸面板研发制造的高地。

工业时代，拼的是钢铁；信息时代，拼的是芯片。2006年湖北省、武汉市在发展处于爬坡过坎的最艰难时期，勇担国家使命，倾全省、全市之力，创办武汉新芯集成电路制造有限公司，投资100亿元建设90纳米12英寸超大规模集成电路生产线项目。经过10年的持续投入和全力争取，2016年，国家终于将打破国外芯片技术和产品垄断的战略使命赋予武汉，总投资达

300亿美元的国家存储器基地项目落户武汉。预计2018年年底有望产出我国首批拥有完全自主知识产权的32层三维NAND闪存芯片，填补国内空白。

3. 30多个国家级基地大多跻身全国第一方阵

习近平总书记在2014年国际工程科技大会上的主旨演讲中指出："信息技术、生物技术、新能源技术、新材料技术等交叉融合正在引发新一轮科技革命和产业变革。这将给人类社会发展带来新的机遇。"

2007年以来，武汉先后获批建设国家生物产业基地、航天产业、网络安全人才与创新、新能源和智能网联汽车等30多个国家级基地。这些基地都循着"光谷"的发展模式及路径，呈现出全链条、规模化、集群化发展态势，迅速发展壮大、形成规模，大多数已跻身全国第一方阵。这些产业基地在内部集群化发展的同时，也在不断横向、纵向跨界融合发展，在产业交叉地带催生出一批"新物种"，并加快自我迭代、自我进化，呈现出产业生态化、矩阵化发展态势。例如：安翰公司跨界融合光电子信息、先进制造与生命健康等技术，研制出"安翰磁控胶囊内窥镜"，荣获"2016中国十大医学进展奖"；华工科技和东风公司融合激光与汽车装备制造技术，跨界研制出"汽车制造中的高质高效激光焊接、切割关键工艺及成套装备"，荣获国家科技进步一等奖；武汉光电工研院融合信息、先进制造与医疗诊断技术，成功研发出世界第一台大型临床全数字PET/CT；等等。

40年来，武汉企业创新主体不断发展壮大，聚合成战略性新兴产业集群，壮大为城市支柱产业，推动武汉这一共和国重点建设的老工业基地从资本劳动密集型产业为主转变升级为以高科技产业为主的产业体系。

（二）搭建创新创业平台，构建完善创新生态链

改革开放初期，在传统计划经济模式下，主要依靠行政手段调配各类创新资源，企业、大学院所等创新主体之间缺乏直接连接通道，没有通畅完整的创新链，各类创新要素难以协同发挥最大创新效应。武汉以市场为导向，持续探索搭建创新创业各类平台载体，着力"构链、织网、造生态"，逐步

构建起完善的创新创业生态体系。

1. 创办全国第一家技术市场

1981 年 1 月，武汉成立全国首家科技中介服务公司，在国内首次提出“科技成果商品化，科技服务社会化”的服务宗旨。同年 8 月，武汉举办全国第一次技术交易会，这一促进科技成果转化的新形式迅速被推向全国。这些改革探索有力地促进了恢复技术成果的商品属性和市场有偿转让行为，疏通了科技成果的市场流通渠道，增强了科研单位服务社会的动力和活力。1984 年 8 月，在探索科技成果商品化的基础上，武汉成立全国第一家技术市场。2016 年，武汉的技术合同登记、技术交易额居副省级城市第 1 位，输出技术成交额居副省级城市第 2 位。

2. 创建全国第一家科技企业孵化器

1987 年，东湖新技术创业者中心（东创中心）在武汉诞生，开启了符合中国国情的科技企业孵化器发展之路。1988 年，科技企业孵化器被“火炬计划”列为重点工作，武汉经验开始向全国推广。2001 年，“东创中心”又率先建设产权式孵化器，打造成“骑着自行车来，开着小车离开”的创业街。经过 30 余年的发展，武汉目前共有科技企业孵化器 230 余家、总面积达 1000 万平方米以上，其中国家级 31 家。

3. 兴办全国第二条科技一条街

1988 年 6 月，武汉在街道口至广埠屯一带兴办“新技术一条街”，各类科技单位纷纷入驻，成为继北京中关村科技一条街之后全国第二条科技一条街。1996 年，“科技一条街”已集聚民营科技企业 500 余家、高新技术企业 600 余家、三资企业约 100 家，享有“北有中关村、南有广埠屯”之美誉。

4. 打造全国一流的创新生态体系

2009 年，武汉先后获批建设东湖自主创新示范区和国家全面创新改革试验区以来，加速构建完善“找人、找钱、找技术、找场地、找圈子”的创新创业生态体系，探索形成科技成果转化“校内研发—高校周边孵化—大学科技园产业化—高新技术产业区规模化”的“四级跳”发展模式。先后联合在汉高校院所、产业领军企业共建十余家工业技术研究院等新型研发机构，搭建从大学院所实验室到企业生产车间的科技成果中试转化服务平台。支持企业创建研发中心、创新中心，大力引进新兴产业领域企业第二总部。鼓励支持企业、高校等各类主体创办新型孵化器、创业学院，联合打造环东湖、环南湖、环黄家湖三个环大学创新经济带，先后获批建设5个国家级双创示范基地，数量居同类城市第一；拥有示范国家专业化众创空间5家，数量与北京并列全国第一。链接硅谷、以色列、比利时等全球创新领军地区，建立跨国技术交流平台。选取中心城区风景最优美、配套最完备、服务最便利的地区，建设了一批融合生产生活生态功能的创新创业集聚园区——“创谷”。

同时，武汉高度重视基础研究能力的建设，持续提升高校院所源源不断产生原创性成果、涌现一流科学家、培养创新创业人才的供给能力。近年来先后重点建设了武汉光电国家研究中心、国家生物安全实验室、脉冲强磁场、精密重力测量、多模态跨尺度生物医学成像设施等科研基础研究设施或院所，7所高校、29个专业入选国家“双一流”建设。

经过40年发展，武汉以国内第一个孵化器为起点，逐步孕育出多元化、国际化、专业化的各类创新平台载体，初步形成一个良好的创新创业生态圈。在这一生态系统下，各类创新要素加速集聚、加速激活，各类创新市场主体自我繁殖、野蛮生长，各种新技术、新产品、新模式、新业态持续涌现，不断迭代。到2017年年底，武汉市场主体总量突破100万家，其中东湖高新区平均每天新增市场主体59家；拥有“独角兽”企业5家、居全国城市第5位；拥有企业研发中心729家，其中国家级30家；集聚了50余家知名互联网企业第二总部，直播、动漫、互联网教育、新零售等处于全国第一方阵，成为“互联网+”创业的第四极。

（三）将科教优势转化为人才优势，集聚创新创业人才链

人才是第一资源、是创新的根基，创新驱动实质上是人才驱动。武汉始终致力于把丰富的科教资源优势转化为人才资源优势，把人才科教优势再转

化为武汉发展优势和竞争胜势，努力探索走出了一条“科教培养人才、人才引领创新、创新驱动发展”路子。

1. 率先在全国探索“双放”“三权”改革，为人才松绑

1983 年，武汉率先推进以“放活科研机构、放活科技人员”为主要内容的“双放”改革，开展扩大科研院所自主权的改革试点，改革科研拨款方式、削减事业费，允许试点科研机构开展跨地区、跨部门的技术有偿转让和有偿服务，允许科技人员业余兼职、合理流动，由此打破了科研院所和科技人员的部门所有和地区封锁。20 世纪 90 年代，一批年轻科技人员走出高等院校、科研院所，甩掉“铁饭碗”，利用所掌握的技术，以创业的方式实现技术成果的商品化和产业化，涌现出小米科技雷军、当代集团艾路明、楚天激光孙文、高德红外黄立等一代杰出创业者。

2009 年，武汉获批建设东湖国家自主创新示范区后，进一步加大人才体制机制改革力度，出台“黄金十条”，率先在全国探索科技成果使用权、处置权、收益权“三权”改革，全面松绑体制内科技人员，推动在汉高等院校、科研院所、事业单位新一轮人才体制机制改革，成为全国科技成果“三权”改革的策源地、先行者。2017 年，武汉又在全国首创“高校院所科技成果转化对接工程”，促进科技与资本、与企业精准对接，加快促进科技成果转化。

2. 率先在全国探索建设“大学生最友好城市”

武汉从 2012 年起致力于打造“大学之城”，先后实施了一系列大学生创新创业计划。其中，“光谷 · 青桐汇”持续举办至今，成为全国大学生“双创”活动的标杆；相继创建 10 余所大学生创业学院，最早创设的华中科技大学启明学院造就了极富影响力的大学生创新创业“华科男”品牌；2017 年在全国首创实施的“百万大学生留汉创业就业工程”，突破性解决大学生落户、住房、收入、就业四大问题，打响了全国同类城市抢夺人才红利“第一枪”。2017 年全年大学毕业生留汉就业创业人数 30.1 万，比 2012 年增长约 3 倍。

3. 率先在全国探索发展“校友经济”，深挖人才富矿

改革开放以来，武汉累计培养了300多万大学毕业生，他们大多没有留在武汉发展，而是奔赴了世界各地、四面八方，大部分集中在我国沿海经济发达地区；他们很多在各自领域卓有建树，是武汉深藏的巨大人才资源宝库。为充分挖掘校友这一宝贵“富矿”,2017年，武汉率先在全国实施“百万校友资智回汉工程”，成立“在汉高校校友总会联盟”，构建“武汉 + 母校 + 校友”同心圆，创造了校友招商和校友经济新模式，既引领“武汉校友”与母校、城市结成发展共同体，推动武汉成为海内外高度关注的投资风口城市；又促进校友反哺母校、与城市合力助推学校“双一流”建设。

4. 率先在全国实施“城市合伙人”计划，引进高端人才

2015年，武汉以全新理念引才聚才，引进创新创业高端人才，与他们结为“城市合伙人”、结成“奋斗共同体”，创新工作机制，让领军人才真正发挥领军作用，在科技创新中定战略、定方向，参与产业创新要素资源调配、活动组织实施。目前，已引进两批共116名武汉“城市合伙人”，“千人计划”专家477人。

（四）延伸壮大科技金融资金链

武汉着眼于金融创新支持科技创新，针对种子期、初创期、成长期、成熟期等不同创业阶段、不同创业主体，不断创新财政资金引导市场、社会资金支持创新创业模式机制，逐步完善从天使投资、风险投资、产业基金、投贷联动等全方位科技金融服务体系。2015年7月，武汉城市圈获批全国第一个科技金融改革创新试验区；2016年4月，东湖高新区获批全国首批投贷联动试点。

1. 全国首创“萌芽贷”，创新创业实体经济

2006年，武汉推行“集零为整、集中评审、政府增信、市场运作”的“集合贷”模式，助力科技中小企业解决融资难、融资成本高的问题；其后，针对中小企业缺乏可靠担保、质押物问题，探索推行“知识产权质押贷款”“应

收账款质押贷款”“保证保险贷款”等创新性融资。2014 年为支持重点产业中早期科技型企业发展，在全国首创“萌芽贷”。2016 年深入推进投贷联动试点，完善跨机构风险分担机制，推动“政府 + 银行 + 保险 + 企业”协同创新，加速布局科技信贷、科技保险、投贷联动、保贷联动、投保联动等科技金融新业态，2017 年投贷联动业务累计达 13.5 亿元。

2. 成立全国首家持牌经营的科技金融专营机构

2010 年，武汉成立了全国首家持牌经营的科技金融专营机构——汉口银行科技金融服务中心，统一整合了 VC/PE、资产评估、知识产权代理等业务，为科技企业提供全方位、一站式金融服务，是国内银行科技金融模式的重大创新。截至 2017 年年底，东湖高新区科技贷款专营机构 24 家，集聚天风证券、长江财险、湖北金租、当代金控等一批金融机构总部，加速集聚股权投资、融资租赁、商业保理等新型金融机构，不断完善全牌照科技金融机构体系，成为全国科技贷款专营机构最密集的区域之一。

3. 成为创新要素交易集散高地

近年来，武汉围绕创新创业活动，致力于布局新型特色要素交易市场，为更好地发挥市场的决定性作用提供平台支撑。在资本市场方面，2012 年，东湖高新区获批新三板首批扩容试点，拓展科技型企业直接融资渠道，截至目前，武汉新三板挂牌企业已达 272 家、居中部城市之首。2014 年，东湖高新区又设立全国首个“科技板”。2017 年，设立全国首个“海创板”（海外留学回国人员创新创业板），打通科技型企业直接融资渠道，推动武汉企业与海外人才、科学技术和金融资本顺畅对接。在要素交易市场方面，较早设立了光谷联交所、武汉知识产权交易所、武汉金融资产交易所、湖北碳排放权交易中心，创新设立了长江众筹金融交易所、长江大数据交易所、东湖大数据交易中心、众创空间交易所，要素交易中心的数量、交易种类、交易产品、交易量不断攀升，成为中西部地区全方位、多层次、全要素的创新要素交易集散高地。

4. 发挥政府创投引导作用

2000 年，武汉设立了全国第一家政府财政资金参与投入的天使基金，并在全国较早设立了以财政资金投入为主体的战略性新兴产业母基金。2013 年，武汉进一步统筹整合各相关部门的专项资金，发起设立政府创投引导基金——武汉市战略性新兴产业发展引导基金，按照“1+N”管理模式引导市场和社会资本联合设立专业性子基金，重点支持创新创业处于种子期、起步期的项目和企业。截至目前，财政向引导基金注资，已形成 6.5 倍杠杆放大效应。

（五）加快政府改革，优化政策服务链

推进全面创新改革，需要更好地发挥政府作用。武汉在推动市场发挥创新资源配置决定性作用、使企业真正成为创新创业主体过程中，不断优化调整政府角色定位，加快自身改革，加强政策支持，持续完善创新治理体系、提升创新治理能力。

1. 创新驱动发展行动纲要为武汉自主创新提供核心引擎

武汉始终把自主创新摆在城市发展全局的核心位置，以改革促创新，以创新促转型。1987 年，武汉市第七次党代会提出“科教立市”战略，强调“把科技进步作为立市支柱”，依靠科技进步推动经济发展方式转变。2006 年，市第十一次党代会提出建设“创新武汉”，把自主创新作为科学发展的战略基点，把体制创新作为科学发展的根本保障，把武汉建设成为充满活力和创造力的国家创新型城市。2012 年，市第十二次党代会提出建设国家创新中心，引领武汉创建国家中心城市。2015 年，市委召开全面建设国家创新型城市动员大会，举全市之力建设全国高水平科技创新中心和具有全球影响力的产业创新中心。2018 年，东湖高新区发布全国首个面向 2035 年的创新驱动发展行动纲要，为武汉自主创新持续提供核心引擎支撑。

2. 政府行政审批服务实现质的提升

从 1984 年成立东湖技术密集经济小区规划办公室起，武汉持续探索政

府引领服务、市场社会主体主导的创新治理模式。东湖高新区自 1988 年成立至今，一直致力于打造“小政府、大创新、大产业”，在提高政府引领服务创新能力、促进全社会形成大创新格局、培育壮大高新技术产业集群方面，形成了具有武汉特色的高新园区发展路子。在优化行政审批服务方面，2002 年率先实行企业办事不出园区制度；2015 年武汉开发区和东湖高新区先后成立行政审批局，实行“一枚印章管审批、一个窗口办完事”；2017 年创立“马上办、网上办、一次办”审批模式，集并机构“减窗口”、集并流程“减环节”、集并信息“提效率”，审批服务实现质的提升。在园区管理体制机制改革方面，东湖高新区在全国率先建设联合办公中心，实行“阳光新政”；启动机关干部人事制度改革，实行全员聘用制；调整内设机构，实施大部制，实行“园区服务企业、街道服务群众、管委会机关服务基层”的“三条线”管理架构等。2015 年，东湖高新区在中西部地区率先出台自主创新示范区条例，为改革创新提供了最大限度的法律保障，巩固了高新园区治理体制机制改革探索成果。

3. 政府转变激发全社会创新活力

重构政府治理体系，从传统的“集中力量办大事”更多地转向“集中力量做服务，带动社会办大事”。为进一步适应新经济、新业态、新模式的发展需求，2015 年，武汉市委创设了全国首个创新驱动发展委员会，吸纳高校院所、创新创业领军企业参与创新决策、推动创新发展；东湖高新区在国内率先成立了“互联网 +”产业发展办公室，用年轻公务员服务年轻创业者，用部门跨界融合服务“互联网 +”跨界融合新业态、新模式。2016 年，武汉市出台《关于鼓励创新　宽容失败　促进全面创新改革试验的决定》，致力于打造隐身政府、包容政府，转变政府职能，减少政府对资源的直接配置，以企业和市民为中心，整合优化组织流程，实现政府由“裁判员”向“服务员”转变，激发全社会创新活力。2017 年，武汉市在全国大城市中率先成立招才局、科技成果转化局，搭建地区高校校友总会联盟，持续完善政产学研协同创新治理机制。

40年改革探索，武汉市政府加快向包容、高效、服务政府转变，推动企业逐步成为市场创新主体，激活大学院所真正成为创新创业的“源头活水”，产业链、创新链、人才链、资金链、政策链在政府、市场、社会三方协同作用下，逐渐聚合成较完善的创新治理体系，奏响了武汉自主创新的“大合唱”。

三、探索中国特色自主创新道路的启示与思考

武汉在中国特色自主创新道路上连续取得历史性突破、实现持续发展，这得益于中国特色社会主义理论体系的正确指引；得益于认真贯彻落实中央关于创新发展的一系列决策部署；得益丁不断深化对创新发展规律、科技管理规律、人才培养规律的认识；得益于结合地方实际大胆探索、勇于突破、务实奋斗，为中国特色自主创新道路的探索实践提供了鲜活的样本示范。

（一）把科技创新摆在城市发展的核心位置

武汉先后实施“科教立市”、建设“创新武汉”、建设国家创新中心等战略，推动工业倍增、战略性新兴产业倍增等发展；不断挖掘激发人才资源在创新活动中的潜力和活力，先后实施“青桐”计划、“城市合伙人”计划、“四大资智聚汉工程”等，成为各类人才创新创业的培育集聚高地；不断凸显企业在创新中的主体地位，不断提升大学院所科技成果原创能力和转化能力，不断完善政府的创新治理及服务体系，实现了由要素驱动向创新驱动的转化。武汉的创新探索实践表明，只有把科技创新摆在城市发展全局的核心位置，矢志不渝走自主创新道路，加快培养集聚具有国际水平的战略科技人才、科技领军人才、青年科技人才和创新团队，加快推动科技创新在一些重点领域实现从跟跑向并行、领跑转变，加快构建未来产业、战略性新兴产业和现有支柱产业转型升级融合迭代发展的产业体系，才能实现更高质量、更有效率、更加公平、更可持续的发展。

（二）把关键核心技术掌握在自己手里

武汉瞄准世界科技前沿，在光纤光缆、光通信等领域取得了一批具有国际引领性的研究成果，在脉冲强磁场科学领域作出了突出贡献，在全球率先成功研制出新型广谱性抗流感疫苗、新型寨卡疫苗，等等；围绕国家重大战略需求，在北斗、红外探测、激光雷达、光纤激光、高端数控系统、航母电磁弹射系统、舰船全电推进系统、特种船舶建造配套等领域，强化战略高技术研究，作出了一大批卓越的贡献；针对新兴行业和经济发展需求，在存储芯片、柔性显示、天然高分子改性材料、复合纺纱、氢能储运、海洋工程、高铁桥梁隧道设计建造、绿色超级稻、水生动植物等重点领域，都取得了一大批重大产业化突破。武汉的创新探索实践启示我们，只有集聚资源、集中力量于全球科技竞争的战略前沿、国家发展需要的战略重点、决定未来发展的核心领域，才能打破核心技术受制于人的局面，才能掌握全球科技竞争先机，才能加快动能接续转换、真正实现高质量发展。

（三）坚决避免创新“孤岛”现象

习近平总书记强调：“要着力加强科技创新统筹协调，努力克服各领域、各部门、各方面科技创新活动中存在的分散封闭、交叉重复等碎片化现象，避免创新中的‘孤岛’现象，加快建立健全各主体、各方面、各环节有机互动、协同高效的国家创新体系。”长期以来，政府、高校与市场主体在创新体系中功能定位模糊、职能错位，存在不少前后脱节、衔接不畅的现象，甚至互相掣肘，导致创新资源配置效率低下，形成了“三张皮”的现象。针对这一症结，武汉不断探索优化完善三方角色定位，创设全国首个创新驱动发展委员会，校地企合作共建工研院、创业学院，实施“城市合伙人”“创谷”“四大资智聚汉工程”等计划，打造“大学之城”，力图发挥好政府的创新创业引导服务作用、高校院所的创新源头功能、市场主体的创新组织决定性作用，逐步建构起了政府、高校、企业三方参与、共同发力、协同推进的“三螺旋”创新体系。武汉的实践探索表明，“三螺旋”发展模式是推进自主创新发展的有效路径，只有明确政府、市场主体、高校院所在创新链不同环节的功能定位，清除障碍、打破围墙，健全完善协同创新机制，才能最大限度发挥各类主体优势、激发各类主体活力，最终逐步构建起完善的创新创业生态系统。

（四）让科技创新真正为产业所用

武汉在创新改革探索中逐渐认识到，如果以科研院所为中心，从基础研究出发，顺着知识技术创新来谋求产业化发展，往往只能是就研发谈研发、就成果谈成果，使得实验室所获得的科技成果难以产业化，难以扭转科研院所科技创新活动与经济社会发展脱节的不利局面。相反，如果紧紧围绕产业发展重大需求，组织推动企业、科研院所联合开展科技创新活动，往往能大幅提升科技创新成果的转化效率，让科技创新资源和活动真正为产业升级、经济发展所用。这一实践经验启示我们，充分发挥市场对技术研发方向、路线选择和各类创新资源配置的决定性作用，围绕产业链部署创新链，而不是围绕创新链来布局产业链，聚集产业发展需求，集成各类创新资源，是加快科技成果转化和产业化的正确路径，是推进自主创新加快发展的关键所在。

（五）营造支持创新、宽容失败的良好社会氛围

从传承“苟日新、日日新、又日新”历史文化基因，到弘扬“敢为人先、追求卓越”城市精神，再到“武汉，每天不一样”的城市创新气象，武汉始终坚持用创新文化激发创新精神、激励创新事业、推动创新实践。从深化职务科技成果“三权”改革，到对创新改革探索失败者实行责任豁免，武汉竭尽所能让创新者放开手脚，为创业者撑腰、为干事者鼓劲，持续营造了支持创新、宽容失败的良好氛围。无论是授予黄旭华、闫大鹏、黄立

等一批科学家、创业者“功勋市民”“模范市民”荣誉称号，创作拍摄讴歌武汉校友创业创新故事的电视剧《武汉之恋》，还是组织开展百万市民学科学科普行动，都展现了武汉这座城市崇尚创新、鼓励创新的城市品质和文化秉性。实践证明，加强创新文化建设，大力弘扬“筚路蓝缕，以启山林”的创新创业精神，尊重劳动、尊重知识、尊重人才、尊重创造，努力培育创新意识、激发创新活力，是确保自主创新持续取得成功的精神支柱和文化引领。

（六）为科技创新提供有力法治保障

武汉始终以法治引领、促进、规范、保障自主创新探索实践，先后出台了《民营科技企业条例》《科技创新促进条例》《东湖国家自主创新示范区条例》《关于推进全面创新改革试验，加快建设具有全球影响力的产业创新中心方案》《关于鼓励创新　宽容失败　促进全面创新改革试验的决定》等近 20 部法规规章，形成了比较完善的科技创新法律保障体系；不断创新知识产权执法机制，建立了专利侵权纠纷快速调解机制，“大光谷”知识产权保护协作机制，重点产业知识产权预警机制和援助机制等，积极推进知识产权的大保护、严保护、快保护、同保护；成立武汉知识产权审判庭，实行知识产权审判“三审合一”。实践证明，系统、科学、完备的科技创新法治保障体系是自主创新持续、有序、有效进行的根本保障，有助于切实保护科研机构和人员的合法权益、科学配置创新资源、充分激发创新活力。

（七）始终坚持发挥党对改革创新的领导核心作用

武汉始终坚持自主创新发展到哪里，党的建设就推进到哪里，党的组织和党的活动就覆盖到哪里。紧紧围绕创新改革需要和创新主体特点完善组织设置方式，市区两级成立“两新”工委，在园区楼宇等创新要素密集区域设立“街道大工委”“社区大党委”，在新兴产业领域重点推进党建工作，2017 年年底全市非公企业正式党组织覆盖率达到 85%，基层党组织和党员干部在创新创业中真正发挥了战斗堡垒和先锋模范作用，党的旗帜一直在创新改革一线高高飘扬。如在东湖高新区未来科技城这个全市“创新密度”最高的区域，所有基层党支部都建在科技型企业上，95%的党员都是创新创业人才；再如，推动直播业态“独角兽”企业——斗鱼公司建立全国首个“网络主播党支部”，有效引导新业态从业人员坚持正确的政治方向、践行社会主义核心价值观、抵御不良文化侵蚀，保证了企业的良性发展。武汉的创新实践表明，党的领导是自主创新的“定盘星”，加强党的建设是创新改革有序有力推进的坚强保障和强大动力。随着创新改革进入深水区，必须更好发挥党的领导核心作用，以基层党建创新助推自主创新，以基层党建带动创新创业人才队伍建设，充分激发基层党组织的创造力、凝聚力、战斗力，为全面创新改革和自主创新发展提供坚强的政治和组织保证。

当前，新一轮科技革命和产业变革正在孕育兴起，世界创新版图和产业格局处于全面重构进程中。习近平总书记强调：“发展是第一要务，人才是第一资源，创新是第一动力。中国如果不走创新驱动发展道路，新旧动能不能顺利转换，就不能真正强大起来。”两次视察湖北武汉期间，习近平总书记对武汉探索中国特色自主创新道路提出特别要求、寄予深重期望。

坚持以习近平新时代中国特色社会主义思想为指导，深入学习贯彻落实习近平总书记视察湖北重要讲话精神，勇做全国自主创新排头兵，全力推进新一轮改革开放，谱写新时代高质量发展武汉新篇章，是武汉的历史责任。

围绕更加突出发展第一要务，构建高端高新现代产业体系；更加突出创新第一动力，构建高精尖创新生态体系；更加突出人才第一资源，构筑人才“金字塔”体系。武汉在探索中国特色自主创新道路上继续前进。勇担历史重任、勇做新时代自主创新排头兵的武汉，必将创造出无愧于历史、无愧于时代、无愧于人民的新成就，为建设世界科技强国和制造强国、为中华民族伟大复兴作出无愧于“大武汉”的贡献。

附录一

武汉市自主创新典型数据

序号	类别	指标	1978 年	1992 年	2000 年	2012 年	2017 年
1	经济发展	地区生产总值（亿元）	39.91	255.42	1207	8003.82	13410.34
2		人均 GDP（元）	735	3752	15082	79482	123831
3		一般公共预算总收入（亿元）	10.06	35.13	69.77	1397.74	2677.66
4		工业总产值（亿元）	70.98	396.74	1422	9018.88	14896.09
5	高新技术产业	累计高新技术企业数（家）				816	2827
6		高新技术产业产值（亿元）			332.3	4556	9479.64
7	创新投入	地方财政科技拨款（亿元）				20.65	112.99
8		地方财政科技拨款占地方财政一般预算支出的比重（%）				2.33	6.54
9		R&D经费内部支出(亿元)			20.47	212.9	
10		R&D 经费内部支出占 GDP 的比重（%）			1.69	2.66	
11	创新成果	专利申请受理量（件）		652	1763	24105	49726
12		专利申请授权量（件）				13689	25528
13		技术合同成交额（亿元）		3.61	17.87	169.69	603.2
14	创新资源	两院院士（人）				59	68
15		全市孵化器场地面积（万平方米）				536	1000
16		在校学生数（含研究生）（万人）	3.7	17.97	40.19	105.31	107.5

注：1. 因数据可取得性限制，一般公共预算总收入中 1978 年、1992 年数据实际上为全口径财政收入；

2. 因统计口径调整，工业总产值中，2011 年之后的数据为规模以上工业总产值，且 2017 年规模以上工业总产值尚未公布，为笔者根据武汉统计局官方网站上公布的 2016 年规模以上总产值及 2017 年增长率测算得到的粗略数字；

3. 因高新企业认定方法于 2008 年有所调整，2008 年之前数据不具可比性，故此表中仅呈现十八大以来高新企业数量的变化；

4. 因统计口径变化，高新技术产业产值中 2017 年数据为“四上”高新技术企业（含高新产品登记备案企业）实现的高新技术产业产值；

5. 因统计口径变化，在校学生数（含研究生）中，1978 年、1992 年、2000 年均为高等学校本专科在校学生数。

附录二

武汉“首提、首创、首试”清单

序号	时间	事　件
1	1981 年	武汉成立全国首家科技中介服务公司
2	1981 年	武汉举办全国第一个技术交易会
3	1983 年	武汉率先在全国推进以“放活科研机构、放活科技人员”的“双放”改革
4	1983 年	武汉市第一家民营科技企业——武汉工程咨询服务公司成立。在全国率先出台《民办科技机构管理暂行办法》《民营科技企业条例》《促进科技成果转化条例》《关于进一步扶持高新技术产业发展的若干规定》等
5	1984 年	武汉成立全国第一家技术市场
6	1985 年	全国第一个民营激光企业——楚天激光集团在武汉诞生
7	1987 年	我国第一家科技企业孵化器——东湖新技术创业者中心在武汉诞生
8	2001 年	武汉创建全国第一个专业化集群发展的产业基地——“武汉·中国光谷”
9	2002 年	武汉率先在国家级开发区实行企业办事不出园区制度
10	2003 年	东湖高新区在全国率先建设联合办公中心，实行“阳光新政”
11	2012 年	东湖高新区在全国率先出台科技成果转化“黄金十条”——《促进东湖国家自主创新示范区科技成果转化体制机制创新的若干意见》

续表

序号	时间	事　件
12	2014年	东湖高新区在全国率先出台促进创新创业的“创业十条”——《武汉东湖新技术开发区关于建设创业光谷的若干意见》
13	2014年	武汉在全国首创“萌芽贷”，支持重点产业的中早期科技型企业发展
14	2014年	武汉市科技金融创新促进中心与武汉股权托管交易中心联手，启动全国区域股权市场首个“科技板”
15	2015年	东湖高新区在中西部地区率先出台自主创新示范区条例——《东湖国家自主创新示范区条例》
16	2015年	武汉创设全国首个创新驱动发展委员会
17	2015年	东湖高新区在国内率先成立了“互联网+”产业发展办公室
18	2016年	武汉率先在全国实施“城市合伙人”计划
19	2016年	武汉成立全国首家持牌经营的科技金融专营机构——汉口银行科技金融服务中心
20	2017年	武汉在全国率先成立招才局、科技成果转化局
21	2017年	武汉在全国首创“百万大学生留汉创业就业工程”
22	2017年	率先在全国探索“校友经济”新模式
23	2017年	武汉股权托管交易中心与湖北省留学人员联谊会合作设立全国首个“海创板”
24	2018年	东湖高新区在全国高新区、创新示范区首发“2035创新纲要”

（2018年8月）

十堰

SHIYAN

为了“一库清水永续北送”

——南水北调核心水源区湖北十堰生态文明建设之路

中共湖北省委宣传部
中 共 十 堰 市 委

改革开放以来，在神奇的北纬 32°线上，在中国版图的几何中心，崛起了一座生态之城。她的名字叫“十堰”。

十堰，一个人人称道的地方。这座古老而年轻的城市，拥有仙山、秀水、汽车城三张亮丽名片。八百里武当亘古无双，三千里汉江穿境而过，东风汽车挺起民族工业脊梁。

40 年里，十堰乘着浩荡东风，迈着坚实步履，奋力前行，成就辉煌。“全国综合实力百强城市”“国家卫生城市”“国家森林城市”“国家园林城市”“中国百强旅游城市”“中国最安全城市”“中国宜居城市”……这一个个国家殊荣铸就了十堰精彩丰碑。

党的十八大以来，在以习近平同志为核心的党中央坚强领导下，十堰坚定不移贯彻新发展理念，统筹推进“五位一体”总体布局，协调推进“四个全面”战略布局，加快建设鄂豫陕渝毗邻地区中心城市，奋力打造湖北区域性增长极，阔步踏上二次跨越新征程。2017 年 9 月，在中央宣传部等国家四部委联合举办的“砥砺奋进的五年”大型成就展中，十堰产业转型、生态保护、精准扶贫等元素亮相展出。在中央电视台 2017 年度《魅力中国城》颁奖盛典上，十堰喜获“十佳魅力城市”。

清水北上三千里，润泽中华亿万人。南水北调是人类史上最大的跨流域生态调水工程。十堰作为南水北调中线控制性工程丹江口大坝所在地和核心水源区，是“北方的水井”。为了“那口井”，“守井人”用无私的奉献诠释了“一库清水永续北送”的使命担当，用非凡的作为书写了新时代生态文明建设的壮美华章。

一、理念篇：以习近平生态文明思想为引领

思想是行动的先导，理论是实践的指南。建设生态文明，要用新的理念引领新的实践。

习近平生态文明思想内涵丰富、博大精深，深刻回答了“为什么建设生态文明”“建设什么样的生态文明”“怎样建设生态文明”等重大理论和实践问题，涵盖了建设新时代社会主义生态文明的新变革、新理念、新要求、新目标和新部署，为推动生态文明建设提供了思想指引和实践指南。

十堰，因车而兴，因山而名，因水而荣。市委市政府在深入分析市情中精准把握市情：作为南水北调核心水源区，十堰要扛起确保国家调水安全的政治责任和历史使命；作为老工业基地，十堰要在产业结构调整中实现转型升级；作为集中连片特困地区，十堰要解决近百万贫困人口的脱贫致富问题；作为内陆山区，十堰又要突破交通落后、信息闭塞、发展空间不足等瓶颈制约。面对保发展、保民生与保生态、保水质的双重任务，面对如何处理好这两者关系的时代考题，市委市政府作出战略抉择：坚定不移地以习近平生态文明思想为根本遵循和行动指南，把生态作为十堰的首要功能，把保护环境作为十堰的首要职责，把保“一库清水永续北送”作为十堰的首要担当，走一条具有水源区特色的生态优先绿色发展之路。

2012 年 11 月，党的十八大胜利召开。十堰市委召开四届六次全会，认真学习传达党的十八大精神，研究制定贯彻落实的实施意见。这次全会明确提出，坚持生态立市，推进生态产业化、产业生态化，努力开创转型发展、跨越发展新局面。市委组织开展解放思想大讨论活动，举办“流动党校”“周

末大讲堂”，引导各级领导干部牢固树立尊重自然、顺应自然、保护自然的生态文明理念，着力推进绿色发展、循环发展、低碳发展，努力实现生产空间集约高效、生活空间宜居适度、生态空间山清水秀。

2013 年盛夏，荆楚大地生机盎然。习近平总书记视察湖北，高瞻远瞩，语重心长，要求“高度珍惜大自然赋予湖北人民的宝贵财富，着力在生态文明建设上取得新成效”“加强三峡库区、丹江口库区、神农架林区、大别山区及武陵山区的生态功能保护”“强化长江、汉江、清江等重点流域水资源保护”。十堰市委召开四届七次全会，通过了《关于贯彻落实习近平总书记重要讲话精神，奋力加快区域性中心城市建设的实施意见》。这次全会提出了“努力在生态文明建设、转型跨越发展上走在全省前列”的奋斗目标，并把“外修生态、内修人文”确立为重要发展方略。

2014 年 12 月 12 日，举世瞩目的南水北调中线正式通水。这一天，习近平总书记作出重要批示：“南水北调工程功在当代，利在千秋。希望继续坚持先节水后调水、先治污后通水、先环保后用水的原则，加强运行管理，深化水质保护，强抓节约用水，保障移民发展，做好后续工程筹划，使之不断造福民族、造福人民。”一周后，市委市政府召开动员大会，传达贯彻习近平总书记重要批示精神，通报表彰“保水质、迎调水”百日攻坚先进单位和先进个人，号召全市上下再鼓干劲、再添措施，迅速掀起“五城联创”（创建国家环保模范城市、国家森林城市、全国文明城市、国家卫生城市、国家生态市）新高潮，努力实现生态文明建设和转型跨越发展走在全省前列的目标。

2015 年 10 月，党的十八届五中全会将绿色发展纳入新发展理念。十堰应势而谋，因势而动，顺势而为。在编制的《十堰市国民经济和社会发展第十三个五年规划》《十堰市 2049 远景发展战略规划》中，提出打造生态十堰、人文十堰、创新十堰、开放十堰、幸福十堰。生态十堰位居“五个十堰”之首。

2016 年 12 月 2 日，新华社报道了习近平总书记对生态文明建设作出的重要指示："树立'绿水青山就是金山银山'的强烈意识，努力走向社会主义生态文明新时代。"市委中心组在学习讨论中一致认为，"绿水青山就是金山银山"是中国面向世界、面向人类、面向未来的绿色宣言。这个月下旬，中共十堰市第五次代表大会召开。市委书记张维国在报告中谋划了未来五年建成全国生态文明示范区的目标："实现绿色发展、生态崛起，生态体系建设趋于完善，创成全国环保模范城市和生态市，生态环境质量进入全国先进行列，丹江口水库水质稳定达标，十堰成为宜居宜业宜旅宜人的美丽城市。"

2017 年 10 月，习近平总书记在党的十九大报告中把"坚持人与自然和谐共生"作为新时代坚持和发展中国特色社会主义的基本方略之一，强调"建设生态文明是中华民族永续发展的千年大计。必须树立和践行绿水青山就是金山银山的理念，坚持节约资源和保护环境的基本国策，像对待生命一样对待生态环境"。习近平总书记这一重要思想，为新时代中国生态文明建设和绿色发展指明了方向，规划了路线。十堰市委召开五届四次全会，通过了《关于学习贯彻落实党的十九大精神　奋力打造区域性增长极　全面建设社会主义现代化强市的决定》。这次全会明确提出"坚持生态立市战略，深化生态文明体制改革，加强生态建设和环境保护，推进绿色生产和绿色消费，创建国家生态文明建设示范市，不断满足人民日益增长的优美生态环境需要，建设生态强市"。

2018 年 4 月，湖北大地春意盎然。习近平总书记再次视察湖北，为长江经济带把脉定向、掌舵领航，为新时代改革发展赋予新使命、提出新要求，强调"要坚持把修复长江生态环境摆在推动长江经济带发展工作的重要位置，共抓大保护、不搞大开发""要突出抓好长江、汉江、清江等主要流域和三峡库区、丹江口库区等重点区域的生态保护修复。"谆谆教导，殷殷嘱托。市委召开五届五次全会，通过了《关于学习贯彻习近平总书记视察湖北重要讲话精神　大力推动十堰高质量发展的决定》，号召全市上下深入创建国家生态文明建设示范市，以生态优先绿色发展引领十堰高质量发展。

路漫漫其修远兮，吾将上下而求索。十堰人民正是在习近平生态文明思想的指引下，用不懈的求索和生动的实践，深刻回答了水源区生态环境保护与转型跨越发展的时代考题，更加坚定了走生态优先绿色发展之路的思想自觉和行动自觉。

二、保护篇：绿色行动诠释使命担当

党的十八大以来，十堰把生态文明建设融入全市经济、政治、文化、社会建设各方面和全过程，用“五大绿色行动”诠释保“一库清水永续北送”的政治担当和神圣使命。

（一）行动一：打好绿满十堰大会战

习近平总书记指出：“水的命脉在山，山的命脉在土，土的命脉在树。”市委市政府把绿化十堰作为建市之基、立市之本，大力组织开展全民全域植树造林，一年接着一年干，一代接着一代干，撸起袖子加油干，管住了斧头、绿化了山头、护好了源头，绿色成为十堰的城市底色、发展主色和鲜明特色。

1. 全民全域植树造林。先后组织开展消灭荒山、绿化达标、绿色致富等国土绿化活动，大力推进天然林保护、退耕还林、长江防护林、石漠化治理、生态公益林等重点工程，实现了全域“灭荒”和“绿化达标”。全国绿化委员会授予十堰“全国造林绿化十佳城市”。在中国内陆山区中，十堰以独有的“山林风景型园林”特色，第一个获得了“国家园林城市”美誉。今日十堰，满目青山凝锦绣，扑面绿色惹人醉。

2. 大力开展生态修复。全面实施增绿补绿工程，推进丹江口库周、汉江和堵河沿岸、民航航线覆盖范围内、工业园区、铁路沿线和城区重点道路等区域绿化靓化提升。全市国省干线公路绿化率达到93.7%。水岸绿化率达到82.5%。209国道十堰段成为全国畅安舒美示范公路。环丹江口库区生态旅游公路，一边依临清澈的丹江口水库和幽深多姿的岛屿，一边依临国家森林公园，湖光山色辉映成趣，被誉为中国最美山水公路。《人民日报》官微赞其“可以媲美挪威的天堂之路”。

坚持还绿于民。按照“300 米见绿，500 米见园，15 分钟生态生活圈”的标准，规划建设了四方山等 200 多个集休闲、健身、观光、游览等功能于一体的高品质生态山体公园、街头游园、广场绿地，成为市民近山亲水、休闲娱乐的好去处。

精心管护自然保护区。全市设立 4 个国家级、8 个省级自然保护区，兴建 7 个国家级、7 个省级森林公园和 9 个地质公园、6 个湿地公园。全市重点生态保护区总面积达 55.6 万公顷，占版图面积的 23%。随着自然保护区生态环境的改善，野山羊、狍子、獾等保护动物纷纷回归十堰，“世界最神秘的鸟”海南虎斑鳽、列入联合国濒危野生动物名录的黄脚渔鸮现身十堰。

3. 不断推进绿色创建。汉水之畔，秦巴腹地，多种形式的生态创建竞相展开，涌现出一大批省级生态区、生态乡镇、生态村和绿色社区、绿色企业、绿色机关、绿色家庭，彰显了“生态、绿色、人文、宜居”的城市特质。在 2017 年度全省通报中，十堰生态乡镇、村创建力度及成效位居第一。

（二）行动二：打好碧水保卫战

水是生存之本、文明之源、生态之要。水资源是生态环境的主要控制性因素，水生态文明是生态文明的重要组成和基础保障。近几年来，十堰牢固树立整体性、系统性思维，按照水污染防治内在规律，重拳整治水污染，全力打好碧水保卫战。市长陈新武在环保大会上强调：“生态环境及水质保护只有起点没有终点，十堰作为南水北调中线工程核心水源区，维护良好生态环境、保护洁净水质责任重大、责无旁贷。”

全面提高污染防治能力。先后兴建污水处理厂 94 座、垃圾处理厂 38 座，污水处理能力、污水处理设施密集度位于全国地级市前列。当今全球有 30 多种污水处理工艺，十堰应用了跌水坝、曝氧系统、湿地泡等 21 种，成为全球污水处理技术“富集地”。十堰西部垃圾填埋场是国内首个运用“红菌”

脱氮技术的垃圾渗滤液处理项目，在全国领先。

坚决治理工业点源污染。毅然叫停培育了 20 多年的黄姜支柱产业，百万亩黄姜基地、百万名姜农转产。停产整顿大型矿产企业 5 家，关闭转产规模以上企业 560 家，淘汰水泥、钢铁、纸浆等产能 300 多万吨，拒批有环境风险的重大项目 100 多个。引进推广国际清洁生产先进模式，实现企业清洁生产审核、环境影响评价和重点企业排污口在线监测全覆盖。

切实降低农业面源污染。创新面源污染治理技术，推进库区农村环境综合治理、有机食品生产基地认证、清洁化畜禽养殖、生态化养鱼、美丽乡村建设等五个全覆盖。严格控制农药、化肥使用量，全域推广应用有机肥，全面取缔库区网箱养殖。大力实施小流域治理、水土保持、坡改梯专项治理和生态修复试点等工程，综合治理小流域 412 条，治理水土流失面积 6036 平方公里，丹江口库区农业面源污染得到了有效遏制。

扎实开展各类专项整治行动。十堰以铁的决心、铁的手腕、铁的措施、铁的纪律、铁的担当，敢于较真碰硬，坚定不移整治各类水污染行为。先后开展了含油废水治理、饮用水源保护行动、"清水"行动、"保水质・迎调水"百日攻坚行动、土地例行督察、环境保护大督察、"绿盾"行动、"清废"行动等，一大批环境违法行为、违法企业被查处，企业持证排污、依法排污成为常态。

全力消除城市黑臭水体。黑臭水体是许多城市面临的共性问题。十堰建市之初，由于地下雨污管道未分开建设，导致神定河、泗河、犟河、剑河、官山河五条汉江支流的水质常年处于劣Ⅴ类。五条河流治不治？怎么治？治到什么程度？一连串问题摆在十堰人面前。先天的不足，后天的制约，治理技术上的难关，资金投入上的压力，都挑战着十堰的决策者和建设者。不信邪、不畏难，越是艰难越向前。这就是十堰人的刚毅品格！这就是十堰人坚定不移的治污态度。从 2012 年 12 月开始，一场治理"五河"的硬仗全面打响。先后筹措 20 多亿资金，大力实施全流域截污、清污、减污、控污、治污"五大工程"，彻底整治了"五河"流域 56 条支沟 590 个排污口，累计清除污泥和垃圾561万吨。昔日劣V类水质的“五河”，如今不黑不臭水质明显改善。十年来，财政累计投入环境保护资金150亿元。时任环保部部长陈吉宁来十堰考察时，高度肯定十堰水污染防治工作。2016年1月11日，全国环境保护大会召开。这一天，《中国环境报》以“十堰打造全国黑臭河治理样板”为题，头版头条报道了十堰治理成果。

（三）行动三：打好蓝天保卫战

蓝天白云是人们对美丽中国最朴素的理解。近几年来，十堰围绕大气环境质量持续改善目标，全面落实大气行动计划，系统防治大气污染。在淘汰燃煤小锅炉上，全市392台10蒸吨及以下燃煤锅炉部淘汰或改造，东风热电、阳森热电建成了深度脱硝设施，4个新型干法水泥企业全部完成脱硝工程建设，有效降服了直冲云霄的黄、红、灰三条“污龙”。在治理城区扬尘污染上，全市建筑施工工地落实扬尘防治“八个100%”，城区27条主干道全面实施道路清洗作业，市区道路环卫机械化作业率达到100%。在整治油气回收和机动车尾气上，全市加油站、油罐车和储油库全部完成油气回收改造，21973辆黄标车全部淘汰。在禁止露天焚烧秸秆上，全市农作物秸秆综合利用率达到92.1%。

（四）行动四：打好净土保卫战

土壤污染防治关乎米袋子、菜篮子、水缸子。十堰不断强化土壤污染管控和修复，实施生活垃圾处置资源化，安全处置各类危险废物，让群众吃得放心、住得安心。在强化土壤污染管控和修复上，制定《十堰市土壤污染防治行动计划实施方案》，完成了1183个农用地点位核查。在资源节约集约利用上，全域创建国土资源节约集约示范省，茅箭区、张湾区先后被评为国土资源节约集约模范县。在加强耕地保护上，划定永久基本农田，大力实施移土培肥项目，改良耕地7.35万亩、新增耕地4389亩，连续20年实现耕地占补平衡和总量动态平衡，守住了303万亩的耕地“红线”。在实施生活垃圾处置资源化上，全方位开展水泥窑协同处置城市生活垃圾业务，建设餐厨垃圾资源化与无害化处置项目，采用“预处理 + 厌氧发酵 + 沼气发电”工艺处理餐厨垃圾，日处理餐厨垃圾 150 吨。在安全处置各类危险废物上，首创危险废物运输票据管理，全面推行电子联单制度，大大降低了异地转移危险废物的风险。与东风公司联手历时 6 年，斥资 1.18 亿元，将填埋在库区的 1725.5 吨含多氯联苯的危险废物，“零事故、零污染”地安全转移至天津进行处理。这是迄今为止我国数量最多、耗资最大的含多氯联苯危险废物转移处置工程。

（五）行动五：打好农村人居环境整治攻坚战

改善农村人居环境，是实施乡村振兴战略的重大任务，也是全面建成小康社会的基本要求。针对农村存在房屋乱搭、垃圾乱倒、柴草乱堆、污水乱流、牲畜乱跑的现象，十堰强力推进农村人居环境整治。先后对 1578 个行政村开展整治，治理比例达 85%，位居湖北第一，力度全国少有。如今，漫步十堰农村，庭院整洁，花红柳绿，呈现出“绿树村边合，青山郭外斜”的田园风光。

实施“农村小康环保行动计划”。开展农业面源污染治理试点，推进畜禽养殖污染整治，推广山地茶园养鸡、吊脚羊栏、沼气池、人工牧草“三位一体”的循环养殖模式，初步探索了一条整治农村人居环境的新路子。

实施农村环境综合整治整县推进。紧紧抓住十堰被列入国家农村环境综合整治整县推进示范试点的机遇，以“生态宜居家园”创建为抓手，全面开展农村生活垃圾和生活污水治理，保护乡村山水田园景观，让越来越多的乡村“望得见山，看得见水，记得住乡愁”。

实施“厕所革命”。小厕所大民生，小空间大文明。2015 年 4 月，习近平总书记强调，抓“厕所革命”是提升旅游业品质的务实之举。十堰狠抓旅游景点“厕所革命”，以显著成效荣获“2016 年全国厕所革命先进市”。2018 年 2 月，中共中央办公厅、国务院办公厅印发《农村人居环境整治三年行动方案》后，十堰迅速出台《十堰市农村“厕所革命”专项规划（2018—2020）》，将“厕所革命”从景区扩展到全域，从城市扩展到农村。通过在农村大规模建设公共厕所，实现资源化利用厕所粪污、畜禽养殖废弃物。

三、发展篇：转型升级迈向高质量

习近平总书记指出：“生态环境保护的成败，归根结底取决于经济结构和经济发展方式。经济发展不应是对资源和生态环境的竭泽而渔，生态环境保护也不应是舍弃经济发展的缘木求鱼，而是要坚持在发展中保护、在保护中发展，实现经济社会发展与人口、资源、环境相协调，不断提高资源利用水平，加快构建绿色生产体系，大力增强全社会节约意识、环保意识、生态意识。”作为“中国第一、世界前三”的商用车生产基地、“中国卡车之都”和全国重要的汽车零部件集散中心，十堰如何贯彻落实好绿色发展理念，正确处理好建设汽车城与生态城的关系？如何在转型升级中“破茧成蝶”，实现高质量发展？十堰给出这样的答卷：坚持绿色低碳循环发展，推进产业生态化、生态产业化，做好“生态 + 现代工业”“生态 + 现代农业”“生态 + 现代服务业”文章，努力让产业结构变“新”、发展方式变“绿”、经济质量变“优”，实现经济效益与生态效益同步提升，百姓富与生态美有机统一。2016 年 5 月，李克强总理视察十堰时，充分肯定了十堰转型发展的新路子。国家发展改革委在十堰召开东北三省及资源枯竭城市现场会，学习十堰老工业基地转型发展的宝贵经验。中国浦东干部学院特邀十堰市委主要领导为全国振兴东北等老工业基地专题研讨班授课，交流转型发展的成功做法。

（一）深入推进供给侧结构性改革

按照党中央关于深入推进供给侧结构性改革的决策部署，结合本地实际，十堰大力破除无效供给，化解过剩产能。近三年累计淘汰和化解钢铁产能 350 万吨，煤炭产能 78 万吨，水泥产能 117 万吨，电解铝产能 5 万吨，制革产能30万标张……这一串串数字来之不易！2017年4月，国务院通报表扬了十堰推进供给侧结构性改革的成效。

（二）着力构建现代产业体系

面对过去产业结构不优、发展后劲不足、发展动能不强、发展方式粗放的状况，十堰下大力气做好经济结构调整文章。通过做大做强特色主导产业，加快发展新兴产业，改造提升传统产业，形成了以汽车产业为主导，以生态文化旅游、能源（新能源）、现代服务业、绿色有机农产品加工业为支撑，以智能装备制造业、生物产业、节能环保、新材料产业为重点的“一主四大四新”绿色产业体系。

发展壮大汽车主导产业。十堰紧紧围绕建设现代汽车城，始终秉承“至真至诚合作，尽善尽美服务”的理念，举全市之力服务东风公司推进国际化、多元化发展，加快建设世界一流企业。东风公司总部迁往武汉后，十堰大力支持东风十堰基地深化国有企业改革，剥离社会职能，实施“61行动计划”，推进汽车产业整车专用化、零部件中性化、产品品牌化、产业链联盟化、市场拓展多元化，实现了由整车到重要总成及零部件再到新能源汽车的裂变升级。东风动力总成、装备、零部件、新能源汽车等六大园区相继建成，商用车重卡新工厂建成投产，“东风·沃尔沃”组建的新商用车公司总部和新注册的东风特种商用车公司落户十堰。东风商用车行业龙头地位得到了巩固。亚新、天运、华阳等多家新能源汽车零部件研发生产企业，东风易捷特乘用车、东风小康、东风特汽专用车、东风特汽客车等一大批新能源汽车生产企业，纷纷诞生于十堰。目前，十堰基本形成了乘用与商用并举、自主与合资互补、电动与混动齐进的新能源汽车发展格局，其中东风新能源汽车产业规模在国内四大汽车集团中排名第一，新能源商用车销量居行业第一。这座城市不仅没有因为东风公司总部搬迁变为“废都”，而且逐步建成了一座现代新车城。

大力发展生态农业。十堰按照“基地做大、龙头做强、产品做优、品牌做响、链条做长”的思路，走出了一条具有山区特色的生态农业发展之路。大力实施特色产业基地“四个百万”（百万亩茶叶、中药材、核桃基地和百万头山羊养殖基地）和“61”产业强农计划，全市形成了“南部茶叶北部橘、城郊蔬菜高山药、山区菌特畜牧业”的高效生态经济格局。全市农产品加工产值达 500 亿元。“武当道茶”荣获“中国第一文化名茶”称号。房县小花菇登上中央电视台《舌尖上的中国》节目。有机茶、道地中药材、茶多酚、木瓜饮料、房县黄酒等特色农产品远销美国、欧盟、东南亚等国家和地区，农产品出口额达 1 亿美元。

突破性发展生态文化旅游业。十堰充分发挥大山、大水、大人文优势，坚持“全域景区、全域水源区、全域生态区”理念，大力实施“两区三带”旅游发展战略，不断提升武当山、太极湖旅游区建设水平，构建城区“现代游、工业游、历史文化游”旅游区，全面推进环城百公里休憩带、汉江生态文化旅游带、竹房绿色度假养生带建设，打造“东方国际休闲养生旅游目的地”。世界文化遗产、中国著名道教圣地——武当山，是首批国家级重点风景名胜区、国家地质公园、国家 5A 级旅游区。联合国专家考斯拉说：“武当山是世界上最美的地方之一。因为这里融汇了古代的智慧、历史的建筑和自然的美学。”中央电视台一句“问道武当山，养生太极湖”的推介语，令中外游客神往。武当山·太极湖成功创建首批国家级旅游度假区。截至 2017 年年底，全市创建 63 个国家 A 级旅游景区、14 个国家（省）休闲农业与乡村旅游示范点，年接待游客达 5558 万人次，旅游综合收入达 434 亿元。旅游业成为十堰名副其实的第二大支柱产业，综合实力稳居湖北前三，迈入全国百强旅游城市。

（三）探索实施“绿色扶贫”

新一轮精准扶贫启动后，十堰按照“精准扶贫，不落一人”的总要求，根据贫困地区资源环境承载能力，秉承“富生态”才能“富口袋”“富万代”的理念，坚持“一手抓绿色农产品，一手抓乡村旅游”，千方百计念好“山水经”、打好生态牌，走出了一条绿色扶贫的新路。以国家大力推进旅游扶贫和易地扶贫搬迁为契机，因地制宜错位发展，形成“一村一品、一村一韵，各美其美、美美与共”的新格局。2015年年底，《人民日报》刊发《十堰樱桃沟：乡村旅游趟出绿色幸福之路》。2018年3月15日，中央电视台新闻直播间特别节目《新时代中国·一年之际》以“樱桃得暖花如雪，秦巴山村美如画”为主题，播出了十堰樱桃沟发展乡村旅游带动农民脱贫致富的专题片。

（四）积极培育生态人文

习近平总书记指出：“我们应该遵循天人合一、道法自然的理念，寻求永续发展之路。”十堰是道教发祥地。早在春秋战国时期，“天人合一、道法自然”的道家思想就从这里发扬光大。600年前，明朝大修武当时就崇尚自然、顺从自然，明成祖朱棣叮咛建设者对山体不要有分毫修动。斗转星移，岁月更替。十堰一直传承着“道法自然”的生态理念，不断探索着永续发展之路。改革开放特别是党的十八大以来，十堰通过多种方式培育生态人文，使生态文明思想内化于心、外化于形，推动形成绿色发展方式和生活方式。走进东风商用车重卡新工厂，绿意盎然，花草相间，在这里不仅欣赏了花园式厂区的绿色环境，也感受到绿色制造氛围。如今，在十堰像这样的例子比比皆是，绿色生产已成为常态。每个市民从自己做起、从身边的小事做起，践行绿色消费，倡导“光盘行动”，选择“绿色出行”。人人参与环保已成为市民共同行动，绿色生活方式已成为市民日常习惯。全域推进绿色创建，在知绿、植绿、添绿、护绿的浓厚氛围中，绿色社区、绿色机关、绿色学校、绿色家庭如雨后春笋般遍地开花。享誉全国的农村精神文明建设重要品牌——十堰“十星级”文明创建，曾得到三任中央宣传部部长的批示肯定。从20世纪90年代初第一次提出“十星”以来，先后13次调整创评内容。2011年，“生态星”正式进入“十星”，赋予了“十星级”创建新内涵。2013年4月，中央文明委在十堰召开全国创建星级文明户工作座谈会，向全国推广十堰的做法和经验。

四、改革篇：先行先试为全国提供“十堰样板”

习近平总书记强调：“一些地方生态环境资源丰富又相对贫困，更要通过改革创新，探索一条生态脱贫的新路子。”“要深化生态文明体制改革，尽快把生态文明制度的‘四梁八柱’建立起来，把生态文明建设纳入制度化、法治化轨道。”十堰遵循习近平总书记的要求，大胆探索，勇于创新，先行先试，破立并举，以生态文明体制机制的“七大创新”，创造出了生态优先绿色发展的“十堰样板”，为全国提供了可复制、可推广的成功经验。2014年7月，十堰被纳入全国第一批生态文明建设先行示范区。

（一）创新一：建立了环境污染第三方治理机制

十堰是一座“先建厂后建市，先生产后生活，先建设后规划”的城市，城市基础设施和生态治理基础先天不足。近几年来，十堰筹措10.75亿元资金，建成了一批城镇污水处理厂和垃圾处理厂，成为全国污水处理设施最密集、处理能力最强的城市之一。

仅解决基础设施不足的问题不行，还要解决污水处理厂“吃不饱”“吃不了”这个全国性难题。2015年，十堰在全国率先实施污水垃圾处理建设管理运营一体化模式，全市污水处理厂、垃圾处理厂全部交由第三方托管运营。针对工业企业多、废水集中处理难的问题，在全省率先开启了工业污水处理产业化之路，将东风公司十堰辖区内63家涉水企业、66个污水处理站，以打包方式统一由东风水务公司进行经营管理，将污染治理推向专业化、精细化、集约化。

目前，北京排水集团、碧水源集团、深港集团、首创集团、东方园林集团等一批国内知名生态环保企业入驻十堰，200多名环保专家融入十堰各领域污染治理之中。2017年，全市污水处理达标运行天数百分之百，处理污水1亿余吨，出水水质达到国家Ⅰ级A标准，实现了企业污染风险科学管控、污水处理成本有效降低、环保执法难度大幅下降的多方共赢目标。一个内陆地级市，治污平台之广、人才之盛、理念之超前，可谓空前。时任中央政治局常委、国务院副总理张高丽给予批示肯定。

（二）创新二：建立了以“河长制”为重点的流域环境管理体制

十堰汇入丹江口库区的12条河流，在2012年前有神定河、泗河、剑河、犟河、官山河5条河流水质不达标。其中神定河污染最为严重，沿线仅排污口就有393个，风险点数以万计。为啃下5条不达标河流治理这个“硬骨头”，十堰态度坚决，立下誓言：“作为南水北调中线核心水源区，治污工作无禁区，水质改善无止境。”

2008年，十堰开始探索实施“河长负责制”。从2012年启动五条河流治理工作开始，十堰建立完善了一河一策的“河长制”，五位市级领导分别担任五河“河长”。2017年，制定了《关于全面推行河长制的实施方案》，任命了2811名各级河长，建立健全了市、县、乡、村四级“河长制”责任体系。官方河长、民间河长和各级巡河员组成的铜墙铁壁，共同守护着境内流域面积50平方公里以上的153条河流。

盛夏的傍晚，治理后的神定河两岸绿植弥漫、孩童嬉水。从曾经人人捂着鼻子避而远之的城市“龙须沟”“纳污河”，到水清、河畅、岸绿、景美的城市亲水游园，神定河见证了十堰实施“河长制”、破解“九龙治水”难题的当代实践。如今，官山河、剑河、犟河已稳定达到地表Ⅲ类水质，神定河、泗河达到“水十条”要求的阶段性水质目标。十堰“五河”治理经验成为全国黑臭水体治理的样板和典范，得到了国家发展改革委、住建部、环保部、南水北调办等六部委充分肯定。

（三）创新三：建立了以绿色GDP为导向的生态文明考核机制

发展质效需要用“绿色绩效”来检验。多年来，十堰不断加强绿色发展目标考核，研究制定绿色发展指标体系，增加资源消耗、环境损害、生态效益等考核内容，形成了推动绿色发展的正向激励。先后制定《生态文明建设目标评价考核办法》《绿色发展指标体系》《生态文明建设考核目标体系》，环境保护类指标考核项目由原来的5项增加为9项，考核权重从5%增加到23%—28%。聘请中国环科院专业团队以第三方考核方式，每季度对全市10个县市区进行考核，每半年对15个重点市直部门进行考核。市委组织部在选拔任用县处级以上领导干部和领导干部评先评优中，都征求环保部门意见建议。一把“绿色标尺”倒逼了转型发展，进一步增强了全市各级领导干部践行“生态优先，绿色发展”理念的刚性执行力。

（四）创新四：建立了环境保护“党政同责、一岗双责”制度

考核是指挥棒，问责是狼牙棒。2015年，习近平总书记在中央全面深化改革领导小组第十四次会议上指出：“要强化环境保护‘党政同责’和‘一岗双责’的要求，对问题突出的地方追究有关单位和个人责任”。十堰按照这一要求，结合本市实际，在湖北率先出台了《环境保护“党政同责、一岗双责”责任规定》《环境环保“党政同责、一岗双责”责任制考核办法》和《环境保护“一票否决”制度的实施办法》，建立健全了环境保护明责、考责、问责、追责制度体系。通过明确县市区、市直相关部门、企事业单位的环保责任清单和“一票否决”等12种情形，有效破解了“环保部门单打独斗”的困局，构建起了“党政同责、属地管理、部门协作、市区联动”的大环保工作格局。

在成果运用上，按照“谁主管、谁负责”“管发展必须管环保、管行业必须管环保、管生产经营必须管环保”和“分级负责、属地为主”的原则，对年度考核不合格的，责令主要负责人作出书面检讨，制定限期整改方案，同时向全市通报，并跟踪督办整改情况。2017年，十堰向3个县市、10多个市直部门下达了“一票否决”预警，对6个县市区进行了环保约谈，对环保问题整改落实不力的两个县直单位实施环境保护“一票否决”。这些措施的综合运用，进一步压实了各级领导干部生态环保责任，真正让环保问责的“威慑力”强了起来。

（五）创新五：建立了生态补偿机制和对口协作机制

探索建立水环境质量和空气质量生态补偿机制。出台《十堰市地表水环境质量生态补偿暂行办法》，安排专项资金用于水环境质量补偿。市政府每年从环保专项资金中列支 300 万元，支持各地地表水环境管理工作；归集统筹各县市区缴纳的 1000 万元水质达标保证金，奖励年度考核达到优秀等次的县市区。以可吸入颗粒物（PM10）和细颗粒物（PM2.5）浓度为考核指标，制定了《十堰市环境空气质量生态补偿暂行办法》。依据年度十堰大气污染防治实施计划中环境空气质量指标，综合计算各县市区环境空气质量生态补偿资金，实行奖优罚劣。

探索建立高效有力的对口协作机制。十堰与北京，以水为媒，因水结缘。两地围绕发展生态型产业、促进传统产业升级、加强生态环保等领域，开展项目、资金、人才、科技对口协作。北京市已累计安排对口协作资金 11.25 亿元，实施项目近 400 个，帮助十堰引入签约项目 40 多个。成立了“北京院士专家十堰服务基地”，市委市政府向 6 位院士颁发了“十堰科学顾问”聘书，向 21 位专家颁发了“十堰特聘专家”聘书。京能集团、华润医药、华彬集团、京东集团等 30 多家企业落户十堰，为水源区经济社会可持续发展提供了强大动力。

（六）创新六：建立了生态环境法治保障制度

立法——护住绿水青山。对于“九山半水半分田”的十堰来说，在发展与保护的历史抉择中，山与城一度是对矛盾体。山水相连，山若不在，水将焉附？ 2016 年 1 月 1 日，十堰正式被授予地方立法权。首部地方法规立于何处？十堰毫不犹豫地将《十堰市中心城区山体保护条例》作为首部实体地方性法规，把履行“一库清水永续北送”职责过程中摸索出的实践经验上升到法治层面。随后，又出台了《十堰市生态文明建设条例》，使生态文明建设有法可依。《条例》将 12 月 12 日定为十堰“生态文明日”。

执法——遏住违法行为。建立了环境执法与刑事司法相衔接的资源环境行政管理体制。环保与公安、检察、法院、司法等部门建立联席会议制度，会商重大环境违法犯罪案件处置。在环保系统内部，进一步完善了环境执法与环保行政审批、环境监测、总量减排、清洁生产、危险废物监管等工作的协同联动。十堰环境执法工作被树立为环境监管执法典型，环保部华南督查中心印发专报推广十堰环境执法经验。

司法——守住生态红线。积极探索服务绿色发展的法治方式和法治手段，率先在全省成立环境资源保护审判庭，跨区域审理鄂西片区涉青山绿水和水源区环境保护案件，累计立案查处环境违法案件 157 件，审结涉环境资源类刑事、民事、行政诉讼案件 401 件，实现了快立、快审、快结、快执。建立了生态公益诉讼机制，南水北调水源区公益林地毁损公益诉讼案入选长江流域生态保护公益诉讼十大典型案例，被最高人民检察院作为标杆案、样本案向全国推广。

2018 年 6 月 6 日，《法制日报》在头版头条以“法治保障一库清水永续北送”为题，深度报道了十堰运用法治思维和法治方式促进绿色发展的成功经验。

（七）创新七：建立了高规格专家咨询机制

2014 年 12 月，十堰市委市政府聘请 15 名中国科学院院士、中国工程院院士和水科学研究院专家，组成了高规格的十堰生态文明建设专家咨询委员会。建立了专家咨询委员会例会制度、重大课题研究咨询制度和“院士工作站”，为市委市政府科学决策提供咨询服务。近几年，中国环科院、北师大水科院分别承担了十堰市“十三五”水污染防治和水土保持规划、良好河湖生态保护工程等 4 个重大课题。

五、奉献篇：那些最可爱的人

2015年新年钟声即将敲响之际，习近平总书记在新年贺词中深情地说：“12月12日，南水北调中线一期工程正式通水，沿线40多万人移民搬迁，为这个工程作出了无私奉献，我们要向他们表示敬意，希望他们在新的家园生活幸福。”

南水北调中线工程历时半个多世纪，历经两次大规模移民迁徙，这在世界水利移民史上也是少有的。近50万移民携老扶幼、泪别故土，展开了一场感天动地的世纪大迁徙。1958年，丹江口大坝动工建设，有28.7万十堰人成为移民。2005年，丹江口大坝加高工程开工建设，又有18.2万十堰人移居他乡。他们为了国家大局，为了民族大义，为了“一库清水永续北送”，用忠诚和大爱演绎着“舍小家为国家”的无私奉献，诠释着“守井人”的时代担当。

家乡故园，是人们精神的寄托和灵魂的归宿。“在堂前祭几回先祖，到田间走几遍老路，道过了珍重、说过了再见，却还是迈不开脚步……”如泣如诉的歌声中道出了丹江口库区移民的故土难离。当移民外迁的客车即将启程，一位95岁高龄的老大爷，被人抬到担架上，含着眼泪看着自己老宅子动情地说：“北京能喝上咱家的水，也是咱的光荣，咱们上车走吧”。舒家岭的村民紧紧拥抱着站在路边，满含眼泪再看一眼自己的故乡，许多人默默走到江边舀上一杯汉江水，装上一捧家乡土，留一个永远的念想。在洪家沟村那高高的山梁上，几百条汉子临上车前，在大雨滂沱之中站在一块儿，放声大哭，然后高喊，“洪家沟，再见了”……

在移民搬迁这场硬仗中，全市1.2万多名移民干部用心血和汗水书写了人生价值。更值得铭记的是，先后有6位移民干部牺牲在工作一线。丹江口市均县镇党委副书记刘峙清长期带病奋战在移民一线，为移民忙到生命最后一刻。2011年7月，中央宣传部将刘峙清列入庆祝建党90周年《身边的感动》优秀人物，号召广大党员干部学习他的先进事迹。还有程时华、马里学等移民村干部带病工作，最终倒在了移民工作岗位上……

2013年，丹江口库区移民村官集体入选中央电视台“最美村官”候选人。被誉为“南水北调中线工程外迁第一人”“移民书记”的赵久富，带领3000多移民群众从定居十堰郧县到搬迁黄冈团风，被央视评为“感动中国2014年度人物”。

风雨兼程，无畏艰辛。十堰实现了“四年任务，两年基本完成，三年彻底扫尾”的庄严承诺，创造了世界水利工程移民史上的奇迹，谱写了忠诚担当、无私奉献的精彩华章。

2014年11月，由北京市委宣传部、八一电影制片厂、北京市南水北调办等联合出品的电影《天河》在全国上映，全景式地展现了在南水北调这一世纪工程建设中建设者和移民们所作出的奉献和牺牲。

河北省文联副主席、著名作家梅洁专门为南水北调中线移民撰写了《山苍苍，水茫茫》《大江北去》《汉水大移民》三部曲。《大江北去》一书中深情写道：“当清澈的汉水给干渴的中原、华北和京津大地带来一片滋润时，不要忘记为此而两度奉献了家园和土地的库区人民，不要忘记他们几代人在半个世纪里经受的磨难和牺牲。”

十堰是一座有着奉献基因的城市。新中国成立以来，全国人民支援十堰、帮助十堰，在鄂西北深山峻岭中建起了一座现代化的汽车城。十堰人民知恩感恩、回报祖国。在国家“三线”建设过程中，为支持兴建丹江口水库、襄渝铁路、中国第二汽车制造厂，十堰作出了特殊贡献。南水北调中线工程实施以来，十堰先后有55.2万亩的土地淹没水下，千年古城郧阳府城和均州古城沉入江底。特别是丹江口大坝加高后，有13座集镇搬迁重建；转运货物12万吨；拆除房屋566万平方米；清理一般性污染源16.76万处，固体废弃物近30万立方米；清运污染土壤17.05万立方米；清除坟墓近10万座；关停300余家污染企业，拒批160个有污染风险项目；关停规上企业560家，每年减少税收10多亿元，6万职工因此下岗；库区18.2万只网箱清理拆除，5万渔民“洗脚”上岸另谋出路……

一桩桩，一件件，一幕幕。为了“一库清水永续北送”，十堰人用“绝不让一滴污水流进库区”的执着，以千方百计保护水环境的壮举，诠释了“守井人”的担当。时任国务院南水北调办主任鄂竟平在同北京、天津市民座谈时动情地说：“还有我们34万多远离故土的移民、40多万工程建设者们，都为这个伟大的工程作出了巨大的牺牲。任何时候我们都感谢这些‘最可爱的人’！”

六、成就篇：生态文明硕果满枝头

春种一粒粟，秋收万颗子。在党中央国务院的亲切关怀下，在湖北省委省政府的高度重视下，在北京市等受水区的帮扶支援下，在社会各界的大力支持下，十堰人民不懈奋斗，生态文明建设结出了丰硕成果。为国：确保了调水安全，滋润了华北大地。为民：改善了生活环境，提升了生活质量。

（一）天更蓝了

2017年，十堰市优良天数314天，达标率86%，位居湖北前列，提前3年达到国家目标；PM2.5累计浓度45微克/立方米，二氧化硫平均浓度18微克/立方米，PM10年均浓度65微克/立方米，达到国家二级考核标准；重污染天数累计两天，同比减少4天。万里晴空，一片湛蓝，这是十堰人引以为傲的奢侈品。瑞典沃尔沃集团首席执行官欧罗夫·佩森来十堰考察后，称赞十堰的环境比北欧还要好。

（二）山更绿了

在十堰，有一种美，叫推窗见绿；有一片海，叫林海。目前，全市森林覆盖率达64.72%，高于全国43个百分点、全省23个百分点；林地面积达2896万亩，活立木蓄积量达6645万立方米；城市绿化率达38.4%。绿色十堰的美好画卷正次第展开，一座“城在林中、房在园中、人在花中、绿在眼中”的森林城市加快崛起。

（三）水更清了

昔日的浊水变成了清水，清水又变成了净水。丹江口水库水质常年保持国家地表水Ⅱ类及以上标准，109 项水质监测指标中有 106 项达到国家Ⅰ类水质标准，入选首批“中国好水”水源地。十堰境内 52 个河流断面优良水质比例达 98%以上，县城以上集中式饮用水源地水质达标率为 100%，33 个市控断面水质达标率为 97.2%。农夫山泉股份有限公司在这里投资兴建了专业饮料生产基地。华彬投资（中国）有限公司在十堰竹溪县兴建了高端矿泉水生产基地，成为 VOSS（芙丝）在挪威境外唯一被认可的矿泉水水源地。

（四）华北大地解渴了

南水北调中线通水以来已调水 154.35 亿立方米，累计向北京市分水 36.02 亿立方米，受益人口 1100 万人；向天津市分水 28.72 亿立方米，受益人口 900 万人；向河北省分水 25.43 亿立方米，受益人口 1500 多万人；向河南省分水 54.42 亿立方米，受益人口 1800 万人。北京密云水库在 2017 年 11 月 19 日 5 时 18 分蓄水量突破 20 亿立方米，五个月“喝”下了 4 亿立方米。这是十几年来密云水库“喝”得最饱的一次。北京市人均水资源量由原来的 100 立方米提升到 150 立方米，供水安全系数由 1.0 提升到 1.2。通水不到一年，北京市 885 个地下水位监测点出现了 1999 年以来的首次回升。当下，汉江之水已占北京城市供水的 73%。

（五）经济发展质效更优了

十堰产业结构实现了以工业为主逐步向一、二、三产业协同发展转变，三次产业结构比由 1978 年的 39.3∶42.2∶18.5 调整为 2017 年的 11.2∶48∶40.8，由“二一三”型稳定转变为“二三一”型。十堰地区生产总值由 1978 年的 7.2 亿元跃升至 2017 年的 1632.3 亿元，增长了 225.7 倍。

在经济下行压力增大的情形下，十堰逆势上扬。2017 年地区生产总值、规模以上工业增加值、固定资产投资、城乡居民收入等主要经济指标均呈两位数增长，增速位居全省前列。十堰连续三年入选“全国综合实力百强城市”。2014 年，全市生态价值达 11.11 万亿元，是同期 GDP 的 92.5 倍。2017 年，十堰绿色发展指数居全省第二位。

（六）人民生活更好了

十堰已成为宜居、宜业、宜游的美丽山水城市，人民群众的幸福指数显著提高。他们呼吸着清新的空气，饮用着干净的水，吃着安全的食品，享受着优美的环境，沐浴着灿烂的阳光，在鸟语花香中载歌载舞……

七、启示篇：绿水青山就是金山银山

南水北调核心水源区十堰生态文明建设的丰富实践、巨大成就和成功经验，给了我们最重要的启示：绿水青山就是金山银山。在践行这一重要理念、建设生态文明的历史进程中，要充分把握和努力做到“六个必须”。

必须以人与自然和谐共生为遵循，还自然以宁静、和谐、美丽。十堰坚持生态立市，在经济社会发展中尊重自然、顺应自然、保护自然，实现了人与自然和谐发展、共生共荣。十堰的实践证明：生态文明建设必须以人与自然和谐共生为遵循，坚持节约优先、保护优先、自然恢复为主的方针，像保护眼睛一样保护生态环境，像对待生命一样对待生态环境，决不能以牺牲生态环境为代价换取经济的一时发展，要走生产发展、生活富裕、生态良好的文明发展道路，实现生态建设与经济发展的相互促进和相互协调。

必须坚持绿色发展观，将生态资本转化为富民资本。十堰自觉把经济社会发展同生态文明建设统筹起来，推动绿色发展、低碳循环发展、可持续发展，实现经济效益与生态效益同步提升、百姓富与生态美有机统一，让绿水青山变为源源不断的金山银山。十堰的实践证明：绿水青山既是自然财富，又是社会财富、经济财富，生态环境优势可以转化为生态经济优势。保护自然就是增值自然价值和自然资本的过程，就是保护和发展生产力。要加快形成节约资源和保护环境的空间格局、产业结构、生产方式、生活方式，守住绿水青山，换来金山银山。

必须树立以人民为中心的发展思想，把良好生态环境作为最普惠的民生福祉。十堰坚持生态惠民、生态利民、生态为民，努力为人民提供更多的优质生态产品、创造更多的“绿色福利”。十堰的实践证明：生态文明建设必须时时处处体现以人民为中心的生态环保思想，积极回应人民群众所想、所盼、所急，不断满足人民日益增长的优美生态环境需要，还老百姓蓝天白云、繁星闪烁，还给老百姓清水绿岸、鱼翔浅底的景象，让老百姓吃得放心、住得安心，为老百姓留住鸟语花香、田园风光。

必须全域统筹、系统治理，打造山水林田湖草生命共同体。十堰统筹山水林田湖草系统治理，狠抓耕地、林地、草地、湿地、水域、岸线等生态空间用途管制，不断推进退耕还林、退田还河、退地还湿、小流域综合治理、石漠化治理等工程，提高生态产品供给能力。十堰的实践证明：山水林田湖草是一个生命共同体。生态文明建设必须深刻把握山水林田湖草的内在联系和规律，全方位、全地域、全过程开展生态保护和修复，统筹考虑自然生态各要素、山上山下、地上地下、陆地海洋以及流域上下游等，进行整体保护、系统修复、综合治理。

必须用最严格制度最严密法治保护生态环境，让制度成为刚性的约束和不可触碰的高压线。十堰用立法护住绿水青山，用执法遏住违法行为，用司法守住生态红线，用严格的制度和严密的法治护住了一库清水。十堰的实践证明：必须把生态文明建设纳入制度化、法治化轨道，深化生态文明体制改革，加快建立产权清晰、多元参与、激励约束并重、系统完整的生态文明制度体系，让制度长出“钢牙利齿”，形成在“生态环境保护问题上不可越雷池一步”的约束。

必须齐抓共管、全民共建，凝聚起创建生态文明的磅礴力量。十堰以

“五城联创”为抓手，深入持久地开展生态文明宣传教育，推行绿色生活方式，开展全民绿色创建，培育生态人文意识，激发了全社会参与生态文明建设的积极性和创造力，形成了共建生态文明的强大合力。十堰的实践证明：良好的生态人人受益，也要人人参与、人人共建。生态文明建设要充分激发全社会参与的积极性、主动性和创造性，形成政府主导、企业主体、多方参与、全民行动的推进格局和工作合力，形成全社会崇尚生态文明的良好氛围。

使命需要担当，实干成就未来。新时代，十堰将以“一张蓝图绘到底”的定力，以“一任接着一任干”的毅力，以“永远在路上”的执着，向着更绿色、更健康的道路奋勇前进，永保“一库清水永续北送”。

一滴水折射太阳的光辉，一幅画映照祖国的美丽。十堰是中国生态文明建设成就的一个精致缩影。

在纪念改革开放 40 周年之际，回望生态文明建设的伟大历程，共享蓝天白云、绿水青山的优质环境，我们更加坚定道路自信、理论自信、制度自信和文化自信。

“长缨在手，江山向美”。我们坚信，在习近平生态文明思想的指引下，中华儿女阔步迈进生态文明新时代，祖国明天一定更美好！

（2018 年 8 月）

改革开放与中国城市发展

GAIGEKAIFANG

长沙

坚持改革创新　建设幸福家园

——改革开放40周年的“长沙答卷”

中共湖南省委宣传部
中　共　长　沙　市　委

在浩瀚无边的璀璨银河里，有一颗闪亮的星星——长沙星；在中华神州的广袤大地上，有一座迷人的山水洲城——长沙城。具有3000多年历史的古城长沙，是楚汉文明和湖湘文化的发源地，素有“楚汉名城”“屈贾之乡”“潇湘洙泗”之美誉，总面积1.18万平方公里，总人口792万人，是湖南省会、“一带一路”建设重要节点城市和长江经济带中心城市、国务院首批公布的国家历史文化名城。

改革开放以来，特别是党的十八大以来，长沙市委、市政府深入学习贯彻习近平新时代中国特色社会主义思想尤其是以人民为中心的发展思想，将满足人民群众对美好生活的向往作为奋斗目标，千方百计为人民谋幸福、添福祉，不遗余力为百姓建设幸福家园，全市人民的幸福感、获得感持续增强，长沙连续十年获评“中国最具幸福感城市”，幸福已成为长沙最鲜明的特色和最亮丽的名片。

一、注重持续增强综合实力，打牢幸福生活的基础

党的十一届三中全会的召开，翻开了我国改革开放的新篇章。长沙认真贯彻落实“把全党的工作重点转移到社会主义现代化建设上来”的决策部署，

坚持以经济建设为中心，以改革创新为动力，产业经济持续发展、综合实力持续增强、社会财富持续增加，夯实了幸福生活的基础，铺就了幸福家园的基石。

（一）总量之变

1978 年开始，市委、市政府认真贯彻调整、改革、整顿、提高的方针，坚持在改革中发展、在开放中提高，先后提出“致力于改革开放发展经济”“全面建成小康社会”“全面建设现代化长沙”等阶段性奋斗目标，加快推动经济社会持续健康发展，经济总量持续翻番，星城大地发生翻天覆地的变化。地区生产总值由 1978 年 16.85 亿元增长到 2017 年 10535.51 亿元，为 1978 年的 625 倍，经济总量迈入“万亿俱乐部”，居全国省会城市第 6 位。

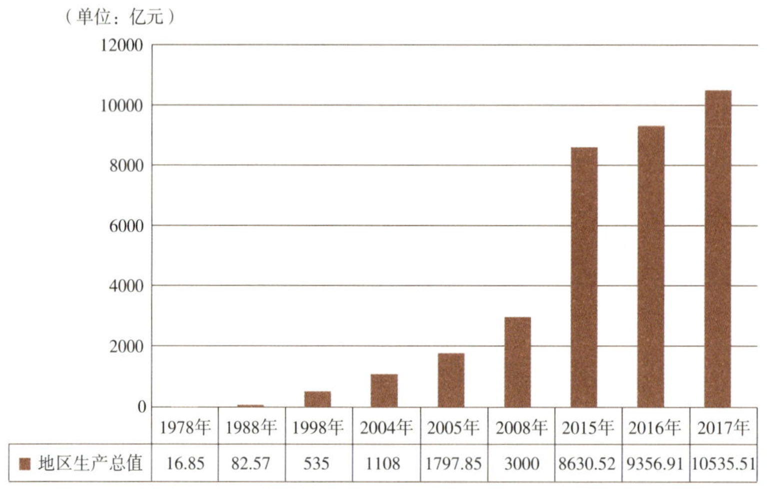

1978 年以来长沙地区生产总值部分年份增长情况

人均 GDP 由 1978 年的 370 元增长到 2017 年的 135388 元，是 1978 年的 366 倍，居全国省会城市第 4 位。综合实力的持续增强，有效带动地方一般公共预算收入加快增长，2017 年一般公共预算收入达 800.35 亿元，为 1978 年的 213 倍；城乡居民人均可支配收入分别达 46948 元、27360 元，为 1978 年的 143.6 倍、215.4 倍，人民群众的口袋鼓起来了、生活富起来了。

（二）结构之变

改革开放以来，市委、市政府始终坚持将发展产业放在首位，突出项目推动、龙头带动、园区拉动，统筹推进一、二、三产业加快发展，产业结构不断优化，三次产业结构比由 1978 年的 33.3∶44.2∶22.5 调整为 2017 年的 3.6∶47.4∶49.0，有效实现从“二一三”型向“三二一”型转变。

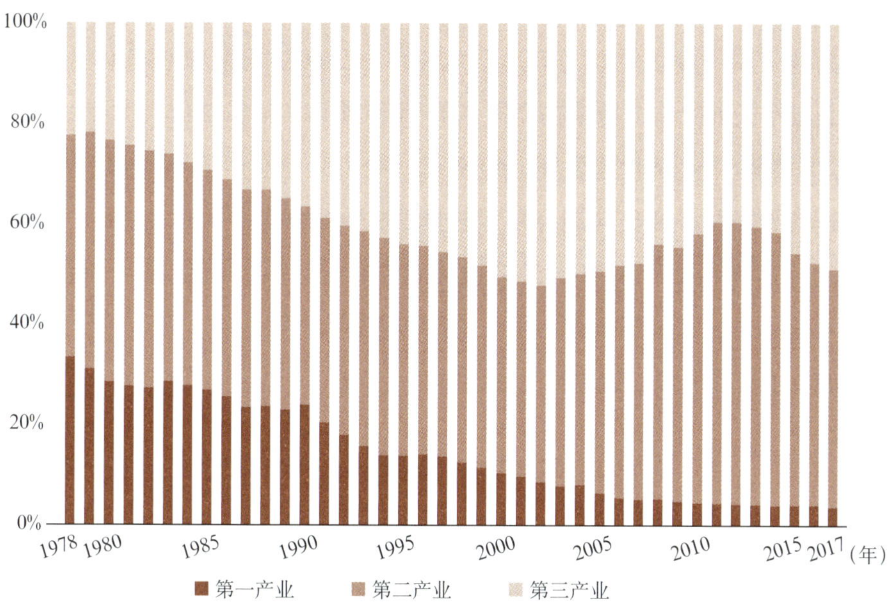

1978—2017 年长沙市产业结构变化情况

农业生产规模化、标准化、品牌化、生态化加快推进，有效带动第一产业总量年均增长 5%，2017 年农产品加工业销售收入达 2060 亿元，休闲农业和乡村旅游收入达 520 亿元。“兴工强市”核心战略深入实施，以智能制造为统领推动工业转型升级，从 20 世纪 90 年代初工程机械产业“一枝独秀”，逐步形成了新材料、工程机械、食品、电子信息、文化创意、旅游、汽车及零部件等 7 大千亿产业集群，生物医药、节能环保等战略性新兴产业蓬勃发展，5 个国家级园区、8 个省级园区持续壮大，有效带动第二产业总量年均增长 14.4%，2017 年全市工业总产值达 12348 亿元，为 1978 年的 517.9 倍。现代服务业加快发展，第三产业总量年均增长 14.4%，占 GDP 比重上升 26.5 个百分点，2017 年全市实现社会消费品零售总额 4548 亿元，为 1978 年的 589 倍。

（三）速度之变：领跑优势不断扩大

1978 年以来，长沙始终坚持发展速度、质量与效益并重，经济持续保持中高速发展。1978—2017 年，长沙 GDP 以 12.9%的平均增速稳步攀升，经济总量增长 624 倍，增幅在全国 31 个重点城市中居第 2 位。工业加速发展有效引领全市经济快速发展，40 年来，全市工业总产值增长 518 倍，年均增速达 15.5%，高出同期经济增长率 2.6 个百分点，尤其是 2001—2017 年年均增速高达 21%。县域经济快速发展，长沙县、浏阳市、宁乡市在 2017 年全国县域经济基本竞争力百强县中分别跃居第 6 位、第 16 位、第 31 位，展示了极强的增长活力和发展潜力。

1978 年以来全国 31 个重点城市经济增长情况

（单位：亿元、亿元、倍）

城市	1978 年 GDP	2017 年 GDP	增幅	增幅排名	城市	1978 年 GDP	2017 年 GDP	增幅	增幅排名
合肥	8	7213	903	1	青岛	39	11037	285	17
长沙	17	10536	624	2	烟台	26	7338	284	18
福州	13	7104	559	3	南宁	15	4119	278	19
苏州	32	17319	541	4	北京	109	28000	256	20
广州	43	21503	498	5	济南	24	7202	240	21
郑州	20	9130	449	6	天津	83	18595	224	22
杭州	28	12556	441	7	石家庄	30	6461	215	23
无锡	25	10511	421	8	太原	19	3382	180	24

续表

城市	1978 年 GDP	2017 年 GDP	增幅	增幅排名	城市	1978 年 GDP	2017 年 GDP	增幅	增幅排名
宁波	25	9846	394	9	大连	42	7363	174	25
成都	36	13889	386	10	哈尔滨	39	6355	161	26
南京	35	11715	335	11	沈阳	44	5865	134	27
武汉	40	13410	335	12	长春	51	6500	126	28
昆明	15	4858	322	13	上海	273	30133	110	29
乌鲁木齐	8.6	2700	313	14	南昌	46	5003	109	30
西安	25	7470	294	15	兰州	22	2524	84	31
重庆	67	19500	289	16	全国	3679	827122	223.8	—

（四）动力之变：创新发展步伐加快

改革开放以来，长沙坚持以市场为导向、以园区为平台、以企业为主体、以改革为动力，深入推进创新型城市试点，科技创新成为加快转型发展的第一动力，各项指标较 1978 年均实现几何式倍增，综合指标位居全国第一方阵。2017 年，长沙每万人拥有有效发明专利 27.08 件，居全国省会城市第 6 位；实现高新技术产业总产值 11440 亿元、增加值 3511 亿元，占 GDP 的 33.3%，近五年来年均增长 17.6%，比同期 GDP 年均增幅高出近 10 个百分点；高新技术企业达 1594 家，产值过亿元企业 359 家；高新技术产业对规模以上工业增长贡献率超过 40%，科技创新对经济增长贡献率超过 65%。在科技创新的带动下，电子信息、移动互联网、生物医药和高技术服务业等产业保持 20%以上的高速增长，先进电池材料国内市场占有率达 80%，新药研发成果数量居全国同类城市前 5 位，现代化隧道施工装备达到世界领先水平，获批国家自主创新示范区、全国科技进步示范城市、全国创业先进城市、国家知识产权示范城市等战略平台，长沙在中国城市科技创新发展指数排名中居第 14 位。

2017 年科技创新发展指数排名前 20 位城市

城市	科技创新发展		创新资源		创新环境		创新服务		创新绩效	
	指数	排名	指数	排名	指数	排名	指数	排名	指数	排名
北京	0.587	1	0.603	2	0.344	10	0.546	2	0.689	1
深圳	0.587	2	0.414	25	0.698	1	0.621	1	0.852	3
上海	0.499	3	0.466	17	0.338	11	0.313	4	0.623	2
广州	0.464	4	0.602	3	0.390	5	0.263	6	0.511	4
东莞	0.452	5	0.465	18	0.611	2	0.416	3	0.396	24
天津	0.416	6	0.469	15	0.316	23	0.253	10	0.486	5
武汉	0.405	7	0.508	9	0.315	24	0.207	18	0.466	6
杭州	0.391	8	0.488	11	0.322	18	0.175	31	0.450	8
南京	0.390	9	0.609	1	0.277	49	0.144	59	0.441	10
苏州	0.384	10	0.315	55	0.359	8	0.255	8	0.448	9
厦门	0.378	11	0.485	12	0.271	56	0.256	7	0.423	13
海口	0.376	12	0.547	6	0.222	153	0.134	71	0.455	7
珠海	0.376	13	0.574	4	0.387	6	0.230	12	0.357	39
长沙	0.367	14	0.432	22	0.305	28	0.144	60	0.436	11
西安	0.364	15	0.534	8	0.234	122	0.183	26	0.418	16
呼和浩特	0.362	16	0.457	20	0.294	34	0.148	52	0.421	15
成都	0.358	17	0.352	38	0.317	22	0.149	49	0.434	12
中山	0.356	18	0.481	13	0.282	43	0.253	9	0.380	30
乌鲁木齐	0.351	19	0.498	10	0.237	115	0.191	23	0.399	22
青岛	0.347	20	0.324	53	0.281	44	0.226	14	0.413	18

二、注重持续提升城乡品质，改善幸福生活的环境

城市的品质和功能是检验城市宜居度、市民幸福感的重要标志。改革开放以来，长沙始终坚持人民城市为人民，以和谐宜居品质城市建设为主线，以城乡统筹发展为主题，持续提升城乡规划建设管理品质，将城市打造成广大市民安居乐业的美好家园，将农村建设成承载着浓郁乡愁的美丽乡村，让城乡居民都能找到家的归属。

（一）着眼“以人为本”抓城市规划

始终把服务群众、方便群众、造福群众作为规划的出发点和落脚点，统筹生产、生活、生态三大布局。按照“精明增长”“智慧城市”要求，树立和践行以人为本、文化铸魂、生态优先、品质至上的规划理念，全面优化城市形态、经济业态、功能状态、文化神态和自然生态，构建城市理想空间格局。长沙城市格局从“五一路时代”向“湘江时代”演变；建成区面积从53平方公里拓展为435平方公里，增长8.2倍；城市化率从20.5%提高到77.6%，增长3.7倍；市区人口从74万增加到417.73万，增长5.6倍。着力完善规划体系，制定城市远景战略规划和近期建设规划，引导城市由“单核心圈层蔓延式”向“多中心组团串珠式”发展；实施多规合一，形成城市总体规划与各类专项规划高度融合的立体规划体系，将总规要求从横向和纵向落实到控规，实现都市区控规全覆盖；加强规划设计，高标准做好重点片区和滨水、临空、交通枢纽、公共中心等重要节点城市设计，充分展示长沙城乡整体风貌和山水人文之美，优先规划公共服务设施，为市民提供更多生活便利。

（二）着眼“方便快捷”抓城市建设

坚持把满足市民需求作为城市建设的出发点，努力让城市更加人性化、更富人情味，让生活在城市里的每个群体都能感受到城市的便捷。深入完善

综合承载功能，加速构建现代化立体交通体系、商贸物流体系、公共设施体系，全国首条中低速磁浮和我市首条高架快速路、首个综合交通枢纽投入使用，先后迈入“地铁时代、城铁时代、磁浮时代”，公交都市建设大力推进，公共交通出行分担率上升至 43.1%，基本形成适度超前、相互衔接、满足未来需求的功能体系。特别是将“一圈两场三道”（即构建 15 分钟社区生活圈，加强农贸市场、停车场以及人行道、自行车道、历史文化步道建设）作为完善市民居住功能、改善生活品质的重大民生工程，让老百姓的幸福感和获得感在家门口升级。深入推进城市有机更新，“九五”时期开始大规模建设市政设施，将改善人居条件放在首位，2014—2017 年共改造棚户区 108038 户、1376.02 万平方米，30 多万住房困难群众喜圆“安居梦”；完成 220 个老旧社区改造，推进 42 个城中村改造。持续开展“三年造绿大行动”，完成绿化 3.45 万公顷，建成区新增绿地 2015 公顷、公园绿地 1066 公顷，全市森林覆盖率达 54.8%，为广大市民提供了更多“绿色福利”。

（三）着眼“舒适宜居”抓城市管理

坚持依法管理、源头管理、系统管理，打好城市管理攻坚战，实现从粗放管理向精细管理转变。深入推进城管体制改革，将城管职责、行政审批权限、执法队员和经费下放至各区县（市），形成市、区、街道、社区“四级联动”、齐抓共管的“大城管”格局，让城市管理落实到城市每一个角落。着眼让城市更整洁、更美观、更有序、更宜居，2013 年以来累计拆除违法建筑 2224 万平方米，实施拆违覆绿 1552 万平方米，主次干道机械化清扫率达 85%，生活垃圾无害化处理率达 100%，让老百姓共享整治成果，长沙变得越来越“养眼”。连续实施两轮“环保三年行动计划”，持续开展“蓝天、碧水、静音、净土”四大行动，重点推进湘江保护与治理省政府一号重点工程，全面治理“一江五河”，城镇集中式饮用水源地水质达标率 100%，主城区污水处理率达 96.9%，空气质量优良率常年保持在 75%以上，致力于让每位市民都能喝上清洁的水、呼吸清新的空气、沐浴清澈的阳光。

（四）着眼"城乡融合"抓乡村振兴

坚持以城市的理念建设农村、用工业的思维发展农业、按市民的要求提升农民，让农村居民和城市居民共享幸福生活。加快补齐基础设施短板，全市100%的行政村和自然村通上水泥路，农村水利、供水供电、燃气管网、污水处理厂等基础设施建设统筹推进，农村自来水普及率达65%，乡镇污水处理率达到75%以上，农村垃圾收集处理实现全覆盖。深入推进小城镇和美丽乡村建设，20个特色小镇、100个美丽乡村示范村和40个特色村建设亮点纷呈，大瑶、灰汤、乔口获批全国特色小镇，示范带动全市乡村加快发展。着力实施国家新型城镇化综合试点，全面推进现代农业综合配套改革，农村土地确权颁证、户籍制度改革基本完成，土地合作经营"鹊山模式"等获全国推广，全市共组建土地合作社413家，土地流转比例达55%。健全完善覆盖城乡的社会保障体系，农村居民收入增幅连续10多年高于城市居民，广大农民更好地享受到与城市均等的教育、医疗、文化、养老等公共服务。84个省定贫困村全部退出，6.4万贫困人口全部达到脱贫标准，全面小康覆盖所有人群、惠及全体市民。

三、注重持续优化公共服务，提升幸福生活的体验

公共服务是民生的"风向标"，是满足人民群众获得感的直接有效方式。改革开放以来，长沙市委、市政府始终坚持在"优化"上做文章、在"公共"上下功夫、在"服务"上求突破，从老百姓身边的事情做起，从老百姓关心的难题改起，倾注真情实意，投入真金白银，解民之所困，应民之所需，着力健全均等化便利化的公共服务体系，在满足人民群众日益增长物质需求的同时，让人民群众享受更加舒适的生活体验、更高层次的精神生活，让市民日子"越过越带劲儿"。

（一）拓宽致富增收路

始终坚持深入实施就业安民、创业富民工程，不断创新机制、完善政策、提升服务、优化环境，就业规模持续扩大，就业结构不断优化。在全省率先出台“1+X”就业创业政策扶持体系，建立健全以“七补两贷三扶持”为核心的就业政策体系，打造了“就业大篷车”“就业超市”“15 分钟就业圈”等一批就业服务品牌，被誉为“就业政策的摇篮”。率先在全国建立农村行政村人社服务平台，实现城乡人力资源和社会保障服务体系全覆盖。建成全国首个省级贫困劳动力劳务协作市场，积极对接湘西、贵州等地开展劳务协作脱贫试点工作，探索出“四个强化”夯基础、“四个对接”增转移、“四个支持”稳存量的劳务协作脱贫试点经验被全国推广。党的十八大以来，全市共举办各类招聘会 2232 场次，提供岗位 230 万个；新增城镇就业年均 14 万人，城镇登记失业率始终控制在 4%以内，失业保险制度建设被树为全国标杆城市。先后获评首批“全国城乡统筹就业试点城市”“全国创业型先进城市”“中国创业之城”等荣誉。稳定的就业推动了市民收入的快速增长和消费能力的持续提升，2012 年至 2017 年，城镇和农村居民人均可支配收入年均分别增长 9.2%、12.7%，2017 年分别达到 46948 元、27360 元，

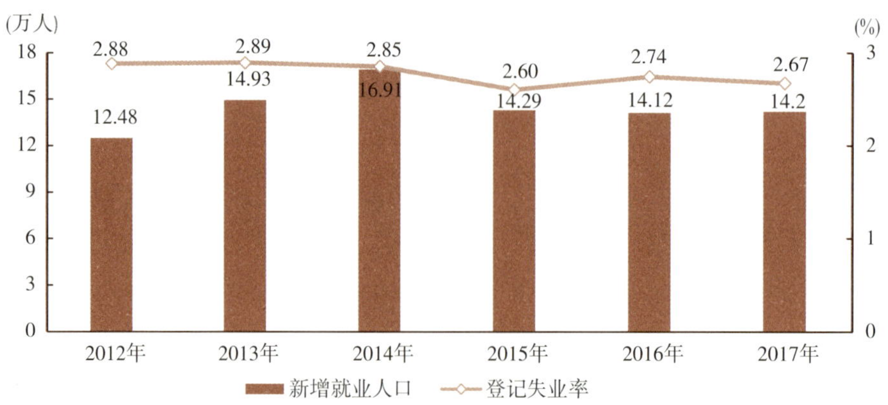

党的十八大以来新增就业人口及失业率情况

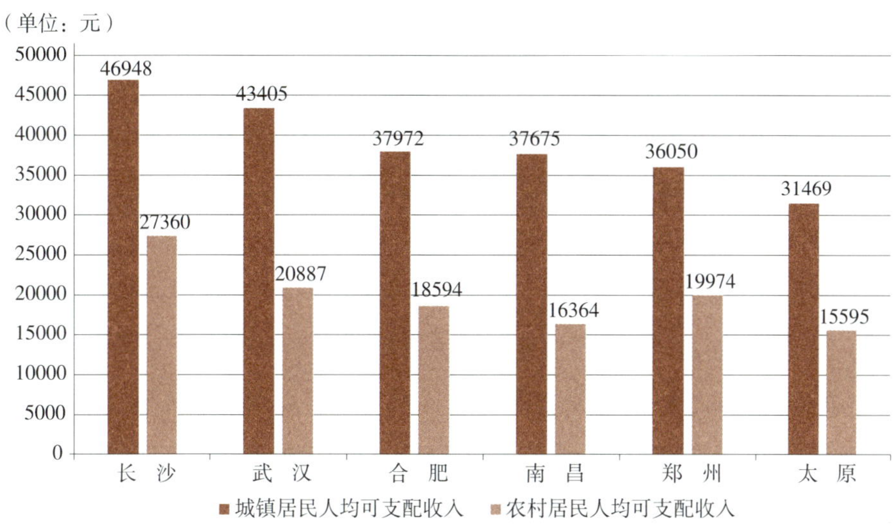

2017 年中部省会城乡居民可支配收入

在中部省会城市居第 1 位；2012—2017 年，城镇居民人均消费支出增长到 34645 元，年均递增 12.2%；农民人均消费支出增长到 19189 元，年均递增 13.6%。

（二）助圆百姓安居梦

始终坚持安居惠民，一手抓商品房规划建设，以市场的力量提升居住品质，一手抓住房保障，以公共财力保障弱势群体住有所居。将保障性安居工程列入全市十大民生实事工程和绩效考核范畴，深化住房保障制度改革，逐步形成住房保障“多主体供给、多渠道保障、多层次覆盖、网络化审批、管家式服务”的长沙模式。全市城镇住房保障覆盖率从 2012 年的 19.81%提高至 2017 年的 23.29%，高出全国省会城市平均水平 3 个百分点，提前 3 年实现国家新型城镇化发展规划目标。率先在全省成立以市委书记任顾问，市长任组长的高规格安居工程和棚户区改造工作领导小组，形成了“四增两减”“市级统筹”“有机棚改”“货币化安置”等经验做法，得到国务院总理李克强的充分肯定。扩大保障性住房供应量，近年来，全市累计建设各类保障房 22.64 万套，出售公有住房 13.86 万套，发放经适房货币补贴和廉租房租赁补贴 4.73 万户，发放职工住房补贴 8.21 万人；加快公租房分配入住，截至 2018 年 5 月，全市达到入住条件的公租房共 86408 套，入住率达 94.12%，高于全国同期平均水平；加大棚户区改造力度，全市累计 22.74 万户棚户区居民“出棚进楼”迁新居。2017 年全国“两会”期间，长沙棚户区居民在中央电视台主动发声，点赞长沙棚改。坚决打赢“反炒房”攻坚战，房价持续保持稳定，促进了房地产市场健康有序发展，成为广泛吸引海内外人才的重要因素。长沙房价收入比在全国 35 个重点城市中最小，房价最为合理；九成以上的家庭拥有自有产权住房，城镇居民人均自有现住房建筑面积 45.5 平方米，居全国大中城市第 1 位。

35 个重点城市 2017 年房价收入比榜单

排名	城市	2017 年新建商品住宅成交均价（元 / 平方米）	2017 年城镇居民人均可支配收入（元）	2017 年房价收入比	排名	城市	2017 年新建商品住宅成交均价（元 / 平方米）	2017 年城镇居民人均可支配收入（元）	2017 年房价收入比
1	深圳	57348	52938	39.64	19	广州	16959	55400	11.2
2	三亚	25877	33638	28.16	20	徐州	8848	30987	10.45
3	上海	47865	62596	27.98	21	廊坊	10500	37474	10.25
4	北京	43839	62406	25.7	22	重庆	8993	32193	10.22
5	厦门	34375	50019	25.15	23	南昌	10418	37492	10.17
6	福州	21636	40973	19.33	24	西安	10124	38536	9.62
7	珠海	23056	47386	17.81	25	南通	11108	42756	9.51
8	海口	13651	33320	14.99	26	昆明	10096	39788	9.29
9	杭州	22987	56276	14.95	27	济南	11713	46642	9.19
10	石家庄	13257	32929	14.74	28	成都	9697	38918	9.12
11	南京	21601	54538	14.5	29	青岛	11067	47176	8.59

续表

排名	城市	2017年新建商品住宅成交均价（元/平方米）	2017年城镇居民人均可支配收入（元）	2017年房价收入比	排名	城市	2017年新建商品住宅成交均价（元/平方米）	2017年城镇居民人均可支配收入（元）	2017年房价收入比
12	天津	15670	42949	13.35	30	武汉	10031	43405	8.46
13	郑州	12058	36050	12.24	31	无锡	11945	52659	8.3
14	合肥	12666	37972	12.21	32	常州	11207	49955	8.21
15	宁波	18280	55656	12.02	33	兰州	7138	32478	8.04
16	太原	10287	31469	11.96	34	贵阳	6677	32186	7.59
17	苏州	18621	58806	11.59	35	长沙	8559	46948	6.67
18	温州	16013	51866	11.3	—	—	—	—	—

（三）助力人生起跑线

始终坚持将教育摆在优先发展的战略地位，逐步构建起从幼儿园、小学、初中到高中的优质教育“一条龙”服务体系，努力让所有孩子站在同一起跑线上，圆百万家庭一个教育公平梦。截至2017年年底，全市学前三年毛入园率达93.01%，超全国平均水平15.61%；小学、初中毛入学率分别达102.43%、118.04%，高中阶段教育毛入学率达96.8%，社区学校街道(乡镇)覆盖率100%，均处于全国前列。在率先全面完成省合格学校建设的基础上制定出台《长沙市义务教育标准化学校建设标准》，到2020年长沙市标准化学校建设将基本实现全覆盖。通过集团化办学模式建设品牌学校200余所，城区义务教育阶段优质学校比例达75%以上。出台全国首个规范招生入学的地市级文件，强力推进以“公办不择校”为核心的中小学招生入学制度改革，入选全国教育改革创新典型案例，改革经验被全国推介。先后获评“国家特殊教育改革试验区”、“全国教育改革创新优秀奖”、全国“‘两基’工作先进集体”、“全国职业教育先进单位”等荣誉。

（四）迈向健康新生活：让患者"好看病、看好病"

始终坚持为人民群众提供更加优质的医疗卫生保障和服务，大力推进健康城市建设，着力解决医疗卫生资源不足、结构与布局不合理、服务体系碎片化导致的群众"看病难""看病贵"问题。始终突出基层、夯实基础，通过分阶段推进基层机构建设和机制建设，逐步完善基层医疗卫生服务网络，实现基层医疗服务质量和医疗能力"双提升"，率先实现"1530就医圈"，全市基层医疗机构中医药服务区覆盖率100%。根据测算，2017年长沙人均期望寿命79.08岁，高于全国平均水平2.74岁。列为全国第三批城市公立医院综合改革国家联系试点城市，率先在全国创新医疗卫生融资模式、协调省部级医院同步启动改革，全面推进城市公立医院综合改革，破除"以药养医"机制。开通异地就医医疗费用直接结算，药品实现零差率销售，城乡居民大病保险、贫困人口基本医疗保险和残疾儿童康复全面实施。建立覆盖城乡的国家基本药物制度，实现公办基层医疗卫生机构基本药物制度全覆盖，基本药物销售价格平均下降了30%，"让老百姓在家门口看得了病、看得好病"的梦想渐渐成真。

1978年与2017年医疗卫生事业发展情况比较

指标	单位	1978年	2017年	增长倍数
卫生机构数	个	1195	4493	3.8
医院、卫生院	个	248	287	1.2
床位数	张	12976	73711	5.7
医院、卫生院床位数	张	11036	66458	6.0
卫生工作人员	人	21583	93540	4.3
卫生技术人员	人	16068	77442	4.8
执业医师和执业助理医师数	人	7247	29265	4.0

（五）织牢社会保障网

近年来，长沙加大社保政策宣传力度，强化参保扩面措施，稳步提高社会保险待遇标准，越来越多的市民被纳入不断完善的社会保障安全网。截至2017年年底，全市城镇职工养老、医疗、失业、工伤和生育保险参保人数分别为226.11万人、209.11万人、146.57万人、142.92万人和144.53万人，城乡居民养老、医疗保险参保人数分别达265.8万人、513.02万人。大力整合救助资源，进一步完善最低生活保障制度、农村“五保”供养制度、大病医疗救助制度、教育助学制度、城市住房廉租等“五大社会救助”，形成了较为完善的社会救助制度体系框架，确保求助群众求助有门、受助及时。

截至2017年年底，全市享受城乡低保保障的达20.3万人次，医疗救助30万人次。从2013年开始4次提高城乡低保标准，2017年实现市辖区和长沙县550元/月/人，浏阳市、宁乡市500元/月/人，2018年计划全市城乡统一为550元/月/人。始终坚持按照“制度化、市场化、多样化、专业化、标准化”的“五化”思路，大力推进养老服务业发展，率先全省出台养老服务业发展“1+X”政策体系，“9073”养老服务格局基本形成。全市共有

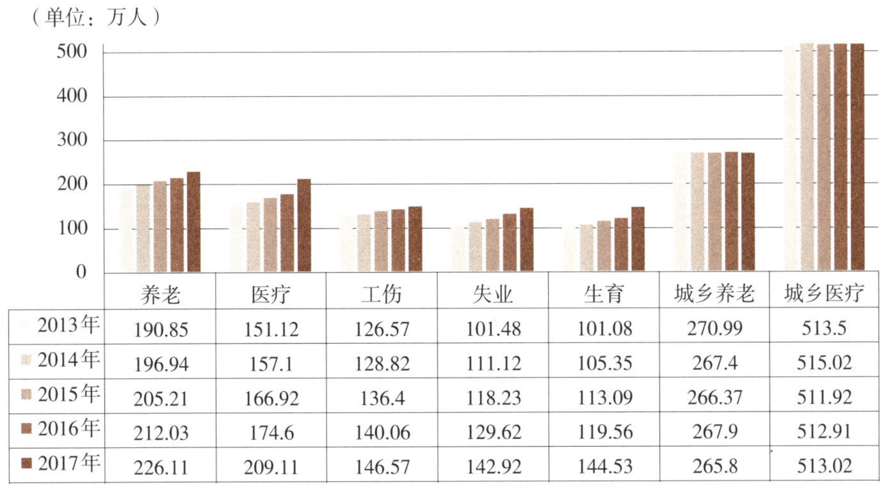

	养老	医疗	工伤	失业	生育	城乡养老	城乡医疗
2013年	190.85	151.12	126.57	101.48	101.08	270.99	513.5
2014年	196.94	157.1	128.82	111.12	105.35	267.4	515.02
2015年	205.21	166.92	136.4	118.23	113.09	266.37	511.92
2016年	212.03	174.6	140.06	129.62	119.56	267.9	512.91
2017年	226.11	209.11	146.57	142.92	144.53	265.8	513.02

2013年以来社会保险参保人数

养老机构 78 家、日间照料中心 111 家、城乡居家养老服务中心 695 家，床位 41849 张，每千名老人拥有养老床位 35.02 张，确保了城区每个街道至少拥有 1 家日间照料中心或小型养老机构，农村养老服务设施覆盖率达 60% 以上。

四、注重持续推进文化建设，升级幸福生活的内涵

文化是民族的灵魂，是人民的精神家园。改革开放以来，长沙市委、市政府牢固树立以人民为中心的工作导向，持之以恒在文化惠民、文化乐民、文化育民等方面下功夫，不断增强人民群众的文化获得感、幸福感。多年来，得益于长沙坚定不移实施文化强市战略，城市文化软实力不断增强、持续走在全国前列，催生了“广电湘军”“演艺湘军”“出版湘军”“群文湘军”等文化品牌，连续三届蝉联全国文明城市，获评国家公共文化服务标准化示范地区、首批国家级文化与科技融合示范基地、国家文化消费试点城市、东亚文化之都等城市名片。2017 年 11 月 1 日，长沙成功加入全球“创意城市网络”，成为中国首个摘得世界“媒体艺术之都”桂冠的城市。全市文化产业实力不断增强，2013—2017 年全市文化创意产业增加值增长达 311 亿元，年均增长达 11%，占 GDP 的比重达 9%，位居中西部省会城市第 1 位。

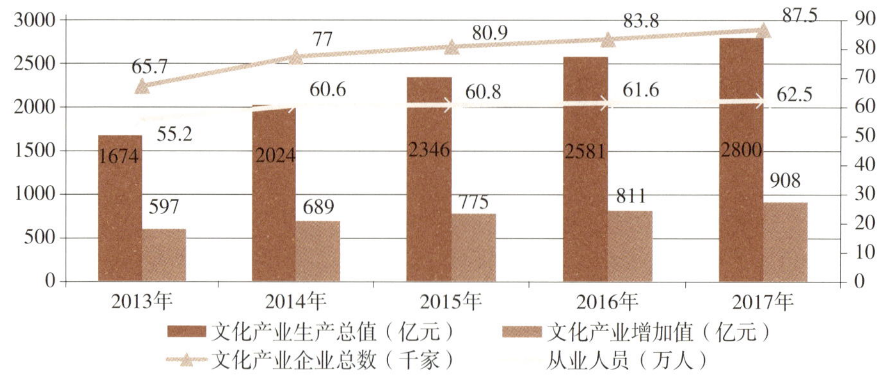

党的十八大以来全市文化创意产业发展总体情况

（一）“文化乐园”建在百姓家门口

近年来，长沙着眼群众文化需求，不断加大文化投入，统筹推进城乡文化设施建设，群众在家门口就能实现“读有书屋、唱有设备、演有舞台、看有影厅、跳有广场”。1978—2017 年，全市人均公共文化投入增长 228 倍；2013 年到 2017 年，全市公共文化体育与传媒预算支出增长 67.6%。高品质打造标志性文化设施。注重文化地标建设，滨江文化园、“三馆一厅”（长沙博物馆、图书馆、规划展示馆、音乐厅）、省博物馆新馆和梅溪湖国际文化艺术中心等一大批国际化、现代化的地标性建筑拔地而起，长沙音乐厅跻身全国十强音乐厅。2017 年，滨江文化园及驻园各单位接待人数超过 839 万人次。高标准布局骨干性文化设施。按照城市文化功能布局，建成长沙实验剧场、长沙非遗馆等一批具有示范意义和辐射作用的骨干设施，各区县(市)图书馆、文化馆实现全覆盖并全部达到国家一级馆标准，全市拥有省图书馆、省少儿图书馆、长沙图书馆等总分馆达到 113 个。高质量完善城乡基础文化设施。着力补齐农村短板，构建城区“15 分钟公共文化生活服务圈”，推动城乡文化设施建设均等化。2013 年至 2017 年，共完成 168 个乡镇(街道)文化站标准化建设，建成示范性村（社区）文化活动中心 800 个、农家书屋 1364 个，成为湖南省唯一的文化小康 100%达标城市。

党的十八大以来长沙市公共文化设施建设总体情况

单位：座（个）

指标	2013 年	2014 年	2015 年	2016 年	2017 年
图书馆	33	46	87	101	113
文化馆	10	10	10	10	10
电影院	36	42	54	81	90
剧院	4	4	5	6	9
博物馆	26	27	28	28	31

续表

指标	2013 年	2014 年	2015 年	2016 年	2017 年
艺术馆	7	8	8	10	12
乡镇（街道）文化站	103	112	124	138	140
农家书屋	1364	1364	1364	1364	1364
村（社区）文化活动中心	980	1100	1200	1250	1300

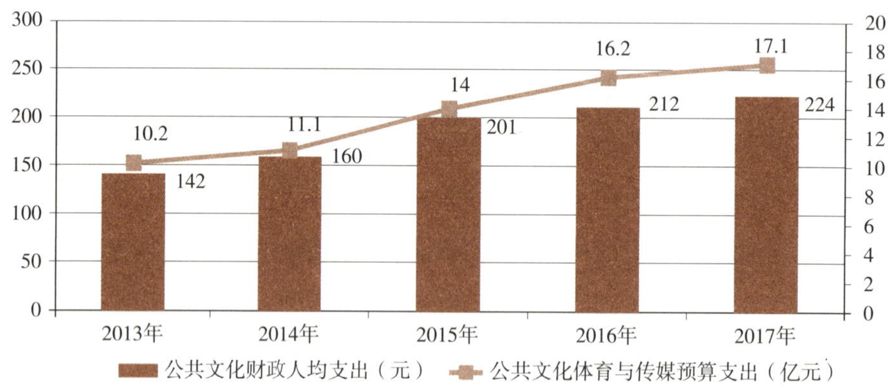

2013—2017 年长沙公共文化支出总体情况

（二）“精神文化大餐”人人共享

近年来，长沙致力于推动公共文化服务的供给多元化、城乡一体化、服务普惠化，不断满足人民群众日益增长的多样性、多元化、多层次的精神文化需求，打通文化惠民“最后一公里”。实施公共文化进村入户工程。经常性开展“三下乡”“五送五进”文化活动，年均送戏 1200 多场、送电影 2 万多场、送图书 20 万册、送展览 100 次、送讲座 200 场。实施公共文化普惠共享工程。从 2009 年开始全市公共文化场馆全部实现免费开放，在剧院、电影院设立公益性专场、提供免费或低价演出，“杜鹃花”等艺术节会一律实行“零门槛”。实施数字化文化服务工程。推进文化馆远程数字教育、图书馆“云馆藏”和网上博物馆建设，推出“书香长沙”掌上阅读平台，推动数字文化建设，畅通文化惠民的“最后一指尖”。群众通过手机 APP 就能享受文化数字服务。2017 年，有 20 万人次通过网络参加全市艺术普及活动。实施社会化文化服务工程。加大政府购买文化服务力度，采取“群众看戏、政府买单”的方式，从 2005 年开始每年举办“公益电影放映月”等系列公益文化活动，向市民发放歌厅、电影院等免费券 10 万余张。扶持李自健美术馆、谢子龙影像馆等民办文化馆所 59 家，组建“长沙人艺”系列等民营文艺团体 10 个，注册登记文化志愿者 3 万余人，形成群众文化群众办的繁荣局面。

（三）群众文化大戏“永不落幕”

改革开放以来，长沙市群众文化生活实现从无到有、从城市到农村、从政府领跑到群众自跑的发展过程，抓住群众文化需求变化，打造一系列具有长沙味的群众文化品牌，形成一支规模庞大、活跃城乡的“群文湘军”。自 2006 年举办全市首届业余文艺团队会演以来，群众文艺团队由 2007 年 98 支发展到 2017 年 2000 支，形成“社区有艺术团、村村有演出队”的生动局面。2015 年以来，“百团会演”广场展演年均超过 15000 场，覆盖全市 180 多个乡镇（街道）、400 多个村（社区），获全国首届“群文”品牌、十大“群文”品牌。

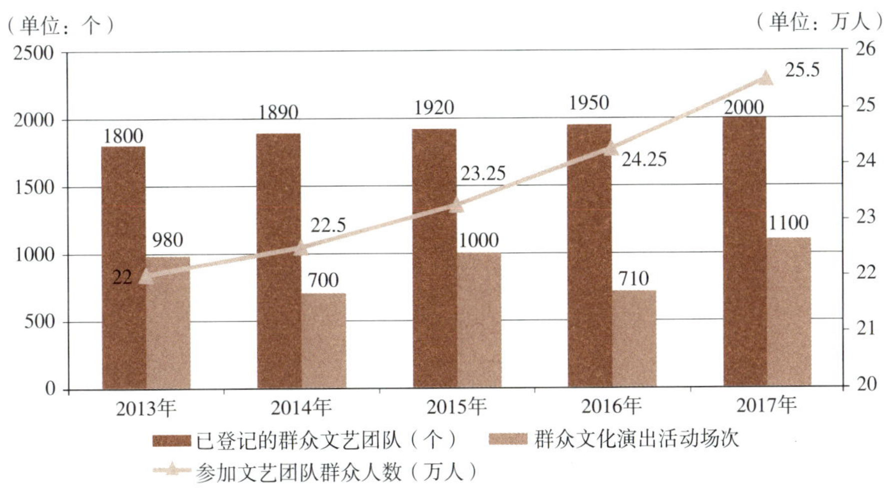

党的十八大以来长沙市群众文化活动基本情况

持续举办“百姓大舞台·有艺你就来”“舞动星城·歌涌湘江”“欢乐潇湘·品质长沙”“百姓汇演”等大型群众文艺汇演，常年参加汇演的群众达数十万人，各村（社区）广场天天有活动、周周有演出、月月看大戏。2017年参加“欢乐潇湘·品质长沙”文艺汇演的群众演员就有10万多名，观众超过400万人次。坚持因地制宜、一地一品，打造梅溪湖国际文化艺术周、橘洲音乐节等知名文化节会品牌，全市90%以上的村（社区）拥有各自特色品牌活动。

（四）“雷锋家乡学雷锋”化育人心

雷锋是长沙的精神符号和道德丰碑。近年来，长沙市不断挖掘雷锋精神时代内涵，以“雷锋家乡学雷锋”活动作为培育和践行社会主义核心价值观的重要抓手，涌现出以全国道德模范廖月娥、周美玲，时代楷模段江华、望城区消防大队，感动中国2017年度人物谢海华等为代表的一大批学雷锋先进典型，学雷锋活动成为城市一道最亮丽的风景线。营造氛围强化精神认同。连续7年举办“雷锋精神论坛”，推出《向雷锋学习》等系列精彩文艺作品，树立雷锋岗、雷锋车队、雷锋专线等道德符号，让市民在潜移默化中产生“我是雷锋故乡人”的自豪感和责任感。创新载体厚积道德土壤。持

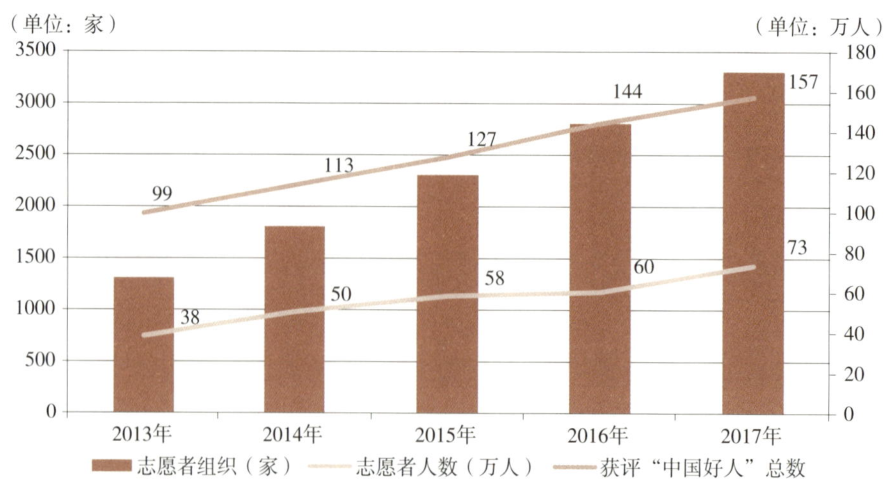

2013—2017年长沙市学雷锋志愿服务组织情况

续开展微公益、文明排队礼让等学雷锋活动，打造“雷锋超市”“‘雷锋号’志愿者工作站”“雷锋 580 热线”等活动品牌，引导市民自觉成为雷锋精神实践者。2001 年率先全国开展爱心送考，目前爱心车辆已发展到 5 万多台。2017 年，全市成立学雷锋志愿服务组织 3300 多个、学雷锋志愿者 73 万人。培树典型带动好人辈出。坚持面向基层、面向群众开展各级各类先进评选表彰，健全礼遇帮扶制度，全社会逐渐形成“好人井喷”“群星闪耀”可喜景象。2008 年以来，全市有 14 人获得全国道德模范和全国道德模范提名奖称号，163 人荣登“中国好人榜”，数量居全国省会城市之首，雷锋家乡已成为名副其实的“好人之城”。

五、注重持续改善社会治理，强化幸福生活的保障

人民安居乐业、社会安定有序、国家长治久安，离不开共建共治共享的社会治理。改革开放 40 年以来，长沙市委、市政府着力提升现代化治理体系和治理能力现代化水平，不断满足人民日益增长的美好生活需要，促进社会公平正义与和谐稳定，形成有效的社会治理、良好的社会秩序，使群众获得感、幸福感、安全感更加充实、更有保障、更可持续。

（一）树立以人民为中心的执政理念

坚持用习近平新时代中国特色社会主义思想指导长沙发展实践，始终坚持把人民利益摆在至高无上的地位，深入开展党的群众路线教育实践活动、“三严三实”专题教育、“两学一做”学习教育、“不忘初心、牢记使命”主题教育，引导各级干部深入一线、深入基层，与群众打成一片，做群众贴心人，为群众办实事，特别是着力解决好吃水难、行路难、上学难、看病难、住房难等群众最期盼解决的问题，以及食品安全、社会保障、学生就业、环境生态等与群众密切相关的重大问题。通过 12345 市民服务热线、网络问政收集意见建议，全方位、多渠道了解群众困难，出台专项工作方案解决群众

反映集中的公交车运营线路和时间、噪音扰民、物业纠纷、房产办证等问题，得到群众广泛好评。发挥城市基层党组织的政治引领、组织引领、工作引领、文化引领作用，进一步提升城市基层党组织治理能力和水平。分农村、社区、机关事业单位等 11 类标准推进“五化”支部建设；实行社区党组织对党员兜底管理，近 7 万名党员到社区报到参加活动、开展服务，基本建立社区“四类党员”管理台账；建立小区党支部 372 个，打造“邻里中心”319 个，“1+3+N”小区治理架构初步形成，启动楼宇商圈党群服务中心建设 48 个。积极引导党员干部“岗位作贡献、合格见行动”，推动窗口单位和服务行业党员“亮身份、强服务、争先锋”，组织动员广大基层党组织和党员干部积极投入信访积案化解、生态环境治理等攻坚战，积极参与拆违控违、文明创建等中心工作，进一步增强党员的身份意识、服务意识和先锋意识，展现省会城市党员的排头兵风采。带着感情抓好脱贫攻坚，以务实的作风把工作做细做实，全市 84 个省定贫困村全部退出，建档立卡贫困人口达到脱贫标准，农民获得感持续增强。积极担起对口帮扶龙山县这份沉甸甸的政治责任，倾情帮扶、全力帮扶、精准帮扶，龙山县贫困发生率由 2013 年的 29%降至 2017 年的 8.9%，下降 20.1 个百分点，有望 2018 年年底在武陵山片区国家级贫困县中实现率先脱贫。

（二）建设人民满意的服务型政府

认真贯彻落实中央、省“放管服”改革要求，以企业群众到政府办事“最多跑一次”为目标，全面推进“互联网 + 政务服务”，加快体系升级、管理升级、服务升级，不断提升人民群众的获得感和满意度。从“服务端”破题，狠抓政务大厅建设。设置政务服务总厅分厅，将纳入“三集中三到位”改革范围的 26 家单位的行政审批和政务服务处全部进驻市政务大厅，努力实现“只进一个厅”就能办成所有审批事项，大厅办理事项由 526 项增加到 857 项，大厅窗口工作人员由 328 位增加到 466 位。从“需求端”着手，狠抓网络平台建设。着力搭建“一级平台，多级运用，互联互通，一网通办”的政务平台，将市本级系统办理的998项政务服务事项全部接入“互联网+政务服务”平台，一体化平台实现上线运行。从“满意端”发力，狠抓审批质量提高。在全省率先推行权力清单制度，市级行政职权精简62%，审批提速65%，非行政许可审批彻底终结。开展“减证便民”行动，取消各类证明材料647项。实行“四十三证合一”改革，所需审批总时限由173个工作日缩减为7个工作日，审批提速24倍。

（三）以人民安全为宗旨健全公共安全体系

始终坚持牢固树立安全发展理念，健全社会公共安全保障体系，确保人民群众安居乐业、社会安定有序。纵深推进“平安长沙”建设，以突出治安问题为导向，以体制机制创新为动力，以信息化为引领，以基础建设为支撑，健全点线面结合、网上网下结合、人防物防技防结合、打防管控结合的立体化社会治安防控体系。先后获评“全国社会治安综合治理优秀城市”“全国创新社会治理优秀城市”“长安杯”等荣誉。加大安全生产在年度绩效考核中的权重，实行安全生产和重大安全风险“一票否决”，安全生产事故、伤亡人数大幅下降。加快建立科学完善的食品药品安全治理体系，坚持产管并重，严把从农田到餐桌、从实验室到医院的每一道防线，做到“严”字当头，无漏监管。食品安全城市创建成效明显，食品安全检测合格率达99.7%，确保了全市人民舌尖上的安全。完善减灾防灾体系，成功创建国家级综合减灾示范社区89个。全面推行“河长制”，深入实施湘江保护与治理“一号重点工程”，加强立法管理，大力推进农村饮水安全工程建设，湘江长沙段出境断面水质稳定达到Ⅲ类，城镇集中式饮用水水源地水质达标率、市级交界断面水质达标率均达100%，确保了老百姓喝上安全水、放心水。成功创建全国首批水生态文明城市。

（四）积极守护社会公平正义

始终围绕“建设成为最具公平感、正义感的城市”的奋斗目标，坚持法无授权不可为、法定职责必须为，以更加规范的执法司法行为取信于民。通过深入开展执法检查、专项督查和案件评查“三个检查”，开展坚决纠正涉法涉诉中损害群众利益行为、坚决反对司法不公司法腐败、对“关系案”“人情案”“金钱案”实行零容忍“三项整治”，健全执法管理机制、执法监督机制、执法责任追究机制“三个机制”，不断提升了执法司法的权威性和公信力。坚持以公开促公正，全面推进审务、检务、警务、狱务公开，在法院系统实行庭审录像、记录、显示“三同步”，推行审判流程、裁判文书、执行信息“三公开”；在检察系统建立终结性法律文书公开制度，实行统一受案、全程管理；在公安机关建立“互联网 + 警务”模式，成立民意调查中心和投诉中心；在监狱系统规范提请减刑、假释和罪犯暂予监外执行的条件和程序，完善罪犯计分考核办法，全面落实减刑、假释、保外就医公示和听证制度。先后获评“中国法治政府奖”、“中国政府创新最佳实践奖”、全国“法治政府建设典范城市”等荣誉。

六、经验启示

历史，总是在一些特殊年份给人们以汲取智慧、继续前行的力量。改革开放 40 年来，长沙的生活方式变了，但幸福的真谛没有变；城市面貌变了，但奋进的品质没有变。旧貌换新颜的长沙城正用他的速度和品质诠释着改革开放带来的雄厚实力、无限魅力、强劲动力，“心忧天下、敢为人先”的长沙人正用他们的智慧和汗水浇灌着幸福之花的精彩绽放。凡是过往，皆为序章。立足长沙在改革开放上的探索、实践和作为，深刻总结改革开放的宝贵经验，必将助推我们在新时代不断推进高质量发展、全面建设现代化长沙，朝着美好的未来阔步前行。

（一）必须始终坚持党的领导，牢牢把握正确方向

坚持中国共产党领导，是做好一切工作的前提，也是幸福家园建设的根

本保障。从1979年长沙县开慧公社竹山大队张家塝生产队“包干到户”揭开农村巨变序幕，到经济总量迈入“万亿俱乐部”；从物质短缺到率先全面建成小康社会；从1979年总规城市建设用地规模的72平方公里到2014年的629平方公里，40年的改革发展历程中，每一次量的提升、质的飞跃，都是中央路线、方针、政策与长沙实际紧密结合的生动实践，都深刻昭示着——只要跟党走，就一定能取得经济社会发展的丰硕果实。面对错综复杂的环境，要继续推动高质量发展，奋力开启新时代全面建设现代化长沙新征程，就必须牢固树立“四个意识”，坚决维护习近平总书记在党中央和全党的核心地位、坚决维护党中央权威和集中统一领导，自觉在思想上政治上行动上同以习近平同志为核心的党中央保持高度一致。

（二）必须始终坚持改革创新，奋力走在时代前列

改革创新是幸福家园建设的动力源泉。40年来，长沙始终把谋改革求创新作为强烈的责任担当，破体制障碍、拆制度藩篱，除陈规旧矩、扫暮气旧习，用改革的思维、办法和手段来化解矛盾、推动发展、改善民生。长沙综合实力的增强、城市品质的提升、民生福祉的改善，都是解放思想和改革开放相互激荡、观念创新和实践探索相互促进的结果。实践证明，惟改革者进，惟创新者强，惟改革创新者胜。我们要拿出“敢为天下先”的勇气，锐意改革，致力创新，积极探索符合长沙实际、顺应人民意愿的新道路新模式，不断提高发展的质量和效益，增添幸福长沙的底色和成色。

（三）必须始终坚持人民至上，不断凝聚发展合力

人民至上是幸福家园建设的价值追求。盘点改革开放40年长沙的成绩单，无论是精准扶贫、社会保障、医疗卫生，还是教育公平、食品安全、社区提质提档，一项项民生政策的落地实施，一个个惠民项目的持续推进，书写出一份份沉甸甸的“幸福答卷”。市委、市政府始终把人民群众的利益放在首要位置，体现在制度的安排中，付诸项目的铺排上，在群众“最怨”的

问题上抓整改；在群众“最急”的问题上见真情；在群众“最盼”的问题上赢民心，用行动积极回应人民群众对美好生活的殷切期待，赢得了人民群众对党委政府的理解支持。实践证明，只有始终把实现好、维护好、发展好最广大人民的根本利益，才能不断增强人民群众获得感、幸福感，才能更好地把人民群众的智慧和力量凝聚到长沙发展大业上来。

（四）必须坚持文化铸城，努力打造精神家园

文化是城市的灵魂，是幸福家园建设的亮丽名片。改革开放以来，长沙立足历史悠久、底蕴深厚的文化名城特色，坚持以思想道德建设为核心，以提高市民素质为重点，统筹推进更高水准的全国文明城市建设，立足基层基础的文化惠民扎实有效，融入国家格局的试点示范成绩斐然，站位世界舞台的文化交流影响广泛。一路走来，长沙用文化的清泉浸润这片秀美的土地，以优秀的历史传统、高尚的价值理念、文明的社会风尚、良好的市民素质支撑起城市的精神地标。实践证明，只有将文化深深熔铸在城市的发展历程之中、镌刻在市民的心灵深处，才能留下最珍贵的历史记忆，才能打造最闪耀的城市名片。

（五）必须始终坚持奋斗实干，着力改进工作作风

幸福是奋斗出来的，奋斗实干是幸福家园建设的重要法宝。改革开放的40年，发展机遇千载难逢，干事舞台无比广阔，但每一项成绩都需要用脚步去丈量，用汗水去浇灌。唯有实干，才有实绩。一直以来，市委、市政府始终以抓铁有痕、踏石留印的劲头抓落实，只要是关乎老百姓的福祉权益，认定的事紧盯不放，确定的事持之以恒，谋定的事一抓到底。实践证明，只有把这种奋斗之心、务实之风永远保持下去，群众的获得感、幸福感才能与日俱增、节节攀升。我们要时刻保持这种永不懈怠的精神状态和一往无前的奋斗姿态，让幸福之城的绚烂之花永远绽放。

（2018 年 8 月）

改革开放
与中国城市发展

GAIGEKAIFANG

张家界

从深闺山水到璀璨明珠

——旅游业发展的“张家界样本”

中共湖南省委宣传部
中共张家界市委

张家界市位于北纬28°—30°、东经109°—112°之间，地处我国中西部的湘西北边陲，下辖永定、武陵源两区和慈利、桑植两县，设张家界风景名胜区和国家森林公园管理局、张家界经济技术开发区，总人口172万，总面积9533平方公里，集革命老区、少数民族聚居区、贫困地区、武陵山区、生态功能区、知名旅游区于一身。

改革开放以来，张家界因旅游而建、因旅游而兴，先后摘获了全球首批世界地质公园、世界“张家界地貌”命名地、联合国世界旅游组织旅游可持续发展观测点、中国首批世界自然遗产、中国第一个国家森林公园、国家首批5A级旅游景区、全国文明风景区等多项殊荣，成长为享誉中外的世界知名旅游地，树立了内陆偏远地区开拓现代旅游的精彩典范，成为40年来中国旅游事业蓬勃发展的生动剪影。

一、旅游胜地的崛起：打造山水旅游的“全球名片”

张家界原名大庸市，是古庸国所在地，乃“九州之外”“以采蕨挖葛为食、饲蜂为业”的“蛮夷”之地。20世纪70年代，桂林、黄山等地已是被誉为“山水甲天下”“归来不看山”的知名景点，这里还是个小小的国营林场。

在改革开放的大潮催生下，张家界快速崛起为一颗璀璨的山水明珠、世界级旅游瑰宝。2018 年，全球最大的私人旅行指南杂志澳大利亚的《孤独星球》（*Lonely Planet*）把以张家界等景点为核心的湖南地区作为全球十个性价比最高的旅游目的地予以推介。张家界旅游从无人知晓到名扬四海，经历了立园建市、旅游兴市、转型强市三个历史阶段。

（一）因旅游建市，开启现代旅游城市建设（1979—1994 年）

改革开放之初，大庸张家界林场仍然被当地人称“山高水冷石头多，不是过溪就爬坡”，一些艺术家、摄影人士却已经发现她的确与众不同。著名画家吴冠中在张家界写生，惊叹张家界景色之美，认为她秀色不让于桂林，情调不同于黄山，特色凸显于峨眉，雁荡、武夷、青城、石林……都比不上这无名的张家界美，因此在《湖南日报》发表《养在深闺人未识——失落的风景明珠》轰动一时。而真正转变观念，把旅游业从被视为“资产阶级游山玩水”解放出来，倡导大力发展旅游业，还是改革开放之后。1979 年，湖南省委省政府派出 14 人考察小组，专题考察张家界国营林场，认为张家界旅游资源大有开发价值。其后，林业部组织专家对张家界旅游资源进行全面考察和综合评估，认为张家界旅游资源具有独特性，有进入世界一流景区的潜力。1982 年，国务院批准成立中国第一个国家森林公园——张家界国家森林公园，中国国家森林公园由此肇始。1985 年，为了加快张家界旅游发展，国务院批准将大庸县撤县建市。1988 年，国务院同意将原大庸市升级为地级市，慈利县和桑植县划归大庸市管辖；大庸市设永定、武陵源两区，从此张家界国家森林公园、索溪峪自然保护区、天子山自然保护区走上了统一开发、建设、管理的道路。1989 年以来，大庸市以促进现代旅游发展作为首要工作任务，提出“初步建成国际旅游新城”的目标。1995 年，国务院批准将大庸市更名为张家界市。从设立第一个国家森林公园到建立第一个以旅游开放为主的地级市，张家界在不断摸索前进中开启了现代旅游城市发展的崭新阶段。

（二）以旅游兴市，推动旅游业快速发展（1995—2011 年）

张家界市建立后，坚持以旅游业为龙头，立足优势资源，实行综合开发的发展思路愈加清晰坚定，旅游成为张家界立市之基、兴市之本。1995 年 3 月，时任中共中央总书记江泽民同志视察张家界，并亲笔题词：“把张家界建设成为国内外知名的旅游胜地”，为张家界发展指明了方向目标。1999 年市第三次党代会进一步明确“发展经济必须以旅游为突破口，以旅游业为支柱产业，实施旅游带动战略”，从此确立了旅游业在全市经济社会发展中的主导地位。此后数届党委政府以建设国内外知名旅游胜地为目标，大力推进旅游带动战略，完善旅游产业链条，做大旅游经济规模，打造张家界旅游品牌，开展国家旅游综合改革试点，逐步把张家界建成湖南旅游龙头和全国旅游产业大市。连续十余年，张家界成为全国旅游的兴奋点，知名度和影响力快速提升，旅游人次大幅增长，旅游收入不断增加。到 2012 年，全市各景区景点共接待游客 3590 万人次，与黄山 3600 万人次基本相当，高于桂林 3293 万人次，跻身于全国知名旅游区的前列。

（三）促转型强市，谋划国际旅游胜地梦（2012 年至今）

党的十八大推动旅游业发展进入一个全新的时代。张家界积极树立绿色发展的新理念，适应大众化旅游时代的需求，努力实现旅游从单一观光型向度假复合型、从数量型向质量效益型、从国内品牌型向国际名片型转变。为此，张家界找准坐标、找到对标，积极变革旅游发展方式，探索推进全域旅游，提升旅游附加值，扩大国内外影响力，建设旅游经济强市和谋划实现国际旅游胜地梦，进入了超常规、跨越式增长阶段。2013 年中共张家界市委六届五次全体（扩大）会议审议并通过了《提质张家界、打造升级版——张家界市加快推进国内外知名旅游胜地建设五年行动计划》，提出了“提质张家界、打造升级版”战略和“1656”行动计划，并深化为“一战略七行动”。2017 年 3 月，中共张家界市委七届三次全体（扩大）会议审议并通过了《关于在“锦绣潇湘”全域旅游基地建设中发挥龙头作用的意见》，提出了“对标提质旅游强市”战略和“11567”发展思路。一系列符合张家界历史阶段的发展战略和总体思路，有力指导和推动了全市旅游经济和社会事业的快速健康可持续发展。张家界市旅游接待人次连破3000万、4000万、5000万、6000万、7000万五大关口，2017年达到7336万人次；旅游总收入迈过200亿、300亿、400亿、500亿、600亿元五个台阶，2017年实现624亿元，两项指标连续五年保持20%左右的高位高速增长。在全国同类型景区和旅游目的地城市（除直辖市、副省级城市和省会城市外）中稳坐“头把交椅”，创造了中国现代旅游发展史的传奇。

实践证明，改革开放是催发旅游事业的东风春雨。“改革开放是决定当代中国命运的关键抉择”。改革开放给张家界带来前所未有的重大机遇，带来了张家界国营小林场发展成为旅游“全球名片”的惊天巨变。因此，改革开放如东风、似春雨，催生了张家界、激活了张家界、发展了张家界，一系列改革开放举措，为张家界经济社会又好又快发展源源不断地注入了新的生机和活力，成就了张家界旅游发展的奇迹。

二、创新源地的勃发：贡献旅游业持续发展的“中国智慧”

“惟创新者进，惟创新者强，惟创新者胜。”40年来，张家界旅游发展以后来者奋起勃发、一路高歌猛进，除了前所未有的机遇、得天独厚的旅游资源外，其兴盛的秘诀在于全市上下不断求索创新的精神。正是在这一精神的推动下，张家界为旅游业发展贡献优秀的创新智慧，提供了可供世界旅游业发展借鉴的中国案例。

（一）超前谋划、出奇制胜的产品创新

旅游的生命力在于创新。张家界在做好传统观光旅游产品的基础上，先后开创了中国旅游新业态、开发了中国第一条旅游漂流——茅岩河漂流和世

界极限运动圣地——天门山，打造了世界首台高山峡谷音乐实景剧《天门狐仙·新刘海砍樵》和大型民族舞蹈史诗《张家界·魅力湘西》，建设了载入吉尼斯世界纪录的建筑奇观——九重天土家吊脚楼、户外观光电梯——百龙电梯和独占 10 项世界第一的张家界大峡谷旅游景观桥——玻璃桥，引进了马丁飞行包等时尚科技旅游项目，包装了“如果你孝敬父母，就请带他们到张家界去观光”——韩国专项旅游产品，等等。为满足不同游客群体的不同层次的需求，除“吃住行游购娱”传统的旅游六要素持续发展完善外，以“商养学闲情奇”为代表的旅游新要素不断拓展和丰富，探险游、温泉游、乡村游、赏雪游、亲子游、生态游、养生游、休闲游、研学游等一系列旅游新产品、新业态在张家界别开生面，蓬勃发展。全市已开发各类景区景点 300 多个，其中国家等级旅游区 21 家，中国旅游演艺之都、世界户外天堂、世界极限运动胜地、休闲康养度假胜地等旅游新品牌新形象日渐清晰闪亮。2016 年，张家界市旅游发展综合质量指数（TQZ 指数）为 80.94%，评价结论为“非常满意”。

（二）推陈出新、借势借力的营销创新

营销创新才能实现眼球效应、抓住游客的心。为此，张家界充分利用节事、政策、媒体、客源地“四大营销”载体，创新影视、体育、文学、音乐等艺术营销，不断尝试营销创新，创造年年有新意、月月有活动、天天有精彩的热点景区。20 世纪 90 年代以来，张家界国际森林保护节已举办了 18 届。同时，办元宵灯会、土家“六月六”、国际乡村音乐周、洞听黄龙音乐季、民族文化活动月、翼装飞行世界锦标赛、国际诗歌旅游节等活动也持续不断。张家界为石笋“定海神针”投保 1 亿元、飞机穿越天门洞、俄罗斯空军特技飞行表演、《阿凡达》取景事件、法国蜘蛛人阿兰·罗伯特徒手攀爬天门洞、张家界大峡谷玻璃桥铁锤砸玻璃、首推淡季门票优惠和年票政策等等，成为经典文化旅游的案例。从来不缺乏创意的张家界，让世界的目光一次又一次聚焦在这里。也正因为如此，张家界像磁石一样吸引着无数国内外

游客的前往。

（三）靶向效应、自我革命的管理创新

没有好的管理，就没有旅游发展，旅游业做大做强依靠的是科学化、制度化的管理。张家界先后在全国第一个制定旅游行业管理暂行办法、第一个实施旅行社质量保证金、第一个推行“导游员国证化”、第一个组建旅游监察队（现为“旅游质量监督所”）、第一个实行旅游资源所有权和经营权分离、第一个实行旅游门票经营权银行质押、第一个推行旅游企业发票、门票“一票制”和全域旅游“公对公”结算，以及第一个设立市、县两级旅游工作委员会、第一个在旅游窗口行业探索并强化基层党组织建设，等等，创下了旅游行业的许多第一。为整治旅游市场，张家界连续 10 多年开展“平安满意在张家界”旅游市场专项整治，持续打击不合理低价、追客宰客、无证经营、违约失信等违法违规行为。创新完善“1+3+N”旅游现代治理机制，推进旅游综合执法模式改革，建立张家界智慧旅游指挥调度中心，优化旅游监管和旅游执法快速反应机制，构建“1+N+15”旅游维权服务圈，有效维护旅游市场秩序。加强旅游饭店星级管理、旅行社质量等级管理和旅游从业人员资格认证管理，实现对旅游市场日常化精细化监管。建立旅游经营服务不良信息公示和监管共享制度。全面推行旅游购物无理由退货承诺制度、“十分倒扣”管理制度、投诉直报点制度“三项制度”，让游客高兴而来，满意而归。

（四）市场导向、多元开发的机制创新

张家界旅游早期开发基本上是政府出钱出力，面临着“既要靠旅游开发摆脱贫困，又因贫困无力开发旅游”的矛盾局面。经过反复探索，张家界找到了旅游资源所有权与经营权分离的市场化之路，以开放促开发，找市场要黄金。天门山、黄龙洞、宝峰湖、土司城、茅岩河、九天洞、万福温泉和黄石寨索道、天子山索道、十里画廊观光电车、百龙电梯、张家界大峡谷玻璃桥等一大批景区景点和创新产品，在民间资本的投资下，迅速开发建立起

来。天门山造就了“美丽张家界的新传奇”，张家界大峡谷玻璃桥成为游客来张家界的“打卡项目”，张家界旅游集团股份有限公司成为中国旅游板块第一家上市公司，被誉为“中国山水旅游第一股”。开发主体的多元化，极大地丰富了张家界旅游产品供给；强势民营旅游投资企业的介入和重大旅游项目的启动，支撑起了张家界旅游发展的新架构。多元主体下的旅游业态，也滋养了叶文智、张同生、田辉林、陈志冬、邓道理等一大批旅游营销策划大师和经营管理人才。张家界市设立1亿元旅游专项发展资金，实行以旅招旅、以旅招商，引进和培养近万名韩语导游和旅游经销商，成为10多年来全国接待韩国游客最多的旅游目的地。

（五）精耕细作、引领行业的标准创新

旅游行业作为新兴业态，急需制定行业的各类标准。为解决旅游统计标准的行业性难题、实现旅游经济的有效核算和评估，张家界根据“全域旅游”“大数据中国”、创建旅游城市大数据合作平台（国家旅游大数据实验基地）等需求，着力推进旅游统计制度改革，在全国率先设立城市旅游统计研究院，为全国31个省市自治区、100个旅游发展重点城市、500个创建国家全域旅游示范区，提供旅游经济核算、全域旅游测评验收、旅游业税收征管监测、旅游满意度测评、旅游扶贫监测等统计解决方案。《湖南省旅游经济综合动态》《国家全域旅游示范区经济动态——张家界创建版》，成为全国300多个优秀旅游城市中唯一能按年度持续反映旅游GDP、旅游业税收、旅游就业、旅游收入、旅游企业游客满意度等情况的蓝本。《旅游业分类》《旅游经济核算》两个标准已确立为国家标准并颁布实施。张家界着力制定实施旅游管理服务“张家界标准”，扎实开展全国旅游标准化试点和国际质量认证工作，创建制定《张家界旅游团队购物场所服务规范与等级划分》《旅游服务组织金融支付服务等级划分与评定》《湖南省民族客栈地方标准》并得以推广实施。

（六）舒心便捷、游客至上的服务创新

张家界注重以旅游体验为核心，从游客渴望放松愉悦的旅游心理角度出发，提升游客吃、住、行、游、购、娱的服务水平，让游客从抵达到离开全程享受到高效优质的服务。加大智慧旅游建设，加速提高张家界旅游业的科技含量，“智慧景区”“智慧酒店”“智慧餐饮”“智慧零售”等全面普及，2013年张家界获得国家智慧旅游奖。开发全国第一个全域旅游信息化管理系统“全域通”信息管理系统，为游客提供吃、住、行、游、购、娱和在线投诉等“一条龙”线上服务。在全国率先建立市人民政府游客中心体系，构建由门店系统、交通物流系统、网络平台系统、规范标准系统等子系统组成的O2O旅游服务新模式。推出“10分钟景区应急救援机制”，向游客承诺“你不下山，我不下班”，做到“有问必答、有难必帮、有诉必果”。在所有景区休息点，配备了装有创可贴、清凉油、胶带、针线等常用应急用品的“党员服务包”。对旅游者采取“你扔我捡、你画我擦、你骂我忍，以德服人”等办法引导其文明旅游，温情化管理，人性化操作，受到各方一致好评。

实践证明，不断创新是推动旅游业持续发展的活力之源。创新是引领发展的第一动力。张家界树立“抓创新就是抓发展，谋创新就是谋未来”的理念，始终坚持向改革创新要红利要动力要活力，围绕旅游业发展趋势，以解决突出问题为切入点、突破口，对照最高标准，大胆试大胆闯自主改，全面推进产品、服务、管理、营销等创新，把创新贯穿于一切工作之中。旅游改革创新一浪高过一浪，每一步都极大地激发释放了张家界旅游业发展的活力和潜力，增强了张家界旅游业的竞争力、生命力和吸引力，推动旅游发展不断取得新成效。

三、发展高地的担当：舞起“锦绣潇湘”全域旅游的龙头

以一个景区为龙头，带动辐射周边景区，实现互补发展，这是现代旅游

和区域经济发展的趋势。正所谓湖南有两张牌：“一张是袁隆平、一张是张家界”，作为湖南经济发展不可多得的一张好牌，张家界积极发挥旅游龙头作用，贯彻落实省第十一次党代会作出了建设以“锦绣潇湘”为品牌的全域旅游基地重大战略决策，努力把张家界这块旅游胜地打造成为引领发展的高地。

（一）当好龙头：从景城一体到全域旅游

要想舞好龙头，先要有龙头战略。作为最早提出“景城一体”和“全域旅游”的张家界，通过探索景区和城镇一体化发展理念，积极倡导和推进全域旅游，走出了一条新型旅游城市发展之路。为加强景城一体建设，张家界进一步增强城市旅游功能，加快市中心城区澧水两岸滨河岸景空间建设，一批集娱乐休闲、商务办公、住宿购物等功能于一体的城市综合体逐步形成，国际旅游服务滨河景观带、城市慢生活区、水邑生态休憩区华丽展现，建成运营碧桂园、华天城、纳百利、禾田居、湘投阳光、大成山水、京武铂尔曼、青和锦江等一批高端酒店，实施“千家特色人文客栈”工程，等级景区高标准游道、旅游厕所和辅助设施实现全达标、全覆盖，城市面貌的日益景区化、具有“国际范”，朝着建设“畅达、休闲、生态、智慧、文明”“五城一体”的国际精品旅游城市大踏步迈进。全域旅游进一步升级了景城一体化的战略，把张家界全市作为一个大景区，制定《张家界市旅游产业发展总体规划（修编）（2009—2030）》，突出全地域规划，按照“三星拱月、月照三星”发展思路，全面提质武陵源核心风景区（月），加快发展东线慈利县观光休闲旅游（星），大力开发南线永定区商务休闲度假和天门山观光旅游（星），全面振兴西线桑植县生态人文旅游（星）；按照“双核（武陵源核心风景区、市中心城区核心服务区）三极（天门山旅游文化先导区增长极、张家界大峡谷国际旅游经济区增长极、茅岩河风景区增长极）多点（旅游景点、特色旅游村镇及乡村旅游服务基地）”，推进旅游产业布局，注重差异化、品质化发展。“三星拱月、月照三星、全域旅游”的旅游新格局已经成型。全域旅游，让张家界发展走上了新征程，经济社会发展驶入了“高速路”。

（二）引领带动：从湘西地区到武陵山片区

作为“锦绣潇湘”全域旅游的龙头，张家界日益彰显“虹吸效应”，呈现从张家界到大湘西再辐射周边武陵片区的连动态势。张家界旅游在成功开发经营湘西凤凰古城与黄龙洞景区共同发展，谱写了“龙凤神话”之后，进一步打破行政区划限制，着力打造环张家界旅游经济圈，建立张家界—湘西—怀化三市州旅游发展共同体，共同打造旅游品牌、共同推介旅游线路、共同举办旅游活动、共同完善旅游管理，避免区域同质化竞争，推进区域无障碍旅游，实现旅游经济共赢发展，着力打造成全域旅游一体化“张吉怀模式”。同时，作为武陵山片区 6 个中心城市之一，张家界位于武汉、长株潭、西安、成渝、桂林五大城市圈的几何中心和中西部地区旅游资源富集带的线路组织中心，承担着上述城市群、经济带的辐射和对接功能，是整个片区旅游交通集散中心、旅游综合服务中心，是周围 500 公里范围内唯一具有全国性、全球性吸引力的旅游目的地，客源吸引、辐射能量巨大。在《武陵山片区区域发展与扶贫攻坚规划（2011—2020 年）》推荐的片区 12 条精品旅游线路中，有 9 条是以张家界作为始发点或终点。为此，张家界积极优化升级交通体系，围绕建设区域性旅游交通枢纽城市，全面优化升级铁路、公路、航空等现代交通网络，启动建设了黔张常铁路和张吉怀高铁，打通了连接贵阳、重庆、桂林、宜昌、武汉、长沙等客源城市的高速公路，改（扩）建张家界荷花国际机场，为推进中国武陵山旅游联盟打好基础。

（三）开放互动：从旅游合作到对外交流

开放发展是全域旅游的必然要求。作为全域旅游的龙头，张家界广泛参与国际旅游合作，联手打造国际精品旅游线路，在旅游线路上互动、旅游产品上互补、旅游市场上互融、旅游广告上互换。进一步拓展国际旅游市场，完善对外旅游宣传推广体系，建立多语种旅游宣传推广网站和海外推广机构，启动 TDIS（目的地形象识别系统）建设，每年派出 20 多批次团队到境外旅游市场开展宣传促销和友好交流。2017 年，张家界接待了 109 个国家和地区的境外游客，覆盖了世界旅游组织 156 个会员国的 69.87%。与此同时，张家界积极开展对外交流，加强与世界旅游组织、联合国教科文组织等国际组织（机构）、行业协会、国家旅游局驻外办事处等机构的密切联系，先后与韩国河东郡、日本鸣门市、美国圣达菲市、泰国春武里府等 10 多个国际城市等在旅游、经贸、文化、农业等方面进行深入友好交流，结成正式国际友好交往城市 3 个、友好单位 4 个，签订国际友好交往意向书 20 多件，在哈萨克斯坦、俄罗斯、捷克等“一带一路”沿线国家设立了旅游“丝路驿站”4 家，这些都使张家界的国际开放度和美誉度得到很大提升。

实践证明，全域旅游是推动旅游转型升级的必由之路。从景点旅游向全域旅游转变，最终实现从小旅游格局向大旅游格局转变，这是区域发展走向成熟的标志，代表着现代旅游发展的新方向。对标世界知名旅游城市，从注重景区的单独发展向以景区为轴心的区域目的地综合发展转变，从部门行为到党政统筹全方位推进转变，实现由旅游观光向旅游观光休闲度假兼备方向转型升级，由世界级旅游资源景区到世界级旅游品质城市的跨越，打造核心景区向全域辐射、全面开放的龙头引领发展模式，这就是张家界全域旅游发展的成功经验。

四、民生福地的探索：书写旅游扶贫的精彩华章

张家界属于湘西贫困山区，脱贫攻坚任务艰巨。5 年前，习近平总书记在湘西十八洞村作出了“精准扶贫”的重要指示，为此，张家界坚持“一手抓旅游、一手抓扶贫，以旅游反哺农村”，通过引导贫困群众融入旅游产业链，从而打破“端着金饭碗讨饭”的怪象，使旅游发展的成果惠及当地百姓，加快了脱贫致富的步伐。

（一）建设景区景点，贫瘠山区成“聚宝盆”

张家界全面开展对贫困地区的旅游资源普查，把西线桑植旅游作为旅游扶贫主战场，鼓励和规范有市场潜力的贫困村开发旅游新景点、新产品，鼓励贫困群众把土地、山场等租给合作社或企业发展旅游，把贫困户自有资源折价入股，吸纳贫困群众在企业就业，使之成为拿土地租金、分红股金和务工薪金的“三金”农民。大力发展乡村旅游和休闲农业示范点、乡村休闲农庄、星级乡村旅游区（点）和花卉园、特色客栈等旅游脱贫产业项目，五号山谷、回家的孩子、水木潇湘、遇安邸等一批高端客栈受到国内外游客的热烈追捧，其中五号山谷被评为 2018 年全球十大“必睡”民宿，乡村客栈成为张家界旅游的又一突出亮点。将扶贫攻坚和休闲农业与乡村旅游、现代农业、山区综合开发相结合，一举搞活了资源，农民实现了守着山林就可脱贫的历史夙愿。

（二）开发旅游线路，山沟古村成“好去处”

张家界坚持以制定完善旅游扶贫规划为切入点，指导和帮助贫困村设计、推广峰林峡谷、武陵民俗、沅澧山水等精品旅游线路。充分利用丰富的古镇、古村、古民居和民俗旅游资源，发展有历史记忆、地域风情和民族特色的古镇、古村群落，让每条线路特色突出、内容丰富，望得见山水，记得住乡愁。制定《张家界市旅游扶贫精品线路导览图》，通过 9 条跨武陵山片区旅游精品线路、3 条跨大湘西生态文化旅游精品线路、12 条域内乡村旅游精品线路，将张家界美丽山水串联成线、成片。昔日穷山沟变成今日旅游休闲好去处，老宅子变成城里人稀罕的好地方，农家饭变成人们津津乐道的“新口味”，古老的吊脚楼住上了外国“驴友”，唱山歌的老人身旁围满一脸新奇的游客，从而使不少大山深处的贫困户过上了充裕的生活。

（三）发展旅游商品，深山土货成“抢手货”

张家界大力开发旅游商品，促进旅游扶贫脱贫。建立张家界旅游商品研发中心，加大对老字号商品、民族旅游商品开发力度，推进大鲵、蔬菜、土家腊肉、茶叶、柑橘、猕猴桃、葛根粉等名优土特产精深加工，扶持开发民族服饰、木雕、砂石画、土家银饰等具有地方和民族特色的旅游商品，发展特色种养村、旅游商品特色村。引导贫困户加入鱼泉贡米、宝峰菜葛、天子山剁辣椒、土家织锦等旅游农产品合作社。建立“旅游＋互联网”乡村旅游平台，组织自驾车旅游者下乡开展“后备箱行动”，采购优质生态农副产品、手工艺品、非遗文化产品，扩大旅游商品消费。沅古坪腊肉、洞溪辣椒、白石萝卜等，在大力开展旅游商品扶贫的引领下，这些大山深处的“土货”，逐渐成为帮助群众脱贫致富的“抢手货”。

（四）创造就业岗位，贫困村民成“上班族”

张家界通过旅游发展创造更多的就业岗位，使百姓“田间地头做产业，唱着山歌搞旅游”。一方面，通过多渠道引导就业，越来越多的当地农民从田间地头走进景区、酒店，换成了服务员、讲解员、保安员、保洁员、驾驶员、售货员、演员等“十大员新身份”。另一方面，建立旅游、人社、扶贫、财政、商粮、教育等部门及乡镇政府、驻村帮扶工作队合力推进的旅游就业扶贫机制，大力实施雨露计划，开展旅游服务、实用人才技术等系列培训，不断提高贫困村民劳动技能和自身素质。“乖幺妹”土家织锦公司先后培训员工 1200 人次，5 个生产基地 106 名贫困户，年人均收入可达 3 万元；“湘阿妹”菜葛基地通过村企共建、委托帮扶、小额信贷等产业扶贫模式，2017 年共为协和乡 565 户群众分红 150 万元；“高山怡韵”茶叶公司带动 5 个贫困村种植青钱柳茶叶，212 户 527 名贫困人口人均增收达 2800 元。目前，张家界有 1/3 的贫困村、40%的贫困人口参与乡村旅游扶贫，20 多万贫困群众从事旅游业，每年因旅游扶贫脱贫人数达 1 万余人。2016 年，全市旅游精准扶贫脱贫 21505 人，旅游扶贫脱贫贡献率 40.39%。核心景区所在地武陵源区依托发展旅游业在全省率先实现整区脱贫摘帽。

实践证明，旅游扶贫是贫困地区脱贫致富的“好帮手”。旅游扶贫作为国家脱贫攻坚战略的重要组成部分，是产业扶贫的主要方式。唯有发展旅游经济，才是张家界地区摆脱贫困、走向兴盛的最佳路径和必然选择。通过开展旅游扶贫，不仅盘活了山乡沉睡多年的闲置资源，而且激发了全民通过旅游进行创业的潜能与热情，为山区农民脱贫致富增添了一个“好帮手”，同时也丰富拓展了旅游业态和产品，开辟了旅游发展新空间，使张家界成为旅游发达、人民幸福的“福地”。

五、绿色宝地的实践：“绿水青山就是金山银山”的经典样本

旅游业是无烟产业，是建设生态文明最有优势、最富潜力的美丽产业。张家界通过大力发展旅游业，把自然生态优势转化为发展优势、竞争优势，有力促进了城乡居民生活质量提高和社会事业发展繁荣，成为“绿水青山就是金山银山”的生动实践和精彩注脚。

（一）坚持生态优先，守住绿水青山

张家界视绿色为最鲜明的底色、生态为最宝贵的财富，山清水秀是张家界作为赖以生存和发展的生命线，始终坚持“严格保护、统一管理，合理开发、持续利用”的方针和“保护第一、开发第二”的原则，把“山上保护世界自然遗产、山下建设未来文化遗产”的理念贯穿到域内所有建设活动之中，通过实施武陵源核心景区住户和服务设施两次大拆迁，禁止发展高能耗、重污染产业，重拳打击非法开采镍钼矿行为，在景区和城区全面取缔燃煤锅炉、兴建污水和垃圾处理设施、禁放烟花爆竹、开展“六城同创”，在农村实行退耕还林、推广沼气、环境整治“6+1”行动，等等，持续做好护山、护水、护河、护林、护地、护天文章。坚持实施环境保护议事制、环境

保护报告制、领导干部环境责任制、环保参与综合决策制“四项制度”，要求全市各级人代会将环境保护报告与政府工作报告、财政预决算报告、国民经济社会发展计划报告等一同提请人大代表审议。严格落实环境保护“党政同责”“一岗双责”，在全市营造环境保护底线不可触碰的高压氛围。2017年全市空气质量优良天数达324天，优良率达88.8%；城市垃圾无害化处理率达100%；所有地表水监测断面保持Ⅱ类及以上水质，水功能区水质达标率达100%，城市集中式饮用水水源地水质达标率达100%；森林覆盖率达70.98%，中心城区绿化覆盖率达39.6%。累计建成1个国家级生态示范区，9个国家级生态村镇，172个省级生态村镇，912个市级生态村，张家界市成为中国绿色旅游示范基地。

（二）坚持旅游融合，赢得金山银山

张家界坚定不移走“旅游产业为核心，多产业融合发展”之路，广泛深入实施“旅游+”战略。“旅游 + 农业”规模不断壮大。从简单的“吃农家饭，摘农家果”向“休闲、养生、体验、健身、度假”转变。培育开发古法农业、定制农业、创意农业、休闲农业、体验农业，大力发展大鲵、茶叶、富硒农产品、名优特干水果等特色农副食品，以及道地中药材，全域打造推出“有机农产品”品牌。制定实施农副产品转化为旅游商品奖励制度。“旅游 + 工业”结合更为紧密。在全国率先提出和实践“发展旅游产业商品集群”的理念，建设旅游商品产业园、武陵山珍馆、物流园等产业园区，研发推出一批武陵山区民族特色医药（保健）产品、便携式工业旅游商品，培育打造灵洁食品、土家妹、军声画院等20多个“湖南省著名商标”以及茅岩莓等3个“中国驰名商标”。全市旅游商品工业占全市规模工业增加值的39.8%，成为张家界工业四大支柱产业之一。“旅游 + 文化演艺”异军突起。深度开发土家族摆手舞、茅古斯舞、桑植民歌、大庸硬气功等传统文化项目，做活提升民居建筑、节庆礼仪、民族服饰、民间技艺、生产（生活）习俗等风情体验项目，打造形成了一批独具特色的民俗旅游新产品。市城区元宵灯会成为全

国“五大灯会”之一，“六月六”成了中外游客与土家人的狂欢节，溪布老街成为武陵山区规模最大的非遗体验基地，《天门狐仙·新刘海砍樵》《张家界·魅力湘西》获批国家文化产业示范基地。目前全市旅游演艺年产值突破4亿元。“旅游＋体育运动”惊艳世界。加快发展旅游性体育事业和体育性旅游事业，连续举办翼装飞行世界锦标赛、自行车天梯速降国际赛、世界跑酷大赛竞速赛、自行车峰林穿越挑战赛等国际、国内体育赛事。提升推广槟榔谷、红岩岭、天泉山、七星山、清风峡等十大户外精品旅游线路，张家界正成为全世界“户外运动天堂”。2016年，全市旅游业增加值中，旅游第一、二、三产业增加值分别占全市第一、二、三产业增加值的8.34%、43.89%、61.71%，有力促进了全市产业结构优化升级和区域竞争力提升。

（三）坚持依法治旅，实现旅游善治

张家界始终坚持依法兴旅、依法治旅，推动旅游业矛盾问题从突击“整治”走向依法“善治”。2000年9月，湖南省人大常委会通过我国第一部自然遗产保护地方性法规——《湖南省武陵源世界自然遗产保护条例》。2018年5月，张家界市人大常委会颁布施行我国第一部全域旅游地方性法规——《张家界市全域旅游促进条例》。《张家界市全域旅游促进条例》着眼于国际化发展目标，突出旅游规划的地位，用规划引领全域旅游发展，强化基础设施和服务保障功能的提升完善，以此促进张家界旅游产品及旅游服务质量向国际化水准迈进。在旅游市场秩序治理上疏堵结合，突出行业协会的作用，建立旅游纠纷法律援助机制，规范旅游佣金收支行为和旅游电商服务，制定了具有本市特色的处罚类型和标准，着力根治“追客赶客”等旅游乱象。该条例通过立法建立起相对稳定的全域旅游综合协调管理体制，做好引导和统筹规划，加强行业管理、规范行业管理，有力保障了全域旅游健康可持续发展。

实践证明，“两山理论”是指导旅游实践的“指南针”。习近平总书记“绿水青山就是金山银山”的论断，深刻揭示了旅游发展的客观规律，是指导旅游实践的指南“真经”。张家界在旅游发展中，把自然禀赋的绿水青山变为

流金淌银的“绿色宝地”，留住了绿水青山又抱回金山银山，正是这一光辉论断的实践范例。张家界的实践证明，新时代旅游业发展必须以“两山理论”为指导，坚定不移走生态优先、绿色发展的道路，全面推进向全域旅游转型升级，实现人与绿水青山和谐共处的永恒持续发展。

改革开放以来，张家界旅游发展取得了突出成效，成为中国旅游发展的一个经典样本。在旅游业带动下，张家界经济实现10.04%年均增长。全市地区生产总值由1988年的14.1亿元增加到2017年的542.4亿元，增长了38倍，其中旅游业增加值比重达到55%。接待游客从54.7万人次增加到7335.8万人次，增长了134倍；境外游客从1.68万人次增加到355.9万人次，年均增长19.5%；旅游收入从2491万元增加到623.8亿元，增长2500多倍；农民人均纯收入从432元增长到8692元，增长了19倍。实现“旅游胜地梦全面小康梦”是未来张家界的奋斗目标。随着中国旅游步入世界旅游大舞台中心，张家界这颗地处中国中西部内陆地区的璀璨明珠，也将站在中国旅游的最前沿，迸发出开放引领、全域绽放的独特魅力。张家界的旅游正在迎来发展大机遇，必将实现发展的大跨越。

附件：

改革开放40年张家界旅游发展大事记与经典案例解读

一、改革开放40年张家界旅游发展大事记

1979年9月，湖南省委、省政府委派旅游部门14人考察大庸。

1980年1月，《湖南日报》发表画家吴冠中介绍张家界林场自然风光的散文《养在深闺人未识——失落的风景明珠》，引起国内巨大轰动。

1981年9月，国家林业部和国家计委有关领导通过对张家界的实地考察，提出把我国第一个国家森林公园建在张家界的设想。

1982年9月，国务院有关部门正式批准《关于同意建设大庸张家界国家森林公园的复函》，宣告我国第一个国家森林公园——张家界国家森林公园诞生。

1985 年 5 月，为了加快张家界旅游发展，国务院批准将大庸县撤县建市。

1988 年 5 月，国务院同意新建大庸地级市。

1988 年 8 月，武陵源风景区被列入第二批国家重点风景区。

1989 年 3 月，中共大庸市第一次党代会召开。

1991 年 11 月，中国湖南张家界国际森林保护节在大庸市举行。来自 16 个国家和地区的 800 余名外宾应邀参加。

1992 年 7 月，林业部批准建立大庸市天门山国家森林公园。

1992 年 12 月，在美国纽约召开的联合国教科文组织第十六届年会一致通过将中国武陵源正式列入《世界遗产名录》。

1993 年 2 月，建设部和联合国教科文组织在北京人民大会堂为武陵源、九寨沟、黄龙等风景名胜区隆重举行列入《世界遗产名录》颁证仪式。

1994 年 3 月，中共大庸市第二次党代会召开。

1994 年 4 月 4 日，大庸市更名张家界市。

1995 年 3 月，中共中央总书记、国家主席、中央军委主席江泽民视察张家界国家森林公园，并题词："把张家界建设成为国内外知名的旅游胜地"。

1996 年 8 月，张家界旅游开发股份有限公司 1500 万股股票（A 股）在深圳证券交易所正式挂牌上市。

1996 年 10 月，首趟旅游列车"张家界号"（张家界至广州 26/25 次）正式开行。

1999 年 1 月 20—23 日，中共张家界市第三次党代会召开，刘力伟代表市委作《精诚团结艰苦奋斗把张家界早日建成国内外知名的旅游胜地》报告。

1999 年 12 月，张家界世界特技飞行大奖赛在张家界荷花机场举行。世界吉尼斯机构代表现场颁证。

2001 年 3 月，张家界被国土资源部批准为我国首批 11 个国家地质园之一，被授予"湖南张家界砂岩峰林国家地质公园"。

2001 年 4 月，中共中央政治局常委、国务院总理朱镕基到张家界市视察。

2003 年 11 月 26—28 日，第四次党代会召开，刘力伟代表市委作了《抓住机遇战胜挑战加快旅游胜地和小康社会建设步伐》报告。

2004 年 2 月，联合国教科文组织在巴黎总部举行专家评审会，张家界进入第一批世界地质公园名录。

2005 年 8 月，张家界至韩国釜山实现直航，这是张家界航空口岸首条国际航线。

2006 年 3 月，俄罗斯空军张家界天门山特技飞行表演在张家界荷花机场举行。

2006 年 9 月 22—24 日，中共张家界市第五次党代会召开，刘力伟代表市委作了《高举科学发展观伟大旗帜努力建设世界旅游精品》报告。

2006 年，慈利县成立阳和旅游经济区管理委员会，积极开发张家界旅游东线，成功招商建设张家界大峡谷景区等旅游项目，2013 年更名为张家界大峡谷国际旅游经济区，2016 年批准为湖南省服务业示范聚集区。

2007 年 8 月，在中国旅游协会旅游景区分会成立暨全国 5A 级旅游景区颁牌大会上，武陵源等 66 家景区获得首批国家 5A 级旅游景区证书和标牌。

2008 年 9 月，中国湖南国际旅游节开幕式在张家界国家森林公园举行。

2009 年 9 月，中国湖南国际旅游节张家界民族文化周开幕，在开幕式上试演的世界第一台大型山水实景音乐剧《天门狐仙·新刘海砍樵》。

2010 年 6 月，张家界市入围中国城市国际协会举办的“中国最具国际影响力的城市”。

2010 年 11 月，国务院批复同意张家界航空口岸对外国籍飞机开放，这是湖南省继长沙之后第二个对外国籍飞机全面开放的航空口岸。

2010 年 12 月，国家旅游局批复《将张家界市列入全国首批旅游综合改革试点城市的请示》，同意张家界作为首批国家旅游综合改革试点城市。

2011 年 1 月，张家界被评为“2010 年中国最具海外影响力城市”。

2011 年 4 月，《湖南省武陵源世界自然遗产保护条例》正式颁布施行。

2011 年 4 月，国内银行业发行的第一张旅游金融 IC 卡正式发行。

2011 年 5 月，省委省政府出台《关于支持张家界市开展国家旅游综合改革试点工作的若干意见》。

2011 年 7 月，湖南省首个世界旅游组织设立的旅游可持续发展观测点在张家界森林公园落户。

2011 年 9 月 27—29 日，中共张家界市第六次党代会召开，胡伯俊代表市委作《加快推进旅游产业大市向旅游强市跨越，不断开创建设世界旅游精品和富民强市新局面》报告。

2012 年，永定区组建天门山旅游文化先导区，积极开发张家界旅游南线。2015 年批准为湖南省服务业示范聚集区。

2012 年 9 月，纪念张家界国家森林公园建园 30 周年暨 2012 年中国湖南张家界国际森林保护节开幕式在张家界举行。国际旅游联合会主席埃里克·杜吕克为张家界颁发"国际旅游金桂奖"。

2013 年 7 月，市委六届五次会议召开，审议通过了《提质张家界、打造升级版——张家界市加快推进国内外知名旅游胜地建设五年行动计划》。

2014 年 3 月，天门山景区获得 2013 年中国旅游总评榜"年度最受欢迎景区"荣誉称号。

2014 年 9 月，由《环球时报·环球旅游》周刊主办的"2014 中国最佳旅游景区评选"活动结果揭晓，武陵源风景名胜区上榜"十大中国最佳旅游景区"。

2014 年 12 月 14 日，国家旅游局批复同意将张家界和成都市、舟山市、秦皇岛市作为全国首批国家旅游综合改革试点城市。

2015 年 11 月，在昆明召开的"2015 智慧旅游 + 大数据年度大会"，张家界成功入选"年度最受欢迎入境旅游目的地"。

2016 年 2 月，张家界市被国家旅游局批准为"国家全域旅游示范区""国家绿色旅游示范基地""中国国际特色旅游目的地"创建单位。

2016 年 2 月，张家界市与法国霞慕尼白朗峰市签订友好合作备忘录。3 月，张家界市与翁布里亚大区、古比奥市签订了三方合作协议。12 月，张家界市与芭提雅签订友好城市协议。

2016 年 4 月，张家界旅游发展大会召开，会议出台了《关于扩大旅游消费提质旅游国际化水平的意见》《张家界市大力推进旅游精准扶贫行动计划》。

2016 年 8 月，张家界大峡谷玻璃桥对外试营业，创世界桥梁建造史上十项世界第一。

2016 年 9 月，中共张家界市第七次党代会召开，杨光荣代表市委作《继往开来，乘势而上，为实现旅游胜地梦全面小康梦而不懈奋斗》报告。

2016 年 9 月，出台了《关于加快张家界市西线旅游开发的实施意见》。

2017 年 3 月，张家界武陵源景区在世界摄影（旅游）大会暨第五届国家摄影大典上入选“中国十大典藏摄影旅游景区”。

2017 年 3 月 28 日，市委七届三次全会召开，虢正贵代表市委作《实施“对标提质旅游强市”战略，在“锦绣潇湘”全域旅游基地建设中发挥龙头作用》报告。

2017 年 5 月 20 日，张家界旅游统计大数据合作平台、大型山水实景演出节目《天门狐仙·新刘海砍樵》分获首届湖南管理创新奖、湖南文化创新奖。

2017 年 7 月，张家界市与罗马尼亚比斯特里察市签订友好城市合作意向书。

2017 年 10 月 10 日，国家林业局授予张家界市“国家森林城市”荣誉称号。

2017 年 10 月，世界知名旅游消费指南《孤独星球》（*Lonely Planet*）发布了 2018 年全球 10 大性价比最高旅游目的地，湖南以张家界和凤凰古城两大旅游景区首次上榜，也是此次中国唯一上榜的旅游目的地。

2017 年 11 月，在 2017“文旅中国”博览会上，张家界魅力湘西旅游开发有限责任公司荣获“2016 年度中国旅游演艺机构十强”称号。

2018 年 5 月，全国第一部全域旅游发展的地方性法规《张家界市全域旅游促进条例》施行。

2018 年 5 月，张家界市全面推行旅游企业发票、门票“一票制”，试点推行全域旅游“公对公”结算改革工作正式启动。

2018 年 5 月，在第十四届中国（深圳）文博会主题活动——文化成就旅游品牌高峰论坛暨优质文旅项目推介会上，张家界市武陵源区上榜“2018 中国最美县域榜单”。

2018 年 5 月，在 2018 全球文旅产业精品住宿高峰论坛上，张家界五号山谷荣获全球十大“必睡”民宿名单。

2018 年 6 月，张家界西线旅游景区提质改造后正式恢复运营。

2018 年 6 月，第 35 届国际桥梁大会在美国华盛顿召开，张家界大峡谷玻璃桥获得了本次大会颁发的亚瑟·海顿奖。

二、改革开放 40 年张家界旅游发展经典案例解读

1. 中国第一个国家森林公园——张家界国家森林公园

1982 年 9 月 25 日，经国务院批准，将原来的张家界林场正式命名为“张家界国家森林公园”，这是中国第一个国家森林公园。张家界国家森林公园自然风光以峰称奇、以谷显幽、以林见秀。其间有奇峰 3000 多座，如人如兽、如器如物，形象逼真，气势壮观，有“三千奇峰，八百秀水”之美称。主要景点有金鞭溪、袁家界、杨家界等。经过 30 多年的发展建设，张家界国家森林公园已成为中国森林公园的标兵和模范。

2. 中国首批世界自然遗产——武陵源

武陵源是张家界市核心景区，包含张家界国家森林公园、索溪峪、天子山三大景区，面积 369 平方公里。1992 年，武陵源以独特的自然美学价值被列入《世界遗产名录》。1991 年 10 月国务院同意实施《武陵源风景名胜区总体规划》。2000 年 9 月 28 日湖南省第九届人大常委会第十八次会议通过《湖南省武陵源世界自然遗产保护条例》，开全国立法保护世界遗产之先河。

3. 世界独一无二的“张家界地貌”——张家界世界地质公园

2004 年 2 月，张家界世界地质公园被联合国教科文组织列为首批世界地质公园网络成员。公园代表性地质遗迹主要有：砂岩峰林、方山台寨、天桥石门、嶂谷沟壑、岩溶峡谷、岩溶洞穴、泉山瀑布，溪流湖泊和沉积构造，地质剖面、古生物化石。2010 年 11 月 9 日至 13 日，张家界砂岩地貌国际学术研讨会在张家界市召开，第一次明确提出了“张家界地貌”的学术定义，并得到了国内外地质地貌专家的高度认同。

4. 国内首部地方性全域旅游法规——《张家界市全域旅游促进条例》

《张家界市全域旅游促进条例》从 2016 年年初开始调研论证，2018 年 3 月 30 日，经湖南省第十三届人大常委会第三次会议批准，2018 年 5 月 1 日起正式施行。该条例在国内首次提出全域旅游法律概念，为全国其他地区制定实施全域旅游地方性法规提供了蓝本、作出了示范。

5. 开创委托经营先河——武陵源黄龙洞景区

黄龙洞景区原属于政府管理下的事业单位。武陵源区创造了新的体制运营模式，由区政府保留黄龙洞景区的所有权，北京大通实业有限公司以“委托经营”的方式获得黄龙洞景区 45 年的经营权，实现景区经营权与所有权分离。委托经营 20 年来，黄龙洞景区旅游接待设施达到国际一流水准，成为国际知名旅游洞穴、中国首批 4A 级景区、首批 5A 级旅游景区组成部分。从 1998 年起，黄龙洞游客接待量不断攀升，2017 年游客接待量、旅游收入、上缴税收，较 20 年前同比分别增长了 5 倍、10 倍、50 倍，并解决周边就业 300 余人。

6. 天门山成为“世界极限运动圣地”

天门山景区自 2005 年开园以来，先后组织了“2007 法国蜘蛛人徒手攀爬天门洞”“2008、2009 新疆达瓦孜传人挑战极限坡度高空钢丝”“2010 天门山索道钢绳中外高空王子对决挑战”“2011 高山极寒冰冻活人”“2011 翼装飞行穿越天门”“2012 法国轮滑人挑战天路”“2015—2016 天梯速降赛”“2017 世界跑酷大赛”“2017 年路虎汽车挑战天门洞 999 级天梯”“2012—2017 翼装飞行世锦赛”“2018 女子高跟鞋挑战高空走扁带”等大型极限挑战活动，被誉为“世界极限运动圣地”,2017年景区接待人数达389.36万人次。

7.“天下第一漂”——茅岩河漂流

茅岩河有“百里画廊”之誉，是一个集自然风光、人文景观、历史文化、民俗风情于一体的风景名胜区，是张家界旅游的重要组成部分。1986年，张家界市永定区（原大庸县）旅游局受长江探险漂流的启发，在国内首创茅岩河橡皮舟漂流旅游项目，开辟了旅游新业态。茅岩河景区于2005年被评为国家4A级旅游景区，目前已成为中国最大的和最安全的旅游漂流项目，是张家界“山、水、洞”旅游精品项目中最富刺激的项目。

8. 中国网红玻璃桥——张家界大峡谷景区

2012年，以色列著名设计师Haim Dotan（渡堂海）设计在张家界大峡谷景区建造一座架设在峡谷高山间玻璃桥。此后，玻璃桥在建设中先后攻克建筑选材、抗风防滑、抗压、抗冻等多项技术难题，创造了“十项世界第一”。张家界大峡谷玻璃桥面长375米，宽6米，桥面距谷底相对高度约300米。2015年12月20日，张家界大峡谷向全球征集桥名，美国《纽约时报》、新加坡《新闻早报》大篇幅进行玻璃桥建设环节的解读和推销，形成国内国外、网上网下关注热潮。据统计，从2016年8月20日正式运营一年间，张家界大峡谷景区玻璃桥总接待人次达395万，实现门票收入6.77亿元，成为游客来张家界的“打卡项目”。

9. 黄龙洞亿元投保“定海神针”

定海神针是张家界黄龙洞景区的标志景点，高19.2米，离洞顶距离6米，整个石笋围径40厘米，两头粗中间细，最细处直径只有10厘米，为黄龙洞最高石笋，按专家测定生长发育至今已有20万年历史。1998年，叶文智以5.275亿元取得黄龙洞45年的经营权，为“定海神针”买下1亿元保险。亿元投保开创了为资源性资产买保险的先河，轰动了整个旅游界和保险界。2015年黄龙洞旅游收入突破亿元大关，成为全国旅游溶洞界首个“亿元洞”。

10. 飞机穿越天门洞

天门山1264米高的绝壁之上，有一个南北洞穿的天然门洞，洞底至洞顶131.5米，宽37米，当地人称之为天门。1999年12月8日至11日，由国际航空联合会和中国航空运动协会共同主办、张家界市人民政府承办、黄龙洞投资股份有限公司协办的“99张家界世界特技飞行大奖赛”在张家界荷花机场举行。大赛以“穿越天门，飞向21世纪”为主题，来自美国、法国、俄罗斯、德国等9个国家的15名飞行员参加，中央电视台、湖南卫视联合将“穿越天门”这一盛况向全球作了现场直播，近20亿人群目睹了这一壮举。“穿越天门”活动成功地把张家界推向世界的前台，2000年到张家界旅游人数达到514万人次，比穿越天门之前增长52.7%，旅游业总收入达到19.5亿元，比上年翻了一番，是张家界建市以来旅游收入增长最快的一年。

11. 张家界掀起“韩流”现象

2001年11月，韩国旅游观光公社原社长赵洪奎应邀参加在宝峰湖风景区举行的张家界国际森林保护节，他对张家界的奇山秀水和淳朴的民俗风情大加赞赏，回到韩国后大力推介张家界，并邀请张家界景区和旅行商代表到韩国推介张家界。张家界也致力推广市民学韩语，还从延边州聘请400多位朝鲜族男女导游来张家界。张家界的景区、街道、酒店等全部用中、英、韩三国语言文字标注，当地银行网点可以自由兑换韩元。随着张家界与韩国交流日益频繁，来张家界旅游的韩国人数连年递增，掀起了一股强大的“韩流”现象。据统计，韩国是张家界最大的入境客源地，每年到张家界旅游的韩国客人超过70万人，占韩国旅华人数的1/10以上。

12. 巧借电影《阿凡达》营销张家界

2009年12月23日，美国科幻大片《阿凡达》在北京举行中国首映式，导演詹姆斯·卡梅隆解释说，影片中悬浮的“哈利路亚山”的原型是中国的黄山。张家界黄龙洞景区宣传专干邓道理在红网发文“明明是张家界，‘阿凡达’导演偏说是黄山”，并以个人名义“悬赏”——任何人只要在张家界以外的地方，找到与《阿凡达》海报中“悬浮山”相同的山，奖励10万元，国内各大网络媒体和平面媒体竞相转载。2010年3月3日，导演詹姆斯·卡梅隆在参加美国NBC《今日》栏目采访时，公开表示《阿凡达》悬浮山原型在张家界。2010年张家界推出“阿凡达很远，张家界很近——阿凡达之旅”精品旅游线路，乾坤柱所在的袁家界景区从此火爆全球，业内人士称2010年为“张家界阿凡达旅游年”。

13.举办张家界国际乡村音乐周

2009年5月14—18日，由黄龙洞投资股份有限公司承办的2009张家界国际乡村音乐节在武陵源风景名胜区举行，来自世界五大洲的31支国际一流乡村音乐团队在张家界老磨湾、水绕四门、天子山、宝峰湖、黄龙洞广场、天门山等六大景点进行巡回演出。时任张家界市市长在一则宣传短片中以卡通形象出现，手拿吉他载歌载舞，为国际乡村音乐节“吆喝”。自2009年5月举办第一届张家界国际乡村音乐节以来，每两年举办一次，共举办了5次。

14.《张家界·魅力湘西》大型民俗文化表演晚会上演

从2000年年底开始，大型民族歌舞表演晚会——《张家界·魅力湘西》每晚8点在魅力湘西大剧院上演，包括“边城翠翠”“追爱相思楼”“女儿会”“哭嫁”等一系列精品节目深受游客好评。在2012年央视春晚上，由魅力湘西旅游开发有限责任公司选送的民族歌舞“追爱”一炮走红。截至2017年年底，《张家界·魅力湘西》累计演出6600余场，接待海内外游客1300多万人次。

15.《天门狐仙·新刘海砍樵》大型山水实景音乐剧上演

2009年9月17日，由中国山水实景演出创始人梅帅元担任总导演，华人作曲家谭盾担任音乐艺术总监的张家界大型山水实景音乐剧《天门狐仙·新刘海砍樵》正式开演。故事取材于湖南传统花鼓戏“刘海砍樵”，以此基础进行了艺术再创造。自开演以来，《天门狐仙·新刘海砍樵》受到游客热捧，累计接待中外游客近400万人，演出近3000场。2010年，《天门狐仙·新刘海砍樵》获首届中国国际文化旅游节旅游贡献奖金奖。

（2018年8月）

改革开放

与中国城市发展

GAIGEKAIFANG

广州

GUANGZHOU

千年商都广州
构建全面开放新格局

中共广东省委宣传部
中 共 广 州 市 委

改革开放是决定当代中国命运的关键一招，也是决定实现“两个一百年”奋斗目标、实现中华民族伟大复兴的关键一招。习近平总书记强调，改革开放是党和人民事业大踏步赶上新时代的重要法宝，是党和国家保持生机和活力的关键，是当代中国最鲜明的特色，也是当代中国共产党人最鲜明的品格。40年来，中国坚持改革开放，与世界人民一道共同促进了世界经济增长。在中国开放发展的历史进程中，广州是一座具有特殊地位的城市，她既是新中国开展国际贸易的前沿窗口，更是在改革开放中先行先试、不断发展壮大的国家重要中心城市。

从世界版图上看，广州正好位于太平洋西岸生产性地带的枢纽位置，连接着中国腹地和东南亚，贯通着太平洋和印度洋。从世界历史看，纽约、首尔、东京等后起商业港口城市都是近五百年间才繁荣崛起，只有广州是保持千年不衰的商业型城市。新中国成立以来，广州以其沟通中外、连接世界的门户城市地位，发挥着举足轻重的作用。以1957年第一届中国出口商品交易会（广交会）在广州举办为标志，从1979年在全国开创中国酒店业引进外资先河，到1984年被中共中央、国务院批准为沿海开放港口城市，随后设立广州开发区，并于1986年10月拟订全国最早的开发区条例——《广州经济技术开发区条例》，到1992年市委市政府作出《关于进一步深化改革，扩大开放若干问题的决定》，再到2012年和2014年先后获批南沙国家级新区和中国自贸区(广东）南沙片区，广州的开放发展取得了举世瞩目的成就，走过了一段不平凡的历程。这一伟大历程不仅是中国开放发展的有力见证，更是党带领全国人民坚定不移推进改革开放、积极参与全球合作与竞争的真实缩影。

40年来，特别是党的十八大以来，我国开放范围从贸易领域到投资领域，开放内容从商品市场到要素市场，开放维度从经济活动到社会服务，对外开放的广度和深度持续扩展、不断增强。贯彻中央和省委决策部署，广州深入学习贯彻习近平新时代中国特色社会主义思想，把握新时代开放发展的黄金期、窗口期、战略机遇期，深刻认识世界经济发展的新特点特别是投资贸易发展规则变化的新趋势，保持头脑清醒，正视风险挑战，坚决贯彻新发展理念，围绕建设我国重要的中心城市、国际商贸中心和综合交通枢纽的目标要求，主动对接融入国家“一带一路”倡议，以更高站位推进制度创新，提升投资贸易便利化水平，持续加强市场化国际化法治化营商环境等“三大环境”建设，发力构建“三中心一体系”，强化开放平台建设和高科技产业导入，优进优出面向全球集聚高端创新要素，培育形成新的动力源和增长极，不断建立与更高标准国际投资贸易规则相衔接的制度体系，在推动产业转型升级和经济高质量发展的同时，为全国全省创造了诸多可复制可推广的新经验。

一、主要成就

1978年，改革开放的春风吹遍神州大地，唤醒了广州这座千年商都的开放基因，广州经济社会发展逐步走上快车道。特别是党的十八大以来，广州坚持以习近平新时代中国特色社会主义思想为指引，认真贯彻新发展理念，落实高质量发展要求，以全方位开放带动现代化经济体系建设，进一步形成了新的开放格局，取得令人瞩目的发展成就。

（一）综合实力实现飞跃

经过改革开放 40 年的发展，广州综合经济实力不断迈上新台阶，GDP 总量由 1978 年的 43.09 亿元增长到 2017 年的 21503.15 亿元，自 1989 年起连续 27 年居国内城市第 3 位，人均 GDP 从 907 元到突破 15 万元。经济结构持续优化，2017 年三次产业结构比为 1.09∶27.97∶70.94，第三产业比重首次突破 70%，形成汽车、电子、石化、电力热力、电气机械等 5 个产值超千亿元的工业行业，以及批发零售、金融、房地产、租赁和商务服务、交通运输、信息服务等 6 个增加值超千亿元的服务业行业。工业结构走向高端化，在穗信息化和软件服务企业总数近 5000 家，华为云计算、海尔智能制造、科大讯飞等项目相继落户，形成以科学城、生物岛、知识城为核心载体，健康医疗中心、国际健康产业城、国际医药港等特色园区协调发展的产业基地布局，预计 2020 年 IAB 和 NEM 产业总规模突破 1.5 万亿元。先进制造业和现代服务业发展迅猛，2017 年广州工业增加值达 5460 亿元，先进制造业增加值占规模以上制造业增加值比重达 64%，服务业增加值 15254 亿元、对经济增长的

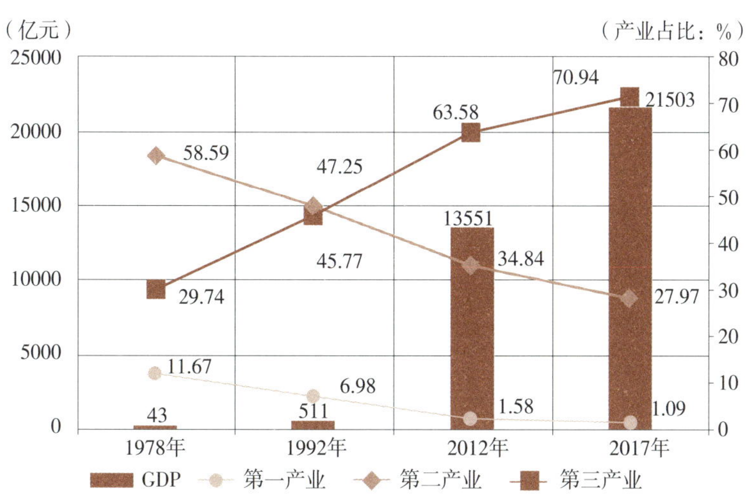

广州市 40 年来 GDP 及三次产业结构变化

（数据来源：广州统计年报及年鉴）

贡献率达 79.3%，服务业总量规模居全国大城市第 3 位。内需潜力不断释放，2017 年全市实现社会消费品零售总额 9402.59 亿元，连续 30 年居全国主要大城市第 3 位。国际航运、航空、科技创新“三大国际战略枢纽”建设成效显著，广州港开通集装箱航线 197 条、通达全球 200 多个港口和城市，货物吞吐量、集装箱量居全球沿海港口第 5、第 7 位；白云国际机场 2017 年旅客吞吐量达 6584 万人次、航线覆盖全球 220 个航点，居国内第 3 位；催生出微信、云从科技、凯普生物等一批创新龙头企业和“独角兽”，10 家企业入选 2017 中国最佳创新公司 50 强、3 家企业入选 2017 德勤高科技高成长中国 50 强。

（二）对外贸易拓展深化

2017 年广州进出口贸易总额 1432.33 亿美元，与 1987 年的 21.71 亿美元相比增长 66 倍。出口商品结构不断优化，从最初的以土特产品、中低档工业品为主转向以轻纺、机电产品为主，再到实现高新技术产品快速增长，2017 年高新技术产品出口 993.2 亿元，占广州出口总值的 17.1%。民营企业进出口 4053.3 亿元，规模与外商投资企业接近。外贸转型升级加速，电子商务、市场采购、保税物流、邮轮经济等贸易新业态迅猛发展，2017 年跨

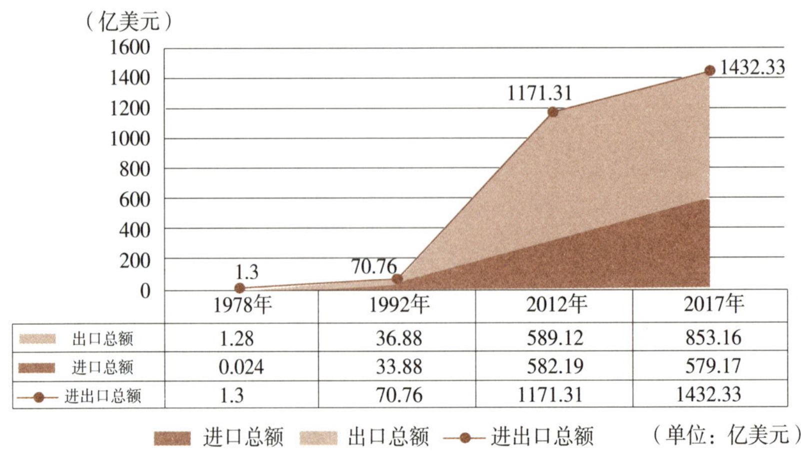

	1978年	1992年	2012年	2017年
出口总额	1.28	36.88	589.12	853.16
进口总额	0.024	33.88	582.19	579.17
进出口总额	1.3	70.76	1171.31	1432.33

广州市 40 年来进出口贸易变化情况

（数据来源：广州统计年报及年鉴）

境电商进出口总额 227.7 亿元，持续居全国试点城市首位。外贸领域不断拓展，2017 年广州在对欧盟、美国、东盟、日本等主要贸易伙伴进出口均保持两位数增长的同时，对"一带一路"沿线主要国家进出口规模达 2579 亿元，占全市进出口额超过 1/4。会展经济保持全国前列，2017 年全市重点场馆举办展览场次数和展览面积同比分别增长 23%和 8.9%，被誉为"中国第一展"的广交会实现由出口商品交易会向进出口交易会转型升级，第 123 届广交会累计出口成交 1891.97 亿元。

（三）投资结构不断优化

"引进来"实现质的提升。2017 年外商年度实际直接投资规模达 62.89 亿美元，比 1979 年增长近万倍，全年新签外商直接投资项目 2459 个，合同外资金额 133.91 亿美元。截至目前，广州吸引了全球 130 多个国家和地区的投资者前来投资创业，累计 3 万家外商投资企业在广州落户，实际利用外资总额超过 850 亿美元，297 家世界 500 强企业在广州设立 921 个项目。"走出去"更加积极主动。广州企业投资遍布全球 72 个国家和地区，44

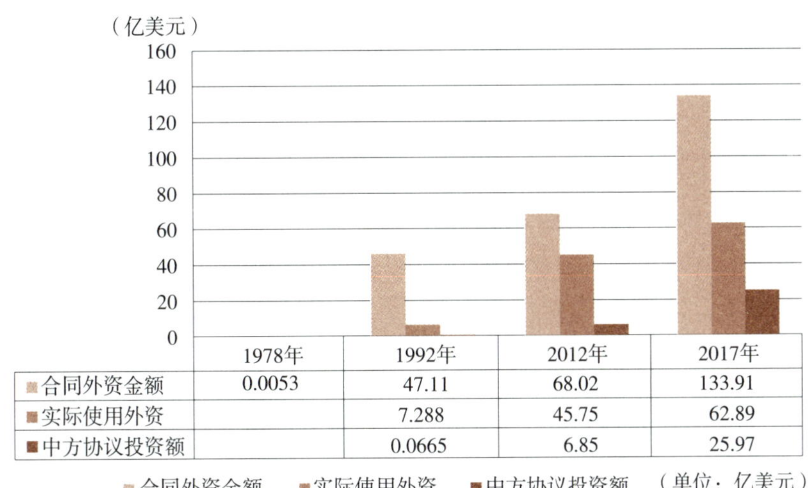

	1978年	1992年	2012年	2017年
合同外资金额	0.0053	47.11	68.02	133.91
实际使用外资		7.288	45.75	62.89
中方协议投资额		0.0665	6.85	25.97

广州市 40 年来利用外资和对外投资情况

（数据来源：广州统计年报及年鉴）

家企业在海外从事研发业务并设立研发中心，2017 年广州企业对“一带一路”沿线 17 个国家新增投资项目 31 个、中方协议投资额 16.2 亿美元。对外投资领域趋于多元化，广州企业境外投资中方协议额的三次产业比例分别为 2.3%、3.5%、94.2%，集中在房地产业、批发业、商贸服务业、租赁业、电信、广播电视和卫星传输服务业；以电商为代表的新业态走出去步伐加快，2015 年广州企业在海外设立 8 个电商项目，涉及中方协议投资额 4440 万美元。民营企业成为“走出去”的主力军。2015 年广州民营企业在境外共设立直接投资项目 275 个，约占全市直接投资项目总数的九成。

（四）合作平台体系完善

自 1984 年广州被国务院确定为 14 个沿海开放城市、获批在黄埔设立广州开发区，经过 30 多年发展，初步建立起大湾区—功能区—自贸区的多层次开放合作平台体系。广州开发区、高新区、保税区、保税物流园区、空港经济区、服务外包示范基地、自由贸易试验区成长为标志性的对外开放发展平台，中新广州知识城、科学城、生物岛、国际金融城、琶洲互联网创新集聚区等一批新型国际合作平台迅速崛起。中新广州知识城规划建设新一代信息技术价值创新园、国际人工智能岛、生物医药价值创新园、新能源新材料价值创新园和价值创新综合孵化园，成功引入投资 610 亿元的富士康 10.5 代显示器全生态产业园项目、200 亿元的思科（广州）智慧城项目、50 亿元的通用电气（GE）生物科技园项目。南沙自贸区合作发展成效显著，形成千亿级汽车产业集群、融资租赁产业集群，以及修造船、装备制造、航运物流等临港产业集群，累计新设各类企业 6 万多家，109 个世界 500 强企业投资项目和 103 家总部型企业落户，自贸区发展中形成的 391 项改革成果有 121 项经验在全国、全省复制推广，对外开放制度创新探索走在全国前列。粤港澳全面合作示范区建设顺利起步，广州对香港服务贸易总额增长 41.3%，对澳门服务贸易总额增长 98.3%，广州在粤港澳大湾区建设中的核心城市地位作用逐步显现。穗莞深科技创新走廊建设取得实质进展，“9+2”

的全产业链协同创新体系正在加速形成，广佛肇清云韶经济圈、广佛同城化、广清一体化发展迈出坚实步伐。

广州主要对外合作平台一览表

主要类型	平台名称	基本情况
国家级开发区	广州开发区	成立于1984年，规划总面积为78.92平方公里，是首批国家级经济技术开发区之一，实行全国唯一的“四区合一”新型管理模式(广州经济技术开发区、高新技术产业开发区、保税区、出口加工区)。2017年，引进重大项目102个，总投资超过2000亿元，产出超百亿项目15个；新引进百度风投等风投机构77个，资金管理规模630亿元；引进通用电气（GE）生物科技园等世界500强外资项目7个。
	增城开发区	创建于1988年，建设管理面积70平方公里，2010年升级为国家级经济技术开发区，2015年12月国家级侨梦苑落户，实现双国家级高端平台优势叠加。2017年完成规模以上工业总产值1124亿元，增长17.87%；利用外资实现倍数增长，其中合同利用外资19亿美元，增长229倍。正围绕广汽本田和总投资610亿元的富士康超视堺项目，全力打造汽车及新能源汽车和新一代电子信息两大千亿产业集群。
自由贸易试验区	广东自贸区南沙片区	2014年批复成立，总面积60平方公里，分7个区块，重点发展航运物流、国际金融、国际商贸、科技创新、海洋经济和高端制造等产业，打造粤港澳全面合作示范区。2017年，南沙地区生产总值1392亿元，注册企业58700户，落户109个世界500强企业投资项目，全球排名前20位的班轮公司均已入驻。
新型国际合作平台	中新广州知识城	2010年正式奠基，规划面积123平方公里，是中新政府跨国合作标志性项目，是中新两国知识产权战略合作示范区，是珠三角国家自主创新示范区核心区、国家级知识服务平台，规划了总面积21.2平方公里的新一代信息技术价值创新园、国际人工智能岛、生物医药价值创新园、新能源新材料价值创新园和价值创新综合孵化园。已累计注册企业955家，注册资本1039亿元，引进了通用电气（GE）生物科技园、百济神州、粤芯芯片、阿里云工业互联网总部等重大项目。
	广州科学城	1998年奠基启动，规划面积22.74平方公里，以科学技术的开发应用为动力，以高科技制造业为主导，配套发展高科技第三产业，是高效率的投资管理软环境的产、学、住、商一体化的多功能、现代化新型科学园区，是广州乃至广东发展高新技术产业的重要基地，是高科技产业的孵化基地和摇篮，其重点产业发展方向是计算机及软件、电子商务、物流、生物医药、光电子、新材料、环保设备等。

续表

主要类型	平台名称	基本情况
新型国际合作平台	国际生物岛	2000年立项建设，占地面积约1.83平方公里，主要产业方向为生物新药创制、生物能源、生物信息、基因工程与蛋白质工程和海洋生物等方面研发，是国家级生物产业基地和首批中以生物产业合作基地，将建设成为未来生物科技的CBD。目前生物岛上已入驻包括金域检验、赛莱拉、华南生物医药研究院等近150个项目，注册资本近30亿元。
	国际金融城	国际金融城总面积达8平方公里，定位在于打造金融总部高地，规划建设金融论坛、金融服务中心、金融博物馆等，已引进长江企业集团、绿地集团、南粤银行、中国人寿、新华人寿、泰康保险、平安不动产、万联证券等企业。
	琶洲互联网创新集聚区	总占地面积37万平方米，致力打造国家级“互联网+”创新示范区、全球互联网产业创新创业优选地，重点发展互联网服务及新媒体、新兴信息技术服务、量子通信、电子商务、新兴金融、人工智能等产业，已引进腾讯、阿里、复星、国美、小米、YY、科大讯飞、唯品会、环球市场、粤科金融、粤传媒等企业，“互联网+”产业集群正在加速形成。
	空港经济区	2016年批复成立，总面积116平方公里，目标为建设具有国际竞争力的国际航空产业城、世界枢纽港力，主要发展枢纽机场功能性服务业、国际空港配套性服务业、临空指向高端化制造业、航空相关科技服务业等四大产业。2017年，白云机场年旅客吞吐量达6580万人次，南航资本控股公司、新科宇航空客飞机客改货基地等43个临空产业项目落户，总投资超700亿元；白云机场综保区进出口总额约155亿元，较2014年增长105亿元，年均增长70%，已成为国内跨境电商业务模式最丰富区域。

（数据来源：广州市社科院及资料整理）

（五）国际交往格局扩大

改革开放40年来，广州城市国际交往“朋友圈”从零星到众多、从单一到系统，构建起国际组织—友城网络—重大活动的宽领域城市国际交往格局。截至目前，驻穗总领事馆62家，与全球70个城市、41个港口以及120多个区域性民间组织或机构建立友好关系。连续61年举办广交会，成功举办第16届亚运会、2017年《财富》全球论坛、世界经济论坛商业圆桌会议、二十国集团（G20）峰会协调人会议等高端国际会议（活动），取得2018年世界航线发展大会、2019 年世界港口大会、2020 年世界大都市协会世界大会举办权，《财富》国际头脑风暴科技大会、官洲国际生物论坛和中国创新创业成果交易会永久落户广州。连任 4 届世界大都市协会和世界城市和地方政府组织（UCLG）联合主席城市，设立分享国际城市创新智慧的“广州奖”。开展城市形象全球路演推介活动，城市形象宣传片登陆纽约时代广场、西甲赛场，城市国际传播论坛、国际纪录片节、国际花艺展、“广州过年、花城看花”等一系列城市外宣平台形成品牌效应，城市国际显示度和影响力显著提升。

近年来在广州举办的主要国际会议一览表

<table>
<tr><th colspan="2">会议类型</th><th>会议名称</th></tr>
<tr><td colspan="2">政府间国际组织高端会议</td><td>亚信首届高官会议</td></tr>
<tr><td colspan="2">国际论坛</td><td>1998 年世界大都市协会董事年会
2009 年世界城市和地方政府组织（UCLG）世界理事会会议暨广州国际友城市长大会
2017 年《财富》全球论坛
2017 年世界经济论坛商业圆桌会议
2018 年全球治理高层政策论坛</td></tr>
<tr><td colspan="2">国际行业协会、学会主办的会议</td><td>2010 年、2013 年国际海运年会
2015 年（第十届）城市发展与规划大会
2017 年“世界城市日”全球主场活动</td></tr>
<tr><td colspan="2">中国与区域国际合作会议、展览</td><td>“中非产能合作论坛—聚焦东非三国”会议
2015 年广东 21 世纪海上丝绸之路国际博览会主题论坛
“港口城市发展合作高端论坛”</td></tr>
<tr><td rowspan="2">地方主导的国际会议</td><td>综合性</td><td>广州国际城市创新大会
中国广州国际投资年会</td></tr>
<tr><td>专题性</td><td>大型：广交会、金交会、留交会、官洲国际生物论坛、2017 年十九届中国风投论坛、中国创新创业成果交易会、小蛮腰科技大会
小型：建设国际航运中心圆桌会议、全球生物医药健康产业发展圆桌会议</td></tr>
</table>

（数据来源：广州市社科院及资料整理）

二、经验做法

改革开放40年，特别是党的十八大以来，广州开放发展走过了极不平凡的历程。在以习近平同志为核心的党中央坚强领导下，广州始终把自身放到国家开放大局中确立发展定位、谋划战略举措，主动顺应经济全球化趋势，把握新一轮科技和产业革命正孕育兴起、国际分工体系加速演变、全球价值链深度重塑的机遇，坚定不移扩大对外开放，落实放宽外商投资准入政策，提高投资贸易便利化程度，全力营造一流营商环境，以开放促发展、促改革、促创新、促合作、促共享，构建起更全面、更深入、更多元的对外开放格局，各项事业实现高质量高效益可持续发展，国家重要中心城市和“两个重要窗口”作用进一步凸显，为当好“四个走在全国前列”排头兵奠定了坚实基础。主要经验如下：

（一）以开放促发展

推动经济由高速增长向高质量发展转换。紧跟国家建设开放型经济强国战略，坚持主动开放，把开放作为发展的内在要求，积极投身“世界经济的大海”，向开放要发展活力，用开放倒逼、提升发展质量，经济保持高速增长，经济综合实力大幅跃升。

1.适应经济发展新常态，转变发展方式

顺应全面开放对发展模式提出的新要求，准确把握世界经济与我国经济发展的新趋势，全面分析判断广州经济社会发展所处的历史方位，坚决摆脱片面追求经济高速增长的旧有思维模式和路径依赖，横下一条心贯彻新发展理念，破解广州经济发展“大而不强”问题。按照党和国家关于高质量发展的部署要求，推动经济结构调整从增量扩能为主转向调整存量、做优增量并举，发展动力从依靠资源和低成本劳动力等要素投入转向创新驱动，着力构建市场机制有效、微观主体有活力、宏观调控有度的经济体制，率先建立现代化经济体系。保持战略定力和战略耐心，以供给侧结构性改革为主线，转

变发展方式、优化经济结构、转换增长动力，致力于打基础、解难题、谋长远，通过扎实推进“创新驱动”战略培育新的动力源和增长极，保持经济发展“换挡不失速”，实现经济发展质量变革、效率变革、动力变革。

2. 对标最高最好最优，提升产业能级

坚持放眼全球、对标国际，立足广州产业发展现状，优化产业布局。瞄准战略性新兴产业，围绕创建“中国制造 2025”试点示范城市，出台发展先进制造业、现代服务业、战略性新兴产业等政策文件。按照“全球视野、全国领先、支柱培育、多元支撑”的思路，综合考虑产业现状和发展前景等因素，重点发展 IAB（新一代信息技术、人工智能、生物医药）和 NEM（新能源、新材料）产业。坚持产业集聚集约集群发展，不断完善智能装备、现代造船、轨道交通装备、航空航天装备、电气设备等高端制造业产业链条，一批高端装备制造企业快速成长壮大，产业迈向全球价值链中高端。坚持现代服务业和先进制造业“双轮驱动”，提升传统优势产业与培育新兴业态并举，优化升级汽车制造、交通运输、纺织服装等传统产业，加快发展电子商务、专业服务、商务会展等现代服务业，促进全产业链整体跃升，推动“广州制造”向“广州智造”“广州创造”转型升级，以产业结构调整带动经济结构优化升级。

3.“三大国际战略枢纽”，拓展城市开放格局

着眼构建全球城市网络重要节点，面向未来确定城市长期发展战略，以建设国际航运、航空、科技创新三大国际战略枢纽为牵引，发展更高层次的开放型经济，推动城市功能与层级提升，形成多点支撑的开放发展新格局。发挥规划的引领作用，大力推进“三中心一体系”建设，对标国际先进航运中心，发挥广州港综合性主枢纽港功能和区位优势，推动国际航运要素集聚；重点建设面向“一带一路”沿线国家的航空客货运国际中转枢纽，搭建以广州为起点的“空中丝路”，基本形成国际航空枢纽综合交通体系；出台关于加快实施创新驱动发展战略的决定、广州市价值创新园区建设三年行动计划等政策文件，在聚集高端产业新平台、优化孵化育成载体、高精尖领域

科技创新等方面持续发力，形成以创新为主要引领和支撑的创新型经济体系和发展模式，通过有效实施“枢纽 +”战略，打造高端资源吸附器和辐射源，在枢纽型网络城市建设中寻找新动能，拓展新空间，提升竞争力。

（二）以开放促改革

优化提升市场化国际化法治化营商环境。按照习近平总书记关于北京、上海、广州、深圳等特大城市要率先加大营商环境改革力度的重要讲话精神，以市场化、国际化、法治化营商环境建设为突破口，持续深化“放管服”改革，最大限度激发市场活力、增强内生动力。根据中国发展研究基金会与普华永道联合发布的报告，广州 2015 年、2016 年、2017 年连续 3 年获评中国“机遇之城”榜首。

1. 落实负面清单管理，发挥市场“决定性作用”

紧紧围绕处理好政府和市场关系，坚决破除制约使市场在资源配置中起决定性作用、更好发挥政府作用的体制机制弊端，推动资源配置依据市场规则、市场价格、市场竞争实现效益最大化和效率最优化。实施市场准入负面清单制度，积极落实《广东省企业投资项目实行清单管理的意见（试行）》，按照“非禁止即可行”的原则，进一步放宽各类企业尤其是民营企业投资准入，打破各种形式不合理的限制和隐性壁垒，推动市场准入从以正面清单为主向以负面清单为主转型，最大限度将“剩余决定权”赋予市场主体，大幅度减少政府对资源的直接配置，用政府权力减法换取市场活力乘法。实施放权强区改革，按照应放尽放的原则，优化政府职能配置，出台《广州市人民政府关于将一批市级行政职权事项调整由区实施的决定》，2011 年以来，分 9 次下放市级事权 521 项。

2. 推进投资贸易便利化打造“最佳发展地”

强化政策护航，制定率先加大营商环境改革力度的若干意见、营商环境综合改革试点实施方案，开展市场化、国际化、法治化营商环境建设三年行动，出台推动贸易和投资便利化等 20 项重点措施，为优化营商环境夯实制度基础。推出支持“民营经济 20 条”，开展提升开办企业便利度、跨境贸易便利度等专项行动，构建起各类企业一视同仁、公平竞争的良好环境，让民营与国有、内资与外资、大企业与中小微企业之间获得平等发展机会。根据“非许可不可为”原则，规范政府审批权责和标准，推进工程建设项目审批改革试点，深化“证照分离”、综合执法等改革，政府审批事项从 2700 多项减少到 191 项、精简率 90%。广州开发区成立广东省首个行政审批局，创新开展并联审批、互信审批，建设行政审批“高速公路”，打造“要件最少、时间最短、程序最优、服务最好”的审批样板。深化商事登记服务改革，实施《优化市场准入环境若干措施》，推动全程电子化商事登记区域、业务、市场主体全覆盖，实行商事登记“审核合一、一次办结”“容缺登记”，实现商事主体“准入”“准营”同步提速。

3. 转变政府职能，提升行政服务效能

推动政府从管理型向服务型转变，从政府供给导向向市场需求导向转变，减少政府对微观经济的直接干预，为企业营商提供安全稳定可预期的发展环境和保障。推进“互联网 + 政务服务”改革，打造全流程一体化在线服务平台，率先构建“管运分离”的“数字政府”建设管理新体制。出台《广州市供给侧结构性改革降成本行动计划（2016—2018 年）》，制定降低实体经济企业成本实施方案、物流业降本增效专项行动方案、行政事业性收费改革实施方案等系列政策，严格落实降低企业用地、社会保险、用水用电、交通运输成本等 33 项措施，将服务含金量持续转化为企业降成本红利。强化企业合法权益司法保护，开展知识产权运用和保护综合改革试验，设立广州知识产权法院、全国第一家自贸区法院和国际航运仲裁院，率先构建起最严格有效的知识产权大保护工作格局。通过持续优化市场化、国际化、法治化营商环境，实现招商引资由政府主导向政府市场双轮驱动转变，由以引资为主向引技引智并重转变，由单纯招企业、招项目向招产业转变，由依赖资源和优惠政策向优化发展环境转变。

（三）以开放促创新

全力建设国家创新中心城市和国际科技创新枢纽。坚持创新是引领发展的第一动力，深入实施创新驱动发展战略，围绕建设国家创新中心城市和国际科技创新枢纽，不断优化创新生态，面向全球集聚创新要素，以科技创新引领全面创新，初步形成以创新为主要引领和支撑的创新型经济体系和发展模式。

1. 出台“1+9”创新政策体系

加强科技创新工作顶层设计，深化科技体制机制创新，成立由市委主要领导任组长的市科技创新工作领导小组，研究和协调全市科技创新工作重大事项，破除制约创新的思想障碍和制度藩篱。印发实施《广州市科技创新第十三个五年规划（2016—2020年）》，明确“十三五”期间广州市科技创新发展目标、实现路径、重点任务和保障措施。出台《中共广州市委广州市人民政府关于加快实施创新驱动发展战略的决定》，聚焦高新技术企业培育、标杆企业重点服务、企业研发投入引导、科技金融融合、新型研发机构建设、孵化器和众创空间建设、人才集聚等科技创新关键环节，形成以“1+9”科技创新政策为指引、系列细化政策措施为抓手，全方位、多层次的创新政策体系。着眼为科技创新“赋能”，加大科技创新体制改革力度，以发挥广大科技工作者和企业家才能为导向，加快科技创新领域简政放权，实现科技管理向创新治理转变；推动财政科技经费投入方式转变，形成结果导向、市场导向的投入管理模式；强化市区联动、部门协同，实现传统科技部门向驱动创新发展部门转变。

2. 营造卓越的创新生态

坚持需求导向，强化创新集成服务，搭建各类公共服务平台，制定全市战略性新兴产业产品目录，实施加快高新技术企业发展三年行动计划，实施创新型企业示范工程和高新技术企业树标提质行动，推进创新型企业示范工程和科技小巨人企业培育计划，建立分层分类扶持科技创新企业培育链条。落实“1+4”人才政策，实施积极的创新创业人才激励机制，开创突出以人才集聚引进项目的招商 4.0 模式，在科技项目中建立宽容失败的制度保障，发挥知识产权制度对激励创新的保障作用，降低大众参与创新创业的成本和门槛，培育和发展各类科技类社会组织，激发全社会创新创造活力，形成开放、自由、宽松的创新生态。围绕产业链部署创新链，聚焦 IAB、NEM 产业着力突破共性关键技术，重点支持新一代信息技术、人工智能、生物医药、新材料、新能源与节能环保、高端装备制造等领域 25 个方向的产业技术攻关。强化产学研协同创新，创建以企业为主导、市场为导向、产学研深度融合的协同创新组织，在新一代信息技术、人工智能、新材料、生物技术等领域组建 159 家产学研技术创新联盟，形成涵盖各领域龙头企业、上下游配套企业、高校、研究机构及中介、投资机构的创新支撑体系。

3. 搭建多层次创新平台

把握科技创新集聚规律，链接和引进全球高端资源，整合区域创新资源，建设“产业龙头 + 主导产业链 + 产业创新中心 + 产业资金 + 产业服务平台 + 产业社区”六位一体融合发展的价值创新园区，打造“北斗矩阵式”广州科技创新走廊，形成创新发展核心轴。建立多层次实验室体系，推动国家、省、市三级重点实验室增强原始创新能力，推动海洋科学领域省实验室、广州再生医学与健康广东省实验室建设，目前全市共有国家重点实验室 19 家、省重点实验室 213 家。加快新型研发机构建设，鼓励新型研发机构创新体制机制，引进创新人才团队及项目，提升基础研究和应用基础研究能力，形成一批集成性、标志性的重大科技创新成果。培育一批科技创新孵化器，实施靶向扶持，以孵化企业上市（挂牌）、高新技术企业认定、创业导师培养等为导向，给予众创空间、孵化器针对性奖励和补贴，引导其提升孵化服务能力和水平，在 IAB、NEM 领域涌现了达安医疗健康、冠昊生命与健康、华南新材料等一批专业孵化器。

（四）以开放促合作

提升全球资源配置能力。随着对外开放不断地深入发展，广州更加注重发挥资源要素优进优出的门户作用和集聚辐射的枢纽功能，高起点打造一批国际化现代化高端化合作平台，畅通资金、技术、人才等各类资源通道，不断拓展合作领域与深度，有效集聚全球高端资源要素。

1. 融入“一带一路”建设形成“走出去”联动机制

以实现政策沟通、设施联通、贸易畅通、资金融通、民心相通为重点，加快“一带一路”重要枢纽城市建设，成立广州参与“一带一路”工作领导小组和“一带一路”联合会，实施广州参与国家“一带一路”建设三年行动计划，形成纵向联合和横向协调的“走出去”联动机制。支持广州既有技术核心竞争力又有资本运作能力的“专精特新”领军龙头企业，实现国际化布局、全球化发展，鼓励有条件的广州企业到“一带一路”沿线国家投资建立产业园区、经济合作区，参与沙特吉赞经济城、马六甲皇京港临海工业园、非洲吉布提自贸区等海外园区建设。推进广货品牌“丝路行”，全面深化中新、中欧、中以、中沙、中瑞等国际合作，引导推动广货品牌走向全球市场，广汽、广药、广州港、珠江钢琴、广之旅等一大批广州企业走出去设立研发机构、生产基地与销售网点。大力推进对外合作基础设施互联互通，实施“六廊六路多国多港”建设工程，建设广州大朗铁路货运站口岸，设立广东（广州）国际铁路产业经济区，配套建设广东—西藏产业园、中国—尼泊尔产业园、大田铁路经济产业园，与沿线友好城市共建空港联盟、港口联盟和铁港联盟，有效助推跨国物流发展。截至 2017 年，广州中欧班列共开行 58 列，发运货物 2.44 万吨，“一带一路”沿线国家日益成为广州重要的贸易伙伴。

2. 打造国际合作平台

着眼增强对外合作资源集聚功能，巩固发展开发区、高新区、保税区、保税物流园区、空港经济区、服务外包示范基地、自由贸易试验区等标志性、引领性的高能级发展平台，以“四核和十三个创新节点”为重点，打造中新广州知识城、科学城、中以生物岛、国际金融城、琶洲互联网创新集聚区等国际合作平台。推动中新广州知识城上升为国家级双边合作项目，重点规划建设新一代信息技术价值创新园、国际人工智能岛、生物医药价值创新园、新能源新材料价值创新园和价值创新综合孵化园，一批总部型、创新型、枢纽型项目纷纷落户。南沙自贸区围绕打造广东高水平对外开放门户枢纽，推进新一轮高水平对外开放和更大范围改革试点，深入推进制度创新，形成一批创新成果，“跨境电商监管模式”“企业专属网页”入选商务部“最佳实践案例”，对外开放的层次和水平不断提升。发挥广州在粤港澳大湾区核心城市和发展引擎优势，落实 CEPA 及其系列协议，重点在基础设施、投资贸易、金融服务、科技产业、生态保护和社会服务等方面创新大湾区合作机制，引领整合区域优势，推动高端要素集聚。

3. 积极自信融入世界城市网络

树立国家站位、坚持国际视野，实施建设国际交往中心三年行动计划，积极拓展多边交往网络和城市外交渠道，助推合作的深度广度拓展。按照规模大、布局广、合作深的城市交往思路，确立“四位一体”的大友城立体交往格局，创设“广州—奥克兰—洛杉矶三城经济联盟”，推动穗法养老服务合作，积极与全球区域性民间组织或机构建立友好关系。积极主动参与国际多边交往，努力提高在服务国家总体外交、参与制定和实施国际组织规则中的话语权。加强与世界性国际组织的交往，与世界城市和地方政府组织（UCLG）合作，开创中国城市参与国际合作的新模式。发挥国际性大型会议、展览的合作平台作用，积极创新体制机制和商务模式，在成功打造“中国第一展”广交会的基础上，培育金交会、创交会、海交会、文交会等一批有国际竞争力的重点会展，打造一批高规格、宽领域、多形式的会议品牌，平均每月至少举办一场大型国际会议（活动），每年承办一次国际高端论坛峰会，城市国际合作的形式更加多元、互动更加频繁。

（五）以开放促共享

不断满足人民群众对美好生活的新期待。坚持以人民为中心的工作导向，秉持开放发展依靠人民、为了人民，以开放增进民生福祉，用发展满足美好生活，让人民群众享有更良好的社会秩序、更优质的公共服务、更丰富的精神生活、更美丽的生态环境。

1. 让全体市民共享开放发展成果

坚持民生是一切工作的指南针，把增进民生福祉、促进人的全面发展作为开放发展的出发点和落脚点，坚持办好民生实事，统筹解决好衣食住行、生老病死、安居乐业等群众最关心的问题，让市民群众以在广州居住为乐、在广州工作为荣、在广州生活为福。不断加大民生事业资金投入保障力度，抓住群众最关心最直接最现实的利益问题，坚持每年办好十件民生实事。完善就业创业扶持政策和服务体系，建立和谐劳动关系，健全工资正常增长机制，促进居民收入水平持续提高。加大住房保障力度，健全多层次住房保障体系，推动房地产市场平稳健康发展，持续保持较为合理的房价收入比。推进健康广州建设，制定实施卫生强市“1+4”政策文件，公立医院改革顺利推进，加快分级诊疗体系建设，152 家公立医院全面取消药品加成、执行新的医疗服务价格政策。实施来穗人员融合行动，率先在全国超大城市中推动外来人口融入城市，开展公交和出租车司机、保洁人员、来穗务工人员关爱行动，扩大来穗人员基本公共服务覆盖面，受到社会广泛关注和赞誉。

2. 打造干净整洁平安有序城市环境

借鉴新加坡“花园城市”等世界先进城市建设经验，统筹规划、建设、管理三大环节，科学统筹中心城区和外围新城的联动发展，推进城市精细化、品质化管理。建立市城市管理工作领导小组，完善统筹协调、环卫作业规范管理、环卫经费保障等六大机制，推动城市环境建设常态化长效化。持续推进城市环境综合整治，实施全域文明创建工程，深入开展品质城市示范区建设，深化学校周边、城中村、出租屋、内街里巷、城乡结合部、区域结合部等环境综合整治，推动环境整治从点到面、从主干道向内街小巷延伸。2014年以来，完成全市269条城中村安全隐患整治和826个专业市场管线整治任务，连续三年被评为“全国厕所革命创新城市”。擦亮“美丽花城”品牌，以生态湖和大型绿地为重点，以绿化带和水系为纽带，塑造“山、水、城、田、海”城市形态，让“公园变花园、花园成家园”。推进平安广州建设，完善立体化社会治安防控体系，强化治安重点地区问题排查整治，推进城市治理“四标四实”工作，强势开展扫黑除恶专项斗争，城乡居民幸福感获得感安全感不断增强。2011年以来，连续三届荣膺全国文明城市。

3.探索基层社会治理新模式

尊重人民群众首创精神，以开放思维探索城乡基层治理新路径，形成了“民主商议、一事一议”“分层议事”“众人之事众人议”等议事模式，实施社区来穗人员“五个一工程”（一个党支部、一所融合学堂、一个工作服务站、一个共治议事会、一支志愿服务队），有效破解超大城市大量流动人口带来的社会治理难题。导入香港标准化经验，实现社会工作标准化、规范化、精细化、智能化，与香港社区发展促进会等机构签署合作协议，出台《广州市社工服务站（家庭综合服务中心）管理办法》等政策，全市188个家庭综合服务中心成为政府购买社工服务的专业平台，“政府主导、社会协同、项目运作、专业服务”的“广州社工模式”得到民政部肯定和推广。开展中央政策支持居家和社区养老服务改革试点、“3+X”社区居家养老创新试点，打造全国首个养老质量管理云平台，养老服务公益创投、公办养老机构评估轮候2项制度向全省推广，形成以846个“长者饭堂”为支点，街道（镇）、社区（村）全覆盖的老年助餐配餐服务网络，“大配餐”服务被十二届中国全面小康论坛评为2017年度“中国十大民生决策奖”。借鉴新加坡经验建设的中新广州知识城邻里中心，集商业、文化、体育、卫生、教育、政务服务、家庭服务等于一体的“一站式”配套服务，为居民打造“步行一公里”生活圈，实现“足不出社区，尽享各类星级便民服务”。

三、几点体会

广州 40 年的开放发展历程，是一幅波澜壮阔的恢宏画卷，成绩来之不易，经验弥足珍贵，也让我们深切感受到，开放带来进步，封闭必然落后，推动形成全面开放新格局是新时代广州建设国际大都市、当好“四个走在前列”排头兵的必由之路。我们的体会主要有以下五点：

其一，坚持党的领导，始终用习近平新时代中国特色社会主义思想统领开放发展全局，是广州开放发展取得历史性成就的根本保证。伟大的事业呼唤伟大的思想，伟大的思想指引伟大的实践，推进改革开放这一前无古人的伟大实践，更需要科学思想的指引。党的十八大以来，以习近平同志为核心的党中央统筹推进“五位一体”总体布局，协调推进“四个全面”战略布局，形成了涵盖改革发展稳定、内政外交国防、治党治国治军等方面的习近平新时代中国特色社会主义思想。正是在这一科学思想的指引下，我国继续坚定不移深化对外开放基本国策，践行开放发展新理念，大力推进理论实践创新，实施共建“一带一路”倡议，加快构建开放型经济新体制，倡导发展开放型世界经济，积极参与全球经济治理，对外开放取得新的重大成就。作为一座因海而生、向海而兴的千年商都，广州坚定传承开放发展的历史基因，40 年间经济总量翻了近 500 倍，人均 GDP 接近发达国家水平。特别是近五年来，广州坚持把学懂弄通做实习近平新时代中国特色社会主义思想作为第一要务，源源不断从新思想中汲取真理力量和实践智慧，在不断的开放实践中破解发展难题，大力推进枢纽型网络城市和引领型全球城市建设，对外开放的大门越开越大，在参与全球城市治理体系中的作用愈发重要。广州 40 年的开放实践雄辩地证明，坚持在党的领导下沿着中国特色社会主义方向坚定不移走扩大开放之路是取得巨大成就的根本保证，以习近平新时代中国特色社会主义思想为指引，增强“四个意识”，坚定“四个自信”，自觉在思想上政治上行动上同以习近平同志为核心的党中央保持高度一致，是一条根本经验。习近平新时代中国特色社会主义思想不但是中国人民创造增长奇迹、大幅提升人民生活水平的思想武器，也是构建人类命运共同体、让各国人民公平享有世界经济增长利益、实现共同发展繁荣的理论宝库。

其二，坚持为了人民，始终将不断满足人民群众对美好生活的新期待贯穿开放发展全过程，是广州开放发展得到人民支持参与的根本源泉。坚持以人民为中心，一切为了人民、为人民谋幸福，是我们党贯穿革命建设改革伟大历程的永恒主题，是历经一个世纪风雨依然矢志不渝的真挚初心。习近平总书记强调，改革开放是亿万人民的事业，必须坚持尊重人民首创精神，紧紧依靠人民推进改革开放，使改革发展成果更多更公平惠及全体人民。尊重人民群众的主体地位，发展成果人民共享一直是贯穿习近平总书记治国理政实践的主线。开放发展的广州，牢牢把握以民生需求为导向，确定开放发展价值取向和政策依据，改革开放进程始终与人民生活条件的改善同步，对外开放的深化始终与人民群众幸福指数的提高共进。40 年来，广州充分运用先行先试的政策优势和毗邻港澳的区位优势，在实施养老退休金社会统筹、住房制度改革、普惠性教育、外来工生育保险、鼓励社会资本参与民生事业发展等领域率先探索，覆盖城乡、底线民生与发展民生相协调的多层次社会民生安全网越织越密，“幼有所育、学有所教、劳有所得、病有所医、老有所养、住有所居、弱有所扶”的适度普惠型“全民社保”基本实现，城市人类发展指数接近发达国家水平，连续多年蝉联全国第一。人民群众是历史的创造者，更是改革开放的实践主体。广州以开放惠民生的实践，正是党与人民保持血肉联系、带领人民创造幸福生活、兑现共同富裕承诺的生动写照，充分说明保持为民情怀不断增进民生福祉、矢志不渝为人民谋幸福始终是当代中国共产党人念兹在兹的初心与使命。

其三，坚持敢为人先，始终以自我变革勇于创新的历史担当扩大开放、开拓进取，是广州开放发展事业不断克服艰难险阻奋勇前进的根本动力。改革关头勇者胜。保持敢为人先的锐气、蓬勃向上的朝气、锐意创新的勇气，是把改革开放事业一步步推向深入的“战斗号角”。习近平总书记强调，改革开放要敢于啃硬骨头，敢于涉险滩，既勇于冲破思想观念的障碍，又勇于突破利益固化的藩篱，不论遇到什么风雨、困难、挑战，我们都能够坚定不移把改革开放引向深入。广州襟山临海的自然环境孕育了岭南人强悍坚韧、勇于冒险、开拓进取的精神品质，敢为天下先的自我变革意识使广州能够想他人所不敢想、做他人所不敢做，如同当年全国关于真理标准大讨论的广州思想解放答卷开启了开放发展的新篇章一样，从改革开放初期率先进行价格闯关，推进流通体制改革，鼓励非公企业生产发展，到 20 世纪 80 年代依托广州开发区建设推动外向型经济发展，再到近年来建设南沙自贸区以点带面构建全面开放新格局，以深化供给侧结构性改革为主线，推动产业结构调整和优化升级，建设以 IAB、NEM 为主导的现代产业体系，广州对外开放的探索实践始终走在全国前列。回望历史，中国共产党一次又一次向人民和时代交出亮丽的答卷，正是源自艰苦奋斗的勇毅，源自永不止步的进取。中华民族伟大复兴绝不是轻轻松松、敲锣打鼓就能实现的，世界经济形势的波谲云诡也注定开放发展的道路不可能一帆风顺，必定是荆棘遍布、困难重重。但是，广州的开放探索证明，中国共产党人天生就有不畏艰险、明知山有虎偏向虎山行的豪气和韧劲，只要我们牢记使命、不忘初心，坚定信念、勇于担当，始终保持时不我待、只争朝夕的精神状态，以“功成不必在我”的精神境界和“功成必定有我”的历史担当攻坚克难，就没有什么难题是解决不了的，就没有什么事情是办不成的。

其四，坚持优化环境，始终将“三大环境”有机结合同步推进提升城市吸引力和开放竞争力，是广州开放发展实力不断增强的根本举措。良好的发展环境是对外开放的基础条件。习近平总书记强调，我国“今天开放发展的大环境总体上比以往任何时候都更加有利”，我们要改善投资和市场环境，不断提高对外开放质量和水平，更好把国内发展与对外开放统一起来，把中国发展与世界发展联系起来，把中国人民利益同各国人民共同利益结合起来，不断扩大同各国的互利合作。贯彻落实习近平总书记关于北京、上海、广州、深圳等特大城市要率先加大营商环境改革力度的重要讲话精神，广州将改善政治生态环境、提升城市环境与优化营商环境有机结合、同步推进，着力建设市场化国际化法治化的营商环境，着力建设更干净更整洁更平安更有序的城市环境，着力营造风清气正干事创业的政治生态环境，加快投资和贸易规则与国际接轨，推动政府服务更加规范高效、实体经济运营成本更加合理、信用监管体系更加完善、产权保护制度更加严格、市场竞争更加公平有序，以优质的制度供给、服务供给、要素供给和完备的市场体系，增强发展环境的吸引力和竞争力，形成了稳定公平透明、可预期的营商环境。实践证明，发展环境是软实力，没有稳定良好的发展环境，城市就难以有强有力的竞争力。广州优商引商的成功经验坚定落实了党中央“营商环境就是生产力”的理念，是对党和国家政策的坚定贯彻，是党的十八大以来我国开放型经济新体制建设成果的充分展示，也是习近平新时代中国特色社会主义思想的生动实践。

其五，坚持互利共赢，始终在拓展领域扩大开放中培育引领国际竞争合作新优势，是广州开放发展格局不断提升完善的根本经验。习近平总书记强调，要实行更加积极主动的开放战略，坚持走开放融通、互利共赢之路，在更大范围、更宽领域、更深层次上提高开放型经济水平。党的十八大以来，广州以习近平总书记关于对外开放重要论述为指引，站在新的历史起点上推进新一轮对外开放，开放领域从单纯的货物贸易扩展到货物贸易与服务贸易并重，从传统制造业扩展到高端制造业与金融、文化创意等现代服务业并重；开放方式从以引进来为主拓展到引进来与走出去并重，从以单一招商引资为主拓展到引资引智引技并重；合作层次从产业链条低附加值环节扩展到高附加值环节，从以劳动资本密集型为主扩展到以资本技术知识密集型为主；合作模式从“三来一补、前店后厂”扩展到研发、生产、销售全链条，从以产品分工为主扩展到以要素分工为主。广州按照全面参与、重点突破的原则，加强战略谋划和政策统筹，既注重扩大开放的规模，又注重提高开放的质量；既实现对外开放的扩展，又实现对内开放的深化；既强化开放平台的硬件建设，又强化营商环境的改善提升，开放水平与开放质量走在全国前列。开放发展的中国实践表明，经济全球化的时代大潮滚滚向前、不可逆转，现在的世界是“你中有我、我中有你”的命运共同体，一损俱损、一荣俱荣，逆潮流而动、与时代相背而行的道路是不可取的。中国坚持正确的义利观，以大国风范与世界一道致力于建设包容型世界经济、同世界各国分享中国发展机遇的中国方案，既是中国特色社会主义制度优势的巨大彰显，也为繁荣世界经济提供了宝贵经验。也正是在这个意义上，习近平总书记深刻指出，今天看来，我们大胆开放、走向世界，无疑是选择了正确方向。

四、展望

40 年峥嵘岁月，40 载非凡历程。以 1978 年党的十一届三中全会的召开为历史坐标，我们党带领全国人民顺应世界发展大势、融入全球经济发展大潮，勇立历史潮头，抢抓发展机遇，坚定不移全面深化改革，坚定不移对外开放，以“杀出一条血路”的精神和担当逢山开路、遇水架桥，创造了世界经济发展的中国奇迹。党的十八大以来，以习近平同志为核心的党中央总揽战略全局，准确判断国际国内形势新变化，沉着应对全球经济不确定不稳定因素，坚持不懈推进对外开放理论和实践创新，积极参与全球治理、加快构建开放型经济新体制，对外开放取得历史性、根本性成就。40 年的辉煌成就，向世界昭示了中国特色社会主义制度的巨大优越性，向世界展现了中国在世界经济发展中的历史担当。

改革没有回头路，开放没有休止符。党的十九大庄严宣告，中国特色社会主义进入了新时代，这是一个新的历史节点，也是开创未来的新的历史坐标。在新的历史节点上，中国坚持对外开放的基本国策不会变，开放的大门只会越开越大。广州作为中国历史上唯一一个保持千年不衰的商业型城市，应开放而生，因开放而兴，为我国经济发展作出了无可比拟的巨大贡献。进入新时代，习近平总书记明确要求广东在构建全面开放新格局上走在全国前列。粤港澳大湾区发展规划明确广州要建设国际大都市，这既是光荣使命，也是历史责任；既是发展方向，更是发展动力。

雄关漫道真如铁，而今迈步从头越。40 年的开放发展给了广州充足的底气，奠定了新的发展优势。广州将坚持以习近平新时代中国特色社会主义思想为指引，从习近平新时代中国特色社会主义思想中寻找开放方法论，从 40 年的伟大历史实践中总结提炼新经验，把开放发展作为建设国际大都市的内在要求和必由之路，奉行互利共赢的开放战略和共商共建共享原则，坚持自主开放和对等开放相统一，立足世界级大湾区和城市群建设加强战略谋划，深度参与国家“一带一路”建设，加快推进南沙自贸区等开放合作平台建设，以更加主动的姿态推进范围更广、领域更宽、层次更高的新一轮对外开放，以开放的主动赢得发展的主动和国际竞争合作的主动，努力把广州建设成为更好代表国家参与国际合作与竞争的中国特色社会主义引领型全球城市和国际大都市。

（2018 年 8 月）

改革开放与中国城市发展

GAIGEKAIFANG

深圳

深圳科技创新的成就经验与发展策略

中共广东省委宣传部
中 共 深 圳 市 委

创新是引领发展的第一动力，必须把创新摆在国家发展全局的核心位置，不断推进理论创新、制度创新、科技创新、文化创新等各方面创新。科技创新在创新中发挥着引领作用，是建设现代化产业体系的战略支撑。2018年3月，习近平总书记在参加十三届全国人大一次会议广东代表团审议时高度肯定深圳的科技创新，强调：这些年，深圳高新技术产业发展成为全国的一面旗帜，要发挥示范带动作用。改革开放40年来，深圳始终坚持把创新作为城市发展主导战略，不断增强科技创新能力，为特区赢得了优势和实力，为探索中国特色自主创新道路作出了重要贡献。

一、深圳科技创新的成就与经验

深圳在科技资源“先天不足”的情况下，创造了自主创新的奇迹。尤其是党的十八大以来，深圳坚持新发展理念，引领新常态下的新发展，崇尚创新、注重协调、倡导绿色、厚植开放、推进共享，努力破解发展面临的深层次问题，实现更高质量、更有效率、更加公平、更可持续的发展。

2017年，深圳全社会研发投入超过900亿元，占GDP比重达到4.10%，居全球前列；新增市级以上各类创新载体195家，累计达1688家；PCT国际专利申请达20457件，占全国申请总量的43.07%，连续14年居全国各城市首位；国家高新技术企业数量达到11230家，仅次于北京。一批具有国际竞争力的创新型龙头企业迅速崛起：华为成为全球最大通信设备制造商；腾讯成为全球最大互联网公司之一；比亚迪成为全球最大的新能源汽车企业；研祥智能是全球第三大特种计算机研发制造厂商……一批高成长性的创新型中小企业不断涌现——大疆公司通过技术创新创造消费级无人机新市场，占据全球约80%市场份额；优必选公司凭借具有自主研发的伺服舵机、步态算法等，成为目前全球估值最高（50亿美元）的人工智能企业；超多维是国内规模最大的裸眼3D技术提供商，形成了以人工智能、无人机、电子通信等领域为主的具有国际竞争力的产业集群和全链条。微众银行、聚宝汇、腾讯云、柔宇科技、奥比中光等“独角兽”企业，从众多竞争者中脱颖而出，实现估值达到10亿美元以上，在深圳的创新沃土中茁壮成长，成为行业创新的引擎和成长代表。

深圳的创新驱动发展成效显著，形成了以企业为主体、市场为导向、产学研深度融合的技术创新体系，打造了“自主创新”这个闪亮的城市品牌，具有以下十个方面的基本经验。

（一）打造良好的创新生态系统

政府在深圳创新生态系统中的角色定位是不断完善创新生态环境，为企业创新发展提供良好的支撑条件和后勤服务，通过制定产业政策和建立完善各种创新激励机制，引导和鼓励企业进行符合经济社会发展需要、符合产业发展方向的创新。深圳较早制定了技术入股、无形资产评估等管理办法，使企业家能充分利用分配手段，较好地解决企业和技术持有者的利益冲突。

2015年7月，深圳在全国率先实行“多证合一、一照一码”的商事登记制度改革，最大限度释放市场发展活力，为商事主体带来极大便利，新增企业数量呈爆发式增长，提高了企业办事的便利程度，极大地激发了深圳创业、创新热情，营造了优良的营商环境。2016年3月，中共深圳市委、深圳市人民政府出台了《关于促进科技创新的若干措施》《关于支持企业提升竞争力的若干措施》和《关于促进人才优先发展的若干措施》，明确提出打造“四区”，即科技体制改革先行区、新兴产业集聚区、开放创新引领区、创新创业生态区。62 条措施涉及创新科技管理机制、提升产业创新能力、优化综合创新生态体系、金融支持科技创新等方面，其中 47 条属于新增政策，占比高达 75.8%；15 条则是在原有基础上加大了支持力度。这些突破性的创新政策使科技创新的战略布局从“小局”向“大局”转变；使科技资源的配置由“小投入”向“大投入”转变；使科技创新的承担单位由“小众”向“大众”转变，在保持原有科研院所骨干积极性的同时，进一步提升企业技术创新主体的积极性和地位。2016 年 10 月，又印发了《关于加快高等教育发展的若干意见》《深圳市促进科技成果转移转化实施方案》《深圳市产业发展与创新人才奖实施办法》。2017 年以来，深圳着眼国际科技、产业创新中心建设，启动新一轮创新战略布局，包括建设十大重大科技基础设施、设立十大基础研究机构、打造十大海外创新中心、实施十大重大科技产业专项等。“十大行动计划”涵盖创新硬件、基础设施、人才引进、空间载体、产业布局等各方面，从创新源头到产业链上下游及配套服务系统布局，将深圳的创新生态链打造得更加完整，并通过一个个具体项目切实落地。

迈入新时代的深圳正在打造持续的创新生态系统，“基础研究 + 技术开发 + 成果转化 + 金融支持”创新链逐步成熟，让资源、资金、人才、信息等创新要素在此高效转化成创新价值，以“链式跃升”赋能未来，为全球创新生态体系探索中国路径。

（二）持续推进产业转型升级

多年来，深圳坚持产业转型升级，不断优化产业结构，促进战略性新兴产业和未来产业发展壮大。大力推动增量优质、存量优化，新兴产业已经成为经济发展的引擎，实现了经济发展质量和可持续发展能力双提升。

深圳的产业转型发展经历了三个阶段：贸易化—市场化—国际化。第一阶段（1980 年至我国加入 WTO），贸易化是主导力量。外向型经济促进深圳建立比较完备的生产性服务业体系。第二阶段（2003 年至 2012 年），市场化是主导力量。在比较完备的服务业体系基础上，深圳借助独特的资本市场平台、科技创新需求、区位优势等市场力量，形成一批专业性现代服务业集聚区：华侨城文化创意产业区、华强电子专业市场区、罗湖金三角商业区、田面中国设计之都、科技园金融科技创新区、平湖金融产业服务区、机场与盐田现代物流区。第三阶段（2013 年起），国际化是主导力量。通过集聚世界高端服务业要素，加之更加开放灵活的政策，努力打造前海深港现代服务业合作区、罗湖国际消费中心、福田中央商务区等现代服务业功能区。作为国家战略的前海开发，充分利用其独特的区位优势，通过深港紧密合作，发展定位为深港现代服务业创新合作示范区和“湾区经济”，重点发展创新金融、现代物流、科技及专业服务、信息等现代服务业。

在转型升级过程中，深圳推进“孵化器”向“加速器”的延伸，实现孵化企业向孵化产业的转变。一是通过政府、高校、企业相互合作方式，建设一批孵化器和加速器。二是对旧工业区、旧厂房、旧村进行改造，一部分发展成为高科技企业孵化器和加速器。深圳天安数码城是对旧工业区改造成科技孵化器的成功案例，产值从 6000 万元跃升为 10 个亿，其运作方式也被复制到多地。三是提高孵化器和加速器的经营管理水平，引进专业管理机构，重点解决科技服务平台不足、共性技术研究设施不足、融资难、用地难、产品与市场对接难等困难。

深圳通过发挥政府、大企业和行业协会的主导作用，改造和新建一批产业园区，打造产业发展新载体，引进新兴产业，倒逼传统产业转型升级，促进支柱产业从产业链低端走向高端。一是政府主导。政府对产权全部或部分属政府或集体经济所有的旧厂房、旧工业区进行升级改造，或是由政府出面回购一批旧工业区厂房，统一规划建设，按优惠价格向创新型企业出租、出售。例如，深圳马家龙创新大厦项目改造之前，分属南头投资公司等 7 家业主，入驻企业多为低端加工制造企业。2009 年，区政府向原业主协议回购全部物业，统一规划建设创新型上市企业总部大厦，计划安排 12 家上市企业总部入驻，企业年产值合计超过130亿元，年纳税达6.5亿元。二是大企业主导。鼓励引导大企业根据城区发展的功能定位，将其所属的旧厂房、旧工业区升级改造为科技创新型、文化创意型产业园区。例如，华侨城集团、蛇口工业区等大型央企主导，对旧工业区、旧厂房进行综合整治改造，目前已建成蛇口网谷、华侨城LOFT园区、南海意库等多个大型园区。三是行业协会主导。鼓励工业设计、互联网等行业协会积极参与并组织旧工业区、旧厂房改造，兴建一批科技创新型、文化创意型产业园区。发挥行业协会的影响力，吸引相关产业链的上下游企业聚集发展，加快培育规模企业，形成产业化发展。例如，深圳设计行业协会及所属企业投资改造的深圳设计产业园，仅用一年时间就实现了转型升级的“三级跳”，由旧厂房变身设计产业园，再跃升为“产业链”式的专业园区。

通过产业转型升级，深圳的第二、三产业结构由2010年的46.2∶53.7优化为2017年的41.5∶58.4。先进制造业占规模以上工业比重约70%，新兴产业增加值增长13.6%，形成了先进制造业、现代服务业和优势传统产业协调发展格局。金融中心地位更加巩固，金融业增加值、本外币存贷款余额等主要指标居全国大中城市第三位。2008年，深圳在中国率先获得联合国教科文组织授予的“设计之都”殊荣。深圳的工业设计、平面设计等设计产业全国领先，深圳企业获德国红点设计奖、iF设计大奖227项，居全国城市首位，深圳设计竞争力不断增强。深圳博睿思原是一家生产表壳、表链等低端产品的钟表企业，通过不断加大研发力度，其自创品牌“廊桥表”成为我国首个获准参加摩洛哥顶级奢侈品展的民族品牌。深圳力嘉从来料加工企业转型后，整合境内外资源，快速发展成为年产值超5亿元的国际性企业，经营模式成功实现从OEM到OBM的蜕变。深圳女性服装行业原以OEM为主，在行业协会的推动下，通过大力培养设计师等措施提高了设计能力，为自己生产的服装增添了自主设计元素，从积极参加国内外服装展示会，发展到自己举办国内外展示会，提高了品牌知名度。深圳女装品牌在我国一线城市占据了最大本土品牌份额。

（三）突出企业在技术创新中的主体地位

在深圳的区域创新体系中，企业是技术创新的主体，有实力的高新技术企业尤其如此。企业最知道市场需要什么技术，什么产品，如何组织研发，针对性更强，而政府主导创新发展会产生大量的评价与管理费用，资金使用效率下降，并且这样的研发也容易与市场脱节。从科技基础设施薄弱、科教资源匮乏、科技人才稀缺的基础起步，形成今天创新型企业蓬勃发展、创新成果密集涌现的局面，深圳得益于在全国率先建立起“以企业为主导、市场为导向、政产学研资界相结合”的创新综合生态体系，为深圳建设科技、产业创新中心，加快建成现代化国际化创新型城市提供了有力的政策保障和战略引领。目前，深圳的自主创新呈现出“6 个 90%”的特征：即 90%的创新型企业为本土企业、90%的研发人员在企业、90%的研发投入源自企业、90%的专利产生于企业、90%的研发机构建在企业、90%以上的重大科技项目由龙头企业承担。研发经费市场化的资源配置使得深圳相对于其他城市的专利产出和专利转化运用都更具效率。

深圳充分发挥企业在技术创新决策、研发投入、科研组织和成果转化中的重要作用，推动形成了 3 万多家创新企业集群，培育出华为、中兴、腾讯等一批国内外著名的高科技领头雁企业，也有一大批如大疆、光启、柔宇等新近崛起的创新型科技企业，还有柴火空间等创客空间，以及各类创业型创客建立的企业。在大、中、小、微企业之间，形成了丰富的创新梯级层次。大型高新技术企业凭借其优越的市场地位和强大的创新能力，发挥着促进产业技术进步的作用。由于企业成为技术创新主体，使得企业能够自觉地以市场为导向、面对消费者展开研究开发活动，把科技投入作为提升竞争力和开拓市场的重大举措，既避免了研究开发活动的盲目性，又使科技与经济紧密结合，形成相互促进的良性循环。企业具备成为技术创新主体的基本条件，有创新需求和动力，具备技术创新能力，能直接面向市场，以及具备借助其他中介或服务组织进行变革的自主能动性。深圳市中小企业中，属于战略性新兴产业、未来产业、“互联网＋”等新经济新业态的科技型小微企业近3万家，它们通过市场细分各自开拓具有特色的市场领域，未来有望取得持续高增长，成为随着科技创新的强大后备军。

（四）加快建设各类创新载体

战略性新兴产业和高新技术企业的崛起离不开创新的载体，过去这也一直被视为深圳的“短板”。通过几年的积累，目前深圳已初步建立起一个以基础研究为引领，产业及市场化为导向，企业为主体的开放合作、民办官助为特色的创新载体体系。其中，以重点实验室为核心的基础研究体系，以工程实验室、工程中心、技术中心组成的技术开发创新体系，以科技创新服务平台、行业公共技术服务平台组成的创新服务支撑体系，构成了深圳科技创新体系的三大支点。各类创新载体已成为海外高层次人才在深圳创新创业的重要平台，深圳“孔雀计划”海外高层次人才主要集中在教育、科研机构和科技类企业，其中深圳大学、中科院深圳先进技术研究院、南方科技大学、哈工大深圳研究生院、北京大学深圳研究生院、清华大学深圳研究生院、华为、华大基因研究院等机构的人数占总量的比例接近65%。

截至2017年年底，深圳累计建成创新载体1688家，其中国家级110家，省级175家，覆盖了深圳经济社会发展主要领域，成为集聚创新人才、产生创新成果的重要平台。培育了93家集科学发现、技术发明、产业发展“三发”一体化的新型研发机构。大力引进中科院先进技术研究院、华大基因研究院、光启高等理工研究院、清华大学深圳研究院等一批发展速度快、创新成果多、产业化能力强的新型研究机构。相继建成国家超级计算深圳中心和大亚湾中微子实验室，启动建设首个国家基因库等重大科技基础设施。4G技术、超材料、基因测序、新能源汽车、3D显示、无人机等领域创新能力跻身世界前沿。2017年获国家科技奖15项、获中国专利金奖5项，占全国1/5，新组建诺贝尔奖科学家实验室3家、基础研究机构3家、制造业创新中心5家，新增全职院士12名、“千人计划”66名，创新先发优势进一步巩固提升。

作为将创意、发明、创新、创业转化为一个有机过程的创客空间，有利于促进先进制造业技术提升，加快智能制造高端化国际化发展，为各类创新创业者提供更好的创新创业环境，打造创业基地试点和重要孵化中心。深圳具有全球最完整的电子制造和互联网产业链，为创客发展提供了最好的土壤。2015 年 6 月，深圳市举办了首届国际创客周，开展了 45 场活动，吸引了国内外 26 万人次前来参加。深圳市推出了《深圳市关于促进创客发展的若干措施（试行）》和《深圳市促进创客发展三年行动计划（2015—2017年）》，计划每年新增 50 多个创客空间、10 个创客服务平台以及新增创客 3 万人。面向创客发展需求，拓展创客空间，夯实创客发展基础，完善创客发展生态链，把深圳打造成交流广泛、活动集聚、资源丰富、成果众多、创业活跃的国际创客中心。在深圳新建、改造提升创客空间，或引进国际创客实验室的，最高可获得 500 万元资助。为支持各类机构应用互联网技术，实现创新、创业、创投、创客联动，线上与线下、孵化与投资相结合，构建开放式的创新创业综合服务平台，深圳市对符合条件的服务平台，将给予最高 300 万元资助①。政府建设的科技基础设施以及利用财政资金购置的重大科学仪器设备，按照成本价向创客开放。

（五）新型研发机构成为科技创新生力军

新型研发机构是指投资主体多元化、建设模式国际化、运行机制市场化、管理制度现代化，创新创业与孵化育成相结合，产学研紧密结合的独立法人组织。新型研发机构同时具有企业和研究机构两者的特点，因此，它既可以被看成是企业，又可以被视为研究机构，这两者之间的界限在新型研发机构身上变得越来越模糊。新型研发机构蓬勃发展作为连接科技与经济的桥

① 《深圳市人民政府关于印发促进创客发展若干措施（试行）的通知》，http：//www.sz.gov.cn/zfgb/2015/gb927/201507/t20150701_2940498.htm。

梁，实行政产学研资相结合，科技创新与产业化无缝对接，是沟通科技创新价值链、促进科技成果转化、推动高科技企业跨越死亡谷的能动力量，是基础研究到产业化的重要纽带，是承载原创技术研发的重要主体，对于国家创新生态的形成具有积极影响，对我国科技体制改革也具有重要的探索和借鉴意义。

新型研发机构是适应市场经济发展和科技创新的有效形式，也是深圳创新驱动发展的突出优势和亮点。其中深圳清华大学研究院成立时间最早，研究院积极探索机制创新，创立了“四不像”理论：既是大学又不完全像大学，实现文化创新；既是研究机构又不完全像科研院所，实现功能创新；既是企业又不完全像企业，实现目标创新；既是事业单位又不完全像事业单位，实现机制创新。“四不像”理论概括了深研院结合产、学、研、资、商，同时融合企业孵化、科技开发、成果转化和人才培养为一体的独特定位和发展模式。“四不像”模式探索出了高等院校科研成果产业化，更好地为经济社会服务的新路子，是理论与实践的创新，把研究院由过去那种科研成果主要体现为论文变成体现为知识产权，使得研究院成为吸引科研团队的一个有高度凝聚力的平台。深圳清华大学研究院把高校、科研机构、企业、事业单位四种体制机制的优势相结合，创新科技成果转化方式，创造出产学研深度融合的科技创新孵化体系。以市场为导向，致力于促进高科技成果产业化，成为市场风向的“守望者”、企业的“孵化器”、科研机构的“供血者”。实现研发平台、投资孵化、科技金融、园区基地、人才培养和国际合作的六大板块互动发展模式，创造了一个又一个科技和资本的“神话”。深圳华大基因是世界最大的基因测序和基因组学研究机构，在基因组和生物信息领域处在国际领先水平，近几年总体收入以每年3倍的速度迅猛增长，再现了基础研究和产业发展相结合的深圳奇迹。深圳光启研究院致力于交叉学科的源头创新，坚持底层专利全面覆盖，在超材料领域取得重大科研成果，拥有全球超材料领域86%以上的专利。深圳先进技术研究院年度专利申请量约占中科院系统的1/10。

（六）积极布局发展战略性新兴产业和未来产业

深圳实施产业错位战略，不选择钢铁、石化、水泥、轮船等重化产业，而是大力发展电子信息、互联网、生物制药、新材料、新能源等新兴产业以及金融、文化、地产、物流等服务业，避免造成环境污染。深圳较早制定了生物、互联网、新能源、新材料、文化创意、新一代信息技术、节能环保战略性新兴产业振兴发展规划和政策，设立近 200 亿元专项资金，规划建设 23 个产业基地和集聚区。2013 年 12 月，出台未来产业发展政策，重点对生命健康、海洋经济、航空航天、军工、机器人、可穿戴设备和智能装备产业安排发展专项资金，生命健康、航空航天及机器人、可穿戴设备和智能装备等未来产业规模已超过 4000 亿元。新兴产业成为推进产业转型升级的重要力量和经济增长的主引擎。

深圳结合产业实际，围绕 5G、新型显示、集成电路、机器人、增材制造、石墨烯、新能源汽车、航空航天装备、海洋工程装备、精准医疗等新兴产业领域，规划建设 10 个制造业创新中心，并出台专项政策予以扶持。目前，太赫兹、石墨烯、微纳米制造、智能海洋工程等多个创新中心先后挂牌，到 2020 年完成 10 家制造业创新中心的创建任务，以此实现核心技术突破，加快建设产业集聚区，培育若干百亿级、千亿级产业集群，助推深圳建设国际科技、产业创新中心。

（七）推动产业融合式创新

深圳把创新技术、创新意识、创新精神融入各项事业发展的全过程，营造了激发创新活力的生态环境。探索出“科技 + 金融”“科技 + 文化”“科技 + 物流”“科技 + 民生”“科技 + 生态”等创新发展新模式，先后被国家确定为首批科技和金融结合、文化与科技融合示范城市，实现了科技实力和经济实力的“双提升”。政府通过科技专项资金的引导和放大作用，撬动银行、保险、证券、创投等资本市场各种要素资源投向科技创新。还通过天使投资、股权投资和直接资助等方式，吸引社会资本投入到有潜力的科技创新项目中。新一代信息和数字技术与传统文化产业融合，催生新兴文化业态。在文化与科技融合产业中，数字化和网络信息技术在各个产业领域中应用最多、规模最大、辐射最广。在新媒体、动漫游戏、数字影视、数字出版、创意设计和互联网文化服务产业等新型技术领域中，深圳具备显著优势，并引领着全国的数字视听终端、智能手机、新型平板、3D 显示等产品，与创意设计、游戏、动画等产品形态结合，推动深圳科技与文化相关产业融合发展，如腾讯集团、A8 音乐集团、华视传媒集团有限公司、迅雷网络技术有限公司、第七大道科技有限公司等优秀企业都在各自行业领域处于领先地位。

被媒体誉为“中国文化产业的领跑者”的华强方特集团原本是一个计算机技术企业，到现在成为一家以文化内容产品及服务和文化科技主题公园为主营业务的大型文化企业。近年来，深圳华强方特文化科技集团蝉联七届“中国文化企业 30 强”、四届“国家文化出口重点企业”，获评中宣部“全国文化体制改革工作先进单位”、文化部“十大最具影响力国家文化产业示范基地”等众多殊荣。华强方特坚持实施文化科技创新融合，根植中国文化热土，共建成运营“方特东方神画、方特欢乐世界、方特梦幻王国、方特水上乐园”四大品牌主题乐园，在中国文化旅游市场掀起独具一格的文化旅游体验新浪潮。全球主题娱乐行业权威机构 AECOM & TEA 发布的《2016 全球主题公园和博物馆报告》显示，2016 年亚洲市场表现依然强劲，其中华强方特集团以 3163.9 万人次接待量成为全球主题乐园集团五强。雅昌集团是一家印刷企业，从一家小制版公司，到首批“国家文化产业示范基地”企业，逐步在全国乃至世界上形成了影响。面对日新月异的技术发展和商业模式的变化，雅昌不断创新，以工匠精神推动传统加工业务向智能制造和定制服务进化；以艺术数据为核心，IT 技术为手段，为艺术行业提供智慧化的艺术数据及 IT 服务综合解决方案；以艺术空间为体验，互联网为平台，充分释放艺术行业内的资源潜力，满足艺术专业人士和艺术爱好者的艺术生活需要。凭借其独创的“印刷 +IT 技术 + 文化艺术”商业模式，雅昌颠覆了传统印刷行业的生产和赢利方式。雅昌以艺术数据为核心，IT 和互联网技术为手段，建立起覆盖艺术产业链的平台，成为高端艺术印刷领域的“中国文化名片”。

（八）不断完善现代金融服务体系

深圳大力推进适应实体经济发展的金融改革创新，持续提升金融业发展质量，增强创新型金融中心功能，营造了科技、金融和产业相互融合促进“创新 + 创业 + 创投”的良好发展态势，在跨境金融、民营金融、创新金融、产业金融、民生金融等领域形成了一定的优势和特色。截至 2017 年年底，深圳持牌金融机构总数达 439 家，其中法人金融机构 188 家，金融业资产规模稳居全国第三。银行业资产总额 8.38 万亿元，同比增长 6.85%。证券公司总资产约 1.36 万亿元、净资产约 3872 亿元、净资本约 3132 亿元，主要指标均仅次于上海。2017 年深圳金融业占 GDP 的比重为 13.6%，占全市总税收的 20.5%。VC/PE 企业数量与管理资本，约占全国 1/3。各类投资基金、企业超过 8800 家，注册资本超过 2300 亿元。深圳大力培育风险投资公司，建立了市科创投、深港创投、清华大学研究院创投等在全国有重要影响的风险投资公司。一批企业正是通过“资本 + 创新”，实现了高速发展。腾讯 2004 年上市，通过资本市场与科技创新的互动，短短十几年时间就发展成为亚洲市值最高的国际著名互联网企业。

与上海、北京等金融中心相比，深圳金融业最为凸显的比较优势是毗邻香港国际金融中心的区位优势，以及前海打造国家金融开放试验区先行先试的政策优势。深圳充分发挥金融业的比较优势，以前海开发开放为契机，深化深港金融合作，扩大对国际先进金融中心城市的开放与合作，不断提升深圳金融中心的国际化水平和在全球金融体系中的影响力，不断优化金融政策环境，为金融机构和人才在深圳集聚发展创造良好条件。

1. 金融发展促进政策体系进一步完善

先后制定颁布了包括《关于加强和改善金融服务支持实体经济发展的若干意见》《关于促进小额贷款公司稳健发展的若干意见》《关于支持促进互联网金融创新发展的指导意见》《深圳市人民政府关于充分发挥市场决定性作用全面深化金融改革创新的若干意见》《深圳市人民政府关于印发扶持金融业发展若干措施的通知》等在内的多项政策文件。针对当前不断涌现的中小型、创新型法人机构总部，以及金融机构增资扩股、异地并购重组等新行为，不断创新扶持方式、提升扶持标准、拓宽惠及范围，进一步完善金融产业发展的政策支持体系。

2. 以前海为代表的金融集聚区建设得到稳步推进

先后启动了福田中央商务区、罗湖蔡屋围和南山前—后海三大金融总部集聚区以及平湖金融与现代服务业基地等多个金融功能区的规划建设。前海金融集聚区建设工作取得突出成效。随着前海跨境人民币贷款业务稳步扩大、赴港发行人民币债券业务取得突破、合格境内投资者境外投资试点方案获批以及外资企业资本金实行意愿结汇试点工作开展，前海金融产业呈现加速集聚发展态势。

3. 金融市场建设不断强化

深圳金融市场整体实现了量和质的跨越，证券市场规模和地位得到显著提升，黄金市场规模得到迅速扩大，地方要素市场建设取得突破发展。以深交所发展为重点不断完善多层次资本市场体系，以增强银行间货币市场和债券市场功能带动市场规模提升，以大力支持区域性要素市场建设扩大区域金融市场影响力，以金融中介服务机构创新发展促进金融交易市场活跃，形成市场功能完备、金融产品创新、辐射能力较强、国际参与度广泛的金融交易市场体系，成为国内外重要的金融要素流转和资源配置中心。

（九）吸引全球创新资源集聚

吸引全球创新资源集聚是深圳科技创新跨越式发展和建设全球创新中心

城市的重要举措。深圳充分发挥经济特区作为对外开放窗口、桥头堡的优势，努力在全球范围集聚配置创新资源，在更高层次上参与全球科技合作竞争。

当前，深圳正在加速汇聚全球创新资源，高端项目加速集聚。ARM 中国总部、空客中国创新中心等 80 个优质项目落户深圳。苹果、微软、高通、英特尔、三星等跨国公司在深圳设立研发机构、技术转移机构和科技服务机构。为全面提升深圳国际科技产业合作的质量和水平，出台《深圳市十大诺贝尔奖科学家实验室建设实施方案》，诺贝尔奖科学家实验室陆续挂牌成立。在美国、英国、法国、德国、比利时、以色列、加拿大等国，分批建设深圳海外创新中心，引进海外高新技术和人才团队，实现从海外团队当地孵化到创新企业引进孵化再到新兴产业落地孵化的全链条服务。

发挥香港国际科技窗口功能，加快深港科技合作。2017 年对 8 个深港创新圈项目予以 1400 万元资助，累计联合资助深港合作项目 77 项，双方共投入资金超过 4 亿元。与香港签署推进落马洲河套地区共同发展合作备忘录，着力打造港深创新及科技园。积极推动广深科技创新走廊建设，重点推进深圳四大核心创新平台和 15 个关键节点建设，整合产业集群、创新机构、基础设施、社会服务以及历史文化等各种要素，推行绿色、低碳、可持续发展等新理念，做优增量，提升存量，进一步促进更高水平的国家自主创新示范区建设。

（十）大力构筑创新人才高地

深圳认真落实国家“千人计划”和广东省“珠江人才计划”，实施人才强市战略，努力打造人才宜居宜业宜聚城市。制定出台高层次专业人才“1+6”文件、人才安居工程等政策，大力实施引进海外高层次人才的“孔雀计划”，设立“千人计划”创业园、“孔雀计划”产业园和市人才研修院，举办国际人才交流大会，集聚海内外各类创新型人才。2016 年，深圳出台实施了《关于促进人才优先发展的若干措施》，内容涉及 20 个方面 81 条措施178个政策点，涵盖了高精尖、紧缺专业、技能人才引进和培养、创客之都建设、人才评价、流动机制完善、人才安居保障和服务等方方面面，是在对以往人才政策全面梳理并借鉴国内外人才政策的基础上，提出的综合性的人才政策。随后，又出台了包括杰出人才集聚工程、创新型科技人才集聚工程等“十大人才工程”等人才政策，以推动深圳科技、产业人才队伍发展。2017年，《深圳经济特区人才工作条例》颁布实施，以立法的形式将深圳市行之有效的人才政策优势转化为人才立法优势，为“聚天下英才而用之”、建设人才强市提供了法治保障；同时，将11月1日确定为深圳首个法定“人才日”，建成全国首个人才公园、人才研修院。2018年，深圳出台实施聚焦人才培养、激励、服务和体制机制改革的“鹏城英才计划”和聚焦海内外引才的“鹏城孔雀计划”，实行更加积极、开放、有效的人才政策；将出台实施《关于深化住房制度改革加快建立多主体供给多渠道保障租购并举的住房供应与保障体系的意见》，计划到2035年新增建设筹集各类住房共170万套，其中人才住房、安居型商品房和公共租赁住房总量不少于100万套，不断提升城市对人才的吸引力，努力打造创造活力竞相迸发、聪明才智充分涌流的“人才特区”。

2017年，新引进“孔雀计划”创新团队30个，13个团队入选第六批“珠江人才计划”引进创新创业团队，新增全职院士12名、“千人计划”66名，引进各类人才26.3万名、增长42%。目前，深圳人才总量超过510万名，其中全职院士38名。同时，深圳不断加大创新人才培养力度，面向全球引进优质教育资源，推进高等教育开放式跨越发展，南方科技大学、香港中文大学（深圳）、中山大学·深圳、深圳北理莫斯科大学、哈尔滨工业大学（深圳）相继设立并招生，深圳技术大学获公示设立。

二、深圳科技创新存在的不足

当前，深圳正处于“高位过坎”的关键阶段。在科技创新方面，既拥有许多优势和有利条件，也存在一些不足和问题，特别是科技创新的驱动力还不够强，基础研究和原始创新的短板突出，创新发展亟须加快发力。主要表现在以下方面：

其一，实体经济发展压力较大，产业体系整体竞争力还不够强。深圳可开发利用的土地空间紧缺，企业营商成本持续高企，对高端经济要素吸引力有所减弱。规模以上企业开展技改比例还不高，工业增加值率与发达国家相比还有一定差距，低端产业占一定比重，产业空间紧缺压力和闲置现象并存。部分企业和产业链在国际贸易壁垒和技术封锁打压下受到明显冲击。政府部门服务企业的针对性和精准性还不够，部分制造企业产能外迁，经济保持中高速增长的基础不够稳固。

其二，重大创新载体、创新型人才、核心技术等方面仍然存在较大短板。深圳的国家级创新载体和重大科技基础设施较少，缺乏大的研究院所；高等教育发展水平满足不了创新发展的需要，高端创新人才和高技能人才缺乏，人才国际化程度较低；高房价以及相对较低的工资对人才流失有较大影响。原始创新能力不强，基础研究占研发投入比重偏低；关键核心技术和前沿技术掌握不足，高端医疗器械、科学仪器、工业检测设备、工业母机等依赖进口，核心芯片等领域关键技术、关键零部件、重大装备“受制于人”；独立前瞻研判科学技术发展前沿方向、制定新技术新产业发展标准规则等能力有所不足。

其三，科研项目管理体制有待进一步深化改革。目前，科研项目管理体制与动员和吸引全球创新资源要求相比仍不适应，创新要素的高效联动和协同等问题依然存在。科研项目审批程序较为繁琐，经费到账较慢，与研究项目进展不同步，影响项目产业化进程。基础研究财政补助经费少且申请难度大、周期长，缺乏长期、稳定、宽松的基础研究资助机制。政府部门科技资助资金有部分交叉，在一定程度上存在部分企业重复申报“套利”情况。

三、深圳科技创新的未来发展策略

2018 年 1 月，深圳市委六届九次全会明确了率先建设社会主义现代化先行区的目标任务，提出到 2020 年，深圳将基本建成现代化国际化创新型城市；到 2035 年，建成可持续发展的全球创新之都；到 21 世纪中叶，成为竞争力影响力卓著的创新引领型全球城市。2018 年 7 月，市委六届十次全会进一步提出，要在发挥高新技术产业示范带动作用上率先突破、做得更好，争当重要科技领域领跑者、新兴前沿交叉领域开拓者，打造可持续发展的全球创新之都。

深圳将全面贯彻党的十九大精神，以习近平新时代中国特色社会主义思想为指导，深入贯彻习近平总书记重要讲话精神，面向世界科技前沿、面向经济主战场、面向国家重大需求，推进以科技创新为核心的全面创新，聚焦“大装置、高平台、顶尖人才、新产业、政策体系、创新文化”，促进整体科技水平从跟跑向并跑、领跑的战略性转变，全面推动科技创新再上新水平，努力构建高水平科技创新体系，打造全球创新版图中的重要一极。

（一）实施大科学装置发展战略

科学技术的重大突破，科研仪器先行，从亿万光年之外的宇宙星辰，到组成世界的基本粒子，科学发现与技术创新越来越离不开功能强大的科研仪器，特别是大科学装置。大科学装置的协同作用将对区域科技创新产生革命性影响，有利于最大限度发挥大科学效益布局，有利于开展更大跨度的多学科交叉研究，有利于产业集群进一步向纵深发展，形成协同创新网络。大装置集群往往能形成一个类似科学长廊的集科学研究、技术创新、高端商务乃至面向大众的科学游览为一体的产业带。以深圳超算中心为例，已经完成对云存储、云桌面、云办公、云家庭、云教育、电子账单、办公自动化、电子商务、中小企业管理、电子政务、医疗健康、云渲染、云工业仿真等 13 项云服务应用的全部上线推出，提供各类云计算服务近 30 项。深圳将立足于补齐科技基础、原始创新这块短板，实施大科学装置发展战略，以全球视野、国际标准，集中力量打造世界级大科学装置集群，筑牢创新可持续发展的基础。

（二）系统化布局高水平创新平台

系统布局建设一批国际先进水平的国家重点实验室、科研院所、研发机构、研究型大学，推进重大战略项目、基础前沿工程和研发与转化功能型平台建设，把握科技、产业发展的关键环节，抢占未来科技竞争制高点，突出关键共性技术、前沿引领技术、现代工程技术、颠覆性技术创新，主动布局，实施重大科技专项、技术共性项目、部市联动国家重点研发计划重点专项等一系列组合拳，努力在基础研究、原始创新、应用基础研究等方面取得一系列重大突破性成果。着眼于重大战略需求和具有发展潜力的特色领域，在信息科学、生命科学以及民用核能技术、新材料、原子物理（核裂变）、天然气水合物等领域，实施一批前瞻性的科技研究计划，重点组织若干基础研究类重大科技项目，争取实现以科技重大突破带动生产力跨越发展。

（三）打造创新型人才集聚高地

充分发挥人才第一资源优势，在引进、培养、造就高端人才和高水平创新团队方面率先布局，建立面向全球的引才用才机制，突出高精尖缺，跟踪掌握世界科技前沿或关键核心技术的全球顶尖科学家，着力引进一批诺贝尔奖得主、院士和具有国际一流水平的顶尖科学家，为深圳创新驱动提供坚强的高端人才保障。深化人才市场化评价机制，建立以科研能力和创新成果等为导向的科技人才评价标准。完善科研项目经费管理办法，落实科研人员的智力劳动与利益收入对接机制。积极推动外籍高端人才“绿卡”审批制度改革，推进高层次人才签证机制与国际接轨，探索建立技术移民制度，放宽外籍人才境内投资等政策限制。实施“卓越工匠”计划，打造一批与深圳建设国际科技、产业创新中心和实施“中国制造 2025”要求相适应的高技能人才队伍。结合产业发展需求，建设工匠平台载体。构建以市场需求为导向的职业教育培训机制。实施“卓越工匠”引才集聚工程，在全球范围内引进一批高技能领军人才。

（四）前瞻布局新兴产业和创新集群

瞄准世界科技产业前沿，在已有的战略性新兴产业和未来产业的基础上，抢抓有可能成为主导第四代科技革命的第三代半导体技术和主导第五代科技革命的量子科学，率先前瞻布局新一轮科技产业发展重点，推动形成梯次式新技术新产业格局，着力培育新的增长点。同时，紧紧抓住国家高新技术企业这个牛鼻子，继续实施“高新技术企业培育计划”，发挥高新技术企业创新引领作用，培育一批创新能力强、成长周期短、产业带动能力强排头兵企业。通过前端支持技术研发和后端加大政府采购等方式，扶持新兴产业发展，推动信息产业增创优势，巩固新能源汽车产业领先地位，打造生物技术产业新增长点，推动高端装备制造业突破发展，打造一批产值超千亿的创新型产业集群。

（五）加大基础研究支持力度

建立符合科学规律、自由开放的科学研究制度环境。为基础研究提供稳定、长期、充足的创新资源支持，推动基础研究水平和原始创新能力的提升，为创新发展提供稳定持久的动力源泉。要更加重视基础研究的战略地位和前瞻布局，瞄准前瞻性、战略性、变革性科学技术领域，加强对科学前沿探索、好奇心驱动技术研究、非共识创新研究等的支持，重视可能重塑重要科学或工程概念，催生新范式、新学科、新领域的研究。建立持续稳定的财政保障机制，并推动建立多元化资助体系。瞄准世界科技前沿和产业变革，强化基础研究特别是应用性基础研究，实现前瞻性基础研究、引领性原创成果重大突破。加大对基础产业技术研发的支持，采取创新链全链条和集群投资的产业支持方式，加强科技创业孵化和团队培育。对一些重大领域竞争前的技术研发和“关键的薄弱环节”，政府应充分发挥对社会资源的组织和调动优势，积极鼓励、引导和扶持全社会更多优质的创新资源（技术、人才、制度、模式、载体、资本、市场等）投入到产业发展体系当中，为产业技术创新提供完备的公共服务与运营环境支撑。

（六）打造独具特色的创新创业创投创客集聚区

以制度创新和开放创新推动科技创新，打造若干创新要素集聚、创新特色鲜明、创新功能突出、适宜创新创业、具有较强辐射带动力的“四创”集聚区。一要创新财政资金投入引导方式。完善稳定性和竞争性支持相协调的政府科技经费投入机制，优化科技专项资金配套结构和方式，逐步建立基础研究基本业务费制度，形成对企业的技术创新和产业化项目以科技金融、财政科技计划经费与创业投资协同支持的财政投入机制。建立健全符合国际规则的支持采购创新产品和服务的政策体系，完善政府采购促进中小企业创新发展的相关措施，加大对创新产品和服务的采购力度，促进创新产品研发和规模化应用。二要加快发展多元化的风险投资主体。健全“政府引导、企业主体、市场导向、多形式多渠道多层次”的资金投入体系，加大资本市场对科技型中小企业的支持力度。支持国有创投机构混合所有制改革，探索开展核心团队持股和跟投，推进市场化人才招聘、薪酬、考核等激励约束机制进程。三要完善科技成果转化孵化链条。深入推进“科技企业孵化器 + 创新创业”行动，鼓励社会资本设立科技孵化基金和新型转化实体。引导各类主体开展孵化器建设，发展创业投资、创业辅导、市场开拓等综合性科技成果转化服务。推动众创、众包、众扶、众筹等“四众”平台发展，大力发展创客空间、创业咖啡、创新工场等成本低、便利化、开放式新型创业孵化平台。

（七）积极实施知识产权发展战略

实施专利质量提升工程，培育高价值专利。优化各类专利资助政策，强化质量导向，促进专利申请质量稳步提升。突出中国专利奖的激励和示范作用，引导高价值核心专利产出。引导专利申请数量和质量与产业发展需求、科技创新水平相匹配。推动专利标准化，鼓励更多专利纳入国际标准。加快新产业新业态知识产权联盟建设。强化知识产权执法，严厉打击恶意侵权、重复侵权等违法行为。对于恶意侵犯知识产权的，实施惩罚性赔偿机制。设立重点产业知识产权运营基金，扶持高端知识产权运营机构发展，引导社会资本以市场化方式参与知识产权运营。推动知识产权军民融合发展，在新材料、卫星导航、空间信息服务等领域形成一批高质量的军民融合专利。积极发展知识产权融资模式。知识产权质押融资市场潜力巨大，为中小微企业创新成长提供了良好的发展空间。可以利用商标、品牌、技术专利、版权等知识产权资产，通过专业资质审核、知识产权评估、额度审批、质押登记等环节，再通过金融机构平台取得贷款，为创新发展和转型升级提供源源不断的动力。

（八）打造粤港澳大湾区科技创新的核心引擎

通过科技创新带动湾区经济的发展，是世界著名湾区经济发展的显著特点。当前，深圳正在加快建设国际科技、产业创新中心，香港致力打造国际创新科技城市。深圳应携手香港，抓住粤港澳大湾区建设的有利契机，充分整合空间资源，优化配置要素资源，加快打造“深港创新圈”，增强深港两地的创新能级，使粤港澳大湾区成为世界级的创新发展高地。将香港的金融、物流、研发等生产性服务业优势进一步向深圳延伸，并与深圳的制造和科技创新优势结合起来，促进深港两地的产业发展形成深度合作，共同构建相互支撑的产业价值链、创新产业链和新兴产业集群，扶持创新优势产业和战略性新兴产业做大做强。建立深港两地统一完备的深港科技公共服务平台和资源信息库，以促进创新研发、科技成果、创新技术的市场化开发运用等方面的共享与合作，如依托国家技术转移南方中心等平台，推动港澳重大科技成果转移转化。出台支持前海开发开放若干措施，实施科技创新行动计划，形成更多可复制的制度创新成果。以落马洲河套地区为核心区，建设深港科技创新特别合作区，坚持高起点规划、高标准建设，推动其成为科技创新的高端新引擎、深港合作新的战略支点与平台。同时，以“广深科技创新走廊”建设为契机，推行“总部 + 基地”“研发 + 生产”模式，促进珠江口东西两岸科技创新融合发展、优势叠加，打造高水平的珠三角国家自主创新示范区。

（2018 年 8 月）

改革开放
与中国城市发展
GAIGEKAIFANG

东莞

DONGGUAN

东莞加快产业转型升级
推动高质量发展

中共广东省委宣传部
中 共 东 莞 市 委

东莞是改革开放的先行地，全国第一家“三来一补”企业在东莞诞生，东莞发展创造了不少“东莞经验”“东莞品牌”。党的十九大报告指出，“我国经济已由高速增长阶段转向高质量发展阶段”。这表明提升经济质量已经成为今后经济发展的主攻方向。东莞经过改革开放的长期努力，经济发展取得了历史性成就，但也存在着产业发展的质量和效益不高，现代化经济体系尚不健全等突出问题。正如习近平总书记在参加十三届全国人大一次会议广东代表团审议时指出的“广东经济得改革开放之先机，思想观念活跃，体制机制相对灵活，发展速度比较快，但发展质量和效益不够高的问题也是比较突出的，同国际先进水平相比差距更为明显”。当前东莞正处于转变发展方式、优化产业结构、转换增长动力的攻关期，加快产业转型升级、推动经济高质量发展是跨越关口的必然要求和战略目标。

一、党的十八大以来东莞产业转型升级取得的主要成效

改革开放以来，东莞充分利用政策体制优势和地缘区位优势，紧紧抓住国际产业转移的历史性机遇，从外向型加工工业起步，以制造产业立市，迅速从一个较为落后的农业县跃变为一座享誉海内外的新兴工业城市。仅用40年的时间就走过了发达经济体200多年产业升级的各个阶段，取得了世

人瞩目的伟大成就。尤其是党的十八大以来，东莞按照中央和省委的部署，积极主动适应经济发展新常态，以实现高质量发展为目标，加快产业转型升级，产业结构持续优化调整，产业效益不断提升。

（一）经济实力不断增强

1. 经济平稳快速增长

在 2008 年国际金融危机的冲击下，东莞经济增速一度大幅下滑，2009 年 GDP 增长仅 5.3%，创下 1980 年以来的新低。东莞 GDP 在全国的排名也随之大幅下滑，从 2008 年的第 18 位跌至 2011 年的第 22 位。面对严峻的国内外经济环境，东莞市委市政府凝心聚力、锐意进取，采取了一系列推动产业转型升级的有效措施。东莞经济逐渐摆脱外部经济下行的不利影响，党的十八大以来经济增长逐步平稳，2013—2017 年 GDP 增速分别为 9.8%、7.8%、8.0%、8.1%、8.1%，呈现稳定、持续、快速增长的良好格局。东莞经济总量由 2012 年的 5039.21 亿元提升到 2017 年的 7582.12 亿元，按可比价计算，年均增长 8.4%。

2. 全国排名逐年提升

随着经济增长进入稳定、持续、快速的新常态，东莞经济总量在全国的位次也不断提高。2015 年东莞超越南通市位居全国第 21，2016 年超越沈阳市位居全国第 20。根据目前的初步统计，2017 年东莞超过烟台（7550 亿元）位居全国第 19。近三年来，东莞在全国的 GDP 排名每年提升一位，实现了国际金融危机以来在全国排名曲线的“U”型上升，显现出东莞的经济实力和城市竞争力持续增强的良好态势。

3. 经济贡献十分突出

东莞土地面积仅为 2465 平方公里，占全国的 0.03%，位居全国地级及以上城市第 280 位，然而，各项经济指标对全国的贡献十分突出。东莞常住人口占全国的 0.6%，但却创造了全国 0.92%的 GDP（全国第 20 位），创造了全国 4.74%的外贸收入（全国第 5 位），贡献了全国 0.98%的财政收入（全国第 27 位），储蓄了全国 0.82%的居民存款（全国第 22 位）。所有经济贡献指标比重均超过面积 20 倍以上，“小牛拉大车”作用凸显。

（二）产业结构持续优化

1. 服务业占比进一步提升

经济体进入工业化后期的主要标志是制造企业由以制造为中心向以服务为中心转变，产业经济由制造主导型向服务主导型转变，经济发展由工业经济迈入服务经济。党的十八大以来，东莞致力推动现代服务业、生产性服务业加快发展，全市服务业总体呈现平稳增长态势。东莞服务业增加值从 2012 年的 2575.85 亿元增至 2017 年的 3964.65 亿元，占 GDP 比重从 2012 年的 51.1%提升至 2017 年的 52.3%。目前东莞服务业的规模和占比，均稳居全省地级市首位。从服务业内部结构来看，现代服务业 2012 年以来年均增长 9.4%，占服务业比重从 2012 年的 58.5%提高到 2017 年的 60.6%，服务业内部结构不断优化。

2. 高新技术产业加速成长

党的十八大以来东莞产业结构优化升级成果显著，高新技术产业增长势头强劲，新旧动能的转换不断加快。全市高技术制造业增加值从 2012 年的 615.49 亿元增长至 2017 年的 1292.23 亿元，党的十八大以来年均增长 16%，占规模以上工业增加值比重从 2012 年的 31.11%提升至 2017 年的 38.96%，短短 5 年提升了 7.85 个百分点。东莞市智能手机产业，集聚了华为、OPPO、vivo 等千亿元级智能手机制造企业，全球每 5 台智能手机中就有 1 台是“东莞制造”。与珠三角其他城市相比，目前东莞高技术制造业规模和比重仅次于深圳，位居珠三角第二。

3. 高耗能产业占比持续下降

东莞四大高耗能行业分别是纺织业、造纸和纸制品业、非金属矿物制品业以及电力、热力生产和供应业。党的十八大以来，东莞全面推进高污染、高耗能、低效益企业的整治和引导退出工作，综合运用“控、打、管、奖、引、督”六大主要措施，严控高耗能行业发展。2012 年四大高耗能行业工业增加值占规模以上工业比重为 15.7%，到 2016 年，四大高耗能行业工业增加值占规模以上工业比重为 13.8%，下降幅度达到 1.9%。

4. 主导产业稳健增长

目前东莞主导产业主要是电子信息制造业、电气机械及设备制造业、纺织服装鞋帽制造业、食品饮料加工制造业、造纸及纸制品业。党的十八大以来，全市主导产业平稳快速增长，五大支柱产业增加值从 2012 年的 1379.07 亿元增长至 2017 年的 2288.28 亿元，年均增长 10.66%。其中第一大产业——电子信息制造业持续保持高速增长，2013—2017 年增加值年均增长 16.7%，2017 年电子信息制造业占规模以上工业增加值比重约为 35%，拉动规模以上工业增长 5.6 个百分点。承接深圳产业转移步伐加快，2012—2017 年，深圳来东莞重大项目共 1140 宗，每年约 200 宗，协议投资金额 1975 亿元。深圳转移至东莞战略性新兴产业共 570 宗，引进了华为等一批优质高端项目。

（三）优质企业倍增发展

1. 龙头企业做大做强

多年来东莞产业组织结构不尽合理，主要是以小微企业为主，大型骨干企业匮乏，产业集中度较低，产业竞争力和抗风险能力较差。党的十八大以来东莞注重培育扶持骨干优质企业，大型骨干企业的规模和实力有了显著增强，逐渐告别“满天星星不见月亮”的不利局面，呈现“星月争辉”的崭新格局。2016 年东莞主营业务收入 1000 亿元企业实现零的突破，华为终端率先突破千亿元；新增 500 亿元企业 2 家，500 亿元、100 亿元、50 亿元企业分别增至 3 家、11 家和 31 家，超 10 亿元企业数已居全省地级市首位。2016 年东莞大型工业企业达 266 家，超过广州（190 家）、佛山（159 家）位居全省第二。2016 年东莞还拥有境内外上市企业 33 家，新三板挂牌企业 168 家，总量居全省地级市首位，全国地级市第三。

2. 高新技术企业井喷式增长

近年来东莞高新技术企业“育苗造林”行动成效显著。国家高新技术企业数量呈现爆炸式增长态势，国家高新技术企业从2012年的537家增至2017年的4077家，年均增长高达50%，2017年更是实现翻番式增长。新增高企培育入库数达2400家，上市高企数量19家。目前东莞的国家高新技术企业数和培育入库数均稳居广东省地级市首位，高企数量比排名第二的佛山高出约1倍。

3. 民营企业加速发展

近年来，东莞大力实施“686民营企业上市梯度培育工程”等系列政策，进一步拓宽民间投资的领域和范围，改善民营经济的发展环境，推动全市民营企业快速发展。到2016年年末，全市共有规模以上民营工业企业2991家，比2012年增加1336家，年均增长15.9%；完成工业增加值1125.83亿元，占规模以上工业比重37.9%，比2012年提高15.7个百分点。全市私营企业登记注册数达29.60万户，比2012年年末增加17.33万户，年均增长24.6%。全市私营企业的户均注册资金为225.34万元，比2012年增长了81.1%。截至2017年年末，全市市场主体总量超过100万户，居全省地级市首位。2017年东莞市的政商关系健康指数在国内285个城市中排名第一。民营企业的数量和实力得到了显著提升，极大增强了东莞经济发展的内生性和自主性。

（四）创新能力显著提升

1. 研发投入显著增强

近年来东莞出台了《关于实施创新驱动发展战略走在前列的意见》《东莞市推动建设科技产业创新中心走在前列行动计划》等文件，形成了“1+N”较为完整的创新驱动发展政策体系。在政府强力推动下，企业的研发强度明显提升。2016年东莞全社会R&D经费总量164.8亿元，比2012年增长98.5%，仅用4年时间就实现了全社会R&D投入金额的翻番；其中，规模以上工业企业R&D经费投入143.4亿元，比2012年增长91.6%。2017年全市R&D经费占GDP比重达到2.55%，比2012年提升了0.89个百分点，研发投入强度已高于中等发达国家水平。全社会R&D投入强度的增速全省第一，在全省的排名从2012年的第7位跃升至第3位，仅次于深圳和珠海。

2. 创新体系日趋完善

东莞通过与科技部、教育部、中科院等部委的紧密联系和合作，引入了包括北京大学、清华大学、华中科技大学等国内知名大学在内的100多家高校和科研院所，建立了紧密的产学研合作关系，组建了31个省部产学研示范基地，10个省部产学研创新联盟、21个省级以上国际科技合作基地，承接和启动建设了散裂中子源等国家科学工程，成为国家科技资源布局中的重要节点之一。全市有科技创新平台32个，比2012年增加了1倍，数量居全省第3位。全市共拥有省级新型研发机构23家；拥有科技企业孵化器69家，其中国家级11家；省级众创空间试点单位29家，国家级孵化器培育单位15家。全市累计认定省级技术创新专业镇达36个（有5个镇分别被认定了2个特色产业的省级技术创新专业镇），覆盖了全市31个镇街。累计引进省市创新科研团队58个、创新创业领军人才55个，其中省创新科研团队数31个稳居全省地级市第一，比排名第二的佛山市多24个。

3. 创新成果不断涌现

近年来东莞不断优化创新环境，加快集聚创新资源，积极培育创新主体，创新能力得到有效提升。在2016年发布的2015年全省创新驱动发展工作考核结果中，东莞得88.14分，排名地级市第一。2017年东莞专利申请量和授权量分别为81275件和45204件，均位居全省地级市第一。其中，发明专利申请量和授权量分别为20402件和4969件，分别居全省第四位和第三位。2017年PCT国际专利申请量为1829件，至2017年年末，国内有效发明专利量为17087件，这两项指标同样位居全省地级市第一。2016年工业新产品销售收入4642.7亿元，比2012年增长453.6%，新产品销售收入高于广州、佛山，位居全省第二。

（五）质量效益明显提高

1. 生产效率明显提高

长期以来，东莞的劳动力素质相对较低，生产效率在珠三角地区处于相对落后的水平。党的十八大以来，东莞在电子、食品、纺织、服装、家具、鞋业等劳动密集型企业中全面推动实施“机器换人”，引导和鼓励规模以上工业企业积极实施技术升级改造，并通过优化人口结构、强化技能培训，有效地提高了企业劳动生产率和技术贡献率。早在 2015 年，东莞率先推进“机器换人”。企业实施“机器换人”后劳动生产率平均提高 2.5 倍，产品合格率从 86.1%提升到 90.7%。全市 7669 家规模以上工业企业，近三年来超过一半的工业企业实施了技术改造，其中约有 1000 多家企业启动了智能化改造。2016 年，全市规模以上工业企业年平均用工人数为 250.92 万人，比 2012 年的 254.70 万人减少 3.78 万人，下降幅度达到 1.5%，全员劳动生产率由 2012 年的 7.77 万元 / 人大幅提高到 2016 年的 11.83 万元 / 人，年均增长 11%。

2. 单位能耗明显降低

党的十八大以来，东莞大力推进节能降耗工作，通过产业转型升级和国家节能减排财政政策综合示范城市的建设，淘汰大量落后产能，积极发展清洁能源，逐步构建清洁低碳的现代能源体系，能源利用效率有了显著提升。2016 年东莞单位 GDP 能耗 0.427 吨标准煤 / 万元，比 2012 年累计下降 21.8%，年均下降 6.0%，降幅居全省第一；单位 GDP 电耗比 2012 年累计下降 15.9%，年均下降 4.2%；单位工业增加值能耗比 2012 年累计下降 29.3%，年均下降 8.3%。绿色低碳的发展模式逐步形成，2016 年全社会二氧化碳排放量 8626.54 万吨，单位 GDP 二氧化碳排放量 1.26 吨 / 万元，比 2012 年累计下降 15.65%。

3. 生态环境明显改善

通过全面实施“两高一低”企业退出政策，有效推动绿色工业和循环经济发展，东莞的生态环境质量有了显著提升。城市空气质量整体好转，SO_2、NO_2、PM10、PM2.5 和 CO 均已达到国家二级标准。2016 年城市污水处理厂集中处理率为 96.21%，比 2012 年提高 17.1 个百分点。2016 年城市生活垃圾无害化处理率达到 100%，比 2012 年提高 58.5 个百分点。建成区绿化覆盖率为 47.58%，比 2012 年提高 3.06 个百分点；人均公园绿地面积 22.99 平方米，比 2012 年增长 39.7%。

二、党的十八大以来东莞产业转型升级的经验启示

党的十八大以来，东莞通过实施一系列重大举措，产业转型升级取得显著成效，积累了不少成功经验，主要体现在以下几方面：

第一，注重制定前瞻性产业规划政策，提升产业发展引领能力。

林毅夫(2013）认为，对后发经济体而言，经济转型升级的关键在于“有效市场”和“有为政府”的有效结合。当今社会科技发展日新月异，产业竞争日趋激烈，后发经济体要想加快追上先行者的步伐，单靠市场的自发调节和民间资本的自主努力，是很难实现的。国内先进城市科技创新的发展、新兴产业的加速成长，往往得益于当地政府科学、细致、有效的规划引领和政策扶持。党的十八大以来，东莞立足于产业发展的实际和比较优势，顺应全球产业科技的发展潮流，制定一系列产业规划政策，引导产业转型升级持续稳步推进。在推动制造业升级方面，2015 年东莞出台了《“东莞制造 2025”规划》，实施创新制造、优质制造、智能制造、绿色制造、服务型制造、集群制造等六大产业升级工程，并印发了《关于大力发展机器人智能装备产业打造有全球影响力的先进制造基地实施方案》等，有效引导制造业的智能化改造升级。在推动战略性新兴产业培植方面，出台《关于促进东莞市战略性新兴产业发展的实施方案》《东莞市发展高端新型电子信息产业行动计划》等，扶持战略性新兴产业发展，印发《东莞市战略性新兴产业发展“十三五”规划》，培育扶持战略性新兴产业发展。在推动传统产业改造升级方面，2014

年东莞在全国率先启动“机器换人”计划，发布了《东莞市推进企业“机器换人”行动计划（2014—2016年）》《东莞市“机器换人”专项资金管理办法》等系列扶持政策，每年安排2亿元专项资金推动“机器换人”，资助企业利用先进自动化设备进行新一轮技术改造。截至2017年6月，东莞企业申报“机器换人”专项资金项目共2698个，财政总投资约386亿元，新增设备仪器76315台（套）。项目完成后劳动生产率平均提高2.5倍，产品合格率平均从86.1%提升到90.7%，单位产品成本平均下降9.43%，有效促进了传统产业的技术进步和效益提升。在推动创新驱动发展方面，早在2006年东莞就已前瞻性地着手实施“科技东莞”工程，“十一五”期间每年安排10亿元（“十二五”期间增至每年20亿元）支持创新发展。2015年出台了《关于实施创新驱动发展战略走在前列的意见》，以及相应的一系列配套政策，形成了“1+N”较为完整的创新驱动政策体系。2015—2017年实施高新技术企业“育苗造林”行动计划，2018年东莞又推出了《高新技术企业树标提质行动计划（2018—2020年）》，东莞高新技术企业培育已经从“育苗造林”阶段进一步升级至“树标提质”的新阶段。

第二，注重打造产业发展平台载体，提升产业发展集聚能力。

产业园区是产业集聚发展的主要载体和承接创新资源的重要平台。在过去的发展中，东莞主要依靠的是市镇村组“多轮驱动”的发展模式，园区的规模、层级相对不够，产业集聚效应相对不足，带动和溢出作用并不明显。随着经济进入新常态，在资源要素约束趋紧等一系列因素的倒逼下，东莞过往各镇街单兵作战的模式已经很难满足当下集约高效发展的产业需求。近年来东莞以园区统筹为突破口，着力推动更高质量更加协调的发展。2017年印发了《关于推进园区统筹片区联动协调发展的意见》，着力实施园区统筹组团发展战略，将全市划分为6大片区及14个重点发展先行区，集中优势资源将其建设成引领片区发展的新引擎，全力提升全市产业发展的集聚引领能力和辐射溢出效应。东莞是全省唯一一个被纳入广深科技创新走廊的地级市，松山湖高新区与东莞滨海湾新区纳入广深科创走廊十大核心创新平台，中子科学城、水乡新城等9个创新节点纳入37个省级节点。尤其是东莞松山湖高新区主要经济指标保持高速增长，成功集聚了一批高端创新要素，引进了华为等一批支柱性行业龙头企业，全国高新区排名晋升为23位，高新区研发经费内部支出占科技活动经费比重、高新区研发人员占科技活动人员比重、高新区发明专利申请占专利申请量比重、高新区发明专利授权量占专利授权量比重等分项指标上已经达到创新型一线城市先进园区水平。

第三，注重推进科技金融产业融合，提升产业发展创新动力。

科技创新和产业升级离不开财政金融的强力支撑。为推动科技金融产业的深度融合，近年来东莞以建设广东省首批科技金融结合试点城市、全国首批促进科技和金融结合试点地区、全国第二批知识产权质押融资试点城市、全省科技、金融产业融合创新综合试验区为契机，制定了《东莞市创新财政投入方式促进科技金融产业融合工作方案》《东莞市促进科技金融发展实施办法》等政策，大力引导金融社会资本为科技创新和产业转型提供融资支持。2018年又印发了《东莞市促进股权投资基金业发展实施暂行办法》，提出鼓励建设各具特色的基金业集聚区，以进一步汇聚社会资本并投向实体经济和创新型企业，助推实体产业加快升级。到2017年年底，东莞通过设立市级产业投资母基金，带动形成总规模超50亿元的“1+N”产业投资基金体系。镇街（园区）设立各类基金总规模超500亿元。备案登记基金增至387只，增长87.9%。2018年进一步签约设立总规模超过150亿元的产业投资基金群。通过这些基金的运作，进一步转变了政府产业扶持方式，有效发挥财政资金的杠杆效用，引导金融资本、产业资本、社会资本投入创新型经济，在助推全市创业创新和产业转型升级发展方面取得了良好成效。

第四，注重推动开放型经济发展，提升产业发展国际竞争力。

改革开放以来，东莞一直是我国发展外向型经济的典范城市，外贸出口、外商投资一直稳居全国前列。2016年5月，东莞成为全国构建开放型经济新体制综合试点试验城市之一，要求东莞加快改革创新，在构建开放型经济新体制上，为全国探索形成一批可复制、可推广的经验模式。与传统的外向型经济、出口导向型经济相比，开放型经济是个开放程度、法治程度、监管水平和服务水平要求更高的经济形态。2016 年 11 月东莞出台了《东莞市构建开放型经济新体制综合试点试验实施方案》，推动东莞由外向型经济向开放型经济转型升级。东莞紧紧抓住试点试验的契机，在全国率先实行“以企业为单元”的加工贸易监管模式等改革，形成了经济运行管理新模式、加工贸易创新发展新路径、质量效益导向型外贸促进新体系等 6 大类共 40 项具有良好示范效应的改革做法。在外贸通关服务方面，2015 年东莞在全国率先推行“三互”（信息互换、监管互认、执法互助）大通关改革，通过搭建涵盖海关、检验检疫、外汇、边检、海事等部门的“一站式”综合管理服务平台，全面优化口岸监管执法流程和通关流程，为企业提供了高效的通关服务，外贸通关成本大幅降低。在放宽市场准入方面，东莞是全国商事登记制度改革的先行地，并在全省率先提出探索实施“莞版”外商投资负面清单管理，将不涉及国家规定实施准入特别管理措施的外商投资企业设立及变更事项，由审批改为备案管理。在加强市场监管方面，东莞通过深化外商投资企业事中事后监管改革，以企业信息公示清单和信用约束管理清单“两张清单”，形成 54 个部门为合力的企业信息归集机制。在加工贸易转型发展方面，2016 年出台《东莞市关于促进加工贸易创新发展全面提升外经贸水平的实施方案》，市财政每年拿出 10 亿元加工贸易转型升级专项资金，鼓励加工贸易企业加大自主研发力度，向自主品牌、自主营销加快转型。经过两年左右的试点试验，东莞开放环境得到进一步优化，开放空间得到进一步拓展，开放质量得到进一步提升。根据中国海关总署主办的《中国海关》杂志公布的 2017 年“中国外贸百强城市”排名，东莞以总分 79.5 分超越苏州，连续二年跻身前三。2017 年东莞全市进出口总额达 12264.4 亿元，同比增长 7.5%。外贸总量继续保持全国第五位、全省第二位。

第五，注重扶持优质企业倍增发展，提升产业内生增长动力。

龙头骨干企业、高新技术企业等优质企业是一个地区产业升级和创新发展的主体力量。为了推动重点优质企业加快发展、做大做强，2017 年东莞印发了《关于实施重点企业规模与效益倍增计划全面提升产业集约发展水平的意见》，并出台了22份“倍增计划”配套政策，构成了“1+22”的完整政策体系，全面覆盖了支持企业倍增发展的政策、产业、土地、资本、人才等要素领域，以前所未有的力度支撑企业实现更高质量发展。市财政在20亿元科技东莞专项资金的基础上，新增安排3亿元专项资金，重点支持200家试点企业实施“倍增计划”，围绕创新驱动、智能制造、兼并重组、融资租赁、定制化服务、电子商务等方面，在财政投入上给予倾斜支持，扶持力度之大，为全国少有。在政策要素方面，给予试点企业最高500万元的服务包奖励，并积极搭建专业服务资源池提供诊断、法律、会计等专业服务，目前已有102家专业服务机构为试点企业诊断把脉。在产业要素方面，重点启动“百千万”工程，对企业实施智能化改造和智能制造示范项目给予最高1000万元的资助，推动企业加快构建智能制造全生态链。在土地要素方面，为试点企业优先安排用地指标，实施地价优惠，为试点企业落实550多亩、配备近1500亩东莞新增用地指标，有效保障了试点企业用地需求。在资本要素方面，由市财政出资10亿元，成立总规模不少于60亿元的市产业并购基金，支持试点企业兼并重组。在人才要素方面，赋予试点企业自评人才入户权，并按企业规模每年向试点企业提供公办义务教育入学指标，进一步优化人才保障。在“倍增计划”的强力扶持下，东莞试点企业乘势而上，迎来跃升发展。2017年214家市级倍增试点企业实现主营业务收入6330亿元，增长21.1%，其中规模以上工业试点企业实现主营业务收入4514亿元，增长28%，比全市规模以上工业高11.7个百分点。在企业规模迅速扩张的同时，倍增试点企业效益也明显增长。2017年倍增试点企业合计完成税收147.1亿元，增长29.6%，比全市税收增速高13个百分点。其中规模以上工业试点企业实现税收114亿元，增长30.1%；实现利润245亿元，利润倍增的有38家企业，占企业总数的19.5%，17家提前实现倍增的试点企业税收年均增长231.1%，户均缴税超过1.7亿元。

东莞推动产业转型升级的实践，无论对东莞自身今后的创新发展还是对同类城市和后发地区的发展，都提供了深刻的启示：第一，坚定产业转型才能走出一条高质量发展之路。发展质量和效益不够高，发展方式比较粗放，内生发展动力不强是东莞一直以来面临的突出问题。近年来，东莞坚定推动产业转型升级，使产业结构不断优化，质量效益明显增强，经济平稳健康发展。东莞转型升级实践有力说明，只有深入推进产业转型升级，切实转变发展模式和发展方式，才能使经济步入科学发展轨道，才能不断引领经济走向高质量发展之路。第二，主动谋划和推动产业转型才能突破瓶颈制约。近年来，东莞针对制造业低端产业仍占较大比重，整体尚处于全球价值链的中低端，关键核心技术不足，新兴产业培育不足等瓶颈制约，坚定实施创新驱动发展战略，推动高新技术产业加速成长，高端制造业占比不断提升，带动产业结构不断优化。东莞转型升级实践有力说明，只有今天积极主动调整产业结构，明天才不会被产业结构所调整；只有坚定实施创新驱动发展战略，才能不断推动产业高级化发展。第三，不断完善产业发展体制机制才能激发市场活力。近年来，东莞顺应全球产业科技的发展潮流，紧密结合东莞产业发展实际，在推动制造业升级、推动生产性服务业发展、推动传统产业改造升级、推动创新驱动发展等方面制定一系列政策措施，强化和优化关于产业转型升级的顶层设计，在产业要素、土地供给、人才支撑、金融要素方面给予扶持，引导产业转型升级持续稳步推进。东莞转型升级实践有力说明，经济转型升级的关键在于“有效市场”和“有为政府”的有效结合，只有充分发挥市场在资源配置中的决定性作用和更好发挥政府的引导作用，才能提高资源配置的效率效能，引导推动资源向优质企业和产品集中，推动产业转型升级。

三、东莞加快产业转型升级面临的问题和挑战

党的十八大以来，东莞产业转型升级取得了丰硕成果，积累了不少成功经验，但同时也应该看到，东莞产业发展依然面临诸矛盾和问题，学习对照

习近平总书记对广东提出的“四个走在全国前列”要求，东莞发展存在不平衡不充分的问题，现代化经济体系不够健全，与国际接轨的经济管理体制仍待完善，产业发展质量和效益还不高，自主创新能力还不够强。

（一）产业整体效益有待提高

习近平总书记深刻指出，“广东经济体系的突出短板是产业体系问题”。东莞产业结构的优化调整虽已取得了显著成效，先进制造业增加值占比首次突破 50%，但整体产业价值链的突破升级仍需时日，东莞市制造业增加值率仅为 22%，远低于发达国家 35%的平均水平。在经济不景气的宏观环境下，企业利润增长缓慢，低附加值的状况仍未改变，与发达国家普遍 30%以上的水平（美国常年保持 40%以上）仍有差距。

（二）科技创新能力仍较薄弱

近年来东莞政府高度重视科技投入，在“科技东莞”每年 20 亿元的财政资金引领扶持下，东莞科技创新能力已有了显著增强。但研发创新并非一时之效，产业发展由传统代工模式转向自主创新模式也是一个长期的过程，与发达国家和国内先进城市相比，东莞的科技研发投入依然不足，企业自主创新能力仍然较为薄弱。在人力资源结构上，人才供给滞后于经济转型，缺乏创新型领军人才。回顾发展历程，东莞改革开放 40 年的快速发展，“数量型的人口红利”发挥着至关重要的作用。东莞市人才总量已突破 140 万，但满足经济转型需要的高端人才和高技能人才仍面临着一定缺口。近年来，随着经济转型的加快推进，东莞市劳动力市场出现了重大结构性变化，从过去普工紧缺变化为高层次、高技能人才紧缺。我们如果在提升素质和技能上处理得好，这将是东莞高质量发展的宝贵财富。

（三）企业运营成本压力加大

由于受宏观经济不景气的影响，工业制成品的出厂价格长期低迷，与此同时，用工、用地等生产要素成本持续上升，企业经营利润进一步受到挤压。东莞工业企业在岗职工平均工资从 2010 年的 30418 元 / 年提升至 2016 年的 52658 元 / 年，年均增长 9.6%，企业的要素成本增加。与发展中国家相比，东莞普工的工资水平普遍在 3000 元以上，而越南折合人民币约为每月 1000 元，印度更低至 600 元，东莞制造业的要素成本优势弱化。而与美国等发达国家相比，除了在劳动力成本上还有一定优势外，其余如用地、税费、电力、能源等成本均已处于相对劣势。

四、东莞加快产业转型升级、推动经济高质量发展的未来展望

经过 40 年改革开放，东莞发展站在了一个更高的起点上，完全有条件、有基础、有能力在全面建成小康社会、加快建设社会主义现代化新征程上走在前列。在习近平新时代中国特色社会主义思想的指引下，按照中央和省委的部署和要求，准确把握发展大势，积极抢抓历史机遇，自觉践行新发展理念，继续用好改革开放关键一招，加快构建推动经济高质量发展的体制机制，不断提高发展质量和效益，努力走出一条高质量发展之路，奋力争当实现“四个走在全国前列”排头兵。

（一）加快建立推动经济高质量发展的体制机制

习近平总书记强调“构建推动经济高质量发展的体制机制是一个系统工程，要通盘考虑、着眼长远，突出重点、抓住关键”。作为改革开放的先行地之一，东莞有基础、有责任在全面深化体制机制改革上走在前列，为全国全省高质量发展探索经验、作出示范。一是构建资源高效配置的市场机制。坚持社会主义市场经济改革方向，充分发挥市场在资源配置中的决定性作用和更好发挥政府作用，深化供给侧结构性改革，以优质的制度供给、服务供给、要素供给和完备的市场体系，增强发展环境的吸引力和竞争力。完善以企业需求为导向的政策体系，进一步优化存量要素资源配置，扩大优质增量

供给。加快建设数字政府，深化“最多跑一次”改革，推进实体办事大厅与网上服务平台融合发展，提升政务服务主动性、精准性、便捷性和智慧化水平。二是构建创新发展的动力机制。以企业为主体，完善产学研协同创新机制，发挥市场对技术研发方向、路线选择、创新要素配置的导向作用。完善科技成果转化机制，改革政府科研经费投入方式和评价制度，完善政府科研经费支持民营企业创新发展机制，创新科技金融政策，进一步激发创新活力。深入推进“三去一降一补”，突出“破”“立”“降”，破除无效供给，培育新动能，降低实体经济成本，进一步提振实体经济企业发展信心。构建新型政商关系，保护和调动企业家的积极性，弘扬企业家精神。三是构建质量技术标准的引领机制。深入推进质量强市建设，推进“质量东莞”“品牌东莞”建设，实施优质制造工程、“互联网 +”及智能制造工程、质量标杆对比提升工程、电子商务产业提质升级工程，打造以技术、品牌、质量、服务为核心的竞争新优势，全面提升东莞产品、工程、服务、环境质量，推动东莞成为全国全省高质量制造和服务的标杆。四是构建绿色安全发展的约束机制。做好市域生态控制线修编，加强重点领域规划环评，严格产业的环境准入，全面落实河长制、湖长制，用最严格制度最严密法治保护生态环境。深入推进水污染防治攻坚战，加快截污管网建设，加快推进厂网一体化改革，加快重污染河涌综合整治。坚决打赢蓝天保卫战，加强重点行业污染整治。强化土壤污染管控和修复，推行绿色生产方式，加快引导落后产能整治退出，壮大节能环保产业、清洁能源产业，规模化发展绿色建筑，积极推进碳普惠制和绿色供应链环境管理试点。五是构建科学考核评估的导向机制。对接中央顶层设计，探索建立推动高质量发展的指标体系、统计体系和绩效评价体系，科学设置考核评价内容，综合考评落实新发展理念、统筹推进“五位一体”总体布局和协调推进“四个全面”战略布局的情况。

（二）着力打造以先进制造业为主体的现代产业体系

坚持制造业立市不动摇，把发展经济的着力点放在构建以先进制造业为主体的现代产业体系上，深度参与“中国制造 2025”国家级示范区建设，大力打造粤港澳大湾区先进制造业中心，加快推动产业向价值链高端攀升。一是大力培植战略性新兴产业。制定重点新兴产业发展规划，瞄准新一代信息技术、高端装备制造、新材料、新能源、生命科学和生物技术等领域，加快培育形成若干个千亿级产业新支柱。推动新型显示、物联网、云计算、人工智能和大数据等新一代信息技术向各行业全面融合渗透。加快在共享经济、数字经济、生物经济、第五代移动通信网络（5G 网络）、超高清影视（4K 影视）等领域培育新增长点、形成新动能。完善和落实招商引资政策，加大市级统筹招商力度，发挥市产业发展基金撬动作用，招引一批重大标志性项目以及产业链关键缺失环节的龙头企业。瞄准颠覆性科技创新最前沿，提前布局量子通信、新一代互联网等前沿产业。围绕战略性新兴产业链关键环节，着力引进一批具有创新能力和资源整合能力的龙头企业、潜力企业。大力发展总部经济，积极引进国内外集团总部和区域性总部，发展一批区域竞争力和辐射带动力强的总部企业。二是加快制造业转型升级。打造智能制造强市，深度参与“中国制造 2025”国家级示范区建设，打响和擦亮东莞智能制造品牌。以智能制造全生态链为主攻方向，促进新一代信息技术与制造业深度融合，推动制造业产业模式和企业形态根本性转变。强化智能制造重点领域突破，实施智能终端产业生态系统建设计划，加快“芯、屏、机、核”等领域关键技术突破，提升龙头企业价值链掌控能力，推动智能终端成为世界级先进制造业集群。把存量提升作为撬动智能制造发展的战略支点，大力推进传统制造业自动化智能化升级，加快互联网、大数据、人工智能与实体经济深度融合，促进制造与服务协同发展。聚焦智能制造发展瓶颈，加强电机、控制器等智能制造关键核心技术攻关，着力补强芯片、高端显示屏等关键环节配套，加快培育一批智能化综合解决方案供应商，加快形成智能制造全生态链。三是推动企业高质量倍增发展。深化“倍增计划”，乘势而上培育本土龙头企业，着眼未来产业发展培育更多的“华为”“步步高”式企业。推动企业成为供给侧结构性改革的主体，进一步推动资源向优质企业和产品集中，培育一批大型骨干企业、行业领军企业、“专精特新”企业和行业“隐形冠军”。

（三）积极向创新型一线城市挺进

牢固树立“创新是第一动力”的理念，大力推进国家创新型城市建设，着力推动东莞向创新型一线城市挺进，实现科技创新能力从量的积累向质的飞跃、从点的突破向系统提升转变。一是深度参与国际科技创新中心建设。抢抓国际科技创新中心和广深科技走廊建设的重大历史机遇，营造有利于创新的环境，打造创新驱动发展升级版。构筑“一廊两核三带多节点”空间格局，发挥松山湖高新区和滨海湾新区核心引领作用，积极建设广深—沿江高速、莞深高速、广深铁路三大创新带，打造创新平台和一批示范创新节点，形成辐射带动全域发展的创新核心区和增长极。二是高标准推进中子科学城建设。以国际化高标准将中子科学城打造成大科学装置集聚之城、原始创新策源之城、高端科学人才荟萃之城。以国家实验室标准，高水平建设东莞材料科学与技术广东省实验室。进一步建设一批多学科的国家级、省级（重点）实验室，努力在先进材料、高端元器件等领域重点突破一批重大关键技术，带动基础创新、原始创新、集成创新取得突破，促进重大科技成果就地产业化。三是打造科技成果转化快速通道。积极推动高新技术企业“树标提质”，支持中小企业与高校院所开展“抱团式”创新。推进新型研发机构提质增效，增强服务核心技术突破和创新成果转化功能。四是增创人才资源新优势。实行更加积极、更加开放、更加有效的人才政策，营造激发人才创新创造活力的良好环境。实施“十百千万百万”人才工程，打造涵盖高精尖缺人才、创新创业人才、高层次专业人才和高技能人才的规模级人才队伍，加快打造“技能人才之都”，实施“工匠精英”引领计划，引进 50 名以上高端智能制造领军人才，选树培育 500 名“首席技师”，引进培养 10000 名急需紧缺高技能人才，把人口红利转化为人才红利。

（四）推动形成更高层次的全面开放新格局

坚定不移扩大对外开放、提高对外开放水平，是东莞不断取得发展新成就的重要法宝。必须立足区域经济一体化，深度参与全球化，全面提升开放合作的广度、深度，加快发展更高层次的开放型经济，大力培育参与国际经济合作和竞争新优势，率先形成全面开放新格局。一是全力参与粤港澳大湾区建设。严格遵循中央顶层设计和统筹安排，推动构建与港澳更高层级更加紧密的新型合作模式，加强规划衔接、资源共享和产业合作，共同打造国际一流湾区和世界级城市群。落实好即将出台的粤港澳大湾区发展规划纲要，在促进双向投资、推动贸易便利化、构建新型合作模式、搭建多元合作平台上积极探索，全力打造好滨海湾新区这一对外开放新平台，将滨海湾新区打造成为开放型经济引领发展的新高地，携手广州南沙、深圳前海共同构筑粤港澳大湾区的开放核心轴带。二是营造国际化法治化便利化营商环境。在投融资体制、科技成果产业化、对外开放合作、产权保护、投资审批、生态环境、公共服务等重点领域和关键环节，进一步深化改革突破，有效破解制约发展的体制机制问题，不断增强经济社会发展活力和创造力。巩固提升构建开放型经济新体制综合试点试验成果，加快复制推广自贸试验区创新经营，落实省营商环境综合改革试点任务，全力打造审批流程最优、开办企业最快、收费项目最少、经营成本最低、服务效率最高、企业群众办事最方便的营商环境高地。三是提高对外开放层次。进一步深化与发达国家和“一带一路”沿线国家地区经贸合作，积极参与在信息网络、能源资源、海洋经济、旅游等领域打造一批“丝路明珠”示范项目，探索在“一带一路”沿线成熟的地区设立境外生产基地、产业园区和物流园区，推广“超级中国干线”“粤港跨境直通快线”模式，搭建通达“一带一路”沿线国家的“空中丝路”。推动东莞港全域规划建设，争取设立虎门港综合保税区，加强东莞港与广东（石龙）铁路国际物流中心的联动合作。在粤港澳大湾区的制度框架下，以莞港澳台合作、穗莞战略合作以及深莞惠“3+2”经济圈建设为重点，探索贸易便利化和要素流通自由化体制机制，提升在粤港澳大湾区建设中的融入度和参与度。四是加快外经贸转型升级。推动加工贸易创新发展，完善加工贸易创新发展政策支持体系和转型升级综合评价体系，培育一批掌握世界一流制造能力的加工贸易龙头企业和转型升级示范项目，打造以技术、品牌、质量、服务为核心的竞争新优势，全面提升加工贸易根植性和自主性。做强做优中国·广东21世纪海上丝绸之路国际博览会等品牌展会，抢占外贸新业态新模式制高点，高水平推动跨境电商、供应链服务、服务综合贸易等外贸新业态新模式加快集聚发展，推动仓储物流业向现代供应链转型，大力发展服务贸易，打造外贸新增长极，加快建设贸易强市。

（2018年8月）

改革开放

与中国城市发展

GAIGEKAIFANG

NANNING

南宁

治水　建城　为民

——从“百里秀美邕江”看绿城南宁生态宜居品质升级

中共广西壮族自治区委宣传部
中　共　南　宁　市　委

南宁简称“邕”，是广西壮族自治区的首府。邕江是南宁的母亲河，南宁依江而建、缘水而兴、水城相依。邕江在南宁整个发展历史中始终扮演着重要角色，是南宁城市建设的重要构成，从原来依江而生的滨江老城，向一江两岸的现代化大都市转变，邕江成为城市空间及发展脉络，也必将成为南宁未来城市发展的主框架。

近年来，南宁市坚持以习近平新时代中国特色社会主义思想为指导，认真贯彻落实习近平生态文明思想和习近平总书记视察广西重要讲话精神，深刻把握“绿水青山就是金山银山”的发展理念，牢记“广西生态优势金不换”的嘱托，高度重视生态文明建设，坚定不移发挥水的优势，做好水的文章，大力推进邕江综合整治和开发利用工作，不断推动“中国绿城”生态宜居品质升级。

自治区党委常委、市委书记王小东同志提出了坚持“治水、建城、为民”的城市工作主线，市委、市政府周密决策部署，全市上下齐心协力，以治水为龙头，高质量高标准打造“百里秀美邕江”，坚定不移走生态优先、绿色发展新道路，切实让良好生态宜居环境成为人民生活质量的增长点、成为展现城市美丽形象的发力点。本调研以“百里秀美邕江”为纽带，通过邕江综合整治和开发利用给南宁城市面貌带来的巨大变化，充分展示改革开放40

年和广西壮族自治区成立60年来南宁市生态文明建设和改革的辉煌成就，彰显习近平生态文明思想在南宁的生动实践。

一、距焦“百里秀美邕江”工程

作为南宁重大公益项目和民心工程，“百里秀美邕江”既是改革开放40年成就的体现，又是新时代南宁践行新发展理念成果的展示，也是南宁可持续发展、承上启下的契合点。

邕江是西江水系郁江的南宁河段别称，上起江南区江西镇宋村的左、右江汇合点，下至邕宁区与横县交界的六景镇道庄村，全长133.8公里，流域面积约6120平方公里，水面面积约26.76平方公里。据史料记载，邕州城墙自宋代修筑以来，频受洪水侵害。20世纪五六十年代，南宁城市防洪能力仍然相对滞后，成为全市的心腹之患。

新中国成立以来，邕江治理主要经历三个阶段：一是修建防洪大堤阶段（1972—2001年），至2001年共完成堤防工程40.26公里，其中市区内的防洪堤基本上达到20年一遇，防洪标准逐步提升；二是整体提升阶段（2002—2011年），2001年7月南宁市经受大洪水考验，同年推进建设“堤路园工程”（防洪堤、城市快速路、市民公园三位一体），使防洪标准由原来的20年一遇提高到50年一遇，大大解决了南宁的洪水之危，也为打造南宁市坚固的防洪线、沿江畅通的交通线和亮丽的园林景观线奠定了坚实基础；三是综合整治阶段（2012年至今），2012年南宁市在历届市委、市政府治水的基础上，坚持一张蓝图绘到底，开展了邕江综合整治工程，从单纯的堤、路、园建设转型提升至水、堤、路、景相结合。特别是2015年7月，市委提出“治水、建城、为民”的城市工作主线，全面开启邕江综合整治和开发利用工程建设的新征程。

（一）工程规划情况

根据邕江沿岸综合整治工程设计方案，项目实施范围为邕江老口航运枢纽至邕宁水利枢纽之间74公里河道两岸滩涂地，项目用地约为2253公顷。项目建设内容主要包括邕宁梯级和老口水利枢纽工程、两岸滩涂景观、护岸工程以及灯光亮化等。邕江综合治理总投资约220亿元（2012年南宁市财政收入仅为421.99亿元），建设周期为2012年至2018年。

（二）工程建设思路

围绕“治水、建城、为民”的城市工作主线，坚持绿色发展，遵循自然规律和城市发展规律，以治水优生态、以建城促宜居、以为民为依归，加快推进邕江两岸综合整治和开发利用，建设江畅、水清、岸绿、景美的“百里秀美邕江”，让邕江及其两岸的好山好水好风光和城市融为一体，使之成为引领城市发展的主轴、展现城市个性与灵魂的窗口和名片、亲民便民的滨江活力文化休闲带、保障城市安全的母亲河。

具体来说，就是深入实施三大策略。一是治水发展策略：邕江为脉，畅水活水，构建水城网络体系；梳理邕江滩涂，理水控水，构建安全廊道。二是建城发展策略：滨江城市结构优化、滨江景观功能产业优化、滨江城市空间优化、滨江文化塑魂，南宁市中心体系由内聚式向串珠式转变，邕江成为支撑南宁城市空间拓展的主脊，通过绿线、城线、山线的控制，增加层次感和显山露水的通透性。三是为民发展策略：服务为民，打造滨江十八园；活力为民，打造滨江公共休闲长廊；亲水为民，构筑滨江亲水空间系统；连通为民，完善邕江可达性。

（三）工程进展情况

清川大桥——三岸大桥段：共计64公里，完成投资41.39亿元，约占总投资47.18亿元的87.7%，将按计划于8月30日前基本完成建设。目前已完成景观工程建设 47 公里，护岸工程建设 23.1 公里，正在抓紧剩余景观工程 17 公里、护岸工程 19.2 公里的建设。其中，南岸滨水步道工程已基本完成全线 12.5 公里的护岸工程施工，目前正在进行边坡覆绿和亲水步道建设；拆违建绿工程和邕江北岸公园正在抓紧施工；邕江北岸公园东侧——三岸大桥正在进行剩余滑坡区域和青秀山抽水泵房区域的施工。

老口航运枢纽——清川大桥和三岸大桥——邕宁水利枢纽段：采用 PPP 模式，84 公里累计完成投资 18.01 亿元，约占项目总投资 49.67 亿元的 36.3%，预计 10 月 20 日前全部完成建设。目前正在进行土方开挖、地形塑造和苗木移植工作，护岸工程已完成建设 26.4 公里，正在抓紧剩余 1.59 公里护岸工程的建设，预计 10 月 20 日前全部完成建设。

截至 2018 年上半年，老口、邕宁梯级两个水利枢纽工程累计完成投资 110.5 亿元，占该项目总投资的 89.9%。邕江两岸环境整治已累计完成投资 59.4 亿元，占总投资的 61.3%。60 公里城市中心两岸河段，已完成景观工程 47 公里（清川大桥——三岸大桥），护岸工程 23.1 公里；88 公里郊野两岸河段(上游清川大桥——老口航运枢纽、下游三岸大桥——邕宁水利枢纽）88 公里两岸景观、护岸工程正在建设当中，清川大桥——三岸大桥 64 公里夜景灯光亮化工程正在进行招标工作。计划在 2018 年 10 月 31 日前完成两岸 148 公里建设任务，实现邕江夜游。

二、和谐“城”与“水”

正确把握和科学处理好“城”与“水”的关系，是新时代南宁贯彻落实习近平生态文明思想的新实践、新成果，也是新时代南宁践行新发展理念的政治自觉和行动自觉。

习近平总书记强调，“生态环境问题是关系党的使命宗旨的重大政治问题，也是关系民生的重大社会问题。广大人民群众热切期盼加快提高生态环境质量。”我们要积极回应人民群众所想、所盼、所急，大力推进生态文明建设，提供更多优质生态产品。邕江作为南宁的母亲河，对其进行综合整治和开发利用，对于提升绿城品质，不断满足人民群众优美生态环境的需要具有极为迫切、重要的意义。

（一）保障江河安全，保护城市发展命脉

自西向东穿城而过的邕江，犹如南宁城市的动脉。源源不断的邕江水，造就了土地肥沃的冲积平原，成为南宁市农业发展最集中、最发达的地区，同时也为全市工商业发展用水提供了重要水源。邕江解决了南宁城市生活用水问题，目前南宁市现有水厂中 88%水源取自邕江。邕江河面宽敞，水流平缓，十分有利于航运，自古以来是我国西南地区东向的水上通道，目前已建成南宁港牛湾、六景港区，实现 2000 吨级船舶直达珠三角地区，对推动珠江——西江经济带的发展具有重要的作用。

治理邕江，与水较量，是南宁城市生存、建设、发展的主线。水的安全，包括泄洪、防洪、通航、治污、清洁等，其出发点、立足点都是为了保障百姓的生活。“一定要把邕江治理工作当作关乎群众切身利益的根本大事来看，定位于为民工程，这样才能切实体现政府的职责和群众的要求。”自治区党委常委、市委书记王小东在邕江综合整治与开发利用专题汇报会上强调了工程的“为民”定位。防洪安全与饮水安全，正是着眼于解决这两大与人民群众生命财产利益密切相关的问题，使整治工程成为名副其实的民生工程。可以说，邕江关系到南宁城市的生存，关系到南宁城市的发展。治理好邕江，有利于保持邕江流域的“水常清”，保护城市居民饮用水源，也有利于保障邕江水上交通运输的安全畅达。

（二）服务国家战略，贯彻落实“三大定位”新使命

构建面向东盟的国际大通道、打造西南中南地区开放发展新的战略支点、形成“一带一路”有机衔接重要门户，这是习近平总书记赋予广西的“三大定位”。党中央、国务院根据国际国内新形势对广西等西部省（区、市）

提出了建设南向通道的新任务新要求。自治区党委、政府也提出了“南向、北联、东融、西合”开放合作战略。南宁作为自治区首府，在国家和自治区对外开放合作中具有不可替代的战略地位。为此，南宁必须主动担当，推进邕江综合整治和开发利用，激发“江”的活力，为进一步下活开放发展这盘棋奠定良好基础。一方面，南宁宜居水平的提升，能显著增强城市竞争力和吸引力，加速人流、物流、资金流和信息流等要素的集聚，夯实南宁开放合作的基石；另一方面，有利于南宁市充分发挥面向东盟、通江达海、内陆开放型经济战略高地的作用，加强海陆统筹、江海联动，推动西江黄金水道加快建设，促进珠江—西江经济带开放发展互动，加快与粤港澳大湾区的融合，扩大对外开放。可以说，邕江作为西江黄金水道建设的重要组成部分，关系到珠江—西江经济带的联动发展，关系到“南宁渠道”功能提升。治理好邕江，有利于提升“南宁渠道”影响力，让南宁在国家和自治区开放合作战略中发挥更大的作用，使之与所承担的服务国家周边战略的地位、使命相匹配。

（三）提升绿城品质，加快建设“四个城市”

自治区党委、政府对首府南宁的城市发展历来高度重视，明确提出南宁要加快建设面向东盟开放合作的区域性国际城市、“一带一路”有机衔接的重要门户城市、对全区经济社会发展具有较强支撑带动作用的首府城市、具有浓郁壮乡特色和亚热带风情的生态宜居城市。这些新定位、新目标、新要求，为南宁的发展指明了方向。城市河流不仅包容了丰富的自然景观，而且蕴含着城市滨水区的人文景观，具有提供绿地、保护环境、旅游娱乐、文化教育等各项功能。邕江作为南宁城市发展的关键资源和环境载体，是影响城市风格和美化城市环境的重要因素，对南宁加快建设“四个城市”具有极其重要的意义。治理好邕江，是贯彻落实自治区赋予南宁“四个城市”发展定位要求的具体体现，既有利于改善南宁的生态系统，促进水绿融合，打造“中国绿城”升级版，提升城市的生态宜居品质，不断满足人民群众对优美生态环境的需要，也有利于进一步拓展邕江及其两岸的功能，推动南宁加快开放合作步伐和沿江经济社会发展。

（四）保护地域文化，弘扬和传承城市文明

邕江流域是南宁人民世代繁衍生息的地方，是壮乡文明的发祥地之一，孕育了悠久的历史文化。20 世纪 80 年代以来，文物部门陆续在邕江两岸发现豹子头遗址、青山遗址、顶蛳山遗址等几十处新石器时代贝丘遗址。长期的多民族聚居和融合，这里逐渐形成了龙母、稻作、“三月三”等邕江流域特有文化，吸收传承了粤语等广东文化，这充分表明邕江流域是南宁文化与文明的源头。治理好邕江，既是贯彻落实中央城市工作会议和中央城镇化工作会议精神的有力举措，也是保护南宁人民繁衍生息、赖以生存的生命线，更是保护和延续南宁城市历史文脉的现实需要。

三、打造“百里秀美邕江”

顺应自然、符合规律、尊重历史，依托改革开放 40 年的坚实基础，遵循新发展理念，才能让“百里秀美邕江”无愧时代、人民满意。

南宁市坚持以习近平生态文明思想为指引，按照尊重自然、顺应自然、江城一体、天人合一的理念，把优化生态、提升城市宜居环境摆在城市发展的突出位置，以推进邕江综合整治和开发利用工程项目建设为载体，深化生态文明体制改革创新，全面提升邕江沿江区域生态环境质量、基础设施承载能力、开发和建设水平，走出了一条城市生态文明建设跨越式发展的新路子。经过近年来持续发力，现已建设成为集防洪、饮用水源保护、通航能力提高、水质改善提升、水资源开发利用和市民休闲景观建设于一体的“百里秀美邕江”。如今的邕江，初现“水清、江畅、岸绿、景美”的芳容。

（一）规划引领，打造江城融合发展带

打造“百里秀美邕江”不仅是涉及邕江及两岸的建设，还对邕江两岸外延一定范围内的城市建设、经济发展等方面进行统筹谋划。南宁市遵循江城融合的方针，高起点、高标准、高质量做好整体规划设计，引领实现江城融合发展。一是规划设计好邕江美丽天际线。统筹规划好江水、堤岸、滨江城市带三个层次，逐步形成从邕江向两岸延伸的梯度递进式景观设计。二是规划设计好邕江旅游带。结合邕江堤岸外的城市设施及功能，统筹规划设计好邕江及两岸的设施，加快打造功能齐全、风景亮丽的邕江旅游带。通过邕江沿岸景观风貌的规划建设，结合五象新区开发建设和老城区建设要求，串联起广西文化艺术中心、会展中心、民歌湖广场、地王大厦、南湖公园、邕江南岸公园、民生广场等景点，实现城市功能与景观完美融合，并以主要城市道路、18 条内河等开敞空间为廊道，全面提升山水城市的活力，初步形成了滨水休闲旅游组团发展布局。三是规划建设好邕江生态系统。在规划建设沿江综合整治项目时，结合区域内功能定位，因地制宜实施规划建设，尽可能保留现有绿化植物和山体，保持江边的生态带。

规划引领，打造江城融合发展带，改变了过去南宁江上不见城、城里不见江，有江无景的局面，最大限度地发挥了江的魅力、活力与动力。从邕江大桥南滨江公园登船，顺江东行，驶向邕宁海事处码头，一路天旷云逸，潮平岸阔。船行江上，时见绿树婆娑，层林蜿蜒；时见高楼林立，错落有致；时见滨江公园嬉笑追逐，游人如织。从老城区到五象新区、龙岗新区，从南宁第一座跨江大桥——邕江大桥到五象大桥、南宁大桥、良庆大桥等一座座壮观美丽的现代化大桥，饱经沧桑的南宁母亲河，已然是一幅流动不息的民生画卷，展现了南宁改革开放 40 年的巨变。画卷的绘画者，挥动如椽大笔，在激流勇进中，巧妙地将“治水、建城、为民”融合在滚滚发展的历史长河之中。邕江这条自然纽带，俨然已成为南宁的“民生中轴”“风景中轴”“气质中轴”。

（二）产业协同，打造沿江活力经济带

以邕江为依托，结合邕江沿江开发，充分利用邕江沿岸的资源优势，积极调整产业布局，形成产业集聚，着力打造多业并举、具有地域特色的优势产业区域。一是发展特色服务业。结合邕江沿江开发，在两岸规划建设公共基础设施的同时，同步规划建设商贸服务业网点；发展教育产业，进一步扩大了南宁高等教育规模；建设各类居住小区和商务楼宇，开发建设了一批别墅、滨水高档住宅、酒店式公寓、普通公寓和安居住宅等，提供多元化的居住选择，满足不同层次的居住需求。二是建设特色工业园区。按照新型工业化发展的要求，加快高新区、新兴产业园（邕宁）、铝工业园区（江南）、六景工业园区（横县）等开发区和工业园区与国际先进生产力的对接，实现产业结构的战略性调整。以沿江开发为契机，大力推进和迅速做大南宁市的铝加工、电子、生物制药、食品加工等产业，大力推动先进装备制造业向开发区和园区集中，促进全市工业经济的结构优化和持续发展。三是发展沿江特色现代农业。以国家产业政策和市场需要为导向，制定沿江农业发展规划，充分利用沿江地区生态环境良好、自我净化和修复能力强的优势，大力开发沿江滩涂资源、水面资源、地方名特优产品资源，培育区域优势产业，目前已经打造了“美丽南方”国家田园综合体、花雨湖生态休闲农业示范区、南阳镇留凤果蔬产业示范区等一批现代特色农业示范区，努力把南宁市沿江区域建设成面向全国、面向东南亚乃至面向世界的特色优质农产品生产基地、农产品出口加工区和现代农业休闲旅游观光带。

产业协同，打造沿江活力经济带，让邕江真正活起来了。以前的邕江两岸给人的印象是遍布水上人家、餐饮大排档、网箱养鱼、流动摊贩等，如今的邕江两岸，已是繁华初现。两岸既有万达茂、华南城等大型商贸综合体，也有广西文化艺术中心这样增添邕江艺术品位的地标性建筑，有中国—东盟国际物流基地、南宁综合保税区、江南物流园区、海吉星物流园，更有日新月异、蓬勃成长的五象新区。此外，相思湖大学园区、五合大学城、南宁学

院等高校影响力逐步加大，教育产业蓬勃发展。高新区已经迈入千亿元产值园区行列，新兴产业园的新能源汽车、先进装备制造业等规模不断扩大。人流、物流、资金流等要素正加速向沿江聚集，一条富有朝气与活力的沿江经济带正在形成。

（三）凸显特色，打造滨江景观文化带

文化是城市的灵魂，邕江是南宁文化的源头，邕江流域是壮乡文明的发源地之一，是南宁人赖以生存的生命线，孕育了南宁悠久的历史文化，为南宁航运发展、水利建设和商贸物流立下了汗马功劳，为南宁产业发展、城市建设和居民生活提供了重要保障。南宁市在推进邕江综合整治过程中，深入挖掘邕江文化，丰富邕江文化内涵。结合南宁实际，采取PPP等模式创新水环境治理的同时，积极搞好邕江两岸绿化美化，突出水岸协调、“显山露水”，使绿色景观与人文景观交相辉映，着力打造充分展现邕江诗话、壮乡文明、绿城神韵、东盟风情的沿江特色人文景观带。同时，尽量保留现有山水脉络等独特风光，让老百姓望得见山、看得见水、记得住乡愁。一是彰显亚热带元素。根据远近、高低不同层次，结合滩、堤、路、建筑及山体的特点，选择种植适应南宁气候、代表南宁城市形象、色彩丰富的植物品种，并将邕江全线植被进行梳理和分区，使邕江两岸呈现层次分明、繁花似海、花开如瀑、鸟语花香的亚热带壮丽景象。二是大力开发建设两岸重要旅游节点景区。以青秀山风景区和五象岭森林公园为依托，整合沿邕江两岸的旅游资源，挖掘地方特色文化，加快沿江旅游产品建设和旅游基础服务设施配套，完善沿江旅游休闲与服务功能，打造了18个沿江公园以及南宁园博园，邕江文化休闲旅游带不断凸显，成为南宁旅游的黄金水脉与城市休闲中轴。三是挖掘沿江历史民族文化资源。南宁依托沿江特色文化，围绕提升母亲河形象，加大了对沿岸文化古迹的保护和开发建设。注重融合传统民居建筑、民俗文化、历史文化名人等元素，建设好各片区主题公园，形成展示壮乡民俗文化风情的特色主题公园，让八方来客领略壮乡首府的风采。

凸显特色，打造滨江景观文化带，使邕江的魅力和吸引力显著增强，一条有故事、有风光的母亲河逐渐显现。如今，以陈氏宗祠、邕江古城墙、雷沛鸿故居、雷经天故居、林景云故居、灰窑田贝丘遗址、缸瓦窑龙窑等为主的文化景观和赛龙舟、抢花炮、香火龙、板鞋舞、打磨秋、傩戏等传统民俗文化活动正得到越来越多市民的关注和参与。同时，结合浓郁的民族风情，融合传统民居建筑、民俗文化、历史文化名人等元素，充分展现民族风情，有效将壮族历史文化资源融入邕江旅游带建设，推动形成人与自然和谐发展新格局，让南宁天更蓝、山更绿、水更清、环境更优美、文化更丰富。两岸重要旅游节点景区开发进度加快，老城商贸文化游、"美丽南方"乡村游、扬美古镇体验游、五象新区文化艺术游、八尺江民俗风情游等景点热度不断上升。邕江的变化之快，即使是南宁人也感到意外。小庞是一个在外地上大学的南宁姑娘，她暑假回到家乡后惊喜地发现邕江的喜人变化："小时候印象中的邕江在每次暴雨过后都会变得很黄浊，而且还有漂浮物，有时候还会有异味。去年看到的邕江还是老样子，没想到一年不见，现在的邕江碧绿清澈，站在岸边微风习习，'南宁蓝'搭配'邕江绿'，真的是让人心情太舒畅了。"

（四）完善设施，打造城市特色功能带

积极完善邕江两岸的水利枢纽、道路、观景台等基础设施建设，不断增强沿江综合服务功能，为市民和游客提供一个休闲、旅游的好去处。一是推进大型水利枢纽建设。通过老口航运枢纽和邕宁水利枢纽项目建设，进一步发挥邕江在航运、防洪、发电等功能，适当抬高城市观景水位，改善城市环境。至2018年10月邕宁水利枢纽建成时，结合百色枢纽联合调度，邕江（南宁市区段）防洪标准将从50年一遇提高到200年一遇，通航能力由原来的300吨提高到2000吨；老口船闸通航标准达到2×1000吨级顶推船队，单向年过闸船舶总载重吨位达到1333万吨。二是提升堤内外交通通达能力。通过梳理邕江两岸以及堤内外公园景观的交通体系，考虑周边环境和场地竖向

特点，并结合老口水利枢纽和邕宁水利枢纽建成后的行洪通航要求、不同行洪水位范围情况，内外交通网路进一步完善。三是着力打造观江视线通廊。通过梳理现状绿化植被、塑造绿化景观和拓展景观视廊空间，并结合规划主题及沿江城市建筑控制，逐步打通堤上、岸上观江视线廊道，不断满足市民不同角度的观江视线需求。通过设置亲水步道、健康绿道，将沿江两岸上下游公园进行紧密衔接，确保沿江滩涂用地的全线贯通，满足市民亲水、近水、观江的需求。四是建设便民滨江公共设施。坚持为民原则，在满足邕江行洪安全、功能使用的前提下，合理设置亲水栈道、平台，同时在全段邕江沿岸可利用地设置运动、游乐、休闲娱乐等场地及其配套设施，进一步丰富滨江活动主题，满足沿岸不同城区不同年龄层次市民对邕江资源的使用需求，实现便民、利民、惠民的目标。

完善设施，打造城市特色功能带，市民已经真切地体验到。邕江北岸公园的景观绿道尤其受市民喜爱，景观绿道两旁具有古朴气息的高杆路灯依次排开，满目葱翠的灌木丛和高大挺拔的大王椰迎风摇曳，一座座古色古香的亭台楼阁掩映在绿树丛中。“可谓是‘鸟枪换炮’，去年以前江边还是一片片菜地，到处堆着垃圾，现在建成了这么漂亮的公园，以后散步、休闲可有去处了。”在邕江北岸公园游玩的市民廖女士说。

（五）创新机制，打造建管并举示范带

面对生态问题及挑战，南宁市勇于创新体制、机制，通过改革探索找到解决的新途径，有效保障江河流域规划建设管理顺利推进。一是创新投资体制。借鉴全国首个实行“按效付费”的内河流域治理 PPP（公共私营合作制）项目——南宁市那考河治理的模式，邕江综合整治和开发利用采用了招商引资模式。目前正在建设的邕江综合整治和开发利用工程项目（上游：老口航运枢纽——清川大桥，下游：三岸大桥——邕宁水利枢纽，南北岸 88 公里）采用 PPP 模式投资建设，共分为 4 个标段建设。邕江 PPP 项目累计完成工程投资 3.61 亿元，约占工程建安投资 33 亿元的 10.9%。二是全流域治

理，全面推行河长制。以保护水资源、防治水污染、改善水环境、修复水生态为主要任务，在邕江及全市 18 条内河全面推行河长制，构建了责任明确、协调有序、监管严格、保护有力的河湖管理保护机制，加强对河长的绩效考核和责任追究。三是建立河道执法机制。2016 年，南宁市推进城市管理领域综合行政执法体制改革，将水政、渔政的人员编制纳入市城市管理综合执法队伍，并将市区邕江河道范围内水利河道管理、环境保护管理、渔业管理等以及矿产资源管理、土地管理、城乡规划管理等方面的全部或部分行政处罚纳入城市管理综合行政执法范围。开展邕江河道综合执法工作，在市级层面初步实现了对邕江河道统一管理与保护。四是形成惠民长效机制。水上人家的拆迁是邕江整治中的一大难题。南宁市秉承“以民为本”的理念，突出做好和谐拆迁安置，投入了大量的人力物力，工作人员持续深入一线开展耐心细致的思想动员，做到“进船、见人、入心、见效”，狠抓房源落实、社会保障、就业培训等核心工作，专门针对水上人家船民的户口迁移、住房安置、社会保障、子女教育、上岗就业等工作制定具体的服务政策，简化审批手续，确保安置对象“上得了岸、住得下去、发展得好”。共安置水上人家和渔民 643 户、3136 人，拆除转移船只 2183 艘，落实安置保障房 468 套，解决上岗就业 382 人，办理养老保险 871 人，为 82 人提供最低生活保障，为 184 户船民办理了南宁市城镇户口，为适龄子女全部落实了就读学校，兑现安置补偿款 1.27 亿元。五是建立健全河流保护法规及制度。积极探索制定有关水资源保护的法规，建立完善河流保护和管理的相关制度，近年来南宁市出台了郁江流域水污染防治条例，制定实施了水功能区监督管理、入河排污口监督管理等工作制度。同时，加强涉河法律法规宣传，提高全社会依法保护河流的意识。

创新机制，打造建管并举示范带，有效地改变过去重建设、轻管理的做法，使生态效益持续地发挥出来。例如，在部分江岸，南宁市利用 PPP 模式对岸边设施进行管理。过去，施工方建设完环境工程就走人，至于后面的维护及运营缺少必要的关注。如今，施工方不但要按质量要求完成工程建设，还要按照政府制定的目标考核要求，对环境设施进行维护和管理。通过对邕江流域规划管理、水资源管理、滩涂治理、河道执法管理、公园绿地管理等关键环节的大力改革，进一步理顺了管理机制，初步构建了统一的邕江管理体系，为实现邕江治理高效联动奠定了良好基础。

四、与时俱进新南宁

全长74公里邕江综合整治和开发建设过程中，南宁市坚持生态惠民、生态为民，打造望得见山、看得见水、记得住乡愁的美丽的城市母亲河，还老百姓蓝天白云、繁星闪烁，还老百姓清水绿岸、鱼翔浅底，为子孙后代留下美丽家园，为新时代推进城市生态文明建设提供了“南宁方案”。

（一）彰显真理力量和实践价值

邕江综合治理的过程，是南宁市高举中国特色社会主义伟大旗帜，着眼长远谋发展的过程，是历届党委政府不懈推进的民心工程，体现战略高度、系统思考、全局眼光。新中国成立以来，邕江治理一直没有停止过，一任接着一任干、一届接着一届抓，经历了从单纯的修建防洪大堤，到同步推进建设“堤路园工程”（防洪堤、城市快速路、市民公园），再到堤、路、景、水相结合的综合整治的发展历程。特别是2015年以来，面对生态文明建设正处于压力叠加、负重前行的关键期，已进入提供更多优质生态产品以满足人民日益增长的优美生态环境需要的攻坚期，也到了有条件有能力解决生态环境突出问题的“窗口期”这个关口，南宁市充分利用改革开放40年来积累的坚实物质基础，倾力打造“百里秀美邕江”，加快推进邕江综合整治和开发利用工程建设，集中力量开展大型生态文明建设，找到“绿水青山”与“金山银山”的最佳结合点，促进生态文明建设与经济建设深度“融合”，有效推动中国特色社会主义在南宁大地落地生根、开花结果。

（二）实施生态优先发展战略

邕江综合整治是一项面临许多未知与挑战的探索实践，南宁市以习近平生态文明思想为根本遵循和行动指南，以更大的决心、勇气作出深入推进邕江综合整治的决策，把生态优先战略落到实处。以习近平生态文明思想为根本遵循和行动指南，确立“治水、建城、为民”的城市工作主线。以习近平生态文明思想为根本遵循和行动指南，坚持一张蓝图绘到底，一任接着一任干，把邕江综合整治作为践行绿色发展理念、建设生态文明城市和宜居宜业宜商宜游宜养环境的重要内容，加快建设具有浓郁壮乡特色和亚热带风情的生态宜居城市。以习近平生态文明思想为根本遵循和行动指南，实施生态优先战略，是南宁市推进邕江综合整治工作中最重要的经验和启示。

（三）坚持以人民为中心

南宁市始终把“为民”作为邕江综合整治的首要目标和任务。正如自治区党委常委、南宁市委书记王小东在调研邕江两岸综合整治及开发利用工作时提出，推进治水、建城、为民有机统一，努力改善沿江城市面貌和生活环境。在具体工作中，南宁市坚持以人为本、以人民为中心，把增强人民群众获得感的要求贯彻到综合整治工程的全过程，充分体现中央城市工作会议要求和“治水、建城、为民”的城市工作主线，实现从单纯“防洪”到“航运、发电、旅游”等综合功能转变，实现从“工程水利河”向“活力带、发展带”的转变、从“绿满邕江”向“城市灵魂，多姿多彩”的转变、从“重形象”向“为民便民”的转变，使整治工程更加贴近城市发展的理念、更加贴近人民群众的需求，从而赢得了市民的广泛理解、支持和赞誉。

（四）以改革创新破解生态文明建设难题

深化认识再出发，深化改革增活力，深化推进求实效，这是南宁生态文明建设在新时代赶超跨越的强大动力。在邕江综合整治工程中，南宁市以改革为动力，深入推进生态文明领域改革，探索了 PPP 投资建设、海绵城市建设、水岸共治、流域治理、建管并重等改革措施，积累了开展大型生态项目建设的丰富经验，这些经验不仅促进了南宁市的生态文明建设，也为国内城市江河综合整治作了有价值的探索和尝试。可以说，邕江综合整治工程的顺利推进，是南宁市大胆探索，不断改革创新的成果。

（五）重点突破，促进宜居城市提质升级

南宁市以“中国绿城”著称，绿色是南宁城市发展最亮的底色。南宁市统一规划建设邕江及两岸的防洪、交通、港口码头、景观园林、文化、商贸、旅游等设施，打造从邕江向两岸延伸的梯度递进式景观，构筑城市特色水岸观赏体系。以“水、堤、路、景”相结合，规划建设好邕江美丽天际线，增加亲水空间，完善观景平台，打造重点景观视线廊道。以保护现状生态为前提，以乡土树种为基础，以四季繁花为风貌特色，选择适应南宁气候、代表南宁城市形象、色彩丰富的植物品种，增强绿色植被的层次感、多彩性。既搞好江岸绿化美化，又实现水岸协调、“显山露水”，打造“城水共生、人水和谐”的国内一流亲水城市，实现秀美邕江与历史名城交相辉映，民族风情与国际文化共放异彩，把邕江打造成绿色发展的城市“绿轴线”。基本上实现生产空间集约高效、生活空间宜居适度、生态空间山清水秀，一个现代化的亲水型宜居城市标志着南宁从朝阳商圈、埌东新区向真正的“邕江时代”迈进。

（六）推进城市治理体系和治理能力现代化

尊重生态和社会规律，是南宁推进邕江综合整治形成的又一条重要经验。南宁市发挥规划的龙头作用，严格按照《南宁市邕江综合整治和开发利用控制规划（修编）》进行邕江两岸建设，高起点、高标准、高质量做好每项工程的规划设计，增强规划的科学性、严肃性、权威性。分解落实工程建设考核目标，明确项目时间表、任务书，加强施工质量控制管理，确保如期

高质量完成工程建设。优化运营维护模式，通过向社会购买服务方式解决绿化养护、保洁、保安、经营项目的经营管理等问题。开展常态化联合执法行动，公安、水政、渔政、交通等部门形成协调联动机制。坚持依法行政，以人为本、依法征地拆迁，把邕江综合整治与五象新区建设相结合、与旧城改造相结合；通过实施河长制、水上综合执法、环境治理社会化等多种举措，探索推进生态文明建设与管护的有效手段和长效机制，保障了生态环境设施效益的充分释放。

（2018 年 7 月）

改革开放

与中国城市发展

GAIGEKAIFANG

GUILIN

桂林

建桂林国际旅游胜地 创国家可持续发展议程创新示范城市

——以保护漓江为核心的可持续发展实践

中共广西壮族自治区委宣传部

中　共　桂　林　市　委

桂林，祖国南疆的一颗璀璨明珠，美丽中国的一张亮丽名片。

桂林，位于广西东北部，是黔粤湘桂交界中心城市，地处珠江三角洲、北部湾等重要经济板块腹地，是“一带一路”有机衔接的综合交通节点、中国—东盟自由贸易区的门户城市之一。

山水甲天下的桂林是我国首批历史文化名城，迄今已有2100多年建城史，山水文化、红军长征突破湘江的红色文化、抗战文化、民族民俗文化异彩纷呈。以漓江为代表的桂林山水是我国自然风光的典型代表，改革开放以来有160多位外国元首或政府首脑及政要慕名到访。

习近平总书记对桂林山水十分关心，多次作出重要指示，明确指出：“漓江的生态建设与科学保护，兹事体大”“漓江不仅属于桂林人民，属于广西人民和全国人民，也是属于世界的，我们都要很好地去呵护它”“一定要保护好桂林山水，保护好广西良好的生态环境”。

改革开放40年来特别是党的十八大以来，作为国务院确定建设的国际旅游胜地（2012年11月）、国家可持续发展议程创新示范区（2018年2月），桂林市牢记习近平总书记的殷切嘱托，积极践行新发展理念，统筹推进“五位一体”总体布局，协调推进“四个全面”战略布局，坚持“绿水青山就是金山银山”的理念，在“加快建设新城，疏解提升老城，产业融合发展，城乡协调推进，生态文化相融，富裕和谐桂林”方面作出了许多开创性探索，走出了一条保护漓江、改善生态、发展经济、惠及民生，推动可持续发展的幸福路。

一、桂林山水甲天下，漓江保护天下甲

（一）以生态保护为根本，让漓江焕发出“青春态”

没有绿水青山，就没有金山银山！漓江是桂林山水之魂，是桂林发展之源。桂林的实践表明，只有做到在保护中发展，在发展中保护，而非极端的静态孤立保护或过度开发，才能同时收获环境优美、经济发展、社会和谐。

1. 凝聚共识，催生动力

桂林山水闻名于天下，美在山水相得益彰，人景相互交融，呈现的是农耕文明时代人与自然和谐相处的盛世美景。这是一种“大融大合”之美，拿到世界上对比都显得极为独特。

长期以来，随着经济持续快速发展，生态环保压力越来越大，护山护水的任务也越来越重，要保住“甲天下”的美誉并不容易。

“桂林山水”需要与时俱进，萌发新的生命力：既不能失去农耕文明中的“和谐因子”，又要消解工业文明中的“破坏因子”，还要注入生态文明中的“活力因子”。

“漓江的生态建设与科学保护，兹事体大”。

重点保护好漓江流域的生态环境，桂林才能得以生存和发展，桂林人民的这种共识在逐渐深化。多年来，尤其是党的十八大以来，桂林市党委、政府和全市人民始终牢记习近平总书记嘱托，把以保护漓江为核心的生态文明建设放在优先位置，坚持一张蓝图绘到底，实现了持之以恒的绿色坚守。从2013年开始，桂林肩负国家使命，全面建设国际旅游胜地。2016年，桂林漓江跻身“中国绿色旅游示范基地”，是广西唯一入选的景区。2017年2月，

桂林成为国家生态文明先行示范区，标志着桂林市生态文明建设纳入国家战略。2018年2月，国务院批复桂林市创建国家可持续发展议程创新示范城市，桂林又肩负起为国家可持续发展探索实践经验的重任。桂林还被评为全国水生态文明建设试点城市、国家级低碳城市试点城市。今日漓江，今日桂林，山青水碧、生态更美。

2. 创新机制，形成合力

遵照习近平总书记关于“进一步落实好长效机制，搞好漓江的生态保护和建设”的要求，广西出台了第一部地方综合性生态环境保护法规《广西壮族自治区漓江流域生态环境保护条例》；桂林市推出了《桂林漓江风景名胜区总体规划（2013—2025年）》，为保护漓江提供了有力依据。为整治长期以来漓江管理存在的条块分割、多头执法、排筏无证无序经营等问题，桂林明确提出“统一管理、统一经营、统筹各方利益”思路，从综合整治漓江入手，开启了一场力度空前的漓江管理体制改革。

一是强化规划谋局创新。以《桂林国际旅游胜地建设发展规划纲要（2012—2020年）》为统揽，规划国家健康旅游示范基地和国家可持续发展议程创新示范区建设，实施“保护漓江，发展临桂，再造一个新桂林”战略，科学规划漓江沿岸产业带布局，建设有利于漓江生态保护的三大园区，大力发展电子信息、先进装备制造、医药及生物制品、生态食品等绿色环保产业，以产业转型升级有效破解漓江保护与发展矛盾。

二是强化体制机制创新。下决心改变漓江管理体制30年不变局面，成立漓江风景名胜区工委、管委，统筹推进漓江流域保护、建设、开发、利用。

三是狠抓执法机制创新。将《桂林漓江风景名胜区条例》作为桂林市重点地方立法内容加快推进。启动实施漓江综合执法、长效保洁等制度改革，建立网格化、信息化、一体化、协同化的执法平台，全面落实市县乡村四级河长制，对漓江风景区生态环境进行“水、陆、空”全方位监管。

四是推进经营机制创新。推动漓江旅游票制改革，探索建立一套统筹地方、经营者、沿岸群众等各方面利益的新机制。对漓江流域排筏开展“限量化、公司化”专项治理，漓江风景名胜区竹筏从3500多艘减少到1000艘以内，并全部纳入整合组建的两家景区公司规范管理，多年顽疾得到较好解决。

3. 铁腕治污，标本兼治

作为一个旅游城市，桂林一直保持着“生态觉醒”。

漓江风景名胜区总面积1159.4平方公里，涉及4县6城区，保护难度很大。党的十八大以来，桂林市委市政府持续重点推进漓江综合治理与生态保护工程，先后投入近70亿元。

一是实施漓江截污治污工程。已全面整治漓江城市段7条溪河、46个片区，并向市区周边及漓江支流推进，有效遏制污水直排漓江现象，城市污水集中处理率超过99%，黑臭水体基本消除。

二是开展污染源治理。建立漓江游船环保准入标准，对漓江游船进行全面提档升级，不达标的全部退出，108艘游船全部实行星级管理；161艘住家船全部清理，112户船上人家全部上岸喜迁新居，结束了漓江城市段千百年来存在的水上居住历史；拆除所有市区沿岸及洲岛鱼餐馆违规搭建；漓江城市干流及上游水库全面禁止网箱养鱼，沿岸养殖场全部迁移。

三是推进长效管理。建成桂林防洪及漓江补水枢纽工程，解决了漓江枯水期生态及旅游问题；深入实施“绿满八桂”造林绿化工程，严格保护漓江水源林；关停漓江风景名胜区所有采石场并复绿山体；实施漓江沿岸绿化美化亮化建设工程；建立漓江水域、驳岸长效保洁机制。漓江风景名胜区乱建、乱挖、乱养、乱经营、环境卫生脏的“四乱一脏”现象得到根本遏制。

4. 生态山水，魅力无限

百里漓江、百里画廊！漓江成了一条绿意流淌的河，被称为“天然水吧”“天然氧吧”。

多年来，作为桂林市饮用水水源地的漓江，水质达标率为100%，所有国家考核水流断面水质均达到地表水Ⅱ类标准，水环境质量一直稳居全国前列。近年来市区空气质量优良率逐年增加。全市森林覆盖率由 1979 年的 42.11%提高到 2017 年的 70.91%，漓江流域森林覆盖率达到 80.46%，城市绿化覆盖率 40.07 %，人均公园绿地 11.68 平方米。在城市环境综合整治定量考核中连续 5 年荣获全国第一，连续 18 年位居广西第一。

——世界点赞。2013 年，漓江被美国有线电视新闻网（CNN）列入“全球 15 条最美河流”。2014 年，漓江作为广西东北部喀斯特地貌发育最典型的地区地貌，被纳入世界自然遗产名录，成为广西首个世界自然遗产。漓江风景名胜区已成为世界上规模最大、风景最美的岩溶山水游览区之一。接待境外游客一直居全国热点旅游城市前 10 位，接待境外游客量 2017 年达到 249 万人次。

——百姓点赞。漓江沿岸所有 12 个乡镇全面完成改造提升，建成休闲绿道 100 多公里，打造了以漓江两岸生态旅游示范带为代表的 8 条乡村生态景观精品线路，休闲农业和乡村旅游业收入达 300 亿元，40 年间森林蓄积量由 3897.90 万立方米提高到 1.19 亿立方米。桂林成为世界上最宜居城市之一，广大群众已成为生态文明红利的第一分享人。

——游客点赞。长期困扰漓江保护的一个个难题得到有效化解，漓江生态环境持续向好，受到人们普遍好评。漓江之畔的象鼻山多次入选全国十大“最美赏月地”，桂林被誉为宜居宜游城市。2012 年至 2017 年，旅游总人数由 3292.65 万人次增长到 8232.79 万人次；旅游总消费由 276.87 亿元增长到 971.76 亿元；旅游人均消费由 841 元增加到 1180 元。

（二）以融合发展为引领，创生态文化旅游“优势股”

绿水青山就是金山银山！改革开放以来，桂林始终站在中国旅游改革发展潮头，被称为“中国旅游晴雨表”。桂林市坚持一张蓝图绘到底，在开放发展、旅游综合改革、旅游业态创新等方面率全国之先，为其他地区提供了可复制、可推广、可分享的旅游发展“桂林方案”和“桂林模式”，成为现代旅游业的典范。截至 2017 年年底，全市 A 级景区达 63 家，其中国家 5A

级旅游景区 4 家，4A 级旅游景区 25 家，3A 级旅游景区 34 家。

1. 内外兼修，改革创新

40 年来，特别是党的十八大以来，桂林旅游业走上了一条与国际接轨和不断创新之路。

——创新体制机制，成立全国首家旅游市场监管专职机构，解决了国内旅游市场监督缺位的老大难问题，得到国家旅游局充分肯定；在国内率先推动“厕所革命”，被评为全国先进市。

——创新推进旅游产业用地改革试点，在用地规划、项目管理等方面不断探索创新，破解了 79 个旅游项目用地难题，被国土资源部、国家旅游局誉为“桂林模式”。

——创新利用旅游资源，优化重组桂林两大旅游企业，打造桂林旅游旗舰企业，盘活优质旅游资源。

——创新旅游业态，大力实施“旅游 +”战略，推动健康旅游、体育旅游、乡村旅游、红色旅游、工业旅游等新业态、新产品竞相发展。40 年来，桂林荣获“最中国文化名城”等 70 多项美誉，其中近五年就荣获全国首批健康旅游示范基地、“全国会展名城”“亚洲最受欢迎旅游城市”“中国十佳绿色城市”“十佳亲子游目的地”和“国内十佳自助游目的地”等 22 项荣誉。

——创新推动旅游与现代技术的融合。2013 年，桂林获“国家信息消费试点城市”和“国家智慧城市创建试点城市”。近年来，着力发展智慧旅游，建设“一键游桂林”项目，建成旅游综合数据中心、旅游综合服务平台、旅游综合管理平台，运用现代数字技术，全面实现桂林旅游“管理、服务、营销”智慧化。

——创新实施乡村振兴战略。实行市、县、乡镇党委书记主抓新型城镇化示范乡镇建设，分四批建设示范乡镇 60 个，占全市乡镇总数近一半，一批休闲旅游名镇、历史文化名镇连城带乡、带动一方。先后开展清洁乡村、生态乡村、宜居乡村建设，打造一批“现代农业核心示范带”“休闲旅游示范带”“新型城镇化示范带”和“生态乡村示范带”。全市创建国家级生态乡镇16个、自治区级生态乡镇88个、自治区级生态村168个、市级生态村1364个，数据均居广西之首、全国前茅。

简政提效、强化监管、培育市场等多措并举，形成了政府引导、企业主导、活跃规范的旅游市场。

与此同时，不断扩大国际交流合作，加强国际营销与推介。持续多年举办联合国世界旅游组织/亚太旅游协会旅游趋势与展望国际论坛、中国—东盟博览会旅游展、桂林国际山水文化旅游节、环广西公路自行车世界巡回赛等重大节赛、会展活动；设立全球首个旅游可持续发展观测点，每年发布世界旅游趋势报告等，旅游发展规模化、品质化、效益化、国际化态势强劲。

让桂林走向世界，也让世界走进桂林！内外兼修，使桂林旅游业迈上了内生性增长和外延性增长并举的良性发展之路。

2. 项目带动，雁阵飞行

坚持重大项目带动战略，建立和完善旅游重大项目推进机制，推动了一批重大项目建设，带来了桂林旅游业的跨越式发展。

——实施一批重大旅游扶贫项目。在著名的摄影胜地龙脊梯田创建5A级景区、建立漓东百里生态示范带等，一批旅游富民项目获得百姓欢迎。仅近五年，旅游扶贫项目达百余个，桂林特色的生态旅游扶贫路越走越宽广。

——引进一批重大旅游项目带动产业升级。万达文旅、宋城演艺、地中海俱乐部等一批辐射面广、带动力强、引领产业走向的高端旅游项目纷纷进驻桂林，形成百花竞放、锐意创新的新局面。近五年，总共完成投资220.87亿元。

——建设山水风光体验之旅等八大旅游精品线路。提升了县域旅游基础服务设施水平，休闲绿道连接乡村，农家驿站星罗棋布，基本形成以漓江黄金水道为主轴、两岸为双翼，各县区连为一体的全域旅游发展格局。“桂林休闲农业四季游”被中国旅游协会列为广西仅有的“中国休闲农业与乡村旅游十大精品线路”。

——健康旅游产业蓬勃发展。2017 年，桂林入选首批国家健康旅游示范基地，数名国医大师领衔的崇华中医街建成运营，以华邦控股、上海复星、中国中药等名企为代表的一大批健康旅游项目启动实施，“医、康、养、健、智、学”健康旅游产业迅速兴起，打造了“漓水青山、养生桂林”健康养生品牌。

除了漓江、象鼻山、阳朔等传统风景点，人们还可以享受多种旅游方式和内容。上述重大项目建设，极大地丰富了桂林旅游内涵，推动桂林旅游由单一观光型向多元综合型发展，使桂林的旅游吸引力越来越大。

不断丰富的旅游项目，也推动了旅游人才需求。1973 年，桂林全市导游不足 200 人；2017 年桂林市共有持证导游约 1.26 万人，占广西持证导游总量的 66%。从 40 年前只有一家五星级涉外酒店——文华喜来登饭店开始，如今各类住宿酒店和旅馆已达 4439 家共约 26 万张床位，其中星级酒店 68 家 2.3 万张床位。为满足人才需求，桂林建立了国内唯一的旅游本科大学——桂林旅游学院，不仅为全国培育了大批旅游专业人才，也成为中国—东盟的旅游人才教育培训基地。

3. 文化为魂，熠熠生辉

过去，不少桂林人追着“老外”看“西洋景”；如今，不少“老外”追着桂林人学东方艺术。桂林人有很强的文化自信，这种自信源于自身优秀、独特的文化传统。桂林作为岭南地区最早接受中原文化影响的地区之一，经中原文化与南越文化的长期融合发展，地域文化底蕴深厚、特色鲜明，是全国首批 24 个历史文化名城之一。党的十八大以来，桂林市大力实施“寻找桂林文化的力量，挖掘桂林文化的价值”工程，把桂林文化的散珠碎玉串起来，让桂林文化靓起来。

——以桂林历史文化保护利用“三部曲”提升桂林文化品位。出台《桂林市历史文化保护利用工作总体方案》，成立桂林历史文化研究院，开展桂林历史文化资源调查，系统梳理历史文化资源。按照历史文化线索，编纂《桂林历史文化大典》，梳理归纳桂林文化脉络。推动文化保护法制化，在全国率先出台地方文化保护实体法《桂林市石刻保护条例》。立足桂林历史文化资源，重建部分历史文化景观，启动实施正阳东西巷、靖江王城历史文化街区改造和重建逍遥楼等工程，保护修缮历代名人故居，实施古村落保护开发，打造了桂林历史文化名城新地标，延续厚重历史文脉。

——以山水文化与旅游融合，打造桂林文化旅游新品牌。发挥桂林得天独厚的自然山水风光和历史文化资源优势，精心培育《印象·刘三姐》、愚自乐园地中海俱乐部等山水文化旅游精品，引进万达文化旅游城、宋城演艺等一批高端文化旅游项目，推动文化创意与旅游融合，开发了“桂林有礼”系列旅游文化礼品，打造桂林文创品牌；以文化建设彰显桂林国际旅游胜地建设的桂林力量。

——以文化引领创新，开启桂林发展新境界。发掘红色文化遗存，建设了湘江战役纪念园等一批红色旅游景点和爱国主义教育基地。积极推动文化产业创新发展，培育了力港网络科技等一批文化产业示范基地。与中国歌剧舞剧院携手创排大型民族歌剧《刘三姐》在国家大剧院上演。利用本土资源，打造《桂林有戏》等地方戏曲驻场演出品牌。与中央电视台合作，推出 2016 年端午特别节目——歌从漓江来、2017 年春晚桂林分会场两台大型晚会，展现桂林自然生态美、历史文化美以及桂林国际旅游胜地建设发展新成就。

4. 桂林现象，时代标杆

改革开放 40 年来，桂林先后涌现出一批创新发展、领一时风骚的现象级旅游项目。在建设国际旅游胜地实践中不断探索，将这些“现象”由点到面拓展延伸、由初级向高级提档升级，形成生态文化旅游融合发展的“桂林现象”，桂林经验成为引领国内旅游行业发展的时代标杆。

——从“西街现象”到“全域旅游”创新发展。阳朔西街是中外游客聚集的一条街，从 20 世纪 80 年代初起，这里没有景区围墙的阻拦，没有地域国籍的差异，没有文化语言的隔阂，城市与乡村、传统与现代、东方与西方在这里交融汇集，成为名副其实的“地球村”，形成集中外文化交流、乡村休闲、特色民宿、艺术体验等元素于一体的“西街现象”。以此为源，阳朔旅游传统观光游览模式向国际化、乡土化、高端化、全域化转变。阳朔成为全国旅游全域旅游标杆、全球最佳旅游目的地、“中国旅游强县”“全国休闲农业与乡村旅游示范县”“全国旅游标准化示范县”。在国际旅游胜地建设中，桂林总结“西街现象”经验，探索出一条跳出景区、创新业态、全民参与的新模式，实现“景点旅游”模式向“全域旅游”模式的转变，形成“全景旅游、全业融合、全时体验、全民共享”的全域旅游桂林经验，成为广西乃至全国全域旅游的领航者。

——从“《印象·刘三姐》现象”到山水文化相融。《印象·刘三姐》是世界首个、全球最大的“山水实景演出”，以漓江山水为舞台，以广西民族文化代表——刘三姐为创作主题，集漓江山水、人文风情、中国精英艺术家创作之大成，成为国内外山水自然景观与历史人文内涵融合发展的典范，形成引领全国旅游演艺业态发展新方向的“《印象·刘三姐》现象”。在国际旅游胜地建设中，桂林总结推广“《印象·刘三姐》现象”的经验，奏响历史文化保护“发掘整理、包装提升、保护利用”三部曲，打造了漓江风光与历史文化融合的正阳东西巷、逍遥楼，独秀峰风光与藩王文化融合的“新王城”等一批集自然景观、历史文化、休闲旅游于一体的旅游经典项目，开创了山水、文化、旅游融合发展的桂林模式，提供可复制推广的桂林经验。全国相继出现“印象西湖”“印象丽江”“禅宗少林”等实景演艺项目，掀起了文化旅游产业融合发展新潮流。

——从“地中海俱乐部现象”到旅游产业品质化、高端化、品牌化、标准化。愚自乐园地中海俱乐部桂林度假村镶嵌于漓江沿岸山水田园之间，是全球最大的旅游度假连锁集团“地中海俱乐部”在中国最早开发的度假村，打造“一价全包”的“陆地邮轮”，以“亲善大使”为特色的服务模式，形成山水自然景观成功向品质化、高端化嬗变的“地中海俱乐部现象”。在国际旅游胜地建设中，桂林以“地中海俱乐部现象”的成功经验为范本，依托世界级旅游资源、名城优势，主动对接世界顶级大公司大品牌，通过“名城 + 名企”，引进海航、腾讯、万达、华润等大企业大集团，桂林航空公司、“一键游桂林”、万达文化旅游城、华润养生谷等一批高端项目，推动了旅游业态、品质和品牌“三个提升”，国际旅游市场、理念、人才“三个对接”，把桂林“散小弱”的景区景点不断整合升级做大做强，形成了旅游产业品质化、高端化、品牌化、标准化的桂林经验，引领高端旅游发展新风向。

——从“两江四湖现象”到打造“品位休闲之都”。水是城市的灵气，是城市的血脉。桂林做活“水”的文章，畅通“两江四湖”城市水系，形成了“城在水中、水在城中、水城交融”的山水自然景观与城市旅游业态相融合的“两江四湖现象”。近年来，桂林在加快建设新城和疏解提升老城的进程中，更加注重水生态保护和水系景观打造，全长13.8公里的“两江四湖”二期和全长21公里的临桂新区环城水系相继建成通航，连通长江珠江的秦代古运河——灵渠、唐代桂柳运河及会仙湿地得到修复利用，城市血脉不断畅通，城市灵气得到滋养，形成新老城区两个“两江四湖”相呼应、长江珠江水系相贯通的大桂林水城体系，从根本上改善了桂林城市生态，“千峰环野立，一水抱城流”的山水生态名城彰显新风貌。桂林依托“两江四湖”大环城水系，沿漓江和桃花江两岸改造提升明代王城片区、福隆园、新生街、塔山等历史文化街区和棚户区，实施漓江沿岸绿道建设、洲岛整治和绿化美化亮化工程，打造芦笛桃花湾、琴潭千亩荷塘湿地、鲁家新村等特色景观区域和新农村，形成了集观光休闲、康养体验、文化娱乐、时尚购物等于一体的中心城市景观带和休闲旅游业态聚集区，桂林城市颜值和品位不断提升，“品位休闲之都”焕发新风采。充分诠释了“山、水、城”和谐共生的桂林经验。

（三）以产城互动为着力点，强可持续发展“动力源”

金山银山，还需它山。

40年来，特别是党的十八大以来，桂林立足生态、旅游、文化优势，加快推进产业融合升级，统筹城乡协调发展，推动经济快速发展，实现了历史性飞跃。地区生产总值由1978年的11.22亿元迅速跃升至2017年的

2045.18亿元，后者是前者的182.28倍；人均地区生产总值由1978年的301元攀升至2017年的40632元，后者是前者的135倍，已达到全国中等偏高收入水平。这对于一个以旅游为支柱产业的城市来说，殊为不易。

更为引人注目的是，桂林的第三产业比重翻倍上升。三次产业比重由1978年的43.4∶35.3∶21.3，调整为2017年的18.7∶38.7∶42.6，以旅游为龙头的第三产业提高了21.3个百分点，占比达到42.6%，几乎占据桂林经济的半壁江山！与此同时，第二产业比重也在稳步上涨，产业结构日趋优化。

1. 工业高质量发展，谱写重振雄风新篇章

40年来，桂林坚持可持续发展要求，严禁“两高一低”企业。党的十八大以来，突出工业创新发展、绿色发展、智能发展、集聚发展初见成效，实现了由工业化初期向工业化中期转变的历史性跨越。2017年，全部工业总产值2094.56亿元，全部工业增加值609.71亿元，分别是1978年的187倍、166倍。

——工业布局不断优化。坚持跳出漓江发展工业，在高标准建设桂林国家高新技术产业开发区基础上，规划建设桂林经济技术产业开发区和粤桂黔高铁经济带合作试验区（桂林）广西园，中心城区工业园区总规划面积由124.3平方公里增加到301.25平方公里，解决了工业发展空间不足的问题。全市园区工业总产值占全市工业总产值的64%，成为工业发展主战场。

——优势产业发展壮大。依托桂林产业基础和科教优势，重点做大做强电子信息、先进装备制造、医药及生物制品、生态食品四大优势产业，催生培育新一代信息技术、新能源、新材料、节能环保、大健康等战略性新兴产业，走“绿色智造”发展之路。电子信息、先进装备制造、医药及生物制品、生态食品四大优势产业产值占全市总量的46.7%，高新技术产业产值占全市规模以上工业总产值的8.3%。大数据、云计算、5G等产业加快引进发展。

——造就一批领军企业。打好“扶、育、引”组合拳，抓项目、强龙头、补链条、聚集群、创品牌。推进“名城＋名企”，引进华为、比亚迪、复星

集团等名企强企，发展移动通信设备、智能家居、新能源汽车、轨道交通装备、生物医药、大健康等产业；促进“名城 + 名家”，引进“国家千人计划”等高层次专家，建设海内外高端人才创业创新示范基地，发展大数据、人工智能、数字经济等产业链。

2. 乡村产业振兴，唱响新时代田园牧歌

农业强则百业兴，农民富则民心安。生态优先，绿色发展，农业增效，农民增收，桂林农业书写下了出彩的一笔，桂北农村发生了翻天覆地的变化。

——特色农业撑起农村经济之基。突出特色，科技助推，加快发展优质粮果蔬 7 大种养业，204 个现代特色农业示范区辐射带动乡村产业发展。桂北粮仓超级稻亩产屡创世界纪录，水果和食用菌面积、产量、产值广西第一，罗汉果、砂糖橘、金橘、月柿等特色产品产量全国第一，品牌享誉周边国家（地区）。农业产业链在延伸，荔浦县成为世界最大的木衣架产地，罗汉果衍生出饮品、生物制品大产业。2017 年，全市实现农林牧渔总产值 609.44 亿元、第一产业增加值 381.83 亿元，分别是 1978 年的 88 倍、78 倍，两项综合指标年均增幅均位列广西前茅。

——生态循环农业成为典范。依托生态优势，龙胜各族自治县、资源县等贫困山区县正在成为生态有机食品、富硒农业县。恭城瑶族自治县是一个典型的少数民族山区县，40 年来始终坚持生态立县，以沼气建设为突破口，带动种养业发展，提高农民收入，改善农村人居环境，形成了“养殖 + 沼气 + 种植”三位一体生态农业“恭城模式”。2002 年，“恭城模式”被国家农业部认定为我国农业十大典型生态农业模式，并被联合国评为“发展中国家农村生态经济发展的典范”。目前，此模式正向全国，尤其是在我国南方地区快速推广。

——休闲观光农业打开农民致富路。近年来，桂林休闲农业与乡村旅游持续快速发展，田园变公园、农家变旅馆、农民变老板。阳朔县等 7 个县获得全国休闲农业与乡村旅游示范县称号，占广西的一半。2017 年，桂林乡

村旅游突破3000万人次，收入达300亿元，成为名副其实的扶贫产业、富民产业。以龙胜各族自治县平安壮寨为例，通过开发生态梯田观光游，年接待游客达280万人次，景区内群众每年直接分红超过1000万元，人均收入超过1.5万元，富了一方百姓，也促进了民族团结。

桂林农业基础地位更加巩固，农民收入水平明显提高。2015年至2017年，贫困村由499个减少到290个，贫困人口由28.4万减少到15.5万，贫困发生率由6.96%下降到4.1%。2017年，农村居民人均可支配收入13345元，增幅高于全国全区平均水平，与城镇居民人均可支配收入之比由1978年的1∶3.87调整为1∶2.44，农民生活更殷实、幸福感获得感增强。

3. 兴旺第三产业，注入经济发展新动能

2017年，桂林市以旅游为龙头的第三产业增加值为871.41亿元，对经济增长的贡献率达85%，成为桂林经济增长的主导力量。

——现代化综合交通枢纽演绎合纵连横。经济发展，交通先行，桂林以构建外联内通立体交通体系为切入点，打造发展“快车道”。桂林航空市场迅猛发展，国际旅游枢纽航空港初现雏形。2017年，桂林两江国际机场年吞吐量786.2万人次，飞行航线112条，通航城市76个，到2025年旅客吞吐量将达1200万人次。湘桂、贵广高铁相继建成运营，“一市两高铁”格局形成，桂林动车所建成投入使用，动车可达全国18个省（区、市），形成了联通桂粤湘黔4省（区）省会城市的3小时“高铁交通圈”，区域性高铁交通枢纽基本建成。建设高速公路8条，基本形成“两环、六射、四联”的高速公路框架。桂林交通进入高速发展、立体推进、全面升级新时代，区域性综合交通枢纽地位基本确立。

——服务业全面提档升级。大力发展电子商务，全市有电商企业3000多家，交易总额达518亿元，桂林电商谷获批“国家电子商务示范基地”，荔浦县、灌阳县、龙胜各族自治县、全州县、恭城瑶族自治县、资源县等6个县先后获批“国家电子商务进农村综合示范县”，数量居广西之首。支持地方金融企业改革发展，桂林银行2018年跻身全球银行500强，排名国内

银行第 69 位。推进政府投融资平台公司实现市场化转型，13 家市级投融资公司和 22 家相关国有企业改革重组为 8 家，与多家商业银行合作设立城市建设基金，极大促进了桂林国际旅游胜地建设。作为广西高等教育集聚区，桂林现有各类高校 13 所，在校学生 23.06 万人，产学研融合成为发展又一强劲推力。

4. 统筹城乡发展，桂林大家园面貌发生深刻变化

根据山水城市特点和地域传统文化特色，桂林坚持中心城市带动、县镇村联动、各种要素互动，建设"城乡一体、生态美丽、文化多元、富裕和谐"大家园，城市骨架在拉开，血脉在畅通，颜值在提升。

——中心城市品质全面提升。实施"保护漓江，发展临桂，再造一个新桂林"战略，推动城市向西发展。临桂新区建设初具规模，一座现代化生态宜居新城正在崛起。老城疏解提升取得显著成效，漓江两岸生态环境和城市品位发生历史性变化。实施"北通南畅、东拓西联"工程，投资近 50 亿元改扩建 58 公里桂阳公路，配套建设绿道系统，引进万达文化旅游城等产业项目，打造一条生态景观大道、旅游黄金通道、产业富民大道；建成城北快速立体交通枢纽网络、一批东西向道路桥梁，打破北向西向"出入一条路"旧格局，形成新老城区顺畅连接、外联内通的城市交通体系。

——新型城镇化示范镇建设成果丰硕。2013 年以来，桂林分四批建设示范乡镇 60 个，接近全市乡镇的 1/2，累计实施新型城镇化重大项目 1000 多项，总投资超 2000 亿元，是桂林地市合并以来城镇化发展最快最全面的时期，目前桂林已获广西百镇示范工程 23 个，数量居广西首位。

——美丽乡村建设成效显著。2013 年以来，桂林市在广西率先开展城乡环境综合整治活动。全市所有 1600 多个行政村、1.7 万多个村屯实现卫生保洁、垃圾处理、农村改厨改厕改圈、村屯绿化、道路硬化、饮水净化全覆盖。2015 年第二次全国改善农村人居环境工作会议在桂林召开，"桂林经验"在全国推广。2017 年，桂林市在全国农村精神文明建设工作经验交流会上作典型发言，向全国介绍桂林经验。

二、保护生态环境就是保护生产力，改善生态环境就是发展生产力

（一）新发展理念是实现可持续发展的根本遵循

桂林发展始终以习近平新时代中国特色社会主义思想为指引，始终践行着新发展理念。桂林市情和发展实际与新发展理念高度契合，新发展理念在桂林大地的生动实践，体现了可持续发展的必然逻辑。绿色是桂林发展的基础，坚守绿色发展必须在各领域实现创新，必须协调区域、城乡、经济和社会各方面的关系，必须在产业和社会发展中实施开放战略，绿色发展的成果必须全社会共享。桂林自觉将发展纳入国家发展战略，坚守新发展理念，走出了一条经济与生态共发展、人与自然相和谐、自然与社会同进步的发展道路，为西部同类地区破解发展难题、厚植可持续发展优势提供了鲜活的现实样本，佐证了新发展理念的极端重要性和正确性，证明只有以新发展理念为根本遵循，才能够在新时代有新作为新气象。

（二）坚持保护与发展相统一是桂林永恒的主题

桂林曾经有过辉煌的工业发展历史，有过自然生态一度遭到损害的痛苦，也有过处理发展与保护两难矛盾的迷茫。40 年来，桂林市历届党委和政府站在历史和未来的坐标上算大账、长远账、整体账、综合账，在探索和实践中，始终坚持以漓江为重点的生态保护和经济发展相统一，始终坚守生态保护和经济发展的底线红线，始终保持清醒头脑，一茬接着一茬干。桂林广大干部群众深刻认识到，坚持保护与发展相统一，就能和谐发展；一旦保护与发展相对立，就会陷入发展困境，坚持保护与发展相统一是可持续发展的关键，是桂林发展的永恒主题。如今，桂林这片山清水秀的大好河山在不断惠及世界人民的同时，也持续转换成重要的战略资本。

（三）项目建设和品牌引领是可持续发展的金钥匙

桂林将重大项目作为发展先进生产力的载体和落实发展战略的抓手。在建设桂林国际旅游胜地、国家可持续发展议程创新示范城市、重振桂林工业雄风、智能化（信息化）建设、实施乡村振兴战略等方面部署了一大批项目，持续掀起项目建设高潮，有力促进了全市经济发展、环境保护和民生改善，检验了各级党委、政府和建设者的智慧担当，锤炼了各级干部的工作作风和实干精神。品牌蕴含着桂林的精神气质和品格内涵，是桂林文化的直观体现。40 年来，桂林市持续实施品牌带动战略，通过品牌创建带动一大片，通过品牌推广辐射一大片，以漓江为代表的自然生态品牌、以精品线路为代表的桂林旅游产品品牌、以《印象・刘三姐》为代表的文旅融合发展品牌，以龙脊梯田为代表的乡村旅游品牌，以阳朔为代表的全域旅游品牌，以特色农产品为代表的农业品牌、以“三金”“漓泉”为代表的“桂林制造品牌”、以景区标准化为代表的“桂林服务品牌”，等等，汇聚成了“桂林”这个金字品牌，成为引领桂林可持续发展的“金钥匙”。

（四）改革创新是可持续发展的不竭动力

桂林人民清醒地认识到，抓改革就是抓发展，谋创新就是谋未来。党的十八大以来，桂林以壮士断腕的勇气和敢啃硬骨头的锐气，勇当多项中央改革部署的“试验田”，敢做中国旅游改革的“先行者”，按照“绿色是底色、融合是途径、文化是特色”的原则，谋划了一系列改革创新，不断探索符合桂林特色的绿色发展和高质量发展之路。通过产业选择，逐步形成了桂林独特的产业体系；通过体制机制改革，逐步建立起适应绿色发展道路的制度安排；通过集聚创新资源，逐步实现发展动力的转换。改革思维和创新思维已成为桂林这座城市发展的持久价值追求，成为推动桂林经济社会可持续发展的“源头活水”。

（五）惠及百姓、提升百姓的幸福感获得感是不变的追求

历届桂林市委、政府把实现人民群众的利益、提高百姓的幸福感获得感作为执政的出发点和根本追求，统筹做好生态保护、经济发展、改善民生各项工作，既保住了绿水青山，又持续大幅提升了人民生活水平，科学处理好了今天和明天、当前和长远、经济增长和产业布局的关系。党的十八大以来，桂林市在加快“两个建成”的实践中，在产业深入调整的大格局下，坚定不移保持战略定力，把准自身价值，不大动干戈破坏自然人文环境，严守红线，创新发展模式，实现了高质量飞跃发展。建设桂林国际旅游胜地的五年，成为桂林发展变化最大、发展环境最优、老百姓得实惠最多的五年，有效提升了广大人民群众的幸福指数。

三、继续创新探索可持续发展新模式

2018 年 2 月 13 日，国务院正式批复同意桂林市建设国家可持续发展议程创新示范区，这是桂林践行“绿水青山就是金山银山”发展理念的历史逻辑，也是桂林市的光荣使命。目前，桂林市正以习近平新时代中国特色社会主义思想统领国际旅游胜地和国家可持续发展议程创新示范区的建设与发展，积极践行新发展理念，自觉实践“绿水青山就是金山银山”绿色发展道路，统筹各类创新资源，集成应用生态治理、绿色高效农业生产等技术，实施自然景观资源保育、生态旅游、生态农业、文化康养等行动，统筹各类创新资源，深化体制机制改革，探索适用技术路线和系统解决方案，形成可操作、可复制、可推广的有效模式，对中西部多民族、生态脆弱地区实现可持续发展发挥示范效应，为落实 2030 年可持续发展议程提供桂林实践和经验。

（一）到2020年，基本建成国际旅游胜地，创新示范城市建设取得重要阶段成效

——基本建成国际旅游胜地。旅游业实现高质量发展，全市旅游总收入突破1000亿元，年接待游客总量突破1.4亿人次，其中接待入境旅游者300万人次，旅游总消费突破1600亿元，旅游综合服务设施建设达到国际标准，“全方位服务”的旅游服务体系和“全区域管理”的旅游综合治理体系不断完善。现代产业体系日益完善，以旅游为龙头的现代服务业加快发展，健康养生、运动休闲、电子商务等新兴服务业发展取得重要突破，第三产业增加值占地区生产总值比重达到45%；传统优势产业提档升级取得显著成效，新一代信息技术、先进装备制造、生态食品精深加工等产业加快发展；粮食、果蔬、养殖、中药材等优势特色农业发展态势良好，全市形成现代服务业、新型工业和现代农业协调融合发展的产业体系，三次产业结构调整为11：44：45。城市建设取得明显成效，新型城镇化进程加快推进，常住人口城镇化率达到52%左右。城市基础设施建设水平稳步提升，城市特色文化和形象彰显，城乡人居环境显著改善，生态环境达到国际优良水平。对外开放水平不断提升。旅游业对外开放水平不断提高，中国—东盟博览会旅游展影响力逐步提高，中国—东盟旅游人才教育培训基地建设稳步推进，与东盟国家旅游和贸易日益密切，有效融入“一带一路”、珠江—西江经济带、高铁经济带建设，一批跨区域合作平台发展取得明显成效。

——创新示范城市建设取得重要阶段成效，基本建成协调发展的绿色经济体系，山川秀美的生态环境体系，自然和谐的人居环境体系，文明健康的生态文化体系，保障有力的政策体系，经济、社会、资源、人口、环境均衡发展，生态产业形成规模并产生较好效益，可持续发展能力进一步增强，森林覆盖率达到71.30%，城市空气质量优良天数比例不低于85%，城镇生活污水集中处理率95%以上，城镇生活垃圾无害化处理率95%以上，人均GDP较2015年增长71%，城镇居民人均可支配收入较2015年增长64%，

城乡收入比控制在 2.60∶1 以内，全社会研究与试验发展（R&D）经费支出占地区生产总值的比重达到 2.2%，新增劳动力平均受教育年限超过 14 年，每万人口发明专利拥有量 8.0 件，建设国家级科技创新基地 20 个。

（二）到 2025 年，全面建成国际旅游胜地，基本建成国家可持续发展议程创新示范城市

——全面建成国际旅游胜地，成为更高水准、世界一流山水观光休闲度假旅游目的地、全国生态文明建设示范区、全国旅游创新发展先行区、国际旅游合作和文化交流的重要平台，城市文化特色突出，城镇化率达到全国平均水平，城乡生态环境达到国际优良水准。旅游总收入占地区生产总值比重超过 1/4，旅游公共服务体系和综合服务功能完备，形成一批国内一流、国际有重要影响力的旅游、养生、文化品牌，交通条件全面优化，服务业增加值比重达到 50%以上，形成以现代服务业为主体，绿色高效生态农业、高技术产业、先进制造业协调融合发展的现代产业体系，文化、教育、卫生、社会保障等社会事业全面发展。

——基本建成创新示范城市，成为我国西部地区和面向东盟国家的可持续发展示范城市。绿色经济发达，生态环境质量处于全国前列、接近欧美发达国家水平，生态文化氛围全面形成，成为生态产业发达、自然环境优美、经济与资源协调发展、人与自然和谐相处的生态文明示范区，经济社会与人口、资源、环境全面协调发展，可持续发展能力显著增强。森林覆盖率达到 71.50%，城市空气质量优良天数比例不低于 91.5%，城镇生活污水集中处理率 99%以上，城镇生活垃圾无害化处理率 97%以上。创新体系基本建成，创新驱动支撑经济社会发展的能力持续提升。全社会研究与试验发展（R&D）经费支出占地区生产总值的比重达到 2.5%以上，新增劳动力平均受教育年限超过 14.5 年，每万人口发明专利拥有量 14.0 件，国家级科技创新基地达到 25 个。

（三）到2030年，建成更高水准的国际旅游胜地，全面建成国家可持续发展议程创新示范城市，成为国内同类城市和世界同类地区可持续发展的典型样板

经济增长方式转变取得显著成效，资源合理利用率显著提高，经济实力显著增强，生态环境显著改善，生态文化繁荣，全面实现人口规模、素质与生产力发展要求相适应，经济社会发展与资源、环境承载力相适应，实现节约发展、清洁发展和安全发展，桂林成为全球可持续发展的实践范例。

——生态产业成为可持续发展支柱产业，形成完善的漓江流域景观资源保育体系，生态环境质量达到世界一流旅游城市的水平。森林覆盖率达到71.80%，城市空气质量优良天数比例不低于92.2%，城镇生活污水集中处理率达到100%，城镇生活垃圾无害化处理率达到100%。

——全面建成产业绿色发展、城乡统筹协调、生态文化相融、社会和谐幸福的全国可持续发展示范城市。人均GDP较2015年增长340%，城镇居民人均可支配收入较2015年增长280%，城乡收入比控制在2∶1以内，基本养老保险参保率达100%，基本医疗保险参保率达100%，城镇登记失业率控制在3.57%以内。

——基本建成以“景观资源可持续利用”为主题的国际先进、国内一流的创新产业集群，可为同类型地区输出技术资源和产业创新发展模式。全社会研究与试验发展（R&D）经费支出占地区生产总值的比重达到2.8%以上，每万从业人员中研发人员数75人以上，新增劳动力平均受教育年限超过15年，每万人口发明专利拥有量24.5件，国家级科技创新基地达到30个。

（2018年7月）

改革开放
与中国城市发展
GAIGEKAIFANG

海口

保护椰城之肾　实现美丽回归

——关于海口湿地保护探索与实践的调研报告

中共海南省委宣传部
中　共　海　口　市　委

习近平总书记指出："生态文明建设事关中华民族永续发展和'两个一百年'奋斗目标的实现，保护生态环境就是保护生产力，改善生态环境就是发展生产力。"海口市的湿地保护工作，是深入践行习近平新时代中国特色社会主义思想特别是生态文明思想，贯彻五大发展理念，大力推进生态文明建设，带动全市经济社会发展的具体抓手；是学习贯彻党的十九大精神，坚持以人民为中心的发展思想，为人民群众提供更多优质生态产品的实际行动；是不断深化改革开放，用科学的路径和正确的方法，着力打造的一项亮点突出、特色鲜明、成效显著的发展工程和民生工程。

湿地与森林、海洋并称为地球上的三大生态系统，在维护生态安全和生物多样性等方面发挥着不可替代的作用，有"地球之肾""淡水之源"和"生命的摇篮"等美誉。但是，随着社会经济的快速发展，人类活动干扰加剧，城镇化进程加快，湿地资源面临的威胁越来越多。我国自 1992 年加入《国际湿地公约》以来，湿地保护工作取得了长足的进展。

党的十八大以来，以习近平同志为核心的党中央把生态文明建设作为统筹推进"五位一体"总体布局和协调推进"四个全面"战略布局的重要内容，开展一系列根本性、开创性、长远性工作，提出一系列新理念新思想新战略，形成了习近平生态文明思想，推动生态环境保护发生历史性、转折性、全局性变化。作为生态文明建设的重要一环，湿地保护工作的力度前所未有，《中共中央国务院关于加快推进生态文明建设的意见》《全国湿地保护“十三五”实施规划》等一批重要文件先后出台，“强化湿地保护和恢复”还写入了党的十九大报告，为湿地保护工作强化了顶层设计、提供了根本遵循。

海南拥有全国最好的生态环境，一直坚持“生态立省”的发展战略。作为海南省的省会，海口市拥有丰富独特的湿地资源和湿地保护的优良传统，改革开放40年来，在湿地保护方面涌现出很多好的经验做法和典型事迹。特别是近年来，海口市越来越深刻地认识到，良好的生态环境是海口发展的最大本钱和核心竞争力，必须把生态文明建设放在更加突出的战略位置。全市上下以习近平生态文明思想为指导，按照中央和海南省委、省政府关于生态文明建设的部署要求，牢固树立和全面践行“绿水青山就是金山银山”的理念，“像保护眼睛一样保护生态环境，像对待生命一样对待生态环境”，打响了一场湿地保卫战。

市委强化顶层设计、坚持高位推动，成立了以市长为组长的“海口市湿地保护修复工作领导小组”；组建以中国工程院院士为主任委员、国内知名湿地专家参与的“海口市湿地保护专家委员会”；成立海南省首个湿地保护协会；设立市区两级“湿地保护管理中心”；制定并实施《关于成立海口市湿地保护修复工作领导小组的通知》《海口市湿地保护与修复工作实施方案》和《海口市湿地保护修复三年行动计划（2017—2019年）》等三个文件，得到国家林业局湿地保护管理中心充分肯定，在全国林业系统予以推广；在全国省会城市中率先编制《海口市湿地保护修复总体规划（2017—2025年）》，并首次编制了羊山湿地多用途管理区规划，填补了该保护形式的空白；入围全球首批国际湿地城市遴选认证名单……海口的湿地保护工作，站位高、制度新、措施实、力量强，提升了城市的颜值和品质，带动了全市经济社会发展，赢得中央环保督察组、联合国湿地公约组织、国家林业局、相关专家学者、市民游客等广泛点赞，实现了经济效益、社会效益、生态效益相统一。

本课题自2018年6月初立项以来，调研组深入海口市7个最具代表性的湿地实地调研，走访主管部门、建设单位、公益组织、附近村庄及企业，通过采访、举行座谈会等形式，与相关分管领导、专家学者、科技骨干和基层干部群众上百人次进行交流探讨。在此基础上形成调研报告，共分为三大部分，介绍海口湿地资源的概况与特色，梳理海口在湿地保护中的亮点与成效，分析存在的问题并提出改进建议。

调研报告初稿完成后，得到了国家湿地公园评审专家、重庆大学资源及环境科学院袁兴中教授的大力指导和斧正。课题组还制作了专题短片，以便更加直观地反映调研成果。

一、海口湿地概况

（一）海口湿地概况及资源特点

海口市地处海南岛北部，北濒琼州海峡，自古有“水城”之称。全市湿地面积29093.09公顷，有滨海湿地、河流湿地、湖泊湿地、人工湿地等4个湿地类及11个湿地型，湿地率达12.7%。

海口湿地呈“一轴、一带、两区、多点”的分布特点。“一轴”即海南岛最大河流南渡江，“一带”即滨海湿地带，“两区”即东寨港红树林湿地和羊山火山熔岩湿地，“多点”包含于海口市广泛分布的湖泊、河流、库塘等多种湿地类型。其中，东寨港国家级自然保护区是我国首批列入《国际重要湿地名录》的6个自然保护区之一，美舍河、五源河获批国家湿地公园试点，上述三处湿地也列入了海南首批《省级重要湿地名录》。

海口湿地资源具有四大特点：

1. 多种多样的红树林王国。东寨港国家级自然保护区有全国连片面积最大、种类最多（36种，占全国种类的97.2%）的红树林，被誉为“中国红树植物基因库”，在中国的海岛生态系统中具有特殊的地位。

2. 水火交融的火山熔岩湿地。13000 年前，位于海南岛北部地区的琼北火山群完成了最近一次喷发，造就了现在全国唯一的热带火山熔岩地貌，也形成了独具特色的羊山火山熔岩湿地。羊山湿地涵括淡水泉、河流、洪泛区、沼泽、湖泊、池塘、水库等湿地类型，堪称“湿地博物馆”。

3. 种类繁多的生物基因库。海口的湿地生物多样性极其丰富，拥有湿地野生维管植物 439 种，占全国的 20.31%。其中包括国家Ⅱ级重点保护植物水菜花、野生稻和海南梧桐等，海南省特有物种水角、海桑、海南特有红树植物红榄李和水椰等，其中水菜花和水角号称“中国只有海南有，海南只有羊山有”。有野生脊椎动物 514 种，占全国的 22.23%，其中有国家Ⅰ级重点保护野生动物蟒蛇，国家Ⅱ级重点保护野生动物花鳗鲡、虎纹蛙等 25 种。

4. 人文底蕴丰厚的湿地文化遗产。在红树林种植区域，自古从官方至民间，都有公文、碑帖等形式的规定或约定，来约束村民行为，保护红树林，是海口人民的文化传统。如清朝光绪年间官府保护红树林的告示；三江镇发现的官府立于 1845 年禁令保护红树林的石碑。羊山地区湿地系统，是一个典型的热带滨海区域火山熔岩地区的自然—文化遗产综合体，有 1200 年历史号称海南“都江堰”的塘陂—水坝—自流灌渠系统。

目前，海口市湿地保护体系由自然保护区、湿地公园、湿地保护小区、饮用水水源保护区等湿地保护形式构成，湿地保护面积 16155.67 公顷，湿地保护率为 55.53%。2017 年，海口市入围全球首批国际湿地城市遴选认证名单。

（二）重点湿地概况及主要特点

1. 海南东寨港国家级自然保护区

主要特点：首批列入《国际重要湿地名录》；红树植物种类占全国 97%，被称为“中国红树植物基因库”。

海南东寨港国家级自然保护区位于海南省东北部，1980 年由广东省人民政府批建，总面积 3337.60 公顷，是典型的湿地类型自然保护区，1992 年被列入首批《国际重要湿地名录》。2006年，被国家林业局评定为全国示范保护区。2017年，在辽宁省盘锦市召开的2017年沿海湿地保护网络年会上，《中国沿海湿地保护绿皮书（2017）》发布，东寨港在全国35个沿海湿地保护区中健康指数排名第一，是唯一上80分的沿海湿地保护区。

该保护区是我国红树林自然保护区中连片面积最大、树种最多、林分保育最好、生物多样性最丰富的自然保护区，有红树植物19科36种，占全国红树植物品种的97%，被称为"中国红树植物基因库"。保护区共有鸟类记录214种，其中包括黑嘴鸥、黑脸琵鹭和黄嘴白鹭3种国际濒危鸟类，软体动物115种、鱼类160种、虾蟹等甲壳类动物70多种。该保护区与国内科研院校建立长期合作研究机制，为中国红树林的药用、育苗和造林重建技术、生物多样性、进化基因组学等领域提供良好的研究基地。其中，与中国林业科学研究院热带林业研究所共同开展的"红树林快速恢复与重建技术研究"于2015年荣获广东省科技一等奖；"红树林主要树种造林和经营技术研究"课题获中国林业科学研究科技二等奖。

2. 美舍河国家湿地公园

主要特点：八级净水梯田人工湿地，日处理5000吨生活污水；国内首次在城市内河成功种植红树林。

美舍河纵贯海口南北，全长23.8公里，流域面积50.16平方公里，是海南最大河流南渡江的重要支流，被称为海口的"母亲河"。

2016年年底，海口市全面启动美舍河综合治理工程，综合考虑山水林田湖草等生态要素，摒弃过去人工化、"三面光"的河道硬化渠化治理方式，采用"控源截污—内源治理—生态修复"的治理路径。特别是在美舍河流域凤翔段3.5万平方米的建筑垃圾堆弃场之上，利用原地形落差建设成了八级净水梯田人工湿地，约1.4万平方米，是全国最大的用于处理生活污水的人工湿地。该湿地融合了10余项中国科学院水处理专利技术，通过填料过滤、植物根系吸收、微生物代谢等生态作用，每天可处理5000吨生活污水。此外，还在河道中种植红树林，成为我国在城市内河成功种植红树林首例。2017

年8月，美舍河获批国家级水利风景区，同年年底获国家林业局批准开展国家湿地公园试点工作。2018年6月，生态环境部、住房和城乡建设部公布了城市黑臭水体整治第一批专项督查情况，美舍河荣登治理良好“光荣榜”。

美舍河国家湿地公园由玉龙泉、羊山水库、沙坡水库、美舍河及沿河道部分公共绿地组成。规划区内，共有野生维管束植物99科243属301种，其中水菜花、水蕨、普通野生稻为国家Ⅱ级保护植物；共有野生脊椎动物24目57科137种，其中红原鸡、褐翅鸦鹃等为国家Ⅱ级重点保护野生动物。位于美舍河凤翔段的“美舍河凤翔湿地公园”和沙坡段的“沙坡水库郊野湿地公园”是正在着力建设的两个重要部分。其中美舍河凤翔湿地公园占地面积75.9公顷，于2017年2月开工，计划2019年2月完工；沙坡郊野湿地公园占地总面积362公顷，于2017年10月开工，计划2018年年底完工。

3. 五源河国家湿地公园

主要特点：在“寸土寸金”的城区，将“三面光”水利工程生态化；秉承“生命之源、生态之源、文化之源、智慧之源、活力之源”的新五源理念，打造中国最具生命力的都市生命景观河流。

五源河发源于海口市南部羊山地区，原设计是按硬渠化水利工程建设，易对江河、湖泊以及附近地区的生态环境、自然景观、区域气候造成不利影响。2017年，海口市将水利工程生态化，于2月开工建设五源河湿地公园，将水利工程生态化，避免了河道取直、河岸硬化、“三面光”工程等现象，通过连通五源河自然水系，恢复河道湿地的自然形态、增加河道岸线长度宽度、补种乡土植物使得岸坡自然化，为水体净化、水质改善、鸟类等生物的栖息创造有利条件，更好地保护湿地生物多样性。

2017年12月，五源河获国家林业局批准开展国家湿地公园试点工作。公园规划总面积1300.58公顷，规划建设为河源、上游、中游、下游、河口等五大景观段和河源保育区、湿地公园展示区、上游河道修复区、自然河流区、田园湿地区、都市生命景观区、荒野河流景观区及海洋与河流交汇区等八大景观区，公园规划区内共有野生维管束植物96科318属427种，其中水蕨为国家Ⅱ级保护植物；共有野生脊椎动物 25 目 66 科 154 种，其中包括褐翅鸦鹃等国家Ⅱ级重点保护野生动物 10 种。目前，该公园（一期）下游景观段（2.8 公里）已经完工，今年内将完成一期剩余 9.2 公里的建设任务。

4. 潭丰洋省级湿地公园

主要特点：将传统的土地整治工程调整为“生态土地平整 + 湿地公园建设”。

潭丰洋湿地位于海口市龙华区南部新坡镇及龙泉镇，是海口较有代表性的一片田洋。潭丰洋省级湿地公园总面积约 670 公顷，分布有野生维管束植物 90 科 278 属 335 种，其中国家Ⅱ级重点保护野生植物 3 种；分布有野生脊椎动物 25 目 65 科 88 属 101 种，其中国家Ⅰ级保护动物 1 种、国家Ⅱ级保护动物 6 种。

2013 年，潭丰洋湿地片区被列入海口市南渡江流域土地整治重大工程的范围，整治工程包括客土回填、道路硬化、水利硬化改造等，将会填埋原有的田洋而使湿地消失，结果未得到本地居民的普遍支持，一直没有动工推进。2016 年 12 月，海口市叫停了原有的土整项目，换之以“生态土地平整 + 湿地公园建设”，并于 2017 年编制了《海南海口潭丰洋省级湿地公园总体规划（2017—2021）》和《海口潭丰洋湿地保护利用与土地整治生态化协同共生规划设计方案》，计划将此处打造成为湿地保护利用与土地整治生态化协同共生示范基地、热带火山熔岩湿地生态经济试验示范区、热带田洋湿地农业示范基地，不仅保护了近万亩的湿地资源，更进行了合理利用。

目前，该湿地公园正在进行前期准备和建设运营方的招投标工作。

5. 三十六曲溪省级湿地公园

主要特点：三十六曲溪河道曲折蜿蜒，被誉为海南省最美乡村河流，将打造成为全省乃至全国最美的乡村河流湿地。

三十六曲溪是一条典型的乡村河流，河流湿地结构十分丰富，因河道曲折蜿蜒而得名，是南渡江支流中唯一全年保持Ⅲ类以上水质的河流。三十六曲溪省级湿地公园建设，将打造成为全省乃至全国最美的乡村河流湿地。公园核心区域位于海口市琼山区云龙镇，规划总面积 316.70 公顷，分布有野生维管束植物 90 科 242 属 309 种，其中国家Ⅱ级保护植物 1 种；湿地公园内分布有野生脊椎动物 23 目 66 科 153 种，其中国家Ⅱ级重点保护野生动物 13 种。

2018 年 7 月 2 日，该公园的修建性详细规划通过专家评审。拟建的公园将结合乡村振兴战略，合理利用、充分挖掘片区湿地资源，转变传统单一的生产方式，种植如茭白、水芹等高产值、高营养价值的湿地经济作物，形成特色湿地产业，打造生态旅游胜地，进一步推动产业转型，带动周边乡村发展。公园计划于 2018 年 8 月开展示范段施工，2019 年年底完工。

6. 新旧沟乡村湿地公园

主要特点：独具特色的古水利工程，湿地传统文化遗产丰富；发挥生态本底与人文优势，打造实施乡村振兴战略的民生示范工程。

新旧沟位于海口市龙华区龙泉镇，由“旧沟”和“新沟”构成，是始建于唐代并沿用至今的沟渠型水利工程，既解决了引水灌溉问题又改善了交通，被誉为海南千年“都江堰”。新旧沟乡村湿地公园总规划面积 1638 公顷，该区域保护的重点对象是羊山火山熔岩湿地自然—文化遗产综合体、羊山湿地的水文与水环境以及羊山湿地生物多样性。规划区内，具有植物资源 108 科 299 属 461 种，其中包括国家Ⅱ级重点保护野生植物 3 种、珍稀种质资源植物 1 种；脊椎动物 64 科 124 属 146 种，蝶类资源 4 科 93 属 120 种，其中包括国家Ⅱ级重点保护野生动物 6 种。

此外，该公园范围内旅游资源单体数量较多，旅游资源品级较高，新旧沟古水利工程（海南“都江堰”）、蛇桥、田洋景观、湿地田园、岛状林泽景观、自然蜿蜒河流景观等资源品质优异，景观价值较高且独具特色，保存较好。寺庙、祠堂、古井、古村门、古墓等历史文化资源丰富。资源的多样性和高品质性为满足游客观光、休闲、体验等多方位旅游需求提供了资源基础。

目前，《海口市新旧沟乡村湿地公园修建性详规划》已经通过专家评审，计划充分发挥当地特色资源优势，将新旧沟湿地公园打造成美丽宜居村庄的生态资本、人与自然和谐共生的示范样板、实施乡村振兴战略的民生工程、实现人民美好生活的根本保障。该湿地公园即将进入建设的前期准备。

7. 昌旺溪湿地保护小区

主要特点：海口市水菜花分布面积最广、连片面积最大，呈现出“花河”美景；被誉为“羊山水生植物种质基因库”和“最美花河”，具有很高的科研和保育价值。

昌旺溪属南渡江支流，位于潭丰洋湿地上游，河长35.5公里，流域面积121.6平方公里，水源补给主要来自大气降雨，水量充足，长年水质状况良好。上游、中游地势平缓，周边多为耕地和林地，呈现出河流与草本沼泽交替变化的景观，国家Ⅱ级重点保护植物水菜花、水蕨、野生稻等保护植物数量多、分布广，具有较高的科研和保育价值，有“羊山水生植物种质基因库”和“最美花河”的美誉。

目前，在昌旺溪流域规划建设水生植物保护小区，属于海口拟建的45个湿地保护小区之一，目的是维持河道的基本流量及变化频率等，保障水菜花、水蕨对水位的要求，同时控制昌旺溪两岸农田面源污染的威胁，保护河道与农田之间的植被缓冲带，对受到破坏的河岸带进行修复。

二、海口湿地保护的实践及成效

海口的湿地保护工作，是一个以习近平生态文明思想为指导，革新思想观念，用科学的路径和正确的方法重现水清岸绿的过程；是一个强化顶层设计，不断建立和完善长效机制的过程；是一个坚持“以人民为中心”的发展思想，为市民游客不断提供优质生态产品的过程；是一个充分调动人民群众的主动性和积极性，营造社会合力、共建共治共享的过程。海口通过湿地保护和修复，提升了城市的颜值和品质，促进了全市经济社会发展，构筑了百姓的美好家园，成为海南自由贸易试验区、国家生态文明试验区建设过程中的一大亮点。

（一）革新思想观念，用科学的路径换来水清岸绿景美

习近平总书记指出：“山水林田湖草是生命共同体，要统筹兼顾、整体施策、多措并举，全方位、全地域、全过程开展生态文明建设。”在海口，以美舍河治理为示范的湿地保护和修复工作，正是坚持了“统筹山水林田湖草系统治理”，因而取得了明显成效。

1. 改变水体治理路径，美舍河实现美丽回归

小船在河水中飘荡、河道中群鱼畅游……对很多老海口人来说，这条“能戏水、能玩耍”的城市内河——美舍河，承载了他们太多的乡愁记忆。作为海南最大河流南渡江的重要支流，美舍河纵贯海口南北，全长 23.8 公里，流域面积 50.16 平方公里，被誉为海口的“母亲河”。

改革开放以来，随着城镇化进程加快，海口的城市面貌发生了巨变，生态环境问题也日益凸显。从 20 世纪 90 年代开始，高强度的开发建设，让美舍河自净能力不断减弱，雨污分流不彻底、污水截留不充分、内源污染突出，致使污染逐步侵袭了河道。长年来，海口市对美舍河的治理一直在进行，水务、环保等相关部门也曾不止一次谋划过解决办法，尝试过不同的治理方式，主要通过末端截污、硬化河道和清淤等传统模式，不断治理、不断反复，污染总是难以除根，水质没有得到根本改变。

这种局面一直持续到 2016 年年底海口全面打响“湿地保卫战”。作为首要攻坚目标，美舍河迎来了新的整治。听说政府又要治理美舍河了，周边百姓多抱以观望甚至怀疑态度：“嚷嚷了十几年的美舍河整治没什么改观，这次能管用吗?”特别是在美舍河治理之初，不少党员干部看到美舍河畔坚实的混凝土堤岸被拆掉，很多人在岸上忙忙碌碌，河道里种植了不少水草，心里也犯起了嘀咕：“好好的堤岸，为什么要拆掉?”“不清理淤泥，种水草有啥用?”

原来，这次治水使用的不再是过去人工化、“三面光”的河道硬化渠化治理方式，而是综合考虑了山水林田湖草等生态要素，采用了“控源截污—

内源治理—生态修复”的治理路径：岸上忙碌的人是在排查排污口；河道种草是为了修复水生生态系统，提升河水的自净能力，确保治理效果可持续；拆除原先的混凝土岸线，是为了重新补种本土树种和红树林，打造生态河岸提升整个生态系统的功能。可是，这些新理念、新知识，很多干部群众不了解、不清楚、不掌握。

海口市委意识到，思想是行动的先导，海口的湿地保护修复工作，离不开思想认识的提升和生态理念的强化。为此，海口市在市委全会、市委常委会会议、全市生态文明建设和生态环境六大专项整治暨社会文明大行动工作会议等重要会议上多次强调，全市党员干部都要牢记“绿水青山就是金山银山”“山水林田湖草是生命共同体”“望得见山，看得见水，记得住乡愁”三句话，用以指导实践、推动工作。这三句话，是对习近平生态文明思想的高度凝练，也是海口市委加强湿地保护工作的基本遵循。为了更好地帮助大家更新观念，海口先后邀请了北京大学建筑与景观设计学院院长俞孔坚，国家森林防火指挥部专职副总指挥、中国湿地保护协会常务副会长兼秘书长马广仁，国家湿地科学技术专家委员会委员、北京林业大学自然保护区学院副院长张明祥等一批国内权威专家学者来海口，为全市副处级以上领导干部作专题讲座，同时加强生态环保的科普宣传。经过不断地推动、培训、宣教，湿地保护的新理念、新方法、新路径，逐渐被全市广大干部群众理解和接受，并转化为自觉行动。

事实证明了新理念的正确性。美舍河治理仅用了不到一年时间，河水渐清、岸线渐绿，鸟飞鱼跃的美丽场景重新回归。特别是美舍河凤翔段蝶变成湿地公园，优化了区域环境，为市民游客打造了休闲和观景宝地。如今的美舍河凤翔湿地公园，日接待游客量 400—600 人，周末或节假日的日游客接待量可达 1500—4000 人，健身活动、文艺演出、摄影展览、科普参观等活动经常在园区开展。美舍河治理的成效，不仅赢得市民的良好口碑，还赢得各界的广泛点赞。2017 年 8 月，美舍河获批国家级水利风景区，同年年底获国家林业局批准开展国家湿地公园试点工作，2018 年 6 月又荣登由生态环境部、住房和城乡建设部联合开展的城市黑臭水体整治第一批专项督查“光荣榜”。

全新的理念、科学的路径、正确的方法，不仅带来了美舍河的蝶变，也为海口其他湿地的保护和修复工作提供了经验和示范，让这些湿地换新颜。

2. 十年三改规划方案，沙坡水库片区打造生态郊野湿地公园

2009 年，海口计划保护周边森林资源，在沙坡水库片区建设森林公园，工作的重点是周边环境整治，因与森林公园的建设要求相距甚远，工程一直推进缓慢。2013 年，出于对生态系统整体性保护的考量，海口市将规划方案调整为“沙坡白水塘公园”，将保护和修复的范围从之前的树木扩大到了整个湿地生态系统。2016 年年底，《海南海口美舍河国家湿地公园总体规划》出炉，再次对上游的沙坡水库区域的规划进行了重新调整，定位为“以植物造景为核心特色，融入海绵城市的建设理念”的生态郊野湿地公园。2017 年 9 月，公园正式开工，这个新规划也得到了附近居民的大力支持，虽然目前工程进度仅 40%，但对环境提升的效果已经显现。

3. 从单一防洪到综合治理转变，五源河成为国家湿地公园

五源河原计划是按照硬化渠化水利工程进行建设，河道取直、河岸硬化、“三面光”工程虽提高河水流量、流向和水位的可控性，但破坏了整个河流生态系统平衡，不仅让原有的动植物“无家可归”，也影响了河流本身的自净能力。2017 年，海口市把水利工程、湿地保护和海绵城市的理念结合开展生态治水，恢复五源河河道自然形态、改善水岸生态环境，完善市民休闲空间，升级打造了一个国家湿地公园，在继续发挥水利工程作用的同时，维护了五源河湿地生态系统的稳定性和生物多样性，结合流域实际情况开展的湿地观赏、体验等生态旅游项目也带动了区域经济发展。2018 年 7 月，海南省水务厅印发《关于转送海口市五源河中小河流治理做法的函》，将五源河“生态水利工程 + 湿地公园”作为先进经验和典型向全省推广。

4. 及时叫停土地平整，潭丰洋片区成省级湿地公园

潭丰洋片区在 2013 年时被列入南渡江流域土地整治重大工程的范围，

整治工程包括客土回填、道路硬化、水利硬化改造等。客土回填，即填掉洼地，重新从别处引来土壤覆土，会导致原有的湿地田洋消失；水利硬化改造则会改变河水流向，鱼类、鸟类生存环境都会受影响。项目未得到本地居民的普遍支持，一直没有动工推进。2016 年 12 月，海口市抓住海南省域“多规合一”改革的契机，请来专家团队对湿地进行全面摸底调查，征求群众意见后，叫停了原有的土地平整项目，换之以“生态土地平整 + 湿地公园”建设。2017 年，海口市组织专家团队编制了《海南海口潭丰洋省级湿地公园总体规划（2017—2021）》和《海口潭丰洋湿地保护利用与土地整治生态化协同共生规划设计方案》，不仅得到国土资源部的高度认可，更获得了周边群众的支持。

（二）强化顶层设计，海口湿地保护的做法获全国推广

习近平总书记要求：“用最严格制度最严密法治保护生态环境，加快制度创新，强化制度执行，让制度成为刚性的约束和不可触碰的高压线。”湿地保护工作的有力推进，离不开坚实的制度保障。为此，海口市委不断建立健全湿地保护长效机制。

1. 坚持高位推进，创新体制机制

早在 1999 年，东寨港自然保护区就制定了《海南东寨港国家级自然保护区管理计划（2000—2004 年）》，详细描述了保护区的基本情况与现状，并提出了保护区的管理方案和行动计划。2013 年，海口市完成《海口市环境总体规划大纲（2013—2030 年）》和《海南东寨港国家级自然保护区总体规划》。2014 年 3 月，海口市人大常委会出台了《关于加强东寨港红树林湿地保护管理的决定》，将红树林湿地总体保护和控制范围由 5 万多亩增加至 12 万多亩，建立巡护检查制度，严厉打击保护区内非法猎捕、捕捞、毁林占地等行为。

2016 年年底，海口市成立以市长为组长的“海口市湿地保护修复工作领导小组”，指定市政府常务副市长作为全市湿地保护修复的总协调，明确了

每个湿地保护修复项目由一名市领导牵头，按照既定的时间节点推动工作；成立了"海口市湿地保护专家委员会"作技术支撑，建立了以海口市湿地保护管理局（正处级）、海南东寨港国家级自然保护区管理局（正处级）、海口市湿地保护管理中心（副处级）、四个区级湿地保护管理中心（副科级）为基本构成的湿地保护管理体系，并配备了湿地保护专职人员。此外，制定并实施了《海口市人民政府湿地保护修复制度工作实施方案》《海口市人民政府办公厅关于成立海口市湿地保护修复工作领导小组的通知》《海口市湿地保护修复三年行动计划（2017—2019年）》三个文件。2017年3月，国家林业局湿地保护管理中心将上述三个文件向全国林业系统印发，为各地落实湿地保护修复制度方案提供学习借鉴，海口湿地保护和修复的做法获全国推广。

2017年10月，海口市成为全国首批"湾长制"试点，并率先将"河长制"与"湾长制"结合，实现"河湾同治"。同年12月，海口印发《海口市全面推行河长制工作方案》，同步配套《河长制会议制度》《河长制工作信息共享制度》《河长制工作督察制度》等相关文件，建立了由市委书记担任第一总河长，市长担任总河长，市四套班子领导分别担任23个市管主要水体市级河长，覆盖373个水体的市、区、镇(街)、村(居）四级河长组织体系，共设立四级河长1420名。目前，河长制巡河工作已实现常态化。

2016年年底，海口市委托国家湿地保护与修复技术中心编制了《海口市湿地保护修复总体规划（2017—2025年)》，将全市湿地生态功能区划分4个一级功能区和12个二级功能亚区，并首次提出了羊山湿地多用途管理区规划，填补了多用途管理区这一保护形式的空白。同时明确了在规划期内建设东寨港湿地自然保护区、海口湾国家级海洋公园和北港岛国家级海洋公园，打造4个国家湿地公园和3个省级湿地公园以及45个湿地保护小区、羊山湿地多用途管理区等，将全市近3万公顷湿地纳入保护范围，明确了2020年和2025年的湿地保护目标。

2018年6月，海南省首个湿地保护协会——海口市湿地保护协会成立。

该协会将为海口打造独具特色的国际湿地城市，进一步夯实生态立市之本，推动海南国家生态文明试验区建设起到积极作用。

2. 强化立法工作，加大保障力度

海口市人大常委会充分履行立法职能，将湿地保护纳入法治化轨道。2014 年 3 月，海口市第十五届人大常委会第二十次会议通过了《关于加强东寨港红树林湿地保护管理的决定》；2017 年 6 月，海口市第十六届人大常委会第六次会议通过了《海口市人民代表大会常务委员会关于加强湿地保护管理的决定》；2017 年 9 月 1 日，海口市第十六届人大常委会第七次会议通过了《海口市美舍河保护管理规定》，并于 2018 年 1 月 1 日起施行；海口市正在编写《海口市湿地保护若干规定》，目前已经市政府常务会议审议通过并报市人大审议，预计 2018 年 8 月颁布实施。

此外，《海口市总体规划（空间类 2015—2030）》《海口市国民经济和社会发展第十三个五年规划纲要》《海口市城市总体规划（2011—2020）》《海口市生态环境保护“十三五”规划》《海口市土地利用总体规划（2006—2020 年）》等多个重要发展规划中，也高度重视湿地保护工作，有专门的段落明确湿地保护修复和合理利用的措施和要求。

2018 年 2 月，联合国湿地公约组织秘书长玛莎·罗杰斯·乌瑞格来海口考察时表示，海口湿地保护与修复的实践，对全球其他创建国际湿地城市的城市发挥了引领作用，海口首要的工作经验在于政府的高度重视，而且工作非常有前瞻性，思路清晰，最关键的是，海口这些年持续在做这项工作，政府和相关单位的执行力非常强。

（三）以人民为中心，为市民游客提供优质的生态产品

习近平总书记指出：“良好生态环境是最普惠的民生福祉，坚持生态惠民、生态利民、生态为民，重点解决损害群众健康的突出环境问题，不断满足人民日益增长的优美生态环境需要。”如何让百姓在湿地保护中充分享受到生态红利，是海口市湿地保护工作的出发点和落脚点。为此，海口市坚持

在保护的前提下对湿地进行合理利用，各类生态产品给百姓带来的福祉越来越多。

1. 一批湿地公园相继落成

湿地利用最直接的成效是一批湿地公园的落成。美舍河凤翔湿地公园、五源河湿地公园、东西湖三角池公园……市民游客增添了很多休闲娱乐的好去处。根据《海口市湿地保护修复总体规划（2017—2025年）》，海口正在着力建设1个湿地自然保护区、4个国家级湿地公园、2个省级湿地公园以及45处湿地保护小区，将使保护面积达6369公顷，占陆域湿地面积的64.38%。随着城市内河湖水体综合治理工作的逐步深入推进，水清岸绿的美景正在回归。

2. 将生活污水生态化处理

用湿地处理生活污水，是近年来出现的一项新科技。在美舍河凤翔湿地公园，西南部有一处占地1.4万平方米的八级净水梯田人工湿地。该人工湿地融合了10余项中国科学院水处理专利技术，是全国最大的用于处理生活污水的人工湿地。八级湿地每级80厘米，每层种植了不同的具有净化功能的植物。公园周边小区的生活污水被收集至此，通过泵站提升至梯田湿地顶端，经过预处理后顺着梯田湿地一层层向下净化，通过填料的过滤、植物根系的吸收、微生物的代谢作用后，排出的水可达污水处理二级标准以上。目前该人工湿地可日处理5000吨的生活污水，远期日处理量可达1万吨。

3. 充分发挥科普科研价值

依托湿地搭建科普平台、从事科学研究，也是海口湿地利用的重要方式。

位于东寨港国家级自然保护区的红树林博物馆，于2011年起正式投入使用，截至2017年，参观人数达7万余人次，累计举办宣教活动50余次。该保护区还经常利用“世界环保日”“世界湿地日”“爱鸟周”等节日同学校、志愿服务团队、社会各界联合开展各类科普活动。全国青少年科技教育基地、海南省环境教育基地、海南省中小学环境教育社会实践基地……保护区“身兼数职”，持续发挥着作用。在科学研究方面，保护区与国内外多家科研院校建立长期合作关系，在生物、地理、医学、法学、社会学等多个学科领域开展了一系列研究工作，尤其对中国红树林的药用、育苗和造林重建技术、生物多样性、进化基因组学等领域贡献显著。近年来，相关科研成果在全国核心期刊发表130余篇学术论文，多项课题获奖。此外，保护区与国际组织保持着良好的合作关系。先后参加多个国际合作项目，中德合作项目、中澳合作项目、中美绿色合作组织研究与交流、全球环境自然基金加强生物多样性保护等项目先后落户保护区，并开展了一系列卓有成效的工作。

作为东寨港红树林湿地的一部分，三江红树林科普馆正在规划建设中，预计2020年投入使用；五源河国家湿地公园的多个小微湿地展示区已经建设完成；美舍河凤翔湿地公园的生态科普馆完工；沙坡郊野湿地公园也将建设农田展示区、潭丰洋省级湿地公园规划了宣教展示区……未来，海口将有更多的湿地科普基地。

4. 保护传承传统特色文化

此外，海口市在规划建设湿地公园的过程中还注重保留本地传统农耕文化，潭丰洋湿地等处的田洋农耕方式、有海南千年“都江堰”之称的新旧沟古水利工程就被很好地保留了下来，未来还将打造观光旅游景点，更好地展示人与湿地和谐相处的历史，进而提升民众对湿地资源的保护意识。

（四）共建共治共享，湿地保护志愿服务体系逐步完善

党的十九大报告提出“打造共建共治共享的社会治理格局”，要求“加强社会治理制度建设，完善党委领导、政府负责、社会协同、公众参与、法治保障的社会治理体制”。海口的湿地保护与修复工作以此为指导，凝聚各方合力，形成了党委政府高位推进、社会各界积极响应的生动局面。

1. 志愿服务队伍越来越壮大

2014年，海口湿地保护方面的志愿服务活动开始起步，当初因为缺乏相关专业知识和经验，活动仅局限于到湿地周边捡垃圾、做些科普宣传等类

型，规模较小、缺乏统筹、比较零散，效果不明显。

直到2017年，《海口市湿地保护修复总体规划（2017—2025年）》等文件出台，对湿地保护志愿服务活动提出明确要求，并在市级层面制定了湿地保护志愿者制度。目前，已有海口市志愿服务联合会、海口市青年志愿者协会、海南观鸟会、海南绿脚印环保公益发展中心、松鼠学堂、海口绿涯公益、米爸亲子户外等50余家公益组织积极支持和参与开展湿地保护志愿服务活动，重点围绕湿地巡护、生态调查研究、环保宣传、志愿培训等内容，主要形式包括发放环保宣传单、悬挂标语，宣传湿地保护知识；开展湿地保护监督、调研，深入湿地清理垃圾、渔网、捕鸟网；成立志愿服务队，定期参加志愿者培训，在相关纪念日、活动日中参与专项活动；其他具有专业技术特长要求的志愿服务工作等，逐步实现了志愿活动常态化、专业化、规模化。此外，海口市各相关部门还举办了湿地摄影比赛和中小学征文比赛、青少年湿地演讲比赛、拍摄微电影、纪录片、制作绘本、生物多样性嘉年华、创建“湿地学校”等活动，2017年以来共举办各类湿地保护志愿服务活动上百次，上万人次参加，受到了群众的欢迎。活动还通过广播电视、报纸和新媒体手段多角度进行宣传报道，营造了良好的舆论氛围。

2. 社会各界参与度越来越高

东寨港国家级自然保护区管理局开展的红树林“认种认养”活动，有效调动了爱心企业参与的积极性。2014年中盛华瑞公司投入230万元，在保护区塔市片区认种认养红树330亩；海口香格里拉酒店集团从2015年起每年投入10万元，连续5年在保护区山尾村开展认种认养红树林50亩；2016年，海南中粮可口可乐公司投入10万元在保护区山尾小学片区开展红树林认种认养活动，公司员工与保护区干部职工造红树林1万多株；2017年，东寨港自然保护区与中国绿色碳汇基金会和海南航空股份有限公司实施了东寨港碳汇林公益项目……仅2015年和2016年，利用社会力量新增的红树林面积已超过100亩。

在基层，湿地保护的理念同样深入人心。从东西湖到沙坡水库，百姓“河长”的日常巡查不仅有效劝阻了市民游客的不文明行为，更宣传了环保理念；从昌旺溪到三十六曲溪，镇、村干部在不遗余力地告诉村民湿地保护小区、湿地公园建设的诸多好处，号召村民自觉保护环境，发动村民积极参与生态环保理念的宣传，积极参与对电鱼、猎鸟等不良行为的抵制，收获了良好效果。

3. 先进典型和感人故事涌现

在海口推进湿地保护和修复工作的过程中，涌现出一些先进典型和感人故事。目前最为典型的人物，当属成功挽救全国濒危红树物种的王式军。王式军1980年退伍后，被分配到东寨港国家级自然保护区做巡护员，几十年如一日同破坏红树林的违法行为作斗争。2014年，中国红树林保育联盟（CMCN）发布的《中国濒危红树植物红榄李调查报告》显示，濒危红树植物红榄李全国仅剩余14株，全部分布于海南。他看到形势危急，如不拯救，这样的物种恐怕逐渐消失，于是便投身红榄李人工培育的研究。红榄李的培育保育是个细致活，同样也是费力活，从培育出小苗，到长成大苗，每一步都要精心呵护。在妻子患乳腺癌晚期，儿子要高考的时刻，王式军仍然牵挂着红榄李培育的进展情况。在他的不懈努力下，东寨港红树林保护区的红榄李，从几近消失发展到目前的700多株。如今，已经退休的王式军仍活跃在红榄李培育第一线。

在湿地保护的公益组织中，松鼠学堂可谓首屈一指。这是海南第一家专注于自然教育推广和自然生态保育的公益机构。2014年7月成立至今，已经举办了近百场关于湿地的公益讲座，组织过数十次湿地保护生态之旅。松鼠学堂采用“生态工作假期”的模式，让家长和儿童自发参与到湿地水面入侵物种和其他垃圾的打捞中来。因为活动的特色，很多家长和孩子都非常喜欢参与其中。除了清理湿地水面，松鼠学堂在湿地保护与修复方面还做了很多工作。如，针对大家对湿地认识较少、湿地保护意识淡漠等情况，专门邀请北京动植物专家等对相关人才进行培训，培养了一批湿地导览员。

（五）夯实生态本底，为经济社会发展提供绿色支撑

习近平总书记强调，“要自觉把经济社会发展同生态文明建设统筹起来，充分发挥党的领导和我国社会主义制度能够集中力量办大事的政治优势，充分利用改革开放40年来积累的坚实物质基础，加大力度推进生态文明建设、解决生态环境问题，坚决打好污染防治攻坚战，推动我国生态文明建设迈上新台阶。”海口的湿地保护和修复工作，作为全市生态文明建设的“重头戏”，不仅在生态环保工作中发挥了示范引领作用，而且和绿色实体经济发展、乡村振兴战略等有机结合，为经济社会发展提供了强有力的绿色支撑。

近年来，海口市相继开展“两湖四沟”清淤、中心城区水网动力、排污口截流并网、饮用水源地保护等工程，着力打造城市活水系，实现流域环境质量和海域环境质量的同步改善。目前，全市水环境质量总体良好，地表水国控、省控断面优良率100%，城市集中式饮用水源地水质全部达到或优于Ⅲ类标准，近岸海域水质优良率100%。此外，深入开展“绿化宝岛”行动，持续优化绿化空间，先后建设了覆盖面积200多平方公里的绿水廊道和长达85公里的绿色休闲慢行系统；加大城市绿化力度，“透绿见蓝”“透光见海”，水体岸边种植椰子树、大叶油草等本地植物，降低管养成本，提高生态效益；提升西海岸带状公园等23个项目景观。目前，海口市森林覆盖率达38.4%，建成区绿化覆盖率为42.7%，公共绿地面积1652公顷，人均公共绿地面积12.5平方米。

特别值得一提的是，海口市在湿地保护修复工作中，不断深化生态环保领域的改革，建立了片区开发项目的摘牌企业挂钩承担周边湿地、公园、生态修复等公益性建设责任机制模式。如，恒大文化旅游城承担建设沙坡郊野湿地公园，等等。

包括湿地在内的生态环境，不仅提升了海口的颜值，更提升了城市的价值。良好的生态环境已成为人民生活质量的增长点、经济社会持续健康发展

的支撑点、展现城市良好形象的发力点。

1. 增强了海口的商业投资价值

良好的生态环境提升了海口的吸引力，近年来，海口成为国内外大企业发展布局的重要选择，2017 年，全市共引进招商项目 141 个，协议投资近 1800 亿元。2018 年上半年，阿里巴巴、普华永道等企业先后落户海口。2017 年全市接待游客 2428 万人次，增长 11.1%；美兰机场旅客吞吐量达 2258 万人次，创历史新高。

2. 助力了绿色产业体系的形成

依托生态环境优势发展绿色产业，依托经济发展为环境保护提供资金和技术，正成为当前海口发展的新目标。发展绿色产业，一方面运用绿色低碳技术改造提升传统优势产业，促进传统产业向绿色产业转型升级，促进制造业和服务业一体化发展；另一方面，严格控制高能耗、高污染、高排放企业进入，坚决杜绝重复投资、防止产能过剩，近年来否决了 200 多个不符合环保要求的建设项目，从源头上为保护海口优美环境设置了一道“绿色门槛”。推动新兴绿色产业发展中，顺应国家加大供给侧结构性改革趋势，全力聚焦旅游、金融、互联网、医药制造、交通物流、热带特色农业、文体产业等十二个重点产业，加快形成高端引领、协调融合、绿色低碳、优质高效的产业体系。2017 年，海口市三次产业结构为 4.6∶18.1∶77.3。

3. 促进了乡村振兴战略的实施

目前，海口初步打造了石山农业互联网小镇、演丰红树林国家湿地公园风情小镇等 10 个特色风情小镇，还从生态角度对乡村进行旅游化改造，大力发展乡村生态游，形成了一批特色村庄。比如，龙华区龙泉镇涵泳村的千亩荷塘，当地村民依靠荷塘就增加超过 1500 万元的收入；琼山区凤翔街道办的新潭村，每逢初夏时节，潭面上开满荷花，吸引 2—3 万名游客前去观光；美兰区三江镇的“鹤舞九湖”，是湿地文化与农耕文化相结合的乡村生态旅游片区，每年吸引近 5 万游人到此旅游观光；秀英区永兴镇的“冯塘绿园”，是一个集羊山湿地、生态农业、民俗文化、创意产业等多元素融合的乡村生态旅游区，每年给每户村民带来 2 万多元收入；美兰区演丰镇依托红树林湿地开展民宿体验，年接待游客达 20 余万人次。

三、存在的问题和改进建议

习近平总书记在 2018 年 5 月召开的全国生态环境保护大会指出：“总体上看，我国生态环境质量持续好转，出现了稳中向好趋势，但成效并不稳固。生态文明建设正处于压力叠加、负重前行的关键期，已进入提供更多优质生态产品以满足人民日益增长的优美生态环境需要的攻坚期，也到了有条件有能力解决生态环境突出问题的窗口期。”对于海口的湿地保护工作来说，同样处于“关键期”“攻坚期”和“窗口期”，虽然各方面工作取得了显著成效，但也存在一些短板和不足，需要以“永远在路上”的韧劲和执着，有的放矢加以解决。

（一）加强巡查监管，巩固提升成果

改革开放以来，海口市在湿地保护和修复方面的工作成效有目共睹，但破坏湿地生态系统的行为仍未完全杜绝，如东寨港国家级自然保护区周边虾塘清塘时对水体的污染，响水河上游存在养殖污染，各乡村湿地偶尔存在电鱼、偷猎现象，沙坡水库、美舍河市民违规钓鱼，潭丰洋湿地村民在水边洗衣服，昌旺溪有上游来的漂浮物……这些现象仍在危害湿地生态环境，影响湿地动植物正常栖息生长。相关部门和单位应该继续加强巡查监管，拓宽管理渠道，巩固提升现有成果。

在修复和保护方面，已经完成建设或部分完成建设的湿地公园应及时更新保护措施，重视接待游人对湿地生态系统的影响、对湿地动植物的影响，根据实际加强保护；已经完成规划设计的待建湿地公园要靠前启动修复工程，确保在开工建设前和建设过程中保护好生态本底；尚未完成规划设计的湿地公园也要由相关部门进行深入调研，有针对性地开展修复和保护。

良好的生态环境，需要多方努力共同呵护。湿地公园建起来后，周边环境得到明显改善，到湿地公园休憩的附近居民越来越多，但也随之带来了新的问题。有人将啤酒瓶随处乱扔，将烟头、纸屑随手乱丢等现象仍然存在。对此，在监管手段方面，可以学习借鉴目前好的经验做法，在其他湿地片区进行推广使用。如借鉴沙坡水库区域城管定期巡查的方式，让各区、镇的城管队员或森林公安加入巡查队伍，提高巡查威慑力，让监管更有效；借鉴东寨港国家级自然保护区在各关键片区设立工作站的方式，设置专职管理人员，加强日常巡查力度和应急响应能力；借鉴龙华区设立“百姓河长”，让群众更多地参与湿地保护各项工作，提高公众参与度。

此外，海口市的各湿地不仅生物多样性丰富，还有多种国家级或省级保护动植物，然而在包括沙坡水库、潭丰洋、新旧沟在内的多个湿地的水域环境都有入侵物种水葫芦，侵占其他植物生存环境，消耗水体氧气。相关单位和社会公益组织、志愿者组织过定期或不定期的清理活动，但仍然需要持续发力。清除水葫芦的手段以拔除为主，对技术和工具要求较低，可以采取承包责任制的方式，组织相关镇、村（或社区）划片负责各水域，对水葫芦及时进行彻底清理。

建议对濒危物种进行有针对性的培育。可以借鉴东寨港国家级自然保护区对珍稀濒危红树植物红榄李的培育方式，针对各湿地的重点濒危物种建立培育基地，人为管控生长条件，提高生长数量。

（二）用足湿地功能，扩大综合效果

海口市在保护和修复的过程中，积极进行合理利用湿地，实践探索的亮点颇多，可以将美舍河凤翔湿地公园的人工湿地净化污水、东寨港国家级自然保护区助力科普科研等经验进行推广，充分发挥湿地的综合作用。

湿地资源的用途是广泛的，在注重湿地生态修复保护的同时，要采用多种渠道和方式，让人们更好地享受到湿地生态的红利，要在重视生态效益的同时，将经济效益纳入考虑范围，在保证人与自然和谐相处的前提下，让

“绿水青山”真正成为“金山银山”。目前，地处农村的湿地片区，普遍存在生态本底较好，但经济效益相对薄弱的现象。课题组在走访中发现，很多年龄较大的村民都对湿地的开发抱有很大的憧憬，他们的孩子大多到城里谋生，村庄剩下较多的是老弱病残，“空心化”现象十分严重。而湿地资源的开发利用，可能为他们的生活带来新的契机，如果前景良好，就有可能吸引年轻人返乡发展。从这个意义上来说，湿地资源的充分利用，为改变农村现状提供了可能，同时也是乡村振兴战略的题中之义。

比如三十六曲溪省级湿地公园所在的云龙镇，距离海口主城区较近，基础设施尤其是公共道路设施较为完善，村庄现代化程度高。因此，该湿地公园的规划建设思路，一方面是保护三十六曲溪地区湿地资源和优美的河流湿地景观，修复已遭破坏的湿地和野生动植物栖息环境，一方面是带动云龙镇的美丽乡村建设。目前，周边群众对湿地公园建设持支持态度，期待尽快建设公园让周围村庄实现新发展，帮助本地村民增收致富。其他具备条件的湿地片区，也可以借助实施乡村振兴战略的契机，充分发挥区域自然—文化资源本底优势，调整优化产业结构，综合发展乡村生态旅游业、特色生态农业、特色文化等产业，让农村成为安居乐业的美丽家园，不断提升农民的获得感、幸福感、安全感。

为充分利用好即将建设的各类湿地科普场馆，建议由海口市湿地保护中心或市湿地保护协会负责，在各湿地公园主动举办或承接各种科普、展览、参观等活动，打造培养中小学生生态文明建设理念的活动基地、大学生实践基地等平台。各有关部门应给予支持。

在开展湿地保护、科普等活动中，应充分发挥志愿服务组织、各协会的主动性。目前，海口与湿地相关的志愿服务活动可谓遍地开花，但在众多志愿服务组织中，存在“多面手”的志愿服务组织过多、活动主题散乱或不明确等现象，真正专注于湿地保护领域的志愿服务组织有限，很多都是其他类型的公益组织“客串”来的。这需要牵头单位的主动引导，多鼓励多扶持专注于湿地领域的协会或组织，集中精力统筹开展具有较大影响力的活动。

增加对湿地红树的保护和培育力度。红树是湿地的一张名片，对抵御极端天气、改善生态环境具有非常重要的作用。目前，海口的红树保护工作已经取得阶段性胜利，如东寨港国家级自然保护区，目前红树的种类已经达到36种，占红树总品种数的97%以上。但同时也要认识到红树资源的脆弱性，尤其是濒临灭绝的品种。课题组走访发现，仍然存在重视不足、后继乏力等现象，如濒危物种红榄李，经过努力虽然发展到700余株，但目前负责管理、培育和保护的，主要是已退休员工王式军。年龄渐长，加之家庭等一些因素，管理20余亩的红榄李苗圃，显然力不从心，需要加以重视，及时增加人手、形成梯队，为红树保护提供更强大的支撑力量。

此外，要发挥海口市湿地生物多样性特别是特有种、珍稀种丰富的优势，主动对接、配合省内外高校或科研机构在湿地开展实验、设立基地，主动承接科研课题。

（三）拓宽宣传途径，营造良好氛围

现阶段，海口利用报纸、电视以及新媒体手段开展了形式多样的湿地保护宣传，收获了效果，群众观念有所提升。但各乡村湿地尚未建立保护区，湿地周边有不同程度的村庄聚集，附近村民是可能存在的破坏者，但也可以成为保护者。因此建议拓宽宣传途径，进一步提升群众尤其是农村群众的湿地保护观念，营造良好的社会氛围。

让宣传方式进一步多样。发挥湿地保护领域志愿服务组织的积极作用，尤其是在乡村湿地保护方面，不能仅靠村干部的口头宣传，可以适当投放宣传彩页、在关键区域张贴海报、悬挂横幅等。

让宣传内容进一步丰富。除了宣传湿地保护的做法、禁止开展的活动、需要抵制的行为之外，还应该及时将湿地公园、湿地保护小区的规划情况及建设进度告知周边群众；对参与湿地保护的志愿者、公益组织和爱心企业要给予大力宣传报道。

让宣传主体进一步增加。除了党员干部负责宣传之外，要更多地发动志

愿者、公益组织开展相关活动，鼓励各部门开展与生态文明理念宣传相关的党日活动、志愿活动等。

在加大宣传力度的同时，还要充分意识到，湿地公园建设是一项综合的系统性工程，它需要统筹考虑，在此过程中很可能占用附近村民赖以生存的土地或其他资源。因为当地村民的生产生活方式是长期延续下来的，一时很难改变，需要进一步加强引导，让他们在掌握更加科学的生产方式的同时，要统筹规划，给予相应的生态补偿，一方面可以为湿地保护免除后顾之忧，杜绝有损湿地生态环境的不可持续发展的行为；另一方面，可以缓解当地村民的经济压力，让他们更有获得感，进而增加支持度和参与度。

（四）发挥协会作用，凝聚更多合力

2018 年 4 月发布的《中共中央国务院关于支持海南全面深化改革开放的指导意见》中明确指出：“探索行业协会商会类、科技类、公益慈善类、城乡社区服务类社会组织依法直接登记制度，支持社会组织在规范市场秩序、开展行业监管、加强行业自律、调解贸易纠纷等方面发挥更大作用”。海口市湿地保护协会已于 2018 年 6 月成立，应充分发挥该协会的作用，搭建政府和湿地保护行业之间的桥梁，凝聚全社会保护湿地的合力。

鼓励海口市湿地保护协会举办与湿地保护相关的保护、宣传、参观、科普、展览、培训、比赛、学术交流等活动，相关部门应给予大力支持并协助进行协调、开展义务宣传，增强活动效果。鼓励海口市湿地保护协会参与政府有关部门及企业开展的湿地保护、监测、恢复、合理利用等方面的调查研究；参与湿地保护与恢复工程、湿地公园规划、湿地监测项目等的编制、论证；出版湿地保护书籍和刊物、年度报告；建立湿地数据库等信息平台。此外，还要支持和鼓励海口市湿地保护协会对各类湿地利用与开发行为进行监督。

（2018 年 7 月）

改革开放与中国城市发展

GAIGEKAIFANG

成都

CHENGDU

从内陆腹地到开放高地

——成都高水平打造西部国际门户枢纽城市

中共四川省委宣传部
中 共 成 都 市 委

历史的发展，总有一些关键的节点、关键的时期。2018 年是一个特殊的年份，改革开放迈入第 40 个年头。

在历史的交汇点，回望来时路。1978 年 12 月，党的十一届三中全会作出把党和国家工作中心转移到经济建设上来、实行改革开放的历史性决策，动员全党全国各族人民为社会主义现代化建设进行新的长征。四十载，风云激荡，在党中央的坚强领导下，我国始终坚持对外开放基本国策，打开国门搞建设，特别是党的十八大以来，以习近平同志为核心的党中央高瞻远瞩，总揽全局，形成了习近平新时代中国特色社会主义思想，推动包括对外开放在内的党和国家各项事业实现历史性变革、取得历史性成就，成功实现从封闭半封闭到全方位开放的伟大转折，不仅深刻改变了中国，也深刻影响了世界。“中国开放的大门不会关闭，只会越开越大”，习近平总书记在亚洲博鳌论坛上向世界的庄严宣告标志着我国对外开放进入新时代，跃升新层次，全面开放新格局谋篇布局向着纵深推进。

一滴水可以反映出太阳的光辉，一个地方可以体现一个国家的风貌。在改革开放伟大进程中，成都始终紧跟中央、省委决策部署，特别是市第十三次党代会以来，市委顺应时代发展潮流，抓住重大历史机遇，提出了奋力实现新时代成都“三步走”战略目标，加快建设成为国家内陆开放型经济高地和泛欧泛亚有重要影响力的国际门户枢纽城市，以开放促改革促发展，推动形成了从西部盆地意识到树立融入世界雄心的开放思维，从省会城市到国家中心城市的跨越发展，从半封闭内陆腹地到全方位开放高地的华丽变身。开放，是成都传承千年的历史基因；开放，成就了今日成都大城崛起的梦想；开放，正引领成都实现冲刺世界城市的目标。

一、成都新时代对外开放努力方向的根本遵循

变革的时代，呼唤伟大的思想；伟大的思想，启迪人类的未来。党的十八大以来，以习近平同志为核心的党中央深刻把握新时代中国和世界发展大势，推动对外工作一系列重大理论和实践创新，形成了习近平新时代中国特色社会主义外交思想，这是以习近平同志为核心的党中央高举和平、发展、合作、共赢的旗帜，为人民谋幸福，为民族谋复兴，为世界谋大同的战略选择和气魄担当，是我国对外工作的根本遵循，为成都牢固树立正确的历史观、大局观、角色观，把握国际形势演变规律和中央对外工作全局，找准方向、抢抓机遇，提升对外开放水平，提高全球配置资源要素能力提供了行动指南。

一是习近平总书记关于人类命运共同体重要论述，为成都在中华民族伟大复兴中跨越发展提供了根本遵循。坚持以维护世界和平、促进共同发展为宗旨推动构建人类命运共同体是中国特色大国外交的努力方向，也是全人类的福祉。从党的十九大提出中国特色大国外交要推动构建人类命运共同体，并将其写入《中国共产党章程》和《中华人民共和国宪法》，展现了中央“推动构建人类命运共同体”的庄严承诺和坚定决心。从共建“一带一路”等合作实践平台到纳入联合国文件再到成为上合组织 8 国政治共识，构建人类命运共同体理念已成为引领人类文明进步方向的鲜明旗帜。“人类命运共同体”思想，秉承“天下大同”的中华优秀传统文化精髓，与中华民族亲仁善邻、讲信修睦、和衷共济、患难与共的美好理念一脉相通，指明了持久和平、普

遍安全、共同繁荣、开放包容、清洁美丽的前进方向和现实路径。成都作为国家中心城市，必须以更加开放的姿态参与“你中有我、我中有你”的地球村建设，深度融入和平合作、开放融通的时代潮流，在中华民族伟大复兴中国梦与人类命运共同体互促共进、相映生辉的宏大进程中借势借力、跨越发展。

二是习近平总书记关于构建全面对外开放新格局重要论述，为成都全面提升对外开放水平和能力提供了根本遵循。党的十八大以来，习近平总书记立足新时代的新形势、新任务和新挑战，作出了构建全面对外开放新格局的重大战略部署。强调要坚持引进来和走出去并重，遵循共商共建共享原则，形成陆海内外联动、东西双向互济的开放格局；要创新对外投资方式，促进国际产能合作，形成面向全球的贸易、投融资、生产、服务网络；要创造更有吸引力的投资环境，加强知识产权保护，主动扩大进口，让开放成果及早惠及中国企业和人民，及早惠及世界各国企业和人民。这一系列新举措、新政策、新要求，鲜明宣示了“中国开放的大门不会关闭，只会越开越大”、中国坚决捍卫经济全球化和多边贸易体制的坚定决心，表明我国对外开放不断朝着规模扩大、领域拓宽、方式创新、层次加深的方向加快转型升级。从沿海到沿江沿边内陆，从劳动密集型制造业向高端科技型产业，从大规模“引进来”到大踏步“走出去”，是开放助推中国实现了从“赶上时代”到“引领时代”的伟大跨越。面对百舸争流、千帆竞发的新一轮开放大潮，作为国家中心城市、西部超大中心城市和四川的“首位城市”，成都必须以全球视野和国际眼光，主动服务国家对外开放战略，主动服务区域协同开放发展，主动服务企业多元发展需求，持续增强在更高起点和层次推进对外开放的能力本领，奋力谱写新时代更加精彩的开放篇章。

三是习近平总书记关于“一带一路”建设重要论述，为成都高水平建设西部国际门户提供了根本遵循。坚持以共商共建共享为原则推动“一带一路”建设，是习近平新时代中国特色社会主义外交思想重要组成部分。2013 年习近平总书记提出了构建“丝绸之路经济带”和“21 世纪海上丝绸之路”的伟大构想和合作倡议，得到国际社会的高度认可和积极响应。2017年5月，在“一带一路”国际合作高峰论坛开幕式上，习近平总书记强调“一带一路”是一个开放包容的合作平台，是各方共同打造的全球公共产品，要将“一带一路”建成和平之路、繁荣之路、开放之路、创新之路、文明之路。习近平总书记深刻指出，建设“一带一路”，东中西部地区都有很好的发展机遇，特别是西部一些地区，过去是边缘地区，而一旦同周边国家实现了互联互通，就会成为辐射中心，发展机遇很大。作为古代南丝绸之路起点和当代“一带一路”的重要节点，成都必须强化担当、顺势而为，高水平规划建设西部国际门户枢纽，推动互联互通、聚势赋能，为“一带一路”建设贡献独特的成都枢纽力量。

四是习近平总书记关于建设内陆开放高地重要论述，为成都发挥国家中心城市带动引领辐射作用提供了根本遵循。党的十八大以来，习近平总书记对做好四川工作多次发表重要讲话、20余次作出重要指示批示，是习近平总书记为四川改革发展量身定做的“定盘星”，是习近平新时代中国特色社会主义思想的“四川篇”，是指导治蜀兴川实践的强大思想武器。2018年2月，习近平总书记来川视察时以国家全局视角对四川和成都对外开放提出明确要求，强调要融入“一带一路”建设、长江经济带发展等国家战略，推动内陆和沿海沿边沿江协同开放，打造立体全面开放格局。在天府新区视察时指出，天府新区是“一带一路”建设和长江经济带发展的重要节点，一定要规划好建设好，努力打造新的增长极，建设内陆开放经济高地。习近平总书记的重要指示，为成都推进新时代对外开放指明了努力方向、确立了奋斗目标、提供了科学路径。特别是建设内陆开放高地的战略定位，不仅要求成都在开放发展上走在西部乃至全国前列，更要求成都充分发挥在要素集聚、产业升级、贸易合作、国际交流等方面的引领作用和辐射效应。成都必须牢记习近平总书记嘱托和省委总体部署，立足区位优势，主动融入国家开放战略，坚持以“合唱”思维搞开放，推动从“依靠自身资源条件搞开放”向“以新开放观服务全省跨越发展、服务西部大开发”转变，带头开放、带动开放，建设内陆开放高地，在开放发展中引领崛起、在辐射区域中协作共赢，不断提升国际竞争力和区域带动力。

二、实现从内陆腹地到开放高地的华丽转身

习近平总书记强调，文化是一个国家、一个民族的灵魂，文化自信是更基础、更广泛、更深厚的自信，强调中华民族伟大复兴需要以中华文化发展繁荣为条件。成都作为古蜀文明重要发祥地、中国首批历史文化名城，外揽山水之幽，内得人文之胜，素有“天府之国”的美誉，从历史深处走来，历经千年自然衍替、历史更迭和发展演进，形成了尊崇自然、热爱生活、开放包容、敢为人先的鲜明城市特质，并在国家现代化和城市发展进步中茁壮成长。市第十三次党代会以来，市委深刻把握文化是城市的气质和灵魂，是成都的核心竞争力，以坚定的文化自信、高度的文化自觉，弘扬中华民族优秀文化，传承巴蜀文明，鲜明提出发展“创新创造、优雅时尚、乐观包容、友善公益”的天府文化，既礼敬历史、挚爱传统、传承文化，又拥抱现代、面向未来、发展文明，已成为推动成都加速崛起、融入世界、繁荣发展的最深沉、最持久的力量。在 2018 年 6 月举行的世界文化名城论坛上，组委会发布首个“一带一路”世界城市文化发展研究报告，基于仲量联行城市研究标准和世界文化名城论坛“硬指标体系”和“同理心”标准，认为“成都是具有开放性的新兴世界城市”，天府文化展现出了高度的同理心、同情心和开放性，位于高同理心坐标系中，在文化愿景方面可与伦敦和奥斯汀等城市相媲美。

大鹏一日同风起，扶摇直上九万里。改革开放后，打出全国第一张商业广告、发行全国第一张股票、诞生全国第一只彩色显像管……一系列敢为人先的举措彰显出成都勇于开拓的进取精神；内地“领馆第三城”、全国航空第四城、世界 500 强数量居中西部首位、抢抓“一带一路”和“四向拓展、全域开放”新机遇、确立建设西部国际门户枢纽城市新目标……一组组开放

坐标串联起了这座城市步步上扬的发展轨迹。成都顺应民族复兴大势、树立融入世界雄心，以开放包容的胸襟气度，积极参与全球城市合作，推动开放浪潮积厚成势，实现从区域中心城市到国家中心城市跨越，从内陆腹地到开放高地跃升，枢纽辐射力、要素集聚力、产业引领力显著提升，为服务国家开放全局奠定了坚实基础。

（一）城市功能不断跃升“中国奇迹”中的成都之变

城市极核功能极大提升。成功跻身城市 GDP 万亿级俱乐部，2017 年实现地区生产总值 1.39 万亿，横向比较，居全国副省级城市第三位，相当于世界排名 47 位左右的葡萄牙水平；纵向比较，全市地区生产总值和人均地区生产总值分别是 1978 年的 386 倍和 194 倍。城乡居民本外币储蓄存款余额近 20 年增长 20 倍，城市建成区面积近 10 年增长 81.7%，从 1978 年 800 万人口到实际管理人口超过 2000 万。市第十三次党代会以来，市委践行新思想、新理念，着眼推动经济高质量发展，全面提升城市国际竞争力和区域带动力，形成了电子信息、汽车制造、装备制造、食品饮料、休闲旅游、新兴金融、现代物流 7 个千亿级产业集群，电子信息、汽车制造、生物医药、食品饮料、装备制造五大支柱产业能级迅速跃升，航空航天、轨道交通、节能环保、新材料、新能源五大优势产业快速发展，人工智能、精准医疗、虚拟现实、传感控制、增材制造等五大未来产业超前布局，音乐、动漫、设计等文创产业蓬勃兴起。在全国率先成立新经济委，推动新经济加快发展、新动能持续生成，产业链从低端向中高端发展，现代供应链从零散向完整贯通，价值链从边缘向核心演进，成为全国重要的经济中心、科技中心、金融中心、文创中心、对外交往中心和国际综合交通通信枢纽。

城市门户功能极大提升。106 条国际（地区）航线通达全球，2017 年旅客吞吐量达 4980 万人次，成为国内航空第四城，迈入世界机场 30 强。天府新机场建成后，成都将成为国内第三座拥有双机场的城市，旅客吞吐量将达到 1.5 亿人次。成都国际班列累计开行量率先突破 2100 列，稳居全国中欧班列第一，已成为连接境外 16 个城市、境内 14 个城市的泛欧泛亚重要铁路枢纽。与全球 228 个国家或地区建立经贸往来，外贸进出口总额近 20 年增长 26.5 倍，成都航空口岸年度出入境人数近 10 年增长 10 倍，成为内地领馆第三城。全市累计设立外资企业 7667 家，累计利用外资实际到位约 780 亿美元，居于中西部前列，在蓉世界 500 强企业达 281 家，带来了产业发展所需的资金技术，推动成都加快融入全球产业分工体系，实现从半封闭内陆腹地到全方位开放高地的历史性跨越。

城市服务功能极大提升。出台产业新政 50 条，为现代产业高质量发展构建了具有比较优势的政策配套体系；成立金融仲裁院、知识产权审判庭，加快自贸试验区建设，加速助推形成国际化、法治化、便利化的营商环境。坚持把人才作为发展第一资源，大力实施人才新政，聚集了 56 所高校、60 余家国家级科研机构、333 家创新创业载体、近 500 万各类人才，创新创造资源加速积聚，“蓉漂”扎根成都意愿明显增强。成为四川乃至西南地区的物资集散中心和购物消费中心，辐射西部 3 亿人口巨大消费市场，社会消费品零售规模超过 6400 亿元，全市服务业增加值和社会消费品零售总额分别是 1978 年的 985 倍和 463 倍，规模以上商务服务企业和物流企业分别达 429 家和 500 家，成都双流国际机场成为西部地区唯一航线覆盖世界五大洲的机场。

城市国际形象极大提升。弘扬中华优秀传统文化，传承巴蜀文明，全面推动天府文化创新性发展、创造性转化，拥有 150 家博物馆、两处联合国教科文组织世界遗产，各类书店和图书发行机构超过 3400 家，数量仅次于北京，成功入选“2017 中国书店之都”和中国数字阅读十大城市之首，打造近 17000 公里天府绿道这一全球最长的绿道慢行系统，建设 1275 平方公里龙泉山城市森林公园这一全球最大城市森林公园，大力塑造世界文创名城、世界旅游名城、世界赛事名城和国际音乐之都、国际会展之都、国际美食之都城市品牌，成功入选世界文化名城论坛第 34 个会员，世界文化名城建设加快推进。在全球化与世界级城市研究机构于 2018 年年初发布的《世界城市评价报告》中排名全球第 62 位，跃居世界城市体系 Beta 级，先后被评为中国最佳营商环境城市、未来 10 年全球发展最快城市、连续 6 年蝉联“中国最具幸福感城市”榜首，在美国米尔肯研究所发布的“中国最佳表现城市”报告中位居全国第一，在《2017 中国城市商业魅力排行榜》中位居“新一线”城市榜首，全球化智库（CCG）发布的《2017 中国海归就业创业调查报告》显示，成都位列北京、上海之后第三位，成为海归创业最爱城市，城市竞争力美誉度持续提升。

（二）开放区位不断前移“一带一路”下的格局之变

成都地处西南内陆，不靠海、不沿边，对外开放起步相对较晚。2013 年 9 月习近平总书记提出“一带一路”倡议，以高屋建瓴的战略擘画构建起全面开放的宏大图景，在大发展大变革大调整的经济全球化时代，深刻改写了成都的宏观环境和战略地位，根本改变了成都发展的势与场。市第十三次党代会以来，成都借势借力，迎来了开放引领发展、迈向世界的重大历史机遇。

破除开放区位制约，使成都由内陆腹地变为开放前沿。“一带一路”建设打破“沿海—内陆”开放模式的新时代开放机遇，在国家推动形成陆海内外联动、东西双向互济全面开放新格局大潮下，极大地强化了成都在国家开放全局中的节点地位和枢纽功能，推动成都从内陆腹地跃升为开放前沿，成为距离欧洲大陆最近的国家中心城市，大幅缩短了成都连接世界的时空距离，在新时代肩负起建设承东启西、联通欧亚的西部国际门户枢纽的重大使命。

破除开放平台制约，使成都由拼船出海变为驾船出海。改革开放初期，成都通过与首轮开放的沿海地区合作，实现了借道而行、拼船出海。站在“一带一路”建设积蓄成势的新起点，市第十三次党代会以来，成都厚积开放发展势能，培育城市发展动能，加快构建更大范围、更宽领域、内外联动的全方位开放新格局，坚持以国家级天府新区、自贸试验区、国家自主创新示范区等战略平台为支撑，扩大综合保税区、保税物流中心等口岸平台服务半径，增强国别园区等产业平台承载能力，强化“中国—欧洲中心”“一带一路”交往中心等交往窗口作用，形成了带动西部地区开放的重要通道和合作平台，培育引领区域国际经济合作的新高地。

破除开放通道制约，使成都由蜀道难变为“全球通”。形成了贯通南北、连接东西、通江达海的立体交通网络体系纽带。双流国际机场跻身世界最繁忙机场前30位，开通106条国际（地区）航线、26条货运航线，蓉欧国际班列联通境外罗兹、纽伦堡、莫斯科等16个城市、境内14个城市，2017年蓉欧班列开行1012列，占中欧班列总数的近1/4，获批六类航空进境指定口岸和三类铁路进境指定口岸，高效畅达的国际通道网络，成为成都乃至西部企业运用国际市场的主要依托，加快构建了以大通道促进大开放的新格局。

破除开放空间制约，使成都由辐射西部变为经略全球。“一带一路”建设贯穿欧亚大陆，辐射总人口超过44亿，经济总量超过21万亿美元，正持续成为企业“走出去”“引进来”最具潜力的合作市场和纽带。持续出台成都外商投资、扩大出口、加工贸易等鼓励举措，加快“成都制造、成都创造、成都服务、成都消费”与沿线国家旺盛需求和广阔市场积极衔接，有力推动了成都“四外”（外贸、外经、外资、外事）实现量的飞跃和质的提升，为坚持双向式开放，深度参与国际分工合作积蓄了资本。

（三）主动融入开放战略开放新格局中的使命之变

察势者智，驭势者强。中华民族伟大复兴会带来很多发展机遇，一个城市只有紧跟党和国家的战略，与党中央决策部署同心同向，才能抓住机遇、借势借力，加快发展。

改革开放以来，成都先后经历了区域中心城市和建设国家中心城市两个重要时期。1979年到2016年为区域中心城市时期。1989年被列为全国14个计划单列市，1993年被确定为西南地区科技、商贸、金融中心和交通通信枢纽，1999 年被国务院明确为全国 15 个副省级城市以及西南地区重要的中心城市。2016 年以后为建设国家中心城市时期。2016 年 4 月国家《成渝城市群发展规划》明确提出，成都要以建设国家中心城市为目标。市第十三次党代会以来，市委坚持以习近平新时代中国特色社会主义思想为指导，鲜明提出了新时代成都“三步走”战略目标：到 2020 年，高标准全面建成小康社会，基本建成全面体现新发展理念的国家中心城市；到 2035 年，加快建设美丽宜居公园城市，全面建成泛欧泛亚有重要影响力的国际门户枢纽城市；到 21 世纪中叶，全面建设现代化新天府，成为可持续发展的世界城市。

在国家实施积极主动开放战略，构建全面开放新格局的背景下，成都作为南方丝绸之路的起点、“一带一路”建设和长江经济带的重要节点，坚决贯彻落实习近平总书记“建设内陆开放高地”重大要求，抢抓全面创新改革试验区、内陆自由贸易试验区、国家自主创新示范区、国家级天府新区等多重战略机遇，着力以拓展大通道、搭建大平台、发展大经贸、深化大交流为抓手，以高水平开放引领高质量发展。

拓展大通道。改革开放以来，中央从对外开放全局出发，先后在北京、上海、广州规划建设北向、东向、南向门户枢纽城市。《全国“十三五”现代综合交通运输体系发展规划》明确建设成都国际性综合交通枢纽。成都借力国家交通战略规划，已拿到建设国家西向门户枢纽的入场券，成为全国门户枢纽第四城。“亚蓉欧”立体大通道体系加快建设，依托国际空港、铁路港“双枢纽”构建空中丝绸之路和国际陆海联运“双走廊”，以成都为核心汇集国际门户城市发展资源。一方面，加快布局通达全球、中转高效、功能完善的国际航空网络，2017 年，双流国际机场旅客吞吐量 4980 万人次，国内航空第四城地位更加巩固。另一方面，加快构建“纵贯南北、横贯东西、通边达海”陆上物流体系，2017 年，蓉欧快铁累计开行国际班列 1012 列，基本形成了“南北中并行、天天有班列”的格局，2018 年 6 月 28 日，成都再次刷新“纪录”，成为国内首个实现中欧班列累计开行达 2000 列的城市；从越南河内经广西凭祥铁路口岸至成都的“蓉欧 +”东盟班列成功开行，打通了连接东南亚与欧洲的陆上跨洲新通道。同时，高新综合保税区获批六类航空进境指定口岸和三类铁路进境指定口岸，天府新区成都片区保税物流中心（B型）正式获批，口岸体系日臻完善。

搭建大平台。聚焦现代政府治理、双向投资管理、贸易监管服务、金融开放创新、产业集聚创新等五大领域推动核心制度体系创新，增强自贸试验区改革开放试验田功能。发挥天府新区开放主引擎功能，突出公园城市特色，彰显生态本底，着力增强“一带一路”建设和长江经济带发展的“重要节点”枢纽示范和联动功能，努力打造新的增长极，建设内陆开放经济高地。建强天府空港新城、新经济活力区、电子信息产业功能区和天府国际生物城等重大载体，联合国际顶级科技园区打造链接汇聚全球优质创新创业资源要素的国际化平台，国家自主创新示范区加快建成国际创新创造中心、世界一流高科技园区。中德、中法、中韩、中意、新川等国别园区相继在成都落户，成为国家间深化合作的重要平台和成都发展开放型经济的重要载体。

发展大经贸。放宽制造业、服务业、金融业等领域市场准入限制政策，围绕重点区域、重点领域、重点产业加大招引力度，壮大外资利用规模。瞄准投资规模大、带动作用强、投资效益高的世界500强等领军企业，着力引进产业链高端、价值链核心项目，提升外资利用能级。以“一带一路”为主线，开拓沿线国家及欧洲其他国家市场，拓展外贸市场范围。推动加工贸易转型升级，引导企业由加工组装向技术、品牌、营销转变，提高出口产品技术含量和附加值。全力支持电子信息、新能源汽车、生物医药等领域“成都造”产品，以及鞋类服装、农特产品、美食等“川货”走出国门，优化外贸产品结构。2017年成都实际利用外资超过100亿美元，外贸依存度达28.4%，居中西部城市前列，“引进来”“走出去”并举，大经贸格局加快形成。

深化大交流。加快建设全国重要的对外交往中心，聚集国际机构、国际活动等交往资源，高标准建设成都领馆区，成功举办财富全球论坛、世界华商大会、G20财长和央行行长会议、联合国世界旅游组织第22届全体大会、世界文化名城论坛·天府论坛等国家主场外交活动和重大国际性会议，建设中国—欧洲中心、“一带一路”交往中心等重大载体，以及商务外事、法律、金融、贸易服务体系，形成服务全省乃至西部，外联内达的国际人才流、资金流、物流、信息流网络，国际资源聚集能力不断增强。

三、书写新时代成都更加精彩的开放篇章

立足新方位、开启新征程。2018 年 2 月，习近平总书记在四川调研考察时，以宽广视野、深刻洞察和战略远见对四川工作把脉定向，明确提出支持成都建设全面体现新发展理念的城市，为新时代治蓉兴蓉指明了政治方向、提供了根本遵循。

省委十一届三次全会立足全省发展新时期、新形势、新使命，聚焦推动治蜀兴川再上新台阶时代课题，科学回答了“怎么看、怎么办、怎么干”等一系列重大问题，创造性提出了构建“一干多支、五区协同”区域协调发展新格局和“四向拓展、全域开放”立体全面开放新态势，着力推动党的十九大部署和习近平总书记对四川工作系列重要指示精神在巴蜀大地落地生根、开花结果；省委十一届三次全会在四川区域发展历史上首次将成都定位为“主干”，前所未有地突出了成都在四川发展全局中的龙头地位和关键作用，前所未有地赋予了成都在世界城市体系中参与合作竞争的责任和使命，为成都率先实现高质量发展和服务全川共同发展创造了机遇、指明了方向，对成都对外开放提出新的更高要求。

市委十三届三次全会聚焦落实习近平总书记重要指示要求和省委部署，审议通过了《中共成都市委关于全面贯彻新发展理念加快推动高质量发展的决定》和《中共成都市委关于深入贯彻落实习近平总书记来川视察重要指示精神 加快建设美丽宜居公园城市的决定》，对加快建设全面体现新发展理念的城市作出全面部署。全会深刻把握高水平开放是推动高质量发展的必由之路，将坚持“四向拓展、全域开放”，持续提高国际竞争力和区域带动力，作为高质量建设全面体现新发展理念的城市的重要支撑，就优化城市功能布

局，加强开放能力建设，构建高质量开放型经济体系、产业体系、平台体系、市场体系，加快建设国际营商环境标杆城市，提升全球化资源要素配置能力，推进城市国际化进程作出全面部署。

2018 年 6 月 2 日，成都召开全市对外开放大会，对我市高水平建设西部国际门户枢纽和内陆开放高地进行系统谋划，主动服务“一带一路”建设，为实现成都新时代“三步走”战略目标提供重要支撑，为服务国家开放战略贡献更多成都力量。

（一）高水平规划建设西部国际门户枢纽，全面提升成都在全国开放新格局中的战略地位

当今时代，谁成为国际门户枢纽，谁就能占据全球城市网络体系的节点位置。新一轮对外开放重点在于构建陆海内外联动、东西双向互济开放格局。成都将抓住全省四向开放起点的机遇，重点从国际战略通道、国际物流体系、国际投资贸易平台和国际交往中心四个维度进行谋划，高水平规划建设西部国际门户枢纽，这既是服务国家开放战略全局、带动中西部开放开发的国家使命，也是成都冲刺世界城市的战略抉择。

一是以全球视野谋划国际战略通道建设。成都建设西部国际门户枢纽，首先要依托国际空港、铁路港“双枢纽”，构建“空中丝绸之路走廊”和“国际陆海联运走廊”战略通道，形成以成都为核心的亚蓉欧“空中丝绸之路 + 陆上丝绸之路”立体大通道体系。构建以成都为网络中心的国际航空大通道。成都是亚太人口稠密地区的地理中心，具备强大的国际中转和分销优势。用好这一地理中心优势，实施成都天府国际机场建设、双流国际机场扩容等项目，以“一市两场”为载体，全面构建覆盖全球的国际航空干线网络，加快布局“48+14+30”国际航空客货运战略大通道。形成覆盖全球 48 个重要航空枢纽城市、经济中心城市的精品商务航线；形成覆盖 14 个全球重要物流节点城市的国际全货运航线；形成 30 条服务对外交往、国际消费的优质文旅航线，提高到全球商务城市、新兴市场和旅游目的地的航班密度，实现

至全球门户机场“天天有航班”。大力发展国际通程中转联运航线，成为欧洲、非洲、中东到南亚、太平洋、大洋洲的中转首选地。构建以成都为战略支点的四向铁路大通道。落实省委“四向拓展”战略，依托7条国际铁路通道和5条国际铁海联运通道，构建以成都为起点和枢纽、联系太平洋和大西洋的新亚欧大陆桥。东向拓展“蓉欧+”铁路班列货运通道，打通联接长三角、珠三角等的东向通道，辐射日韩、港澳台及美洲地区。西向在中欧班列蓉欧快铁稳定运行基础上，加快成都至西宁铁路、川藏铁路等建设，争取成格铁路纳入国家规划，开辟经霍尔果斯出境的第二条西向国际物流通道，形成泛欧铁路大通道，打通进出印度洋阿拉伯海最近的铁海联运通道。南向着重打造蓉桂陆海通道，稳定运行经广西钦州联通东南亚、澳新、中东的铁海联运班列和经广西凭祥至越南河内的跨境铁路班列，适时开通经云南至东盟国家的泛亚班列，依托泛亚西线连接缅甸皎漂港，打造进出印度洋孟加拉湾最近的铁海联运通道，形成东中西三大泛亚铁海联运大通道。北向稳定开行经二连浩特直达蒙古、俄罗斯、白罗斯的国际铁路运输通道，有效覆盖独联体国家，对接中蒙俄经济走廊。

二是以供应链思维谋划国际物流体系建设。当前，全球已经进入供应链竞争时代。主动对标国际供应链枢纽城市，围绕产业转移趋势和跨国企业全球布局的要求，规划建设服务“一带一路”的供应链枢纽城市和供应链资源配置中心。打造面向全球的制造型企业配送枢纽。围绕世界重要节点城市和物流分销城市，为跨国企业提供从原材料采购到工厂制造、再到终端消费各环节的供应链垂直融合解决方案，缩短全球供应链响应时间并降低整体成本，满足全球制造龙头和链主企业精益制造、广域分销、弹性交付的供应链管理需求。打造面向泛亚的国际区域分销企业配送枢纽。以跨国企业需求为导向，搭建高效、柔性、低成本的全球配送体系，做大做强泛亚和国内物流配送网络，为跨国分销企业的配送中心、零售卖场提供基于供应链全环节的定制化物流服务、专业化清关服务、多样化组配服务，帮助跨国分销企业降低运营成本。打造与全球接轨的国际供应链服务保障体系。以大企业大项目为核心，以提供集成、系统及一体的物流服务为导向，支持全球制造、贸易、物流企业以及供应链采购分销企业在蓉设立总部基地和分拨中心，建设跨境供应链交易平台和全球生物医药供应链服务中心，构建满足全球采购、全球配送的供应链综合服务平台，整合国际铁路港自贸通平台、国际航空港跨境贸易电商公共服务平台资源，为全球贸易和产业项目在蓉发展提供从国内端至国际端、生产端至销售端的供应链一体化综合服务。

三是以自贸区为载体谋划国际投资贸易平台建设。成都自贸区 2017 年 4 月 1 日启动以来，已完成 166 项创新改革试验，自贸区内新增企业 2.9 万户、新增注册资本 3976.2 亿元，其中新增外商投资企业 292 户，85%集中在高端服务业领域，逐步成为高质量外资企业的集聚地。高位增强国际投资贸易平台功能。主动与上海、广东等国内自贸区和新加坡、迪拜等自贸港对标，争取设立内陆自由贸易港，探索基于“两港”的陆空多式联运模式和国际贸易规则，加快构建符合国际惯例的涉外商贸服务体系，推动从以货物贸易为主向货物和服务贸易协调发展的“大平台经济”转变，力争到 2022 年，全市货物及服务贸易进出口总额达 1.2 万亿元。大力推动货物贸易优化升级。以优化货物贸易结构为重点，打造一批国际贸易综合服务平台，着力提升国际贸易“单一窗口”服务水平，健全国际贸易平台服务体系，不断完善口岸服务功能，构建航空、铁路、公路立体口岸开放格局；在中西部率先形成国际采购交易、综合保税、国际物流、国际会展、国际金融结算和国际财经资讯六大功能，基本形成比较完备的国际贸易中心核心功能框架，加快打造“一带一路”进出口商品集散中心。大力推动服务贸易创新发展。深化国家服务贸易创新发展试点，加快国家服务外包示范城市建设，打造一批航空发动机保税维修、中医药服务贸易等样本企业和重点项目，鼓励制造企业向“制造 + 服务”方向发展，重点发展金融、物流、信息、咨询等资本技术密集型服务；推动国际金融合作，加强与“一带一路”沿线国家的国际资本合作，打造“一带一路”金融服务中心、跨境供应链金融新通路和金融合作先行区。大力推动新兴贸易快速发展。加快培育跨境电商、市场采购、外贸综合服务等新业态新模式，支持引进国内外知名、市场占有率高的跨境电商平台、供应链综合服务平台、第三方服务商等企业在蓉设立区域运营中心和物流分拨中心，形成外贸新增长点。

四是以服务国家总体外交谋划国际交往中心建设。近年来，成都主动服务国家总体外交，成功举办一系列重大国际会议，国际“朋友圈”“交往圈”持续扩大，在蓉领事机构达 17 个，国际友城达 34 个。打造国家级国际交往承载地。主动承接国家主场外交和重大涉外会议，加快建设对外交往中心，切实把外事资源优势转化为经贸合作优势，更好服务区域全方位开放。建设国际资源集成转化高地。大力实施“国际资源引入”计划，吸引更多国际机构、跨国公司、旅游代表处等落户成都，争取更多国家在蓉设立领事机构，以经贸信息共享为重点完善驻蓉领馆和国际机构定期联系机制，以产业互补为方向实施全球友城优选计划，构建经贸机构合作伙伴网络。提升国际交往承载能力。加快成都国际会议中心建设，努力争取中欧峰会、“一带一路”国际合作高峰论坛等高级别高层次会议和“一带一路”培训总部基地等国家层面开放合作重大项目落户，认真筹备好“泛美开发银行第 60 届理事会年会”，推动“一带一路”产业合作园建设亚欧文化交流中心。拓展国际交流合作渠道。精准实施对外文化交流活动和城市形象推广，激发文创、艺术、旅游、美食等国际特色交往活力，提升“经济外交”水平，放大“文化外交”影响，发挥“民间外交”作用，形成全方位、多层次、宽领域的对外交流合作新局面。

（二）加快建设“一带一路”开放高地，构建具有国际竞争力和区域带动力的开放型经济体系

经济高质量发展依赖于高质量开放。成都充分利用“一带一路”开放高地建设的战略机遇，聚焦高质高端构建开放型产业体系，聚焦集成引领构建开放型平台体系，聚焦高效便利构建开放型市场体系，全面实施提升战略性主导产业的国际竞争力、跨国公司在蓉投资规模和水平、国别园区

的承载力和影响力、成都新经济品牌的国际影响力、营商环境的法治化国际化便利化水平“五大提升行动”，着力提升全球化资源要素配置能力，构建具有国际竞争力和区域带动力的开放型经济体系，加快建设国际营商环境标杆城市。

一是全面提升战略性主导产业的国际竞争力。参与国际竞争合作必须依靠战略性优势产业的支撑，要以产业生态圈理念构建主导产业的比较优势，主动深度融入全球产业链价值链创新链。以开放型思维确定未来战略性产业的布局。准确研判全球产业竞争态势和新技术革命趋势，精准绘制产业生态圈全球全景图，坚持有所为有所不为，聚焦集成电路、新型显示、生物医药、新能源、新材料、智能装备、航空航天等优势产业，在重点企业培育和重大项目引进上发力，在核心技术研发、关键装备材料制造环节上突破，支持外资企业同等适用“中国制造 2025”战略有关政策措施，共同构建成都参与全球产业协作的开放型经济体系。融入全球价值链的高端。融入全球价值链的高端，是建设开放型经济的内在要求。支持企业与世界先进技术研发和标准对接，参与新制式轨道交通、工业无人机等产业技术标准制定。深度参与国际分工和全球价值链经济技术合作，推动产业合作由加工制造环节为主向合作研发、联合设计、品牌培育等高端环节延伸，实现由低端嵌入向高端引领转变。构建高质量经济体系必须运用国际创新资源。积极主动融入全球科技创新网络，合作建设科技创新联盟和创新基地，鼓励企业参与国际科技合作，促进外资研发中心转型升级为全球研发中心，支持外商投资企业参与政府科技计划项目，积极推进物联网、人工智能、新一代通信技术等高端应用，加快实现由参与劳动分工向参与知识分工转变。

二是全面提升跨国公司在蓉投资规模和水平。跨国公司是全球经济的主导力量和经济网络的控制枢纽，掌握着国际贸易和国际投资的 2/3 以上。截至 2017 年，在蓉世界 500 强企业达 281 家，位居中西部城市首位。实施跨国公司“精准引进”计划。坚持外事资源服务重大项目投资，构建面向全球的投资促进网络，建立中介招商服务奖励机制。紧扣全市66个产业功能区和28个产业生态圈，以6类500强企业为重点，针对不同类别企业的敏感要素，按照“一企一策”精准服务，持续跟踪，争取海外更多跨国企业落户成都。实施跨国公司“总部提升”计划。以世界500强企业为重点，加强新兴行业专业总部和地区性总部的引进。全力支持制造业项目转型升级为地区总部，对区域性研发、物流、销售、财务中心等功能性总部给予更大的政策支持。加大总部经济政策和服务体系创新力度，为总部大楼、总部基地、总部经济产业园建设提供个性化的政策支持，提升“成都总部”品牌影响力和含金量。打造总部经济生态圈，新建和改造提升一批总部大楼、总部基地、总部企业集聚区，形成较为完善的总部经济政策体系和服务体系，打造具有重要影响力的总部经济品牌城市。到2022年，总部企业数量超过400家。实施跨国公司“增资激励”计划。对落户企业增加资本金、利润再投资等追加投资和扩大产能给予政策支持，特别是在航空航天、节能环保、人工智能等先进制造业和金融、文创、旅游等现代服务业领域加大投资，在自贸区内的保税研发、保税维修制造等领域扩大投资，对设立创业投资企业和股权投资企业，按照“一项目一议”予以重点支持。

三是全面提升国别园区的承载力和影响力。在中央有关部委大力支持下，中德、中法、中韩、中意、新川等国别园区相继在成都落户，这是国家间深化合作的重要平台，是成都发展开放型经济的重要载体。成立专业的管理机构和服务团队。树立为合作国家中小企业和创新团队进入中国西部市场服务的理念，打造国际中小企业来华投资兴业、合作发展的首选地和集聚地。建立面向全球的公共信息服务平台。根据国别园区的发展定位和主导产业，制定服务国际中小企业的流程体系，提供咨询、落户、经营、融资、孵化“一站式”服务，让世界各地特别是合作国家的中小企业、投资者、创业者高效便捷地了解成都的投资环境、市场潜力、要素市场和政策优势。开展精准招商引资。全面梳理细分产业门类，聚焦重点城市，定期开展投资推介活动，在合作国家建立招商团队，常年开展精准招商。加强与合作国家重点园区、跨国龙头企业、行业协会、国际中介机构合作开展专题招商活动，努力引进一大批各行各业的“隐形冠军”。全面提高承载能力。实行产业功能配套清单管理制度，适度超前建设基础设施，加快标准化厂房、孵化中心、人才公寓建设，为国际企业以轻资产方式进驻提供即签即入条件。量身打造生活场景。综合分析国别园区涉外人口结构和生活服务需求，精心布局一批具备国际化水准的文化、教育、医疗、餐饮等生活服务设施，建设具有合作国家文化特点的标志性工程和地标式建筑，为合作国家中小企业、优秀创新创业团队入园发展提供无差异的生活场景。

四是全面提升成都新经济品牌的国际影响力。新时代的城市竞争取决于新经济领域，主要在功能平台、产业生态、场景供给三个领域角逐。强化最适宜新经济发展城市的全球品牌效应。聚焦新经济发展培育，主动对接国内外创新城市、风投机构、创新团队、先锋企业，以全球双创成果交易会为平台，推动创意、产品与资金、市场精准对接，打造创新资源、创新成果实时便捷交易的国际化交易品牌，让“成都，最适宜新经济发展的城市”享誉海外。打造新经济国际化应用场景。场景革命是推动产业发展的全新逻辑。传统经济的本质是生产决定消费，经济发展由供给推动，依靠土地、资金、政策等优惠条件的驱动。新经济的本质是消费决定生产，经济发展由需求拉动，场景代表资源配置的逆向创新，成为新的产业发展手段。以市场应用为导向，聚焦“六大形态”规划新场景、创造新场景、包容新场景，主动营造适宜先锋企业发展的场景，为催生新产业提供应用市场，形成成都在新经济领域的领先优势。推进新经济领域国际创新合作。高端链接融入全球创新网络，鼓励以高校、科研院所、新经济企业为主体与国际一流大学、科研机构、创新团队形成技术、资本、组织全方位高端链接，以一流的创新创业生态为新经济企业赋能。聚焦新经济企业全生命周期，支持在蓉高校开办新兴学科、培养专业人才，以政府股权投资为引导支持企业在全球招引人才、运作资源。规划建设“类海外”高层次外籍人才服务岛和创业园，不断增强成都新经济的发展势能和增长动能。

五是全面提升营商环境的法治化国际化便利化水平。全国营商环境评价成都居第5位。面向未来，成都正主动对照世界银行国际营商环境评估标准体系进行自我检视，以现代政府治理、双向投资管理、贸易便利化、金融创新和区域开放为着力点，建立完全符合国际规范和灵活高效的开放管理体制，努力打造中西部国际营商环境标杆城市，使“投资西部、首选成都”成为国际社会广泛共识。着力打造市场开放先行城市。主动争取国家部委支持，率先在国家新一轮开放领域先行先试，全面实行准入前国民待遇加负面清单管理制度，清理和取消资质资格获取、招投标、权益保护等方面的差别化待遇，每年定期发布外企投资白皮书，大力提高市场准入透明度；全力争取国家级服务业扩大开放综合试点，严格兑现向投资者依法作出的政策承诺。着力打造知识产权保护典范城市。当前新技术革命飞速发展，已成为全球经济稳定增长的主要驱动力，新技术的引进转化取决于知识产权保护的环境，要加快建设知识产权交易中心，设立成都知识产权运营基金，引导金融机构创新知识产权质押融资产品。推动设立成都知识产权法院，推行外商投资企业知识产权保护直通车制度，开展知识产权执法维权行动，实施侵权惩罚性赔偿制度。着力打造政务服务标杆城市。率先建立投资准入、商事登记、精准服务一体化的政务服务体系。在自贸区内试点推行企业住所申报登记制度改革，简化企业投资项目核准备案要件，探索重大外商投资项目行政审批委托代办制度，推行外资项目“区域环评 + 环境标准”改革。大力深化“审批不见面”和“仅跑一次”改革，推行重大项目“一对一”全程专班服务，积极构建“管家式”“保姆式”全链条服务体系。着力打造配套服务先进城市。探索建立投资中介服务“超市”，引进会计评估、法律服务、高端商务等国际中介服务机构，支持“一带一路”法律服务联盟建设，成立“一带一路”仲裁中心、商事调解中心和风险评估中心，支持有条件的中介服务机构在境外设立分支机构。加快培育专业化经纪人队伍，支持海外人力资源服务机构在自贸区设立分支机构。

（三）全面对标世界先进城市，蹄疾步稳建设有全球影响力的国际化公园城市

2018 年 2 月，习近平总书记在天府新区调研时提出，一定要规划好建设好，特别是要突出公园城市特点，把生态价值考虑进去，努力打造新的增长极，建设内陆开放经济高地，这为成都未来发展指明了方向。公园城市作为全面体现新发展理念的城市发展高级形态，坚持以人民为中心、以生态文明为引领，是将公园形态与城市空间有机融合，生产生活生态空间相宜、自然经济社会人文相融的复合系统，是人、城、境、业高度和谐统一的现代化城市，是新时代可持续发展城市建设的新模式，包含“生态兴则文明兴”的城市文明观、“把城市放在大自然中”的城市发展观、“满足人民日益增长的美好生活需要”的城市民生观、“历史文化是城市灵魂”的城市人文观、“践行绿色生活方式”的城市生活观。公园城市理念体现了马克思主义关于人与自然关系的思想，体现了城市文化与人文精神传承的文化价值、天人合一的东方哲学价值、顺应尊重保护自然的生态价值、城市形态的美学价值、人的自由全面发展的人本价值，将引领城市建设新方向、重塑城市新价值，为成都建设可持续发展的世界城市打响品牌、注入生机、塑造优势。市委坚定践行新思想新理念，在向世界先进城市的学习中成长进步，把加快推进高质量发展和建设美丽宜居公园城市，贯穿于成都建设全面体现新发展理念城市的始终，打造有全球影响力的国际化公园城市。

一是全面提升开放能力。高标准推进新一轮对外开放，既要有雄心壮志，也要有能力担当。聚焦思想解放，提升用国际视野谋划发展的能力。破除盆地意识和习惯思维，养成以全球视野观察国际大势、产业变革和制度创新的思维方式，学会用世界眼光审视全球化趋势变化带来的机遇与挑战，始终在着眼世界大势、服务全国大局中谋划发展，在全球经济大循环、要素大交换中开放发展，在破除粗放发展模式、传统要素依赖中创新发展。聚焦行为养成，提升用国际规则处理事务的能力。主动学习和研究国际规则，全面

熟悉开放流程和国别政策，精通国际合作的法律法规、贸易规则。积极参与国际行业标准的制定，养成用国际规则和惯例处理对外事项的行为习惯，全面提升参与国际合作的能力。聚焦深度合作，提升用国际语言讲述成都故事的能力。建立一支精通国际话语体系的专业人才队伍。由浅交流转变为深合作必须增进国际社会对成都的了解。加大力度鼓励合作国家选派留学生到在蓉高校学习深造并就地创业。加强人文交流，以国际化的经营思路、形象定位、创意概念和表现符号传播城市品牌，主动加强与全球城市之间的交流互鉴，向世界展现一个别样精彩的成都。

二是大力培育开放文化。成都自古就是一座开放的城市，今天的成都，比以往任何时候更需要以开放的胸怀兼收并蓄、以开放的文化引领发展。涵养"创新创造"的文化。创新创造是成都与生俱来的文化基因，为城市发展带来了源源不尽的内生动力。传承崇尚创新、勇于创造的文化基因，加强与世界最先进的大学、科研机构、科学家、创新企业的深度合作，汇聚全球创新资源，助力开放型经济体系建设。涵养"开放包容"的文化。天府虽为四塞之地，却是塞而不闭，从来都以开放之姿，不断吸纳外来文化。进入新时代，成都吸引海归创业指数仅次于北京、上海位列第三。弘扬鼓励创新、宽容包容、和衷共济、共同发展的开放文化，以更加主动的姿态与世界各国的城市、企业和投资者、旅行者建立紧密的利益共同体。涵养"互利互惠"的文化。万物相形以生，城市互惠而成。历史上成都在互利互惠的公平贸易中实现了丝绸之路的长期繁荣。传承丝路精神，大力弘扬互利互惠开放文化，摒弃过时的零和思维，全面加强国际交流和友城合作，努力实现"各美其美、美人之美、美美与共"。涵养"合作共享"的文化。合作共享，贯穿于成都开放历史脉络，今日之成都，已与全球 88 个城市缔结友城或友好合作关系，更映衬出合作共享的文化特质。以更加开放的姿态参与国际合作，更加开放的胸襟共享新时代机遇，通过建设中国东盟艺术学院、海外华文传媒国际交流中心等项目，广交"友城朋友"、广聚"天下英才"，以"人类命运共同体"理念与世界共发展、与城市同成长。

三是加快建设国际化社区。成都历史文化厚重、生活理念先进、气候环境温润、人才资源富集、生活成本较低、职工忠诚度高，是城市最核心的竞争优势。未来，城市竞争实际上是人才的竞争，根本是人居环境的竞争。加快制定国际化社区建设规划，力争5年内分类建成45个左右产业服务型、文化教育型、商旅生态型、居住生活型国际化社区群落，全力打造高品质国际化生活城市。推进社区形态国际化。引入世界一流团队，高水平做好社区规划，加强建筑风貌设计和文化场景塑造，着力打造体现国别风情的建筑风貌，让社区形态更具国际范。推进公共服务国际化。大力兴办国际学校，引进一批高水平国际学校和教育团队，全力支持在蓉高校与世界一流名校创办国际学院，建设“一带一路”国际教育城；加快引进专业性国际医院，填补西南地区国际医疗市场空白，鼓励本土医疗机构加强国际合作、开展国际认证。建设成都领馆区，推进外国人来蓉工作“一窗式”服务，争取实施144小时过境免签政策，在中西部率先实现出入境证件办理业务“基本不跑”。推进语言环境国际化。实施公共场所国际化标识改造工程，设置双语导视标识标牌，在重点公共服务窗口设立国际居民服务台，推出双语设置的社区服务、便民服务网络终端。推进社区治理国际化。深入实施外籍人士“成都安居”工程，推动社区物业管理与国际接轨，成立境外人员服务站，经常性举办联谊会、慈善公益等形式多样的交流活动，加快营造类海外社区生活场景。

四是大力塑造国际标识。国际标识承载着一座城市的精神品格和理想追求，是外界认识城市、感知城市的重要窗口。世界城市，无一不是依托独特的资源禀赋和比较优势，构建各具特色的生活场域和消费场景，成就了让世界瞩目的城市标识。对标世界先进城市，成都着力以“三城三都”为载体塑造别样精彩的成都标识，加快建设世界文化名城。建设“世界文创名城”。把成都打造成为内陆的国际时尚和文化高地，彰显优雅时尚的现代品质和休闲宜居的生活特质，努力将国际非遗节、创意设计周、金熊猫文创设计奖等打造成国际性城市文创品牌。建设“世界旅游名城”。彰显公园城市、天府绿道、休闲之都的魅力，进一步讲好熊猫、交子、绿道、美食、休闲等故事，构建遗产观光、蓉城休闲、时尚购物、美食体验、商务会展、文化创意、养生度假七大世界级的旅游产品体系。建设“世界赛事名城”。规划建设占地 86 平方公里的天府奥体城，统筹规划、分步建设，积极引入国际一流赛事活动，带动大众体育和休闲运动的国际交流，加强世界品牌赛事的引进和培育，积极申办青年奥林匹克运动会、东亚运动会等高级别国际体育赛事，培育具有成都自主品牌和成都印记的国际体育赛事。建设“国际美食之都”。高水平规划建设全球川菜交流中心，办好“成都美食旅游节”，传承弘扬餐饮“老字号”和历史名店，建设一批特色美食街区和特色文态有机融合的美食圈。建设“国际音乐之都”。大力建成中国原创音乐生产地、音乐设施设备和乐器集散地、音乐版权交易地、音乐展演汇聚地和城市音乐休闲旅游目的地，持续办好友城音乐周，成为具有世界影响力的现代音乐产业领军城市。建设“国际会展之都”。要大力培育具有国际知名度的“名展、名馆、名企、名业”，鼓励在成都举办的国际性展览通过全球展览业协会（UFI）认证，国际性会议通过国际大会及会议协会（ICCA）认证，提升西博会、糖酒会、欧洽会、创交会等品牌展会国际影响力，建设国际一流会展场馆，积极申办世界级重大展会。

（2018 年 8 月）

改革开放

与中国城市发展

GAIGEKAIFANG

绵阳

MIANYANG

西部崛起科技城　军民融合谱新篇

——绵阳科技城的发展探索之路

中共四川省委宣传部
中　共　绵　阳　市　委

绵阳市是我国唯一经党中央、国务院批准建设的科技城。改革开放以来，绵阳市以军民融合为导向，不断适应世界科技革命、产业变革与军事变革，积极置身全球格局和全国发展大势中，积极彰显优势，着力破解瓶颈、壮大产业，有力促进了地方经济社会发展，夯实了绵阳作为四川省第二大经济体的基础，谱写了全面深化改革绵阳实践的独特篇章。尤其是党的十八大以来，绵阳科技城通过不断深化改革开放，在促进军民融合发展、提升创业创新活力、优化升级产业结构等方面都取得了积极进展。

从三线建设的“军工科研重镇”，到中国唯一的国家科技城，再到全面创新改革试验，绵阳一路领命而行。时代在变，但不变的是这座城市对科技创新的坚持，以及对创新驱动发展的信念。从历史深处走来的绵阳，正将创新深深写入这座城市的基因当中，激荡在中国科技城的呼吸脉搏里。绵阳正在成为创新创业的热土，成为军民融合资源的“蓄水池”。

一、科技立市：中国老军工基地的战略抉择

习近平总书记指出：“一个国家、一个民族要振兴，就必须在历史前进的逻辑中前进、在时代发展的潮流中发展。”一个不靠海、不沿边、非省会

的西部内陆三线城市，缘何崛起国家科技城？这是一谈到绵阳科技城就绕不开的疑问。

要解开这个疑问，不妨从绵阳的一条路——跃进路说起。在绵阳城区，今天依然可见一条被遮天蔽日的梧桐树掩映的老街。虽早已难觅昔日的光景，但在1958年这里却是长虹、九洲、华丰和涪江有线电厂4家军工企业的发轫之地。鼎盛时期，4家军工企业有职工万余人，产值占到了全市半壁江山、全省电子行业总产值的1/3。长虹彩电有句广告语："信赖，源于1958。"指的就是这段历史。

跃进路片区，也因此成为"三线建设"时期在绵阳"活着的历史"。得益于三线建设，绵阳先后聚集了中国工程物理研究院（九院）、中国空气动力研究与发展中心（29基地）、中国燃气涡轮研究院（624所）、西南自动化研究所（58所）、西南应用磁学研究所（电子9所）等一大批国防科研院所和780（长虹前身）、783（九洲前身）、796（华丰前身）、730（灵通电子前身）、756（五洲丰源前身）等一大批宝贵军工企业，三线建设为绵阳发展特别是现代工业体系的建立奠定了坚实基础。

1978年7月，邓小平同志在听取五机部负责人汇报时，明确提出"军工企业要走军民结合的路子，在国家的统一计划下以军为主，搞军民结合"，这标志着以现代化为中心的国防工业军民结合建设提到日程。1982年1月5日，邓小平同志在听取有关国防工业问题汇报时，提出"军民结合，平战结合，以军为主，以民养军"的十六字方针。根据邓小平同志的战略指导思想，绵阳的军工企业开始进行"军转民"试点探索。国营长虹机器厂抓住组装四川长江贸易公司引进5000台日本松下电视机套装散件机遇，正式开始了民品电视机的研究、开发和生产，打响了绵阳"军转民"的第一枪。

1985年，国务院批准绵阳撤地设市，依托"三线资源"，绵阳通过实施"军转民科技兴市"战略，长虹、九洲等军转民企业应运而生，在同行业迅速处于领军地位。因"工"而兴，绵阳在四川、西部乃至全国坐标系的位置不断前移，成为我国重要的国防军工与科研生产基地和电子信息产业基地。

进入新世纪，鉴于绵阳在国防军工方面的特殊战略地位，绵阳受到了国家、省和社会各界的高度关注。特别是世纪之交，党和国家领导人频频亲临绵阳视察。2000 年 9 月 4 日，时任中共中央政治局常委、国务院副总理李岚清同志莅绵视察，代表党中央、国务院宣布了建设绵阳科技城的重大战略决策。

二、创新驱动：探索绵阳特色发展之路

创新，是一个民族进步的灵魂，是一个国家兴旺发达的不竭源泉，也是中华民族最深沉的民族禀赋。习近平总书记指出，实施创新驱动发展战略，是加快转变经济发展方式、提高我国综合国力和国际竞争力的必然要求和战略举措，要“把创新驱动发展作为面向未来的一项重大战略实施好”。

（一）创新带来活力和希望

行走在绵阳，随处能感受到这座科技之城的活力。作为创新最活跃的因子，科技型中小企业是衡量一地创新发展能力的主要指标之一。而在绵阳，只用了 2 年时间这一数据就翻了一番，从 5000 余家增加到 1 万余家。在科技创新方面的其他几项关键指标，绵阳同样走在全国前列——高新技术产业化指数达 78.91%，科技进步综合指数达 68.57%，R&D 经费支出占 GDP 的比重达 7%。同时，绵阳知识产权工作走在了全省前列，为助推绵阳创新驱动发展和产业转型升级作出了积极贡献。去年全市新增专利申请 10889 件，万人发明专利拥有量 8.546 件，新增专利实施项目 1697 件，新增产值 218.27 亿元。在创新驱动和军民融合深度发展的强劲带动下，2017 年绵阳地区生产总值达到 2074.75 亿元、增长 9.1%，经济增速时隔 20 年重返全省第一位。经过这些年的探索实践，绵阳初步走出了一条在服务国防建设中振兴区域经济的军民融合“绵阳路径”。绵阳，正成为我国西部地区具有投资竞争力和创新发展活力的城市。

2015年8月中央和四川省赋予绵阳全面创新改革试验任务后，绵阳深入开展以军民融合为特色的全面创新改革试验，初步探索出一条具有特色优势的军民融合发展路径，军民融合发展驶入“快车道”。2016年、2017年率先在全国开展军民融合企业认定试点工作，认定军民融合企业321家，2017年实现总产值1530亿元，占全市工业比重50%以上，发展水平居全国、全省前列。

同时加快建设创新研发平台，建成国家“863计划”强激光技术、冲击波与爆轰物理等国省重点实验室26个，核应用、空管交通等国省工程技术研究中心21个，国省市企业技术中心154个，国家及国际组织认证的实验室26个，产学研技术创新联盟15个。并加快建设成果转化平台，创新中心、工业技术研究院、中科创新育成中心等建成投用，全国唯一的国家军民两用技术交易中心建成运营，实现与全军武器装备采购信息网链接，科技企业孵化器面积达到100万平方米，入孵企业3000余家。

（二）建立开放平台

时光荏苒，从无到有、从小到大，绵阳连续成功举办5届“中国（绵阳）科技城国际科技博览会”以及国际军民融合发展论坛、国际先进制造业大会、全国创新创业大赛军转民大赛、科技成果转化对接会等。

2017年举办的第五届科博会，共有包括世界500强、国内外知名企业、国家重点科研院所、高等院校在内的754家单位参展，展陈项目3065项、展品1万余件，共计签约项目665个、金额1114亿元，连续三届蝉联年度“全国十大品牌展会”。通过举办科博会，为国内外地区、知名企业、科研院所、高等院校搭建了共享科技前沿资讯、交易发布最新科技成果、展示展销高新技术产品、推进科技交流合作的平台，带动了创新要素加速聚集。

（三）打造创新“特区”

为推动科技城的发展，国务院成立了由科技部、国家发展改革委等18

个部委组成的科技城建设部际协调小组，在政策、项目和资金方面给予大力支持。同时，科技城还获得了先行先试权，参照执行中关村有关改革试点政策。

四川省赋予科技城 19 项省级经济管理权限，专门出台《关于加快推进绵阳科技城建设的指导意见》和 10 条《支持绵阳科技城加快建设政策措施》。明确对科技城土地利用实行单列管理，省财政 5 年内为绵阳安排 2.5 亿元科技人才发展专项资金，支持开展股权激励和科技成果转化奖励试点。

绵阳市制定出台了 20 余项支持创新创业的政策文件，针对实施科技型中小企业“涌泉计划”，专门出台了 33 条政策。还设立了 6000 万元科技城人才发展专项资金，对作出突出贡献的创新创业团队和创新人才，可分别一次性给予最高 500 万元和 100 万元资助。实行高层次人才及其团队财政资助、安家补助、岗位津贴 3 项制度。设立 1000 万元的创新基金、1000 万元的科技成果转化资金和 1500 万元科技型中小企业专项发展资金，鼓励创新创业。

三、军民融合：擦亮绵阳城市“本色名片”

在绵阳的城市介绍里，除了“李白出生地、中国科技城、四川第二大城市”外，“我国重要的国防军工和科研生产基地”的标识格外醒目。绵阳是一座独特的城市，军民融合是这座城市最鲜明的名片。

中国工程物理研究院、中国空气动力研究与发展中心、中国航发四川燃气涡轮研究院等 18 家国家级科研院所、西南科技大学等 14 所高等院校都坐落在绵阳。仅是两院院士就有 28 名，各类专业技术人才 23 万余名，军民融合发展潜力巨大。但很长一段时间内，这些蕴藏在军工科研院所内的技术优势，相当部分仅在实验室里，没能充分转化为产业发展的动力。

怎样建设科技城？或者说，如何走出一条以军民深度融合为特色的全面创新改革之路，让绵阳巨大的科技潜力释放出来？围绕破解体制性障碍、结构性矛盾、政策性问题，科技城建设以来，绵阳加快构建军民融合一体化科研生产体系，创新军用科技成果转移转化机制，打通“军转民”“民参军”双向互动通道。

（一）全力保障重大国防科研项目

在服务保障重大国防科研项目上，国防科研成果在绵阳加速转化——依托驻绵科研院所承担的3个国家重大科技专项建设“三新城”，即“科学新城、空气动力新城、航空新城”。目前，“科学新城”核心项目——中物院某重大装置进入最终选址阶段。同时，中国电子科技集团9所、中国兵器装备集团58所等一批重大项目也全面建成投用；“空气动力新城”核心项目——29基地科研试验新区的25座风洞全部建成并承担载人航天飞行器、国产大飞机、高速列车等空气动力试验；“航空新城”——624院高空试验新区项目大部分投入使用，并列入国家航空发动机专项。

（二）构建“五大体系”深挖军工科技资源“富矿”

军民融合是一项国际难题，难就难在如何协调“军”“民”这两个体系。基于以往军民融合的经验，绵阳没有一味地等待，而是从现实出发，构建创新转化、产业培育、人才集聚、开放合作、金融服务“五大体系”，同步协调推进。

1. 破壁垒——通过构建军民融合创新转化体系，打破军民分隔的“墙”。绵阳构建“三类创新转化平台”和互动转化平台，打通“军转民”“民参军”通道，促进技术转移转化。全国唯一的军民两用技术交易中心、全国首家军民融合大型科学仪器共享平台、军民两用技术再研发中心、中物技术等创新转化平台建成运营。

军民两用技术交易中心通过整合全国各类军工院所、军民融合企业、军民融合科技服务机构等创新资源，推动技术、市场和资本“联姻”，为入驻的军民融合成果提供遴选、评估、评价、再研发、交易担保等“一条龙”服务。作为科技部授予的全国唯一的军民融合技术交易平台，运营两年来，已促成技术交易超过 800 项、交易金额近 20 亿元。

四川军民融合大型科学仪器共享平台，整合了包含中国工程物理研究院等军工院所、中国电子科技集团等军民融合企业、四川省分析测试服务中心等服务平台在内的 100 余家单位，总价值超 36 亿元的 15 大类 3378 台（套）仪器设备，以及胡仁宇、胡思得、彭先觉3位院士为代表的各类专家215人，形成了涵盖材料学、应用化学、仪器分析等领域 1 万余项指标的检测能力，为 1127 家企业提供服务 3375 次，成功促进 16 项创新成果转化。

2. 强产业——产业是推动军民融合战略的重要载体。目前，绵阳已初步探索出“院所自转、军工自转、院企联转、民企参军”等军民融合“四种模式”，催生了利尔化学、中物仪器、科莱电梯等 460 余家“军转民”“民参军”企业，产业涵盖电子信息、航空发动机等 300 多个专业领域，仅去年就实现销售收入近 2000 亿元。绵阳加快建设科技城集中发展区，2017 年集中发展区核心区完成基础设施投资 100 亿元，未来这里将成为绵阳军民融合产业的主要承载地。绵阳以引进培育高新技术和战略性新兴产业为重点发展现代工业，大力实施“梧桐计划”，打造核技术应用产业园、磁性材料产业园、通航产业园等十大军民融合产业园。

九院是绵阳的科技地标，在向民用领域释放科技优势方面，也是一面旗帜。“利尔化学”，国内最大高效安全农药生产商，销量全球第二；“银海软件”，开发的社保系统软件长期占全国 90%以上市场……去年，九院军转民企业实现收入超过 50 亿元。

九洲集团近年来大力发展军民融合，如国内领先的空管通航产业，融合发展后产品占据了国内 70%以上的市场份额。实现营业收入超过 200 亿元，其中约九成来自民品。随着军品技术的释放，产品由 1 个领域拓展到 8 个领域。同时，民用领域技术发展后又“反哺”军品，军民技术双向转移。

作为全球知名家电企业，长虹公司的另一个身份是老牌军工企业。创始于 1958 年的长虹，其前身为国营长虹机器厂，是我国“一五”期间的 156 项重点工程之一，是当时国内唯一的机载火控雷达生产基地，这也是长虹“军工立业”的由来。20世纪七八十年代，长虹公司响应国家号召，实施军转民战略，以军工技术体系为基础研制民用彩电，市场占有率一度达到30%以上，企业销售规模从几千万突破到上千亿，成为四川省第一大工业企业。通过60余年探索实践，长虹公司发展壮大成为集军工、消费电子、核心器件研发与制造为一体的综合型跨国企业集团，2017年实现工业总产值1075.78亿元，工业增加值225.41亿元。

“军火制造商”，57岁的民营企业家顾德阳近两年得了这样一个外号。他创办了四川三阳永年增材制造技术有限公司。何谓“增材制造”？就是3D打印。不过他的“增材”非同一般，是镍基、钼基、钨基、钛合金等。一架同比缩小的军机模型，钛合金材料，要求5天交货。这其实还不算复杂，瞧他打印的产品：航空发动机喷嘴、航空航天用异形齿轮、转轴结构件、火箭发动机喷射器及相关部件、飞机大型涡轮盘关键部件、飞机及航母大型承力结构件等。现在公司已取得武器装备科研生产单位二级保密资格，完成国家军工质量体系认证。顾德阳为“参军”，把外地两个厂都卖了：“投进1个多亿了，准备投5个亿。”

3. 引人才——人才是第一资源，创新驱动本质是人才驱动。绵阳创新人才工作机制，出台《关于扩充绵阳市人才发展专项资金资助项目的通知》等3个人才引进专项政策，建立年度6000万元的人才发展专项资金。目前，全市大中专院校开设军民融合相关专业186个，每年培养军民融合人才3.8万人。绵阳设立中国国际人才市场科技城分市场，深入实施“千英百团”聚才计划，5年投入人才发展专项资金2.2亿元，撬动各方资金投入156亿元，引进高层次领军人才174人，全市技术人才达23万。

刘高川，这位早年曾在国防科技大学主攻火箭发动机与飞行力学专业的研究生，过去先后在北京、上海分别担任上市公司和央企的技术总监与总经理。2015年，他选择来到绵阳成立四川宝天智控公司，主要面向军用和警用提供特种智能无人机等产品。他说，在绵阳这样无忧的创业环境与给力的政策帮扶下，在短短的时间里，他和他的研发团队所研发出的核心产品——

球形无人机和核心部件“飞行控制系统”，一举拿到国际国内 17 个大奖，获得黑马创业大赛全国冠军。

4. 搭平台——搭建更加务实高效的开放合作平台。通过中国（绵阳）科技城国际科技博览会、中国（四川）电子商务发展峰会等大型活动，绵阳进一步深化与国内外军民融合先进地区的交流合作，引入欧盟项目创新中心、英国剑桥科创孵化园等项目落户绵阳。科博会从无到有、从小到大，至今已连续举办 5 届，科技城与世界越走越近。

5. 强服务——绵阳筹设了总额为 54 亿元的军民融合产业发展、成果转化、基础设施建设等 5 只基金。成立运营全国首家军民融合科技银行和保险支公司，推出“军工采购贷”“军工项目贷”等 20 多个军民融合金融产品和“央行科票通”等六大类近 40 种科技金融产品，全市军民融合贷款超 200 亿元，为军民融合发展注入“金融活水”。绵阳牵头承办天府联合股权交易中心军民融合绵阳分中心，牵头打造四川新四板“军民融合板”。目前，绵阳初步构建起国内领先的特色化、专业化、市场化军民融合金融生态链。

一些信用等级不高、又缺少抵押物的中小企业，原来难以直接从银行融资，如今为什么能方便快捷地融资？这源于绵阳在全国率先试点应收账款融资服务，相关部门加大政策服务支持，人民银行全力推动，核心企业示范带动，为其供应链上下游的中小微企业“增信”，解决中小微企业融资“难、慢、贵”的问题。如今，绵阳应收账款融资服务试点探索了一条以核心企业撬动为特点的新路子，试点经验在全国推广，这仅仅是绵阳金融产品逐步丰富的一个缩影。还有“科创税 e 贷”等知识产权质押融资产品实现对专利权、商标权、著作权的全覆盖，保险机构创新推出了融资信贷等多领域风险保障产品，军民融合金融服务体系已现雏形。

（三）军民融合成效显著

正是通过这一系列有效的工作方法，绵阳军民融合工作不断取得进步，一些实践经验也获得了相关部门的认可，甚至上升为全省、全国的做法和经验。全创改革试验启动一年多时间，绵阳就交出了一张漂亮答卷。在四川向全国推广的 8 条经验中，绵阳贡献了“在绵国防科研设施资源共享”和“应收账款融资服务”2 条。全省首批推广的 21 条经验中，11 条涉及绵阳。

深厚的军民与科技积淀，遇到军民融合发展上升为国家战略的“风口”，绵阳科技城在军民深度融合发展上释放出惊人的活力。中国空气动力研究与发展中心（29 基地）重大国防科研设施多次承担载人航天器、国产大飞机、高速列车等气动试验，被习近平总书记批准作为“攻坚克难融通军民的排头兵”，列入全国重大典型宣传；长虹应收账款融资服务试点，获得李克强总理批示肯定；九洲集团被党中央、国务院、中央军委授予重大贡献奖，成为全国唯一获此殊荣的地方军工企业。

四、面向未来：科技城再次被赋予新的使命

近年来，新一轮科技革命和产业变革正加速推进，全球科技创新异常活跃，以军用技术为基础的军民融合高新技术呈蓬勃发展之势。党的十八大以来，以习近平同志为核心的党中央将军民融合发展上升为国家战略，开启了统筹富国与强军的崭新征程。党的十九大将军民融合发展确定为国家七大发展战略之一。实施军民融合深度发展战略，成为绵阳加快军民融合创新示范区建设，抢占军民融合产业发展高地的重大历史机遇，为加快形成军民融合“绵阳模式”，构建国家战略体系和能力一体化，提供了强劲动力。

2017 年 4 月，国务院批复的绵阳科技城“十三五”规划，明确把绵阳科技城打造为“创新驱动发展的试验田、军民融合创新的排头兵和西部地区发展的增长极”。2018 年 2 月，习近平总书记来川视察时指示，要加快建设绵阳科技城，努力蹚出一条军民深度融合发展的路子。党中央、国务院对绵阳科技城建设和军民融合发展寄予殷切希望和重托，赋予科技城新的国家使命和新的时代内涵，为绵阳军民融合深度发展定位了新的时代坐标、提供了强有力支撑。

2018 年 5 月，四川省委书记彭清华在绵调研时指出，军民融合是绵阳最大特色、最大亮点和最大优势，建设绵阳科技城是党中央赋予四川的重大历史使命，也是推进军民融合深度发展的重要载体，更是实现绵阳转型发展、创新发展、跨越发展的重大机遇和关键所在。要求绵阳以全面创新改革试验为契机，做好军民融合深度发展这篇大文章，切实把军民融合优势转化为发展优势。省委、省政府对绵阳科技城高度重视，为军民融合发展指明了方向、提供了遵循、注入了动力。为巩固绵阳在国家军民融合发展战略布局中的特殊地位，最终实现国防建设和经济发展相统一的根本要求，提供了强大保障。

绵阳是一座独特的城市，军民融合已经成为这座城市最鲜明的底色。在共和国 69 年的发展历程中，绵阳始终肩负着光荣的国家使命，经历了我国军民融合发展的全过程。军民融合从根本上决定了绵阳经济发展格局和方向，整体上提升了绵阳的战略地位和影响力。习近平总书记来川视察时的重要讲话，特别是对绵阳科技城建设和军民融合发展作出的重要指示，为推动新时代绵阳发展提供了根本遵循。绵阳一定牢记习近平总书记嘱托，砥砺前行，全力做好军民融合深度发展这篇大文章。

下一步除了继续争取更多国家重大科技专项和军民融合重大项目布局绵阳外，将着力推进军地资源共建共享。具体来说，实施国家军民两用技术交易中心、军民融合大型仪器资源共享平台市场化改造，支持国防科技重点实验室、军工试验设施、大型科研仪器等向市场主体开放，打造共通共用、共建共享的军民融合示范平台。

与此同时，定期征集在绵军工单位对民口的技术需求，在绵阳市科技计划体系内，整合设立军民融合专项，推进民口先进技术服务于国防科技并实现产业化。

绵阳将落实好习近平总书记关于“加快技术、资本、信息、人才、设备设施等资源要素的军民互动，实现互相支撑、有效转化”的重要指示，政府多做服务、多搭平台，打造一个军民融合的好生态，按照市场化机制运营，发展军民融合产业集群，努力蹚出一条军民融合深度发展的路子。

从三线建设时期开始，绵阳就凭着一个个先行先试的探索起步，闯出了一条辉煌的国防科研之路。如今，绵阳再次领命而行，勇当军民融合深度发展的“排头兵”，一步一个脚印，正在为创新驱动发展注入强劲动力。乘着全面创新改革的春风，绵阳这名军民融合“排头兵”，正昂首阔步走向更加辉煌的未来，以军民融合为最大特色的科技之城，正强势崛起！

（2018 年 8 月）

改革开放与中国城市发展

GAIGEKAIFANG

广安

发展铺筑小康路

——四川省广安市改革开放 40 年调研报告

中共四川省委宣传部
中　共　广　安　市　委

广安市，诞生于改革开放大潮之中。1993 年 7 月，国务院批准设立广安地区，1998 年 7 月撤地建市。现总辖广安区、前锋区、岳池县、武胜县和邻水县，代管华蓥市，人口 467.4 万。

广安市为四川省地级市，位于四川省东北部，华蓥山中段，系世纪伟人邓小平同志的故乡。其东、南与重庆市接壤，西与遂宁、南充市相邻，北与达州市毗连，素有“川东门户”之称。全市总面积约 6344 平方公里，华蓥山、铜锣山、明月山纵贯南北，渠江、嘉陵江流经全境，属中亚热带湿润季风气候区，气候温和，四季宜农。全市矿产资源丰富，已探明发现的矿藏有煤、天然气、石油、岩盐、石灰石、菱铁矿、钒钛矿、磷矿、矿泉水、地热等 30 余种，具有较大工业价值。

一、40 年发展综述

40 年前的广安，是一个以农业为主，经济总量小的国家级贫困县。20 世纪 70 年代，邓小平接见外宾时，多次以自己家乡广安为例，慨叹其贫穷落后：我的家乡广安，人均占有粮食两百多斤，一个农民年平均收入不到 50 元，我的家乡就是那个样子！当年的广安，曾以盛产玉米被誉为“金广安”，然而“金广安”在“文革”时期却总是与“贫穷”二字连在一起。每当春二三月，广安火车站人满为患，全是外出逃荒的农民。他们随南来北往的列车漫无目的地去流浪，去寻找一口充饥的饭食。那时的广安人言谈之中常以能吃上一顿饱饭、穿上一件新衣为荣，心中最大追求就是能够过上温饱生活。

改革开放以来，特别是党的十八大以来，作为改革开放总设计师的家乡，广安坚持将对伟人的缅怀纪念与实现伟大中国梦广安篇章紧密结合，形成了“逢山开路、遇水架桥、披荆斩棘、勇往直前”的广安精神，探索符合广安特点的发展路子。全市社会经济稳步发展，经济规模快速扩大，综合实力显著增强，经济结构不断优化，基础设施日趋完善，社会事业蒸蒸日上，人民生活水平极大改善，将率先全域摘掉贫困帽子。广安先后获得全国文明城市、全国卫生城市、中国优秀旅游城市、全国双拥模范城市、国家园林城市和国家森林城市等殊荣。

（一）经济总量不断迈上新台阶

1. 国内生产总值（GDP）

经济总量不断增加。1978 年，全市 GDP 总量为 6.0 亿元，1997 年突破 100 亿元，2004 年突破 200 亿元，2010 年突破 500 亿元，2015 年突破 1000 亿元，

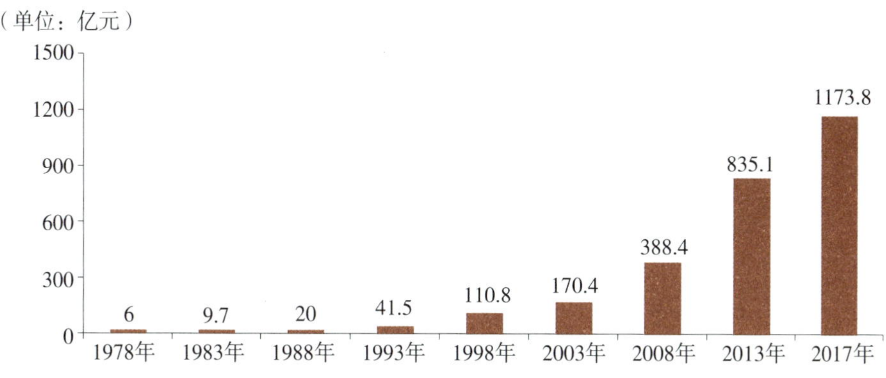

1978—2017 年广安市 GDP 总量对比图

2017 年达到 1173.8 亿元，是 1978 年的 196 倍，总量相当于 1978—2002 年 GDP 总量之和。

经济结构日趋合理。随着广安经济的快速发展，全市经济结构不断优化，产业层次不断提升。1978 年，全市三次产业结构为 56.4∶12.6∶31.0，2017 年，三次产业结构调整为 14.5∶46.5∶39.0，第一产业下降 41.9 个百分点，年均下降 1.1 个百分点；第二产业上升 33.9 个百分点，年均上升 0.9 个百分点。

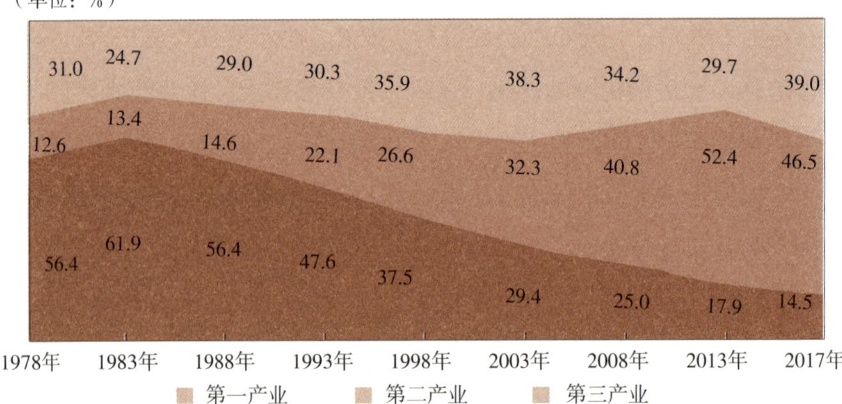

1978—2017 年广安市产业结构调整历程

2. 全社会固定资产投资

改革开放以来，全市累计完成固定资产投资 8323.0 亿元，年均增长 24.9%。2017 年，全市完成社会固定资产投资 1513.3 亿元，增长 16.5%。

民间投资日趋活跃，逐渐成为投资主体，截至 2017 年，全市民间投资已占全社会固定资产投资的 52.0%，较 2008 年(5.6%，从 2008 年开始统计)提高 46.4 个百分点。

房地产投资快速增长。2017 年，全市完成房地产投资 244.2 亿元，1990 年仅 167 万元（从 1990 年开始统计），1990—2017 年全市累计完成房地产投资 1126.0 亿元，年均增长 42.6%。

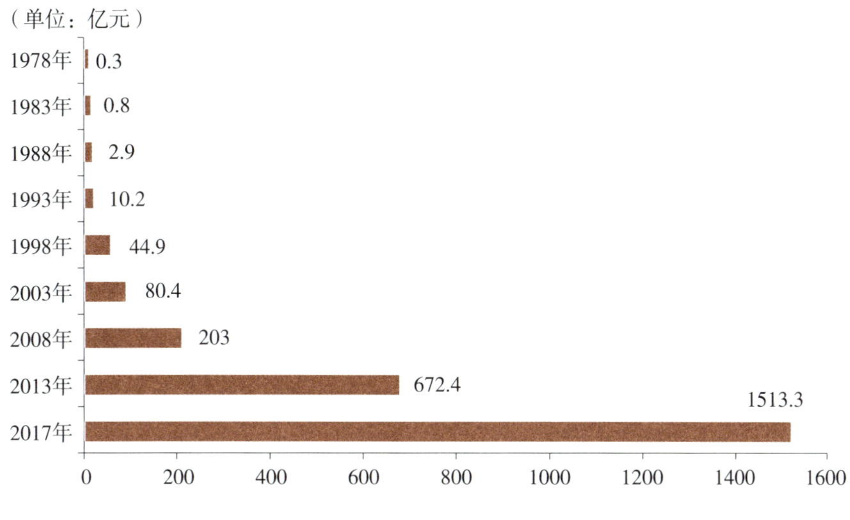

1978—2017 年广安市全社会固定资产投资总额对比图

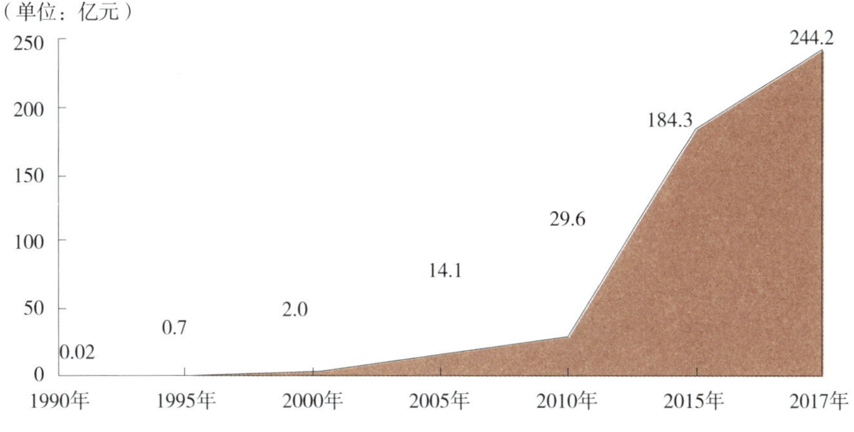

1990—2017 年广安市房地产开发投资对比图

3. 财政金融

财政实力不断增强。2017 年，广安全市地方公共财政收入已达到 71.2 亿元，是 1978 年的 151 倍，年均增加 1.9 亿元，年均增长 13.7%。地方公共财政支出为 265.0 亿元，是 1978 年的 568 倍，年均增加 7.0 亿元，年均增长 17.7%。

税收收入大幅增长。2017 年，广安市国税收入为 46.1 亿元，是 1994 年

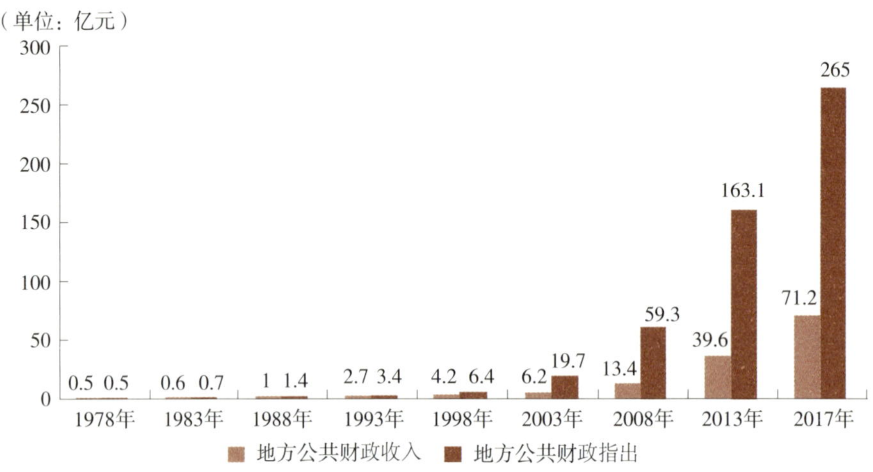

1978—2017 年广安市财政收支对比图

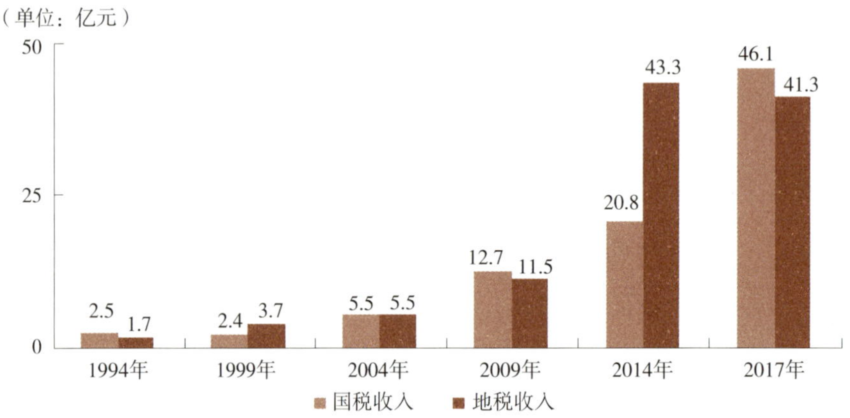

1994—2017 年广安市国税、地税收入对比图

（1994 年国税和地税数据分开统计）的 18.8 倍，年均增加 2.0 亿元；地税收入为 41.3 亿元，是 1994 年的 24.4 倍，年均增加 1.8 亿元。

金融业快速健康发展。截至 2017 年年末，全市金融机构各项存款余额为 1829.8 亿元，是 1978 年年末的 1679 倍，年均增加 48.1 亿元。金融机构贷款余额为 725.9 亿元，是 1978 年年末的 451 倍，年均增加 19.1 亿元。

居民存款突飞猛进。2017 年年末，全市城乡居民储蓄存款余额为

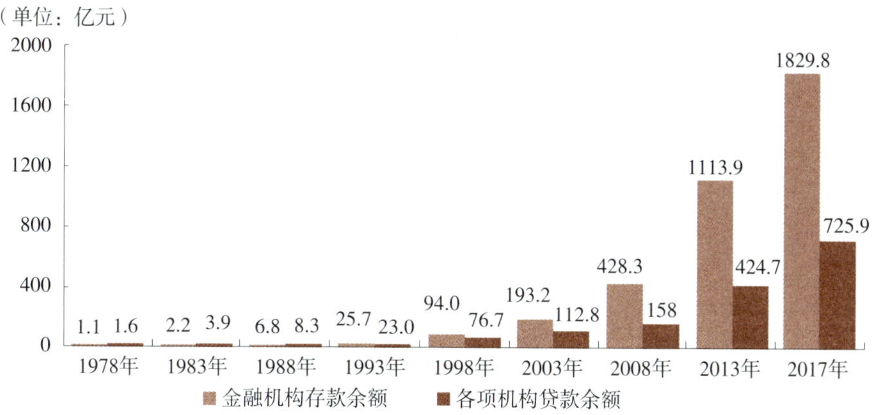

1978—2017 年广安市金融机构存贷款余额对比图

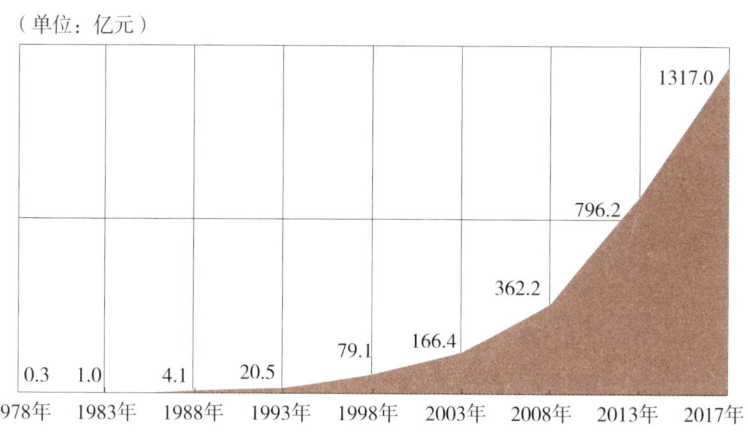

1978—2017 年广安市居民存款余额对比图

1317.0 亿元，是 1978 年年末的 4704 倍，年均增加 34.7 亿元。按常住人口计算，2017 年年末，全市城乡居民储蓄人均存款达 40520 元。

（二）产业发展快速推进

1. 农业

农业总产值快速增长。40 年来，广安市深化农村改革，加快农业产业化步伐，深入开展新农村建设和农业供给侧结构性改革，全市农业实现了跨越式发展。截至2017年，全市农业总产值为293.9亿元，是1978年的66.8倍。

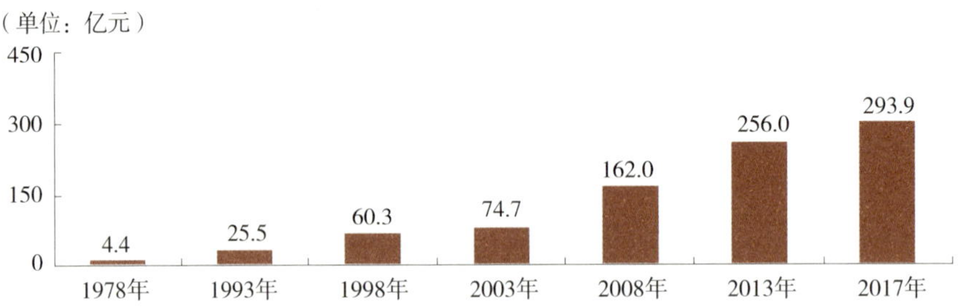

1978—2017年广安市农业总产值对比图

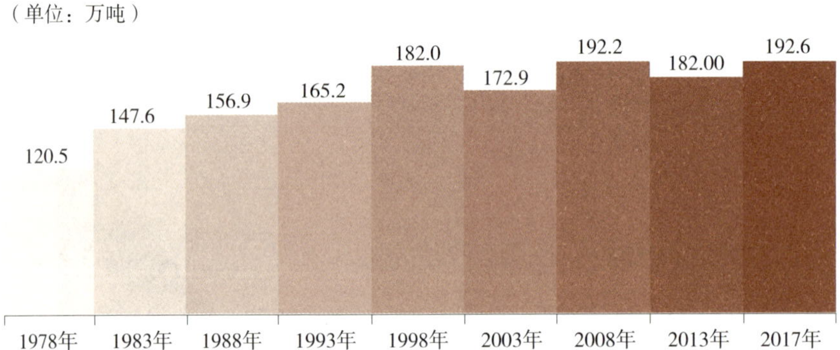

1978—2017年广安市粮食产量对比图

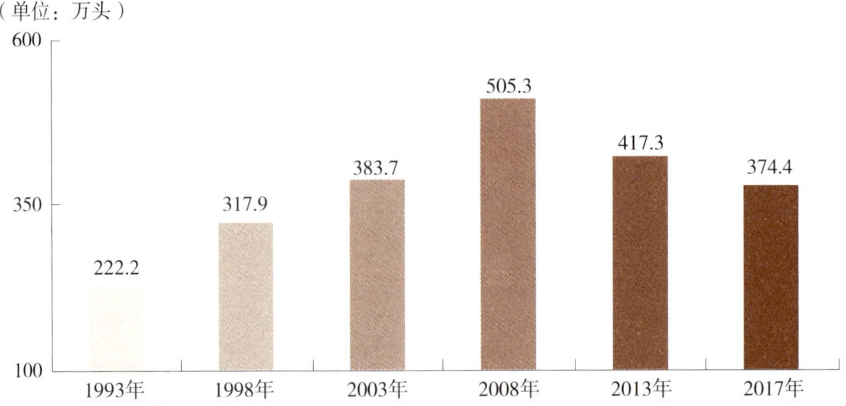

1978—2017年广安市出栏生猪对比图

主要农产品生产稳定。2017 年，广安全市粮食产量达到 192.6 万吨，比 1978 年增加 72.1 万吨。出栏生猪 374.4 万头，比 1993 年（从 1993 年开始统计，下同）增加 152.2 万头。家禽出栏 2991.6 万只，是 1993 年 796.9 万只的 3.8 倍，年均增加 95.4 万只。水产品产量达 6.84 万吨，是 1993 年的 5.9 倍。全市森林覆盖率为 37.8%，比 1993 年提高 21.6 个百分点，其中 2013 年广安成功创建为国家森林城市。

2. 工业

改革开放以来，规模以上工业企业由 1997 年（从 1997 年开始统计，下同）的 126 户发展到 2017 年的 555 户，年均增加 22 户左右，规模以上工业总产值由 1997 年的 19.6 亿元发展到 2017 年 1756.4 亿元，增长 89.6 倍，年均增长 25.2%，工业化率不断提高，工业化进程快步迈进工业化中期。工业园区快速拓展，园区面积和入驻企业不断增加。

工业化率逐步提高。改革开放以来，广安大力实施“工业强市”战略，工业经济保持着快速发展。2017 年，工业化率达到 35.0%，较 1978 年上升 26.9 个百分点。

工业园区快速发展。广安市工业经济技术开发区已被批准为国家级经济

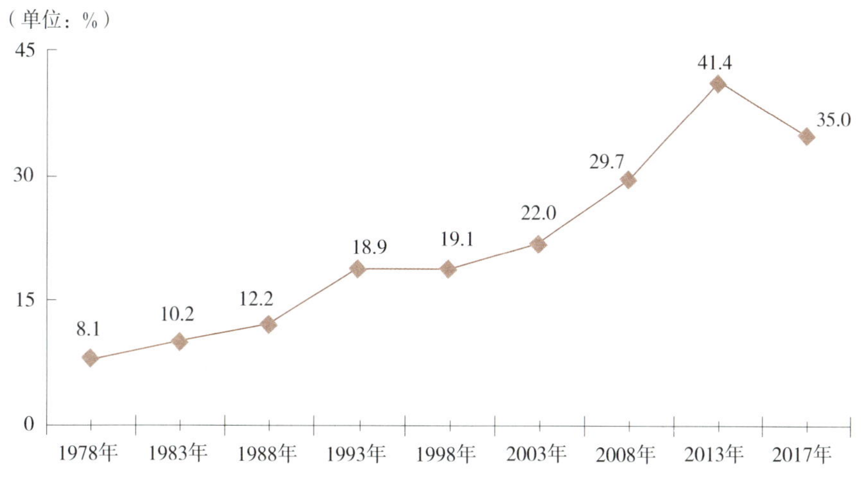

1978—2017 年广安市工业化率走势图

技术开发区。全市规划面积近 300 平方公里，已开发面积 100 平方公里，已建成面积 70 平方公里，基础设施建设投入达 650 亿元，入驻企业已达 540 户。有工业园区 13 个，其中核心工业园区 5 个，与之相配套的相互支撑的次生工业园区 8 个，其中邻水县经开区创建国家新型工业化产业示范基地 2017 年通过国家工信部评审。

3. 商贸和旅游业

2017年，全市社会消费品零售总额为525.0亿元，是1978年的144.7倍。

旅游业蓬勃发展。广安市旅游资源丰富，有国家 5A 级景区——邓小平故里，4A 级旅游景区——天然大盆景，蜀中一绝“宝箴塞”，华蓥山大峡谷

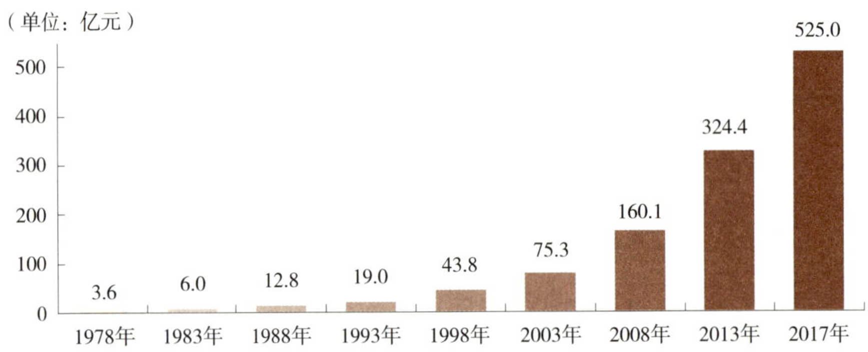

1978—2017 年广安市社会消费品零售总额对比图

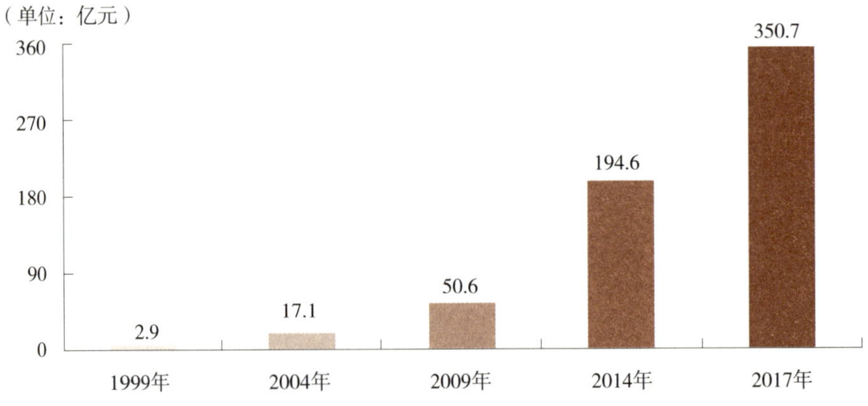

1978—2017 年广安市旅游收入对比图

天意谷。“小平故里行·华蓥山上游”已成为全国旅游知名品牌。2017 年，全市实现旅游收入 350.7 亿元，年均增长 16.1%，是 1999 年 2.9 亿元（从 1999 年开始统计）的 120.9 倍。

4. 交通和通信业

40 年来，广安市交通事业实现飞跃发展。襄渝铁路、兰渝铁路、G42 沪蓉高速、G75 兰海高速、G65 包茂高速、G85 银昆高速、遂广高速以及国道 210 线、212 线、244 线、318 线和 350 线跨境而过，形成了骨架网络。

交通基础建设大力推进。2017 年，全市公路通车总里程达 12389 公里，是 1978 年 1471 公里的 8.4 倍，年均增加 278.3 公里。全市高速公路里程为 206.1 公里，比 2000 年的 45 公里增加 161.1 公里。

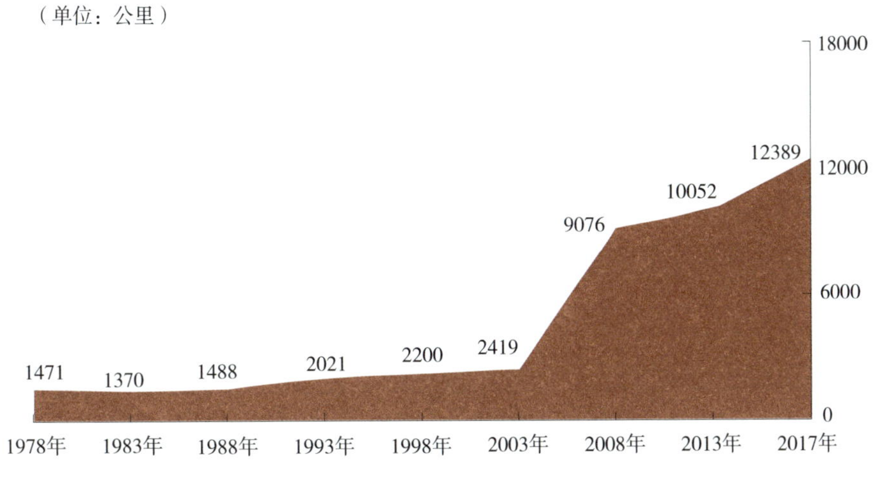

1978—2017 年广安市公路里程走势图

通讯事业飞速发展。1978 年，全市固定电话用户只有 2600 户，1989 年（移动电话和互联网用户 1989 年开始统计）移动电话和互联网用户仅 500 户左右，到 2017 年，固定电话用户数达到 42.1 万户。移动电话用户达到 272.7 万户，互联网用户达到 66.3 万户。

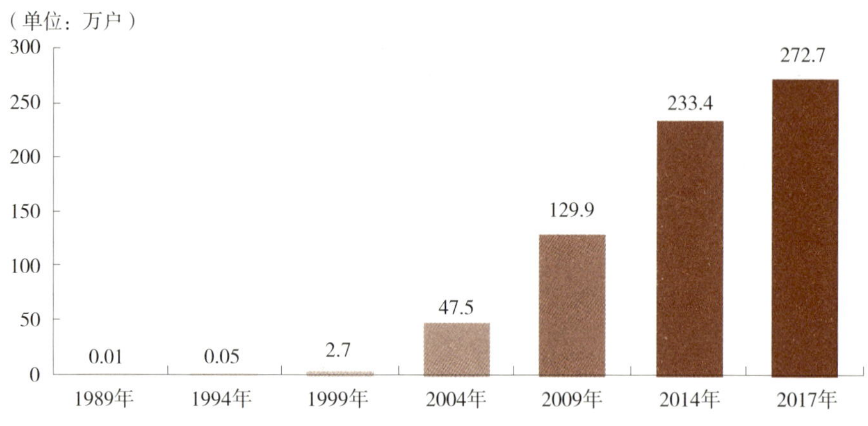

1989—2017 年广安市移动电话发展对比图

5. 城市建设

1978 年，全市城市建成区面积不足 20 平方公里，城镇化率为 5.2%。40 年来，全市城市发展日新月异，城市化进程快速推进，城市面积加快拓展，城市规划不断完善，城镇化率已达 40.2%，城镇常住人口已超过 300 万。城市建设步伐不断加快，城市基础配套设施不断完善，城市公共绿地面积大大增加，城市功能不断增强，“智慧城市”启动建设。社区发展快速推进，城市小区管理益规范。广安成功创建为中国优秀旅游城市、国家森林城

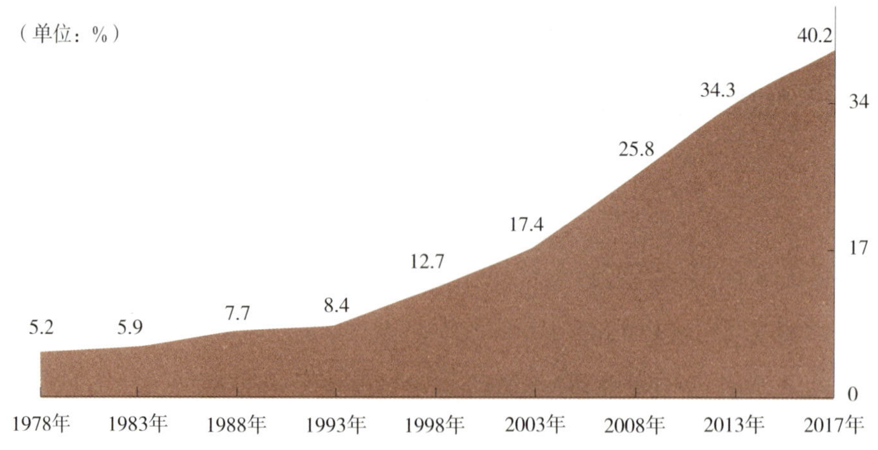

1978—2017 年广安市城镇化率走势图

市、国家园林城市、国家卫生城市、全国文明城市。

（三）社会事业蒸蒸日上

1. 教育

改革开放 40 年来，广安市的教育事业取得了长足进步，九年义务教育全面普及，小学学校数由 1978 年的 4196 所精减为 2017 年的 198 所；普通中学学校数由 1978 年的 213 所增加到 2017 年的 271 所，幼儿园 713 所。普通中学专任教师由 1978 年的 7583 人增加到 2017 年的 16116 人。“上学难”得到了根本改善，民办教育快速发展，职业教育发展壮大，高等教育也从无到有。

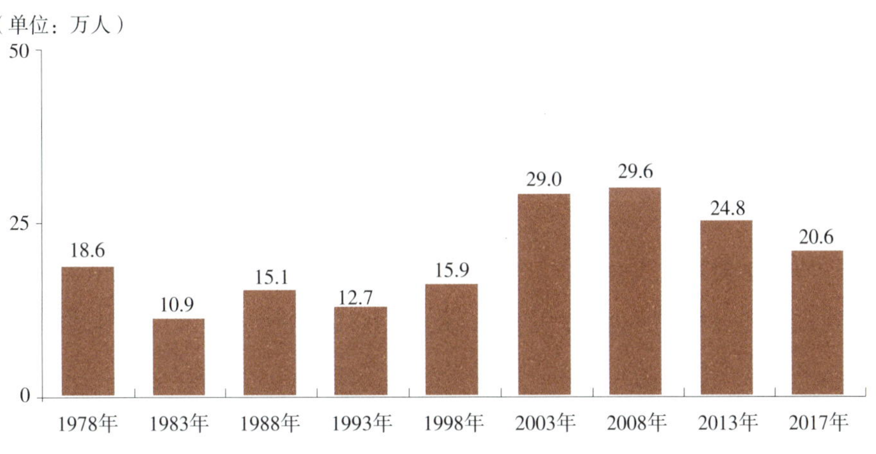

1978—2017 年广安市普通中学在校学生对比图

2. 卫生

40 年来，广安市卫生事业迅猛发展，医疗体制改革纵深推进，“看病难”得到了根本改善，卫生设施不断完善。2017 年，全市卫生机构数 3446 个，是 1978 年（442 个）的 7.8 倍，卫生机构床位数 18186 张，是 1978 年（5000 张）的 3.6 倍，年均增加 347 张；医院、卫生院技术人员 12539 人，是 1978 年（3658 人）的 3.4 倍，年均增加 234 人。

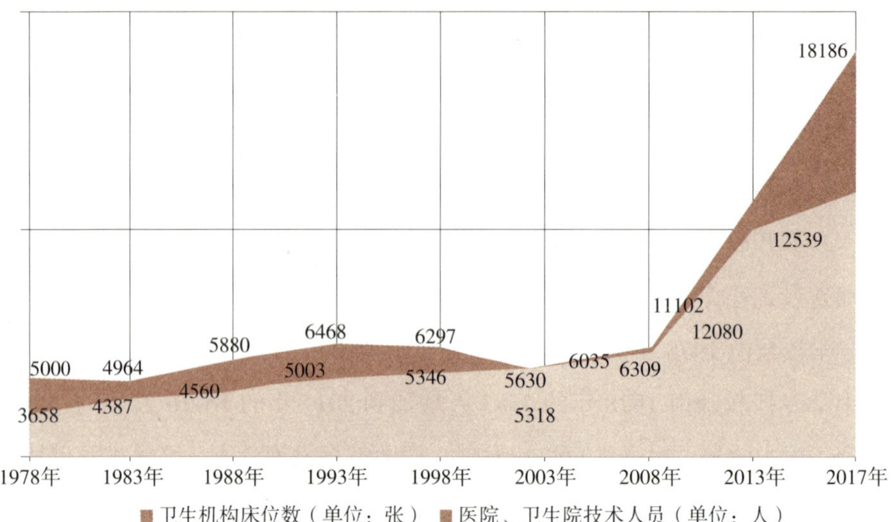

1978—2017 年广安市卫生事业发展对比图

3. 文化

“十二五”以来，广安市坚持“重基础、重基本、重基层”的总体思路，大力推进文化设施建设。广安大剧院、汉陶博物馆等文化设施建成开放，广安市博物馆即将竣工布展，文化服务体系不断完善，文艺创作成果丰硕，群文活动多姿多彩，文遗保护卓有成效，文化产业加速发展，文化事业步入了健康发展快车道，成绩显著。群众的文化需求得到不断满足。

全市文化改革积极推进，广安文旅集团、广安日报传媒集团、广安广播电视传媒集团等文化产业的相继成立，使国企作用得到更好发挥，推动和壮大了文化事业和文化产业的发展，繁荣了社会主义文艺，增强了优秀文化产品供给能力。截至 2017 年，全市规模以上文化企业达 51 家，文化产业增加值达到 23.6 亿元，比 2010 年增长 337%，较 2012 年前增加了 3.4 倍，其中票房收入突破 5000 万元。

（四）人民生活日益改善

改革开放以来，广安城乡居民收入稳步增加，生活质量不断提升。农民新村建设快速推进，配套设施不断完善；城乡居民居住环境日益美丽。城乡居民消费不断升级，农村居民恩格尔系数从 1978 年的 74.2%下降至 38.1%，城镇居民恩格尔系数从 2004 年的 45.5%（2004 年开始统计）下降至 34.9%。

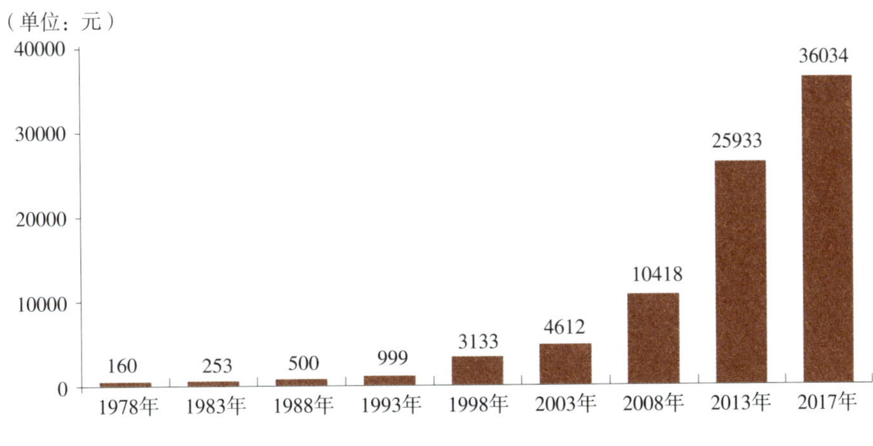

1978—2017 年广安市人均 GDP 对比图

城乡居民收入稳步增长。2017 年，广安市城镇居民人均可支配收入达到 30616 元，年均增加 2000 元，年均增长 12.5%。农民人均纯收入由 1978

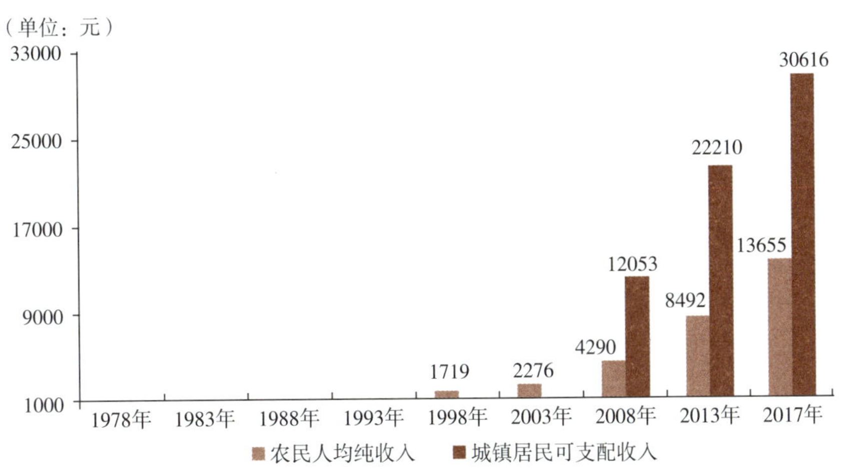

1978—2017 年广安市城乡居民收入对比图

年的 82 元增加到 13655 元，年均增加 357 元，年均增长 14.0%。

职工工资快速增加。2017 年，全市城镇非私营单位在岗职工年平均工资达到 69813 元，是 1978 年（540 元）的 129.3 倍，年均增加 1823 元。

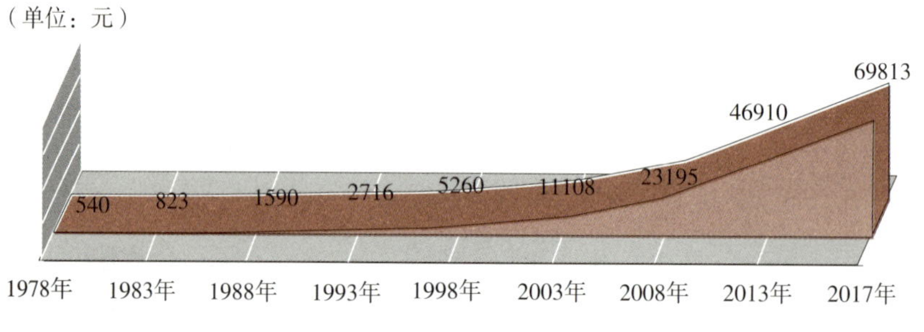

1978—2017 年广安市城镇非私营单位工资走势图

二、经济社会发展的主要特点

广安是中国社会主义改革开放和现代化建设总设计师邓小平同志的故乡，在广安大张旗鼓地推进改革开放，既是对邓小平理论忠实践行，也是对邓小平同志的深情缅怀，更是落实党的十八大提出的深化改革任务的需要。改革开放 40 年，广安成绩斐然，亮点多多：构筑开放合作大平台、建设生态文明、全域脱贫摘帽、成功创建全国文明城市等，这些都将铭刻在广安发展史册上。

广安之变，源于改革开放，凸显于党的十八大以来改革深化，特别是近 6 年以来的做法及成就更是可圈可点。

（一）深度开放合作，搭建发展平台

1. 建设川渝合作示范区

2011 年 5 月，国务院出台的《成渝经济区区域规划》，将广安作为纳入重庆城市群的四川省的唯一城市，并确定在广安建设川渝合作示范区。2012 年 11 月，国家发改委批复《川渝合作示范区（广安片区）建设总体方案》，

广安被定位为川渝产业合作基地、连接川东渝北的重要交通枢纽、生态环境共建共治样板区、区域合作体制机制创新试验区。2013 年 3 月，国家发改委批复建设四川广安承接产业转移示范区，在产业承接、园区共建、区域协作、民生改善、环境保护和资源节约集约利用等方面为西部地区承接产业转移提供典型示范。广安积极用好用活这“两张牌”，迅速形成了全方位开放格局，打开了向高质量发展腾飞的空间。

2018 年 6 月，广安市人民政府与四川省发改委、重庆市发改委共同签订了《深入推进川渝合作示范区（广安片区）建设合作协议》。2007 年以来，按照四川“多点多极支撑”和重庆“五大功能区”发展战略要求，广安优化城市空间布局，拓展城市规模，完善城市功能布局，积极搭建合作平台，加强区域交流合作，着力构建川东北区域性中心城市，推动广安整体融入重庆城市群。大力发展主城区、国家级经开区、官盛新区等城市发展核心区，全面对接重庆城市规划，主动接受重庆主城区辐射带动。到 2017 年，全市城镇常住人口达到 150 万人，城镇化率达到 45%，新型城镇化为广安释放出更多的红利和商机。

强化城市通道建设，实现渝广互联互通。以国家高速公路、国省干线公路、铁路及水运、航空建设为重点，广安将广安铁路、公路、水路等对外通道建设纳入《重庆市与四川省毗邻地区综合交通规划》，着力建设连接重庆、辐射周边的交通体系，实现渝广交通互联互通。立体便捷的交通走廊加速形成。2015 年修通的巴广渝高速公路广安段，把广安与重庆主城区的车程缩短到 40 分钟；兰渝铁路广安段实现客货投运，动车在 2016 年年底前开通，广安到重庆时间缩短到 30 分钟以内；广安港成功试运营，航道渠化后，千吨级船舶可直达重庆进入长江黄金水道；与重庆机场集团公司签订合作协议，设立了重庆机场广安候机楼，开通机场客运专线。华蓥高兴至重庆涪陵龙头港铁路、渝广城际铁路、广安通用航空机场等项目正抓紧开展前期工作，渝广两地互联互通通道基本形成，合作兴业环境逐步优化，合作基础越来越牢。

加强经济协作，积极打造产业承接地。近年来，广安市充分发挥川渝合作示范区、国家西部承接产业转移示范区、国家级经开区等品牌效应和政策优势，坚持优势互补、差异发展，积极融入重庆1小时经济圈，主动对接重庆产业转移，努力打造重庆工业配套基地、农产品供应基地和旅游休闲目的地。切实加强了重庆产业对接与合作，积极构建要素合理流动、资源优化配置、产业协同发展、成果充分共享的发展格局。大力发展汽摩零部件、电子信息及生物医药等战略性新兴产业，不断加强与重庆的产业配套。2013年以来，广安全市共引进重庆项目1242个，到位资金1320.4亿元。重庆每年产业转移项目资金占广安引资总额的40%以上，入广渝企工业总产值占广安工业总产值的1/3左右。广安坚持“服务重庆、富裕农民、繁荣农村、优化生态”的原则，大力发展现代农业，加快建设主要面向重庆的优质农产品供应基地、农产品加工基地和农产品物流中心。目前，广安全市已建成大型商品粮油、蔬菜标准化、优质商品猪、优质柑橘和生态渔业生产基地84个，引进重庆德康农牧集团、天佑立体农业公司等农业产业化龙头企业，在重庆农产品市场开设了广安农产品专柜，积极推进农超对接，广安每年销往重庆农产品占全市农产品外销总额的3/4。

打造重庆休闲旅游目的地。坚持“面向重庆、提升品位、旅游兴市”的思路，充分挖掘红色文化内涵，升级打造旅游景区，积极共建“泛环渝旅游合作示范带”，与重庆联合推出了“红岩连线—华蓥山—邓小平故里”等精品旅游线路。广安已成为重庆市民重要的休闲度假目的地，重庆游客每年占广安旅游总人次的60%以上。

强化共建共治，建设环境保护样板区。广安位于嘉陵江中上游，与重庆同饮一江水。加大环境保护力度，强化区域生态环境共建共治意义重大。为此，广安与重庆签订实施了《共同加强嘉陵江渠江流域水污染防治及应对突发环境事件框架协议》，提高了区域生态环境共建共治能力，共筑长江上游生态屏障。

推进政务协同，促进公共服务一体化。广安加强了与重庆在政务及公共服务方面的合作，拓展合作领域，实现对接共享。主要做法为：强化两地政务服务、教育事业、医疗卫生、社会保障、人才交流等方面的合作。

创新合作机制，探索区域合作新路径。两地建立了渝广规划衔接机制，重点加强与重庆在基础设施、产业布局、城市规划、社会事业和生态环境等方面衔接。建立渝广高层会商机制，分别以两地政府名义印发年度合作计划，双方牵头部门对合作计划完成情况定期进行督查考核，确保了双方交流合作务实有效推进。同时建立了渝广党政交流机制。广安还与重庆30余个部门建立了对口联系合作制度，定期交流信息、互通情况，推动渝广合作不断深入，促进了两地经济社会发展。

自全面启动示范区建设以来，广安积极承接川渝两地的经济辐射，经济规模不断扩大，实力更强，增长速度领军川东北。以2015上半年为例，一大批新兴产业快速发展。其中，电子信息产业、精细化工产业、医药产业分别完成总产值36.6亿元、28.1亿元和25.9亿元，分别增长1.9%、34.5%和30.6%。在传统产业大幅下滑的情况下，新兴产业支撑着工业经济平稳增长，工业增加值增长13%，增速居全省第3位。近十年来，广安现代工业、科技研发、商贸物流、旅游观光等成熟支柱骨干产业从无到有，从小到大，绿色发展迈出坚实步伐，实现了经济发展和生态建设的双赢。

2. 共建广安·深圳产业园

广安·深圳产业园（以下简称“广深产业园”），是四川、广东两省，广安、深圳两市具体贯彻落实习近平总书记关于东西部扶贫协作和对口支援重要指示精神，努力打造国家东西部协作产业新城示范基地的重要成果，是习近平新时代中国特色社会主义思想关于新时代经济向高质量转型理论的实践结晶。

2016年9月，两地政府在深圳签署了《广安·深圳合作共建广安（深圳）产业园协议》，12月正式开工建设。

广深产业园以努力争做“实施国家区域协调发展战略排头兵”为总体目标，坚持创新发展、先行先试，意在积极探索市场化区域合作创新模式，打造“国家东西协作产业新城示范基地”“川粤合作典范”，区域合作“精彩样板”，形成可复制、可推广的开放合作经验和四川对外开放的亮点。

抢抓机遇，互利共赢。广深合作，深圳市以市场化的产业合作共建，引导深圳产业转移和产业分工协作，打造“深圳产业延伸示范基地”，为深圳拓展经济发展新空间，助力深圳企业以广安为跳板抢占西部资源和市场，甚至形成深圳对接“一带一路”的西部桥头堡，同时为深圳开展更广泛的对口合作提供经验智慧。广安市则坚持“园区开发、产业引进、城市建设”同步推进，汇集一流的城市综合服务功能，将广深产业园建设成为具有区域竞争力的现代产业园区和创新型、生态型、幸福型城市新中心，成为广安新的经济增长极，推动广安社会经济发展再上新台阶。

市场运营，创新管理。广深产业园遵循政府引导，市场主导，企业主体，风险共担的“公司 + 园区”运营管理原则，按照市场法则、互利双赢方式组建合资公司四川深广合作产业投资开发有限公司（以下简称“深广公司”），统筹兼顾深广两地合作各方利益，实现合作各方的权利、义务和责任。这既是市场化的要求，也是促进双方合作事宜可持续发展的动力，体现了双方建立命运共同体的条件。控股方面，深圳市政府出资现金 10 亿元，占股 51%；广安以土地作价入股 9.6 亿元，占股 49%。利益分享方面，广深产业园范围内税收地方留存部分，深广双方按照 5：5 分配。两地政府约定，力争用 5 年到 10 年的时间，将广深产业园面积扩增至 100 平方公里，到 2025 年，实现工业产值 1000 亿元，吸引常住人口 30 万人，带动就业人口 17.5 万人。这种经营模式成为广安与发达地区开展合作、实现共赢、良性发展的新模式。

世界眼光，国际标准。坚持世界眼光，提升国际化管理水平和能力，既是广深产业园的内功要求与实践，同时也是对入驻企业的要求与指导。广深产业园建设，从一开始就坚持世界眼光、国际标准、高点定位，创新全流程综合规划，联合深圳规划院、北大纵横等 9 家国内一流专家团队，结合广安实际，涵盖空间、产业、交通、经济、市政、建筑等方面，形成全流程综合规划体系。确立产业紧密融合理念，将产业发展、城市更新和人民幸福指数向国际化标准提升。体现以广深产业园为引擎，强势带动周边区县实现产业联步同程发展，实现广深产业园的极地作用。同时，引入单元控规进行动态管控，既消除管理死角亦预留发展弹性，以有效应对市场不确定性。

科学定位，科学布局。在产业定位上，广深产业园以邓小平“面向现代化、面向世界、面向未来”作为园区产业定位的指导思想，秉承“比肩引进”原则：凡引进园区的生产型企业必须是世界或国内的高端企业，即面向世界的企业；转移到园区的企业，必须是“垂直转移”型企业，是极具潜力的“潜力股”；引进园区的开发型企业，必须是以本地优质资源为原材料形成产业链的企业；引进的研发型企业必须是“面向未来”型企业。

广深产业园根据两地产业情况及优势，围绕产业发展潜力和区域匹配程度两大维度，确定了“3+3”产业结构体系的产业定位，即三大主导产业（装备制造业、电子信息业、新材料）、三大重点产业（旅游业、装配式建筑、生物医药）。在空间上，广深产业园作为广安市产业发展的核心区，体现引领、示范的深圳特色，最终实现多元类型产业协同发展的总体格局。

园区产业发展在时间节点上分为三个阶段。第一阶段，建园初期：全力发展装备制造业、电子信息产业和与之配套的新能源应用产业等；第二阶段，建园中期：在园区基础设施和服务能力相对成熟基础上，发展新材料和生物医药等产业，结合广深产业园“一江两岸”的优质环境资源和广安丰富的文化底蕴，大力发展红色旅游与特色旅游产业；第三阶段，未来长期：进一步完善和提升产业园区的环境和价值，实现“实施国家区域协调发展”理念，成功打造“国家东西部协作新城示范基地”。

在产业布局上，注重三个特点的形成：一是以广深产业园为核心的国家广安经济技术开发区增长极；二是引领带动形成与核心增长极既产业比肩，又具有自己产业特色错位发展的四县、两区、四园区的“1+N”产业群落；三是以“邓小平陈列馆”为主体的红色文化旅游与以巴人文化为主体、“一带两江”的特色文化旅游有机整合的国家级文化旅游中心城市。

实施多元发展推进战略。广深产业园实施多元发展推进战略，招大引强，以龙头企业引导产业化群落型发展，形成资本、人才、技术、产业群落型生态园区；以深圳总部基地 + 广安生产基地模式，创建“产业垂直转移”模型，成功实现“高新科技产业无缝无差异性异地接轨”理念。

“多元化融资战略”。园区以此实现“产业资本与金融资本有机整合”。一是放大广深产业园自有 10 亿元启动资金，成功撬动总投资 20 亿元的比亚迪云轨西南基地项目，总投资 120 亿元的中一联合高端装备项目落户广深产业园；二是发挥广深产业园运营主体优势、促成深圳能源集团落户广安；三是盘活存量，挖掘 2402 亩优质配套用地融资潜力，充分吸引社会各界各类资本关注，形成投融资热潮；四是拓展多元化融资渠道，探索与实施券商、信托、基金等方式，寻求银行业金融机构加大表外业务向园区发展；鼓励园区重点企业在银行间市场直接债务融资。

实践效果初见。实践是检验真理的唯一标准。广深产业园建园仅一年多就已取得显著成效。截至 2017 年年底，广深产业园创造出了“广深速度”。产业累计完成固定资产投资 20 亿元；实现工业产值 12 亿元；带动就业约 6000 人；推动 11 家公司注册园区，累计注册资金 123.38 亿元；助力广安经济技术开发区年度生产总值同比增长 12%，固定资产投资增长 18.69%。从产业发展状态看，逐步形成“广深产业园 + 周边产业园”的“1+N”产业协同格局。主要体现在：

比亚迪云轨西南生产基地建成并投产，其总项目投资 20 亿元，建成年产值 100 亿元，可带动就业 1000 人。目前，该项目已完成投资 10 亿元，具有生产能力并正式投入生产，产出产品整车 20 辆。基地已与宁夏、山东、广西、云南等签订整车订单 12 亿元，开辟了四川本地九寨沟、阆中、达州、巴中、甘孜州等市场。预计三年内可实现产值 500 亿元，带动就业 10000 人以上。投资 23 亿元，全长 20 公里的首条城市云轨示范线正在建设中。

中一联合军民融合项目已落地，总投资 120 亿元，达产后年产值 200 亿元，带动就业 30000 人。近期已完成项目一期 740 亩规划设计、场地平整，快速推进厂房建设；2018 年 10 月底下线 4×4 特种轮式装甲车。

目前，已有正威国际、保利集团、深圳能源、北斗集团等200余家高端、特色企业落户广安。康佳集团将导入电子信息加工制造产业，在广深产业园内建立西南电子科技园。御捷新能源汽车、通域钢构等也准备入驻。届时将形成“深广产业园＋周边园区”的“1+N”产业协同发展格局。

广安·深圳产业园强大的聚集效应、辐射效应、引导效应已经在发展过程中开始得到较好体现，其成功实践，得到社会各界的好评，亦得到包括前四川省委书记、现全国人大常委会副委员长王东明的高度赞赏。2018年4月9日，四川省委书记彭清华莅临广安·深圳产业园区考察时指出：“广安·深圳产业园市场化的区域合作模式创新了体制机制，体现了深圳理念和效率，效果很好，要继续做大做强。”

3. 打造成都·广安“双飞地”生物医药城

与广安相距300公里的成都，正建设世界一流生物产业创新创造中心天府国际生物城。这个生物城不仅具备快速整合利用全球产业资源的核心竞争力，还能快速转移转化创新成果，产生辐射带动作用，解决土地、环境、人力、原料等要素制约。广安具有土地、劳动力等要素优势，并有一定的医药产业基础，双方具有优势互补，携手合作的意愿。为此，在省委的关心支持下，广安主动对接。2018年，双方按照政府引导、市场运作、平等协商、权责一致，优势互补、协同发展、创新驱动、示范引领的原则，创新主体结构、开发建设、运营管理、利益分享等模式，广安市在成都天府国际生物城选址建立飞地园区，主要包括标准化研发、临床试验制剂中试等，为广安生物医药发展构建“最强大脑”；同时在广安建设30平方公里的医药产业园，主要引进原料药、仿制药、药用辅料、医疗器械等生产型企业。至此，打破城市地域限制，共建共享的成都·广安“双飞地”合作模式正式诞生。按照规划，“双飞地”园区到2020年培育发展医药企业100户以上，到2025年培育发展医药企业200户以上，建成西部特色生物医药产业基地。如今，建设中的“双飞地”产业园正释放强大的吸引力：总投资5亿元的赛诺菲中国中西部运营与创新中心项目、首个过百亿项目京东方（成都）健康产业园、国药中生血液制品总部及产业基地项目等纷纷落地。

在川渝、广深合作的基础上，广安还成功与天津滨海高新区共建起了创新示范园，与北京中关村共建起了高新产业园。

深度开放合作，也为广安营造出了一个良好的筑巢引凤环境。广安市聘请了尤政、李长明等 17 名顶级专家院士，成立了高端决策咨询暨投资促进专家委员会。实施“小平故里英才计划”，引进高层次人才，组建了 7 个专业孵化器，并出台了关于全面创新改革驱动转型发展的 21 条措施，行政审批提速 73%，组建邓小平故里发展基金等，从土地、金融、品牌培育等方面为广安的全方位发展提供全方位支持。

4. 部省共建教育改革发展试验区

2011 年 12 月，国家教育部与四川省人民政府在成都签订了《共建广安市教育改革发展试验区战略合作协议》，双方商定，作为国家教育改革发展试验区，广安市在教育改革上探索新途径，创造新经验，促进新发展，广安成为四川省唯一的教育改革发展试验区试点城市。试验区的建立，为广安教育事业的改革创新发展迎来了新契机。

按照“建好试验区，探索新途径，创造新经验，促进新发展”的工作思路，部省共建教育改革发展试验区的具体措施主要体现在以下四个方面：一是健全四大机制。即部省联动机制，积极向教育部、省政府和省教育厅汇报，争取在项目安排、资金帮扶、业务指导等方面予以大力支持；教育投入机制，提高财政资金保障水平；素质教育推进机制，坚持德育为先，能力为重，课堂为主，有效推动素质教育在课堂教学中的全面落实；人事管理体制，健全学校领导管理办法，教师招聘、管理办法。二是落实四项责任。即党委政府领导责任；教育部门主体责任；相关部门联动责任；学校实施责任。三是突出五个重点。即普惠发展学前教育；均衡发展义务教育；多样发展高中教育；内涵发展职业教育；积极推动教育信息化建设。四是深化五项合作。即深化交流合作；深化资源共享；深化理论研究；深化人才培养；深化结对帮扶。

近八年来，部省共建教育改革试验区成效明显，具体表现在：

教育投入快速增长。广安全市财政教育经费投入从 2011 年的 16.3 亿元增加到 2017 年的 58.2 亿元，年均增速 23%，财政教育投入占国民生产总值的 5.49%，占财政支出的比例达到 21.85%，全市中小学生均教育事业费、生均公用经费快速增长。

办学条件大幅改善。全市累计投入建设资金约 32 亿元，实施学前三年行动计划、全面改善农村薄弱学校基本办学条件、义务教育标准化建设、高中攻坚能力建设、中职基础能力建设、农村寄宿制学校建设、校舍安全维修、教师周转房建设等项目 1200 余个，新增校园面积 39.4 万平方米，新增加校舍 73.6 万平方米，新增仪器图书和计算机价值 4.4 亿元，全面建成市县两级教育城域网，中心小学以上学校实现“班班通”，所有村小实现优质教育资源全覆盖，所有中职学校办学条件达标。

各类教育协调发展。一是学前教育普惠发展。学前三年毛入园率 87.78%，比 2011 年提高 20.41 个百分点。二是义务教育均衡发展。义务教育阶段在校生巩固率 96.26%，比 2011 年提高 9.42 个百分点，均高于西部欠发达地区水平。除岳池县通过义务教育均衡发展省级验收尚待国家评估认定外，其他区市县均已顺利通过了国家评估认定，全市义务教育总体上进入从基本均衡向优质均衡发展的阶段。三是高中教育协调发展。高中阶段教育在校生毛入学率达 91.56%，比 2011 年提高 16.7 个百分点。四是职业教育迅速发展。普职招生比大体相当，职业教育与成人教育招生规模、就业质量和重点创建实现重大突破，广安职业技术学院成功创建为中央、省、市高技能人才培训基地、国家现代学徒制试点学校和四川省级示范性高等职业院校，武胜职业中专成功创建为国家级中职改革发展示范学校，邻水县成功创建为国家级农村职业教育和成人教育示范县、全国社区教育试验区。人民群众对教育的满意度大幅提升，社会公众的满意度从 2011 年的 72%上升为 2017 年的 86%。

部省共建教育试验区的成功证明，改革创新是建好试验区的关键要素，党政重视是建好试验区的根本保证，支持帮扶是建好试验区的力量源泉，社会参与是建好试验区的有力举措。教育要发展，根本靠改革。六年多来，围绕教育治理体系和治理能力现代化，广安市坚持解放思想、实事求是、与时俱进，突出改革创新，努力冲破陈旧观念和体制机制的束缚，优质高效地推动了试验区各项建设。

广安地处西部内陆地区，既不沿海，又不沿边，如何在当今激烈的竞争中抢占高地，促进发展，这是广安人多年来一直思考的问题。党的十八大以来，广安深刻领会习近平总书记关于开放发展的重要论述，坚定贯彻中央、省委开放合作决策部署，扎实推进与重庆、深圳等地的区域合作，主要经济指标连年快于全国全省，精准脱贫和生态建设一直走在四川省前列，全市经济社会步入了高质量发展的快车道。

多年的发展实践让广安为内陆欠发达地区以区域合作方式促进高质量发展，探索出了可复制可推广的经验，这就是：通过区域合作，借助发达地区的产业、技术、人才、资本，来实现高质量发展，有效解决产业体系不优、市场机制不活、协调发展不足、开放程度不深等问题，通过经济规律的内在动力，促进不同区域之间特别是贫富地区之间、内地与沿海之间要素的自由流动，从而实现区域整体协同高质量发展。

广安的发展实践再次证明：只有高质量的发展，才是适应我国社会主要矛盾变化，全面建成小康社会，实现社会主义现代化的根本路径，区域合作则是一条切实可行的后发赶超的现实捷径。而这正是习近平新时代中国特色社会主义经济思想的方法论、实践论在广安发展中最生动的体现。

（二）实施“洁净水”行动，推动绿色发展

流经广安境内的嘉陵江、渠江连接长江“黄金水道”，不仅是长江上游重要生态敏感区，也是下游特大城市重庆的重要饮用水源保护地。广安坚定不移地践行“绿水青山就是金山银山”的发展理念，切实推动党中央和省委生态建设各项决策部署落地落实，实施“洁净水”行动，主动把生态文明建

设和环境保护融入经济社会发展各领域全过程，使之常态化、经常化、制度化，着力解决突出环境问题，坚决打好污染防治“三大战役”，让发展后的广安天蓝蓝、水清清、空气更清新。

1. 直面问题

随着广安工业化、城镇化、农业现代化进程加快，污水处理设施未及时跟上，生活污水直排，传统农业生产产生面源污染，河流、水库等水体污染日趋严重，水污染成为广安贫困的主要因素。在 2014 年精准识别的 34.4 万建档立卡贫困群众之中，因病致贫占比高达 64.8%。尽管广安市境内水系发达，河流众多，但仍属于缺水城市，资源性、工程性、水质性缺水并存。广安人均水资源占有量仅 805 立方米，不足全省平均水平 30%，低于国际用水紧张警戒线人均水资源量 50%。同时，嘉陵江、渠江也直接关系到重庆的饮水安全。严峻的现实让广安市感到了巨大的压力。

2. 实施“八大行动”

2014 年 6 月，广安市委、市政府专题研究水环境治理工作，在全省率先全面实施“洁净水”行动。印发了《关于全面开展“洁净水”行动的意见》，启动城乡生活污水治理、工业污染防治、畜禽养殖污染防治、水产养殖污染防治、农业农村污染治理、江河湖库内源治理、生态修复和饮用水安全保障等“八大行动”。广安市成立了由市委书记任组长，市委副书记、市长任第一副组长，市级相关领导任副组长，市级职能部门和各区市县一把手为成员的“八大行动”工作领导小组，大力开展“八大行动”。

在“洁净水”行动中，广安运用市场机制，积极创造条件包装项目，探索 PPP 合作模式，将辖区 2 区 1 市 3 县 108 个乡镇的水污染治理项目进行打捆包装，概算总投资达 30 亿元。市政府通过公开招投标确定了中国水环境集团作为社会投资人。中国水环境集团对全域水环境提出了系统性的科学治理方案，计划投资 29.51 亿元，目前已建成城镇污水处理厂（站）58 座，其中 48 座污水处理厂（站）投运，出水水质稳定达到一级 A 标。PPP 项目成功纳入四川省 PPP 示范项目、财政部第二批政府和社会资本合作示范项目。

全面应用治水新技术。广安市一方面大力推广应用中国水环境集团拥有自主知识产权的地埋花园式污水处理技术，建成日处理规模 5 万吨 / 天的广安污水处理厂，该项目总投资 2.3 亿元，采用第五代下沉式污水处理系统，主要出水指标能稳定达到地表水Ⅳ类标准。相较于传统污水处理厂而言，地埋花园式污水处理厂占地仅为传统污水处理厂 1/3；地上部分可建设公园等市政基础设施，将传统的污水处理“负资产”变为“正资产”。另一方面，分类施策选定治理工艺，对于场镇人口大于 2 万的乡镇，选用有动力的二级生物处理方式；场镇人口在 2 千至 2 万之间的乡镇，选用太阳能微动力的生物处理模式；场镇人口在 2 千以下的乡镇、相对集中的农民新村，因地制宜选用无动力的小型人工湿地、土壤渗滤等自然处理方式，确保出水水质达到相关排放标准。目前，全市规划微动力、无动力工艺新农村污水处理站 51 座，已建设投运 25 座。

实施区域大气污染联防联治。在治理水污染的同时，广安市还加快川渝合作大气污染联防联控示范项目——PM2.5 空气自动站升级改造建设，与重庆建立区域大气污染联防联控工作机制，加强与重庆环保部门沟通协调，共同研究落实区域大气污染防治工作任务，组织实施电力、水泥、化工、冶炼等工业行业整治计划，深入推进“两高资”企业整治，重点加快省控重点污染源自动监控系统建设，实现了重点企业排污情况实时监控全覆盖，促进了区域环境信息共享。

3. 效果日益显现

实施“八大行动”四年来，广安全市已累计实施“洁净水”项目 594 个，完成投资 75.95 亿元；规划建设有动力、微动力、无动力污水处理厂（站）235 个，已建成 179 座，正常运行并纳入 2018 年第 1 季度监督性监测 108 座，达标 68 座，正常运行率 60.3%，监测达标率 63.0%；关停重污染企业 30 余家，淘汰落后产能企业 9 家；全市共划定禁养区 615 个面积 1716 平方公里，关停拆除养殖场 665 户；取缔网箱 2.24 万只、库湾拦河养殖设施设备 150 万米，实现全市天然水域无网箱目标；打捞水葫芦及水面漂浮物30余万吨；建成垃圾池4.8万余个、垃圾转运站147座，配备农村垃圾清运车1600余辆；建成日处理600吨垃圾焚烧发电厂1座；完成16个中小河流防洪治理工程，新建堤防39公里、综合治理河道66公里，关停拆除小水电站5座；完成营造林任务156万亩；113个乡镇804个村54.61万人的饮水安全问题得到解决。

广安全市水环境质量明显改善，水质明显改善，渠江、嘉陵江、大洪河、御临河广安段出川断面水质达标率均为100%，城市、乡镇集中式饮用水源地水质达标率分别为100%、93.7%。市级河流芦溪河、西溪河入渠江断面最好水质达到Ⅲ类，长滩寺河入嘉陵江断面最好水质达到Ⅳ类。建成自然保护区1处、森林公园2处，湿地公园3处，森林覆盖率达到40.5%，城市绿地率达35%，人均公园绿地面积14.2平方米，调整划定全市生态红线面积261.34平方公里，占国土面积的4.12%。建成20个省级生态村、23个省级生态小区，29个乡镇通过“省级生态乡镇”验收命名，68个乡镇通过“省级生态乡镇”技术核查，6个区市县全部通过“省级生态县”技术评估。全市空气质量优良率逐年提高，水环境质量持续改善，现在的广安河流清澈见底，河畔绿树成荫，天空湛蓝深远，空气清新甜润，城乡环境优美，景色宜人，到处是天蓝、地绿、水清、人和的景象，成功创建成为全国文明城市、国家卫生城市、国家森林城市、国家园林城市、省级环保模范城市、大熊猫野化放归基地。

2017年中央环保督察组在川期间，收到来自广安的投诉很少。同时，新华网、人民网和四川日报、四川电视台等主流媒体对广安的“洁净水”行动多次进行专题报道。

2017年4月28日，时任四川省委书记王东明同志调研广安市污水处理厂时，称赞：“广安在全省捷足先登，率先引进央企治理水污染，抓得很好，带了好头，找到了一条好路子，尤其是地埋花园式污水处理厂建设达到了国际一流水平，全省要大力学习推广。”

广安开展的“实施‘洁净水’行动，推动绿色发展”，针对的是多年来我们在发展过程中面临的高速增长带来的经济发展结构不合理，高能耗、高污染等一系列突出问题。广安的实践证明：经济增长和城镇化建设，不能以牺牲环境为代价，需要绿色发展。以园区集聚为单元的绿色产业空间布局，应该成为新型工业化城镇化建设的重要载体，以科技为支撑的新型工业化产业创新发展，应以绿色发展作为根本动力。拓展生态空间，促进绿色发展，强化城市产业就业支撑和生态环境保护制度，带来的是城镇化建设的新机遇，并将提升城市基本公共服务水平，形成城市群科学发展的协调机制。这种绿色发展背景下的城镇化，才是真正的新型城镇化，才有助于加快绿色城市发展，推进智慧城市建设，提升城市的人文水平，进而推动经济的科学发展，造福子孙后代。

（三）着力攻坚克难，勇争脱贫摘帽排头兵

2014年，广安市精准识别出建档立卡贫困人口34.4万人（以2010年人均收入2300元不变价为基准）、贫困村820个，市辖6个行政区全属贫困县（市区），其中一个国家级贫困县（区）。根据中央和省委的决策部署，广安市“集中一切力量”，迅速掀起空前的脱贫攻坚热潮。

1.硬化责任

把脱贫摘帽作为全市党员干部群众念兹在兹、唯此为大的头等大事和第一民生，全方位多角度落实脱贫责任。广安市出台了脱贫攻坚责任制实施细则，明确各级党委、政府、部门及扶贫干部的具体责任，实行市县乡村层层签责任书、立军令状，列出脱贫攻坚任务清单，压实工作责任。建立脱贫攻坚“双包”机制，明确市级领导定点联系区市县、对口联系扶贫行业，点对点的推动脱贫攻坚。市、县领导既挂帅又出征，亲力亲为做实做细工作，行业部门、帮扶力量、一线干部聚焦目标任务，下足“绣花”功夫，全面推动脱贫攻坚工作。密集开展督查、调研和评估，累计通报问题231个，约谈市县部门主要负责人20余名，立案审查5人，扶贫领域腐败和脱贫工作不落实、不作为问题得到有效治理。

2. 精准施策

一是让贫困群众拥有稳定的收入来源。在贫困地区培育经营主体285个，在贫困村建成特色效益农业基地6万亩，带动3万名群众致富；新增贫困群众转移就业1.3万人，公益性岗位解决4980名贫困群众就业；在贫困地区新建村级电商服务站192个；落实旅游扶贫贷款2.05亿元，全面打造20个旅游扶贫重点项目。二是让贫困群众住有所居、居有所安。全面完成易地扶贫搬迁任务5603套，改造C、D级危房3325套，投入4.57亿元建设幸福美丽新村，完成“改保建”村265个，计划退出村垃圾、污水无害化处理率达到80%以上。三是让每一个贫困群众看得起病、上得起学。发放教育救助金4.57亿元，惠及贫困学生55万人，其中建档立卡贫困学生3.9万人，实现贫困学生从学前教育到高等教育资助全覆盖。为贫困群众报销（补助）住院医疗费用3.3亿元。提升“两线合一”水平，农村低保标准低限提高到3360元/人每年，为5.82万名低保兜底对象发放低保金1.3亿元，发放残疾人专项补贴810万元。四是让贫困群众享受完善的基础设施和公共服务。硬化村组道路891公里，新建和改建提灌站30座，新建供水管道1860千米、电网223千米、高标准农田18万亩，贫困地区生产生活条件不断改善；建成标准便民服务中心178个、达标文化室266个、达标卫生室378个，安全饮用水、生活用电、广播电视、宽带网络全部达标，公共服务水平明显改善。

3. 破解难题

一是创新集体经济发展模式。以农业担保、投资、生态供销3家国有企业为龙头、293家农业企业为骨干，整合3.9亿产业扶持基金，在贫困村大力发展脱贫产业，新组建农资统购统销农业公司28家，带动266个计划退出村集体经济收入超过全省标准。二是深入开展脱贫成效巩固提升工程。针对广安3个区市在全省首批摘帽、退出贫困村和脱贫人口数量较大的实际，大力推进脱贫攻坚“回头看”“回头帮”工作，探索“分类核查、分类建档、分类施策”的办法，对照2016年中央、省贫困对象退出标准，将已脱贫对象分为一般监测户、重点巩固户、政策兜底户三类，有的放矢地予以政策扶持、社会帮扶、特殊救助，不断巩固脱贫成果，保证脱贫对象不掉队不返贫。三是探索实施差异化扶贫。强化插花贫困户帮扶力量，选派非贫困村第一书记 374 名、组建农业技术巡回服务小组 109 个、调整充实结对帮扶干部 3906 名，插花扶贫工作成效明显提升。四是不断拓宽融资渠道。加大贫困县财政涉农资金统筹整合力度，整合资金达 7.4 亿元。将卫生扶贫救助基金、教育扶贫救助基金均提升到每个县 500 万元的标准，820 个贫困村均建立了 50 万元的产业扶持基金，“四项基金”总额达到 7.1 亿元；累计发放小额信贷 19.2 亿元，引入各类社会帮扶资金 1.65 亿元。

4. 创新机制

一是健全激励机制。制定出台关心激励脱贫攻坚一线干部十六条措施、干部选任双向激励办法等文件，将脱贫成效与绩效考核、干部任用等挂钩，有效激发全市干部参与脱贫攻坚的积极性。2 个摘帽县主要领导被提拔重用，10 余名科级干部被提拔为副县级领导，近百名基层扶贫人员被提拔为科级干部。市财政拿出 500 万元，专项表扬奖励 200 个先进集体和 1000 名先进个人。二是健全推进机制。脱贫攻坚工作实行每月一推进、一报表，每周一督查、一通报、一整改，摘帽县每天一例会制度，共召开 8 次现场推进会，发现并整改问题 74 个。三是健全管理机制。按照档案化、精细化、科学化思路，根据删繁就简要求，全域推广脱贫攻坚监督和纪实创新模式，以扶贫手册等内容，构建痕迹管理体系，实现了精准扶贫痕迹可追溯、可查询、可评价、可问责，杜绝“数字脱贫”现象。四是健全评估机制。在全省率先采取政府购买服务的方式，委托国家统计局广安调查队，独立开展广安市精准扶贫工作专题调查，并将调查结果作为脱贫攻坚成效认定和年度考核的重要依据，确保脱真贫、真脱贫。今年 11 月，广安市随机抽取 30 个贫困村、12 个非贫困村、841 户农村群众作为调查对象，开展专题调查评估，发现并整改了 7 个方面的具体问题，确保脱贫对象全面达标、一个不漏。

5. 首战告捷

经过全市上下三年的连续奋战，2017 年 7 月，广安市所辖的广安区、前锋区、华蓥市高标准通过国检、省检，退出贫困县行列。广安区成为全国全省率先顺利通过国检，被省政府批准退出国定贫困县，华蓥市、前锋区率先实现全域脱贫。截至 2017 年年底，全市共有 25.13 万贫困人口脱贫，411 个贫困村退出。

广安市脱贫攻坚的鲜活经验在全国全省推广并产生了较大影响。全国、全省各地多批次赴广安学习观摩；第三方评估机制、痕迹管理、脱贫成效巩固等多项经验得到省委领导肯定和批示。2017 年 11 月 9 日，《四川改革专报》专版刊载了《广安市前锋区“十看五帮三机制”坚决防止返贫反弹》经验做法，时任省委书记的王东明同志批示肯定：“广安前锋区经验对构建稳定脱贫长效机制是积极有益探索。”在全省 2017 年贫困县摘帽现场推进会上，省委常委曲木史哈也肯定了广安的脱贫攻坚，称之为“创造了全省最高水平”。

2018 年 4 月，广安市荣获“全省脱贫攻坚先进市”称号，广安区、前锋区、华蓥市荣获“全省脱贫攻坚先进县”称号。

在此基础上广安市正再接再厉，拟在 2018 年将广安市余下的武胜县、岳池县、邻水县摘掉贫困帽子，届时，广安将成为四川省首个全域脱贫的市（州）。

（四）以创建文明城市为抓手，不断提升全市文明程度

邓小平同志指出，建设中国特色社会主义，一定要坚持发展物质文明和精神文明一起抓。作为小平同志家乡，广安设地建市二十多年来，一直将提升市民文明素质作为建区立市之本。在抓好经济发展、物质文明的同时，努力满足人民群众日益增长的精神需求，打造城市文化品牌。

1. 建设德行广安

道德建设不断夯实。创新开展“守四德做四好”、道德讲堂等实践活动，持续开展道德模范、身边好人、最美人物评选，实施广安好人榜、善行义举

榜、德贤榜等，推荐入选四川省道德模范 10 人、全国道德模范提名奖 1 人、全国道德模范 1 人；评选广安好人 316 人，推荐入选四川好人 181 人、中国好人 39 人；表扬年度最美人物 40 人。开展“道德模范在身边”系列活动，承办全国道德模范基层故事汇活动 1 场，全国道德模范与身边好人现场交流活动2次，举办广安市道德模范互动交流活动5次，出版发行《德耀广安——广安市道德模范纪实》5 万余册，编排巡演道德模范文艺节目 50 余个。开展“关爱模范·情暖好人”等帮扶活动，累计帮扶慰问 5000 余人次 300 余万元。传承春节、元宵、清明、端午、中秋、七夕、重阳等中华传统节日文化，组织开展节日文化传播、民俗文化活动、文明风尚、志愿服务活动 300 余场次，打造缅怀伟人邓小平、武胜龙舟、华蓥山登高节等 5 个品牌。

诚信建设制度化进程加快。建设“诚信广安”门户网站，归集企业、事业单位及其他社会组织 3000 余个、个人信用信息 100 余万条。开展诚信教育“六进”和“诚信法规进万家”等宣传活动，推进“学习双桂坊·诚信做食品”等创建活动，《广安四措并举推进诚信建设》在中央文明办《精神文明建设》刊用。开展“诚信红黑榜”公示活动，制定食品药品、文化市场、环境保护等 17 类诚信“红黑榜”评价和奖惩实施办法 25 个，通报诚信企业 120 户、诚信个人 58 人、失信企业 192 个、失信个人 3935 人。

学雷锋志愿服务制度化深入推进。建立志愿者招募注册、教育培训、服务记录、星级认定、激励嘉许回馈、关系转接、志愿服务、组织管理等 8 项制度，评选表扬优秀志愿者 256 名、项目 18 个、组织 12 个、社区 18 个，果丰社区入选 2017 年“4 个 100”全国优秀志愿服务社区，陈国彬等 4 人入选四川省十佳志愿者、25 人入选四川省优秀志愿者。建立覆盖城乡基层单位的市志愿服务总队，建成支队 212 个、大队 368 个、中队 569 个、分队 653 个，创建了网吧妈妈监督员、张洁爱心妈妈志愿服务队、红十字会志愿服务队等品牌队伍 16 余支，注册登记广安义工联、荧光志愿者协会、前锋志愿服务协会等志愿服务组织 6 家。建立广安志愿者网和志愿者注册系统等平台，注册志愿者 16 万余人，建成志愿服务工作站 974 个、服务点 2154 个，其中标准化社区（村）志愿服务工作站53个、公共文化设施志愿服务站18个。开展公共文明引导、大学生暑期志愿服务等30余项活动，策划青春志愿行·温暖回家路、红袖章等项目200余个，“童年童真童趣——为610名留守儿童留影”等2个项目入选全省十佳。

2. 创新活动载体

完善巩固基层文化活动阵地。“十二五”以来，广安先后建成邓小平缅怀馆、市文化中心等标志性文化设施，市博物馆新馆、各区市县城市文化综合体相继开工，大力实施“文化精准扶贫”系列活动，逐步实现县级文化馆、图书馆和镇村文化站、农家书屋全覆盖和提档升级，全面解决和完善了基层文化活动无阵地、无平台问题。

文明城市创建工作常态开展。建立完善的“条块结合、以块为主、以条为辅”的四级联动模式，建立“日督查、周例会”工作制度和每月模拟测评、年度“四项测评”制度（文明小区社区测评、公共文明指数测评、窗口行业文明指数测评、责任部门创建工作完成情况测评）工作机制，开展“千名党员干部进街道，共建文明卫生社区”活动和环境卫生、市民行为、交通秩序和文化环境等10大整治行动，文明城市创建工作纵深推进。2003年启动文明城市创建工作，2007年被评为四川省文明城市，2009年晋级创建全国文明城市工作先进城市，2011年评为全国文明城市提名资格城市，2015年2月跻身第四届全国文明城市，2017年蝉联全国文明城市。

农村精神文明建设不断深化。创新开展“精准脱贫·文明同行”活动，营造精准脱贫集结冲锋、精神文明步步跟进的良好氛围，涌现出背篓书屋进乡村、好习惯好风气积分换商品、一榜两评选四美、四建五讲六评判、美化整洁进农家、文化娱乐进农家、志愿服务进农家、传统美德进农家、公益广告进农家、文明创建进农家“六进农家”特色做法和典型经验，建设农村精神文明示范点30个，《科学生产、文明生活，让农村精神文明建设大放异彩》的经验做法在“全国农村精神文明建设工作座谈会”上推广。连续15年开展“欢乐农家大赛”品牌活动，举办以乡风文明为主的教育培训、比赛评选等活动，持续提升农民群众思想道德素质和科学文化素质，15个村镇被评为全国文明村镇，39个村镇被评为省级文明村镇，武胜县万隆镇飞来石村举办的“欢乐农家大赛”活动在中央电视台《新闻联播》播出。

文明细胞创建稳步推进。深入推进文明行业创建，邓小平故里管理局等10个单位被评为全国文明单位，前锋区国税局等84个单位被评为省级（最佳）文明单位。广安实验学校被评为全国文明校园，广安区东方小学等34所中小学校被评为省级文明校园。注重家庭、注重家教、注重家风建设，刘星等78户家庭被评为市级文明家庭，游泳等2户家庭获评四川省文明家庭。开展“传家风、立家规、树新风”活动，征集“我们的家风”公益广告38件，评选“最美家庭”150户，开展母亲课堂讲座70场次。

3. 坚持立德树人

常态开展主题实践活动。持续开展“做一个有道德的人”活动，评选小平故里五星美德少年300名，拍摄制作微电影20集。连续举办5届中华文化经典诵读大赛，广安区希望小学一套国学校本教材、一周一次国学经典齐诵、一周一课国学课堂教育“三个一”打造国学经典诵读特色学校获《人民日报》等媒体宣传，评选优秀童谣作品600件，43件未成年人思想道德建设工作创新案例获得省上表扬。《广安市开展书法进校园活动》《广安举办中华文化经典诵读集中展示活动》等6项特色工作被中央文明办未成年人思想道德建设工作简报刊用。

文明校园创建蔚然成风。注重发挥文化浸润和精神激励作用，加大文明校园创建力度。广安实验学校被评为全国文明校园，广安友谊中学等34所中小学校被评为省级文明校园，广安区厚街小学校等20所中小学校被评为市级文明校园。

未成年人活动阵地有效拓展。实施中央专项彩票公益金支持乡村学校少年宫项目78个，到位建设资金1520万元、运行保障资金970余万元；获得乡村学校少年宫省级项目2个，到位资金20万元。《“建制度、强师资、抓活动”建好管好用好乡村学校少年宫项目》在2016年全省乡村学校少年宫项目建设推进会上作交流发言。争取省级资金80余万元，建成未成年人心理成长指导中心市级1个、区市县级5个。

全面净化未成年人成长环境。持续开展校园周边环境整治和社会文化环境净化工作，常态开展“网吧妈妈监督员”志愿服务。2015年荣获“全国未成年人思想道德建设先进城市”殊荣，杜先慧等2人被评为未成年人思想道德建设全国先进个人，祝雪林等12人被评为全省先进个人，广安区教科体局等12个单位被评为全省先进单位。

4. 力倡文明风尚

切实增强公益广告作用。连续开展公益广告创作征集活动，征集作品1100余件，获等级奖226件，武胜剪纸公益广告被收入省委宣传部、省文明办结集出版的《社会主义核心价值观公益广告作品集》。大力刊播“图说我们的价值观”和“讲文明树新风”公益广告，城区公益广告宣传和媒体基本实现全覆盖。延伸公益广告宣传触角，组织开展农民群众亲手剪、亲手贴活动，公益广告受众面进一步扩大。

文明交通影响更加广泛。全面开展“文明出行、平安广安”志愿服务活动，每年组织宣传教育活动6次以上，受教育群众30万余人次。持续开展“文明广安、礼让出行”等活动，组织500余名交通劝导员、1万余名驾校学员、1200名大学生开展交通文明劝导，纠正行人、非机动车交通陋习，时长3.4万余小时，认领爱心斑马线200余条，全市交通违法率同比下降15.3%。

文明旅游理念深入人心。组织文明旅游宣传教育和旅游不文明行为劝导等活动，利用“5·19”中国旅游日、安全生产月等重大节日，每年组织开展“乐游广安”宣传活动10余场，承办2014年“5·19中国旅游日”活动。每年组织全市旅行社（分社）、星级酒店、A级景区常态化开展文明旅游“行前教育”、文明服务等活动500余场次，开展邓小平同志诞辰及清明、五一劳动节等重要节假日和“乡约广安”等旅游节庆活动，推进国内文明旅游公约落实落地，文明旅游劝导形成常态。

持续开展文明餐桌行动。开展“文明餐桌”行动，大中型餐饮企业、机关学校食堂等300余家餐饮单位、3000余张餐桌、30万消费者参加了“文明餐桌”活动，打包顾客增加了15万余人次，勤俭节约、文明礼貌、尊重人格和关爱他人等传统美德成为时尚，先进的餐饮文化和文明的餐饮风气有效传播。

网络文明建设成效明显。相继建立广安文明网、广安志愿者网、文明广安微信公众号、广安文明网官方微博等4个平台，“广安市文明办”官方微博粉丝87014人，“文明广安”微信公众号被10878人关注。开展文明网络教育活动，在“4·15”国家安全教育日和《网络安全法》集中宣传周开展网络安全和文明上网宣传教育10余次。全市网络志愿者6035人、骨干评论员386人，1000万余人次参与“我感恩·我奋进”“小平历史上的今天”“道德模范在身边”“我们的节日”“好人365”等30余项网络传播活动。

创建文明城市的艰苦历程，让我们看到了广安人坚韧不拔的决心和严肃认真的态度。而这种决心与态度的形成，是因为这些年来，在抓经济发展、物质文明建设的同时，广安深刻意识到必须以社会主义精神文明建设来改善城乡居民生存发展的软环境，以社会主义核心价值观为引领，让市民在邓小平故里这个特殊的环境中“崇先仰圣，创业求新，坚韧求是，包容诚信”，进而在精神上凝聚成致富思源，富而思进，向上向善的道德力量，提升市民文明素质，打造城市文化品牌，建立并完善现代文明社会可持续发展机制，确保全面建成小康社会的稳定和谐。

（2018年8月）

改革开放与中国城市发展

GAIGEKAIFANG

贵阳

在守好“两条底线”中
走出后发赶超的绿色发展新路

——贵阳改革开放40年的实践与探索

中共贵州省委宣传部
中 共 贵 阳 市 委

改革开放40年，中国有一个地方正在“跑”出人们的想象。贵阳，这个西部欠发达省份的省会城市，GDP增速连续五年在全国省会城市中排名第一，地区生产总值从1978年10.77亿元到2017年3537.96亿元，增长327.5倍，被美国智库梅肯研究院评选为2016年中国大陆表现最佳城市。自2014年打起“大数据”的大旗以来，贵阳积极抢占大数据理论创新、立法创新和标准创新制高点，已经为中国大数据领域赢得国际话语权。“中国数谷”的美誉广泛流传，甲骨文、谷歌、英特尔、微软、IBM、惠普、戴尔、富士康、思爱普等世界500强企业，以及国信优易、阿里巴巴、腾讯、奇虎360等国内互联网领军企业纷纷牵手贵阳。生态脆弱的特征没有改变，但生态文明建设的“贵阳实践”却成为中国生态文明建设的一个标杆，被联合国环境规划署确认为全球唯一的循环经济试点城市，开创了我国环境生态司法保护的先河，获批全国首个生态文明示范城市，荣获“全国文明城市”和“国家卫生城市”的称号。数博会和生态会，两个国家级的国际性论坛，向全世界传递中国智慧和中国方案，指引人类文明的发展方向。贵阳，坚守“天人合一”的绿色信仰，秉持“知行合一”的精神特质，正在走出一条后发赶超的绿色发展新路。

一、贵阳改革开放40年奋斗历程

1978年，在邓小平同志倡导下，以党的十一届三中全会为标志，中国开启了改革开放历史征程。40年来，贵阳市响应中央号召，紧跟中央步伐，以敢闯敢干、苦干实干和自我革新的勇气与担当，推动改革事业从农村到城市，从试点到推广，从经济体制改革到全面深化改革，经济社会取得了巨大进步。党的十八大以来，贵阳市认真学习贯彻习近平总书记系列重要讲话精神，牢记“守底线、走新路、奔小康”的殷切嘱托和当好全省“火车头”“发动机”的历史使命，深入贯彻新发展理念，始终坚守发展和生态两条底线，以供给侧结构性改革为主线，大力实施大扶贫、大数据、大生态战略行动，全力打造创新型中心城市，在全省率先实现全面小康，构建了“一河百山千园”的生态体系，打造了以大数据为引领的创新格局，全面推动城市走向高质量发展。

（一）1992年：开放态势大推进

1979年1月，贵阳市贯彻落实党的十一届三中全会精神，在政治路线上从“以阶级斗争为纲”转移到“以经济建设为中心”的正确轨道上来，拉开了改革开放的大幕。1984年，贵州省委省政府提出将贵阳市作为综合改革试点城市。明确在工业、流通、郊区农村、城市建设、对外开放等关系贵阳经济社会发展、人民生活改善的重大领域建设上迈出大步，逐步使单项的、局部的改革形成城市综合配套改革，意味着贵阳城市改革真正展开。1986年，时任中共贵州省委书记胡锦涛同志明确指示贵阳市要在全省“做表率，走前列”，要求在发展生产力、经济体制改革、实现党风和社会风气好转，以及发展教育开发智力等方面走在全省前列。为贯彻落实胡锦涛同志“做表率，走前列”的指示，贵阳市深入开展调查研究，形成了“退二进三(市区内的第二产业退到城外，进入第三产业)”“以路带房”“以房补路”“以地生财（资本置换)”的发展思路，确定了“繁华区南下，城市新区西进”的发展方向，提出了“科教兴市”战略，促使改革工作上了一个新台阶。

1992年8月，贵州省委省政府在深入学习邓小平同志视察南方的重要谈话后提出，希望中央能明确贵阳市为内陆开放城市，实行沿海开放政策。这一设想得到了国函〔1992〕93号文件的支持。贵州省委省政府帮助贵阳市拟定对外开放的10多个文件，100多条政策措施，重点将省级有关权限下放给了贵阳市，使其在改革开放中有更多的自主权。贵阳市成立“外商服务中心”，对投资者实行“一站式”“全过程”服务，使贵阳对外开放的软环境有了进一步改善。符合国家净空条件标准的龙洞堡机场于1997年5月28日通航，大大拉近了贵阳与外省、外国的距离，推进了贵阳的对外开放。1992年经国务院批准，贵阳国家高新技术产业开发区建立，2000年贵阳经济技术开发区升级为国家级经济技术开发区，2013年国务院批复成立贵阳综合保税区，2014年贵州双龙航空港经济区成立，并于2017年升级为国家级临空经济示范区，贵阳“四轮驱动”的对外开放格局逐步形成。党的十八大以后，贵阳市更是将开放摆在了重要的位置，主动融入“一带一路”和长江经济带，参与共建“数字丝绸之路”，扩大与港澳台、东盟、欧美的经贸往来和文化交流，进一步扩大外贸进出口规模，积极参与贵广高铁经济带和泛珠三角经济区建设，与广西北海合作共建“北海贵阳港”，引“京”入“黔”开展京筑合作，持续创优开放平台，做强“四轮驱动”实体性平台，发展活力显著增强，开放型经济水平全面提高。“十二五”期间，贵阳市累计引进省外到位资金8000亿元，实际直接利用外资30.72亿美元，年均分别增长44.7%和47.1%。

（二）2007年：提出建设生态文明城市

20世纪90年代末，贵阳市在全国范围内较早地提出了城市要进行可持续发展，并先于全国其他城市开始探索循环经济发展。2001年，贵阳提出“环境立市”战略。2002年3月，结合贵阳市的经济、社会和环境条件，贵阳市作出了建设循环经济生态市的决定。贵阳市委、市政府着眼于转变经济增长方式，走出“高投入、高耗能、高污染、低产出”的恶性循环怪圈，在全国率先提出了“以循环经济模式构建生态城市”的理念，并付诸实践。大规模实施“南明河三年变清”工程，先后对南明河沿线207家单位采取改造、搬迁、关闭措施，严格控制沿线污染源。在城区范围内全面取缔经营性燃煤炉灶、小吨位燃煤锅炉，实施机动车尾气治理，着力减少大气中的二氧化硫浓度。一系列的改革措施取得了实效，同年，贵阳市成功摘掉戴了多年的“酸雨城市”帽子。2003年5月，贵阳市被国家环保总局确认为全国建设循环经济型生态城市首个试点城市。2004年年初，贵阳市被联合国环境规划署确认为全球唯一的循环经济试点城市，同年11月，贵阳市颁布施行了我国第一部循环经济方面的地方性法规《贵阳市建设循环经济生态城市条例》。此外，贵阳市还先后出台了《贵阳市循环经济生态城市建设总体规划》《关于加快生态经济市建设的决定》《贵阳市循环经济试点工作实施方案》《贵阳生态经济市建设总体规划》等一系列文件，为贵阳市建设循环经济生态城市奠定了制度基础。

2007年为贯彻落实党的十七大提出的“建设生态文明”的要求和贵州省第十次党代会关于实施“环境立省”战略的部署，贵阳市委八届四次全会上通过了《中共贵阳市委关于建设生态文明城市的决定》，谱写了生态环境良好、生态产业发达、文化特色鲜明、生态观念浓厚、市民和谐幸福、政府廉洁高效的生态文明“贵阳模式”，并在全国率先制定了《贵阳市建设生态文明城市指标体系及监测方法》，从生态经济、生态环境、生态文化、民生改善、基础设施、政府廉洁高效六个方面，通过33项指标来评定城市建设，使生态文明城市建设更具操作性。同年，贵阳市成立了全国第一家环境保护审判庭和第一家具有独立建制的环境保护法庭，开启了我国环境生态司法保护的先河。2009年，国家环保部将贵阳列为全国生态文明建设试点城市。2010年，贵阳颁布了全国第一部促进生态文明建设的地方性法规——《贵阳市促进生态文明建设条例》，将生态环境保护纳入法制化、制度化轨道。

2012年11月，党的十八大召开，首次把“美丽中国”作为未来生态文明建设的宏伟目标，并把生态文明建设摆在总体布局的高度来论述。贵阳市结合实际认真贯彻党的十八大精神，落实省委、省政府以生态文明引领经济社会发展的指示，积极探索加快建立生态文明制度的办法和措施，整合相关部门涉及生态文明和环境保护的职责，创新监管体制，组建贵阳市生态文明建设委员会，统筹全市生态文明建设和生态文明工作。同年，国家发改委批复了《贵阳建设全国生态文明示范城市规划（2012—2020 年）》，批复中强调，要先行先试，把贵阳市建设成为全国生态文明示范城市、全国创新城市发展试验区、城乡协调发展先行区和国家生态文明交流合作平台。这是国家发改委审批的全国第一个生态文明城市规划。2013 年，经党中央、国务院同意，外交部批准同意生态文明贵阳会议升格为生态文明贵阳国际论坛，成为国内唯一以生态文明为主题的国家级国际性论坛。2014 年，贵阳市围绕生态文明示范建设，结合“疏老城、建新城”的重要举措，在尊重贵阳的山水环境和气候条件、保护贵阳特有的喀斯特地貌的基础上，提出构建“五位一体”公园体系，推动“千园之城”建设，将贵阳建设成为宜居、宜学、宜商、宜业、宜游的可持续发展的公园城市。2016 年 12 月，贵阳市委第十次党代会提出要在今后五年构建“一河百山千园”自然生态体系。2017 年 9 月，贵阳市委十届二次全会审议通过《中共贵阳市委关于大生态战略贵阳行动的实施意见》，为推进大生态战略贵阳行动制定了“时间表”和“路线图”，一幅百姓富、生态美爽爽贵阳新未来的美好蓝图徐徐展开。经过十多年以来的努力，贵阳市生态文明建设取得了显著成效，全市公园总数达 705 个，森林公园、湿地公园、城市公园、山体公园、社区公园“五位一体”的城市公园体系正逐渐成形，城市森林覆盖率提高到 48.66%，在全国省会城市中位居前列，地表水国控、省控断面水质优良率在 93%以上，水源地水质达标率为 100%，环境空气质量优良率达到 95.1%，在全国 74 个重点城市中列第 9 位，达到国家二级标准。

（三）2014 年：以大数据为引领，推动高质量发展

2013 年被称为中国“大数据元年”，几乎所有世界级的互联网企业，都将业务触角延伸至大数据产业。当时的北京、重庆、南京都提出发展大数据产业，更多的城市处于观望状态。过去，贵州在发展工业上选择承接东部、中部产业转型升级。而在大数据产业上，贵州、贵阳与中东部发达地区站在同一条起跑线上。认识到了这一点，贵阳就努力与时代接轨，探索、践行创新驱动战略，抢抓大数据产业发展的历史机遇。2013 年 9 月 8 日，北京·贵阳创新驱动区域合作系列活动举行，拉开京筑共谋创新驱动、转型升级的大幕。之后 1 年内，围绕中关村贵阳科技园建设，贵阳共组织开展 3 次大型招商引资签约活动，累计签约合同项目 183 个，合同引资 924.16 亿元。

2014 年被业界誉为“贵州大数据元年”。2014 年 3 月 1 日，贵州·北京大数据产业发展推介会在北京中关村国家自主创新示范区展示中心举行，正式拉开贵州发展大数据的大幕，贵阳也成为全国首个进行大数据产业推介的省会城市。短短 1 年多时间内，贵阳的大数据发展便创造了 5 个全国第一，获批全国首个国家大数据产业集聚区，建设全国首个全域公共免费 Wi-Fi 城市，打造全国首个块上集聚的大数据公共平台，建成全国首个大数据交易中心，成立了全国首个大数据战略重点实验室。

2015 年 6 月 17 日，习近平总书记在贵阳大数据应用展示中心调研时，对贵州发展大数据产业给予肯定，指出：“贵州发展大数据确实有道理。”2015 年 8 月 31 日，国务院印发《促进大数据发展行动纲要》，明确“支持贵州等建设大数据综合试验区”，贵州大数据产业的发展正式上升为国家战略。2015 年 12 月 14 日，贵州省委召开常委会议，专题听取贵阳市工作情况汇报，研究指导贵阳市经济社会发展，强调把贵阳打造成为创新型中心城市。2016 年 7 月 11 日中国共产党贵阳市第九届委员会第六次全体会议通过《中共贵阳市委关于以大数据为引领加快打造创新型中心城市的意见》等“1+4+1”配套文件，提出“一个核心、三大任务、四大支撑、五大保障”

总体布局，以及“十大重点工程、十大开放平台、十大保障机制、十条改革措施”的实施路径，构建相关监测评价指标体系，全面推动以大数据为引领打造创新型中心城市。2017年11月，贵阳市正式出台了加快建成“中国数谷”的实施意见，提出到2020年形成1000亿元以上主营业务收入，以及建设五大基础工程和十大专项等，推动贵阳建成具有影响力的“中国数谷”，成为全国大数据创新策源地。

在大数据发展实践中，贵阳市不断探索推动大数据落地生根的方法与路径，推动实施“三千工程”，以千企引进为抓手，促进大数据产业集聚发展，以千企改造、千企融合为抓手，推动传统产业转型升级，促进大数据与实体经济深度融合，并入选成为国家产融合作试点城市。始终重视数据安全重大问题，获批公安部大数据及网络安全示范试点城市，开展大数据安全保卫和安全监管工作，启动了大数据安全靶场建设，推动构建“城市安全态势感知中心”“城市安全监管中心”以及“大数据安全创新中心”。注重大数据交流与合作，打造了数博会品牌，并将数博会办成充满合作机遇、引领行业发展的国际性盛会，办成共商发展大计、共用最新成果的世界级平台。

二、大生态：绿色发展的“厚重底色”

从2007年党的十七大首提“生态文明”概念，到党的十九大报告中首次把美丽中国建设作为新时代中国特色社会主义强国建设的重要目标，生态文明建设得到了前所未有的重视，“绿水青山就是金山银山”已经成为当代中国的发展共识。贵阳谨遵习近平总书记关于“守住发展和生态两条底线”的嘱咐，坚持生态优先、绿色发展，努力让绿色成为生态文明最鲜明的特色，成为人民美好家园最亮丽的主色，成为新时代发展最厚重的底色。

（一）生态文明建设的十个“一”

经过十几年的发展，贵阳的生态文明建设已经走在了全国前列。作为全国首个生态文明示范城市，贵阳生态文明建设的实践可以归纳为十个“一”，即：一个理念，一套理论，一个载体，一项工程，一套制度，一个品牌，一种精神，一个基地，一个规划和一个形象。

在生态文明建设的探索和实践中，贵阳始终坚持“以生态文明引领城市可持续发展”的理念，探索经济发展与生态改善双赢的可持续发展模式。深化生态文明理论研究，形成了一套以生态经济、生态城镇、生态社会、生态文化、生态自然、生态政治为主要内容的有贵阳特色的生态文明建设理论体系。以创建全国文明城市、创建国家卫生城市、创建国家环境保护模范城市为载体，进一步提升市民素质，改善城市建设和涵养生态环境。分阶段实施工业污染治理工程、生活污染治理工程、农业面源污染治理工程、生物净化工程和生态修复工程五大工程，对红枫湖、百花湖、阿哈水库“两湖一库”进行治理，确保人民群众饮水安全。不断推进生态文明体制机制创新的实践，从政策、体制、法规、导向上进行创新，为生态文明指明了制度方向，形成了制度合力。开展城市品牌建设，打响“爽爽的贵阳”城市品牌。发扬“知行合一，协力争先”的城市精神，提升市民素质、凝聚人心、引导社会风气良性发展。创建贵阳孔学堂传统文化基地，满足市民公共文化需求，提升城市文化自觉和城市文化软实力。制定《贵阳建设全国生态文明示范城市规划（2012—2020年）》，并坚持规划引领，推动全国生态文明示范城市建设。将生态文明贵阳国际论坛打造成为生态文明建设的全球性开放交流合作平台，以及生态文明建设成果的重要展示窗口，推动贵阳以一个全新的、更高端的生态文明形象面向中国，走向世界。

生态文明建设的十个“一”，是贵阳探索生态文明建设的智慧凝结，也是生态文明建设的贵阳方案，对后发地区的跨越式发展以及全国乃至全球生态文明建设都具有重要借鉴意义和参考价值。

（二）“一河百山千园”的生态体系

“一河百山千园”是贵阳打造全国生态文明示范城市、山水城市的重要载体，有助于贵阳构建山水林田湖良好生态系统。“一河百山千园”自然生态体系的构建，按照切合实际、符合规律、分期实施、长效管理的总体思路，以南明河的河流保护治理为重点，提升沿岸文化景观，把南明河串成美丽项链；加大中心城市山体治理，修复城市“伤疤”，形成点、线、面、环相结合的城市绿地系统；打造森林公园、湿地公园、城市公园、山体公园、社区公园“五位一体”的城市公园体系；形成南明河人文新景观、百山城乡新形态、千园城市新品质的美好画卷。以构建“一河百山千园”自然生态体系为抓手，加快绿道、绿地、公园、河岸等共享绿色空间建设，着力改善环境质量，补齐城市发展短板，进一步完善城市功能，推进全国生态文明示范城市建设。

1. 实施“一河”整治，恢复河流生态。根据南明河河流特征、污染源类别及来源、城市环境状况、水生态环境等问题。在现有南明河水环境综合治理的基础上，改善水环境质量，实现水质达标。开展南明河全流域生态系统的整体保护、系统修复和综合治理，加快建设水源涵养林、景观廊道、河流湿地、生态河道，大力实施雨污分流、污水处理、水质提升、中水回用等治理工程。加快金钟河、宋家冲河、市西河等市域未达标河流治理，实现全流域治理、全流域管控。强化沿岸景观功能，建设沿河旅游休闲度假带，提升南明河沿岸的生态旅游景观综合体验水平。

2. 开展“百山”治理，修复山林生态。推进“一带、五脉、百山”的建设与保护，编制全市生态林业发展规划，制定县级生态林业产业发展三年行动计划。全面落实生态红线制度，严格按照林业生态红线分级分类进行管理。实施破损山体、废弃迹地、地质灾害迹地、工程迹地生态修复。增加山体绿植覆盖率，扩大林地和非林地森林面积，对植被为灌木林、疏林的山体，采取“挖坑、填土、种树”的方式，实施植被改造提升；对退耕还林成果加以巩固，实施山体复绿、覆草等生态治理，开展通道绿化，提升森林质量。结合山体情况、森林景观情况、开放条件等因素，建设串联重点森林公园、湿地公园、林区等区域的空间景观走廊。

3. 打造“千园之城”，突出绿色人文集约。综合利用林间空地、坡耕地、废弃地、城市边角地块等土地资源，建设森林公园、湿地公园、山体公园、城市公园、社区公园。坚持绿色价值标准，实现生态优美与经济增长双赢。科学规划建设城市“公园化”的生态系统，将以人为本的理念融入规划之中，打造城市生态宜居环境；因地制宜、突出特色，充分发掘历史与地方人文资源，将中华民族优秀传统文化与地方人文元素融入绿色综合体的建设中。注重产城互动、融合发展，通过科学合理的规划，在公园建设的基础之上打造现代城市绿色综合体，实现集约发展。

（三）《贵阳共识》的时代价值与世界意义

贵阳坚守生态与发展两条底线，将生态文明示范与自主创新示范完美结合，探索出一条双赢之路。在路径探索中，生态文明贵阳国际论坛既是贵阳双赢之路的载体和抓手，也是其发展的成果和亮点。自 2009 年以来，贵阳举办了十届生态文明贵阳会议 / 国际论坛，历届生态文明贵阳会议 / 国际论坛都会形成《贵阳共识》，它是对全球生态文明发展新理念的集中展示，是对中国和贵州省、贵阳市生态文明建设新成果的高度概括，是未来生态文明发展方向和发展道路的重要指引。

《贵阳共识》的达成推动着人类命运共同体的构建。生态环境资源为全球配置，收益为全球共享，一个国家或地区对生态环境资源的使用往往会影响各国民众的福祉。随着全球生态环境问题的日益严峻，全球社会越来越关注“人类整体”的命运。生态环境问题必须从“人类整体”的共同利益角度来认识，经济活动的生态环境影响必须从全球范围来看待，有关“可持续发展”的行动必须在全球范围内来协同推进。因此，绿色发展理念只有在“人类命运共同体”视野下才能真正认识到其本质意义。《贵阳共识》的达成是世界各国、社会各界对生态文明达成了统一的认识，树立了相同的理念，坚守了共同的原则，明确了前进的方向，推动着人类命运共同体的构建。

《贵阳共识》的达成昭示着我国生态文明建设成果得到了全球的肯定和认可。面对全国乃至全球生态危机愈演愈烈的现状，中国着力探寻生态文明之路，自 20 世纪 90 年代开始，一系列的战略部署、政策文件，都在向全世界宣告中国政府对生态文明的认识与重视程度，都在向全世界展现一个负责任的社会主义大国形象。十年间，《贵阳共识》关于生态文明发展的认识在不断深化，理念不断创新，路径不断明晰，更是深刻阐述了中国生态文明建设的内涵、理念、基本国策，让国际社会进一步了解和认识到中国建设生态文明的现实性和必要性。可以说，《贵阳共识》的达成是全球对中国在生态文明道路上所做努力的充分肯定和认可。

《贵阳共识》的达成确立了中国在全球生态文明建设领域的国际话语权。中国对生态文明建设探索与实践的力度之大、强度之高，可以说做到了前所未有。在这之前，世界上没有任何一个国家的政府把生态文明建设放在国家发展战略的高度，也没有任何一个国家的执政党把加强生态文明建设写入党章。中国在生态文明建设上的率先探索，影响着地区和全球的生态环境，也为其他国家的生态文明发展提供了新思路，带来了新启示。《贵阳共识》的达成，显示出中国已经具备参与制定全球生态文明规则的能力，也显示出中国在全球生态文明建设领域召集力、号召力、影响力的增强。

《贵阳共识》向世界传播生态文明的“中国声音”。在中国传统生态文化中，儒家思想主张“天人合一”“天地变化，圣人效之”“与天地相似，故不违；知周乎万物，而道济天下，故不过”；道家提出“道法自然”，强调人要以尊重自然规律为最高准则，以崇尚自然、效法天地作为人类行为的基本皈依，达到“天地与我并生，而万物与我为一”的境界，诸如此类。《贵阳共识》的生态理念融合了中国传统的生态文化，随着《贵阳共识》在国内外影响力的不断提升，体现中国传统文化内涵的生态文明发展理念也开始在全球范围内得到传播，并深深地影响着各国的生态发展。

三、大数据：绿色发展的“创新动能”

作为国家大数据（贵州）综合试验区的核心区，贵阳积极开展大数据理论创新、制度创新、规则创新、实践创新系统性试验，提出块数据、激活数据学、主权区块链等全局性、战略性、前瞻性理论，推动政府数据共享开放、大数据安全管理、健康医疗大数据应用发展等相关地方立法先行先试，探索建立人口基础数据、法人单位基础数据、政府数据分类分级以及脱敏等大数据关键共性标准，抢占大数据理论创新制高点、制度创新制高点和规则创新制高点。并以应用创新倒逼政府改革，带动机制体制创新，推动了经济社会的全面创新，使得大数据真正成为贵阳绿色发展的创新动能。

（一）以块数据为核心的理论创新

破解“海量数据的悖论”需要全新的数据科学方案。正是在这样的时代大背景下，块数据应运而生。2015 年，贵阳创新性地提出“块数据”的概念，并对其进行持续深入研究，构建了一个从块数据 1.0 到块数据 5.0 的理论体系，提出了数据人假设、数据力与数据关系、主权区块链、秩序互联网、激活数据学、数权法等新理论，建构了以人为原点的数据社会学的理论和方法。

块数据 1.0：大数据时代真正到来的标志。块数据 1.0 创造性地提出了块数据的概念，块数据的出现标志着大数据时代的真正到来。块数据 1.0 对块数据进行了从理论到实践的全方位深入研究，分析了块数据的融合路径和运行模式，以及块数据实践应用所形成的块数据全价值链，即全产业链、全服务链和全治理链。

块数据 2.0：大数据时代的范式革命。块数据的出现引发了大数据时代的范式转移。块数据 2.0 形成了以人为原点的数据社会学范式，颠覆了传统的世界观、价值观和方法论，进而改变和形成新的知识体系和价值体系，并将深刻影响人类政治、经济、文化和生活的方方面面。

块数据 3.0：秩序互联网与主权区块链。块数据 3.0 重点探讨块数据的技术基础和法律规制问题，其突破在于重构了互联网、大数据、区块链的规则。在互联网的发展中，从信息互联网到价值互联网再到秩序互联网是互联网从低级到高级、从简单到复杂演进的基本规律，秩序互联网是互联网发展的高级形态；在大数据的发展中，数权和数权制度成为大数据的核心价值，数权法开启并催生新的数字文明；在区块链的发展中，主权区块链创新现代治理模式，成为区块链技术应用的制高点。

块数据 4.0：人工智能时代的激活数据学。激活数据学是大数据时代的一个理论假设，这个假设试图解决超数据时代数据拥堵的治理难题，或者说，解决数据越大，价值越小的困惑。数据搜索、关联融合、自激活、热点减量化、群体智能是激活数据学的 5 个运行阶段。激活数据学将改变生命，让人类更健康、更长寿；激活数据学将改变医疗服务，让服务更有效、更精准；激活数据学将改变产业结构，让经济质量更高、更可持续。激活数据学将改变未来，这就是块数据 4.0 的真正价值。

块数据 5.0：数据社会学的理论和方法。块数据 5.0 围绕人与技术、人与经济、人与社会的关系进行系统阐述，探讨由此带来的认知结构、社会结构的演化和变迁。“数据进化论”从历史唯物主义和辩证唯物主义的视角审视技术进化和文明跃迁的相互关系；“数据资本论”从政治经济学的视角剖析数字时代的数据力与数据关系；“数据博弈论”从科学社会主义的视角探讨数字文明时代人与社会的关系。数据社会学的终极影响在于它为包括官员、学者、企业、民众在内的使用者提供一个比计算社会学、社会物理学、市场和资本等更为出色的数据社会学话语体系。

区块链是贵阳大数据理论创新的另一块高地，贵阳在《贵阳区块链发展和应用》白皮书中创新性地提出了主权区块链、“绳网结构”理论、“扁担”模型（TAF 模型）等区块链新理论，并以此为指导，构建政用、民用、商用多场景交织的区块链应用模式，打造区块链产业生态体系，发掘区块链的经济与社会价值，推动区块链与大数据深度融合，促进数字经济发展，完善数字社会治理，构建信息文明时代的新秩序。

（二）以地方立法为引领的制度创新

制度建设是大数据发展的迫切需要，要实现大数据技术和产业创新发展，必须发挥立法的引领和推动作用。为全面实施大数据战略行动，促进数字经济健康发展，提高政府治理能力和水平，激发各类市场主体活力，贵州、贵阳以立法引领制度创新，深刻领悟立法依据，理解立法本质，把握立法的重点、难点和痛点，探索建立了有利于推动大数据创新发展的法规政策体系，不断解决制约大数据发展的体制机制因素和不确定的市场因素，为大数据的应用创新和产业发展营造出良好的法规和市场环境。

2016 年 1 月，贵州省第十二届人大常委会第二十次会议第三次全体会议高票表决通过了《贵州省大数据发展应用促进条例》，全国首部大数据地方性法规在贵州诞生。标志着贵州省在促进大数据产业发展顶层法规建设方面踏出了坚实步伐，它不仅从法规方面护航贵州省大数据产业发展，也为国家层面上的立法提供了重要的实践支持。2017 年 5 月 1 日，《贵阳市政府数据共享开放条例》正式实施，这是全国首部关于政府数据共享开放的地方性法规，是贵阳围绕大数据在地方立法实践上的一次重大突破，在推动政府数据资源优化配置、增值利用、提升政府治理能力和公共服务水平等方面具有极大的促进作用和示范效应。2018 年 6 月 5 日，《贵阳市大数据安全管理条例》经贵阳市第十四届人大常委会第十三次会议表决通过，该条例是建立和完善数据安全法律体系的重要内容，对进一步加强大数据安全管理，维护国家安全、社会公共利益，保护公民、法人和其他组织的合法权益具有重要的现实意义。2018 年 5 月 18 日，《贵阳市健康医疗大数据应用发展条例》正式向社会各界广泛征求意见建议，标志着贵阳市在引领促进健康医疗大数据应用发展，满足人民群众多样化健康医疗需求等方面，将拥有更为契合地方实际的法制保障。此外，《贵阳市数据交易服务机构管理条例》《贵阳市数据资源权益保护管理条例》的立法工作均已启动。《贵阳市数据交易服务机构管理条例》对依法加强数据交易服务机构管理，规范数据交易行为具有重要意义。《贵阳市数据资源权益保护管理条例》则填补了数权保护的立法空白，意味着贵阳建设“中国数谷”的战略任务正在转化为一种可执行、可操作的制度性安排。

从实际出发，回应现实需求，是决定立法成败的关键。贵阳在推进制度创新的过程中收获了一批“可复制、可推广、可借鉴”的经验，形成了大数据领域法制建设的范本。通过梳理大数据发展亟须立法保障的关键领域，研究具有代表性的地方立法实践案例，因时上升、因地调整大数据地方立法权限，把握大数据地方立法的特色和立法的探索性，建立起大数据地方立法的领导和行政协调机制，规范立法体制、提高立法质量，充分发挥了立法对大数据发展的引领、推动和保障作用。

（三）以标准制定为主导的规则创新

大数据标准化建设是提升大数据发展话语权的重要抓手。为促进科技创新与标准的转化融合，发挥标准在服务大数据产业发展方面的基础支撑作用，贵阳以推动大数据产业发展亟须的政府公共数据关键共性标准建设为重点，积极开展大数据相关标准的制定和实施等工作。在标准研制中不断总结和创新，推动示范应用取得新突破，逐渐成为推动我国大数据产业发展进程，助推大数据产品、技术和标准“走出去”的关键力量。

贵阳以参与大数据相关国家标准验证研制和示范，推进大数据贵州省地方标准研制和应用为重点，开展大数据国家、地方标准的研制和示范应用，助力政府数据交换共享和开放安全。以支持大数据团体标准的研制和应用，引导大数据企业标准的制定为重点，加快大数据团体标准的培育，服务大数据新兴业态的形成和产业创新发展。以组织大数据标准试验验证和符合性测试评估，开展重点领域大数据标准化应用项目试点示范为重点，推动大数据标准示范应用，发挥标准化服务产业发展示范引领和辐射带动效应。以建立大数据标准协同创新机制和提升大数据标准创新研发水平为重点，促进大数据标准化创新发展。以开展大数据标准化国际合作和建立贵阳市大数据标准化技术工作组为重点，加强大数据标准化对外合作与交流。

目前，贵阳参与了三项国家标准验证研制和示范，《信息技术数据交易服务平台交易数据描述》（20141200-T-469）、《信息技术数据质量评价指标》（20141203-T-469）已报批，待发布；《信息技术数据交易服务平台通用功能要求》（20141201-T-469）已完成专家评审。完成四大类十个子项贵州省地方标准研究，其中，《政府数据数据分类分级指南》《政府数据数据脱敏工作指南》《政府数据核心元数据第 1 部分：人口基础数据》《政府数据核心元数据第 2 部分：法人单位基础数据》已实施；《政府数据核心元数据第 3 部分：空间地理基础数据》《政府数据核心元数据第 4 部分：非物质文化资源数据》《政府数据核心元数据第 5 部分：宏观经济数据》正进行征求意见工作。大数据标准化的建设，使贵阳在激烈的竞争中处于主动地位，在资源配置中占领规则制高点和话语权。

（四）以应用场景为支撑的实践创新

应用场景是创新的动力源泉，在创新驱动发展战略落实落地方面，贵阳有其自身的独特优势。作为国家大数据产业发展集聚区、国家大数据产业技术创新试验区，贵阳能够为大数据发展提供丰富的应用场景，促进数据资源汇聚、融通和应用。围绕政府治理、产业发展和民生服务三大领域，创新大数据应用场景，形成了数据驱动型创新体系和发展模式，成为大数据企业实践创新的沃土。同时，通过应用场景倒逼创新资源、创新政策、创新体制、创新环境发生全面变革，颠覆与重构创新方式，实现了创新需求与创新成果低成本、高效率的无缝对接，成为吸引大数据企业的“磁石”。

贵阳深挖大数据的政用、商用和民用价值，运用大数据提升社会治理水平、引领经济转型升级和改善民生服务水平，形成了大数据全产业链、全服务链和全治理链。大数据全产业链方面，推动大数据与实体经济融合发展，以培育完善的大数据产业体系为核心，以部分引领产业作为重点方向，促进经济转型升级和培育壮大新动能。大数据全产业链方面，以更好地解决民生痛点、堵点和难点为宗旨，推动大数据与衣食住行、生老病死、安居乐业等相融合，着力解决普惠性民生问题，让公众有更多数据“获得感”。大数据全治理链方面，以运用大数据提升决策能力、管理能力、服务能力为抓手，推进政府管理和社会治理模式创新，实现政府决策科学化、社会治理精准化、公共服务高效化。

贵阳在先行先试中构建了与经济社会发展高度契合的多元应用场景，不断促进新技术推广应用、新业态衍生发展和新模式融合创新。“数据铁笼”推进办公、审批、执法的网络化，实现权力运行可追踪、可溯源，让权力清晰、透明、规范运行。“党建红云”构建了党建大数据“云、管、端”支撑体系，为各级党组织深入开展党建工作提供智能化解决方案。“数治法云”运用大数据推动“以审判为中心”的刑事诉讼制度改革，打造出一体化统筹兼顾、多元化协调一致、立体化全面覆盖的综合性法治工程。“社会和云”实现社会治理从条块分治转向整体联动，从被动应付转向主动服务，从传统管理模式转向信息化支撑，从分级管理转向扁平化管理，从单打独斗转向协作共治。“筑民生”全面推动民生服务由基本服务向优质服务转变、由保障均等化服务向创新差异化服务转变、由被动服务向主动服务和智能服务转变。“诚信上链”实现线下实名身份与线上数字身份进行映射关联和统一管理，不同应用场景对应的链与链的价值转移和事务协作。“大数据精准帮扶平台”实现精准识别、精准帮扶、精准管理、精准考核，形成帮扶对象动态管理、帮扶行动跟踪监督、帮扶成效分析评估、绩效考核奖惩精准的工作闭环机制。“大数据综合治税系统”实现涉税数据全方位分析与监控，使政府主导下税收管理的法治、共治和善治不断取得新突破。“数智共享社区”集智能建筑、智能交通、智能管理、智能公共安全等智能化系统为一体，聚焦全民共享、全面共享、共建共享、渐进共享，初步构建起共建共治共享的治理格局。

四、大民生：绿色发展的“内在要求”

解决好民生问题是最大的政治，保障和改善民生是最大的政绩。党的十九大报告指出：“带领人民创造美好生活，是我们党始终不渝的奋斗目标。”2017 年，中央经济工作会议着重强调，要围绕推动高质量发展，提高保障和改善民生水平。人民有所呼，改革有所应。正如习近平总书记所说，“老百姓关心什么、期盼什么，改革就要抓住什么、推进什么”。对标新时代、新起点，实现高质量、绿色发展的内在要求是使人民获得感、幸福感、安全感更加充实、更有保障、更可持续。

（一）从“两严一降”到“五治并举”

“十二五”时期，贵阳正处于快速发展期、社会转型期、利益调整期和矛盾凸显期，社会治安工作不断面临着新情况、新问题，特别是由于警力、装备等基础条件较为薄弱，社会治安形势严峻，以“两抢一盗”为主的刑事案件呈现高发态势。据中国社科院《公共安全蓝皮书》测评，贵阳市 2012 年在全国 38 个重点城市公共安全服务排名全国最后一位。为提升群众安全感，2013 年 8 月贵阳市委、市政府决定，把解决社会治安问题放在突出位置，在全市范围内开展“两严一降”（即“严厉打击两抢一盗犯罪”“严密防范两抢一盗犯罪”及“降低刑事发案率”）专项斗争，将社会治安整治暨“两严一降”工作作为推进民生工作的重点和地方党委、政府的重要职责，作为“书记抓、抓书记”的“书记工程”。

“两严一降”最大限度调动了各方资源，彻底改变了“公安单打独斗”的局面，构建起了“党委领导、政府主导、综治协同、公安主力、各部门齐抓共管、社会力量广泛参与、人民群众良性互动”的系统治理体系，贵阳市的社会治安形势持续向好。贵阳市刑事案件连续三年呈两位数下降，刑事案件总数在全省的占比从 1/3 降到 1/5，年万人案件数从 112 起降为 59 起；街面“两抢”案件每年平均降幅达 50%，日均发案由 28 起降至目前的 2 起以下。人民群众安全感和满意率连续四年“双提升”，2013年群众安全感达94.2%，群众满意度达93.64%，“平安建设”满意率居全省第一。据中国社科院《公共安全蓝皮书》测评，贵阳市2013年全国38个重点城市公共安全服务排名上升至全国第10位；2014年上升至全国第15位，被评估为公共安全服务成长性最大的两个城市之一。2017年，全市人民群众安全感达98.43%，再创历史新高。

“两严一降”作为贵阳社会治理改革创新的突破口，在较短时间内取得较大成效。但是，社会治理水平和能力离人民群众的需求和期待仍有一定差距，需要全面深化改革和创新社会治理，从根本上加以解决。面对新形势新要求，在“创新社会治理，加强社会建设”2014（贵阳）年会的系列活动——国际城市论坛2014年社会治理创新联盟座谈会上，全国首家社会治理创新联盟正式揭牌成立，并发表《社会治理创新联盟贵阳宣言》，提出社会治理应法治、善治、自治、共治和德治“五治并举”。

“五治并举”成为贵阳社会治理体制机制改革新方向。其中，法治是运用法治思维和法治方式创新社会治理，把“两严一降”专项行动纳入法治化轨道，加快执法司法责任体系建设，推行执法司法责任制、错案追究制，推动形成政府办事依法、群众遇事找法、化解矛盾靠法、解决问题用法的良好环境，不断提高社会治理法治化水平；善治是优化政府治理结构，提高政府的行政能力和维护社会公平正义的能力，加快行政体制改革，推动政府转型；自治是强化基层自治组织群防群控工作职责，改革社会管理和社区管理体制，坚持基层协商民主制度，完善基层法治工作机制，让群众知情有渠道、参与有平台、监督有手段、共享有机会；共治是创新政府、市场、社会多元主体共同参与的体制机制，通过多元主体的良性互动，不断扩大公众参与，实现社会共同治理；德治是弘扬社会主义核心价值观、中华优秀传统文化、法治精神，推动社会治理内植于心、外践于行。“五治”之间相互影响、相互渗透，形成社会治理的强大合力，切实推进社会治理体系和治理能力现代化。

（二）从农村“三变”到城市“三变”

党的十九大报告强调，“保证全体人民在共建共享发展中有更多获得感”。近年来，为实现农业增效、农民增收、农村繁荣，推动实现更高水平的全面小康，贵阳市深入推进农村各项改革，特别是农村“三变”改革。以都市农业现代化、大数据平台化、城乡统筹一体化“三化”为抓手，有序推进改革试点，在全市共 438 个村开展“三变”改革工作，占全市行政村 50%；加快农村各类要素确权，完成农村土地承包经营权确权登记颁证，以及全市 912 个村资源、资产、资金“三资”清产核资，并实现信息化、平台化管理，盘清了农村集体资产家底，全市农村小型水利产权制度改革基本完成。通过资源变资产、资金变股金、农民变股东“三变”模式，全市各区（市、县）村集体以土地入股 7 万余亩，整合资金 2.2 亿元，形成股金 2.06 亿元，带动社会投资 12.6 亿元；促进农民变股东 9.22 万人，其中低收入困难户 1.67 万人；参股经营主体达 378 个，参与“三变”改革增加农民收益 6800 万元，包括保底收益 2200 万元、入股分红 1600 万元、务工收入 3000 万元，带动低收入困难群体增收 1500 万元。

2017 年，在推动农村“三变”改革的同时，贵阳市又创新提出并实施城市“三变”改革，持续探索“以人民为中心”的改革发展新机制。印发了《中共贵阳市委贵阳市人民政府关于开展城市资源变资产、资金变股金、市民变股东“三变”改革试点工作的指导意见》（筑党发〔2017〕17 号），明确了城市“三变”的总体要求、主要内容、基本要素等，为城市“三变”指明了方向。此外，调整充实贵阳市农村“三变”改革试点工作领导小组并更名为贵阳市全面推进城乡“三变”改革工作领导小组，组建贵阳市城乡“三变”改革办公室，实现城乡“三变”改革统筹联动，促进城乡要素双向流动、融合发展。

城乡“三变”改革的目的，就是用股权纽带将各方利益联结起来，让全体人民在城乡“三变”改革中成为“股份市民”“股份农民”，成为城乡发展和治理的“股东”，积极参与到产业链发展和价值链分配上来。通过股权纽带构建发展共商共建机制，通过壮大集体经济提升基层组织战斗力，通过解决“三分散”问题增强发展动能，通过“先富带后富”机制构建逐步缩小贫富差距，通过提高市民（农民）组织化程度完善社会治理体系，通过联股联业联股联责联股联心构建成果共享机制。

（三）从民生“十困”到十大民生提升工程

让广大人民群众共享改革发展成果，集中体现了社会主义制度的优越性和以习近平同志为核心的党中央为实现人民对美好生活的向往而奋斗的坚定追求，是习近平同志关于民生工作重要论述的凝练表达。人民对美好生活的向往没有止境，党和政府对改善民生的追求也没有止境。

2014 年，针对群众反映强烈的民生困难问题，贵阳市委常委班子 14 名常委同志从制约全市经济社会发展和群众反映强烈、事关广大人民群众切身利益的难点问题入手，从各自分管联系领域选择一个课题开展领题调研，着力破解事关全市改革稳定、困扰民生改善、制约发展升级的突出问题。通过领题调研、深入走访和广泛收集群众意见，贵阳市梳理出十项群众最关心、最直接、最现实的民生难题。针对民生“十困”，贵阳市制定并完善了《关于着力解决民生“十困”的实施方案》及 10 个行动计划，提出围绕民生“十困”，深入开展“三创一强一提升”“新型社区·温馨家园”“美丽乡村·幸福家园”等活动，着力办好一批群众看得见、摸得着、感受得到的实事，不断增强城乡居民的幸福感。明确各个市委常委分别牵头，组建民生特派组，采取工作项目化、区县目标化、责任具体化、投入常态化等方式，把解决民生“十困”的每一件实事落实到具体单位、具体责任人，全力以赴解决好老百姓的切身利益问题。以完善社保和扶贫体系为重点，切实解决“收入低”问题；以促进充分就业为重点，切实解决“就业难”问题；以推动基本公共教育均衡优质发展为重点，切实解决“上学难、上好学难”问题；以加快交通基础设施建设为重点，切实解决“行车难、停车难”问题；以提升基层医疗卫生服务能力为重点，切实解决“看病难”问题；以建立健全养老服务体系为重点，切实解决“养老难”问题；以加强社会治安综合治理为重点，切实解决“治安差”问题；以实施保障性安居工程为重点，切实解决“住房难”问题；以完善农产品供销体系建设为重点，切实解决“买菜难、买菜贵”问题；以拓展公共活动空间为重点，切实解决“活动场所少”问题。

为进一步提升人民群众的幸福感，2018 年 1 月，《中共贵阳市委关于建设公平共享创新型中心城市的决定》提出，从人民的需求出发，统筹推进“十大民生提升工程”，在幼有所育、学有所教、劳有所得、病有所医、老有所养、住有所居、弱有所扶上不断取得新进展，进一步提升全市人民的生活品质。实施就业创业提升工程，坚持就业创业优先战略，提供更多的就业机会和更优的创业政策，创造更多就业创业平台。实施收入提升工程，加大对特殊困难群体的救济救助力度，构建共同富裕的体制机制，拓宽群众劳动收入和财产性收入渠道。实施人居环境提升工程，推进棚户区和农村危房改造，改善城乡人居环境，让市民（农民）舒适生活在现代城市、特色小镇、富美乡村之中，使社会更加和谐、发展更加平衡、环境更加优美。实施交通出行提升工程，加快交通基础设施建设，创建公交都市，让城市路网更加健全、出行更加有序、行车更加文明。实施教育供给提升工程，推动基本公共教育均衡优质发展，完善城乡教育体系，推进优质教育全覆盖。实施医疗健康提升工程，深化医药卫生体制改革，完善覆盖城乡、优质高效的医疗卫生服务体系，建设“健康贵阳”。实施养老敬老提升工程，构建以居家为基础、社区为依托、机构为补充、医养相结合的多层次养老服务体系，不断满足老年人多样化、多层次的养老服务需求。实施城市文明提升工程，巩固全国文明城市创建成果，加快文化事业和文化产业发展，推进公共文化、体育服务体系全覆盖，挖掘和培育城市文化底蕴，提升城市的颜值、气质、品质。实施智慧治理提升工程，运用互联网、大数据、区块链、人工智能等技术，提升社会治理专业化、智能化水平，建设数智共享社区，建设新型智慧城市。实施平安建设提升工程，严厉打击“黄赌毒黑拐骗”违法犯罪，深入推进“两严一降”和“禁毒人民战争”工作，加快社会治安防控体系建设，切实预防和化解社会矛盾。

五、城市觉醒与文化自觉

贵阳的绿色发展是一个城市的觉醒。在大数据发展的起跑线上，贵阳把握了先机，勇于并敢于站在新科技革命和新产业革命交叉融合的引爆点上。这种“勇”和“敢”是一种觉醒，本质上是文化自信，是文化的自我觉醒、自我反省和自我创建。把“天人合一”的绿色信仰与“知行合一”的精神特质融入城市发展的行动中，推动城市文化创新和创新文化发展，拓展城市创新之“源”，深植城市创新之“根”，最终铸就永久的创新之城。

（一）天人合一的绿色信仰

早在成书于先秦时期的《尚书》中就有“钦若昊天”“敬授民时”的经典语句，这是中华民族追求天人合一，追求人与自然和谐最早的文字记载，可见中华民族五千年文明史的源头就蕴含着天人合一的优秀传统文化因子。在中国大西南的贵阳这片土地上，人们始终怀揣着生态梦，坚守着绿色的理念，在面临工业文明时代要发展还是要生态的选择时，这座城毅然地选择了“绿色”。“绿”是这座城的命脉，已然融入了血液，成了一种信仰。

初到贵阳的人，都会惊讶贵阳的绿——四季都是青的山，碧的水，层层叠叠的绿由近及远，林海起伏，满目葱茏，花扮筑城，绿染贵阳。正是这种绿让贵阳在全国第一个获得“国家森林城市”的殊荣。一方水土养育一方人。贵阳正是在天然形成的生态审美的核心价值观的指导下，始终坚持心中的绿色梦，用实际行动打造了“爽爽的贵阳”城市品牌。尤其是近年来，贵阳市委、市政府高度重视生态环境保护，把生态文明建设作为市委、市政府的一项重要工作内容，并明确提出要构建和谐共生生态体系，让绿水青山真正成为金山银山，让生物多样性得到有效维护，形成“山水林田湖草”生命共同体你中有我、我中有你的共生局面。先天的绿色基因加后天的绿色坚守，使得“绿”已经成为这座城市的底色，是生活在这座城市中的人心中最神圣的图腾。

正是有了这份独特的绿色情节、绿色情怀、绿色信仰，这座城市滋长出了绿色基因，当这座城面临工业文明时代发展和生态的选择时，这座城市毅然地选择了“绿色”。其凭借着对山水的挚爱、对一草一木的真情以及对发展的渴求，探索出了一条经济和生态双赢的绿色崛起新路，以 2013 年 9 月 8 日中关村贵阳科技园挂牌成立为起点，贵阳市正式启动大数据发展战略。接踵而来的便是一个个让世人惊叹的好消息：仅一年的时间，贵阳就引进大数据相关项目 150 个，投资总额达 1402 亿元。奇迹般地在大数据产业方面创造了 5 个全国第一，第一个国家大数据产业集聚区，第一个全域公共免费 Wi-Fi 城市，第一个块上集聚的大数据公共平台，第一个大数据交易中心，第一个大数据战略重点实验室。2015 年 5 月，贵阳举办了全国第一个以大数据为主题的博览会和峰会，标志着贵阳已经站在了我国乃至全球大数据发展的前沿。此外，森林覆盖率超 46%，城区集中式饮用水源地水质达标率均为 100%，空气质量优良天数超 95%。真正意义上实现了经济发展与蓝天常在、碧水长流的双赢。

（二）知行合一的精神特质

五百多年前，著名的“龙场悟道”在贵阳发生，这就注定了贵阳与“知行合一”的哲学思想要结下深厚的缘。“知行合一”的理念深入每一个贵阳人的内心，自然而然内化为贵阳的城市精神。在这种精神的指引下，贵阳坚韧地探索着一条发展新路，因为贵阳深“知”要坚守好生态和发展的两条底线，深“知”自己“作表率、走前列”的使命，当“知”道新一轮科技革命的机遇到来了，“知”就落实到“行”上，在缺少众多科技创新要素的情况下开始了推动大数据发展的“行”动。随即这一精神特质支撑这座城造就了一个又一个的奇迹。

面对发展过程中的艰与难，贵阳各级领导干部坚持“知行合一”，敏锐地抓住大数据时代的历史机遇并将其迅速上升为全市的战略，结合自身实际积极进行实践，使得各级、各部门达到在战略上的高度认知、政治上的高度契合、步调上的高度一致、战略定力的高度坚定，为贵阳发展大数据风生水起提供了重要前提。同时，贵阳对自身的“后发优势与后发劣势”“知行合一”。其正视自身欠发达、欠开发和欠开放地区的现实，认清良好的生态、良好的资源环境、相对有竞争力的劳动力成本和城市生活运行成本等优势，面对创新资源和创新人才的困境，贵阳进行制度创新，快学快干，变后发为先发，使之成了国内最早一批启动大数据建设的城市。更为关键的是，贵阳坚持以“务实”为标，扎实干事。发展大数据无论是其具有的先天、先发还是先行优势，核心都是先干。先干就是想干、敢干加会干。发展大数据是在走前人没有走过的路。只有学中干，干中学，边学边干，边干边学，才能赢得先机，才能抢占蓝海。发展大数据，贵阳不追求一时一事的轰动效应，不追求短时间的精彩亮相，不做“形象工程”和“表面文章”，而是瞄准目标，一步一步地从具体工作做起。不仅引进了核心的要素、关键的企业，更注重构建创新创业生态环境，在金融、人才、政策等各个方面进行了积极探索。把孵化器的培育放在比生产线的引进更重要的位置，把创新平台的设置放在比引进重大项目更重要的位置，把优秀人才在贵阳的落地生根放在比重点产品的投产更重要的位置。

贵阳“知”与“行”的合一，得到了“贵州发展大数据确实有道理”的认可，获得全国“最适合投资数据中心的城市”称号，被大数据产业联盟授予“全国最适合发展大数据产业的城市”，2017 年 1 月 26 日的《人民日报》在 5 版刊发题为《用大数据服务民生》的评论，称贵阳为“中国大数据之都”。

（三）铸就永久的创新之城

城市作为现代经济社会发展的主要载体，不仅是一种空间存在、政治存在、经济存在，更是一种文化的存在。以文化自信、文化融合、文化创新为基础的文化力是城市的竞争力。贵阳把“天人合一”的绿色信仰和“知行合一”的阳明文化融入创新驱动发展的行动中，以文化自信坚定发展自信，造就了城市的绿色崛起。

文化自信首先表现为文化自觉。所谓“文化自觉”，是文化的自我觉醒、自我反省和自我创建。看贵阳的创新发展之路，是对知行合一的阳明文化的深入挖掘和传承，对“爽爽贵阳”生态文明的再认识和再提升，对坚守“两条底线”的绿色文化的生动实践。这些都是经过长期的实践后积淀于内心的价值认同，是经过自我反省、自我批判后自我超越的结果。文化自信其次表现为文化价值重构。纵观贵阳的发展史，明初平乱时期、清雍正年间“改土归流”时期、抗日战争时期、新中国成立后“三线建设”时期的四次大规模移民给贵阳带来了江浙文化、中原文化、楚湘文化、巴蜀文化等，这些文化与贵阳本土文化融合为一体，既包含了各地区的文化元素，但又发生了异变，相互渗透，形成了贵阳开放、包容、开拓，并具有创造性和亲和力的移民文化。近年来，贵阳在以大数据为引领加快打造创新型中心城市的生动实践中，创新创业文化渐成风尚。文化自信还表现为对民族文化当下状况的充分肯定和对未来前景的满怀信心。当前，贵阳通过选择和坚持创新驱动的发展之路，实施大数据战略行动，带动了经济社会的全面发展，形成了开放多元的发展环境，不断吸纳其他国家和民族的优秀文化，使多元文化兼容并蓄，丰富贵阳城市文化内涵，提升贵阳的文化自信。这种文化自信不断增强，根植于贵阳城市文化中，内化成为一种自信文化，并优化贵阳的文化基因。

水有源，故其流不穷；木有根，故其生不穷。要让创新成为城市发展的“源”和“根”，就要将创新融入城市发展的血液，融入民族文化之中，形成创新文化，使创新成为全社会的一种价值导向、一种思维方式、一种生活习惯。

贵阳在文化与创新的互动中，探索着西部省会城市的发展新路，以文化融合创新促进思想变革和科技变革，以包容的创新文化氛围促进社会的全面创新。大数据思想的革新，催生了块数据理论、激活数据学全新理论框架、主权区块链概念等大数据前沿思想，为贵阳乃至世界大数据的发展提供了理论指导。大数据思想革新与“知行合一”的阳明文化交相辉映，奠定了贵阳以大数据理论引领大数据发展的道路基础。四届数博会汇集了国内外政要、“两院”院士、全球知名互联网和大数据企业高管、世界著名学府的大数据科学家等，这些来自政界、学界和商界的新思想、新观念、新思维在数博会上碰撞和传递。尤其是在2015年数博会期间，贵阳市联合阿里巴巴、惠普、中兴、戴尔、博科、高德纳、奇虎360、中国信息安全测评中心、中国电子科技集团等40余家企业和机构，共同发布了《大数据贵阳宣言》，向全球大数据领域发出了“贵州好声音”，为推动实现更高效、更绿色、更惠民的发展进一步汇聚了新动能，这是构建人类命运共同体的生动实践。“不求所有，不求所在，但求所用”的识才用才气度，引来并留住了一批批优秀人才，形成了独特的“贵漂”现象。如果说“北漂”是一种现象，那么“贵漂”就代表着一个时代，这个时代是“大众创业、万众创新”的新时代，是年青一代“筑梦的地方”。“贵漂”现象孕育了贵阳的“痛客”文化和“创客”文化，这些文化又将与从世界各地汇聚到贵阳的多元文化一起，融入贵阳城市文化中加以创新，形成贵阳发展的不竭动力，实现了贵阳的无限可能。

（2018年8月）

毕节

开发扶贫闯出新路子 多党合作探索新经验

——毕节试验区建立30年的改革实践

中共贵州省委宣传部
中 共 毕 节 市 委

2018年7月18日，在毕节试验区成立30周年之际，习近平总书记对毕节试验区工作作出重要指示：30年来，在党中央坚强领导下，在社会各方面大力支持下，广大干部群众艰苦奋斗、顽强拼搏，推动毕节试验区发生了巨大变化，成为贫困地区脱贫攻坚的一个生动典型。在这一过程中，统一战线广泛参与、倾力相助，作出了重要贡献。总书记还对试验区下一步工作提出了殷切希望：确保按时打赢脱贫攻坚战，努力建设贯彻新发展理念示范区。

从1988年到2017年30年的时间里，毕节坚持开发扶贫与生态保护并重，艰苦奋斗，顽强拼搏，实现了人民生活从普遍贫困到基本小康、生态环境从不断恶化到明显改善的跨越，生产总值、财政总收入、固定资产投资、社会消费品零售总额、全部工业增加值分别增长77.7倍、110.3倍、719.8倍、48倍、120.3倍，城镇和农村居民人均可支配收入分别增长33.4倍、21.5倍，为贫困地区全面建成小康社会闯出了一条新路子，为多党合作改革发展实践探索提供了新经验。毕节试验区的发展变化是改革开放以来中国沧桑巨变的缩影，是党的十八大以来我国现代化建设取得历史性成就的力证。

一、斗转星移，沧桑巨变，30 年山河旧貌变新颜

毕节，位于中国地理版图上的乌蒙山区，曾经是贵州西部一个很穷的地方。改革开放 40 年，尤其是 1988 年毕节试验区建立以来，紧紧扭住“改革开放”这关键一招，持续深化“开发扶贫、生态建设、人口控制”三大主题改革试验，推动经济社会发展实现了翻天覆地的变化，令这片长期欠开发、欠发达的土地，迸发出无穷的生机与活力。

（一）百姓贫困、生态恶化，高层关心、社会关注

30 年前，毕节地区地处偏远，交通闭塞，经济贫困，生态恶化，人口膨胀，生产力水平低下，社会事业落后，人民生活困难，是中国西部有名的穷地方。试验区建立之初，经济实力弱，人均 GDP 仅 412 元，不到全国的三分之一；人口增长快，人们把“多子多福”视为解决长远生计的唯一出路，人口自然增长率 19.91‰，人口密度每平方公里 217 人。人民生活苦，人们竭泽而渔、竭草而牧、竭地而耕，有 6 个国家级贫困县，人均粮食不足 200 公斤，农民人均纯收入仅 376 元，不少群众吃不饱饭、穿不暖衣、住不好房、治不了病。经济社会发展陷入了“经济贫困、生态恶化、人口膨胀”的恶性循环。毕节之穷，毕节人民之苦，闻之令人心酸。

“赫章县海雀村 3 个村民组 11 户农家，家家断炊……安美珍大娘瘦得只剩枯干的骨架支撑着脑袋。她家 4 口人，丈夫、两个儿子和她，全家终年不见食油，一年累计缺 3 个月的盐，4 个人只有 3 个碗，已经断粮 5 天。”这篇刊登在 1985 年第 1278 期新华社《国内动态清样》的报道，引起了时任中共中央政治局委员、中央书记处书记习仲勋同志的关注，他当即批示：“有这样好的各族人民，又过着这样贫困的生活，不仅不埋怨党和国家，反倒责备自己不争气，这是对我们这些官僚主义者一个严重警告！请省委对这类地区，规定个时限，有个可行措施，有计划、有步骤地扎扎实实地多做工作，改变这种面貌。”

1985年，胡锦涛同志到贵州履新前，专门拜访了习仲勋同志，习老告诉他，“贵州有一个很穷的地方叫毕节”。同年7月24日，胡锦涛深入赫章调研，寻求治理贫困的科学路子。当时贵州发展条件严重不足，自我发展能力很弱，1988年4月，胡锦涛邀请中央统战部、国家民委、各民主党派中央、全国工商联支持毕节建设，请求中央智力支边领导小组指导毕节改革试验。1988年5月26日，贵州省人民政府向国务院递交《关于建立毕节地区开发扶贫、生态建设试验区的请示》，14天后请示即获批准，“毕节地区开发扶贫、生态建设试验区”正式成立。这是新中国在贫困地区建立的第一个以消除贫困、坚持可持续发展为突出特点的农村改革试验区，从此，乌蒙高原腹地的毕节开启了攻坚克难、挑战贫困的跨越历程。

30年来，党中央、国务院一直关爱试验区，全国人大常委会、全国政协和中央统战部、各民主党派中央、全国工商联、试验区专家顾问组、国家有关部委始终倾情支持帮扶试验区。30年的时间里，共有73位党和国家领导人123人次深入毕节视察调研、作出重要批示44次，全国几任政协主席亲赴毕节视察指导。党的十八大以来，习近平总书记对试验区3次作出重要指示，6次在重要讲话中提及毕节。习近平总书记在毕节试验区成立30周年之际作出的重要指示，为试验区发展指明了方向，为毕节坚决夺取脱贫攻坚战全面胜利注入了强大精神力量，是激励毕节人民接力奋斗、砥砺奋进的最大动力。统一战线全力参与试验区建设，为毕节打赢脱贫攻坚战、建设贯彻新发展理念示范区注入了强大动力。30年来，23个部委出台28个差别化政策，农业部、国家林业局等13个部委把毕节作为部长联系点、工作试点或示范区，省委、省政府5次召开推进大会支持试验区改革发展。

（二）不甘落后图奋进，拼搏创新抓改革

面对贫困落后状况，面对国家支持毕节发展的重大历史机遇，毕节人民不甘落后、拼搏创新，充分利用试验区先行先试政策，全面深化行政审批制

度改革，全面深化投融资、财税金融体制建设、生态文明制度建设、内陆开放型经济建设等重点领域改革，全面深化对外合作，努力打破制约地区经济社会发展的条条框框。

改革开放40年，特别是试验区建立以来的30年艰辛探索，是毕节人抓改革、搞创新、促发展的黄金时期。这30年大致可分为三个发展阶段。1988—2000年为探索起步阶段：试验区坚持问题导向，结合实际确立了开发扶贫、生态建设、人口控制“三大主题”。“要致富、先修路”成了干部群众的普遍共识，建成了大方至四川纳溪过境公路。通过实施农业综合开发项目，运用经济和行政手段，充分发挥集体经济、个体经济、非公有制经济带动农民增收的作用，培育出支撑毕节经济的“两烟”产业，逐步从自然、半自然经济向商品经济转变。2001—2008年为加速转型阶段：借国家西部大开发的东风，抢抓“西电东送”机遇，着力发展火电、水电产业，丰富的能矿和水资源得到有效开发，资源优势逐步转化为经济优势。确立了工业化、城镇化、农业产业化、基础设施建设“三化一基”发展战略，工业发展迈开步伐，城镇建设提速发展，结构调整起步实施，三次产业结构实现从“一二三”到“二三一”转变。建成了贵毕高等级公路，启动建设高速公路，发展环境逐步改善。从2009年至今为跨越发展阶段：中央统战部牵头建立统一战线参与毕节试验区建设联席会议制度，国家帮扶力度不断加大，国务院同意毕节撤地设市并批准实施《毕节试验区改革发展规划（2013—2020）》。通过实施开放带动、招商推动、投资拉动战略，成功改制金沙酒厂等一批国有企业，引进了力帆骏马等一批装备制造企业。能源化工、电子信息、生物制药等新兴产业加速发展，毕节试验区跨入了以工业经济为牵引的快速发展阶段，产业结构更加优化，发展速度、发展质量、发展效益实现根本性变化。

30年砥砺奋进，毕节试验区坚持开发与扶贫并举、生态恢复与建设并进、人口数量控制与素质提高并重，绘就了一幅欣欣向荣、气势磅礴的历史画卷，闯出了一条西部贫困地区全面建成小康社会的实干路子。

（三）开发与扶贫并举，发展与保护并进

20世纪80年代的毕节，既是贫困地区的典型，又是生态恶化的典型。试验区建立当年森林覆盖率极低，在全省排名挂末，三分之二以上水土流失，一些地方石漠化极其严重，生态环境恶化，水土难以保持，山洪和泥石流等自然灾害随时威胁着群众生命财产安全，被联合国有关专家定性为“不具备人类生存基本条件”。

30年来，毕节人始终坚持发展与扶贫并举，把改善人民群众生产生活条件和提高基本公共服务水平作为改革发展的重点任务；始终坚持开发与保护并进，把加强生态建设和环境保护作为改革发展的根本；坚持生态与发展“两条底线”并守，成功走出了“越垦越穷”的生态恶化怪圈，实现了生态环境从不断恶化到明显改善的重大跨越。

毕节人民穷则思变、奋起直追，党的十八大后，中共毕节市委提出了“按照‘坚持三大主题，建设四个高地，打造改革发展升级版’的发展定位，聚焦‘创新发展、同步小康’这一目标，突出‘大党建’这一统领，围绕‘大扶贫、大安全、大发展’三个重点，推进新型工业化、新型城镇化、农业现代化、全域旅游化和信息化融合发展，坚决打赢‘113攻坚战’，为打造试验区改革发展升级版决胜全面小康”的奋斗目标。

持续不断的改革创新，永不言弃的艰苦奋斗，毕节试验区实现了翻天覆地的变化。1.经济总量快速提升。2017年，全市生产总值达到1841.6亿元，是1988年的78.7倍，年均以11.6%的速度增长；财政总收入完成336.1亿元，是1988年的111.3倍，年均增速达到17.7%。2.温饱问题根本解决。30年累计减少贫困人口594万，已有164个贫困乡（镇）“减贫摘帽”，838个贫困村出列，全市贫困发生率从56%下降到8.89%。城镇居民人均可支配收入从795元增加到27320元，农村居民人均可支配收入从376元增加到8473元，年均分别名义增长13%和11.3%，人均粮食产量提高到391公斤。3.城乡面貌彻底改变。城镇化率从6%提高到41.2%。七星关—大方“双

二百”城市加快推进，其他县城扩容发展，大方黄泥塘、威宁迤那镇等小城镇加快发展。“四在农家·美丽乡村”实现乡镇全覆盖，改造农村危房66万户，建成“黔西北民居”110万户，培育了金沙板桥、黔西乌骡坝、织金龙潭、纳雍路尾坝、百里杜鹃迎丰、七星关砂锅寨、金海湖车坝等一批新农村建设典型。建成保障性住房近10万套，实施城镇棚户区改造1800万平方米。4.社会事业繁荣发展。“两基”攻坚全覆盖，学前教育、义务教育、高中阶段教育水平大幅提高，基本普及十五年教育，新增5所高等院校，人均受教育年限从3.6年提高到8.6年。人民健康和医疗卫生水平大幅提高，医疗机构千人床位数提前达到小康标准。社会保障体系基本建立，社会救助制度全面实施，城乡低保实现“应保尽保”。公共文化服务水平不断提高，文化事业和文化产业蓬勃发展。5.全面小康阔步迈进。乡乡通油路、通4G网络，村村通水泥路、通广播电视、有卫生室，组组通硬化路，户户通电，小轿车进入寻常百姓家，农村群众普遍实现了从吃得饱、穿得暖向追求美好生活的转变，全面小康综合实现程度达90%以上。同步小康，毕节信心满满、成竹在胸。

筚路蓝缕30年，毕节坚持以改变贫困面貌、解决温饱问题为根本，以修复生态、改善生存环境为重点，以促进人的全面发展、实现脱贫摘帽为目标，勇于改革、开拓创新，生态环境明显改善，绿色产业循环经济快速发展，集中式饮用水源地水质全面达标，“只顾眼前、不顾长远，先污染后治理、先破坏后恢复”的发展方式明显转变，绿色发展成为共识，生态文明理念深入人心，探索了一条生态脱贫、绿色发展的科学路子。

二、同心同德、汇聚力量，多党合作探索新经验

在毕节试验区的改革探索中，中国共产党领导的多党合作积极发挥智力密集优势，各民主党派中央、全国工商联、毕节试验区专家顾问组直接参与了“开发扶贫、生态建设、人口控制”三大主题的改革实践，为毕节试验区

发展出谋划策、献计出力，助推试验区成为统一战线服务科学发展试验区、多党合作服务改革发展示范区。

（一）多方参与，同心共建

统一战线参与毕节试验区建设，有着一番历史机缘。1987 年 10 月，中共中央统战部、国家民委、各民主党派中央、全国工商联在贵阳召开八省区智力支边座谈会，参加会议的领导和专家呼吁，要把大西南岩溶山区的开发治理列入国家科学研究的重要课题，提出希望选择一个典型地区开展调研，并帮助其制定战略规划。由于这一想法很符合贵州省的实际，引起了贵州省委、省政府的高度重视。1988 年 5 月，应贵州省委邀请，中央统战部、各民主党派中央、全国工商联派出赴黔工作组，对毕节进行了长达 13 天的考察调研，认为“建立毕节试验区是一项战略任务，它将为我国西部地区开发扶贫、生态建设探索路子，积累经验”。30 年来，由中共中央统战部牵头，各民主党派中央、全国工商联以“同心工程”为品牌载体，大力实施“助推发展、智力支持、改善民生、生态建设、示范带动”五大工程，实施帮扶项目 1520 项，协调促成了基础设施等一大批项目落地，帮助试验区补短板、改面貌、促跨越，多党合作服务试验区开发式扶贫步入了系统化、规范化、项目化轨道。

（二）叠加优势，勠力攻坚

中国共产党领导的多党合作参与试验区建设的帮扶优势，汇聚了 20 多个国家部委支持试验区建设的政策力量，集中了各级各界参与扶贫的社会力量，构建了政府、市场和社会“三位一体”的大扶贫格局，形成了上下同心、内外同心、干群同心决战贫困的巨大合力，走出贫困地区全面建设建成小康社会的新路子。在全国脱贫攻坚的伟大实践中，恒大集团、金元集团、盘江煤电等积极投入毕节市的脱贫攻坚事业，无偿投入 300 多亿元建设综合扶贫项目，尤其是恒大集团抽派 2200 多名职工成立扶贫公司直接帮扶毕节，探索了政企合作、携手攻坚的新模式。

在党中央的坚强领导下，在中央统战部的统筹推动下，统一战线和社会各界通过多种方式为试验区奔走呼吁、争取支持、献计出力。发挥议政建言作用，推动有关部门赋予试验区在政策、体制、机制等方面先行先试的权限。协调争取国务院批复实施毕节试验区改革发展规划，协调国家部委出台支持毕节试验区改革发展的差别化政策，支持建成铁路、公路、电力、机场等一批重大项目。发挥“直通车”作用，反映试验区改革与发展中遇到的困难问题，积极呼吁予以关注和帮助解决。发挥民主监督作用，有效地促进试验区各项重大决策的民主化、科学化，确保各类工程项目发挥最大效益。发挥人才荟萃、智力密集优势，推动900余批、8300余人次专家学者、企业家到毕节考察，指导制定46个发展规划，帮助培训人才32.9万人次，协调全国112家企业与试验区112个村结成帮扶对子。30年来，统一战线对毕节倾注感情之深、持续时间之长、帮扶范围之广、投入资源之多，前所未有。倾情支持为试验区发展注入了强劲动力，激发了试验区干部群众自我发展的主动性，实现了内力与外力有机融合的良性循环。

（三）协同创新，跨越发展

多党合作服务毕节开发式扶贫始终以智力扶贫为主，通过前期调查研究、把脉问诊，找准致贫原因、发展方向，然后对症下药、实施帮扶，在人才培训、医疗帮扶、捐资助学等方面做了许多立竿见影的实事，切实增强了贫困地区发展的内生动力。在中央统战部的牵头下，统一战线参与试验区建设制度不断完善，中央智力支边协调小组特意组建了“支援贵州毕节试验区专家顾问组”。为加大帮扶工作力度，中共中央统战部、各民主党派中央、全国工商联先后又分别与毕节地区的9个县区建立了定点帮扶制度：中共中央统战部——赫章县，民革中央——纳雍县，民盟中央——七星关区，民建中央——黔西县，民进中央——金沙县，农工党中央——大方县，九三学社中央——威宁县，全国工商联——织金县，致公党中央——七星关区，台盟中央——赫章县，中华职教社——金海湖新区，明确责任抓落实，深入基层办实事，帮助群众求发展。

2010年6月28日，中央统战部召开统一战线参与支持毕节试验区建设工作联席会议第三次全体（扩大）会议，会议把北京、上海、天津、浙江、广东、福建、河北、山东、江苏、辽宁等东部10个省市统一战线纳入参与支持毕节试验区建设联席会议成员单位，进一步完善统一战线参与支持毕节试验区建设机制。在中共中央统战部、各民主党派中央、全国工商联的牵头下，东部10省市统一战线广搭平台，积极推荐，促成了一批优强企业入驻试验区发展，有效带动了相关产业集群的形成。北京市统一战线推动总投资22亿元、总建设面积52万平方米的民进会员企业“开明·同心城”落户金沙县；上海市委统战部引进雪榕生物科技有限公司总计投入3.3亿元入驻大方县发展；民建上海市委引荐上海子木公司在黔西县投资3000万元建成年产2至3万吨魔芋精粉加工生产线；广东省统一战线推动广州市民营企业投资建设毕节市南山公园城市综合体；河北省统一战线协调河北连生农业开发有限公司入驻七星关区发展，在长春堡镇垭关村建设寒泊羊种羊基地，推动农村产业扶贫；浙江省委统战部推动浙江润石集团投资67亿元在黔西县开发“同心商贸城”……通过帮助试验区开展招商引资、智力帮扶、助医助学、百企帮百村等活动，谱写了东西部协作扶贫的新篇章，为推动毕节试验区跨越发展、同步小康注入了强劲动力。

为加强毕节试验区与各级统一战线的联系，成立了毕节试验区联络联系办公室，并相继建立了毕节试验区工作联席会议制度，毕节试验区与各民主党派中央社会服务部（联络部）、全国工商联社会扶贫与服务部联席会议制度，毕节试验区与各民主党派省委、省工商联联席会议制度，从而使智力支边、帮扶工作制度化、规范化、长期化。同时将毕节作为统一战线挂职锻炼基地，每年从中央统一战线机关选派优秀年轻干部赴毕节试验区挂职锻炼。截至目前，统一战线共选派125名优秀年轻干部到毕节挂职。

30年来，统一战线认真贯彻落实中国共产党领导的多党合作和政治协商制度，在思想上同心同德、目标上同心同向、行动上同心同行，心系毕节的情怀始终不变，奉献毕节的追求始终不渝，帮扶毕节的行动始终不停，多党合作同心共建成为推动毕节试验区建设的重要力量。

三、战天斗地，知难而进，开发扶贫闯出新路子

自试验区建立之日起，毕节始终坚持把“开发扶贫”作为首要的发展主题，在乌蒙大地展开了反贫困的探索实践。特别是党的十八大以来，党中央、国务院从国家层面具体推进毕节试验区建设，在开发扶贫基础上进一步实施精准扶贫战略。经过 30 年的不懈努力，毕节实现了从深度贫困到全面脱贫，再到即将同步小康的历史性跨越。

（一）设施脱贫破瓶颈

长期以来，交通、水利等基础设施落后，是制约毕节发展的最大瓶颈。基础设施落后，不仅增加了生产生活成本，更令地处偏远山区的毕节难以与快速发展的外部环境进行有效的人才、技术、信息交互。交通、信息闭塞导致思想、观念闭塞，基础设施落后导致经济社会发展长期滞后。破除基础设施瓶颈，融入更大的经济社会生态圈，是毕节试验区开发扶贫的突破口。

在国家有关部委支持下，毕节基础设施不断完善。从 2012 年年底，杭瑞高速毕节段全线建成通车，毕节告别没有高速公路的时代，到 2015 年年底实现县县通高速；从 2013 年 6 月，飞雄机场建成通航，架起了毕节对外交流合作的空中走廊，到 2017 年威宁草海机场获批建设。从 2013 年 2 月，500 千伏奢香输变电工程成功投运，实现了与贵阳、遵义、六盘水电网联络，到 2015 年 10 月，贵州省历史上投资和规模最大的水利工程——夹岩水利枢纽工程在毕节破土动工。如何打通交通“毛细血管”，解决好影响群众出行的“最后一公里”，是当前农村基础设施建设的重点。如今，在毕节的村村寨寨，随处可见当地群众热火朝天修建“组组通”公路的场景，截至目

前，全市已完成农村“组组通”公路建设8162公里，对解决好脱贫攻坚中最突出的“最后一公里”问题具有重要推动作用。

30年来，通过深入实施以交通、水利为重点的基础设施建设“大会战”，毕节逐步补齐支撑脱贫攻坚、同步小康的基础设施“短板”，铁路通车里程从50公里增长到413公里，高速公路从“零突破”到“县县通”，水电站装机容量从6.15万千瓦增加到168.24万千瓦，乡乡通油路、通4G网络，村村通水泥路、通广播电视，组组通硬化路，户户通电，一系列基础设施工程的相继完成，为毕节产业发展、民生改善，打赢脱贫攻坚战提供了强力支撑。

（二）产业脱贫拔穷根

“造血”式扶贫与“输血”式扶贫的一个重要区别，就在于是否有产业支撑。对于贫困村、贫困户，没有产业带动，很难脱贫，缺乏产业支撑，容易返贫。30年的改革实践，如果说突破交通等基础设施瓶颈，是毕节开发扶贫的切入点，那么坚持不懈加强产业建设，则是毕节开发扶贫的拱顶石。

1. 夯实特色农业这个基础。党的十八大以来，毕节人立足于丰富的生物资源，大力发展马铃薯、蔬菜、经果林、食用菌、茶叶、中药材、草食畜牧业等优势特色农业，形成了威宁马铃薯产业带，赫章、大方、纳雍樱桃产业带，纳雍、金沙万亩茶叶产业带等优势产业，全市农业园区达到326个，初步实现“乡乡镇镇有农业园区”，粮经比调至42∶58，打造了“乌蒙山宝·毕节珍好”农特产品区域公共品牌，促进了农村贫困人口的普遍增收。

2. 抓好新型工业这个关键。依托煤、磷等矿产资源居全省前列的优势，毕节抢抓西部大开发的历史机遇，认真贯彻《国务院关于进一步促进贵州经济社会又好又快发展的若干意见》精神，加快推进国家新型能源化工基地、国家新能源汽车产业基地建设，建成9个产业园区，合计占地120平方公里。洪家渡水电站和毕节、黔北、纳雍、大方、黔西、织金、茶园等七个火电厂相继投产运营，成为“西电东送”的重要能源基地。黔西 30 万吨 / 年煤制乙二醇项目建成投产，织金 60 万吨 / 年煤制聚烯烃项目即将开工建设，纳雍 200 万吨 / 年煤制清洁燃料项目加快推进。能矿工业的快速发展，成为毕节试验区早期、中期建设的重要引擎，迅速扩大经济规模的同时为当地提供了大量就业岗位。

3. 激活新兴产业这个动力。党的十八大以来，毕节大力推进供给侧结构性改革，着力“跳出能矿抓工业”，打造工业园区招商平台，加快发展新兴信息产业、高端装备制造、新型建筑建材、新型能源化工、大健康医药等新兴产业，积极发展服装、食品、烟酒等劳动密集型特色轻工业，积极支持电子信息技术产业发展，汽车产业、煤机产业、铸造产业等装备制造业从无到有、从小到大、从单一到集聚，以高端装备制造、新型能源化工等为重点的新兴产业蓬勃发展。在全国消费升级的带动下，以旅游服务业为代表的第三产业呈“井喷式”增长，“十二五”以来，全市累计接待游客 2.7 亿人次，实现旅游总收入 2147.98 亿元，年均增长 35%以上，成为毕节经济发展的又一重要增长点。

试验区建立之初，毕节市三次产业比为 52.8∶21.9∶25.3，第一产业占据绝对的支撑地位，凸显了长期积聚的落后的自然经济特点，工业化水平相当低下。2017 年，三次产业比已调整为 20.6∶37.6∶41.8，产业结构得到极大改善。

30 年改革探索，毕节从自然经济、半自然经济状况，进入工业、农业双峰并举，再到形成工业、农业、服务业三产联动的产业发展格局，产业的不断壮大和转型升级，为毕节城镇化建设、民生改善提供了基础支撑。

（三）公共服务补短板

毕节是人口大市，20 世纪八九十年代，毕节人口自然增长率一度突破 20‰，多年来，由于人口增长快，不仅让毕节陷入了人口不断增长、环境不断恶化、生活越发艰难的恶性循环，同时也让教育、医疗、住房等众多民生问题日益凸显。

教育是民生之本，也是发展之源。让贫困山区的孩子实现学有所教，是阻断贫困代际传播的最好手段。毕节市委、市政府将教育作为拔穷根的治本之策，千方百计推动教育发展，全面推进义务教育均衡发展，大力强化学前教育和高中阶段教育，不断提升职业教育和高等院校办学水平。在强化教育保障上，毕节通过进一步优化教育资源布局，推进义务教育基本均衡向优质均衡发展，对建档立卡贫困家庭学生补助各类费用1.21亿余元，农村学前儿童营养改善计划覆盖学前机构2026所、学前儿童182848人。2018年，全市(不含威宁县）实施“全面改薄”、学前教育、普通高中、城镇义务教育学校、教师周转宿舍等各类教育工程项目学校444所、单体项目668个，已累计完成投资2.28亿元。全市完成建档立卡贫困生源输送1387人，完成非建档立卡贫困生源输送607人，本地(市内）职业院校完成建档立卡贫困生招生473人，非建档立卡贫困生招生802人，意向性生源输送71人。30年持之以恒的不懈努力，毕节实现了学前教育、义务教育、普通高中教育、职业教育、高等教育的统筹推进、均衡发展。

除了教育之外，在医疗、住房等民生保障方面，毕节同样下决心、出实招，不断提高公共服务水平。在强化医疗保障上，全市建档立卡贫困人口住院医疗费用经“四重医疗保障”后政策范围内补偿比为92.21%，农村建档立卡贫困人口参保实现全覆盖。529个深度贫困村卫生室规范化建设达标441个，达标率83.4%。47个易地扶贫搬迁安置点卫生室建设达标46个，达标率98%。在强化住房保障上，2018年全市计划实施农村危房改造57594户。截至6月15日，已开工46745户、开工率81.73%，已竣工25998户、竣工率45.46%。30年来，不断完善的公共服务体系，实实在在提升了老百姓的获得感、幸福感，让全面小康更具含金量，毕节全面小康综合实现程度达90%以上，农村群众普遍实现了从吃得饱、穿得暖向追求美好生活的转变。

(四)精准扶贫见实效

党的十八大打响全国脱贫攻坚战以来，毕节坚持以习近平总书记关于精准扶贫工作的重要论述为指导，扎实推进精准扶贫、精准脱贫，做到看真贫、扶真贫、真扶贫。着重围绕“扶持谁”“谁去扶”“怎么扶”“如何退”精准扶贫“四问”，建立了“3363”扶贫攻坚体系，推进精准扶贫向纵深发展。

1. 围绕“扶持谁”，“三步精准”瞄靶向。以“一看房、二看粮、三看劳动能力强不强、四看家中有没有读书郎”的“四看法”为核心，做到识别、程序、建档“三精准”，摸清贫困底数，找准致贫成因。2014 年新一轮建档立卡工作中，识别贫困人口 166.97 万人。2016 年，通过运用“四看法”，进一步精准识别贫困人口 115.45 万人，为“扶真贫”“真扶贫”打牢基础，为脱贫攻坚扣好第一粒“扣子”。

2. 围绕“谁去扶”，“三力聚合”下功夫。以党政主导、群众主体、社会主扶为三大力量，全面构建政府主导、社会参与、市场调节的大扶贫格局。将纳雍、威宁、赫章 3 县脱贫攻坚任务较重的 18 个极贫乡（镇）作为市级领导扶贫联系点；选派 1998 名干部担任村“第一书记”，抽调 13160 名干部组建 2599 个驻村工作组，60175 名干部参与结对帮扶。紧紧抓住统一战线参与毕节试验区建设，广州、深圳对口帮扶，社会群体和个人对毕节高度关注等优势，聚合各方力量参与脱贫攻坚。

3. 围绕“如何扶”，“六项行动”打硬仗。紧紧围绕习近平总书记提出的“五个一批”扶贫措施，以“决战贫困提速赶超同步小康”为统揽，立足毕节区域发展和精准扶贫实际，制定了《毕节市扶贫攻坚行动计划（2015—2018 年）》，大力夯实基础设施建设、美丽乡村建设、基层组织建设，全面推进产业扶贫、绿色扶贫、教育扶贫、健康扶贫。产业扶贫，是实现群众增收、推动脱贫攻坚取得可持续发展的重要保障。为更好地将广大农民的利益镶嵌到农业产业结构调整中来，毕节积极探索利益联结机制，深入推进农村“三权”促“三变”改革，由政府引导扶持经营主体发展产业，充分发挥基层组织作用推进“村社合一”。截至目前，全市共建立2573个“村社民一体”专业合作社，与企业、合作社签订利益联结14.5万户；全市发展合作社14520家，现有龙头企业334家，为农业产业结构调整注入了强劲动力。实施易地扶贫搬迁，是解决好“一方水土养不活一方人”的重要举措，是实现“挪穷窝、换穷业、拔穷根”的有效手段。毕节在易地扶贫搬迁实施进程中，按照坚持省级统贷统还、坚持自然村寨整体搬迁为主、坚持城镇化集中安置、坚持以县为单位集中建设、坚持不让贫困户因搬迁而负债、坚持以岗定搬以产定搬的“六个坚持”和盘活承包地、山林地、宅基地“三块地”，统筹就业、就学、就医“三就”，衔接低保、医保和养老保险“三类保障”，建设经营性服务公司、小型农场、公共服务站“三个场所”，探索建立集体经营、社区管理服务、群众动员组织“三种机制”的“五个三”要求，累计搬迁人口达33.13万人。他们将通过人居环境改造、教育资助、医疗救助、扶持生产和就业帮扶等措施，开启新的人生旅程，实现脱贫致富奔小康梦想。

4.围绕“如何退”，“三定把关”真脱贫。通过定脱贫时限、定出列标准、定考核评估，以脱贫实效为依据，以群众认可为标准，建立严格、规范、透明的贫困退出机制。建立贫困村出列“五通四有”、贫困户脱贫“四有五覆盖”形象标准，既看村民年人均可支配收入，又看住房、产业等保障情况，做到定量与定性相结合，并在摘帽不摘政策正向激励下，使脱贫农户“既心服口服，又无后顾之忧”。

脱贫摘帽、同步小康是毕节当前最大的政治，截至2018年7月，毕节试验区还有3个深度贫困县、20个极贫乡镇和529个深度贫困村，72.46万人口。试验区正按照习近平总书记“努力把毕节试验区建设成为贯彻新发展理念的示范区”的殷切嘱托，百倍用心、千倍用力，善谋实干、感恩奋进，深入践行习近平总书记关于扶贫工作的重要论述，尽锐出战，发起总攻，高质量打好“四场硬仗”“五个专项治理”等关键战役，坚决打好脱贫攻坚战。

（五）精神脱贫强动力

扶贫先扶志、治穷先治愚，毕节坚持志智双扶，激发群众内生动力。毕节大力推进参与式扶贫，变政府推动为全民参与，激发老百姓脱贫致富的斗志和信心。毕节创新脱贫攻坚宣传模式，探索建立了新时代农民（市民）讲习所，全市共建立“新时代农民（市民）讲习所”4225 个，配备讲习员近 4.3 万人，开展讲习（培训）10.8 万场（次），培训干部群众 412 余万人（次），把贫困群众主动脱贫的志气“扶”起来，摒弃“等靠要”思想，变“要我脱贫”为“我要脱贫”，从职业教育、农技推广、信息流通渠道等方面，培育有科技素质、有职业技能、有经营能力的新型农民，引导贫困群众用勤劳双手撕掉贫困标签。

30 年来，毕节人民苦干实干、斗志昂扬，探索出了众多在全国有借鉴意义的经验做法。在全国率先探索出“增人不增地、减人不减地”的人地挂钩“金沙桃园”经验，有效抑制了农村人口过快增长。在全国率先探索实施“三级联动视频接访”机制，实行市县乡三级干部同步视频接访群众，积极妥善有效解决群众诉求。在全国率先组建民生项目监督特派组，有效实现对民生项目资金进行监督管理。在全国率先探索出贫困群众精准识别“四看法”和贫困人口脱贫“四有五覆盖”、贫困村出列“五通四有”贫困退出形象标准，科学回答了精准脱贫“扶持谁”“如何退”的问题，脱贫形象标准写入 2016 年中国扶贫开发蓝皮书。在全国率先探索出城乡居民基本医保、大病保险、医疗救助扶助等医疗精准扶贫“四重保障”，有效解决“病有所医”问题。在全国率先建立“双考双评双挂钩动态跟踪考核机制”，被评为全国“创先争优”优秀案例。

四、改天换地，绿色发展，生态文明建设迈入新时代

国务院批准建立“毕节地区开发扶贫、生态建设试验区”，把“生态建设”

与“开发扶贫”作为两大任务并列提出，寓生态建设于开发扶贫之中，以生态建设促进经济开发。毕节坚持生态优先、绿色发展，开启了治山治水、让绿水青山变金山银山的新探索。特别是近年来，抢抓贵州建设国家生态文明试验区机遇，创新构建生态产业、生态环境、生态家园、生态制度“四大体系”，确保“两线”一起守、“两山”一起建，努力实现百姓富与生态美的有机统一。

（一）坚决打好生态修复战

在毕节威宁彝族回族苗族自治县观风海镇沙子坡，数万亩松树郁郁葱葱，犹如一块翡翠嵌于乌蒙山间。而20世纪80年代，这里还是一片荒坡，每到春季，黄沙遮天蔽日。

毕节地处乌蒙山腹地，位于川、滇、黔三省结合部，是乌江、珠江发源地，属典型的喀斯特岩溶山区，生态区位重要、生态环境脆弱。由于人口众多、大量砍伐垦荒，修复生态成为试验区建立后的当务之急。紧扣“生态建设”试验主题，毕节大力实施生态修复工程，通过实施“长防”“长治”“水保”“天保”以及退耕还林、石漠化综合治理等工程，毕节治理水土流失8834平方公里、石漠化1362.17平方公里，森林覆盖率提高到52.8%，森林覆盖率年均增长1个以上百分点。建成5个国家级森林公园，长江、珠江上游生态屏障得到有效保护，生态环境得到有效修复。

（二）全面发展生态产业

1992年10月，国务院批复威宁草海保护区为国家级自然保护区。2013年10月，有“地球彩带、杜鹃王国”美誉的百里杜鹃景区通过全国旅游景区质量等级评定委员会评定，正式升格成为贵州省第3个、毕节市首个5A级景区。依托日益改善的生态环境，毕节大力发展旅游业。继百里杜鹃荣膺国家5A级旅游景区后，织金洞跻身“世界地质公园”……毕节充分发挥草海、百里杜鹃、织金洞等精品旅游景区龙头作用，着力塑造毕节“洞天福地、花海毕节”品牌形象，推进旅游休闲产业发展成为振兴区域经济、富裕一方百姓的重要支柱产业。

秉持绿色发展理念，毕节把发展生态产业作为改善生态环境、调整产业结构、助推脱贫攻坚的重要抓手。大力发展特色经果林和林下经济，开发绿色食品，发展生态旅游，连片种植经果林面积达448.3万亩，打造了中国“核桃之乡”“樱桃之乡”“天麻之乡”“竹荪之乡”等品牌，以特色经果林、森林旅游、林下经济为“三大支撑”的林业生态产业发展格局基本形成。同时，积极引进先进工艺、淘汰落后产能，大力发展循环经济、生态工业。推动煤炭、电力、化工等支柱产业废弃物得到充分利用，煤矸石、粉煤灰、煤层气、矿井水等大宗废弃物综合利用问题妥善解决，实现规模以上单位工业增加值能耗大幅下降。

30年来，通过持续推进“生态产业化，产业生态化”，毕节成功走出了“越垦越穷”的生态恶化怪圈，实现了开发扶贫、经济发展与生态建设共促共进，人与自然和谐共生。

（三）初步构建生态家园

那个曾经被《国内动态清样》报道“苦甲天下”的赫章县海雀村，如今已种上李子、红豆杉、苹果等经济林木，总面积达3800亩，据估计，海雀这片森林经济价值在4000万元以上，生态价值更是不可估量。2014年，海雀村与全国1159个村镇一道，被中央精神文明建设指导委员会授予第四届“全国文明村镇”光荣称号。这是毕节人构建生态家园、拓展绿色空间的生动缩影。30年生态建设，毕节试验区初步构建起城、镇、村三级的生态家园体系。

1. 绿色城市建设方兴未艾

以棚户区改造为突破口，以创建“森林城市”“园林城市”为载体，以城市公园、城市绿地的改造提升为着力点，城市绿化覆盖率达到35%，每个县（区）谋划打造一批5000—10000亩富有特色的生态建设示范点，建设

1—2 个生态湿地公园、自然水体和“乡愁”村落。

2. 山水城镇蓬勃兴起

围绕生产生活生态，建设富有山地风光、民族风情特色的生态城镇，赫章县平山乡、织金县桂果镇、黔西县洪水镇等乡镇获得省级生态乡镇命名，实现产业、城镇、景区和谐相生、共建共荣，让居民望得见山、看得见水、记得住乡愁。

3. 美丽村寨深得人心

以“四在农家·美丽乡村”建设为契机，以小康路、小康水、小康房、小康电、小康讯、小康寨建设“六项行动”为抓手，以农村环境综合整治、基础设施建设、生态环境保护为着力点，强化规划引领，注重产业配套，海雀、穿岩、古胜、石门坎等一批批美丽乡村脱颖而出。

（四）深入践行生态文明建设理念

党的十八大将“生态文明建设”纳入中国特色社会主义事业“五位一体”总体布局，党的十九大提出加快生态文明体制改革，建设美丽中国的要求，贵州正在大力推进“大生态”战略行动。在新的时代背景下，毕节试验区按照党中央、国务院和省委、省政府关于生态文明建设和环境保护工作的决策部署，坚持“既要金山银山，也要绿水青山”“绿水青山就是金山银山”的绿色发展理念，坚守发展和生态“两条底线”，奋力建设“生态保护、绿色发展”高地。

近年来，毕节在经济社会快速发展的同时，生态环境保护成效显著，生态资源总量不断增加、生态质量不断提升、生态功能不断增强。建立了生态文明考核奖惩机制，划定林地、森林、公益林、森林覆盖率、湿地、石漠化综合治理、生物多样性 7 条红线。全面开展生态公益诉讼，实现环境资源审判庭集中管辖全覆盖。全面推行“河长制”管理，3 个国控、16 个省控断面水质达标率均为 100%，县城以上集中式饮用水源地水质达标率为 100%。清洁能源使用率从 7%提高到 29%，城市环境空气质量达到国家二级标准。

干部群众生态意识明显增强，创建国家级绿色学校 2 所、省级绿色学校 39 所、市级绿色学校 80 所，创建省级绿色社区 2 个、市级绿色社区 2 个，生态文明理念深入人心，绿色发展成为共识。毕节先后被国家列为“生态文明先行区”“全国生态文明示范工程试点”“全国生态保护与建设示范区”“全国石漠化防治示范区”。

倔强的毕节人，用勤劳的双手和不屈的意志，用 30 年的时间，硬是把毕节这片 2.68 万平方公里“不具备人类生存的基本条件”的土地，建成了“中国最具竞争力城市 100 强”!

五、三大主题，两条底线，树立西部贫困地区同步小康毕节样板

习近平总书记指出:“建设好毕节试验区，不仅是毕节发展、贵州发展的需要，对全国其他贫困地区发展也有重要示范作用。”毕节不仅仅是贵州的毕节，也是中国的改革试验区，还是世界反贫困的地区代表。毕节试验区建立 30 年来，经济持续快速增长，生态环境显著改善，贫困问题大幅缓解，走出了一条以开发扶贫、生态建设、人口控制为主题，以统筹经济与人口、资源、环境协调发展为主线，以改革创新为动力，实现人民生活从普遍贫困到基本小康、生态环境从不断恶化到显著改善的科学发展之路。试验区的成功实践，是中国立足深度贫困、着眼全面小康的先行探索，为西部贫困地区消除贫困、同步小康、实现科学发展提供了毕节智慧和方案。

（一）践行“三大主题”，矢志不渝抓落实

贫困落后是贫困地区的主要矛盾，加快发展是根本任务。回看毕节试验区 30 年的发展，总结改革探索成功的经验，不难发现，毕节试验区之所以成功跳出贫困的泥潭，一个至关重要的因素，就是牢牢抓住了发展这个第一要务，从毕节经济社会发展的主要矛盾出发，明确了“开发扶贫、生态建设、人口控制”这三大主题，并一以贯之地坚持到底、不断深化。坚持开发扶贫

与生态保护并重，从生态治理入手，实施石漠化治理、天然林保护、退耕还林三大工程，发挥山地气候多样、立体生态优势，坚持生态经济发展模式，念好“山字经”、打好“生态牌”，大力发展山地特色高效生态农业、资源精深加工产业、战略性新兴产业和劳动密集型特色轻工业，推动传统产业生态化、特色产业规模化、新兴产业高端化，整个试验区发生了翻天覆地的变化，人口、经济与资源环境协调发展取得显著成效，在生态大改善的同时，经济发展实现大跨越，人民生活实现大提升。

从生态修复、生态治理到大力发展生态经济、深入践行生态文明理念，从全力开发扶贫、解决温饱问题，到坚决打赢脱贫攻坚战、实现同步全面小康，从人口控制到提升人口素质，随着时代的发展和改革推进实际情况，毕节的各项决策部署都在不断改变和完善。然而，从“八五”计划到“十三五”规划，毕节始终把践行“三大主题”作为中心工作，贯穿于30年改革发展全过程，所不同的只是具体的工作思路和举措。

30年如一日，毕节各级干部以“功成不必在我、建功必须有我”的格局和信念，换领导不换蓝图，换班子不减干劲，一任接着一任干，持之以恒，久久为功，持续深化“三大主题”，积小胜为大胜，推动各项工作果敢、高效、有力的决策和执行，推动试验区不断取得新成绩新突破。

（二）坚守“两条底线”，创新实践管长远

毕节是贫困地区，群众思发展盼发展的愿望强烈。同时，毕节又是生态环境脆弱敏感地区，是长江、珠江上游生态安全屏障，承担着维护区域、国家生态安全的战略任务，成为全国极度贫困地区的典型代表和解决贫困问题、生态问题最难啃的“硬骨头”。毕节坚持开发扶贫与生态环境并重，既要金山银山，更要绿水青山。一方面加强生态保护，在全国率先实施生态修复工程，先后实施了荒山造林、退耕还林、天然林资源保护、石漠化综合治理等10多项生态建设工程，实现了森林覆盖率逐年增长，生态环境明显改善。另一方面从生态治理入手，发挥生态气候多样、立体生态优势，念好

“山字经”，打好“生态牌”，建设了一批无公害绿色有机农产品基地，在全国率先探索建立了“新五子登科”生态经济发展模式。

进入新时代，在习近平新时代中国特色社会主义思想的指引下，毕节坚守“两条底线”的发展思路得到升华，结合试验区建设的实践，牢固树立起新发展理念。探索建立了“新五子登科”生态经济发展模式，高起点、高标准、高水平建设煤电精深加工基地，推动“黑色煤炭、绿色开发、就地转化、吃干榨净”，利用不断改善的生态环境，大力发展旅游服务业，将旅游休闲产业发展成为群众增收致富的重要支柱，实现生态美、百姓富的有机统一。

贫困地区与生态环境脆弱地区在空间上高度重叠，贫困问题与生态环境问题相互交织，是我国贫困地域分布的显著特点。事实证明，在 30 年的改革发展中，毕节牢固树立“绿水青山就是金山银山”发展理念，坚守“两条底线”的思路和举措，统筹经济、生态、社会三大效益，促进人口、经济与资源环境协调发展，是毕节试验区职责使命的科学定位、是贫困地区科学发展的路径选择、是适应时代潮流的、是契合新发展理念内在要求的，实现了人与自然和谐相处、生态与经济共同进步、发展质量和效益同步提升，为西部贫困地区如何守住“两条底线”提供了毕节智慧和方案。

（三）秉持一种精神，不甘落后谋发展

贫困群众是脱贫攻坚的主体。贫困地区人口素质较低，“等靠要”思想观念不同程度存在，贫困农户脱贫内生动力不足。实施精准扶贫、精准脱贫，必须充分尊重贫困农户的主体地位，弘扬自力更生、艰苦奋斗、勤劳致富精神，调动贫困地区广大干部群众参与脱贫攻坚实践的积极性、主动性和创造性，激发内生动力，形成外部多元扶贫与内部自我脱贫的互动机制，这是新时代打赢脱贫攻坚战的关键所在。毕节是在破解发展和生态难题中建立起来的改革试验区，广大干部群众面对落后的发展条件，不是怨天尤人、等靠观望，而是围绕困难问题谋出路、想实招、鼓实劲、求实效，始终保持奋发有为的精神状态，着力把中央的关怀内化为发展的决心，把社会各界的支

持外化为跨越的动力，把政策机遇转变为脱贫的优势。长期的改革实践，缔造了“艰苦奋斗、无私奉献、改变面貌、造福子孙”的文朝荣精神，创造了“凝心聚力、苦干实干、攻坚克难、勇于争先”的威宁精神，淬炼了“深化改革、锐意创新、埋头苦干、同心攻坚”的毕节精神。培育了全国优秀共产党员、带领乡亲植树造林、脱贫致富而鞠躬尽瘁的焦裕禄式好干部海雀村支书文朝荣，全国“十大最美老有所为人物”喻朝芬等一批可亲可敬、可歌可颂的模范代表。眼前有榜样，心中有信仰，脚下有力量。这些干部群众是920万毕节人民的优秀代表，集中体现了毕节人民改革创新的精神，这种精神，是毕节30年来发展的最强大动力。

30年风雨同舟、协力攻坚，毕节干部群众努力构筑跨越发展的“精神高地”，以践行“两新使命”为目标的共同理想得到普遍认同，以改革试验为核心的时代精神得到持续弘扬，以凝心聚力为主题的发展力量得到广泛汇聚。毕节试验区的改革实践证明，只有充分发动群众，从内心深处激发老百姓脱贫致富的信心和决心，营造全民参与、大胆探索的发展氛围，改革才能获得不竭的动力，脱贫攻坚、生态建设的成果才能得到有效巩固。

（四）探索“多党合作”，形成合力促跨越

办好中国的事情，关键在党。毕节试验区30年的巨大变化，证明了中国共产党人敢于探索、勤于奋斗、勇于奉献的政治品质，表明了即使在中国经济最落后、生态最脆弱、人口压力最沉重的深度贫困地区，只要通过不懈努力，也完全能够推动经济社会跨越发展，实现全面脱贫、同步小康的奋斗目标。30年的改革发展中，毕节各级党组织坚持以“大党建”为统领，把支部建立在产业发展链上、建在村民小组上，不断夯实党在农村的执政基础，为改革发展和脱贫攻坚提供了坚强有力的组织保证。

同时，毕节试验区作为新中国成立以来中国共产党领导的多党合作的成功范例，是中国的改革试验区和世界反贫困的地区代表，也是我国新型政党制度理论的典范。贫困地区经济贫困、社会发展滞后，加快发展面临资金、

技术、人才等严重短缺的现实困难和问题。贫困地区脱贫攻坚与全面小康建设，既需要依靠贫困地区广大干部群众的自身努力，也离不开外界的大力支持和帮助。紧扣“三大主题”进行系统设计是毕节试验区的特色和亮点，而中国共产党领导的多党合作和政治协商制度是推动“三大主题”系统实施的特色路径和强大动力。30 年来，统一战线认真贯彻落实中国共产党领导的多党合作和政治协商制度，在思想上同心同德、目标上同心同向、行动上同心同行，心系毕节的情怀始终不变，奉献毕节的追求始终不渝，帮扶毕节的行动始终不停，倾注了深厚感情，做了大量卓有成效的帮扶工作，为试验区建设贡献了智慧和力量，实现了多重优势叠加的“毕节经验”，丰富了多党合作的实践形式，彰显了中国新型政党制度的优越性。这是社会主义中国实现共同富裕的具体行动，是社会主义本质属性的具体体现。

30 年同心共建的毕节试验区，已成为协商民主建设的实践样本、参政党自身建设的锻炼基地、统一战线服务社会的实践路径、多党合作服务改革发展的重要平台。习近平总书记指出：“全国政协、中央统战部和各民主党派中央、全国工商联长期支持，广泛参与，创造了中国共产党领导的多党合作助推贫困地区发展的成功经验，充分体现了社会主义制度的优越性。”这是新中国成立以来，也是改革开放以来中国共产党领导多党合作的成功范例，是我国新型政党制度政治优势的生动体现。

大道之行，天下为公。毕节试验区 30 年改革实践，展现了中国共产党以人民为中心的发展思想和社会主义共同富裕的价值追求，是对“发展为了谁、发展依靠谁、发展成果由谁共享”这一人类社会根本问题的深刻回答。30 年来，毕节人自觉用生态文明的理念引领经济社会发展，坚持既“赶超”又“转型”，经济结构调整取得积极成效，人们的生产方式、生活方式、行为规范有了质的变化，“人穷山秃”的恶性循环已转向人口、经济与资源环境协调发展的良性循环，实现了人民生活从普遍贫困到基本小康、生态环境从不断恶化到明显改善的双重跨越。

30 年感恩奋进、30 年跨越发展，30 年栉风沐雨、30 年春华秋实，30

年苦干实干、30 年硕果累累，这是乌蒙大地上一曲荡气回肠的壮歌，是西部欠发达地区鏖战贫困的一份历史注脚，是中国人民改革图强的一个生动案例。其本质特征在于坚持党中央的坚强领导，得益于社会各方面的大力支持，与试验区广大干部群众艰苦奋斗、顽强拼搏密不可分。毕节试验区留给全国尤其是西部地区的启示是：必须坚持以更大力度推进贫困地区生态文明建设，从战略全局上重视推进贫困地区生态文明建设，帮助贫困地区进一步明确区域主体功能定位，加大贫困地区产业发展扶持力度，继续加大贫困地区生态修复支持力度，积极推进贫困地区生态文明建设改革试点，切实加强贫困地区生态文化建设。

时代催人奋进，前景光明广阔。站在新的历史起点，毕节经济腾飞的条件已经具备，跨越发展的时机已经成熟，同步小康的目标伸手可触。当前，毕节人正在遵照习近平总书记重要指示的要求，奋力确保在 2020 年按时打赢脱贫攻坚战，同时着眼长远、提前谋划，做好同 2020 年后乡村振兴战略的衔接，把“推动绿色发展、人力资源开发、体制机制创新”新“三大主题”作为贯彻新发展理念的三条重要路径，努力把毕节试验区建设成为贯彻新发展理念的示范区。我们有理由相信，在习近平新时代中国特色社会主义思想的指引下，毕节试验区必将在新一轮的改革发展浪潮中取得更加优异的成绩，书写更加辉煌的篇章！

（2018 年 8 月）

改革开放

与中国城市发展

GAIGEKAIFANG

昆明

建设区域性国际中心城市

——云南省昆明市改革开放40周年调研报告

中共云南省委宣传部
中 共 昆 明 市 委

昆明位于云南省中部，是云南省的省会，市域面积2.1万平方公里，辖7区1市6县、136个乡镇（街道），常住人口678.3万。昆明是西南地区的中心城市之一，是我国面向东南亚、南亚乃至中东、南欧、非洲的前沿和门户，具有“东连黔桂通沿海，北经川渝进中原，南下越老达泰柬，西接缅甸连印巴”的独特区位优势。昆明鲜花常年开放，草木四季常青，是著名的“春城”“花城”，是休闲、旅游、度假、居住的理想之地。

改革开放的春风让开放发展的种子在昆明落地发芽，由此昆明市实现了全方位的发展和进步。40年来，昆明市聚力转型升级，推动产业发展，经济建设结出硕果。2017年，昆明市地区生产总值达4857.64亿元，按可比价格计算，是1978年的75.1倍，年均增长11.7%。三次产业结构由1978年的13.1∶60.9∶26.1优化调整为4.3∶38.4∶57.3。昆明市稳步推进政治建设，民主政治建设迈出新步伐，人大、政府、政协履职富有成效，爱国统一战线巩固壮大，工会、共青团、妇联等群团组织工作取得新成绩。昆明市致力改善民生，促进社会和谐，群众福祉稳步提升，城乡居民收入持续提高，2017年昆明市城镇、农村常住居民人均可支配收入分别达到39788元和13698元，分别是1980年的91.3倍和69.5倍；社会保障体系日益完善，社会大局保持和谐稳定，社会建设呈现新局面。昆明市坚持文化引领发展，注重彰显内涵、打响品牌，通过弘扬社会主义核心价值观，弘扬以爱国主义为核心的民族精神和以改革创新为核心的时代精神，传承中华优秀传统文化，提升了市民精气神。昆明市加强环境保护，狠抓滇池治理，生态建设显现成效。滇池水质逐年向好，阳宗海水质基本恢复，云龙水库、松华坝、清水海等水源区保护得到加强，创建成为国家园林城市、国家森林城市、国家卫生城市。

改革开放 40 年来，昆明逐步由西南边陲城市成为中国西部地区重要的中心城市之一。特殊的区位优势决定了昆明是东亚大陆与中南半岛和南亚次大陆进行经贸往来的陆路枢纽，尤其是中国对缅甸、老挝和泰国开放的陆路枢纽。40 年来，昆明加快建设经济贸易中心、科技创新中心、金融服务中心、人文交流中心，积极打造区域性国际综合枢纽，擦亮“历史文化名城”“世界春城花都”“中国健康之城”品牌，正向建设区域性国际城市的方向大步迈进。

一、建设经济贸易中心

改革开放以来，昆明市聚力转型升级，加快产业转型升级，推进县域经济、园区经济、民营经济发展，推动产业发展，发展实力不断增强，经济贸易中心建设步伐不断加快。

（一）现代产业体系不断完善

40 年来，昆明传统农业向高原特色都市农业转变。粮、烟、菜、畜、花、果六大支柱产业现代化步伐不断加快。蔬菜总产量 320 万吨，比 1978 年的 33.21 万吨增加 286.79 万吨。花卉、中药材等新兴产业发展迅速，园艺播种面积达到 31.8 万亩，中药材种植面积达到 15.9 万亩。一二三产业融合发展，台湾农民创业园、嵩明农业科技示范园、斗南国际花卉产业园等国家级农业产业园区发展壮大。40 年来，昆明坚持走新型工业化道路，工业强市深入推进。实施“4+4 工业产业发展计划”，优化提升传统产业，培育发展新兴产业，产业聚集发展程度不断提高，自主创新能力不断增强，工业支撑作用日益明显。2017 年，工业增加值达 1159.2 亿元，是 1978 年 8.36 亿元的 138.6 倍。工业为主的产业园区从无到快速增长，达到 18 个，其中国家级开发区 3 个、省级工业园区 14 个、市级产业园区 1 个，呈贡信息产业园成为全省唯一的信息产业专业园区。云内动力的 D19 发动机（欧 V 版）出口英国，乘用车柴油机成功进入欧盟市场，克林轻工成为国内最大的制糖机械制造及成套设备出口企业，“昆明制造”正在走向世界。40 年来，昆明服务业不断拓展和优化。旅游文化、商贸物流、金融、科技服务、健康产业等现代服务业加快发展，批发零售、交通运输、住宿餐饮业等传统服务业布局和功能逐步完善，2017 年社会消费品零售总额达到 2590.95 亿元，是 1978 年 7.2 亿元的 360 倍。坚持发展大旅游、大健康、大文创，2017 年接待旅游者 1.33 亿人次，旅游总收入达到 1608.66 亿元，是 1992 年 389 万人次和 3.50 亿元的 34 倍和 459.6 倍。健康之城品牌不断擦亮，国家大健康示范区和国家植物馆获得国家支持。文化创意产业发展迅速，2017 年文化及相关产业增加值达 245 亿元。共建设国家级、省级、市级文化创意产业园区 21 家。

（二）开放型经济发展水平不断提升

40 年来，昆明市开放型经济成效明显。1978 年，昆明市出口产品绝大部分为农产品，通过产业升级，在稳定传统优势产品出口的同时，提高高新技术、自主品牌产品在贸易中的占比，扩大服务业进出口规模，昆明出口产品结构不断优化。2017 年，高新技术产品出口值增长至 5.92 亿美元；在 2006—2017 年间，机电产品、磷化工产品出口增长迅猛，年均增长率分别达 16.34%、18.32%。机电产品出口增长至 5.59 亿美元，磷化工产品出口增长至 6.66 亿美元，高新技术产品、机电产品、磷化工产品在 2017 年昆明市出口额中所占比重分别为 7.57%、7.15%、8.50%，出口商品结构调整呈现喜人态势。2018 年 1 至 5 月，昆明市进出口金额占全省进出口总额的

41.16%，增速连续5个月居全国省会城市第一。40年来，昆明市积极推进优化国际市场布局，在巩固欧美日等传统市场的同时，提高新兴市场和发展中国家在全国外贸中的比重，与亚、欧、非、拉美等几大洲贸易往来实现全面增长，与“一带一路”沿线国家进出口实现快速增长，亚洲成为昆明最重要的贸易伙伴，近11年昆明与亚洲国家之间的外贸进出口共计698.23亿美元。2018年上半年，与“一带一路”沿线国家发生的进出口额达31.72亿美元，占昆明市进出口总额的63.8%。

（三）营商环境不断优化

40年来，昆明市营商环境不断优化。招商引资工作从无到有，从有到好，从好到强，实现了跨越式发展。1978—1991年，实施了“对外开放优惠规定”；1992年，启动了高新区、经开区、滇池度假区建设；2005—2011年，进入招商引资的高速增长期，内资年均增速41.93%，外资年均增速64.26%。2012年至今，不断提升招商引资质量，微软、拜耳、渣打银行等境外世界500强，中船重工、大连万达等国内500强，恒隆集团、统一集团等港台知名企业纷纷落户昆明，洲际、温德姆等知名品牌酒店入驻昆明。据《财富》杂志发布的“2017年世界500强榜单”显示，截至2018年1月，共有93家世界500强企业在昆有直接投资，其中外资企业32家。

二、建设科技创新中心

改革开放以来，昆明市以科技体制改革为基础，坚持科技是第一生产力、创新是第一动力、持续推动创新发展，科技创新中心建设步伐不断加快。

（一）科技创新主体活力不断增强

40年来，昆明市科技创新平台建设实现快速发展。1978年，仅有中国科学院昆明动物研究所、中国科学院昆明植物研究所等 14 个中央在昆科研机构，没有国家重点实验室、国家工程技术研究中心，没有省市重点实验室、工程技术研究中心。改革开放以来，大力出台支持市级、省级、国家级重点实验室和工程技术研究中心建设的政策体系，科技创新平台由跟跑转向在更多领域的并跑、领跑。2017 年，共拥有市级以上重点实验室 80 个，其中国家级 6 个（占全省 100%）、省级 45 个（占全省 86%）；拥有市级以上工程技术研究中心 166 个，其中国家级 4 个、省级 90 个。40 年来，昆明市坚持加大投入，快步走入新时代“科学的春天”。“七五”期间，科技进步对昆明工农业的增长贡献率达 24%、27.55%。1990—2005 年，昆明市科技三项费和科技事业费分别由 431 万元和 478 万元增加到 15516 万元和 4753 万元。自 2006 年起，昆明市全社会研究与实验发展（R&D）经费投入占 GDP 比重持续上升，2017 年昆明市 R&D 经费投入强度达 2.2%，R&D 投入年度增幅达 20.17%，高于 GDP 增速，超过全国平均水平，实现了“科技先行”。

（二）科技交流合作和成果转化不断推进

40 年来，昆明市不断深化区域科技合作与交流、拓展创新发展新格局。着力为在昆高等院校及科研院所做好服务，着力解决创新主体创新要素的跨界融合、搭建协同创新平台、构建形成技术与产业的“链接器”等方面的问题。不断加强对外科技交流与合作，吸纳国内外创新资源，加强区域协同创新，分别与法国格拉斯、老挝万象签订科技合作备忘录或协议，积极探索与国外尤其是南亚、东南亚国家科技合作机制。2017 年，昆明市拥有 16 个国家级国际科技合作基地，国际专利申请量（PCT）达 175 件，举办了“智汇昆明”2017 中国（北京）跨国技术转移大会昆明峰会、金砖国家技术转移与创新协作论坛、区域性国际中心城市建设与国际科技合作研讨会——中国科技外交官昆明行、中国—中东欧（16+1）国际技术转移合作论坛等活动，2018 年启动了“金砖国家国际技术转移中心”建设，昆明科技创新中心的影响力不断扩大。

（三）国家级创新创业名片更具吸引力

40 年来，昆明市始终把科技进步与创新作为经济社会发展的首推力量。国家科技进步先进城市、国家创新型试点城市、国家知识产权工作示范城市、国家节能和新能源汽车示范推广试点城市、国家科技强警示范城市成为昆明的“五张国家级名片”。通过实施重大科技项目，提升重点产业核心竞争力，多种金属的采选冶水平全国一流，部分达到国际先进，云铝低温低电压铝电解新技术能耗水平达到世界先进，昆船自动化物流系统技术水平国内领先并在长水国际机场行李自动分拣系统中得到运用，长水国际机场航站楼成为采用减隔震技术的全球最大单体建筑，光伏太阳能发电技术和运用水平居全国领先，湖泊水体除砷技术达国际先进水平，沃森生物成为国内第一家同时拥有两个细菌结合疫苗上市销售的疫苗企业，其细菌多糖结合技术达到国内领先水平。云南海归创业园入列“全国创业孵化示范基地”，石林台湾农民创业园成为“国家农业产业化示范基地”，昆明市经济技术开发区成为国家第二批“国家双创示范基地”。国家对昆明市创业创新的支持和鼓励将推动创新发展迈上新台阶。

三、建设金融服务中心

改革开放以来，昆明市迈出金融开放发展坚实步伐，在人民币跨境交易、外资金融机构设立方面实现突破，金融服务中心建设步伐不断加快。

（一）昆明市金融外向度不断提高

40 年来，昆明外资金融机构聚集效应显现。1993 年，泰国泰京银行在昆明设立办事处，1996 年升级为分行，是最早进驻昆明的外资银行，也是泰京银行在华的唯一分行；1995 年，泰国开泰银行在昆明设立办事处；2008 年，恒生银行在昆明设立分行，2011 年汇丰银行昆明分行开业，2012 年东亚银行昆明分行开业，2014 年渣打银行在昆明设立分行，香港四大老牌银行聚集昆明发展；2014 年，马来西亚马来亚银行在我国境内设立第三家分支机构——马来亚银行昆明分行；2017 年，新加坡大华银行在昆明设立分行，成为大华银行中国境内的第 17 家、西部地区第 3 家分支机构。2013 年，全球最大保险集团 AXA 安盛集团全资子公司——安盛天平财产保险股份有限公司在昆明设立省级分支机构。2017 年年末，昆明有 7 家外资银行分行、1 家外资银行办事处和 1 家外资保险机构，9 家外资金融机构的业务范围涉及全国、南亚东南亚等地区。随着金融外向度不断提高，昆明金融在南亚东南亚的国际影响力、辐射力显著提升。

（二）金融机构“走出去”成效显著

40 年来，昆明迈出金融机构“走出去”坚实步伐。2011 年富滇银行成为全国第一家在境外设立代表处的城市商业银行，推出人民币对基普直接定价，成为全国第一家获批挂牌东南亚国家货币的商业银行，陆续与老挝大众银行、老挝开发银行、老挝联合发展银行、中老银行建立了双边本币结算关系。2013 年富滇银行在老挝设立中老合资银行，其中富滇银行持股 51%，是国内城市商业银行在境外设立的首家经营性金融机构，也是中国第一家获得外币现钞跨境调运资格的城市商业银行。太平洋证券积极探索资本市场发展模式，2013 年合资成立中老证券有限公司，获得老挝证管委颁发永久牌照，属综合类全资证券公司，可按老挝证券法开展所有证券业务，是经中国证监会批准在境外设立的首家证券金融机构。2015 年太平洋证券把握“一带一路”发展契机，积极布局国际业务，设立了东盟代表处，推进收购泰国证券公司，设立香港子公司，在纳斯达克设立特别并购公司。中国进出口银行云南省分行创新金融服务机制，辐射缅甸、老挝、加蓬、赤道几内亚、加拿大、玻利维亚等 10 个国家和地区，充分发挥具有国家信誉的优势，灵活运用履约保函、预付款保函、融资性保函等多种保函产品，着力为“走出去”提供增信保障，为承包工程、并购股权、开发能源和资源、开展农业合作、建设境外经济合作区、转移过剩产能提供政策性融资支持。

（三）人民币跨境交易实现跨越式发展

40 年来，昆明边贸人民币结算实现了从无到有，从小到大的跨越式发展。2004 年以来，国家给予云南边贸出口人民币结算出口退税的扶持政策，边贸人民币结算保持了年均 27.3%的增长势头，2010 年突破 12 亿美元大关。随着人民币在东盟和南亚国家的影响力和辐射力逐步增强，结算货币从以美元为主转变为以人民币为主，2017 年经昆明的累计结算额达 4027 亿元，业务覆盖境外 84 个国家和地区，人民币结算占比由 20%上升到 90%以上，高于全国平均水平。昆明市是全国首批试点个人经常项下跨境人民币业务的城市，2014 年至 2017 年累计办理个人经常项下跨境人民币结算 36 亿元，交易对象覆盖 48 个国家和地区。

四、建设人文交流中心

改革开放以来，昆明发挥历史悠久、人文荟萃，历史文化、民族文化、宗教文化、都市时尚文化、边疆异域文化交汇交融的优势，全面推进文化建设，人文交流中心建设步伐不断加快。

（一）文化服务体系日趋完善

40 年来，昆明市通过投资新建、地企共建和改、扩建等途径，大力推进公共文化建设。2017 年，有市、县两级公共文化馆 16 个，公共图书馆 16 个，乡镇(街道）综合文化 135 个，村(社区）综合性文化服务中心 1623 个；有非物质文化遗产四级名录项目共计 632 个，代表性传承人 526 人，共有省级非遗保护传承基地 4 个，建成省级文化保护区和传统文化之乡 5 个，建成展示、传习馆 16 个；各级文物保护单位有 607 项，总量居云南省第一；有各类注册备案博物馆 34 个，人均拥有博物馆数量居全国省会城市前列。率先在全国创新性实施“基层公共文化服务包”提档升级，2018 年基层公共文化服务市县两级专项公共财政保障标准由人均 12 元提标至 14 元，年保障经费达 9037.71 万元。

（二）文化交流合作不断扩大

40 年来，昆明与南亚、东南亚的文化体育交流不断深化。积极与尼泊尔博克拉、缅甸曼德勒、马来西亚古晋南等友好城市加大对外文化交流。2007 年以来，昆明市民族歌舞剧院与国侨办建立了良好的合作关系，在国侨办每年举行的“文化中国·四海同春”新春慰侨演出活动中，昆明市民族歌舞剧院总在邀请之列。作为昆明市和昆明人民的“文化使者”，多年来，昆明市民族歌舞剧院文化交流演出足迹遍及欧洲、澳洲、日本、印尼、菲律宾、泰国、肯尼亚、南非、巴拿马、哥斯达黎加、巴西等国家，充分展示了昆明良好的城市形象，有力提高了昆明的国际影响力。

（三）教育卫生交流合作不断深化

40 年来，昆明教育国际化取得新进展。制定出台政策措施、加强国际学校建设，扩大留学生规模，积极参与国际教育市场竞争。截至 2017 年共有 5 所国际学校，IB 课程实现零突破；有 11 所高中设立国际部，就读学生达 2000 人；有 30 所中小学校与国外学校缔结为“国际姊妹学校”，每年与国外互访交流师生达 300 人次。40 年来，昆明卫生对外交流合作渐趋频繁。以和平、发展、合作、共赢为原则，以服务医疗卫生事业发展和人才培养为重点，采取“请进来”和“走出去”双向互动交流模式，对缅甸、老挝、越南、柬埔寨等国家的心脏大血管外科、骨科、心内科、康复科等专业进行援助项目培训，与缅甸、老挝和越南开展登革热、疟疾等传染病联防联控合作，建立了双边疫情信息交流机制。

五、打造区域性国际综合枢纽

改革开放以来，昆明市强化基础支撑，城市开发建设不断加快，城乡一体化发展取得新进展，城市品质不断提升，城乡面貌日益改善，城市功能显著提升，区域性国际综合枢纽建设步伐不断加快。

（一）国际性综合交通枢纽实现互联互通

40 年来，航空建设实现了跨越式发展。1978 年以昆明为节点的航线不到 10 条，机场为军民合用。现在，全球百强机场之一的长水机场成为继北京、上海和广州之后，中国面向南亚、东南亚，连接欧亚的第四大国家门户枢纽机场，2017 年旅客吞吐量达 4472 万人次，全球排名第 37 位，航线增加至 308 条，其中国际航线 61 条，地区航线 7 条，基本形成以昆明为中心，辐射全国、逐步向国际延伸的航空网络，形成以昆明为地理中心的亚洲 3 小时航空圈。40 年来，昆明铁路发展质量越来越高。1978 年昆明站旅客发送量为 598.1 万人次，1999 年首次突破 1000 万大关达 1097 万人次。2003 年米轨旅客运输业务正式退出历史舞台，昆明的“准轨”时代来临。2015 年 1 月 20 日，习近平总书记来到正在建设中的昆明南站施工现场，考察八出省五出境铁路通道重要枢纽建设情况。2016 年 12 月 28 日，昆明南站、沪昆高铁云南段、云桂铁路云南段同时开通运营，昆明由此步入高铁时代。2018 年 7 月 1 日，中缅国际铁路通道、滇藏铁路的重要组成部分昆楚大铁路开通运营，改写了“铁路不通国内通国外”“火车没有汽车快”的历史。40 年来，昆明市公路网越织越密，公路修建里程不断增长，质量、等级不断提高。1985 年至 1987 年，交通累计投资为 1978 年前 10 年累计投资额的 30 倍。1989 年昆明碧鸡关至安宁县城 16.2 公里一级公路改造建成通车，结束了云南没有高等级公路的历史。1978 年昆明市公路通车里程为 1895 公里，2017 年为 18751 公里，增加了 16856 公里，其中高速公路提高至 812 公里，实现了通往周边地州全部高速化，通往辖区内各县区的公路高等级化，通乡油路率达 100%，行政村通畅率 100%。40 年来，昆明城市交通日益便捷多样。从 80 年代的“长江牌”“云海牌”公交车，到 90 年代“福莱西保牌”公交车，90 年代末的“长江大福”公交车，再到 2000 年后的“申沃牌”“金龙牌”双层公交车，再到至今的新能源公交车，昆明城市的发展可从公交的发展窥见一斑。截至 2018 年 5 月底，昆明市公交出行分担率达 57%，公交“镇镇通”覆盖率达 100%。昆明地铁于 2008 年 12 月破土动工，至今累计开工建设 236 公里、154 座车站，已建成 1、2 号线首期，1 号线支线，3 号线一、二期和 6 号线一期。截至 2018 年 6 月，昆明地铁累计运送乘客 4.43 亿人次，日均客流量 54 万人次，列车正点率 99.99%。逐步形成了以轨道交通十字路网为骨干、常规公交为主体、出租车为补充、慢行交通为延伸，一体化都市公交体系。

（二）区域性国际物流枢纽便捷畅通

40 年来，昆明物流基础设施建设对“走出去”形成有力支持。1978 年，物流基础设施一片空白，通过积极发展，布局了王家营物流产业园、晋宁物流产业园、安宁物流产业园、空港国际物流产业园等省级重点物流产业园。40 年来，昆明国际物流蓬勃发展。通过支持跨境业务，在老挝、缅甸、香港成立了境外物流公司。当前国际物流已经成为昆明市主动融入国家“一带一路”战略的重要支撑。2015 年开通中欧班列，中欧班列（昆蓉欧）实现常态化运行，截至 2018 年 5 月底中欧班列货值达 11397.93 万元。40 年来，昆明海关通关便利化作用突显。通过长期不懈抓“风险防控”和“税管”，2017 年昆明海关全面完成了海关通关一体化，实现了“一次申报、分步处置”，达到稳定、透明、可预期的通关便利化要求。2018 年 4 月，昆明海关实现关检合一，全面推行直通放行、集中审单、电子监管、绿色通道等通关模式，实现了信息互换、监管互认、执法互助。

（三）中缅输油推动能源供应发生深刻变化

40 年来，昆明市一直致力于改善能源供应格局。2010 年，中缅油气管道开工建设，2013 年全线贯通并开始输送天然气，来自中东的原油通过中缅原油管道源源不断的输往安宁草铺炼化工厂。昆明成为中国第四大能源进口通道的重要城市，有效提高了国家能源供应安全保障能力。

六、擦亮“历史文化名城”品牌

1982 年，昆明市被国务院公布为全国首批国家级历史文化名城。昆明不断丰富历史文化名城保护体系，加强了历史文化名城保护利用，“历史文化名城”品牌影响力不断扩大。

（一）历史文化名城风貌不断提升

40 年来，昆明市积极推进翠湖周边、官渡古镇、龙泉宝云等历史地段的保护规划编修和提升工程，对 62 处历史建筑设立保护标志进行挂牌保护，将 42 个村镇评定为历史村镇以及传统风貌村镇。完成近代建筑普查及价值评估，文明街列为省级历史文化街区。以龙潭山遗址为代表的古人类遗址，以石寨山为代表的青铜文化，以益州郡、地藏寺经幢、东西寺塔、昆明砖城为代表的古代城市演进，以重九起义、护国起义、抗战史实为代表的近代文化等历史文化呈现出异彩纷呈的姿态。以阿诗玛、撒尼刺绣为代表的民族文化，以“金殿庙会”“圆通樱潮”为代表的民间传统习俗，以滇剧、花灯为代表的民间艺术等民族民间传统文化实现了交融荟萃，昆明历史文化底蕴在改革开放后绽放夺目光彩。

（二）文化遗产保护利用不断加强

40 年来，昆明市文化遗产保护利用力度不断加大，目前，昆明市共有各级各类文物保护单位607项，其中，全国重点文物保护单位19项20处、省级55项，文物类型涵盖了古代文化遗存、近现代文化遗存、民族文化遗存、墓葬、石刻等多个类别。昆明市利用民俗节庆、对外交流等机会，搭建平台，连续举办六届“官渡古镇全国非遗联展”，建有4个省级非遗保护传承基地，培育命名了6所“非遗传承示范学校”，创建了嵩明县新大湾村等民族文化示范村和石林县糯黑村等民族特色村。

（三）世界知名旅游城市建设不断推进

40年来，昆明旅游业发展取得巨大成就，经历了由接待事业型到经济产业型、再到全域融合发展的巨大转型，成为在国内外具有重要影响力、知名度的国际旅游城市。旅游总收入、接待旅游者人次和海外旅游者人次分别由1978年的7000万元、280万人次和1299人次增长到2017年的1608亿元、1.33亿人次和134万人次，40年间分别增长近2300倍、47.5倍和1030倍，旅游经济对GDP的贡献率由1978年的4.6%增长到2017年的33.1%，实现了从旅游资源大市向旅游经济强市的跨越。1999年成功举办世界园艺博览会，成为国际性展会提升中国城市旅游形象的成功范例；在全国首开城市形象宣传先河，在中央电视台推出“昆明天天是春天”的城市形象宣传广告；连续成功举办14届中国昆明国际文化旅游节；中国规模最大、知名度和国际化水平最高的中国国际旅游交易会落户昆明，在海内外树立起了“世界春城花都”旅游品牌形象。1998年被国务院批准为首批中国优秀旅游城市，2005年被国际旅游联合会评为“欧洲游客最喜爱的中国十大旅游城市之一”，2006年被团中央评为“中国青年喜爱的旅游目的地城市”，2016年被世界文化地理学会评选为全球避暑名城百佳榜第二位，被中国旅游研究院和中国气象局公共气象服务中心连续三年评选为“中国最佳避暑旅游城市”，并荣获“2016亚洲旅游红珊瑚奖”及亚洲最受欢迎旅游城市称号。

七、擦亮“世界春城花都”品牌

改革开放以来，昆明市实施环湖截污及交通农业农村面源治理、入湖河道整治、生态修复与建设、生态清淤、外流域引水及节水等工程，全面提升生态文明建设水平，“世界春城花都”品牌影响力不断扩大。

（一）争当生态文明建设排头兵

40 年来，昆明市着力打好水、大气、土壤污染防治三大战役。通过努力，石林县成功创成第一批国家生态文明建设示范县；五华、盘龙、官渡、西山、呈贡、晋宁等 10 个县区创建为云南省生态文明县区；有 36 个国家级生态乡镇（街道）、71 个省级生态文明乡镇（街道）、2 个国家级生态村（社区）、24 个省级生态文明村（社区）、143 所省级绿色学校、11 个省级环境教育基地、64 家省级绿色社区、1120 个市级生态村（社区）。昆明市坚持生态立市、环保优先，突出环境质量改善取得了实实在在的效果。

（二）生态环境不断修复

40 年来，昆明市坚持科学治水，把滇池治理作为头号工程。昆明市在全国较早推行“河长制”。滇池治理取得明显成效，2016 年，滇池外海和草海水质得到明显改善，水质类别均由劣Ⅴ类提升为Ⅴ类，实现 20 年来首次突破。阳宗海水质恢复达到Ⅲ类水标准，昆明市集中式饮用水源地水质达标率 100%。2018 年 1—6 月，滇池全湖总体水质类别提升为Ⅳ类。滇池水质的改善给滇池带来了新的生命力，海东湿地、捞鱼河湿地等 3600 多公顷湖滨生态湿地，被央视评为“中国最美湿地”。昆明市主城区空气质量连续多年达到二级标准要求，主城区空气质量优良率达 98.3%，进入全国空气质量较好前 10 位城市。

（三）人居环境持续改善

40 年来，昆明市突出城乡人居环境提升改善，城市建成区的绿地总面积和公园绿地面积大幅度增加，分别是 40 年前的 14.3 和 17.8 倍；绿地率增长 24%，人居环境得到了持续改善。多次荣获“全国双拥模范城”“全国卫生城市”“全国优秀卫生城市”“国家园林绿化先进城市”等称号。1999 年荣获“全国创建文明城市工作先进城市”“全国园林绿化先进城市”，2000 年成为全国改善交通与环境综合试点城市之一，2001 年获云南省首批园林城市称号，2010 年被评为“国家园林城市”。通过 40 年的不懈努力，蓝天永驻、碧水长流、绿润昆明、花香满城的“世界春城花都”雏形逐步显现。

（四）斗南品牌日益响亮

40 年来，昆明斗南创造了从菜地到花田，从花田到花乡，从花乡到花都的辉煌传奇。2017 年，斗南花卉市场鲜花交易量达 65.3 亿枝，交易额 53.55 亿元，花卉从斗南走向全国、走向世界，呈贡成为名副其实的“世界花都”。2017 年 1 月李克强总理视察斗南花卉市场时指出：“现在斗南花卉市场已经是中国第一、亚洲第一，希望你们向世界第一迈进！”为实现总理的嘱托，昆明市创建斗南小镇，2017 年 6 月小镇成功入围云南省创建全国一流特色小镇名单。

八、擦亮“中国健康之城”品牌

改革开放以来，昆明市发挥风光秀丽、四季如春的气候资源优势和高原湖滨生态优势，大力推动中国健康之城建设，“中国健康之城”品牌影响力不断扩大。

（一）健康城市基础不断夯实

40 年来，昆明市依托气候和生态环境良好优势，推动大健康发展。围绕个人身心健康、人与人关系健康、人与环境关系健康的三大内涵，部署“医、药、养、健、游、食”六大产业，建设生命科学创新中心、健康产品制造中心、高端医疗服务中心、候鸟式养生养老中心、高原健体运动中心、民族健康文化等六大中心，构建“一环、两核、三片”空间布局，健康品牌成为昆明实现跨越发展的新引擎、新动力。

（二）大健康产业发展迅速

40 年来，昆明市多措并举促进大健康相关产业发展，加快建设中国昆明大健康产业示范区。2017 年大健康产业实现增加值占昆明市 GDP 比重 14%以上，2018 年将大健康产业体系的建设列为大健康发展的重要目标。目前共有大健康产业项目 76 个，总投资达 2881.49 亿元，有总投资百亿元以上项目 8 个，十亿元以上项目 25 个，亿元以上项目 51 个。

（三）大健康品牌知名度逐步提升

40 年来，昆明市围绕大健康发展、健康资源整合的实际需求，以共性技术为突破点，以提高政府决策水平和服务能力为出发点，以培育和发展大健康优势产业为着力点，搭建健康大数据交流整合平台、大健康协同创新平台、大健康基础理论研究平台、大健康品牌宣传和交流平台、重点行业创新等公共服务平台，聚焦再生医学、基因诊断等前沿领域，搭建一批高水平的基础研究平台。在打造“中国健康之城”过程中，不断加大健康城市形象营销力度，2016 年以“共创、共融、共赢、共享——共驻中国健康之城”为主题，2017 年以“合作共赢共享健康”为主题，成功举办了两届昆明大健康国际高峰论坛，产生广泛品牌联动效应。

改革开放 40 年来，昆明市建设区域性国际中心城市的具体实践，给我们带来了以下经验和启示：

坚持党的领导是根本。昆明改革开放40年的成就和经验表明，党的领导是昆明明显提高开放程度，明显增强综合实力，明显提升区域引领、带动和辐射作用的决定性力量，是昆明市建设区域性国际中心城市的动力之源。我们深刻地体会到，做好昆明各项工作，必须把坚持党的领导作为首要遵循，坚决贯彻落实党中央决策部署，认真落实省委工作要求，充分发挥党委总揽全局、协调各方的领导核心作用，牢牢把握工作的正确方向；必须把解放思想作为行动先导，以开阔的国际视野、前瞻的战略思维、先进的发展理念引领实践、推动工作，应对发展新挑战，闯出发展新天地；必须把从严治党作为根本保障，坚持党要管党、从严治党，保持党的先进性和纯洁性，建设素质高、能力强、密切联系群众的党组织和党员干部队伍。

坚持改革开放是动力。昆明改革开放40年的丰硕成果表明，必须把改革开放作为强大动力，必须坚持开放促进发展，在改革创新中汇集资源、凝聚力量，全面提升开放合作层次和城市国际化水平。我们深刻地体会到，必须坚持创新驱动发展，注重深化改革、推动创新，不断增强经济社会发展的动力与活力。改革创新是时代的最强音，要全面深化各领域改革，加快推进有利于提高资源配置效率、提高发展质量效益的改革，加快推进有利于城市治理体系和治理能力现代化的改革，着力在重点领域和关键环节取得新突破。要积极参与长江经济带建设，深化与泛珠三角、长三角、成渝经济区、川滇黔十二市州、北部湾经济区等区域合作，主动承接京津冀协同发展，推动滇中城市经济圈一体化建设，促进昆明与曲靖、玉溪、楚雄、红河“五城联动”发展，构建与滇中新区合理分工、深度融合、协同发展的格局，共同打造云南省最具活力的增长核心。

坚持加快发展是关键。昆明改革开放40年的奋斗历程揭示，必须把加快发展作为第一要务，加快转变发展方式，持续优化经济结构，推动经济更有效率、更有质量、更加公平、更可持续地发展。我们深刻地体会到，必须重视产业的支撑发展作用，推进产业发展迈向中高端水平，要把“一产做特、二产做大、三产做强”，优先发展商贸及物流、金融、旅游、文化创意、科技及信息服务、会展、健康服务等产业，稳步推进房地产业转型升级，建设现代服务业高地、区域性国际经济贸易中心、金融服务中心。要依托昆明独特的气候优势、生态优势和生物多样性资源优势，加快发展以生物医药、医疗健康服务、康体养生等为重点的大健康产业，促进与养老、旅游、互联网、健身休闲、食品等产业的融合，把昆明建设成为全国大健康产业示范区。

坚持以人民为中心是核心。昆明改革开放 40 年各领域的先进经验表明，我们必须坚持以人民为中心的发展思想，把为民造福作为第一追求，优先发展民生，注重办好实事、增进福祉，持续提升人民群众的获得感幸福感。我们深刻地体会到，必须坚持治理共赢发展，注重依法治市、促进和谐，扩大人民群众有序政治参与，推进军民融合深度发展，深入推进地方治理体系和治理能力现代化。

改革开放的脚步永不停歇，昆明的发展永不止步，40 年的积累、拼搏和铿锵的发展历程使昆明进入了全新发展轨道。我们将更加紧密地团结在以习近平同志为核心的党中央周围，深入贯彻落实习近平新时代中国特色社会主义思想，继续以“时不我待、只争朝夕”的精神奋勇前进，以高质量发展引领区域性国际中心城市建设，为实现“两个一百年”奋斗目标贡献昆明力量。

（2018 年 7 月）

改革开放
与中国城市发展
GAIGEKAIFANG

宝鸡

陈仓大地春潮涌

——宝鸡市改革开放40年农村经济引领乡村振兴发展调查

中共陕西省委宣传部
中 共 宝 鸡 市 委

宝鸡古称陈仓，位于陕西关中西部，辖3区9县、1个国家级高新技术开发区和1个省级经济技术开发区，总面积1.81万平方公里，人口378万人。改革开放40年来，在党的农村政策指引下，宝鸡历届市委、市政府团结带领全市人民披荆斩棘，攻坚克难，艰巨创业，拼搏奋进，创造了非凡奇迹，树立起不朽丰碑。四十年峥嵘岁月，四十年沧桑巨变。全市农村改革波澜壮阔，乡村变化翻天覆地，新农村建设日新月异，实现了从偏僻小镇到西部区域性中心城市、从农业主导到工业主导、从温饱不足到丰衣足食、从百废待兴到繁荣昌盛的“四个历史性跨越”，古陈仓百万农民富裕安康的梦想成为现实，新宝鸡发展的希望继续谱写出壮丽篇章。

一、历程：改革春风吹进门

四十年激情岁月，四十年光辉历程。党的十一届三中全会后，以家庭联产承包制为主要内容的农村改革加速推进，中央出台了一系列强农惠农政策措施，促进农民持续增收，推动现代农业建设，促进农村经济社会发展。“包产到户”“联产承包责任制”“万元户”“乡镇企业”“劳务经济”“税费改革”“退耕还林”“新农村建设”“城乡统筹”“三权制度改革”……这些不同历史时期的关键词，无不折射着宝鸡农业、农村、农民的发展历程。

改革一：实行家庭联产承包责任制。1978 年党的十一届三中全会，打破了长期束缚农村经济发展的桎梏，宝鸡市开始实行农业生产责任制。主要形式有三种：定额计酬；小段包工；包工到作业组，联系产量计酬，实行超产奖励。1980 年春，宝鸡市提出要基本普及联系产量计酬责任制，并在联产计酬责任制方面进行了大胆探索。1981 年，在全面推行联产计酬责任制的同时，逐渐向大包干责任制方向发展。1982 年、1983 年两年实行大包干责任制的生产队分别占生产队总数的 80.9%和 97.5%。农业经营管理体制由集体统一经营，转变为有统有分的家庭联产承包责任制的成功实践，带动了林、牧、副、渔业和其他各业也普遍实行承包责任制。1983 年以来，全市各地相继对荒山、荒沟、荒坡、荒滩、养鱼、种树种草、小流域治理、水利工程设施配套建设、农业机械以及农村的工、商、建、运、服等各业，通过试点示范，积极推广承包责任制。因此为进一步调整农村产业、产品结构，进一步深化农村经济体制改革奠定了坚实的基础。1984 年，给全市土地承包户颁发了土地使用证，全市 188 个人民公社，通过机构改革，变更为 188 个乡镇，1986 年合并为 186 个乡镇，改生产大队为村民委员会，生产队为村民小组。建立了一批社区性的合作经济组织，促使政社分设、政企分设，以摆脱行政干预，使经济建设得以迅速发展，生产力得到较快的提高，农村面貌有了较大的变化。至此，我市农村第一步改革工作全面完成。之后，相继展开了二轮土地承包、集体林权制度改革、农村水利改革，农村发展环境更加宽松，农村基础设施不断趋于完善。

改革二：兴办乡镇企业。1981 年以后，乡镇企业成为农村脱贫致富的突破口，发展迅速。到 1985 年各类乡镇企业发展到 25527 个，总产值 74057 万元。随着改革开放的逐步深入和城乡一体化建设，宝鸡市乡镇企业按照中央提出的“积极扶持，合理规划，正确引导，加强管理”的总方针及省政府“敞开大门、放手发展；上面放开、下面搞活；调整结构、提高效益”的三条指导方针，充分发挥乡镇企业机制灵活的优势。1985 年，宝鸡市乡镇企业已与10多个省和地区建立联合协作关系，联办企业482家，占乡村企业总数的10%，安排农村劳动力万余人，已成为全市乡镇企业的一支骨干力量。在横向经济联合中主要采取四种方式：一是生产联合；二是投资入股，共同办厂，产销联合；三是引进资金以产品补偿；四是技术转让和技术协作联合。1990年横向经济技术联合项目255个，新增产值2060万元；资金联营109个，新增产值6550万元；技术联营25个，新增产值1341万元。经济技术的联合，促进了出口创汇的发展。1989年，全市有出口创汇企业25个，出口产品18种，出口交货额2442万元。1990年，出口创汇发展到33个，出口产品28种，出口交货额2991万元；产品分别出口日本、美国、英国、泰国及东南亚等10多个国家和地区。到1990年，全市乡镇企业发展到85720个（包括工业、交通、运输、建筑、商业、服务业），其中，乡办企业1099个，村办企业3376个，联户办企业1617个，个体企业79628个，从业人员384191人，占农村劳动力总数的30.8%，固定资产总值87590万元，总收入221793万元。

改革三：创办经济合作组织。宝鸡的岐山县作为全省26个首批县级综合体制改革县之一，从1988年开始，随着农村改革的不断推进和深入，按照“立足资源，面向市场，城乡一体，贸工农发展”的思路，在12个条件成熟的村批准建立村级公司，组织农民走出一条“公司+农户”，迈向市场经济的成功之路。1998年，在宝鸡市农村改革试验点青化镇创办的农民专业协会完成改革试验计划后，宝鸡市农村改革试点在岐山县马江镇示范农场进行。1997年，全市共设立农村改革实验区点10个，分别进行11项农村改革实验。宝鸡县生猪一体化、新增金台区联盟村“农村城市化”改革试点，对龙头企业实施扩产技改，提高生产能力，拉动经济，带动农户生产，实现“公司+基地+农户”产业化经营模式，按照“政府培育市场，市场引导企业，企业带动基地，基地组织农户，农户自主生产，政策扶持保护”的农业产业化思路，以“农业增效，农民增收，农村发展”为目标，优化资源配置，建立健全农业产业化专业合作经济组织，初步形成农业产业化的雏形。

改革四：农村税费改革。按照中央、省、市的统一部署，农村税费改革自2002年开始，经历两个阶段：第一阶段是规范税制，理顺关系。按照“减轻、规范、稳定”的原则，实行“三个取消、一个逐步取消、两个调整、一项改革”，即：取消乡镇统筹费、取消农村教育集资等专门面向农民征收的行政事业性收费和政府性基金集资、取消屠宰税；逐步取消统一规定的劳动积累工和义务工；调整农业税和农业特产税政策；改革村提留征收使用办法，初步确定以农业税及附加、农业特产税及附加、村内“一事一议”筹资筹劳为主要内容的农村税费制度框架，同时，进一步规范农业税征收管理、涉农收费管理、“一事一议”筹资筹劳管理等。第二阶段是减免税收，增加补贴。即在第一阶段税费制度改革的基础上，按照“多予、少取、放活”的方针，逐步实行减征、免征农业税和农业特产税。2003年取消蔬菜、水产品、食用菌应税品目的农业特产税；2004年全部取消除烟叶外的农业特产税，2005年全市实行免征农业税。农民实现农业税“零负担”，结束了中国几千年来农民种地缴纳“皇粮国税”的历史，农村税费改革任务基本完成。2004年开始，逐步实行粮食直补、良种补贴、购买农机具补贴、地膜玉米补贴等一系列惠农政策。国家与农民的分配关系逐步由过去的“多取少予”转向“少取多予”，到2004年的“不取多予”，农民负担问题从治标向治本转变，农村经济改革取得好的成效。

改革五：农村综合改革。2005年，在国家、省的具体安排和精心指导下，宝鸡市在完成农村税费改革任务的基础上，按照《陕西省人民政府关于做好农村综合改革工作有关问题的通知》和《宝鸡市人民政府办公室关于抓好农村综合改革试点工作的通知》，率先在全省开展农村综合改革试点工作。一是乡镇机构改革。乡镇机构改革是推动农村综合配套改革深入开展的一项重要内容。2001年宝鸡市44个乡镇撤并，乡镇数量和干部人数大为减少。2005年，省上下发《关于开展乡镇机构改革试点工作的意见》。全市在岐山、千阳两县进行了试点。2010年8月12日，宝鸡市乡镇机构改革全面启动。“乡”的建制从宝鸡市消失。二是县乡财政管理体制改革。县乡财政管理体制改革以“乡财乡用县监管”为核心，实行“预算共编、账户统设、资金统调、票据统管、集中收付”的管理方式，由县财政部门直接管理并监督乡镇财政收支。列入全市试点县的岐山县、千阳县从2002年1月起，对乡镇财政体制进行调整，对乡镇实行“收入上缴、工资统发、经费下拨、收支挂钩”的管理办法。到2006年，对乡镇财政体制从收入管理、支出管理、预算编制与调整、账户设置、票据管理、财务会计报告进行调整，取消乡镇各行政机关事业单位银行账户，实行统一开户、统一核算，支出实行报账制度（即零户管理制度）。全县所有行政村实行“村账乡管”，把所有行政村的各类财政补助资金、财政专项资金、农村集体收入和村干部报酬等，全部纳入管理范围，由乡镇财政所统一管理、统一核算，规范村级支出行为，减少不合理开支，确保财政资金安全有效地运行。2007年11月起，全市12个县区138个乡镇推行“乡财乡用县监管”，统一取消乡镇总预算会计、撤销不符合规定的银行账户、作废并销毁乡镇自行印制的收费和罚没票据，建立健全固定资产管理制度，达到财政工作良性运转的目标。

改革六：实施新农村建设。2005年10月8日，中国共产党十六届五中全会通过《十一五规划纲要建议》，提出要扎实推进社会主义新农村建设。市委、市政府以全面推进新农村建设为抓手，创新农村经济发展思路，在全省率先推出新农村“十百千”创建活动和推行新农村建设五星级管理。全市每年从市县乡抽调百名机关干部和科技人员进驻100个重点村，采取蹲点包抓的办法和政策倾斜、项目捆绑、部门帮扶的方式，整合资源，重点突破，率先发展，辐射带动全市新农村建设整体推进。同时，市上大力推行新农村建设五星级管理，根据中央关于新农村建设“20字”总要求，按照“标准量化、评星定等、梯次推进、因村施策、多措并举、全面提升”的原则，以农民增收为目标，以晋星创建为手段，推进产业发展，强化基础建设，整治村容村貌，增强服务能力，促进农村和谐，建立了公允的考评标准、科学的管理体系和有效的激励约束机制，实现了新农村建设由抓点示范向全面提升的转变，农村经济社会保持了又好又快和谐发展的良好态势。全市在发展现代农业上涌现出了200多个示范村，围绕五星级管理涌现出新农村建设五星村46个，四星村200多个。围绕改善村容村貌，全市900多个村实现了“文明一条街”。还涌现出了2000多个农业科技示范户，辐射带动数万户农民致富增收。

改革七：推开农村集体产权制度改革。党的十八大以来，在习近平新时代中国特色社会主义思想的指引下，宝鸡市将农村集体产权制度改革和“三变”改革作为决胜脱贫攻坚、实现乡村振兴的重要抓手，积极推进“党组织+村集体+产业+农户”的发展模式，积极探索集体经济、龙头企业、产业基地、农业园区、全域旅游、新型经营主体促“三变”六种形式，通过树立典型，示范引领，带动全市“三变”改革梯次推进。其中，岐山县宣旗营村盘活土地资源，引进新办6个新型经营主体，开展深度融合发展，仅劳务收入一项就达到150多万元，农民人均增收882元；千阳县张家塬镇柳家塬村按照股份化改造、公司化经营、多元化发展的“三化”思路，推进“三变”改革，成立的农业经济发展公司拥有股金661万元，发展股民214个，已实现盈利21万元；陇县曹家湾镇流渠村充分发挥党支部在“三变”改革中的“主心骨”和引领作用，按照“支部+基地+合作社+贫困户+股东”模式，发展了6个经济实体，自主经营内生式经济组织3个，吸纳120户农户入股60万元，建设香菇大棚120座。300户群众入股土地600亩，发展核桃产业，光耀光伏发电公司54户贫困户入股资金54万元，在村幼儿园屋顶建设60千瓦光伏电站，集体资产折价入股。全村外出务工553人，其中国外务工60人，实现了一份土地有“保底分红、股金收益、务工薪金”三份收入，通过“三变”，发展壮大了烤烟、苹果、核桃、食用菌、西瓜、光伏、休闲农业等特色产业，奠定了产业增收基础。

二、成就：丹青绘就新画卷

四十年光辉历程，四十年辉煌画卷。回首全市农村改革发展40年，我们感慨万千：农业刀耕火种、靠天吃饭的时代已经远去，购物凭票、定量供应、吃不饱、穿不暖的切肤之痛已经永远地留在了我们的记忆当中。电灯电话、楼上楼下、当万元户、有三大件等梦寐以求的愿望早已成为现实，皇粮国税不交了，看病住院让新农合报销，养老零花还有新农保发钱，这些以前想都不敢想的事情活生生地出现在我们的眼前。出行、购物、旅游轻松便捷，买汽车、盖新房司空见惯。随着农村经济的快速发展，全市农民生活水平已实现了从温饱不足到总体小康并向全面小康的迈进，农业农村的整体发展也实现了从传统农业社会向全面实施乡村振兴的历史性跨越。

画卷一：翻番增长的农村经济。改革开放前，全市农业生产以简单的种粮和分散的个户养殖为主，种植业以种粮为主，养殖业主要是用于耕作的骡、驴、马、牛和传统的家庭养畜、养禽业。随后，通过持之以恒地抓结构调整、品种改良、扶持服务和补贴补助，全市“粮为基础、畜为主导、果菜为特色”的优势产业格局初步形成，产业规模日益扩大、品质不断提升、产量成倍增长，土地产出率逐年提高，成为全国主要商品粮生产基地，全省最大的优质奶牛、高山蔬菜生产基地，竞争力和影响力明显提升。矮砧苹界、猕猴桃、秦川肉牛、莎能奶山羊、布尔肉羊、大红袍花椒等农产品品牌闻名遐迩。全市农业综合生产能力显著增强，主要农产品产量稳定增长，2017年粮食总产量142.90万吨，是1978年的1.3倍。农业结构调整成效明显，农业产业结构进一步优化，经济作物大幅增长，农业生产效率提高，农业产业化步伐明显加快，农业税、特产税全部取消，粮食直补政策全面落实，农机、良种等补贴政策受益面不断扩大，支农政策使广大农民得到更多实惠。2017年实现农业总产值179.70亿元；牧业总产值102.27亿元；林业总产值12.54亿元；渔业总产值1.28亿元，与1978年的生产收入形成了天壤之别。

画卷二：耀眼夺目的集体经济。改革开放40年，全市村级集体经济作为发展农村经济的重要环节，逐步经历了从无到有、从小到大、从弱到强的发展历程。2017年村集体经济收入5万元以下的364个，占全市总数的43%；5万—10万元（含10万元）的村集体经济138个，占全市总数的16%；10万元以上的村集体经济119个，占全市总数的14%。在集体经济发展中，涌现出了一批明星村、典型村。东岭村成为全省集体经济引领乡村振兴的一面发展大旗。改革开放前，东岭村是远近闻名的贫困村，人均 3 分地，许多人吃不饱饭饿肚子。“村东村西水汪汪，村前河滩白茫茫。半年糠菜半年粮，有女不嫁东岭郎”是当时东岭的真实写照。1978 年，乘改革开放春风，东岭办起了黑白铁皮加工铺，1988 年李黑记接手了加工铺，1999 年开始，东岭集团股份制改造，村党委书记、集团董事长李黑记坚持走“村企合一，以企带村”的共同致富道路，村集体是大股东。40 年来，在他的带领下，东岭村逐步发展成为一个拥有百余家公司、近 20000 名员工、子公司遍布全国的大型企业集团，2017 年总收入达到 1300 亿元，位列中国企业 500 强第 161 位、中国民营企业 500 强第 28 位，被誉为“中国第四村、中国西部第一村”。近年来，全市以“三变”改革为突破口，大力发展壮大村集体经济，初步形成了陇县温水镇火烧寨村“村集体股份经济合作社引领”模式、岐山县雍川镇宣旗营村“股份经济合作社 + 特色产业 + 贫困户”模式、千阳县张家塬镇宝丰村的“党支部 + 合作社 + 贫困户”模式、麟游县九成宫镇铁炉沟村的“龙头企业 + 专业合作社 + 贫困户”模式、太白县鹦鸽镇柴胡山村“特色农业 + 乡村旅游 + 贫困户”模式、高新区马营镇永清村“企业 + 园区 + 农户”模式、金台区卧龙寺街道办代家湾村的“城中村改造”等模式，为全市农村“三变”改革和产业脱贫创新了模式、积累了经验、树立了样板。

画卷三：显著增加的农民收入。衣食无着是解放前宝鸡农民的真实写照。据《宝鸡市志》载，民国时期，占全市总人口 90%的贫雇农和中农，人均耕地不足地主、富农的 1/4，常年交纳地租、公款、苛捐杂税后所剩无几，到解放前夕共欠地主富农债粮 53.2 万公斤、银元 3 万余元。改革开放以来，通过坚持不懈地深化改革，农民收入在农村经济持续发展中稳定增加。尤其是近年来，我市把农民增收作为解决“三农”问题的核心，创新思路，坚持“三业并举、四轮齐动、举措到户、三化承载、机制保障”的思路，大力实施大众创业万众创新，加快农村劳动力转移就业，对“三农”投入和涉农补贴力度不断加大，农民家庭经营性收入稳步增长，乡村旅游、休闲农业、农村电商快速发展，至目前，累计发展休闲农业经营主体 1955 个，带动农户 1.7 万户，从业农民人均收入 2.01 万元；乡村旅游实现综合收入 18.9 亿元；农产品电子商务交易额 3.7 亿元。尤其是百万农村剩余劳动力通过创业、外出务工实现转移就业，既让世代“面朝黄土背朝天”的农民成为支撑工业化、城镇化的生力军，又让农民收入不再仅仅“土里刨金”，农民工资性收入显著增加。2017 年，全市农村居民人均可支配收入 11209 元，是 1978 年的 88.9 倍。如东岭村，目前村民的收入构成为：一是股份分红，改制时全村每家都有股份，每年坚持按 20%兑现分红；二是工资收入，全村 95%的劳动力在企业上班，他们的工资收入从四万到几十万不等；三是集体分红，全村每人每年由村集体分红，2017 年每人分红 3 万元。此外，男 60 岁以上、女 55 岁以上老人每月还有 500 元退休金；四是集资分红，村民手上有些闲钱，交给企业用于扩张和建设，每年按 10%的红利分红；五是租赁收入，村民把多余的楼宇对外出租收益。由于有这些保障，东岭村在发展中，无一户掉队。再如陇县西街村，对村级集体资产折股量化到每个股民，推行公司化、市场化运营，每股分红达到 1500 元；太白县东青村探索农村土地资源向园区、产业集中，使土地资源转化为农民股权、股金和流转金；高新区寨子洼村以资金入股宝鸡云山水生态农业公司，带动群众收入大幅增加。倍增的不仅仅是农民收入，还有农民的生活质量。从吃不饱到吃得好，从一件衣服穿几年到一个季节多件衣服，从住窑洞、土坯房到住楼房，从步行、自行车、摩托车到“招手停”和买汽车，从电报、固定电话到寻呼机和手机电脑，从发信都困难到“不出门便晓天下事”……农民生活水平实现了总体小康并向全面小康迈进。

画卷四：翻天覆地的基础设施。“耕地不用牛，点灯不用油，楼上楼下电灯电话”，曾经是农民的梦想。新中国成立初期，我市农村用电几乎为零，甚至 1978 年许多地方仍然在“煤油灯下”。改革开放以来，我市不断加大投资力度，农村基础设施面貌发生历史性巨变。仅 1978 年到 2017 年，全社会固定资产投资累计增长逾千倍，达 3856.67 亿元，用于农村的投资达 500 亿元。用水。民以食为天，食以水土为本。通过兴修水库、流域治理，渭河综合治理取得显著成效，大中型灌区节水改造和小型农田水利设施建设持续推进，农田水利建设基本形成了蓄、引、提和大、中、小结合的灌溉体系，现在 89%的常用耕地能得到有效灌溉，是 1949 年有效灌溉面积的 40 倍多，农民饮水不再困难，农民生产生活延续千百年“吃水基本靠运、收成基本靠天、浇地基本靠担”的困局被彻底打破，农村安全饮水问题基本解决。电讯。通过建网络、抓改造，实现了用电、电话、广播、有线电视等村村通，手机、电脑成为许多富裕起来农民的日用品。2018 年，全市固定和移动电话用户总数达 440.24 万户，电话普及率 116.43 部 / 百人。71.76 万户用上了互联网。交通。铁路从一条到成为四通八达的重要枢纽，高速公路从无到县县通，宝鸡机场列入关中—天水经济区规划，宝鸡作为西部区域交通枢纽的地位日益凸显。截至 2017 年年底，全市境内公路总里程达 16822 公里，公路密度 92.85 公里 / 百平方公里，基本所有乡镇、99%的行政村全部通上了柏油路或水泥路，“晴天一身土、雨天一身泥”已经成为历史。机械。机械化是现代化的重要标志。改革开放 40 年，我市农机化发展经历了国有国营、社有社营、队有队营、户有户营和目前的合作社、个体（联户）等多种形式并存的五个发展阶段，到 2017 年年底，全市农业机械总动力达到 300 万千瓦，是 1978 年的 40 多倍，种、养、运、销机械化在农村已经成为常态。环境。以生态建设和乡村振兴为抓手，全域推进美丽乡村建设，“千里绿色长廊”建设经验在全省推广，扶风、眉县成为全省关中大地园林化建设示范县，农村生态环境得到修复。建成市级美丽乡村 80 多个，县级美丽乡村 120 多个，村庄风貌大幅改善。建成国家级绿化模范县 6 个。文明。坚持不懈地深入开展群众性精神文明创建和生态文明建设等活动。在全省率先实现卫生县城全覆盖，成为关中地区第一个卫生城镇群，并先后荣获国家环保模范城市、国家卫生城市、国家园林城市、国家绿化模范城市、国家森林城市、创建全国文明城市工作先进城市和全国双拥模范城“六连冠”。扶贫。“突破西山”和凤县率先脱贫工作进展顺利，贫困地区群众的生产生活条件明显改善，在全省率先解决农村“三无户”安全住房问题，今年全市贫困人口实现整体脱贫，贫困县全部摘帽，2020年稳定实现扶贫对象“两不愁、三保障”。

画卷五：亮点纷呈的县域经济。宝鸡“昔日多副业”。40年来，我市紧跟形势变化，积极探索以城带乡、以工促农的途径，乡镇企业从“星星之火”发展成14万户中小企业竞相奋进的“燎原之势”；大企业大集团建设实现突破，陕西东岭集团等本土企业昂首跨入中国企业500强；“两区多园”和城镇成为农村经济发展的增长极，蔡家坡开发区正在成为大城市的副中心、西北载重汽车制造基地及汽车零部件制造中心，长青煤电化等9个县级工业园跻身全省百强工业园行列，凤翔、陇县列入关中—天水经济区三级城市规划，扶风绛帐等24个镇进入关中百镇建设盘子，岐山县岐星村、凤翔县水沟村、陈仓区宝陵村等一批小康示范村全国“榜上有名”。县域经济在全市经济总量中的比重提高到43.3%，凤翔县连续两年蝉联陕西十强县，陇县、麟游县荣获全省发展县域经济争先进位奖，全市城镇化率达到40%，工业对经济增长贡献率达到60%、实现了从工业化起步阶段到工业化中期的历史性跨越，走出了一条具有宝鸡特色的新型工业化、城镇化和县域经济加快发展的路子。文化旅游持续升温，第三产业蓬勃发展。发挥深厚的历史文化底蕴、丰富的自然资源和区位优势，大力实施文化旅游、商贸物流、现代服务业三大“振兴工程”，法门寺太白山综合旅游区、秦岭都市旅游区、周公庙五丈原钓鱼台历史古迹旅游区、关山草原风光旅游区和岭南山水旅游区正成为五大特色旅游板块，跻身中国旅游竞争力百强城市。大水川景区带动了陈仓区南峪村、新民村，太白山景区开发带动了眉县上王村，关山草原景区开发带动了陇县店子村、老虎沟村、银科村，青峰峡开发带动了太白县杜家庄村，羌族故里开发带动了凤县长坪村，基本上形成了建一处景点、引一批企业、活一带经济、富一方群众的喜人局面。2017年，全市旅游业共有就业人员11.2万多人，促进3.76万贫困群众稳定脱贫。商品由短缺向充裕转变，消费由“有啥要啥”的卖方市场向“要啥有啥”的买方市场转变，至

2017 年年底，全市社会消费品零售总额达到 800.88 亿元，第三产业增加值达到 599.68 亿元，是 1978 年的 200 倍，带动全市三次产业比由 1978 年的 26.6：52.9：20.5 调整到 2017 年的 8.0：64.5：27.5。

画卷六：突飞猛进的社会事业。40 年来，我市始终把实现经济社会协调发展和人的全面发展作为矢志追求的目标，加大对教育、科技、文化、卫生、计生等方面的投入，城乡公共服务均等化取得突破，农村公共服务水平快速提升，事关群众切身利益的“五有”问题切实解决。学有所教。率先在全省实现了普及九年义务教育和“两免一补”以及贫困学生入学资助全覆盖。在全市农村先后兴建示范小学 300 多所，建成省级标准化高中 33 所。同时，职业教育和民办教育从无到有，不断壮大。特别是农村教育、高中教育和职业教育，分别受到省政府和国家教育部的表彰。到 2017 年，全市有眉县、凤翔县等多个县区被省政府命名为教育强县，实现了从农民大多数是文盲到义务教育、高中教育、高等教育无缝隙覆盖，高考上线率连续多年居全省前列。病有所医。全市已有 99 家医院，2776 个基层医疗卫生机构，全市医疗卫生机构床位数达 24506 张。实现了全覆盖，全保障。同时，13 个县区全部实现了农村新型合作医疗制度，被确定为全国“健康城市建设”38 个试点城市之一。参合农民 273.47 万人，参合率 99.9%，缓解了农民群众看病难、看病贵问题。另外，12 个县区全部成功创建成国家卫生县城，在西部地区率先实现了“国家卫生县城全覆盖”。实现了从有病“无钱治、自己扛”到“不用愁”和全省“三领先”：农村三级卫生网络建设投资额度位居全省前列，在中国西部率先实现省级以上卫生县城全覆盖；率先按照国家标准全面推行了新型农村合作医疗；率先成为全国唯一对乡镇卫生院人员实行财政供养的地级市。养有所保。保障是民生之基。解放前我市广大农民的基本生活很难得到保障。解放后，从实施土地改革、做到“耕者有其田”开始，到目前全面推开的新型农村养老保险，宝鸡农民实现了从“出生”到“养老”的一揽子保障服务。出生时，农村孕妇免费住院分娩。出生后，适龄儿童免费接种疫苗，符合政策的计生家庭还有补助金。上学时，享受“两免一补”政策，贫困家庭高中毕业生上高等学校还有一次性救助。生病了，有服务保障水平逐年提升的县乡村三级卫生网络体系，新型农村合作医疗参合率达 99.9%，基本实现“小病不出村、大病不出乡、疑难病不出县”。家庭困难的，有社会救助；特别困难的，有最低生活保障。老了，有和城里人一样的新型农村养老保险，世代“养儿防老”正在成为历史……“生老病死的无缝隙、全覆盖”式保障在基本实现，公共财政的阳光普照到宝鸡农村的各个角落。劳有所得。就业再就业工作受到全国表彰，被命名为全国就业再就业工作先进集体。乐有所娱。广播、电视、电影、报刊、网络等立体式传媒从无到有、进入寻常百姓家，“农家书屋”普及乡村，群众自乐班、激情广场等群众喜闻乐见的文化活动活跃城乡，双拥等和谐创建活动深入人心，群众文化生活日趋丰富多彩。涌现出了陈仓区、岐山县、扶风县等一批全国文化先进县区和文化工作先进单位及个人。丰富多彩的文化活动不仅活跃了城乡群众的文化生活，还推动了精神文明建设的深入发展。宝鸡市连续 23 年荣获全省创建精神文明先进市，受到省委、省政府的表彰，连续两届荣获全国创建文明城市工作先进城市。住有所居。随着生活改善和扶贫开发工作扎实有效，困难群众生产生活条件明显改善，46.5 万名贫困群众实现脱贫，2017 年农民人均住房面积 35 平方米。“平安宝鸡”创建持续深入，群众安全感不断增强，荣获全国社会治安综合治理优秀市。

三、启示：绝知此事要躬行

成绩来之不易，经验弥足珍贵。40 年来，我们积极推行以家庭联产承包责任制为核心的农村改革，突破各种条条框框和政策壁垒的限制，使广大农民被禁锢千年的生产积极性得到空前激发，农业劳动生产力得到极大解放，开创了农村经济快速发展之路；40 年来，我们积极适应市场经济和科技文化快速发展的节奏，大力实施科技兴农战略，加强农业科技推广和利用，引导农民从千家万户的小生产走向千变万化的大市场，开创了农业产业化发展之路；40 年来，我们坚持把农村工作重心放在基层，组织各级大力发展县域经济和一乡一业、一村一品，放活市场，优化环境，引导群众宜工则工，宜农则农，开创了农民自主经营之路；40 年来，我们坚持统筹城乡协调发展，积极推进重点区域扶贫开发，狠抓农村水、电、路等基础设施建设和文教医卫等社会事业发展，让人民群众共享改革发展成果，开创了农民奔向富裕之路；40 年来，我们积极探索以工促农、以城带乡的有效途径，认真落实党的强农惠农政策，采取各种方式千方百计带领农民发家致富奔小康，开创了惠民利民之路；近年来，我们坚持以美丽建设统揽农业农村工作全局，把发展农村经济，增加农民收入作为根本出发点和落脚点，创新体制机制，细化关键举措，狠抓工作落实，现代农业发展迈出新步伐，农民增收跨上新台阶，农村社会各项事业取得新进展，农业持续增效、农民大幅增收、农村和谐繁荣，全市城乡一体化发展格局和农民持续增收格局加速形成，初步走出了一条农村现代化道路，开创了具有宝鸡特色的农村工作思路和方法，为今后一个时期发展奠定了坚实基础。

回顾宝鸡改革开放 40 年来取得的辉煌成就，其根本原因是宝鸡各级党委政府始终坚持以党的创新理论武装思想，积极贯彻中央的部署，坚持解放思想、实事求是、与时俱进，坚持“一个中心，两个基本点”，走中国特色社会主义道路。实践证明，中央关于“三农”工作的方针政策是完全正确的。理性分析 40 年来宝鸡农村改革发展，诸多启示经验无不昭示着我们，推动农村改革发展，必须加强党对农村工作的领导，形成工作合力；必须坚持解放和发展农村生产力，稳定完善农村基本经营制度；必须坚持立足市情实际，循序渐进探索一条科学的发展路子；必须坚持解放思想，与时俱进深化农村改革；必须坚持科技兴农，巩固和强化支农惠农政策。

一是要始终不渝地把统筹城乡协调发展、率先实现全面小康作为农村发展的破题之母。习近平总书记强调：“没有农村的全面小康和欠发达地区的全面小康，就没有全国的全面小康。”我市 50%以上的人口在农村，平原面积小、山区面积大，城乡二元结构明显，较现代的城市经济与较传统的农村经济并存，农业创造的GDP已降到总GDP的10%上下。因此，宝鸡要在西部率先实现全面小康，任务十分艰巨，重点在农村，难点也在农村，根本出路在于统筹城乡发展，推进城乡一体化。我们要适应以城带乡、以工促农发展阶段的新要求，把握城乡经济社会一体化发展的方向和道路，顺时应势，迎难而上，紧紧围绕率先实现全面小康的奋斗目标，着力加快推进城乡规划、产业发展、基础设施、劳动就业和社会管理事业五个统筹，促进形成城乡经济社会一体化发展新格局。

二是要始终不渝地把优化农业产业结构、促进农民增收作为农村发展的支撑之点。“小康不小康，关键看老乡”，习近平总书记在海南视察时讲的这句话，形象地道出了一个道理，即农民的收入如何，农民的生活怎样，事关发展全局，事关全面建成小康社会的目标。农村发展，核心是要鼓起农民的钱袋子。没有农村经济的发展和农民持续增收，农村发展就是无源之水，无本之木。按照全面小康农民收入标准，我市农民现在人均一亩五分耕地，除劳务等收入外，一亩地的劳动生产率要大幅提高，全面小康目标才能实现。因此，我们要在挖掘农业潜力、提高土地产出率上下功夫，在一村一品、多村一品、科技创新、结构调整等方面做文章，以产业化经营为着力点，以市场为导向，推进农业结构战略性调整，把全市500多万亩耕地的资源潜力发挥好，使每户农民都能找到致富门路。

三是要始终不渝地把加强农村基础设施建设、发展社会公共事业作为农村发展的固本之基。基础不牢，地动山摇。同样，农村基础设施建设不足，就会成为严重制约农业和农村经济发展的瓶颈。因此，我们要抓住灾后重建、美丽乡村建设、扶贫开发、民生工程实施等机遇，统筹推进水、电、路、讯、气、网、树及农田基本建设、土地开发整理等农村基础设施建设，不断改善农民生产生活条件，提高农业综合生产能力。要坚持以人为本，着眼城乡统筹和谐，从群众最关心、最直接、最现实的上学难、就医难、养老难、读书看报难等突出问题入手，大力发展农村教育、文化、卫生、体育等社会事业，构建农村社会保障新格局，努力改善民生，让广大农民住有所居、学有所教、病有所医、老有所养，使其安心在家务农，放心外出务工，开心共享改革成果。

四是要始终不渝地把推进改革、创新创造作为农村发展的活水之源。受当前世界经济形势的影响，我市“三农”深层次矛盾和问题日益凸现。开创“三农”工作新局面，必须运用改革的思路和办法，破解发展难题，推动和谐发展。不改革，势必影响农民的生产积极性，制约农村劳动生产力。因此，我们要按照中央、省、市的统一部署，积极推进农村经营制度、土地经营权流转、农业支持保护、现代金融、林权制度等改革，为农村发展注入新活力，调动和保护好广大农民的积极性，让创新精神涌流，让创业热情激荡，让思想之花绽放。

五是要始终不渝地把加大投入、整合项目资金作为农村发展的驱动之力。农业是弱势产业，农民是弱势群体，村庄是弱势社区，新农村建设需要党和政府的引导指导，各级各部门的支援支持。以前，由于各类涉农建设资金缺乏统一安排，遍地开花，撒“胡椒面”，甚至造成了重复建设和资金浪费。近年的“突破西山”和扶贫开发实践证明，只有有效整合各个方面、各种渠道的建设资金，动员社会力量，形成上下联动、纵横推进的局面，才能真正取得实效。因此，各级要及时调整各类涉农政策和项目资源，把各类项目资金整合起来，把各方面力量聚集起来，加大投入，推动基础设施建设等公共资源向农村倾斜，扩大项目资金的受益面，体现公共财政阳光的普照作用。

六是要始终不渝地把实施乡村振兴战略、以点带面促整体作为农村发展的着力之处。习近平总书记强调指出，实施乡村振兴战略，是党的十九大作出的重大决策部署，是决胜全面建成小康社会、全面建设社会主义现代化国家的重大历史任务，是新时代做好“三农”工作的总抓手。农业强不强、农村美不美、农民富不富，决定着全面小康社会的成色和社会主义现代化的质量。乡村振兴战略的内容涉及方方面面，以前基层在工作时往往是想到什么就抓什么，拿起什么就干什么，工作缺乏针对性和系统性，建设成效缺乏科学的评价体系。实践证明，以点带面是抓工作的好方法。要制定乡村振兴战略实施标准体系，既要全面体现中央的总体要求，又要兼顾区域发展的不平衡性，涵盖农村经济、政治、文化、社会、党建等各个方面，这是农村经济社会发展水平的综合反映和考核工作实效的具体量化标尺，这样会使每一个村都有明确的目标，干部也有具体的任务和抓手，工作更有操作性，考评机制更加科学，有效解决乡镇、村、组束手无策、无所适从、盲目冒进、急于求成和“一刀切”等弊端。

四、展望：青山沃野绘新景

雄关漫道真如铁，而今迈步从头越。在改革开放 40 周年之际，习近平总书记在党的十九大上作出“实施乡村振兴战略”重大决策部署，再一次为宝鸡农村腾飞创造了千载难逢的重大战略机遇。宝鸡市计划到 2020 年，全市农业增加值达到 307.11 亿元，粮食生产能力稳定在 135 万吨以上，农村贫困人口全面脱贫、贫困县全部摘帽，农业现代化取得明显进展，城乡居民收入比缩小在 3∶1 以内，城乡融合发展的局面基本形成，乡村振兴取得重大进展。到 2035 年，农业农村现代化基本实现，农业发展质量和水平全面提升，相对贫困逐步减少，共同富裕迈上坚实步伐；城乡融合发展体制机制更加完善，城乡基础设施建设达到新水平，基本服务均等化基本实现；乡风文明达到新高度，乡村治理体系更加成熟；农村生态环境根本好转，美丽宜居乡村基本实现。到 2050 年，乡村全面振兴，农业强、农村美、农民富全面实现。

乡村振兴战略为农村发展指明道路。党的十九大作出实施乡村振兴战略的重大战略决策，要在决胜全面建成小康社会阶段，消除绝对贫困，缩小城乡差距，实现农村的“强、美、富”。中央农村工作会议，对新时代乡村振兴进行了顶层设计和制度规划。2018 年中央一号文件对实施乡村振兴战略的目标要求、指导思想、具体原则及推进举措作出了具体安排部署，彰显了党中央解决“三农”问题的坚强决心，新时代“三农”工作的新局面正在形成。实施乡村振兴战略，无疑对我市经济由高速增长转向高质量发展，全面同步推进工业化、信息化、城镇化、农业现代化发展又是一次重大的历史机遇。

乡村振兴战略开启了现代农业新征程。实现乡村振兴，要以产业兴旺为重点，以深化农业供给侧结构性改革为引擎，大力发展现代农业，进一步推动传统农业向现代农业转变、粗放经营向集约经营转变，不断提升农业的质量、效益和竞争力。实现乡村振兴，为加快推动农村经济社会转型发展，构筑城乡融合发展的体制机制，从根本上缩小城乡差距，解决城乡差别大、乡村发展不平衡、不充分的问题，探索农业农村农民高质量、可持续发展指出了新的路径。全市各级党委政府只有把改革、创新作为贯穿整个农业产业的生产、加工、流通链条，才能够为乡村振兴提高农业供给质量和效益注入新的动能。

乡村振兴战略为农村持续发展提供了制度保障。乡村振兴战略坚持农业农村优先发展，通过深化农村集体产权制度改革，开展农村“三变”改革，推动资源变资产、资金变股金、农民变股东，探索农村集体经济新的实现形式和运行机制，盘活农村集体资产，多途径发展壮大集体经济，实现增加农民财产性收入的目标，不仅为6亿农民勾画出幸福美丽现代新农村的美好蓝图，为农民持续科学增收开辟更多渠道，而且提出完善农村土地承包经营制度，推动第二轮土地承包到期后再延长三十年，保持土地承包关系稳定并长久不变的具体举措，也为农民吃了定心丸，更为实施乡村振兴战略、发展壮大集体经济、保障农民财产权益、增强农村发展活力、促进城乡融合发展提供了坚强有力的制度保障。

宝鸡“四城”建设为实施乡村振兴战略提供了新的载体。乡村振兴战略提出的“产业兴旺、生态宜居、乡风文明、治理有效、生活富裕”的总要求，与宝鸡市提出建设“一带一路”上的国际化城市、装备制造业名城、彰显华夏文明的历史文化名城、宜居宜业幸福美丽城市的内涵十分契合。加快“四城”建设，为宝鸡市实施乡村振兴规划提供了新的载体。必将推动农村一二三产业融合发展，促进乡村旅游、休闲农业加速发展提供更多发展机遇。国家也会有更多的人才、资金、技术投入，必将为增强宝鸡农业发展后劲，给广大年轻一代的创业者和职业农民扎根农村、创业致富提供更大的用武之地。

回首过去，宝鸡农村发展历程光辉，成果丰硕，变化巨大，是一部波澜壮阔、气势恢宏的史诗。展望未来，宝鸡农村发展机遇重大，基础坚实，人气旺盛，活力充沛，必将从繁荣走向更加繁荣，必将续写更富魅力的神奇，必将绘就更加辉煌的画卷！

（2018 年 8 月）

改革开放与中国城市发展

GAIGEKAIFANG

延安

一茬接着一茬干　誓把荒山变青山

——延安市20年退耕还林生态修复调研报告

中共陕西省委宣传部
中 共 延 安 市 委

习近平总书记曾多次强调，“绿水青山就是金山银山”，“良好生态环境是最公平的公共产品，是最普惠的民生福祉”，“要像保护眼睛一样保护生态环境”。党的十九大报告也明确指出，要加快生态文明体制改革，建设美丽中国，并强调要加大生态系统保护力度，扩大退耕还林还草。在生态建设方面，延安从1998年在吴起县率先大规模开展退耕还林，至今已经走过了20年。20个春夏秋冬，延安创造了山川大地由黄变绿的人间奇迹，生态修复推动发展质量明显提升、发展后劲明显增强，人民生活水平显著提高，走出了一条“绿水青山就是金山银山”的绿色发展道路，提供了一个短期内“生态修复”的成功样本。那么延安退耕还林取得了哪些成效，有什么可推广借鉴的经验，对生态文明建设有哪些体会和建议？日前我们进行了广泛细致的调研，形成如下报告。

一、延安退耕还林的历史背景

延安位于陕西省北部，属黄河中游地区。北连榆林，南接咸阳、铜川、渭南三市，东隔黄河与山西临汾、吕梁相望，西邻甘肃庆阳。1997年1月撤地设市，辖2区11县，2017年年底常住人口226万，城镇化率60.8%。

全市国土面积3.7万平方公里，地貌以梁峁、沟壑为主。延安属干旱半干旱气候，平均气温9.2℃，年均无霜期170天，降水量500毫米左右。土地面积广阔，土层深厚，光照充足，昼夜温差大，人均土地25亩，黄土覆盖厚度为50—150米，年均日照时数2300—2700小时。

据史书记载，古代的延安曾是“水草丰美，土宜产牧，牛羊衔尾，群羊塞道”之地。但进入明、清以来，滥垦、滥牧、战乱使生态环境濒临崩溃，陷入了“越垦越荒、越荒越穷、越穷越垦”的恶性循环。到20世纪末，延安成为黄土高原水土流失最为严重的地区，年入黄泥沙2.58亿吨，约占入黄泥沙总量的1/6。春、秋两季，沙尘肆虐，遮天蔽日，民众苦不堪言。联合国粮农组织专家曾断言：这里不具备人类生存的基本条件。

以延安吴起县为例，1997年年底，全县人口达到11.8万，农作物种植面积185万亩，牲畜饲养量49.8万头（条、只），其中散牧山羊达23.8万多只，人垦畜踏，生态环境持续恶化、不堪重负，水土流失面积惊人地占到全县土地总面积的97.4%，是黄河中上游地区水土流失最为严重的县区之一。“下一场雨，脱一层皮，累死累活饿肚皮”，“种一坡，拉一车，打一簸箕，煮一锅”，这些流传在当地农民口中的顺口溜形象地描绘了当时水土流失严重、生态环境恶化的景象和农民广种薄收、贫穷落后的生存状态。

1997年6月下旬，时任国务院副总理姜春云到陕西榆林和延安两市，就生态农业建设问题进行了调研，并向中央递交了《关于陕北地区治理水土流失建设生态农业的调查报告》。8月5日，时任总书记江泽民在姜春云副总理的报告上作出“再造一个山川秀美的西北地区”的重要批示，这给一直探索恢复植被、改善生态的吴起县极大振奋，他们在认真总结80年代实行封禁措施的基础上，把长官庙乡作为试点，推行“一禁三改”措施，即统一封山禁牧，改放牧为舍饲，改放牧土种羊为舍饲良种羊，改大群散牧为小群舍饲。通过试点，吴起县于1997年年底成功地在长官庙乡实行了整体封禁，并启动实施了舍饲养羊工作。

1998年，吴起县出台了《关于封山绿化舍饲养羊的决定》等一系列文件，在全县迅速掀起了一场封山禁牧的历史性革命，当年全县淘汰出栏当地土种山羊 23.8 万只，全面实现了封山禁牧目标，在全国开了先河。

1999 年 8 月 6 日，时任国务院总理朱镕基来延安视察，在宝塔区燕沟流域的聚财山上提出了“退耕还林、封山绿化、个体承包、以粮代赈”的十六字治理措施，要求延安人民“变兄妹开荒为兄妹造林”，实施退耕还林，建设美好家园。按照朱总理的嘱托，延安市委、市政府迅速确立了“以退耕还林统揽农业农村工作全局”的思路，动员广大干部群众在全市范围内开展了大规模退耕还林，由此掀起了以退耕还林为主的生态建设高潮。当年，吴起县抢抓机遇，带头先行，一次性将 25 度以上坡耕地 155.5 万亩全部退耕，并率先启动了还林还草工程，成为全国退耕还林县（市、区）封得最早、退得最快、面积最大的县份之一。

二、延安退耕还林工作成效

截至 2017 年年底，延安实施的退耕还林面积 1077.46 万亩，占到全市国土总面积的 19.4%。纳入国家计划 997.14 万亩，占到全国计划内退耕还林面积的 2.5%，全省的 27%。工程涉及 28.6 万农户，124.8 万农村人口。国家累计投入退耕还林各项补助资金和成果巩固专项资金共计 130.6 亿元，农民人均纯收入由退耕前 1998 年的 1356 元提高到 2017 年的 11525 元，增加了 10169 元。退耕还林使延安的林草植被明显恢复，山峁沟壑实现了由黄到绿的转变，生态和人居环境显著改善。昔日的黄土高坡已经全被绿色覆盖，春秋季节不再是沙尘飞扬，城区空气质量明显好转，乡野村落野生动物明显增多，主要河流泥沙含量大幅下降。延安市因退耕还林面积大，成效显著，成为名副其实的“全国退耕还林第一市”。

（一）植被覆盖大幅提升

据陕西省农业遥感中心提供的数据显示，退耕还林后延安的森林覆盖率达到 46.35%，全市的植被覆盖度由 2000 年的 46% 提高到 2017 年的 81.3%，提高了 35.3%。通过 2000 年以后的卫星遥感图对比，可以清晰地看到，延安实施退耕还林区域的颜色明显变绿变深，深色边界向北推移了 400 多公里。

如今的延安春夏秋三季满眼苍翠，一改以往满目黄土的荒凉景象，一位北京的老林业专家惊异于延安的绿色"颜值"，写下了"荒山秃岭都不见，疑似置身在江南。只缘退耕还林好，一路青山到延安"的诗篇。中宣部《党建》杂志社社长慈爱民 2018 年 4 月到中国延安干部学院学习，曾在 90 年代当记者时到过延安的他，惊叹延安用短短 20 来年时间就把荒山秃岭披上浓浓绿装，7 月 16 日在《人民日报》撰文称："今天的延安，是一种漫山遍野的绿色，一种迸发着勃然生机和活力的绿色，一种把黄土深深地掩埋在身躯下的绿色，一种让宝塔山更显骏伟、让延河水更显妩媚的绿色。"

（二）水土流失锐减

全市水土流失综合治理程度达到 68%。每年流入黄河的泥沙由 2.58 亿吨降为 0.31 亿吨，降幅达到 88.4%。土壤侵蚀模数由每年每平方公里 9000 吨降为 1077 吨，降幅为 88%。根据国家林业局《2014 退耕还林工程生态效益监测国家报告》数据显示，全市退耕还林生态效益中仅涵养水源一项的生态效益价值量为 48.41 亿元，水源涵养能力达到了 4.04 亿立方米。最为显著的例子是 2013 年 7 月份，延安遭受百年不遇持续多轮强降雨袭击，总降水量为往年同期降水量的 5 倍，其中延川县 7 月累计降水 613.4 毫米，超过正常年份全年的降水量，由于植被的大面积增加，涵养水源能力增强，水土流失和洪涝灾害并没有人们想象中的那么严重，境内主要河流出现的最大洪峰流量均不到警戒流量的三分之一。延安山川大地被绿色覆盖，使得黄河水质明显由浊变清，黄河壶口瀑布每年有两个月出现有别于日常金黄色的"清流飞瀑"奇观。

（三）生态环境空前改善

据气象资料显示，延安年平均沙尘日数已由1995—1999年的4—8天减少到2010—2015年的2—3天，城区空气“优、良”天数从2001年的238天增加到2017年的313天。局部小气候得到优化调节，每年的降雨量由1998年以前的520毫米增加到现在的550毫米。其中吴起县的降雨量增加尤为明显，由1999年的483.7毫米增加到2016年的586毫米。野生动物明显增多，野鸳鸯、环颈雉等许多候鸟回归了，原麝、金钱豹等多年不见的野生动物也再现踪迹。今年6月5日世界环境日，国家林业与草原局东北虎豹监测与研究中心、北京师范大学虎豹研究团队对外发布长期监测结果，证实延安的子午岭林区发现迄今最大的华北豹野生种群。华北豹是目前华北地区森林生态系统食物链最顶端的捕食者，只有其生存的生态系统和食物链恢复到良好状况，才能支撑华北豹种群的有效繁衍和发展，这一发现再次证实延安的生态系统得到良好恢复。

（四）发展后劲极大增强

1999年实施退耕还林政策以前，延安经济总量不足百亿元，总收入14.3亿元，地方财政性收入7.22亿元。2017年，全市完成生产总值1283.7亿元，总收入369.3亿元，地方财政收入140.4亿元。在经济总量快速扩张的同时，产业结构明显优化，三产比重逐年提高，现代服务业发展迅速。退耕还林工程实施后，农民群众从繁重的体力劳动中解脱出来，延安大力开展农民转移就业培训，先后培训农民7.6万余人次，促进农村富余劳动力向二三产业转移，有效加快了城镇化进程，为实现城乡社会保障并轨、社会事业发展和公共服务均等化创造了有利条件。2017年年底，全市城镇化率达到60.8%。围绕巩固退耕还林成果，延安大力开展基本农田建设、治沟造地、农村能源建设和移民搬迁等一系列项目，累计新建或改造基本口粮田210万亩，全市农民人均基本口粮田达到2亩以上，发展农村能源12.7万口

（台），生态移民 1.27 万人。如今，大批的退耕农民居住在社区，生产在农村。人口聚集带来的是信息和思想的碰撞与交流。55 岁的宝塔区甘谷驿镇苏家沟村村民董凤生就是在与年轻人交流中接触到互联网、网店等知识。于是，他利用互联网销售起了家乡的红薯干、红薯、小米等特色农产品，2017 年收入达到 87 万元。

（五）农业结构得到优化

退耕后，广种薄收、满山放牧的传统农牧业逐步被高效、集约的设施农业、现代化农业和多种经营所代替。农业生产方式也由传统的“广种薄收”向精细化、集约化耕种方式转变。粮食单产逐年提高，由 1999 年的每亩 149 公斤提高到 2017 年的每亩 254.1 公斤。林果面积 676 万亩，实现年产值在百亿元以上。森林旅游年直接收入达 1.2 亿元，林下经济年收入 8.1 亿元，退耕还林产生的生态效益每年 218 亿元。大力发展棚栽、畜牧等农业主导产业，蔬菜总面积 42.17 万亩，总产 138.66 万吨；猪牛羊及家禽饲养量分别达到 263.06 万头和 765.95 万只；红枣、核桃、花椒三大干果总面积 83.44 万亩。苹果产业发展尤其迅速，截至 2017 年年底，全市苹果总面积由 1999 年的 142.6 万亩发展到 367 万亩，覆盖全市十三个县区、100 多万农业人口，总产量由 1999 年的 39.7 万吨跃升到 2017 年的 323.2 万吨，产值由 6.9 亿元增加到 101.71 亿元，苹果在全市农民可支配收入中的贡献率达到 50%以上，2017 年苹果面积、产量分别约占全国九分之一、全省三分之一，成为延安最大的农业主导产业，也成了延安老百姓脱贫致富的一项主要产业。在苹果产业的支撑下，延安贫困发生率从 2016 年的 13%下降到了 2017 年的 3.86%。

（六）农民收入大幅提高

退耕还林改变了延安农民面朝黄土背朝天，靠天吃饭的劳作方式，使全市 28.6 万农户、124.8 万农村人口从繁重的体力劳动中解脱了出来，通过发展山地苹果为主的经济林果、现代化高效设施农业、林下经济与生态养殖、生态旅游等绿色产业，农民逐步脱贫致富，过上了富裕生活。目前，全市建成市级“一村一品”专业村310个、专业镇52个。累计建成农民专业合作社3631个、家庭农场932个，初步形成了以家庭农场和专业大户为基础，农民专业合作社为骨干，农业产业化龙头企业为引领的现代农业经营新格局。截至2017年，全市农林牧渔业实现总产值214.09亿元，第一产业完成增加值119.87亿元，农民人均纯收入由退耕前1998年的1356元提高到2017年的11525元，增加了10169元。甘泉县在退耕还林以来依托良好的区位优势和水资源条件，大力发展设施蔬菜产业，先后建成省级园区两个，市级示范区6个，全县各级蔬菜园区达到30个。目前，甘泉县被确定为陕西省百万亩设施蔬菜工程基地县、示范县和延安蔬菜的核心区。截至2017年年底全县蔬菜种植面积达到3.9万亩，产量达到15.8万吨。产值3.87亿元，占到农业总产值8.33亿元的46.46%，棚均产值达到16408元，已成为甘泉县统筹城乡经济，群众脱贫致富的主导产业。宝塔区南泥湾村的史映东在退耕还林后和几个村民合伙办了一个养殖合作社，养了700多头散养猪，一年纯收入17万元。村里还有这样的养猪户5家，家家都富了起来。安塞区雷坪塔村农民张莲莲，带领家人累计植树造林1750亩，如今她在千亩林地里创办生态农场发展林下养鸡，年出栏土鸡3万余只，向西安等地40多家超市供货，以张莲莲名字命名的“莲花鸡”品牌也逐渐打开了市场。2017年，张莲莲的养鸡产业实现销售收入480万元。

（七）生态文明深入人心

20年大规模退耕还林，给延安带来了“绿水青山”，也带来了“金山银山”，还提升了全民的生态意识。宝塔区佛道坪、冯庄，吴起县金佛坪，安塞区南沟村等地通过土地流转，发展起了生态农业观光园和旅游度假相结合的第三产业，生态效益正在逐步转化为促农增收的经济效益。南泥湾依托良好的生态环境，打造了春花、秋叶、稻田、鱼塘等旅游项目，四季不断的美景吸引了四面八方的游客，宝塔区南泥湾镇镇长黑学良说，目前南泥湾农民新增收入中 10%至 15%是来自于“生态经济”。农民的钱包鼓了起来，“绿水青山就是金山银山”的生态文明理念渐渐深入人心，全市干部群众爱绿、护绿意识明显增强，造林、护林已变成一种自觉行动。2015 年 10 月，延安正式启动“2+1”多城联创工作，并分别于 2016 年 9 月、2017 年 7 月被国家有关部委正式授予“国家森林城市”和“国家卫生城市”荣誉称号。正如市退耕办主任仝小林所说：“岁月流转，百姓对绿和美的认知，有了全新的维度。生态跨入新时代，也融入万家新生活。”当前，延安正在加紧创建“全国文明城市”，必将进一步带动生态文明理念在延安盛行。

（八）为生态建设提供了成功样本

延安退耕还林的各项工作一直走在全国的前列，退耕还林成效赢得了党中央、国务院和社会各界的普遍认可和高度关注，主要经验做法陆续被推广至全国。延安对退耕还林工作的不断探索和创新，带动了全国退耕还林工程的顺利实施和发展。1998 年，延安市先于全国在吴起县开始封禁退耕，开启了全国封山禁牧退耕还林的先河。1999 年，延安在全国率先开始大规模退耕还林，成为全国最早的退耕还林试点之一。2004 年，延安市组织市、县、乡、村 2000 余人开展退耕还林农户普查，并制定出台《延安市退耕还林成果巩固暂行办法》，成为 2015 年国家出台《退耕还林“五个结合”措施》的主要依据。在实施退耕还林工程的过程中，延安先后制定出台了《延安市关于全面实行封山禁牧的决定》《延安市退耕还林目标责任检查考核实施方案（试行）》《延安市退耕还林工作党政一把手负总责制度》《延安市占用征用林地管理暂行办法》《延安市退耕还林粮食补助资金兑现管理暂行办法》《延安市巩固退耕还林成果暂行办法》《关于完善退耕还林政策巩固退耕还林成果若干措施》等 30 多套一系列制度办法和管理措施。这些制度办法和管理措施，都先于中央、省和其他省市出台，国家有关退耕还林的政策多是在总结延安经验的基础上逐步推向全国。治沟造地、山地苹果等更是延安首创全国特有的解决退耕农户基本口粮田和长远生计问题的有效途径。2013

年，延安通过自筹资金率先在全国启动实施新一轮退耕还林的举动，加快了全国新一轮退耕还林的实践与探索，为国家新一轮退耕还林政策的出台提供了重要的参考依据和宝贵的经验。为进一步贯彻十九大关于生态文明建设有关精神，2017 年起，延安市积极筹备《退耕还林成果保护条例》立法工作，目前已进入政府审定阶段，最终由市人大审定并出台。

三、延安退耕还林主要经验做法

延安退耕还林的经验做法可以概括为“五个一”：一是有一个好的领导班子，坚持一把手亲自抓，负总责；二是有一个有力的协调机构，全权负责退耕还林规划的实施和落实；三是落实了一套好的措施，通过建设基本口粮田、发展后续产业、建设沼气、生态移民和封山禁牧、舍饲养畜，解决农民长远生计问题；四是创造了一种好模式，实行梁峁沟坡洼统一规划，山水田林路综合治理；五是体现了一种精神，即发扬自力更生、艰苦奋斗的延安精神。具体来说，主要包括以下七个方面。

（一）坚持把生态环境建设作为经济社会可持续发展的长期战略任务来抓

在退耕还林工程实施的初期阶段，延安市委、市政府就提出了“以退耕还林、建设生态环境统揽农村工作全局”的思路，把退耕还林为主的生态环境建设作为保护和发展生产力的重要方面，放在了突出位置，在会议上大讲，工作中普抓，使全市退耕还林工作扎实推进，高潮迭起。近 20 年来，退耕还林在延安一直就是一件大事，历届市委、市政府领导班子凝心聚力，群策群力，不遗余力地带领全市干部群众发扬自力更生、艰苦奋斗的延安精神，一任接着一任干，一张蓝图绘到底，以高涨的热情和超常的干劲一步步改变着延安的生态环境。

（二）实行全面综合治理

针对延安境内沟道密布，山峁相连，植被稀疏的实际状况和自然地理特点，各级退耕还林管理部门实行了“以小流域为单元，梁峁沟坡洼统一规划，山水田林路综合治理”的思路，并按照因地制宜、分类指导的原则，坚持工程措施和生物措施相结合、造林与种草相结合、人工营造和天然封育相结合；坚持全面规划、分步实施、突出重点、稳步推进；加强人工绿化，实行封山禁牧，重视自然恢复，不断提高黄土高原综合治理程度和水土保持能力。

（三）坚持一手抓退耕还林，一手抓成果巩固

退耕还林工程启动后，全市在认真完成好工程建设任务的同时，紧紧围绕长远生态目标，狠抓了成果巩固措施落实。2004 年，在全市普查的基础上，市委、市政府制定出台了《延安市巩固退耕还林成果暂行办法》，逐级夯实责任来巩固退耕还林成果。通过抓基本口粮田建设，确保粮食安全。加快产业开发，多途径促进农民增收。切实解决好退耕农户的长远生计问题，确保退耕还林不反弹。

（四）实行全面严格的封山禁牧和舍饲养畜制度

1999 年 10 月，延安市委、市政府作出了《关于封山绿化舍饲养畜的决定》，2002 年，延安市委、市政府又作出在全市范围内全面禁止放牧的决定，并且大力倡导舍饲养畜。2004 年，延安市委、市政府又出台了《封山禁牧管理暂行办法》，并开始推行舍饲养畜准入制度，使封山禁牧工作得到了进一步加强。2008 年，陕西省出台了《封山禁牧条例》，使封山禁牧政策步入正规化管理轨道。多年来，封山禁牧一直作为巩固退耕还林成果的重要工作纳入一年一度的全市退耕还林综合考核。实践证明，禁牧作为恢复生态的重要手段，为生态快速自然修复提供了有力保障。

（五）严格征占用退耕还林地的审批程序，减少人为破坏

因资源开发和基本建设确需征占用退耕还林地的，严格履行审批手续，足额交纳补偿费用，并按照占一还一的原则重新营造与被占地面积相等的林地。延安市退耕办对需要征占的地块进行作业设计变更审批，不定期对补还面积进行现场核查，防止少批多占和占多还少情况的发生，确保退耕还林面积不减少。

（六）大力调整林分结构，提升退耕还林整体效益

退耕还林初期，延安的多数群众选择了易成活、成本低、成林快的刺槐、沙棘等树种进行栽植，形成了大面积刺槐、沙棘纯林，导致林分质量不高，并存在一定的病虫害等生态隐患。十多年来，退耕还林管理部门为了改变这种树种单一的现状，下大力气加快了林分结构调整步伐，按照补植不上初植树种原则，通过对历年面积的补植增加常青树种、乡土树种和生态经济兼用树种的搭配比例，努力增加树种的多样性，科学调整林分结构，优化林种结构，切实巩固和发展退耕还林成果。在新造林作业设计编制和变更作业设计中，延安还确立了乡土树种的主体地位，要求不得设计纯林，一律营造混交林，且常青树比例达到20%以上。

（七）强化组织领导，夯实各级责任

坚持实行党政一把手负总责制度。退耕还林党政一把手负总责的目标责任制度和考核办法中明确规定，市、县、乡和有关部门党政主要领导为退耕还林工作第一责任人，分管领导为直接责任人。延安市退耕办代表市委、市政府每年对各县区退耕还林工作进行一次综合考核，并进行排名。全市每年召开一次退耕还林会议，通报年度考核结果，表彰先进县区。各级有专职的退耕还林管理机构负责日常管理。市、县区、乡镇都成立了退耕还林办公室，全面负责日常管理。全市共有2000余名退耕还林专职工作人员，专门

负责退耕还林日常管理工作。市、县财政每年将退耕还林工作经费列入预算，保证了工作正常开展。

四、延安生态建设中的重要启示

（一）要认真贯彻落实习近平生态文明思想

认真学习贯彻习近平生态文明思想，坚持“绿水青山就是金山银山”的理念，坚决防止和克服急功近利的思想，像对待生命一样对待生态环境，像保护眼睛一样保护生态环境，严守生态保护红线、环境质量底线、自愿利用上线，统筹推进山水林田湖草系统治理，坚持走绿色发展路子，不断满足人民群众日益增长的优美生态环境需要。坚决打好青山保卫战，以秦岭北麓西安境内违规建别墅问题为鉴，严禁破坏山体行为，保护好延安的每一座青山，让所有生产建设都围着山转、绕着水走。

（二）要全面落实国家政策

至 1999 年，三北防护林体系建设已在延安实施了三期，是唯一一项国家财政补助性生态建设工程，得到了显著成效，但因受传统生产生活方式影响，始终处于边治理边破坏状态。1999 年以来，除退耕还林工程以外，2000 年起，天然林保护工程一期、二期和三北防护林体系建设四期、五期工程也在持续推进，且国家由最初的每亩补助几元、十几元提高到目前的每亩 500 元。国家退耕还林、天然林保护和三北防护林体系建设等生态建设工程的实施，是拉动延安生态建设的三驾马车。因为有国家政策持续强力实施，延安生态建设才能取得举世瞩目的辉煌成就。

（三）要以生态环境建设统揽农村工作

1997 年，吴起县委、县政府决定启动实施退耕还林工程，当年即取得一定成效，为后期大力推进奠定了基础。1999 年以来，延安历届党委、政府以“咬定青山不放松”的劲头，提出了“以退耕还林、建设生态环境统揽农村工作全局”的思路，把退耕还林为主的生态环境建设作为保护和发展生产力的重要方面，放在了全市工作的突出位置，使全市退耕还林工作得以扎实开展。先后制定出台了《中共延安市委、延安市人民政府关于全面实行封山禁牧的决定》《延安市退耕还林目标责任检查考核实施办法（试行）》《中共延安市委、延安市人民政府关于县区党政一把手退耕还林工作负总责的实施办法（试行）》《延安市退耕还林粮食补助资金兑现管理暂行办法》《延安市巩固退耕还林成果暂行办法》等一系列制度办法和管理措施，为退耕还林取得显著成绩提供了有力保障。在实施好各项国家林业生态建设工程基础上，延安市委、市政府决定实施“千里绿色长廊”工程，打造境内交通、河流沿线生态廊道，实施主城区三山（宝塔山、凤凰山、清凉山）绿化美化工程，县城山体公园建设工程和乡镇、社区、村庄绿化美化工程，努力改善提高人居环境水平。通过立体化、多元化、全方位的综合生态治理，延安 2016 年荣膺“国家森林城市”称号。党委、政府的正确、有力决策，是推进延安生态建设快速前进的核心动力。

（四）要继续弘扬延安精神

延安人民发扬伟大的延安精神，始终坚定正确的政治方向，坚决响应党的号召，毅然摒弃沿袭千年的广种薄收、羊子散牧的生产方式，大规模实施退耕还林、舍饲养羊，体现了延安儿女最听党的话、坚定不移跟党走的政治担当。在退耕还林工程实施中，延安坚持解放思想，实事求是，坚持一切从实际出发，创新思路，作出了“国家要被子（植被），群众要票子”的决策部署，破解了退耕还林和群众致富的矛盾，实现了“双赢”。各级党委政府坚持将群众利益放在第一位，科学核定退耕面积，及时兑现钱粮补助，大力扶持和培育主导产业，使人民群众成为退耕还林工程的最大受益者。发扬自力更生、艰苦奋斗的优良传统，不等不靠，率先推进，全民动员投入植树造林、绿化荒山中。在国家退耕还林工程时限到期后，从 2013 年起依靠自身力量启动了新一轮退耕还林工程，真正实现了“林草全覆盖，生态更合理，群众更富裕”的目标。

（五）要群众广泛参与

延安境内沟道密布，山峁相连，植被稀疏，曾经冬春黄风肆虐、沙尘蔽日，夏秋暴雨频仍、洪流泛滥，是黄土高原腹地水土流失最为严重的地区之一。人民群众长期坚持着广种薄收、靠天吃饭、过牧滥牧的生产生活方式。1999 年以来，延安人民群众变“兄妹开荒”为“兄妹种树”，再次发扬革命精神，以战天斗地、改造山河的无畏勇气毅然决然地退耕还林，累计退出耕地 632 余万亩，并果断放弃放牧这一唯一可观的经济支柱，羊子存栏量由 200 万只迅速锐减至 70 万只。延安人民面对生态建设的需求，又一次作出了巨大牺牲，如果没有人民群众的大力支持和参与，延安的生态面貌就不会发生改天换地的变化。

五、几点建议

延安实施退耕还林，努力进行生态修复、保护和建设的长期实践，使我们深刻认识到：良好生态环境是最普惠的民生福祉，像保护眼睛一样保护生态环境，像对待生命一样对待生态环境，宁静、和谐、美丽的自然生态才能永驻人间。我们建议：

一是国家层面应把退耕还林作为建设生态文明和美丽中国的重要途径，持续加大投入，坚持不懈推进。建议国家继续扩大新一轮退耕还林规模。延安市实施新一轮退耕还林面积 160.2 万亩（新造 130.59 万亩，超前实施 29.61 万亩）。2014 年国家启动新一轮退耕还林工程后，延安市纳入国家退耕还林工程面积 100.16 万亩，剩余 60.04 万亩退耕面积需纳入国家计划。

二是国家退耕还林政策规定，实施的退耕还林的地块必须是 25 度以上的坡耕地，但由于延安的特殊地形条件，大部分15—25度的坡耕地都不适合耕种，并且水土流失较为严重。因此建议国家将陡坡梯田地、生态脆弱地区河流两岸15—25度的坡耕地和当地重要水源保护区，纳入国家新一轮退耕还林工程范围进行规模化治理，有利于收到实效，也利于减少行政成本，提高治理效果，保护脆弱地区的生态环境。

三是退耕还林初期，由于规划相对滞后，延安把部分立地条件较好的坡耕地栽植了生态林，而目前国家的退耕还林政策不允许改变林种，建议国家调整政策，允许将立地条件较好而保存率不高的生态林有规划地改造为经济林，把生态效益、经济效益、社会效益有机结合，统筹兼顾，相互促进，以提高退耕农户的经济收入。

四是封山育林成本低且容易实施，因此建议国家继续下达封山育林指标，同时出台相关政策对退耕还林地中生态、经济效益不高的林分进行结构调整，把生态自然修复与适当人工干预结合起来，全面精准提升退耕还林工程质量，真正实现人与自然和谐相处，有效提高森林生态效益。

五是建议国家适当提高新一轮退耕还林政策补助标准，同时建立退耕还林长效补偿机制。对补助陆续到期的退耕还林面积，应不低于国家各项耕地补贴标准（每亩120元）为宜，每年兑现给退耕农户，以此来充分调动农民治理积极性，发挥农民在生态环境建设中的主体作用，通过以时间换空间的方式，确保现有退耕还林成果得到切实巩固。

（2018年8月）

改革开放与中国城市发展
GAIGEKAIFANG

克拉玛依

戈壁荒漠中的绿色发展奇迹

——克拉玛依市经济发展与生态建设的探索之路

中共新疆维吾尔自治区委宣传部
中　共　克　拉　玛　依　市　委

“没有草，没有水，连鸟儿也不飞”——这是60年前克拉玛依市的真实写照。如今，克拉玛依市发生了亘古未有的历史巨变，从过去的贫穷落后到今天的经济强市，从过去的茫茫戈壁到今天的绿树成荫，从过去的渺无人烟到今天的稠人广众，创造了经济发展与生态改善齐头并进、互为促进的绿色发展奇迹。近年来，克拉玛依市先后荣获“全国文明城市”“国家卫生城市”“国家环保模范城市”“国家园林城市”“中国优秀旅游城市”“中国人居环境范例奖”等荣誉称号。这一奇迹是中国共产党领导下改革开放的一个缩影，充分印证了中国特色社会主义的强大生命力，印证了党中央作出改革开放决策的伟大英明，印证了党的生态文明建设思想的无比正确。认真研究总结克拉玛依绿色发展实践经验，对于我国相关地区特别是资源型城市转型升级，具有重要理论意义和实践意义。

一、经济大发展、生态大改善，克拉玛依市走过了不同寻常的历程

克拉玛依市位于新疆西北部、古尔班通古特沙漠边缘，这里气候恶劣，极度干旱缺水，植被稀疏，自古以来就是一片无人区。1955年10月

29日，克拉玛依一号井喷出工业油流，宣告了共和国第一个大油田克拉玛依油田的诞生，也孕育了克拉玛依这座以石油工业为依托而发展起来的城市。1958年5月29日，国务院批准正式建市。改革开放以来，在中国共产党的坚强领导下，经过几代人的不懈努力，油田勘探开发结出累累硕果，克拉玛依逐渐成为我国西部第一座千万吨大油田，人均国内生产总值长期位于我国前列。在经济发展取得举世瞩目成就的同时，克拉玛依持续加强生态环境建设，大力实施“引水济克”、造林减排等一系列环保工程，城市绿化覆盖率和空气优良率均大幅攀升。昔日风沙肆虐、不适合人类居住的戈壁荒漠逐渐蜕变为天蓝水清地绿的宜居之城，被人们誉为“沙漠美人”。

新中国成立后，经济由零起步到上规模、生态从无到有，突破了“经济建设是必答题，生态建设是选择题”的认识误区。新中国成立后一个较长时期内，国家百废待兴，亟欲摆脱贫穷。当时，由于缺乏社会主义建设经验，各地急于追求经济发展速度，虽然我们党的领导人也认识到环境保护的重要性，但在实践层面生态环境建设并未受到足够的重视。克拉玛依自然环境极其恶劣，不适合人类生存。但作为共和国的“石油长子”，为了实现“我为祖国献石油”的奋斗目标，克拉玛依人把环境建设作为“生命线工程”，充分发扬革命加拼命的精神，跟天斗、跟地斗，叫响了“安下心、扎下根、不出油、不死心”的口号。1959年建成原油产量100万吨以上的大油田，占当时全国原油年产量的40%。1977年，又建成了一座年产原油306.8万吨的油田，实现了经济由零基础到较大规模的转变。同时，在“养活一棵树比养一个孩子还要难”的条件下，用经过简易处理的污水在生产生活区种上了一棵棵小榆树，修建了一条条防风林带，初步创造了可以生存下去的生活环境。朱德副主席视察克拉玛依时赞叹道：“仅用三年时间，在荒凉的戈壁滩上，建立起一座4万人口的石油城市，这是一个很大的成绩，也是一个动人的神话。”

改革开放后，经济建设和生态建设双轮驱动，突破了“先污染后治理”

的思想桎梏。这一时期，党中央高度重视生态环境建设问题，将环境保护确定为我国的一项基本国策。但由于受发展阶段、思想观念、产业结构、体制机制等多方面因素影响，以 GDP 论英雄，一味索取资源，用绿水青山去换金山银山的现象屡见不鲜。作为典型的资源型城市，克拉玛依较早地认识到了推进石油产业发展与加强生态文明建设互为促进的关系，坚持解放思想、实事求是、因地制宜，推动经济建设和生态文明建设齐头并进。1979 年 3 月，克拉玛依发起了“百口泉油田上产会战”，用了不到四年的时间建成了我国“文革”后第一个年产量百万吨的油田。20 世纪 90 年代起，克拉玛依依靠科技进步陆续发现了彩南、石西、陆梁等亿吨级大油田，于 2002 年建成了中国西部第一个年产千万吨原油的大油田。同时，克拉玛依在条件极为艰难的情况下着力改善生态环境。特别是 1997 年，在党中央的坚强领导和大力支持下，全市人民手拉肩扛，实施“引水济克”工程，有力推动了克拉玛依生态大改善。1999 年，克拉玛依市绿化覆盖率仅为 21.6%，2012 年上升到 42.93%。克拉玛依市城区内外的绿化率以每年 1 至 2 个百分点的速度递增，城市生态环境发生了翻天覆地的变化，一个宜居的克拉玛依逐渐出现在世人面前。

党的十八大以来，发展方式从单一向多元转变，突破了“发展只能依赖资源”的观念束缚。新的历史时期，以习近平同志为核心的党中央把生态文明建设摆在更加突出地位，纳入“五位一体”总体布局和“四个全面”战略布局，提出了一系列新理念新思想新战略。五年多来，全国上下充分认识到绿水青山可以源源不断地带来金山银山，进一步加大生态环境治理，生态环境恶化的趋势得到了扭转，生态环境不断向好发展。此时的克拉玛依市深刻认识到资源城市如果过度依赖资源发展，不顾子孙后代，“有地就占、有油就采、竭泽而渔”，注定“矿竭城衰”。作为一个因油而生的城市，克拉玛依贯彻落实习近平生态文明思想的态度更坚决、行动更坚定、措施更有力。按照统筹人与自然和谐发展的要求，他们坚持因地制宜，大胆创新，加快产业结构调整转型步伐，大力发展商贸物流、旅游、金融、信息等低能耗新兴产业，推动多元化产业发展，改变产业结构单一局面，坚持走出一条绿色发展之路。截至 2017 年，克拉玛依市地区生产总值 722.4 亿元，全年全市城镇居民人均可支配收入 39000 元，农牧民人均纯收入 22695 元，人均地区生产总值在全国名列前茅，新兴产业产值年均增速均在 20%以上。与此同时，克拉玛依大力实施一系列重大生态建设工程，生态文明取得了前所未有的成绩。今天的克拉玛依，全市绿化覆盖率达 43.05%，基本形成了“一条河、一片湿地、四片森林、六个湖泊”的生态系统。正如著名学者易中天在《克拉玛依赋》中所写：“碧水穿城，是丹青自挥洒；长桥卧波，非弦管而嘹亮。网络捭阖，路接青云，阡陌纵横，旗卷绿浪。”

二、以城市转型为重点，以生态改善为关键，克拉玛依市推进经济发展和生态建设同生共长的典型做法

在全面深化改革、大力推进经济建设的过程中，克拉玛依始终保持强烈的生态危机意识，坚持问题导向、把握正确方向，持续推进生态文明建设、解决生态环境问题，推动形成了绿色发展方式和生活方式较为典型的做法。

（一）经济建设和生态文明建设同步推进

从 20 世纪 80 年代中期开始，克拉玛依相继发现百口泉、准东、陆梁等储量为亿吨级的大型油区，油田年产量连续大幅增加，2002 年成为中国西部第一个年产千万吨原油的大型能源生产单元。当前，油田油气当量已连续 16 年稳产 1000 万吨以上，独山子石化、克拉玛依石化两大公司具备年加工 2200 万吨炼油和 122 万吨乙烯的生产能力，建成了 647 万方石油和 45 亿方天然气的油气储备基地。特别是发现了玛湖 10 亿吨级特大型砾岩油田，这是我国陆上石油勘探近 10 年来取得的最大成果，也是世界上迄今规模最大的整装砾岩油田。该项目通过了 2018 年国家科技进步特等奖初评。

在经济建设取得骄人成就的同时，水资源极为短缺成为制约克拉玛依发

展的突出问题。经多方努力，1996 年 10 月，原国家计委批准“引水济克”工程立项。该工程 1997 年 5 月开工建设，2000 年 8 月 8 日竣工通水，是国家大（Ⅱ）型水利工程，全程 327 公里，年流入量 4 亿立方米，为克拉玛依生态环境建设插上了腾飞的翅膀。2000 年起，对全市所有小区进行环境升级改造。2001 年，启动造林减排工程，实现了当年平地、当年种植、当年成林的奇迹，目前绿化面积达 14.8 万亩，种植树木 4800 万株，形成了克拉玛依市城区与准噶尔盆地之间的绿色屏障，有效遏制了土地沙化趋势。2012 年以来，启动“大绿化工程”“荒漠化治理”等生态项目，全市绿地面积由 2010 年的 3.33 万亩提高到 2017 年的 11.46 万亩，人均绿地面积增长到 11.63 平方米，建成区绿化覆盖率达 43.23%，各项绿化指标全疆领先。2013 年以来，落实国务院“气十条”要求，启动“蓝天工程”，2017 年全市空气质量优良率达到了 87.4%。制定出台《克拉玛依市水污染防治工作方案》，实施 33 项重点工作，开展饮用水源地、黑臭水体、工业集聚区等环境保护专项行动，不断改善辖区水环境质量。截至目前，所有地表水源地水质项目全部达标（Ⅲ类），地下水水质均达到Ⅲ类功能区水域标准，河流、水库监测断面的水质项目全部达标。大力加强市政基础设施建设，城市供水普及率 100%，燃气普及率 100%，生活垃圾无害化处理率 99%，污水处理率 95.32%。

（二）从单纯打造良好生态环境向生态产业化迈进

按照“产业生态化和生态产业化”要求，克拉玛依市大力推进传统产业转型升级、培育新兴绿色产业。积极淘汰落后生产工艺，2018 年全面关停中心城区所有燃煤锅炉房；实施每小时 35 吨以上燃煤锅炉除尘、脱硫、脱硝改造或清洁能源替代工程；持续开展石油、化工重点企业挥发性有机物（VOCs）污染治理，2017 年 VOCs 排放总量较 2014 年削减 81%。2018 年，在首届中国国际低碳科技博览会上，荣获第一届“气候奖”城市奖。建立再生资源循环经济产业园，2014 年 9 月 12 日被国家发改委确定为第五批“城市矿产”示范基地，也是当前新疆唯一正在建设的“城市矿产”示范基地。积极探索国家餐厨废弃物资源化利用，成为国家试点城市，《克拉玛依区餐厨废弃物处理厂项目》入选国家发展改革委第二批试点项目。积极发展金融、信息、文创等新兴绿色产业，推进国家绿色金融改革创新试验区建设，为传统工业绿色化改造、新兴绿色经济培育提供多元化融资支持和产业服务。建立全疆首个云计算产业园区，充分发挥其“天山云”核心基地作用，大力发展云计算、大数据等新一代信息产业，建设“丝绸之路经济带”数据存储中心、数据处理中心、数据应用中心三大中心，建立信息产业新的商业模式，成为新的经济增长点。以云计算产业园区为平台，以影视动漫渲染为突破口，打造全国最大的渲染基地和全产业链协同发展的影视基地，以信息产业发展牵引文创产业发展。近年来，金融、信息产业产值年增速均在 20%以上。

生态环境的改善，也使克拉玛依城市景区化的特征越来越明显。依托现有的优质生态环境资源，大力实施旅游资源全域共建、旅游服务全域配套、旅游营销全域推进、旅游整治全域覆盖，构筑地质地貌旅游、石油工业旅游、城市休闲旅游三大支撑，着力打造“荒野之旅、时尚之都”旅游品牌。依托克拉玛依金丝玉资源，大力发展特色旅游商品，形成了近 800 家经营店构成的金丝玉产业链。依托堪与宜兴紫砂媲美的优质紫砂原矿，开发紫砂壶等六大系列产品，建成克拉玛依紫砂馆，大力发展克拉玛依紫砂产业。依托农业开发区 10 万亩减排林海、28 万亩改良荒地资源，打造林果基地，开发生态农业，发展观光旅游，实现经济高效、生态安全的双赢目标。2012 年起，连续举办五届新疆国际旅游商品博览会，建成新疆房车运营基地，设立旅游服务咨询中心。2017 年，全年接待游客 520.1 万人次，增长 27.8%；旅游业总收入 44.5 亿元，增长 26.4%。

（三）将生态文明建设作为城市可持续发展的战略保障

生态文明建设是关系永续发展的根本大计。建市以来，历届市委、市政府通过实行最严格的制度、最严密的法治、最有力的举措，不断加大生态环境保护与治理力度，小到砍伐一棵树，都有严格的审批程序。几十年来，从依靠骆驼和汽车拉水、利用简易处理污水种树，到挖渠引水实施“大绿化”工程，克拉玛依一直在探寻生态文明建设之路。在全疆率先开展荒漠生态恢复与建设工程，将城市外围荒漠植被环带绿地纳入城市生态防护体系，依靠先进的发展理念、科学的规划和工程技术手段，量体裁衣，因地制宜，建设完整的城市生态绿地防护体系。委托中国科学院新疆生态与地理研究所、新疆林业规划院，对克拉玛依市中部区域荒漠戈壁生态建设进行规划，启动城市周边外围荒漠生态恢复与建设工程。2014 年新疆第五次荒漠化监测数据显示，克拉玛依市荒漠化重度面积 134.21 万亩，占全市土地面积的 11.56%。而在克拉玛依建市之初，这一比例则是百分之百。穿城而建的克拉玛依河景区，被评为国家 4A 级景区。截至 2017 年年底，克拉玛依市拥有综合性公园 20 个，推动生态环境建设与保护发生转折性变化。

随着生态文明建设步伐的不断加快，克拉玛依市大踏步朝着宜居、宜业的方向发展，为实现城市可持续发展创造了十分有利的条件。据统计，2000 年至 2012 年，克拉玛依城市（不含白碱滩区）规模从 14.2 万人增加到 24.8 万人。2017 年，克拉玛依常住人口达 44 万人。良好的生态环境，也为克拉玛依吸引到了众多前来投资的企业。2017 年，克拉玛依市共落实招商引资项目 385 个，实际到位资金 202.7 亿元，同比增长 126.2%。

（四）将为人民群众创造美好生活环境作为奋斗目标

习近平总书记指出，人民对美好生活的向往就是我们的奋斗目标，生态文明建设关系人民福祉，关乎民族未来。过去，由于自然环境先天不足，良好的生态环境成了克拉玛依人的不懈追求，也成为克拉玛依市历届党委、政府的奋斗目标。1994 年，顺应人民群众呼声，克拉玛依成立园林科研所，启动植物引种课题研究。2000 年起，克拉玛依市历届党代会和人代会都把生态环境建设作为重要内容，以浓墨重彩的篇幅纳入党代会报告和政府工作报告中。

党的十八大以来，克拉玛依市积极贯彻落实“生态惠民、生态利民、生态为民”的精神，进一步加大城市环境建设和生态文明建设力度，全面实施荒漠植被保护、湿地保护、城市绿化、旧城区改造等重点工程。2012 年起实施“大绿化”工程，2305 家单位、27.74 万市民参与会战，五年多来共完成 7.4 万亩绿化建设，相当于过去 50 年绿化面积的总和。2012 年至 2016 年，克拉玛依市累计投入环境综合整治资金 127.38 亿元。同时，加强制度保障，将生态环境保护纳入领导干部绩效考核。五年来，先后制定《克拉玛依市大气污染防治行动计划实施方案》，出台《克拉玛依市水资源管理办法》，编制《有毒有害化学物质污染防治“十三五”规划》，执行新《环境保护法》，建立健全环境违法案件司法联动机制，在全疆率先实施环境违法行为举报奖励办法，在企业中推行环保诚信守法承诺制。坚持环保优先原则，在招商引资项目评估及风险防范体系研究中加入对污染排放强度相关指标的评估。以人民满意为标准，严格落实中央环保督察反馈问题的整改，创新建立“137”工作机制（“1”是指督改办要每天调度研判整改工作；“3”是指市、区两级党委、政府分管领导要每 3 天对整改工作进行统筹协调；“7”是指市、区两级党委、政府要每 7 天听取整改工作进展情况，对各项部署再强化、再落实），圆满办结中央环保督察组交办的 25 批 57 件环境信访案件（占全疆交办案件总量的 2%），问责 42 人，细化整改措施 59 项，办结率达 100%，扎紧了生态文明建设制度的笼子。

三、因地制宜、趋利避害，克拉玛依市推动绿色发展实践经验的理论启示

当前，我国资源型城市都面临着创新动力不足、产业结构不平衡、生态

环境亟待修复、管理体制机制亟须完善等问题。在党中央和新疆维吾尔自治区党委的坚强领导下，克拉玛依坚持人与自然和谐共生，坚持创新驱动，用最严格制度、最严密法治保护生态环境，为资源型城市产业转型、生态治理和生态安全提供了克拉玛依模式，对于我们全面贯彻新发展理念，具有重要启示意义。

（一）坚持党的统一领导，是实现经济和生态协调发展的政治保证

办好中国的事情关键在党。只有坚持党的领导，才能始终保持正确的政治方向，才能为经济建设和生态文明建设创造稳定的社会环境，才能调动各方面的积极因素，集中力量、集约资源办大事。建市 60 年来，克拉玛依市在一穷二白的情况下创造了绿色发展的人间奇迹，归根到底在于坚持党的领导。习近平总书记指出："坚持党的领导，全面从严治党，是改革开放取得成功的关键和根本。"一是坚持以党的创新理论为指导，牢固树立和践行"绿水青山就是金山银山"的理念，深入贯彻落实习近平生态文明思想，始终把生态文明建设与经济建设紧密结合在一起，一同研究部署、一同贯彻落实，为经济和生态协调发展奠定了坚实的思想基础。二是坚持一张蓝图绘到底。克拉玛依建市伊始，就面临着生态环境的严峻挑战，历届市委始终把生态文明建设作为"生命线"摆在突出位置。建市 60 年来，克拉玛依市的领导班子换了一茬又一茬，但抓生态文明建设的思路和决心始终如一，"一任接着一任干""一件接着一件办"，持之以恒，久久为功，最终建成了今天的现代化宜居城市。三是充分发挥党组织总揽全局、协调各方的作用。经济建设和生态文明建设都是系统性工程，涉及方方面面，克拉玛依无论是在石油勘探开发，还是在"引水济克""大绿化"会战中，都充分发挥党的领导和我国社会主义制度能够集中力量办大事的政治优势，组织协调指导各方力量长远规划、精准施策、共同建设，推动形成了人与自然和谐发展的现代化格局。

（二）坚持人与自然和谐共生，是实现经济和生态协调发展的坚定基石

经济发展与生态环境的关系，从本质上来说，就是人与自然的关系。建市60年来尤其是改革开放40年来，克拉玛依市在大力发展经济的同时，始终把生态文明建设作为城市可持续发展的基石，坚决摒弃“经济逆生态化、生态非经济化”的传统做法，大力实施产业生态化、消费绿色化、生态经济化战略，在“人不敌天、天人合一、人定胜天、天人和谐”的螺旋式上升的进程中，走出了一条经济建设与生态环境保护相协调的特色发展之路，堪称人类利用自然、改善自然、适应自然的典范。

克拉玛依的实践表明，“人与自然是生命共同体。生态环境没有替代品，用之不觉，失之难存”。坚持人与自然和谐共生：一要树立正确的政绩观。无数事例向我们证明：“当人类合理利用、友好保护自然时，自然的回报常常是慷慨的；当人类无序开发、粗暴掠夺自然时，自然的惩罚必然是无情的。”要正确认识和处理好眼前利益和长远利益、经济效益和社会效益的关系，多算大账，少算小账，汲取经验教训，摆脱惯性思维，宁可发展速度慢一点，也要尊重自然、顺应自然，有效防范生态风险，全面推动绿色发展。二要正确处理生态建设与经济发展的关系。良好的生态环境是实现可持续发展的内在要求，也是推进现代化建设的重大原则。“保护生态环境就是保护生产力，改善生态环境就是发展生产力”，只有更加重视生态环境这一生产力的要素，更加尊重自然生态的发展规律，才能从自然中获得发展的不竭动力和源源不断的回馈，才能更好地发展生产力，实现可持续发展。三要以经济反哺生态。发展经济是为了让群众生活富裕起来，保护环境则是让群众能够更好地享受发展成果。民之所好好之，民之所恶恶之。老百姓过去“盼温饱”，现在“盼环保”；过去“求生存”，现在“求生态”。经济发展上去了，必须反哺生态环境建设，加大生态环境建设的投入力度，该花的钱必须花，该投的钱决不能省，让良好的生态成为人民生活的增长点、成为经济社会持续健康发展的支撑点，还老百姓蓝天白云、繁星闪烁、清水绿岸、鱼翔浅底。

（三）坚持创新驱动，是实现经济和生态协调发展的不竭动力

创新是事物发展的本质，在创新、协调、绿色、开放、共享的“五大发展理念”中，创新排在首位，足以说明其重要性。梳理克拉玛依改革开放40年来的发展历程，从生活环境改善，到生态城市建设；从传统产业转型升级，到多元化产业发展，它所走的每一步、所取得的每一项成果都离不开创新驱动。

克拉玛依的实践表明，要坚持创新驱动，一要在理念上创新。有什么样的发展理念就有什么样的发展方式，要把准经济发展和生态文明建设的结合点，通过加快转变发展方式、提高发展质量和效益，从源头上解决生态环境问题；通过发挥生态环境保护倒逼作用，推动经济结构转型升级、新旧动能接续转换，在高质量发展中实现高水平保护、在高水平保护中促进高质量发展。二要在科技上创新。要坚决贯彻落实绿色发展理念，推动工业绿色转型，实施节能环保、清洁生产、资源综合利用等技术改造，实现从高排放、高耗能、高污染、低效益的老“三高一低”向高技术、高精尖、高效益、低排放的新“三高一低”转变，以高质量发展引领产业转型升级、绿色发展、提质增效。三要在产业结构上创新。要持续深化供给侧结构性改革，着力调整产业结构和能源结构，立足优势、延伸链条、补齐短板，大力发展旅游业、金融业、信息产业、现代服务业、先进制造业等绿色产业，积极构建绿色低碳循环发展产业体系，将工业优势、生态优势转化为产业优势，走具有本地特色的产业转型、科技创新之路。

（四）坚持完善制度，是实现经济和生态协调发展的重要保障

“保护生态环境必须依靠制度、依靠法治。”只有把制度建设作为重中之重，着力破除制约生态文明建设的体制机制障碍，才能走向生态文明新时代。克拉玛依深刻把握这一精神，通过加快推进生态文明顶层设计和制度体系建设，严肃整改中央环保督察反馈问题，坚决打好污染防治攻坚战，不断

提高生态文明建设水平。

克拉玛依的实践表明，生态文明建设是一个包括源头防范、过程治理、后果奖惩的系统工程，也是一场涉及生产方式、生活方式、思维方式和价值观念的革命性变革，要想建设生态文明社会，需要以制度和法制来规范和约束。推进经济建设与生态文明建设共同进步，需要加强顶层设计，完善生态环境保护制度，为生态文明建设保驾护航：一要加强制度建设。注重对生态治理制度的前瞻性设计，增加制度供给，完善制度配套，强化制度执行，让制度成为刚性的约束和不可触碰的高压线。要加快生态文明体制机制改革，改进和完善生产补偿机制，形成多元主体积极参与、激励和惩治并重、防范与维护同步的生态治理模式。二要坚持立法先行。以绿色发展为主导，依据我国现行有关法律、法规、制度、办法和标准，加快建立有效约束开发行为和促进绿色发展、循环发展、低碳发展的生态文明法律制度，强化生产者环境保护的法律责任，大幅度提高违法成本，为生态文明建设提供法律制度支撑。三要建立最严密的环境执法体制。制度再好，法规再严，如果没有严格的执法体制、高素质的执法队伍，亦如同摆设。要健全环境执法体制，对环境违法行为要及时依法处置，释放出严加惩处的强烈信号，确保相关法律制度落实到位，确保在经济发展过程中保护好环境，为建设美丽中国保驾护航。四要健全生态文明政绩考核制度和责任追究制度。坚持把生态环境保护工作作为评价党政领导班子政绩考核的重要依据，建立领导干部任期生态文明建设责任制，完善节能减排目标责任考核及问责制度，促使领导干部勇于挑最重的担子、啃最硬的骨头，切实提高保护环境的自觉性、主动性和积极性。

中国特色社会主义进入新时代，我国社会主要矛盾已经转化为人民日益增长的美好生活需要和不平衡不充分的发展之间的矛盾。对于克拉玛依来说，依然存在经济发展不平衡，产业结构尚未发生根本性改变，新兴产业占比相对较小，对地方经济的拉动作用不强，支撑城市转型发展的新业态、新动能还没有完全形成，城市精细化管理水平不高，生态文明建设与各族群众对美丽克拉玛依的需求之间仍有很大差距等问题。克拉玛依市将坚持以习近平新时代中国特色社会主义思想为指导，认真学习贯彻习近平生态文明思想，贯彻落实全国生态环境保护大会精神，紧紧围绕维护新疆社会稳定和实现长治久安总目标，进一步加大力度推进生态文明建设，为决胜全面建成小康社会、谱写中华民族伟大复兴中国梦的新疆篇章而努力奋斗。

（2018 年 8 月）

统　　筹：杨美艳　张双子
责任编辑：于宏雷　韦玉莲　刘　畅　吴继平
　　　　　涂　潇　雷坤宁　翟金明
封面设计：林芝玉　汪　阳
版式设计：周方亚
责任校对：刘　青　吴容华　孙寒霜

图书在版编目（CIP）数据

改革开放与中国城市发展／《改革开放与中国城市发展》编写组 编．— 北京：人民出版社，2018.12
ISBN 978－7－01－020096－5

I. ①改…　II. ①改…　III. ①城市经济－经济发展－调查报告－中国　IV. ① F299.21

中国版本图书馆 CIP 数据核字（2018）第 261534 号

改革开放与中国城市发展
GAIGE KAIFANG YU ZHONGGUO CHENGSHI FAZHAN

《改革开放与中国城市发展》编写组　编

人民出版社 出版发行
（100706　北京市东城区隆福寺街 99 号）

北京盛通印刷股份有限公司印刷　新华书店经销

2018 年 12 月第 1 版　2018 年 12 月北京第 1 次印刷
开本：710 毫米 ×1000 毫米 1/16　印张：82.25
字数：1200 千字　印数：0,001–5,000 册

ISBN 978－7－01－020096－5　定价：368.00 元（全三卷）

邮购地址 100706　北京市东城区隆福寺街 99 号
人民东方图书销售中心　电话（010）65250042　65289539